本书为国家社会科学基金重大项目"西方国别政治思想史"
（项目批准号：13&ZD149）子课题"意大利政治思想史"的成果

西方国别政治思想史

History

of

Italian

Political

Thought

上册

意大利政治思想史

周春生————主编

天津出版传媒集团

天津人民出版社

图书在版编目(CIP)数据

意大利政治思想史：全二册 / 周春生主编. -- 天津：天津人民出版社, 2023.11
（西方国别政治思想史）
ISBN 978-7-201-19135-5

Ⅰ.①意… Ⅱ.①周… Ⅲ.①政治思想史—研究—意大利 Ⅳ.①D095.46

中国版本图书馆CIP数据核字(2022)第253868号

意大利政治思想史 ：全二册
YIDALI ZHENGZHI SIXIANG SHI QUAN ER CE

出 版	天津人民出版社
出 版 人	刘 庆
地 址	天津市和平区西康路35号康岳大厦
邮政编码	300051
邮购电话	(022)23332469
电子信箱	reader@tjrmcbs.com

策划编辑	王 康
责任编辑	郑 玥 王 玠
特约编辑	佐 拉 郭雨莹 田志明
封面设计	李 一

印 刷	天津新华印务有限公司
经 销	新华书店
开 本	710毫米×1000毫米 1/16
印 张	52
插 页	6
字 数	1000千字
版次印次	2023年11月第1版 2023年11月第1次印刷
定 价	268.00元(全二册)

西塞罗像

马基雅维利像

但丁像

上册撰稿人

陈　铮　　郭　琳　　周春生

序　言

经过全体编撰成员的集体努力,《意大利政治思想史(全二册)》与读者见面了。借此,有必要就写作的理念、方法和结构做个概略性交代。这部政治思想史著作力图体现三个学术亮点:第一,写一部以国家政治共同体理念为中心线索的意大利政治思想史;第二,写一部在方法论上做到政治思想概念诠释与政治历史情境还原相结合的意大利政治思想史;第三,写一部在内容上既能体现长时段、全方位视角,又能突出不同历史时段特点的意大利政治思想史。

一、国家政治共同体理念主线

本书不想重走以往通史类政治思想史著作中存在的教科书式面面俱到的老路。因此,如何选择一条书写的中心线索,并以此线索为导航勾勒意大利政治思想史的进程,显得尤为重要。国家问题历来是政治思想史研究的焦点。一个明显的情况是,西方政治思想家论及国家问题时总离不开国家政治共同体的观念。[①] 同样,意大利政治思想史的重要特征及内容之一就是国家政治共同体观念的演变。

回溯西方在国家政治共同体方面的观念史历程,柏拉图的那本政治著作

[①] 在西方政治思想史上,state、republic、commonwealth、community、nation 等概念都带有共同体的意蕴。回溯西方的历史,古代希腊罗马的政治理论家尚未使用state或相类似的词来撰写我们今天所说的国家层面的政治著作。在西方的政治学理念中,state 是近代才使用的关系到国体、政体等方面的概念。其内涵包括民族特性、地域划定、宪政体制、主权地位等。古代希腊和罗马的政治思想家在涉及高于个人、家庭和社会团体的政治结构时多使用polis、republic 等词汇。State 这个词产生于文艺复兴时期的意大利。但有一点是西方古今相同的,即政治思想家在使用 state、polis、republic、commonwealth 等概念时都注意到了政治共同体的内涵。当然,上述各概念之间还是有点区别,例如有些政治思想家认为 commonwealth 与 community 之间后者的共同体社会层次(社区、行会等)要比 commonwealth 更低些。英语中 commonwealth 作为"共同体"来使用可以从洛克等人著作的诠释中找寻。17世纪英国政治家与政治思想家巴科斯特著有《神圣共和国》(R. Baxter, *A Holy Commonwealth*, ed. W. Lamont, Cambridge University Press, 1994.)一书,该书就是围绕 commonwealth 概念展开的。Nation 一词则典型地反映出近代民族国家政治共同体的内涵。

希腊文名为"πολιτεια"，也就是"城邦制度"的意思。现在中文将柏拉图的"共同体"译成"国家篇"会引起一些误解。英文通常将那本著作译为"Republic"①，这是比较合理的译法，因为城邦政治本身就是众人的政治即政治治理的共同体。柏拉图的哲学认为，一物之所以为此物，必有其存在的结构或道理，只不过我们难以从终极的意义上认清这个结构罢了。与哲学家从整体的角度去设想那个事物存在的理念一样，政治思想家的任务就是要把政治共同体的性质搞清楚。于是柏拉图做了理想化的共同体构想，后人据此译作《理想国》。柏拉图《理想国》曾指出："我们的立法不是为城邦任何一个阶级的特殊幸福……它运用说服或强制，使全体公民彼此协调和谐……"②柏拉图设想：城邦按正义原则运行；城邦由法律维系着；城邦里有阶级的分层；每个公民受过教育后适应城邦的政治生活，各按其地位行事，如此等等。这里所描绘的就是一幅政治共同体的图景。

现在我们通常将亚里士多德议论城邦政治共同体的那本书译作《政治学》(Politics)，其实希腊文的原意还是指城邦制度，确切地讲是指城邦政治共同体。亚里士多德在《政治学》中开宗明义论道："我们见到每一个城邦（城市）各是某一种类的社会团体，一切社会团体的建立，其目的总是为了完成某些善业——所有人类的每一种作为，在他们自己看来，其本意总是在求取某一善果。既然一切社会团体都以善业为目的，那么我们也可说社会团体中最高而包含最广的一种，它所求的善业也一定是最高而最广的：这种至高而广涵的社会团体就是所谓'城邦'(πολις)，即政治社团（城市社团）。"③因此，如果一定要用国家来指称亚里士多德的政治共同体的话，也应当确切地将其理解为城邦国家政治共同体。显然，城邦政治共同体要高于和先于个体的存在。亚里士多德假设，任何政治都与这样一种本性相关，即整体先于个体，整体大于个体总和，"就本性来说，全体必然先于部分"④，从而，"城邦[虽在发生程序上后于个人和家庭]，在本性上则先于个人和家庭"⑤。城邦共同体是个体的完整形态。比如说一粒稻谷当其长成一束稻穗的时候，真正意义上的一粒稻谷才显示出其意义。那一束稻穗就是城邦政治共同体。公民是城邦共同体的组成部分。就此而言，直到城邦政治共同体的出现，政治遂达到了最完善的程度。

既然城邦"先于个人和家庭"，那么决断城邦事务的准则就不应该代表个

---

① *The Dialogues of Plato, Vol. III, Republic*, tr. B. Jowett, Oxford University Press, 1892.
② 柏拉图：《理想国》，郭斌和、张竹明译，商务印书馆，1986年，第279页。
③ 亚里士多德：《政治学》，吴寿彭译，商务印书馆，1965年，第1页。
④ 亚里士多德：《政治学》，吴寿彭译，商务印书馆，1965年，第8—9页。
⑤ 亚里士多德：《政治学》，吴寿彭译，商务印书馆，1965年，第8页。

人和家庭的局部利益,而应是整个城邦或全体公民的利益。那么通过何种政治手段来维系城邦的利益呢？亚里士多德与柏拉图不谋而合,也提出既合乎理性又关涉现实利益的法律手段,"法律是以合乎德性的以及其他类似的方式表现了全体的共同利益,而不只是统治者的利益"[①]。"当大家都具有平等而同样的人格时,要是把全邦的权力寄托于任何一个个人,这总是不合乎正义的。"[②] 亚里士多德说:"法律恰恰正是免除一切情欲影响的神祇和理智的体现。"[③] "要使事物合于正义(公平),须有毫无偏私的权衡。"[④] 这样,亚里士多德已把城邦治理准则、法律的特性、自由公民平等人格等政治要素都归结为理性本性的驱使。亚里士多德还首次提出对全体公民都适用的自然法思想,"政治的公正,或者是自然的,或者是传统的。自然的公正对全体公民都有同一的效力,不管人们承认还是不承认。……出于自然的东西是不能变动的,对一切都有同等效力"[⑤]。综观亚里士多德的一生,对城邦政治共同体的研究是他学术生涯的重要组成部分。在其百余篇关于不同城邦政治体制的著作中,现残留的只有《雅典政制》[⑥]一篇。亚里士多德的上述著述还具体展示了城邦政治共同体的各方面内容,例如公民通过多种途径来感受城邦政治制度并参与城邦政治实践:一是公民登记制度,二是参与公民会议,三是与体现公民权利义务的各种机构打交道,四是参军。当然还有其他一些途径。亚里士多德关于城邦政治共同体的所有上述想法对日后西方政治共同体的各种学说都具有理论指导意义,或者说奠定了基本的理论构架。

城邦政治共同体理念的提出不单纯是政治思想家的发明,其背后有着现实的公民社会历史发展内容。以古代希腊为例,古希腊特定的地理环境使它不断处于与周边不同文明的交流之中。从某种意义上讲,城邦政治体制就是民族迁徙、文明碰撞的产物。从公元前2000年左右开始,阿卡亚人向希腊半岛迁徙;公元前1200年左右,又有多利亚人的大举侵入。大迁徙打破了血缘关系,以地域为基础的城邦体制由此诞生。特别值得注意的是,从公元前8世纪到公元前6世纪出现了大殖民运动。在大殖民过程中,小亚沿岸、爱琴海诸岛、黑海周边地区及地中海各处相继建立起新的城邦。在这些新的城邦内,一部分外来民族面对着另一陌生区域的民族,两者间缺乏传统文化的认同感,于是,以广泛契约关系为基础的新的政治统治形式出现了。它们又反过

---

① 亚里士多德:《尼各马科伦理学》,苗力田译,中国社会科学出版社,1990年,第89—90页。
② 亚里士多德:《政治学》,吴寿彭译,商务印书馆,1965年,第168页。
③ 亚里士多德:《政治学》,吴寿彭译,商务印书馆,1965年,第169页。
④ 亚里士多德:《政治学》,吴寿彭译,商务印书馆,1965年,第169页。
⑤ 亚里士多德:《尼各马科伦理学》,苗力田译,中国社会科学出版社,1990年,第102—103页。
⑥ 中文有商务印书馆1959年。

来影响母邦政治结构。①正是在这样的背景下,公民权利问题及如何完善与此相应的政权结构问题凸显出来了。雅典方面,梭伦改革对公民身份予以法的确认,并规定公民的各项权益,建立最高权力机构"四百人会议"。之后的庇西特拉图僭主政治对打击贵族统治、确保公民权益又起了一定促进作用。克利斯梯尼改革则重新划定行政区域,设"五百人会议",使之成为最高立法和决策机构。全体公民都有权参加公民大会,所有官职对公民敞开,各种官职的任期一般为一年,同时将立法、行政、司法三权相对分立。例如,公民大会为立法机构,"五百人会议"和"十将军委员会"掌握行政、军事等权力,原来的陪审法庭成为司法与监察机关。当然这种三权分立在权限上并非十分明确,而且此提法也是后人赋予的。尽管如此,伯里克利时代在公民权利及相关的政权机构建设方面达到了古希腊奴隶主民主政治的顶峰。所有上述历史因素汇聚起来,形成了政治共同体的理论与实践。

那么如何把握意大利政治思想史的相关内容呢?从某种意义上讲,研究意大利政治思想史的难度不在于如何弄清楚政治思想家说了什么、有何意蕴等,而在于对政治观念背后那些政治史复杂性的理解程度。打开意大利政治社会史的图景,其国家政治共同体方面带有很多独特的因素。在古代西方世界,还没有一个政治区域曾出现过罗马城邦国家所面对的政治难题,例如罗马贵族与平民之间的关系、罗马与亚平宁半岛其他城邦国家之间的关系、罗马与被其征服地区更为复杂的关系,等等。近代早期的意大利也是如此,那时没有一个西方国家像意大利那样需要处理与教会国之间的复杂关系。意大利与法国等国家不同,意大利中世纪受封建制度之累较轻,城邦与城邦之间就是国家与国家的关系,而且法国、西班牙、神圣罗马帝国又对教会国的所在地意大利有各种政治觊觎,这种国际环境在其他国度是不存在的。19世纪之后,意大利经历了民族国家建立发展的曲折历程。凡此等等都需要政治思想家运用独特的智慧去面对、处理。相应地,意大利政治思想史在古代和近代早期两个历史时期特别出彩。不仅出现了像西塞罗、马基雅维利这样的政治思想家,而且他们所表现出的政治智慧一直影响至今。究其因,除了这些政治思想家个人的政治智慧外,在很大程度上与他们所面临的政治环境及需要回答的政治难题有关。

在意大利政治思想史上,西塞罗是古代罗马政治思想家中的集大成者。针对共和政治体制,西塞罗写了《共同体篇》或称《共和国篇》即 *Republic*。这里的 Republic 就是指的"大家的"意思。在西塞罗的著述中,最高的、最理想的政治体制仍旧是公民共同参与的城邦政体,他称其为公众的或公共的政治团

----

① 参见顾准的《希腊城邦制度》(中国社会科学出版社,1986年)一书中的一些提法。

体。"国家乃人民之事业,但人民不是人们某种随意聚合的集合体,而是许多人基于法的一致和利益的共同而结合起来的集合体。"① 完美的共同体应当是"法的联盟"。"既然法律是公民联盟的纽带,由法律确定的权利是平等的,那么当公民的地位不相同时,公民联盟又依靠什么法权来维系呢? 要知道,要是公民们不愿意均分财富,要是人们的才能不可能完全一致,那么作为同一个国家的公民起码应该在权利方面是相互平等的。就这样,公民社会若不是公民的法权联盟,又是什么呢?"② 到了罗马帝国时期,罗马的法学家开始用万民法理论来构筑罗马帝国的共同体。③ 从实际的情况看,帝国在经济与政治制度上想以共同体的形式来同化被征服地区并非易事,当时在公民权的授予问题上就存在着罗马本土与各行省之间的激烈冲突。在精神层面,罗马人可以用军事和拉丁语征服地中海世界,但罗马人无法用思想意识同化被征服地区的人民。后来罗马人对基督教世界发生了态度上的转变,试图找到作为政治共同体的意识纽带,但为时已晚。

到了中世纪,情况发生了诸多变化,庄园成了基本的经济、政治单位——一个相对封闭的政治共同体。中世纪也是家族政治主导的时代,那时取得王位的家族势力、其他家族的势力、教会的势力、地方乡绅的势力、城市市民的势力等都在相互博弈之中。英法等国议会的出现就是各种政治势力相互博弈并取得相对平衡的结果。因此,封建社会的政治体制中仍存在着特有的政治共同体内容。在这个博弈过程中出现的各种政治制度、机构等,逐渐成为近代国家的雏形,即使到后来的君主专制时代也没有摆脱共同体的性质。之所以存在着上述政治共同体的特征,还与城市的兴起有关,正是因为市民、商人等的出现,需要政治机构按经济的实力而不是按政治的特权进行从形式到内容的调整。近代西方的王权正是在与各种利益集团的政治关系调整过程中强大起来的。所以从表面上看,早期近代西方曾出现过强大的王权,并以此为象征出现了近代的国家。但从实质来看,近代西方的政治、经济发育过程是各种权势集团的利益调整过程,从而形成一个民族国家政治共同体。或

---

① 西塞罗:《论共和国》,王焕生译,中国政法大学出版社,1997年,第39页。译者就这段文字做了个注解:"国家"的拉丁文是 res publica,意思是"公共的事业",publicus(公共的)一词是源自 populus(人民)。西塞罗的这一重要的国家定义的拉丁原文是:Est res publica res populi, populus autem non omnis hominum coetus guoque modo congrecatus, sed coetus multitudinis iuris consensus et utilitatis communione sociatus.

② 西塞罗:《论共和国》,王焕生译,中国政法大学出版社,1997年,第46页。

③ 参见查士丁尼的《法学总论》(张企泰译,商务印书馆,1989年),第2篇"自然法、万民法和市民法"。关于万民法的问题还可参见周春生等:《欧洲文艺复兴史(法学卷)》,人民出版社,2010年。

者这么说,在中世纪表现为王朝政治共同体模式;到了近代则呈现为民族国家政治共同体的模式;到了文艺复兴时代,随着民族国家的兴起,民族国家政治共同体的整体功能开始显现,谁的民族国家整体功能发挥得充分,谁的经济、政治、国际地位等的优势也更明显,那时的王权已经转变为国家的象征而非家族势力的象征。因此在英法等国,政治思想家特别在意与主权相关的君权问题,那时主权与君权是通用的概念,对此后文仍会论及。

谈中世纪的西方社会就要牵涉基督教的问题。在基督教神学思想家所阐释的基督教教义中,同样包含了普世的政治共同体概念。同时,基督教会的理论与实践体现出帝国共同体社会的因素。我们可以通过阅读中世纪意大利政治思想家阿奎那的著作对此进行了解。阿奎那城邦政治理论的许多方面来自先前亚里士多德的政治思想,例如"人是合群的动物","在一个自由人组成的城邦社会中必须以城邦整体的幸福为宗旨",如此等等。① 阿奎那十分赞同亚里士多德的观点,即城邦高于个人和家庭,并且是一个完整的社会。② 阿奎那认为:"一个营共同生活的社会是比较完善的",又认为无论是哪一种统治,都必须顾及公共的幸福,即使君主进行治理的时候也"应当念念不忘公共的幸福"。③ 但上述理论作为基督教世界政治共同体的实践带有宗教理想性成分。基督教会离不开世俗的封建社会,世俗社会的各种权势与基督教会进行政治上的博弈。文艺复兴时期,萨沃纳罗拉、加尔文的政治实践虽然在城邦的范围内进行,然而其框架只是基督教社团的放大,当然最后以失败告终。胡克的思想中也有浓厚的基督教政治共同体的特点。他在《教会政体法》(*The Laws of Ecclesiastical Polity*)中系统地阐述了教会作为国家政治共同体的理论,进而为近代国家政治共同体的结构和运作确立一个总体的框架。④ 到了16世纪,基督教会逐渐退出世俗社会的权力争夺,转而强调精神领域的统治。

到了欧洲近代社会早期,民族政治共同体出现后,古代政治共同体基本框架又复活了,只是具体形式和内容发生了很大变化。特别是民族政治共同体打上了主权的烙印。博丹的主权说关联到与君主统治的关系,但这种统治的基础是建立在稳定的政治共同体之上的。在16世纪,君主统治是各种政治利益集团相互博弈、达到某种平衡的象征。君权所维护的是民族政治共同体

---

① 《阿奎那政治著作选》,马清槐译,商务印书馆,1963年,第43—46页。

② 《阿奎那政治著作选》,马清槐译,商务印书馆,1963年,第106页。

③ 《阿奎那政治著作选》,马清槐译,商务印书馆,1963年,第47页。

④ *The Works of Mr. Richard Hooker*, arranged by John Keble, Revised by R. W. Church and F. Paget, Burt Franklin, 1970. 该书共三卷,有近两千页的篇幅,其中《教会政体法》是主要的部分,训诫文也占了相当篇幅。

的稳定，所以君权也成了这个共同体的象征。如果从国家政治共同体的角度来思考近代意大利，甚至近代西方的政治思想发展，其实就是一个国家政治生态问题。就此而言，近代国家政治制度不断完善的过程，也是多重政治权益的调整过程：这里涉及国家与个人、国家与集团、国家与国家、国家机器自身各个部件，等等。

近代早期的意大利，城邦国家政治共同体的模式非常突出，并延续几个世纪之久。其时每个城邦都是独立的国家实体，中间又有一个教皇国，国际上有许多强大的国家势力时刻在觊觎意大利及各城邦国家。这催生了"能人政治"问题即 Virtue Politics，中文通常用"德性政治"来对译。virtue 的概念确实可以从道德层面来理解，并将德性政治主要理解为以品德为中心的国家政治理念。许多人文主义政治思想家比较注重 virtue 中的道德因素，并以此重塑国家治理理念。不过，意大利文艺复兴时代的 virtue 在"能力""才干"等方面的内涵更为突出。例如马基雅维利等的国家政治理论就十分强调 virtue 一词中能力、才干方面意蕴。因此 Virtue Politics 应准确地理解为以能人治理为中心的德性政治，简言之即"能人政治"。"能人政治"理论符合当时意大利城邦国家最迫切的政治需求，即统治者如何具备治国的各种才能，以确保国家的稳定和政治治理的有效性。为此，统治者必须具备古典人文学科的知识、学养，能够从古典的传统中汲取治国的经验（这是品德层面的基本内涵）；又懂得如何完善法律制度并运用法律处理国家事务；统治者还必须具备行政方面的能力，诸如熟悉公函、演说、外交方面的技能等；统治者同样要懂得协调城邦政治共同体各方势力的权益，如此等等。总而言之，统治者必须具备各种治国的能力（包括法律内的和法律外的等），以便在那个道德混乱的强权政治时代谋求家族与城邦国家的生存。而所有这些能力在以庄园法、教会法等为基础的封建制度中是找不到原型的。因此人文主义者倡导在古典的文化中寻找源流，这也是"能人政治"的文化选择，也是文艺复兴最初的意义所在。对于后世西方的国家政治理论和实践发生实际影响的正是上述能人政治的学说。从更广的文化层面来讲，西方古典时代的希腊与古代中国在道德问题上的观念存有各种差别。希腊人更注重公民才质的培养，而中国人讲究人与人之间的以礼相待。所以希腊、罗马社会的 virtue 训练就是所谓"七艺"。"七艺"中并没有古代中国涉及道德礼仪的内容。基督教占据西方思想文化的主导地位后，基督教的教义才逐渐成为道德培育的主流。但文艺复兴运动展开后，世俗化的因素又成为思想文化的主流，virtue 中的"才能"一面亦在社会的各个层面受人关注。

就国家政治共同体而言，文艺复兴时期意大利的君主国和共和国的不同并不是共同体层面上的本质不同，只是制定法律的最高权力归属有差异。许多学者对于当时意大利城邦国家的政治共性及差异等做过具体分析。① 有学者认识到这样一个基本的问题,即无论是怎样的城邦国家统治都不能违背共同体的基本政治要求。在但丁的政治理论中,罗马人就是由许多共同体组成的更大的共同体。② 在这个共同体中,有一些人扮演治理者的角色,而公民及公民的自由则是共同体的核心。法律、君主等都是为了维护共同体的秩序和公民的自由,而不是相反。③ 马基雅维利在自己的著作中提出 Stato 这个意大利语词汇。Stato 的原意并不是指国家,而是稳定地站着的意思。引申到政治统治方面,就是城邦政治的治理如何有效用和稳定问题。在马基雅维利及当时政治理论家的心目中,state 的政治运作即如何统治的含义,也就是如何让城邦政治共同体更有效地运作。基于政治共同体的这种有效统治和管理形式而言,有些城邦中君主个人的势力强一些,这就是君主统治的共同体。无论是古代罗马还是近代意大利的政治思想家,他们都喜欢用“君主统治”和“大众的统治”这样一些概念。有时我们将其简单翻译成君主国和共和国等,以为君主国就是君主说了算的国度,而共和国就是由公民共同说了算的国度。其实这里有点误解。在马基雅维利的时代,那些君主势力比较强大的城邦具有和其他城邦政治共同体一样的一些制度,君主同样不能违背这些制度的规约。君主国中的政治共同体构成要件如:法律、各种市民会议、公民身份等,仍然存在,只是君主更强势些而已。不要误以为在当时意大利的君主国里存在着与共和国完全不同的另一套国家政治制度。后来洛克总结道:“‘commonwealth’一字,我在本文中前后一贯的意思应当被理解为并非指民主制或任何政府形式而言,而只是指任何独立的社会。拉丁人以‘civitas’一字来指明这种社会,在我们的语言中同这字最相当的,是‘commonwealth’一字。”④ 可见,政治共同体是最根本的因素。洛克还就此做了比较详细的说明:

---

① L. Martines, *Power and Imagination: City-States in Renaissance Italy*, Alfred A. Knopf, 1979.

② Dante, *Monarchy*, ed. Prue Shaw, Cambridge University Press, 1996, p.41. 英文在翻译“低一层共同体”时用了 collegiate body 一词,而翻译“高一级的共同体”时则用 community,大致相当于 Stato 或 public 的概念。详细内容可参见拉意对照学术版但丁的《君主统治论》,Dante Alighieri, *Monarchy*, Biblioteca Universale Rizzoli, 2001, pp.250-251。

③ 但丁:《论世界帝国》,朱虹译,商务印书馆,1985 年,第 36、18 页。注意,此译本有许多省略的内容。

④ 洛克:《政府论》下,叶启芳、瞿菊农译,商务印书馆,1964 年,第 81 页。此言出自第 10 章“论国家的形式”,英文原文是“Of the Forms of a Commonwealth”,其完整的意思应当是国家政治共同体。John Locke, *Two Treatises of Government, Second Treaties*, Cambridge University Press, 1960, p.354. 顺便指出,柏拉图的《城邦政制》即《理想国》的拉丁文译名就是 civitas,也是指的共同体。

当人们最初联合成为社会的时候,既然大多数人自然拥有属于共同体的全部权力,他们就可以随时运用全部权力来为社会制定法律,通过他们自己委派的官吏来执行那些法律,因此这种政府形式就是纯粹的民主政制;或者,如果把制定法律的权力交给少数精选的人和他们的嗣子或继承人,那么这就是寡头政制;或者,如果把这权力交给一个人,那么这就是君主政制;如果交给他和他的嗣子,这就是世袭君主制;如果只是交给他终身,在他死后,推定继承者的权力仍归于大多数人,这就是选任君主制。因此,依照这些形式,共同体可以就他们认为适当的,建立复合的和混合的政府形式。如果立法权起初由大多数人交给一人或几人仅在其终身期内或一定限期内行使,然后把最高权力仍旧收回,那么,在权力这样重新归属他们时,共同体就可以把它重新交给他们所属意的人,从而组成一个新的政府形式。政府的形式以最高权力、即立法权的隶属关系而定,既不可能设想由下级权力来命令上级,也不能设想除了最高权力以外谁能制定法律,所以,制定法律的权归谁这一点就决定国家是什么形式。①

从根本上讲,政治共同体的特征在君主国和共和国里都存在。斯塔西指出:“对马基雅维利来说,如同对博丹和斯宾诺莎一样,国家是公民体(civic body)的一种类型。”②在马基雅维利的心目中,像法国这样君主威势很大的国家,其实还是一个共同体。那里有完善的法治、宪政、军事等,是政治共同体各种要素的强大铸成了法国的强大,而非一个君主的能耐有多大的问题。这里有一个问题要搞清楚,马基雅维利在讨论君主国、共和国问题时,有时从政治结构的特点出发进行比较说明,有时从权力运作的角度比较得失。就权力运作而言,马基雅维利更注重政治治理的效果,似乎马基雅维利并不计较政治共同体方面的国家结构问题。但有一点是清楚的,马基雅维利不赞成独裁。在君主国里长期存在的法律、制度等都不能随意被抛弃。《君主国》第三章《混合君主国》特别提到了遵从先前君主国中法律、制度的重要性。

随着研究的深入,学术界逐渐达成一个共识,即马基雅维利是主张共和国政治体制的思想家。更具体地讲,马基雅维利政治理论的核心课题是如何运作城邦政治共同体的问题。马基雅维利一生所思考的政治问题就是如何

---

① 洛克:《政府论》下,叶启芳、瞿菊农译,商务印书馆,1964年,第80—81页。
② 斯塔西:《马基雅维利的自由国家与不自由国家》,《政治思想史》2013年第4期。

解决城邦政治共同体的稳定基础和统治方式。为此,他在《李维史论》^①一书中特别研究了罗马共和国的权力人物、罗马共和国的国家机构设置、罗马共和国的权力制衡、罗马共和国的军事构成、罗马共和国的公民社会运作机制、罗马共和国的社会综合协调方法,等等。马基雅维利共和政治体制理论中的核心课题包括公民自由、权力制衡、宪政等。其中,那个理想的罗马共和国的立国之本是保护公民的自由性。^② 为了最大程度地实现和保护这种自由,就必须按照权力牵制理论设置相应的机构。例如,有必要在共和国里设置一个能够充分表达公民意愿的议事机构;同时,执政官秉公行事,贵族与平民的权力则处于相互制约之中。在马基雅维利看来,任何出于一人之手的政府总会出问题,理想的办法是建立一种宪政,并且由君主、贵族和平民相互制约,各自明确其政治权利与义务。^③ 唯如此,才真正称得上是一个由法律确定的自由基础上所建立的政府。^④ 正如布克哈特所描绘的那样:"我们看到他如何地希望建立起一个温和的民主形式的共和国以为美狄奇家族之续。"^⑤ 而这个共和国应当是自由、法治的公民社会。^⑥ 对于上述政治体制的具体样式,马基雅维利曾举例说明,古代有斯巴达的来库古(Lycurgus)政府等、近代则有法国政府等。马基雅维利对他同时代的法国政府赞不绝口:

> 法国是我们这个时代里组织得最好、统治得最好得王国之一。在这个国家里,我们看到法国国王的自由与安全赖以维持的优越的制度无数之多。其中主要的一个制度就是"议会"及其权力。因为建立这个王国的人知道权力者的野心和他们的傲慢,认定有必要在他们的嘴上套上制动机来约束他们;另一方面,因为君主知道人民由于惧怕贵族从而怨恨贵族,君主便设法使他们感到安全,但是,他又不想把这种事情作为君主特别照料的事情,于是,为着避免自己由于袒护人民而受到贵族非难,同时为了避免由于袒护贵族而受到人民的物议,国王就设立作为第三者的裁判机关,这个裁判机关可

---

① 还可以参见李维本人的著作。Livy, *The Early History of Rome, Books Ⅰ-Ⅴ of The History of Rome from Its Foundation*, Penguin Books, 2002; Livy, *Rome and Italy, Books Ⅵ-Ⅹ of The History of Rome from Its Foundation*, Penguin Books, 1982.

② V. B. Sullivan, *Machiavelli's Three Romes: Religion, Human Liberty, and Politics Reformed*, p.4.

③ Machiavelli, *The Discourses*, translated from the Italian by C. E. Detmold, pp.115, 16-17, etc.

④ Machiavelli, *The Discourses*, Chapter ⅩL, from *The Portable Machiavelli*, ed. and tr. Peter Bondanella and Mark Musa, Penguin Books, 1979, pp.254-260.

⑤ 布克哈特:《意大利文艺复兴时期的文化》,何新译,商务印书馆,1979年,第84页。

⑥ 布克哈特:《意大利文艺复兴时期的文化》,何新译,商务印书馆,1979年,第84页。

以弹劾贵族、维护平民,而用不着国王担负责任。对于国王和王国说来,世界上再没有比这个制度更好、更审慎,再没有比这个方法更安全的了。[①]

上述话语充分反映了马基雅维利政治理想的核心,也就是完全从政府的稳定与有效运行考虑共和国的体制。

公民社会是城邦政治共同体的基础。近现代西方国家制度的建设都是与公民社会的发育同步进行的。公民是承担法律意义上的权利和义务的社会成员。因此,公民社会的发育过程会对国家的宪政建设提出其内在和合理的要求。从某种意义上讲,宪政国家的完善过程是对公民社会需求的回应过程。只有以公民社会为基础,才谈得上所有的治理和国家稳定,与共和国相关的公民社会也是马基雅维利考虑的重点问题。根据马基雅维利在不同著作中所表达的观点,只有在公民社会里才谈得上真正意义的宪政。或者说"宪政"是公民社会的主要特征。真正的理想社会就是以公民社会为基础的、能充分体现共和国整体功能的国家。同时,公民在国家中享有充分的自由,并由公民来做最后的断定。公民自由的实现除了与国家的自由相关外,还与法律的性质、运作有关。法是国家权力的基础。[②]如果在这个问题上举棋不定、模棱两可,就会导致一个人的政治命运乃至一个国家的政治命运的损毁。所以政治家应当一切从法律出发谈政治治理、谈公共的和个人的关系。一个君主,如果他还记得以前暴君统治的一切后果的话,那么他就会用法律来维系新的国家。当然,君主要维护自己的利益,这是很自然的事情,但只有在法律的前提下,才能既照顾到个人的利益,又兼顾共和国的利益。[③]马基雅维利在分析佛罗伦萨的历史时充分注意到了公民社会与政治结构的关系和变动。

马基雅维利对state的全面阐释使我们搞清楚了一个重要的政治理念,即近代意义上的西方国家仍没有脱离古代就有的政治共同体的政治治理轨迹。在这个共同体内可以由君主来当政,可以由一定资质的公民群体来治理,也可以由贵族群体来治理。统治的内容有些变化,但政治共同体的政体形式却始终不变。所以无论是state、republic、commonwealth,都是政治治理的共同体。在文艺复兴时期,还有许多思想家在其著作中涉及国家政治共同体的内容。之后法国启蒙思想家、美国建国前后的思想家等都有关于国家政治共同

[①] 马基雅维里:《君主论》,潘汉典译,商务印书馆,1985年,第90—91页。
[②] A. Bonadeo, *Corruption, Conflict, and Power in the Works and Times of Niccolò Machiavelli*, University of California Press, 1973, p.105.
[③] Machiavelli, *The Discourses*, translated from the Italian by C. E. Detmold, p.113.

体方面的理论。其中卢梭的社会契约理论及国家代表公共意志的理论影响巨大。法国大革命、美国内战等具体国家政治实践都是上述理论的具体体现。这些已经成了学术界的共识。[①] 从某种意义上讲,美国的建国历史就是一部共同体发生、发展、完善的政治史。特别是新英格兰地区清教徒的自治奠定了美国国家政治共同体的基础。[②] 所以美国的政治思想家在谈及 state 一词时都要特别强调其中的共同体内涵。[③] 可见,西方政治思想家论及 state、republic、commonwealth 之类政治共同体概念时都包含一些基本的要素,如公民社会、讲究法律、各要素之间的平衡等。在西方曾出现"君主专制"的情况,但这种君主专制只是在共同体这一政治框架内的政治统治现象。例如,伊丽莎白的君主统治就是在英国中世纪长期形成的制衡政治结构中的统治现象,只不过伊丽莎白将共同体中的各平衡因素掌控得更得心应手些。无论是古罗马的帝王还是近代史上的法西斯主义独断都违背了共同体的基本要求实行独裁统治,其最后的命运就是垮台。我们用汉语"国家"一词去翻译、诠释那些概念时不要遗忘了其中的共同体特性。总之,国家就是国家政治共同体。

17 世纪之后,欧洲诸多地区开始出现民族国家政治共同体,而意大利仍在城邦国家政治共同体问题上纠葛。或者说意大利民族国家的政治功能还没有顺应大势体现出来。所以有一个现象值得我们重视,当博克等人在论述国家主权、君权等问题时,意大利的政治思想家仍在关心早已存在的城邦国家共同体结构如何完善等问题。随着政治形势的发展,后来的许多意大利政治思想家则更多地将注意力放在意大利统一、意大利民族国家的发展方向上。从国际范围的政治生态看,进入近代早期即 14—16 世纪,西方的政治板块中心出现了三次漂移。第一次是地中海的政治旋涡,那时,意大利仍是西方经济政治和文化的中心,由此诞生了像马基雅维利这样的政治思想家。近代西方(甚至是今天)一直在走那些政治思想家开创的道路。说到底,就是世俗国家权力和世俗国家利益的政治算计。我们无法从政治价值评价的角度去论辩这条道路,只是说,西方的政治和政治思想就是走的这条道路。当全球化时代出了各种政治问题时,我们有理由说,就是那条政治道路出的问题。17—19 世纪,西方的政治板块中心移到了大西洋沿岸。那时英国、法国等占据了主导地位,意大利成了配角。我们注意到,意大利与德国一样,其民族国家政治共同体的步伐晚到了一步。而当其功能显现时,又逢欧洲帝国主义扩

---

① 鲍桑葵:《关于国家的哲学理论》,汪淑钧译,商务印书馆,1995年。

② Louis B. Wright, *The Cultural Life of the American Colonies 1607-1763*, Harper and Row, Publishers, Incorporated, 1962; *Puritanism in Early America*, ed. and with an introduction by George M. Waller, D.C. Heath and Company, 1973.

③ *Jefferson Political Writings*, ed. J. Appleby and T. Ball, Cambridge University Press, 1999.

张浪潮向世界扑打过去。这给了政治思想家寻找政治生存的新的想象空间。有意思的是,正值西方向世界范围的扩张和世界范围内的政治版图调整,出现了西方政治思想界的民族主义潮流,这种潮流是世俗国家政治和利益的极端表现。这时的意大利出现了像马志尼那样的人物。西方的资本主义政治制度到了19世纪才真正定型,而政治思想上的各种民族主义是这种定型的组成部分。进入20世纪,政治板块的中心移到了地处大西洋与太平洋之间的美国。近代的美国政治思想是16世纪意大利政治思想的新的发挥。也就是说,美国等的政治运作和政治思想把近代意大利的政治思想展现得淋漓尽致,也就是政治稻谷与稻穗的关系。不过这时期意大利民族国家政治共同体承继了19世纪特殊的因素,也遇到了与近代西方其他民族国家政治共同体初露头角时不一样的机遇,其中就包括二战时期迎来处理与梵蒂冈关系问题的机遇等。那时有几种政治理论的取向,像意大利的新马克思主义政治思想,甚至法西斯主义都需要我们认真研究。20世纪下半叶至今,政治思想界的许多概念受到挑战。全球化时代的历史走到了十字路口,人类面临各种危机。所以这一时期的意大利政治思想界与其他西方政治思想界一样,大家都处在探讨之中。

上述意大利政治史与政治思想史的演变路径提示我们这样一些问题,即从理论的一般层面考虑,政治思想家的各种国家政治共同体理论大致有如下三个层面的意思:第一层含义,国家是体现公民权利和义务的政治共同体,涉及公民的身份认同包括公民的国家身份认同、权利与义务认同等;[1] 涉及法与宪政等问题。[2] 第二层含义,国家是保障各种政治力量权势的政治共同体。第三层含义,国家是权力机构有效运作、发挥整体功能的政治共同体。但从概念背后的政治史复杂性看,我们必须熟读政治思想文本的具体内容,并将这些内容与政治社会环境结合起来,准确把握其中的内涵。

在不同历史时期,上述问题又比较复杂。到了近代,共同体中涉及自由、民主等内容又在新的历史条件下引起了各种讨论,主要体现在如何限定国家权力与公民自由之间的关系问题。从柏拉图、亚里士多德的"国家在先原则",到卢梭的"公意理论"、黑格尔的"国家客观精神"[3] 理论,这些都存在着可能放大国家权力的危险。20世纪下半叶以来,在西方国家中一直存在着国家

---

[1] 里森伯格曾从历史的角度梳理过西方传统中的公民与国家政治共同体的关系,但此书中更多地是一种学术史的梳理。 See p.Riesenberg, *Citizenship in the Western Tradition*, The University of North Carolina Press,1992.
[2] 凯尔森:《法与国家的一般理论》,沈宗灵译,中国大百科全书出版社,1996年。该书第2编《国家论》中谈到国家与共同体、法律秩序等的关系问题。
[3] 黑格尔:《法哲学原理》,范扬、张企泰译,商务印书馆,1961年,第254页。

政治共同体的各种权力机构职能如何与政治共同体个别权益相匹配的讨论。在一年一度的牛津大学特赦讲座中,可以看到不同学者对上述问题的看法。① 在美国,罗尔斯《正义论》与诺齐克的《无政府、国家与乌托邦》② 等著作甚至在此问题上有过许多争论。罗尔斯在考虑正义原则的实现问题时有一个基本的假设,即"每个人的幸福都依赖于一种合作体系,没有这种合作,所有人都不会有一种满意的生活,因此利益的划分就应当能够导致每个人自愿地加入合作体系中来,包括那些处境较差的人们"③。从这个假设出发,罗尔斯构筑了一个由权利发生、权利分配为环节的正义原则体系。那些运用机会较好、获利能力较强的人的权益会受到国家的干预。这种干预不是国家命令富者拿出一些钱来给贫者,而是国家在安排整体财富时向那些运用机会较差、获利能力较弱的人做出某种倾斜政策,以求得平等原则的补偿。④ 人们不禁要问:这种"倾斜"和"补偿"是否以侵犯政治共同体的另一部分人权益为代价的呢? 诺齐克对罗尔斯的批评就是以上述问题为核心展开的。诺齐克的价值政治哲学出发点与罗尔斯的正好相反。诺齐克强调个体性原则。诺齐克指出:"对行为的边际约束反映了其根本的康德式原则:个人是目的而不仅仅是手段;他们若非自愿,不能够被牺牲或被使用来达到其他的目的。个人是神圣不可侵犯的。"⑤ 因此,国家在未征得个人同意的情况下实行某种"倾斜"政策和"补偿"措施必然会侵犯到一部分人的利益。诺齐克竭力批评罗尔斯的国家超强性治理功能学说,认为这势必会侵犯到天赋人权,等于将人当作手段而不是当作目的看待。诺齐克倡导一种"最弱意义的国家",即"古典自由主义理论的守夜人式的国家,其功能仅限于保护它所有的公民免遭暴力、偷窃、欺骗之害,并强制实行契约等,这种国家看来是再分配的。我们至少能设想一种介于私人保护社团体制与守夜人式国家之间的社会安排"⑥。诺齐克这种"最弱意义的国家"的设想有浓厚的乌托邦色彩。似乎有这样一种国家治理功能,其效果正好使绝对的个人权利得到了保护。其实,罗尔斯与诺齐克争论的关键,就是国家权力的运用与个人权利之间的关系。罗尔斯必须说明:与政治共同体相关的个人权利究竟有哪些基本内容? 而诺齐克必

---

① B. Johnson, ed. *Freedom and Interpretation: The Oxford Amnesty Lecture 1992*, BasicBooks, 1993; S. Shute and S. Hurley, eds. *On Human Rights: The Oxford Amnesty Lecture 1993*, Basic Books, 1993.

② 诺齐克:《无政府、国家与乌托邦》,何怀宏等译,中国社会科学出版社,1991年。

③ 罗尔斯:《正义论》,何怀宏、何包钢、廖申白译,中国社会科学出版社,1988年,第13页。

④ 罗尔斯:《正义论》,何怀宏、何包钢、廖申白译,中国社会科学出版社,1988年,第95—96页。

⑤ 诺齐克:《无政府、国家与乌托邦》,何怀宏等译,中国社会科学出版社,1991年,第39页。

⑥ 诺齐克:《无政府、国家与乌托邦》,何怀宏等译,中国社会科学出版社,1991年,第35页。

须说明：个人的权利是不是绝对个体化的？这种争论其实就是国家政治共同体引发的问题。

二、概念诠释与历史还原

在政治思想史研究领域，人们习惯于那套政治概念的逻辑化诠释模式。似乎越讲究概念的诠释、推演等就越具有学术性。政治思想史研究当然要注意概念的诠释及概念之间的关系，但抽象化地演绎这些概念就会丧失概念背后丰富的历史内涵。例如，城邦政治共同体理念的提出就不单纯是政治思想家的发明，其背后有着现实的公民社会历史发展内容。在人类文明史上，人们并不生活在抽象的政治概念之中，而是与具体的"民主""自由""正义""国家""权利"等政治状况打交道。只有当我们将这些概念放到一个具体的语境、历史场景中去分析，其生动的内涵才会显现出来。如果仅仅说"民主存在"这样的词，显然多少会产生词义的模糊性。这就使我们想起罗素的摹状词理论（theory of description）。罗素曾举例说："我们可以说'《威弗雷》的作者存在'，我们也可以说'斯考特是《威弗雷》的作者'，但是'斯考特存在'是不正确的说法。这种说法最多能解释为有这种意思：'名叫斯考特的那个人存在'，但是'名叫斯考特的那个人'是一个叙述，不是一个名称。凡是把一个名称适当地当成一个名称用的时候，说'它存在'是不正确的。叙述学说（即摹状词学说——笔者注）的主要之点是，一个短语对于一句话的意思可以有所贡献，若是单独用的时候就完全不具有任何意义。"①或者简单地概括为，"如果一个名称没有所指，它在一个命题里就没有意义"②。显然，我们必须十分谨慎地使用"自然权利""自然法""民主""自由"之类的政治概念。

在本书的撰写过程中，我们尽量做到将政治概念诠释模式与政治历史情境还原模式相结合，前文对国家政治共同体问题的历史阐释就是典型的"相结合"尝试。再详细地举个例子，政治思想家在阐释近代西方的共和主义等论题时都会联想到佛罗伦萨的政治结构及国家权力、共和政体、公民自由等现象。在这方面，19世纪有一些以政治共同体为主题的佛罗伦萨政治史专著值得我们参考。首先需要提到的是英国学者特罗洛普的《佛罗伦萨共和国史》③。贯穿全书的一条线索十分明确，即什么是佛罗伦萨这个政治共同体的特质？美第奇家族的存在使得这些特质发生了什么变化？它们相互作用使

---

① 罗素：《我的哲学的发展》，温锡增译，商务印书馆，1982年，第75页。
② 罗素：《我的哲学的发展》，温锡增译，商务印书馆，1982年，第74页。
③ T. A. Trollope, *A History of the Commonwealth of Florence, from the Earliest Independence of the Commune to the Fall of the Republic in 1531*, 4 Vols. Chapman and Hall, 1865.

佛罗伦萨共和国的历史呈现怎样的复杂变化过程？作者对这些政治共同体现象做了详尽的历史阐释。其次推荐法国学者西斯蒙第的《中世纪意大利共和国史》[①]。该书每一部分都有关于"共同体"（communes）的历史性分论。西斯蒙第启示人们这样去认识佛罗伦萨的政治社会：一是佛罗伦萨中世纪城市政治共同体形成过程中具有自治特点，二是佛罗伦萨自由市民逐渐养成既不违背基督教信仰又世俗化的市民道德体系，三是美第奇家族统治给原本透明性政治体制带来的负面效应，等等。如果我们根据以上学者提供的分析思路回到当时的历史场景中去，那么对诸如共和主义、民主治理、自由主义等政治概念的理解就不会停留在概念的抽象定义上。我们发现在不同的历史时期，上述概念的内涵都带有那个历史时期的印记。

不妨来分析15世纪美第奇家族统治时期佛罗伦萨的政治社会情况。从1434年科西莫·美第奇实际操控佛罗伦萨政权至1492年洛伦佐去世，这个家族的统治大约历时60年之久。随后是僧人政治家萨沃纳罗拉对佛罗伦萨的统治（1498年其被处死）。那么佛罗伦萨共和国的政治状况在这个世纪究竟发生了什么变化呢？在近代早期佛罗伦萨的辉煌时期，其人口大概达到50000人，并逐渐形成6000称作"公民"的选民，这些人都是年过25岁有专长者，并且是行会成员。他们经过资格审查机构确认后取得选民的资格。选举人当选后即刻成立两个议事机构即公社会议和人民会议，它们分别由200公民和300公民组成。还有大量分散选出的议事会，处理特别的政治事务，其中就包括立法机构（"十二善者"）和外交事务机构（"十人战事委员会"）等。城邦政府另设置一个小型的行政机构即执政团，由一群阁僚组成，并由一名正义旗手作为执政团的领导。此等政治状况使佛罗伦萨具有典型的共和政体等特点。但由于美第奇家族统治控制了整个佛罗伦萨政治社会的走向，因此上述政治结构、政治治理的表象还在，但佛罗伦萨的国家机构则在美第奇家族的独裁统治下变形，或者说出现了有共和国之名、行家族独裁之实的政权样式。意大利历史学家皮尼奥蒂对美第奇家族的独裁统治加以描述，在其《托斯卡纳史》中对科西莫·美第奇在佛罗伦萨实施的专横统治有如下描述："放逐那么多的显赫市民，毁灭、剥夺那么多富有家族及其财产，这对于自由的城邦国家来讲，可递上罪行一词来形容。城邦充满恐怖、惊慌的气氛，至少呈现给我们的是暴君政府的格调。……国家快要给剥夺了。然而科西莫说，

---

① J. C. L. Sismondi, *History of the Italian Republics in the Middle Ages*, Tr. W. Boulting, George Routledge and Sons, 1906. 该书原为16卷本，发表于1807—1818年。1832年，由作者亲自撰写的一卷本同时用英语和法语出版，有多种版本如 J. C. L. Sismondi, *A History of the Italian Republics*, Peter Smith, 1970。

'剥夺总比丧失要强'。"① 既然美第奇家族在佛罗伦萨共和国体制下搞独裁，那些佛罗伦萨的公民又怎么会容忍呢？这里就涉及了美第奇家族的手段问题。皮尼奥蒂认为佛罗伦萨的政治体制和政治状况很复杂，美第奇家族之所以能左右政局，其中一个关键点是美第奇家族善用"平衡术"(Balance)。② 例如，美第奇家族在佛罗伦萨排除异己的同时花巨资赞助艺术、慈善事业和税务等，以此平衡佛罗伦萨的各种势力及社会反响。这些已经得到学术界各种最新研究成果的验证。③ 在处理意大利和国际事务时同样是这种平衡术在起作用。洛伦佐说服那不勒斯国王相互结盟以保持和平就是其平衡外交策略的典型事例之一。④ 后来西蒙兹也充分注意到这种平衡术。例如西蒙兹借用圭恰迪尼的评述，认为美第奇家族通过联姻等手段来拉拢教皇，使教廷的势力成为政治平衡的重要筹码。其中乔瓦尼·美第奇(即后来的教皇十世)之所以在13岁便取得主教的头衔就直接与洛伦佐将女儿嫁给当时教皇西克图斯四世的儿子有关。⑤ 对于当时的佛罗伦萨人来讲，明智、务实、有效的政治家实践成为佛罗伦萨人衡量政治成败的标准，并成为一种城邦心理潜势。甚至如果一个邦主的施政措施可能危害到共和国的自由传统等，但只要你的举措是聪明的、有效的，那么众人就会容忍。⑥ 对政治能力的这种欣赏态度甚至成为佛罗伦萨的一种特性。当然，美第奇家族能够得心应手地在佛罗伦萨乃至整个意大利搞平衡术，最关键的因素是其经济上的优势。皮尼奥蒂一语道破

① L. Pignotti, *The History of Tuscany, Interspersed with Essays by Lorenzo Pignotti*, Tr. and with the Life of the Author by John Browning, Black, Young, and Young, 1823, Vol.Ⅲ, p.77.

② L. Pignotti, *The History of Tuscany, Interspersed with Essays by Lorenzo Pignotti*, Tr. and with the Life of the Author by John Browning, Black, Young, and Young, 1823, Vol.Ⅱ, p.324.

③ R. Fremantle, *God and Money: Florence and the Medici in the Renaissance*, Leo S. Olschki Editore, 1992, p.42. 根据作者的研究成果，科西莫·美第奇去世后有一项秘密文件被披露。它告诉世人美第奇家族在1434至1471年期间投资艺术、慈善和税务方面的总金额(按今日计算)达150百万~250百万美金。按照 E. Staley, 在 *The Guilds of Florence*(Benjamin Blom, 1967)一书中的说法，仅科西莫一个人的投入大概有50万佛罗令(金币)，见该书第194页。当时佛罗伦萨每年的国家收入大致为3万佛罗令，因此美第奇家族的这笔支出平摊到每年来计算的话，大致相当于岁入的6%，十分可观。

④ L. Pignotti, *The History of Tuscany, Interspersed with Essays by Lorenzo Pignotti*, Tr. and with the Life of the Author by John Browning, Black, Young, and Young, 1823, Vol.Ⅲ, pp.208–209.

⑤ J. A. Symonds, *Renaissance in Italy*, Vol.Ⅰ "The Age of the Despots", Smith, Elder, and Co., New Edition, p.317.

⑥ T. A. Trollope, *A History of the Commonwealth of Florence, from the Earliest Independence of the Commune to the Fall of the Republic in 1531*, Chapman and Hall, 1865, Vol.Ⅳ, p.5.

科西莫·美第奇权力的实质即"通过富有赢得权力"（viz., riches）。① 不可否认，与美第奇家族发挥经济优势、搞平衡术相伴的是政治上的各种暴君手段。所以政治思想家如果研究那段时期的公民权利等政治问题，就必须注意到有许多富裕阶层试图恢复被美第奇家族剥夺的公民权利等实际内容。这些内容不仅抽象的公民权利分析无法表达，还与其他国度的公民权利现象不能同日而语。

美第奇家族倒台后，萨沃纳罗拉试图用教会的一套管理机构、方式来改造佛罗伦萨的共和国体制。萨沃纳罗拉的悲剧在于他没有坚持佛罗伦萨共和国多年来形成的自治传统，从美第奇的家族政治又走向了宗教的独裁统治，从而影响了政治传统和各种利益集团。因为佛罗伦萨被美第奇家族一家独大压得太久，许多弊病为大家痛恨，所以萨沃纳罗拉一时的改革会赢得成功。但改革过于激进，与传统和现实势力的冲突。不妨听听马基雅维利当年的批评。在马基雅维利看来，法是国家权力的基础。② 如果在这个问题上举棋不定、模棱两可，就会导致一个人的政治命运乃至一个国家的政治命运的损毁。马基雅维利的分析和评判是：在1494年的改革事件中，萨沃纳罗拉起了主导的作用。萨沃纳罗拉的一系列政治改革中，有一项关于法律申诉的改革很引人注目。其中规定，如果八人国务委员会和正义旗手在做出涉及国家利益的重大事项决定时，那么当事人有向人民申诉的权利。这项决定刚通过不久，正义旗手就指责有5个公民因犯有侵害国家利益的罪行而必须受到死刑判决。这时，5个公民决定向人民申诉这项判决。但这个申诉请求很快就被当局拒绝了，因为他们明显地触犯了法律。这就把萨沃纳罗拉推到政治生涯的风口浪尖上，如果这个申诉是可以进行的，那么法律的权威性就受到了挑战，因为法律不能随意被践踏；如果这个申诉不可提起，那么申诉就应当停止，因为法律不能如此随便。可萨沃纳罗拉的许多布道从来不谴责那些有违法律的人，对那些一意孤行的人反而有所宽容。这种对漠视法律的偏袒精神严重影响了萨沃纳罗拉的政治声誉和前途。③ 在马基雅维利看来，无论萨沃纳罗拉如何将自己的改革用神圣的光环、用善的说教包装起来，一个明显的

① L. Pignotti, *The History of Tuscany, Interspersed with Essays by Lorenzo Pignotti*, Tr. and with the Life of the Author by John Browning, Black, Young, and Young, 1823, Vol.III, p.149.
② Bonadeo, A., *Corruption, Conflict, and Power in the Works and Times of Niccolò Machiavelli*, University of California Press, 1973, p.105.
③ Machiavelli, *The Discourses*, Translated from the Italian by C. E. Detmold, Modern Library, 1940, pp.229–230.

事实是,萨沃纳罗拉在走向独裁,这一事实将会影响到意大利。[1]也就是说,萨沃纳罗拉的宗教实践并没有营造一个和谐的共和国体制。再从萨沃纳罗拉改革的具体内容看,想让僧侣来管理所有的国家事务,这也是一种幻想。而对于那些他不理解或无法驾驭的事务,他就想用极端的办法来处置,对于文艺复兴带来的各种社会变化他也缺乏感悟,所以"他就是不开明"。[2]萨沃纳罗拉还动用警察来干预私生活,甚至指示仆人来监视自己的主人。这与加尔文在日内瓦的治理手段有十分相像的一面。布克哈特指出,这种举动在佛罗伦萨这样一个文化城市里是绝对行不通的。[3]萨沃纳罗拉自己也逃不脱苦难的命运,最后被送上了火刑柱。那么在萨沃纳罗拉统治时期谈公民权利之类的问题,这无疑涉及如何挣脱神权政体的束缚并恢复佛罗伦萨曾经有过的共和政体模式与法律制度之类的具体内容。顺便指出,马基雅维利批评萨沃纳罗拉独裁,但他自己在阐述国家政治共同体问题时对美第奇家族的独裁却未详加分析。这里有马基雅维利与美第奇家族的独特私人关系等原因。这提醒后人,在研究马基雅维利的国家政治共同体理论,甚至在研究各种西方政治思想家的著作和概念时,都应该十分注意影响文字、概念背后的种种历史因素。所以在佛罗伦萨共和国体制的不同历史阶段,公民争取自身权利的内涵亦各有不同。学者布鲁克尔对15世纪佛罗伦萨共和国政体下那些涉及统治阶层、公民权利、社会情感等问题做了更为宽泛的批判性总结:

> 不过,尽管佛罗伦萨在十五世纪是比以前治理得更有效,生命财产也更有保障,这些成就之取得也付出了一定代价。为了治安和秩序,一定程度的自由被牺牲了;为了达到更大的安定,某些政治活力的源泉被遏制了。中世纪的公社从来也不是一种民主政体,但是它能迁就容忍一大批彼此各不相同的利益集团。十五世纪的显贵上层政权却把这些团体排除于政权之外,并且限制了候选担任官职人员的范围,用这些办法它确实做到了使政治比较"安静"。……这时的公民已变成了附属臣民,更多的佛罗伦萨人在共和国的政治生活中也不再是积极的参加者,而变成了消极的旁观者。[4]

---

① *Machiavelli to Ricciardo Bechi*, from *The Letter of Machiavelli*, Edited and translated by A. Gilbert, The University of Chicago Press,1988, pp.85—89.
② 布克哈特:《意大利文艺复兴时期的文化》,何新译,商务印书馆,1979年,第468页。
③ 布克哈特:《意大利文艺复兴时期的文化》,何新译,商务印书馆,1979年,第469页。
④ 布鲁克尔:《文艺复兴时期的佛罗伦萨》,朱龙华译,生活·读书·新知三联书店,1985年,第234—235页。

所以马基雅维利、萨沃纳罗拉等政治思想家对心目中理想共和政体的描述是一回事，而共和国的实际状况则与他们理想政治有不小的距离。也就是说，政治思想家所阐释的概念是现实政治的反映，但不代表现实政治的全部。这也算是政治概念诠释与政治情境还原的形式之一。

　　文艺复兴时期意大利的政治社会因为教会国带来的复杂性问题更值得探讨。首先要搞清楚罗马城邦国家、教廷、教会国等概念，这些概念之间有盘根交错的关系。严格地讲，文艺复兴时期的罗马就是一个城邦国家，但罗马与佛罗伦萨、威尼斯等城邦国家不同，其政府的运转受到教廷的牵制。例如在14世纪时，罗马由两个教皇任命的大法官来掌管国家事务。后来，罗马也学习佛罗伦萨的政府体制形式，即通过行会之间的协调来完善国家机构，并由执政官来主导政府运转。不过，此执政官最后仍由教皇批准任命。总之，罗马的城邦国家机器无论有多独特、形式有多丰富，到头来都甩不掉教廷、教皇的制约。① 那么教廷是否只管辖罗马呢？这就涉及教会国(papal states)概念。教会国是教廷在意大利的领地，起自历史上的"丕平献土"。此领地范围的大小与教皇统治力的强弱直接有关，故经常在变更。其中的问题太复杂，布克哈特自己也没有给出一个明确的阐释，认为需要参考兰克的《教皇史》、斐迪南·格雷戈罗维乌斯(Ferdinand Gregorovius)的《中世纪罗马城邦史》(*History of the City of Rome in the Middle Ages*)等作品。② 现在所说的梵蒂冈国家要到20世纪上半叶才最终确立。而且，文艺复兴时期存在于意大利的教会国政治版图和势力经常在变动，③ 这又加深了政治史和政治思想史研究的复杂性。

　　上述多重政治势力交织在一起的国家政治共同体局面成为文艺复兴时期意大利政治思想家分析的重点，其中如何处理教会国、国家统一等问题又是难点中的难点。《马基雅维利历史、政治、外交著作集》前有一个《马基雅维利小传》，指出马基雅维利是"非教权主义者"(No Papist)④。这是学界公认的一个现象。马基雅维利在《佛罗伦萨史》中指出了教皇在各种政治旋涡中求生存的方法，即制造各种政治势力间的矛盾，扶持对己有用的政治势力，在政治势力的相互争斗中坐收渔利。其中说道：

① 萨尔瓦托雷利：《意大利简史》，沈珩、祝本雄译，商务印书馆，1998年，第254页。
② 布鲁克尔：《文艺复兴时期的佛罗伦萨》，朱龙华译，生活·读书·新知三联书店，1985年，第99页。
③ 1500左右的教皇国及意大利政区图可参见 G. Holmes, Ed., *The Oxford History of Italy*, Oxford University Press, 1997, p.77；1559年时的教皇国及意大利政区图可参见 G. Holmes, Ed., *The Oxford History of Italy*, Oxford University Press, 1997, p.81。
④ Machiavelli, The Historical, political, and Diplomatic Wtitings of Nicolo Machiavelli, Tr. C. E. Ditmold, Houghton Mifflin and company, 1891.

历任教皇对任何在意大利的力量变得强大起来的人一向都嫉妒；即使这种势力原来是由教会扶植起来的,教皇也不能容忍。由于他们经常设法破坏强大的势力,结果动乱和变迁连绵不绝。他们对实力强大的人物的恐惧促使他们扶持原先比较弱小的势力;一旦这个弱者变强,教皇就又开始惧怕他;由于惧怕他,就又想方设法毁灭他。教皇这种想法和做法促使他把那不勒斯王国从曼弗雷德手中夺出交给查理。但查理一旦强大,教皇立即决定毁灭他。在这种动机驱使下,尼古拉三世打算利用皇帝的势力把托斯卡纳的统治权从查理手中夺出来,以执行帝国命令的名义,把他自己的代表拉蒂诺派到那里掌握大权。①

教皇有时甚至动用开除教籍的手段来实现自己的政治目的,例如教皇曾对佛罗伦萨使用过这种极端的政治手段。② 布克哈特认为:

　　从但丁的时代以来,特别表现在意大利文学和历史里边的对于教会统治的敌视,已经由几个作家作过详细的记述。我们也已经谈过一些关于舆论对于教皇政权所持的态度。那些想要得到最有权威的人士提供的最有力的证据的人,可以在马基雅维里的《史论集》里有名的几段和圭奇阿尔狄尼(圭恰迪尼)的完整的全集里边找到它。③

布克哈特甚至认为,马基雅维利对基督教社会功能的贬抑,"马基雅维里更大胆地前进了一步,认为基督教不能对国家和维护公共自由有帮助"④。上述想法的根源与马基雅维利爱佛罗伦萨也爱意大利的情怀不无关系。马基雅维利是爱国主义者,他的理想就是呼吁实现意大利的统一,并一直在物色一个强势人物去承担这种统一的任务。因为在他看来,当时意大利的处境决定了城邦国家之间的联盟政治及其最终结局都不会如初衷所愿,在结盟问题上马基雅维利是慎之又慎。⑤ 这是其著作、政治理念的核心目标之一。我们还可以进一步考虑,如果回到当时的历史环境中去分析问题,那么马基雅维利的

---

① 马基雅维里:《佛罗伦萨史》,李活译,商务印书馆,2011年,第66页。
② 马基雅维里:《佛罗伦萨史》,李活译,商务印书馆,2011年,第66页。
③ 布克哈特:《意大利文艺复兴时期的文化》,何新译,商务印书馆,1979年,第448页。
④ 布克哈特:《意大利文艺复兴时期的文化》,何新译,商务印书馆,1979年,第540页。
⑤ *Machavelli on International Relations*, Ed. M. Cesa, Oxford University Press, 2014, pp.134–136, 162–160.

非教权主义和爱国统一理想是否蕴含操之过急的成分。相比之下，圭恰迪尼在具体的政治应对策略上则比较务实，认为在当时情景下以保持意大利的多样性为主，政治实践的上策是保持稳定性，指出当时稳定才是最主要的。[①] 所以就即时的政治判断力而言，圭恰迪尼是否更务实呢？另外，马基雅维利认为当时的意大利可以依靠强势人物取得统一。马基雅维利还希冀一个外来的政客凯撒·波吉亚来实现统一，这同样值得商榷。相比之下，美第奇家族依赖金钱势力及相应的平衡手段，在一段时间内取得了成功。另外，教廷在当时还很有势力，它不可能立刻退出世俗政治的舞台，而且它在国际政治舞台上还扮演重要调停人的角色。再进一步设想，当时教廷、教会国的存在确实不利于意大利的统一，但它们的存在是否也保护了意大利各个城邦甚至意大利本身不被欧洲强势力量吞灭并因此获得特定的发展机遇呢？

总之，上述政治思想史的内容是用抽象的政治概念、诠释方法所无法清楚说明的。我们只有回到具体的历史现实之中，才能更透彻地弄清楚存在于意大利政治思想史乃至整个西方政治思想史上的那些国家、共和、民主、自由、权利等政治学范畴的本质。

三、结构安排与重点勾勒

从意大利政治思想史前后逻辑发展的进程看，古代罗马以西塞罗为代表的城邦政治共同体理论大致奠定了以后发展的基础。经过中世纪经院哲学家的政治探讨，近代早期意大利的政治思想家如但丁、马基雅维利等为适应城邦国家发展的新形势，对古代的相关政治理论予以新的挖掘，形成了系统的国家政治共同体理论。17—19世纪的意大利面临如何使国家统一起来的重大政治课题，由此出现各种相互之间包含矛盾、冲突内容的国家统一构想和国家政治设计。统一后的意大利在20世纪仍然危机四伏，此时国际上列强争霸。意大利在国家政治层面面临以怎样的统治形式来应对国内外的复杂局面问题。于是左翼、右翼等各种政治思潮各说各的理，法西斯主义政治理论的尘嚣一时，新马克思主义的坚持己见，而各种头疼医头、脚疼医脚的实用政治学也轮换唱主角，这些形成了20世纪意大利政治思想界在处理国家政治共同体方面的凌乱局面，至今莫衷一是。不同时期的政治思想史各有特点。本书根据不同阶段各自的特点分成四编撰写，第一编为"古代罗马政治共同体理念的演变"、第二编为"近代早期城邦国家观念的新生"、第三编为"17—19世纪国家统一思想中的矛盾与冲突"、第四编为"左右摇摆的20世纪国家政治意识"。有了上述纲举目张的设想，我们大致上将整个意大利政治思想史

---

① R. A. Taylor, *Invitation to Renaissance Italy*, Harper and Brothers, 1930.

的脉络和方方面面呈现给读者。

第一编主要论述关于罗马城邦政治共同体与罗马帝国政治共同体的理论观点。

第一章为"共和国政治共同体性质立论",对"共同体"进行概念的梳理和辨析,这一时期主要以西塞罗的思想作为主线。西塞罗的政治思想借鉴了前人的智慧,可以追溯到亚里士多德等人的政治思想,其中斯多葛学派的思想对西塞罗影响颇深。珀尼西厄斯提出的一种国家理论后来被西塞罗保留在了自己的著作中,这种理论认为所有人是平等的,人们至少都应当享有维护人之尊严的起码权力,正义也要求法律承认这样的权利并保护人们享有这些权利,正义是各国的法律,是把它们结合在一起的纽带。西塞罗在其《共和国篇》和《法律篇》书中详细阐明了其政治思想。按照萨拜因《政治学说史》中的观点,斯多葛学派中不仅有自我控制、忠于职守和公共精神等适合于罗马人特别引以为傲的美德,还有诸如"世界国家"这种适合于把某种程度的理想主义植入罗马征服欲望的观念。

第二章为"共和国政治共同体各成员的政体观、权力观",涉及罗马共和国时期内部的权力运作。同时,包括身份的认同、权力的设置,以及为保障共同体有效运作而制定的法律。具体有公民和贵族的身份界定,元老院、人民大会、行政职官系统等的设置及各种法律的保障,等等。这一章还围绕一些著名人物的典型思想(如西塞罗、凯撒、李维等)展开阐述。

第三章为"共和国政治共同体与周边地区关系理论",主要说明一个共同体的维持除了现实地处理内部关系,还与调整同周边地区的关系密切关联。罗马是个不断征战与征服的国家,它对外的征服也影响到内部权力与法律制度的结构,如俘虏与奴隶导致罗马平民、贵族身份之外另一等级的产生,法律方面则有万民法等应运而生。这一章具有与第二章一样的思路:一个是共同体内部的维持,一个是共同体外部的稳固。

第四章为"帝国时期的共和国政治共同体思想演变",主要论述斯多葛学派发展到帝国时代时所牵涉到的宗教意蕴,即法律和统治都根植于上帝指导人类生活的计划之中。每个人都是两个国家中的成员,一个是公民的国家——他在其间是臣民;另一个是由所有有理性的人组成的更大的国家——他因其人性而属于这种国家,它的纽带是道德的或宗教的,而不是法律的和政治的。这一章主要以塞涅卡的上述思想为主。这种思想为此后中世纪的基督教社会观念和思想奠定了基础。

第二编论述从中世纪到近代早期意大利城邦政治共同体的复杂性及相关理论。

第一章勾勒从中世纪晚期到文艺复兴时期"国家"观念的演变。14—16

世纪,人文主义者的国家政治理论绝非横空出世,人文主义更不是一场突如其来的思想文化运动。尽管意大利文艺复兴时期出现了一些全新的政治现象,一批批思想巨擘为后人筑起流光溢彩的思想殿堂,但究其根源,人文主义者的国家观还是可以从古典时代与中世纪政治思想中觅得踪迹。意大利与欧洲各地的政治发展模式不同,尤其是意大利中北部地区并未真正经历过封建制度的洗礼,许多城市灵活地周旋于教皇与皇帝之间,由中世纪城市公社逐渐发展为拥有明确领土范围的城邦国家,形成了以 *respublica* 为中心的人文主义国家观。

第二章论述国家统治权力的合法性问题。在这点上犹能体现出人文主义者的人本意识和德性政治观。自古典时代起,统治权力的合法性就有多重来源,但14、15世纪意大利政治局势的转变使得权力合法性的传统源头趋于枯竭。一方面,伴随宗教权威的衰退,教皇授予的君权合法性遭到质疑;另一方面,大多数意大利城邦国家统治者的家世低微,若从传统观念上看,斯福尔扎、美第奇家族的统治都属"非法"。于是权力合法性的问题再度浮现于政治思想的舞台,成为为各国宫廷效力的人文主义者关注之焦点。早期人文主义者另辟蹊径,将"德性"作为衡量权力合法性的尺度。

第三章论述国家与公民之间的关系。一方面论述人文主义者自身参政实践的路径,另一方面勾勒他们如何赋予政治以人文主义理念的建构过程。中世纪基督教教义和经院神学极大遏制了公民的积极生活,将商人排斥在政坛之外。人文主义者通过重估古典文化中的公民美德,颠覆传统伦理价值观念中的荣耀观、财富观、婚姻观,从而扩大了积极生活的内涵。

第四章论述新型国家机器的完善运作。16世纪,英国、法国和西班牙等近代民族国家强势兴起,与之形成鲜明反差的是意大利各城邦国家却依然苦陷于权力拉锯战中。在四分五裂的亚平宁半岛上,一个凝聚统一的权力中心始终缺位。在民族国家政治共同体的发展方面意大利无疑落后了。马基雅维利、圭恰迪尼等晚期人文主义者面对的是极其残酷的政治现实,他们痛定思痛,开始质疑早期人文主义者道德训诫的有效性,能人政治的意识得到强化。他们以敏锐的政治眼光意识到,民族国家才是一种国家统治模式的发展趋势,开启了国家理性化和信仰世俗化的进程。

第三编主要论述17—19世纪民族国家政治共同体的各种理论。

第一章讨论民族主义思潮的兴起问题。进入近代以来,意大利由于一直处于分裂状态,民族意识发展迟滞,经济与社会发展落后,在现代化和民族国家发展的道路上远远落在英国和法国的后面。随着18世纪末意大利民族主义思潮的兴起,意大利经历了以民族独立和解放为目的的复兴运动,最终建立起统一的民族国家。作为"迟到的民族"——意大利在追求民族解放和统一的过程中遭遇了重重的困难和矛盾,也对当时的思想家提出了矛盾的诉求。肇始于但丁和马基雅维利等先驱的意大利民族主义,其发展遭遇了重重障碍。除了地理、语言等实际因素,主要的障碍来自政治和思想方面。长期分裂导致了根深蒂固的地方主义和天主教宣扬的普世主义,这两种观念极大地压抑和阻挡着民族情感、民族意识的产生和发展。启蒙思想和浪漫主义激发了意大利人对祖国独立、统一的渴望。拿破仑的占领、统治给意大利人强加了国家观念,促进了民族意识的成长,但其专制统治也激起了意大利人反抗异族压迫的民族感情,激发了意大利人实现民族独立与国家统一的共同愿望。19世纪初期的烧炭党运动是民族主义发展史上的新篇章,其理论和实践虽然有很多不足之处,却极大地推动了民族主义的发展和民族复兴运动的蓬勃展开。

第二章集中评析马志尼等政治思想家的统一方案。对于以何种方式统一意大利,以马志尼为代表的共和主义者、以焦贝蒂为代表的联邦主义者和以加富尔为代表的自由主义者提出了截然不同的方案。马志尼认为,意大利有共和国的伟大传统,共和制是意大利最理想的政治制度,他希望未来的意大利是一个自由而平等的民主共和国。焦贝蒂相信意大利人在道德和文明方面的领先地位,深信教廷在意大利历史上的重要作用,认为教皇是无可替代的精神领袖。他建议成立一个由现存的意大利各个邦国结合而成,由教皇充当象征性首领的联邦国家,以此作为将意大利从外国的控制和影响下解放出来的方式。而以加富尔为首的温和自由主义者选择国家组织的、政府主导的民族主义,认为只有自由主义的君主制国家才有成功的希望。三种方案、三种思潮之间产生了激烈的冲突。

第三章继续研讨曲折的统一运动及各种理念之间的冲突。虽然最后统一在各派妥协的基础上达成了,在皮埃蒙特王朝的旗帜下建立了意大利王国,但是这些矛盾延续到了统一后的国家建设和民族建构中。国家与教廷的冲突、议会中各个政治派别之间的斗争、地方主义与形成统一民族意识之间的矛盾等,使得国家建设异常艰难。加富尔提出的“自由的教会,自由的国家”思想虽然为解决国家与教廷之间的冲突定下了基调,但围绕教皇世俗权力的存与废而形成的“罗马问题”久拖不决,给民族国家带来了极大的伤害。戴普雷提斯在加富尔解决议会斗争的政治“联姻”的基础上,发展出了“多数派进化论”,以联合中立派议员的方式,形成议会中的多数派。但无论是加富尔的“联姻”政策,还是戴普雷提斯的“多数派进化论”都不能够真正化解党派斗争问题,而只是解燃眉之急的权宜之计,致使意大利的党派斗争持续至今。克里斯皮论证了对国民进行政治教育的重要性,并以各种方式开展了政治教育以促成民族的同一化,缔造意大利人,完成从“形式统一”到“精神统一”的过程。然而无论是为加强中央集权的"皮埃蒙特化",还是在对待落后的南方的态度上,政府的所作所为都完全与"精神统一"的初衷相背离,未能将意大利民族凝聚成一个紧密的共同体。

第四章讨论统一后意大利的政治局势和政治思想新课题。在民族主义的推动下,意大利实现了民族的独立与解放,但国内外的形势却很快让民族主义产生了蜕变。国内矛盾的尖锐、经济的落后、国际地位的低微使得意大利急切地希望能够成为拥有殖民地的帝国。帝国主义者认为建立意大利帝国不仅是意大利民族的使命,也是民族生存之必需。而且殖民活动可以转嫁国内的危机,殖民战争还是增强民族凝聚力、促进民族融合的有效方式。但是反殖民运动者对帝国主义者的种种殖民理由进行了反驳和质疑,认为意大利在内部矛盾重重的情况下,应先解决国内问题再处理国际问题;在意大利自身还很落后的情况下,没有任何理由去"教化"其他民族。意大利的殖民活动并不成功,不仅因为意大利缺乏殖民扩张所需要的强大的军事和经济实力,也因为国内缺乏凝聚力,不能形成一致而坚固的前线。

总之,虽然意大利19世纪的民族主义的发展促成了国家的统一,但是统一之后的国家建设和民族建构总体来说效果并不理想,这与民族复兴运动整个过程中伴随着的激烈的矛盾与冲突是分不开的。现实的矛盾导致了这一时期各个阶段的政治思想同样充满了矛盾与冲突,而这些思想上的矛盾冲突又反过来对现实问题的解决造成了困扰。面对国内外的困境,当初积极的民族主义蜕变成了帝国主义思想,最终在20世纪被法西斯主义所利用。值得指出的是,意大利的民族主义虽然促进了意大利的统一,但也遗留下来很多问题:党派斗争、南方问题等诸多矛盾与冲突在意大利近代史上始终没有得到解决,一直延续到了现代。

第四编主要论述20世纪意大利国家政治共同体在复杂国际局势下的各种状况及相应的政治思考。

相比其他时期的意大利政治思想史影响力,19—20世纪的意大利政治思想家所阐述的理论"弱化"不少。究其因,意大利半岛及周边地中海区域的政治中心地位已经被其他地区取代。意大利的国家实力不能与英、美、德、法等西方国家同日而语。尽管如此,意大利仍是西方政治势力的重要组成部分,在国际政治势力博弈和西方势力向全球扩张的过程中意大利仍在发挥其特定的作用。期间出现了左右摇摆的政治思潮特征,涉及自由主义、社会主义、民族主义、法西斯主义等。根据以上"弱化"的情景,我们对许多内容评述得相对简略些,不过仍试图将关键的部分批判性地呈现给读者。第一章"左翼政治思潮"是20世纪意大利政治思想中的核心内容,其代表人物有拉布里奥拉、葛兰西等。该章将着重阐释意大利马克思主义理论的形成及各代表人物的主要思想。第二章"右翼政治思潮"涉及精英主义,代表人物有帕累托、莫斯卡和米歇尔斯等;还涉及法西斯主义,代表人物有真蒂莱、墨索里尼、罗科等。第三章"自由主义政治思潮"涉及贵族自由主义,代表人物有克罗齐等;激进自由主义代表人物有戈贝蒂等;自由社会主义代表人物有罗塞利、博比奥等。最后简要阐释萨托利的民主政治思想。

以上是对《意大利政治思想史(全二册)》所做的原则性、概略性介绍。事实上,这套书的具体内容要丰富得多,而且各位作者都对自己的学术兴奋点做了各种发挥。我们的学术努力是否最终能成一家之言,这期待出版后的学术反响!

目　录

上　册

第一编　古代罗马政治共同体理念的演变

第二编　近代早期城邦国家意识的新生

下 册

第三编 17—19世纪国家统一思想中的矛盾与冲突

第四编　左右摇摆的20世纪国家政治意识

第一编

古代罗马政治共同体理念的演变

导　论

相比于"国家""社会"这些我们耳熟能详的词语而言,"共同体"似乎显得陌生了一些。然而自从20世纪80年代"共同体主义"流行以来,这一术语便被广泛应用于哲学、政治学、社会学、人类学等领域。可以说,早在国家、社会这些形式出现之前,共同体的形式就早已存在了。然而要想为"共同体"寻找一个清晰的定义,似乎不是件容易的事。科林·贝尔和霍华德·纽拜就曾经抱怨道:"什么是共同体? ……我们将看到,这可以解析出超过90个共同体的定义,而它们之中的唯一共同要素就是人!"[1]可见,"共同体"的概念不仅"意谓"颇多,而且"意义"也不一而足。就如杰拉德·德兰蒂曾经说过的那样:

> 共同体一直建立在种族、宗教、阶级或政治的基础上。它们也许是大型的,也许是小型的;维系它们的附属关系也许是"淡薄的"(thin),也许是"深厚的"(thick);它们也许以地方为基础,也许是在全球层面上被组织起来;它们与现存秩序之间的关系也许是积极性的,也许是颠覆性的;它们也许是传统的、现代的,甚至是后现代的;它们也许趋于反动,也许趋于进步。[2]

既然我们很难对"共同体"下一个统一的定义,不如换一种思路,即梳理这一概念在不同语境中的用法和含义。毕竟,当我们试图回答"何谓共同体"时,是为了获得关于它的真理性认识。"而真理性认识,在根本上,就是将事物本身的真实情况'如其所是地'揭示出来,反应在思维中,并表达在语言里。因此,对于揭示社会生活真实面目的研究者来说,事情是什么样就把它看成什么样,有什么特征就把它如其所是地说出来,这才是更为坦诚的姿态——尤其是在大量的理智努力已经被证明为失败的情况下,更是如此。"[3]

---

[1] Colin Bell and Howard Newby, *Community Studies: An Introduction to the Sociology of the Local Community*, Praeger, 1973, p.15.

[2] Gerard Delanty, *Community*, Routledge, 2003, p.2.

[3] 李义天主编:《共同体与政治团结》,社会科学文献出版社,2011年,第4页。

毫无疑问的是"共同体"这一概念描述的是群体而非个体。戴维·霍林格认为"共同体"本身不具有任何特殊的政治意味或道德指向，只是表示"一个根据其成员所共享的某个或多个特征而定义的群体"，该群体或者是"某个有组织的利益群体，或者不过是一个共享某种独有的特征、实践活动或居住地点的人类集体"。在这个意义上，人们可以较随意地使用该术语，如"科学共同体""政治共同体""学习共同体""民族共同体"等。鲍曼在《共同体》一书的开篇也曾提到："共同体指社会中存在的、基于主观上或客观上的共同特征（或相似性）而组成的各种层次的团体和组织，既包括小规模的社区自发组织，也可指更高层次上的政治组织，而且还可指国家和民族这一最高层次的总体。"①从以上对共同体的描述中我们可以看出，其内涵比较简单，自然可被运用的外延就变得十分宽泛。按照此种解释，大者如国家、社会，小者如一起候车、一起购物、一起用餐等等的三三两两的人群也可称之为"共同体"，因为他们的目标和动机相同或相似。显然这种内涵松散随意的解释不能为社会学家所接收，他们更愿意在一种相对严谨的范围内使用"共同体"一词。英国社会学家麦基文认为：

　　　　不管多大面积的共同生活，如村庄、城镇、区（县）、国家，甚至更大的领域，都可以称为共同体。被称为共同体的地方必须有区别于其他地方的显著特征。生活在一起的人在宇宙法则、身体的、生物的和心理方面都须有共同性。只要他们生活在一起，就必将从中产生和发展出这些共同特点，如举止动作、传统习惯、言谈方式，等等。②

　　戴维·米勒也认为，就"共同体"的本义而言，它指的应该是一个"政治领袖个人为许多公民所熟知，每天都能看到这些公民在城墙内从事着自己的营生"③。芝加哥学派的代表人物罗伯特·帕克将"共同体"的基本特点概括如下："它有一群按地域组织起来的人群；这些人程度不同地深深扎根在他们所生息的那块土地上；其中的每个人都生活在一种相互依赖的关系中。"④由社会学家的这些论述来看，"共同体"显然需要具备"共同地域"的特点。不可否认，生活在一处的人们想要形成一个团结、和谐、思想一致、行动统一的共同

---

① 齐格蒙特·鲍曼：《共同体》，欧阳景根译，江苏人民出版社，2003年，第1页。

② R. M. Maciver, *Community: A Sociological Study*, Macmillan, 1928, p.23.

③ 戴维·米勒：《政治哲学与幸福根基》，李里峰译，译林出版社，2008年，第110页。

④ Larry Lyon, *The Community in Urban Society*, Waveland Press, 1999.

体要比不能生活在一起的人群容易得多。然而是不是生活在同一地域的人们必定会形成这样的"共同体"呢？似乎也并非如此，我们不难看到有时地处同一片土地或相邻土地的人们之间往往表现出不同的习俗、思想，甚至语言。就算同在一个"共同体"内的人们，完全有可能在相互熟知的情况下，表现出来相互冷漠、鄙夷甚至对抗的情形。法国的让-克里斯蒂安·珀蒂菲斯就曾提道："在一个狭隘对立和封闭的环境中……每天见到的是同一张面孔，聊的是同一个话题，由于彼此了解太深，生活得太近，最终导致了相互记恨。"①据此可见，"共同的地域"，对于一个充分意义的共同体而言并不是充分条件，它只能保证人们在地理关系上紧密联系，却无法保证他们在精神关系上彼此认可。作为一种特殊的生活，"共同体"之下的人们除了在同一个地域共同生活之外，还要形成一种休戚与共的亲密的社会关系。"这些社会关系以高度的个人亲密性、情感深度、道德承诺、社会凝聚力，以及时间上的连续性为特征。"②

在这一意义上，我们有必要了解一下斐迪南·滕尼斯对共同体的解读。作为德国现代社会学的奠基人之一，滕尼斯在他的传世之作《共同体与社会》中抽象地概括出人类群体生活中的两种类型，即共同体与社会。他认为，社会是一种目的的联合体，它产生于众多的个人思想和行为的有计划的协调，个人预计共同实现某一种特定的目的会于己有利，所以聚合在一起。而共同体是建立在有关人员的本能的中意、对习惯制约的适应或者与思想有关的共同记忆之上的。血缘共同体、地缘共同体和宗教共同体等作为共同体的基本形式，不仅仅是各个组成部分加起来的总和，还是有机地浑然生长在一起的整体。"关系本身即结合，或者被理解为现实的和有机的生命——这就是共同体的本质，或者被理解为思想的和机械的——这就是社会的概念。"③在滕尼斯看来，社会是一种暂时的和表面的共同生活，是个人为了实现各自的目的聚合在一起的一种机械的人工制品，"他们像在共同体里一样，以和平的方式相互共处地生活和居住在一起，但是，基本上不是结合在一起，而是基本上分离的"④。而人们在共同体里与同伴一起，从出生之时起，就休戚与共，同甘共苦。共同体是持久的和真正的共同生活，它本身应该被理解为一种生机勃勃的有机体。因此，"在共同体里，尽管有种种的分离，仍然保持着结合；在社会

---

① 让-克里斯蒂安·珀蒂菲斯：《十九世纪乌托邦共同体的生活》，梁志斐、周铁山译，上海人民出版社，2007年，第180页。
② R. A. Nisbet, *The Sociological Tradition*, Heinemann, 1970, p.48.
③ 斐迪南·滕尼斯：《共同体与社会——纯粹社会学的基本概念》，商务印书馆，1999年，第52页。
④ 斐迪南·滕尼斯：《共同体与社会——纯粹社会学的基本概念》，商务印书馆，1999年，第95页。

里,尽管有种种的结合,仍然保持着分离"①。

滕尼斯对"社会"的解读,从某一方面来说也同样适用于"国家"这一概念。尽管很多人将"国家"等同于"共同体",因为它们都有自己的地域、边界,都对生活在其中的人们有统治权或控制权。但是与"共同体"这样一个生机勃勃的有机体相比,"国家"同"社会"一样,都是一种目的联合体,是一种机械的聚合和人工制品。在这种状态下聚合在一起的人们,尽管要遵守共同的法律、按照某种方式生活,但这种"共同"很大程度上是出于某种目的:得到利益或害怕惩罚等。按照麦基文的理论,国家是排外的和有决定权的。一个国家灭亡,会有另一个国家建立;一个国家出现,也会有另一个国家消失。没有人能够同时属于两个国家。②他认为,在共同体里,人们积极、自发而又自由地共同生活着,他们自觉地相互联系。而国家则需要通过正式的手段,规定社会生活的外部环境和支撑履行社会义务的主要体系。"国家的实质是政治秩序,国家统治的主要手段是政治法律。……没有法律,就不会有国家。"③除了这些,"共同体"与"社会""国家"这些概念还有一个更明显的不同,那就是:在人类发展史上,社会类型的出现晚于共同体的类型的出现,国家的出现则更晚。按马克思主义的观点,国家是一种历史现象,是社会发展到一定阶段,私有制出现,阶级形成之后才出现的。所以"共同体是古老的,社会是新的,不管作为事实还是作为名称"④。

那么究竟什么是"共同体"呢? 我想我们很难给它下一个完完全全的定义,但是按照阿米泰·伊兹欧尼的观点,我们还是可以用以下特征来说明一下"共同体"的:"①一个共同体需要一个人们之间能够彼此影响的关系网——这种关系经常相互交织,并且能够相互增强(而不仅仅是一对一的关系或像链条那样的个体联系);②共同体需要信奉一系列共同的价值、规范、意义,以及共同的历史与认同——简言之,一种特殊的文化。"⑤

故此,当我们对"共同体"概念有了初步的了解,并厘清了它与"社会""国家"等概念的区别之后,再回到主题去谈论古罗马的一些问题时,在我们的头脑中实不应该以"国家"等这些近代以来的思维去认识古罗马这样一种"共同

① 斐迪南·滕尼斯:《共同体与社会——纯粹社会学的基本概念》,商务印书馆,1999年,第95页。

② R. M. Maciver, *Community: A Sociological Study*, Macmillan, 1928, p.29.

③ R. M. Maciver, *Community: A Sociological Study*, Macmillan, 1928, p.30.

④ 斐迪南·滕尼斯:《共同体与社会——纯粹社会学的基本概念》,林荣远译,商务印书馆,1999年,第53页。

⑤ Amitai Etaioni, "The Responsive Community: A Communitarian Perspective," *American Sociological Review*, Vol.61, No.1, Feb., 1996, pp.1–11.

体"的形态。诚然，为了能更清晰、明白地叙述问题、分析问题，我们需要界定甚至创造一些概念，但是我们不可绝对化这些人为的定义，不可一味地用今人的眼光去理解当时的思想与状态。且不说概念本身没有一个统一的、绝对的含义，就算某些概念曾经比较明确、具体，随着时间的推移及事物的发展变化，其内涵与外延也会不断变化。所以当我们试图论说古罗马时期的政治思想时，用"共同体"来指称当时的形态似乎更合适些。首先，无论从名称或是现实，"国家"这种形态在当时并未出现；其次，就"共同体"本身的含义而言，古罗马当时已具备其涵盖要素，可以称为一种"政治共同体"的形态。

从古至今，权力始终是社会政治生活中的核心要素。从古希腊到罗马，思想家们除了强调权力的必要性，更对其危害有着警醒的认知。在政体上，波利比乌斯（又译波里比阿）对三种单一政体优缺性的分析和对混合政体的阐释，构成了西塞罗共和政体观的基础；在权力约束方面，思想家们通过对暴力和残酷的统治事例的贬斥，以及对有德性的事例的赞扬，强调政治家自身的美德对国家和民众的榜样作用。他们对美德和荣誉的推崇既与罗马一向的传统和贵族精英的理念相关，也与古希腊的政治哲学思想有着深厚的渊源，同时罗马的政治现实也与思想家们的这一认知密不可分。除此之外，古罗马的思想家还注重法律对权力的约束和对权利的保障。西塞罗通过诉诸罗马的守法主义，缩短了理想的善或先验的正义与实际的道德义务之间的差距，认为法律在最低程度上体现了人类社会的理性与正义；罗马的法学家们也以法律规范的形式承载了古代罗马对权力的制约和公民权利的保障，这不仅成为文艺复兴时期人文主义者政治思想的重要来源，也影响了近现代西方国家的许多国际行为准则。

罗马在不断的斗争和征服过程中，逐渐建立了公民权的理念和相关结构。贵族精英如波利比乌斯与西塞罗，强调义务是取得法律和公民特权的前提。他们的价值观代表了寡头政治者那一小部分群体的价值取向，但贵族政治理念已然渗入并被转化为有利于个人和共同体的行为中。罗马通过公民权的授予、拉丁文化的传播和斯多葛普遍的人类情谊与周边的城邦建立了关系，并最终将其纳入自己的范围。这个帝国和世界主义理论为伴随基督教的到来所产生的市民价值观的转变做了准备；约瑟夫斯的生平和他的思想从一个流散民族的视角反映了罗马统治下行省与中央的重大主题与冲突。他在努力保持自己犹太人意识的同时，随时愿意与罗马政府达成谅解。他一生的信念，就是希望犹太教与非犹太教世界，尤其是与罗马的统治和统治者之间的和谐共存，而这也从一个侧面展现了行省与罗马政府之间的依从关系。他的尝试和信念也反映出罗马统治下地方精英智士们的努力和希翼。

帝制时代，斯多葛学派中的宗教含义日益凸显，反映在政治思想上即法律和统治都根植于上帝指导人类生活的计划之中的理念的上扬。这一时期，出现了整体国家观下的双国度理念和藐视权力的自由意志理论。塞涅卡与奥勒留认为，一个人不仅是国家公民，他还是以道德和宗教为纽带的社会的人。爱比克泰德的理论则从另一个方面凸显了自由意志的存在及其在人们的价值判断和行为抉择中的作用。他认为对于在意志之外的、人们不能支配和决定的领域，人们只有服从其自然本性；而在人是完全可能自己做主的意志领域，便要充分利用我们的意志决定如何行为。他告诫我们人的价值在于真实地按照自己的意愿生活，遵循内心的独立、自主与尊严，而不必顾及社会地位和政治处境，这才是真正意义上的自由。塞涅卡的斯多葛学派与奥勒留的一样，实际上是一种宗教信仰，它为人们提供力量和安慰的同时，也转向了对精神生活的冥想。这种信仰越来越牢固地扎根于基督教教父们的政治哲学之中，开启并影响了中世纪的理论之门。

以西塞罗、塞涅卡等为代表的古罗马思想家以其对共同体、统治权力、美德、个体的关注与思考，展现了自城邦衰落和帝国崛起以来政治认识视角的转化，即从个人融于城邦的整体主义视角转向了彰显个人自由意志的个体视角；从世俗理性视角转向了神圣信仰视角。以基督教思想为代表的中世纪政治观点，正是在这一理念的基础上经奥古斯丁和阿奎那的阐释构建了由古代通往近代的桥梁。

意大利的政治思想家很早就关心这样一些内容：国家的性质问题、国家与公民的关系问题、国家之间的关系问题，等等。在西方，这些问题合在一起，称作国家政治共同体的因素。中世纪时，它表现为王朝政治共同体模式。然而在意大利很早就出现了城邦国家政治共同体的模式，其政治共同体思想的源流可追溯至古代罗马时期。针对共和政治体制，波利比乌斯有混合政体学说，西塞罗更是在其《论共和国》中进一步阐明了混合政体的优越性。在西塞罗的著述中，最高的、最理想的政治体制仍旧是公民共同参与的城邦政体，他称其为公众的或公共的政治团体。到了罗马帝国时期，罗马的法学家开始用万民法的理论来构筑罗马帝国的共同体。从实际情况看，帝国在经济与政治制度上已与共和国时期有了很大差别。随着罗马帝国对外的大幅扩张，很难以共同体的形式来同化被征服的地区，当时在公民权的授予问题上就存在着罗马本土与各行省之间的冲突。在精神层面上，罗马人可以用军事和拉丁语征服地中海世界，但罗马人无法用思想意识同化被征服地区的人民。后来罗马人如塞涅卡、奥古斯丁开始转向基督教的层面，试图从道德的或宗教的领域找到联系共同体的纽带，由此开启了以阿奎那等人为开端的中世纪意大利政治思想的发展脉络。

从学术层面而言，在任何时代与国家，"政治"都是一个永恒的话题。一个国家的生存与发展都要受到政治思想的指点与引导。自20世纪80年代"共同体主义"流行以来，"共同体"这一术语便被广泛应用于哲学、政治学、社会学、人类学等领域，它被用来指称比国家、社会这种形式出现更早、内涵和外延更丰富的政体形式。用近代"国家"的眼光来看，古罗马时期的政体更符合"共同体"这一概念。其政治思想集中反映在共和时代的政治斗争中，它的鲜明特点是在政治、立法等实际活动中借用和发挥，为罗马的各种政治势力服务。在古罗马征服希腊前，希腊化影响就已在社会中蔓延。征服希腊后，古希腊文明深入到罗马社会生活各个领域，也影响了罗马的政治思想与法学思想。学术界历来重视对古罗马政治思想和法学思想的研究，不仅仅因为近代政治法律思想肇始于希腊罗马，也在于这一时期思想本身的丰富内涵。它不仅有流传下来相对完整政治理论和思想的西塞罗、塞涅卡等供后代研究的大家，也有本身更多被视为历史学家、文学家、政治军事家的塔西佗、凯撒、奥勒留等人的政治思想有待进一步发掘。

从现实意义而言，古罗马的政治思想中不仅有对正义、善、美德这种基本规范的认知，也有对权力的诱惑及它容易流于残暴的警醒。他们建议统治者应该加强自身的道德素养，倡导公民与统治者的向善之心，同时强调共和国利益的至高性和共和国的凝聚力。这些思想中蕴含的理性和法治观念、集体主义精神与高尚的爱国主义情怀不仅成为文艺复兴时期人文主义者的精神向导，也影响了近现代国际关系的行为准则，同时对我们当今的政治更不乏借鉴、效仿之处。

一、对古罗马政治思想的总体研究

国外关于罗马政治思想史的研究，有两部书不可或缺，一部是美国约翰·麦克里兰的《西方政治思想史》，[①]一部是美国乔治·萨拜因的《政治学说史》。[②]前者以西方最重要的政治思想家和历史为主题，上起古希腊，中经近代国家的演变、美国的启蒙运动，再到自由主义的兴起及自由主义的各种反动，一应俱全，蔚为大观。但该书比较着重近代及现代政治思想的发展，在八百页左右的原稿中，15世纪以后的部分占了六百多页，约占全书五分之四。至于古罗马部分，仅仅提到西塞罗、奥勒留和奥古斯丁三人，并且只是作为斯多葛学派的代表而为之的。但在这仅有的篇幅中，麦克里兰清晰地指出："……罗马与邻邦战争不断，是罗马内部力量的一个来源。一个在海外经常获胜的民族，在家里不大容易甘心被统治者盛气相凌，因此罗马发展出一套

① 约翰·麦克里兰：《西方政治思想史》，彭淮栋译，人民出版社，2010年。
② 乔治·萨拜因：《政治学说史》（上卷），邓正来译，上海人民出版社，2010年。

共和政府制度,使罗马人民适度参与自己的征服。罗马共和国的宪法是个长命的奇迹,历来的标准解释将其长寿归因于罗马政府是君主政治、贵族政治与民主这三种基本政府形态的幸运结合。"①萨拜因的《政治学说史》不仅对政治学说从理论上做了探讨,而且从历史的角度对古希腊以来两千多年的政治学说的形成、演变和发展做了系统的阐述。上卷内容涵盖了从古典时期到中世纪教会时代西方政治思想流变的主要脉络。该书内容广泛,史料丰富,是其他同类著作难以比拟的。其中关于古罗马,他提到了斯多葛学派的理论,以及西塞罗、塞涅卡、奥古斯丁等人的思想,指出斯多葛学派为世界国家的理念和普世法律的理念提供了一种积极的道德意义,而此后,"一条路线继续沿着斯多葛主义对罗马法理学阶段的影响所揭示出来的那个方向展开;结果,它把自然法嵌入了罗马法的哲学结构之中。另一条路线则与这样一个理念的宗教含义有关,即法律和统治都根植于上帝指导人类生活的计划之中"②。

此外,威廉·邓宁的《政治学说史》对自古希腊至20世纪西方政治哲学史上主要政治哲学家的思想做了全面的介绍。在古罗马部分,他不仅对西塞罗的思想做了分析,同时涉及了罗马宪法的演进并对帝国法学家的思想做了论述。③德裔美籍著名政治思想家列奥·施特劳斯等人编撰的《政治哲学史》系统全面地介绍了自古希腊至现代主要政治哲学家的政治哲学思想和著作,广泛深入地探讨了人的本性或本质、国家的起源和基础、社会经济制度的原理、道德或价值取向的根据、公平或正义的实质,以及人类最好的政治制度和最好的生活方式等政治哲学的基本问题。④随着列奥·施特劳斯作为著名政治哲学家地位的确立,并由于该书问世后产生的影响,该书已被奉为政治哲学的经典著作和权威教本。

剑桥大学出版社的剑桥政治思想史系列中由克里斯托弗和麦尔考姆等人合编的《剑桥古代希腊罗马政治思想史》,自荷马而始至基督教与异教徒关于神性和人类产生分歧的古代晚期而止,可以说是英语世界出版的对罗马比较系统的研究作品。这一丛书的编者是来自世界各国的关于罗马法律、政治、文化、宗教和哲学方面的专家,是一部研究希腊罗马关于共同体思想的权威之作。这部丛书很好地将希腊化时期与罗马时期相连接,不仅分析了犬儒学派的思想,也对斯多葛学派的政治思想做了探究。对波利比乌斯、西塞罗、李维、撒路斯提乌斯、塞涅卡、普林尼等人的思想也有深入分析。此外,该书

① 约翰·麦克里兰:《西方政治思想史》,彭淮栋译,人民出版社,2010年,第106页。
② 乔治·萨拜因:《政治学说史》(上卷),邓正来译,上海人民出版社,2010年,第205页。
③ 威廉·邓宁:《政治学说史》(上卷),谢义伟译,吉林出版集团有限责任公司,2009年。
④ 列奥·施特劳斯、克罗波西主编:《政治哲学史》,李天然等译,河北人民出版社,2005年。

指出西塞罗的思想虽然源自柏拉图、亚里士多德等希腊思想家,但其关于贵族政体衰落的道德判断却有其独创性。①而另一部由莱恩·K.巴洛特主编的《希腊罗马政治思想比较论》则从另一个角度对希腊罗马的政治思想做了阐释。它认为正义、价值和市民权在古希腊和罗马那里是政治生活的中心,常常为当时的诗人、历史学家和哲学家所争论不休,故此在这部书中提到了在历史学、古典学、哲学和政治科学领域里对政治思想的争论,涵盖了从古希腊到罗马帝国之后的思想。可以说这部书是对古希腊罗马研究学习的权威指导之作。②

迪恩·哈默的《罗马政治思想:从西塞罗到奥古斯丁》认为罗马人致力于范围广和层次深的政治理想,他们没有创造出乌托邦,他们的思想受到暴力经验、巨大而脆弱的力量等的影响。罗马虽然以其复杂的法律体系和政体安排著称,但他们的政治思想的源泉却在于其政治生活的情感基础。哈默的这部书里不仅涉及西塞罗、波利比乌斯、塞涅卡、奥古斯丁、斯多葛和伊壁鸠鲁等大家比较熟悉的政治家或政治思想流派,并且对卢克莱修、撒路斯提乌斯、维吉尔、李维等人的政治思想做了详细的介绍。③他的另一部书《罗马政治思想和近代理论构想》则将古罗马的政治思想与近代思想结合起来,将关注点放在罗马思想家身上,重铸他们的政治思想、探究他们理想中的政治世界与现实之间的关系。他将近代的思想家与古罗马的思想家一一对应:阿伦特之于西塞罗、马基雅维利之于李维、孟德斯鸠之于塔西佗、福柯之于塞涅卡,认为无论是古罗马还是近代欧洲的思想家们都致力于探求我们真实生活的政治世界而不是存在于现存秩序之外的"完美的乌托邦"国度。④

梅森·哈蒙德的《古希腊罗马政治理论中的城邦国家与世界国家》一书认为,古希腊罗马的人从公元前4世纪末的亚历山大首次把这个问题提出来,一直到奥古斯都都在努力追求"世界国家"。梅森认为,一些对罗马共同体发展做出过贡献的,如老加图、苏拉、庞培等人被忽略甚至轻视了,因为他们没有像波利比乌斯、西塞罗那样有着鲜明的政治思想。⑤

---

① Christopher Rowe and Malcolm Schofielded, eds., *The Cambridge History of Greek and Roman Political Thought*, Cambridge University Press, 2000.

② Ryan K. Balot, ed., *A Companion to Greek and Roman Political Thought*, Wiley-Blackwell, 2012.

③ Dean Hammer, *Roman Political Thought: From Cicero to Augustine*, Cambridge University Press, 2014.

④ Dean Hammer, *Roman Political Thought and the Modern Theoretical Imagination*, University of Oklahoma Press, 2008.

⑤ Mason Hammond, *City-State and World State in Greek and Roman Political Theory Until Augustus*, Biblo and Tannen, 1966.

与前面几部政治思想书不同,亚历山大·詹姆斯的《西方中世纪政治思想史》第一卷则是将关注点集中在公元2世纪罗马法学家的身上。罗马法学发展过程的古典时期是2世纪和3世纪,那时伟大法律人的论著被摘录和编入查士丁尼大帝要求于533年出版的《学说汇纂》之中。这部法学汇纂包含的政治哲学就是人们对西塞罗论著中那些理论所做的重述和详尽阐释。罗马的法学家虽然从法律上做了万民法与自然法之分,但任何法律人都不怀疑存在着一种高于任何特定国家制定法的法律,他们认为这种高级法在终极意义上讲是理性的、普世的、不变的和神圣的。①奥尔加·特勒根·库佩勒斯的《罗马法律简史》一书同样将论述的重点放在罗马法上,认为罗马人最重要的建树在于罗马法律的创制。这部书以罗马法为依托,涉及了当时的一些政治家、法律家的政治法律思想。②由奥尔加编辑的另一部《罗马共和国的法律与宗教》则主要集中在罗马共和国时期的法律与宗教,这部书分析了法律与宗教在罗马共和国时期的不同地位和作用。③

美国乔治亚大学政治系的丹尼尔·J.卡普斯特在《共和主义、修辞学和罗马政治思想》一书中重新解读了撒路斯提乌斯、塔西佗、李维等人的政治思想,论述了他们对自由、修辞、社会与政治冲突的不同理解。对于我们理解这三位历史学家的政治思想提供了一个新的思路。④福格斯·米勒打开了从古到今的政治家们重新理解罗马共和国的新视野,他的《罗马共和国政治思想》认为罗马共和国在关于民主、政体和其他方面都有着鲜明的特点,这部书追溯至阿奎那、马基雅维利、罗素等人,用他们的眼光去解读晚期的罗马共和国,试图将近代政治与当时的罗马结合起来,而事实上对于近代而言,罗马共和国更像是人们心中对美好政体的向往而非实实在在的历史现实。⑤

法国菲利普·尼莫的《政治思想史:从古代到中世纪》一书认为,近代政治思想可追溯至三个源头:希腊城邦理论、罗马法和基督教教义。根据人类学的分析,前希腊社会虽然可能有一些组织规则,但缺乏"权力"的概念,而这是政治思想的基础。从柏拉图、亚里士多德、色诺芬、斯多葛学派到罗马的西塞

① Carlyle Alexander James, *A History of Medieval Political Theory in the West*. Vol.1. *A History of Political Theory from the Roman Lawyers of the Second Century to the Potitical Writers of the Ninth*, Ulan Press, 2012.

② Olga Tellegen-Couperus, *A Short History of Roman Law*, Routledge, 1993.

③ Olga Tellegen-Couperu, *Law and Religion in the Roman Republic*, Brill, 2011.

④ Daniel J. Kapust, *Republicanism, Rhetoric and Roman Political Thought*, Cambridge University Press, 2014.

⑤ Fergus Millar, *The Roman Republic in political thought*, Brandeis University Press, 2002.

罗、塞涅卡、塔西佗才有了真正意义上的政治思想。^①

亚兰·瑞恩《政治思想史：从希罗多德到当代》第一卷涵盖了从古代希腊哲学家到马基雅维利的政治思想，作者在这部书中贯穿了一个理念，即哲学的作用更重要在于提升经验而非仅仅厘清事实。^②

不同于前面论著对西方历史中政治思想整体的关注，彼特·瑞森伯格的《西方公民权：从柏拉图到卢梭》将论述的中心放在了共同体思想的其中一个部分，即公民权的历史演变上。这部著作从古希腊叙述至法国大革命时期，人物包含柏拉图、亚里士多德、西塞罗等人。^③

二、对相关人物政治思想的研究

国外对古罗马政治思想的研究多以西塞罗为主。如杰德·W.阿特金斯的《西塞罗论政治与理性之限：论共和国与论法律》，这部书是对西塞罗的名著《论共和国》与《论法律》的重新解读，指出西塞罗如何对柏拉图思想进行借鉴与改良从而形成自己的政治理论体系。作者认为西塞罗的这两部名著对理解权利概念、混合政体等至关重要。^④剑桥大学出版社的古典系列中由凯瑟琳·斯蒂尔主编的《剑桥西塞罗论》涵盖了西塞罗作品的整个范围，尤其重视其政治、修辞思想与当今的联系。^⑤在众多研究西塞罗的书中，尼尔·伍德的《西塞罗的社会政治思想》是研究西塞罗政治思想的专著。这部书专注于对西塞罗国家政治共同体思想的研究，给予西塞罗极高的评价，认为西塞罗乃宪政之父、是保守主义之原型，同时亦是将政治视为政务而非仅仅理念的第一人。^⑥

除了研究西塞罗的专著外，还有不少研究西塞罗政治思想的论文。伊丽莎白·爱斯密斯的《一个新的典型：西塞罗〈论共和国〉中的罗马宪政》试图回答这样一个问题：什么能使罗马宪政像西塞罗声称的那样成为最好的政体？追随波利比乌斯，西塞罗认为混合政体是适合罗马的最好的政体，然而西塞罗并不仅仅停留于这一理论层面，他要将罗马设置成为超越其他混合政体的

① Philippe Nemo, *A History of Political Ideas: From Antiquity to the Middle Ages*, Translated by Kenneth Casier, Duquesne University Press, 2013.

② Alan Rya, *On Politics: A History of Political Thought: From Herodotus to the Present*, Liveright, 2012.

③ Peter Riesenberg, *Citizenship in the Western Tradition: Plato to Rousseau*, the University of North Carolina Press, 1994.

④ Jed W. Atkins, *Cicero on Politis and the Limits of Reason: the Republic and Laws*, Cambridge University Press, 2013.

⑤ Catherine Steel, *The Cambridge Companion to Cicero*, Cambridge University Press, 2013.

⑥ Neal Wood, *Cicero's Social and Political Thought*, University of California Press, 1991.

最好的政体,使其能够将罗马置于同一个目标之下。^①道格拉斯·克里斯的《西塞罗〈论义务〉的目的》以西塞罗名著《论义务》为例,论述西塞罗的这篇论述仍然是一种斯多葛学派的体现,他将斯多葛学派的抽象理论探讨转变为结合当时社会生活的具体的、实践性的、罗马化了的探讨。^②沃尔特·尼克尔斯基在《西塞罗的悖论与他的务实性》中指出,作为道德和政治学家,西塞罗的矛盾在于两方面:一是西塞罗自己声称是斯多葛学人,是柏拉图和亚里士多德的学生,同时又是一个注重实际的政客与演说家;二是西塞罗一方面信奉斯多葛学派,对一切持怀疑与不信任的态度,另一方面宗教道德性又要扫除思想中的不确定性。这两个悖论使得西塞罗的政治思想兼具哲学上斯多葛学派的理想化与现实中的务实性双重特点。^③沃尔特·尼克尔斯基的另一篇文章《西塞罗的关注:从最好的政体到模范政治家》主要探讨列奥·施特劳斯对西塞罗的认知,施特劳斯的观点是西塞罗《论共和国》将对建立一个最好政体的理想慢慢转变到对自身的要求,即期望自己能够成为最好的政治家。西塞罗一直关注共同体的统治阶层,认为最好的政体是混合政体,这样的共同体应该是人民的财产。^④托马斯·L.潘格尔的《苏格拉底式的世界主义:西塞罗对斯多葛理论的扬弃》指出,西塞罗从斯多葛学派那里继承了以个体为思考的出发点这样一个基本部分,即如何实现个体的幸福,过正义的生活。按斯多葛学派的进一步解释,过自然的、正义的生活就要关注自己,远离政治事务的缠绕,西塞罗则认为人是有着参与社会生活的愿望的,这是国家形成的"第一原因"。相对于斯多葛理论的理想化与理论化,西塞罗将其与当时社会的实际相结合,从而实现了学派的闭合与完满。^⑤斯梅瑟斯特关于西塞罗有两篇文章《西塞罗与罗马帝国政策》和《西塞罗的政治观与道德性》,前者阐述了西塞罗关于共同体的思想对罗马帝国政策的影响,西塞罗认为无论是宏观意义上的国家、法律还是微观意义上的个人,"义务"是引领人们至"善"的起点;后者指出西塞罗的混合政体论和他的道德观都是建立在罗马的现实实践

---

① Elizabeth Asmis, "A New Kind of Model: Cicero's Roman Constitution in *De republica*," *The American Journal of Philology*, Vol.126, No.3 (Autumn, 2005), pp.377-416.

② Douglas Kries, "On the Intention of Cicero's *De Officiis*," *The Review of Politics*, Vol.65, No.4 (Autumn, 2003), pp.375-393.

③ Walter Nicgorski, "Cicero's Paradoxes and His Idea of Utility," *Political Theory*, Vol.12, No.4 (Nov., 1984), pp.557-578.

④ Walter Nicgorski, "Cicero's Focus: From the Best Regime to the Model Statesman," *Political Theory*, Vol.19, No.2 (May, 1991), pp.230-251.

⑤ Thomas L. Pangle, "Socratic Cosmopolitanism: Cicero's Critique and Transformation of the Stoic Ideal," *Canadian Journal of Political Science Revue canadienne de science politique*, Vol.31, No.2 (Jun., 1998), pp.235-262.

中,而且也是从古希腊哲学家那里沿承过来的。古希腊哲学家如柏拉图、亚里士多德等人的政治观无不渗透着道德性,其思想学说一直以城邦和整个社会作为思考的出发点,城邦的正义、本质、理性是他们追求的目标,他们最终的目的是如何实现城邦的正义和美德,如何使城邦的生活体现整个宇宙的理性。西塞罗的思想也吸收了这些特点。①

索菲·波特罗斯的《自由观、因果论、宿命论与早期斯多葛哲学》分析了早期斯多葛学派的思想,从中可以窥探对古代罗马思想家如西塞罗、塞涅卡等人的影响。②弗朗西斯·爱德华·迪瓦恩的《斯多葛主义论最好的政体》总结了斯多葛学派关于"世界国家"的理念。斯多葛学派认为,人是理性的而且上帝也是理性的,对上帝的信奉主要是相信各种社会目的具有价值,并且相信善人有实现这些目的的义务。这种"世界国家"的观念认为神和人都是这种国家的公民,而且它还有一部宪法——这便是正当理性,它教导人们必须做什么和不得做什么。③勒克斯·马丁的《奥古斯丁政治哲学的双城论》对奥古斯丁的双城论(上帝之城和尘世之城)做了论述,人的本性是双重的,他既是精神的,又是肉体的,因此它既是这个世界中的公民,又是天城中的公民。奥古斯丁把这种界分视为理解人类历史的一个关键。④弗兰德里克·波洛克的《马可·奥勒留与斯多葛哲学》一文分析了奥勒留思想中的斯多葛特点,如克制、勤俭等美德。⑤坦纳的《塔西佗与元首制》一文从塔西佗对《编年史》和《历史》的叙述来看塔西佗对当时罗马元首制的看法。⑥沃尔什的《李维与斯多葛主义》主要从历史的角度阐述李维的斯多葛思想。⑦

此外,约拿什·彼得·扎拉奇的博士论文《西塞罗理念与实践中的理想政治家》认为西塞罗对于君主制并没有理想化的概念。在他的《论共和国》中,

---

① S. E. Smethurst, "Cicero and Roman Imperial Policy," *Transactions and Proceedings of the American Philological Association*, Vol.84 (1953), pp.216-226; "Politics and Morality in Cicero," *Phoenix*, Vol.9, No.3 (Autumn, 1955), pp.111-121.

② Sophie Botros, "Freedom, Causality, Fatalism and Early Stoic Philosophy," *Phronesis*, Vol.30, No.3 (1985), pp.274-304.

③ Francis Edward Devine, "Stoicism on the Best Regime," *Journal of the History of Ideas*, Vol.31, No.3 (Jul.-Sep., 1970), pp.323-336.

④ Rex Martin, "The Two Cities in Augustine's Political Philosophy," *Journal of the History of Ideas*, Vol.33, No.2 (Apr.-Jun., 1972), pp.195-216.

⑤ Frederick Pollock, "Marcus Aurelius and the Stoic Philosophy," *Mind*, Vol.4, No.13 (Jan., 1879), pp.47-68.

⑥ R. G. Tanner, "Tacitus and the Principate," *Greece and Rome*, Vol.16, No.1 (Apr., 1969), pp.95-99.

⑦ P.G. Walsh, "Livy and Stoicism," *The American Journal of Philology*, Vol.79, No.4 (1958), pp.355-375.

西塞罗认为罗马已经建立起了超越希腊的那种政治体制,君主制是解决国家问题的一种办法。通过对西塞罗关于"一人之治"理论的仔细分析,作者认为西塞罗实际上并不将君主制视为共和国晚期政府的一种不可接受的形式,而许多历史学家历来持有的观点是西塞罗是厌恶君主制的。西塞罗不愿意支持庞培或凯撒的统治并不是认为"一人统治"有多糟,而是觉得无论是庞培还是凯撒都不具备担当合格君主的能力。[①]

托马斯·E.斯特拉克的《塔西佗政治思想研究》是一篇关于塔西佗政治思想的博士论文。作者指出,在文艺复兴人文主义者眼中,塔西佗是激进的共和主义者;在普遍的学者眼中,塔西佗是君主制的赞成者;而在现代学者眼中,塔西佗则是奉行中间道路的君主论者。这篇论文赞同第三种观点,并在文中揭示了塔西佗从共和思想到元首制思想的转变过程。[②]

三、国内研究现状

从国内来看,20世纪上半叶,几乎各大学的政治学系都开设有"西方政治思想史"课程。高一涵、萧公权、邹文海、萨孟武、孟云桥、吴恩裕等学者都讲授过该课程,有的还出版了教材或专著。其中比较著名的有:高一涵的《欧洲政治思想史》(上、中卷)[③]、萨孟武的《西洋政治思想史》(第1、2册)[④]、孟云桥的《西洋政治思想史》[⑤]、吴恩裕的《西洋政治思想史》。[⑥]

20世纪八九十年代,我国陆续出版关于西方政治思想史方面的通史研究著作,如何汝璧、伊承哲《西方政治思想史》介绍了从古希腊到近代的政治思想史的演变。其中古代罗马政治思想单列一章,但仅仅对波利比乌斯、西塞罗做了非常简单的阐述,指出了波利比乌斯的混合政体思想及西塞罗的共同体和法律思想。[⑦]张桂琳主编的《西方政治思想史》以思想家提出思想的年代顺序为主,把年代顺序与政治思想发展的逻辑联系相结合,介绍了从古希腊到近代的政治思想,其中古代罗马部分涉及西塞罗、奥古斯丁而对其他人的哲学思想未做介绍。[⑧]王振槐主编的《西方政治思想史》较为全面地介绍了西

---

① Jonathan Peter Zarecki, "Cicero's Ideal Statesman in Theory and Practice," *Dissertation Abstracts International*, 2005, ProQuest Dissertations and Theses.

② Thomas E. Strunk III, "Memory's Vengeance: Roman libertas and the Political Thought of Tacitus," *Dissertation Abstracts International*, 2005, ProQuest Dissertations and Theses.

③ 高一涵:《欧洲政治思想史》,上海商务印书馆,1923年、1925年。

④ 萨孟武:《西洋政治思想史》第1、2册,新生命书局,1933年。

⑤ 孟云桥:《西洋政治思想史》,国立编译馆,1945年。

⑥ 吴恩裕:《西洋政治思想史》,中国文化服务社,1947年。

⑦ 何汝璧、伊承哲:《西方政治思想史》,甘肃人民出版社,1989年。

⑧ 张桂琳主编:《西方政治思想史》,中国政法大学出版社,1991年。

塞罗、塞涅卡、奥古斯丁及罗马法学家的政治思想。①叶立煊主编的《西方政治思想史》包括了古希腊和古罗马的政治思想,文艺复兴时期西欧的政治思想,17—19世纪荷兰、英国、美国、德国、法国的政治思想等。同前几部书一样,古罗马的政治思想也只涉及西塞罗、波利比乌斯和早期基督教,对同时期其他人政治思想关注不够。②唐士其的《西方政治思想史》围绕西方政治思想发展进程中的一些重大理论问题和各种不同思潮之间的关系,对西方政治思想的历史进行了全面深入的介绍,并且就一些重要理论家在不同理论问题上的贡献及其思想中存在的缺陷进行了一分为二的分析,同时对西方政治思想史这门学科的形成与演变,以及这个领域中的主要研究成果也进行了简要介绍。该书以大量原始文献为基础,突破了围绕思想家个人写史的传统,既体现了西方改治思想发展中的连续性,又兼顾了各个重大理论问题的相对完整性。作者认为罗马政治思想家关注最多的,除了自然法,可以说便是政治道德的问题,即在一个庞大的国家,如何能够保证政府官员与民众能够以国家而不是个人的利益作为其行动的基本出发点和归宿。③由徐大同任总主编、王乐理主编的《西方政治思想史》(第一卷古希腊、罗马)包括古希腊和古罗马时期的政治思想,时间跨度大约从公元前800年—前476年,古罗马时期不仅涉及波利比乌斯、西塞罗等必谈的人物,也对斯多葛学派的前期、中期和晚期的政治思想做了详细的介绍,同时对卢克莱修及法学家的政治思想都做了论述。该书认为,罗马思想家们虽然没有脱离希腊人的思维模式,但其自身最大的特点是走向神事与人事的二元化。这一特征在西塞罗的思想体系里开始显露:一方面,西塞罗主张积极入世的道德义务观,承认为国家服务是最高的品德;另一方面,他在从政受挫时就遁入神学的冥想,并开始以神作为自然法的制定者、颁布者和解释者。这种二元化的趋势以奥勒留的《沉思录》作为向善的一端,以基督教的合法化为终结;又以法学理论的逐步完善作为世俗化的一端,以罗马法这个人类历史上第一部完整的司法体系的形成作结。④

此外,陈可风的《罗马共和宪政研究》从史学和法学双重视角系统阐述了罗马共和时期国家制度形成的渊源、罗马共和国家制度的构成及其本质。他认为罗马共和宪政是罗马王政传统和罗马共和国家内部平民与贵族等级斗争相结合的产物,同时也与罗马对外扩张紧密相连。其内容主要包括以罗马共和国官僚体系、元老院和人民大会三大机构为表征的权利制衡体系,以及

① 王振槐主编:《西方政治思想史》,南京大学出版社,1993年。
② 叶立煊主编:《西方政治思想史》,福建人民出版社,1992年。
③ 唐士其:《西方政治思想史》,北京大学出版社,2002年。
④ 王乐理主编:《西方政治思想史》(第一卷 古希腊、罗马),天津人民出版社,2005年。

以罗马公民权为核心的各种联盟制度和以掠夺为目的的行省管理制度。可以说这部书是对罗马共和宪政研究的比较全面之作。①宫秀华的《罗马：从共和走向帝制》以罗马共和制向帝制的转变为主要线索，对罗马大规模向外扩张的历史过程，政治、经济和军事制度的改革调整，文化和社会风尚的历史演变，重要人物所起到的历史作用等问题进行了比较全面的阐述。这部书虽然也是着重制度演变的，但从中也可以看出罗马在从共和走向帝制中一些思想演变的轨迹。②而蔡拓的《西方政治思想史上的政体学说》更是以政体学说为线，勾画了西方政治思想史上政体学说的演化过程，介绍、分析、评价了从古希腊到19世纪西方著名思想家和政治家在政体问题上的观点和主张，不过此书对于古罗马部分着墨较少，仅涉及波利比乌斯和西塞罗两位思想家的政体主张。③丛日云的《西方政治文化传统》通过对西方政治文化的历史考察，勾勒出西方政治文化基本要素如自由、民主、法治等价值的形成和演进的历史过程，以及各种要素相互融合，从而形成一个有机体系的过程。④

在个案的研究方面，国内也有不少著作问世，对于西塞罗的研究，段德敏《道德共和国：在希腊与罗马之间——试析西塞罗政治思想的原创性》一文指出，西塞罗在综合希腊罗马哲学精神和罗马经验的基础上提出了自己的一套对国家和政治的看法。⑤贺五一的《略论西塞罗的政体理论》认为，西塞罗的政体理论是对古罗马政治实践的总结。⑥夏洞奇的《何谓"共和国"——两种罗马的回答》则从分析西塞罗《论共和国》和奥古斯丁《上帝之城》入手，指出二者虽然分别认同两个不同的文化传统，但他们同样强调了"正义"对于一个国家的根本意义——体现了一种真正"罗马"的政治态度。⑦李德满《论西塞罗国家思想的创新之处》一文指出，西塞罗的共和政治思想，尤其是国家观是将希腊的城邦学说与斯多葛伦理思想融合在一起的成果。⑧王晓朝、李树琴的《论西塞罗的国家定义及其基本特征》一文通过对西塞罗国家定义的解读，认为西塞罗的国家定义有三个特征：以人民为前提、以正义为准则、以合法为

① 陈可风：《罗马共和宪政研究》，法律出版社，2004年。
② 宫秀华：《罗马：从共和走向帝制》，东北师范大学出版社，2002年。
③ 蔡拓：《西方政治思想史上的政体学说》，中国城市出版社，1991年。
④ 丛日云：《西方政治文化传统》，大连出版社，1996年。
⑤ 段德敏：《道德共和国：在希腊与罗马之间——试析西塞罗政治思想的原创性》，《长沙大学学报》2005年第3期。
⑥ 贺五一：《略论西塞罗的政体理论》，《襄樊学院学报》2010年第10期。
⑦ 夏洞奇：《何谓"共和国——两种罗马的回答》，《华东师范大学学报（哲学社会科学版）》2008年第1期。
⑧ 李德满：《论西塞罗国家思想的创新之处》，《广西社会科学》2008年第7期。

本性。这一定义是他的独创,而不是从任何希腊模式中继承下来的。[1]王乐理《财产权、共和政体与国家——西塞罗政治哲学剖析》指出,西塞罗的政治思想的主要内容包括:国家是一个法人团体及其保护私有财产的非伦理目的;共和政体反映了各种政治势力的财产分配均势,实质是贵族制;自然法与人为法形成一个法律体系,主张法律的稳定性与公正性。这些思想影响了近现代西方的共和主义与自由主义学说。[2]

　　相较于对西塞罗政治思想的研究,对古罗马时期其他思想家研究的著作较少。丰连根《论波里比阿的政体思想》从动态角度分析波利比乌斯,认为亚里士多德的正宗政体和变态政体是相循环的,而且是一种恶性循环,只有建立混合政体才能使政治稳定,这种混合政体由执政官、元老院、平民大会和保民官(Tribunes)所组成,具有分权和相互制衡的作用,能够避免专制和独裁。这种思想对近代孟德斯鸠的三权分立学说产生了很大的影响。[3]黄丽红、雷娟的《斯多葛学派"世界城邦"思想及意义》一文主要介绍了斯多葛学派及其"世界城邦"的思想,认为研究其思想的意义对全球化的法律实践具有重要的价值。[4]彭艳崇的《有限理性:早期斯多葛学派自然法思想及现代启示》指出,早期斯多葛学派认为自然法是自然宇宙中的一种客观规律和人类社会的共同规律。该学派一方面赋予人以平等的理性,每个人都可以依据理性过自然的生活;另一方面,只承认人的有限理性或部分理性。人只分享世界理性的部分理性,人类只能逐步地发展或锻炼自己的理性才能去把握外在世界。同时,自然法也规定了人类理性的发展方向。[5]张岸的《斯多葛主义的政治之维》认为,斯多葛学派提出的自然法思想、个人主义、世界主义和平等观念是西方政治文化的主要源泉之一,对后世政治思想的发展有莫大的影响。[6]王桂玲的《从〈编年史〉看塔西佗的政治思想》一文是国内较少有的对塔西佗政治思想的研究之作。作者指出,复杂的时代背景、丰富的政治经历及撒路斯提乌斯、李维的影响,形成了塔西佗矛盾的政治思想,他痛恨元首制,向往共和,但又深知元首制是大势所趋,不可逆转,因而寄希望于有道明君,走一条中间道

---

[1] 王晓朝、李树琴:《论西塞罗的国家定义及其基本特征》,《云南大学学报(社会科学版)》2009年第4期。

[2] 王乐理:《财产权、共和政体与国家——西塞罗政治哲学剖析》,《浙江学刊》2005年第4期。

[3] 丰连根:《论波里比阿的政体思想》,《铁道警官高等专科学校学报》2007年第1期。

[4] 黄丽红、雷娟:《斯多葛学派"世界城邦"思想及意义》,《法治博览》2013年第9期。

[5] 彭艳崇:《有限理性:早期斯多葛学派自然法思想及现代启示》,《法制与社会》2012年第2期。

[6] 张岸:《斯多葛主义的政治之维》,《湖南教育学院学报》1999年第6期。

路,从而使其政治思想具有两面性的特点。①更值得一提的是由刘小枫主编的《塔西佗集》,该文集对塔西佗的著作重新进行翻译研究,将旧译书名《历史》和《编年史》改为《晚近纪事》和《神圣的奥古斯都驾崩以来编年纪事》,不仅更贴切原文书名,同时也消除了认为塔西佗写的是当今意义上的"通识"的误解。此外,在这套文集中,还包含了曾维术编著的《塔西佗的政治史学》②及声称是"'塔西佗主义'在当代唯一幸存的继承人"③的里克的译作《塔西佗的教诲——与自由在罗马的衰落》④。这套文集对塔西佗的政治思想进行了深刻的解读,填补了国内学界对塔西佗思想研究的空白。

　　综合以上国内外研究情况来看,国外对古罗马政治思想的研究或将其作为整个西方政治思想史不可或缺的一部分(如剑桥政治思想史系列);或以人物为中心,着重对其政治、法律思想进行研究(如对西塞罗、塞涅卡、奥古斯丁的政治思想研究),鲜有以"政治共同体"为主线,对古罗马政治共同体思想做整体性的研究。而国内在古罗马政治共同体思想方面的研究更是空白。本编跟随、借助前人的成果,采取历史情境还原、文本分析等方法,以"政治共同体"为线,结合历史学、社会学、政治学、法学等学科的特点,多角度、多层次地对古代罗马的政治思想做一梳理和研究,力求探寻从共和国到帝国时期政治思想变化和政治视角转换的脉络。

缩略语⑤

Caesar *Civ.*	Julius Caesar *de Bello Civili*
Cic. *Att.*	Cicero *Letters to Atticus*
de Orat.	*de Oratore*
Div.	*de Divinatione*
Fam.	*Letters to his Friends*
Leg.	*de Legibus*
ND	*de Natura Deorum*

---

① 王桂玲:《从〈编年史〉看塔西佗的政治思想》,《唐都学刊》2004年第2期。
② 曾维术编著:《塔西佗的政治史学》,华夏出版社,2013年。
③ 里克:《塔西佗的教诲——与自由在罗马的衰落》,肖涧译,华东师范大学出版社,2011年,中译本前言第5页。
④ 里克:《塔西佗的教诲——与自由在罗马的衰落》,肖涧译,华东师范大学出版社,2011年。
⑤ 本编古罗马作者姓名和著作的缩略语遵循通用标准的形式,参考文献为查尔顿·T.刘易斯:《拉英词典》(初级本·影印本),北京大学出版社,2015年。

Off.	*de Officiis*
Orat.	*Orator*
Rep.	*de Re Publica*
Sest.	*pro Sestio*
Epict. *Diss.*	Epictetus *Dissertationes* (*Discourses*)
Ench.	*Encheiridion* (*Handbook*)
Josephus *AJ*	Flavius Josephus *Antiquitates Judaicae*
BJ	*Bllum Judaicum*
CA	*Contra Apionem*
Liv.	Livy
Marcus *Med.*	Marcus Aurelius *Meditations*
Sen. *Apoc.*	Seneca *Apocolocyntosis*
Ben.	*de Beneficiis*
Clem.	*de Clementia*
Ep.	*Letters*
Tranq. An.	*de Tranquillitate Animi*
Tac. *Ann.*	Tacitus *Annales*
Hist.	*Historiae*
Eus. D.E.	Eusebius *Demonstratio Evangelica*
P.E.	*Praeparatio Evangelica*
Laus.	*Laus Constantini*

第一章　古罗马政治共同体理念溯源

国家、社会、共同体是人类历史上久已存在的形式,从现代学科的角度来看,它们有着各自的内涵和外延。不过,近至英法资产阶级革命,远溯古代希腊,人们大都将国家与社会的概念混同起来进行讨论。[1]就国家这一概念的界定而言,西方古代和近代早期,曾经出现过不同的内涵,包括古希腊的城邦、古代罗马的共和国,以及文艺复兴时期的民族国家等。从历史现实来看,古代的政治共同体形式不仅与现代人生活的政治共同体存在着极大的差别,即便同属古代的希腊和罗马,也因地域、传统等的不同,呈现出各自的态势和特点。

第一节　Polis与Republic:两种概念表述下的国家观

一、Polis与Republic

城邦一词源于希腊语 πόλις,即 polis,在《荷马史诗》中意指护城或者堡垒。围绕着堡垒而建立的有市区($ἄστυ$)和郊区($δῆμος$),它们与堡垒一起被称作一个polis,即后来的城邦。[2]从这个词衍生出几个重要的政治词汇,首先是公民($πολίτης$),指生活在城邦中享有一定权利义务的人;其次是 $πολίτευμα$ 和 $πολιτεία$,这两个词有时意思相同,都指政体或者政府,有时则各有所指,例如前者有"公民团体"之意,而后者的内涵则更为广泛,既可以表示公民和城邦

---

① 王乐理先生认为,即使是近代的社会契约论也未能将国家与社会二者理清,直到美国独立战争时期的潘恩,确切地说,是到德国古典哲学时期的黑格尔,才在理论上明确地将二者分开。王乐理等:《美德与国家——西方传统政治思想专题研究》,天津人民出版社,2015年,第1页。

② polis可以说是认识国家或政治共同体的第一个重要的概念,近代的英文多将其译为city-state,中国的一些学者多将这个英文词译为城邦国家,王乐理认为这种译法属于同一个词的重叠使用,因而是不精确的,他认为将其译为城市国家较为妥当。王乐理等:《美德与国家——西方传统政治思想专题研究》,天津人民出版社,2015年,第2页注释1。

之间的关系及由这种关系形成的"政治生活",又可以直接指代将这种关系和生活制定成城邦共同遵守的规则,即"宪法";此外,还有όπολιτικός,指近代以来被称为国家治理者的"政治家"及ήπολιτική,原意为治理城邦的理论和技术,后来多指"政治学"。①

古希腊的城邦与近代的国家相比较,无论是面积还是人口方面都很小。它往往以某一个城市为中心,覆盖周围的乡郊。各城邦之间比较封闭,居民只是本邦的公民,如果去往其他城邦,便会失去本邦的庇护,甚至可能成为外邦的奴隶。因此,出生地城邦便是居民生活的处所,他们的政治、经济、宗教、文化等活动均在城邦内进行。与这种城邦制度紧密联系的是城邦中严格的阶级划分和公民身份。古希腊城邦的人可分为三个主要阶级:奴隶、外邦居民和公民。作为古代社会普遍存在的身份——奴隶,在希腊城邦中人数不少。以雅典为例,全体居民中大约有三分之一是奴隶,多为战争中的俘虏或债务奴役。这些奴隶在城邦中毫无政治地位而言,不具备公民的资格,更不用说政治上的地位和权利了。城邦中另一个群体即外邦居民,他们是离开自己的母邦而往来或生活在其他城邦的人。最初这些人属于过境的商人,但后来也有一些人留在异邦从事手工业或其他商业活动。由于当时的希腊并不存在任何的归化形式,所以尽管这些人可能数代居留于此,但仍然不被视为这个城邦的公民。他们是自由人,却不能享有公民的特权,更不得参与城邦的政治生活。只有那些出生在这个城邦的人才可以享有公民权。最初公民权限定在城市居民中的成年男性家长,乡镇和农村的居民是非公民,而在公民家庭里的妇女和儿童虽然是自由人,但不享有政治上的权利。②对希腊人来说,公民权不仅仅意味着被承认为一个城邦的成员,更重要的是它使一个人获得了参与政治生活或者参加公共事务的资格。公民的这种身份或资格不是一种占有权,而是某种被分享的东西;它不是指一个人的权利为法律所保障,而更像是取得一个家庭的成员资格。因此,在希腊人的理念中,政治生活或公共事务是城邦的首要之事,"政治问题就是去发现每一种人或每个阶级的人应当在一个健全的社会中处于什么样的地位,而所谓健全的社会,在这里是指一个社会被建构得可以使所有具有重要意义的社会工作都得以持

---

① 亚里士多德:《政治学》,吴寿彭译,商务印书馆,1965年,第113页注释1。
② 希腊的公民权随着战争、灾荒等需要也有着不同的变化,例如在授予居民公民权时,要考虑其祖籍是不是本城邦,或其父系与母系家族是否都是公民,等等。以雅典这样的商业城市为例,公民人数一般在两万上下浮动,伯罗奔尼撒战争后期,人数曾经锐减到五千;到公元前4世纪中期,又恢复到两万人。希腊人认为,城邦的公民人数不宜过大亦不宜过小,过大难以管理,过小则无法自保。布克哈特:《希腊人和希腊文明》,王大庆译,上海人民出版社,2008年,第105页。

续展开"①。

　　与希腊城邦的自守、规模的适度和公民权利的狭隘相比,古代罗马国家从起源之初就呈现出不同的特点。如果说希腊城邦的繁荣来自它得天独厚的地理条件和城邦理念的话,那么它的衰败同样与此相关。爱琴海密接的边界及城邦的政治分散性使得城邦的领域限定在狭窄范围之内,这让它失去了进一步发展的空间和可能性。而就在希腊城邦发展繁荣之时,意大利的台伯河也产生了一个小的国家——罗马。最初,它只是由几个古老的部落形成的一个初具形态的共同体形式。此后,随着它与周边的拉丁人、伊特拉斯坎人等不断争战而逐渐壮大扩展。

　　早期罗马的社会最初是由两个不同的等级构成,即贵族(和他们的食客)和平民。贵族来自原来的氏族部落,他们享有最高的权力,可以参加部族大会、参与宗教或政治事务等。而与贵族相对应的,则是平民阶层。这也是罗马社会与希腊城邦有所不同的一个地方。早期的平民很显然是在氏族贵族(即罗马公社)之外的一个罗马居民集团。他们一般居住在远离城市的山坡之外,虽然可以经营商业和有自己的财产,但他们并不能像贵族那样享有政治权利,因此不可以参加大会,甚至不可以在军中服役。②但是随着罗马手工业和商业的日益发展,一些部落成员离开本部落外出谋生,而外邦人或者战败者也逐渐成为罗马城的移民,为这个阶级注入了新鲜的血液。渐渐地,平民中出现了富有之人。他们不满足于地位的底下,开始向旧贵族靠拢,之后他们又为了争取政治上的平等权利而展开了持续的斗争。到公元前6世纪左右,平民才获得了加入市民阶层的资格,成为城邦的公民。③

　　塞尔维乌斯·图里乌斯的改革,使罗马国家的发展进入到了一个重要的

---

① 乔治·萨拜因:《政治学说史》(上卷),邓正来译,上海人民出版社,2008年,第33页。
② 关于贵族与平民的问题,有三种不同观点:第一种观点认为贵族是部落里原始的公民,而平民是位于公民之外的另一个群体,他们一般是被迫或自愿来到罗马居住的其他公社的居民,持这种观点的有19世纪初的尼布尔;第二种观点认为平民和贵族一样都是公民,他们之间的区别只是贵族是元老显贵,而平民则是普通的人民大众;第三种观点认为贵族与平民是两个不同的部落,其中一个曾为另一个所征服,他们之间的区别是由社会经济因素决定的。俄国的学者科瓦略夫则认为这些观点都只强调了现象的一个方面,或者说它们针对的只是不同的时代,但罗马等级的形成则是一个复杂的过程,因此科瓦略夫提出了关于贵族与平民起源的综合理论。他认为贵族的确是罗马城的原始公民,由拉丁和萨宾两个公社融合而成,是有充分权利的"罗马人民"。平民则来自贵族的氏族之外,或是自愿迁到新城市来的他族之人,或是罗马在征服了最近的拉丁城市之后强制合并进来的,因此他们处于贵族的氏族组织之外,不属于"罗马人民"的范畴。科瓦略夫:《古代罗马史》,王以铸译,上海书店出版社,2011年,第62—64页。
③ 弗朗切斯科·德·马尔蒂诺:《罗马政制史》第二卷,薛军译,北京大学出版社,2014年,第43—44、50—53页。

阶段。他把罗马的全部自由居民,无论是贵族还是平民,以财产为标准分为五个等级。第一个等级由财产十万阿斯(assia)以上的人组成,此后则以二万五千阿斯为阶梯递减,最后的等级即第五级则是一万二千五百或一万一千阿斯。如果财产少于此的,则是"不入级"的人(infra classem),这些人被称作 proletarrii(无产者,这个词来自 proles,即后裔),也就是说,这些人没有财产,只有孩子。①这样,以财产为基础,塞尔维乌斯建立起了百人团(centuria)制度。第一等级的人组成80个步兵百人团,再加上旧贵族与平民中的新贵构成的18个骑兵百人团,他们拥有步兵的全套重武装(头盔、铠甲、盾牌等),并居于军团的前列;第二等级中派出20个团,加上木匠、军械匠及其他制造武器的工匠组成的2个百人团;第三等级和第四等级各构成20个团;第五等级组成30个百人团;其余无产者组成1个团,总计193个团。②百人团是军事上的战术单位,同时也成为投票单位,以它们为基础构成了"百人团会议"或"百人团大会"。

很显然,百人团既是军事制度,又是政治制度,它建立在财产占有状况的基础之上。塞尔维乌斯的改革,不仅使平民得以加入军队并享有一定的政治权利,又确保了无论是氏族或财产意义上都属于高等级公民的贵族在政治决策方面的主导权。③

伴随着罗马政治制度的发展与稳定,罗马逐渐走上了征服之路。同时,罗马的公民权利也渐渐延伸,先是给予外族贵族,此后逐渐扩大到一般平民。在罗马的历史中,公民权利是只有罗马市民才能享有的政治权利,因此公民身份极为重要,它既包含了古老的血缘、氏族、宗教等多重含义,又包括政治上的权利。罗马的"国家"(civitas)这一概念首先指的是政治联合体。从词源上来看,这个词出自 cio-这个词根,意思为"召集";其名词 civis,意为"被召集者",即"公民—战士";将这些战士集合起来,便构成了军队或战斗团体。④同时,civitas 这个词还指代共和国(republic),它突破了城邦的狭隘界限,记录了一个不断扩张的国家;人民则是罗马公民的集合体,它并非随意集合起来的

① 科瓦略夫:《古代罗马史》,王以铸译,上海书店出版社,2011年,第66页。
② 李维:《建城以来史》,张强等译,上海人民出版社,2005年,第113—117页;科瓦略夫:《古代罗马史》,王以铸译,上海书店出版社,2011年,第66页。
③ 这一点可以从百人团的构成和投票程序中看出。在每一级的百人团里,人的数目不同,193个百人团中,第一等级就占据了98个百人团。而关于投票权,事实上只有前两个等级有决定性的投票权,先是骑兵被召投票,然后是第一等级的80个步兵团;如果出现分歧,票数不过半,就召第二等级投票,以此类推;只要超过半数,也就是97票,便告停止。李维:《建城以来史》,张强等译,上海人民出版社,2005年,第113—117页;科瓦略夫:《古代罗马史》,王以铸译,上海书店出版社,2011年,第67页。
④ 亚里士多德:《政治学》,吴寿彭译,商务印书馆,1965年,第113页注释1。

人群,而是基于一致的、共同的利益和目标结合在一起的团体。因此,这是一个不同于希腊人的城邦(polis)概念的拉丁化的表述,也是继polis之后,西方历史上又一个重要的国家概念。

二、柏拉图与亚里士多德的整体城邦观

从古希腊到中世纪,西方盛行整体主义的国家观。[①]这种观点视国家为一个整体,国家的利益高于个人;个人只有融合并依托于国家,对国家尽义务,才可以行使自己的权利。

在古代希腊,城邦是每个人生存的基础,公民的身份决定了个体的权利和义务。一个人离开了自己的城邦,不仅没有了公民身份,甚至可能丧失人身自由,沦为奴隶。因此,人们很容易从心理上依附于城邦,并将自身看作城邦的一部分。他们相信城邦是一个不可分割的整体,虽然它由一个个的人组成,但其存在与利益要高于个人;个人必须依附于城邦才能生存、享有权利。与这种整体国家观相关,古希腊的思想家们往往将政治与道德联系在一起。他们崇尚集体主义和爱国主义精神,批评一己私利的欲望之争;赞扬以城邦利益为先的公民精神;他们注重平等地对权利和利益进行分配,并视正义与美德为行动的最高标准。这样,伦理道德成为评判政治与法律的基础。

(一) 柏拉图的整体城邦观

在柏拉图的理想国度里,劳动者和护卫者在哲人王的统治下各行其责,以保障城邦的和谐运作。他强调城邦作为整体的幸福和稳定,统治者要保证国家的良好秩序,不能谋图自己或某一个阶级的福祉,而是要为了城邦全体公民的最大幸福而努力,因为国家的最大利益意味着公民的最大利益。这种整体国家观念还表现在他的财产共有论和教育目的论中。

在财产制度方面,柏拉图主张共产主义(communism)。柏拉图认为社会应当是一个服务体系,在这个服务体系中,每个成员既为他人提供服务,也接受他人的服务,而国家要保证以最恰当的方式去满足需要并以最和谐的方式去互换服务。共产主义就是这样一种理想的安排。柏拉图坚信财产问题对国家的统治有着至关重要的作用,一个国家的不同公民之间存在的贫富差距

---

① 自古希腊以来,西方社会的国家观念的发展大致可以划分为三个阶段。中世纪之前,流行整体主义国家观;自文艺复兴时期开始,个人主义国家观也初露端倪;自费希特开始的德国政治哲学中再次出现整体国家观念。王乐理认为,尽管近代以来在西方社会中占据主流的是个人主义国家观,但德国社会出现的整体国家观念对后世影响深远。王乐理等:《美德与国家——西方传统政治思想专题研究》,天津人民出版社,2015年,第2页。

是一种极度危险的政治情势,它会导致纷争并最终陷国家于灭亡。①因此,柏拉图认为对统治阶层而言,要想避免这一弊端,就要根除财富本身。在《理想国》中,柏拉图规定统治者不得拥有包括房屋、土地或金钱在内的私人财产,并规定他们必须居于营房并在公共食堂用餐。即便到了晚期,柏拉图在认为这种安排难为人性接受而勉强承认财产私有之外,他还是对财产的数量和使用做了严格的规制。与此相关,他还主张废除一夫一妻制的性关系,代之以按照统治者的要求有节制地交配,其目的是确保培育出最优秀的后代。柏拉图在财产方面的第一个举措并不是要用国家的统治来对财富进行平均分配,而是为了消除统治中的动乱因素,以实现国家内部最高程度的团结。同样,他的废除婚姻制度的主张也是出于同样的目的。他认为个人对家庭的钟爱妨碍了对国家的忠诚,这种自然自发的感情虽然不如财产制那样明显影响到国家的团结,但却是一种更隐晦的自私自利行为。

在教育方面,柏拉图同样从整体国家观的理念出发而做出了规定。他认为,通过教育,可以塑造人性向着正确的方向发展,从而创造出一个和谐的国家。在谈到对儿童的教育时,柏拉图强调只要有可能,每个人都必须接受教育,不允许因为他们父亲的意愿而上学或不上学,因为他们首先属于国家,其次才属于他们的父母。此外,柏拉图主张妇女也要接受教育。在柏拉图看来,雅典妇女的活动仅限于家务和抚育子女,这实际上是让家庭中一半的人拒绝为国家提供服务,不利于国家的统治和利益。

从柏拉图的这些理论中,不难看出,所有的议题都是围绕着一个核心展开的,即城邦是一个不可分割的整体,城邦的利益和幸福要高于个人的利益和幸福,只有保持和谐和团结,才能确保城邦的完整,也才能得到个人的安全和利益。

(二) 亚里士多德的整体城邦观

同柏拉图一样,亚里士多德也将城邦视为一个政治和伦理的整体。他指出,国家即希腊城邦,是一些不同的人联合构成的共同体,通过商品和服务的交换满足他们的需求,从而消除他们之间的差异。从历史发展来看,家庭是最早出现的共同体类型,它的出现是为了满足食物和繁衍后代的基本需要;

---

① 这种经济因素对政治影响的重要性的论点由来已久,早在柏拉图之前,尤里皮迪兹对公民等级的划分就是以此为依据的,如贪得无厌的富有者、一无所有且充满嫉恨的贫穷者,以及拯救国家的坚强卫士中者。对希腊人而言,寡头制就是由世袭财产的贵族统治的国家,民主制则是既无高贵出身又无财产的民众统治的国家。因此,柏拉图的这种贫富差距不利于良善统治的观念并非首创,而只是代表了希腊人数代经验流传下来的共同信念。乔治·萨拜因:《政治学说史》上卷,邓正来译,上海人民出版社,2008年,第91页。

此后,出现了村庄这一较高的发展类型,它是由若干个家庭组合而成;而国家则是若干村庄的联合,也是这一发展过程中最高级、最完备的社会团体。与柏拉图主张废除家族这一制度不同,亚里士多德认为家族和国家都是一种共同体,其中家族更是国家中必要的因素之一,但国家却是比家族更加完善和发达的共同体形式。在亚里士多德看来,国家的起源完全是出于生活的需要,但它的存续却是为了实现一种善的生活。①他强调说,一个城邦必须以促进善德为目的,只有那些关注城邦人民生活中的善德和恶行的,才是实行善政的城邦。城邦不应该仅仅是寻求利益和交换利益的共同体,而应该追求道德上的完善。因此,城邦的统治要顾及全体人们的利益,不能为了一个阶级或少数人的利益而排斥另一方。这些都体现了整体城邦观的基本原则。

在财产制度方面,亚里士多德认为柏拉图曾经设想的财产共有制是不正确的。城邦虽然需要一定程度上的统一,但完全的统一是不必要的并且很可能会让城邦走向消亡。在亚里士多德看来,城邦应该是各种不同分子的集合,财产共有的方法并非使城邦达成善德的唯一手段,通过教育也可以很好地将不同引致统一。例如斯巴达曾经采取会餐制将财产利用到公众福利上,达到了教化的效果。②他强调说,对青少年的教育应该是城邦关心的事业。就全体公民而言,他们都是城邦的一分子,应该共有一个目的,也应该遵循同一教育,而不是各受教诲。

显而易见,同柏拉图的"理想"设定不同,亚里士多德的政治设想加入了某些现实因素,例如他讲究中庸的统治方式,反对绝对的财产共有制度。但总的来说,他仍然将城邦视为一个整体,认为个人之于城邦如同手足之于身体,是城邦中不可分割的组成部分;强调正义与善德,推崇美德的政治价值;始终将公民的道德教育列为国家的首要任务,并给予制度上的支持和保障。这些都是整体国家观在希腊政治理论上的体现,这种观念和理论对后世的罗马也产生了深远的影响。

三、西塞罗的共和国概念

罗马的政治家、思想家西塞罗所处的时代是共和国的晚期。是时,共和国正步入末路。其国内,苏拉、凯撒、庞培等军事强人纷纷崛起,专权之势日益激烈,曾经的义务军沦为只服从自己将领的雇佣军,元老院逐渐让位于独

---

① 乔治·萨拜因:《政治学说史》上卷,邓正来译,上海人民出版社,2008年,第158页;王乐理等:《美德与国家——西方传统政治思想专题研究》,天津人民出版社,2015年,第40页。
② 王乐理等:《美德与国家——西方传统政治思想专题研究》,天津人民出版社,2015年,第42页。

裁专制的帝国强人;其国外,强大的罗马军队已经征服了大片地区,被征服地区的贵族要求获得罗马的公民权以享有政治上的权利和利益。目睹罗马内忧外患的西塞罗依然坚守自己的信念和忠诚。公元前2世纪时的罗马共和制是他心目中理想的国家形式,以此为端,西塞罗阐述了他的共和国概念及其理论,对承袭于历史和传统的罗马的"国家"做了最好的阐释,并影响了西方国家概念的发展。

西塞罗将"*res publica*"(字面含义为"公共事务")定义为"*res populi*""事务"或"人民的事情",①即国家是人民(*populus*)的事业;人民是一个政治概念,是基于一致的法律和共同的利益,由人数众多的人们结合起来的团体。在西塞罗看来,共和国至少是尊重法律和先例的稳定政府,但这需是共享的政府。西塞罗最关注的是元老院的功能,他认为通过自由的贵族协商决定政府事务,共和国才会兴盛;通过武力或贿赂决定荣誉和政策,共和国必然衰败。

西塞罗认为,共和国最好的形态也是三种单一政体的"适度"的混合。但与波利比乌斯对"制衡"特性的强调不同,②西塞罗倾向于用"混合"或"调和"来表达各阶级的"和谐"关系,他认为这种"和谐"的关系是"共和国最紧密、最好的安全纽带"。③在西塞罗看来,执政官类似君主,实行的是行政权力,同时负有激励民众的职责;元老院为贵族议会提出政策上的建议;人民选举行政官员、通过法律并拥有真正的自由。④同时,在混合政体下,每一个单一政体所具有的缺陷也能得到修正。例如,君主政体中的议会权力太少;贵族政体剥夺了民众的自由;而民主制缺乏必要的"等级的尊严"。⑤混合政体只有在保留了三个单一政体各自的优势时才能保持稳定性,才能长久存在。

在西塞罗的共和国概念中,法律也是极其重要的因素。西塞罗曾经说过,执政官是会说话的法律,法律是沉默的执政官。这暗含了国家就是一个法律团体的含义。他强调官员必须知道自己的权力界限,要依据法律得到和行使权力;相应地,公民享有权利、承担义务也要以法律为据。

西塞罗的共和国概念是在希腊城邦理论的基础上,融合了罗马的历史和现实提出的。随着罗马的扩张,有越来越多的地方被纳入罗马的统治,原本只属于罗马市民的权利逐渐扩大至这些地方和民族。因此,共和国所包含的人民,不仅仅指原来的罗马市民,还包括其他民族的公民与自由人。西塞罗的共和国也突破了城邦的狭隘界限,体现出这一不断征服和扩张的国家的面貌。

---

① *Rep.*I.39.

② 例如 *Rep.*II.57 中用到 *compensatio*; II.59,"*ut... potestas minueretur*"。

③ *Rep.*II.69; cf. II.42, II.65.

④ *Rep.*I.55, I. 69, II.57.

⑤ *Rep.*I.43, I.53.

第二节　早期斯多葛学派的城邦理念

　　"如果亚里士多德在其逝世五十周年之际回到公元前272年时的雅典,他将很难认出他为之教导与探索大半生的智识环境。"[1]作为一个文化中心,在哲学方面,雅典仍然保持着崇高地位。但学院派的领军思想家在这期间被一系列的竞争者所挑战:犬儒学派有年轻的亚里斯堤卜和他的追随者,还有各种辩论家如斯提尔波、斐洛和狄奥多罗斯,尤其是斯多葛学派与伊壁鸠鲁学派的思想更是深入人心。[2]这一时期,斯多葛学派和伊壁鸠鲁学派实践的哲学开始类似于近代的专业学科。尽管这些哲学家并没有自称具有如学院派那样的——将科学与文化完美结合起来的、百科全书式的知识,但他们试图重构一种生活哲学的思想体系。这种哲学在政治权利居主导地位的年代已被根绝,如今又在人们的心中重新点燃。在这一哲学体系下,个人及其幸福成为道德折射新的焦点,并逐渐取代了日益式微的关于城邦是最好的政治秩序的论断。

一、在继承中发展：城邦的衰落与斯多葛学派的兴起

　　柏拉图的政治理想与亚里士多德的改良主义政治哲学一道,对城邦的理念和原则做了极为细致且完善的论述,任何后来者似乎都无法指望能做得更好,直至今日的思想家们仍然把这些理念视为自己思想的源头。然而无可否认的是,柏拉图和亚里士多德的政治哲学未必在当时的政治实践中产生任何直接的重大影响。[3]马其顿的兴起和亚历山大采取的使他的希腊臣民与他的东方臣民融合起来的政策,实际上是一项使其老师的政治设想成为过时之论的做法。过去,所谓政治,意思是众人管理城邦之事;现在,所谓政治,就是强权战胜公理。

　　城邦的衰落或者说城邦的失败无疑是一种道德上的大灾难,至少对那些受到重要影响的阶级来说是如此。这种失败使得当时的人们第一次跳出了对伟大的城邦理论的宏观思考,转而提出了有关个人特性和私人幸福的理

---

① A. A. Long and D. N. Sedley, *The Hellenistic Philosophers*, Cambridge University Press, 1987, I.1.

② 关于伊壁鸠鲁学派的介绍,可参见以下文献。A. A. Long, *Hellenistic Philosophy: Stoics, Epicureans, Sceptics*, University of California Press, 1986; R. W. Sharples, *Stoics, Epicureans and Sceptics: an Introduction to Hellenistic Philosophy*, Routledge, 1996.

③ 乔治·萨拜因:《政治学说史》上卷,邓正来译,上海人民出版社,2008年,第163页。

想。"在柏拉图和亚里士多德看来,公民身份或公民资格所提供的那些价值基本上仍是令人满意的,或者至少是能够使它们令人感到满意的;然而,在与他们同时代的少数人以及越来越多的后继者看来,这种看法却是谬误的。正是这种在观点上的深刻分歧,使得人们不得不暂时把柏拉图和亚里士多德所留下的政治哲学抛在一边。"[1]他们对城邦是否提供了文明生活赖以实现的唯一条件越是怀疑,越是感到有必要对一些古老问题进行重新探究,即关于自然的意义及自然与习惯性的和约定性的一般道德规则间关系的问题。

面对城邦从具有头等重要性的位置上跌落到强权世界的兴起,伊壁鸠鲁学派选择从毫无益处的公共生活的烦恼中退隐出来,转而寻求肉体的享乐以期获得个人的平静和慰藉。犬儒学派的论者或许同样持有一种逃避现实的哲学态度,但他们则更为系统地阐述了反对城邦及城邦赖以建立的社会等级划分的观点。他们对现实的逃避在于放弃人们通常称之为生活利益的一切好处,根除一切社会差别,抛弃种种奢侈或礼仪。他们认为只有一个人的能力、思想和品质才是善的生活所必需的。除此之外,文明生活所奉行的一切信念和惯例,包括婚姻、财产、家庭、公民身份、学识和声誉都是无关紧要的。于是,在犬儒学派那里,富人与穷人、公民与外国人、贵族与低贱之人、自由人与奴隶等都是一律平等的,对他们的界分都是不必要的。然而犬儒学派主张的"平等"并不具有任何实质的积极意义,它厌恶古代世界普遍存在的各种差别待遇,但这种厌恶并未成为它进行改良社会秩序的手段,而使它倾向于内在的禁欲与苦行,对社会不公平现象的憎恨转为精神层面的蔑视,从而成为个人修行的一种门径。

斯多葛学派在最初被视为犬儒主义的一个分支。据称,其创始人芝诺曾撰写《论共和国》一书,[2]这一著作并没有保存下来。从现存的残片断章来看,这篇著作与犬儒学派对城邦的弃绝,尤其是第欧根尼的同名著作有很多类似的观点。在《论共和国》一开始,芝诺证明普通教育无用。他说所有的恶都是个人和大众的敌人,它使彼此疏离、父母子女疏远、兄弟相隙、亲友背离;而善则使市民、朋友、亲戚和自由成为可能;他主张寺庙、法庭、竞技馆都不能在市区兴建;金钱的目的也不是为了交换或出外旅行……[3]毫无疑问,这些论点都

---

① 乔治·萨拜因:《政治学说史》上卷,邓正来译,上海人民出版社,2008年,第171—172页。
② 关于芝诺的生平,流传下来的资料非常稀少。根据第欧根尼的说法,芝诺曾在公元前312年或前311年造访雅典,这一年他是22岁。C. B. Armstrong, *The Chronology of Zeno of Citium*, Herm, 1930; Margaret E. Reesor, *The Political Theory of Old and Middle Stoa*, J. J. Augustin Publisher, 1951.
③ Christopher Rowe and Malcolm Schofield, eds., *The Cambridge History of Greek and Roman Political Thought*, Cambridge University Press, 2000, pp.443-444.

有着犬儒学派教义的回响。教育和对家庭亲属关系的再定义是柏拉图主义考虑的中心问题。芝诺对此二者的考虑比柏拉图要激进彻底得多，而且对于每一个具体情况都大概给予了相似的考虑。柏拉图的《理想国》认为家庭是共同体的延伸，并将其视为城邦和谐的要素。芝诺同样认为没有家庭就没有共同体，但是对芝诺而言，这种规定只是去除掉影响和谐的障碍而已。友情和亲属关系的关键在于道德德行和先决的才智：只有这种道德德性才适合于恰当的社会关系。当然，柏拉图把道德尤其是才智置于他的论述之中，而且很显然地，他关于社会凝聚力的主张也假定说他们的道德和知识教育已经卓有成效。因此，在他的解释中，道德与恰当的制度都是必不可少的。然而他们的侧重点明显不同：柏拉图为了得到他想要的和谐而在整个城邦的分层管理上做了一个重要的策略上的考虑；芝诺则更侧重于个人的道德完美。这种区别也体现在他们对教育的态度上：柏拉图提倡对普通教育体系进行彻底的改革，包括对诗歌的审查、对音乐和体育的革新及对高等和基础数学的介绍；芝诺则认为我们唯一需要的教育就是道德简化，就像犬儒学派那样要抛弃对音乐与体育的学习。

芝诺和柏拉图更引人注目的对比是关于两性关系的观点，尤其是芝诺，关于爱和性的观点成为他整个理论的中心。[①]《论共和国》中关于这个问题的主要原则与柏拉图的社会系统化观点存在着显著的分歧：芝诺同犬儒主义一样，认为不应该对两性关系进行任何的规制。在其著作中，他甚至进一步指出，不必禁止乱伦；不管男人还是女人，也不管是否有正当的手续，人们可以与任何喜欢的人有性关系。这是纯粹的犬儒主义的论点。就像犬儒学派对传统的攻击是对自我满足观点的补充一样（这是如同犬儒派的英雄赫拉克勒斯表现出来的那样经过千辛万苦才成功的），芝诺对性行为规制观点的排斥也是对另一种理念的补充，即只有真正的善，只有与幸福相关的才是道德的。性禁忌之所以被抵制是因为对幸福而言，与谁有性行为是最无关紧要的，良善之人可以做任何他们喜欢的事而不会影响到他们的品德，这是对理性的稳定性能够造就丰富生活的理解。因此，在芝诺反对柏拉图所相信的依靠法律和机构来规制两性关系的观点时，他比柏拉图更加认为良善生活需要依靠道德的教育———一种能够产生美德的教育。

芝诺与犬儒主义学派不同的是他与柏拉图一样给予友谊和和谐更多的政治理想。尽管爱在芝诺的理论中有着重要的地位，是他认为的共产主义，尤其是犬儒主义传统的核心特征。但在他的思想中爱是被升华了的激情，是

---

① 进一步的了解可参见 Malcolm Schofield 的 *The Stoic Idea of the City*（University of Chicago Press, 1999）一书。

一个成年人对与他们道德福祉攸关的年轻人的关心。对此柏拉图在其《会饮篇》和《斐德罗篇》中给出了权威的表达。柏拉图关注男性之间的相互吸引，芝诺如是。我们不清楚他是否试图将此原理普遍适用于女人之间和男女之间的关系。芝诺独有的贡献在于发现了爱这一活力元素不仅仅适用于个体市民的道德教育，而且适用于友谊和更大的共同体。假定他的观点是如果智者对其钟爱的福祉的关注是相互的并且结出了道德的果实，那么其他人也将会得到聪慧与道德，爱将会与友谊一样达致完美。

在《论共和国》里，芝诺希望开启他所生活的时代和地方的新篇章，这与柏拉图的对话形成对应。很显然，这是一个犬儒学派的观点，即你并不需要一种精致的哲学教育，治疗人类病端的良方在于自己身体力行的美德。

于是，在芝诺的描绘下，城邦是一个道德的自由的共同体，在这个共同体中，所有的政治和宗教体系都被肃清，妇女和孩童也都一视同仁。爱和友谊将是把城邦紧密联系在一起从而产生共同目的的纽带。

二、寻找尘世中的和谐：斯多葛哲学的伦理性

从芝诺著作留下的残篇来看，他所描述的是一种乌托邦式的国度，这个国度在很大程度上是以第欧根尼的基本框架为基础的。如前所述，在这个理想国中，没有家庭、财产、种族或等级之分，也不需要金钱和法庭。芝诺提出了存在于自然界和智者中的神圣理性的概念。根据这个理论，掌管宇宙的法则和掌管人类社会的法则通常具有普遍性和道德性。[①]人类具有的理性实质上与掌管我们世界秩序的理性是一样的。通过天性，人们对感觉的判断是理性的而且是不会出错的。然而很明显个人并不是总能做出正确的判断，也不是所有的人都是道德完美之人。因此，芝诺将人分为两种：根据理性生活的人和不根据理性生活的人。第一种被称为智者；第二种被称为庸人。介于这二者中间的是第三种人，这曾为斯多葛学派哲学家多次提到过，这种人是大多数的人，他们不是道德完美的人但却是能不断朝着完美道德前进的人。在芝诺的著作中，他还将正义与血缘（亲属关系）相联系。"感觉是所有关系亲密

---

① 斯多葛学派关于神性的理论来自更早的哲学家们，自然法则的概念最早可能被与苏格拉底同时代的哲学家安提丰和希比亚斯使用过。柏拉图的著作中提到宇宙的力量被认为是道德的。泰奥弗拉斯托斯认为，蕴藏于宇宙中的神性是其本身具有的，如果世界本身含有对神的欲望，那它也必须是有灵魂、知觉和智慧的，这些观点都被斯多葛学派接受。斯多葛学派将宇宙的理性与火相联系，并且认为这只是构成世界的一种物质成分。

和疏远的源泉,芝诺和他的学派认为血缘关系是正义的来源。"①

斯多葛学派学者深信神圣的上帝具有支配一切的力量,自己的生命是上帝赋予的一种义务。如克吕西波将上帝描绘成所有事物、命运、需要、秩序、正义、和谐与和平的共性,认为神是人类的恩主和慈爱的朋友,上帝要求人们按照本性生活,同一切善的力量合作。因此,在人性与整个自然之间存在着一种根本的道德吻合。对斯多葛学派学者来说,对上帝的信奉,主要是相信各种社会目的是具有价值的,良善之人有实现这些目的的义务。

此外,斯多葛学派学者还用他们特有的 oikeiōsis(固有特质或视为己有)来表达人是社会性动物这一概念。②尽管 oikeiōsis 这个词我们无法准确地翻译,但了解斯多葛学派这一理论的核心并不难。他们认为人不只是为自我利益所驱动,而是本能地知道自己与他人一样,认识到人们彼此相关并互相为对方考虑。所有的社会动物,例如蚂蚁、蜜蜂和鹳鸟等都表现出利他的行为,因此作为最多面、最有野心的社会动物的人的这方面行为必定也是天生如此,其非正式的起源在于父母对后代的识别能力。这种现象可能被视为自然而然的天性,但斯多葛学派也做了如下的可能性假设:天性不会只是为动物的繁殖做准备,而没有考虑到后代的教育与幸福的。既然斯多葛学派认为利他是人类的天性,那也必须有理由相信其他形式也是人类天性的表现。

如果说人天生是利他的,那为什么我们不经常而持续地促进彼此的利益?斯多葛学派毫不犹豫地将此归结为社会环境对人类天性的腐蚀。他们关于人类天性的界定是有非常严格的范围的,对认同他人的动力的阐释也是通过我们"应该"(should)这种术语表现的。诉诸天性是对人作为社会动物(politika zōia)这一最突出的特征的解释,也是对人们具有的利他行为的解释。斯多葛学派的这种表达并非独创,而是对亚里士多德哲学的利用与深化。

然而在其他希腊化时代斯多葛学派的文章中,没有清楚地解释由 oikeiōsis 构建的社会性,即与他们及其他人利益相关的自然属性怎样被认为是"正义"的起源的。这意味着芝诺或者克吕西波对这一论题的理解也有点儿不够清

---

① 关于早期斯多葛学派哲学家的著作残篇可参见 *Stoicorum Veterum Fragmenta*(Leipzig, 1921)一书,转引自 Margaret E. Reesor 的 *The Political Theory of Old and Middle Stoa*(J. J. Augustin Publisher, 1951)一书。

② 有关 oikeiōsis 的研究可参见以下文献。 Victor Ehrenberg, *Alexander and the Greeks*, Oxford University Press, 1938; G. Striker, "Following nature," *Oxford Studies in Ancient Philosophy*, Vol.10 (1991), pp.1–73.

楚。公元前2世纪的斯多葛学派试图弄清楚这个问题。安提帕特①认为,人们不应该为反对他人而行不义之事,也不应该为反对他人而使用暴力。他的这种观点源自固有的"视为己有"这一概念:天性告诉人们作为人,他应该考虑他人的利益,要避免侵犯他们的利益。潘尼提乌显然采用了不同的策略。对他而言,与"视为己有"相关的道德和天生的社会性以保持人们之间的联系为重点。他认为公平正义意味着每个人各司其职或禁止伤害他人,但这种正义只是一种维持人类社会存在的更基础和更普遍的义务。

当斯多葛学派把正义作为一种天性来谈论时,在他们的头脑中正义并不是专指人类的天性。这种论断构成了克吕西波进一步阐述的起点,即正义是本来就存在的而不是人为设定的。不管一个国家或共同体实际的法律是怎么规定的,对正义与非正义的评价是有一个客观正确的标准的。将客观正义(及这种意义上它的天性)与一般本性联合起来的是理性。克吕西波坚持说正义与非正义是由法律决定的,他所理解的法律不是任何人的发明而是适用于道德规制的实际目标的。个人的正确理性与普遍理性是相符的,普遍理性只是在起作用的理性,它规定了宇宙的正当秩序。因此,我们的理性会被神的理性加以指导;而为了能够得到指导,我们首先就应该具备理性。同样,当我们的理性对此有了恰当的理解,我们就能知道什么该做什么不该做。这大概就是它被称作"法"的一个原因:它在我们生活中所起的作用就是对外在的积极的法律功能进行内化。

"视为己有"的理论表明了正义是影响人和动物的动因。然而最终,对宇宙本性的诉求则是更为基本的,它对事物整体框架中道德责任的功能做出了解释。这一解释是斯多葛学派的远见,根据这个解释,人是唯一具有理性(这一理性也被西塞罗称为自然法)的生物,他们同神一起构建了一个公平的共同体。宇宙就是神和人共有的家。既然没有什么优于理性,而且它又存在于人和神之中,因此人与神最初的联结就在于理性。有着共同理性的人也会有普遍的正义理性。这种理性就是法律,人也在法律上被认为与神相联系。更进一步来看,共有法律也意味着共有正义。因此,那些有着共同理念的人也必定属于同一个共同体。②

① 有关安提帕特和下文潘尼提乌的介绍,参见以下文献。G. Striker, "Following nature,"in Julia Annas, ed., *Oxford Studies in Ancient Philosophy*, Clarendon Press, 1991, pp.35-61; M. Schofield, "Two Stoic approaches to Justice,"in Laks and Schofield, eds., *Justice and Generosity: Studies in Hellenistic Social and Political Philosophy*, Cambridge University Press, 1995.
② Christopher Rowe and Malcolm Schofield, eds., *The Cambridge History of Greek and Roman Political Thought,* Cambridge University Press, 2000, p.452.

三、世界城邦理念：斯多葛学派与罗马政治生活的契合

斯多葛学派的很多原则都与早期罗马社会的伦理准则相符。它们对朴素和简易的描述与罗马理想的生活状态不谋而合，尽管早期罗马人将简朴作为经济上的需要而不是作为一项理念；斯多葛的修辞学理论强调一种朴素的、直接的说话方式，这种方式接近日常说话的措辞；斯多葛哲学强调"人性"，认为这是人的道德义务，并关注其他人的利益，这正是早期罗马社会的伦理准则的体现。

斯多葛学派哲学家在罗马有机会影响同时代的政治，他们有罗马共和国政治家做他们的庇护人。他们住在政治家的家中，教导家中的孩子们，并且参与主人关于物理学、逻辑学和伦理学的讨论。他们的地位可与英国家庭中的驻地牧师或导师相比。几则关于公元前1世纪时庞培和波西多尼的奇闻轶事体现了这一特点。当庞培在征战海盗的过程中停留罗得岛时，他曾向波西多尼征求一些建议。在公元前62年对米特拉达第战争的最后，庞培再一次拜访波西多尼，发现此时的波西多尼早已卧床不起，但波西多尼仍不顾自身的病痛坚持与自己尊贵的客人交谈。这些事例尽管本身较无足轻重，但从侧面表明了哲学家们享有很高的地位并对他们的时代有着很深的影响。

随着罗马国家的逐渐壮大，人们在强大帝国支配的世界里是如何生活的？在斯多葛的哲学理念中，人与上帝同样具有理性。这使得人在各种造物中占有一种特殊的地位。动物按照它们的不同种类具有了为生活所必需的本能、冲动和力量，但人却具有理性，他们适合于过社会生活。于是，在神性之下，有了一种世界城邦的观念。神和人都是这种城邦的公民。在世界城邦中，还有正当理性（right reason），它是有关正义正当的普世性标准，对所有的人都有约束力。[1]由于正义的原则决定了个人作为人和作为社会成员的基本权利，这一概念被视为政治理论的一部分。在芝诺的著作里，正义被定义为对事务进行安排的实用智慧。这一定义在斯多葛学派哲学家阿里斯托的著作中表达得更为清晰，他认为正义就是根据每个人的应得对他们所做的分配。[2]这种斯多葛式的正义概念来自亚里士多德。在亚里士多德看来，正义就是奖励、惩罚或者责任根据道德的标准所做的几何比例的分配。责任在第一个人和第二个人之间的比例是根据每个人对共同体具有的重要性来分配的。例如，对于寡头政治来说财富是标准，而对于民主政治来说自由则是

---

① 乔治·萨拜因：《政治学说史》上卷，邓正来译，上海人民出版社，2008年，第193页。
② *Stoicorum Veterum Fragmenta*, Leipzig, 1921. Margaret E. Reesor, *The Political Theory of Old and Middle Stoa*, J. J. Augustin Publisher, 1951, p.13.

标准。

芝诺认为,所有具有神圣理性的人都处在世界城邦之中。为了将现存的社会组织形式替换成拥有自己法律的小的城市或村镇,芝诺提出在自然法之下建立一个世界城邦。他的《论共和国》就是围绕这样一个目的展开的:"我们可能无法依靠每一个城市或乡镇来生活,他们各自都有自己关于正义的标准,但是所有的人除了自己生活的母邦,还共同生活在一个大的城邦中,都遵从普遍的法律。"①在《论共和国》中,市民都只是良善之人。芝诺认为,只有善的人才有资格成为市民、朋友、亲戚,才是自由人。他认为在有德之人和无德之人中间不能是平等的。他对友谊和和谐的精神也做了类似的描述,认为它们是良善之人享受友谊和纯粹感情的基础并且是所有城邦必备的精神。在他的《论共和国》中,芝诺希望展现出善的人天生适合居住的社会类型。这种社会的特征取决于市民的特点,并且这些市民具备必需的道德。

芝诺在《论共和国》中设想了一种非常简朴的理想生活,并且相信在这里人们会呈现出与传统社会道德标准完全不同的一面。芝诺认为,在他的城邦里市民不能建造庙宇,因为建筑工人和工匠的工作既没有价值也不神圣。他拒绝城邦里有货币政策和法庭的存在,而且认为普通教育是无用的。在他理想的城邦中赞同妇女团体的存在。这些残篇断章表明了犬儒主义对芝诺政治思想的影响。犬儒学派认为,个人只有在将其生理需要减少到极限并且抛弃社会习俗时才能获得自由。芝诺似乎也表达了类似的观点。②

斯多葛学派学者并没有像柏拉图和亚里士多德那样重视城邦对市民道德的积极影响。芝诺认为美德就是实用的智慧,这是一种关于什么该做、什么不该做的知识。知识和美德是个人自然能力的发展。斯多葛学派哲学家在教授伦理上的任务就是指出什么行为是符合美德的并且忠告人们将天赋的这种能力贯彻到底。芝诺的著作强调了智者品德的自足性及其独立于生活的社会之外的特性。智者就是能够不受他人暴力带来的痛苦影响也不被他人主导的人,③他能够不受社会和他人的压力影响而过着有德的生活。

芝诺的《论共和国》与柏拉图的同名著作及与亚里士多德的《政治学》相比在哲学体系上有很大的不同。柏拉图强调好的环境的重要性。在他讨论

---

① *Stoicorum Veterum Fragmenta*, Leipzig, 1921. Margaret E. Reesor, *The Political Theory of Old and Middle Stoa*, J. J. Augustin Publisher, 1951, p.10.

② 犬儒主义学派对早期斯多葛学派的影响可参见 D. R. Dudley 的 *A History of Cynicism from Diogenes to the 6th century A.D.*(Mayo Press, 2008)一书。

③ 似乎斯多葛学派认为,不引导人们向善的社会实际上是一个需要努力克服的障碍。塞涅卡在关于友谊的篇章中并没有提到人们从朋友那里得到的益处,而是指出友谊给斯多葛人展现自己的美德并使人得到帮助的一个机会。

衰败政体时,市民们的特征在每个方面都与政体类型相符。在柏拉图的《理想国》中,城邦要直接对市民的道德负责。市民生活的每一个阶段都被严格掌管着;基本的和高等的教育、军事训练、婚姻及参政年限都有严格的规定。哲学家本人,如果具有应有的美德,则具备参与政治生活的资格,并且具有教导市民、帮助他们向善的义务。美德是城邦指导的产物。事实上,柏拉图认为,道德可以由城邦来制定,市民道德上的一致性也可以通过城邦的统一规制来达到。亚里士多德认为,道德是一种习惯模式,在正确与错误的行为中间总是会做出正确的选择。因为选择只能与其他人或具体物质相关,所以人们不能脱离社会来发展自己的潜能。城邦为了生活而存在,但是只有为善,才能维持存在。亚里士多德也声称城邦通过教育体制可以产生美德,教育的目的是让社会中所有的人发展,它本身就需要城邦的指引。

斯多葛学派认为世界城邦是一个共同体,它的成员唯一的标准就是道德与智慧。它是唯一真的城邦。斯多葛学派学者将城邦定义为一个由法律规制的道德至上的群体或组织。但是这种可被正确理解的法律规制的人是那些不断关注正义理性即具有道德与智慧的人,而这里的法律不仅仅指实际有效的法,还指起作用的正义理性:它是有关何谓正义正当的普世性标准,其原则是不可改变的,无论统治者还是臣民都要遵守。

在早期斯多葛学派学者的理念中,蛮族人与希腊人、奴隶与自由人、穷人与富人都是平等的;人们之间唯一的本质区别是智者与愚者之分。这种平等观是道德完善的一个基础。例如在奴隶的问题上,克吕西波曾经指出,奴隶并不是一种活的、会说话的工具,而是"终生雇佣的劳动者"。在这种理念下,世界城邦中的公民身份是向所有人开放的,"因为公民身份所依凭的是作为人类共同特征的理性"[1]除了强调个人与个人之间的平等之外,斯多葛学派还倾向于增进国家与国家之间的和谐关系。这种倾向性是通过对"理性法"的强调来呈现的。按照斯多葛学派的说法,每个人需要面对并遵从的有两种法律:他自己身处的城邦法律与世界城邦的法律,即习惯法与理性法(或曰自然法)。每个城邦的风俗和习惯各不相同,但理性却是每一个人和每一个城邦都同一的,各城邦的法规和习俗都应当与这种理性法保持一致。斯多葛哲学这一关于高级法的理念对此后罗马法产生了重要的影响。它提出了一种公平、公正且合理的理想,为实在法注入了道德的观念和一项普遍的正当准则。虽然这种观念早在希腊民主时代就一直为希腊人所倡导,但斯多葛思想的增量则在于他们提出了两种法律(城邦法律与自然法或理性法)的学说。

总而言之,斯多葛学派所倡导的是一个世界帝国——是所有人都有表达

---

① 乔治·萨拜因:《政治学说史》上卷,邓正来译,上海人民出版社,2008年,第194页。

权的政治体系。普鲁塔克曾将芝诺的《论共和国》与亚历山大大帝的征服联结了起来。亚历山大对雅典和蛮族至高无上的权威、他对远疆的征服及其为消除文化差异所做的努力都被认为是斯多葛哲学在现实中的实践。芝诺的《论共和国》中关于城邦的理想实际是一种普遍的共同体,它的市民是世界性的。诚然,说它是世界性的并不在于它包括了所有人,而是因为它是由神和圣人来组成的,这不是一个更大的共同体,而是一个由各种成分组成的共同体。

当克吕西波用"城邦"和"法律"这样的词的时候,他是想对它们本身的含义做一根本的改变,把它们跟通常意义上政治内容的含义脱离开来。正如我们所看到的那样,他在这一观点上并未将圣人排除在外。然而在早期罗马帝国的斯多葛学派代表如塞涅卡、爱比克泰德、奥勒留的观点里,世界城邦的理念超越了我们身处的这个世界:宇宙观念尽管未能完全取代我们生存的尘世,却使我们这种普通生活的优点也黯然失色。可以说,斯多葛学派以概括的方式提出了一个世界性的城邦观念,它宽泛到足以把各个地方的人们全部涵盖进去;它还提出了这样一种观念,即尽管人们在种族、地位和财富方面有所不同,但生来平等。当然,它也坚持认为,即使是这样一个世界城邦,依旧是一个伦理的联盟,因此它应当从道义上而不是仅仅凭强权去迫使臣民服从。[①]

早期的斯多葛学派尽管提出了世界城邦的理念,并将城邦法与理性法做出区分,但是并没有对此做出严密的逻辑论证,与其说它代表了斯多葛哲学的某种政治或社会的观点,毋宁说它表达更多的是一种哲学上或伦理上的理念。在早期斯多葛学派学者的观念里,智者是不关注日常事务的且与一般人完全不同的人,他力图根除一切感情和情绪;世界城邦适用的自然法也只是一种理念上共同的正当理性,是一种道德上的信仰,与现实中的实在法或风俗习惯是没有什么直接的关联的。然而斯多葛学派对自我控制、忠于职守和为公共服务精神的倡导,特别适合罗马人引以为傲的固有美德;其"世界城邦"的理念又与罗马的征服契合在一起;它的"自然法"观此后又嵌入了罗马法的哲学结构,这些都构成了古代罗马政治共同体思想的源泉。

第三节　西塞罗的整体国家观

从古希腊的柏拉图、亚里士多德到早期的斯多葛学派,尽管他们对城邦

---

① 乔治·萨拜因:《政治学说史》上卷,邓正来译,上海人民出版社,2008年,第202页。

的理解各有偏重,希腊的*polis*与罗马的*republic*也各有自己的历史渊源和内涵,但总体来说,他们都持有一种整体国家观念。西塞罗的共和国概念更是视国家的利益高于一切,这种整体国家观的形成可以从西塞罗时代罗马国家经历的历史变化中窥见初踪。正是罗马经历的这些重大变革,让西塞罗看到了他那个时代的野心、腐败和人性的弱点,他谴责道德和政治准则的堕落,向往公元前2世纪时西庇阿等贵族精英领导下的罗马共和国,以及传统共和政体曾经带给罗马的平静、稳定,他反思现在的混乱与失败,重申国家的利益高于一切的爱国主义情怀。

一、共和国末期罗马的历史现实

王政时代结束之后,国王被两个行政长官所取代,这两个行政官被称作罗马执政官,任期为一年;对国王提出咨询的议会则成为元老院;逐渐地,由自由成年男子即公民主体组成公民大会,并取得一定的政治地位。

两个执政官拥有最高统治权或行政权。他们是最高军事指挥官,可向元老院提出动议和立法建议。他们由民选执政官辅佐,其职责包括罗马的司法裁判权和对各行省的治理权。他们之下有负责监督城市市政建设的民政官及负责财政事务的财务官。公元前2世纪时,这些行政长官官职构成了结构紧密的阶梯,形成了一系列的官职或称为晋升体系(*cursus honorum*)。新的规则在保持体制竞争要素的同时,也防止那些过于杰出的才智之士骤然取得卓越地位或者永久居于高位。通过这种方式,元老院保持了其作为集体的影响力。

统治罗马的权力落在了由贵族精英组成的元老院的手中。他们讨论政策和提出地方行政官的人选。而事实上,他们的决定通常都具权威性。到公元前4世纪末,元老院就由前行政官组成。元老院的核心是一小部分的贵族家族,通过世袭,他们控制元老院长达数年之久。但是这些贵族精英之间的关系并不紧密,不断有新的贵族进入元老院甚至担任执政官。[①]这些人通常是像西塞罗那样来自罗马之外的贵族家庭。非参议院出身的富有贵族以骑士闻名(*eques*),但他们更关心的是财富而非社会政治事业。[②]从这方面来看,罗马的社会阶层并不能纯粹以统治者与被统治者、富人与穷人这样的标准划分。

---

① T. p. Wiseman, *New Men in the Roman Senate, 139 BC-AD 14*, Oxford University Press, 1971; K. Hopkins, *Death and Renewal*, Cambridge University Press, 1983, ch.2.

② p. A. Brunt, *The Fall of the Roman Republic and Related Essays*, Oxford University Press, 1988, ch.3.

公民大会的职责,包括通过由行政官员提出的法律提案、宣战、聆讯刑事案件,以及选举地方行政官。此外,公民大会也可以选举十名护民官以维护一般公民的权益。从理论上来说,这一体制包含明显的民主因素。这种选举体制看似对富有阶层不利,因为他们的人数少于民众而只能发挥些微作用,然而实际上只有社会的上层阶级才能位居要职。同时,民众否决由元老院一致通过的决议的情况是非常罕见的。另一方面,只有在元老院中出现异议时民众才有决定重要事项的机会。①

最后,罗马政治生活中还有不可缺少的部分即宗教。罗马人相信城市的繁荣兴盛取决于神的良好祝愿。因此,诸如对祭礼礼仪或神誓的漫不经心行为都为政治所不容。

这便是罗马传统上的政体结构,那么罗马共和国的政治实际上是怎么运作的呢? 事实上,元老院的大多数决议都是对当时需要的现实反映。在政治决议的范围内,个人的因素占有相当的比重。元老院的决策不仅取决于决定的内容,也取决于提案人的声望,此外还会受到亲属关系、政治友情和个人职责的左右。如果说这些对元老院的讨论只是产生了有限的影响的话,那么它们在选举时发挥的作用更大,因为为了赢得选举势必要经过大众的提名。这是一个开放、民主的社会,在这里,取得任何成功都需要透明化。凯旋的将军享有穿过街道游行的荣誉,同时伴随而行的是身带镣铐的被征服者;重要的庭审案件必须公开进行,这样强有力的演说者可以轻易地赢得民众的支持;政治家们要在集会场所进行演讲来捍卫其在元老院的提案。候选人较少依靠昂扬的话语而是用当时当地的声望去影响他人。因此,在这样一个政体机构内,有志之士的雄心壮志是有一定限定范围的。从公元前2世纪后期起,元老院与个人之间就不断有冲突的迹象,而到了西塞罗时期,他们之间的矛盾更是到了白热化的阶段。②尤其是后来的格拉古兄弟进一步勒紧了前人与元老院之间的冲突之弦。③之后,兄弟二人均死于暴力谋杀,其中盖尤斯的刺杀者更是开启了一项重要的先例,即执政官有权根据元老院通过的紧急法令不

① F. G. B. Millar, "The Political Character of the Classical Roman Republic," *Journal of Roman Studies*, Vol.74, 1984, pp.1–19; "Politics, Persuasion and the People before the Social War," *Journal of Roman Studies*, Vol.76, 1986, pp.1–11.
② 例如,西塞罗崇拜的偶像之一小西庇阿就不止一次地利用他的声望威迫元老院。See Christopher Rowe and Malcolm Schofielded, eds., *The Cambridge History of Greek and Roman Political Thought*, Cambridge University Press, 2000, p.480.
③ 提比略·格拉古在担任护民官时曾通过一项法律,限制富人占有公共土地,而将其交给贫穷的农民进行耕种。十年之后,其弟盖尤斯通过公民大会颁布了一系列法令,其中包括进一步的土地法改革措施。

经审判而直接处死凯撒的追随者。这表明当时的共和国已经处于极其危急的时刻,以至于正常的政体程序被搁置了。[①]

从公元前2世纪中期开始罗马变得愈发强大起来。为了能够管理这个强大的国家,就需要有效地控制长期远离罗马的军队。因此,军队的地位逐渐上升,它运用其强有力的集权推举或摧毁领导者,并要求土地作为其归退后的安居所。与被征服的同盟者之间的关系也成为这种冲突张力的另一个重要因素,这些被征服的同盟者日后渐渐被吸纳到帝国中来。毫无疑问,罗马不再被那些相对融洽的贵族议会有效地进行统治了。此后罗马断断续续展开了十年的内战,强权人物此起彼伏,最后以苏拉于公元前81年恢复独裁而告终。从那时起,每一个出众人物的出现都引起贵族政体支持者的担忧。

西塞罗亲眼看见了这些年来罗马的动荡,同时代人庞培的崛起尤其引人注目。庞培早期军事上取得的巨大成就为他提供了一支具有丰富经验并且忠诚的军队,使他具有用武力威胁并推翻共和国政体的潜在能力。而朱利乌斯·凯撒的独裁更使西塞罗哀悼共和国一去不复返的共荣岁月,西塞罗沿袭的希腊理论对政治巨变的恐惧感和他自己的亲身体验,让他认识到共和国的稳定需要不同利益集团之间的制衡,只有将国家利益放在第一位才能获得最大的权利和保障。

二、西塞罗整体国家观的内涵

西塞罗的整体国家观首先体现在他的宇宙万物联系为一个整体的思想中。在《论法律》一书中,西塞罗一开始便引述了斯多葛学派的学说,将真正的法律定义为正当的理性,这种法律是人们与生俱来就具备的理性成熟发展的产物。由于神与人都有理性,他们也就处于同一个共同体中。[②]神还进一步地赋予了人类其他的益处,例如心理的、身体的及外部的,这使他们与其他的动物区分开来,但人类彼此之间无论在善或是恶的方面都惊人的相似。这种相似性被用来证明"友谊与联合"的存在及"正义天赋"的事实。如果他们能够保持纯洁,不受腐蚀的话,他们将会成为正义的象征。西塞罗的这段话在逻辑序列的表达上是比较含糊的。然而他的基本观点是很清晰的:正义是自然存在的,这意味着人类保持纯洁的状态就会有正义公正的出现;他们的正义天性(即理性)是可以被感知的;正是这种同一性(认同感)构成了他们共同生活、共建社会的基础。

其次,在谈到个人与国家之间关系的时候,西塞罗指出个人对社会,尤其

---

① D. L. Stockton, *Cicero, a Political Biography*, Oxford University Press 1971, pp.92–96.
② *Leg.* I.18–23.

是对共和国负有责任。在《论义务》一书中，通过用 *officium*（并且自觉地用了这个词的复数形式 *officiis*）这个词，他使自己的论题带有完全不同的罗马特征。与斯多葛学派的 *kathēkon* 不同，*officium* 本质上与身份或者关系相连，例如官员的义务或者朋友的义务，而且"义务"还要求有对应的受益人。这个词通过一种完美的关系被赋予了道德生命，这种关系就是构成罗马社会的个人与政府间的完整关系。西塞罗拓展了这个词的一般用法，将其视为某种品德，并且给出了它的具体内容，即要保持一个组织有序的社会，每个人都应对社会，尤其是对共和国负有应尽的责任。他进一步分析道，在所有人们天生的群集本能(gregarious instinct)产生的关系中，如友谊、家庭和社会，没有什么比用国家把每个人联系起来的那种关系更为紧密了。父母、朋友、亲戚都是亲爱的，但国家包容了所有的爱。因此，在所有的道德义务中，国家的道德义务有优先权。

此外，西塞罗还特意论述了担任公职的人员所需要的品质。他批评当时的罗马共和国，认为统治阶层只关心一部分公民的利益，而忽视另一部分公民的利益，更是鲜有关心整个民族和国家利益的。苏拉、凯撒和后三头同盟滥用他们的军事力量、特别权力及对选民的控制，以共和国为代价进一步实现自己的目的。他们的成功意味着剧烈的变革和国家的覆亡。正是这种对国家利益的漠视导致了罗马频频发生冲突和内战。为此，他强调首席公民(*princeps*)应该用自己的才能、道德品格和政治智慧，而不是个人野心服务于共和国。个人利益固然不可忽视，但个人的利益应该与国家的利益融为一体，国家的利益应该是所有人的共同目标。罗马的统治阶层更应该以传统的美德作为执政的根本，他强调 *otium cum dignitate*，即"尊贵的和平"。这里的和平属于人民整体，尊贵属于元老院。[1]西塞罗从道德传统中选择的不是军事上的荣耀，而是对英明政治决策的推崇。那些位居高位管理城邦的人并不是因为他们是勇士或者贵族或者拥有财富，而是因为他们符合哲学意义上的智慧与美德的"善"的标准。他认为，个人的美德只有为了社会公共的善才能找到合适的定位。

最后，西塞罗的整体国家观还体现在他对共和国凝聚力的论述上。对西塞罗而言，共和国是根基，而共和国如果想继续存续并恢复以往的辉煌，需要各阶级的和谐共处。这种和谐，或者说凝聚力，是将国家紧密团结在一起的最牢固的纽带。在罗马的各个阶层之间，西塞罗更看重的是元老与骑士之间

---

① C. Wirszubski, *Libertas as a Political Idea at Rome during the Late Republic and Early Principate*, Cambridge University Press, 1950; p.A. Brunt, *The Fall of the Roman Republic and Related Essays*, Oxford University Press, 1988, ch.6.

的和谐,这也构成了他政治理论的核心内容。他强调元老与骑士要团结一致,其余所有的人,无论贫富、身份都要为了共和国联合起来,在元老院的主导下,为共和国的福祉而奋斗。

西塞罗的整体国家观念源于希腊的政治理论,并有着深厚的罗马传统和历史积淀。他从宇宙的整体秩序和理性出发,力图遵循美德和正义,主张共和国的利益高于一切,各阶层的人应该以共和国的利益为依归,每一个公民都应该承担对国家应尽的责任。这体现了古典共和主义的观点,充满了集体主义精神和高尚的爱国主义情怀。这种理念不仅成为罗马帝国时代思想家崇尚的目标,也成为中世纪和文艺复兴时期人文主义精神的源泉。

第二章　罗马共和国时期的政体观与权力观

民主曾在希腊城邦非常兴盛。然而从其历史早期开始,希腊的城邦体制就遭遇到了一个政治困境:如果城邦不保持孤立自守,那么无论经济上还是政治上它都无法做到理想中的自给自足;但如果它出于政治上或其他方面的需要而谋求与其他城邦的联盟,又势必会损害各个城邦的独立与自主。城邦体制无法解决这一困境,也无力处理社会中遇到的种种问题。马其顿的兴起更是让人们明确地认识到,城邦规模太小却又充满争斗,它无力统治希腊世界;对城邦的改善也无法挽回它日益颓败灭亡的趋势。然而就在城邦日益衰落之时,原本只是意大利台伯河边的一个由几个部落组成的小小的国家却悄然崛起,在短短不到五十三年的时间里,它不仅自己发展壮大,还几乎让全世界都臣服在它的强权之下。这让不少思想家开始把目光投向了罗马这个国家,思考并发掘其成功背后的政治制度与体制。历史学家波利比乌斯对混合政体论的阐发,不仅构成了西塞罗共和政体观的基础,也对后世西方政体理论的发展及构建产生了深远的影响。

第一节　混合政体论的肇端与发展

一、波利比乌斯的政体制衡观

公元前2世纪中叶,亚该亚的政治家、历史学家波利比乌斯在考察罗马共和国的对外征服事业之后,开始思考其政治制度的优点。在他看来,政体决定了一个民族的性格并且对其决策和成败负责。通过对政体是如何改变和影响事件的阐述,他希望能够解释过去并对城邦的历史及其未来的发展做出更精确的预测。最使他感兴趣的是罗马如何"在不到五十三年的时间里使整个世界处于一个制度之下"。他将此归因于罗马优越的政体形式,并致力于解释它的起源、性质及力量的源泉。他希望通过这种分析让政治家了解某种政体产生的原因,预测它今后的发展、兴衰与灭亡,并以此为鉴,力求改善自己国家的政体和做出智慧有见识的决定。

（一）政体变迁论：普遍概念（*koinē epinoia*）或通用模式（*katholikē emphasis*）

波利比乌斯认为,历史中存在着一种发展与衰败的必然法则。国家的产生与政体的更迭是一个合乎自然规律的过程。按照统治者的多寡,政体可划分为三种基本类型,每一种基本类型又可细分为改良的、未改良的或变异的类型。所有的类型均是不稳定的,所谓纯粹的政体都会以特定的方式退变:例如君主政体退变为僭主政体、贵族政体退变为寡头政体、民主政体退变为暴民政体,等等。波利比乌斯这种关于政体变迁的理论来自柏拉图和亚里士多德的学说,然而与先辈们不同的是,波利比乌斯更主张良好政体要建立在具备智慧和美德的君主治理之上。人们不仅需要依赖一个强有力的统治者,更重要的是他们的服从不是出于对权力的畏惧,而是对统治者智慧判断的赞同和对他统治的一致拥护。

> 当最有权势的领导人总是将他的权力用于支持人们所持有的道德观念,并且当他的国民开始意识到他是在按照每个人应得的而进行分派的时候,他们就会服从他,不是因为人们惧怕他的权威,而是因为他们赞同他的判断并自觉加入维持君主的统治中去。[1]

与此相反,未改良的或变异的政体是靠武力或恐怖进行统治的;变异的民主制则是依靠贿赂和腐败进行统治。因此,波利比乌斯的理论与古典的理论不同,它遵照希腊民主的基本假设,认为应由有公德心的行政长官掌握行政主权。这一点在他自己的家乡亚该亚有着明显的体现。[2]

作为一个把政体的稳定看作国家力量和成功的基础的历史学家和政治家,波利比乌斯最关心的是政体的变迁,并致力于用一种理论解释过去的变化和预测未来的走向。柏拉图《理想国》中概要式的理论阐释和亚里士多德对变迁动机的理解都没能做出可信的预测。波利比乌斯采纳的理论由一组关于政体变迁的精确的规则构成,他称之为"普遍概念"或"通用模式"。这种

---

① Polybius, *History*, VI.6.10–11.

② J. L. O' Neil, *The Origins and Development of Ancient Greek Democracy*, Rowman and Little-field Publishers, 1995, pp.103–133.

规则大致涵盖了所有或绝大部分政体变迁的实际状况。①

首先,波利比乌斯从社会起源的角度描述了三种基本政体类型的更迭及其退变。他认为,人类的天性有两个方面:由本能支配的动物性和思想或曰理性。一切生物为了维持自身的生存与安全,都需要结成群体。这是人类和一切非理性动物的本能,波利比乌斯将其称之为"真正的本能"(*phuseōs ergon alēthinōtaton*),并且认为为了抵御自然界的外敌聚集起来是出于对"自身缺陷"的认知。根据自然的法则,群体中最有野心和最杰出的人将会获得最终的控制权,这便是最初的统治者。随着社会的发展,合作与情感联系逐渐建立起来,人们产生了正义与非正义等道德观念,理性取代了先前的野心与强势。当统治者开始用理性判断做出符合一般正义概念的决定时,曾经屈服于统治权威的国民就会意识到他的判断的合理性并且自愿地服从他的统治。他们的这种臣服引导他们捍卫王权,抵制各种抗议,至死方休。这便是第一种良善的政体,即君主制。这种政体的产生具备两个要件:君主通过符合普遍正义观念的理性来治理国家,臣民意识到君主统治的理性基础并自愿臣服于他的统治。波利比乌斯的这种政体理论建立在人们理性的道德基础上。市民通过行为模式的有效性推导发现了道德观念,如尊敬和爱戴父母、誓死捍卫共同体等。从对公共利益有效性和相互帮助的反思,共同体发展出关于什么是正义和令人尊重的共同概念,并且只要出现符合这些价值观的领袖,就会形成王权。在波利比乌斯的理念中,共同体的君主通过关注国民的需求和感情而赢得支持和赞同。他捍卫自己的城邦、实施公平的司法决定,并且过着有节制的生活。结果是出现了一个有力的、团结的城邦,这个城邦拥有强大的军事力量和经济实力。根据波利比乌斯的民主起源论,君主是被人们选举或至少获得批准才产生的。然而这样的君主,如同在埃及和马其顿的君主理论中提到的君主一样,被认为只存在于古代。现实中的君主一旦"通过世袭继承登上王位并开始享受安全及传给他们的奢侈生活时,他们开始遵循自己的欲望",过着奢侈的、自我放纵的和贪婪的生活,结果王权沦为暴政,第一种变体由此产生。②按照波利比乌斯心理学的假设,互惠的承诺和构成王权基础的关于正义和荣誉的道德观念从功利性的角度出发的,并且只产生于有弱点的人们中间。对于一个安全的、富强的王国的君主而言,他的依赖性或说弱点可能就是他必须经过人们的选举或批准才能即位。显然,波利比乌

---

① See D. E. Hahm, "Polybius applied political theory," in Laks and Schofield eds., *Justice and Generosity: Studies in Hellenistic Social and Political Philosophy*, Cambridge University Press, 1995, pp.8-37; Podes, "Polybius and his theory of anacyclosis: problems of not just ancient political theory," *History of Political Thought* 12, pp.577-587.

② Polybius, *History*, VI.7.6-8.

斯认为道德不是被教出来的,但必须通过相关人物的经验来学习。尽管很多君权论都将教育视为提高君主能力的手段,波利比乌斯则认为不管有无道德训练,世袭君主制注定要沦为暴政,并且最终导致猜忌、憎恨,甚至革命。[①]

当君主制沦为暴政,一些有胆识的人不甘心忍受暴君的专制,他们依靠民众的支持推翻暴君的统治,建立起贵族制,这是第二种良善的政体形式。贵族政体下依旧坚持公正与理性的原则。然而同君主制一样,当贵族政体的统治者不再关心公众的福祉,转而贪财枉法,不了解社会平等、正义与自由的要求时,它便退化为第二种变异的政体,即寡头制。接下来,人民揭竿而起,群而攻击暴虐的贵族集团,取得权力的人民建立起与前者不同的统治形式,即第三种良善的政体民主制。在这种政体下,国家崇尚自由与平等,不再有阶级之分,人民普遍遵从的不再是个人,而是法律与神祇。但当推选出来的民众代表肆意妄为、罔顾法纪、沽名钓誉之时,民主制便沦为第三种变异的政体,即暴民制。暴民制是政体变迁的最后一种形式。然而在波利比乌斯看来,这并不是终结,随之而来的是再一次对拥有权势、力量和智慧的领导者的需要,它不过是为君主制的再次出现做准备而已。他总结道人们可以通过比较政体的起源和变化来鉴别三种基本政体类型的好坏,他还认为"对每一个政体的发展具有全局性眼光的人还可以了解政体何时何地,以及如何发生、发展、繁荣、变坏及结束的过程"[②]。波利比乌斯认为,尽管我们无法预知每一种变化发生的时间,但我们可以预测接下来会出现的政体类型。他将整个过程称之为"政体的循环(*anakuklōsis*),这是统治的自然模式,根据这个循环,政体形式会发展、变化,并最终回到它的起点"[③]。

波利比乌斯的政体变迁论从本质上而言是一种政治循环理论。他用出生、发展、繁盛、衰败的生物性隐喻表明社会就是自然遵照预设的变化而设计好的一系列过程,它不可避免地从最好的政体向对应的变异形式转化。人们可以通过观察政体在循环中的位置而轻松地获悉它未来发展的模式。事实上,波利比乌斯自己生活的时代处处充斥着这种政体变迁论的实例。例如,亚该亚民族之前盛行的君主制沦落为暴君统治,在暴君被推翻之后,亚该亚各城邦采取了民主制的政体形式,但公元前181年开始,民众被卡里克雷特所控制。波利比乌斯声称,这是"衰落的起点"。之后,与所描述的暴民政治的终结相符,亚该亚人推举克里图劳斯和迪欧依斯为统治者,他们通过迎合民

---

① Polybius, *History*, VI.7.6–8.

② Polybius, *History*, VI.4.12.

③ Christopher Rowe and Malcolm Schofielded, eds., *The Cambridge History of Greek and Roman Political Thought*, Cambridge University Press, 2000, p.466.

众取得了非法的绝对权力。这二者实质上享有了某种君主式的绝对权力，政体由而沦为暴民制。从而波利比乌斯描述亚该亚第一次的退落是从君主政治到暴政，然后从民主制到暴民政治再到君主政治。此外，他将马其顿国王菲利普五世的残暴视为马其顿王权堕落为专制的结果。菲利普二世、亚历山大大帝、安提哥三世，这些在波利比乌斯出生前掌权的君主都被作为王权巅峰的典型而出现在波利比乌斯的引证中。安提哥的继任者，菲利普五世尽管由于具备某种条件而于公元前221年登上王位并被国民接受，但其内心却面临两种相反的倾向，即仁慈或者自我膨胀，而他身边也出现了两种不同的建议。最终，在不正直的建议者的诱惑下，他屈服于自己低贱的本性而成为一个残酷的暴君。①

作为历史学家的波利比乌斯在对政体变迁做出完整而正式的解释时，遵循了修昔底德的方法，试图从心理学的途径寻求哪些因素可以解释那些影响了历史的个人或群体的决定。他认为，个人之间关系的形成方式决定了不同的心理是如何影响群体的决定和实施的。如前所述，他认为人性由本能支配的动物性和思想或曰理性这两个方面构成。基于此，人们之间的关系和相互作用，包括政体和它们的变化将会被两个不同的方面决定：一个是对权力和自我膨胀的非理性斗争，另一个是力求建立一个较好的、合作型的社会秩序的理性尝试。他深信，政体的自然循环是不可违逆的。曾经盛极一时的城邦在他生活的时代已经远去，无法提供给人民生活的安宁和幸福的福祉，"如果人们能够清楚地了解这些原则，尽管他们对政体在何时发生变故的预测会有误，但对于政体发展或衰败的某个阶段和在哪个界点会遇到根本性的变革，人们的推测大致不会出错。就罗马政体而言，这种方法足够告知我们：它的形成、发展和鼎盛是怎样一个过程，未来会有何种变化。如果说任何一个政体的起源与发展是出于自然的原因，那么它的败落同样也是出于自然的原因"②。波利比乌斯在政体变迁的过程中看到政体的稳定是国家强盛与成功的基础。他对退变的关注是因为它是政体稳定和民族安全的关键。这种政体变迁论在波利比乌斯的政治思想中有着非常重要的作用，可以说，由它引起了波利比乌斯的另一个重要思想，即混合政体论。

① Christopher Rowe and Malcolm Schofielded, eds., *The Cambridge History of Greek and Roman Political Thought*, Cambridge University Press, 2000, p.471.
② J. H. Hallowell and J. M. Porter, *Political Philosophy: The Search for Humanity and Order*, Prentice Hall Canada Inc., 1997, p.109.

（二）混合政体观的实质：权力制衡

从政体变迁论中我们可以看出，波利比乌斯认为国家的强盛与成功取决于政体的稳定。对政体退变的关注是因为退变源于统治权力的不安全与不稳定，而阻止退变的唯一方法就是限制统治者的权力。这种限制在任何一个单一政体都无法维持，所以没有一个政体是理想的。最好的政体是一种混合政体。所谓混合政体，就是将三种良善政体，即君主制、贵族制和民主制的特点结合起来，使各种政治要素相互牵制，以达到和谐与平衡的状态的一种政体。

在波利比乌斯的理论中，斯巴达传统政体是一个稳定的混合政体。斯巴达的立法者莱库格斯就是一个有智慧的君主，他理解政体衰退的原则并且"把最好的（单一）政体的所有美德和特征放在了一起，这样无论哪一方都不得逾越自己的界限，退变成其对立面的恶的政体。相反地，随着彼此的钳制，谁也无法在短期内超越对方，而随着时间过去，政体就会保持和谐并且平衡的状态"①。在这里，波利比乌斯提到了"制衡"，不过他将这种运行机制视作一种心理学状态。在这种状态下，恐惧对自我膨胀的心理形成了阻碍，"君主因为害怕人民而不能无限膨胀，人民由于惧怕长老而不敢对君主不敬，这些元老要一直坚持正义，这样，如果君主因为坚持传统而趋于弱势，那么他们就可以通过施加影响让君主变得重要和强大起来"②。波利比乌斯坚信斯巴达混合政体的稳定性在于没有一个统治方能掌握绝对控制权，作为存续最久的希腊政体，它当之无愧地可以称之为"最好的政体"③。

不过波利比乌斯最感兴趣的，也是他的理论最广泛、最有挑战性的应用是针对罗马政体的。在这一问题上，他离开了围绕自己亚该亚家乡的实际理论而形成自己的理论架构，并以此来解释罗马政体独特的历史和特性。他将罗马政体的演变与斯巴达的政体进行比较，认为前者要优于后者。这可以从两方面来论证：首先，罗马的政体是自然演进的过程，是通过"罗马人从无数次的斗争和行动里选择好的进程中，在灾难中获得新的经验的基础上"④建立起来的。而斯巴达的混合政体则是人为的、有意图的、深思熟虑的行为。其次，罗马的混合政体在稳定性上与斯巴达不同。斯巴达政体的稳定性仰仗贵族元老的协调，由它负责维持另外两方的平衡；而罗马的政体中，任何一方都

---

① Polybius, *History*, VI.10.6-7.
② Polybius, *History*, VI.10.8-10.
③ Polybius, *History*, VI.10.11-14.
④ Polybius, *History*, VI.10.14.

无法在未征得另两方同意的情况下发挥作用。例如，作为君主政体元素的执政官要负责指挥军队和发动战争；作为贵族政治元素的元老院要为军队拨款，并每年任命执政官以便继续作战；而作为民主政体要素的人民要批准或废止执政官的条约或其他行为。然而没有元老院和人民之间的协作，执政官是不能发动战争和管理国家的；元老院审查重大案件、判处重刑也必须经过人民大会的最终审定；诸如公共工程的建造与修缮等牵涉到民众利益的事情，也都要置于元老院的监督之下。此外，民事裁判官多由元老担任，因此可以说元老院是民众的庇护人；同样，民众也要服从执政官的命令，因为他们身处执政官的权力支配之下。[①]正是以这种体制为基础建立起来的协作是罗马稳定、强大和成功的关键所在。这种政体的有效性归于两方面特征：一是它可以团结整个共同体并联合每个成员的成果与优势；二是如果任何一方超越了它的职权界限并试图主导其他方，那么政体自身会自动调整这种局面。例如当和平与繁荣给生活带来了富裕和安逸，罗马人也变得"狂妄傲慢"时，政体形式开始扮演拯救的角色，通过一方的牵制使得另一方无法占据主导地位，"一切都保持既有状态，限制侵犯他人的野心和惧怕来自他方的威慑"[②]。因此，罗马稳定的真正基础是各方相互依赖和协作的愿望。

波利比乌斯肯定了罗马这种自然形成的混合政体是最稳固的政体，但同时他也意识到即便是这种优越的良善政体仍然避免不了衰落的命运，这是自然的规律。波利比乌斯比较了罗马和同样是自然发展起来的迦太基的政体形式。通过比较，波利比乌斯解释了罗马对地中海世界的征服。这项征服始于罗马对迦太基这一争夺世界霸权的主要竞争对手的胜利。在他看来，迦太基的混合政体不像罗马那样完美，而且迦太基很早就达到了顶峰，因此当罗马与之相遇在第二次布匿战争时，迦太基的政体已经开始衰退。波利比乌斯提起这种衰落旨在解释罗马的胜利，同时也暗示了罗马将会面临同迦太基一样的衰落命运。[③]

波利比乌斯通过推断下一阶段来补充他对罗马政体的起源和繁盛的创新性分析，他用改良过的希腊理论来解释现在的历史。他用迦太基的证据来支持自己，但是他预想的衰落模式是与单一政体变化的范式相一致的。与斯巴达人的瞬时产生并转化为暴政的模式不同，罗马的政体是按照自然递进的模式发生转变的。在发展成混合政体的过程中，每一组成部分都被描绘为遵

---

① Christopher Rowe and Malcolm Schofielde, eds., *The Cambridge History of Greek and Roman Political Thought*, Cambridge University Press, 2000, p.473.

② Polybius, *History*, VI.18.5-8.

③ Christopher Rowe and Malcolm Schofielde, eds., *The Cambridge History of Greek and Roman Political Thought*, Cambridge University Press, 2000, p.474.

循自己的模式。到公元前3世纪中叶,每一部分同时达到顶点时,罗马获得了内部的稳定与军事上的无敌。而此时,正是波利比乌斯认为的这一政体中的三部分势力都将衰败的时刻。

为了描述内部关系的衰落结局,波利比乌斯以最初范式为原型明确指出了社会变化的两种新"规则"。第一,每当一个民族获得了绝对安全和长时间繁荣时,生活水准会日益提高,市民会日益争权,欲望会日益膨胀;第二,每当人们认为自己被一些人的贪婪伤害,被其他弄权之人谄媚时,他们就会从混合政体中抽身,拒绝与他人分享权力,因此暴民政治的政体形式便会出现。[①] 如同范式所设定的那样,富有会使人们(尤其是贵族)变得贪婪和炫富。同时,它也会使民主的大多数过于爱权,这是典型的暴民统治的特征。一些人的贪婪很快会使人们疏离,一旦他们找到了领导者,革命就会爆发。已经成为民主对立面的人们,带有对权力的渴望,为了得到权力竭力奉承民众,他们也有一众有抱负的领袖;但是无论是民众还是这些领袖都不再怀有建立良好政体的美德。当这些人揭竿而起并拒绝服从时,他们实际上是破坏了混合政体。因为他们已经远离了民主,重新建立的政体实际上不过是暴民政体。

(三)公民美德对混合政体的影响

在对罗马的政体进行考察,尤其是与斯巴达、迦太基等国家进行比较时,波利比乌斯特别强调了罗马共和国对公民美德的重视。[②] 在他看来,罗马的政治制度较之于迦太基更为优越的原因,在于罗马人所具备的勇气、坚韧、忠诚等良好的德性。

罗马人注重培养市民们的勇武精神。那些在战斗中英勇负伤却坚守岗位的战士,并非由于他们的体力过人,而是他们的英勇;他们将国家的安全和声名的荣誉看得比自己的生命更加重要。而国家的体制也在这方面做出了很大的贡献,例如对那些过世的勇敢者和享有美德的知名人士,国家会以极其隆重的丧礼予以厚待,死者的遗体也会以各种尊荣的方式被所有民众围绕敬仰。这种形式无疑会对那些渴望赢得赞誉和名声、力行美德的年轻人留下深刻的印象,前人得到的尊荣鼓舞他们在面临困苦之时,会为了国家的共同利益和自己的荣誉而坚韧不拔。此外,罗马历史传统中流传下来的节制、自

---

① Christopher Rowe and Malcolm Schofielded, eds., *The Cambridge History of Greek and Roman Political Thought*, Cambridge University Press, 2000, p.475.

② 对美德的重视由来已久,波利比乌斯之前的柏拉图、亚里士多德等人也多有论及。这种思想经波利比乌斯,特别是之后西塞罗等人的进一步阐述和推崇,成为文艺复兴时期人文主义精神的源流。国家政治制度的建设不再单单是各种权利的制衡,更包含美德的培育和教导。

守及宗教信仰方面对誓约的遵守等品质都对提高国家的战斗力大有裨益。

波利比乌斯的混合政体观经过他和之后的西塞罗等人进一步阐释,使得罗马的共和政体成为西方后世理想中的制度形式。尽管波利比乌斯的理论有些方面为人诟病,正如美国的历史学家萨拜因曾说过的:"就历史的准确性而言,波利比乌斯对罗马政体的分析并没有孟德斯鸠对英国政体的分析那般透彻。护民官(tribunes)——他们是罗马政体晚期发展过程中所有执政官中最重要的官员——根本无法被纳入他所提出的模式之中。"①然而波利比乌斯的重要性在于他发现并保留了希腊化时代的希腊理论。这种理论是关于人类行为的准科学法则,与他自己的历史因果关系论相符合,同时也被他创造性地运用于希腊化时代希腊和罗马的历史中去。这种理论应用于希腊历史是相对直接的,因为它本身就是在希腊政体的基础上发展出来的;但是对罗马而言,则要求他首先对罗马政体的历史进行编辑与梳理,然后再将理论用于这个新的他并不熟悉的政体类型中去。尽管他的分析对于罗马共和国的政治制度未能面面俱到,但他成功地认识到不同社会经济团体政治力量之间平衡的重要性。在承认罗马是从惨痛的经验教训中明白了平衡的重要性的同时,他更强调罗马天才领袖的妥协与有效的管理方式。②

到公元前3—前2世纪,罗马取得的世界霸权地位激励了其在文化上自我意识的觉醒,这种觉醒是由它对希腊优秀文化的崇敬和采纳所决定的。从希腊化的角度来看,罗马政治思想的发展有两个趋势。波利比乌斯发现它代表了在有智慧的贵族精英统治下的混合政体制衡模式的巨大成功。因此,一方面,罗马人因神意和他们自己的道德注定要统治世界;另一方面,罗马政体朝着帝国方向的发展却被阻碍了,因为好思考的罗马人确信他们的城邦政体形式已经达到了传统希腊政治思想的理想混合政体模式,他们不可能突破这个理论的限定达到更加普世的政体模式。此外,各种其他的因素,如贵族希望保留他们在这种政体下享有的权利和特权的欲望,城镇民众看到既得利益后的自私心理,都阻碍了更广泛意义上政体理论和政体实践的发展。因此,从根本上来说,希腊传统的城邦理论无法进一步发展为适合世界城邦的政体理论。这意味着,罗马人除了使他们的政治思想符合传统的城邦理论,没有什么实际的选择。一个世纪的内战对打破这种传统理论主导地位的束缚是必要的。最终,罗马世界形成了一个成功的政体,这不仅要归功于实践者凯撒,

---

① 乔治·萨拜因:《政治学说史》(上卷),邓正来译,上海人民出版社,2008年,第199页。
② F. W. Walbank, *Polybius*, University of California Press, 1972, pp.155-156.对波利比乌斯政治理论更为详尽的评价,可参见 K. von. Fritz, *The Theory of The Mixed Constitution in Antiquity: a Critical Analysis of Polybius' Political Ideas*, Columbia University Press, 1954, pp.306-352。

他彻底地摒弃了传统的理论窠臼;还要归功于传统主义者奥古斯都,他很好地将其与帝国融合在一起。而在共和国与帝国之间的十字路口上则伫立着西塞罗的身影。

二、西塞罗的共和政体观

西塞罗在他读了多遍的柏拉图《理想国》中体会到政治共同体不会永远存在。[1]而西塞罗成年岁月里经历的频繁内战也强化了这一哲学信息,即尽管传统共和制为历代智识文人向往、称颂,甚至如西塞罗那样将之视为奋斗一生的目标,但罗马共和国也免不了覆亡的命运。身处共和国风雨飘摇状态中的西塞罗,谴责他那个时代的野心、腐败和人性的弱点,谴责道德和政治准则的堕落。他保留了由柏拉图、亚里士多德和他们的追随者阐述的传统混合政体理论的真实性,力图遏制以凯撒为代表的军事独裁制进一步向帝制转变的倾向,期待恢复往日共和宪政的辉煌。

(一) 混合政体的实质

同他的希腊先辈一样,西塞罗认为共和国最好的形态也是三种单一政体的"适度"的混合。但与波利比乌斯对"制衡"特性的强调不同,[2]西塞罗比较偏爱"混合"(mixing)或"调和"(tempering)的词汇,他认为这更适合表达韵律上的"和谐"之意:"音乐家所称的和谐,在城邦中也存在。它是所有共和国最紧密、最好的安全纽带。"[3]西塞罗主要强调的是混合政体在保留了三个单一政体各自的优势时才能保持稳定性,才能长久存在。因此,执政官类似于君主,实行的是行政权力(imperium),同时负有激励民众的职责;元老院为贵族议会提出政策上的建议(consilium);人民选举行政官员、通过法律并拥有真正的自由(libertas)。[4]同时,每一个单一政体所具有的缺陷也得到了修正。君主制下,议会权力太少;贵族政体剥夺了民众的自由;而民主制缺乏必要的"等

---

① 同许多学者一样,阿特金认为西塞罗曾经从柏拉图的《理想国》受益良多,他的《论共和国》和《论法律》就是对柏拉图同名著作的承袭。19世纪以来,人们习惯地猜测西塞罗仿效了已经佚失的希腊思想,认为西塞罗的论断称不上原创,至多不过是对前代思想的总结提炼。但阿特金认为,的确有大量证据显示西塞罗曾广泛涉猎希腊的哲学与历史,但他对哲学原理极为熟悉并对这些概念有着相当出色的整合能力,无论他借鉴几多,都完全出自特定的目的对其进行引用和转换,并将其与罗马的实践结合运用,而不是对理论的生搬硬套和简单呆板地转述。Christopher Rowe and Malcolm Schofield, eds., *The Cambridge History of Greek and Roman Political Thought,* Cambridge University Press, 2000, p.477.
② 例如 *Rep*.II.57 中用到 compensatio; II.59, 'ut... potestas minueretur'。
③ *Rep*.II.69; cf. II.42, II.65.
④ *Rep*.I.55, I.69, II.57.

级的尊严"(grades of dignity)。①

consilium、libertas 和 imperium 是罗马共和国的基本要素。政体尤以审政机构(consilium)的存在为特征,而只有 consilium 才具备以下内容:"共和国……必须有某种形式的议会才能长久存在。"②对西塞罗来说,权威而不是势力才是政治生活最重要的元素。③通过西庇阿之口,西塞罗认为贵族议会要比一个人更适合提出政策,也比作为整体的大众更具有智慧。长期的实践经验使他们深信由杰出的精英集体做出的决定才是最好的。

混合政体被认为是对极端民主的调和,但在民主的重要因素是否保留上存有争议。例如,西塞罗似乎假定说每一个市民都可以成为政治职务的候选人。④在希腊传统中,选举被认为是贵族制的形式;民主制下的选举形式则针对的是全部人。西塞罗认为在罗马,选举是人们选择权的组成部分。《论法律》中规定元老院由前行政官员组成,而不是通过监察官选举产生的,他认为这是一种普遍的方式:"没有人可以不经过人民就位居高位"。⑤《论共和国》也非常看重民众的自由,西塞罗清楚地认识到剥夺人民自由的不稳定性和危险性。他强调护民官的重要性,认为它既可以保护人民的自由,也可以疏导民众潜在的颠覆性危害。不过,需要注意的是,有许多富有的、出身贵族的人并不是议员。这部分人的利益并不一致,他们同一般民众的利益也大不相同。

在少数人的领导下,通过选举这样的形式将人们的自由整合在了一起。在讨论的一开始,⑥西庇阿就将"res publica"(字面含义为"公共事务")定义为"res populi""事务"或"人民的事情"。⑦真正的宪政就是指人民的事。然而在极端的民主制形式下,民众也并不是为了政体的利益。西庇阿用"res"指代权益。政府就是由民众自由选举出来代表自己利益的可信赖之人。⑧只有混合政体中的民主选举才是真正的选举,因为选举使元老院的审议权和行政官员

---

① *Rep.*I.43, I.53.

② *Rep.*I.41.

③ J. p. V. D. Balsdon, "Auctoritas, dignitas, otium," *Classical Quarterly*, Vol. 10, No. 1, May, 1960, pp.43–44.

④ 例如在《论共和国》的第二卷西塞罗曾提到,元老院的特征在于身份而不是财富。*Rep.* II.59.

⑤ *Leg.* III.27.

⑥《论共和国》这部著作采用了对话讨论的形式,每一篇都连续地呈现一种观点。在对话中,西塞罗将主要的角色安排给他理想中的政治家小西庇阿,并把场景设定在公元前129年拉丁假期期间一群朋友聚集在西庇阿乡间的房屋中。

⑦ *Rep.*I.39.

⑧ *Rep.*I.51–52, II.56, III.45.

的行政权合法化。①同时，选举也杜绝了由人民直接领导的暴政的发生。

行政官员，尤其是执政官，是混合政体中君主制的因素。在《论共和国》第一卷的结尾，西庇阿对此做了阐述，如果必须在三种政体形式中选一个的话，他会选择君主制。为了得到被统治者的拥护，君主同样需要有效的管理，尤其是在战争等状态下。此外，君主制非常容易退变为僭主制，这是所有政体中最坏的一种。那么为什么显然是罗马"传统"宪政代言人的西庇阿还要选择君主制呢？隐藏在这一背景之后的是柏拉图主义对智者统治的推崇，与这种认识相伴的还有罗马历史上确有君主时代这一历史事实。西塞罗或许在此想强调的是强有力的领袖存在的必要性，这个领袖就是他所说的执政官。另一方面，西庇阿指出，由于执政官任职期限为一年，这使得执政官制度不会像君主制那样堕落为僭主制。②如此一来。罗马就可以在哲学王的领导下有效地运用各种政体的长处，同时又防范其风险。③

（二）"先辈的传统"与共和国的凝聚力

对西塞罗来说，政治伦理与政治体制同样重要。后者的存续以前者为基础，政治家治理城邦依靠的是智慧的决策和道德的榜样。④西塞罗认为，贵族精英们的道德观念和建议是罗马稳定性的前提：*moribus antiquis res stat Romana virisque*。⑤因而贵族们的理念对共和国而言至关重要，它是共和国凝聚力的源泉。

从公元前3世纪末到公元前1世纪中期，罗马社会的伦理规范都呈现出显著的延实性。⑥贵族呼吁道德与宪政结合的政体形式，他们将其称作 *mos*

① M. Schofield, "Cicero's Definition of *res public*," in J. G. F. Powell, ed., *Cicero the Philosopher: Twelve Papers*, Oxford University Press, 1995, pp.63–83; F. G. B. Millar, "The Political Character of the Classical Roman Republic," *Journal of Roman Studies*, Vol.74, 1984, pp.1–19; "Politics, Persuasion and the People before the Social War," *Journal of Roman Studies*, Vol.76, 1986, pp.1–11.

② *Rep.*II.43.

③ J. G. F. Powell, "The *rector rei publicae* of Cicero's *De Republica*," *Scripta Classica Israelica*, 1994, pp.26–27.

④ J. L. Ferrary, "The Statesman and the Law in the Political Philosophy of Cicero," in A. Laks and M. Schofield, eds., *Justice and Generosity: Studies in Hellenistic Social and Political Philosophy*, Cambridge University Press, 1995, pp.48–73.

⑤ *Rep.*V. I.

⑥ 阿特金认为，精英人物的著作的文辞受他们所亲历的战争与政治影响，他们将政治上的得失成败倾注于坚定的道德范畴，他们的道德语言反之也是社会政治的产物。Christopher Rowe and Malcolm Schofield, eds., *The Cambridge History of Greek and Roman Political Thought*, Cambridge University Press, 2000, p.481.

maiorum，即"先辈的传统"。历史与传统契合在一起有三方面的原因：首先，贵族们的理念来自他们的先辈，尤其是那些英雄故事；其次，这些精英的杰出与尊贵并不在于法律赋予他们的特权，而是有赖于对他们先辈的尊敬；最后，家族而不是个人享有荣誉与声望。那些古老的贵族家族尤为强调最后一点。而在公元前3世纪和前2世纪靠着自身努力崛起的"新贵"们则声称，个人的美德远比世系承袭下来的更值得荣耀。①

　　对贵族而言，有四种品德：第一，*virtus* 是 *vir* 的性质，即刚毅、无畏之意。复数 *virtutes* 可以指具体的英勇事例。但 *virtus* 还含有在个人及国际事务中正义与诚实之意，阴谋与失信将会受到谴责。第二，忠诚是一种可贵的品质，贪婪、腐败与奢侈都是那些风行古代节俭之风的人批判的目标。罗马的传统道德在体制上有对应的官员对其进行监督，他们负责检验市民，尤其是元老院议员的道德。第三，智慧同样是对贵族的要求，其职责不仅在战争时期也在日常的政治生活中体现。第四，为了使一项可行性方案得到元老院或民众的支持，他还要具备一定的权威（*auctoritas*），这确保他能够受到尊重，其建议和提案能够得到接纳。②

　　此外，公共服务要符合民众之需。军事、政治的成就有助于个人威望或公众地位的建立，这有关于自我价值感的体现；荣耀可以通过巨大的成就赢得，它来自同辈人的称赞和声名的远播。③荣誉之所以重要的其中一个原因是非常现实的，那就是可以借此通过民众选举担任要职进入元老院。声望还可以通过建立与门客及政治上的朋友的人脉获得，至于这种关系是通过明智的馈赠，还是通过某种服务，尤其是法律上面的支持得到的则在所不问。有所求必有所付出，相应的，政治上的忠诚是免除义务的一个基本准则，特别是对那些贫穷的依附者而言。贵族精神特质中的无畏、智慧与虔诚在共和国的政体下得到了体现。即使是在共和国后期，各方的行为都表现出自己是爱国者。从理论上来说，个人和家庭的志向在于谋求整体的利益。因此在相互竞争和社会指导价值的体制下暗含着一股张力，这种情况在公元前1世纪的危

---

① Christopher Rowe and Malcolm Schofield, eds., *The Cambridge History of Greek and Roman Political Thought,* Cambridge University Press, 2000, p.482.

② J. p. V. D. Balsdon, "Auctoritas, dignitas, otium," *Classical Quarterly,* Vol. 10, No. 1, May, 1960, pp.43-44.

③ 有关荣誉和声名的论述，参见 F. A. Sullivan, "Cicero and Gloria," *Transactions of the American Philological Association,* 1941, pp.382-391；A. A. Long, "Cicero's Politics in *De Officiis*," in A. Lakes and M. Schofield, eds., *Justice and Generosity: Studies in Hellenistic Social and Political Philosophy,* Cambridge University Press, 1995, pp.213-240。

难关头愈发明显,并在道德语言上施加了压力。①

最后,"先辈的传统"中还有一个更加隐晦而冠冕堂皇的词,即自由。罗马人民以他们的自由为豪:法律面前人人平等;对苛罚有权申诉;拥有选举参政的权利。即使像西塞罗这样本质上并不信任民众权力的人,也经常称"罗马人民的自由"。②

这样的宣扬无不提醒我们,罗马共和国精英们的内在理念是如此具有说服力。西塞罗的《论共和国》就是罗马人对祖先传统实践的呼吁,这已不仅仅是怀旧的保守主义者对"先辈的传统"的向往,他要唤醒民众对这些贵族理念的记忆,通过对荣誉的关注来激发当代人的抱负心,从而为共和国的福祉担当责任。从现有证据来看,西塞罗的方法具有独创性,他用对贵族理念的呼吁来论证政体的平衡,这种平衡被认为是完全的传统理念。不过,他的传统主义自有其独特的特点。罗马的法律、政治演说普遍都呼吁共和国的利益高于一切,甚至元老院的最高决议(senatus consultum ultimum)也做出了这样的宪法支持。西塞罗非常推崇这种传统的情操,将它视为自己伦理体系的核心。德性(virtus)、审慎(prudentia)、尊严(dignitas)、恩惠(beneficia)及自由(libertas)的含义尽管可能已改头换面,却不可能被弃之脑后。这些准则经由贵族的理念在其情境中重新锻造之后,愈发生机勃勃,持续繁荣下来,对此后几代产生了巨大的影响。

(三) 各阶级的和谐与元老院的核心统治

波利比乌斯在对罗马的政体进行研究时,曾经指出元老院作为政治权力配置的核心是罗马共和国的典型特征。西塞罗理想中的共和国也正是以西庇阿为代表的元老院最辉煌的时期。那时,元老院在诸如西庇阿等贵族精英领导下掌握了国家的实质统治权,他们通过议会讨论决定共和国的内外事务,抗击罗马的敌人赢得尊贵的荣耀。然而在西塞罗自己的年代里,军事强人此起彼伏,自由的共和国、自由的元老院协商,以及法律的自由本质由此消

---

① Christopher Rowe and Malcolm Schofield, eds., *The Cambridge History of Greek and Roman Political Thought*, Cambridge University Press, 2000, p.482.
② 西塞罗也注意到对民众自由保护的度和防止人民意愿的正当表达机制(选举制)的腐败,然而他并没有提到减轻平民阶层困苦的现实措施。他认为平民政治家如格拉古兄弟只是满足了社会中一个群体的利益,但没有意识到他们或许恰恰代表了人民的整体利益。Christopher Rowe and Malcolm Schofield, eds., *The Cambridge History of Greek and Roman Political Thought*, Cambridge University Press, 2000, p.497. 关于罗马共和国时期的自由观,可参见以下文献。C. Wirszubski, *Libertas as a Political Idea at Rome during the Late Republic and Early Principate*, Cambridge University Press, 1950; p.A. Brunt, *The Fall of the Roman Republic and Related Essays*, Oxford University Press, 1988, ch.6.

失。从思想上，尽管他对这时的元老院和贵族们抱有怨恨与不信任的心理，但在现实的政治角逐中，他始终追随并努力维护元老院的势力。他曾在公元前60年代提出，元老院与骑士之间的和谐、所有良善之人支持的共和国，以及确保元老院的主导权这样的政治纲领，而他的《论题篇》的演说辞也让我们看到如果他能在政治动荡中看到一点儿希望，他势必会推行这样一种政治理念：所有的人，无论穷人还是富人、政治家还是商人，都将会为了共和国而联合起来，抛弃暴乱纷争与革命。他尤其强调了所有政治秩序的成员之间要协商合作，[①]并且所有的人都有选举权和进入元老院的资格；元老院的职责是保护城邦，守护人民的自由与福祉；每一个官员也都要各尽其职。

（四）共和政体观的回响

西塞罗的共和政体观将混合政体的希腊理论与罗马政体融合在一起，提倡富裕骑士与元老之间的和谐合作、所有正直市民的大力支持及元老院的指导权力。但实践经验告诉西塞罗，整个元老院过于庞大以致无法发挥主动性。传统上，它需听从一个或几个杰出成员的领导。在公元前2世纪的和平年代里，高尚的小西庇阿就是这样的杰出人物，他的影响力、他的权力在整个共和国都有目共睹。他是当之无愧的首席公民（princeps）。在西塞罗自己的年代，他自己和包括庞培在内的其他首席公民，都曾单独或联合领导元老院。在概念方面，西塞罗找到了一个符合领导权的答案，即首席公民。他需要有值得民众尊重的道德品格和政治智慧，他要用他的才能，而不是个人野心服务于元老院。苏拉、凯撒和后三头同盟滥用他们的军事力量、特别权力及对选民的控制，以共和国为代价进一步推动自己的目的。他们的成功意味着剧烈的变革。西塞罗的这种单一元首（princeps）或几个元首（principe）合作的概

---

① Christopher Rowe and Malcolm Schofield, eds., *The Cambridge History of Greek and Roman Political Thought*, Cambridge University Press, 2000, p.487.

念让混合政体向帝国统治的转变成为可能。①

    西塞罗可能在他的政治理论缺乏原创性方面受人诘责。他的缺点常用来与凯撒作比较,认为他只是在对传统罗马政体方面的政治经验加以确证,而凯撒的才能则在于他看到,罗马的帝国使命需要一个帝国政府。尽管西塞罗的理论未能够及时地为那个时代的弊端提供救世良药,他为恢复和维护和平提供的可行性建议也可能有些天真,但这些并不是没有任何价值的。他的著述不仅是教科书而已,它们是依照国家的和他自己的经验对政治理论的阐释。西塞罗从这种阐释中得出的结论很大程度上是对传统的混合政体理论的确认。虽然事后看来不难发现其中的保守主义的错误,但是他为之奋斗的理念却是不容易的。他是为了维持共和国的统治权(罗马人用 *libertas*,即"自由"这个词表明它的内涵),并旨在为了公共利益的良好政府而奋斗。②他的这种理念被当时专制、残暴的独裁政体造成的无序状态清扫殆尽。即便他未能意识到罗马的帝国使命这种新的可能,他却为奥古斯都指明了方向,让他意识到最好是通过让步而不是革命来达到目的。奥古斯都的妥协是凯撒暗藏的君主制传统和西塞罗关于首席公民领导下的共和制传统,即 *Respublica restituta* 和 *auctoritas principis* 的结合。③

---

① 关于西塞罗的元首(*princeps*)概念及其对奥古斯都的影响已有很多的著作。豪尔对奥古斯都受西塞罗的影响持怀疑态度。W. W. How, "Cicero's Ideal in his *De Republica*," *Journal of Roman Studies*, XX, 1930, pp.37-42.他在文章中指出,西塞罗关于罗马统治者例如西庇阿·埃米利阿努斯及他自己的观点来自柏拉图和亚里士多德。元首应没有任何不一般的权力或地位,而只能是贵族权力中(*in potestate optimorum*)具备首席公民身份(*optimus status civitatis*)的首席公民(*optimus civis*)。马丁在他的题为"*La Notion du Prince chez Ciceron*"研究中指出西塞罗在元首这一概念上是很精准的,这一概念来自西奥彭浦斯并经西庇阿·埃米利阿努斯波利比乌斯式的描述,并被之后的奥古斯都采纳。 Martin van den Bruwaene, *Etudes sur Ciceron*, L'Edition Universelle, 1946, pp.59-77.理查德重新考量了这一论述,并且接受西塞罗理论中共和国元首(*rector rei publicae*)的存在,但认为《论共和国》的残篇让我们无法精确判定西塞罗是如何将它嵌入到共和国政体中去的。Richard Meister, "Der Staatsdenken in Ciceros *De re publica*," *Weiner Studien*, LVII, 1939, pp.57-112.麦格德兰在曾经提到奥古斯都权力(*auctoritas*)在共和国的先例来源,即西塞罗的元首制理论。他总结说,西塞罗提倡元首的权力(*princeps auctoritate*),并且认为元首有两种功能:他可以通过提出恰当的个人建议(*privato consilio*)或者作为国家组织中表达公共意见的领导者(*auctor publici consilii*),将国家从危险的状况中拯救出来。Andre Magdelain, *Auctoritas Principis*, Les Belles Lettres, 1947; Mason Hammond, *City-state and World State in Greek and Roman Political Theory until Augustus*, Biblo and Tannen Booksellers and Publishers, Inc., 1966, pp.138-139 n.14.
② 迈克尔·格兰特对自由和市民的关系,特别是罗马统治下"自由"的城市有详细的论述。Michael Grant, *From Imperium to Auctoritas*, Cambridge University Press, 1946, pp.401-412.
③ Mason Hammond, *City-state and World State in Greek and Roman Political Theory until Augustus*, Biblo and Tannen Booksellers and Publishers, Inc., 1966, pp.138-140.

第二节 美德与理性:政治统治的约束与保障

从古至今,权力始终是社会政治生活中的核心要素。对于权力的性质和实施,西方国家的思想家很早就有明确的意识。从古希腊开始,人们对政治权力的必要性和危害就有了清晰的认识。早期的思想家们都重视美德对政治家的约束,如苏格拉底崇尚正义与智慧,提倡执政者的美德;柏拉图提出"美德即知识"的论断,认为城邦公共生活的管理要依靠统治者的美德引领和塑造;亚里士多德虽然偏重法治,但也强调统治者的才德对城邦的治理和稳定有着至关重要的作用;重视传统的罗马人更是认为,统治权的合法性来自罗马固有的习俗传统及为政者对高尚品德和荣誉的推崇。此外,思想家们还强调除了美德,法律的约束也是必不可少的。柏拉图在《政治家篇》中就曾指出,在缺乏具有美德的理想统治者的情况下,次一等的法治国家是第二之选;亚里士多德更是认为法律出于明智和理性,是对有关正直的行为做出的规定,也是对权力进行规制的有效手段;西塞罗通过诉诸罗马的守法主义,缩短了理想的善或先验的正义与实际的道德义务之间的差距,认为法律在最低程度上体现了人类社会的理性与正义;罗马的法学家们也以法律规范的形式承载了古代罗马对权力的制约和对公民权利的保障。

一、古代罗马思想家的道德观

在古罗马的思想家中,西塞罗可以说是对德性做了最系统、最详尽论述的人。他亲历并挫败了有野心的喀提林对共和国的阴谋,目睹了庞培与凯撒为了各自的利益和帝王野心置罗马于战争的举动。尽管朱利乌斯·凯撒结束了内战,重建了和平,但这并不是保守者眼中自由的共和国。凯撒是为了个人私利而不是公共利益,他实行的是独裁而不是共和。为此,西塞罗重拾哲学的武器,在伦理道德中寻求"德性之光"。《论义务》①便是西塞罗这一时期的"道德"之作,这部著作的主题就是共和国的繁荣有赖于领导者的个人美德,而这些美德还需用一种完全政治性的方式加以明确。

西塞罗认为,关于义务的建议只能由那些以荣誉为追求目标的人提出。

① 《论义务》的拉丁文本见 M. Winterbottom, *Cicero De Officiis*, Oxford University Press, 1994;拉丁注释文本见 H. Holden, ed., *M. Tullii Ciceronis De Officiis Libri Tres*, Cambridge University Press, 1854;英文译本见 M. Miller, *Cicero De Officiis*, Harvard University Press, 1913,洛布古典文丛收录了米勒的这部译本;译本与注释见 E. M. Atkins, ed., *Cicero: On Duties*, Cambridge University Press, 1991。

斯多葛学派对此的观点是很坚定的,他们认为除了荣誉没有任何东西是善。学院派和逍遥学派的观点则带有一些适应性,他们认为荣誉是最高的善,但其他的善也能带来一些幸福。西塞罗将这两种观点结合在一起总结道,有益的东西与荣誉是相辅相成的,只有有益的东西才是尊贵的、值得人尊敬的,如果不值得人尊重,也必然是无益的。这个结论是整篇著作的基础,也是经常被人们谈论到的论题。

首先,西塞罗论述了道德义务。西塞罗认为社会产生于人的自然本性,但必须经由理智德性(intellectual virtue)即智慧及三种道德德性(moral virtues),即正义(justice)、勇气(courage)和节制(temperance)的指引才能达致完美。事实上,将人与其他高级动物区别开来的这些特征及理性和言语才让社会组织成为可能。因此,在所有人们天生的群集本能(gregarious instinct)产生的关系中,如友谊、家庭和社会,对国家的道德义务有优先权。道德义务源自国家依赖的四种品德,其中最主要的是正义的品德,正如柏拉图指出的仅正义一项就可以赋予其他三种品德以道德价值。也就是说,它们仅当是为了公共利益而不是私人利益的时候才是道德的。他一再强调,缺乏正义的精神无论怎样伟大都不是真正的美德,它只会给社会带来灾难性的暴力破坏。[①]

与正义相对应的是非正义。西塞罗区分了两种形式的非正义,即损害他人利益和未能阻止对他人利益的损害。[②]与此相应,正义有两个基本原则:不伤害他人和为公共利益服务。[③]非正义既有积极的形式也有消极的形式:疏忽大意或者主动放弃责任。西塞罗指出,这种非正义的动机包括懒惰、分心、哲学上的被同化及不愿树敌的心理。这并非抽象的理论,事实上在西塞罗生活的社会里,富有的志愿者从政就是被诸如野心、抱负、继承的自豪感及公共精神等各种动机所驱使的。

《论义务》对共和国外部的正义,即战争中的正义做了完整而正式的阐述:宣战和授权作战必须遵循法定程序;[④]战争的目的必须是为了正义和和平,要确保自卫战争的合法性。不过,帝国的荣誉可以是战争的合理动机,[⑤]战争中需保持公平战斗,即使对敌人的誓言也要遵守,[⑥]必须优待战败方,等等。

---

① *Off.* I.157.

② *Off.* I.23.

③ *Off.* I.31.

④ *Off.* I.36—37.

⑤ *Off.* I.38.

⑥ 西塞罗在此提到了理想主义者的典型雷古勒斯的例子,他信守对敌人的诺言,但自己为此付出了极大的代价,一直忍受痛苦至死。"雷古勒斯"一词包含了证实信守承诺的三种美德,即爱国主义、勇气及战争中的正义。*Off.* I.39—40, III.99—115.

事实上,许多罗马的前战败者后来都成为帝国的公民。①同《论共和国》第三卷一样,这里也将罗马对同盟国的处理做了理想化描述,指出她的"仁慈"成为其他人的庇护所,并为她赢得了赞誉。自古以来,罗马对赫赫军功的崇尚之情是无法压制的,但是西塞罗确实从伦理道德上对其做了一定的限制。②

第二种品德是勇气。西塞罗认为战场上的英勇固然可贵,不过在市民活动中表现出的勇气同样对国家有益,这一点从西塞罗自己的执政官生涯中就可以看出。勇气必须避免追逐私利、怀有恶意、愤怒和傲慢。然而这一道德品质却给西塞罗设置了一个微妙的问题。荣誉在罗马贵族的道德传统中向来享有极大的美誉,军事上的英勇就是获得荣誉通常的道路。但希腊自柏拉图之后的哲学家们则警告说"doxa"(希腊语意有"荣誉"和"见解"两种意思)是危险的和无用的。西塞罗一生的经验使他明白被军队支持的有能力、有野心的个人反而会利用他的英勇摧毁政治的平衡与稳定。因而,他的阐释必须给这一个传统的两难问题留有余地。

西塞罗认为伟大的精神有两方面的特质:一是蔑视物质的东西,除了荣誉,不会欣赏、选择和追求其他的东西,并且不会屈从于任何人、任何精神或任何财富;二是做有益于他人的伟大的事情。③西塞罗对行为中(尤其是军事上和爱国主义方面)表现出的勇气做了心理学上的哲学解释:不会被恐惧、贪婪或对荣誉的欲望所左右的人会勇敢地直面逆境或诱惑,他唯一的目标就是对正直尊贵的追求。相应地,西塞罗认为伟大的政治家(包括他自己)经常表现出比战争中的英雄更加伟大的精神,因为后者的动机多是对荣誉的渴求而不是为了共和国的利益。个人的美德受社会需要的影响:"再崇高的精神如果缺乏正义、如果不是为了公众安全谋福祉,而只是为一己私利,也只是恶而已。"④柏拉图曾经暗示,最伟大的精神往往在面对荣誉的诱惑时最不堪一击。不过在柏拉图那里是没有现实依据的空想哲学,而对西塞罗来说,凯撒的例子却是极其恰当地符合了这个认知。⑤最无私的政治家也需要足够的抱负克

---

① *De Officiis*, I.35.

② Christopher Rowe and Malcolm Schofielde, eds., *The Cambridge History of Greek and Roman Political Thought*, Cambridge University Press, 2000, p.510.

③ *Off.* I.66—67.

④ *Off.* I.62.

⑤ 西塞罗没有像他的希腊哲学导师那样只是从理论上坚称荣誉没有任何价值,而是慎重地选择凯撒这样一个强权来论证荣誉在罗马大众眼中的意义,他将凯撒视为受荣誉和权力欲望驱使的不正义的代表。E. M. Atkins, "The virtues of Cicero's *De Officiis*," unpublished Cambridge Ph. D. Thesis, 1989, pp.102—109; U. Knoche, "Der romische Ruhmesgedanke," *Philologus*, 1934, pp.112—123; Christopher Rowe and Malcolm Schofield, eds., *The Cambridge History of Greek and Roman Political Thought*, Cambridge University Press, 2000, p.513。

服困难和失败,因此西塞罗承认荣誉的确是有用的,它是一个人生活中得到别人支持、赞同的有效手段。①接着,他尝试用他一贯的主张,即追逐名誉必须限定在正义的范畴,来中和不受限制的野心带来的危害。荣誉的三要素——被热爱、被信任及被崇拜只能通过正义的行为来获得。至此,西塞罗的论述目的已经很清楚了,即他认为强权的雄心必须以爱国而不是一己私利为目标。

接下来,西塞罗论述了节制。这一品德是关于什么是"适当"(decorum)的,通过自我的控制,道德行为须符合特定的情境和个人身份。西塞罗认为每个人都有两种天赋,一个是共同的人性,另一个是个人的特殊才能。道德行为必须符合个人能力和具体情境,但也要受共同的善的利益的鼓舞。对"适当"的论述引出了对非政治性的社会行为的思考。对道德伦理这种显而易见的概念的关注也完全适合于罗马的精英们。他们面对公众的演讲和其他外事活动无不受到社会大众的影响,如果判断"适当"是由关注你的大众来判断的。不过,适当与否也要结合具体情境:时间、场所和使然力都可以帮助判断行为是否恰当。西塞罗做了进一步的细化,他指出每个人都戴着四张"面具"(personae):人类的共性、个性、命运赋予的情境,以及职业。②这个观点也适用于西塞罗自己。例如,他对职业选择的建议与这部著作的写作对象——他的儿子密切相关。同时,它也具有重大的政治性意义,尤其是他用加图为例说明个人的性格可以影响义务的观点,更是把这种论点发挥到了顶峰。③

最后,西塞罗重申了正义在所有品德中的卓越地位。他坚持认为,从道德的观点来看,理论智慧或理论思辨不如行为证明的实践智慧重要,其他的道德价值依赖于正义或普遍善意的概念,道德义务的选择应该以公共的善为目标。④

在《论义务》一书中,西塞罗运用他的哲学知识对他经历的革命给出了保守主义的道德回答。"先辈的传统"(mos maiorum)被赋予了最智慧的含义;在这个过程中,"honestas""dignitas""officium""beneficia"和"gloria"也为了迎合当

---

① *Off.* II.12-17, II.31.

② 多数学者认为西塞罗的这一观点来自潘尼提乌。C. Gill, "Personhood and Personality: the Four-*personae* theory in Cicero, *De Officiis* I," *Oxford Studies in Ancient Philosophy*, 6, 1988, pp.169-199; E. M. Atkins, "The virtues of Cicero's *De Officiis*," unpublished Cambridge Ph. D. Thesis, 1989, ch.3.

③ C. Gill, "Personhood and Personality: the Four-personae theory in Cicero, *De Officiis* I," *Oxford Studies in Ancient Philosophy*, 6, 1988, pp.169-199.

④ *Off.* I.160.

代的需要做了改变。《论义务》中提到的四种美德来自希腊哲学,却用当代术语重新加以演绎。不过,同柏拉图在《理想国》和亚里士多德在《伦理学》中一样,西塞罗认为个人及其行为的道德品质只能在他及他的行为对国家和公共利益的贡献这一范围内进行评判。因而尽管西塞罗从政治生活的舞台暂时隐退,转而从哲学中寻求慰藉,但他并不将哲学视作对公共服务的逃避,而是视为另一种支持共和国的手段。共和国的繁荣依旧是《论义务》的主要道德目标,所有对品德的分析也都是围绕这个目标进行的。

生活在帝国时期的历史学家李维同西塞罗一样,认为国家不只是一系列规章制度,而是一个由各种不同的因素构成的道德共同体,道德是维系它的安全纽带。那些具有美德的行为和良善的意愿通过观察者的观察和认可,锻造了国家的良序运作。当有一个坏的榜样伫立眼前,人们就会对其产生厌恶并不予以信任;而当一个好的榜样出现时,人们就会被吸引,并愿意亲近和模仿其行为。因此,李维特别强调统治者与被统治者之间的关系。在他的《建城以来罗马史》的序言中他就问到何谓生活,何谓古代罗马人的良善习俗(*quae vita, qui mores fuerint*),这种良善习俗"已然消退,又一再沉沦",直至今日败坏殆尽。[1]在李维看来,一些品德,如和谐、守律、节制及忠诚等对国家的统治尤为重要。[2]正是因为罗马人的团结和睦使得他们在战场上无往不胜。和谐产生于美好的品德,而纷争则源自恶。在李维的笔下,早期罗马之所以从一个小邦一跃成为统治整个地中海的强大帝国,正是罗马人有着高尚道德的结果。辛辛纳图斯就是美德的代表,也是罗马人民的唯一希望和救世主。他"致力于乡村淳朴的劳作",他温和而有节制、节俭勤奋并有着爱国主义的热忱,这种品德值得"那些注重财富而蔑视人的品德,认为除了财富没有其他任何值得追求的荣誉的人关注"。[3]

美德还是权力有效性的前提和基础。好的领导者势必拥有良善的,激励他人观摩、效仿的品德。李维指出,罗马人重视先例的传统在对罗马的年轻人进行的教育中发挥了重要影响,年轻人可以从中得到启示,效仿美德而避免恶行。他举出了关于品德的两个相反的事例来说明品德的重要性:瓦列里乌斯曾经对他的军队说:"是我的行为而不是我的言辞让你们追随于我,你们从我的身上得到的不是我的指令而是我所做出的榜样。"[4]瓦列里乌斯的品德事实上的确对他的军队发挥了教导的作用,这种美德让他得到部下由衷的拥

---

① Livy, *From the Founding of the City*, pr.9.
② p. G. Walsh, *Livy: His Historical Aims and Methods*, Cambridge University Press, 1961, pp.66-78.
③ Livy, *From the Founding of the City*, 3.26, pr.7.
④ Livy, *From the Founding of the City*, 7.32, pr.12.

戴。在对埃魁人和伏尔西人战斗中的罗马军队将领阿皮乌斯是一个残酷施权的领导者,他的暴政使得他的军队毫无凝聚力和约束,当他想要召集军队作战之时,他的部下却不愿服从。李维指出,权力若要发挥作用,必定要依靠那些遵守命令之人的一致意愿。①很显然,阿皮乌斯就不被他的军队认同,而就他的所作所为来说,这是一种很正常的现象。尽管他实际上掌握了权力,但他的身上不具备有效统治的执政者应有的美德。与阿皮乌斯相反,昆提乌斯"与他的军队之间则存在一种友好与善意",指挥官和他的部下有着和谐的关系,他的部下自己也称"元老院指派给他们的是一个家父,给其他军队的则是暴君"②。两相比较,昆提乌斯的权力因为他的士兵们对他的爱戴和友好而得以有效的统治,而阿皮乌斯的行为则让士兵厌恶,原因在于昆提乌斯的身上具备了执政者应有的高尚品德。

塔西佗的阐释让我们从另一个角度看待古代罗马的思想们对美德的观点。塔西佗曾经为他的岳父阿古利克拉作传,将他视为后人应效仿的先例。阿古利克拉的事例表明,那些伟大的人物只要具备良好的品德,就可以在哪怕最残酷的暴君统治下生存并被铭记。历史将会记载阿古利克拉生活中值得敬仰的事迹,而"这里所提到的阿古利克拉将会超越生死,他的事例是后世子孙们的宝贵遗产"③。阿古利克拉在图密善黑暗统治下,表现出了一种中庸的态度:"即不闲散,也不随意",他并不期望"毫无意义的虚饰",也不会心存畏惧。但阿古利克拉并不是亚里士多德式的一味持"适度"之路的人,他非常审慎,"有遵从命令的传统,同时在履行职责时又兼具权宜的技巧"④。平衡、节制、审慎,这就是阿古利克拉身上的特点。他的品德在对待和实施公共权力时表露无遗。⑤当他出任罗马在不列颠的地方官职时,就以用悔罪代替惩罚的仁慈品质著称,"在他震慑了不列颠反叛者之后,他又通过在民众面前表现和平的愿望展现了他的宽宏。"⑥面对那些未曾受过文明教育的民众,他试图用平缓的安抚手段来教化他们。他的宽宏仁慈赢得了民众对他的赞誉,而他的节制与审慎也让他在"不具有高尚品质的"君主的嫉妒下安然无恙。他的境遇与那些以"自由"为名而追逐声名的人形成了鲜明的对比,这些人获得

---

① Livy, *From the Founding of the City*, 2.59, pr.4.

② Livy, *From the Founding of the City*, 2.60, pr.I–3.

③ Tac. *Agricola*, 42.3.

④ Tac. *Agricola*, 8.1.

⑤ Tac. *Agricola*, 19.3, 20.2.

⑥ Tac. *Agricola*, 21.1.

荣誉往往是以付出生命作为代价的。①作为古典政治自由主义的典范之一，塔西佗对阿古利克拉的行为持有明显的赞赏态度，尽管他自己不满帝国统治下的腐败与黑暗，但他并不呼吁雅典民主政治那种"普世"却并不现实的观念。他认为，对帝国统治的反抗并不是一件值得赞赏的行为，他对元老们的激进行为也持批判的态度。他主张人们要在审慎的指引下，在危险的两端——毫无尊严的诏媚和鲁莽草率的独立——寻求平衡。②

古代罗马的思想家们不仅仅关注美德的表象，更注意发掘和辨别执政者表现出来的美德背后的真实面貌，同时他们还采用赞誉的方式婉转地对统治者提出建议或忠告。西塞罗似乎对仁慈(clementia)这一品德抱有一种怀疑的态度。在写给阿提库斯的信中，他描述了安东尼与凯撒之间的冲突，并指出，城市"都为他巧妙的仁慈欢欣而对其他人的愤怒感到恐惧"③。在这里，西塞罗用了"insidiosa clementia"（"巧妙的仁慈"或有"技巧的仁慈"）这一词语来描述凯撒的品格，很显然，他对凯撒表现出来的"仁慈"并不感到乐观。诚然，他并不否认"仁慈"本身是一种美德的表现，他在《论目的》中曾经给仁慈做了这样的定义："仁慈是一种对不喜欢下层阶级的思想的善意的、温和的克制。"④在《论义务》中他也提到，"没有什么比那些伟大人物的心平气和和宽恕的态度让人更为赞赏"。在西塞罗看来，仁慈或者说宽容要求一个人要有伤害他人的能力，这种能力并不仅指有愤怒的可能性，而尤其指的是上级对下级所具有的权力。⑤凯撒身上就具备这种施人于仁慈的能力，西塞罗向凯撒强调了他的品德与他死后留在人们记忆中的荣誉之间的关系，指出一些人会赞美凯撒，而如果他未能熄灭内战之火，拯救祖国的话，其他人将会挖掘他身上缺乏的美德而大加斥责。

这种通过称颂掌权人物拥有并展现仁慈并将仁慈与获得荣誉结合起来

① W. Liebeschuetz, "The Theme of Liberty in the Agricola of Tacitus," *The Classical Quarterly*, 16, No.I, 1966, pp.126-139.马克·默福德指出，这些被处罚的人本身并不是哲学家，而是被斯多葛哲学激励的政治家。斯多葛学派的思想如果不加限制的话，对帝国的威胁是显而易见的："斯多葛主义者对小加图的崇敬让统治者们坐立不安，因为加图就是拒绝接受暴君统治而向往自由的典范。"Mark Morford, *The Roman Philosophers from the Time of Cato the Censor to the Death of Marcus Aurelius*, Routledge, 2002, p.191.

② Victoria E. Pagan, "Distant Voices of Freedom in the *Annales* of Tacitus," *Studies in Latin Literature and Roman History, Collection Latomus*, X, 2000, pp.358-369, p.359.

③ Cicero, *Letters to Atticus*, trans. D. R. Shackleton Bailey, Harvard University Press, 1999, 8.16.2.

④ Cicero, *De Inventione*, 2.164.

⑤ Daniel J. Kapust, *Republicanism, Rhetoric and Roman Political Thought*, Cambridge University Press, 2014, p.155.

的策略在塞涅卡的身上也有明显的体现。塞涅卡不仅是一个哲学家,还是尼禄的老师和教导者。他的《论仁慈》一书作于公元前55年,就是为了支持尼禄的统治和提升他在公众中的形象而作。①塞涅卡将这部书献给尼禄,声称"将之作为一面镜子",让他为善,并对他人的善举铭记在心。塞涅卡指出,统治者有责任为臣民树立良好的品行榜样,他要尽力去除恶,用耐心给予他们教化感召,必要时候甚至予以惩罚,以此召唤臣民的善德。②如同凯撒之于西塞罗的一样,对塞涅卡来说,怜悯心也成为尼禄优越的人格中安全的象征:他们与普通人不同,"君主的安全只有通过温和宽容才能得到保证,因为频繁的惩罚在将恨意嵌入几个人的同时,也会激起所有人的仇恨"③。这是塞涅卡从奥古斯都的先例中得到的启示,"尽管他(奥古斯都)让从未屈服于他人的罗马人受制在他的统治之下,然而他的怜悯之心却让他得到了安全与稳定,还有大众的喜爱"④。因此,仁慈带给统治者的是安全与荣誉。基于仁慈的重要性,特别是它作为人最重要的和最适于统治者的美德,塞涅卡认为:"君主与暴君的一个重要区别就在于仁慈。"⑤按照塞涅卡的定义,锡拉库萨的狄奥尼修斯一世尽管权力超越法律之上,但并不是暴君;而苏拉,虽然自愿放下手中的权力,却因大肆屠戮自己的同胞成了暴君。通过仁慈获得荣誉的君主的统治是有效的统治,而暴君的统治是无效的,也是不安全的。

另一个通过赞誉进行劝导的典型人物是普林尼。他于公元100年被授予执政官一职,为表示对元首的感谢而向元老院做了一篇演说辞。在这篇对图拉真的颂词中,普林尼提倡亲近、欣赏贤才,远离阿谀奉承,拒绝过度的虚名。他的称颂比塞涅卡更加有针对性,他明确指出图拉真是遵从神意即位的。在称颂图拉真的诸多品格中,普林尼强调说图拉真就是大众中的一员——他的特殊美德在于他是这样认为的,而且他从未忘记他是统治者的同时也是一个人。图拉真自然是拥有至高权力的人,但他表现得仿佛自己和别人一样平等。正如普林尼告诉他的:"你是我们中间的一个,是我们中最伟大的那一

---

① 格里夫认为,公众并不会将《论仁慈》这部书仅仅当做与塞涅卡的政治活动无关的纯文学作品来看待,当帝王的建议者就政治主题进行阐述之时,它实际上就是一部官方的论述。Miriam Griffin, *Seneca: A Philosopher in Politics*, Clarendon Press, 1992, p.133.

② Seneca, *On Mercy*, ed. by John M. Cooper and J. F. Procope, *Seneca: Moral and Political Essays*, Cambridge University Press, 1995, I. I. I.

③ Seneca, *On Mercy*, ed. by John M. Cooper and J. F. Procope, *Seneca: Moral and Political Essays*, I.8.6.

④ Seneca, *On Mercy*, ed. by John M. Cooper and J. F. Procope, *Seneca: Moral and Political Essays*, I.10.2.

⑤ Seneca, *On Mercy*, ed. by John M. Cooper and J. F. Procope, *Seneca: Moral and Political Essays*, I.12.3.

个,这只是因为你是我们中最优秀的。"①与图密善的统治不同,在图拉真治理之下,"没有人需要屈辱地寻求安全",而且也不需要像塔西佗《阿古利克拉传》中描述的那样:"终生都要韬光养晦才能生存下去。"②普林尼通过将图拉真与他的前任相比来称颂图拉真,认为图拉真比他的前任能更加有效地统治臣民。通过对统治者的赞颂,普林尼进一步指出,对于统治者来说,重要的不是他能否被后人铭记,事实上不论他怎么做,他都会为世人记住。关键是他如何被人们铭记——是作为榜样典范还是会作为反面教材——"被后世记忆的不是画像和雕塑而是美德与善行"③。

从古希腊到罗马,思想家们除了强调权力的必要性,更对其危害有着警醒的认知。无论他们将美德作为一种哲学态度进行论述,还是通过称颂统治者的方式间接地强调统治者的德性,都表明他们对残暴统治权的贬斥、痛恨,以及对政治家自身的美德在为国家和民众树立榜样方面的重视。古罗马思想家对美德和荣誉的推崇不仅成为文艺复兴时期人文主义者政治思想的重要来源,也影响了近现代西方国家的许多国际行为准则。

二、推崇美德的历史渊源与现实意义

古代罗马的思想家对美德的推崇既与罗马一向的传统和贵族精英的理念相关,也与古希腊的政治哲学思想有着深厚的渊源,同时罗马的政治现实也与思想家们的这一认知密不可分。

(一)遵循先例的传统和贵族准则是"美德"的事实源泉

罗马人一向以自己的历史传统为傲,并以历史为鉴,论者多惯于从以前的范例中来证明自己的论点。④历史学家撒路斯提乌斯曾经举了一个非常著

---

① Pliny, *Panegyricus*, 2.4, 21.4.

② Pliny, *Panegyricus*, 44.5.

③ Pliny, *Panegyricus*, 55.10.

④ 关于罗马人对先例的观点,可参见托马斯·魏德曼的《拉丁历史著作中的罗马政治思想》一文。在托马斯看来,由于罗马人自己惯于依照先例思考,政体分析对他们而言没有多大意义。关于他们的宪政历史的发展有这样一种观点,即从君主制到共和制仅有一点不同——权力由一人享有变成两个执政官分享,而行政官、元老院和公民集会继续发挥着同样的作用。然而在主张连续性的同时,依照先例的思想也让政治结构有很大的随意性:如果某项改革成功,那么它可以被视为后来者的先例。此外,罗马作者认为他们所书写的历史是有用的,但他们的目的并不在于为我们理解人类特点或共同体的可能采取的好的政治制度提供框架,而是提供了更多的先例作为决策时的参考。Thomas Wiedemann, "Reflections of Roman political thought in Latin historical writing," in Christopher Rowe and Malcolm Schofield, eds., *The Cambridge History of Greek and Roman Political Thought*, Cambridge University Press, 2006, pp.517-531.

名的例子,这是受过教育的贵族精英们借马里乌斯之口(非贵族出身的将军,曾于公元前107—前86年间七次担任执政官职位)提到的:"对于他们听到和读到的东西,我有的早就看过,有的则亲身做过;他们从书本上学到的知识,我也早已从田间劳作中学会:你要考虑的是你自己的言谈举止是否更有分量。"①希腊哲学思辨的理论模式似乎很少被罗马人用来解释或整理罗马自己的政治发展历程,即使在运用希腊的修辞和理论的书中,也多是以具体的实例为主。②塔西佗对尼禄的就职演说的论述是以尼禄自己的话为基础的,他说自己将会成为比他的前任克劳狄更好的统治者,因为他会听从建议、遵循先例,更好地统治这个国家(*consilia sibi et exempla capessendi egregie imperii*)。③李维的历史学研究取得了如此大的成就,他关于罗马国家史诗般的杰作之所以让所有早期的编年史学黯然失色,不仅仅是因为他将罗马人描述成英雄,更在于他给出了许多精彩的先例:"任何叙述都没有好的事例更有力、更珍贵或更丰富。"④西塞罗《论共和国》的哲学表达也正是罗马人对祖先传统的呼吁。他曾经提到了尊贵的和平(*otium cum dignitate*)就是他从道德传统中选择的善德。罗马的思想家们呼吁像先辈那样将道德与宪政结合在一起,这一理念正是来自贵族精英们的传统准则。他们认为诸如刚毅、无畏的品格,不仅仅指战争中的英勇,更含有在个人及国际事务中表现出来的正义与诚实之意;贪婪、腐败不仅是古人批判的目标,更是厉行古代节俭之风的今人所不齿的行为。

(二)古希腊政治理念中对正义与美德的推崇是"美德"的思想渊源

西方政治思想诞生的初期,多对正义、善、美德这种基本规范进行讨论。此后当权力日渐进入人们的视野,思想家们开始注意到权力的诱惑和它容易流于残暴的恶果,为此,思想家们强调对权力的警惕与约束。他们将正义、善等作为对统治者权力的限制,建议统治者应该加强自身的道德素养,倡导公民与统治者的向善之心。这种对权力的警惕、规范和对正义、美德的推崇在古希腊由来已久并直接影响了罗马思想家们的理念。

《荷马史诗》中曾经提到几个表达"正义"的词,例如"*dike*",原意为"道路",

① Sal. *Jug.* 85.13f.

② Thomas Wiedemann, "Reflections of Roman political thought in Latin historical writing," in Christopher Rowe and Malcolm Schofield, eds., *The Cambridge History of Greek and Roman Political Thought,* Cambridge University Press, 2006, p.520.

③ Tac. *Annals*, XIII.4.

④ Livy, *From the Founding of the City*, pr.11.

后来指对待人或事的一种方法，即无论高高在上的统治者还是一般的平民在做事时都要遵循正当的方法；又如"*themis*"原意指正当的秩序或习俗。①与荷马相比，赫西俄德更明确地指出，正义是城邦存在和繁荣的根本，强权或暴政是对正义的否定。②统治者需要具备卓越的美德，治理国家要考虑的是民众的利益，而不是自己或某个阶级的利益。苏格拉底亲历了雅典民主制从鼎盛到衰败的过程，他认为雅典城邦的危机在于道德的日益沦丧，如果想扭转城邦的颓势，无论是执政者还是民众都应该以自控的美德克制自己的快乐和欲望，让正义充溢自己的内心。同时，那些有能力担当城邦统治者的人，也需要合法地取得权力。只有以身作则，自己具有高尚的品德才能教育民众，拯救城邦。色诺芬同他的老师苏格拉底一样，认为城邦不仅是政治共同体，还是道德和教育的联合体，应该通过施以美德教育培养贤人和教化民众。同时，法律的作用不能仅仅惩罚犯罪，而应该以正义的精神为指导，教育公民知晓善德和正义，从而消弭犯罪。这些前人的思想深深影响到了柏拉图哲人王的政治主张和亚里士多德重视才德的政治理念。

萨拜因曾经指出，柏拉图的《理想国》关注的就是"善德"，即良善之人和良善生活，以及如何达致善人和善生活的问题。③柏拉图对美德的推崇是通过如下理念表现的：首先，柏拉图强调"美德即知识"，主张"哲人王"统治。这一命题意味着在客观上存在一种可以为人所了解的"善"，这种"善"是能够通过学习和研究达致的。因此，那些知道"善"并习得"善"的人是比一般人要具有美德的，他们应当享有决定性的权力。因为这些人是既有美德又有智慧的人，他们能够透过现象，发现事物的本质——善的理念，同时他们也能够按照心中善的理念教育、引导他人向善。其次，他提出正义即"公平对待每一个人"的定义。柏拉图认为，正义就是将每个人根据自己的天赋和接受的训练各安其位、各负其责，和谐地团结在一起。④再次，柏拉图也批判对权力的滥

---

① 王乐理等：《美德与国家——西方传统政治思想专题研究》，天津人民出版社，2015年，第307页。

② 赫西俄德是与荷马同时代的希腊诗人，他的长诗《工作与时日》明确说明正义治理与暴力统治之间的区别。赫西俄德：《工作与时日 神谱》，张竹明等译，商务印书馆，1996年，第4—7页。

③ 萨拜因还认为《理想国》中的乌托邦并不是一个虚构的奇想，而是柏拉图将之打算作为处理"善之理念"的起点。乔治·萨拜因：《政治学说史》上卷，邓正来译，上海人民出版社，2008年，第72、79页。

④ 柏拉图关于正义的定义缺乏"法"所涵盖的内容，即拉丁文 ius 及英语 right 中包含的法律和国家对个人正当自愿行为的保障。在柏拉图看来，理想国的和谐主要指的是成员之间内在关系的和谐，外在的秩序只是其中一小部分，国家为公民提供的不是保护，而是一种生活。乔治·萨拜因：《政治学说史》上卷，邓正来译，上海人民出版社，2008年，第88—89页。

用。在柏拉图的政治蓝图中,他对一些非正义政体提出了批评,认为僭主滥用权力对平民施暴不仅使自己也使周围的人陷入悲惨的境地。最后,对于同为统治手段的法律,柏拉图认为法治国家是在缺乏理想统治者的情况下不得已选择的次于"哲人"统治的第二等国家。柏拉图对于法治的观点在其前期和后期是不同的,在早期的《理想国》中,他略而不论法律的问题,因为在这个理想国度中,"哲人王"知道何谓"善"。在这个社会里有一个显著的道德标准约束着每个人,国家就是一个大的教育机构,所有人都接受哲人王的教导,因此无须法律的规制;而在后期的《法律篇》中,柏拉图讨论的是非理想国度的次等国家,在这个国家里法律至上,所有的人服从的是法律。在治理城邦依靠德还是法方面,亚里士多德从现实的角度出发。他强调人能够辨别善恶、正义与非正义。美德虽然可以通过教育获得,但"因为,节制和艰苦的生活是不为多数人所喜欢的,特别是对年轻人。所以,要在法律的约束下进行哺育,在变成习惯之后,就不再痛苦了。然而作为青年人只是正确地哺育还是不够的,就是在长大成人之后还应继续进行这种训练,并且养成习惯,我们还需要与此相关的法律,总的说来,关于整个一生的法律。多数人宁愿服从强制,也不服从道理,接受惩罚而不接受赞扬"[1]。所以要教育民众依靠法律,让人们在法律的强制下养成好习惯,成为具有美德的人。因此,在亚里士多德看来,法律并非权宜之计,而是道德生活和文明生活的不可缺少的条件。

古希腊的这些理念深深地影响了罗马思想家们对权力和美德的思考,西塞罗更是以两部同名著作《论共和国》与《论法律》表明了自己思想的渊源。不过,值得注意的是,古罗马的思想家在对希腊的理念继承和接受的同时,也根据自己的传统习俗和认知作了罗马化的表达。例如,罗马人认为行政长官享有的权利具有最高权威的观念是柏拉图和其他希腊哲学家未曾涉及的;此外,虽然古希腊和古罗马的思想家多认为国家的最大利益意味着公民的最大利益,但对于柏拉图而言,公民个人只要按照需要担任有意义的工作即可,而罗马人则更加强调共和国利益的至高性和共和国的凝聚力。

(三) 罗马的政治现实是推崇"美德"的现实需要

在以西塞罗为代表的共和主义者眼中,格拉古兄弟改革之前以贵族元老精英为权力核心的统治是共和国的黄金时代,自此之后共和国陷入了动荡不安的环境:贵族失去了对人民的统治;在公民大会的会场中不再是罗马的公

---

[1]《尼各马可伦理学》,苗力田主编:《亚里士多德全集》第八卷,中国人民大学出版社,1994年,第233页。

民,而是暴徒与罪犯;人们关注的不再是国家的利益,而是个人私利。①

> 元老院正在从这个国家被连根拔起,没有元老院国家就不能稳
> 固。执政官们本应是国家政策的领袖,却由于自己的行为而把这
> 种政策带入了绝路。那些拥有最大影响的人士在所有的公共集会
> 上被利用来反对我,他们不是真的热心,而是仍旧在以某种方式提
> 出有人想要消灭我的警告。这样的会议每天都在召开,我在这些
> 会议上受到攻击,但没有人用他的声音为我辩护,也没有人为国家
> 辩护。②

这就是西塞罗眼中当时罗马社会的现状。此后,西塞罗亲历了喀提林阴谋、庞培、克拉苏与凯撒的不稳定联盟,以及庞培与凯撒的交锋,最后凯撒的胜利虽然结束了内战、重建了和平,但共和国也由此走向了末路。在西塞罗看来,罗马已然丧失了它的传统美德,凯撒等人的争权夺利完全是为了个人私利而不是共和国的利益。

在那些同西塞罗抱有一样想法的思想家看来,共和传统正在堕落腐败,公民个人的道德感也日益丧失,共和国处于危险的边缘。公民、道德与共同体是相互联系的整体,一个衰败就意味着整体的堕落。③从政治的眼光来看,腐败让个人远离了公共的善,转而追求个人私利。共和国也不再是一个具有凝聚力的整体,而是充斥着冲突与斗争。撒路斯提乌斯结合自己的经历,发现了罗马在迦太基战争之后国家发生的巨变。在此之前,集体恐惧,尤其是对外敌的集体恐惧是对腐败堕落的一种束缚和锻造国家凝聚力的有效方

---

① 西塞罗不仅对格拉古兄弟的改革持批判的态度,也对保民官这一制度进行了抨击。在他的观点中,萨图宁、卡西乌斯等保民官与格拉古兄弟一样都是恶棍,是破坏共和政体的暴民。晏绍祥:《古典民主与共和传统》上卷,北京大学出版社,2013年,第177页。

② Cic. *Pro Sestio*, pp.40-41.

③ Daniel J. Kapust, *Republicanism, Rhetoric and Roman Political Thought*, Cambridge University Press, 2014, p.28. 对于共和国堕落的程度,学界有不同的观点。例如林托特认为"毫无疑问,奢侈、贪婪和野心贯穿2世纪始终。"Lintott, "The Crisis of the Republic: Sources and Source-Problems," *The Cambridge Ancient History, Volume IX: The Last Age of the Roman Republic, 146-143 B. C.*, eds. by J. A. Crook, Andrew Lintott and Elizabeth Rawson, Cambridge University Press, 1994, p.7. 而爱德华则认为修辞学或历史学对道德衰败的批判与辩解不仅仅是对"古代罗马行为模式真实性"的反映,还反映了罗马人,尤其是罗马的精英阶层的行为模式。Catharine Edward, *The Politics of Immorality in Ancient Rome*, Cambridge University Press, 2002, II.

式。①罗马人因为惧怕外敌入侵而团结在一起,整个国家处于和谐的状态之下,"和谐可以使小邦变得强大,而纷争则会让最强大的国家削弱"②。在《喀提林阴谋》中,撒路斯提乌斯曾这样描述早期的罗马:"他们彼此为了荣誉而进行最激烈的斗争;每一个人都想成为第一,都想击垮敌人,都想攀上城墙,都想所有人目睹自己的行为。"③"无论在内部还是战场上,都在培养美德;所有都表现出极大的和谐,人们几乎不懂什么是贪欲。……争执、不和和冲突都是针对他们的敌人的;市民之间都是为了得到功绩的奖赏而战。"④早期的罗马也存在个人间的斗争,但这是在道德的指导下为了与普遍的善相容的奖赏而斗争的。⑤迦太基一役之前,罗马的人民和元老院和平地共同治理着国家。迦太基战争取得的胜利解除了外来的恐惧,但放荡和奢侈在人们的心中蔓延开来,国家分裂为两个派别,即人民与元老院贵族。贵族们开始滥用手中的权力,他们为了自己的利益操纵元老院;人民则滥用享有的自由打劫和抄掠。罗马的军队也彻底丢弃了曾经的节制,大肆屠杀和掠夺。如今的罗马,已经没有谦逊、廉洁与诚实,到处只有厚颜无耻、腐化堕落和贪得无厌。在罗马人身上,对于金钱和权力的渴望加强了,贪欲消灭了诚实、正直和其他的美德,野心让人变得虚伪和口是心非,这些正是罗马罪恶的根源。⑥面对罗马的腐败现实,撒路斯提乌斯指出,人是由思想和肉体共同组成的,那些渴望声名的人应该用思想主导自己,因为它是人类和神共有的,肉体则是人类和野兽共有的。"因此我认为我们应当用智慧而不是暴力寻求荣誉……要知道,靠财富和外在的容貌得来的声名是转瞬即逝的和脆弱的。只有美德才是真

---

① 撒路斯提乌斯的这种论点在波西多尼的思想中早有体现。波西多尼似乎第一个指出迦太基于公元前146年的衰亡是罗马道德沦丧的开始,他将罗马的衰落归于迦太基战争中罗马的胜利使其失去了钳制它的力量。Daniel J. Kapust, *Republicanism, Rhetoric and Roman Political Thought*, Cambridge University Press, 2014, pp.38-39.波利比乌斯也曾经提到恐惧从两个方面帮助罗马政体的稳固:首先,对外敌的集体恐惧让罗马社会各阶层团结在一起。在《历史》第六卷中,波利比乌斯论述元老院、公民大会和执政官在"面对任何迫使他们团结在一起的外来危险时,"他们都会以惊人的力量一致对敌。其次,内部恐惧——尤其是一个阶层对另一个阶层的——对各阶层都有约束力。Polybius, *History*, 6.18.1-2.

② Sallust, *War with Jugurtha*, 10.6.

③ Sallust, *War with Jugurtha*, 7.6.

④ Sallust, *War with Jugurtha*, 9.2.

⑤ 丹尼尔·J.卡普斯特认为,对撒路斯提乌斯来说,冲突本身并不是一个必要的问题,问题在于这种未受抑制的冲突是否是为了共同体的利益,而在正义的范围内采用正当的手段所产生的。Daniel J. Kapust, *Republicanism, Rhetoric and Roman Political Thought*, Cambridge University Press, 2014, p.44.

⑥ Sallust, *War with Catiline*, IV, VII, X.

正的荣耀和不朽的财富。"①

比撒路斯提乌斯晚一些的李维是罗马历史中少有的没有从政经验的一个历史学家。他大约出生于公元前59年,一生经历了凯撒遇刺、共和国沦丧和帝国诞生的三个阶段。他亲眼看见罗马在屋大维的统率下从内战的震荡中恢复,在奥古斯都当政的时期著史立说。他的亲身经验相比西塞罗政治生涯的跌宕起伏和撒路斯提乌斯目睹战争与阴谋的多变而言,显得和平稳定了许多。因此,他的历史学更多的不是政治的,而是道德的视野。帝国的缔造者奥古斯都非常了解宣传的价值,为了给他的政策推行宣传造势,他曾广招文人为之所用,李维就是其中最有影响力的人物之一。②

在这种背景下,李维的历史著作难免印上了浓重的奥古斯都时代的痕迹。从书名就可以看出,他的历史始自罗马建城,距奥古斯都时代已经七百多年。事实上,正如他自己提到的,之所以选择早期共和国来叙述,是因为距今年代久远,可以让他不用顾忌当下,更忠实地记录史实。对于历史主题来说,李维同撒路斯提乌斯一样,甚少从政治制度方面进行分析,只是从道德的角度阐释。③因此,李维笔下多是战争中英勇人物的先例,他描绘了许多表现罗马传统美德的爱国的作为,同时对那些广为人知的美德和不道德的事也做了公平的论述。在李维的历史学中,"忠诚"这一道德品质扮演了非常重要的角色。在充满战争的罗马历史中,作为罗马和她的同盟者或者敌人之间关系准则的"诚信"最常用来解释罗马对远方采取军事行动的理由;而为了展现自己对协约义务的遵守,罗马有时甚至让自己陷入了矛盾境地,如在对萨贡托包围战的叙述中,他就指出很难相信罗马未能立即采取行动保护他的同盟国。④这段叙述还表明罗马在国家关系上的政治行为的另一个基本原则,即"正义之战"(bellum iustum),这个原则经由圣·奥古斯丁著作的发扬,成为中世纪政治思想的主要内容。李维认为,罗马人从来没有在确认他们——而不

---

① Sallust, *War with Catiline*, I.1.4–5.

② 其他的还有维吉尔、贺拉斯、奥维德等。这些人用不同的体裁称颂奥古斯都,并对共和国的历史做了一些改动以适应帝国所需,例如在奥维德的诗篇中,他将奥古斯都与朱庇特之类的神相提并论。晏绍祥:《古典民主与共和传统》上卷,北京大学出版社,2013年,第206—208页。

③ 托马斯·魏德曼认为罗马人惯于依照先例思考,政体分析对他们而言没有什么意义,这种观念在李维的身上表现明显。他们书写历史并不是为理解人类特点或为共同体可能采取的好的制度提供理论框架,而是提供先例作为决策时的参考。Thomas Wiedemann, "Reflections of Roman political thought in Latin historical writing," in Christopher Rowe and Malcolm Schofield, eds., *The Cambridge History of Greek and Roman Political Thought*, Cambridge University Press, 2006, p.521.

④ Livy, *From the Founding of the City*, XXI.15, pr.3–6.

是对方——是错误的一方并拒绝赔偿的情况下主动发起过战争。这种观点是奥古斯都关注外交事务的一个反映,此后他利用或创造"外事礼仪"于公元前32年对克拉奥帕特拉宣战。不难看出,李维对美德的推崇,不仅是对罗马先例的尊重和美德的向往,同时也是他自己身处的时代和自身经历的反映。尽管李维流传下来的记载中遗失了有关共和国后期的历史,不过从现有的残篇来看,奥古斯都时代的稳定和繁盛让李维对这个时代持一种基本认同的态度。①此外,在他对罗马的建城者罗慕路斯、卡米卢斯等人的评价中,他似乎认为奥古斯都时代是共和国优秀传统的延续。①他对美德推崇的用意可以用他自己的话来说明:"在回顾历史时,尤其有益的是:你可以从载于史册中的事例得到教训,从中为你和你的国家撷取值得效仿的养分,亦可从中对应当避免的开端恶劣与结局不光彩的事例引以为戒。"②

如果共和国政体对撒路斯提乌斯和李维的时代来说只是一种记忆的话,那么对塔西佗而言,则是一种遥远的记忆。塔西佗出生于公元55年前后,恰是尼禄即位(公元54年10月13日)不久之后。③此时,距奥古斯都去世也有四十多年的时间,在奥古斯都统治时期,罗马的经济、政治、军事都得到了极大的恢复和提高。奥古斯都为改变共和国末期的颓废消靡风气采取的一系列措施从某种程度上说挽回了已然没落的道德传统、净化了社会环境。在奥古斯都去世之后,罗马经历了提比略、卡利古拉、克劳狄乌斯和尼禄的克劳狄王朝。尼禄死后,罗马再次陷入了军团的混战,直到维斯帕西安即位,罗马进入弗拉维王朝(公元69—96年)统治的时代。塔西佗生活的年代恰恰始于元首制的第一代王朝即朱里亚·克劳狄王朝的结束时期。图密善于公元96年被刺杀也宣告第二个朝代的覆亡,可以说,此时的罗马精英在图密善的残暴统治下得到了喘息的契机,同时他们对未来充满了憧憬。塔西佗曾经描述奥古斯都去世后的罗马:"时局已然改变,淳朴的罗马古风已经荡然无存。政治上的

① 关于李维对奥古斯都时代政体的观点,学界意见多有分歧。罗纳德·塞姆认为:"在奥古斯都时代的作家中,李维、维吉尔和贺拉斯最靠近政府。"Ronald Syme, *Roman Revolution*, Oxford University Press, 1960, pp.317-318. 托马斯·魏德曼认为李维同多数拉丁作家一样,并不将政体的更迭视为根本的改变,因此无所谓对政体的支持与否。Thomas Wiedemann, "Reflections of Roman political thought in Latin historical writing," in Christopher Rowe and Malcolm Schofield, eds., *The Cambridge History of Greek and Roman Political Thought*, Cambridge University Press, 2006, p.521.

② Livy, *From the Founding of the City*, pr.9-12.

③ 据塔西佗《编年史》的译者王以铸先生所说,塔西佗的生平事迹流传下来极少,这一日期是根据他担任公职的年代大致推算出来的,因为古代罗马对出任公职有年龄方面的界定。此外,小普林尼曾提到塔西佗比他稍长,而小普林尼生于公元61年,因此他的说法也可以作为一个旁证。塔西佗:《编年史》序文,王以铸、崔妙因译,商务印书馆,2009年,第11页。

平等是陈旧过时的信念,所有的人都在企盼着皇帝的敕令。"①不过,在塔西佗的叙述中,从提比略到卡利古拉时期,罗马共和国的形象在人们的记忆中依然鲜活。提比略曾经想将统治权交还给元老院,虽然塔西佗认为这是提比略掩盖真实意图的虚伪表现,但这恰恰说明在部分人的心目中,对共和国的过去还是有着一定的印象的。但此后随着罗马帝国的进一步壮大,专制的倾向日益加强,恢复共和国的愿望似乎越来越成为一个遥远的梦想,共和国的形象也越来越虚幻,以致自提比略之后没有人知道共和国的真实面貌,罗马人已经习惯了皇帝的存在。对塔西佗而言,共和国是一种美好的、自由的过往岁月,而现实却是值得人谨慎面对的。在《历史》中,塔西佗提到,与之前的历史学家相比,他所面临的是一种进退维谷的两难处境:歌功颂德、趋炎附势的历史学家很快被人们忽视,而诋毁与刁难却吸引着大批的听众;前者似乎是"奴性"的表现,后者则是"独立不倚的一种虚假呈现"②。塔西佗称他笔下的时代,"灾难肆虐、冲突不断、内讧频仍,即使和平也透露着恐怖的迹象"③。然而即便在这样的时代,也不乏体现崇高美德的事例。母亲陪同孩子一起逃跑,妻子伴随丈夫流放外地,亲戚们表现了勇气,甚至奴隶也显示出面对痛苦折磨也绝不动摇的忠诚,而"那些著名的人物更是以刚毅不屈的气概面对不可避免的死亡结局,这足以与古人的遗风相媲美"④。在《编年史》第三卷中,塔西佗明确告诉我们历史的首要任务是要保存人们曾经建立的功绩,并让那些恶劣言行因后世的诘责而有所忌惮。⑤第四卷中,塔西佗还提到"不管是在平民统治下还是贵族统治下,我们都要研究他们的性格和他们治理的方法","尽管如今的罗马已经是一个君主制国家,将一些细节收集起来并按年代编排的做法依然有用"。⑥这段话清楚地表明塔西佗的历史是要让那些缺乏内在洞察力的人从中受益,尤其是让人们了解统治者的品格以便应对。因此,在塔西佗的历史中道德的教化作用是显而易见的,他所强调的美德是"审慎",在阿古利克拉身上体现出来的如何在暴君统治者之下明智而审慎地生活,这种品德甚至比以无用的死亡为代价获得的荣誉更为珍贵。从表面上来看,塔西佗旨在用一种务实的政治性理论来教化他的读者养成审慎的品德,在他看来这对公共生活来说是至关重要的。塔西佗对提比略、卡利古拉等君主的批判是要通过提比略、卡利古拉有缺陷的品行来映衬涅尔瓦和图拉真的

① Tac. *Annals*, I. 4.

② Tac. *Histories*, I.1–3.

③ Tac. *Histories*, I.2.

④ Tac. *Histories*, I.3.

⑤ Tac. *Annals*, 3.65.

⑥ Tac. *Annals*, 4.33.

善德。然而如果我们更深层次地解读塔西佗，会发现他之所以将批判的矛头指向过去，是因为他曾提到的两难处境：谄媚奉承与刁难苛责；当权力日益集中的时候，自由的言论渐渐丧失了话语权。这些都暗含了塔西佗对元首制的不满，他表面上认为批评与反对毫无用处自己却致力于批判与反对，塔西佗用一种尖锐而带有反讽意味的方式召唤他心中的共和与自由。[①]

从西塞罗到塔西佗，从共和国到帝制，罗马的思想家们尽管有着不同的经历和实践，但他们都对传统的美德报以极大的热忱和信心。贵族元老出身的西塞罗将道德的败坏归于保民官，呼吁重建贵族准则；撒路斯提乌斯认为对外部的集体恐惧让共和国得以和谐团结，贵族的专权和野心置国家于混乱，因此提倡培养美德、重铸和谐；李维强调忠诚与爱国，期待以史鉴今；塔西佗则从务实的视角，主张审慎的品德。他们从自己身处的时代和目睹的历史变迁中，体悟出崇高的品德对执政者、国家和人民而言都是至关重要的，它让人获得荣誉、让执政者以身作则合理地管理国家和教导民众、让整个国家和谐强大，同时也是对政治统治和政治权力的有效约束。

三、自然理性中的神与法

乔治·萨拜因在其《政治学说史》中指出："一条线路继续沿着斯多葛主义对罗马法理学早期阶段的影响所揭示出来的那个方向展开；结果，它把自然法嵌入进了罗马法的哲学结构之中。另一条线路则与这样一个理念的宗教含义有关，即法律和统治都植根于上帝指导人类生活的计划之中。"[②]这里提到的"理念"就是指源自早期斯多葛哲学的"自然理性"，由它所分出的两条线路：一条是西塞罗和罗马法学家具有世俗性品格的自然法观念；一条则是由塞涅卡阐发并最终开启了中世纪神学理论道路的宗教倾向。

（一）人的理性与自然（神）的理性

作为斯多葛学派的创始人和早期理论代表者的芝诺，提出了存在于自然界和智者中的神圣理性的概念。根据这个理论，掌管宇宙的法则和掌管人类社会的法则通常具有普遍性和道德性。从伦理意义上来说，他们深信人的生命是上帝赐予的一种义务，上帝具有支配世间万物包括人的力量，他要求人们按照本性生活、遵从善的指导。他们认为随性生活意味着顺从上帝的意志、相信正义的力量，以及因信奉世间的善与合理性而获得宁静。由此可见，

---

① Daniel J. Kapust, *Republicanism, Rhetoric and Roman Political Thought*, Cambridge University Press, 2014, p.171.
② 乔治·萨拜因：《政治学说史》上卷，邓正来译，上海人民出版社，2008年，第205页。

"斯多葛论者的基本教义在于人对自然(或本性)的同一与完美或对一种真正的道德秩序抱有一种宗教上的信奉"①。

斯多葛学派学者进一步指出,正是因为人性与自然本性之间存在一种根本的契合,人是理性的,上帝(自然或神)也是理性的,因此他们都生活在共同的国家之下,并由正当理性即自然法教导人们的行为。克吕西波在讨论世间的恶的问题和神要对此负的责任问题时曾经指出,神无须对恶负责任。他引用了赫西俄德的两行话,认为必须对坏人施加惩罚,因为他们可能会给好人带来不好的影响。此外,他还考虑了在人和低级动物之间的正义问题。克吕西波争辩说,在人们意外死亡时,一个人会吃人类的肉或身体的其他部位。我们据此可以认为在死亡后,人和身体的其他部位之间就不再有正义了。克吕西波的这一观点正是斯多葛关于正义是"根据他应得进行分配"的概念的再现与表达。②安提帕特基于"正当理性"认为一个人理应考虑他人的利益,这是所有人都应该遵守的社会义务。事实上,安提帕特将斯多葛的普遍社会概念与普遍伦理法则联系起来,不管具体的国家法律如何规定,人们都要遵守更高的道德法则。罗得岛的潘尼提乌不仅将斯多葛哲学带到了罗马,还把它发展成一种人道主义的哲学。③他将理性视为所有人都拥有,而不是只有智者才具备的。这意味着所有的人即使在身份、天赋和财富上存在差别,但都运用理性和交流的能力平等地生活在普遍社会中。这样,通过理性与平等,潘尼提乌为斯多葛学派从纯哲学思辨向世俗与法律的转变搭建了桥梁,让理性的规则与实践有了接触的契合点。

---

① 乔治·萨拜因:《政治学说史》上卷,邓正来译,上海人民出版社,2008年,第193页。

② Margaret E. Reesor, *The Political Theory of the Old and Middle Stoa*, J. J. Augustin, 1951, p.22.

③ 罗得岛的潘尼提乌公元前140年在罗马生活过,他是这一时期斯多葛学派的领袖人物。关于潘尼提乌的著作最主要的证据是西塞罗的《论义务》,他曾在给阿提库斯的信中提到自己沿用了潘尼提乌斯的著作,参见 Cicero, *Att.* 16. 11.4。一些学者如斯沃博达与科沃纳曼认为波利比乌斯《历史》一书第六卷的12到18章也沿循了潘尼提乌的理论,他们发现这部分的一些观点与这一卷其他章节的观点存在着较大的矛盾。在第11章中,罗马被描述为混合政体,而在第51章中,罗马的政体则变为贵族政体。第18章讨论了罗马政体的永久性,而在第9章12—14节、第51章4—8节和第57章1—9节,罗马的政体则是不断变化的。鉴于波利比乌斯和潘尼提乌当时都是西庇阿集团的成员,波利比乌斯的理论来源于潘尼提乌的说法还是具有一定的可能性的。K. Svoboda, "Die Abfassungszeit des Geschichtswerkes des Polybios," *Ph.* 72, 1931, pp.465–483;E. Kornemann, "Zum Staatsrecht des Polybios," *Ph.* 86(1931), pp.169–184;Margaret E. Reesor, *The Political Theory of the Old and Middle Stoa*, J. J. Augustin, 1951, p.29.

（二）自然法理念

对于西塞罗的"自然法理论"源自斯多葛学派这一观点,学界并无多少争议,他的《论法律》一书更是作为研究斯多葛学派观点的主要来源。[①]西塞罗并没有关注芝诺"智者城邦"或克吕西波的"大同世界",而是注重在现实城邦或帝国中具体法律的适用。同《论共和国》一样,西塞罗将理性与具体的现实主义的结合视为罗马哲学的标志。一方面,自然法(*ius naturae*)不像罗马法那样来自传统的沿袭,而是通过人们的独立理性发现的。[②]另一方面,罗马数代的政治家们通过无数的实践经验与智慧制定出了接近自然法的法律制度。[③]故而,这些法律是不可随意更改和撤销的。

虽然《论法律》这部著作保存下来的不多,但从这吉光片羽中我们依旧可以一窥西塞罗的法律观。首先,西塞罗论述了自然法的存在和正义的起源,他认为这是可以被理性感知的。在第一卷中,西塞罗提到"正义存在于自然之中"[④],其大意可总结为三点:

> 某种天赋和职责(*munera*)是神赋予人类的;
> 活在一起的人们要遵守一个基本法则;

---

① 西塞罗似乎视自己为学院派,不过他声称自己的理论与斯多葛学派、亚里士多德和柏拉图的基本原则相同。J. L. Ferrary, "The Statesman and the Law in the Political Philosophy of Cicero," in A. Lakes and M. Schofield, eds., *Justice and Generosity: Studies in Hellenistic Social and Political Philosophy*, Cambridge University Press, 1995, pp.48–73.阿特金认为,西塞罗虽终其一生都忠于柏拉图及他的学院派,但他对斯多葛学派与逍遥派学说都抱有同理心,而对伊壁鸠鲁学说则几乎没有任何尊敬或同理之意,他对享乐主义观进行严苛的阐释,认为该派逃避政治公共生活的做法是不合时宜的、非罗马式的。Christopher Rowe and Malcolm Schofield, eds., *The Cambridge History of Greek and Roman Political Thought*, Cambridge University Press, 2000, p.484.哈蒙德也认为尽管西塞罗称自己为学院派,但他实际上具有折中主义的哲学倾向。Mason Hammond, *City-state and World State in Greek and Roman Political Theory until Augustus*, Biblo and Tannen Booksellers and Publishers, Inc., 1966, p.133. 此外,克拉克尔认为西塞罗在中期的时候转向了教条的柏拉图主义。J. Glucker, "Cicero's Philosophical affiliations," in J. M. Dillon and A. A. Long eds., *The Question of "Eclecticism"*, University of California, 1988.

② *Leg.* III.49.

③ *Leg.* II.23, III.12.

④ *Leg.* I.33.

自然的亲情与公正友情可以为人们所具有。①

西塞罗从一开始就将真正的法律定义为恰当的理性,这种法律是人们与生俱来的理性成熟发展的产物。由于神与人都有理性,他们也就处于同一个共同体中。②神还进一步地赋予人类其他的益处:心理的、身体的,以及外部的,这使他们与其他动物区分开来。但人类彼此之间无论在善或是恶的方面都惊人的相似。这种相似性被用来证明"友谊与联合"的存在及"正义天赋"的事实。如果他们能够保持纯洁,不受腐蚀的话,他们将会成为正义的象征。

西塞罗关于"正义存在于自然法中"的叙述逻辑时常是模糊不清的,然而他的基本观点是很清晰的。正义是自然存在的这一观点意味着人类保持纯洁的状态就会有正义公正的出现,他们的正义天性(即理性)是可以被感知的。正是这种同一性(认同感)构成了他们共同生活、共建社会的基础。

接下来,西塞罗将讨论的中心指向了约定的(契约式的)正义。针对认为正义与共同体一样有很多种,它们都是建立在对某种可实施的行为约定的基础上的观点,西塞罗的回答是人世间只存在一种正义,即自然法。他认为,正义不能仅与制定法一致,因为制定法可能是好的也可能是坏的;也不能只是政府功利主义上的善,而要符合崇高的自然标准,这表明了对最高的善的一种考虑。在西塞罗看来,法是人类和神的理性,"(法)是自然的力量,它是智者的思想和理性,是评价正义与否的准则"③。真正的法律,如同最好的城邦一样,应该是永恒的。然而随着社会情境的变化,会有新的立法产生并发挥作用。对此,西塞罗认为,立法向着好的方向发展不是为了适应环境,而是要它更趋近完美的自然法,法律的最终目的是共和国的永恒存在。

西塞罗的自然法理念被之后的罗马法学家继承发扬,并由此产生了罗马法上著名的自然法与万民法(ius gentium)之分。从词的本质属性来看,自然法是一个哲学术语,而万民法则是法律概念。事实上,二者之间在逻辑上存在着密不可分的关系。最初二者在含义上有互通之处:它们都包含了一种公认的、内在的合理性与正当性,都为实质正义提供了某种保障。之后,随着法律的进一步发展,万民法与自然法之间有了区分,自然法规范所有生物,而作为法律(ius),即制定法的万民法,则被限定在理性生物范围内。最明显的例

---

① *Leg.* I.16, I.35. 事实上,西塞罗这段话缺乏清晰的结构,而且分别在不同的地方有所论及,一个是西塞罗自己提到的(I.16),另一处则是阿提库斯的回忆(I.35)。See Christopher Rowe and Malcolm Schofield, eds., *The Cambridge History of Greek and Roman Political Thought*, Cambridge University Press, 2000, p.499.
② *Leg.* I.18-23.
③ *Leg.* I.19.

子是在奴隶方面：在自然法看来所有人都是平等的，但万民法中却允许不将奴隶视为人的制度的存在。或许从务实的角度出发，罗马法学家只是对历史上存在的习惯和制度加以确认以便更好地服务于社会现实，但不可否认斯多葛哲学的"自然法"或"自然理性"的概念已然蕴含在法学家的理念之中，至少他们认为存在一种终极意义上理性的、正当的、正义的原则。

（三）冥想中的神意回归

以塞涅卡为代表的晚期斯多葛学派学者汲取了斯多葛哲学中蕴含德性和宗教意味的理性观点。在论及人类内在的社会本性时，塞涅卡同西塞罗一样有时用自然这样的术语，有时用神意的措辞。但是西塞罗常用到自然法这样的概念，而塞涅卡更倾向用神（god, gods）的概念。①塞涅卡认为，社会本能和我们应该善待同伴的信念并不是人们创造出来以弥补我们自己的弱点的，而是内在的。不过，对塞涅卡来说，神意给了人们理性来本能选择有序的集体关系，这样他们能够通过相互服务获得安全。②因而，塞涅卡通过神将社会起源的两种不同方法结合了起来，神的动机是帮助人们克服自己的弱点，同时又将自身包含的社会美德作为人的目标。③他接着又谈到了普遍的宇宙准则：有两个共同体，较低的（人们自己生活的共同体）和较高的（整个世界）。在较高的这个共同体内，所有的人和神都是同样的，都是整个世界的同胞。一些准则两者都适用，有一些则只适用于其中一者，我们可以通过道德的修炼和自然哲学的研究，让神见证他的杰作，从而在闲暇时光里更好地为这个更大的共同体服务。④而且，斯多葛学派倡导的"*summum bonum*"（至高的善）是一种顺从于自然的生活，但是自然本性给了人们求知欲，给了人们作为宇宙的中心这样一个他可以审视的地位，给了人们一个身躯让他可以俯首沉思天意，还给了人们思想让他可以从理性的世界继续走向真理的远方。因此，人们用自然给予的有限生命去思考注视它是与自然符合的。最后，斯多葛哲学主张自然让我们行动和思考，而人们思考的结果通过著作和教导服务于人类才是满足了自然的要求。⑤

爱比克泰德认为，人自初始，身上便有两种元素：同血脉相连的肉体与和

---

① Miriam Griffin, "Seneca and Pliny," in Christopher Rowe and Malcolm Schofield, eds., *The Cambridge History of Greek and Roman Political Thought*, Cambridge University Press, 2000, pp.545-546.

② *De Beneficiis*, IV.18.

③ *De Beneficiis*, IV.17-18, VI.23.3-4.

④ *De Otio*. 4.

⑤ *Ep.*94. 45, *De Otio*, 5.8-6.

神一样的理性。前者如同野兽般残忍而狡诈,后者则是神圣的、具有善德的。"只有它才能够审查自己,审查自己到底是什么、自己有什么能力和自己有多大价值,同时,又能审查所有其他各种能力。"①由此可见,爱比克泰德认为理性是人们认识事物的能力,不过人们在面对同一个事物时可能会做出不同的选择,这就要看每个人是将高贵的品德如正直、勇气放在首位,还是屈从于自己的贪欲。爱比克泰德将"自由"视为对来自更好的物品的"限制"(或约束),并认识到无论外界存在何种压力,德性之门永远向我们敞开。斯多葛的这种"自由"也将接受"自由"选择带来的不如人意的后果视为不可避免的和神意形成的,这种做法使我们的愿望与宇宙的神圣理性相符合。②爱比克泰德由此将圣哲理想化,将人的思想状态与宇宙的理性联系起来并由此得出思想的平静的"宇宙观"(视"不如人意"的事情为神意影响的)。

与爱比克泰德相比,奥勒留的理论更强调死亡和人类的无常。他经常谈到死亡,而且非常欢迎死亡这种形式。他教导人去思考世界上可留恋之处是如此的少,因此当死亡来临之时,便没有什么可怕的。"试想一个人垂死的时候,其身心是什么样子?再想想人生的短暂,过去与未来的时间之无底深渊,一切物质脆弱无力。"③他认为灵魂之于肉体而言是高贵的、可敬的,"必要时即可脱离肉体,消灭、飞散或仍凝聚,那是何等高贵的灵魂!"④在奥勒留看来,灵魂是脱离表象而独立存在的,它能够洞察一切事物的真相和自己内心深处的本质。奥勒留主张人们应该合乎自然之道进行生活,因为神的安排是充满了神意的,我们的命运是不能够脱离自然的。他强调说要从正确的理性出发,秉持诚恳、勇敢、专一的品德去做该做的事。奥勒留的这种理论事实上也是一种更明显的"宇宙"观。⑤奥勒留说道:

> 有益的事情是过符合自己政体形式和天性的生活;我的天性
> 是理性与政治的。同安东尼一样,我的城邦和祖国是罗马,而作为
> 人类,则是整个宇宙。对我而言唯一的善就是做有利于这两个城

---

① 爱比克泰德:《爱比克泰德论说集》,王文华译,商务印书馆,2009年,第9页。
② 对自由的论述,可参见爱比克泰德:《爱比克泰德论说集》,王文华译,商务印书馆,2009年,第457页。D. E. Hahm, "A Neglected Stoic Argument for Human Responsibility," *Illinois Classical Studies* 17, 1992, pp.40–43.
③ *Med.* XII.7.
④ *Med.* XI.3
⑤ 关于奥勒留的"宇宙观",参见 R. B. Rutherford, *The Meditations of Marcus Aurelius: A Study*, Oxford University Press, 1989, pp.155–167, 225–255;J. E. Annas, *The Morality of Happiness*, Oxford University Press, 1993, pp.175–176。

邦的事。①

　　这段话既是根深蒂固的德性优先认知,又是圣人的"宇宙观"的德性表达。我们将之视为"宇宙公民权"或者"人类的兄弟情谊",抑或(以之前强调的理论思路来看)是将"内在的神性"或"理性"与宇宙的理性结合了起来。作为罗马的君主,"奥勒留思考问题的方式在于将理性引入宇宙和世界国家的整体秩序中,并始终从这一宏观的视野俯瞰个体生存的意义"②。

　　当早期的斯多葛学派学者把理性视为人和神共有的特性之时,他们或许并未曾想到后世的人从现实和自身的体悟中沿着"人"和"神"两条线路而走上的相异又相通的道路。事实上,通过将以西塞罗为代表的"世俗"与塞涅卡为代表的"宗教"相比较,可以看出政治生活及人们对其的感悟已然发生了重要的变化。虽然从历史长河来看,二者生存的年代并不是很远,但一个反映的是共和国末期罗马思想家的理念,另一个则是帝国时期的理念。对于西塞罗来说,通过对贵族准则的重建,共和国的美好时光似乎是可以重新找回的,而对于帝国时期的人来说,理想中的黄金时代是一去不复返的。不管专制统治是否可行,它的存在已是不争的事实,所以当前的问题不是去恢复那个遥远的"理想国",而是选择什么样的人来担任君主对国家和人民更有利。因此,对塞涅卡、爱比克泰德和帝王出身的奥勒留来说,克己修身才是有意义的事。人们对精神生活的关注日渐上升,于是,"理性"之中"神"作为指导人们生活的主宰的作用被凸显出来,对"神"的信仰渐渐取代了原来对人、对法的遵从。

第三节　罗马法学家视角下的政体观与法律观

　　罗马与雅典一个非常不同的地方是罗马逐渐形成了一个职业的法学家阶层。③这些法学家最初是神职人员,但是在公元前3世纪期间,他们开始公

① *Med.* VI.44; III.5, IV.3.4.
② 王乐理等:《美德与国家——西方传统政治思想专题研究》,天津人民出版社,2015年,第118页。
③ Christopher Rowe and Malcolm Schofield, eds., *The Cambridge History of Greek and Roman Political Thought*, Cambridge University Press, 2000, p.616.

开表示承认世俗的法律体系。[①]法学家在罗马法律体系中发挥了关键的作用,当时的执法官只负责提出法律补救措施和裁决案件,而所有的法律建议都是由法学家给出的。这种与实际的联系使他们形成了明显的务实取向。不过,在法学家的论辩和著述中则形成了精致的法律分析体系,尤其是在罗马法的"古典"时期,即从共和国晚期到3世纪初,他们更是造就了实质上的法律文化。他们著作中最典型的是对罗马法和地方法令进行大量注释和对法律意见的收集整理。除此之外,还有一些著作只是出于法学家自己的兴趣,另外一些则是适应或者满足实际中的各种需求,甚至是为教学而作。[②]

现存的罗马法学家的著作对政治社会的性质、统治者的合法性,以及管理或应该管理它的法律都没有展开具体的论述。他们的著述也没有论及正义、法律的起源及实在法与自然法之间的冲突问题。这些通常为希腊和罗马的历史学家、政治学家感兴趣的主题在法学家的论述中尽管没有被完全忽视,但是对它们着墨不多却是不争的事实。

这一领域保存下来的不多的材料让我们得以追溯法学思想可喜的演变历史。很明显,直到共和国的最后一个世纪,法学家明确地受到希腊哲学和修辞学方面的影响。[③]同样,在共和国晚期,西塞罗的哲学和修辞学著作也不断对希腊思想进行反思。共和国后期的法学家中著名的有Q.穆希乌斯·西维奥和西塞罗的朋友S.苏尔比基乌斯·鲁弗斯,他们的著述中都带有明显的辩

[①] 意大利罗马法学家格罗索指出,对法(指市民法)的解释曾经由祭司们垄断,人们从祭司那里了解诉讼或某些活动需遵循的程序。执法官通常向祭司团提出询问,个人则是向某个祭司提出询问。但祭司们的这种垄断随着历史进步而逐渐分崩离析。《十二铜表法》颁布时这种现象已初露端倪,到公元前304年,聂恩·福劳维将阿庇·克劳迪编纂的司法年历和《诉讼编》公布于众,史称《福劳维法》,这一举措不啻为对祭司垄断的沉重打击。前254年,第一位平民祭司长提比略·科伦卡尼开始向公众提供咨询意见,他所采用的形式具有宣传和教学的特点。这样,法的知识和解释逐渐公开化,这使一些人有可能在不依靠祭司的情况下成为法的知识和解释方面的权威,为以后法学家阶层的出现打下了基础。朱塞佩·格罗索:《罗马法史》,黄风译,中国政法大学出版社,2009年,第76—77页。

[②] F. Schulz, *History of Roman Legal Science*, Oxford University Press, 1946; H.F. Jolowicz and B. Nicholas, *Historical Introduction to the Study of Roman Law*, Cambrige University Press, 1972, pp.88-97,374-394.

[③] F. Wieacker, *Romische Rechtsgeschichte* I, Munich, 1988, pp.618-662, in Christopher Rowe and Malcolm Schofield, eds., *The Cambridge History of Greek and Roman Political Thought*, Cambridge University Press, 2000, p.616.

证逻辑色彩。①这些法学家的理论勉强可称为"政治思想"。更加引人注目的是，从元首制开始，罗马的法学家逐渐不再关注希腊那种以非独裁专制政体为前提的法律政治制度的论说，到2、3世纪这种倾向更是确定无疑。法学家们并不打算在哲学问题上纠缠不清，他们认为与其浪费笔墨在虚无缥缈的抽象问题上，倒不如思考和解决社会中更现实的政治事实。在这一点上，罗马法学家呈现出与波利比乌斯、西塞罗等先辈们截然不同的务实倾向。

法学家们的思想几乎完整地收录在查士丁尼的《学说汇纂》(Digest)中，这是五十卷摘要"古典"时期法学家著作的汇编本。②这些节选被编辑为不同的章节或者冠以不同主题，大多数与当时利益目的相关的材料都出现在首卷的标题中。因为节选本都经过了汇编审查，所以通常来说很难确定法学家著作的原貌。③

一、法与正义

在罗马法学家的著作中，很难找到关于正义、法律及它们在共同体中的地位的一般理论。④这些论题主要体现在《学说汇纂》的两个前言的标题中，

---

① F. Schulz, *History of Roman Legal Science*, pp.62–69. p. Stein, "The Place of Servius Sulpicius Rufus in the Development of Roman Legal Science," in Behrends, O. et al. edd. *Festschrife für Franz Wieacker*, Göttingen, 1978, pp.175–184, in Christopher Rowe and Malcolm Schofield, eds., *The Cambridge History of Greek and Roman Political Thought*, Cambridge University Press, 2000, p.617 n.5.

② 通常所说的罗马法是指东罗马皇帝查士丁尼于公元6世纪编纂的罗马法律和学说，主要包括以下四个汇编：《学说汇纂》(Digest)、《法学阶梯》或称《法学总论》(Institutiones)、《查士丁尼法典》(Code)，以及《新律》(Novellae)。人们通常用来统称查士丁尼法律汇编的术语是《民法大全》(Corpus iuris civilis)。其中《学说汇纂》(Digest)是法学理论的汇编，一般摘自早于查士丁尼时代至少三百年的古典法学著作，参见彼德罗·彭梵得：《罗马法教科书》，黄风译，中国政法大学出版社，2005年，第1—2页。关于《学说汇纂》(Digest)和《查士丁尼法典》(Code)汇编本的概要，参见 H. F. Jolowicz and B. Nicholas, *Historical Introduction to the Study of Roman Law*, Cambridge University Press, 1972, pp.480–496。

③ See D. Johnston, "Justinian's Digest: the Interpretation of Interpolation," *Oxford Journal of Legal Studies*, pp.149–166. 意大利学者彭梵得指出查士丁尼意图汇编的是一部适用于自己时代的法典，因此，他不仅授予编纂者变通权，还明确命令他们筛选原始文献并对其进行增补或变更，这样一来，有些改动甚至完全改变了原著的面貌而变成编纂者的作品，它们被称为"添加"或"特里波尼安的标记"（特里波尼安是查士丁尼立法活动中的主导编纂者）。彼德罗·彭梵得：《罗马法教科书》，黄风译，中国政法大学出版社，2005年，第1—2页。

④ F. Schulz, *History of Roman Legal Science*, Oxford University Press, 1946, pp.135–137. 有关盖尤斯的介绍，参见 H. Wagner, *Studien zur allgemeinen Rechtslehre des Gaius*, Zutphen, 1978, 转引自 Christopher Rowe and Malcolm Schofield, eds., *The Cambridge History of Greek and Roman Political Thought*, Cambridge University Press, 2000, p.618。

"论正义与法律"和"论成文法、元老院法令和历史悠久的风俗习惯"。①

　　法学家们几乎没有在诸如实在法和自然法之间的关系这样抽象的问题上浪费笔墨。但很显然,共和国期间的一些法学家很熟悉法律和国家的哲学原理,其中一些人自己就是著名的哲学家,②而他们的哲学倾向明显受到斯多葛学派的影响。同时,行省统治使得他们对非罗马市民法进行反思,并对那些非城邦公民制定的法律制度反思。

(一) 自然法与万民法

　　　　按照自然而生活,曾被认为是人类生存的目的,并且是最优秀的人必须要达到的目的。按照自然而生活,是解脱粗俗人民的混乱习惯和粗野放纵而达到较高级的行为规律,这些规律只有有志者通过克己和自制才能加以遵守。③

梅因的这段话道出了斯多葛学派哲学的哲学命题,即按照自然而生活。希腊被征服之后,这种哲学在罗马社会有了长足的发展,"自然"的理念也潜移默化地影响着罗马的法学家。首先,看一下盖尤斯④在《法学阶梯》中的叙述:

---

① *Digest.* I. 1: *de iustitia et iure*; *Digest.* I. 3. de *legibus senatusque consultis et longa consuetudine*.
② 图贝罗和先知 Q. 穆希乌斯·西维奥就很了解潘尼提乌;路提里乌斯·鲁弗斯和大祭司 Q. 穆希乌斯·西维奥对波西多尼的思想很熟悉。F. Wieacker, *Romische Rechtsgeschichte* I, Munich, 1988, pp.641–643, in Christopher Rowe and Malcolm Schofield, eds., *The Cambridge History of Greek and Roman Political Thought*, Cambridge University Press, 2000, p.618, n.10.
③ 梅因:《古代法》,沈景一译,商务印书馆,1959年,第36—37页。
④ 盖尤斯生卒年在100—180年之间,他的一生经历了阿德里亚努斯王朝、安东尼王朝和奥勒留王朝时期这一罗马帝国的黄金时期,参见 p.G. Monateri, "Black Gaius, A Quest for the Multicultural Origins of the 'Western Legal Tradition'," *Hasting Law Journal*, 2000, p.51, n.1.他的《法学阶梯》应完成于安东尼在位期间,其全名是《市民法阶梯的4卷评注》(*Institutionum iuris civilis commentarii quattuor*),该名称表明它是一部学术作品,是一本"教学笔记",参见 F. Schulz, *Storia della giurisprudenza romana*, traduzione italiana di G. Nocera, Firenze, 1968, p.285, 转引自徐国栋:《优士丁尼〈法学阶梯〉评注》,北京大学出版社,2011年,第5—6页。查士丁尼《学说汇纂》中收录了盖尤斯535个片段,其中28个来自《法学阶梯》,参见 J. C. Ledlie, Gaius, *Journal of Society of Comparative Legislation*, New Series, V.13, No.2, 1913, p.237, 以及 Alfred R. Bellinger, "The Text of Gaius' Institutes and Justinian's Corpus", *the American Journal of Philology*, No.4, 1949, p.394。此外,徐国栋仔细分析了查士丁尼《法学阶梯》与盖尤斯《法学阶梯》的关系,认为查士丁尼出于时代发展和增加理论色彩的需要对盖尤斯《法学阶梯》的结构做了调整,并对其内容进行修订,因此,盖尤斯《法学阶梯》实务色彩强,而查士丁尼《法学阶梯》理论色彩强,这表明了罗马法的理论化趋势,参见徐国栋:《优士丁尼〈法学阶梯〉评注》,北京大学出版社,2011年,第15—20页。

> 每一个法律和习俗规制下的人不仅要遵守自己的法律,还要遵守人类的普遍法。人们自己制定的法律是独特的,被称为市民法,这种法律适用于他们自己的城邦。而由自然理性为全人类建立的法是所有人都要遵守的,被称为万民法,这种法律为所有国家适用。因而罗马公民既要遵守自己特定的法,又要遵守全人类的普遍法。①

盖尤斯这段话旨在说明罗马法律体系不仅由罗马的制定法构成,还包括那些适用于罗马帝国边界外地区的法律。这不是一个哲学上的论述,而是罗马人与其他民族都要遵守的法律。②它承认这样一种事实,即罗马法的一些规则只适用于罗马公民,而其他一些规则,例如商业方面的规则,则对非罗马公民同样适用。这是市民法与万民法二者并存的实际意义。③这里没有提到自然法,但是盖尤斯在一个超越纯粹现实的问题上暗示到:所有人适用的法律应该是自然理性的产物。这种理论的思路似乎是因为法律要被普遍地遵守,所以是自然的,由于它是自然的,因而便是有效的。隐含在盖尤斯对制定法讲究实际的分类法之后的是这样一种认识,即自然理性产生了万民法并使之合法化。④因此,盖尤斯的这一论述似乎是把自然法和万民法综合为一个统一的概念。

盖尤斯的这种二分法并没有被查士丁尼采纳,查士丁尼的《学说汇纂》是这样描述的:

> 私法由三部分构成,即自然的、民族的和国家的原则。自然法是自然教导所有生物的,这种法律不仅仅适用于人类而且适用于包括地球上的、海洋中的和空中的所有生物。从自然法中形成了男女

---

① Gaius, *Inst.* I.3; *Digest*, I.1.9.

② 对这一问题的论述,参见以下文献。B. Schmidlin, *Die Römische Rechtsregeln*, Cologne and Vienna, 1970, pp.174-178; M. Kaser, *Ius gentium*, Cologne, Weimar and Vienna, 1994, pp.20-22, in Christopher Rowe and Malcolm Schofield, eds., *The Cambridge History of Greek and Roman Political Thought*, Cambridge University Press, 2000, p.620 n.12.

③ Christopher Rowe and Malcolm Schofield, eds., *The Cambridge History of Greek and Roman Political Thought*, Cambridge University Press, 2000, p.619.

④ Gaius, *Inst.* I. 在盖尤斯的著作中没有二分法的论述,参见 *Inst.* I.156, 158; II.65, 73; B. Schmidlin, *Die Römische Rechtsregeln*, Cologne and Vienna, 1970, p.178; H. F. Jolowicz and B. Nicholas, *Historical Introduction to the Study of Roman Law*, Cambrige, 1972, pp.104-106; F. Wieacker, *Romische Rechtsgeschichte* I, Munich, 1988, p.444, 转引自 Christopher Rowe and Malcolm Schofield, eds., *The Cambridge History of Greek and Roman Political Thought*, Cambridge University Press, 2000, p.620 n.16。

之间的婚姻及孩子的生育制度。其他的动物也都包含在这种法律中。万民法是所有民族适用的法律。显而易见,它与自然法不同,因为自然法适用于所有生物,而万民法则只适用于人类……市民法既没有完全背离自然法和万民法,也没有任何方面都与之相同:从普遍法律中添加或摘除一些东西从而产生了适用于我们自己的法律,这就是市民法。①

这段话明确提出了自然法、万民法和市民法的三分法概念,这种概念被认为源自乌尔比安。②这里所称的"自然"在查士丁尼《法学阶梯》中有着不同的说法,例如"自然理性"(*I*. 1, 2, 1)、"神的先见"(*I*. 1, 2, 11)等。可见,这种"自然"不同于我们今天所理解的"自然界",而是斯多葛哲学中所谓的"理性"。自然法规范所有生物,认为一切有生命之物都应享有同等的法律地位;万民法则是自然理性在所有的人中制定的法,仅适用于人;市民法则与其他两种法律类型都不同,它是城邦中的人为自己城邦专门制定的法,适用于本城邦。

事实上,在务实的法学家的著作中,像自然法和自然理性这种术语并不常见。而且,当自然法与实在法(positive law)冲突时,它也并不居于优先地位,最明显的例子是两种法律关于奴隶的规定:在自然法看来所有人都是平等的,但罗马市民法则不视奴隶为人。③"对罗马法学家来说理论的意义远不如实际结果重要,他们不可能将自然法视为一种更高位阶甚至平等位阶的法律。他们不否认自然法的存在,并相信在史前没有奴隶制的时代就存在有自然法,但是在他们的实践法律体系中,他们必将自然法视为低阶位的而不是超越实在法的体系。"④

万民法的概念表明了共同体自身的理念,也表明了共同体作为整体受它自己制定的法律制约的理念。尽管这种意识或者对自然法和理性的偶尔涉及并没有让法学家对法律的性质和法在时间、空间的有效性进行进一步的反思,⑤但斯多葛哲学的"自然法"或"自然理性"的概念已然蕴含在法学家的理

---

① *Digest*, I.1.1.3-4 , I.1.6.

② James Crawford Ledlie, Ulpia, *Journal of the Society of Comparative Legislation*, New Series, Vol.5, No.1, 1903, p.22. 也有学者对这段话来自乌尔比安的观点提出质疑,参见 B. Schmidlin, *Die Römische Rechtsregeln*, Cologne and Vienna, 1970, pp.179-182;M. Kaser, *Ius gentium*, Cologne, Weimar and Vienna, 1994, pp.66-70。

③ *Digest*. I.17.132.

④ E. Levy, "Natural Law in Roman Thought", *Studia et documenta historiae et iuris*, Vol.15, 1949, pp.1-23.

⑤ Christopher Rowe and Malcolm Schofield, eds., *The Cambridge History of Greek and Roman Political Thought*, Cambridge University Press, 2000, p.622.

念和职业素养之中,只不过对他们而言,重要的不是哲学上的思辨,而是现实的需要。罗马法学家这种独特的法律思考方向使得哲学对法律实际需要的思考更加全面和多样化。

(二) 法与正义

法学家著作中关于正义(iustitia)最著名的定义是:"正义是一种将每个人自己的权利归于自己的稳定而持久的意愿。法律规则是:正直地生活、不伤害他人以及分给各人属于他的。"[①]这段话很早就出现在《学说汇纂》中,可见其重要性。其内容来源可以追溯到西塞罗时期或更早之前。作为法律规则(ius praecepta)提出的这些命题都没有表现出太多创造性的迹象。在《论义务》的第一卷,西塞罗叙述了斯多葛的正义观:它是正直的渊源之一,意思是各负其责,主要的义务是不要伤害他人。[②]不难看出,《学说汇纂》中的这段话正是斯多葛关于正义概念的基本论述。

此外,在查士丁尼《法学阶梯》一开始也对正义做了这样的描述:"正义是分给每个人以其权利的不懈的、永恒的意志。"[③]斯多葛哲学认为,意志是人的一种美德,而只有不懈的、永恒的美德才能构成正义。[④]

不过,并不能说这些就是形成罗马法的指导性原则。的确,如果它们作为检验法律规则或法律制度的一般准则的话,罗马法就会呈现出相当不同的表象。事实上,要想在《学说汇纂》的其他地方找到相反的论述是很容易的:"没有人会因为实施自己的权利而被认为是欺诈","并非所有被允许的事都是正直的"。[⑤]法学家关于正义的论述仍然停留在抽象的形而上学的概念上,这与他们在决定法律问题上的考虑是不同的。从理论方面来说他们必然要对法律上的正义和道德上的正义做出区分,但他们认为在道德哲学方面的繁

---

① *Digest.* I.1.10.亨利·高迪认为这里的三条法律规则来自斯多葛哲学三种美德的理论,参见 Henry Goudy, *Trichotomy in Roman Law*, The Clarendon Press, 1910, p.24。意大利法学家彼得罗认为:"正直地生活"涉及谦虚;"不伤害他人"是节制;"分给各人属于他的"则有关正义,参见 Pietro Vermiglioli, *Elementi ossiano Istituzioni Civil di Giustiniano Imperatore*, Perugia, 1830, Vol.1, p.40。中国学者徐国栋指出这三个原则受到基督教的批评,基督教认为"正直地生活"不属于法律,因为道德上的诚实与法律上的合法分歧不是法律所能调和的,参见徐国栋:《优士丁尼〈法学阶梯〉评注》,北京大学出版社,2011年,第34页。

② *Off.* I.15, 20, *Leg.* I.18–19; *Fin.* II.34, III.29.

③ *I.* 1.1pr.

④ Véase Arnold Vinnio, *In Quattuor Libros Institutionum Imperialum Commentarius Academicus et Forensis*, Tomo 1, 1867, Barcelona, p.10.转引自徐国栋:《优士丁尼〈法学阶梯〉评注》,北京大学出版社,2011年,第29页。

⑤ *D.* L.17.55 and 144. E. Levy, "Natural Law in Roman Thought," *Studia et documenta historiae et iuris*, 1963, p.17.

荣也仅是虚饰而已。①

二、法与法律

(一) 法 (*ius*) 与法律 (*lex*)

"法律就是普遍的命令,是智者的决断,是对故意或无知的错误行为的约束,是城邦的普遍约定。"②这一关于法律的定义出现在《学说汇纂》关于法律和法的其他渊源的主题中。③这段话出自著名的塞维鲁王朝法学家帕比尼安《解说书》(*Definitiones*)的第一卷。它强调了法律和其他制定法制约罪行的作用,同时还涉及共同体的性质,即普遍的约定。但是这个定义并没有反映帕比尼安时代的现实:公共集会很久没有通过法律,而且立法权既不是大会也不是"智者"的事务,而是元首和他的建议者的权力。因此,这是一个典型共和国时期的法律定义。值得注意的是这里用到的是"*lex*",而不是"*ius*"这个词,可见法与法律是两个不同的概念。

在罗马人看来,法主要体现在市民共同体中,因而通常指的就是市民法(*ius civile*),也就是"城邦自己的法"(*ius proprium civitatis*)。市民法代表着一种自然形成的法,而法律则是由人制定和颁布的。法律以法为前提条件,并实现法的确定性。④

从这个定义来看,似乎"*lex*"一词的具体含义并不确定,它有时是对某一客观关系的单方面确定(如智者的决断),有时又是某种形式的协议(如城邦的普遍约定)。⑤罗马私法中的承诺取决于要约与承诺,他们之间的关系构成了约定义务。尽管如此,将这一定义视为罗马人自己的灵感是不可能的,事实上帕比尼安的这一语句事实上是来自希腊的概念,例如在《学说汇纂》中记录的德摩斯梯尼的演说辞中就有类似的话语:

> 法律是所有人无论出于何种原因都要遵守的,主要因为法律是

---

① Christopher Rowe and Malcolm Schofield, eds., *The Cambridge History of Greek and Roman Political Thought*, Cambridge University Press, 2000, p.623.
② *D*. I.3.1.
③ 斯坦认为对一般意义上的法(*ius*)和法律(*lex*)(通过罗马的立法机构制定的)进行辨别是非常重要的。这里的 *lex* 即 statute,意为制定法。关于二者之间的一般论述,参见 p. Stein, *Regulae Iuris from Juristic Rules to Legal Maxims*, Edinburgh University Press, 1966, pp.9–25。
④ 朱塞佩·格罗索:《罗马法史》,黄风译,中国政法大学出版社,2009年,第81页。
⑤ 黄风指出,在罗马法中,"*lex*"一词往往根据不同的情况分别译为"法律""约法"或"约款"。朱塞佩·格罗索:《罗马法史》,黄风译,中国政法大学出版社,2009年,第79页,注释1。

神的发现与赐予,是智者的决断,是对故意或非故意的错误行为的矫正手段,是生活在城邦之中的人应该遵守的共同约定。①

一些学者认为这是参考了伊壁鸠鲁学派关于社会契约的观点。②其他的法学家对法律给出了更少虚饰且更典型的定义,例如盖尤斯认为"法律是人们的命令和决定"③;早期法学家阿泰乌斯·卡皮托论述道"法律是政府制定的关于人们或民众的一般规则";后期的法学家3世纪早期的莫迪斯蒂努斯则认为"法律的作用在于命令、禁止、允许、惩罚"。④在所有这些关于法律的叙述中,除了莫迪斯蒂努斯的法律定义较为抽象,他们都有一个共同的特点,即共和国的主题始终都处于显著地位。

从法学家对法律的定义可以看出,法律主要涉及的是国家的具体运作和生活,它是对法的补充,是具体的规范;而法一般不直接创造和制定规范,它是对社会现实的法律写照,是一种传统、一种文化。因而法律与法是存在于不同层面的两个概念,而二者最终在公法中找到了自己合适的运用领域。

(二)公法(*ius publicum*)与私法(*ius privatum*)

西塞罗在论述演说家必须有的知识时,特别提出了对公法演说家的要求,他们的知识必须包括过去的经验、公法上的职权,以及管理城邦的方法和技巧。⑤一般认为法学家可能有机会去达成这些要求,并且在对公法的研究中关注诸如城邦的恰当统治之类的问题。但是法学家在这方面呈现出一贯的务实理论路向,并未展现出,深刻的哲学思辨倾向。

公法与私法之间的区别在《学说汇纂》的第一段文本中凸显出来:

法律理论有两个分支:公法和私法。公法涉及罗马国家,而私法关注的是个人的利益。因为有些事务属于公共的,有些则是属于

---

① *Digest*. I.3.2. M. Ducos, *Les Romains et la loi*, Paris, 1984, pp.123-5;F. Wieacker, *Romische Rechtsgeschichte* I, Munich, 1988, p.280 n.58, in Christopher Rowe and Malcolm Schofield, eds., *The Cambridge History of Greek and Roman Political Thought,* Cambridge University Press, 2000, p.623 n.33.

② J. Gaudemet, *Institutions de l'antiquité*, Paris, 1967, p.383, in Christopher Rowe and Malcolm Schofield, eds., *The Cambridge History of Greek and Roman Political Thought,* Cambridge University Press, 2000, p.624 n.34.

③ Gaius, *Inst.* I.3.

④ *Digest*. I.3.7

⑤ *de Orat. I*.201.

私人利益的。公法包括宗教、祭司制度和行政事务。①

与之对应的,查士丁尼的《法学阶梯》中也对公法和私法做了如下解释:

> 法律学习分为两部分,即公法和私法。公法涉及罗马帝国的政体,私法则涉及个人利益,这里所谈的私法,包括三部分,由自然法、万民法和市民法的基本原则所构成。②

乌尔比安对公法所下的定义更广为人知,即"公法是有关罗马国家稳定的法"(*ius quod ad staturn rei Romanae spectat*),意思是公法涉及城邦的组织和结构。③事实上,这一观点并没有反映出罗马法学家真正的关注点,首先,他们很少用"*ius publicum*"的表达方式。例如在《学说汇纂》中,有五个地方提到"*ius privatum*","*ius publicum*"的表达较多,但含义各不相同:有时指罗马整个法律秩序,有时指强制性法规,但鲜有人认为它是国家法律的一个独立分支。此外,"*ius publicum*"和"*ius privatum*"同时出现的仅有一处,即在提到法学家图贝罗是公法与私法方面的专家时,用到了这两个词。④其次,法学家对国家或政体意义上的公法也没有表露出什么兴趣。不过,对公法忽视的传统并没有持续下去,到安东尼时期出现了一种新的法学著作类型,这种著作论述的是各地方官的义务。⑤唯一现存的是乌尔比安十卷本的《论执法官的职责》(*de Officio Proconsulis*)。在古典时代末,有大量关于地方执法官义务的文献。过去普遍认为这些都是宪政法律著作,不过事实上,除了这些著作题目中有"*de officio*"字样之外,几乎没有其他的证据表明它们是宪政法律著作。

(三)机构的观念

罗马法学家对私法及其程序的偏爱意味着有必要在一些意料不到的地方去寻找我们如今认为是政治思想的微光。在罗马法学家的私法理论中,有一个很重要的概念——机构的概念,即有一种实体,它的存在与其他成员不

---

① *Digest. I.1.1.2.*

② *I.* 1.1.4.

③ 朱塞佩·格罗索:《罗马法史》,黄风译,中国政法大学出版社,2009年,第82页。

④ Christopher Rowe and Malcolm Schofield, eds., *The Cambridge History of Greek and Roman Political Thought*, Cambridge University Press, 2000, p.626.

⑤ F. Schulz, *History of Roman Legal Science*, Oxford University Press, 1946, p.242.

同,相应的它的权利与义务也有别于他人。①法学家可能受哲学家的著作影响,形成了他们的这种观点。②例如,曾经写过"物权的取得"的彭波尼参考了斯多葛哲学对身体的分类(*corpora*)。③他用身体由不同组成部分构成的例子(*corpus quod ex distantibus constat*)把社会分成不同的等级:人民、军队、畜群。更早期的法学家 P. 阿尔菲努斯·韦鲁斯参考常用的特修斯之船的例子,也提到了身体的各组成部分虽然会变化,但它仍然保留了自己的身份这一想法。尽管不断发生变化但身体仍然保留自己身份的概念是法学家形成法人理论的重要理论基础。④

通过这一哲学思路或其他的哲学思路,法学家似乎确信有类似身体组成部分变化却能保持恒久身份的例子。⑤不过,哲学原则并不能回答能够做出什么样的法律行为或者谁应该做出这些行为的问题。法学家们的一些论述明确承认不同于个人的实体的存在,例如欠一个集体的钱并不意味着欠构成集体的个人的钱,反之亦然。此外,法学家还形成了表示集体的"机构"的概念。尽管对于哪些法人团体能够被视为这种集体存有争议,但很明显地方行政机构⑥符合这一概念。⑦裁判官的法令被用来作为反对和支持政府行为的救济措施。⑧行政机构可以由地方行政官代表,也可以由特别选出的代理人来代表(*actores*);他们的选举或委派是公法的事务,但是他们也可以在私法事务上代表行政机构。⑨这是代表理论的基础。另一方面,在要求目的的法律关系(例如对某物的所有权取得)中似乎存在一些不明朗的情况,比如一项集

---

① Christopher Rowe and Malcolm Schofield, eds., *The Cambridge History of Greek and Roman Political Thought*, Cambridge University Press, 2000, p.630.

② K. Olivercrona, *Three Essays in Roman Law*, Lund University Press, 1949, pp.5-42.

③ *D*. XLI.3.30.

④ *D. V.* 1.76. D. N. Sedley, "The Stoic Criterion of Identity," *Phronesis*, Vol.27, No.3, 1982, pp.255-275.

⑤ Ulp. *D.* III.4.7.2.

⑥ 这一地方机构也可称为"自治市"(*municipia*),是被纳入罗马国家版图的城邦组织。从词源上看,*municipia* 这个词由 *munus*(义务)和 *capere*(取得)构成。根据这一点,早期学者认为这一词有"承担市民义务"的含义。朱塞佩·格罗索:《罗马法史》,黄风译,中国政法大学出版社,2009年,第159页。

⑦ p. W. Duff, *Personality in Roman Private Law*, Cambridge University Press, 1938, pp.37-50, 62-94.

⑧ 勒内尔认为,对"法令是与市政机构有关或者与集体(全体人民)相关"的观点是存有争议的。 O. Lenel, *Das Edictum perpetuum*, Leipzig, 1927, pp.99-100, in Christopher Rowe and Malcolm Schofield, eds., *The Cambridge History of Greek and Roman Political Thought*, Cambridge University Press, 2000, p.631.

⑨ Paul. *D.* III.4.10; Ulp. *D.* XIII.5.5.7-9; Paul *D.* XLIV.7.35.1. p.W. Duff, *Personality in Roman Private Law*, Cambridge University Press, 1938, p.62.

体关系中并不是所有的成员都对某种权利的取得持统一的态度。但是乌尔比安指出,在他的时代地方行政机构尽管在法律上没有依据,但在实际中却可以拥有机构的权力。①这个问题背后隐藏的是一种矛盾,即特定的法律行为中,谁的意图是主要的。

在此背景下,《学说汇纂》中不可能表露出关于法人代表的完整的或连贯的理论。但是这些论点的实质要素是存在其中的。促成这种理论发展的有私法上的利益需要,也有地方行政机构的法令需要做出解释的要求。法人和地方行政机构虽然处在罗马私法的边缘,但是它们仍然属于私法领域而不是公法领域范畴。尽管如此,私法和法令的存在意味着法学家在这一领域的论述和发展比罗马国家由行政官代表的理论发挥了更加积极的作用。后者明确地属于公法范围,但法学家对此没有做出任何重要的论述。

这一事例可以让我们得出结论,即罗马法学家的确形成了现在被认为是政治思想范畴的概念和论断,即作为权利和义务持有者的政治实体或者国家的概念。罗马法学家的理论无关国家制度,而是与城邦相关。原因是城邦能够产生私法领域的问题,相应地,也被法学家视为他们的权限范围。②

三、治权（*imperium*）和司法权（*iurisdictio*）

罗马有一个典型的关于权力的概念,即治权。从理论上讲,人们只承认某些特定的执法官拥有这种权力。治权的内容包括司法权,即执法官对私人争议的干预。

尽管现存的文献中没有法学家对治权和司法权系统的法律论述,但是从残篇断章中构建当时法律制度的图画还是有可能的。这些残篇大多来自法学家帕比尼安、保罗和乌尔比安的著作。治权和司法权都表示行政官员的职权,特别是当元首制取代共和制时,这些并不是不再重要的术语,而是有着与现实密切联系的实际法律运作。③

治权,指的是高级行政官和代行政官享有的权力,④代行政官(*pro-magis-trates*)只能在其所在省的范围内和任职期间行使这种权力。治权有两种不同

① Ulp. *D.* L.16.15; Gai. *D.* L.16.16.

② Christopher Rowe and Malcolm Schofield, eds., *The Cambridge History of Greek and Roman Political Thought*, Cambridge University Press, 2000, p.632.

③ H. F. Jolowicz and B. Nicholas, *Historical Introduction to the Study of Roman Law*, Cambridge University Press, 1972, p.47.

④ Th. Mommsen, *Römisches Staatsrecht*, 3 Vols., Leipzig, 1887-1888, Vol.I, in Christopher Rowe and Malcolm Schofield, eds., *The Cambridge History of Greek and Roman Political Thought*, Cambridge University Press, 2000, p.627.

的含义：首先，一个地方行政官可能拥有的权力比另一个官员大，即执政官比裁判官权力大，在行省范围内地方总督或地方长官拥有仅次于皇帝的权力；其次，权力可能是绝对的，包括司法权和对刑事案件的生杀大权，或者它可能是一种包括司法权在内的混合权力。①这与司法权是根本不同的，尽管拥有治权的地方行政官也享有这种权力。由于有些权力属于治权的范围而不是司法权的范围，所以一些特定的权力不能由位阶较低的地方行政官所有。②最初，"司法权"只意味着地方行政官在民法方面的司法救济权，后来逐渐适用于地方行政官在元首制期间产生的新的民事诉讼程序，由于地方行政官的这一行为和他在其他公务方面或行政行为的相似性，这一权力开始被更加广泛地应用。③简而言之，这一术语不仅仅意味着特定的民法功能，还意味着地方治安法庭的法律权威。地方执法官不得对超越他的管辖的省内范围的其他人享有司法权，但其司法权不仅受到领域方面的限制，还受到财政方面的限制。一个地方行政官不可能享有超过另一个拥有较大统治权的地方行政官的司法权。④没有司法管辖权的地方行政官发布的命令是无效的，同样如果这个地方行政官的任命本身是无效的，那么他所做出的命令也是无效的。司法权仅由地方执法官本人行使，除非有法律或习俗允许被委托的情况。⑤

权力授予问题是另一个值得我们密切注意的问题。它经法学家详细阐发后，构成了中世纪法学家们丰富的理论源泉。帕比尼安论述了地方执法官可以将什么权力委派给他人，他指出法律授予地方行政官的权力、元老院或皇帝的决议和职位产生的权力之间有着根本的区别：前者不能够转授予他人，而后者则可以。法学家尤里安也提到一个习惯规则，即只有自身拥有司法管辖权，而不是通过另一方授予才获得司法权（*alieno beneficio*）的地方行政官才能够授予权力。从这一规则延伸出以下四点：第一，建立在权力来源基础上的这种区分表明有一种关于职责的惯有概念和蕴含其中的正常权力。很明显，这是关于判断地方行政官是否超越权力的一个先决条件。第二，授予权力有两个限制条件：特别授权不能够被委任；被授予的权力不得再次授予。第三，权力授予要符合私法上的授权规则。拉比奥指出就像在私法上的

---

① *D.* I.18.3; Ulp, *D.* I.17.1; Cels, *D.* I.18.17; Ulp. *D.* I.16.8.

② Ulp. *D.* II.1.4; Paul. D. L.1.26.

③ M. Lauria, "Iurisdictio," *Studi Bonfante*, Vol. II, Milan, 1930, pp. 481–538, in Christopher Rowe and Malcolm Schofield, eds., *The Cambridge History of Greek and Roman Political Thought*, Cambridge University Press, 2000, p.628.

④ Paul. *D.*V.1.58; Ulp.*D.* XXXVI.1.13.4.

⑤ Pap.*D.* I.21.1.

授权一样,若在开始实施授权之前地方行政官死亡,这项授权将会终止。①第四,授权的缘由并不多,但在关于地方行政官和他们的权力的问题上,私法上的授权,即一个人是否有权对另一个人做出某种行为,是法学家们更常遇到的问题。不管怎样,就权力的超越和撤销而言,二者之间的确有着相似性。②

可以看出,法学家刻画了职责概念的大致轮廓,即它必须依据法律实施,其授予的权力必须是由法律明确限定的。这些权力有的是职责本身所具有的,有些则是依据某种法律的明确规定所授予的。但是地方行政官的行为必须要在规定的权力范围内,超越其权力的行为是无效的:例如,一个地方行政官在超出他所管辖的省之外所做的行为是没有任何法律效力的,只能被视为是一项个人行为。③

此外,必须注意治权是分等级的:位阶较低的行为要受较高层次权力的制约。正如乌尔比安所指出的:"一个裁判官不能有超越另一个裁判官的权力,一个领事也不能有超越另一个领事的权力。"④平等权力之间出现僵局时,就要从皇帝那里寻求解决办法。关于地方行政官行为效力的观点的形成与司法权有着密切的关系。这种观念正是法庭上私法程序的基础,被法学家视为自己领域内的论题。还有一个关于宪政国家的理念,即地方行政官被授予的权力必须在被授予的范围内行使。这与非国家的城邦政治共同体之间存在着鲜明的对比,而且这里很有可能是第一次出现了近代意义上的国家概念。不过,在这一体制中存在一个明显的空白,即没有提到金字塔体制的最高点——皇帝。因此,这里有一个自相矛盾之处,即授予和控制权力的法律机制是在一个不受任何限制的绝对化体系中产生的。总的说来,我们不能就此认为法学家发展出了关于权力性质和合法性的统一理论,事实上,法学家们关于权力的观点通常是有分歧的。例如,帕比尼安认为行政官员通过君主的法令取得了授权,而乌尔比安则指出皇帝的权力本身就是来自人民的,是人民将自己的权力交给了皇帝实施。⑤这两种观点并不统一。按照惯例,被授予的权力不得再次授予他人,那么皇帝就不能够再将权力委任给地方行政

---

① *D.* II.1.6 , *D.* I.16.6.1.

② Paul. *D.* XVII.1.3.2 , 5.1– 4; Gaius. *D.* XVII.1.4 and *Inst.* III.159–160.

③ Paul. *D.* I.18.3.

④ *D.* XXXVI.1.13.4.

⑤ *D.* I.4.1 pr. 大卫·约翰斯顿认为,法学家这一论述背后隐藏的含义是君主由人民赋予了民主合法性,人民通过法律(*lex*)将自己的权力授予了君主。但事实上,从法学家常用的术语来看,人民并不享有治权(*imperium*),这种权力是罗马高级官员享有的。因此,乌尔比安是在一种不严谨的意义上用了 *imperium* 这个词。Christopher Rowe and Malcolm Schofield, eds., *The Cambridge History of Greek and Roman Political Thought,* Cambridge University Press, 2000, p.625.

官。这些观点在现代早期论述主权和权力的法学家中都有着自己的支持者。不管怎样,法学家关于行政权力或司法权的论述构成了近代早期关于政治权力和合法性观点的源头。

四、小结

就现存的罗马法学家的著作来看,法学家对法、法律、正义的论述表明了他们受教于充斥着主要哲学学派政治思想的传统环境中。他们的一般理论来自基本的或教育性的工作,通常很少表现出原创性特点,却与著名的哲学观点联系紧密,这种哲学观点大部分展现出斯多葛学派的倾向。[①]然而他们的大部分理论并没有构成任何关于法律或政治思想的理性哲学立场,在法学家通常所采取的法律解释方面也没有发挥任何可见的作用。简而言之,这些理论仅仅是当时受过教育,特别是法学教育的那部分人的共识罢了。[②]

政治思想对于法学家的重要性在私法或者私法边缘处有所体现。司法权最初是指地方执法官给予市民法救济方面的权力。对法学家而言,知道哪一个地方官有司法权、对何地及何人有司法权是很重要的,因为这关乎具体的权力实施和法律运作。由于治权包含有司法权,因此论述地方执法官的一般权力也很重要。这就是我们发现的地方行政官的权力和在法律限定范围实施这种权力的理论形成的背景,尽管无可否认这种理论是零碎而不成形的,不过,从某种程度来说,这种理论所依赖的概念早已在私法上运用成熟了。同样,就他们对机构的关注而言,法学家致力寻求的不过是建立私法方面,尤其是地方政府的私法权利的基础而已。他们的这种理论是将诸如地方行政机构那样的实体视为可以拥有权利、承担义务的实体,它们至少可以在法律问题上代表这种实体。因此,私法是理解法学家政治思想的性质和范围的关键所在。至于法律和正义的一般理论,如前面提到的,法学家认为这种抽象的虚无缥缈的问题是哲学家们的任务,对注重实务的法学家来说,政治理论问题不过是达到目的的方法和手段而已。也正是在这种理念的影响下,法学家对于君主地位的分析不多且不深刻,但他们的确挖掘出皇帝的权威和权力建立在人民把主权移交给他的法律基础上的这样一个定律。[③]

[①] B. Schmidlin, *Die Römische Rechtsregeln*, Cologne and Vienna, 1970, pp.173−185, in Christopher Rowe and Malcolm Schofield, eds., *The Cambridge History of Greek and Roman Political Thought,* Cambridge University Press, 2000, p.633.

[②] Christopher Rowe and Malcolm Schofield, eds., *The Cambridge History of Greek and Roman Political Thought,* Cambridge University Press, 2000, p.633.

[③] Christopher Rowe and Malcolm Schofield, eds., *The Cambridge History of Greek and Roman Political Thought,* Cambridge University Press, 2000, p.627.

总而言之,政治思想经典的问题并不是那些法学家感到得心应手或者已然做出决定性评论的问题。法学家们更注重对实在法的研究,他们在法律制度的内部把秩序的统一性、有机性和连续性作为前提条件,力图做到对规范体系的阐释和应用,而罗马人重传统的精神也蕴含在法学家的思想中。正是这种精神使人能够明显地看到罗马法所具有的连续性和统一性的脉络。罗马法学家的思想和理论通过罗马法呈现给世人,并影响到此后的法律体系和法治观念。

第三章　罗马共和国与周边地区关系理论

第一节　罗马帝国意识理念的形成与确立

罗马的历史,事实上就是不断地征服与扩张的历史。当它从意大利半岛诞生之时,还只是一个比较孤立的小城市,然而意大利独特的地理位置、自然环境,以及经济和文化上的特点决定了它的强大并非偶然。首先,从地理位置上来看,意大利四面环海,西部海湾宽阔,利于它与周围地区的相互联系,而北边的高山则成为它抵御外敌的天然屏障;其次,意大利位于多个气候带,适于多种动植物的生长,这使得它的农牧业相当发达,加上整个地中海地区和它都有密切的往来,可以说从某种程度上,地中海地区有着共同的经济基础;再者,罗马产生之时,希腊的文明已然成形且成熟,它从一开始便进入了希腊化世界的体系之中。因此,它在自己独特的意大利因素之上,利用之前各代,特别是希腊化时代的文化成就,形成了自己独特的文化特征。这些都为罗马国家的征服和统一准备了必要的土壤。

一、罗马的征服及其对外政策

(一)征服意大利与同盟政策

狄奥尼修斯在其《历史》一书中曾经记载了罗马人与拉丁人于公元前493年达成的一项同盟条约。[①]条约规定罗马人和拉丁城市之间要团结一致,保持永久和平,双方在各自遭遇外部战争时负有互相帮助对敌的义务。此后即公元前486年,赫尔尼克人也加入了这一条约,由此形成了权利平等的三角军事同盟。这一同盟使得罗马消除了来自东面的进攻,并能够将全部注意力放在对付北方的敌人身上。而最重要的是在这个三角同盟中,只有罗马的领土是比较大和完整的,其余两方的领土则是分散的,这一战略上的优势让罗马

---

① Dio. *Histories*, VI.95.

在三角同盟中居于一定的主导地位。之后高卢人的入侵导致了旧联盟的垮台,一部分拉丁城市叛离,他们后来与坎佩尼亚人、奥伦克人和沃尔斯奇人结成联盟,由此开始了"拉丁之战"(公元前340—前338年)。最后,罗马人取得胜利,对被征服的公社采取了区别对待的措施,例如原来未叛离的拉丁殖民地仍然给予其旧联盟者的地位;最大但不稳定的拉丁城市则失去了自己的领土;那些最忠实的公社则被给予原来只有罗马人才能享有的公民权;而奥伦克人的公社被称作"没有投票权的公社"(civitates sine snffragio),意思是他们享有公民权并履行公民义务,但没有政治权利,不能投票和担任公职;坎佩尼亚人被视为罗马的公民并在军团服役,但他们并不被编入罗马人的军团,而是单列出来,此外他们不得参加罗马人民大会和担任公职。这一政策显示出当时罗马元老院的智慧决定,它让被征服者按照在战争中的不同立场处于各自不同的法律地位,这样让他们之间彼此孤立,从而削弱了他们之间的联合之势,并且对之后其他的意大利人具有一定的参考价值。[1]这时的罗马已经成了意大利最大的国家,接下来,罗马加速了统一中部意大利的进程。经过了将近四十年的与萨尼乌姆之间的战争,罗马在实际上成为从波河流域以南到鲁卡尼亚北部附近的主人。[2]公元前3世纪,罗马又先后降服了意大利南部的库卡尼亚人、布鲁提人和阿普利亚人等,完成了对南部意大利的征服。

在对意大利争夺的战争中,罗马逐渐形成了一个以其为领导的意大利国家与部落的特殊政治整体。在这个政治整体或联盟中,罗马对它们采用了不同的统治方法,赋予它们不同的身份和地位:在意大利的居民中,罗马公民处于最高的地位,他们是罗马本城和直接属于罗马公社的那部分人,享有全部的政治权利和公民权,可以在军中服役并担任公职,也可以参与人民大会。其次是自治市公民,他们本身不属于罗马最初的公社而是过去的外国公社,他们享有充分的公民权和投票权,可以在军中服役、参加大会,但由于这些公社来自原来的独立城邦,因此有着广泛的自治权,可以有自己的元老院等行政机构。在自治市之下,是无投票权的公社,这是相对于有投票权的自治市而言的,它们的居民可以与罗马公民缔结婚姻,财产受到保护,但不能参加大会和担任公职,可以服役于辅助军而不能在军团服役。接下来是第四等人,即拉丁殖民地的公民,他们并不是罗马的公民,而是原来参加过拉丁联盟的公社的公民,但如果他们离开原居住地来到罗马常住的话,可以获得罗马公

---

① 科瓦略夫:《古代罗马史》上册,王以铸译,上海书店出版社,2011年,第146—147页。
② 同萨尼乌姆的战争一般认为经历了三次,第一次发生在公元前343—前341年,第二次前328—前304年,第三次前298—前290年。事实上被称作"萨尼乌姆战争"的一系列军事冲突,并不单指对萨尼乌姆的战争,而是包括了伊特拉斯坎人、高卢人、埃魁人等。科瓦略夫:《古代罗马史》上册,王以铸译,上海书店出版社,2011年,第142—144、147—155页。

民权。此外,罗马在战争中若打败某个公社便与其订立盟约,将其仍视为独立的国家,但它们不得有自己的外交,同时还要向罗马提供和维持自己的一部分军队,这种公社被称为联盟者。最后,在意大利居民中最没有权利的一类人被称为"臣民"或"投降者"(dediticii),它们是投降于罗马的那些部落和公社,例如布鲁提人,这类人几乎不享有任何权利,并且要服从罗马的长官。①

值得注意的是,罗马在意大利的统一虽然使得意大利的面积大为扩大,但此时的意大利还不是一个民族国家,因为它产生于奴隶制城邦,拥有自给自足和闭关自守的本质。同时,奴隶制经济的性质也决定了它无法造就一个的领土统一的土国家。因此从性质上来看,"这是一个在实际上从属于罗马的、自治的和半自治的城邦和部落的联盟"②。这一时期,罗马对统治下的意大利联盟采取了比较温和的政策,它给予其一定的独立自主权,允许它们保留原有的大部分土地,同时还给某些公社成员以完全或部分罗马公民权。这与后来罗马统一地中海世界之后实施的严苛的行省政策形成了鲜明的对比。

(二)统一地中海与行省政策

罗马统一意大利之后,国家没有太大实质性变化。从政体上来说,它依旧是一个在元老院贵族领导下的共和制国家。国家大体上遵循的还是氏族社会流传下来的习惯和体例,古老的传统和美德依然留存在统治阶级的内心和精神中,奢靡、贪婪和对权力的欲望还没有侵蚀人们的心灵。无论是元老还是人民关心的主要还是农业方面的问题,他们似乎对向外发展、开拓新的疆域、进行殖民掠夺尚未有强烈的意识。但是逐渐崛起而变得强大的罗马却让地中海世界其他的大国不敢小觑。当时的地中海世界,东方有马其顿、埃及和叙利亚,西方有迦太基,它们都是经济、军事和政治上的强国。而罗马虽然自身实力较之有限,但随着它对意大利的征服及征服成果的不断巩固,也形成了一股强劲之势,即便它不主动出击,也成为其他国家争夺权益时所要考虑的劲敌。更何况罗马人本就尚武、勇猛,它跨出意大利、迈向地中海也是迟早的事。于是,从公元前264年开始,罗马展开了同其他国家争夺地中海的长期斗争,进入了大征服时期。到公元前241年第一次布匿战争结束,罗马将

---

① 科瓦略夫指出,罗马对意大利联盟内部成员赋予不同的法律地位是出于两方面的考量。首先从文化上,断然不能将文明的公社如图斯库鲁姆或卡普阿与没有文化的布鲁提人相提并论。其次从现实上,让意大利公社处于不同的法律地位利于罗马对它们的控制,使得它们无法联合起来对抗罗马,同时罗马对被征服公社的贵族始终加以支持、培植,也让他们在需要的时候站在罗马这一方。科瓦略夫:《古代罗马史》上册,王以铸译,上海书店出版社,2011年,第172—173页。
② 科瓦略夫:《古代罗马史》上册,王以铸译,上海书店出版社,2011年,第172页。

西西里除了叙拉古、墨西拿等几个大城市之外的所有地方都变成了自己的属地,建立了第一个行省,由罗马派驻行政官进行统治。原来西西里的领地被视为罗马人民的财产,它的居民则被视为无权利的臣民,他们收入的十分之一必须交付罗马为税。自此之后,罗马的实力和声望日益剧增,一贯保守的罗马不再把自己的活动囿于之前的意大利半岛,而是加快了对外扩张和征服的步伐。经过一系列旷日持久的大规模战争,罗马几乎将地中海所有国家和地区都纳入自己的势力范围,成为当之无愧的霸主。

罗马统一地中海之后,对被征服的地区采用两种方式进行管理:一种沿用了意大利的方法,即同那些在罗马扩张过程中对罗马起过积极作用的城市和国家建立同盟、友邦关系,允许它们保有自治地位,并给予全部或部分罗马的公民权;另一种则是采取吞并和建立行省的办法。[1]行省(provincia)一词原意是指"管辖"。当罗马的两个执行官中一个对外征战时,会将罗马交给另一个执政官一人管辖,打仗的军事区便被称作provincia。到公元前2世纪之后,provincia专指被罗马征服而并入罗马的、必须向罗马承担赋税义务的地区。不过,值得注意的是,第一种的"同盟"和"友邦"逐渐也成为罗马的行省。[2]罗马的行省都是通过征服而来的,对罗马人来说,它们是战败者、投降者,因此其居民处于被剥削和被压榨的地位,他们没有政治上的权利,同时还要向罗马缴纳赋税。不过与意大利居民不同的是,他们不必服兵役。这种区别是有一定的原因的:首先,从征服的时间来看,罗马对意大利作战的时期经济状况较为落后,基本处于原始状态,因此没有东西可以激起他们的剥削欲望。而公元前2至前1世纪时,奴隶制经济达到全盛时期,罗马急需金钱、奴隶,所以便加重对行省的剥削。其次,从政治上来说,意大利人与罗马之间距离较近,关系也较为紧密,他们如果产生不满的话,其后果要较处于遥远地区的行省居民严重得多。因此,罗马人对意大利人采用宽厚的政策比较妥当。最后,从文化渊源上,罗马人同意大利部落无论在人种还是文化上都有着相通的联系,而行省居民大多处于另外的文化氛围中,无论风俗习惯还是出身,甚至语言上都毫无关联,所以采取"分而治之"的政策对意大利来说是完全有必要并且非常有效的。

不过对于行省的统治,上述措施不尽如人意,罗马人将各行省当成聚敛钱财的来源地,大肆劫掠,财富的骤然大增也引起了社会奢侈和贪婪的风气。

---

[1] 从公元前3世纪中叶到前2世纪末,罗马先后建立了西西里、撒丁和科西嘉、近西班牙、远西班牙、马其顿、阿非利加、亚细亚、山外高卢、西里西亚、塞浦路斯和山南高卢等行省。此外,在此期间希腊诸城、伊利里古姆等地因与罗马有依附关系而设行省。李雅书、杨共乐:《古代罗马史》,北京师范大学出版社,2010年,第104页。

[2] 李雅书、杨共乐:《古代罗马史》,北京师范大学出版社,2010年,第105页。

撒路斯提乌斯曾经指出,自迦太基战争之后,罗马失去了钳制它的力量,放荡和奢侈在人们的心中蔓延开来。在罗马人身上,对于金钱和权力的渴望加强了,贪欲消灭了诚实、正直和其他的美德,野心让人变得虚伪和口是心非,如今的罗马,已经没有谦逊、廉洁与诚实,到处只有厚颜无耻、腐化堕落和贪得无厌。[1]维莱乌斯·帕特尔库努斯也提到:

> 大西庇阿为罗马人打开了通向世界霸权的道路,而小西庇阿则为罗马人打通了走向奢侈生活的大道。罗马人消除了迦太基对她的威胁,帝国的竞争对手消失之后,勇敢不是慢慢而是很快地让位于腐败,原先的纪律不见了,国家从警戒状态进入了懈怠状态;从追求武力进入了寻求欢乐;从积极进取转化成消极怠慢。[2]

行省官吏的这种贪污腐败直到奥古斯都时期才有明显的改善。总的说来,行省制度是罗马对被征服地区采取的一项非常重要的、典型的制度,它确定了罗马人与非罗马人之间的界限,规定了他们的权利和义务,同时为了拉拢、吸引行省原有的贵族阶层,又以授予其公民权的策略巩固自身的统治。

值得注意的是,伴随着罗马对外取得的胜利,罗马内部也充满了高涨的民主运动情绪。战争为罗马赢得了更大的利益和更多的财富,但为战争付出重大代价的罗马人民却没能从战争中获得半分利益,因此在战争中接触到希腊和迦太基文化而增长见识的罗马农民开始提出他们的政治需求。正如科瓦略夫指出的:"这个时代有三个大问题需要解决:土地问题、政治制度的民主化和把罗马的公民权给予意大利人。"[3]在公元前3世纪初,罗马的贵族与平民之间就因为土地的问题而对立。罗马对外的扩张让奴隶制度得到了巨大发展,大量金融资本的投入让土地的买卖有了便利的条件,而当权的贵族更是趁着罗马对意大利的征服将大片土地纳入自己的财产范围,与之相反的是小所有者丧失了土地所有权。到公元前2世纪中叶,意大利土地的高度集中已成为不争的事实,这对小农户产生了致命的影响。特别是此时已经有了大规模的海外战争,这更是在实际上把农民变成了职业士兵。常年的战争让他们离开了自己的农庄,不仅农庄荒废衰落,就连他们自己也不再从事生产。此外,一部分破产的农民还变成了农业雇工,他们散落在各地的城市,形成了流浪的城市无产阶级。物资的匮乏激起他们对富人的仇恨。同时,战争中产

---

[1] Sallust, *War with Catiline*, IV, VII, X.
[2] 杨共乐选译:《罗马共和国时期》下,商务印书馆,1998年,第50页。
[3] 科瓦略夫:《古代罗马史》上册,王以铸译,上海书店出版社,2011年,第408页。

生的大批奴隶都集中在意大利、西西里、小亚细亚和地中海等地区,他们由曾经的自由民沦为战俘,对自己此时的身份和处境十分愤恨。最后,公民和非公民(即罗马公民与同盟者、行省居民)之间也是矛盾重重。如是,此时的罗马身处内外矛盾交织、错综复杂的环境之中。

这一时期所要解决的几大问题也因此有着密切的联系,例如土地改革和是否把公民权给予意大利人这两个问题之间就存在着双重的联系。"从一方面来说,显然,只有算是公民的人才有权取得土地。从另一方面来说,如果把公民权给予他们作为补偿,这就会缓和意大利土地占有者对改革的不满情绪。"①盖尤斯·格拉古可能已经看清了这一切,他在公元前123年或前122年提出了一项将市民权授予拉丁人的法律。他为什么这样做,我们不得而知。他授予拉丁人完整的市民权和提升意大利人地位的做法可能会有效地,并且不需像之后发生的历经几代的暴力战争而和平地解决了这些问题。我们永远无法得知实际情况是否会如此,因为盖尤斯的被暗杀导致这项法律最终也没有通过。我们只能说,这个天赋异禀的政治家看到了因为罗马的征服而产生的公民权纠纷在解决许多罗马最迫在眉睫的问题上的重要性。②

二、帝国意识形态的确立

尽管罗马通过武力使得帝国的边疆和势力日益扩大,但古今无数历史都表明,仅倚仗武力并不能确保帝国的存续。事实上,罗马并没有通过在每个城市驻扎要塞的方式来控制各个省份,罗马的统治者清楚地意识到通过强迫进行统治是没有必要的。罗马的伟大并不在于其穷兵黩武、扩展疆域的赫赫军功,而在于历经几世代精心经营建立起的稳固基业。不仅内政明智、简便、利民、安民,还使"被征服的国家,融入这个伟大的民族,放弃了恢复独立的希望,甚至是愿望,几乎不认为他们自己的存在与罗马的存在有任何不同"③。究竟是什么使罗马的权力对各省人民都具有说服力,甚至是吸引力? 是什么使地方文化渗透到罗马范式中,使其成为合法的政府行为? 简而言之,是什

---

① 科瓦略夫:《古代罗马史》上册,王以铸译,上海书店出版社,2011年,第372—377、383—384、406、408页。

② Peter Riesenberg, *Citizenship in the Western Tradition*, The University of North Carolina Press, 1992, p.63. 对格拉古兄弟和公民权的有关论述,参见 David Stockton, *The Gracchi*, Oxford University Press, 1979, pp.106–113, 156–159, 185–197, Sherwin White, *The Rome Citizenship*, Oxford University Press, 1973, pp.134–149;C. Nicolet, *The World of the Citizen in Republican Rome*, University of California Press, 1988, pp.310–315。

③ E.Gibbon, *The English essays of Edward Gibbon*, edited by p.B. Craddock, Clarendon Press, 1972, chapter 2.

么导致了和平而不是对抗？要回答这些问题,我们必须首先明白,对罗马统治的地方性服从是一种意识形态建构,它的实现有赖于许多人的共同信仰,这些信仰支持了罗马特有的社会秩序观念。

(一) 从共和美德到专制道德：帝王统治的艺术

罗马帝国最明显的标志可能就是皇帝的身份了。奥古斯都建立的君主制改变了权力的动态,罗马皇帝端坐于被五千多万人围绕的政治社会的顶端,行使着前所未有、无与伦比的权力。罗马的法学家们对于这一点有着非常清晰的认知。乌尔比安声称"皇帝在法律之外"①,这是一个关于独裁统治的公开宣言。塞涅卡的措辞较为委婉,但其表达的含义却与乌尔比安如出一辙,在《论仁慈》一书的开端,塞涅卡就戏剧性地描述了尼禄作为君主的威权：

> 我是国民生死的裁判官,每个人的命运和身份都掌握在我的手中,凡人的财富都通过我的发号施令来分配。我的意见是城邦和人民欢呼雀跃的原因,没有我的意志和俯允,任何地方都不会兴旺繁盛。因为我带来的和平,千万把利剑都收敛锋芒,而只需我的一个首肯,它们就会再寒光出鞘。民族的兴亡,自由的收付,给予他们皇冠还是镣铐,城邦的兴起还是覆亡——所有的一切,都取决于我的法令。②

甚至普林尼也对君主的绝对权力有着明确的认知。当他在《颂词》(*Panegyricus*)中将图拉真描述为尊重元老院,特别是服从法律的平民统治者时,也不得不承认皇帝享有完全的权力,"同永恒之神平等"③。在这些作家及其同时代人的著作里,我们可以看到一种从未明说却一贯坚持的主张:尽管帝王可以轮流更迭,但君主制却一直存在。

在这样一个君主享有名义上绝对权力的稳定政治体系中,对其进行形式分析是多余之举。相反,可能有吸引力的课题就是君主自身,尤其是对其个性特征的分析。因为君主的行为不受任何法律限制,在理论上,君主的个人特性是其行为的唯一决定因素。因此,君主的个性特征就成为一个重要的政治问题。例如,塞涅卡在对尼禄的权力渲染之后,紧接着就将论述的主题转向了应该让这种威权得以经受住审视的个性特征上面,他认为一个"好"皇帝

---

① *Dig.* 1.3.31.
② *Clem.* 1.1.2.
③ Pliny, *Panegyricus*, 65.1, 4.4.

不应该被愤怒、激情、鲁莽或者顽固所左右。①

美德的论述最早可追溯至公元前4世纪的伊索克拉底、色诺芬和柏拉图等长久以来就有的传记学和哲学传统,在他们的笔下,统治者主要是被道德术语加以评判的。但是在帝国时代,做出论断所采取的术语一方面带有政治、伦理语言的色彩,另一方面还发展出了评价君主和其他统治者的善与恶的精密词汇语系。美德与恶不断地以各种不同的方式重排组合以对某个皇帝或想象中的统治者做出评价。这种道德程式不仅对理想的君主形象做了界定,还超越了普遍理念,构建了君主行为的现实世界模型,罗马皇帝至高无上的权力是在构建思想实体和关注一人统治政治的基础上形成的。尽管这种权力对政治理论领域的大胆创新有着不利的影响,但它却激励了人们对权力和德性之间关系的深度思考。这种思考随着时间的流逝,产生了牢固的"独裁伦理"(ethics of autocracy),对形成罗马帝国的政治论题和君主运作的规范架构有着重要的影响。

从公元前50年代末到奥古斯都统治早期的这段短暂时间内,无论从理论还是实践,我们都可以看到罗马一步步从共和制走向君主制。西塞罗等人对"先辈的传统"和共和美德的倡导也逐渐转向对帝王美德的劝勉或自省。以塞涅卡为例,其作于公元55—56年之间的《论仁慈》一书,主旨即在于阐释帝王的仁慈和道德。塞涅卡认为,仁慈(clementia)就是"心智在具有报复力量的时候做出的自我克制,或者在对卑贱者实施惩罚时强大者所体现的温厚"②。在所有的美德中,仁慈对君主而言是最为重要的,因为它是对君主的绝对权力做出限制,并将其与僭主(暴君)区分开来的主要特质。③塞涅卡强调,不可将仁慈与怜悯混淆,后者并非一种美德,与之对应的不是严格(severitas),而是残酷。④帝国时期另一个作家普林尼在其献给图拉真的《颂词》中更是向读者投掷出了三十多种令人眼花缭乱的帝王美德。其开篇就点明了主旨,首先称赞了君主的责任感、自制力、仁慈、人性、温和和美好天性,⑤然后对帝王的美德与恶性进行了一系列对比:

---

① *Clem.* 1.1.3.美国学者诺雷纳指出,这一时期的许多作者也探讨了君主的性格、行为与帝国的政治社会生活特质之间的关联问题,但需要指出的是,这些讨论主要是基于受教育的精英阶层的视角。即使是探讨理想统治者形式的纯理论性的著作中,对君主制作为政体形式的称赞也让位于对理想统治者个性特征的褒扬。所以罗马帝国时期的大多数政治理论著作事实上都是关于君主个性特征的伦理学著作。Ryan K. Balot, ed. *A Companion to Greek and Roman Political Thought*, Wiley-Blackwell, 2009, chapter 17, p.267.

② *Clem.* 2.3.1.

③ *Clem.* 1.3.3, 1.11–13.

④ *Clem.* 2.4.4, 2.4.1.

⑤ Pliny, *Panegyricus*, 2.6–7.

当我谈到他的人格品质时是没有什么风险的,他(图拉真)不会认为自己被指责为傲慢的伪君子,或者我指的是放纵而非节制,野蛮而非仁慈,贪婪而非慷慨,恶意而非善良,放纵而非自制,懒惰而非辛劳,恐惧而非勇气。[1]

所有这些都只不过是接下来讨论的人的品质的前言,它既包括标准的帝王美德,例如正义(iustitia)、温和(indulgentia)和忠诚(fides),也包括一般的美德,例如坦诚(simplicitas)、愉悦(hilaritas),以及友善(comitas)。普林尼的这篇颂词既有颂扬亦有劝诫,它很少着墨于具体的成就,而更多地关注帝王的个性特征。普林尼不仅对"良善的"图拉真和"邪恶的"图密善做出有效的对比,还对帝王未来的行为起到了积极的指导作用。普林尼认为,君主应具有温和的慈善家长作风,[2]还应对元老以礼相待,这是谦逊而有自制力的(modestia and moderatio)国民元首(civilis princeps)应当具备的,只有这样才配得上"Optimus"这一尊称。[3]

在所有影响君主行为的道德品质中,正义被认为是最重要的君王美德。这一时期的希腊作家迪奥·克里索斯托将正义视为一种独特的君主美德。爱比克泰德认为正是正义的分配让赫拉克勒斯——这个经常被视为君主典型的人,成为真正的君王。而对于比其他任何人都熟知帝王职责的奥勒留而言,正义"是所有其他美德都依赖"的美德。[4]对君主正义的强调某种程度在埃克芬图斯、塞尼达斯和狄俄拖格尼斯作于公元2、3世纪的"毕达哥拉斯"王权论著(Peri Basileas)中达到了高潮。[5]其中,狄俄拖格尼斯对正义的强调程

---

① Pliny, Panegyricus, 3.4.

② H. Cotton, "The Concept of Indulgentia under Trajan." Chiron, Vol.14(1984), pp.245-266.

③ Pliny, Panegyricus, 88.4-10.普林尼对图拉真的个性描述用一种特殊的方式反映了1世纪时的特点。他强调的是一种社会美德,而不是军事上或行政上的美德。他尤为称赞图拉真的人性(humanitas),这是对皇帝、元老及其他公民共有人性的认可。图拉真的人性表现在皇帝的适度、温和和节制特性上。普林尼声称,图拉真与他人能够轻松相处,是一个脾气好的、令人愉快的、易于相处的人——简而言之,很友善。对元老而言,步行进入罗马、友善对待听众和在晚宴上举止优雅等这些简单的行为是将正直的统治者与暴君区分开来的标志。对于普林尼而言,图拉真拥有的权力并不比提别略或图密善弱,但他的性格方式被认为改变了政治氛围,赢得了帝国上层阶级的支持。Ryan K. Balot, ed. A Companion to Greek and Roman Political Thought, Wiley-Blackwell, 2009, chapter 29, p.465.

④ Med. XI.10.4.

⑤ 关于毕达哥拉斯学派的论述和著作,参见 H. Thesleff, The Pythagorean Texts of the Hellenistic Period, Abo Akademi, 1965; L. Delatte, Les Traités de la Royauté d'Ecphante, Diotogène et Sthenidas, E. Droz, 1942,转引自 Ryan K. Balot, ed. A Companion to Greek and Roman Political Thought, Wiley- Blackwell, 2009, chapter 17, p.274。

度更深一些,他写道:

> 君主应该是最公正的(*dikaiotatos*),最公正的人应该是最合法的(*nomimōtatos*)。因为没有公正就无法成为君主,而不合法就不会有正义的存在。正义存在于法律之中,而法律理所当然就是正义的根源。君主就是活的法(*nomos empsychos*)或者是合法统治者;基于此,君主才是最正义、最合法的。①

尽管这段话比较抽象,逻辑也并非无懈可击,却与西塞罗的观点不谋而合,后者认为 *iustitia* 就是"美德女王"。对正义作为君主美德的一再强调反映了人们对正确界定君主和法律之间关系的深刻关注,这也是古代希腊和希腊化政治思想中一个尤为重要的主题。然而在西塞罗生活的年代,君主制尚未完全占据主导地位的,对他而言,一人统治和法治是不相容的。而这之后的人们被迫面对独裁专制,他们公开认可皇帝处于法律之外,但他们发展出另一种理念,即"好的"君主理应服从法律。因此,正义的中心和持久的诉求,使得它要比其他美德更能让君主自愿与他的臣民一样服从法律。

在重要的正义美德之后,还有四个君主美德——勇敢、节制、虔敬及仁慈。帝国时期的大多数思想家认为,勇敢是无须评论的一种君主共有的品质。在拉丁的道德词典中,勇敢作为一种君主美德,通常指的是在确保帝国胜利的战场上具有的勇气。例如,在献给君士坦丁的一篇匿名颂词中,演说者声称:"每一种战争、武器和敌人都臣服于你,还有从每个时代的记忆中留存下来的勇敢丰碑。"②节制是一种更具弹性的美德,指的是一系列节制有度和自我控制的行为——尤其是对身体和情感上愉悦的控制。③它是一种常被谈到的,君主普遍缺乏而不是一贯有之的美德。特别是在作于公元2世纪中叶的苏埃托尼乌斯的帝王传中,个人过度的恶习,例如奢侈(*luxuria*)和欲望(尤指性欲 *libido*),是"坏"皇帝的标配。④虔敬一直是希腊作家论述的主题,⑤不过在拉丁作家笔下,它更被提升到几乎等同于正义的高位,是一种主要的美德。事实上,对于罗马人而言,虔敬是一个核心理念,它表达了对他人或事

---

① H. Thesleff, *The Pythagorean Texts of the Hellenistic Period*, Abo Akademi, 1965.

② *Pan. Lat.* 12.

③ Plin. *Pan.* 2.7–8, 3.2; Aristid. *Or.* 35.27–9; Dio *Or.* 3.7, 3.32, 3.58, 3.85; *Pan. Lat.* 3.5.4, 4.1.5, 7.3.4, 11.19.2.

④ *Calig.* 56.1; *Nero* 26.1, 29,1; *Vit.* 13.1, 17.2; *Dom.* 22.1. A. Wallace-Hadrill, *Suetonius: The Scholar and His Caesars*, Yale University Press, 1983, pp.142–175.

⑤ Dio *Or.* 1.15; Aristid. *Or.* 35.8, 15.

物的义务履行,这种敬意包括但不限于对神,对任何他们应该针对的人或事都是如此。故而罗马的皇帝被认为不仅要向神,还要向其他的,尤其是他的臣民、他的父母和国家表示虔敬之心。①

最后,关于仁慈,这一品德就像勇气一样对于希腊作家而言是重要的但不是一般性的君主美德。②正如毕达哥拉斯作者阿基塔斯指出的:"真正的统治者不仅必须拥有治理好国家的知识和权力,还必须是一个博爱之人(*philan-thrōpos*),因为一个牧羊人厌恶他的羊群是极其荒谬之事。"③而拉丁作家则认为,仁慈的行为最好通过具体的表现来理解,其中最突出的就是个人的慷慨行为,尤其是在物质方面。这种美德是通过 *liberalitas* 的概念加以表达的。④在普林尼的颂词中,仁慈是图拉真主要的美德,在苏埃托尼乌斯那里仁慈是"好"皇帝的标配,它还是古代晚期颂词中经久不衰的主题。

除这五个美德之外,还有其他一些君主美德在论述统治者时被经常提到,其中不仅有像智慧这样的传统美德,还有如温和、幽默感这样的新的品德。但这五个美德形成和构建了其他美德的基础,它融合了柏拉图的哲学、希腊化时代的王权理论、罗马的贵族道德,以及罗马帝国的理论。⑤考虑到不同语言和分类的问题,它也对关于王权的理论著作中描述的理想统治者和罗马贵族阶级构建的"好"皇帝做出了界定。这种界定并非空洞的修辞应用,因为这种理想君主的形象是稳定的,不断被提及的,罗马的皇帝被他自己所属的社会精英阶层所描述,体现了他们在公众和个人行为方面被寄予的厚望。

对君主美德的推崇表明了人们对准确界定皇帝或君主形象一事的持续的关注。一方面,人们在理想的君主和暴君之间建立起简单的二元对立关系,另一方面就是通过与其他权力类型的对比来确定王权的性质。君主还是暴君的二分法就是传统的论述主题。按照迪奥·克里索斯托的说法,代表臣民进行统治的就是君主,而代表自己进行统治的则是暴君。⑥君主颁布正义

① 关于这方面的论述,可参见 Plin. *Pan.* 2.3–6, 10.3, *Pan. Lat.* 7.5.1, Tac. *Ann.* 14.3.3, Amm. Marc. 15.8.14,等等。

② Dio *Or.* 1.17, 20; 2.26, 4.24; Aristid. *Or.* 35.8; Philo, *Mos.* 2.9.

③ Ryan K. Balot, ed. *A Companion to Greek and Roman Political Thought,* Wiley–Blackwell, 2009, chapter 17, p.275.

④ 关于 *liberalitas* 作为一种"人道"的(或者说高尚的、仁慈的)美德,可参见 Sen. *Ep.*66.13, 115.3 的论述,以及 H. Kloft, *Liberalitas Principis*, Böhlau, 1970。

⑤ 不过,值得注意的是有些被西塞罗等人认为是共和国"准则"的美德,例如坚毅(*constantia*)和庄重(*gravitas*),在帝国时期并未给以特别重视,参见 Ryan K. Balot, ed. *A Companion to Greek and Roman Political Thought,* Wiley–Blackwell, 2009, chapter 17, p.276。

⑥ Dio *Or.* 3.38–41.

之法,暴君则是非正义的;君主有许多朋友,暴君则没有朋友;①君主只会在必要和有原因的时候残酷,暴君则是只为一己之好。②更贴切的类比就是将君主的权力类比于其他象征性的权力,例如其强大的力量就代表了整个群体的公牛、从不抱怨辛劳的太阳,特别是将其比肩于众神的统治者——宙斯。③

对君主和暴君的本质加以规律的定义,意味着这一时期的思想家们对专制统治本质存在一些潜在的忧虑。之所以会有这种忧虑,是因为不同的本质会导致人们在对统治者加以判断的最恰当原则方面产生分歧。但关于什么是"好的"或"坏的"皇帝,即何谓君主或暴君,并没有太大的分歧。君主不仅仅是权力的典范,还是臣民的楷模。用提比略时代的历史学家维莱乌斯·帕特尔库努斯的话说:"最好的皇帝会教导他的臣民做正确的事,尽管他已经拥有最高的权力,他还是通过自己的榜样变得更加伟大。"④普林尼也说:"我们不需要权力的威吓。事实上,恐惧是关于正确的不可靠的老师。人们可以从榜样中收获更多。"⑤皇帝或作为典范的统治者事实上是一种标准的想象。米南德建议,将幸福的婚姻与合法孩子的出生与皇帝的行为联系起来:"因为皇帝,婚姻才是神圣纯洁的,父亲才会有合法的后代,大场面、节日和竞赛才可以适度的盛大和节制。人们会观察到皇帝的行为而选择生活方式。"⑥理解帝制或君主权威的本质是至关重要的,因为在同代人眼中,这种权威是社会中其他人行为的基本参数。

统治者作为臣民楷模的功能提升了已有的对统治者个人性格特征的高标准。对统治者的关注引发了关于皇位会腐蚀拥有皇位的人的特质这一问题的进一步忧虑。这也就是奥勒留提醒自己不要变得太过"独裁"或"沉溺帝王之权"的背景所在。⑦但帝国时期最深的政治忧虑是皇帝本身可能就是一个坏人,这会让他的统治极为糟糕,并对其臣民造成伤害。因为皇帝从形式

---

① Dio *Or.* 3.86–116.

② Sen. *Clem.* 1.11.4.类似的列举在其他作品中也有许多,例如塞涅卡认为君主之于臣民就如同思想之于身体;父亲之于孩子;老师之于学生;指挥官之于士兵;蜂王之于群蜂;牧羊人之于羊群。Sen. *Clem.* 1.3.5; 1.16.2; 1.16.2; 1.16.2; 1.19.1–3.

③ Dio *Or.* 2.67–8; 3.82–3; 1.39–41, 3.50.

④ Ryan K. Balot, ed. *A Companion to Greek and Roman Political Thought*, Wiley-Blackwell, 2009, chapter 17, p.277.

⑤ Plin. *Pan.* 45.6.

⑥ Men. Rhet. 376, trans. by D. A. Russell and N. G. Wilson, *Menander Rhetor*, Clarendon Press, 1981.

⑦ *Med.* VI.30. 这一时期的思想家们还通过鉴定君主对友谊的能力来评价君主的性格,他们普遍认为一个性格不好的人是不会有真正的朋友的。例如,迪奥就尤为强调君主友谊(*Or.* 3.86–116),此外在普林尼(*Pan.* 85)、奥勒留(*Med.* I.16.10, VI.30.13)的著作,以及古代后期的颂词中也都能找到类似的表达(*Pan. Lat.* 3.18.4, 21.2 ff.; 2.16.1 ff.)。

上而言并不受法律或制度的限制,所以这种忧虑是有理由的。如此一来,罗马帝国时期主要的政治理论思路就是发展出各种劝诫皇帝治理好国家的策略。大多数的讨论从本质上而言带有工具主义的性质,旨在让皇帝相信良好的治理是有利于自己的。因此,塞涅卡和迪奥·克里索斯托声称统治者应该具有美德,这是获得永恒声望和荣誉的最好途径。好的统治者会有一个幸福的来生,[①]而坏的统治者则会受到永远的惩罚。[②]对一个十分看重死后名声的国家而言,这些论断无疑会极有分量。但这种观点通常也带有工具主义的性质,因为确切地说只有获得臣民的爱戴才会让统治者自己更加安全。[③]例如,塞涅卡曾经这样说:"仁慈,不仅让统治者获得荣誉,而且让他更加安全,同时,它还是统治权的荣耀和最可靠的防卫。是什么让君主得享天年,并将皇位传于子孙后世,而暴君的权力却饱受诅咒并且短命呢?"[④]与这种观点类似的就是宣称好的统治者是快乐幸福的,有着健康的体魄和愉悦的心情。[⑤]这就意味着暴君正好是相反的感受和经历。以塞涅卡为代表的斯多葛学派正是在此基础上进一步认为好的帝国统治应建立在美德自身内在的善的基础上,"没有什么比美德自身堪当美德的回报"[⑥]。

罗马帝国统治下的作家们面对的是独裁专制的现实。尽管这种现实在最初并未加以官方的正式认可或推行,专制事实本身就足以阻碍思想的自由交流和发展。但是帝国时期的作者们依旧力图建立起一种与时代相符的有价值的政治哲学。他们将良好的统治诉诸君主美德的塑造和发扬,影响罗马帝国政治行为的,特别是帮助指引皇帝行为的这一道德努力的效果是不可估量的。罗马帝国政治话语中普遍存在的美德和罪恶,引发了一种强调政治行动的道德词汇,反过来又为皇帝的规范性行为设定了连贯和持久的框架。皇帝不得不受这种话语及其伴随的理念所影响。[⑦]他们不仅在完全意识到人们对其期望的情况下进行统治,而且作为贵族本身,他们被教导为与那些受过良好教育的精英有着相同的道德理念的君主。此外,像尼禄、图密善、康茂德等这些被贴上"坏"标签的皇帝,以及他们公开抛弃道德体系的准则,并最终死于暴力的现实事例也是对有暴政风险的皇帝的有益警醒。从这些方面来看,

① Dio *Or.* 2.75–8.

② Sen. *Apoc.* 14–15.

③ Sen. *Clem.* 1.8.6, 1.10.2, 1.13, 1.19.6–8; Dio *Or.* 3.83.

④ Sen. *Clem.* 1.11.4.

⑤ Dio *Or.* 3.60–1.

⑥ Sen. *Clem.* 1.1.1.

⑦ 关于古典政治话语如何影响政治行为的论述,参见 Q. Skinner, "Some Problems in the Analysis of Political Thought and Action." *Political Theory*, Vol.2, No.3, 1974, pp.277–303。

用帝国的道德去装备帝国专制政权的努力并不是徒劳。

（二）寻求共识（*Consensus*）：忠诚政治文化的宣传与建构

没有具体的日期或事件标志着罗马从一个民族的集合体转变成一个共同体。这种转变无法从历史中寻求其确定性。罗马人一直寻求在共识的基础上建立罗马社会秩序，这是一种关于社会、宗教和政治规范一致的主体认同。罗马人在政治生活中逐渐发展起来一套自己的统治理论，他们将之带到帝国统治中去。当这套理论应用于行省统治且受到地方接纳的时候，罗马帝国被描述为一个由罗马城、罗马皇帝和罗马人民的共同利益组织起来的单一共同体。不过，罗马帝国的地方行省居民对罗马的理解可能从来就不是一致的，帝国的所有居民也不会就共同文化的每一个细节都达成共识。普遍帝国的存在并不依赖于其成员的爱国情感之间的任何真实的认同，而是依赖于他们对这种认同存在的信念。这种信仰的组成部分是多种多样的，但它们都始于罗马，并以罗马及其皇帝的普遍性存在为基础。正是罗马首先阐明了帝国居民将自己定位为其共同体成员的价值观，也正是因为相信其他人都认同这些价值观，罗马社会秩序的代表性地位才得以合法化。罗马在省、市、个人、皇帝和帝国之间的关系中对社会的建构，充分反映了其居民的集体价值承诺。

按照哈贝马斯的传播理论，群体是通过主体间的相互关系建立起来的。如果我们认为社会群体的身份本身是脆弱的，而且仅仅是个体之间社会化过程的产物，那么集体行为者就可以被描述为相互交流的群体。[1]此外，正是文化系统内个人的持续运作使这些系统合法化，并为其存续提供了条件。这样的社会化指导个人了解世界的边界和规则，同时也以规范的合法性掩盖了那个世界的一些核心价值观。只要这些价值观是共享的，并且潜意识地被认为是共享的，它们就为交流提供了一个稳定的、确实有效的基础，从而达成主体间的相互理解。布迪厄也坚持认为：习惯，或者一种意识形态，是一种信仰体系，它引导而不是扼杀创造力，并且习惯是可生成的。[2]因此，罗马帝国的意识形态不需要是普遍的。相反，"官方语言，尤指某一特定群体的成员用来表示他们的社会关系的概念体系（例如，血统模式或荣誉词汇），制裁及强加它

---

① 关于哈贝马斯的传播理论，可参见 A. Honneth and H. Joas, eds., *Communicative action: Essays on Jürgen Habermas' The Theory of Communicative Action*. translated. by J. Gaines and D. L. Jones, MIT Press, 1991。

② V. Turner, *Dramas, Fields, and Metaphors*, Cornell University Press, 1974, p.17; p.Bourdieu, *Outline of a theory of practice*, translated by R. Nice, Cambridge University Press, 1977, pp.20–21.

所陈述的内容,心照不宣地划定了可思考与不可思考之间的分界线,从而有助于维持象征秩序,而这秩序正是它赖以建立权威的基础"①。罗马的皇帝和统治阶级不必向世界提供某种"圣经",而只需提供一套概念体系,这些概念体系可以对臣民的文化脚本进行塑造,并在此过程中慢慢地统一起来。

从表面上看,罗马帝国政府向其臣民宣传的是一种共同的历史和共同的政治神学:历史是罗马帝国时代的历史,而皇帝则是政治神学领域唯一不变的主体。②意识形态的官方表述因此集中在皇帝的形象上。按照马克斯·韦伯的观点,任何统治的合法性最终来自其臣民的接受性。他曾经对"统治"作出一个经典的表述:

> 统治(韦伯也称其为专制的命令权力)就意味着统治者或统治者所表现出来的意志是为了影响一个或多个其他人(被统治者)的行为,以及,实际上,他们的行为会对社会产生影响,就好像被统治者为了自己的利益把命令的内容变成了自己行为的准则一样。从另一端来看,这种情况将被称为服从。③

韦伯认为,"仅仅服从命令这一外在事实并不足以表明统治的含义","我们不能忽视命令被接受为'有效'规范这一事实的意义"。④他反复强调,维持任何一种特定统治制度的"信念的构成"很少是简单的,他试图区分不同的合法化原则。以罗马皇帝为例,他试图寻求来自军队、元老院、文职官僚、各个行省的支持,而大多数有建树的皇帝都以一种保持自己和支持者及支持者们之间和平相处的方式出现。在这些人中,我们可以假设元老院明白皇帝的统治是建立在理性的基础上的,军队强调他的传统权力,而各省的人都认为他是韦

---

① p.Bourdieu, *Outline of a theory of practice*, translated by R. Nice, Cambridge University Press, 1977, p.21.

② 有学者认为在一个绝对多神教的世界,帝王崇拜"成为最普遍的崇拜",是"西方每一个罗马城市的新秩序的支柱"。p. Zanker, *The Power of Images in the Age of Augustus*, University of Michigan Press, 1988, pp.297, 304. 关于更广泛的帝国神学概念,可参见 F. J. Dölger, "Zur antiken und frühchristlichen Auffassung der Herrschergewalt von Gottes Gnaden," *Antike und Christentum*, Vol.3, 1932, pp.117–127。关于这种意识形态给基督教帝国的支持者们带来的复杂影响,参见 E. Peterson, *Der Monotheismus als Politisches Problem*, Hegner, 1935, 以及 p.Beskow, *Res gloriae: The Kingship of Christ in the Early Church*, Almqvist and Wiksell, 1962。

③ M. Weber, *Economy and society*, edited by G. Roth and C. Wittich, University of California Press, 1978, p.946.

④ M. Weber, *Economy and society*, edited by G. Roth and C. Wittich, University of California Press, 1978, pp.946,263.

伯所认为的克里斯马(有魅力)的人物。①

韦伯对魅力型权力给以特别严谨而精辟的分析。②他的分析是基于这样一种观点,即纯粹形式的魅力型权力只能"存在于国家政权(*in statu nascendi*)中","它不能保持稳定,而是变得要么传统化,要么合理化,要么两者兼而有之"。③魅力型权力具有内在的缺陷,即它无法拥有一个真正的继承人,因为它建立在某个独特的性格基础之上。韦伯为魅力的常规化提出了三个可能的方案:

> 一种独特的魅力天赋可以转变为一种品质,这种品质可以是(a)可转让的,也可以是(b)可由个人获得的,或者(c)依附于在任的职位或机构结构,而不管涉及的人是谁。我们仍然有理由在这种非个人的意义上谈论魅力,因为总有一种非凡的品质是每个人都无法企及的,通常会盖过魅力主题。④

这一点我们可以从奥古斯都成为共和国权威的转变中看到:魅力的力量改变了这些机构的本质。罗马的第一任事实上的皇帝朱利乌斯·凯撒明显地从魅力超凡的成就中获得权威,而奥古斯都在早年间千方百计地宣传自己继承了养父的克里斯马(魅力)。然而奥古斯都最终却想用共和的伪装来掩盖自己的独裁统治。具有讽刺意味的是,他之所以能够摆脱与凯撒及三巨头时代的关系,正是因为他凭借自己的能力获得了超凡的魅力地位。⑤奥古斯都留给他所创建的帝国职权的是比名号更多的东西:他的遗产同时赋予了这一

---

① 关于克里斯马等术语的详细论述,参见 M. Weber, *Economy and society*, edited by G. Roth and C. Wittich, University of California Press, 1978, pp.212-251。

② M. Weber, *Economy and society*, edited by G. Roth and C. Wittich, University of California Press, 1978, pp.241-270, 1111-1157; R. Bendix, *Max Weber*, Doubleday, 1960, pp.298-328.

③ M. Weber, *Economy and society*, edited by G. Roth and C. Wittich, University of California Press, 1978, p.246, cf. pp.1121-1123.

④ M. Weber, *Economy and society*, edited by G. Roth and C. Wittich, University of California Press, 1978, p.1135.

⑤ 关于对凯撒的否定,参见 R. Syme, *The Roman Revolution*, Clarendon Press, 1939, pp.316–317。他夸大了这种意识形态转变发生的迅速程度,事实上,凯撒作为神圣的父亲,在奥古斯都直到公元1世纪20年代末期的胜利中继续扮演着重要的角色。J. Gagé, "La Victoria Augusti et les auspices de Tibère." RevArch, Vol.32, 1930, p.3; "Un thème de l'art impérial romain: La Victoire d'Auguste." *MÉFR*, Vol.49, 1932, pp.67-69, in C. Ando, *Imperial Ideology and Provincial Loyalty in the Roman Empire*, University of California Press, 2000, p.29.

职位一定程度的魅力,并要求其持有者具有超凡魅力。①奥古斯都的名字演变成了他所创建的职位的头衔,这既传达了这个职位的魅力力量的来源,也表明了它存在的既定事实。"凯撒"和"奥古斯都"这两个头衔给了皇帝个人独一无二的权力。其中一个特别彰显了权力的连续性,而另一个则展示了权力的辉煌。官方尤为强调表面上非王朝性质的帝国权力的合法来源,故而奥古斯都努力用传统的语言表达自己的立场,而上层阶级则看重他掩盖权力时那种和缓的、谦逊的甚至恭敬的语气。奥古斯都甚至奉承元老院为国家权威最后的宝库,所以元老院也尽力给予他想要的所有东西来作为相应的回报。奥古斯都的养子提比略尽管在其养父去世之前就已经是真正意义上的皇帝,但他却拒绝接受"奥古斯都"这一头衔及其代表的所有荣誉,这让元老院感到困惑和不安。显然,提别略对元老院的顾虑了若指掌,他自身对这种形式上的把戏也心存蔑视,不过这并未阻止元老院,在进入3世纪后的每一个新统治时期开始之时,它都坚持起草和通过一项帝国法(*lex de imperio*)。②据此,学者伊莱亚斯·比克曼(Elias Bickermann)颇为敏锐地指出,元首(*principes*)的合法性是建立在被统治者的一致意见和帝国法律(*lex regia*)的存在之上,而不是建立在他们的先辈的神圣地位之上的。③

在公元前20年代末的危机中,奥古斯都从平民身上了解到,他们是多么依赖于他对社会秩序的个人保障。④奥古斯都必须指定一个继承人。通过收养的方式,他可以建立起一套包括未成年人在内的多代世袭制,并只与其后继者分享宪法权力,同时还发展了一种多元系统,以使代际间的魅力转移具体化。皇帝在对他死后帝国如何保持稳定这一问题的思考中表现出了一定审慎性,在之后的一个世纪里,收养具有了重要性,因为它可以指定王室家族以外的男性作为权力继承人。提比略和后来的朱利安—克劳狄王朝的统治者们能够满怀感激地谈起他们的前辈和元老院的远见卓识。然而随着克劳狄朝代的结束,这个概念及其语言被迫具体化:提图斯和图密善必须清楚地

① Tacitus *Hist.* 1.32.1.其中讽刺地反映了帝国政权的魅力: *neque illis iudicium aut veritas, quippe eodem die diversa pari certamine postulaturis, sed tradito more quemcumque principem adulandi licentia adclamationum et studiis inanibus.*
② 关于皇帝与元老院之间的关系,参见 C. Ando, *Imperial Ideology and Provincial Loyalty in the Roman Empire*, University of California Press, 2000, chapter 5;关于奥古斯都作为职位头衔,参见 Suetonius *Tiberius* 17.2;关于帝国法等相关内容,参见 p.A. Brunt, "Lex de imperio Vespasiani," *JRS*, Vol.67, 1977, pp.95–116;Ulpian *Dig.* 1.4.1 *pr.*
③ E. Bickermann, "Die römische Kaiserapotheose." *Archiv für Religionswissenschaft*, Vol.27, pp.28–31.
④ R. Syme, *The Roman Revolution*, Clarendon Press, 1939, pp.331–348;Z. Yavetz, *Plebs and Princeps*, Clarendon Press, 1969, p.26.

阐明"奥古斯都"在王位继承中扮演的角色,并将父辈的行为融入他的典范中。公元68—69年内战之后,维斯帕西安和他的儿子们开始试图与他们的前辈们保持距离,并宣称他们自己存在魅力,尽管他们使用的还是奥古斯都所赋予的形式和语言。例如,在弗拉维王朝的法律中,除了两个获得圣位的皇帝,几乎没有提及其他早期的皇帝。显然,维斯帕西安试图确立自己家族的王朝地位。像奥古斯都一样,他把他的儿子提升为皇权的一部分,并发行了大量铸币。然而弗拉维王朝的这一立场至少面临三个问题:第一个问题是,无论维斯帕西安多么希望建立一个独立的王朝,在他对凯撒和奥古斯都的命名的搭配上都不可避免地会让所有人想起第一次登上皇位的那个人和他的家族。①第二个问题是,政府不可能忽视前任皇帝创立的行为准则,不管他们是否被授予圣位。在康茂德统治时期,来自毛里塔尼亚的青铜碑文 *Tabula Banasitana* 清楚地表明了这个事实:一个毛里塔尼亚部落的首领要求他的几个家庭成员获得公民权,一名帝国自由人阿斯克勒庇俄多斯向他提供了经过认证的有关文件的副本。确保这一文件是"从以下几位授予罗马公民身份的记录中复制和证实的:神圣的奥古斯都、提比略·凯撒和盖尤斯·凯撒、神圣的克劳狄、尼禄、加尔巴、神圣的奥古斯都·维斯帕西安、提图斯和提比略·凯撒、神圣的奥古斯都·涅尔瓦、图拉真、帕西库斯和图拉真·哈德良、哈德良·安东尼·比乌斯和维鲁斯……自由人阿斯克勒庇俄多斯提供了文件"②。第三个问题是,*statio principis*(第一公民)作为一个有魅力的职权,具有根深蒂固的保守主义性质,若是抨击所有前任很可能会减弱这一权力本身的光环。相反,对一些先辈的虔敬(*pietas*)可能会使人们承认其具有统治能力(*capax imperii*)与统治资格。③故而,在位三年之后,维斯帕西安似乎不得不宣称他的统治与奥古斯都的统治在某种程度上是相通的:公元71年,他下令恢复了两种特殊的

---

① 维斯帕西安依旧渴望元老院的合作,并期待元老院正式确定他的权力和名号。J. Gagé, "Divus Augustus: L'idée dynastique chez les empereurs Julio Claudiens," *RevArch*, Vol. 34, 1931, pp.37-41; in C. Ando, *Imperial Ideology and Provincial Loyalty in the Roman Empire*, University of California Press, 2000, p.35.

② W. Seston and M. Euzennat, Un dossier de la chancellerie romain: La Tabula Banasitana, étude de diplomatique," *CRAI*, 1971, pp.468-490; A. N. Sherwin-White, "The tabula of Banasa and the Constitutio Antoniniana," *JRS*, Vol.63, 1973, pp.86-98; ll. 22-26: *Descriptum et recognitum ex commentario civitate romana donatorum divi Aug.et Ti. Caesaris Aug. et C. Caesaris et divi Claudi et Neronis et Galbae et divorum Aug. Vespasiani et Titi et Caesaris Domitiani et divorum Aug. Ner[v]ae et Traiiani Parthici et Traiiani Hadriani et Hadriani Antonini Pii et Veri ⋯ quem protuli Asclepiodotus lib(ertus)*.

③ M. Grant, *Roman Anniversary Issues: An Exploratory Study of the Numismatic and Medallic Commemoration of Anniversary Years*, 49B. C.—A. D. 375, Cambridge University Press, 1950, pp.169-171.

奥古斯都这一青铜类型。公元74年,他用一枚模仿奥古斯都胜利硬币的硬币来庆祝奥古斯都这一名字诞生一百周年。[①]此后,提图斯也发行了一套经过修复的青铜硬币,这些硬币都是从他的前辈们的作品中精心挑选出来的:受人尊敬的奥古斯都、提比略、克劳狄和加尔巴的头像铸印在硬币上,而为人不齿的卡利古拉、尼禄、奥托和维塔利乌斯则不在其列。[②]可以看出,提图斯明确拒绝将神化作为他荣誉榜成员的标准,他的选择依赖于大众的历史记忆,暗示了提图斯所追求的品质。同时,他还通过给一些皇帝贴上值得尊敬的标签的方式塑造了大众历史。弗拉维王朝不愿让神化单独支配帝国的历史,这可以从这一时期罗马帝国宗教中神职的名称上反映出来:弗拉维王朝的祭司甚至在同一个省内都冠以"奥古斯提的祭司""奥古斯提神的祭司",以及"奥古斯提神和奥古斯提的祭司"头衔。[③]

出于实用主义和意识形态的原因,在1世纪末和2世纪,皇帝们不得不与前任们建立更紧密的联系。到图拉真统治时期为止,一个多世纪的帝国统治使得罗马元老院对通过收养来指定接班人的手段加以称赞。哈德良统治时期依旧非常强调图拉真和奥古斯都之间的谱系关系,其目的也是强调自己对图拉真血统的继承。他似乎把这种新的重点放在了对官僚机构的神化和在各地举行皇帝崇拜的献祭仪式上。他背离了提图斯所采用的标准,这使得元老院作为决定已故皇帝荣誉的权威得到了公众的认可。参加行政仪式的个人现在可以对着皇帝的神圣(*genius*)和圣奥古斯都的圣权(*numina divorum Augustorum*)起誓。对帝国具有合法性的宣扬似乎在哈德良统治时期走向成熟,"随着哈德良的继位,官方政策的重点突然转向对被官方神化的皇帝和王室女人的崇拜。"[④]皇帝节日庆祝的铭文记录——皇帝的生日和继位日的日期——也在安东尼时期激增。

皇帝的称谓、公民身份记录、节日庆典、钱币和帝国肖像等都在一个多维的图像中扮演了角色,这个图景不仅宣传了其在罗马宗教政体(*Religionspolitik*)的中心地位,还向皇帝和政府表达了敬意,它们每一个都是帝国延续和历

---

① H. Mattingly, *BMC* (*Coins of the Roman Empire in the British Museum*), Trustees of the British Museum, 1966, Vol.II, xlix, xxxviii.

② H. Mattingly, *BMC* (*Coins of the Roman Empire in the British Museum*), Trustees of the British Museum, 1966, Vol.II, lxxv-lxxviii.

③ J. C. Edmondson,"Two Dedications to Divus Augustus and Diva Augusta from Augusta Emerita and the Early Development of the Imperial Cult in Lusitania Reexamined," *MDAI(M)* Vol.38, 1997, pp.104-105.

④ C. Ando, *Imperial Ideology and Provincial Loyalty in the Roman Empire*, University of California Press, 2000, p.38.

史的象征,由此一步步确立起皇帝的魅力型权威和罗马人宣称的君主统治的合法性。不过,罗马人宣称的合法统治并没有就此止步。罗马还普及了她的成就所带来的好处:她代表了"符合某些个人利益的制度安排……也为所有人的利益服务"①。尤其是从哈德良统治时期开始,帝国政府明确宣扬统一的意识形态。这种意识形态将帝国构建为一个包罗万象的集体,将文化和阶级的差异最小化,强调每一个个体与皇帝的关系,尤其是罗马统治的所有好处。不过,值得注意的是,哈德良在意识形态上的突破之所以成为可能,是因为对罗马统治的具体评价早已在帝国内部广为流传,并赋予了其居民一种共同的象征语言。事实上,大多数重申国家意识形态的工作并不是在明确的国家公开层面上进行的,而是在人民的日常生活中进行的,都是在与帝国政府各部门的接触,尤其是和那些与现状有利害关系的私人机构的接触中发生的。②

一方面,罗马政府努力营造一种整个帝国的集体相互竞争表达忠诚的氛围。例如,在对皮索的审判结束时,元老院不仅感谢了骑士阶层和平民,而且还在帝国的每个主要城市和军队营地发表了对这种忠诚的感谢。他们将与特定群体直接相关的利益描述为与所有人都相关的利益,而不管其位置或法律地位如何。这种表达形式给其他团体带来了压力,使得它们之间形成相互竞争表达忠心的意识。另一方面,罗马政府要求其臣民感谢它为他们所做的努力。具体来说,罗马皇帝到处宣传他们的军事胜利,在他们的庆祝中,罗马人让俘虏穿着合适的土著服装进行展示,迫使他们摆出一副战败和屈辱的样子,当没有俘虏时,就以他们的肖像来代替。他们还要求各行省给予口头感谢和财务上的回报,以表达他们的感激之情。除此之外,罗马人还采取某种仪式来表达共识,例如对某项决议鼓掌欢呼,或通过有节奏的、连续的吟唱,使人们认识到行政的合法性,对皇帝的仁慈表达感恩,甚至表示不满。这些政治仪式将它们重组为一个共同体,宣誓效忠、提交人口普查申报表、缴纳税款等将统治秩序的意识形态范式付诸行动。因此,虽然特定的偶发事件可能会引起政府对某一群体的赞扬,但这些赞扬的内容和性质暗示了它们在帝国内部的潜在迭代,从而实现了帝国作为一个统一共同体的想象愿景。

罗马的宣传范式不仅表现在仪式和文化方面,还渗透在公民的生活中。新的城市建造出来,旧的城市被重新命名或者按规模和范围进行改造;旧节日更新,新节日确立;当地的债券变成可以兑换成罗马货币的面额……吉本

---

① J. B. Thompson, *Ideology and Modern Culture: Critical Social Theory in the Era of Mass Communication*, Stanford University Press, 1990, pp.61-62.

② L. Althusser, "Ideology and ideological state apparatuses," *Lenin and Philosophy and other Essays*, translated by B. Brewster, Monthly Review Press, 1970, p.144.

曾经这样描述道："帝国的所有省份,都以同样的富丽堂皇的自由精神装饰着,到处都是圆形剧场、剧院、庙宇、门廊、凯旋门、澡堂和渡口,所有这些都让最卑微的公民健康、奉献和快乐。"①不难看出,通过几个世纪以来罗马意识形态无处不在的宣传,罗马逐渐成为一个统一的帝国,有关其他政体的文化记忆日益消退。当鲁提里乌斯·纳马提阿努斯(Rutilius Namatianus)在417年10月离开罗马之时,他并没有为能够前往自己宗祠之地高卢感到欣喜,反而为离开罗马而愧疚伤感,他这样盛赞这个帝国:"你使不同的、分离的民族成为一个祖国,使那些不懂法律的人受益,被你们征服的统治所俘获。通过将你的律法被征服者纳入,你让曾经的城市融为一体。"②可见,罗马的帝国主义宣传已然颇具成效,被征服的国家与罗马融合在一起,形成了强大的国家,尽管帝国的居民在语言、服饰、习惯上各不相同,却团结一致并与帝国外部的人区别开来。那么究竟这种统一是围绕什么建立起来的?

　　吉本利用古典社会理论构建了他对这个问题的回答。他认为社会是通过一种社会契约的形式建立起来的,是由个人自愿让个人的意愿服从于法律规范的方式来维持的。按照吉本的观点:"这种在古代被称为爱国主义的公共美德,来自我们对维护和繁荣我们所隶属的自由政府的强烈兴趣。"③根据对合法秩序的理解,吉本认为"人类最公平的部分"是"由法律统一,由艺术装饰的"。④因此,吉本赋予法律以社会化的特权。这种观点源自西塞罗,他关于"两个祖国"的论断表明他认为政治上的忠诚不是必然彼此冲突的。作为新贵族,西塞罗意识到一个人可能同时成为几个社会和政治团体的一员,这些小团体都有不同的成员资格标准。正是这种分割赋予了罗马力量:作为共同体,它把所有这些团体和他们的成员联合起来,给每个人分配适当的位置。⑤故而在西塞罗提出的效忠等级体系中,对罗马的忠诚占据了一个最高的位置。吉本延循了这种观点,他认为作为对忠诚的回报,罗马公民身份的

① E.Gibbon, *The English essays of Edward Gibbon*, edited by p.B. Craddock, Clarendon Press, 1972, chapter 2(1.74) .

② *Red.* 1.63–66: *fecisti patriam diversis gentibus unam: / profuit iniustis te dominante capi; / dumque offers victis proprii consortia iuris, / urbem fecisti quod prius orbis erat.*

③ E.Gibbon, *The English essays of Edward Gibbon*, edited by p.B. Craddock, Clarendon Press, 1972, chapter 1(1.39),亦可参见 chapter 9(1.240):"公民政府在其最初的机构中是相互防御的自愿联合。为了达到预期的目的,每一个人都必须认为自己有义务把自己的意见和行动提交给更多的同伴来判断。"

④ E.Gibbon, *The English essays of Edward Gibbon*, edited by p.B. Craddock, Clarendon Press, 1972, chapter 2 (1.56); cf. chapter 1 (1.31):"法律和风俗的温和而强大的影响逐渐巩固了各省的统一。"

⑤ 对角色多元化的论述,参见 T. Parsons, *The system of modern societies*, 1971, pp.13–14。

授予促使更多人融入罗马风俗。例如,罗马人普遍解散了公元前3世纪、前2世纪盛行的希腊城邦联盟;对一些行省实行了新的法律和社会分层制度;禁止个人同时在多个城市持有公民身份;建立分区和省界,而不考虑以前存在的政治或民族分裂;在小亚细亚、叙利亚等地推广帝国信仰,重新分配祭司等等。这些举措进一步将罗马各省居民融合在一起,为其提供了同时展示其忠诚和将自己置于地理空间新概念的方法。而卡拉卡拉在212年,赋予帝国的所有居民公民权,更是终止了不同文化相互适应的过程。由于罗马公民身份不承认任何物理界限,它的传播创造了一个共同的共和国——处于单一的、最好的统治者的统治下,每个人都是同一个共同体的成员。而这正是罗马的使命。诚如普林尼所言,罗马是"所有人的照看者和母亲,是众神之神(*numen*)","罗马是为了让天堂光辉,为了联合分散的国家,为了融合风俗习惯,为了通过语言的交换,在交谈中团结那么多民族的野蛮而不一致的语言,也为了把人性赐予人类而存在的;简而言之,罗马要成为世界上所有民族的唯一家园"[1]。因此,只要公民身份在某种程度上暗含着努力成为罗马人,甚至认同罗马人的利益的奖励意味,它的存在就可以用来诱使个人纯粹以其共同国籍为基础,在政治现实中与其他参与者确定他们共同关心的问题。罗马正是通过一种将人们的心思和思想从单一城邦转向将罗马作为帝国的方式,在整个东方促进了政治、行政和概念边界的重组。各城邦国家各自的政策和愿望已经淹没在一种新的精神地理界限之中,这种地理构建的世界由罗马人和非罗马人组成,将罗马打造为世界的共同帝国(*communis patria*)。[2]

第二节　公民权:共同体下的身份认证

在漫长的历史长河中,公民权偶尔会成为一个论题。论述的主题不是它的外延,而是它的实质内容。相比希腊理想化的公民民主观念,罗马留给世人的则是建立在公民权法律基础上的盛行不衰的社会制度现实。罗马的公民权理论和规则被写进了《民法大全》(*Corpus Iuris Civilis*),并最终影响了中世纪的城邦法律和之后欧洲北部君主国家的法律观和价值观。而罗马以自由民普遍的公民权和斯多葛普遍的人类情谊为基础管理了一个帝国。这个帝国和世界主义理论为伴随基督教的到来产生的公民价值观的转变做

---

[1] Pliny *Nat. 3.39: breviterque una cunctarum gentium in toto orbe patria fieret.*
[2] C. Ando,"Was Rome a polis?" *Classical Antiquity*, Vol.18, 1999, pp.5—34.

了准备。①

一、公民权的初步确立

（一）贵族与平民的斗争与妥协

共和国初期，罗马由不到十分之一的人统治着其他多数人，这些人被称为贵族。他们统治的自由民，也是低阶层的市民，构成了平民阶层。此后，贵族统治罗马大约一个世纪的时间，直到高卢人入侵。在这期间，随着罗马商人和手工业人口的不断壮大及周边领土上自由农民数量的增加，与贵族对应的平民阶层规模也逐渐壮大。在对战萨宾和伊特鲁里亚的战争中，一些平民与贵族并肩作战，并为贵族利益而战。当高卢打击并征服罗马之时（约公元前387年），罗马人意识到社会中仅仅有一些平民和贵族是远远不够的，要想不受外敌侵犯，罗马必须重新建立自己的军队。因此，罗马开始将平民编入军队之中。作为对他们提供服务的回报，这些平民不再被视为下级公民，而是与贵族同一等级。之后，诸如公民大会和护民官这样的政治制度赋予国家新型的、更具代表性的形式。通过扩大公民权，将大量独立的人投入到政治和道德共同体，贵族表现出巨大的政治性技巧和用公民权来壮大罗马的意识。

罗马发现的是扩大国家人力和财政潜力的有效方法，这种方法不仅满足了它自己的需求，同时也满足了它所吸引的城邦市民的政治要求。②之后，在公元前4世纪时，罗马再一次显示出其在安抚调和方面的智慧。当时，罗马刚刚经历了一场以拉丁同盟的破裂告终的萨尼乌姆酷战，结果是罗马授予几个

① 对罗马公民权研究，有两部基本的著作。一部是从法律方面的研究，Sherwin White, *The Rome Citizenship*, Oxford University Press, 1973；另一部是则是对罗马共和国的市民制度的更广泛意义上的研究，参见 C. Nicolet, *The World of the Citizen in Republican Rome*, University of California Press, 1988。

② 希腊城邦在这方面与罗马不同。伯罗奔尼撒战争之后，希腊一些城邦曾建立起联盟，试图在君主制时代保持他们的独立地位。埃托利亚和亚该亚同盟对同盟内部城邦的市民授予了市民权，但这是以希腊人让步自己城邦的个性为代价的。而且，他们从来没有建立起任何市民个人对同盟政策有发言权的制度形式，也没有形成一套联盟主义理论。因此，从这方面而言，希腊人尽管不乏政治经验和智慧，但从来没有超越国际关系上的统治观念。Peter Riesenberg, *Citizenship in the Western Tradition*, The University of North Carolina Press, 1992, pp.57-58.

不久前还是其敌人的城市完全的公民权。①而许多拉丁城邦的公民则被授予一种新的第二等级或者有限的公民权,他们没有政治权利(*civitas sine suffragio*),仅享有法律和经济权利。拉丁城市的人可以在罗马从商,也可以与罗马人结婚,但是不能参加实际的政治活动。可以看出在罗马将市民权用作国家建设的一种手段之时,等级制度也随之建立起来。罗马很小心地开始实行这一区别对待政策并一直维持这个差别,直到五百多年之后的212年才最终将公民权普遍化。在保有其自己的人民政治上的特权方面,罗马的做法使其在古代达到地中海权力的顶点。而罗马在维持并传播长期存在的政治传统的同时,也以希腊城邦从未有过的方式不断创新。②

通过这些措施,一种平衡被打破了,新的形式建立了起来,而这对罗马是有利的。拉丁城邦的市民享有的只是那些由罗马授予他们的特权,而罗马的市民们则在所有他们给予特权的城邦享有完全的权利。而且,当罗马爆发战争的时候,这些拉丁城邦要向罗马提供士兵。罗马建立的越来越多的拉丁殖民地亦是这种情况,一些殖民地由拉丁联盟组成,另一些则居住着纯粹的罗马居民。事实上,这些殖民地都是一些防御性的军事化管理地区,它们位居战略前沿位置,进攻者若想来犯,要么经由陆地,要么渡海,所以这些地方相当于守卫罗马城的战略要塞。

从某种意义上来说,这也是一次贵族与平民之间的战争,引起了罗马国家结构的重大变化。一般认为它始于公元前494年平民的第一次分化,并以公元前287年霍尔滕西亚法律的签署告终,它使平民大会通过的法令对整个共同体都有约束力。③然而平民对政治表达和政治权利的诉求并没有随着是年这一法律的通过而结束。相反,只要经济和社会状况迫使人们不得不诉诸政治,甚至有时通过暴力手段才能达到他们所需,这种诉求就会持续下去。按照这种理解,"冲突"贯穿了整个格拉古的时代,并最终导致公元前1世纪内战的爆发。

现如今,贵族和平民都是自由人,关键的问题是各阶级(*ordo*)在法律权利

① 弗朗西斯科·德·马尔蒂诺指出拉丁同盟是属于单一族系血统的各民族之间建立的法律共同体的最高表现形式,是罗马与其他城市建立起来具有防御特点的联盟关系。各城邦可以独自建立国际关系,只要不与同盟相冲突就可以。它们享有广泛的自主权,保持各自的法律、管理机构和主权。拉丁同盟解散后,拉丁民族从自由城邦之间建立在平等之上的同盟体制转变为统一的国家体制,在这个体制下,唯一的城市是罗马城,其他城市都变成它的行政附属单位。弗朗切斯科·德·马尔蒂诺:《罗马政制史》第二卷,薛军译,北京大学出版社,2014年,第60—65页。

② C. Nicolet, *The World of the Citizen in Republican Rome*, University of California Press, 1988, p.17.

③ Kurt A. Raaflaub, *Social Struggles*, University of California Press, 1986, p.198.

和其他功能利益方面有着什么样的期望？在人们开始构思公民权的概念并为之奋斗的同时，他们对公民权又有着怎样不同的理解？对贵族来说，公民权意味着拥有大片的牧场和耕地，不被反抗的法律地位，能够控制地方行政官并最大可能地获得美德、荣誉等称号，它还意味着拥有大批门客和对农民、自由人及奴颜婢膝者享有的几乎不受任何反对的权力。此外，还有加诸其身份之上的对宗教事务的控制权、对神圣的贵族事业的统治权，以及昭示着他至高无上的身份并象征必须服从命令的"镶嵌在托加上的紫色镶边"。而对于平民而言，战争中或战后对人力的需求使得他们的权利随着短期状况和他们拥有的财富而改变。不过，他们一贯想要的是对其人身、财产、荣誉的法律保护，以及能够跻身罗马行政和议会机构的仕途之路，而这也是共同体内部被贵族们所认可的权利，同时也是平民值得享有的权利。许多平民实质上都是公民，随着罗马不断地壮大，他们也渐渐地接受重视责任感和服务的道德准则的教导。公民权给他们了美德与财富，而他们更期许能够与他们的贵族同伴一样享有最低限度的法律上的自由及物质上的改善希望。

贵族和平民之间经过一个半世纪的冲突，最终达成了妥协，这种变化持续到1世纪。富有的平民阶层、地主、商人和手工业者翘楚被赋予了一定的政治权利并且有机会与上层社会联姻。事实上，同历史上许多革命者一样，他们想要获得这个体制内的完全利益，而不是要破坏它。平民获得利益和身份的一个途径就是提供军事服务。平民重装步兵取代贵族骑兵这一策略上的变化给了富有的平民阶层机会。自带昂贵装备服务于军队使得他们在共和国中占据了不可否认的重要地位，这种新生的自尊给了他们一定的权利可以要求平民化的政治制度，例如平民大会（concilium plebis）、护民官（tribuni plebis），以及公民投票（plebiscita）都是这种新型政治的表现形式。

贫穷的平民从这些制度中也能获利。公元前450年，平民阶层在成文法《十二铜表法》中也得到了相应的地位。尽管这部法律正式将两个阶级之间的差别法律化，但它的确为罗马市民大众反抗贵族和高级平民提供了保障，它甚至让最卑贱的平民也有了反抗的权利。军团中的平民公民士兵按照财产被分为五个阶层，最低的两个阶层的装备只有矛、标枪或投石器。在这两个阶层之下的是无产阶层，但他们也要服役。因此，在这个荣誉至上的等级政体中，所有人都有机会获得战利品和荣誉。这是维持了几个世纪成功征服的、用服务换取身份和特权的结果。

（二）公民权的制度保障

到公元前2世纪初为止，罗马已经运用一种复杂的、有效的政策维持了一个区域广大、人口众多的国家。罗马用契约的形式与其他城邦达成协议，涉及例如地域、距离、权力和对罗马的城邦情感等敏感性问题。由于各种联盟城邦的市民大部分是自己管理自己的行政事务,而且被免除了首都所有罗马市民都要缴纳的基本军事税,因此一段时期以来他们对自己的地位非常满意。罗马没有试图打乱各联盟城市之间的社会平衡,因此得以保留当地贵族对罗马的忠诚。通过罗马领导阶层的成功举措,其成为西方世界的超级大国,统治了从卢比孔到墨西拿海峡的整个意大利区域,还成功地将最初的部落组织从4个扩展到35个。

与公民权相关的是大量被证明是极为灵活的政治制度和集会这种机制,它将不断扩大和日益广泛的公民都包含其中。随着罗马政治人口通过契约、征服和内战的不断扩大化,也出现了各种大会,并逐渐形成容纳新的政治参与者的形式。到公元前1世纪中期,出现了两种集会形式,每一种集会都有各自认可的活动范围。可以说是这些制度跨越几个世纪的成功让罗马取得了军事上的胜利,因为它们允许新的政治阶层投票、决定国家政策、服役于军团,这使他们实际上感受到了政治参与感,并从政治共同体成员资格中获利。罗马的统治者试图利用现存的制度对新市民的行为进行引导,它所依赖的既有建立在财产基础上的等级制度,也有建立在部落基础上的罗马传统社会组织形式。

起初,百人团大会(comitia centuriata)包括所有按财产组织起来的罗马军事力量。罗马早期由国王塞尔维乌斯·图里乌斯组织的百人团分为骑兵(equites)、步兵(pedites)和没有武装的民众。在漫长的历史中,百人团大会是由那些富有的和更有影响力的市民掌控着,他们由此控制了执政官和裁判官的选举,这是百人团大会的主要功能。随着时间的流逝,它的功能不再局限于最初的军事作用,而是成了政治机构,许多新的市民由于他们具有一定潜力而被纳入大会之中。

百人团具体的投票和唱票程序是非常复杂的,直至今天我们也无法清楚地了解这种程序的具体运作。对公民权而言重要的是,集会是作为整体工作的,它让新罗马人同罗马早期的历史和如今的政府机构结合起来。然而在新市民参与投票和其他相关的市民仪式的时候,他们实际上被剥夺了真正重要的权利。真正的统治权掌握在传统的富有选举者的手中,他们离城镇中的论坛更加接近,也因此远比那些次要市民更有发言权。在政治权力的分布中,监察官的作用是很明显的:他有特定的机会被指派去衡量他人对共同体的服务水平,决定每一个人的价值和责任。一个人潜在的成就、声望和政治阶层眼中的美德都取决于监察官的判断。

在共和国的政治中经常扮演重要角色的另一种集会负责选举地方行政官和通过法律。在护民官的统治下,部落组成平民大会,而在执政官或裁判官的主持下,同样的市民组成的就是特里布斯大会(部落会议)。这两种集会的活动按照主持者身份的不同有所区别,但是到公元前3世纪末人民的行为似乎占据了主导地位。最后,共和国形成了35个部落,其成员可以参加这些集会,人数也为了新的登记在册的需要而有所增加。当这些人分成不同的部族并参加部族会议时,公民们就有了平等的投票权。正是由于这些更加民主的集会才产生了约束罗马公民的法律。在这些会议中,普通的罗马公民行使着政治权利,并且从理论上来说,他们像一个真正的罗马人那样了解亚里士多德和斯多葛的理念和至善的观念并发挥相应的作用。①随着时间的流逝和种种压力的出现,这一体制渐渐放松了对罗马内部形成的各种阶级和政治利益集团的管理和责任。尽管贵族最终允许平民担任领事和其他高级的世俗、宗教官职,尽管平民的决定和公民投票被认为对贵族也有约束力,但这并没有真正改变权力由少数人掌握的寡头结构,因为元老院以各种手段设法威慑并控制了护民官。最终,形成了一种新的贵族统治。在这种贵族政府中,贵族和富有的平民掌控着政治职务并享有权利的庇护。事实上,这种政体一直存在着,而罗马在布匿战争中幸存下来也是因为它的意大利同盟一直以来的忠诚。罗马的城市士兵和意大利同盟联合打败了汉尼拔的雇佣兵。甚至在汉尼拔取得特拉斯美诺湖胜利之后,大部分的罗马联盟也能很快聚集,并在接下来的世纪中继续保持着对罗马的效忠,而罗马也得以扩张其军事版图并维持其市民统治。

公元前2世纪末,罗马打败迦太基,并决然而不可挽回地介入希腊和近东的事务中去。罗马获取成功的原因一部分在于调动起各种资源,另一部分则是在意大利中部建立有战斗力和威慑力的部落联盟和城邦联盟。这种智慧政策仅暂时对罗马有利:它允许每一个城市的精英统治者继续管理自己内部的事务,同时保留罗马对外交事务和军事政策的整体控制。此外,还有一个原因就是罗马与其附庸国之间没有税收方面的争议。

然而最终的结果是许多当地的显贵感觉自己置身于罗马成就之外,并且罗马内部新兴的重要社会因素骑士阶层也有同样的感觉。原来的元老院开始感受到这些压力,觉得有必要面对帝国相关的难题,例如他们将如何重建罗马与如今某种意义上已是罗马版图的亚洲和非洲之间的关系,他们是否真的要与之同盟,和意大利的附庸国共同分享随着罗马财富增加而不断扩大的公民权利益? 此时的公民权已经不仅仅意味着拥有政治参与的可能性,还意

---

① C. Nicolet, *The World of the Citizan in Republican Rome*, University of California Press, 1988, pp.217-315; L. Taylor, *Roman Voting Assemblies*, University of Michigan Press, 1991, ch.4-5.

味着获得在罗马统治的商业社会中提升的法律和市民身份地位,它已具有巨大的经济利益潜力。这些都是罗马需要考虑的问题。①

作为一项公共政策的运用,公民权因其可以提供保护,故而公民权的确立和扩张得到了罗马军事上和财政上的支持。公民权给人们提供了政治参与的机会,并赋予他们法律和政治上的权利,这便是庇护制度的形式。这种制度承认那些较少权力拥有者和较大家族之间的相互依赖。前者需要得到支持以便获得职位和身份,后者则需要忠实的支持者、门客以继续保持他们在政治上和社会上的优势地位。庇护制让有进取心的平民、骑士、被释的奴隶、外籍居民可以有机会参与公共生活,甚至有可能赢得行政官员的职位。最有权势的政治谱系的数量并不多,可能只有五十个。而一谱系的门客数量据估计为三十到几百个,这意味着最有政治野心和能力的那几千个人是处于庇护制度的关系网中的,而这些人就是共和国最有能力、最有抱负的人。

实际上,庇护制不仅仅是一项政治、道德传统和实践。如果说寡头制是隐藏在共和国形式之后的现实的话,那么庇护制则是寡头制的工具,是大家族实际上控制罗马政府,并由此获得在罗马政治体系中成功的荣誉和形象的手段。如同大提比略·格拉古和庞培的生平所揭示的那样,金钱、声望、军事援助和政治上的优势都源自接近权力中心的国内外门客的各种各样的支持。除了及时资助以提供法律或军事上的帮助之外,庇护人还可以通过适当的投票、团结一致和联姻等形式给予帮助。这种关系只限于一小部分适合担任官职的人,它很好地解释了每一代政府中只有少数人能够身居官位、统治多数人的这种现象。经过几个世纪,在罗马与被征服的民族和不满的盟友签订的条约和其他安排中,罗马授予了他们一些或者所有的公民权利。伴随着共和国海外财富的增加,罗马世代的精英统治阶层授予新市民日益重要的商业特权和个人特权,极大地满足了后者的物质欲望。然而同时,他们却通过庇护制度,将公民权的政治权利牢牢地掌控在自己的手中。②

---

① 盖尤斯·格拉古曾在公元前123或前122年提出了一项将公民权授予拉丁人的法律。彼得·瑞森伯格认为格拉古这样做的目的或许是希望在一个扩大的、备受欣赏的罗马政治舞台上获取更多支持他的选票,又或者他表现出了一种敏锐的历史感,意识到罗马的武装力量和行政机构需要大量新的血液,又或者他意识到拉丁民族和意大利民族中间日益滋生的对罗马人的傲慢和无礼的不满怨愤。他授予拉丁人完整的市民权和提升意大利人地位的这种做法可能会有效地,并且不需像之后发生的历经几代的暴力战争而和平地解决了这些问题。Peter Riesenberg, *Citizenship in the Western Tradition*, The University of North Carolina Press, 1992, p.63.

② Wallace Hadrill, *Patronage in Ancient Society*, Routledge, 1990, p.93; Ronald Syme, *The Roman Revolution*, Oxford University Press, 1939, p.7; E. Badian, *Foreign Clientelae*, Oxford University Press, 1958, pp.1-15, pp.154-167.

庇护制在表现政治阶层对忠诚的另一种需求的同时又展现了道德上的文化色彩。在这一点上,西塞罗做出了很大的贡献。他的《论友谊》和《论义务》可以作为对义务优先性这一问题的解读。他的预测和实事求是的方法可能无法让今天的我们认同,然而在他的时代,他的汇编和分析却对那些身处危险的时代却准备投身复杂的人际关系以期对界定政治有所裨益的人指明了方向。那些身居元老院要职、最有权势的政治家族所追求的不仅是荣誉,他们还力图履行道德准则要求的义务。这是跨越了几个世纪的忠诚和对家族、对共同体的责任。因此,伴随战场和行政事务上的职责而来的往往是荣誉的获得,这就是为什么后者是人们孜孜不倦追求的梦寐以求的存在。①

到公元前287年,萨莫奈战争结束后,罗马控制了意大利的中部,公民投票法(plebiscita)这一公民大会的法案被认可为法律。一般认为共和政体就是在这一时期形成并持续至奥古斯都时期。在某种方面上,这种政体就是一种晋升体系(cursus honorum),这种高级官位序列完成了对市民行为的最终认证。执政官和监察官的人数保持稳定,而裁判官和财务官的数量则会根据需要和迫于政治压力有所扩增和缩减。在这一体系背后体现的是这样一种理念,即如果一个人本身是或者渴望是元老院成员这样一种特殊阶层的一员,那么他就要投身于日益增长的不同层次的需要和重要的社会服务中去。在一系列通过公开审查的活动中,他学会了处理人力、金钱、行政责任和宗教信仰这些政治和军事决策中必不可少的问题。执政无法避免地伴随着渎职、猜忌和其他行政罪恶,但历史中更真实也更实际的情况是人们拥有为公共的善而服务的牺牲和涤净罪恶的理念。这种良善的公共生活典型或范例在道德文学和古典学派的教义中定型,并教导罗马世界千千万万的城邦中受教育的市民。这种理念甚至强大到在590年将一个罗马市民格里高利推上了教皇的宝座。

通过一系列的公共活动攀登上权力高峰,罗马的政治家为自己及其家族带来了声望与显赫的荣耀。它开拓了婚姻和政治联盟的前景,改善了未来的任职期望,在共和国后期确保了地方总督职位所带来的财富。同时,它还鼓舞了一批门客,他们为了得到升迁和保护而许诺交付他们的忠诚。在各个方面,行政事务上的升迁使罗马贵族的地位居于同辈市民们的前列,这就是元老院的更大影响力:对于显贵而言,它意味着他们能够进入史册并享有律法

---

① 对庇护制的研究,参见 Donald. Earl, *Moral and Political Tradition*, Cornell University Press, 1967; Leon Homo, *Roman Political Institutions from City to State*, Routledge and Kegan Paul, 1929, pp.133-146; H. H. Scullard, *A History of Rome from 753 to 146 B. C.*, Methuen, 1951, pp.100-105; H. H. Scullard, *From the Gracchi to Nero: A Hisory of Rome 133 BC to AD 68*, Methuen, 1970, pp.5-8。

上的特权;对于新晋人员而言,意味着他们可以跻身上等社会和法律阶层;对于个人而言,官职带来的是一种成就感、一种过上公认的有德生活的强烈的自尊感。

二、精英阶层的公民权观念

马其顿统治下的希腊城邦与罗马统治下的意大利城邦一样,尽管在政治上都屈服于强权,但仍然保留了文化和政治上的身份和生活。也就是说在君主制实际存在和城邦联盟不断崛起的情况下,城邦依旧保持着生命力。它同家族一直是个人身份的主要来源。因此,波利比乌斯在论述雅典的政体时指出,"传统习俗和法律"是所有国家的根本,它让"人们的生活正当、有序,让城邦温和而公正"。在对罗马政体的著名分析论断中,他主张真正的民主政治应该要做到"敬畏神明、尊敬父母、以礼对待长者,以及服从法律等传统和习俗"①。

在涉及权利,尤其是公民权时,波利比乌斯一直关注的是公民权实质性层面(即物质)具体的细节,这也是商人和政治家所关注的技术性的法律细节问题。波利比乌斯在对罗马和迦太基之间的协议论述时很仔细地指出:"罗马人在西西里的迦太基省和迦太基可以做任何允许公民做的事,可以卖任何允许公民卖的东西。迦太基人在罗马也可以做同样的事。"②当他提到阿卡迪亚和麦西尼的领导者从斯巴达那里获得的"最终给予他们公民的许多个人利益"时,个人的特定利益是他的另一个关注点。波利比乌斯认为,罗马成功的一个非常重要的因素就在于其对利益的关注。在著名的第六卷中,他提到了政府的经济作用。他通过对罗马政体的分析指出人们在建立"人类社会总体上团结在一起的纽带"中所扮演的是非常重要的角色。罗马通过"大量的合同……修缮公共建筑……灌溉河流、建设港口、规划公园、开采矿藏……所有人都与契约和他们从事的工作息息相关"③。波利比乌斯认为,最重要的是罗马政府方面对广泛的公共利益的关注,以及对市民的实质利益分配。他看到了个人利益和公共利益之间的联系,并意识到罗马人对所有关于公民身份和政治地位事务的兴趣。波利比乌斯认为,从事具体事务的人不仅要了解他们在世界上可能会遇到的人的家系血统,还要熟知在商业、法律或者外交关系中面临的不同的法律民事事务状况。④

---

① Polybius, *History*, 6.4.
② Polybius, *History*, 3.24.
③ Polybius, *History*, 6.17.
④ Polybius, *History*, 6.17.

此外，波利比乌斯认为等偿交换本质上是诚信原则的体现。他让我们清楚地了解到，当时崇高的理念并没有否认自我利益的正当性。例如，那些担任公职为罗马和罗马人民服务的人，以及在战争中出资支持罗马的人从事公共事务的同时也经营着矿山，拥有自己的城市花园，而这些则无损于他们的美德。执政官需要元老院的支持，这两者都要依赖民众的实质支持和道德认可，在这种情况下，人民就是那些能够要求政府契约的实质上的市民。

在波利比乌斯看来，罗马人从希腊文化中发现了许多对他们自己价值观的智慧支持并将其继承和发展，而罗马人身上固有的"民族性格"使得他们懂得抑制他们的激情、敬仰他们的神明、尊敬他们的祖先，并无畏地服务于他们的家族和国家。而且，在斯多葛学派的影响下，罗马人着重强调个人的美德和人类理性的统一。通过美好的德性，这些良善之人不再局限于服务家族和城邦这种狭隘的利益，还担负起服务全人类的责任。

由芝诺创建、潘尼提乌和波西多尼修正并使之普及于罗马贵族的斯多葛学派思想是一个完整的哲学体系。它的物理学、逻辑学和伦理学在世界观中都是息息相关的，是地中海统治阶级成员在从潘尼提乌到罗马后期的异教徒美德的吹捧者西玛克之间的五百年期间随时吸纳的理论。作为技术上的道德哲学和个人伦理，斯多葛哲学度过了罗马从城邦到帝国，从共和国到君主制的历史历程。尽管西塞罗并未将自己视为一个斯多葛学派学者，但他的思想和理论却深受斯多葛哲学的影响。斯多葛的伦理学产生自它的物理学。从某种意义上说，上帝是一切，人们是神圣之火的一部分或一束火花。这束火花是他的理性，人们在青少年期开始意识到它在有机体中的地位和作用。作为有理性的政治生物，人们必须明确正当行为的含义。斯多葛哲学对正当行为的永恒关注源自动物的本性。芝诺的"和谐相处"意味着依照上帝设定在宇宙中的正义结构生活，遵循智慧、节制、坚韧和正义。它意味着人们要做良善的行为，做选择和付诸行动都要符合正确的理性感知。

社会存在是一个不争的事实，斯多葛学派也必须参与其中。因为它是神意的体现，人们必须关注它的福祉。因此，就如古代的哲学历史学家第欧根尼·拉尔修告诉我们的，智者是"虔诚的、敬畏神的"，他要"参与政治中去，如果没有什么阻碍他的话……例如结婚生子"，他要在人类社会中成长，拒绝"离群索居……因为他天生是社会性的和积极主动的"，而且他要"接受训练和遵守纪律，为的是增强他的身体耐受力"，无疑还要提升他在军队和其他公共服务中的能力。他还指出："美德的修炼是一项持久性活动……智者总是专注于完美的灵魂力量的修炼,这是他们的宗旨。"①

　　这些就是西塞罗所处的时代关于知识的理论背景。西塞罗成长在罗马公民权扩张、战争结束时期的骑士家庭中,死于让共和国成为帝国的战争期间。他出生的时候,这一阶层中的多数人还只是国家的上流人士而已,而他逝世的时候,很多人已经期望从罗马地中海帝国某处获得权力和财富。西塞罗试图为罗马的统治阶级讲清楚好的市民意味着什么,这些人长期以来受到财富和权力的诱惑,缺乏对罗马传统政治美德的关注。他看到他的同伴们面临着道德和教育方面的基本选择,决定将日益腐败、堕落的生活方式引向合理化的路径。西塞罗曾在希腊接受演讲术和人文学科的训练,在罗马则身处法律和政治生活的现实,他力图展现受过教育的罗马人在这个世界共同体中如何保存良善之人的视野。

　　上述观点不是只在一本书中提出的,而是通过源源不断的一系列创作来展现的。这些著作的主题包含了积极服务祖国和从积极的政治生活的危险中隐退两部分内容。他的《论共和国》《论义务》《论演说家》和其他著作清楚地讲明了良善的罗马人对自己国家应负的义务。西塞罗的文雅和广博增加了他在当时的冲击力,也确保了他对后代的影响。然而他的保守主义视阈决定了他在论述良善之人应该如何行动时,提不出任何新意的论点。因此,事实上他的观点并没有超出希腊理论指导行为的范围。当然,他用优雅的文风总结了他那个阶层具备的美德,并给了他们一个可达到的哲学论题及"西庇阿之梦"(*Dream of Scipio*)中提到的宗教动因。②

　　对西塞罗而言,人是一种道德的、理性的动物,在这种情形下,神圣火花不仅在他也在其他社会动物的体内闪耀。既然人具有理性,那么他就必须利用这种理性,最好是为了他的同胞的利益而用。西塞罗意识到城市要求具有美德知识和语言技巧的领导者必须"赢得人心,并让他们归属于自己的事业",而这项事业须是为了公众的利益。③人有理性选择的天性,但人还是需要恰当的教育。西塞罗意识到了这一点,并坚信人们是有可能学会正确行为的。因此在《论义务》,尤其是《论演说家》中,他不仅是教育者,还充当了社会

---

① Diogenes Laertius, *Lives*, 7:117–130, in E. Barker, *From Alexander to Constantine*, Oxford, The Clarenden Press, 1966, pp.33–36.

② "西庇阿之梦"出现在《论共和国》的最后一卷。书中的西庇阿提到自己曾梦见自己已逝的祖父大将军老西庇阿·阿弗里卡努斯带着自己在天堂游历了一番,向他证明了两件事情,即在永恒面前,人类的努力和成就是多么的渺小。对正义的政治家来说,来世他将会得到真实的回报和荣耀,因为尘世间的正义生活培育了人们不朽的精神,让它在死后更接近指引着整个宇宙的永恒精神。*Rep.*Ⅵ.21–25.

③ *Off.* 2.5.

理论家的角色。他赋予演讲术极大的价值,认为训练有素的演说家是共同体福祉的依赖,而他所需要的远不止语言上的技巧。西塞罗对公共服务的劝勉源自他意识到罗马公共的和私人的奖励机制是如何运作的,这种机制是建立在斯多葛学派的心理学、物理学和宇宙观的基础上的。不过,对西塞罗来说,希腊人总是过于礼节繁缛和散漫。与他们这种纯粹的教化形式截然相反,西塞罗的写作是供他的罗马同胞具体应用的,因此他也很小心地将自己与希腊更纯粹的哲学传统区别开来。西塞罗认为,人们拥有的理性和言语能力是能够激起人们做出政治和道德行为的有效手段,它存在于道德宇宙和物质宇宙中,人们必须利用它得到真理。理想的做法是,人们应该将自己的生活和才能服务于他的同胞,因为所有的人都是"为彼此而生"和"互为善举"的。只有人有正确的存在感,这是一种"秩序、适当和适度"的感觉。如果一个人被授予了权利,这种权利就是一种责任,那些选择将权利私人所有的人就是"社会生活的背叛者"。西塞罗知道退隐生活是舒适的、安全的,但他坚持积极生活具有道德优越性,因为这"更有利于人类"。他希望有能力的人"竞争公职,并在指导政府方面起一份作用"。政治家同将军一样重要,尤其是那些"为了将关心托付给他们的那些人的利益,而不是为了被委托人的利益"的政治家们[①]。除了要有这种为公益的精神,西塞罗还认为应该为了伟大的政治家族中已经建立和正推动他们通往仕途的荣誉而积极备战。他认为"最高贵的遗产就是美德和声誉",人们的行为要有助于"他们自己的伟大和声望"。当然,西塞罗意识到将共同体凝聚在一起的是各种不同的因素,例如公民权、血缘、宗教信仰、庇护、友情和已经提出的义务优先的问题。在这方面,他的选择与希腊人相同,即"国家优先,父母优先"[②]。

　　西塞罗深谙罗马文化的独特性,因而建议演说家应该接受法律、历史、文学和宗教传统方面的训练。这种学习会让他更加引人注目和有说服力,还会让他形成一生都需要维持的、正确的价值观。罗马城邦的人们要遵守世界的共有原则,但如果他们要用罗马文化的精华使被统治者得利,那么他们必须知道成为罗马人意味着什么。伴随着希腊和东方文化的渗透,一些有问题的,甚至是错误的价值观念和行为也随之而来,他担心罗马的传统美德会在巨大的财富和权力诱惑面前不堪一击。他关注的不仅是官员的廉正,还有那些普通罗马市民的观念。同波利比乌斯一样,西塞罗也是私有财产的坚定信奉者,并且认为智者"关心他的私有利益是正当的"[③]。不过,他要求对私有利

---

① *Orat.* 1.7–8.

② *Off.* 1.17.

③ *Off.* 3.15.

益的追求要符合社会"道德、法律和已确立的传统"。不仅如此,追求财富必须出于正当的意图,其目标不能仅为个人喜好,而要为"我们的孩子、亲人、朋友和最重要的我们的国家"的利益,其中国家利益"要高于世界上任何其他"。①从这可以看出,西塞罗始终站在市民共和传统的立场上,在他的理念中,共和国永远是最高利益所在。

作为思想家、政治家和学者,西塞罗的公民权意识体现在他的政治生涯和著作方面。而在他从事律师职业的另一方面,他也用天才般的雄辩展现了与这一制度的密切相关度。他的演说词《为阿齐亚斯辩护》(Pro Archia)正是如此,法庭上的西塞罗正是为保有阿齐亚斯的公民权而辩。阿齐亚斯是长期居住在意大利的诗人、人文学者和哲学家,他的公民权正面临着他庇护人的敌人的质疑。这些人注意到证明他入籍的书面记录是缺乏的并以此主张阿齐亚斯不具备公民权。西塞罗的辩护不仅建立在论证技术上,他还试图以阿齐亚斯在文学,更确切地说文人对社会的贡献这方面的价值为辩护的基础。诚然,公民权可能体现在战场和论坛上,但也在师者造就想要服务于国家的有德者的技艺中。西塞罗提醒道,几个城市已经授予阿齐亚斯公民权的荣誉,罗马也应该效仿此举——因为阿齐亚斯已经用他不朽的历史和诗篇向罗马表达了他的敬意。②

西塞罗逝世的时候,罗马无论政治还是领土,都在朝着帝国的方向行进。然而他为之写作的那个曾经统治罗马数个世纪的阶级,如今却发现自己被丢弃一旁。尽管这个时代新人辈出、瞬息万变,西塞罗依旧是旧秩序的捍卫者而不是破坏者。他试图编制适用于小规模政治共同体中贵族阶层的道德法典,这个阶级仍然有着前帝国思维,从未幻想过将一个广阔的新世界这么快提供给罗马的新人,这些新人不仅是指更多的几个家族,还包括意大利中部和南部更多的城市。

西塞罗的价值观同波利比乌斯的一样,都属于寡头政治者那一小部分群体,罗马的统治权只在他们中间移转。因此,他们的价值观只是罗马公民权的一部分,他们的行为也只是代表了寡头政体构建的市民整体中一小部分人的利益。对于横跨意大利的罗马法律政治共同体中成千上万的市民而言,公民权究竟是什么? 或许当普通的市民一旦成为公共事业中的一员,他们所代表的其实也已经如同西塞罗和波利比乌斯一样了。从这个意义上来说,贵族政治理念已然渗入并被转化为有利于个人和共同体的行为中。

---

① *Off.* 3.15, 3.24.

② Peter Riesenberg, *Citizenship in the Western Tradition*, The University of North Carolina Press, 1992, p.78.

三、公民权理论的现实图景

在罗马经过几百年时间建立起来的公民权"相关结构"中,每一个公民都知道他所处的罗马社会等级位序及社会对他的期许。一旦确立了某个既定等级,公民就知道自己的军事和经济义务,以及自己的政治权利。普通的罗马市民在军中服役、必要时候缴纳赋税、参加各种选举。很显然,他们认识到自己对统治者个人品行的依赖,因为统治者给予他们官职,并仔细审查地方行政官员的候选资格。自公元前2世纪始,罗马社会悄然发生了变化,曾经取得重大成就的元老院规则似乎已不再是当初那般高尚而纯洁了。最初那种理想的共和主义公民权强调获得法律和公民特权需以义务为前提,而今特权已经开始服务于政治和利益。受到服务于东方带来的财富和权力的诱惑,许多元老开始将个人和家族的利益置于共和国之前,他们要求对公共服务给予私人回报。事实上,长久以来,罗马的政治就是寡头政治,在这个体制中平民尽管已经有了公民权,但实际上他们是不重要的,贵族家族把持权力、占据官职,不仅将罗马自身地位不高的阶层排除在外,也竭力遏制意大利同盟的地位。这种冲突愈演愈烈,直至爆发了同盟者战争。从本质上来说,这场战争是为罗马国家权力的重新分配而战的,它试图迫使罗马给予同盟者平等和普遍的公民权。[①]这场战争最终带来了政治上的融合和法律上的一致,公民权被定义为八个部落中的成员资格,罗马将其授予了所有拉丁殖民地和所有忠诚的同盟成员、在战争中应被奖励的翁布里亚人和伊特拉斯坎人、六十天内提出公民权请求的意大利共同体成员,以及最后,授予了波河地区指定区域的所有共同体的居民。统治者继续保有自己的统治权,又给新的市民在政治共同体中正式的成员资格和市民应有的权益。[②]同时,这场战争也促进了文化上的统一,几乎是完全出于自愿,意大利同盟联合在一起而将自己原有的文化自我磨灭掉了。地域文化随着罗马语言、教育、宗教、艺术、法律和价值观的潜移默化而摇曳不定。从这个意义上来说,早在帝国来临之前,文化帝国主义的进程就已开始了。

公元前1世纪是罗马公民权的意义发生根本变化的一个关键时期。早期

---

① 事实上,并非所有的附属国都参与到反对罗马的这场战争中去的。拉丁同盟因为本身享有较多的特权而保持了对罗马的忠诚,揭竿而起的是那些享受不了公民权权益,却要为罗马服务的待遇较低的同盟者。H. H. Scullard, *From the Gracchi to Nero: A Hisory of Rome 133 BC to AD 68*, Methuen, 1970, pp.66–67;Peter Riesenberg, *Citizenship in the Western Tradition*, The University of North Carolina Press, 1992, p.71.

② Peter Riesenberg, *Citizenship in the Western Tradition*, The University of North Carolina Press, 1992, p.72.

罗马的公民权是接近最初希腊的公民权的:它们都强调各种个人的义务和特权,都强调对法律和权力的服膺。二者都可以被视为第一公民权的典型。现在,随着罗马成为海洋帝国,最有影响力的人也都投身于商业贸易和海外管理,以期享有由此带来的额外优待和奖赏。实际的决策权也不再掌控在立法机构手中,而是要受到大众的影响和控制。公民权所要传达的已经是法律上的地位和优势。罗马的公民权代表着一种文化,这种文化是统治者的文化,它的成功征服暗含着文化上的优越:不仅仅是罗马军队的优越,还有罗马的语言、法律及生活方式也远比被征服者的优秀。因此,拉丁文化所传播的不仅仅是城市生活习惯,还有罗马法和公民权的理念。所有的城邦都有服务于罗马视为组织的政治生活的基本义务。同时,罗马法还规定了一个公民所拥有的明确其政治和法律资格的权利。

除了一些能够让罗马人平等的法律和社会政治方面的实际利益,公民权实际上都是一些私法和公法上的特权。例如通婚权(ius connubii)就是市民法律中规定的结婚的权利,它使丈夫有管理孩子、妻子和他们的财产的权力,这构成了一种家族性主权。商业法(ius commercium)则让市民通过在法庭上的诉讼资格和多种途径的财产流转而提升了其在商业领域的地位。在一个法律和司法权冲突并重叠的年代里,这样的权限是非常重要的。[1]此外,还有一项伴随着责任的政治上和军事上的权利,即选举权(ius suffragium)。不过,就像公民权帮助构建了政治一样,罗马的政治也对公民权存在着实际的需求。公民权意味着担任各种地方行政职务,但这只适用于少数人。如果一个人要投票选举行政官员,他必须担任一定的公职;如果公民想要有分享军队战利品的资格,那么他也要承担打仗的义务。此外,公民还要承担一些经济义务并就针对他们开放的议题进行投票,特别是最后一项是对大多数市民的要求。[2]总的来说,公民权的权利和义务是相对的,公民要想享有政治特权,就要依赖他的个人能力和资格,以及在做政治决策时他接近罗马权力中心的程度。

罗马的公民权不仅造就了一个制定政策并将之付诸实践的传统的、积极

---

[1] Peter Riesenberg, *Citizenship in the Western Tradition*, The University of North Carolina Press, 1992, p.73.
[2] 关于投票的重要性,波利比乌斯、西塞罗及狄奥尼修斯等人都曾经有所论及。在当时的罗马,一个积极的市民一年之中可能会参与大大小小二十多次的选举活动,除了到投票场所之外,还要参加各种会谈。在一些涉及法案和私法裁决的情形中,出席会议还是一种特别强调的义务。有关投票制度的研究,参见 Taylor, *Roman Voting Assemblies*, University of Michigan, 1966。

的政治阶层,同时还形成大量的市民议题并吸引积极的公民参与。①到共和国末,公民生活的模式已经不仅在都城罗马建立起来,还在许多半独立的自治城市(municipia)建立起来。此后,公民权政治层面的意义渐渐衰退,但它的民事层面的意义却很大程度上留存下来。在公民权的授予通常被视为建立了社会和政治联结的共和国扩张的早期和公民权被用作将国家团结在一起的手段的帝国晚期之间,公民权实质上是一种身份地位的象征,它包含了某种法律特权或利益。它还是一项道德要求,超越了历史和当代的伦理道德信仰和实践,将对国家的责任置于个人之前。最后,公民权代表了某个阶级的文化,是建立在整个城邦世界学校普遍课程基础上的正式的"阶级"教育的最终结果。在这种意义下,帝国统治下保留下来的公民权是被西塞罗称为的法治社会(iuris societas)的实质。②

历史告诉我们,罗马在没有宏观设计的情况下由城邦发展成帝国,其领导者从实践中一点一滴地发展出一套迅速遍及整个地中海的成功的政治体系。而且,很显然这个成就首先完成于实践中,然后才存在于管理者的头脑中。没有确切的政治理论能够完整而恰当地评价罗马巨大的成功技艺和她的征服成果。尽管罗马的精英阶层深受希腊文化的影响,但希腊的城邦理念和公民权理念并非罗马人成功的指导原则,它只不过是在事后使征服和统治合理化的借由而已。或者这正是由斯多葛学派肇端、经波利比乌斯的阐释,并最终在西塞罗那里得到进一步完善的共和政体观和罗马人传统的民族性格发挥历史作用的结果。

---

① 彼得·瑞森伯格认为罗马从来不是一个民主政体。在共和国范围内的数百万人中,只有数千人有投票权,这有法律地位的原因,也有靠近城市和投票地点的距离远近的客观因素。不过这数千人包括富人和穷人、手工业者和农业者、城市人和乡村人、古老家族和新移民。同时,随着新的城镇、个人或家族基于条约或庇护人的赞助被授予市民身份,市民权名单也是不断变化的。许多人关注公共慈善事业,甚至在共和国末期亦是如此,这让它俨然成为高雅行为的规范,同时也激励罗马最富有和最显贵的公民投身其中。Peter Riesenberg, *Citizenship in the Western Tradition*, The University of North Carolina Press, 1992, p.82.

② *Rep.*I.32.

第三节　约瑟夫斯论题：一个流散民族的视角

　　历史学家约瑟夫斯是继斐洛[①]之后集犹太主义和希腊化表达方式于一身的政治理论的代表人物。他出身于罗马东部的犹太社会上层，曾担任过政治领袖，是犹太人的守卫者和皇帝的代表。约瑟夫斯属于犹太人的离散群体：从耶路撒冷到罗马，他面向的是希腊化世界的读者群体。他的一生中，背叛、狡诈、渎职、贪婪、残酷及其他相应的罪行一直萦绕其身，而约瑟夫斯却从未缺乏辩护者。身为耶路撒冷祭司贵族的一员，他于公元66年被派往加利利在第一次犹太战争中对战罗马。公元67年夏天，在猜疑氛围的笼罩下，他向罗马人投降，并预言说维斯帕西安将成为日后的皇帝，而后者在当时只是一个有能力的将军，还没有任何紫袍加身的迹象。他的预言实现之后，约瑟夫斯加入这个新的帝王家族的鼓吹者行列中。在战争未完之前，他力图说服犹太人投降，战争结束后他又对自己的行为做了一番解释。这些自我辩解构成了《犹太战史》的主要内容，这部作品写于他公元1世纪70年代和80年代早期，当时他处于帝王的庇护之下，居住在维斯帕西安在罗马的别墅并享有皇帝给予的津贴。[②]由此看来，约瑟夫斯是变节者抑或卑躬屈膝的机会主义者吗？当代持同情态度的学者们否认了这些指控。一些人，尤其是古犹太教和早期基督教的研究者将他与耶利米作比较，而另一些人，尤指希腊-罗马传统的追随者则将之与波利比乌斯相比。[③]事实上，犹太贵族和大祭司的身份及他对政治活动的参与都对约瑟夫斯的思想产生了重要影响。他著作背后蕴含的

[①] 有关斐洛思想的详细论述，参见 Christopher Rowe and Malcolm Schofield, eds., *The Cambridge History of Greek and Roman Political Thought*, Cambridge University Press, 2000, pp.561–567。

[②] 约瑟夫斯的生活和著作，参见 Shaye J. D. Cohen, J*osephus in Galilee and Rome*, Leiden, 1979；泰萨·瑞洁克：《史学家约瑟夫斯及其世界》，周平译，商务印书馆，2014年。

[③] 关于约瑟夫斯与耶利米、波利比乌斯之间的比较，科恩认为约瑟夫斯与耶利米、约瑟夫斯与波利比乌斯在生平上都是很类似的。就思想而言，约瑟夫斯至少从波利比乌斯那里得到过直接的知识，并且在理论上很可能受到他一些影响；但他也坚持认为约瑟夫斯的先知传统，尤其是耶利米，对他的历史写作有着更深的影响，这明确体现在他的《犹太战史》这部著作的道德结构上，参见 Shaye J. D. Cohen, "Josephus, Jeremiah, and Polybius," *History and Theory*, Vol.21. No.3, Oct. 1982, pp.366–381。埃克斯坦认为，不可否认犹太民族的道德观和叙事传统对约瑟夫斯有着重要影响，但是希腊的，尤其是波利比乌斯的史学传统尤为重要，而波利比乌斯的世界观可能比以往认为的对约瑟夫斯的学识影响更为深刻。A. M. Eckstein, "Josephus and Polybius: A Reconsideration," *Classical Antiquity*, Vol.9, No.2, Oct. 1990, pp.175–208.

民族情感、自我辩解因素和他看似动摇不定的倾向都反映了他既是犹太民族文化的传承者，又是希腊—罗马思想的拥趸。在他身上，既有地方民族主义的爱国主义情怀，又有维护帝国秩序的现实情感；既有对希腊—罗马文明的向往，又有固守本土文化的节操；既有审时度势的实用主义需要，又有忠实本邦本派的宗派主义伦常。

一、约瑟夫斯对犹太宗教思想的继承

约瑟夫斯于公元37年出生在耶路撒冷一个有着王族血统的法利赛教派（Pharisaic persuasion）的家庭中。这注定了他祭司的传统身份下流淌着的犹太贵族血液。约瑟夫斯本身也是该教派的祭司，他信仰坚定，忠于犹太民族的教规教义。他学习了大量的政治理论和概念，又从圣经那里得到了一系列有关政体和决策的准则和例证。

约瑟夫斯认为，至高无上的统治权取决于神意，摩西政体被描述为符合神的意愿的制度框架。上帝的绝对统治权在第一条戒律中就体现了出来，神性的统一被描述成对世界结构和人类制度的复制。从这一原则出发的还有社会统一（homonoia）及观念一致性（sumphōnia）的观点，它们被认为是不会出现市民纷争的保证。①

约瑟夫斯在《驳阿皮翁》中列举了犹太民族观念认可的美德：虔诚（eusebeia）、友情（koinōnia）、普遍的善（tēn katholou philanthropian），以及由此产生的正义、无上的坚忍和对死亡的蔑视。②值得注意的是这几点是有着等级之分的：虔诚居于首要位置，正义居次位。③约瑟夫斯的观点还有一个特别的特征：他不是一个哲学家，这表现为他在之后的论述中彻底改变了自己的主题。他进一步强调虔诚，甚至以它来替代美德（aretē）这样一个包含一切品德的词语。虔诚的要素是犹太主义对柏拉图的美德的改造，包含了正义、节制（sōphrosunē）、坚韧，以及最后的和谐。

在约瑟夫斯理论中，关于政体的一个中心理论就是僧侣统治。这源自他对神权政治（theokratia）的理解。④尽管出身祭司家族，但他还是将高等祭司家族的主导地位置于贵族的专门领导之下。有时，他将非技术性的发言权或

---

① G. Vermes, "A Summary of the Law by Flavius Josephus," *Novum Testamentum*, Vol. 24, Fasc. 4, Oct., 1982, pp.289–303.

② *CA* II.145.

③ 约瑟夫斯指出，对某些君主而言，正义虽然不是他们身上最鲜明的特征，却也是值得赞美的品德。L. H. Feldman, "Josephus' portrait of Josiah," *Louvain Studies*, Vol. 18, 1993, pp.123–124; L. H. Feldman, *Studies in Josephus' Rewritten Bible*, Brill, 1998, pp.424–435.

④ *CA* II.185–187; *AJ* XI.111.

代表性的领导权分给主持仪式的高级祭祀享有,但在某种程度上,这与贵族制的模式并不是不相容的。①僧侣统治的出现是因为上帝作为宇宙最高的统治者将权力委托给僧侣行使。最初的僧侣头衔是根据被选者的技能和资质进行指派的,这也是真正意义贵族阶级的起源。在理论上不会改变的体系中,神、神职,以及最重要的高级神职负责永远保护法律的现状并负责公民事务和刑事审判。约瑟夫斯赞同一个由高级教士作为首脑的自治政体,他相信这种形式在犹太人历史上的哈斯摩王国的大部分时期甚至更早——在摩西和约书亚及《士师记》中可能就已存在。总的来说,这种理念是一种概要式的构想,约瑟夫斯对这一政体中的具体问题,如任命高级教士的方式、首选的继位者或者主教的明确作用等都没有做出说明。

神权政治体系中另一个重要的问题即法律的问题。约瑟夫斯认为,法律是私人生活应遵守的基本习俗和各种没有祭仪重要的社会组织事务的公共安排,尤其是节日和税收制度。②在《驳阿皮翁》中,法律被视为与诏书和习俗相对应的文明的标志,而犹太法典是很古老的法律,甚至可能是远古时期就有的,这说明犹太民族很早就出现了文明。因此,大体上来说,约瑟夫斯认为的法律必定是《律法》(Torah)。③作为立法者,摩西是犹太生活方式的唯一的人类缔造者,这种生活方式作为法律的体现是由他制定并倡导的。约瑟夫斯将摩西与莱库格斯、梭伦和洛克里的扎来乌库斯进行对比,认为立法者就是城邦的教导者,摩西每周读经的制度确保人们对有关规定的熟知。④很多人不理解,但是摩西明白教育既是理论的又是实践的,尤其是饮食教规就蕴含着理想的禁欲元素(askēsis)。这种法律如同父母对子女的教育,尤其要通过安息日诵读的形式进行教导。

在约瑟夫斯的政体理论中,"神权"始终占着主导地位,无论是理念中的

---

① 泰瑟认为,约瑟夫斯对神职的偏爱至少部分源自他的神职血统,这一点甚至超过了他的皇室出身。Christopher Rowe and Malcolm Schofield, eds., *The Cambridge History of Greek and Roman Political Thought*, Cambridge University Press, 2000, p.589.

② *AJ* IV.199–291.

③ 泰瑟认为,约瑟夫斯在提到文本来源(如 *AJ* IV.194)时,并不确定他所指的是十诫、五经律法、整部《摩西五经》还是连同《摩西五经》在内的所有现存的被认为是《律法》(Torah 不可分割部分的口传律法,所以应根据约瑟夫斯在提到"律法"时的具体情境进行分析。Christopher Rowe and Malcolm Schofield, eds., *The Cambridge History of Greek and Roman Political Thought*, Cambridge University Press, 2000, p.589.

④ 费德曼认为将摩西与其他立法者进行比较的形式是对柏拉图《法律篇》的开端的效仿,对教育的强调也是柏拉图主义的理论。此外约瑟夫斯更加关注法律制度的指导作用。参见 L. H. Feldman, *Studies in Josephus' Rewritten Bible*, Brill, 1998, pp.424–435,该文对这一观点与约瑟夫斯在《犹太古史》中对约西亚王作为教导者的描述的关系做了阐述。

统治阶级还是法律都是在"神意"的领导下的。他认为尘世的统治者都是由上帝选中的，是上帝的代言人。而法律也无须人们自己另行制定，因为上帝已通过摩西将最好的律法带到了人间。从这一点上来说，约瑟夫斯的政治理论是纯粹的且系统化的，无须结合现实进行阐述，也无须就具体制度进行设计和分析，因而也形成了他的政治理论的"现实的乌托邦"特性。这种理念可以被哲学家赞赏、为立法者效仿，亦可为普通人所追求。

二、约瑟夫斯对希腊—罗马政治文化的汲取

"约瑟夫斯的整个人生和事业都取决于罗马势力，他亲身见证了犹太人同希腊语言及思想长期共存的关系……现在我们比从前更理解这一点，即约瑟夫斯的写作活动就是长时期文化交融过程的一部分，而不是特征各异、反差明显的两种制度的混合。"①泰萨的这段话表明约瑟夫斯深受希腊—罗马文化的影响。他的《犹太战史》中不仅有典型的希腊和拉丁史学的文体特征，还有希腊戏剧的影响。

尽管约瑟夫斯生活的时代和地区，希腊—罗马文化几乎已渗透整个地中海区域，约瑟夫斯本人对希腊—罗马文化的接受却经历了一个选择的过程。尽管他本身出生于法利赛教派的家庭中，但约瑟夫斯在《自传》(Vita)一书中称自己在16岁时，决定亲自体验一下各种犹太宗派。当时的犹太宗派共有三个：法利赛教派、撒度该教派和艾赛尼教派。直到19岁，在亲历了三大教派之后，约瑟夫斯才开始追随法利赛教派。②根据约瑟夫斯的描述，他认为寻求最佳哲学思想的有趣之处在于这样做符合传统模式，而这一传统模式正重新活跃于罗马帝国的希腊文化而不是犹太文化中。③

约瑟夫斯对希腊—罗马文化的汲取可以从他作品中体现出来。首先，"在希腊思想中，斯多葛学派以一种相对更深奥、更实用的方式努力调和命运与自由意志之间的矛盾，而约瑟夫斯就从在某种程度上已成为当时通用语言的斯多葛学派哲学术语中寻求表达方式"④。例如约瑟夫斯所用的"*heimarmenē*"（命中注定的事）就是出自斯多葛学派。其次，约瑟夫斯对波利比乌斯的模仿也是显而易见的。他对以色列政体循环发展的论述，从某种意义上让人联想到波利比乌斯对罗马政体的分析。⑤同样，《驳阿皮翁》将摩西建立的

---

① 泰萨·瑞洁克：《史学家约瑟夫斯及其世界》，周平译，商务印书馆，2014年，第7页。

② *Vita*.10–11.

③ 关于这方面的例证，参见 A. D. Nock, "Conversion and Adolescence," *Essays in Religion and the Ancient World ed. Z. Stewart*, Vol.1, 1972, p.457。

④ 泰萨·瑞洁克：《史学家约瑟夫斯及其世界》，周平译，商务印书馆，2014年，第82页。

⑤ *JA* 4.223; 5.135, 234; 6.84–85; 11.111–112; 20, 20.229, 234.251.

政体与柏拉图和莱库格斯的理想政体作比较,这一点与波利比乌斯笔下罗马政体与这些范式的类比相同。遵循这种比较,约瑟夫斯盛赞犹太人为律法献身的精神,[1]如同波利比乌斯称颂罗马人为其国家的奉献精神一样。约瑟夫斯很显然在写作《犹太古史》时借鉴了波利比乌斯。尽管《犹太战史》并没有提到波利比乌斯,也没有包含任何标志性的波利比乌斯的段落或观点,但他在描述罗马军队时的确有着波利比乌斯的风格。[2]

约瑟夫斯是波利比乌斯的追随者,这一点更多地表现在他同波利比乌斯一样对罗马人身上表现出来的美德极为推崇。波利比乌斯不仅对希腊人的失败做了总结,也对罗马人的胜利作出了说明。[3]他认为罗马人具有美德,并且有一个提升美德的政体或一种生活方式;罗马人的统治建立在其属民(eunoia)的善意之上,这是通过公正而温和的行为获得的;罗马杰出的个人,尤其是西庇阿·阿弗里卡努斯和西庇阿·埃米利阿努斯,极好地体现了这些美德。阿弗里卡努斯对待西班牙俘虏很宽宏,因此赢得他们的善意和信任。他对待迦太基人比他们应得的更加友善。在年轻的时候,埃米利阿努斯就赢得了温和、自律、宽宏、胆略和绅士之风这样的美誉。虽然约瑟夫斯并未沿袭波利比乌斯的语法用词,但他笔下罗马人的形象,尤其是提图斯,却蕴含了波利比乌斯的风格。如果约瑟夫斯视自己为波利比乌斯,他可能是将提图斯比作埃米利阿努斯,因为提图斯同样也是胆略过人。[4]例如提图斯并不希望摧毁城市和神庙,他给了革命者许多悔改的机会。[5]从这些可以看出,无论是叙事风格还是著述的篇章结构上,约瑟夫斯都承袭了波利比乌斯的希腊—罗马风格。

此外,在《犹太战史》中,狂热者和匕首党(sicarii)的反叛理念被历史学家作为社会中值得尊敬因素的极端例证呈现了出来。约瑟夫斯毫不掩饰自己对持不同意见者的厌恶,这种厌恶不仅源于他个人的经历,还源于希腊理论中对民众的普遍看法,即民众是无责任感的和反复无常的一个群体。这种对民众(plēthos 或 dēmos)总体上轻视的观点贯穿了约瑟夫斯的思想中,他认为将

---

① *AA* 2.223–235.

② *AJ* 3.70–109.

③ 关于波利比乌斯,参见 Jacqueline de Romilly, *The Rise and Fall of States according to Greek Authors*, Ann Arbor, 1977, pp.69–77。按照波利比乌斯和约瑟夫斯的观点,罗马的成功应归功于命运(Tychē)和罗马人的美德,参见 L. R. Lind, "Concept, Action, and Character: The Reasons for Rome's Greatness," *Transactions of the American Philological Association* 103, 1972, pp. 235–283。F. W. Walbank, *Polybius*, University of California, 1972, pp. 60–65, pp.163–165. 普鲁塔克对此也持同样的观点,参见 C. p. Jones, *Plutarch and Rome*, Oxford University Press, 1971, pp.67–70。

④ *BJ* 3.470–503; 5.88–97, 287–288, 340–341, 486–488.

⑤ *BJ* 5.332–334; 6.124–128, 215–216.

上帝的真理展现在物质的民众面前是不安全的。①约瑟夫斯认为市民间的纷争（stasis）是犹太民族叛乱的主要原因。它破坏了和谐、滋生了暴力、亵渎了神明并衍生出其他的疯狂。在《犹太战史》中，这种冲突是富人与穷人之间争斗的主要原因。不和谐带来的破坏也是《犹太古史》，尤其是书中第四卷的主题，其中叙述了可拉叛乱及其他反对摩西的斗争。在这里，修昔底德对约瑟夫斯的影响是很明显的，但与修昔底德不同的是，约瑟夫斯仅仅对这一主题做了一般性的反思，而没有做出更细致的分析。②自由（eleutheria）是起义团体公认的政治目标。可能为了引起希腊和罗马读者对这一抽象概念的共鸣，约瑟夫斯在《犹太战史》中并没有完全地掩盖这一令人钦佩的革命理念。在马察达的岩石上，就在犹太人最后反抗的集体自杀之前，起义首领以利亚撒·本·伊尔曾经做了两场演说称颂超越政治屈服的死亡。这种理念是用明确的希腊化术语来描述的，虽然现代历史学家对约瑟夫斯在这一事件中的潜在态度颇有争议，但不可否认的是约瑟夫斯的描述带有清楚明了的希腊风格。③

　　政治自由在约瑟夫斯那里有着完全不同的语境。约瑟夫斯《犹太战史》的第十九卷慎重地对罗马皇帝卡利古拉在罗马的遇刺做了长长的叙述，这一事件被作为反暴君的自由事件呈现出来。约瑟夫斯很小心地指出，"自由"是反叛者有意识的目标，他还强调了卡西乌斯·卡瑞亚的作用，"他为我们在专制统治下的自由做打算"，其通行准则就是自由。④但是约瑟夫斯敏锐地意识到自由的危险，并在描述摩西的离别话语⑤中对反抗、无礼的傲慢（hubrizein）和放肆（parrhesia）等与自由相近的词做出了仔细的鉴别。约瑟夫斯在这里再一次采用了我们熟悉的希腊方式。毫无疑问，约瑟夫斯认为自由不仅仅是一种政治价值观念，还是犹太主义固有的一种宗教价值理念，这种理念只有通

---

① CA II.224.

② AJ I. 117；VIII. 205.关于《犹太战史》中的 stāsis 一词，参见泰萨·瑞洁克：《史学家约瑟夫斯及其世界》，周平译，商务印书馆，2014年，绪论第9页。泰萨指出约瑟夫斯用该词来阐释巴勒斯坦的骚乱，其希腊语的含义指"内部纷争"。p.A. Brunt, "Josephus on Social Conflicts in Roman Judaea", *Klio*, 59, pp.149−153；L. H. Feldman, "Josephus' portrait of Jeroboam", *Andrews University Seminary Studies*, pp.43−51.

③ 拉多索尔认为约瑟夫斯对马察达自杀行为背后的理念的保留意见，为的是将历史学家的观点与弗拉维王朝斯多葛和犬儒学派的论述联系起来。D. J. Ladouceur, "Josephus and Masada", in L. H. Feldman and G. Hata eds., *Josephus, Judaism and Christianity*, Wayne State University Press, 1987, pp.95−114.

④ AJ XIX.11−273.

⑤ AJ IV.187−189.

过法律才能够实现。[①]他认为自由是上帝对那些遵守训诫的人的奖励,奴役则是对他们惩罚的手段,因此自由只是纪律和服从的产物。在这里,约瑟夫斯又一次地明确并阐明了这一基本的希腊—罗马概念。他对希腊—罗马文化的追随不仅奠定了之后他对罗马人统治欣然接受并与罗马统治阶层形成庇护关系的基础,也开启了中世纪基督教哲学的先河。

三、约瑟夫斯与罗马帝王家族的契合

长期以来,约瑟夫斯最为人诟病的莫过于他在战争中的"叛变",以及战后为弗拉维王朝摇旗呐喊、吹捧备至的罗马帝国"走狗"形象。[②]尽管他不乏同情者、支持者和辩护者,甚至他自己也在《自传》中为自己辩解,[③]但一个不争的事实是,他在耶路撒冷沦陷后,随提图斯一同去了罗马,自此他一生中余下约四分之一世纪的时间都住在罗马,在此期间他一直受到罗马皇帝的庇护,也一直是罗马帝国宣传者的一员。他的生平表明了他与罗马帝王家族不可分割的命运。然而究竟约瑟夫斯是否就是人们口中的"叛徒""变节者""走狗",则需要我们回到当时的历史情境中,从历史学家的出身、阶层、所处的大背景中去寻找答案。

首先让我们看一下将约瑟夫斯与未来弗拉维王朝皇帝命运系在一起的

---

① L. H. Feldman, "Josephus' portrait of Moses (part 3) ," *Jewish Quarterly Review*, Vol. 83, No.3/4, Jan.–Apr., 1993, p.317; L. H. Feldman, *Josephus' Interpretation of the Bible*, University of California, 1998, p.435.

② 例如泰萨就曾将这一点作为其研究符合逻辑的必然起点,但泰萨之后也谈到这是一个"鲁莽的假设",它"……经常妨碍我们了解约瑟夫斯本人对事物的立场"。泰萨·瑞洁克:《史学家约瑟夫斯及其世界》,周平译,商务印书馆,2014年,再版序言第8页。泰萨认为,现在的研究者通过对恩主影响问题采用了更细致深入的研究方法,从而得以从依从关系和义务方面建立起更准确的认识。泰萨自己也主张不能因为约瑟夫斯的预言和之后为弗拉维王朝宣传的举措而简单地看待约瑟夫斯和罗马帝王家族的关系,她从约瑟夫斯的阶级背景、当时希腊—罗马的文化渗透、约瑟夫斯对犹太叛乱的原因及组织结构、约瑟夫斯的犹太爱国主义情结等方面对约瑟夫斯进行了重新而深刻的解读。泰萨·瑞洁克:《史学家约瑟夫斯及其世界》,周平译,商务印书馆,2014 年。Christopher Rowe and Malcolm Scho-field, eds., *The Cambridge History of Greek and Roman Political Thought*, Cambridge University Press, 2000, pp.585–596.

③ 关于约瑟夫斯的自辩:他在第一部著作《犹太战史》中借着为自己编造的演说辞表达了他在有生之年将永远忠实于他的民族和民族传统的意愿;在《犹太古史》中,也称犹太人为自己的同胞(*BJ* 6.107; *AJ* 20.263)。关于他的《自传》,泰萨认为没有证据证明约瑟夫斯曾经将此书命名为《自传》,这个似乎是作为《犹太古史》的附录发表的。严格来说这并不是现代意义上的自传,也非古代意义上关于个人道德品质的自述。书中内容多是在对犹太战争约二十年后针对约瑟夫斯战争生涯的指控进行的辩驳。泰萨·瑞洁克:《史学家约瑟夫斯及其世界》,周平译,商务印书馆,2014年,第11页。

那个著名的预言。这个预言出现在《犹太战史》第三卷。约塔帕塔要塞沦陷，约瑟夫斯和其他幸存者避难于一个山洞中。这些人此刻看到了自己的彻底失败，尽管他们还远不是犹太教的狂热信徒，但也认为此时自杀是唯一可以保全其荣誉的做法。他们逼迫约瑟夫斯同他们一起自杀，而约瑟夫斯却不想这样做，他找出了种种反对自杀的理由，①最后选择了一种更直接的方式，他记起了夜间常做的、带有预言性质的梦：

> 　　在梦中上帝向他预言了犹太人即将到来的灾难和罗马皇帝未来发生的事。在对梦的解释中，约瑟夫斯能够准确地理解神模糊的话语。因为他是一个教士和教士的后代，他对圣书中的预言极为了解。就在那时，他被神意启迪，将他从最近的梦魇中的可怕景象解救出来，他向神祈祷。"既然您已决定拆散（或惩罚）您亲手建立的犹太民族（或既然您已决定让犹太民族沉沦），命运女神（Tychē）已经眷顾罗马人，您选中了我来宣告即将发生的事，我愿意臣服于罗马人，继续生存下去，但我请您作证我这样做并非一个叛国者而是您的使臣。"②

当约瑟夫斯被罗马人抓获后被带往维斯帕西安面前，他宣称自己是"重要事务的使者"，说维斯帕西安将身披紫袍，成为皇帝和整个人类的主人。③这个预言由此改变了他的命运，维斯帕西安将他留在自己的身边，并在公元69年称帝之后抹除了约瑟夫斯前奴隶的身份。自此，约瑟夫斯便作为罗马皇帝的被保护者和食客，一直生活在罗马为弗拉维王朝服务。

事实上，在此之前约瑟夫斯似乎也流露出"亲罗马"的倾向，这同他的出身和所在的阶层都有一定的关系。前面提到，约瑟夫斯出生于法利赛教派的家庭之中，他信仰坚定，也忠于犹太教规和教义，但约瑟夫斯及其家族属于能接受现实的开放派。"尽管在短时间内被迫参与起义，但总的来说他是愿意接受罗马人统治的。"④法利赛教派属于当时犹太人的精英阶层，这个阶层包含

---

① *BJ* 3.356-386.约瑟夫斯认为，不管对人的天性还是上帝来说，自杀都是一种冒犯行为，如果自杀身亡，人死后会堕入地狱。他还援引犹太人的习俗，即自杀者日落之前不得入土。但是约瑟夫斯的劝告并未打消这些人的自杀意愿，最后约瑟夫斯提出了一个办法，最终靠自己的学识和机智让自己和另一个不愿自杀的同伴摆脱了自杀的命运。这个办法后来被数学家们称为"约瑟夫斯问题"。*BJ* 3.387-392.

② *BJ* 3.351-354.

③ *BJ* 3.400-402.

④ 泰萨·瑞洁克：《史学家约瑟夫斯及其世界》，周平译，商务印书馆，2014年，绪论第3页。

许多地方王朝及其追随者,还有祭司、地方议会成员,以及遍布整个帝国东部的大地主,他们对犹太贵族与罗马帝国统治之间的政治调和相当关注,身为这个阶层一员的约瑟夫斯自然不排斥罗马的统治。

其次,从当时外部的大环境来看,罗马已经统治了大部分的地区。罗马在行省的统治都依赖一批愿意合作的地方贵族,他们负责处理当地的事务,调停百姓和罗马政府之间的关系,而从事这项工作的犹太人中,大祭司就是这个群体的最高层。他们要么由罗马派驻该地的总督任命,要么由罗马某个官员或藩属王任命。他们为一任任的总督提供当地的各种情况,很多时候他们甚至替代总督处理各种事务。这一时期,这些地方的最高统治者是罗马人,所以犹太人统治阶层的注意力都是朝向罗马当局的。[1]如果说约瑟夫斯之前的感受不深的话,那么他公元64年的罗马之行使他懂得犹太统治阶级与罗马人打交道的重要性。[2]

犹太起义爆发之后,约瑟夫斯曾经作为犹太将领亲自参加战斗。他在战争中的经历和他的阶级性使他认为叛乱者应该对叛乱负主要责任。他将叛乱者的行径视为残忍的,而相比较而言罗马人则仁慈得多。叛乱的煽动者被称作暴君、恶徒、异端。约瑟夫斯谴责这些革命者玷污了城市和神庙,用非法的革新举措贬损了祖先的宗教,亵渎安息日。罗马人则对犹太宗教和神庙倍加尊敬,他们为保住圣殿也做了不懈的努力。在约瑟夫斯的预言中,约瑟夫斯认为上帝已经将权力转而赋予罗马人,罗马人太强大了,所有的民族都已臣服于罗马,犹太人不可能胜利。他认为罗马人就是上帝派来剿灭叛乱者、净化这座城市的。

> 简而言之,我们的祖先从来没有通过武力获得成功,也没有将他们的事业委托给上帝……等在原地,根据他们的判断这是正确的,他们就会胜利,而光明照耀下,他们会迷失……因此,武力从未授予我们的民族。失败是战争的必然结果。我认为,那些住在圣地的人将一切托付上帝去评判,并且当他们可以说服天上的法官时,必定会嘲笑人类。[3]

如果将这些观点放在约瑟夫斯是罗马帝国宣传者的框架下解读,可能会得出

---

① 泰萨·瑞洁克:《史学家约瑟夫斯及其世界》,周平译,商务印书馆,2014年,第33—35页。
② 公元64年约瑟夫斯加入了一个去罗马的代表团,就释放几位祭司的问题与罗马人交涉。*Vita* 13.
③ *BJ* 5.390, 399–400.

一个偏见的结论。从《犹太战史》的整体框架考虑,约瑟夫斯这部著作最突出的还是他对内部问题的关注。首先,约瑟夫斯在归纳叛乱的根源时,并未否认罗马人的管理过错。其次,他认为犹太统治阶级的衰亡是反叛与内乱的连接点。事实上,与其说约瑟夫斯在努力迎合弗拉维王朝的利益,不如说约瑟夫斯试图寻找拉丁文化与罗马文化交融调和的方法。在《犹太战史》中,尽管约瑟夫斯时常表现出"犹太人失败",罗马人胜利并统治世界和全人类的倾向,但蕴含在这一观点背后的是他的爱国主义情怀,"他要努力使受希腊文化熏陶的人认可并欣赏犹太民族的历史,他竭力证明本民族的成就和赢得非犹太人对他们的敬意"①。他在《犹太古史》中表明历史上的罗马统治者都允许犹太人保留自己的习俗,②表面上似乎在称赞罗马人对犹太宗教的尊重,实际上也在表明与希腊—罗马文化相比,犹太的律法和习俗更为神圣,也更道德。

约瑟夫斯的生平和他的思想从一个离散民族的视角反映了罗马统治下行省与中央的重大主题与冲突:"地方爱国主义与维护帝国秩序的主张之间的矛盾;希腊—罗马文明的诱惑与本土文化之间的矛盾;灵活的实用主义与忠实的宗派主义之间的矛盾,以及忠于阶级利益与忠于小集团利益之间的冲突等。"③约瑟夫斯力求保持对各个方面的忠诚:他尝试调和犹太人的上帝主宰观与希腊传统理念;他努力保持自己的犹太人意识,站在从前犹太统治阶级的特殊立场上,随时愿意与罗马政府达成谅解;他试图通过希腊化的方式审视犹太民族的问题,阐释犹太民族的失败;他的写作是长时期力求文化交融的过程,而不是将特征各异、反差明显的制度简单地混合在一起;作为弗拉维王朝的御用作家,他对罗马皇帝的推崇奉承在很大程度上是对当时时代基调的迎合。从本质上而言,约瑟夫斯的生涯和他看似摇摆不定的倾向反映了他一生的信念,即希望犹太教与非犹太教世界,尤其是罗马的统治和统治者之间的和谐共存。而这也从一个侧面展现了行省与罗马政府之间的依从关系,他的尝试和信念也反映出罗马统治下地方智识精英们的努力和希冀。

① 泰萨·瑞洁克:《史学家约瑟夫斯及其世界》,周平译,商务印书馆,2014年,第100—101页。
② *AJ* 14.186–188, 267.
③ 泰萨·瑞洁克:《史学家约瑟夫斯及其世界》,周平译,商务印书馆,2014年,绪论第1页。

第四章　帝国时期政治共同体思想的演变

　　帝国时代的历史学家、思想家们尽管意识到罗马的政体已然发生了变化,但他们依旧向往共和时代的民主与自由。西塞罗的共和政体观继续被这一时期的大多数思想家继承、发展,但总体来说他们并未跳脱出波利比乌斯和西塞罗营造的理论框架,依然纠结于政体循环论和美德的窠臼之中。然而在对逝去的共和时光悲叹、对帝国专制的黑暗痛恨、对上层统治阶级的腐败丑恶愤懑的同时,另一种理念也进一步发展起来,这就是斯多葛学派思想中蕴含的宗教哲学。诚然,直至公元前1世纪初之前,斯多葛哲学还一直传播着由波利比乌斯、西塞罗等人发展的世界国家、自然正义和普遍公民身份的理念。斯多葛哲学一直倡导的"神和人共处世界城邦"理念中的"神"的意味被"自然理性"所压抑。但到帝国时期,这条路线即"法律和统治都根植于上帝指导人类生活的计划之中"的理念逐渐上扬。与早期斯多葛学派对人为的习俗、制度的谴责不同,塞涅卡等人更加注意伦理道德原则的实际应用与传播,同时他们更强调宗教信仰对国家和个人的价值。[①]对此,尽管塞涅卡同西塞罗一样认为人们生活在共同体的国度中,应以国家的利益为先,但在他看来,一个人除了是一个国家的公民,还是另一个由所有有理性的人和神组成的更大的国家。这个国家并不是指具体的某一国,而是一个社会。在这个社会中,人与人之间的纽带不是法律的和政治的,而是道德的和宗教的。同时,他也认同智者不应从社会中隐退,良善之人负有以某种身份服务于他人的道德义务,但他认为这种服务不需要担任公职,也不需要去执行政治责任。明智而具有善德的人可以经由与其同胞的道德关系,甚至仅凭哲学的思考就可以服务于他人。那些经由自己的思想而成为人类导师的人,其地位比政治统治者或担任公职的人的地位更崇高也更有影响。塞涅卡的斯多葛学派思想与奥勒留的一样,实际上是一种宗教信仰,它为人们提供力量和安慰的同时,也转向了对精神生活的冥想,这种信仰越来越牢固地扎根于基督教教父们的政

---

① 王乐理等:《美德与国家——西方传统政治思想专题研究》,天津人民出版社,2015年,第48页。

治哲学之中,开启并影响了中世纪的理论之门。[①]

第一节　晚期斯多葛学派的实践伦理性

　　帝国时期的斯多葛哲学思想大致呈现出两条路向,其中一条路向的主要思想是个人和政治生活的指导理念应该是那些哲学建立的真理,而不管这些理念是否与任何现存的传统社会相符合。这些理念包括人类之间的兄弟情谊、理性法或自然法、上帝与人类的城邦,以及"世界大同主义"(将自己视为宇宙的公民)。它们有时很明确地与斯多葛的圣人或智者作为指导准则的标准相关。另一条路向重点放在了这样一种观点上,即斯多葛"取决于价值的生活"目标是通过参与实践、发挥作用,以及自己的,尤其是特定共同体的规则来恰当地实现的。传统的社会并不只是为我们提供通过"恰当的行为"(*kathēkonta*)而不断趋向美德的背景,[②]它还为我们构建了最符合伦理道德的、高级的、圣哲行为的主要背景,让我们从中能够全面地了解包含在另一条路向中的理念。

　　这两条路向在早期的斯多葛哲学中是怎样呈现的呢? 在早期的斯多葛学派学者如芝诺或克吕西波的理论中,我们可以看到貌似激进的犬儒主义学派对传统伦理道德的弃绝主义理念。同时,我们还发现关于伦理道德(*oikeiōsis*,源自希腊语,原意为"住所",既可以表示家庭成员或有血缘关系的成员,也可以表示通过婚姻纽带或任何非正式关系相联系的那些人,意思为"视为己有"或者"回归精神家园")从自我保存的本能到圣人情结这样一种自然进程的理念,这种进程被视作内含在如家庭和城邦这种传统社会形式中的。我们还发现至少从克吕西波以来,斯多葛学派的核心理念如智者和理性或自然法与传统社会制度,同私有财产之间不断融合调整的倾向。这两条思路从一开始就是两种并列层次的不同方面,在这种理念下,芝诺的"智者城邦""上帝与人类之城""自然法"就是客观标准或者规则理念。原则上说,这些目标的实现属于社会结构(例如家庭、城邦)的范畴,是个人和社会*oikeiōsis*(回归精神家园)的正常途径,也就是认同自己和认同他人的本能的冲动。但是社会结构中的这种生活不仅受当地的准则,也要受到普遍理念的指引。[③]

---

① 乔治·萨拜因:《政治学说史》上卷,邓正来译,上海人民出版社,2008年,第223页。

② 关于"恰当的行为",可以参见 A. A. Long and D. N. Sedley, *The Hellenistic Philosophers*, Cambridge University Press, 1987, p.59; I. G. Kidd, "Stoic intermediates and the end for man," in A. A. Long, ed., *Problems in Stoicism*, Athlone Press, 1971, pp.150–172。

③ J. E. Annas, *The Morality of Happiness*, Oxford University Press, 1993, pp.305–311.

斯多葛学派的观点是从原则上说的,政治结构同其他社会和人际关系结构一样,都可以作为尝试寻求有价值的生活和圣人情结的媒介。但是它们对于任何既存的政体形式,如王权或帝王统治,都没有形成系统性的赞同或批判的理论。政治理论在斯多葛哲学课程的三部分(即逻辑、伦理、物理)是作为伦理学的内容加以阐述的。这一时期,斯多葛哲学的"实用伦理学"又可以细分为不同的类型,如"治疗"型,即通过弃除那些错误的伦理道德信仰而治愈他人;"劝告"型,即鼓励他人参与重要的哲学活动;"建议"型,即以核心伦理原则为基础帮助他人掌握伦理原则。

穆索尼乌斯·鲁弗斯的教导主要属于劝告类型。[①]从根本上来说,他建议人们过一种由斯多葛哲学指导的生活方式。斯多葛的中心理念即所有人都有"德性之根",父母子女关系是人类交往发展的基础,这种理念构成了穆索尼乌斯的理论根基。他所谓的哲学意味着形成美德的"实践伦理学",即将斯多葛的理念作为指导生活在传统社会形式和实际中的生活方式的一般准则。与柏拉图"君主也应该像哲学家那样思考"的观点相反,穆索尼乌斯·鲁弗斯认为,君主——世间存在的君主——应该实践哲学。这种观点进一步被下面这个事实论证,即"哲学"主要意味着实践伦理学,它是用来形成一般认为君主应具备的德性的。从这一点考虑,穆索尼乌斯的论述类似典型的希腊"君主演说"形式,在这种形势下,君主权被认为是有合法正当的,并强调发挥其实践美德(如正义和自我控制)的作用。

爱比克泰德的论说比穆索尼乌斯更具挑战性和质疑性,并且是"治疗性"

---

① 鲁弗斯是爱比克泰德的老师,是晚期斯多葛学派的领袖人物。他大约生活在公元1世纪,当时的哲学家,尤其是斯多葛学派的学者都曾经遭受过驱逐。与其他斯多葛的忠实追随者一样,他基于伦理道德的立场,在自己被驱逐之前(公元65年),就吕贝里乌斯·普罗图斯的流放(公元62年)而对尼禄作为人与作为帝王进行了批判。他在尼禄死后返回罗马,此后在维斯帕西安于公元71年对哲学家进行了普遍驱逐时,穆索尼乌斯得到特别的豁免,但接下来似乎又遭到了流放的命运。在他被流放于加拉期间,他在继续自己哲学教师的工作的同时,还积极参与了一些政治活动,包括呼吁公元69年入侵罗马的军队停火休战,停止暴力;控诉p.艾格纳提乌斯·塞勒尔和巴里亚·索拉努斯;力劝雅典人不要在狄奥尼修斯剧场举办角斗比赛等,参见 Christopher Gill, "Stoic writers of the imperial era," in Christopher Rowe and Malcolm Schofield, eds., *The Cambridge History of Greek and Roman Political Thought*, Cambridge University Press, 2000, p.601。关于鲁弗斯的生平,可参见 C. E. Lutz, "Musonius Rufus: 'The Roman Socrates'," *Yale Classical Studies*, 10, 1997, pp.14-17。

的,旨在去除错误的伦理信念,由此"治愈"对话者的人格。①它们的作用及其中包含的政治思想的特征可以通过对实践伦理学的三部分程序的审视而了解,这是爱比克泰德学说反复呈现的、独具特色的特征。第一步就是检验你的欲望与嫌恶,确保你寻求的是道德上的善,弃除的只是道德上的恶。第二步是审视你对待家人和社会关系的方式,目的是不仅要确信你用恰当的方式处理这些关系,还要确定这种方式反映了第一个阶段的绝对美德。第三步是检验前两个阶段使用的伦理道德之间的逻辑关系,确保他们彼此一致,并符合你自己对它们的理解。实践伦理学的这三个阶段的程序并不是用来替代斯多葛课程的三阶段(一般指逻辑—伦理—物理),而是作为补充并为它做准备。②从表面看来,与社会和政治关系相关的只有这一程序的第二阶段,但是这一阶段需要放在整个程序的背景中加以考虑。而且,整个程序就像穆索尼乌斯对社会关系的建议一样,如果涉及斯多葛关于人类伦理发展的理论就能更好地理解了,这一理论被爱比克泰德和其他斯多葛学派学者视为"亲密"(familiarization)或"据为己有"(oikeiōsis)。oikeiōsis 包含两个相关的方面——个人的与社会的。个人的"据为己有"的主要特征是从想要获得"更好的"物质好处(例如健康和财富)到明白这些东西与美德相比不过是"无关紧要的东西"(matters of indifference),只有美德才是唯一的真善和唯一能真正有利于自己的。社会的"据为己有"的主要特征是认识到人类天性的根本关联特征,并想要如同利己那样有利于他人。"据为己有"的每一个方面都包含了从一般传统理解到哲人般完全而非常清晰的智慧这样一个发展过程。③

爱比克泰德实践伦理学的三重程序恰好适用这种理念结构。他的论说中有关这种程序的应用也有助于解释个人和社会方面"据为己有"的联系,以及传统和圣哲对这一内容理解之间的联系。第一个步骤与个人"据为己有"(意识到德性的绝对优越性)的主要特征有关。第二个步骤——集中在身份和关系——与社会"据为己有"的主要特征(人类的关联性)相关。在强调二者之间的本质联系上,爱比克泰德突出了父母子女之间的纽带,这种个人之

---

① 关于爱比克泰德(约公元55—135年)的生活我们知之甚少。他出身于佛里吉亚的希拉波利斯的奴隶之家,曾作为埃帕弗罗迪图斯的奴隶来到了罗马,后者是尼禄最有权力的被释奴,他最后恢复了爱比克泰德的自由。他师从穆索尼乌斯学习斯多葛哲学,并在罗马成为了斯多葛教师。图密善于公元89年驱逐所有哲学家时,爱比克泰德在希腊的尼科波利斯建立起一所"学院",此地是罗马和雅典之间的要道,在这里他曾被包括哈德良皇帝在内的许多希腊和罗马的显贵拜访。C. Gill, *Epictetus: The Discourses, Handbook, Fragments*, Everyman Paperback, 1995.

② Epict. *Diss.* III.2.1–5; I.4.11, II.17.14–18, III.12.12–15.

③ 关于 oikeiōsis 方面的论述,可参见 J. E. Annas, *The Morality of Happiness*, Oxford Universtiy Press, 1993, pp.262–276。

间和社会关系联系的方式构成了人们理解认识德性是唯一的善意味着什么的重要路径。第三个步骤标志着爱比克泰德实践伦理学的程序与斯多葛以逻辑学为开端的三阶段哲学课程之间的关联。爱比克泰德认为这种课程的目标不仅仅只是理论上的智慧,而是一种由它指引的生活方式。他还声称我们社会交往的方式还反映出我们将圣人的理解和生活方式作为我们的目标,还没有获得智慧的生活不过是一种预演罢了。

爱比克泰德对政治冲突的论述也遵循了同样的思路。他指出,无论外界存在何种压力,德性之门永远向我们敞开。斯多葛哲学的"自由"也将接受不如人意的后果视为不可避免的和由神意决定的,这种做法使我们的愿望与宇宙的神圣理性相符合。"如果你愿意,你就是自由的。如果你希望如此,你就不要责备任何人,也不要控诉任何人。所有的都符合你自己的思想,同样,也都符合上帝的意旨。"[1]此外,爱比克泰德也提出这样的问题,即像圣人那样思考是否适于每个人,同时通过什么样的生活方式我们可以最有效地"预演"圣哲情怀。由此,爱比克泰德证明了斯多葛早期思想中的两条思路。正如他清晰地表明的那样,社会实践参与是趋向圣哲行为和态度的有效手段。

第二节 整体国家观下的双国度理念

一、神与人的国度:塞涅卡的双国度概念

西塞罗逝世一个世纪之后,罗马出现了另一个著名的元老院元老,也是一位天才演说家——塞涅卡。他是继西塞罗之后又一个用拉丁语写作并散发着哲学魅力的作家。[2]将西塞罗与塞涅卡进行比较,可以清晰地看出不同

---

① *Diss.* I.17.28.

② 有关塞涅卡的传记和研究的文章,参见 *Aufstieg und Niedergany der römischem Welt* II. 36.3(1989), pp. 1545-2012; in Christopher Rowe and Malcolm Schofielded, eds., *The Cambridge History of Greek and Roman Political Thought*, Cambridge University Press, 2000, p.532。

时代的人们对政治生活的感受发生了重大的变化。①从漫长的历史长河来看，塞涅卡生活的时间只比西塞罗晚了一个世纪，但二人身处的环境和反映的观点却表现出不同的特点：一个反映的是帝国统治下的罗马看法，另一个则是共和国末期罗马的视角。出身于富裕骑士家庭的塞涅卡同西塞罗一样，将传统上包含政治理论的哲学道德（moralis pars philosophiae）视为哲学最重要的分支。不过他没有对不同政体形式的特点著书立说，对法律是否有效这一点上似乎也没有表现出什么信心。②并且一般认为，塞涅克的哲学道德只限于从其个人角度进行论述。③此外，二人都将自然理性视为善和合理的准则，但西塞罗常用"自然法"（laws of nature 或 natural law）来表示自然理性，而塞涅卡更倾向用神（god, gods）这样的概念。④无论西塞罗还是塞涅卡都持一种整体国家观的看法，但塞涅卡的这一观念下暗含的是一种比西塞罗的"共和国"更加宽泛、更加庞杂的双国度概念。

---

① 关于西塞罗和塞涅卡的对比，萨拜因指出两人在哲学信仰之间几乎没什么本质上系统性的区别，二人都秉持斯多葛的哲学理念。他们都将共和国的时代视为罗马政治上大致成熟但此后走向衰落的时代，但西塞罗认为恢复罗马这一全盛期是完全可能的，而身处帝国时期的塞涅卡则对此表现出相反的悲观情绪，认为罗马已经步入了衰败的老年，共和国的黄金时代已经一去不返了，参见乔治·萨拜因：《政治学说史》上卷，邓正来译，上海人民出版社，2008年，第222页。米里亚姆·格里芬认为二者在写作对象上是一致的，都是写给志在从事公共事务的人、元老院的元老和骑士等。此外，就二者的作品来说，如果不对政治思想和政治理论的范围做细致的限定的话，塞涅卡的思想就是西塞罗的延续，例如献给尼禄的《论仁慈》就与写给独裁者凯撒的《致马尔塞洛》类似，只不过塞涅卡在运用政治化的颂词进行理论描述方面比后者更加深入。在《论恩惠》（de Beneficiis）中，塞涅卡同西塞罗一样为罗马统治阶级提供了社会道德规范的准则，不过他通过既矛盾又夸张的告诫式的激励方法对其做了进一步的加工，参见 Miriam Griffin, "Seneca and Pliny," in Christopher Rowe and Malcolm Schofield, eds., *The Cambridge History of Greek and Roman Political Thought*, Cambridge University Press, 2000, p.533；Miriam Griffin, *Seneca, a Philosopher in Politics*, Oxford University Press, 1976, pp.149–150。
② *Clem.* 1.23, *Ben.* III.16.1; cf.*Tac. Ann.* XIII.27.
③ See A. Momigliano, "Seneca," *Quarto contributo alla storia degli studi classici e del mondo antico*, Rome, 1969(1950b), pp.239–256; J. M. Cooper and J. F. Procopé, *Seneca, Moral and Political Essays*, Cambridge University Press, 1995, pp.XXIV–XXVI. 不过米里亚姆·格里芬认为塞涅卡的著作并非只关注个人道德，事实上，塞涅卡时常涉足的是更社会性而非个人的、更公开而非私密的伦理审查领域的活动：在王室中的言论自由、实施司法权的精神、支持候选官员时或公务中对官方活动决定财政拨款时辨别力的必要性、身处的政治环境是适合从政还是适合从政治活动中隐退等，参见 Miriam Griffin, "Seneca and Pliny," in Christopher Rowe and Malcolm Schofield, eds., *The Cambridge History of Greek and Roman Political Thought*, Cambridge University Press, 2000, p.533。
④ Miriam Griffin, "Seneca and Pliny," in Christopher Rowe and Malcolm Schofield, eds., *The Cambridge History of Greek and Roman Political Thought*, Cambridge University Press, 2000, pp.545–546.

在《论仁慈》(de Clementia)与《论恩惠》(de Beneficiis)中,塞涅卡提出了两个基本且相关的概念,即神的旨意和人的社会性。之所以说相关是因为,塞涅卡清晰地指出神意为他所钟爱的人类提供了安全保证,鼓励他与其他人生活在有组织的、和谐的社会中。[1]他认为,自然与神都是指宇宙及宇宙所有部分的神圣理性。在他看来,神的世界与人的世界是统一的。所有人是自然为了同一目的、使用同一物质创造的共同体中的一员,因此在这个共同体中,人们是相互联系的、具有理性的同胞。理性中蕴含了至善的品质,它让人模仿并趋向神。此外,自然理性赋予人们社会活动性,是人们团结合作的基础。不过,塞涅卡认为人们除了生活在由所有人组成的共同体之外,还同神一起生活在一个更大的、真正公共的社会里:

> 我们必须知道,我们生活在两个共同的国度,即两个国家。一个伟大的国家,为所有人真正共同拥有,这就是众神和人同在的国家,她没有边界,太阳照耀的地方都是她的国土。另一个国家,我们因为出生而登记在它的簿册上——我指的是雅典、迦太基,以及其他的城邦,它们不属于所有人,而只属于有限的一些人。有的人要同时服务这两个国家,也就是这个较大的国家和那个较小的国家,而有的人只为其中的一个服务。[2]

由此可见,在塞涅卡的哲学理念中,"神"的国度具有了更具体、更形象的地位。斯多葛哲学中"世界国家"的理念在这里得到了明显的体现。此外,塞涅卡的双国度理论还体现在他对统治者、政体形式、行为准则,以及人们的公共生活等的论述中。

斯多葛哲学将思想与身体的关系比作神的理性(logos)或神意与尘世的关系,塞涅卡则将之比喻为统治者与共同体(res publica)的关系。[3]很明显,这种观点明确地表明君主不可能与他人共享权力,或者同他的任何国民行使同

---

① Ben. IV.18.2–4, IV.17.1–4, VI.23.3–4, cf. Clem. II.5.2. 这种联系西塞罗也有提到。这两种相关的概念经由形而上学和人类天性与正义接近斯多葛学派的基本观点,参见 M. Schofield, "Two Stoic approaches to justice," in Laks and Schofield, eds., Justice and Generosity: Studies in Hellenistic Social and Political Philosophy, Cambridge University Press, 1995, pp.191–212。

② 塞涅卡:《道德和政治论文集》,约翰·M. 库珀、J. F. 普罗科佩编译,北京大学出版社,2010年,第236页。

③ Clem I.5.4.西塞罗也曾将这种类比关系比作法律和城邦之间的关系,表明在适用于统治者时,更接近于统治者是法律的化身的感觉。M. T. Griffin, Seneca, a Philosopher in Politics, Oxford University Press, 1976, p.138.

样的权力。《论仁慈》的第一卷叙述了希腊化关于王权的著作中涉及的有德的统治者的许多主题。尽管书中那句："我是被神中意并被选来作为神的代表为世人服务的吗？"含糊地表达了君权神授的观点，①但毫无疑问这种神授的君权是不受任何限制的。统治者享有的权力可与神对个人和国家的权力相比，但他同样要承担义务。他必须将神的正义、恩惠和仁慈付诸实施，即他必须像他希望神对待他的那样对待他的子民。此外，他必须克制自己的言行，以符合自己的身份。这就是马其顿国王的传统准则中"高贵的奴役"这一最高规则。②如果君主的统治配得上他的头衔的话，他不仅会得到子民的支持和保护，还会得到他们像对神一样的尊敬和崇拜。然而尽管因值得称颂的行为得到尊敬的观念包含在罗马对死去的优秀君主奉若神明的传统中，但统治者自己并不是神。在这种尊敬中，他是屈尊于神的位置，但却是"人上之人"。因此，这种理念与帝王崇拜之间并没有真正的联系。塞涅卡的理念根植于斯多葛哲学的一个悖论——"只有智慧之人才是王"，因为除了不像神那样有永恒的时间和方法去实施他的美德之外，有智慧的人是能够通过他的品德展现出跟神一样的特质的。一个人的美德，并且只有这种美德才是塞涅卡认为的统治者即使在活着的时候也值得被尊敬的原因。③神是通过什么方法在世人中挑选自己的代理人呢？ 在《论仁慈》中，塞涅卡视世袭继承为平常之事，但事实上，他对统治者获得权力的方式并不在意："没有什么比仁慈更能称得上统治者了"，"无论什么方式、无论他获得权力基于什么样的法律基础"。④对统治者来说，一旦大权在握，合法性也不是他所关注的，因为没有任何法律可以限制统治者的行为，神赋予他的是神自己所掌握的生杀大权。塞涅卡笔下的尼禄吹嘘道："我将法律从腐朽和黑暗中带进了光明，而现在就像法律要求我那样审视着自己。"⑤他自己选择去观察，而且他可以也应该无视法律的规定而用他的权力去拯救生命，他的权力不仅比之于神，还可以比之于一个父亲（罗马的 *patria potestas*，即家父权，合法地赋予父对子的生杀权力和奴隶主享有的权力）。⑥

---

① 亚当和格里芬都认为君权神授的观点是暗含其中的。T. Adam, *Clementia Principis*, Stuttgart, 1970, pp.49–50; Miriam Griffin, *Seneca, a Philosopher in Politics*, Oxford University Press, 1976, p.148.这与普林尼的观点形成了对比，后者认为塞涅卡的君权神授论是非常明确的，《论仁慈》中"生杀大权是神予他的权力"这句话证明了这一点。

② *Clem.* I.8.1.

③ *Clem.* I.10.3. 进一步的讨论，参见 M. T. Griffin, *Seneca, a Philosopher in Politics*, Oxford University Press, 1976, pp.219–221。

④ *Clem.* I.19.1.

⑤ *Clem.* I.1.4.

⑥ *Ben.* III.18.3.

与塞涅卡理想中的统治者概念相关的另一个重要的概念是政体形式。虽然当塞涅卡谈到统治者时并没有推定说这是君主制下的统治者,但他却将传统的君主与暴君之间进行了对比。同柏拉图以法律为界准的统治路线不同,塞涅卡将其分为善或恶的行为,尤其是仁慈的与残暴的区分。塞涅卡非常明确地论述道,僭主与君主(好的统治者)在权力上是一样的,但是君主会为了公共的善而约束自己。因而,苏拉,无论他怎样声称自己尊重宪政,都被称为暴君(僭主)。事实上,塞涅卡故意对统治者的称号不予关注,这不仅体现在他给尼禄提供的建议是适合"元首或君主"的,并且在讨论中交替使用rex和*princep*s这些词,还体现在他用了*princeps*、国王及公共秩序守护人这些人可以容忍的词。①塞涅卡指出,尽管理想中的统治者并没有外部的法律或政体的限制,但他所在的位置必将赋予他特定的职责,正如社会中每个人都有要承担的角色一样。②统治者的职责是要给臣民树立良好的品行榜样,统治者要尽力去除恶,用耐心给予他们教化感召,必要时甚至予以惩罚,以此召唤臣民们的善。塞涅卡在文中暗示道,统治者教导的美德是一般传统认为的德性,为了与他的主题更加契合,他尤其强调了仁慈(*clementia*)这一品质。仁慈的含义在希腊语中没有相对应的词,不过博爱(*philanthrōpia*)这一希腊词可以表达其中的一部分含义。塞涅卡仔细地区分了仁慈与其他相关的概念,如怜悯(*misericordia*)、宽恕(*ignoscere*)、饶恕(*venia*):仁慈与怜悯的不同在于原因,而不是情感;与第二和第三个词的区别在于,仁慈并不是对应该处罚的不处罚,也不是对其免予或减轻处罚。塞涅卡对仁慈最终定义为"适度地减少应做的行为,即节制",也就是说对一些能够合理对待的惩罚做出的最适度的选

---

① *Clem.* I.4.3.米里亚姆·格里芬指出尽管尼禄从未明确地被称为*rex*(君主),却包含有这一含义,而塞涅卡也是借提出建议之机将*rex*(君主)的头衔与*princeps*(元首)等其他结合起来。但在经历了他们最后一个暴君统治的时代之后,罗马人就对国王的头衔感到憎恨。据说奥古斯都在意识到用罗慕路斯之名意味着称帝野心之时便决定用奥古斯都这样的名号,因此,塞涅卡必定是有意地让他的读者——应该是比就职演讲时面对的元老院成员更广泛的接受过教育的群体——去关注元首统治的现实,而不是这一委婉的称号。他试图通过提倡一种新的思想的方式坦诚地接受基于历史理由产生的元首制,而不是假装旧有的共和制依旧存在,并且试图将元首树立成这种规范典型,让人们就此接受我们有一个君主这样的事实,然后为元首设定理想王权所具备的品质。Miriam Griffin, "Seneca and Pliny," in Christopher Rowe and Malcolm Schofield, eds., *The Cambridge History of Greek and Roman Political Thought,* Cambridge University Press, 2000, pp.542-543.
② 塞涅卡将君主的地位冠以*pater patriae*(家父权),比作父亲对子女的权力,并将其与奴隶主的地位区分开来。*Clem.* I.18.1.

择。①由于人是生而为公共的善的社会动物,因而统治者大力鼓吹仁慈的品质并用神的旨意来加强人类社会的联系纽带。塞涅卡指出即便是伊壁鸠鲁学派也将仁慈视为最适于人类的品质。但是只有掌权的统治者才最有机会展示这一品质——忽略自己受到的伤害,宽恕内外战争的敌人并对造成他人伤害的行为予以惩罚。②塞涅卡对仁慈品质的强调源于当时的政治状况。他大体上清楚地表明了它与人类社会功能的相关性,就像斯多葛学派认为的那样:"没有学派更仁慈、更宽大、更博爱,或者说对公共的善更加关注,因此它宣称自己的目标是有用的,它关注的不仅仅是自己的利益,更是每一个人、是所有人共同的利益。"③此外,塞涅卡还在《论愤怒》(On Anger)一书中强调"愤怒"这一可叹的恶行在一个独裁者身上是怎样给他人带来灾难,并将自己置于危险境地的。他用外国君主、罗马的将军和官员和卡利古拉等许多可怕的实例描述了愤怒的习惯是如何将仁慈抛弃一边,并最终走向了残暴的。从人类社会博爱这一自然基础出发,他论证了对统治者而言,伴随愤怒的不应该是应得的和必须的惩罚,而是改革罪犯、威慑作恶者、保护社会。

不难看出,塞涅卡在论述"仁慈"这一品德时,是将对特定德性的研究同传统的王权主题结合了起来。尽管"仁慈"与社会正义的德性类似,但对这种品德的强调表明了塞涅卡的一种观点,即想保证好的政府,最重要的因素并不是政体的形式和法律的限制,而是对统治者良好品行的教育及给予他如何最好地运用权力的恰当建议。因此,仁慈是针对权力附属阶层的人实施的,

---

① *Clem.* I.1.8. 这一定义似乎可以灵活地适用于审判系统(*cognito*)。只要他们遵照塞涅卡的建议,所有人包括君主、元老院、行省长官和罗马地方行政官都有足够的机会遵循帝王的先例。这些法庭不像共和国后期的审判法庭那样一定按法律的规定施以处罚,而是会考虑各种减轻处罚的因素,如被控违法者的年龄和威慑、改革、安全等问题,每一个案例都会依据惩罚的基本原则进行检验。Miriam Griffin, "Seneca and Pliny," in Christopher Rowe and Malcolm Schofield, eds., *The Cambridge History of Greek and Roman Political Thought*, Cambridge University Press, 2000, p.540. 维斯博斯基也曾经提到君主利用其对其他市民适用,尤其是在司法审判中的应用。C. Wirzubskiz, *Libertas as a Political Idea at Rome during the Late Republic and Early Principate*, Cambridge University Press, 1950, pp.150–153.
② *Clem.* I.22–24. 此外,西塞罗曾经在他对斯多葛原则的描述中,指出对弱者的保护和保护他人的职责之间的关联,见 *Fin.* III.66。
③ *Clem.* II.5.2.

是统治者品德的一种体现。①作为尼禄的老师,塞涅卡自己就在对年轻的君主进行这方面的教育和提出建议。《论仁慈》其中一个目的就是通过对具体实践的阐述,用奖惩结合的办法试图引导尼禄走向正确的道路。《论愤怒》中提出的对特权阶级孩子的教育问题就说明塞涅卡在具体方法的考虑,“我们不能激起他们的怒意,也不能磨灭他们的天赋……受到鼓励和给予信心会激发这种心理,然而却会引起自大和兴奋易怒性。我们必须引导孩子,时而抑制约束,时而鼓舞激励,不要向两个极端发展……对于任何成功或值得称赞的行为,我们应该允许他激昂但不可以自吹自大,因为愉悦可以让人情绪高涨,高涨的情绪则会带来自负和对自己不切实际的高估”②。

除了为统治者的权力找到合法的来源,塞涅卡还为社会上层阶级提供了行为准则。他的通信人要么是像他自己那样的元老院元老,要么是骑士阶层,塞涅卡自己就出身于骑士阶层,而且他的弟弟阿奈乌斯·梅拉也属于这一阶层。不过,这一阶层的大多数都担有公共职务,因为帝国体系最重要的一个发展便是雇佣骑士阶层担任公职。有的任元首的财政代理,比如西西里的检察官路基里乌斯;③有的担任地方官,如塞涅卡的岳父庞培·保利努斯就是科恩萨普兰的地方长官;还有的任罗马军队的指挥官,如阿奈乌斯·瑟拉努斯是消防队官员。

在塞涅卡的著作中,与西塞罗《论义务》的思想最接近的是写于公元56—64年间的《论恩惠》一书。其形而上学的基础,即神意和人的社会性,与西塞罗的著作及《论仁慈》类似。不过,西塞罗和塞涅卡的关注点不同。在论及人类内在的社会本性时,二者有时用自然一类的术语,有时用神意的措辞。但

---

① 罗马共和国时期,它是统治阶级成员公认的、针对外来敌人的一种美德。但是不久成为朱利乌斯·凯撒在内战中为了战胜国内的对手采取的主要宣传手段。西塞罗直觉地意识到希腊关于王权的著作在这种独裁专制条件下的适用性,并将其用在《致马尔塞洛》(*pro Marcello*) 和《致里加列奥》(*pro Ligario*)的演说辞中,对与罗马的仁慈(*clementia*)意思接近的希腊品德:*epieikeia*(节制、忍耐)、*praotēs*(温和)和 *philanthrōpia*(博爱、仁慈)大加赞扬,参见 *Marc.* 9,12,18; *Lig.*29—30。不管凯撒的结局如何,仁慈在奥古斯都当做冠冕堂皇借口的四项美德中占有一席之地,并成为后世皇帝美誉的象征。克劳狄乌斯将其纳入自己即位后的承诺之中,而事实上他变得残酷无常,并对正当的司法程序嗤之以鼻。塞涅卡在关于克劳狄乌斯之死(公元54年)的一篇讽刺作品 *Apocolocyntosis* 中将死去的帝王作为即将即位的新君品质的对立面,对其滥用司法权的行为大肆嘲弄。这些行为都出现在塞涅卡起草的尼禄即位的演说辞中,其即位后明确宣称要将这些行为统统杜绝殆尽,参见 *Apoc.* 7.5, 12.3.19, 10.4, 14.2; Tac. *Ann.* XIII.4.2。
② 当塔西佗在描述布鲁斯用他的严厉和塞涅卡用他堂皇的灵活控制危险的年轻君王,以期将他从偏离美德的歧途引向有节制的放纵时,脑海中浮现的可能就是这段话。Tac. *Ann.* XIII.2.
③ 给他的信件有 *de Providentia, Quaestiones Naturales*;*Epistulae Morales*。

是西塞罗常用到自然法这样的概念,而塞涅卡更倾向用神的概念。塞涅卡的神意更个性化,而且他也更禁止对神的模仿。西塞罗提到神的恩赐和他们赋予我们维持社会关系的责任,对塞涅卡而言,神的恩赐则是用来纠正人们可能行为的一种模板。[①]他们的例子教导我们要不求回报的付出,包括对那些忘恩负义的人。对那些不值得的人也要为了表达我们对他们祖先的尊敬而施恩于他们,对分享那些不是出于私利的共同利益满怀感恩。

另一个不同是自然社会性是否能指导人们在共同体的生活。西塞罗清楚地表明了"据为己有"这一自然法则赋予人类的理性社会本能指引我们建立共同体并学会从我们的同伴那里获得帮助,[②]然后建立了城邦,保护我们的财产。我们通过互惠互利满足了彼此的需要。他否认人们过有序的集体生活是为了供给生活必需品,认为那是颠倒了原因与结果之间的关系。塞涅卡赞同西塞罗的看法,认为社会本能及我们应该善待同伴的信念并不是人们创造出来以弥补自己的弱点的,而是内在的。不过,对塞涅卡而言,神意给了人们理性和本能选择有序的集体关系,这样他们能够通过相互服务确保安全。因而,塞涅卡通过神将社会起源的两种不同方法结合了起来,神的动机是帮助人们克服自己的弱点,同时又将自身包含的社会美德作为人的目标。塞涅卡最激励人心的是他描述的神对人的关注的观点,但是这种个人化的神性微光不像克利安西斯和斯多葛学派那样,仅仅是为了达到教育目的而展开的修辞手法,或者说"只是比喻"。[③]如果以上的论点合理的话,关于社会的起源似乎又有了一个新的说法。

塞涅卡通过阐述善行(beneficia)和义务(officia)之间关系来说明为什么利益的给予、接受和回报应该被视为人类社会的基础。虽然予人恩惠是人作为人的义务,并且一般来说,通过意图履行和理性的特点就是义务的特点,然而恩惠和义务之间还是有区别的,尽管这个区别比较晦涩。给予者在没有义务的情况下做出的善行使人产生感激之情,这种对他人善行的回报就是一项义务,即履行义务。[④]接受他人的恩惠产生了友谊关系,进一步的互惠则继续巩固了彼此的联系。[⑤]鉴于家庭的联结决定了彼此的义务,那么要想那些没

---

① *Ben.* I.1.9–11, IV.25.

② *Off.* I.12, II.14.

③ L. Edelstein, *The Meaning of Stoicism*, Harvard University Press, 1966, p.34.

④ 塞涅卡声称这种观点来自他人,他在其他地方的论述也说明了这一点,例如 *Ben.* VI.18.1–19.1。不过也有一些不同的说法,例如 *Ben.*II.18 提到说互惠互利是相互的义务,就像父母子女、丈夫与妻子的义务。西塞罗指出同样一个行为在接受者看来是恩惠(*beneficium*),在给予者看来则是义务(*officium*),见 Cic.*Off.* I.48。

⑤ *Ben.* II.18.5, 21.2, *Clem.* I.9.11.

有出生或婚姻关系的人之间产生联系的话,最主要的方式就是利益的交换,但塞涅卡并不认恩惠的功效在于攸关给予者的荣誉、影响力和权力。他认为,"游戏"即社会进程的维持对人类社会很重要,予人恩惠的道德收获对个人很重要。"游戏者"通过给对的人以恩惠而取得游戏的胜利,但最终物质上的回报并非重要的。接受者则不论赠予者的态度如何,都视做出回报为自己的义务。这种建立在赠予与接收不对等之上的道德准则有利于社会实践的维持,因为赠予者不会因接受者的不感恩而不予施恩,而接受者也不会因为缺乏物质的回报不敢接收。①在这一施受的过程中,精神层面不易受到财产方面的损害,因为接收人的物质回报是履行了感恩义务之外的额外付出,②这里面的态度是提倡将存在的机会最大化。赠予者继续给予有形的恩惠,接受者则尽可能地给予实际的回报。③

塞涅卡的《论恩惠》一书揭示了罗马精英的社会道德观。元首制将一些新的元素纳入了慈善的规则。塞涅卡的写作思想中有统治者与被统治者两种不同类型的人。书中提到的多是皇帝的慷慨善行,他或者给元老们金钱,或者授予官职,或者赦免他人,不过也有给所有人公民权和豁免权的行为。这里也提出了利益互惠的问题:我们作为整体的一部分应对接受馈赠怀有怎样感恩的心,更难的是我们该如何回报。塞涅卡还提到了"君主和那些接受者之间的不平等,他们的财富位置决定他们可以给予很多却得到很少",然而这些有权势的人实际上得到了忠诚与服务。④塞涅卡自己的地位让他敏锐地意识到它的重要性:

> 我将告诉你那些身居高位的人需要的是什么,他们拥有一切,唯独缺少——有人告知他事实,将他从伪善之言和谎言中解救出来,那会迷惑他,让他习惯被阿谀奉承而不是听实话,让他无从知晓事实真相究竟如何。⑤

塞涅卡对元首作为恩惠者的恰当行为进行的描绘涉及了《论仁慈》中的一些主题,如令人愉悦的馈赠是那些不高高在上的、带有人性人情的,即便它

---

① *Ben.* II.35.2–5, VII.16.

② *Ben.* II.33–34.

③ B. Inwood, "Politics and Paradox in Seneca's *De beneficiis*," in Laks and Schofield eds., *Justice and Generosity: Studies in Hellenistic Social and Political Philosophy*, Cambridge University Press, 1995, p.259.

④ *Ben.* V.4.2.3.

⑤ *Ben.* VI.30.3.

来自地位高于我的人，也是他们基于平等的立场与姿态给予的。尤其对君主来说，恩惠不仅要有恰当的动机，还要有合乎理性的行为。尽管只有智者才能正确地判断何时、何地、为何、如何及给予谁恩惠，其他人也能够尽其所能做出理性的判断。奥古斯都和克劳狄乌斯分别被视为正面和反面的典型。一个元老说："从神圣的奥古斯都那里，我愿意得到判断，从克劳狄乌斯那里我希望取得利益。"也就是说，从奥古斯都那里得到的是理性的判断，而克劳狄乌斯的给予就像机缘那样是"偶然的和随性的"。①提比略则是另一种错误做法，他要求贫困的元老就像在法官面前那样证明自己应得这些馈赠，将善行变成了伴随着苛责的道德评判。这样的轶事引发了塞涅卡的评论："即使对君主来说，为了羞辱而给予馈赠的行为也是不恰当的。"②塞涅卡与帝国其他的作家一样强调慷慨馈赠的行为要有良好的判断力。

关于公共服务方面，塞涅卡认为良善之人有以某种身份为他人提供服务的道德义务。在这一点上，他同西塞罗一样，都对伊壁鸠鲁学派只顾追求自己的私利而无视公共利益的做法持批判的态度。③塞涅卡坚持认为个人的休闲生活应致力于服务哲学，斯多葛的原则主张，人们从青年时期就投入到哲学研究中或者在从事公共服务若干年后将自己的责任交付给另外的人。人们应该做有利于自己同胞的事，要为大众利益服务，因为将修善视为自己生活方式的人从道德上时刻准备着给予他人利益。他接着又谈到了普遍的宇宙准则。他认为宇宙存在有两个共同体：人们自己生活其中的稍低的共同体和整个世界这样的较高的共同体。在较高的这个共同体内，所有的人和神都是同样的，都是整个世界的同胞。一些准则两者都适用，有一些则只适用于其中一种，我们可以通过道德的修炼和自然哲学的研究，让神见证他的杰作，从而在闲暇时光里更好地为这个更大的共同体服务。此外，斯多葛学派倡导

---

① *Ben.* I.15.3–6.

② 塔西佗对提比略的做法多了份赞同，他认为相比而言，尼禄过于不加区别地对贫穷元老施以馈赠。Tac. *Ann.* XIII.34; *Ann.* I.75.3–4.

③ 事实上，塞涅卡比普林尼或西塞罗更强烈地表达了独裁统治造成的道德冲突。他不断地重复这个问题，即一个人是否应该在某些情况下远离公共生活几年或者彻底地脱离公共生活。他所考虑的这些因素早已被西塞罗和萨鲁斯特在共和国的条件下讨论过了——如在一个道德败坏的共和国，为了实现政治上的野心需要恶的手段。但是新的政治环境也让这些问题凸显出来，尤其是他在 *de Tranquillitate Animi* 中提到：危险可能会妨碍到行动或演讲的自由，沉默的坚持也许是为自己的同胞服务的最好办法；共和国的状况让良善之人无能为力；一个人可能因为会置他于危险的自由言论倾向而不适于公共生活，或者因为他的傲慢轻蔑而不适合宫廷生活。Miriam Griffin, "Seneca and Pliny," in Christopher Rowe and Malcolm Schofield, eds., *The Cambridge History of Greek and Roman Political Thought,* Cambridge University Press, 2000, pp.555–556.

至高的善依于自然的生活，但是自然本性给了人们求知欲，给了人们宇宙的中心这样一个他可以审视的地位，给了人们一个身躯让他可以俯首沉思天意，还给了人们思想让他可以从理性的世界继续走向真理的远方。因此，人们用自然给予的有限生命去思考和注视是与自然符合的。最后，斯多葛哲学主张自然让我们行动和思考，而人们思考的结果通过著书和教导服务于人类才是满足了自然的要求。因此，塞涅卡主张的公共生活与西塞罗有一些不同之处，他认为良善之人不一定非要在拥有政治权力的时候才能服务于他人，他可以经由与他人之间的关系或者仅通过哲学思考就能做到这一点。"这使得古老的斯多葛学说获得了一个明确的转机，即每个人都是两个国家中的成员：一个是公民的国家——他在其间是一个臣民，而另一个是由所有有理性的人组成的更大的国家——他因其人性而属于这种国家。"[1]在这里，他不再将人类限制在某一个城市的范围之内，而是放眼这个世界，宣称世界是人类生活的更大的国家。因此，在塞涅卡看来，相比于担任公职、行使政治权力、制定法律、统率军队而言，像芝诺和克吕西波这种经由自己的思想去教导他人而成为人类导师的人成就了更伟大的事业。他们针对的不是一个政府，而是整个人类；他们所说的话不仅对当代少数人有益，更对将来的人大有裨益。[2]

塞涅卡的双国度理念表明他将神意的基本原理、人的社会本性和世界城邦用来阐明政治权力的运用、统治者和被统治者之间的关系，以及统治阶级的义务。因此，塞涅卡的政治思想既抽象又具体，既与他所处的时代相关，又具有现实普遍性。

二、世界公民与世界国家：爱比克泰德与奥勒留的整体国家观

出生于小亚细亚弗里几亚的希拉波利斯的爱比克泰德是晚期斯多葛学派的另一个著名代表人物。他曾经是奴隶，后来在帝国宫廷里任职。爱比克泰德自己并没有著述，其四卷《论说集》（*Encheiridion*）和他教学的总结《指南》（*Handbook*）是由他的学生、历史学家阿里安用希腊语记录下来的。这两部著作都是关于实践伦理学的，并以半正式的对话形式呈现，补充了斯多葛课程中许多正式的教导内容。爱比克泰德的整体国家观念体现在他的宇宙观，以及关于世界公民、世界国家的论述中。

爱比克泰德认为，世界万物都是相互联系的整体，世间万物的和谐有序

---

① 乔治·萨拜因：《政治学说史》上卷，邓正来译，上海人民出版社，2008年，第223页。
② 塞涅卡：《哲学的治疗》，吴欲波译，中国社会科学出版社，2007年，第40、42、70、74页。

都是受到了神的主宰：

> 神让植物开花，植物就都开了花；神让它们长出嫩芽，于是嫩芽就长出来了；神让它们结果，于是果实就结了出来；神让果实成熟，于是果实就成熟了；神让果实落下来，于是果实就落了下来；神让叶子落下来，于是叶子就落了下来；神让它们蜷起来静静地休息，于是它们不都静静地休息去了吗！①

人的灵魂亦是如此。它是神存在的一部分。人们拥有理性，可以思考，在感觉和理智两个方面都有被事物感动的能力。这些都来自神，神能俯瞰万物，可以与包括人在内的所有事物沟通和交往。爱比克泰德将圣哲理想化，将人的思想状态与宇宙的理性联系起来，并由此获得思想的平静，同时他还将"不如人意"的事情视为神意的影响。爱比克泰德曾经用苏格拉底的例子来说明人与神之间的关系，他说当苏格拉底被问道是哪里的人时，他的回答是"我是一个世界公民"，而从不说自己是雅典或科林斯等城邦的人。他假设说如果一个人已经超脱了国家的视阈，以世界各国的统治为自己的研究对象，并且认识到无论多么伟大的统治实际上都是由人和神共同组成的，而且我们的思想、理性都是来自神意，那么为什么我们还局限于一国一城，为什么不能将自己、将人类视为世界公民呢？②

此外，爱比克泰德还认为作为世界公民，人具有主导作用，应该自觉地担负起应尽的义务。他说，人有理性，人的最高能力就是人的意愿，它是完全不受任何约束的自由并且具有控制其他一切的能力。除此之外，人还是一个世界公民，是整个世界中居于主导地位的最重要的一部分。人不仅能够理解神对世界的神圣统治，还能够通过推理和思考由此引起的相关问题。③那么作为世界公民来说，他的义务是什么呢？爱比克泰德认为，人首先要记住整体高于部分，国家高于公民的准则。在思考问题的时候，不要把自己当作一个独立存在的、与其他毫不相干的个体来进行思考，也不要把任何事情当作是个人的事情。他用人的身体进行比喻，假如人的手和脚也具有理性、能够理解自然的构造的话，它们在行动的时候绝对不会不考虑整个身体的。因此，正如哲学家所说的那样，如果良善之人有预知能力的话，他定会采取合作的态度面对和帮助疾病、死亡的到来，因为他明白这些都是宇宙（神）指派下来

---

① 爱比克泰德：《爱比克泰德论说集》，王文华译，商务印书馆，2009年，第83页。
② 爱比克泰德：《爱比克泰德论说集》，王文华译，商务印书馆，2009年，第58页。
③ 爱比克泰德：《爱比克泰德论说集》，王文华译，商务印书馆，2009年，第201—202页。

的。我们一般人虽然没有办法预见将来,那么我们就要坚守本质上更适合我们的事务,做好自己的职责。①

爱比克泰德的思想深深地影响到了一个世纪后的奥勒留②,后者曾称爱比克泰德为自己的导航星,并且在自己的作品中常常引用这位精神导师的话语。③同爱比克泰德与塞涅卡一样,奥勒留也持整体国家观的态度,并且认为人与神都生活在一个更大的共同体中。这些理念体现在他对人与宇宙的关系、人的社会性和世界国家的论述之中。

奥勒留认为,相比于宇宙而言,人只是其中极其微小的一部分。我们要记住"整个宇宙的性质是什么? 我的性质是什么? 二者之间有何关系? 我是怎样的一个整体中的一个怎样的部分? 没有人能妨碍你,令你在'言与行'方面不与自然协调,而你正是那自然的一部分"④。奥勒留指出,在宇宙间的所有事物都是上下呼应、彼此协调的,它们各有自己的命运,各安其职,相互之间和谐共处。⑤在他看来,每个人都与别的事物存在三种联系:第一种是与自己周边的物体,即自然的联系;第二种是与产生所有事物的主宰产生的联系,即神或贯穿宇宙的人的理性;第三种是与自己共同生活的人们之间的联系,即社会联系。⑥

奥勒留相信理性的动物也是一种社会动物。他认为世间一切事物都是为了理性动物安排的,理性动物为了所有事物的利益而努力。每个人都是人群组织的一分子,因此其行为也应该成为共同生活的一部分。与宇宙万物相

① 爱比克泰德:《爱比克泰德论说集》,王文华译,商务印书馆,2009年,第202页。
② 马尔库斯的《沉思录》大概写于其生命的最后12年间,大部分内容是有关于威胁罗马帝国北部边境的德意志部族之间的军事战争。这些文章反映出自从青年时期,斯多葛哲学就是他生活的一个很重要的部分。这部著作似乎是部纯粹的个人笔记。除了第一卷以一种相对结构化的方式,记录了马尔库斯对他的老师、父母等人的道德谢意之外,十二卷本的著作包含了大约五百个记录他思考的短篇,这些思考没有清晰的组织原则。克里斯托弗·基尔认为,对其最好的理解是将其视为穆索尼乌斯、爱比克泰德和其他人的实践伦理学中的写给自己的内省作品,这种内省包含处理方法和建议,参见 Christopher Gill, "Stoic writers of the imperial era", in Christopher Rowe and Malcolm Schofield, eds., *The Cambridge History of Greek and Roman Political Thought,* Cambridge University Press, 2000, p.612。这部作品可能没有标题,第一个现存标题为To Himself,是16世纪MS. Edition的带有注释的译本。关于对这部著作的一般性研究,参见 p.A. Brunt, "Marcus Aurelius in his *Meditations*," *Journal of Roman Studies* 64, 1974, pp.1-20;R. B. Rutherford, *The Meditations of Marcus Aurelius: A Study*, Oxford University Press, 1989。
③ 王乐理等:《美德与国家——西方传统政治思想专题研究》,天津人民出版社,2015年,第51页。
④ 奥勒留:《沉思录》,梁实秋译,译林出版社,2013年,第14、50页。
⑤ 奥勒留:《沉思录》,梁实秋译,译林出版社,2013年,第52页。
⑥ 奥勒留:《沉思录》,梁实秋译,译林出版社,2013年,第72、92页。

比,人与人之间应该更善于合作。他以尘土终归大地、液体总会汇聚为例,说明事物包括人在内都倾向于与同类一起生活。他进一步指出,我们出生在这个世界上原本就是为了彼此互助,这种社会关系的纽带就是理性,这不是一点点血缘或种子的共有,而是理智的共有,都是神性的一种流溢。①

关于国家,奥勒留着重论述的是根据一般的规则形成的生活状态,例如宇宙公民权、自然法或理性法,以及人类的兄弟情谊。不过,这些理念需要结合限定范围表达的自我建议来考虑,他认为要做出适合罗马人的行为。此外,作为帝王,他警惕自己不要成为凯撒式的人或者"沉浸王权而不可自拔"②。这种生活方式既符合罗马传统政体标准,又符合斯多葛"依照天性(或美德)生活"的理念。这一理念被马尔库斯在用斯多葛"双重公民权"的理论时加以总结如下:

> 有益的事情是过符合自己政体形式和天性的生活。我的天性是理性与政治的。同安东尼一样,我的城邦和祖国是罗马,而作为人类,则是整个宇宙。对我而言唯一的善就是做有利于这两个城邦的事。③

这段话关于个人和社会伦理道德发展结果的理论框架与爱比克泰德是一致的。这种结果既是根深蒂固的德性优先认知(对马尔库斯来说,尤其表现为他对自己帝王角色的意识),又是圣人的"宇宙观"的德性表达。我们将之视为"宇宙公民权"或者"人类的兄弟情谊",若以之前强调的理论思路来看,是将"内在的神性"或"理性"与宇宙的理性结合了起来。马尔库斯有时强调说,这样做并不仅仅是一种反思,它还能够帮助人们在"有限约定"的范围内(localized commitments)过一种更高尚的、更理性的生活:

> 每天早晨告诉自己:"我将会遇到一些人,他们是多事的、令人厌恶的、粗俗的、欺诈的、邪恶的或者不知合作的……"但是我明白做错事的这个人从天性上来说是我的兄弟,不是因为我们有着同样的血缘,而是我们拥有相同的思想和神性……我无法对我的兄弟生气或者憎恨。我们生而共同劳作,就像双手、双脚、上下眼皮,就像鳞次栉比的上下牙齿那样相依相偎。

---

① 奥勒留:《沉思录》,梁实秋译,译林出版社,2013年,第80、108、116、134页。
② *Med.* VI.30.
③ *Med.* VI.44, III.5.

存在于内心的神性应该对成年的人、政治家、罗马人和统治者负责。坚持到底的人们，就像等待生命的启示，随时准备从生命的战场撤退，寻求解脱，他既不需要誓言，也不需要人类的见证。①

由此可见，奥勒留始终坚持是理性将人与神结合成为一个共同体。他认为，如果说智力是我们共有的，那么让我们成为理性动物的理性也必然是共有的，也就是说让我们该做什么、不该做什么的理性必然也是共同的。这样，我们便是服从于一个共同的法则，我们就都是公民，我们就都是一个共同体中的成员。如果是这样的话，那么宇宙就是一个国家，并且从这个国家中我们获得了智识、理性与服从法律的本能。②总而言之，无论从自然理性的层面还是从国家的层面，奥勒留的思想同这一时期的斯多葛学派学者一样，都渗透着整体国家观的理念，而在这种整体观念之下，双国度的概念渐渐清晰，并直接影响到了基督教的教义与神学体系的形成与发展。

第三节　藐视权力的自由意志论

于希腊化时期产生的斯多葛学派，从本质上来说更注重个人的内心感悟与道德素养。这种特点在帝国时期的思想家身上有着明显的体现，他们主张宁静致远的生活方式与生活态度，对闲暇舒适的哲学生活充满了向往与追求。从思想深处来看，他们甚至觉得所有的事物都是虚无、转瞬即逝的，"芸芸众生犹如风扫落叶"，"短暂是一切事物的共同命运"，每个人能享受的时间是无垠中渺小的一部分，"一转瞬即消逝于永恒中"。③他们都对权力的争夺抱有一种批判的态度，因此在他们的论述中，似乎少有对政治统治、政治权力的系统论述，即便论及，也多从神意、理性、道德方面阐释。他们偏重的是意志上的自由和道德上的义务。

塞涅卡认为，没有哪个国家能够容忍有智慧的人，而有智慧的贤哲似乎也无法容忍某个国家。例如，被视为高度民主化的雅典判处了苏格拉底死刑，亚里士多德也被逼流亡异国，即便是这样的民主城邦里，美德也被嫉恨打败。另一个国家迦太基也曾被视为文明的、政治化的国度，然而这里纷乱频发，正义与良善被人们弃之一旁，有德行的人的自由受到威胁，即使本国的公民也被残

---

① *Med.* II.1, III.5.
② 奥勒留：《沉思录》，梁实秋译，译林出版社，2013年，第29页。
③ 奥勒留：《沉思录》，梁实秋译，译林出版社，2013年，第126、148页。

忍地对待。①因此,塞涅卡主张在这种情况下,人们应该退隐。他认为人们在任何时候都要践行沉思,"首先,一个人甚至可以从少年时代起,就全身心地投入对真理的凝视与沉思之中,探寻生活的道理,并且暗自践行这个道理。其次,每个人都有权利在履行完公务的时候进行这样的沉思凝视……"②他并非主张人们不要进入公共生活,而是认为当公共领域已经堕落,邪恶已然占据公共生活的时候,智者就不必做无畏的争斗和无益的牺牲。即使公共生活处于完好的状态,人们身处公共生活时,也应该安定下来,过一种闲暇的生活,让自己沉浸在学问之中,从中得到身心的宁静和道德的回归。塞涅卡与西塞罗不同,后者主张积极地从事公共生活,塞涅卡则认为公共服务的职责不一定要求人们进入公共生活,即使退隐也可以尽责,甚至是更好地履行职责:

> 我们可以探究什么是美德,美德是只有一个还是数目众多,是自然还是艺术叫人拥有德性;承载着大地和海洋以及其上一切事物的容器是一个整体,还是神让他们各自单独存在;万物所由来的物质是连续不断的还是分散的,是一个实体还是由虚无和实体组成的混合体;神的所在是哪里,他对他的造物是无为而治还是积极有为,神是虚无缥缈还是会无处不在;这个世界是永恒不灭的,还是属于那短暂的有一天终将毁灭的事物之列。那些沉思默想的人,对神做了什么服务呢? 他叫神的伟大成就有了见证。③

塞涅卡的隐退并不是指无所事事,而是说隐退也要为子孙后代的利益工作。如果隐退的生活就是懒散、享乐,而不肯用心思考并将自己的心得感悟表现出来的话,那么这种美德就是不完全的、软弱的。因此,他主张要将自己终日苦思所得的结果变成现实,通过行动去验证德行的进步。他认为,哲学家的这种思考甚至比领军作战、治理国家的成就更大,因为他面对的不只是现在,还为将来的人提供了德性的准则,这种哲学的退隐要比他人的喧嚣汗水更有益于全人类。④

① 塞涅卡:《道德和政治论文集》,约翰·M.库珀、J.F.普罗科佩编译,北京大学出版社,2010年,第241页。
② 塞涅卡:《道德和政治论文集》,约翰·M.库珀、J.F.普罗科佩编译,北京大学出版社,2010年,第234页。
③ 塞涅卡:《道德和政治论文集》,约翰·M.库珀、J.F.普罗科佩编译,北京大学出版社,2010年,第236页。
④ 塞涅卡:《道德和政治论文集》,约翰·M.库珀、J.F.普罗科佩编译,北京大学出版社,2010年,第239—240页。

爱比克泰德认为,一个手握重权的人并不像表面看起来那么风光,他们往往是不自由的,其内心也是充满痛苦的。他曾经举例说道,一个身兼两个行政官职位的人可能会认为自己是非常有权势且非常自由的,但或许他的父亲或母亲,或再往上数的某个祖先就是一个不自由的奴隶。而且即便身处要职又如何呢?他可能整日要揣摩圣意、战战兢兢,甚至一不小心行差踏错便会面临灭顶之灾,这样的权势又何谈自由呢?[1]总的说来,爱比克泰德对权力持有的是一种蔑视态度,他提到说暴君总是说"我是全世界最有权力的人",但这样有权的人能为我们做什么?能让我们的意愿不受任何阻碍吗?事实上,君主连自己想要的东西都无法顺利得到,遑论其他人了。虽然罗马的皇帝赐予我们伟大的和平,不再有外敌和强盗,但他却无法保证我们永远处于和平与安宁之中,也无法阻挡天灾与疾病带给人的痛苦,更不能让我们无忧无虑、远离悲伤的情绪,他也无法永远保护我们。[2]爱比克泰德甚至还用生活中的盘子、油壶作比来鄙视有权势的君主,认为这些东西只是因为对我有用,我才在乎它们。君主也是如此,大家也只是觉得君主有某种用处,才在表面上顺从,而并非从内心深处去尊敬、效仿。

　　与蔑视权力的思想相关的,是爱比克泰德对自由意志的推崇。他认为,人首先是一个独立的个体,人最高的能力就是拥有自己的意愿,它不仅控制着其他一切能力,而且是完全自由的,不受任何的奴役和束缚。其次,人有着认识自己又认识其他的能力,即理性的能力。这种能力是神赐予我们的,也是所有能力中最优秀的能力,它能够正确地运用表象参透事物的本质。[3]"如果你能关心这个能力,并且让它来管理你所有的一切,那么你将再也不会悲伤哭泣,再也不会怨天尤人,再也不会媚颜奉承他人。"[4]因此,对于那些与我们紧密联系在一起的,如身体、财产、亲人等,我们就要充分利用属于我们能力范围之内的东西,对于其他不属于我们的,就让其顺从自然本性。对于自由意志而言,善与恶从本质上而言都是自由意志。我们应该让自己内心趋同善而避免恶,因为人自身是完全能够控制住自己并且有着独立的判断能力的。爱比克泰德接着说,尽管人已经拥有这样的能力,而且这种能力是自由的、完全属于自己,但如果它掌握在没有受过教育或者意志薄弱的人手里,就会让他们越发自鸣得意。因此,对于不同的人来说,理性和非理性,就如同善与恶、有利与无利一样是有着很大的不同的。所以我们需要通过教育来学会

① 爱比克泰德:《爱比克泰德论说集》,王文华译,商务印书馆,2009年,第458、465页。
② 爱比克泰德:《爱比克泰德论说集》,王文华译,商务印书馆,2009年,第362页。
③ 爱比克泰德:《爱比克泰德论说集》,王文华译,商务印书馆,2009年,第8—9、201页。
④ 爱比克泰德:《爱比克泰德论说集》,王文华译,商务印书馆,2009年,第11—12页。

"如何在符合自然本性的条件下，把我们对理性和非理性的天然认知正确地运用到具体的实际情况中"①。而且，为了确定理性与非理性的界限，我们不仅要评估外在事物的价值，还要考虑到自己的本性。因此，在爱比克泰德看来，接受教育，并不是为了改变事物的结构，而是意味着学会把每一个自然的把握性概念，都合乎自然地运用到另一个特殊事例上去，从而进一步对我们所能控制的事物与不能控制的事物做出区分。②"爱比克泰德的理论地位，在于他凸显了自由意志的存在，凸显了它在人们的价值判断和行为抉择中的作用，也曲折地谈及自由意志与理性的相互联系。"③在这一点上，爱比克泰德道出了自由的真相，即在意志之外的自然或物质领域是人们权能之外的东西，人们不能支配和决定，便只有服从其自然本性；而在意志领域，人是完全可能自己做主的，便要充分利用我们的意志决定如何行动。因此，他建议在面对外物的索取和欲望的满足上，人们应该保持节制的美德；人的价值，在于真实地按照自己的意愿生活，遵循内心的独立、自主与尊严，而不必顾及社会地位和政治处境，这才是真正意义上的自由。④

爱比克泰德还认为人除了自由的意志，其本性中还具有一种伙伴关系，并且可以从人与人之间的交流中得到快乐。从本质上来说，人是一种社会性动物。人们生活在人世间，便会受到在尘世的身体和同伴的限制，受到周边外物的束缚。就连神也是如此，如果他没有做出有利于大家的事情，他就根本不会享有美德的功绩和名声。同理：

> 神在创造理性动物的本性的时候，就是要确保，如果这些理性动物没有为了公共的利益做出任何贡献的话，那么他们自身也就不会获得任何利益。⑤

因此，生活在世间的人们要负有一定的义务，例如作为儿子就要听从父

---

① 爱比克泰德：《爱比克泰德论说集》，王文华译，商务印书馆，2009年，第21页。
② 爱比克泰德认为世间万物都是神安排的，而神安排的都是互相对立的事物，例如神不仅安排了夏天、丰衣足食和美德，还安排了冬天、灾荒饥馑和丑恶与之对应，这样整个宇宙才能和谐统一起来。既然世间万物都顺乎自然、各得其所，那么我们接受教育就是让自己的心永远与发生的事物和谐一致。爱比克泰德：《爱比克泰德论说集》，王文华译，商务印书馆，2009年，第76—77页。
③ 王乐理等：《美德与国家——西方传统政治思想专题研究》，天津人民出版社，2015年，第204页。
④ 王乐理等：《美德与国家——西方传统政治思想专题研究》，天津人民出版社，2015年，第205页。
⑤ 爱比克泰德：《爱比克泰德论说集》，王文华译，商务印书馆，2009年，第105页。

亲的教导、尊敬父亲,绝不做有害于父亲的事,也绝不要说有害于父亲的话,还要尽力与父亲合作;作为兄弟,就要爱护兄弟,向他让步,这样你会得到他的感激;作为进入公共生活,为公共服务的人员,不要忘记自己的职责。在做任何事情的时候,都要考虑下事情的先后缓急,要严格按照规矩行事。同时,还要注意自己的健康,因为正确地对待身体就是善,错误地对待身体就是恶。①此外,既然我们都是神创造的,我们的理性都是神赋予的,神监视着我们的一切,我们对神也负有一定的义务:既永不违背,也不怨天尤人;坦然接受神给予我们的一切;凡是我们必须做的,我们就积极地去做;凡是无法回避、必须忍受的,那么我们也乐意地忍受。这种观念与心态同古典时期对理性、美德、信仰的价值有关,也为中世纪对神意的崇敬打下了理念的根基。

作为晚期斯多葛学派的另一个代表,奥勒留同爱比克泰德一样持自由意志的观点,但奥勒留的重点放在了个体基于理性的道德义务上,并且认为人不仅是宇宙中的个体,更是政治生活的一部分,对国家负有应尽的政治义务。②

作为罗马的帝王,奥勒留身上难得地保有"平等"的意识,他认为人们在理性和权利上是平等的。首先,从理性上来说,理性的人性是自然的一部分,就好像叶子从本性上是属于树木的一样,但人的本性与叶子的本性还不相同,因为叶子的本性是无感觉、无理性的,而人的本性则是有理性的、公正的、自然的,它是平均分配的,每个人都会分配到自己应得的时间、本质、形式和环境。③奥勒留认为,自然是一视同仁的,一切事情的发生都是没有差别的,都是按照自然顺序的。宇宙中只有一种本质、一部法则、一个共有的理性和一个真理,它们都来自同一个根源——神,也就是所谓"冥冥中自有主宰"。④其次,罗马帝国的公民都是平等的,他谈到自己从父亲身上看到一个君主纡尊降贵,将自己视为和普通民众平等的地位;⑤同时他还从自己的兄弟那里,学习到对家庭、真理和公道的爱,"我懂得了爱我的亲人、爱真理、爱正义;从他那里我接受了一种以同样的法对待所有人、实施权利平等和言论自由平等

---

① 爱比克泰德:《爱比克泰德论说集》,王文华译,商务印书馆,2009年,第202—204、370页。
② 王乐理等:《美德与国家——西方传统政治思想专题研究》,天津人民出版社,2015年,第206页。
③ 奥勒留:《沉思录》,梁实秋译,译林出版社,2013年,第88页。
④ 奥勒留:《沉思录》,梁实秋译,译林出版社,2013年,第103、72页。
⑤ 这里的父亲指的是他的养父安东尼·潘尼厄斯皇帝。据说奥勒留年幼时聪颖过人,深得当时的哈德良皇帝(公元76—138年在位)的赏识,曾称他为 Verissimus(most truthful)。之后哈德良认安东尼为养子,作为日后的储君,但条件是安东尼要认奥勒留和韦鲁斯为自己的养子和继承人。奥勒留:《沉思录》,梁实秋译,译林出版社,2013年,第8页。

的政体的思想,以及一种最大范围地尊重被统治者的所有自由的王者之治的观念"①。

奥勒留认为,凡是符合自然之道的都是值得做的,我们不要被别人的批评议论所左右。他人有他人的想法,我们也要追随自己的本性,即宇宙之道。遵循爱比克泰德的理论,奥勒留也认为做事要遵从正确的理性,要诚恳、勇敢、从容、专一。如果我们能够把握住这一点,满足于自然所准许的活动,那么就没有人能阻止你,因此"作你灵魂主宰的理性,不可被肉体的任何活动所骚扰"②。同样,奥勒留认为人们有理性、有自己的意志,可以在意志范围内发挥理性的作用:

> 你可以不受任何束缚,在极度的宁静心神中生活下去,尽管全世界都在叫嚣着反对你,尽管野兽把你的四肢一根根地从给你肉体的躯壳上扯下去。因为这一切并不能使心灵丧失宁静,并不能使它失去对外境之正确的判断力,并不能使它无法使用"它所能支配的事物",所以对于所遭遇的一切,你的判断力依然可以说:"事实上你不过是如此,不管一般人说你是什么。"你是使用者,你依然可以对供你驱使的事物说:"我要寻求的正是你。"③

奥勒留虽然因循了爱比克泰德的自由意志说,但他的理论在于强调人的道德义务。奥勒留区分了人类意志范围内的事物与超脱人的意志的自然事物。对于属于人为自由意志的事情,他主张应该尽自己的道德义务。奥勒留认为,人性首要的特点就是人与人之间的义务感,这是理性的表现。同时,理性的本质是要支配感觉和欲望的,它不含有鲁莽的成分,不会误入歧途,所以理性就要坚持这些特质,勇往直前,发挥自己应有的作用。④例如,他教导人们要常常自问:"我做了什么有益于公益的事了吗?我已受了充分的报酬。永远要作如是想,不可懈怠你的努力。"⑤奥勒留认为,我们要有一个和善的性格,要合乎自然生活,随时准备照顾朋友的利益,对没有知识的人和不讲道理的人抱有宽容之心。此外,要坚定不移地尊重他人、热心施善、保持乐观、信任朋友,当有人来请教问题时,要坦白直言,任何时候都不要口出怨言。要像大丈夫那样坚定,无论做什么事都要严肃而不虚骄,要怀着慈悲之心、自由而

---

① 奥勒留:《沉思录》,梁实秋译,译林出版社,2013年,第9、7页。
② 奥勒留:《沉思录》,梁实秋译,译林出版社,2013年,第24、51页。
③ 奥勒留:《沉思录》,梁实秋译,译林出版社,2013年,第83—84页。
④ 奥勒留:《沉思录》,梁实秋译,译林出版社,2013年,第81页。
⑤ 奥勒留:《沉思录》,梁实秋译,译林出版社,2013年,第129页。

公正地待人处事。同时，要时刻记得，凡是理性之人都是我们的同类，要关怀所有人，因为这是合乎人性的。①总之，谨记要有所节制，只做必需的事，做宇宙一分子的理性要求的事。②

奥勒留从自由意志出发，主张人负有道德上的义务，并以此为基础，进一步阐发人对国家、对公共利益的政治义务。他认为，一切事物都是互相纠缠在一起的，几乎没有一个事物不与其他事物发生联系，有理性的人更是如此。因为世间万物经过编排，共同组成一个和谐有序的宇宙。因此，我们从出生就是这个世界的公民，这些有理性的公民组成了家庭、聚会、政治集团，彼此之间建立了友谊、亲情，以及战争中的缔约关系。在他看来，每个人都与别的事物存在三种联系：第一种是与自己周边的物体，即自然的联系；第二种是与产生所有事物的主宰产生的联系，即神或贯穿宇宙的人的理性；第三种是与自己共同生活的人们之间的联系，即社会联系。③所以虽然奥勒留主张克己苦修，但并不赞同隐退。他认为，既然我们是人群的一分子，那么我们的行为也应该成为共同生活的一部分，我们就要为了彼此的利益、为了公共利益而做事，去做对人类有益的事。只有对人有恩惠或是对公共利益有所贡献时，才是尽了我们自己的本分。④

奥勒留的理论继承了前人思想的精髓，他的特殊之处在于坚持国家的整体观念，并将其与个人的意志自由和道德义务结合起来，表现为将"我有权利要求这样"同"我有义务接受这样"视同一致，从而达到人格和观念上的升华。这对于我们理解公民的意志自由、处理国家与个人的关系、理清伦理道德与政治观念的联系等，都是有启示意义的。⑤

① 奥勒留：《沉思录》，梁实秋译，译林出版社，2013年，第4—5、13、21页。
② 奥勒留：《沉思录》，梁实秋译，译林出版社，2013年，第33页。
③ 奥勒留：《沉思录》，梁实秋译，译林出版社，2013年，第72、92、105页。
④ 奥勒留：《沉思录》，梁实秋译，译林出版社，2013年，第108、114页。
⑤ 王乐理等：《美德与国家——西方传统政治思想专题研究》，天津人民出版社，2015年，第209页。

第五章　帝国晚期及中世纪的神学政治观

　　与共和国时期和帝制早期的政治思想相比,帝国晚期(指西罗马)及中世纪的政治思想虽仍有"整体观点"的特点,[①]但这一观点强调的中心是政治权力来自于上帝或上帝的代表,统治者要对上帝的代表负责。

　　在拉丁基督教的视野中,古希腊罗马人的"国家"观也具有新的含义。国家是一个由共同的法律凝聚起来的统一的文化世界,人类在其中被联合成一个不可分割的整体。这是一个有组织的共同体,包括人类的全部生活,即世俗生活与宗教生活。在中世纪,随着基督教会逐渐占据统治地位,宗教权威由最初的内部依据转化为外部依据。[②]这一时期,曾被城邦理论排挤到幕后并植根于俄尔普斯—毕达哥拉斯学说的宗教流派与新柏拉图体系再次融合,为建立一个统一的政治学说规范创造了合适的宗教生活土壤。[③]

第一节　基督教神学对整体国家观的冲击

一、尤西比乌斯的政治神学观

　　凯撒利亚的尤西比乌斯(Eusebius of Caesarea, 约260—339年),可以说是

[①] 这一观点是想把中世纪的思想与现代思想区别开来,就后者而言,不同的领域被分为"道德的""宗教的""政治的"等,这种划分从事实上来说是一种典型的和重要的现代发展。J. H. 伯恩斯主编:《剑桥中世纪政治思想史》上,程志敏等译,生活·读书·新知三联书店,2009年,第2页。

[②] 刘小枫编:《西方古代的天下观》,杨志城等译,华夏出版社,2018年,第118、136页。

[③] 除理论思想的构建以外,在现实实践中,异教的国家权力自身也积极尝试。例如罗马皇帝马克西米努斯曾试图用国家权力服务异教教会,参见 Lact., de mort. Pers. 36.4。尤里安在位时,也力争实现僧侣共同体的理想;格拉提安和狄奥多西在位期间,通过皇帝敕令确立了基都教会的绝对统治地位。刘小枫编:《西方古代的天下观》,杨志城等译,华夏出版社,2018年,第137—138页。

基督教会中的第一位政治神学家。①中世纪的政治神学至少有三种可能的模式。一种可以称之为基督教反政治学,它强调的是对 *Perousia*(基督再临)的内在期望:政治要么是本质上腐败的,要么是无关紧要的,因为它会被基督在地上的统治所取代。其代表为德尔图良(Tertullian)或希波吕托斯(Hyppolytus)。第二种模式可以称为基督教古典主义,通过对柏拉图、亚里士多德、斯多葛学派所阐述的经典政治论述进行批判性的神学借用来看待政治。这种模式最终成为基督教传统中的主导模式,奥古斯丁和阿奎那都是其中最有力的代表。②第三种模式可以被称为基督教帝国主义,设想解决政治问题的方法是基督教皇帝统治下的罗马帝国的基督教化。这种观点我们可以在凯撒利亚的尤西比乌斯的思想中看到。③

尤西比乌斯的政治神学思想尤其体现在《君士坦丁颂》(*Laus Constantini*)

---

① 尤西比乌斯确切的生卒年月已不可考,一般认为他大约生活在260—340年。例如,美国学者麦克吉佛特曾根据史料指出尤西比乌斯出生的年份不可能早于260年太多,而其死亡日期大致应在339年末或340年初。麦克吉佛特:《优西比乌:生平、作品及声誉》,林中泽、龚伟英译,上海三联书店,2015年,第4、47页。尤西比乌斯由于是凯撒利亚的教会长老和殉道者潘菲鲁斯(Pamphilus)的密友和忠诚的仰慕者,因此也被称作尤西比乌斯·潘菲利(Eusebius Pamphili)。有学者,如布莱德利·路维斯(V. Bradley Lewis)认为他可能出生在巴勒斯坦的凯撒利亚,并在那里度过了早年的时光。V. Bradley Lewi, " Eusebius of Caesarea's Un-Platonic Platonic Political Theology," *The Journal for Ancient Greek Political Thought*, 34, 2017, pp.94-114.关于尤西比乌斯的生平,参见 J. B. Lightfoot, *A Dictionary of Christian Biography*, ed. William Smith and Henry Wace, John Murray, 1880, Vol.2, pp.308-348; Timothy D. Barnes, *Constantine and Eusebius*, Harvard University Press, 1981。
② 虽然奥古斯丁的思想有时被认为体现了第一种模式,但加拿大学者约翰·冯·海金在其著作中为第二种模式的观点提供了令人信服的理由。John Von Heyking, *Augustine and Politics as Longing in the World*, Baton Rouge, Louisiana State University Press, 2001.
③ 关于尤西比乌斯和奥古斯丁的思想的对比研究,参见 Edward Cranz,"*De Civitate Dei*, XV, 2, and Augustine's Idea of the Christian Society," *Speculum*, 25, 1950, pp.215-255, at 219-221;他明确地将奥古斯丁的观点描述为"对尤西比乌斯立场的否定",参见 Edward Cranz, "Kingdom and Polity in Eusebius of Caesarea," *Harvard Theological Review*, 45, 1952, pp.47-66, at 48中。

和《君士坦丁传》(*Vita Constantini*)中。①在这两篇文献中,他从宗教信仰出发审视政治问题,又从政治角度考察宗教,这两种思考方式融合在一起展现出一种关于皇帝和皇权观念的政治神学理论。②在尤西比乌斯的政治神学中,最核心的问题是解释和证明基督教社会的正当性。他认为,基督教社会将改变罗马帝国,基督教文明也将取代希腊主义和犹太教成为新的世界文明。在尤西比乌斯看来,希腊哲学的传播为神在基督里的智慧的完全启示铺平了道路。在罗马帝国的影响下,人类的政治统一使基督教教义在世界各地的传播成为可能。

---

①《君士坦丁颂》也被称为《三十周年颂》,发表于335年君士坦丁皇帝即位30周年庆典上。它是一篇高度颂扬性作品,也包含有大量神学内容,特别是有关逻格斯的人格和德行。《君士坦丁传》的具体开始写作的年代无法确定,但尤西比乌斯在第4卷第46章曾明确表示要将《君士坦丁颂》增补到该传中去。可见其成书要晚于《君士坦丁颂》发表的335年。而学者帕斯廓里则认为,《君士坦丁传》是一部尚未完成的作品,尤西比乌斯在写作到一半便已去世,是他的继任者阿卡丘(Acacius)在获得他的手稿后,经过简单的处理公开发表的一部半成品。转引自 Timothy D. Barnes, *Constantine and Eusebius*, Harvard University, 1981, p.263。《君士坦丁传》是尤西比乌斯备受争议的作品。爱德华·吉本在叙述君士坦丁的生平时,曾暗讽尤西比乌斯,"有些人热衷谀媚奉承,经常把失败者贬得一文不值,将全部光荣归于获胜的对手"。爱德华·吉本:《罗马帝国衰亡史》第一册,席代岳译,吉林出版集团有限公司,2008年,第334页。雅各布·布克哈特更是直称尤西比乌斯是"最令人讨厌的歌功颂德者",是"古代头号彻头彻尾不诚实的历史学家"。雅各布·布克哈特:《君士坦丁大帝时代》,宋立宏等译,上海三联书店,2006年,第215页。但也有不少学者给出不同的评价,如埃里克·彼德森认为,尤西比乌斯大体上是一位"政治评论家",同时不可否认拥有一种"神学的历史观"。Erik Pterson, *Der Monotheismus als politisches Problem*, Jakob Hegner, 1935, p.71. 学者理查森也认为,《君士坦丁传》"是由一名有理智和道德能力且充满真诚的作者,借助丰富的材料,在没有蓄意造假和误解的情况下撰述出来的,它也许代表了当时的基督徒对于这位皇帝的基本看法,其准确度和诚实度不亚于后来的'林肯传'或'威廉大帝传'"。Ernest Cushing Richardson, "Prolegomena to Life of Constantine," NPNF2-01, in *Eusebius Pamphilus: Church History, Life of Constantine, Oration in Praise of Constantine*, by Eusebius Pamphilus, Cosimo, Inc., 2007, p.925.
② 厄格尔:《尤塞比乌斯历史神学中的皇帝和教会》,王一力译,刘小枫编:《西方古代的天下观》,杨志城等译,华夏出版社,2018年,第218—219页。近年来,尤西比乌斯的社会和政治思想的某些方面受到了相当大的关注。N. H. Baynes 指出,尤西比乌斯对君士坦丁大帝的演讲包含了对希腊化的王权理论的基督教化;J. Straub 为分析这种关系提供了更广泛的背景;E. Peterson 出色地将尤西比乌斯的君主主义描述为一种"政治神学";H.-G. Opitz 则从不同的角度对这一问题进行了论述。N. H. Baynes, "Eusebius and the Christian Empire," in Mllanges Bidez (Annuaire de l'Institut de philologie et d'histoire orientales, II, Brussels, 1934), pp.13–18; J. A. Straub, "Vom Herrscherideal in der Spätantike," *Forschungen zur Kirchenund Geistesgeschichte* XVIII, Stuttgart, 1939, p.113f; E. Peterson, *Der Monotheismus als politisches Problem*, Leipzig, 1935, p. 71f; H. - G. Opitz, "Euseb von Caesarea als Theologe," *Zeitschrift für die neutestamentliche Wissenschaft*, XXXIV (1935), pp.1–19.

尤西比乌斯用王国(basileia)①的概念来定义人的本性和他的目的地:人是天生的帝王动物,他的目的地是天国。当逻各斯在人的灵魂中放置上帝的形象和肖像时,他"使上帝成为一个有王权的动物,并表明只有他在地球上才能学习以王权的方式统治和被统治"②。王国的意义最终都源自上帝。神性王国在某种程度上是初始的、原型的、现实的,所有其他王国都必须以图像、符号等形式与之相关。在某种意义上,任何人类王国都是一个神圣原始之国的反映和映像,但在不同的历史时代,这种映像呈现出不同的面貌。正如我们看到的,人在最初的状态下是按照上帝的形象创造出来的王国动物。人被创造出来,为的是赞美神和神的王国,为的是在尘世间也有天上耶路撒冷的形象。③如果人类知道自己的伟大,如果他遵循上帝的教导,那么他就会自然地从尘世王国的低级形象变成天堂的高级形象。④但所有人都滥用了他们的神圣自由。他们否认上帝,效仿多神论的虚假形象。结果,人类王国退化为混乱和不断的战争的多头政治和无政府状态,文明逐渐消失,人类沦为动物一样的生活。⑤

但渐渐地在不同阶段,基督(Logos-Christ)使人恢复了他的本性。人们重新认识了君主制。犹太人放弃了多神崇拜,只承认耶和华,尽管他们仍然过于接近他们祖先的多神论。⑥一场缓慢的回归政治和文明的运动在世界各地展开。最后,罗马帝国取得胜利,结束了君主制的混乱,尘世的君主政体变成了天国的君主政体。但犹太人和罗马人对君主制的接受只是其中关于人类的部分,而不是全部基督教的恢复。⑦只有当君士坦丁的基督教帝国和基督教会出现的时候,整个天堂现实的形象才正式出现在尘世中。

① 关于早期基督徒对"Kingdom"(王国)的使用,参见 Theologisches Woerterbuch zum Neuen Testament (ed. G. Kittel, Stuttgart, 1933 -), Vol. I, pp. 562-595; R. Frick, *Die Geschichte des Reich-Gottes-Gedanken in der alten Kirche bis zu Origenes und Augustin (Beiheft VI, Zeitschrift für die neutestamentliche Wissenschaft)*, Giessen, 1928。关于 G. W. H. Lampe 对希腊教父王国概念的一些注释,参见 *Journal of Theological Studies*, XLIX (1948), pp. 58-73。
② *Laus* IV, 2 (GCS VII, 203). Cf. also *Laus* III, 5 (GCS VII, 201); III, 6 (GCS 202); *DE* IV, 6, 7 (GCS XXIII, 16o); *In Psalmos* VIII, 7-9 (PG XXIII, 129C-D).
③ *De Theophania* I, 37; I, 40.
④ *De Theophania* I, 66-77.
⑤ *De Theophania*, I, 78-79; I, 39; *Laus* V, 2. 尤西比乌斯经常将堕落的人和他的社会描述为动物: *DE* VIII, Pr. §6f. ; *Laus* VII, 2; *Historia Ecclesiastica* I, 2, 18f.; *PE* II, 5.
⑥ *Eclogae Propheticae* I, 12; *In Psalmos* LXXXVI, 2-4; *Historia Ecclesiastica* I, 3, 7f.
⑦ *De Ecclesiastica Theologia* II, 22; *PE* I, 1.

（一）教会与王国

尤西比乌斯认为,教会是一种国家机构,是基督在尘世的王国,与世俗国家相对应。但与其他国家血腥的抗争历史相比,教会的斗争不是为了尘世的国家和血亲,而是为了得到灵魂的救赎与安宁。因此,"上帝的统治"与"尘世的王国"相对应且超越后者。

基督来到世上,为天国建立了他的教会。"只有在教会里才有天国的宣示,救赎福音的全部目的都是为了这个天国。救恩的应许,福音的宣讲,以及基督政体的一切盼望,都仰望天国。"[①]基督的教义可以被描述为"人们可以获得天国的律法"[②]。因此,教会是通往天国的一个舞台,它比以往任何社会形式都更接近这个上帝之国。人在堕落之前最终会到达天国,但他只有在离开今生之后才会清楚地知道这一点。[③]堕落摧毁了通往天国的道路。尤西比乌斯认为犹太教是通往天国的一条新道路,尽管人们对此并没有清晰的认知。因为他们的罪行,特别是因为最后的十字架之罪,犹太人失去了王国,犹太教不再是一条通往天国的道路。[④]但如今基督不但向众人传天国的福音;他还建立了教会,教会既通向天国,又是王、天国的映像。[⑤]

尤西比乌斯将这一教义作为天国的映像应用于三个方面:作为教会领袖的基督、他在教会的追随者,以及教会的圣礼。基督不但亲自教导天国里的众人,还做了许多代表它的事情。例如,治愈和驱除恶魔的奇迹是这个王国的模式和标志。[⑥]当基督告诉他的门徒他第二个神圣的神显时,还向他们展示作为天国象征形象的其他面貌。[⑦]

所以基督在教会里的追随者不仅知道天国,而且也描绘了天国的形象,

---

① *In Psalmos* LXXXVI, 2-4.

② *In Lucam* XI, 21.

③ *De Theophania* I, 72.

④ 关于犹太人在天国的潜在参与,参见 *In Lucam*, XIII, 20。关于犹太教的堕落和遗失,参见 *De Theophania* (= *De Secunda Theophania*) ed. Mai, Fragment VI (PG XXIV, 637D-640C)。关于犹太民族认知的缺乏,参见 *De Ecclesiastica Theologia* II, 20; *De Theophania* (=*De Secunda Theophania*) ed. Mai, Fragment XVII (PG XXIV, 673C)。

⑤ *In Psalmos*, LXIV, 2-3.尤西比乌斯很少称教会为王国(cf. *In Isaiam* XXXII, 1-2),并且非常谨慎地谈论基督在尘世的国度: *Eclogae Propheticae*, I, 13; *De Ecclesiastica Theologia*, III, 15。事实上,从耶稣基督正确的"尊贵的"第二次降临的立场来看,尤西比乌斯有时否认基督现在在尘世中有任何王国的映像,参见 *De Theophania* (=*De Secunda Theophania*) ed. Mai, Fragment XXII (PG XXIV, 688Cf.); *in Lucam* XIX, 12 (PG XXIV, 588D-589A); *Eclogae Propheticae* II, 2 (PG XX, 1093B); *Historia Ecclesiastica* III, 20, 4, III, 39, 12f.

⑥ *In Lucam* IX, I (PG XXIV, 544A).

⑦ *In Lucam*, IX, 26 (PG XXIV, 548D-49A); *De Ecclesiastica Theologia* III, 10; *Laus* IV, 2.

这样,真正基督徒的生活就成为天国的象征。①很显然,尤西比乌斯描述了两种象征并将二者作出区分。第一种对应于较低形式的基督教伦理,它可以被理解为人类的"自然"象征,是按照上帝的形象创造的,并受自然法则的指导行动。②第二种对应于更高的禁欲伦理。在这里,人仍然在尘世中和肉体上试图模仿天使的生活,并"用武力夺取天国"。③这种模仿可以说是超越自然的,比自然的形象更充分地代表了天国。教会的圣礼也可以被视为天国的映像。基督在激情前喝的酒象征着天国的皇家盛宴,④基督教徒在新约的神秘故事中就有这样的形象和象征。⑤在五旬节(Pentecost),基督徒放弃了古犹太人的节日仅仅是预言的象征的说法,认为其还背负着天国的形象。⑥

从尤西比乌斯关于王国的讨论中,我们可以清楚地看到,教会和帝国必定是密切相关的。二者都是天国的形象,他们可能会在君士坦丁和主教们的集会上出现,或者它们可以被描述为基督在尘世王国的两个方面——统治和教导。⑦但它们仍然有所不同。帝国统治所必需的力量不同于支持教会教义的理由,而且并非所有的臣民都是基督徒。尤西比乌斯认为,随着时间的推移,帝国和教会将越来越接近最终的基督教统一。他的希望是,随着基督教知识的增加,帝国对武力的需求将会减少,君主制将在很大程度上只是作为统一指导的表达而存在。同时,随着教会的不断发展,它最终会与罗马的世界(*oikoumene*)融合在一起,构建起新的帝国。

(二) 上帝与皇帝

上帝和皇帝是尤西比乌斯政治神学理论中具有代表性的主题。当君士坦丁成为唯一的统治者时,尤西比乌斯就被这位卓越的人物所折服,并将他与基督直接联系在一起。在他看来,在所有罗马帝国的统治者中,只有君士坦丁一人为上帝所爱,是上帝在人间王国的映像和代言人。在《君士坦丁传》中,尤西比乌斯曾描述了一个场景:君士坦丁正在庆祝他掌权二十周年,整个帝国都举行了公众展示活动。皇帝亲自邀请基督教主教参加王宫里的这个

---

① *In Lucam* XIII, 20 (PG XXIV, 569A).
② 尤西比乌斯关于自然与基督教的关系的观点可以参见 *In Lucam* VII, 29-30 (PG XXIV, 540Df)。这里曾用葡萄园的比喻提到,万国被自然法则召入葡萄园,这象征着敬神的政体,通过它人们可以到达天国。
③ *De Theophania* (= *De Secunda Theophania*) ed. Mai, Fragment XVII (PG XXIV, 673D-676A).
④ *In Lucam* XIV, 18 (PG XXIV, 580D).
⑤ *In Isaiam* XXV, 6-7 (PG XXIV, 268B-C).
⑥ *De Solemnitate Paschali* IV-V. (PG XXIV, 697C-7ooC).
⑦ *In Psalmos* II, 9 (PG XXIIII, 88D-92A) ; *Laus* XVI, 4f.

特殊节日,尤西比乌斯说,人们可以把君士坦丁的集会看作是"基督王国的形象"①。对他来说,这个场景体现了基督使新社会成为可能的两个方面。在尤西比乌斯看来,上帝的形象有三种:一是圣父(God the Father);二是基督,天父的原始形象;三是皇帝,基督的映像。从这个角度来看,君士坦丁是基督王权的一个例子,他不仅恢复了逻各斯的真实形象,甚至还以某种方式参与了天国的权力。

尤西比乌斯相当详细地对逻各斯作为原型、君士坦丁作为映像进行了对比论述。他指出,上帝为所有人所崇拜和侍奉,被独一的逻各斯以至尊的方式所崇拜和侍奉,他是统治其他君王的大君王。尤西比乌斯说道:"上帝所亲爱的国王(即君士坦丁)的形象来自于他,并通过他来展现。通过模仿更伟大的王,他引导着尘世中的一切走上正轨。"②但皇帝并非与上帝直接联系,而是通过逻各斯作为中介的。"因为逻各斯,并且通过逻各斯,蒙上帝之爱的皇帝成为天上的统治者的映像,他模仿那位更强大者,管理、引导尘世间的一切。"③逻各斯赋予了人们理性和理解天父王国的能力,而君士坦丁就像逻各斯的诠释者,号召所有人追求更高的知识。"因此,他(君士坦丁)以天国的形象为装饰,仰望着这一原型思想,并统治着与之一致的下层人民。他因服从(神圣的)君主权力而强大。"④

尤西比乌斯以上帝的君主制开始,认为只有上帝是善良、智慧和强大的。上帝"是正义本身的创造者,是理性和智慧之父,是光明和生命的源泉,是真理和美德的宝库,是王权和一切统治和权威的创造者"⑤。但是人怎么知道这一切呢?谁曾见过万物的无形王国或超越一切形式的无形思想?只有通过逻各斯才能将这一知识传递给人类。因此,我们有了可以让人们自学成才的自然知识,有了正义和审慎的种子,有了所有的文化和文明。"而逻各斯作为神与受造之物之间的中介,使人都成为有权柄的动物,并对天国充满企盼。当人类受到挫折跌倒了,他不至迟延,会来到他们中间并且看顾其曾经所撒的种子,使它发芽。他告诉所有的人他们在天国的位置和份额,并且以其在尘世的形象塑造了这个王国。"⑥

君士坦丁大帝被描述为逻各斯在上帝和人之间中介的一个杰出范例。君士坦丁的灵魂被天生的美德所装点,他接受来自上面的神圣的光芒。他的

---

① *Vita Constantini* III, 15.

② *Laus* I, 6.

③ *Laus* C. 1.6.

④ *Laus* III, 5.

⑤ *Laus* III, 6.

⑥ *Laus* IV, 2.

理性来自宇宙的逻各斯,通过与智慧交流而聪明,通过节制的思想而节制。他可以被称为真正的国王,因为他"以帝王的美德塑造自己的灵魂,得以代表天上的王国"①。他是真正的胜利者,"他是以伟大天主的原型思想为榜样,他的思想就像在镜子里一样,是由来自这个原型思想的美德光束所形成的"②。因此,君士坦丁有资格穿上尘世帝国的长袍,但同时,作为一个希望拥有永恒王国的基督徒,他会将所有尘世的王国视为不重要的。"他知道如今的境况不配与万有之神相比,必朽易腐之物犹如河流,不将复返,他渴望神之永生王国……"③

　　除了这些对君士坦丁作为一个理想的皇帝的一般描述,作为理想的基督徒,尤西比乌斯在《君士坦丁颂》和其他著作中经常强调君士坦丁作为第一位基督教罗马皇帝的独特历史地位。尤西比乌斯在一定程度上引用了一些早期思想家的观点,他们认为帝国在上帝拯救人类的计划中扮演了一个重要角色。④ 例如,奥利金(Origen)认为一个统一的帝国对于基督教传教是必要的。⑤但尤西比乌斯比奥利金或其他早期作家走得更远,他在帝国和基督教之间建立了基本的平行关系,认为多神教与战争相对应,而和平和君主制则与基督教相对应。⑥尤西比乌斯在其早期著作和道歉作品中,倾向于把奥古斯都作为关键人物,帝国则作为上帝直接干预历史的例证出现。⑦在后来的作品中,方法略有不同,帝国几乎就是基督教的直接产物。他曾写道:"我们的救世主以其无所不能的能力消灭了恶魔的政体和多神论,向所有的人,向希腊人,向野蛮人,向地极的人宣告一个神的王国。罗马的统治,消除了君主制的根源,将可见的君主制置于从属地位,旨在将整个人类团结在一起成为一个统一且和谐的整体。"⑧尤西比乌斯认为它最终会成功,"因为救世主的教导具有神圣的力量,使一切事情变得容易,为其铺平道路"⑨。由于这种不同的做法,尤西比乌斯后来的兴趣主要集中在罗马帝国的基督教特征上,而成

---

① *Laus* V, 2.

② *Laus* V, 4.

③ *Laus* V, 5.

④ 关于基督教对罗马历史的看法及其与基督教的关系的一般性讨论,参见 E. Peterson, *Der Monotheismus als politisches Problem*, Jakob Hegner, 1935, p.59f。

⑤ E. Peterson, *Der Monotheismus als politisches Problem*, Jakob Hegner, 1935, p.71f; *In Psalmos* II, 9 (PG XXIII, 89A); XLV, 9–10 (PG XXIII, 412B–C); LXXI, 6–8 (PG XXIII, 801D–804A).

⑥ Origen, *Contra Celsum* II, 30.

⑦ E.g. *PE* I, 4 ; *DE* III, 7, 30f.

⑧ *Laus* XVI, 6. Cf. *De Theophania* III, 2.

⑨ *Laus* XVI, 6.

为其论述关键人物的是君士坦丁而不是奥古斯都。

尤西比乌斯还不厌其烦地把上帝对君士坦丁的特殊恩惠讲出来。他告诉我们，在米尔维安大桥战役之前，有一个著名的异象表明上帝对君士坦丁的偏爱，还有很多类似的场景也都有上帝对他的恩惠。[①]这些特殊的恩惠对应着君士坦丁在历史上的特殊地位，意味着他是新的，也是更伟大的摩西。[②]而在《君士坦丁颂》的一段中，他甚至几乎是一个弥赛亚式的人物，单手击败了世间所有的邪恶势力。[③]

这就是尤西比乌斯对君士坦丁及其王国的描述。它是逻各斯在天上的王权原型在地球上的映像，是所有基督徒以逻各斯为中介的王权的一个例子。这也是恢复神圣工作的一个特殊方面，首先通过它的异教形式，然后在它的基督教形式中更充分地表现出来，通过它，堕落的人被引导回到他的真实本性。不难看出，在尤西比乌斯的政治神学思想中，皇帝—帝国—教会是统一的整体。他把上帝的使命，即实现基督在尘世的统治完全委托给了教会；同时，认为帝国对于实现这一使命负有一定的辅助责任；后来，他又将教会的一些特定任务也赋予了皇帝。[④]尤西比乌斯的这种观点影响了后期许多基督教思想家的思想，最著名的是拿先斯的贵格利（Gregory Nazianzus）、尼撒的贵格利（Gregory of Nyssa）、约翰·克里斯托姆（John Chrysostom）、奥罗修斯（Orosius）和亚他那修斯（Athenasius）。[⑤]除此之外，它对凯撒—教皇主义政治理论的发展也很重要，该理论在拜占庭帝国漫长的一生中一直占据着主导地位。[⑥]然而随着西方世界进一步的发展，尤西比乌斯遭遇了强大的竞争对手

---

① 关于尤西比乌斯对最初异象的描述，参见 *Vita Constantini* I, 28-30 (GCS VII, p.21)。不过该阐释已被认为是伪尤西比乌斯论述，参见 H. Grégoire, "La vision de Constantin 'liquidée'," *Byzantion* XIV, I939, pp.341-351; J. Vogt, "Berichte über Kreuzerscheinungen aus dem 4. Jahrhundert n. Chr," *Annuaire de l'Inst. de philologie et d'histoire orientales et slaves*, IX (I949), pp.593-606。关于尤西比乌斯对君士坦丁经常得到神的启示的其他论述，参见 *Laus* XI, 1; XVIII, 1-3。

② *Vita Constantini* I, I2, 2.

③ *Laus*, VII, I2-I3. 不过，也有学者持有不同看法，如 H.博客奥夫认为赢得这场胜利的是 Logos-Christ，而不是君士坦丁。H. Berkhof, *Die Theologie des Eusebius von Caesarea*, Amsterdam, 1939, p.58.

④ 厄格尔：《尤塞比乌斯历史神学中的皇帝和教会》，王一力译，刘小枫编：《西方古代的天下观》，杨志城等译，华夏出版社，2018年，第239页。

⑤ Francis Dvornik, Early Christian and Byzantine Political Philosophy: Origins and Background, *Dumbarton Oaks Center for Byzantine Studies*, 1966, Vol.2, pp.683-685, 689, 697-699, 726-728, 734-737.

⑥ J. M. Sansterre, "usèbe de Césarée et la naissance de la théorie 'céseropapiste'," *Byzantion*, 42, 1972, pp.131-195, 532-594.

奥古斯丁,后者的历史神学思想无论是广度和深度,还是完整性和创造性都远胜于这位君王的拥趸。特别是到494年,教皇格拉西乌斯一世在给阿纳斯塔修斯皇帝的信中阐述了著名的两把剑的教义,确立了精神和世俗的重要区别时,[①]尤西比乌斯的"整体"政治神学理论被遗弃在历史的洪流之中。

二、双国度理论的系统化

尤西比乌斯之后,"古罗马政治结构——实亦暗指整个人类社会——与基督教会、人类的拯救、上帝旨意间的关系问题,成为此时期的中心问题"[②]。这一时期,皇帝是上帝的映像,基督教与罗马帝国合二为一,古罗马帝国,甚至其他的政治结构都被人直觉地等同于"基督社会"。但这种观点并非没有令人质疑或诟病之处,米兰的安布罗斯(Ambrose of Milan)[③]和希波的奥古斯丁就是反对者的代表。

安布罗斯具有强烈的罗马爱国主义和普世救赎思想,虽然他有时将"古罗马"与"基督社会"等同起来,但更多的时候他仍会自觉地将二者区别开来。[④]尤其是在米兰宫廷与梵蒂冈的冲突中,他认为教会拥有受朝拜的地位,宫廷无权借用教堂,并极力声称"神圣之物不受帝国权力制约"[⑤]。安布罗斯认为,皇帝是"教会之子",从属于教会而不超越教会。统治者作为个体的基督徒,要受教会评价的监督。同那个时代的多数人一样,安布罗斯并没有将作为个体基督徒的皇帝与作为一个国家统治者的皇帝区分开来。他认为,基

---

① 关于尤西比乌斯思想的发展,参见 Francis Oakley, *Empty Bottles of Gentilism: Kingship and the Divine in Late Antiquity and the Early Middle Ages (to 1050)*, Yale University Press, 2010, pp.98-137。

② J. H. 伯恩斯主编:《剑桥中世纪政治思想史》上,程志敏等译,生活·读书·新知三联书店,2009年,第125页。

③ 米兰的安布罗斯(约339—397年)是一位出生于罗马基督教家庭的早期教父。他与圣奥古斯丁、教皇格里高利一世及圣杰罗姆并称为教会的"四大拉丁圣师"(Four Latin Doctors)。其代表作《论基督教信仰》目前已有中译本(内含《论圣灵》《论相信复活》《论基督教信仰》《论奥秘》《论悔改》共五篇文章),参见杨凌峰译,生活·读书·新知三联书店,2010年。关于安布罗斯的生平,参见 Angelo Paredi, *Saint Ambrose: His Life and Times*, trans. M. J. Costelloe, Notre Dame, 1964; 关于安布罗斯的完整书目及相应摘要,参见 Boniface Ramsey, *Ambrose*, in Jerome Murphy-O'Connor ed., *The Early Church Fathers*, Routledge Press, 1997, pp.55-68。其主要思想,参见 Neil B. McLynn, *Ambrose of Milan: Church and Court in a Christian Capital*, University of California Press, 1994; Daniel H. Williams, *Ambrose of Milan and the End of the Arian-Nicene Conflicts*, Clarendon Press, 1995 及其论文 Polemics and Politics in Ambrose of Milan's De Fide, *The Journal of Theological Studies*, 46 (1995), pp.519-531。

④ E. g. *Exp.Ev. Luc.* X. 10; *De Tob.* 15. 61; *Exp.Ev. Luc.* II. 36-37.

⑤ *Ep.*20.8, 21.4; *Sermo C. Aux.* I. 8, 30-37.

督徒皇帝应该成为世人的道德标准，教会要担负起塑造公众生活和风俗习惯的重任，从而将罗马帝国变为一个完全基督教化的社会形态。①安布罗斯的这一思想为后来的教皇所接受，他们给尘世，特别是给帝王的权力设定限制，并为教皇拥有尘世管辖权奠定基础。此后，关于宗教权威与世俗权威的争论主要集中在基督教罗马社会中权力的分配问题上。教皇英诺森一世、辛普利西乌斯及杰拉斯一世等人汇集了罗马帝国权力与教会中功能区分的观点。杰拉斯一世认为，作为基督徒的皇帝有义务服从主教的宗教事务决定，主教必须承认皇帝作为帝国统治者为维持公共秩序而制定的法律。②这是"主教神圣权威"(auctoritas sacrata pontificum)与"皇帝权力"(regalis potestas)各自的职责所在。在杰拉斯一世看来，这两种权力要么截然分离，各自有各自的权力范围和职责，要么教会权力凌驾于世俗权力之上，后者是前者的代理人。

事实上，无论是安布罗斯还是后来的教皇们都并未将"基督教会"与"罗马帝国"截然对立。他们都是事先假定二者等同，共同构成了一个单一的政治宗教结构，然后假定在这个政治宗教结构中存在的这两种权力相互依赖、共同存亡，但有着各自不同的权力，承担不同的职责。这一思想，只有到奥古斯丁(Augustinus, 354—430年)出现时，才被质疑和摒弃。

在很长一段时间内，奥古斯丁同所有基督徒一样，认为罗马帝国是上帝为了在全世界建立基督社会特意安排的工具。4世纪末，在狄奥多西一世统治之下，基督教得到官方支持，西方世界各国都臣服于罗马帝国，统一在一个理想化的、共同的基督教帝国中。罗马的统领俨然成为基督在全世界的统治。古代关于异教徒皈依的预言正在实现，基督教帝国的梦想似乎也成了现实。③然而410年哥特人的洗劫，不仅给罗马城带来了灾难和沉重的打击，也重燃了异教徒反对"基督教时代"的火焰。异教徒们声称，在信奉朱庇特时，罗马一直保持强盛，但随着皇帝们信奉基督教，原来的朱庇特神便不再保护罗马人了。为了回应这一困境，奥古斯丁着手《上帝之城》(City of God)④的写作。《上帝之城》是奥古斯丁在晚年所著，折射出奥古斯丁关于"国家"职能最

① J. H. 伯恩斯主编：《剑桥中世纪政治思想史》上，程志敏等译，生活·读书·新知三联书店，2009年，第130—133页。

② Ep.12.2.

③ J. H. 伯恩斯主编：《剑桥中世纪政治思想史》上，程志敏等译，生活·读书·新知三联书店，2009年，第139页。

④《上帝之城》由两部分组成，前十卷主要批判多神教，反映出奥古斯丁受古典文化之熏陶，尤其六至十卷是建立在对新柏拉图主义的理解上；后十二卷则构成了奥古斯丁国家观念的主要内容。Michael Haren, *Medieval Thought: The Western Intellectual Tradition from Antiquity to the 13th Century,* Macmillan Publishers Ltd., 1985, p.53.

为直接的看法。起初,奥古斯丁的意图在于指责异教徒见风使舵、抛弃基督信仰,但之后他的目标就发生了改变。此时的奥古斯丁已经改变了之前的观点,开始反思在上帝的救赎计划中罗马帝国的地位。他逐渐看清,以尤西比乌斯为代表的罗马城的历史使命将在一个完全基督化的社会中完成的理想不可能实现,按照古代预言建立基督教帝国只能是妄想。罗马帝国不是上天安排的不可或缺的救赎工具,即使它的皇帝是基督徒,罗马帝国在宗教上也是完全中立的。奥古斯丁坚决否认将"罗马人"与"基督徒"二者之间画上等号。他认为罗马帝国结构依然是巴比伦的结构,是一个世俗社会,它本身既不神圣也不可怕。人类社会仍然是两个对立城邦的混合体,即地上之城与上帝之城。它们分别对应的是不义的社会与圣人的社会、卑贱者的社会与荣耀者的社会①、不敬者的社会与虔敬者的社会②、被上帝抛弃的社会与被上帝选中的社会、受到诅咒的社会与获得救赎的社会③。

奥古斯丁在《圣经》中发现了远离上帝与建立国家之间的直接关联,在《创世纪》第四章中,他发现了"双城论"的理论渊源。亚伯是神圣联盟的子民,因此作为"朝圣者",他不需要构建新的尘世城市;而该隐通过建立一个世俗国家来模拟上帝之城。这个尘世中的国家充满内外纷争,只能通过暴力方式获得并保障短暂的和平;上帝之城则相反,它通过一种不可分割的爱而联合为一个整体。④奥古斯丁认为,上帝之城是仁慈之爱,是神圣的、为他人的、关注天国共同利益的爱,因此上帝之城是正义之城;地上之城(或称尘世之城)也有爱,但这种爱是有悖常情的、不洁的、为自己的、将共同利益屈从于一己私欲的爱,这就使得地上之城成为非正义之城。这两座城是人类不同的基本动机的结果,二者截然不同、相互排斥,没有人能同时属于二者。但在现实中或者从外部视角观察,"世界上两种城市不可分割地相互交织在一起,除非在最后审判中才可能分开"⑤。也就是说,地下之城与上帝之城并非泾渭分明,而是混合在一起的。从本质上来说,它们之间的这种相互作用既非积极也非消极,每个人无时无刻不属于这两个共同体之一。

奥古斯丁认为,政治社会是不可逆的混合体。他从其成员的"爱"的角度重新定义"共和国"。西塞罗认为"共和国"是"通过赞同法律和人们的共同利益而联合起来的多数人"的共同体。按照这个定义,只可能存在一个真正的

① *De cat. rud*, 19.31, 27.50.

② *De vera rel.* 27.50.

③ *De civ. Dei* XV. 1.1.

④ 克里斯托弗·霍恩:《奥古斯丁与历史书写、历史哲学及历史意识》,王一力译,刘小枫编:《西方古代的天下观》,杨志城等译,华夏出版社,2018年,第243页。

⑤ *De civ. Dei* XIV. 28.

"共和国"。奥古斯丁则声称这个意义上的共和国是不存在于任何现世的国家之中,因为尘世中的国家没有一个是正统意义上的"正义"。为此,他认为不需要群体成员赞同法律和人们的共同利益(这也很难实现),只需要他们是"理智的对其所热爱之物达成一致后联合起来的多数人"即可。[①]这样,"一个群体的成员所信奉的社会价值观对其是否构成一个以政治方式构建起来的共和国这样的问题无关紧要。任何忠诚的纽带足以构建一个社会,只要它有政治形态,就可成为一个共和国"[②]。据此,奥古斯丁认为,两个城市在人们的绝对的"爱"中是完全对立的,但有一种中立的"爱"会让它们在一定范围内重合,从而构成一个人们普遍承认的价值观。正是这些共同的中立的社会价值观构建了一个社会。在此领域里,政治机构才能发挥作用。这样的世俗社会就是通往"上帝之城"的中间的预备阶段。世俗社会的政治结构并不能帮助人们建立合理的秩序,只是帮助人们最大限度地减少混乱。

奥古斯丁的"双城论"明显展示出一种历史和政治的"现实主义"论调。他关注的重点是如何在世界历史中寻找"双城"的存在及二者互动的证据,并将其展示出来。奥古斯丁并不认为地下之城与上帝之城是两个无法贯通的世界。在他看来,人类具有一种统一性。人天生具有"亲缘关系",这是人类独有的特征。通过这种关系,人类能够建构统一的社会和一致的连接。全人类还可以被视作一个人,也可以形成不同的民族,使用不同的语言。按照奥古斯丁的构想,人类的分裂将通过基督重新统一为整体,众教徒在尘世中形成紧密的联盟,并且将在世界末日趋于完善。此外,奥古斯丁还持有一种统一的普遍历史观念。在奥古斯丁看来,世界历史就好比一个"伟大乐章"的整体布局,是一个严谨有序的整体。人类历史就是一个连续的、有机的整体,通过严格有序的时代更迭,可以推断出上帝的救赎行为及时间历史的统一原则。奥古斯丁还认为,恶相对于善是有价值的,因此上帝构想的统一历史并不会因为堕落之城的存在而受损,反而因此得到增强。"恶"在最终审判时必然将受到惩罚,它对于历史进程并非毫无用处。因此在这个意义上,地上之城与上帝之城之间并非完全绝缘。就好像圣徒虽然必须共同承担尘世的罪孽,同时也共同享受其繁荣,但他们向来不以追求尘世的善为目的,而是将迎合上帝的"喜好"视为最终目标。奥古斯丁思想中的尘世之城(civitas terrena)与上帝之城(civitas dei)实为同一个国家的两个面相,如同精神与肉体的结合,在个体身上表现为彼此对立的双重意志。"有些人热爱永恒之物,另一些

---

① *Ibid.* XIX. 24.

② J. H. 伯恩斯主编:《剑桥中世纪政治思想史》上,程志敏等译,生活·读书·新知三联书店,2009年,第144页。

人迷恋世俗之物",①从这两种不同的爱意中生发出两个国度,虽然这两个"国家"的目的不同,彼此之间亦有冲突,但这种对立并非无法调和,人们通过世俗国家这个媒介培养彼此之间甚至与上帝间的良善关系。在奥古斯丁看来,世俗国家是通往上帝之城的必经之路,无论国家的起源如何充满了原罪与堕落,但国家存在的目的具有一定的积极作用。由此看来,尽管奥古斯丁构想的"双城论"是超时代的、"非历史的"普遍观念,但总体而言,他的历史统一思想并没有被削弱。他的历史模型在道德伦理追求与圣经及末世论之间建立了连接,将历史视为动态的过程。②从这个意义上而言,自早期斯多葛学派传承下来的"双国度"理论在奥古斯丁这得到了进一步的延续和强化。这对于近代区分社会与国家具有潜在的影响和支配作用。

第二节 基督教神学的理性与自由意志观

中世纪早期基督教神学理论的共同特征可以概括为树立上帝的绝对权威,认为上帝是绝对理性的象征,上帝是全能的,无所不包的;人的理性与自由意志是无知的、有缺陷的和有限的,从而为人类的信仰和教会的精神统治权廓清领地。③

一、自由意志与"天意"

作为基督教会中的第一位政治神学家,尤西比乌斯认为基督教的上帝不同于异教的神,它凌驾于命运之上,是真正的历史之主。在《福音的证明》(*Demonstratio Evangelica*)一书中,他说:"先知曾说,那位名为基督者,是上帝的逻各斯,自身即是上帝和主,一位带来伟大谏言的天使。"④人们通过基督获得真理,基督即理性,是万物的源头,是最高的主和一切幸福的来源。现在的世界秩序完全处于救世主上帝的控制之下。这一观点在尤西比乌斯的著作中占据了重要的位置。

尤西比乌斯承认人的自由意志的存在,认为人是有意识地感觉到自己在

---

① St. Augustine, *City of God*, XIV, 28, in Michael Haren, *Medieval Thought, The Western Intellectual Tradition from Antiquity to the 13th Century*, p.54.

② J. H. 伯恩斯主编:《剑桥中世纪政治思想史》上,程志敏等译,生活·读书·新知三联书店,2009年,第255—256页。

③ 王乐理等:《美德与国家——西方传统政治思想专题研究》,天津人民出版社,2015年,第119页。

④ Eus. *D.E.* I 1, 2.

为自己和自己的目标行动。人类主体可以在任何特定时刻分析自己所处的特定历史情境,在这个情境中,他是一系列外部事件的产物,这些事件发生在他的个人控制之外,但符合由普遍理性(即宇宙的理性结构)提供的自然的因果秩序,所以所有的外部事件都可以进行理性的探究和解释。尤西比乌斯用"天意"(pronoia)一词来认定为发生在人的个人控制之外的那些事件的理性,[1]认为历史的理性结构(logos-structure)显示了意义和方向,是宇宙的一个连贯的部分,宇宙的整体连贯支持有组织的生命和有组织的人类活动。[2]

更好地理解尤西比乌斯的理性理论之前,首先看一下他对 physis 这个词的理解。早在希腊—罗马历史之父希罗多德的时代,physis 这个词就被用来指某种生物或事物的特定行为模式和可能的活动范围。这一直是这个词在希腊思想中的基本含义之一,持续到4世纪,尤西比乌斯使用该词时也在表达此意。他的逻各斯理论的要求使尤西比乌斯强调了这样一个事实:自然有"规律",这些自然规律普遍适用于所有的事物,规定了从开始到结束,构成了宇宙存在(ousia)的每一个自然过程的过程。尤西比乌斯认为宇宙作为一个整体是一个按照自然法则发生的伟大的机械和构建过程。[3]当然,是逻各斯(宇宙的理性结构)提供了这些自然法则,或者换一种说法,自然法则是宇宙逻各斯结构的一部分。[4]

对于这种自然,尤西比乌斯有时称它们为"法则"(nomoi),有时称它们为"限制"(horoi)。它们决定了地球在宇宙中的位置、昼夜规律变化的规律,以及太阳、月亮和行星的运动规律、四季更迭等现象。[5]此外,作为自然的一部分,施加在每种生物上的物理限制也被称为 nomoi 和 horoi:由于自然条件的限制,鱼类无法在干燥的陆地上生存,陆地生物也无法永久地生活在水面以下。同样,人类天性中的一些限制也阻止了人类像雄鹰一样展翅高飞。[6]宇宙作为

---

① Eus. *P.E.* vi. 6. 22 (245c).

② 在古代基督教的普遍思想中,天意(pronoia)的正常对立面被认为是一个表明伊壁鸠鲁式偶然性的宇宙。捍卫天意学说的标准基督教论据来自一系列的事例,它们展示了世界的各个部分与其他部分之间完美配合的奇妙的复杂性,展示了整个宇宙是一个完全和谐的整体,至少在它的基本设计上是这样。这被认为是一种仁慈的秩序,因为它使人类生活成为可能,因此它被称为"天意",是世界上生物生存的神圣"供给"(provision)。Glenn F. Chesnut, Jr., Fate, Fortune, Free Will and Nature in Eusebius of Caesarea, *Church History*, Vol.42, No.2, Jun., 1973, pp.165–182.

③ Eus. *Contra Hier.* 6. *telē* 和 *telesiourgeitai*,这两个词语的使用表明尤西比乌斯思考的是过程。

④ Eus. *P.E.* vii. 10. 1–3 (314bd); *De laud.* 12. 5, cf. 11. 17.

⑤ Eus. *P.E.* vii. 10. 1–3 (314bd).

⑥ Eus. *Contra Hier.* 6. See *De laud.* 12. 5, duplicated in *Theoph.* i. 23.

一个整体是由无数的自然实体组成的,它们每一个都试图执行自己的自然过程,例如橡子长在橡树上,鱼在水下游泳,陆地动物呼吸空气,行星在黄道十二宫中移动,等等。只要每个自然实体都遵循自己的法则和限制,逻各斯就形成了一个普遍规范的结构,在抽象的意味上统一了整个宇宙。①

每个人的心灵,连同它的身体,每时每刻都沉浸在这样一个宇宙中。个体人的精神根据其本性运行,而他的身体则执行适当的自然过程。不过在这个过程中,作为个体的人也不断受到宇宙中所有其他无数自然实体独立运作的影响。尤西比乌斯说,这些效应是"意外(*to···symbebēkota*),它与心灵和身体有关,但都是由符合自然(*kata physin*)的其他事物所带来的"②,人"要在野兽和有毒的爬虫中间,在水、火、空气中,并在这一切的事物上,与乖僻多异的本性一同度日",所以他的生命就是一场持续的斗争,"对抗无数的意外(*to···symbebēkota*),从没有……例如,许多这样那样类型的食物、大气温度、突然的霜冻、燃烧加热,和很多其他的事情,虽然它是根据它们某些固有的法则(*logous*)自然地运动(*physikōs*),但由于它是结合(*symbatikōs*)在我们身上的,它并没有因为我们与身体的联系而使我们的独立性受到共同的干扰。因为我们身体的本性无法抵挡来自外部的攻击,而是被这些按其固有本性(*kata physinoikeian*)行事的外部事物压倒和征服"。③

尤西比乌斯不断地谈到*symbebēkota*这个词,其含义为从外部冲击我们自己的本性的外部事件,并将其作为限制人类自由的因素进行讨论。*symbebēkota*是"不在我们能力范围之内"的事情,是"违背我们意愿"发生的事情。④但这只是另一种表达古代命运观念最重要部分的方式:人类作为历史生物,总是沉浸在自己无法完全控制的情况中。此外,即使特定历史情境的*symbebēkota*不是由陷入这种情境的特定人的创造,他仍有义务与之斗争。⑤这场斗争并非完全是徒劳的,因为尤西比乌斯的自然法与现代自然法有一个非常重要的区别。在对自然法则的现代理解中,自然法则被认为是刚性的、不可妥协的规则,它完全规定了发生的每一个事件的每一个细节,任何一种存在都不能违反或修改这些细节。但是按照古希腊人对的理解,*physis*(自然)首先往往被

---

① Plutarch, "On Fate," 568cd and 569d–570a.

② Eus. *P.E.* vi. 6. 29–30 (246d–247a).在亚里士多德的 *On the Soul* (i. 3. 406ab) 的一个章节中,可以看到"自然"和"意外"作为技术术语的使用,这里他在阐述自己的观点之前,考察了其他哲学家关于灵魂本质的观点。

③ Eus. *P.E.* vi. 6. 39–40 (248bd).亦可参见 *p.E.* vi. 6. 22 (245c):我们必须认识到"发生在我们身上的事情(*symbainonta hēmin*)"是有本质的,因此是按照宇宙的逻各斯结构发生的。

④ Eus. *P.E.* vi. 6. 22 (245c).

⑤ Eus. *P.E.* vi. 6. 39–40 (248bd).

认为只是一系列超出某一种生物不能逾越的界限。其次,甚至更重要的是,它通常被认为不过是一种方向性的倾向,一种向着某个方向的有机努力,这种努力可能会被外力扭曲和弯曲。这是 *physis*(自然)的第二个意思,然而这第二层含义恰恰就是亚里士多德的许多思想隐含的这个词的真正意义。幼树天生就倾向于笔直地生长,但是外力的扭曲会使树苗长成一棵扭曲的大树。或者用一个《圣经》希腊文的例子:人类出于养育子女和生育的目的而形成异性伴侣关系,但"他们的女人把顺性变为逆性,他们的男人也放弃顺性,彼此欲火焚身"。尤西比乌斯接着说道:

> 因此,如果有人要把那些按照自然(*ta kata physin*)发生的事情,无论是身体的还是灵魂的,归因于必然性,称之为"命运",他就会错过正确的名称……如果他们说命运是不可改变的,任何事情都不可能发生与命运相反的事情(因为必然性是不可改变的),如果如我所说,灵魂和身体都发生了许多违背其自然功能(*ta kata physin*)的事情,如果一个人说命运和自然是一样的,他就不会使用正确的名称。[1]

因此在尤西比乌斯看来,人类与 *symbebēkota*(意外,或偶然事件)的斗争是可以取得一定的成功的,因为这些影响他的外部力量只是自然过程,如果他运用了足够的正确的反作用力,他就可以扭转和重新引导这些反作用力为自己所用。

尤西比乌斯对自然和意外的区分意味着他对两种不同的神的天意做出

---

① Eus. *P.E.* vi. 6. 27–28 (246bd).

了相应的区分,①这很像后来的神学家对"一般"和"特殊"天意的区分。由于 *symbebēkota*("发生在我们身上的事")依据自然(*tēn…physin*)发生,自然事件的过程是由逻各斯包含的自然法则所规定的,②这意味着一种"普遍天意"制定了一般的可能性,历史事件就是在这种可能性中被允许展开的。但也有一种"特殊的"天意,在每一个历史的结合中,上帝也会选择在逻各斯所提出的抽象的、纯粹形式的可能性的集合中发生的一些具体事件。也就是说,在每一个历史关头,我们都能看到上帝的旨意,按照他所希望的顺序安排意外或偶然事件。③

尤西比乌斯清晰地指出,创造论是他的天意概念的基础。④这就是说,如果一切事物的存在,从形而上学的意义而言,都是因上帝的存在而来的,那么我们称之为"历史"的整个事件过程,不仅应当由它的存在之源来规定它的一般结构,而且还应当由它的个体性来规定。因此,上帝不仅是自然法则的给予者,而且还是 *symbebēkota* 的创造者(*ho…tōn kata symbebēkos dēmiourgos*)。因此,普遍天意和特殊天意之间的区别就非常清晰地展现出来了,因为尤西比乌斯认为宇宙的形式是由天父的逻各斯提供的,而物质是由天父的意志提

---

① 当然,历史上还有其他各种各样的天意干预。在尤西比乌斯的论述中,奇迹与自然奇迹和意外奇迹截然不同。在神迹的介入中,我们可以看见神所做的工作"改变许多根据自然(*tōn kata physin*)发生的事件"(Eus. *P.E.* vi. 6. 45 [249cd])。其中一个明显的例子就是传说中的纳喀索斯主教在复活节通宵守夜,油灯耗尽时所发生的奇迹。当他派人去取水时动用了他神奇的力量,使"水的性质(*tēn physin*)变成了油"(*H.E.* vi. 9. 1-3)。事实上,尤西比乌斯的历史著作中并不常出现这种奇迹的事例。与尤西比乌斯同时代的人对奇迹持怀疑态度,认为这是巫术(*goēteia*)。一些最著名的古典历史学家(例如修昔底德)完全否定了奇迹的概念,甚至那些在自己的历史中加入了奇迹故事的人,也常常流露出一定的怀疑态度。更为重要的是,即使在那个时代,把重大的、连续的历史事件变成奇迹似乎也不可信。即使是讲述了大量奇迹故事的希腊罗马异教历史学家,在他们的叙述中,通常也不会声称奇迹改变了历史的基本进程。因此,当第一批基督教历史学家出现时,他们可以像尤西比乌斯一样,以基督教的虔诚为理由,为奇迹的可能性辩护,但在解决基本问题上,即赋予上帝对人类历史基本进程真正的、无所不能的控制权方面,却毫无帮助。在人类历史上,诉诸神迹从来就不是论证持续的神性存在的一个好的神学叙事方法。上帝缺席的次数比他出现的次数多。此外,简单意义上的奇迹概念(如人在水上行走等)并没有让教会历史学家在分析2世纪与诺斯替派的争论过程中走得太远。因此,诉诸奇迹——一种试图将上帝之手引入自然主义历史进程的诱人方式——并没有成为解决上帝与历史问题的主要途径。Glenn F. Chesnut, Jr., "Fate, Fortune, Free Will and Nature in Eusebius of Caesarea," *Church History*, Vol.42, No. 2, Jun., 1973, p.174.

② Eus. *P.E.* vi. 6. 22 (245c).

③ Eus. *P.E.* vi. 6. 45 (249cd).

④ Eus. *P.E.* vi. 6. 29-30 (246d-247a).

供的。[①]在这个意义上,我们看到天父通过他意志的直接行动,"把它们的适当位置(*tēn … taxin*)分配给外部环境(*tois ektos…symbainousi*)"[②]。也就是说,上帝操纵意外,或偶然事件来实现他的目的。

此外,尤西比乌斯一方面不否认人类的自由意志,也不否认人类的道德责任,但另一方面,他并不想建议人们可以靠自己的努力摆脱普遍的腐败,因为这样就不需要神的恩典,也不需要耶稣来做人类的救主。因此,他描绘了一幅腐败社会的图景,在这幅图景里,每一个好人通过自己的自由意志的行为将原来的社会拖入腐败的深渊。尤西比乌斯认为,这种社会腐败力量不仅存在于世还非常顽强,以至于只有通过逻各斯神论,即神圣理性和神圣理性结构本身,并让逻各斯化身为人类历史生活的形式,才可以打破那些利用人类社会的自由决定来永久奴役他们的力量。对尤西比乌斯来说,灵魂完全被置于神的范围之内。[③]尽管实际的选择决定留给人们作出,但人们被允许选择的选项则是由上帝创造的。[④]人的内心有一种冲动或欲望(*hormē*),[⑤]这种 *hormē* 决定了人生活的基本方向是向善还是向恶。"对于我们所能控制的事物,每个人的意志本身都具有一种 *hormē*,导向其是善或是恶。"[⑥]这个本能(*hormē*)是由他自己决定的,而不是由 *heimarmenē* 或 *Ananke*,甚至是上帝来决定的。[⑦]因为人被创造出来是"自由的,在他自己的力量范围内保持着平衡(*tēs…rhopēs*),朝着善和美或相反的方向"[⑧]。因此,"自由意志"本质上是一个道德问题,它建立在人类理解、寻求或拒绝柏拉图所称的善的能力之上。正是决策中的道德成分使它不同于机械地选择装置。此外,这种对人类自由意志的分析增加了尤西比乌斯对恶的理解的深度。他认为,恶不仅仅是一种错误,它的根本力量来自人类内心深处的一些基本的、非此即彼的选择。

---

① 逻各斯是宇宙的 *archē* 或形而上学的第一原则(Eus. *P.E.* vii. 12.1–2[320c]),因为"它本身带有……有形事物的无形的和非物质的理想(*tas…ideas*)"(*D.E.* v. 5. 10 [230c])。与斐洛一样,尤西比乌斯认为逻各斯是意识世界(*ton noēton kosmon*),它包含了观念的原型理念(*archetypos idea tōn ideōn*)。*P.E.* xi. 24. 1–3 [546d–547a], cf. xi. 23. 3–6 [545bd]. 如果没有逻各斯,宇宙将保持为无组织的物质,没有形式或结构(*amorphos te kai aneidos*)。(*De laud.* 11.12–13, see also 12. 8.)然后天父的意志作为一种构成宇宙的事物和物质(*hylē* 和 *ousia*)来服务。*D.E.* iv. 1. 7 [145c].

② Eus. *P.E.* vi. 6. 45 (249cd).

③ Eus. *P.E.* vi. 6. 26 (246a).

④ Eus. *P.E.* vi. 6. 29–30 (246d–247a)—*ho…tōn eph' hēnin…dēmiourgos*.

⑤ 最初这是斯多葛学派的一个术语,但它已经成为一般哲学的一部分。

⑥ Eus. *Contra Hier.* 42.

⑦ Eus. *Contra Hier.* 42;*P.E.* vi. 6. 47–56 (249d–251d).

⑧ Eus. *D.E.* iv. 6. 6–10 (155c–156a).

190

尤西比乌斯认为心灵本身会运动。①对尤西比乌斯来说,心灵是一个自我移动的行动者,它可以作为因果链的第一环。它与那些仅仅因为构成一个因果链的中间环节而运动的事物是有区别的。②精神在决策时起作用,它不是完全由构成决策的历史背景的因果力量所决定的效果,而是把一种真正的新奇元素引入到具体情况中。由于人类的自由意志是不可侵犯的,上帝的神意在历史上与人类意志的唯一联系是通过神人协力合作(synergism)来实现的:③神的旨意"与我们的意志协同工作(synergousa te kai symprattousa tois eph'hēmi)"④。在这里,"synergism"显然不是指路德教的异端邪说,而是一个标准的教父权观念。从克莱门特和奥利金开始的亚历山德里亚传统,用协作(synergia)这个词来描述上帝的恩典使一个为基督徒的完美而奋斗的苦行僧神圣化的方式。尤西比乌斯之后,加帕多教的教父们(Cappadocian fathers)继续这样的教导。⑤尤西比乌斯对这个观点进行了改编,以便他可以不去谈论圣化恩典,而是对上帝的旨意在历史上是如何运作的进行阐释。尽管协作一词在他关于历史事件的著作中多次出现,⑥但一个基本信念,即在历史中,上帝的旨意不能凌驾于一切之上,而只能与自由、非强制的人类行为者合作协同工作,是他历史著作中每一部分的基本前提,即使在synergia或与其相当的术语没有出现的时候亦是如此。

总而言之,对尤西比乌斯来说,天意意味着上帝通过自然、意外和自由意志交织的模式来控制整个历史结构。⑦人类被赋予自由意志的事实并不会对上帝控制基本历史进程产生任何根本威胁。上帝是万能的,无论人类做什么来阻挠神的计划,甚至是举起剑用武力来反对教会,上帝都有能力按照他最初的计划重新安排历史。天意是包括自由意志、自然过程和历史偶然性的事

① Frederick Copleston, *A History of Philosophy*, Vol.I. *Greece and Rome.* 2nd edition, Westminster, Mary-land, 1959, Vol.I, ch. 30, sect.9, p.328 n.

② Eus. *Contra Hier.* 41.

③ 尤西比乌斯认为,上帝的天意主要通过Logos(它规定了自然界的一般规律和一切事件都必须在其中发生的普遍范畴)和*symbebēkota*(历史的偶然事件)来控制历史的进程。奇迹代表了上帝在历史上的第三种行动方式,但尤西比乌斯在教会历史本身中很少使用神迹作为解释的工具,尽管他虔诚地为圣经中的神迹进行辩护。神人协力合作(synergism)现在是神性目的可以进入和实现的第四种方式。Glenn F. Chesnut, Jr., Fate, Fortune, Free Will and Nature in Eusebius of Caesarea, *Church History*, Vol.42, No. 2, Jun., 1973, p.180.

④ Eus. *P.E.* vi. 6. 45 (249cd).

⑤ 对于神人协力合作的概念在克莱门特、奥利金和卡帕多西亚所起的作用的陈述,参见Werner Jaeger, *Two Rediscovered Works of Ancient Christian Literature: Gregory of Nyssa and Macarius* (Leiden, 1954), pp.85-109.

⑥ Eus. *H.E.* iii. 24. 3, 37. 2-3; vi. 3. 6-7. *D.E.* iii. 7. 22-29 (138c-139d). *V.C.* ii. 4; iii. 12.

⑦ Eus. *P.E.* vi. 6. 45 (249cd).

物在内的一切历史事件进入逻各斯之后的创造和历史理性结构的再现或总结。[①]"他已将他隐藏的旨意——他预先在基督里所定的旨意和心意——告诉我们,要等到时机成熟就施行:也就是说,宇宙,所有在天上和地上的,都可以被基督带入一个统一的整体(*anakephalaiōsasthai*)中。"[②]

二、上帝的绝对理性观

如果说在尤西比乌斯等人那里,上帝的理性还受到人的自由意志的一定制约的话,那么奥古斯丁则赋予了上帝绝对理性。奥古斯丁曾发挥圣保罗的思想,提出了"双重意志"学说。奥古斯丁早先皈依摩尼教,后来因为受到米兰主教安布罗斯(Ambrosius)的影响而改宗基督教。在《忏悔录》(*Confessiones*)中,奥古斯丁详细记述了自己思想斗争的经过,他并不否认世俗世界的价值及肉体存在的意义,并且通过亲身体验,奥古斯丁领会到"肉体与精神相争、精神与肉体相争"的真谛。[③]奥古斯丁认为,每个人都有双重意志,一重属于肉体,一重属于精神,肉体与世俗牵连、与精神交绥,致使灵魂无法上升到认识真理的高度,由此引出的国家理论为我们搭建起一座双城论的框架。奥古斯丁认为上帝的万能和至善是考察一切问题的前提。他认为上帝是万物的创造者,它用"道"来创造万物,万物需遵循严格的自然秩序。奥古斯丁在早期曾坚信存在一种世界的理性秩序,"它建立在与理性类似、通过理性才能获得的宇宙秩序的概念上,也建立在通过人类智力和道德资源可得到的人类命运的概念上"[④]。理性的与受过教育的人基本都能理解这一点。可以说,人类可以自决是奥古斯丁早年间的信仰。但此后,他逐渐意识到这只是一种妄想。人是社会性的,但其理性是明显可变的,它有时会追求并达成真理,有时则不能。因为人的理性虽然是与生俱来的,却被黑暗和根深蒂固的错误或者说恶所笼罩。社会冲突、不平等、奴役等既是罪恶的产物,也是对罪恶的惩罚。所以人的心灵需要注入信仰,使之纯洁,然后才能走向真理。

随着观点的改变,奥古斯丁也开始反思早年的法律观念。同许多人一样,早期的奥古斯丁认为人类的法律是理性秩序的反映,世俗法律要生效,只能从永恒之法中产生,它是永恒法在人类社会的体现。但当他意识到人不可

---

① Eus. *P.E.* vi. 6. 46 (249d).

② Glenn F. Chesnut, Jr., Fate, Fortune, Free Will and Nature in Eusebius of Caesarea, *Church History*, Vol.42, No. 2, Jun., 1973, p.181.

③《新约·加拉太书》,第5章17节;转引自奥古斯丁:《忏悔录》,周士良译,商务印书馆,2013年,第154页。

④ J. H. 伯恩斯主编:《剑桥中世纪政治思想史》上,程志敏等译,生活·读书·新知三联书店,2009年,第108页。

能自己在社会中找到并建立理性秩序之后,他就逐渐采纳了另一种表述。他认为,人在本性上是自爱的和骄傲的,他们抛弃了爱上帝和谦卑的美德,这种骄傲是虚幻的、空洞的,因为它让人远离了上帝的智慧、法则与意志。如此一来,理性的灵魂就不可能拥有自己的智慧,它需要从另一个地方获得光明,这就是上帝的恩典。因此,"永恒之法是神的理智,或上帝的意旨。神命令人们遵循自然规律,禁止人们对其有所背离"①。可见,奥古斯丁对人的理性持有贬抑的态度,认为要靠上帝的启示去提升与引导。他劝说人们不要以自己的方式去认识事物,包括认识自己,因为人类的智慧不够,需要按照上帝的智慧去认知。只有这样才能看到事物持久存在的原因和理由,才能更好地理解人的本质。

至中世纪中晚期,基督教会关于理性思想发生了一定改变,开始容纳人的理性和自然法学说。在肯定上帝的至高无上及教会的精神统领前提下,承认人的理性、物质生活和世俗国家的合理性。②阿奎那认为,上帝是一个理性的上帝,它做任何事情都有自己的目的。上帝创造了一个理性宇宙,并创造一个理性世界给人类居住。因此,上帝在创世之际,也必定带有让这个理性世界服从他的律法的意图。阿奎那还明确肯定人具有自然理性。他认为,上帝的理性和智慧的存在并不会否定人的自然本性,二者之间并不矛盾,因为它们都来自神的意志。它们的区别在于获得的方法和途径不一样。他认为理性的思辨是人的智能活动,人对外界的认识来自视觉、听觉、嗅觉、味觉、触觉等感觉经验,许多感觉联合成统一的记忆,许多记忆复合为感官经验,对各种经验的归纳使人开始认识事物,然后进行理性思辨,从中得到对外界的认识。人的自然理性可以是真理,但它往往出错,而且只能认识较低级的事物。关于天主的更高的真理,只能来自启示,靠信仰。理性虽有自身的领域,但它从属于信仰。人的理性要由自然万物上升到上帝,是一种上升的方法;而对神的信仰则是经由启示去认识真理的过程。同样地,阿奎那也坚持启示高于理性。他主张,神学是根本、是基础,它揭示上帝启示的真理,其他科学则依靠自然理性去认识宇宙间的万物。神学与其他科学不可能截然分开,它们相互联系,但神学居于至高无上的地位,与一般的学问和科学不同,又高于一般的学问和科学。因为人的认识是以感觉为依据的,带有片面性和局限性,而且人的理智判断远不如神,是比较软弱且容易犯错的。但神学具有较高的确定性且不会犯错,它所探究的是超越人类理性的至上至善的东西。神学的旨

---

① *C. Faust.* XXII. 27.
② 王乐理等:《美德与国家——西方传统政治思想专题研究》,天津人民出版社,2015年,第122页。

归是上帝的永恒的福祉。普通人类只有通过上帝的启示的指引，才能皈依上帝、认识上帝，到达幸福的彼端。

对于德性，阿奎那将其分为实践的德性、理智的德性和神性的德性，前二者统属于自然的、世俗的道德，后者属于超自然的、神学的道德。他认为，实践的德性和理智的德性相结合就能使人达到德性的完善，获得审慎、节制、刚毅和正义的美德。但他又认为，要达到至善的目的，还必须要有属于神学道德的神性的德性。这种神性的德性就是对上帝的热爱、信仰和服从，它不能靠理性能力获得，而必须依靠上帝的启示和恩典。阿奎那进一步指出，自然的道德生活可以使人得到尘世的幸福，但这种幸福是暂时的、虚幻的，只有神性的德性生活，才能使人获得永恒的、真正的幸福，即来世的天国幸福。在他看来，幸福不是美德本身，而是美德的最终报酬，它在本质上是对人类本性能力以外的上帝抱有无限的希望。阿奎那承认人有自由意志，但他只是承认在日常生活范围内的自由，而在道德领域，他坚持个人的意志必须服从上帝规定的道德律即"上帝法"。他强调，个人必须抛弃尘世的欲望，自甘贫困，寄希望于来世；同样，社会的秩序、人与人的关系，也必须遵循上帝的目的，按照严格的教阶和封建等级阶梯，严格服从封建教会和国家的利益。

对于法律，阿奎那与希腊罗马的思想家也有不同的看法。例如，希腊人把法律视为真理的指示，罗马法学家或将其看作真理的指示，或意志的表示。阿奎那的观点与罗马人类似，认为法律是统治社会者为共同的幸福而发布的真理的命令。他认为，法的实质就是理性节制下的意志。阿奎那将法律分为永恒法、自然法、人法和神法四类。永恒法是上帝统治宇宙的法，是神的理性对宇宙的支配，是万法之源。自然法是适用于理性动物，即人的法。人因为具有理性而成为神意的参与者，他可以判定善恶。人法是人根据自然法的规则，制定的适用于人类世俗事务的法。其目的是指导大众用理性抑制恶念，指引人向善，为了公共利益而奋斗。神法，即基督教会的教会法。它指引的是基督徒的精神信仰领域，补充人类理性的缺点，帮助人类得以寻求永恒的福祉。

阿奎那对法律的这种分类方法本身并没有什么创新之处，他虽然把法律看作是上位者的命令，但同时也说法律并不是个人随意能够发布的，只有社会全体同意，为了公众的福祉才可以发布法律。因此，个人以理性发布的命令，并不一定具有法律的资格。阿奎那认为，人法反映了上帝心灵的井然有序，但人类的法律与作为上帝律法的复本相比，还有相当大的差距。不过，如果假设人法就是上帝律法的复本，那么人类生活就接近完美状态了。但是《圣经》与教父们告诉我们，完美不可能存在于这个世界上，人法也不能是趋于完美的法律，它本身混乱且令人混淆。因此，永恒法和神法代表了基督教徒的信仰;自然法是求善避恶的普遍规则,人类是有理性的生物,他被自然法规制并服从自然法;人法则是由自然法的原理而来。是以,永恒法地位最高,其他法皆源于它,这意味着神的理性与意志统领一切。

相较于奥古斯丁对人的理性的贬抑与不信任,阿奎那肯定了人的理性这种人天生具有的禀赋,他承认上帝、信仰、理性等是相互联动、相互补充的关系,承认自然法是人的正当的理性,自此,人的理性有了自主活动的空间,这对之后的文艺复兴和宗教改革运动有一定的启蒙意义。

第三节　混合政体观的延续

自波利比乌斯对混合政体论进行系统的阐释以后,西方后世的政体理论发展及实际的制度建设都深受其影响。此后的西塞罗在波利比乌斯的混合政体论的基础上,进一步详细论述了自己的共和政体论主张。至帝国晚期及中世纪,虽然政体问题在奥古斯丁的双城论里并未占据主要地位,但包括尤西比乌斯、阿奎那等人在内的许多教会思想家们都传承了古典时期的这一理论成果,使得混合政体观和君主政体论在中世纪得以延续,为近代政体理论的思考和实践提供了理论源泉。①

一、敬神的政体（godly polity）与上帝之国

尤西比乌斯通常用王国(kingdom)这个词来描述帝国(Empire),但在关于教会的讨论中,政体(polity)及其相关术语占主导地位。有三个希腊词汇在这里很重要:*polis*、*politeuma*、*politeia*。在三个词中,*polis*(城邦)在《圣经》中出现的频率最高,尤西比乌斯也经常使用它。②但对于他使用的目的来说,该词的内涵似乎太有限、太物质化了。他曾经在文中解释说,这对那些生活在城邦里的人来说是一种隐喻。③更多的时候,他会用*politeuma*④或*politeia*⑤来作为

---

① 王乐理等:《美德与国家——西方传统政治思想专题研究》,天津人民出版社,2015年,第411页。

② 对于基督教社会早期的历史,如城邦和耶路撒冷的论述,参见 K. L. Schmidt, "Jerusalem als Urbild und Abbild", *Eranos-Jahrbuch* XVIII, 1950, pp.207-248。

③ Eus. *D.E.* VIII, 2, 103; In *Isaiam* XL, 1-2 (PG XXIV, 364D).

④ Eus. In *Isaiam* LI,17 (PG XXIV, 449C); In *Isaiam* I, 27 (PG XXIV, 100); *In Psalmos* XLV, 4 (XXIII, 408D). 关于希腊语中 *politeuma* 的含义,参见 W. Ruppel, "Politeuma. Bedeutungsgeschichte eines staatsrechtlichen Terminus", *Philologus* LXXXII (1926-27), pp.268-312, 434-454。

⑤ Eus. *D.E.* IX, 6, 6; In *Isaiam* XXII, 10-14. (PG XXIV, 248D.)

修饰,这些是尤西比乌在阐述自己观点时最常用的术语。

尤西比乌斯所使用的"politeuma"和"politeia"这两个词的含义无法明确区分,他自己常常将二者混同使用,两词都可以被译为"政体"。从其组织原则来看,政体是一个社会的总称,也可以是指符合这一原则的生活方式。在尤西比乌斯的著作中,只有极少数情况下,politeuma 或 politeia 可以被简单地翻译为"生活方式"。他指出,这种"生活方式"可以对社会产生非常重要的影响。①

"城邦"和"政体"的概念可以像"王国"一词一样解释人的本性和命运。作为理性的动物,人们被安置在地球上,在这里也可能有一个伟大的上帝之城的形象。②如果人忠于自己的本性,那么在死后就会自然地进入天国。但如果他堕落了,那么就不得进入天国。随着时间的推移,作为救赎工作的一部分,上帝建立了犹太教作为另一个领导人类进入天堂的政体。但后来,犹太人不配做这一政体的公民,也就无法进入属天的耶路撒冷。最后,基督为基督徒建立了一个新的更高的政体,天国和上帝的天城。通过它,所有的人都可以达到三次祝福(thrice-blessed)的目标。尤西比乌斯笔下的各个王国都是神圣典范的形象,而这些各种各样的政体最终都是天国之城的形象。这个天国之城的名字可以在尤西比乌斯的《圣诗评注》(Commentary on Psalm)中找到:"主啊,在锡安(Zion,即天国),有一首赞美诗是适合你的。""并不是每一首诗都适合主,只有在锡安,也就是在他的教会里兴起的地方才适合主。真正的锡安是天上的耶路撒冷,是神的天山。使徒曾这样教导我们:'你们登上锡安山,到长子的会众和教会那里。他们的名字都写在天上。'(Hebrews 12, 22)又说:'在上的耶路撒冷是自主的,他是我们众人之母。'(Galatians 4, 26)因为这才是真正意义上的耶路撒冷,我们的救主和主据说要在这里做王,正如他在《圣诗》中所说:'我已立为锡安圣山的王。'(Psalms 2, 6)天国也是这样,要将其传扬给那些领受福音的人。"③尤西比乌斯将这座天国之城称为天堂的神圣政体和天使政体。④

在这座原始城邦的各种形象中,尤西比乌斯主要关注的是教会。他继续

---

① Eus. *D.E.* 1, 6,1; 9, 10 (GCS XXIII, p.4)。尤西比乌斯认为,"politeia"这个词比"politeuma"一词更欠缺"社会交往意识"的含义。在教会中,这两个词有时还带有"阶级"或"秩序"的特殊含义。In *Isaiam* XIX, I8 (PG XXIV, 232C); XLII, II (PG XXIV, 392A); XXV, 2(PG XXIV, 265C).

② Eus. *De Theophania* I, 40.

③ Eus. In *Psalmos* LXIV, 2-3 (PG XXIII, 625B).

④ Eus. In *Isaiam* XLIX, 13 (PG XXIV, 436C); XXVI,1 (PG XXIV, 272A); XLIX, 11 (PG XXIV, 436B).

论道:"它的一个形象(即真正的锡安和耶路撒冷,尤西比乌斯已将其与天国等同)是地上的教会,也可以称为现在的锡安,现在的耶路撒冷,现在的锡安的女儿或耶路撒冷的女儿。"①尤西比乌斯还谈到天堂的天堂"那里有伟大的政体天国的锡安和真正伟大的上帝之城……"在引用了《希伯来书》和《加拉太书》中的一些话语之后,他总结道:"这座伟大城邦的形象就是上帝在尘世间的教会。"②在《圣诗评注》中,他宣称:"敬神的政体与神的天国之城相似,因此它也才有天国之名。"③基督教会,即世上的基督教社会,也是天上神圣社会的形象,所以也可以被称为锡安、耶路撒冷、神的城、敬虔之城。

当尤西比乌斯讨论尘世中的基督教社会时,他特别喜欢用"敬神的政体"(godly polity)这个词。④也许他担心人们对"教会"的理解过于有限。无论如何,"敬神的政体"对他的论述有便利处,因为它是教会的同义词,同时清楚地代表了基督教社会的各个方面。在现代,敬神政体是基督教文明,而不仅仅是基督教教会。尤西比乌斯认为,在他那个时代,敬神政体只有一种,那就是基督教会。但他也认为,这种政体的较低级形式曾经也存在于犹太人之中。在《福音的证明》一文中,尤西比乌斯再一次提到了锡安和耶路撒冷:"锡安可以被理解为基督在世界各地建立的教会,耶路撒冷是一切敬神的政体。这种敬神的政体,一度只存在于犹太人中间,因他们的不敬,就成了荒芜的沙漠,但因救主的显现,这政体又复兴了,而且兴旺了。"⑤只在很少的情况下,尤西

---

① Eus. In *Psalmos* LXIV, 2–3 (PG XXIII, 625C).
② Eus. In *Psalmos* LXXXVI, 2–4 (PG XXIII, Io45B).
③ Eus. In *Psalmos* L, 21 (PG XXIII, 441B).
④ 也许尤西比乌斯在思考自己的想法时最常见的是 $\tau\grave{o}\ \theta\epsilon o\sigma\epsilon\beta\grave{\epsilon}\varsigma\ \pi o\lambda\acute{\iota}\tau\epsilon\upsilon\upsilon\alpha$,例如 *D.E.* VI, 24, 6 (GCS XXIII, p.293); VIII, 4, 25 (GCS XXIII, p.399); *De Theophania* (= *De Secunda Theophania*) ed. Mai, Fragment VI (PG XXIV, 637B); *In Isaiam* XLIX, 11 (PG XXIV, 436B); LI, 17 (PG XXIV, 449C); LII, 7 (PG XXIV, 453B); *In Psalmos* XLVII, 2–3 (PG XXIII, 42oD); XLVII, 13–15 (PG XXIII, 428C). 还有许多紧密相关的表达等,参见 *In Isaiam* LIV, 3 (PG XXIV, 464B); *D.E.* III, 3, 3 (GCS XXIII, p.109). *Historia Ecclesiastica*, V, Pr. 4 (GCS IX, 1, p.400) 中,尤西比乌斯在书中宣称敬神政体是他历史的主题。*D.E.* IV, 17, 21 (GCS XXIII, p.199); V, 4, 2 (GCS XXIII, p.224)中也有类似表达。至于与敬神政体类似的几种说法,如上帝之城 (city of God)、教会(ecclesia),等等,可参见 *In Isaiam* XXXI, 9 (PG XXIV, 316D); LIX, 14–20 (PG XXIV, 488C); LX, 12–13 (PG XXIV, 496A); LXVI, 7–8 (PG XXIV, 517B); *In Psalmos* LIX, 11 (PG XXIII, 572C); LXXI, 16–17 (PG XXIII, 8i6D); LXXXVI, 2–4 (PG XXIII, l045A–D).
⑤ *D. E* VI, 24, 6 (GCS XXIII, p.293); *In Isaiam* XXII, 1 (PG XXIV, 245A); XLIX,11 (PG XXIV, 436A–B); LIV, 6–10 (PG XXIV, 464D–465A).

比乌斯甚至把古老的耶路撒冷和古老的锡安比作天国的原型。①但这种较低级的敬神政体随着基督的降临而消失了。犹太人否认神的形象,因此不配得到天国之城的庇护。尤西比乌斯还把葡萄园的比喻解释为,犹太人曾经被托付给敬神政体,后者是天国所特有的。然而他们后来以这样或那样的方式拒绝服从葡萄园的主人,结果,政体和王国都转移到了教会。②如果说基督徒的敬神政体认为自己已经超越了犹太教的形式,它也同样期待着对希腊多神政体能够取得彻底胜利。③基督教社会将成为世界城邦,而基督教文明将与有人居住的世界相结合。

尤西比乌斯希望基督教政体胜利的完整陈述可以在对《以赛亚书》第十九章(Isaiah XIX)的评论中找到。这里的经文预言了上帝将会造访埃及,随后该地区将会爆发内战。在尤西比乌斯的解释中,埃及是一个多神论的世界,内战是无神论者和敬神政体之间的斗争。④在对斗争结果的描述中,Septuagint(即七十士译本,也即旧约圣经的希腊文译本)的翻译是这样的:"到那日,埃及必有五座城的人说迦南话,指着万军之主(Lord Sabaoth,即耶和华)起誓。亚实戴克城必成为一城。"尤西比乌斯解释说,这五个城市实际上是一个城邦,即教会。此外,教会即地上城邦。因为在普天之下唯有这座城是为神建造的,人们可据此说道:"神的城啊,荣耀之事应对你而言。"(Psalm 86, 3)⑤如果对比尤西比乌斯在前面的论述,可以看出他认为教会就是"普遍的城邦"。⑥

此外,尤西比乌斯还认为地上的奥古斯都与基督具有同时性。他曾说道:

> 有人会不为此感到惊讶吗——如果人们曾认真思量过,为什么世界上大多数民族臣服于罗马的统治恰恰发生在耶稣降临之后,而

---

① *In Psalmos* LXXIII, 2-7 (PG XXIII, 856C); *Eclogae Propheticae* III, 22 (PG XXII, II45C). 尤西比乌斯从未解释过犹太人和基督徒这两种"敬神的政体"之间的区别。显然,他希望我们,通过他对犹太教和基督教的对比,来理解它们之间的区别。有时他称犹太教只是一种形象;然后基督教以真理和现实的形式出现。有时他以基督教作为形象开始,然后以犹太教作为阴影和神秘出现。Edward Cranz, "Kingdom and Polity in Eusebius of Caesarea", *The Harvard Theological Review*, Vol.45, No.1, Jan.,1952, p.63.
② *In Psalmos* LXXII, 18-20 (PG XXIII, 845Af.); *In Lucam* VII,29-30(PG XXIV, 540D-541B); *De Theophania* (= *De Secunda Theophania*) ed. Mai, Fragment VI (PG XXIV, 637B-640C).
③ 关于尤西比乌斯对基督教、犹太教和希腊教三种政体之间的对比,参见 *D. E.* I, 2 (GCS XXIII, p.7f.)。关于异教徒的无神论政体,参见 *In Isaiam* XXV, 2 (PG XXIV, 266C), *p.E.* X, 4。
④ Eus. *In Isaiam* XIX, 1f. (PG XXIV, 220f.).
⑤ Eus. *In Isaiam* XIX, 18 (PG XXIV, 232B-C).
⑥ Eus. *In Isaiam* I, 27 (PG XXIV, 100B).

非之前？这不可能是人类自己的行为。因为耶稣降临世间的同时，罗马正进入鼎盛时期，奥古斯都也首次成为掌管大多数民族的唯一的王，其中包括托勒密王朝的后裔，该王朝在克丽奥佩特拉被捉后终结。自人类伊始便存在的埃及帝国，从这时起便湮灭了。从此，犹太民族也臣服于罗马人，此外还有叙利亚人、卡帕多奇亚人、马其顿人、比提尼人和希腊人，总之，所有受罗马统治的民族。谁能否认，这些是按照上帝的旨意成就的，并且与我们救世主的教义相符合呢……①

在尤西比乌斯看来，皇帝的君主政体和上帝的统治、奥古斯都带来的世间和平，以及耶稣基督的出现、取缔政治上的多人统治和民族国家政体以清除恶魔的统治等事实都是神意的安排，是基督的神意结果，也是古老预言的实现。罗马帝国不仅统治万民，它所带来的和平也为基督教义的传播铺平道路，使得基督使徒得以更顺利地完成传教任务。

可以看出，对尤西比乌斯而言，教会的敬神政体超越了犹太教和希腊主义的政体，并朝着世界文明的应有位置前进。在这个过程中，教会吸收和整合了所有现存的文明元素，它之所以能做到这一点，是因为基督教是逻各斯的整体映像，而人类，即使有任何卓越之处，也只是逻各斯的部分映像。人是照着神的形象被造为万物之灵的，他们被安置在尘世中，使天上之城在这里有一个映像。人们堕落，便会失去神圣的王国和城邦的形象，像动物一样在地上游荡。但逻各斯逐渐让人恢复本性。在基督教的最后阶段，我们可以看到完美的政体和国度，可以看到天上耶路撒冷和上帝国度的形象。在这个完美的政体和王国中，所有的部分都井然有序。尤西比乌斯对王国和政体的讨论，清楚地表明了他对基督教社会的两个最普遍的假设。首先，他假设尘世中的基督教社会是神之王国和政体的映像。其次，他假定地球上的基督教社会是一个统一体，包括文明的各个方面。在这个统一体中，皇帝的职能与主教的职能一样，都行使基督教的职能。而当整个人类社会成为天堂的映像时，它就应该是基督的和神圣的。这就是尤西比乌斯政体理论的基本内涵。

到了教父哲学时期，奥古斯丁否定了尤西比乌斯的这两个假设。奥古斯丁虽然承认世俗国家存在的必要性，并指出国家具有一种"善"的力量，以此惩罚盘踞在亚当子孙身内的罪，但只有上帝之城才能保障永恒的"至善"，即便我们幸获"凯撒之友"的地位，也不得不忍受朝乾夕惕，然而若是能够成为"天主之友"，灵魂则将得到慰藉。

① Eus. *D.E.* III 7,30; VII 2, 21.22.

永远的真福在上提携着我们,而尘世的享受在下控引我们,一个灵魂具有二者的爱好,但二者都不能占有整个意志,因此灵魂被重大的忧苦所割裂:真理使它更爱前者,而习惯又使它舍不下后者。①

奥古斯丁认为地球上的基督教社会既不是自身的统一,也不是与天堂相关的上帝的映像。对奥古斯丁来说,尘世中的基督教社会是两个城邦(或称为政体),即地上之城和上帝之城,两者都不是天上的耶路撒冷的映像。地上之城本身,无论是巴比伦还是罗马,都是对自然的歪曲,因此不能称作是天国或天上城邦的映像。如果地上之城连映像都不是,那么上帝的朝圣之城就不仅仅是天上耶路撒冷的映像,虽然它存在于地球上只是因为信仰,但它依旧是上帝之城。

到中世纪晚期,库萨的尼古拉斯(Nicholas of Cusa)②接受了尤西比乌斯关于统一和映像的假设,但产生了一种新的统一和新的映像。库萨的尼古拉斯同意尤西比乌斯关于基督教社会统一的观点,并经常从映像的角度来讨论这个社会,但他的结论与尤西比乌斯截然不同。要理解这些差异,我们必须超越基督教社会,去看那些为之辩护的神学观点。尤西比乌斯是通过从三位一体开始的一系列映像进行思考的。他认为,不可知的、超越形式的天父在基督里是完美的形象,这一形象借着基督进入天国,最后出现在尘世间的基督教社会中。与尤西比乌斯不同,尼古拉斯的三位一体并没有连续的形象,他强调的是三位一体和所有造物之间的绝对决裂和不均衡。由于库萨的尼古拉斯抛弃了尤西比乌斯的映像神学,他就必须在他的社会思想中,放弃神学所证明的普遍的君主制解决方案。尼古拉斯坚持认为,基督教社会必须塑造一个整体的三位一体的形象,而不是在圣父、逻各斯和天国中呈现的任何单一模式。因此,基督教社会不能被任何单一的政体模式所定义,比如君主制。一个社会之所以是基督社会,是因为它的成员在和谐、一致和自由中保持着动态的统一。尽管这种和谐可能存在于许多政体形式中,但所有的和谐最终

① 奥古斯丁:《忏悔录》,周士良译,商务印书馆,2013年,第165页。
② 关于对库萨的尼古拉斯的整体性论述,参见 K. Vorländer, Geschichte der Philosophie (9th ed. by E. Metzke, Hamburg, 1949), Vol.I, pp.390–412; J. Ritter, "Die Stellung des Nicolaus von Cues in der Philosophiegeschichte", *Blätter für deutsche Philosophie* XIII (1939), pp.111–155。关于库萨的尼古拉斯的社会思想,参见 E. Bohnenstädt, Kirche und Reich im Schrifttum des Nikolaus von Cues (Sitzungsberichte, Heidelberg, Phil.–hist. KI., Jahrg., 1938–1939, Abh. I) Heidelberg, 1939; G. Kallen, "Die politische Theorie im philosophischem System des Nikolaus von Cues", *Historische Zeitschrift* CLXV (1941–42), pp.246–277。

来自于最和谐的、最统一的三位一体。在库萨的尼古拉斯强调三位一体与一切创造之间的绝对不平衡和断裂之后，他对尤西比乌斯的立场也作了类似的修改。库萨的尼古拉斯指出，只有在人类和社会中存在着多样的映像，才能映射出三位一体的完整现实。①

如果我们只关注社会方面，以上三种关于政体的论说可以依据它们对希腊—罗马社会的不同认知进行分析。尤西比乌斯的基督教经验使得他乐观地尝试以基督教的教义去解释和解决政体或社会问题。奥古斯丁有些悲观地认为，这种政体模式或社会不是真正的基督教秩序，而是罪恶世界的神圣规定的社会结构，在这个政体中，上帝之城只能靠信仰存在。而库萨的尼古拉斯，从中世纪乐观主义的观点出发，对其进行了全面的基督教转型和重构，试图提出多种可能的解决方案。通过与圣奥古斯丁和库萨的尼古拉斯的比较，我们可以看出，尤西比乌斯对基督教社会的认识更加清晰，但这也表明，基督教社会的这一观点只有考虑他思想的其他方面才能完全被理解。因此，要理解尤西比乌斯关于基督教社会的观点，只有将其放置在整个基督教社会的整体背景下考察才能得出恰当的结论。

二、阿奎那对古典政体理论的继承

托马斯·阿奎那(Thomas Aquinas，1225—1274年)被誉为西方历史上最伟大的神学家之一，他推崇有限君权的君主制政体。同亚里士多德一样，阿奎那认为人类是天生的社会和政治的动物，他被赋予了理性，从而可以运用理性获取生活上必不可少的知识，这是人独有的特性。人天生就是群居的动物，但如果只是群居，却没有出于公共幸福来统治这一群人，也没有办法成为社会。因此，阿奎那认为，判断政府正当与否的标准就是看它是不是为社会谋公共幸福。②在政体的分类和优劣上，阿奎那也沿袭了亚里士多德的分类方法。他也主张混合政体，认为混合政体调和了君主制、寡头制和民主政治，是最好的政体。如果一个国家由德行良好的君主治理，由贵族实行仁政，并且民众可以有选举资格的话，那么这个国家就是最好的国家。不过，阿奎那也有许多地方不同于亚里士多德，他认为国家的范围不应仅局限于城邦，而是包括很多城市在内。此外，阿奎那虽然同亚里士多德一样没有明确说哪一种政体最好，但亚里士多德似乎更偏重民主政体，而阿奎那则偏重君主制。在君主制中，君主可以被比作父亲，他是至高无上的统治者，其臣民对他的尊

---

① *The Idiota*, ed. L. Baur (Opera Omnia, Leipzig, Vol.V); *De Visione Dei* (Opera Omnia, Basel, p.181f.)；*De Pace Fidei* (ibid., p.862f.).
② 高一涵:《欧洲政治思想史》，东方出版社，2012年，第169—170页。

敬,赋予了王位和王国一种父权的忠诚和种族的信心。阿奎那尽管提倡社会凝聚力的非理性因素,但他对纯粹的家长式统治却很冷静。阿奎那认为,奴隶制国家才更像是一个家庭,其臣民不是自己的主人,而一个真正的政体是由自由人组成的,行政权力受到宪法的限制。统治者的优越性更多地来自他卓越的政治美德,而不是来自他的名字的魅力,权力的等级是根据职务工作的神圣因果关系确定的,而不是根据血缘关系、卑微的情感或任何顺从的同情。人们不应该渴望别人替他们做决定。因此在阿奎那看来,君主的职责更像是地方长官的职责,而不是父亲的职责。

此前,在奥古斯丁的政治理论中,往往是贬低国家的存在的。奥古斯丁认为,世俗的国家是次等角色,是充满争斗与血腥的。尘世的生活只是往上帝面前去的过渡的道路,国家自身本没有任何价值,只有依附于教会才有价值。阿奎那则不同,他将国家描述为"完美的共同体",认为国家是形式最完整的人类共同体。这与奥古斯丁形成鲜明的对比。阿奎那很看重和平与统一,认为一个人的统治要比多数人的统治更加便利些。他用人的身体和蜂做比喻,说道:人有四肢,但指挥人肢体的是心。一群蜂中有一只蜂王领导大家,而在宇宙中,有一个创造一切、统治一切的上帝。凡是本身是一个统一体的事物,会比多样体更容易产生统一。人类的社会也要由一个人统治才好,只有这样,国家才能享受和平。

不过,作为基督徒,阿奎那依然把政权的来源看作上帝的赋予。他曾借用圣保罗的话说道:"上帝以外无权力",认为国家制度是由上帝赋予人类的。社会需要秩序,秩序本身包含有不平等的意思。因此,统治权就要根据神意来产生。阿奎那认为,尘世的正义永远无法与神的正义相提并论,但如果尘世的统治者以上帝对其造物的统治为模范,那么它就可能逐渐接近天国的正义。[①]

对于君主制,阿奎那也曾经提到过其危险性,因为君主的权力是绝对的,如果大权在握的君主不具备完美的美德,那么君主制会容易堕落为暴君制。阿奎那对暴君制持以坚决的反对态度,他曾经说:"如果一个自由人的社会是在为公众谋幸福的统治者的治理之下,这种政治就是正义的,是适合于自由人的。相反,如果那个社会的一切服从于统治者的私人利益而不是服从于公共利益,那就是政治上的倒行逆施,也就不再是正义的了。""当一个力求靠他的地位获得私利而置其所管辖的社会的幸福于不顾的人暗无天日地施政时,这样的统治者就叫暴君。"[②]对于暴君,阿奎那谈到了人们有积极抵抗的权利,

---

① 约翰·麦克里兰:《西方政治思想史》上,彭淮栋译,人民出版社,2010年,第142—147页。
②《阿奎那政治著作选》,马清槐译,商务印书馆,2010年,第46页。

认为人民并没有完全把他们的权力拱手让给君主。不过,他认为君主拥有一定特权,即使君主权力的行使并不恰当,但除了教会,任何法令都不能对君主不利。尽管对暴君制充满了警惕和反对,阿奎那仍然坚持说在混合政体的元素里面,君主政体是最好的。

　　阿奎那主要的身份是一名神学家,在他那个时代关于政体的不同意见中,他并没有宣扬任何理论路线。他的理论中既有神学的奥古斯丁主义,也有希腊的亚里士多德主义。然而在他去世之后,这种平衡发生了倾斜,神职人员在右翼,世俗主义者在左翼。双方都可以引用他的思想取得支持:他明确地捍卫了教皇的普世至上地位,他还承认政治权利的存在,不需要事先得到教会的批准。可以说阿奎那的政治思想结合了传统观点和对后来一种政治理论的预期,在精神上是现代的,在外观形式和风格上是中世纪的。阿奎那的这种思想也成为启发近代理论思考的中介。(关于阿奎那的政治思想另见第二编第一节。)

余论　政治认识视角的双重转换

公元前4世纪时,马其顿的兴起让城邦从之前的头等地位跌落,逐渐终结了古希腊的城邦政治观,但从文化上,它却让柏拉图等人曾经考虑过却又弃置的问题——关于自然的意义及有关善之生活的理论,重新获得了被探究的机会。这一时期的哲学、伦理、政治等思想对古罗马的政治理念产生了深刻的影响,特别是斯多葛学派、新柏拉图主义等思想流派的理论几乎成为罗马甚至中世纪政治理论的重要思想渊源。[1] 总结从古代罗马到中世纪的政治思想史进程,其政治认识视角经历双重转换,即不是取代性的转换,而是互有渗透的转换。

第一重转换:从整体到个体。

约翰·麦克里兰用"城邦的黄昏"来形容城邦政治的衰退或许并不符合马其顿征服后希腊城邦的全部状况,但城邦的衰落或者说城邦的失败无疑是一个历史事实,更是一种道德上的大灾难,至少对那些受到重要影响的阶级来说是如此。[2] 但这种失败使得当时的人们第一次跳出了对伟大的城邦理论的宏观思考,转而提出了有关个人特性和私人幸福的理想。犬儒学派、伊壁鸠鲁学派、斯多葛学派尽管在思想观点上存有分歧,但他们不约而同思考的问题是:失去城邦后人们怎样生活才有意义,以及什么是善的生活和如何赢得善的生活? 因此,他们对整体的、外在的政治生活的关注度下降,转而思考个体伦理生活的状态。在城邦政治时代,公民对城邦存有高度的依赖,城邦不仅是公民生存和生活的基础,更是公民信仰和荣誉的最终来源。在罗马帝国时期,维系公民与国家的纽带是一种抽象的统治原则和普遍的法律制度。[3]诚如黑格尔所言:

---

[1] 乔治·萨拜因:《政治学说史》上卷,邓正来译,上海人民出版社,2008年,第171—172页;金林南:《西方政治认识论演变》,上海人民出版社,2008年,第188页。

[2] 约翰·麦克里兰:《西方政治思想史》,彭淮栋译,海南出版社,2003年,第92页。库朗热认为城邦政治衰落既有精神和知识方面的原因,即信仰的改变;也有物质方面的原因,即罗马人的征服。库朗热:《古代城邦——古希腊罗马祭司、权利和政制研究》,谭立铸等译,华东师范大学出版社,2006年,第329页。

[3] 金林南:《西方政治认识论演变》,上海人民出版社,2008年,第196页。

罗马只有抽象统治的原则;罗马精神只适合于一种建立在一个原则上面的独断主义,这个原则是通过理智的形式而建立起来并取得有效性的。因此哲学和世间观念如此紧密地结合在一起。那个扼杀了各族人民的活生生的个性的罗马世界诚然也产生了一种形式的爱国主义,一种与之相适应的道德以及一个相当发展的法律体系,但从这种死气沉沉的世界中不可能产生出思辨的哲学——所有的只是一些长于辞令、善于辩护的律师和塔西佗式的世俗道德。①

因此,罗马时代的思想家们既致力于对普世的自然理性的探寻,又关注个体的自然本性和伦理生活。他们在坚持整体主义的国家观念的同时,更强调个人美德的修养、公民的权利义务,以及个人意志的张扬。从西塞罗、李维等人秉持整体主义的国家观念和对美德、理性的推崇,到塞涅卡、奥勒留等人双国度理念的凸现、对世俗权力的蔑视及自由意志的理论,无一不是彰显了罗马时代对个体的关注。这一时期,特别是塞涅卡的观点与古典时期以柏拉图、亚里士多德等人为代表的观念之间产生了巨大的分歧,他将政府视为对人类邪恶本性进行救济的权宜措施,而不再认为城邦是民主生活和个人才能达致完善的唯一手段。这种观点同西塞罗对斯多葛学派的自然理性和自然法学说的阐释一起对古代的政治理念产生了彻底的冲击。他们主张以人类的普遍平等取代城邦体制下公民身份的至尊价值。尽管这种变革只是观念上的一种阐述,但它的含义和标准却成为后世思想家,尤其是基督教教父政治理念的重要思想渊源。②

早期的基督教政治观念与其他政治观念相比并无特别不同之处。同斯多葛学派的观点一样,他们都相信自然理性、相信神的统治、相信上帝面前人人平等。诚然,异教论者可能对隐含在基督教圣经中那种天启的法律(a revealed law)并不了解,但相信天启法律与斯多葛学派的自然法理念却并非毫不相容。③在基督教出现之前,斯多葛学派的理念(例如塞涅卡的理念)中已经隐含着上帝与人的二元论观点。但斯多葛学派的价值观从本质上看来仍然是世俗性的,因为它主张的是哲学上的沉思或者冥想,期望公民个人通过沉思达到至善的道德境界,其主体仍是相对于神的个人。然而基督教却对灵与肉做了明显的界分,它教导的是获得救赎。因此,斯多葛学派的理想生活可以说是趋向神的世俗生活,基督教追求的则是超越尘世的与神同在的生

---

① 黑格尔:《哲学史讲演录》第三卷,商务印书馆,1959年,第6页。
② 乔治·萨拜因:《政治学说史》上卷,邓正来译,上海人民出版社,2008年,第227页。
③ 乔治·萨拜因:《政治学说史》上卷,邓正来译,上海人民出版社,2008年,第228页。

活。①早期的基督教通过在人与上帝之间建立起直接联系,让人的精神世界具有了独立的价值。与以往的思想相比,它从世俗社会的整体主义倾向中,将个体的精神生活剥离出来,凸显个体的独立性和特征,将人的内在价值提升至新的高度。②不过,值得注意的是,我们不能就此认为基督教的出现使得个人主义直接走上西方历史舞台。事实上,基督教在罗马乃至中世纪时代依旧没有形成现实的个人主义,它只是为个体视角的出场准备了精神土壤和文化依托。这一时期的个人虽然逐渐摆脱了来自世俗世界的束缚,但又依附于上帝的巨大神性统治之下。

第二重转换:从世俗理性到神圣信仰。

在古代,政治与道德往往是混同在一起的,早期的思想家主要以道德评价来理解政治生活和政治活动,可以说这一时期的政治通常是包含在道德、伦理之中的。伴随古代城邦的败落和帝国的崛起,政治与道德的紧密结合逐渐受到了冲击,依存于城邦的公民面临着从未有过的多样选择,罗马国家逐渐扩张的公民权进一步淡化了人们对城邦的依赖与认同。政治的存在价值由目的性逐渐向工具性转换。③在塞涅卡的政治理念中,他认为从事政治会让人失去他优良的品质,成立政府也不过是对人类邪恶本性进行救济的权宜措施。特别是他认为当公共领域已经堕落,智者就不必做无畏的争斗和无益的牺牲,而应该退隐下来,寻求自己身心的宁静和道德的回归。此外,他认为自然与神都是指宇宙及宇宙所有部分的神圣理性。这种理性也可称为"命运"或"天意",是在天国中起作用的万物之源。在他看来,神的世界与人的世界是统一的,人们除了生活在由所有人组成的共同体之外,还同神一起生活在一个更大的、真正公共的社会里。

塞涅卡的这种理念已经具有了宗教信仰的意味。而在另一个被萨拜因视为世俗思想代表的西塞罗身上,似乎也可以找到准神学视角的影子。④在《论共和国》残留下来的最后一卷中,西塞罗提到了"西庇阿之梦"。在梦中西庇阿遇到了自己已逝的祖父大将军老西庇阿·阿弗里卡努斯,他带着小西庇阿在天堂游历了一番并预言了小西庇阿未来的军事和政治生涯,告诉他:天意将尘世的抱负牢牢地控制在位;真正的荣誉不可能出自渺小而短暂的地

① 金林南:《西方政治认识论演变》,上海人民出版社,2008年,第199—200页。
② 丛日云:《在上帝与恺撒之间——基督教二元政治观与近代自由主义》,生活·读书·新知三联书店,2003年,第38页。
③ 王乐理主编:《西方政治思想史》第一卷,天津人民出版社,2005年,第353—354页;金林南:《西方政治认识论演变》,上海人民出版社,2008年,第220页。
④ 金林南:《西方政治认识论演变》,上海人民出版社,2008年,第217页。

方,对忠诚政治家的奖赏是回到天国,因为政治是神赋予的神圣职责。①在这里,西塞罗暗示道:权力和荣誉是世俗社会对政治家的奖赏,这种奖赏是转瞬即逝的,从宇宙的终极意义而言,它犹如一粒尘埃,终将化为乌有,因而是毫无意义的。人最终的归宿是要回到天国,接受神的奖赏,这才是永恒的幸福,也是理性之人的至高荣耀。由此可见,在西塞罗的政治理念中,不仅有对斯多葛学派自然理性的阐发,还有即将来临的基督教神学信仰的源头,可以说他和塞涅卡都可被称为西方政治从哲学向神学过渡的媒介。

"每个人都是两个国家的公民",这一双国度理念的宗教意味在奥古斯丁的基督教共和国观念中变得明确起来。这个神与人共处的国度被奥古斯丁称为 *Civitas Dei*,它既非某一个以法律和政治联系的较大的国家,亦非单纯地如塞涅卡认为的那样是一个以道德和宗教为纽带的社会,而是一个精神国度,一个真正的上帝之城。在这个国度里,人的生命和荣耀超越了世俗国家所给予的,变成永恒与和谐。它设想人具有一种双重本性——精神的与肉体的,因此应当按照人的这种本性进行双重的控制。这样人就有了双重义务,即宗教的义务与世俗的义务。奥古斯丁试图用这种界分来解释罗马帝国的衰亡:他认为人类的历史永远会在地上之城和上帝之城之间争斗。前者代表了世俗的、欲望的这种人的低层次本性;后者则代表了天堂的宁静和救赎;而和平只有在上帝之城才能获得。所有世俗王国终将被上帝之国取代,因为世俗的权力建立在人类的争斗和支配欲望之上,它在本质上是变化无常、转瞬即逝的。②由是,世俗的统治与神圣的上帝理性相比,显示出罪恶性、短暂性和应受惩罚性,如何在上帝之城与地上之城之间实现拯救和超越是奥古斯丁政治理念的核心内容,而这也体现在他的自然法思想之中。在斯多葛学派和西塞罗那里,自然法的基础是一种非人格的自然理性,而在奥古斯丁这里,尽管上帝还没有后来的神学认为的那样具备完整的自由人格,但他却是充满宽恕仁爱的理性智慧者,是人格化的理性化身。③"理性"由世俗的、哲学的转化为信仰的、神学的永恒智慧。

虽然自然法由原来的自然理性转化为上帝的神意,但包括奥古斯丁在内的早期基督教思想家并没有对此做更多的分析和论述,因为他们认为只要知道斯多葛学派的自然法与上帝的律法之间存在某种相似性就足够了。④到阿奎那的时代,这种哲学上的理性与神学上的信仰在认识政治事务中的地位发

① *Rep.*21–25, cf. I.26.
② 乔治·萨拜因:《政治学说史》上卷,邓正来译,上海人民出版社,2010年,第237—238页。
③ 金林南:《西方政治认识论演变》,上海人民出版社,2008年,第229页。
④ J. M. 凯利:《西方法律思想简史》,王笑红译,法律出版社,2002年,第97页。

生了明显的变化。通过对亚里士多德学说的利用和改造，阿奎那试图找到自然理性与对上帝的神圣信仰之间的平衡。他依照自然法理论将法分为永恒法、自然法、人法和神法。永恒法是上帝统治整个宇宙的法；自然法是上帝统治人的法；人法对自然法的具体运用，包括万民法和市民法；神法是通过《圣经》对上两个位阶法律的补充。①阿奎那通过用法的四分法构建一个完整的法律体系进而形成了他心目中上帝的秩序，这表明了阿奎那对世界和法的多样性认识。他的政治观表现了"具有上帝神圣的理性源泉的自然法对政治生活的普遍性引领"②。

以西塞罗、塞涅卡等为代表的古罗马思想家以其对共同体、对统治权力、对美德、对个体的关注与思考，展现了自城邦衰落和帝国崛起以来政治认识视角的转化，即从个人融于城邦的整体主义视角转向彰显个人自由意志的个体视角、从世俗理性视角转向了神圣信仰视角。以基督教思想为代表的中世纪政治观点正是在这一理念的基础上经奥古斯丁和阿奎那的阐释构建了由古代通往近代的桥梁。

---

① J. M. 凯利认为阿奎那在自然法领域的成就是最具原创性的、兼具古典和基督教的基础，是至中世纪为止，西方对自然法做出的最完整、最系统的表述，参见 J. M. 凯利：《西方法律思想简史》，王笑红译，法律出版社，2002年，第134—135页；金林南：《西方政治认识论演变》，上海人民出版社，2008年，第244—246页。
② 金林南：《西方政治认识论演变》，上海人民出版社，2008年，第258页。

附 古罗马著作拉丁文英文对照表①

Polybius (205 BC–118 BC)

Histories

Cicero (106 BC–43BC)

Rhetorical Treatises

(55 BC) *De Oratore*	*On the Orator*
(54 BC) *De Partitione Oratoria*	*On the Divisions of Oratory*
(52 BC) *De Optimo Genere Oratorum*	*The Best Kind of Orator*
(46 BC) *Brutus*	*Brutus*
(46 BC) *Orator*	*Orator*
(46 BC) *Paradoxa Stoicorum*	*Stoic Paradoxes*
(44 BC) *Topica*	*Topics*
(44 BC) *De Fato*	*On Fate*
(44 BC) *De Gloria*	*On Glory*

Orations

(81 BC) *Pro Quinctio*	*In Defense of Quinctius*
(80 BC) *Pro Roscio Amerino*	*In Defense of Roscius of Ameria*
(70 BC) *In Verrem*	*Against Verres*
(69 BC) *Pro Fonteio*	*In Defense of Fonteius*
(69 BC) *Pro Caecina*	*In Defense of Caecina*
(66 BC) *Pro Cluentio*	*In Defense of Cluentius*
(66 BC) *Pro Lege Manilia*	*On the Command of Gnaeus Pompey*
(63 BC) *De Lege Agraria*	*The Three Speeches on the Agrarian Law Against Rullus*
(63 BC) *In Caecilium*	*Against Caecilius*

---

① 文中所涉及的古罗马思想家的著作基本参照洛布古典文丛收录的著作进行整理,其中一些著作的拉丁文名称或英文名称参照"帕修斯数字图书馆"的网络资源,http://www.perseus.tufts.edu。

(63 BC) *Pro Rabirio Perduellionis Reo*	*In Defense of Rabirius*
(62 BC) *Pro Sulla*	*In Defense of Sulla*
(62 BC) *Pro Archia Poeta*	*In Defense of Archias the Poet*
(59 BC) *Pro Flacco*	*In Defense of Flaccus*
(57 BC) *Post Reditum in Senatu*	*Speech to the Senate After his Return*
(57 BC) *Post Reditum ad Quirites*	*Speech to the People After his Return*
(57 BC) *De Domo Sua*	*On His House*
(57 BC) *De Haruspicum Responsis*	*On the Response of the Haruspices*
(56 BC) *Pro Sestio*	*In Defense of Sestius*
(56 BC) *In Vatinium*	*Cross-examination of Vatinius*
(56 BC) *Pro Caelio*	*In Defense of Caelius*
(56 BC) *De Provinciis Consularibus*	*On the Consular Provinces*
(56 BC) *Pro Balbo*	*In Defense of Balbus*
(55 BC) *In Pisonem*	*Against Piso*
(54 BC) *Pro Rabirio Postumo*	*In Defense of Rabirius Postumus*
(52 BC) *Pro Milone*	*In Defense of Milo*
(46 BC) *Pro Marcello*	*In Support of the Recall of Marcellus*
(46 BC) *Pro Ligario*	*In Defense of Ligarius*
(45 BC) *Pro Rege Deiotaro*	*In Defense of King Deiotarus*
(44–43BC) *Philippicae*	*Philippics, against Mark Antony*

Philosophical Treatises

(51 BC) *De Re Publica*	*On the Republic* or *On the Commonwealth*
(?? BC) *De Legibus*	*On the Laws*
(45 BC) *Academica*	*On Academic Skepticism*
(45 BC) *De Finibus Bonorum et Malorum*	*On Ends* or *On the Ends of Good and Evil*
(45 BC) *Tusculanae Disputationes*	*Tusculan Disputations*
(45 BC) *De Natura Deorum*	*On the Nature of the Gods*
(44 BC) *De Amicitia*	*On Friendship*
(44 BC) *De Divinatione*	*On Divination*

(44 BC) *De Senectute*	*On Old Age*
(44 BC) *De Officiis*	*On Duties*

Letters

(68 BC–43 BC) *Epistulae ad Atticum*	*Letters to Atticus*
(62 BC–43 BC) *Epistulae ad Familiares*	*Letters to Friends*
(60/59 BC–54 BC) *Epistulae ad Quintum Fratrem*	*Letters to Brother Quintus*
(43 BC) *Epistulae ad Brutum*	*Letters to Quintus and Brutus*

Caesar (100 BC–44BC)

Commentarii de Bello Gallico	*The Gallic War*
Commentarii de Bello Civili	*The Civil War*

Livy (64/59 BC–17 AD)

Ab Urbe Condita Libri	*History of Rome*

Seneca(4 BC–65 AD)

(40 AD) *De Consolatione ad Marciam*	*On Consolation to Marcia*
(41 AD) *De Ira*	*On Anger*
(42 AD) *De Consolatione ad Helviam*	*On Consolation to Helvia*
(44 AD) *De Consolatione ad Polybium*	*On Consolation to Polybius*
(49 AD) *De Brevitate Vitae*	*On the Brevety of Life*
(54 AD) *Apocolocyntosis*	*Apocolocyntosis*
(55 AD) *De Constantia Sapientis*	*On Constancy*
(56 AD) *De Clementia*	*On Clemency*
(58 AD) *De Vita Beata*	*On the Good Life*
(62 AD) *De Otio*	*On Leisure*
(63 AD) *De Beneficiis*	*On Benefits*
(63 AD) *De Tranquillitate Animi*	*On Tranquility*
(63 AD) *Naturales Quaestiones*	*Natural Questions*
(64 AD) *Epistulae Morales ad Lucilium*	*Letters*
(64 AD) *De Providentia*	*On Providence*
Tragedies	*Tragedies*

Flavius Josephus (37 AD–100 AD)

(75 AD) *Bellum Judaicum*	*The Jewish War*
(94 AD) *Antiquitates Judaicae*	*Jewish Antiquities*
(97 AD) *Contra Apionem*	*Against Apion*
(99 AD) *Vita*	*The Life*

Tacitus (55AD–117 AD）

 （98 AD）*Agricola Germania*   *Agricola and Germany*

 （102 AD）*Dialogus*   *Dialogue on Oratory*

 （105 AD）*Historiae*   *Histories*

 （117 AD）*Annales*   *Annals*

Epictetus (55 AD–135 AD）

 The Encheiridion   *Handbook*

 Dissertationes   *Discourses*

Marcus Aurelius (121 AD–180 AD）

 Τὰ εἰς ἑαυτόν（注：原作名为希腊文）   *The Meditations*

Eusebius of Caesarea (260 AD–339 AD）

 Laus Constantini   *Oration in Praise of Constantine*

 Vita Constantini   *Life of Constantine*

 Historia Ecclesiastica   *Ecclesiastical History*

Ambrose of Milan (334/40 AD–397 AD）

 De Fide   *Exposition of the Christian Faith*

Augustine of Hippo (354 AD–430 AD）

 De Libero Arbitrio   *On Free Choice of the Will*

 Confessiones   *The Confessions*

 De Trinitate   *On the Trinity*

 De Civitate Dei   *City of God*

Aquinas Thomas (1225 AD–1274 AD）

 Summa Contra Gentiles   *On the Truth of the Catholic Faith*

 Summa Theologiae   *Summa Theologica*

第二编

近代早期城邦国家意识的新生

导　论

在西方政治理论和政治实践的漫长道路上,有一种政治现象值得注目,那就是古代希腊、罗马的城邦、文艺复兴时期的城邦国家和近代出现的民族国家都具有国家政治共同体的印记。这里所说的国家政治共同体,是指国家与公民之间具有特定的政治契约关系,各种政治权力集团在国家中具有特定的权势位置,各机构要素整合在一起使得国家机器有效运作。

从彼特拉克到马基雅维利,在文艺复兴时期意大利人文主义者的政治话语中,古罗马和中世纪的思想文化遗产俯首可拾。在人文主义者的各类著述中,基于前人思想基础上的创造性转化令人应接不暇。14—16世纪意大利人文主义思想家借助柏拉图、亚里士多德、西塞罗等古代思想家的智识资源和中世纪神学政治传统的余绪,结合当时政治现状,对"国家"共同体及其治理的问题进行独到的思考。就意大利史的整体进程而言,以1494年爆发的长达六十多年的意大利战争为界,此前相对独立的意大利城邦国家体系被迫融入正在形成的近代欧洲国际体系格局中,而在邦国林立的意大利半岛上,佛罗伦萨的历史和政治发展尤其引人关注。一方面是因为诸如布鲁尼、巴尔托洛梅奥·斯卡拉、萨沃纳罗拉、马基雅维利、圭恰迪尼等一批人文主义思想家都在佛罗伦萨的政治文化土壤中实践和构筑自己的政治理想,并且都有关于佛罗伦萨历史、政府结构、统治制度的著述,为后人留下宏富的研究史料;另一方面,14—16世纪佛罗伦萨历史本身跌宕起伏,共和国与美第奇家族政权的更迭嬗变,加之与米兰、卢卡等国家之间的一系列战争,促使佛罗伦萨人文主义者不得不直面和思考国家政治共同体理论中各环节性的问题。

一、"国家"——西方政治思想史中的基本概念

就理论模式而言,国家共同体可划分为两类:一种为国家政治理论,其研究对象是建构政治制度的基本单位——国家及其政治体制的问题;另一种为共同体理论,这是以社会学的研究方法阐释传统政治学包含的政治原理,比如马克思、韦伯、涂尔干、滕尼斯等西方社会学的先驱理论家做出的尝试,他们试图以客观的科学方法来分析黑格尔哲学体系中在绝对精神统摄下的"法

权国家"(*Rechtstaat*),开启一种现代性的知识形态。①本编侧重于第一种理论模式,试图探究和分析文艺复兴时期意大利人文主义者在国家政体、统治制度等问题上的观念与理论主张。

现代政治概念中的"国家"(*stato*)与"公社"(*commune*)关系密切,而"公社"又可视为"共同体"(*communitas*)的前身。在当今西方政治思想中,社群主义(communitarianism)和法团主义(corporatism)都是由国家共同体派生而来的重要支系。从不同学科的视角切入,可得出不同的"国家"概念,并且对"国家""共同体"这类词汇本身就很难下精准的定义。不仅如此,在西方漫长的政治实践中,政治始终都不是一门独立的学科,政治术语的使用与伦理学、法学、道德哲学有着千丝万缕的联系,我们不妨先从术语的发展谱系开始对"国家"加以把握。

古希腊罗马时代的城邦实际上就是一种国家政治共同体(political community)的形式,然而那个时代的政治著作中很少使用"共同体"词汇;到了中世纪,以基督教教义和神学为中心的政治著作大多追随奥古斯丁的话语风格,加上罗马法对政治思想的巨大影响,"共和"(*respublica*)、"人民"(*populus*)、"政体"(*politiae*)成为惯用术语,取代了原本由国家共同体指称的"为了共同目的而形成的政治集体"。在拉丁语中,与"国家共同体"类似的词汇还有"全体"(*universitas*)、"统一体"(*corpus*)、"城邦"(*civitas*)、"公社"(*commune*)等,亚里士多德和西塞罗就频繁地用"城邦"来指称古希腊罗马的国家共同体。②前者的《政治学》(*Politics*)和后者的《论义务》(*On Duties*)在文艺复兴时期广为流传,被意大利人文主义者奉为圭臬。当然,这些词汇彼此意义相近却不可完全等同,"全体""统一体"和"共同体"一样,可用于表达广义上的任何一种政治实体,比如国家、城市、村落、行会、修道院等,而"城邦"有时指称一座城市,如雅典、斯巴达,有时又可以表达一个国家,如文艺复兴时期的威尼斯和以佛罗伦萨为中心的托斯卡纳公国。值得注意的是,这些政治术语虽然都表示某种政治集团,但与现代民族国家(nation)存在明显差别,它们还无法完整地体现国家政治集团内部的权力分配结构、统治机构的细化,以及国家权力运作的模式。

---

① 苏国勋、刘小枫主编:《社会理论的开端和终结》,上海三联书店,2005 年,编者前言。
② "城邦"(*civitas*)是古罗马术语,用来表示国家或公民共同体(civic community or state);"全体"(*universitas*)最初在古罗马政治术语中表示一种亚政治共同体(sub-political corporate body),但自中世纪盛期逐渐变成了广义上的共同体概念,在政治和法律文献中经常出现;"统一体"(*corpus*)包含了将社会与人体加以类比的意味,但这层含义直至 13 世纪才愈发突显。Antony Black, *Political Thought in Europe 1250–1450,* Cambridge University Press, 1992, pp.14–15.

早在古希腊时期,柏拉图的《理想国》和亚里士多德的《政治学》就是围绕理想国家的模式、政治体制等问题展开的讨论,其中牵涉到公民、法等政治学的核心概念。然而无论是古希腊罗马的城邦,还是文艺复兴时期意大利的城邦国家和近代民族国家,无不具有国家共同体的印记。亚里士多德以统治人数的多少及统治的道德目的为尺度划分出六类政体,按照统治者是否以"共善"(common good)为目标继而区别政体好坏的程度。亚里士多德还指出,人与动物的本质差别就在于人能区分善恶、通晓是非,具有相似正义观念的人逐步形成家庭和国家。该观点间接表明了国家政治共同体具有的两大特征:共善和正义。不过亚里士多德所论述的国家远非现代意义上具有主权性质的民族国家,其政治理论主要还是基于对希腊城邦政制的考察。阿奎那在评注亚里士多德《政治学》时写道:"如果有人成为这样一种人,即他天生不是一个政治动物,那他或者是邪恶的,例如由于人性的堕落而发生这类情况,或者就是具有超人的品德。因为他的本性比其他一般人来得完善,所以他能够自足自给,不必与他人为伍,如约翰和隐士圣安东尼那样。""既然所有的人都是城市的一部分,他们非适应公共福利就不能具有真正良好的品德。"[1]可见,阿奎那也认为社群性或集体性是人天生具有的社会属性。人类出于自然本能组建政治共同体,任何脱离共同体而独自营生者,要么是恶人,要么是圣人。姑且不论古希腊奴隶和妇女的社会地位,仅就公民个体参与民主政府管理的直接程度而言,古希腊的雅典城邦就堪为国家政治共同体的雏形。

　　国家政治共同体最显著的特征就是具有有机性。通过"国"与"体"的有机类比,不仅能够带来文学修辞上的直观印象,更重要的是,这种类比还能够从哲学层面的含义上延展,成为政治统治的有效工具。如同人体是由头颅、四肢、躯干等各部分组合而成,政治共同体的重要内涵之一就是国家与公民个体之间的关系。一方面,公民作为国家的基本构成,在国家整体框架内发挥各自作用,只有国家才是公民身份的有力依托,离开国家这个整体,公民概念便无从谈起;另一方面,由公民集合而成的国家作为整体必须像人体那样有效运作,"国家"要想有效地协调各项具体功能的组成部分,就必须要有某种共同利益或共同目标,这样才能将各层次阶级的公民统一收归到国家统治之下。

　　既然国家政治共同体是一个有机的政治体,那就一定有其固定的组成要素和将这些要素黏合到一起的平衡机制。其中,公民作为共同体事务的参与者,无疑是最关键的要素。索尔兹伯里的约翰(John of Salisbury)曾对"公民"做过非常形象的比喻,他认为教士是灵魂、君王是头颅、议会是心脏、官员与

①《阿奎那政治著作选》,马清槐译,商务印书馆,2010年,第18—19页。

士兵是手臂、农民与工匠是双足。[1]其实，西方政治传统中的"公民"早在柏拉图和亚里士多德那里就已经被划分为等次清晰的社会阶级，[2]并且不是所有等级都能分掌政治权力。在中世纪的政治术语中，用来表示社会阶级（rank）的词汇非常丰富，如"地位"（status）、"秩序"（ordo）、"等级"（gradus）、"身份"（dignitas）等。[3]毫无疑问，政治共同体理论有利于维持不同政治权力集团的既得利益，将社会各阶级有效地固定在各自职能范围之内，其有机体的特征恰好解释了社会分工的必然性和正当性，不同身份的公民理应履行本分职责，遵从"头颅"统治，对阶级划分的任何不满都有悖于自然常理。再者，共同利益是政治共同体不可或缺的要素。共同体成员千差万别，社会各阶级之间也没有严格的界限，公民身份有时会随着时间和环境发生转变。因此，共同利益，或者说"共善"的存在就显得尤为重要。身体各个部分只有相互协调才能共同行动，社会成员只有以共善为目标才能确保共同体的有效运作。个人利益必须服从整体利益，"国家"利益则是共同目标，只有实现共同利益才能保障个体权益。我们不难发现，国家共同体理论暗含对社会不平等的默认，处于统治地位的集团逐步形成特权阶层，拥有世袭权力。当政治共同体内部各势力集团，包括国王、贵族、教士、城市市民、农民等相互之间的利益再也无法协调，社会矛盾激化为政治斗争时，议会制度作为权势分配及各政治集团之间进行权力博弈的平衡机制便应运而生了。

无论从思想还是情感上来看，至少有两股动力共同促使国家政治共同体观念的形成：第一，古典政治著述中关于国家起源的学说；第二，中世纪基督教神学包含的国家观。柏拉图《理想国》的核心就是探讨理想国家的政治制度，而制度的构建离不开各级公民的分工，或者说在一个理想国里，阶级的划分是在所难免的。柏拉图在对比了工匠、武士和监国者这三个等级的自由民所具有的不同社会职能及道德上的差异后得出结论：国家存在的基础就是以不同分工为标志的各阶级间的相互依靠。当然柏拉图明确指出，其心目中的理想国是以监国者，即贵族阶级统治为中心的，因而柏拉图自然是不相信民主制度的，在他划分出的四类政体中唯有贵人政体（timocracy）是以荣誉为原则的理想政体。柏拉图对公民等级的强调与中世纪社会的分工有着密切关

---

[1] Antony Black, *Political Thought in Europe 1250-1450*, p.16.
[2] 柏拉图的理想国包含工匠、武士和监国者三个等级，这种社会成员的等级划分在柏拉图看来是出于自然需要，每个人只能胜任一种职业，工匠提供物质生活必需品、武士保卫城邦安危、监国者统治城邦并以协调工匠和武士为己任。亚里士多德也根据社会职能的不同将自由民划分为六个等级：农民、工匠、地主、武士、祭司、法官/律师，并且只承认后三个等级的自由民享有公民权。
[3] Antony Black, *Political Thought in Europe 1250-1450*, p.16.

联,中世纪社会中的神职人员、贵族武士和普通劳动者恰好与柏拉图划分的三个等级相对应。亚里士多德在《政治学》中也将"国家"描述为是最高形式的共同体,更准确地说,"国家"是具有自足性的共同体。"国家"的起源并非为了单纯的生活需要,而是以善的生活为最终目的;国家也不仅仅是单独个体的聚合,而是所有公民在同一种制度和法律下生活的政治共同体。①亚里士多德强调的国家整体性,既不在于地域也不在于人口,因为地域范围会随着人口的迁徙而变化,人口结构也会随着生老病死的自然规律而改变,亚里士多德最终用来确定整体性的依据是政治制度,好的制度又是以好的法律为前提,因此亚里士多德相信的是法治,而不是人治。

耶稣使徒圣保罗关于"基督奥体"②的比喻成为中世纪教会国家合法统治的理论依据。独立的王国或其他政治实体也类似地被称为"统一体"(corpus),旨在表明所有人类社会或政治体的构成都是在多样化中寻求统一,犹如各种功能的肢体组合成不可分割的身体。然而部分服从整体的观念奠定了中世纪政治神学中教会不可撼动的地位。另外,中世纪政治思想中著名的"双剑理论"同样也适用于政治共同体的观念。在政治语境中,教会和国家可视为政治共同体的两个组成部分,德裔美籍学者恩斯特·坎托罗维茨(Ernst Kantorowicz)的代表著作《君之两体:中世纪政治神学》的标题就鲜明地指出,中世纪两大权力中心——精神权力和世俗权力——其实是一个整体的两个方面。③卡莱尔在六卷本《西方中世纪政治理论史》末尾也写道:"教会权力在其自身范围内独立于世俗权力,同样,世俗权力在其自身范围内也是独立的和至高的⋯⋯在人类社会中存在两个自治权力的观念——每一个都是至高的,每一个又都是服从性的。"④

国家政治共同体不一定具备特定的构成模式,任何类型的政治实体都可以被视作政治共同体。但有一点值得肯定,即在特定的政治共同体中,一定都不会存在绝对的平等,只要财产私有化合法,平等、共产等概念势必就会弱化,所谓"公正"只不过是不同政治集团之间就利益分配达成的共识。在意大利人文主义者生活的时代,并没有出现现代意义上的共和国。自14世纪以

---

① G. E. R. Lloyd, *Aristotle: the Growth and Structure of his Thought*, Cambridge University Press, 1968, pp.249-250.
② "基督奥体"(mystical body of Christ)是将教会比喻为基督的身体,基督是头脑,众信徒是肢体,信徒因信仰基督相互联合为一体。
③ Ernst Kantorowicz, *The King's Two Bodies: A Study in Mediaeval Political Theology*, Princeton University Press, 1997.
④ A. J. Carlyle and R. W. Carlyle, *A History of Medieval Political Theory in the West*, Vol.5, Barnes and Noble Inc., 1903-1936, pp.254-255.

来,意大利各城市共和国纷纷让位于僭主制度,威尼斯和佛罗伦萨这两个城市虽然就形式而言,因为保留了议会宪政而被视为是共和制,但实质上却类似于贵族制和君主制。所以14—16世纪的人文主义者在思考政治制度和国家问题时,都是在接受既成事实的情况下来讨论的。国家共同体的统治者如同头颅,具有发号施令的权力;同时,统治者也有责任和义务维护社会各阶层公民的利益,促进社会政治氛围朝着和谐健康的方向发展。在人文主义者看来,理想的城邦国家应当像古罗马那样,是个和谐有机的政治共同体,争斗、叛乱、专制等现象都起因于有机体中各组成部分的协调失常。所以人文主义者希望能重新唤起古典时代的公民美德,将德性视为救治时下党争纷乱等国家弊病的一剂良药。

二、国内外研究综述

(一) 国外研究现状

14—16世纪意大利政治思想在西方政治思想史的发展历程中扮演了承上启下的角色。一方面,旧的封建神学政治观受到巨大冲击;另一方面,新思想虽已曙光乍现,但还未成型。自13世纪中期,亚里士多德的政治学观念开始复苏,基督教圣哲阿奎那将亚里士多德的古典政治观与基督教神学政治观加以巧妙糅合,为西方政治思想史上新时刻的到来奠定了基础。综观14—16世纪西欧史,伴随封建社会解体、商品经济发展、城市化运动兴起、市民阶层壮大等社会、经济、政治现象,政治思想领域也迸发出近代化的元素。在阶级斗争、党派倾轧、权臣阴谋、平民起义、暗杀流放等一系列历史事件掺杂的晦暗图景下,近代早期意大利人文主义思想家就政治生活的性质、世俗社会的目的和功能、理想的政治体制等一系列问题作出种种思考。正是在这样的历史图景中,诞生了马基雅维利、圭恰迪尼等思想巨匠。从但丁到圭恰迪尼的三百年间,在意大利,尤其是在佛罗伦萨涌现出一批批思想巨擘。诸多研究文艺复兴的西方学者,如布克哈特、克里斯特勒、巴龙、鲁宾斯坦、布鲁克尔、斯金纳等,都将文艺复兴时期意大利独具特色的城邦国家政治体制与政治权力的运作模式视为近代西方政治思想的摇篮,正是在这套国家政治体系下,近代民族国家及国家政治理论才得以孕育。

1.14至16世纪意大利政治思想的研究

英国文艺复兴研究史家哈伊在《过去二十五年的历史学家和文艺复兴研

究》①中曾指出,中世纪晚期到文艺复兴早期的政治思想研究不能算是显学。但有一批学者在文艺复兴政治思想研究领域却有筚路蓝缕开创之功,他们在理论架构和资料积淀两方面给予本编引导与启示。

首先,对文艺复兴政治思想的基本理论和核心术语进行剖析的著述值得借鉴。英国史家鲁宾斯坦在《文艺复兴时期的政治理论》②中对上启阿奎那,终至多纳托·詹诺蒂的近三百年意大利政治思想做了系统梳理,该文的特点是按照各时代人物逐次分析主流政治思潮。在《佛罗伦萨和君主》③及《佛罗伦萨的政制与美第奇家族的崛起》④两篇文章中,鲁宾斯坦对佛罗伦萨的政治体制进行了更为细致的研究;布朗在《布莱克威尔政治思想百科全书》⑤中将文艺复兴时期政治思想的演变与意大利城邦国家的发展过程结合起来考察;德裔美籍史家菲利克斯·吉尔伯特(Felix Gilbert)在其代表作《马基雅维利和奎恰迪尼》⑥中展现了16世纪意大利政治思想中的创新性元素;与之相对,美国史家鲍斯玛的名作《文艺复兴的消退》⑦则从"自由"和"秩序"两个维度出发,挑战了传统研究成果,点明了文艺复兴时期的政治社会存在的危机;马丁内斯的《权力和想象:意大利文艺复兴时期的城邦国家》⑧追溯了政治权力中心不断迁移的步伐,他以1300年为分期,将11—16世纪的意大利政治形态划分为两大阶段展开讨论,该著作中的"权力"与"想象"实则为"社会"与"文化"。上述五位学者不仅要说清楚那个时段内意大利实际发生的政治事件,更要探求当时意大利政治思想家所思考的种种政治问题,对14—16世纪意大

---

① Denys Hay, "Historians and the Renaissance during the Last Twenty-five Years," in André Chastel, Ceicil Grayson et al. eds., *The Renaissance: Essays in Interpretation,* Methuen, 1982, pp.1–32.

② Nicolai Rubinstein, "Political Theories in the Renaissance," *The Renaissance: Essays in Interpretations,* pp.153–200.

③ Nicolai Rubinstein, "Florence and the Despots," *Transactions of the Royal Historical Society,* Vol.2, 1952, pp.21–45.

④ Nicolai Rubinstein, "Florentine Constitutionalism and the Medici Ascendancy," in idem ed., *Florentine Studies: Politics and Society in Renaissance Florence,* Faber and Faber, 1968, pp.442–462.

⑤ Alison Brown, "Renaissance Political Thought,"in David Miller ed., *Blackwell Encyclopaedia of Political Thought,* Blackwell Publishers, 1991.

⑥ Felix Gilbert, *Machiavelli and Guicciardini: Politics and History in Sixteenth Century Florence,* Princeton University Press, 1965.

⑦ William J. Bouwsma, *The Waning of the Renaissance 1550–1640,* Yale University Press, 2000.

⑧ Lauro Martines, *Power and Imagination: City-States in Renaissance Italy,* Johns Hopkins University Press, 1988.

利政治思想的脉络演变和基本特征把握精当,从不同角度为本编的研究提供了宽阔的思路和指向。

其次,我们应当注意到,在文艺复兴时期,意大利还只是个文化地理名词,作为近代民族国家的意大利要到19世纪下半叶才登上历史舞台。因此,很难对14—16世纪意大利政治思想进行整体考量,只能对各个地区的不同情况展开区域化、主题性的分析,最终进行提炼。意大利学者瓦塞齐和马提尼主编的两卷本《近二十年来的意大利史研究》①就是如此,托斯卡纳的中心佛罗伦萨则被视为意大利政治文化演变的典型。布鲁克尔的《1343—1378年的佛罗伦萨政治和社会》②及《文艺复兴早期佛罗伦萨的市民社会》③、贝克尔的《转型时期的佛罗伦萨》④、马丁内斯的《文艺复兴时期佛罗伦萨的律师和治国术》⑤等著作为我们理解文艺复兴时期佛罗伦萨的政治思想变革提供了基本的社会背景。另外,肯特的《美第奇家族的崛起:1426—1434年间的佛罗伦萨党争》⑥、鲁宾斯坦的《1434—1494年间美第奇家族统治下的佛罗伦萨政府》⑦、巴特尔斯的《十六世纪早期佛罗伦萨的统治者和政府:1502—1519》⑧、斯蒂芬的《1512—1530年间佛罗伦萨共和国的衰亡》⑨四部著作勾勒出一幅14—16世纪佛罗伦萨政治走向的全景图,为我们研究佛罗伦萨政治生态及美第奇家族的统治提供了宏富的资料。

最后,必须指出的是,当前西方学界对于如何建构14—16世纪意大利政治思想的总体框架仍存争议。近几年来,一些西方学者愈发趋向将这段时期的政治思想视作精英政治,认为以显贵家族为核心的权力实体在其中扮演了政治中心的角色,或者说是以自上而下的眼光来看待这一时期意大利城邦国

---

① Franco Valsecchi and Giuseppe Martini, *La storiografia italiana negli ultimi vent'anni*, 2 Vols., Marzorati, 1970.

② Gene Brucker, *Florentine Politics and Society 1343-1378*, Princeton University Press, 1962.

③ Gene Brucker, *The Civic World of Early Renaissance Florence*, Princeton University Press, 1977.

④ Marvin B. Becker, *Florence in Transition: Studies in the Rise of the Territorial State*, 2 Vols., Johns Hopkins University Press, 1968.

⑤ Lauro Martines, *Lawyers and Statecraft in Renaissance Florence*, Princeton University Press, 1968.

⑥ Dale Kent, *The Rise of the Medici: Faction in Florence 1426-1434*, Oxford University Press, 1978.

⑦ Nicolai Rubinstein, *The Government of Florence Under the Medici 1434-1494*, Clarendon Press, 1966.

⑧ Humfrey C. Butters, *Governors and Government in Early Sixteenth Century Florence 1502-1519*, Clarendon Press, 1985.

⑨ John N. Stephens, *The Fall of the Florentine Republic 1512-1530*, Clarendon Press, 1983.

家的政治发展。比如,布鲁克尔在《文艺复兴时期的佛罗伦萨》中指出,这一时期虽然权力更迭频繁,但政治生活的核心力量始终牢牢掌控在显贵家族手中。诸如科西莫·德·美第奇这样的权势人物,即便他不担任一官半职,甚至不常出现在议事会现场,却控制着佛罗伦萨的政治命脉;贝尔特利和肯特向我们表明了城市大家族是如何通过庇护手段和联姻政策来强化权力,并对城市实行控制和统治。在这两位学者的观点中,城市平民——工人、手工业者、行会会员——是庞大的下层群体,他们能够轻易地被贵族寡头操控摆布。贝尔特利在《中世纪城邦国家中的寡头统治》[1]中提出,意大利城邦国家的政治权力建立在二元轮换机制——贵族寡头和参与型民主(participatory democracy)——的基础上,人民(popolo)并非独立的阶层,而是贵族集团内部权力重组、权力再分配时形成的党派依附,政治权力中枢的狭隘性是从中世纪到文艺复兴一以贯之的特征。该观点得到了赫尔姆斯的认同,他在《佛罗伦萨、罗马和文艺复兴的起源》中指出:"14世纪初期佛罗伦萨政权的分化主要是家族恩怨纷争引发的结果"[2],只有上层显贵家族才能引发国家政局的动荡。

但柯恩和纳杰米却持相反观点,他们更加强调市民在政治体制的建构和政治观念的形成过程中所发挥的作用。在13世纪中期至14世纪末的佛罗伦萨历史上,市民政府曾经四度掌控国家政治权力,针对"自上而下"政治发展的模式,柯恩的《创建佛罗伦萨国家:1348—1434年间的农民和起义》[3]、纳杰米的《1200—1575年间的佛罗伦萨史》[4]都指出,意大利政治思想中包含"争议"和"协商"的特征,城市各阶级间的斗争对于政治思想的形塑具有不可忽视的作用。纳杰米特别强调佛罗伦萨政治生活中"市民阶层"与"显贵上层"的权力对话与权力交替的现象。另外,马丁内斯在《权力和想象:意大利文艺复兴时期的城邦国家》第四、五章中也详细描述了人民大众如何推翻显贵专权,建立市民政府的过程。

2.国家政治共同体的研究

在诸多涉及政治理论的著述中,关于"国家"概念、内涵、特征及其历史演进的分析构成了西方政治理论研究的核心主题。但要注意,"国家"这种称呼是我们站在今人的角度,用后现代化意识形态对政治统治方式和权力机构运作方式的一种笼统表述。

① Sergio Bertelli, *Il potere oligarchico nello stato-città medievale*, La Nuova Italia, 1978.
② George Holmes, *Florence, Rome and the Origins of the Renaissance*, Clarendon Press, 1986, p.165.
③ Samuel K. Cohn, *Creating the Florentine State: Peasants and Rebellion 1348–1434*, Cambridge University Press, 1999.
④ John M. Najemy, *A History of Florence 1200–1575*, Wiley-Blackwell Publishing, 2008.

当代西方学者在"国家"概念界定上各执一词。剑桥学派的代表斯金纳在《近代国家的谱系》①中对早前《政治的视界》②中提出的"近代国家应当有个明确概念"的观点进行了自我纠偏,转而主张要对"国家"作出界定是不可能的。不过斯金纳在《现代政治思想的基础》③开篇中还是依循了马基雅维利划分国家类型的逻辑,考察了城市共和国和帝国这两类国家的性质与特征;斯库顿在《麦克米兰政治思想词典》④中指出,不存在被普遍接受的"国家"定义,但存在两种较流行的"国家"理论:政治权利理论(rights theory of politics)和权力理论(power theory),这两种理论的代表人物分别为黑格尔和韦伯;福塞斯在《布莱克威尔政治思想百科全书》⑤及莫里斯在《政治理论手册》⑥中都将"国家"定义为"一套建立起来的政府运作机制",但这只是从功能性角度上的诠释,无法完全套用于文艺复兴时期意大利各城邦国家的实际政治运作现象。

相较于政治学家,社会学家和法学家更加注重"国家"的共同体特征。比如荷兰学者克拉勃(Hugo Krabbe)在《近代国家观念》中就以法为线索阐述近代国家观念的形成和发展,强调无论是中世纪还是近代的政治学说都是一种主权学说,并将国家视为法律制度下的利益团体。根据德国社会学家滕尼斯的定义,共同体的形成基础是人类意志的相互作用,共同体理论的出发点是意志完善的统一。亚里士多德和阿奎那的政治学说都明确表示了人天生具有政治和社会性,因此经营共同生活的需要不仅是出于天性本能,同时也是人的各种意志相互结合的必然结果。滕尼斯将共同体划分为三类:血缘共同体、地缘共同体和精神共同体。血亲氏族纽带促使人类组成自然家庭和部落,通过参与共同生活繁衍生息;各种血缘共同体会随着利益关系的相互作用进一步发展成为地缘共同体,这也可以理解为一群人在占有土地的基础上参与共同生活,创造物质财富,社会、城市即为代表;当人类的心灵相通,在共同信仰的引导下在神圣场所举行宗教活动(如崇拜神灵)时,地缘共同体又进一步发展为精神共同体。滕尼斯认为,精神共同休是真正的人的和最高形式

① Quentin Skinner, "A Genealogy of Modern State," *The British Academy,* Vol.162, 2009.

② Quentin Skinner, *Vision of Politics, Vol.2: Renaissance Virtues,* Cambridge University Press, 2002.

③ 昆廷·斯金纳:《现代政治思想的基础》文艺复兴卷,奚瑞森、亚方译,译林出版社,2011年。

④ Roger Scruton, *The Palgrave Macmillan Dictionary of Political Thought, 3rd edn.,* Palgrave Macmillan, 2007.

⑤ Murray Forsyth, "State," in David Miller ed., *Blackwell Encyclopaedia of Political Thought,* Blackwell Publishers, 1991.

⑥ Christopher W. Morris, "The Modern State," in Gerald F. Gaus and C. Kukathas eds., *Handbook of Political Theory,* Sage, 2004.

的共同体。①

    与滕尼斯不同,德国历史学家基尔凯(Gierke)②强调共同体的有机特征,他从法学的角度来剖析共同体理论的发展,将其源头确立为近代早期的意大利,并指出该理论的形成与近代法理学的发展是同步进行的。基尔凯肯定了古典文明及中世纪思想对共同体理论的作用,近代早期对古典文明的挖掘探索与中世纪相对封闭的思想体系产生碰撞与冲击,正是有了两股思想强力的摩擦才点燃了新思想的火花。在《古代和中世纪的国家和共同体观念》中,基尔凯论述了共同体概念是如何一步步从宗教机构团体、自治城邦政府中逐渐演变而来,中世纪有关群体与个体间关系的争论则是基尔凯的共同体理论的根基。基尔凯所强调的“国家”有机共同体的观念是中世纪国家政治理论的重要特征之一,国家作为一个有机整体,国家利益势必先于各组成部分,即个体利益,公民意志也必须服从社会和国家的目的。这样就模糊了公民个体的价值与权利,国家变成吞噬一切的可怕机器——利维坦。到了16世纪,各类政治实体及政治思想家最为关心的就是如何对内增强“国家”整体实力、对外提升“国家”的国际地位,“国家理性”其实是与近代西欧各民族国家的兴起相伴而生的。

    安东尼·布莱克在《1250—1450年欧洲政治思想》③中,将中世纪晚期到文艺复兴初期形成的城邦国家政治共同体视为现代国家的雏形,重点分析了教会与国家之间的关系,及如何在面对国家主权独立问题的同时又要维系国家之间的力量均势。布莱克首先探讨了国家政治共同体的形成条件及政治共同体的特征,继而围绕教会与国家、帝国与民族、城邦国家与市民政府等主题,分析了法律、统治者、共同体代表、自治权利、国家等观念是如何渗透到人

① 斐迪南·滕尼斯:《共同体与社会》,林荣远译,商务印书馆,1999年,第58、65页。
② 基尔凯是用共同体思想来研究政治学、法学、社会学的先驱,其部分著述已被译为英文,最具代表性的是四卷本《日耳曼共同体法》(The German Law of Fellowship)。其中第一卷《日耳曼共同体的法律和道德史》(The Legal and Moral History of the German Fellowship)及第二卷《日耳曼共同体概念史》(The History of the German Concept of Corporation)的部分内容由玛丽·费谢尔(Mary Fischer)翻译,经安东尼·布莱克(Antony Black)整理后收编于《历史视角中的共同体》(Community in Historical Perspective, Cambridge University Press, 1990),第三卷《古代和中世纪的国家及共同体观念》(The Doctrine of State and Corporation in the Ancient World and the Middle Ages)的部分内容由弗里德里希·梅特兰翻译并作序后更名为《中世纪的政治理论》(Political Theories of the Middle Age, trans. by F. W. Maitland, Cambridge University Press, 1913),第四卷《近代的国家及共同体理论》(The Theory of the State and of Corporations in Modern Times)的部分内容由恩斯特·巴尔克翻译后更名为《16至19世纪的自然法和社会理论》(Natural Law and the Theory of Society 1500 to 1800, trans. by Ernest Barker, Cambridge University Press, 1958)。
③ Antony Black, *Political Thought in Europe 1250–1450*, Cambridge University Press, 1992.

们的自我意识中，并成为政治理论家关心的对象。布莱克对于国家政治共同体的剖析不仅具有历史感，其关注的政治主题同样能够唤起当今政治学界的思考。布莱克将1250—1450年的欧洲整体作为研究对象，在考察意大利城邦国家的同时也兼及分析了英国、法国、西班牙等国的政治状况。此书运用的分析方法师出于剑桥学派，这就导致在宏大叙事的著述目的下无法对意大利独具特色的国家政治共同体展开深入细致的分析，所幸布莱克在论文集《教会、国家和共同体：基于历史和比较的视野》[1]中弥补了这个遗憾。

另外，意大利历史学家卡博德对于近代早期意大利城邦国家政治运作的分析也颇有见地。卡博德将城邦国家视为文艺复兴时期意大利特有的政治现象，他将这种政治构成归因于官僚集权化过程中的产物。卡博德在《查理五世时代的米兰史》[2]及《是否有个文艺复兴式的国家?》[3]中认为，诸如米兰、热那亚、佛罗伦萨及威尼斯等城邦国家的形成是当权统治者逐渐将周边领土纳置于自己掌控范围之下的结果。卡博德由此指出，意大利的城邦国家在很多方面都堪称近代民族国家的先驱。该理论为我们理解"意大利人是近代欧洲的长子"开辟了另一种视角。但是若将14—16世纪意大利城邦国家的政治模式单纯地理解为是城市统治者不断集权化的过程，则未免失之偏颇。这当中还包含了权力的交叉重叠、权力重心的转移和各股权势力量牵制平衡等问题，城市主教、封建领主、新兴的中产阶级和市民阶层、城市周边的乡村公社都在一定程度上保留了独立和自由。

近现代西方国家的制度建设与公民社会的发育是同步进行的，公民社会是国家政治制度的基础。14—16世纪的意大利城邦国家中，有关公民社会建设的问题是意大利政治思想家关心的对象，具体涵盖的内容包括国家与公民之间的关系、公民身份的认同、公民参政的权利、公民共同利益等。萨卢塔蒂、布鲁尼、波焦、帕尔米耶里等公民人文主义者都带有强烈的公民意识，亲身实践公民美德。德裔美籍史家汉斯·巴龙于1925年第一次提出了"公民人文主义"（*Bürgerhumanismus*）新概念，将之视为近代政治思想中的核心价值。

① Antony Black, *Church, State and Community: Historical and Comparative Perspectives*, Ashgate, 2003.

② Federico Chabod, *Storia di Milano nell' epoca di Carlo V*, G. Einaudi, 1961.

③ Federico Chabod, "Was There a Renaissance State?" in Heinz Lubasz ed., *The Development of the Modern State*, Macmillan, 1964, pp.26–42.

随着《早期意大利文艺复兴的危机》①和《从彼特拉克到布鲁尼》②相继问世，"公民人文主义"引起了西方学界的广泛关注。针对布克哈特《意大利文艺复兴时期的文化》抒发的极端个人主义，巴龙在公共生活与公共文化之间建立起紧密联系，力图证明人文主义文化与政治职责能够兼容。巴龙在晚年的《探究佛罗伦萨公民人文主义》③中坚持原初观点，并就"西塞罗和罗马的市民精神"和"方济各会的贫困与市民财富"等主题做了进一步探讨，这些内容成为几代学者争议的核心。此外，若将雷森伯格的《西方传统中的公民身份》④和达尔顿的《西方民主主义中的公民政治》⑤进行比对的话，既能从纵向把握公民身份历史演变的线条，又可以横向结合当代西方政治环境了解公民政治生活的实际运作。斯金纳与斯特拉斯主编的论文集《国家与公民》⑥也是研究公民社会政治现象不可或缺的参考资料。

最后值得一提的是，很多著述倾向于针对某位思想家进行个案剖析，或围绕某个主题展开详尽阐释，这些著述都是本编研究得以运行的基石。比如著名的意大利传记作家里多尔菲的三部曲《季罗拉莫·萨沃纳罗拉传》《尼科洛·马基雅维利传》和《弗朗西斯科·圭恰迪尼传》⑦。此外，剑桥指南丛书中的《文艺复兴人文主义指南》⑧《文艺复兴哲学指南》⑨《但丁指南》⑩《马基雅维利

---

① Hans Baron, *The Crisis of the Early Italian Renaissance: Civic Humanism and Republican Liberty in an Age of Classicism and Tyranny*, Princeton University Press, 1966.

② Hans Baron, *From Petrarch to Leonardo Bruni: Studies in Humanistic and Political Literature*, The University of Chicago Press, 1968.

③ Hans Baron, *In Search of Florentine Civic Humanism: Essays on the Transition from Medieval to Modern Thought*, 2 Vols., Princeton University Press, 1988.

④ Peter Riesenberg, *Citizenship in the Western Tradition: Plato to Rousseau*, The University of North Carolina Press, 1992.

⑤ Russell J. Dalton, *Citizen Politics in Western Democracies: Public Opinion and Political Parties in the United States, Great Britain, West Germany, and France*, Chatham House Publishers Inc., 1988.

⑥ Quentin Skinner and Bo Strath eds., *States and Citizens: History, Theory, Prospects*, Cambridge University Press, 2003.

⑦ Roberto Ridolfi, *The Life of Girolamo Savonarola*, trans, by Cecil Grayson, Routledge and Kegan Paul, 1959; *The Life of Niccolo Machiavelli*, trans. by Cecil Grayson, The University of Chicago Press, 1963; *The Life of Francesco Guicciardini*, trans. by Cecil Grayson, Alfred A. Knopf, 1968.

⑧ Jill Kraye ed., *The Cambridge Companion to Renaissance Humanism*, Cambridge University Press, 1996.

⑨ James Hankins ed., *The Cambridge Companion to Renaissance Philosophy*, Cambridge University Press, 2007.

⑩ Rachel Jacoff ed., *The Cambridge Companion to Dante*, Cambridge University Press, 2007.

指南》①等著作也同循此理。

（二） 国内研究现状

国内学界关于意大利文艺复兴的研究成果可谓汗牛充栋,但大多限于从文化史、艺术史、建筑史、史学史等学科视角进行考量,对于14—16世纪意大利政治思想的系统化学术研究付之阙如。徐大同主编的《西方政治思想史》(天津人民出版社,1985年)中第三、四章在探讨西欧封建社会和西欧资本主义形成时期的政治思想时,以人物为线索,涉及阿奎那、但丁、马西利乌斯和马基雅维利等意大利思想家。该著作是国内较早论及意大利政治思想的教材,为我们指点了西方政治思想发展的大致历程,但无法细窥中世纪晚期到近代早期意大利政治思想的承启流变等具体内容。由徐大同主编的五卷本《西方政治思想史》(天津人民出版社,2005年)显然是对早先单卷本的扩充。其中丛日云主编的第二卷"中世纪"和高建主编的第三卷"16—18世纪"按主题和人物结合的方式分析该时期的西方政治思想,专章论述阿奎那和马基雅维利,以及民族国家形成时期的政治思想。丛日云的《西方政治文化传统》(吉林出版集团,2007年)追溯了西方政治历经的两次转型过程,研究了古希腊城邦的公民政治到古罗马城邦的共和精神、再到日耳曼人的自由传统,系统地描述了西方政治制度的历史发展,其中涉及公民价值、公民理论、共和政治等内容,是本编探讨国家政治共同体的理论参考。但该著作为通论专著,对中世纪意大利的地方自治传统未有言及。朱龙华的《意大利文艺复兴的起源与模式》(人民出版社,2004年)将14—16世纪的佛罗伦萨奉为典型,分析了三百年里佛罗伦萨的政治、经济和文化,提出了"全牛"亦即发展模式之说,指出佛罗伦萨政治模式对于整个西方近代化起到巨大的推动作用。朱孝远的《近代欧洲的兴起》(学林出版社,1997年)和《欧洲涅槃——过渡时期欧洲的发展概念》(学林出版社,2002年)对近代欧洲的发展作了大致描述,探讨了欧洲近代化进程的复杂运动,为分析近代欧洲社会兴起的原因建立起理论解释的框架,将文艺复兴时期政治思想家对国家政治问题的思考,理解为新一代知识分子为应对转型过渡危机而提出的理论纲领,该著虽只剖析了英国和德国,但对于欧洲过渡方式的解释也为理解意大利的政治状况提供了思路。周春生的《文艺复兴史研究入门》(北京大学出版社,2009年)第六讲探讨了文艺复兴时期的国家和政治,重点分析了当时的国家政权机构、国际政治环境及教俗关系等问题,同时研究了自然法的复兴、政治契约和代表人物的观点,从

---

① John M. Najemy, *The Cambridge Companion to Machiavelli*, Cambridge University Press, 2010.

宏观角度展现了当时政治问题的核心。张椿年的《从信仰到理性——意大利人文主义研究》(浙江人民出版社,1994年)以专题形式分析了人文主义思想体系中的几个核心问题,其中"君主制,还是共和制"就文艺复兴时期意大利政治思想家的政体观展开论述。在刘明翰主编的十二卷本《欧洲文艺复兴史》(人民出版社,2010年)中,政治卷(朱孝远著)和法学卷(周春生等著)为我们了解文艺复兴时期意大利政治思想,以及研究现代欧洲政治制度的起源提供了一种新视野。另外,周桂银的《意大利城邦国家体系的特征及其影响》(《世界历史》1991年第1期)以五大国为研究对象,考察了意大利城邦国家在被迫纳入到近代早期欧洲国际体系前相互之间的关系;张弛的博士学位论文《国家权力的发现:从人文主义到近代自然法学说》(中国政法大学,2011年)分析了西方政治传统中国家权力观念的起源与变迁。

国内学界对14—16世纪意大利政治思想家的个案研究尚处于起步阶段。虽然对但丁、马基雅维利这样较为熟悉的人物研究已成一定规模和体系,比如《马基雅维利全集》(吉林出版集团,2013年)对马基雅维利的政治、文学、历史、军事、外交信函等所有著述进行了翻译整编;蒋方震在《欧洲文艺复兴史》(商务印书馆,1921年)中较早地介绍了"马基雅维利主义"概念;周春生的《马基雅维里思想研究》(上海三联书店,2008年)通过分析马基雅维利的历史观、政治法律学说、军事理论和外交政策等,为我们呈现出一个充满人性且睿智务实的马基雅维利形象。但相较于这些大思想家,对于该时期内其他人文主义者政治思想的综合性研究几乎空白,只有在个别文章中零散地触及,比如《佛罗伦萨市民人文主义对封建传统思想的冲击》(孟广林,《天津师大学报:社科版》1988年第4期)、《佛罗伦萨市民人文主义者的实践与"积极生活"思想》(郑群,《历史研究》1988年第6期)、《公民参政思想变化新论——文艺复兴时期人文主义者参政思想浅析》(朱孝远,《世界历史》2008年第6期)等,鲜有专文勾勒萨卢塔蒂、布鲁尼等思想家的政治理论与政治观念之作,更不用提透过思想家的修辞手法还原当时的政治生活场景,及各种思想观念背后的真实动机。

三、研究背景及意义

本编的创新之处主要体现在三个方面:第一,涉猎范围。目前国内有关文艺复兴意大利政治思想史的学术著述大多集中在马基雅维利、但丁等个别焦点人物的身上。较之于这些大思想家,同样在文艺复兴时期意大利政治思想的发展演变过程中做出卓越贡献的其他人文主义者,比如萨卢塔蒂、布鲁尼、波焦、锡耶纳的帕特里齐、阿拉曼诺·里努齐尼、帕尔米耶里等,他们的政治著作却鲜有问津。也就是说国内学界对意大利政治思想史的研究还缺乏点和面的铺展,本编尝试弥补相关学术研究领域的空白。第二,研究视角。这是国内第一次从国家政治共同体理论的视角出发,试图在国家政治层面上对14—16世纪意大利政治思想进行剖析。国家共同体的概念在西方古已有之,但将之作为一种整体性的政治概念,对文艺复兴时期意大利人文主义者国家观的研究却不曾有过。第三,研究方法。当今西方政治思想史研究领域的两大重镇——剑桥学派和施特劳斯学派的治学路径分别是"语境中的观念",和强调从经典文本中挖掘"微言大义",并对之进行"注经式"演绎。本编在借鉴这两派的基础上,采用概念诠释模式与政治情景理解模式相结合的方法,以历史眼光分析14—16世纪意大利独具特色的城邦国家政治理论,以期进一步认识近代国家在形成、发展过程中的核心问题。概括而言,本编的特点就是涉猎广、视角新和方法新。

在写作过程中碰到的难点主要集中在两个方面:第一,文艺复兴时期的意大利思想家大多兼具人文主义者身份,他们精通古典文化,谙熟修辞雄辩的技巧,因而他们的作品不乏浪漫的色彩,政治观念和国家构想经常随着实际的政治状况发生改变,有些思想家甚至在不同时期的著作中表达出前后对立的观点,比如彼特拉克、萨卢塔蒂、布鲁尼、马基雅维利等。这就需要在文本梳理的同时,结合该人文主义者政治思想的整体面貌,不能局限于单部著作传达的政治信息,而是从宏观上考虑著作的受众对象及其著书立作的动机意图,把握人文主义思想家的政治视野和政治立场,透析理论背景与政治观念的来龙去脉。第二,研究意大利政治思想对于意大利语言有一定的要求,甚至需要参照拉丁文文献。所幸一批意大利学者,如加林、富比尼、卡博德等人的著作已被译成中、英文;另外,美国哈佛大学意大利文艺复兴研究中心陆续出版了文艺复兴经典文库"塔蒂丛书"(The I Tatti Renaissance Library Series),将拉丁文原典转译为英文,为本编研究提供了不少便捷。截至2015年底已有七十多部塔蒂丛书面世,该丛书系列是本编写作过程中不可或缺的资料。

第一章　从中世纪晚期到文艺复兴时期"国家"观念的演变

罗马帝国的覆灭标志着一个时代的终结,同时意味着意大利历史由此翻开了中世纪的篇章。在随后长达六百多年的历史里,哥特人、伦巴第人、法兰克人等轮番入侵亚平宁半岛,蛮族征服者割断了自古希腊罗马延续下来的风土人情,他们没有能力在被破坏的殷墟上接续文明,但大批日耳曼移民带来了他们的风俗习惯,罗马人固有的权威在他们手里呈现出封建化色彩,中世纪晚期思想家就是在这动荡不宁的时代下艰难探索着"国家"理论。

理论的产生必须依托历史,或者说,政治理论一般都反映出政治现实。思想家通常以史为鉴,从过去的历史实践中萃取经验,极少出现政治理论与历史事实完全脱钩的情况。鉴于此,14—16世纪意大利思想家的各种国家理论和政治主张也绝非横空出世,人文主义更不是一场突如其来的思想运动。尽管意大利文艺复兴时期出现了一些全新的政治现象,一批批思想巨擘为后人筑建起流光溢彩的思想殿堂,但究其根源,意大利人文主义者的国家观还是可以在古典时代和中世纪政治思想中觅得初踪。

第一节　中世纪晚期多元化思想体系中的"国家"观念

中世纪政治思想的特征主要表现在教权与王权的二元对立。中世纪社会具有浓厚的封建特征,社会体系建立在严格的封建等级秩序上,在层级鲜明的权力阶梯分布图中,教皇和皇帝无疑为最高统治者。在王国、行省、贵族领地、庄园和城堡里,统治者与被统治者依靠效忠与服从的关系结合在一起。这种封建体制为诸多政治思想的形成提供了丰厚的土壤,比如承认统治者的权威来自世袭权力;统治者与被统治者之间的依附关系建立在权利与义务对等的原则上;在决定重要事宜时,统治者要与部分臣民协商。实际上,封建主义造成了思想上进退维谷的两难境地,一方面它赋予统治者至高无上的权杖,另一方面它又要对这种权威加以限制,好比要给飞奔的野马套上鞍辔。

在中世纪神学传统的影响下,"国家"被视为人类堕落的产物,与之相应,国家的功能亦蒙上了一层消极色彩,这与基督教的创立息息相关。中世纪教父哲学家奥古斯丁的国家观虽然为世俗国家保留了一席之地,但其主张世俗国家是为通往上帝之城服务的理论依然没能跳出基督教神学思想的桎梏。然而到了中世纪晚期,随着罗马法的复兴、亚里士多德自然政治学观念的复苏、加上"蛮族"日耳曼人取代了罗马帝国的历史现实,各种新的国家观念在基督教神学、日耳曼习俗、罗马法传统、亚里士多德遗产等多元化的思想体系中交织争锋,阿奎那、但丁、帕多瓦的马西利乌斯等意大利政治思想家结合其时的历史、政治背景,就国家的性质、权力的来源、统治合法性等问题给出了各自不同的政治主张。

一、中世纪二元权力观形成的历史背景

就某种意义而言,中世纪的历史形同于一部教会史。中世纪政治思想的核心可以大略概括为"教俗之争",这场在教会与国家统治者之间爆发的权力争夺战的导火索是历史上著名的主教"叙任权之争"(War of Investitures)。1046年,神圣罗马帝国皇帝亨利三世来到意大利,答应赋予城市任命主教的权力。但最初选举出来的两任罗马教皇,克莱芒二世(Clement Ⅱ)和达马苏斯二世(Damasus Ⅱ)都没能得到罗马和伦巴第人民的认可,接下来的教皇利奥九世(Leo Ⅸ)和维克多二世(Victor Ⅱ)则完全听命于罗马的副主教——希尔德布兰德(Hildebrand)。1059年,希尔德布兰德策划了拉太朗会议(Lateran Council),宣布把选举教皇的权力授予红衣主教,终止了由皇帝任命教皇的惯例,该命令成为教会改革的重要举措,其目的显然是为了使教廷摆脱德意志皇帝的控制,争取教会独立。1073年,希尔德布兰德通过红衣主教的全体赞成,在罗马人民的欢呼声中当选为教皇格里高利七世(Gregory Ⅶ),由此拉开了教俗权力斗争的序幕。这场围绕主教授职权展开的争夺实则是最高权力归属权的问题,格里高利七世把教会凌驾于国家之上的原则发挥到了极致,"谁不知道,王公贵族本来只是一些不认识上帝的人,他们在尘世的统治者魔鬼的驱使下,在骄傲、抢劫、背信弃义、凶杀和几乎所有一切罪恶的驱使下,怀着盲目的权力欲和无法容忍的骄横,僭取了凌驾于他们同辈人之上的地位"[①]。格里高利七世对于世俗国家起源和性质的解释带有封建等级观念的意味,在他看来,教皇是上帝唯一的权力代理人,神权是高于君权的最高统治。但现实表明世俗权力的炮火要猛于教会经文的威慑,1077年的"卡诺莎觐见"充满了戏剧性效果,在用世俗武器争斗的战场上,格里高利七世根本不是亨利四世的对手。然而教皇临终遗言:"我一生热爱正义,憎恨邪恶,为此

---

① 穆尔:《基督教简史》,郭舜平等译,商务印书馆,2010年,第171页。

才死于流亡"①,话中饱含着对教廷事业的关怀之情,这种宗教情感在英诺森三世(Innocent Ⅲ)和卜尼法斯八世(Boniface Ⅷ)那里得到进一步的回应和发扬。

这场"叙任权之争"于1122年拉下帷幕,教皇卡利克斯图斯二世(Galiuxtus Ⅱ)与皇帝亨利五世(Henry Ⅴ)达成"沃尔姆斯宗教协定"(Concordat of Worms),互相承认对方的独立统治,一方是精神世界的主宰,另一方是世俗社会的首脑。

> 皇帝保证德国主教和修道院长按照教会规定自由选举产生,他只莅临选举,并在有争议的场合介入。皇帝还放弃了向他们授予象征宗教权力的指环和权杖的权利,而教皇则承认他的世俗叙任权,即以王笏轻触受圣职者,表示授予他们领地上的世俗权力,包括封建财产权、裁判权和世俗管理权等。②

然而"沃尔姆斯宗教协定"只是这场政教大战中的暂时妥协,它只能表明一个斗争回合的告终,继后几百年的政治思想几乎都是围绕这场权力纷争展开。到了中世纪晚期,西方政治思想经历了一场空前的"革命"。之所以称为革命,主要有三方面的考虑:第一,该时期的政治思想体现出前所未有的多元化特征;第二,这种多元化思想的肇因具有近代化的特性;第三,在这场思想运动中孕育着近代国家政治理论的雏形。

12世纪,随着农业、贸易、手工业的迅速发展,西欧社会人口急剧膨胀,语言逐渐分化。虽然拉丁民族有着共同的基督教信仰,但在这株同质文明的根基上却生长出彼此迥然不同的民族文化,法国、英国、意大利等各地区的统治模式和政治社会都经历着变化。与之相应,这一时期的政治语言和政治思想也都处于流变不定的状态,因而很难用某种特定的政治理论或意识形态去概括中世纪晚期的政治思想。我们只能说在这股多元化政治思想的脉络里流淌着多重因素,基督教神学、罗马法法学和亚里士多德自然哲学等合力造就

---

① 林·赫德、德·普·韦利编:《意大利简史》上册,罗念生等译,商务印书馆,1975年,第87页。
② Brian Tierney ed., *The Crisis of Church and State 1050-1300*, Prentice-Hall Inc., 1964, p.91.

了中世纪晚期政治思想多元化的特点。①一些历史学家也许会过多关注中世纪基督教世界的共性，强调教会的霸权地位。诚然，自教皇格里高利七世起的五百年里，教会和世俗统治者不断进行着权力的博弈，教会并不满足于只在精神世界里担当上帝的牧者，从12世纪中叶开始，罗马教廷较之其扮演的精神主宰的角色，它首先是作为一种政府机构和法律机构而存在的。②但我们并不能因此忽视教会在势力扩张过程中遭遇到的反抗力量，教会对世俗事务的干涉及对物质财富的觊觎与它宣扬的朴素禁欲形成强烈反差，许多人开始对教会布讲的理论质疑，12世纪教会法学家提出教皇拥有"完满权力"（plenitude of power）和至高权威的观点不断遭到现实主义思想家的猛烈抨击。

意大利是罗马教廷的所在地，同时又是神圣罗马帝国伸张权力的中心，相互对立的意识形态在这片刀光剑影的土地上表现得尤为突出，关于精神权力和世俗权利的争论构成了意大利政治思想的主题。为了更好地了解欧洲中世纪教会与世俗国家之间二元对峙的关系，同时充分把握在这种关系中形成的双剑理论、帝国理论、民治理论等政治思想中的"国家"观念，我们必须先了解这些政治观念诞生的历史和政治背景，既要知道意大利是怎样步入封建社会的，又要知道基督教是如何滋养这种社会风气的。

488年，东哥特人的国王西奥多里克（Theodoric）在希腊皇帝芝诺（Zeno）的支持下入侵意大利，推翻奥多亚克后开始统治拉文纳。西奥多里克敬仰罗马，将之视为孕育古代文明的圣城，他沿用了古罗马的政体制度，继续由元老院任命罗马总督，希望通过这种方式使其异族政权得以合理化。在西奥多里克看来，自己只是凯撒权力的代理人，而非独立主权的行使者。倘若我们将这段历史置于历史长河中加以评判，便能够看出，因西奥多里克征服而引起的迁都及其对罗马的崇敬之情是造成意大利领土分裂的致命因素。自那时起，罗马就与意大利世俗统治者的权威实现了分离，在亚平宁半岛上并存着两股势力，一方为世俗的君主权力，蛮族国王们凭借强人的军事力量横行在古罗马帝国的土地上；另一方为教会的宗教权力，主教们倚仗的是圣彼得的无限权威及罗马人民虔诚笃信的天性。

---

① 美国历史学家汤普逊认为，中世纪的政治理论中的"国家"观念主要有三种来源：罗马法、基督教、日耳曼传统。古罗马人相信国家是至高永恒的，但对于臣民无须负责；基督教思想通过奥古斯丁的学说宣扬国家是带有罪孽的人类产物，教会被赋予净化国家的职能，因此国家是隶属于教会之下的；日耳曼人则强调个人的权利，国家与臣民形同领主与附庸之间的关系，国家是一种松懈的契约式社会有机体。汤普逊：《中世纪经济社会史》下册，耿淡如译，商务印书馆，1984年，第324—325页。
② J. H. 伯恩斯主编：《剑桥中世纪政治思想史》下，程志敏等译，生活·读书·新知三联书店，2009年，第484页。

接踵而至的伦巴第入侵者比哥特人更加强大且可怕,他们是拜占庭帝国的将军纳塞斯(Narses)为谋夺政权而召集的,尽管纳塞斯没能亲眼看到伦巴第人在帕维亚(Pavia)建立起第二个蛮族王国。在征服意大利的过程中,伦巴第人所占领的及未能征服的领地分布决定了意大利未来的政治格局,他们在意大利的得势酿成了意大利长久分裂。伦巴第人将意大利割裂为几个板块,北方大陆地区听从帕维亚的统治,中部受斯波雷托公国(Spoleto)控制,南部的本尼凡通公国(Benevento)则继承了阿尔博英(Alboin)打下的江山。但是面对来势汹涌的伦巴第人,罗马城在她古老的威仪下依旧毫发无损,威尼斯、热那亚、比萨、那不勒斯、西西里等沿海城市同样捍卫独立,这些城市成功抵御了来自条顿入侵者的威胁,而日渐衰退的拜占庭帝国对于那些表面承认其权威实则自治的城市也无可奈何。然而伦巴第国王在驻扎意大利后不久便采取了最关键的一招,即改宗信奉基督教,以此加强与罗马教会的关系,同时避免了在独立精神日盛的教皇领地上施行暴君欺压的恶名。伦巴第人改宗[1]的初衷现已无从知晓,但他们很有可能是想以这种方式来平息领地上暴动的诸侯,同时寻求被征服地区民众的支持。这对于罗马教廷而言无疑是扩大权力范围的大好时机和绝佳借口,教会在格里高利的领导下建立等级制度,设立宗教法庭,不容错过任何增强教会世俗权力和壮大主教辖区领地的机会。718年,罗马教廷成功摆脱了拜占庭帝国的束缚,许多教廷管区在教皇的领导下开始造反,伦巴第人乘机发动攻势。751年,伦巴第国王攻陷拉文纳,总督五城(Exarchate and Pentapolis)就此灭亡。这时教皇深刻体会到"一个有权势的伦巴第人对他们主权的威胁,比一个不在这里的皇帝更为直接"[2],教皇史蒂芬二世(Stephen Ⅱ)不得不于753年来到高卢,授予法兰克国王丕平(Pepin)罗马贵族的头衔,并邀请他平息意大利内乱。丕平把伦巴第人赶出了拉文纳,他的儿子查理曼(Charlemagne)戴上了伦巴第王冠,并于800年在罗马加冕,由此建立的神圣罗马帝国持续了千年。

至此,最初因西奥多里克崇拜罗马而引起的双重权力中心,继而因伦巴第人的征服造成了意大利领土的进一步分裂,最终在查理曼大帝与教皇的协定下,在西方基督教国家里建立起一个新的帝国。值得注意的是,罗马、威尼斯、比萨、热那亚和南部沿海诸共和国均游离于帝国管辖范围之外,她们各自遵循着独特的路径发展,这也是为什么这些城市最早取得繁荣的原因之一。然而神圣罗马帝国的建立决定了意大利未来历史前进的方向,意大利的命运就此与北方日耳曼民族结合到一起,她再也无法像英、法等国那样,凝聚起一

---

[1] 由原来的阿里安教派(Arianism)改信基督教。
[2] 赫·赫德、德·普·韦利编:《意大利简史》上册,罗念生等译,商务印书馆,1975年,第67页。

股统一的政治力量。

作为回报,查理曼大帝默认了早先丕平将拉文纳总督五城赠予教皇的做法,这片总督管区和罗马公国组成了教皇国的主要领地,为日后教会扩大世俗政权奠定了基础。与此同时,皇帝仍没有忘记帝国的权益,这位新君主力图把从伦巴第人那里夺取的意大利行省改造成法兰克王国,先后继位的八位皇帝以帕维亚为基地,通过将领地分封给诸侯的方式延续着对意大利的控制,于是在伦巴第旧有的领土结构内逐渐确立起一套新的治理模式,相互分散的分封领地分化了整体的权力,辖地诸侯的势力日益崛起。

日耳曼人的入侵促成了欧洲封建化的进程,"日耳曼人的封建制度横切过来,使希腊罗马人从原始的奴隶社会直接进入到封建社会"[1]。当然,这是个漫长的历程,大约到11世纪,欧洲社会才彻底完成了封建化进程,这主要体现在三个方面:

第一,日耳曼人对于土地和财产的观念与罗马人有很大的差别。日耳曼人并不擅长贸易经商,土地成为他们从事经济活动的中心,并且在日耳曼人的地产观念中没有所有权的概念,换言之,在同一片土地上许多人能够同时拥有各自不同的权利和利益,这与罗马人的排他性财产所有权观念构成了本质的区别。962年,由奥托一世(Otto Ⅰ)开始的德意志萨克森王朝的皇帝们把新征服的意大利领土大肆册封给贵族,由此将伦巴第人和法兰克人治下的意大利转变为德国封建制下的新意大利,通过确立宗主效忠以确保其享有阿尔卑斯山另一侧领地上的利益,这种领土分封制导致了罗马世袭贵族阶级曾经的领地界线变得模糊与混淆。

第二,日耳曼人没有明确的法的观念,在他们看来,习惯就是法。但是各个地区和氏族都有一套风俗习惯,因此日耳曼人没有一个统一的法的权威,他们在千差万别的习惯法下依据个人好恶选择服从和效忠,这种法制观念相应地造成了多个权力中心,封建领主和附庸者不受制于任何公共法,国王也只不过是个有着最高头衔的宗主,在具体的地方割据范围内,王权甚至不敌附庸的封建领主。

第三,日耳曼人高度重视并依赖个人权利的本性使得他们在建构社会基本秩序的过程中,确立起人与人之间的契约关系。权利和权力的划分其实互为表里,或者说是同属于建构等级秩序方式的两个面向。自西罗马帝国崩溃后,纷沓而至的条顿部落建立起封建分封制,造成了欧洲范围内政治格局的高度碎片化,没有谁的权力可以强大到足够通吃掉所有其他人的权力,于是

---

[1] 张桂琳、庞金友主编:《西方古代中世纪政治思想研究》,社会科学文献出版社,2012年,第207页。

人们自然会寻求保障既得权利的方式,契约关系被视为最能有效保护权利的形式,缔结契约的目的说到底是"权利斗争"的结果。换言之,我可以不与你争夺你的权力(power),但是我绝对不会放弃我的权利(right),你如果想要得到或继续保有你的权力的话,你就必须承认并保护我的权利,我的权利构成了你的权力的根本依据。[①]如果将这种领主与附庸的契约观念放大到国家范围内进行考量的话,很容易明白国王与臣民的关系是建立在权力与权利对等互惠的原则上的,统治者必须与被统治者协商来制定决策,[②]这种以彼此同意为基础的封建契约制度造成了中世纪政治思想中有关"王权"(kingship)进退维谷的两难境地:一方面它要赋予统治者至高无上的权威,另一方面它又要对这种权威加以限制,如同给飞奔的野马套上辔头,牵着辔头的缰绳则紧紧攥在国家臣民的手里。

当然,基督教会在面对这种深刻的社会政治变革时是绝不会坐以待毙的。教会宣扬的等级制度和逆来顺受的精神灌输为封建社会提供了再恰当不过的观念装备。虽然教会教导人们为了来世的幸福必须默默忍受现世的苦难,但教会组织却在不断强化自身势力。早在法兰克人统治时期,意大利三分之一的领土已归教会所有,教会有权解除领地上诸侯承担的军事义务,而奥托一世对于主教权力的让步更是壮大了教会势力。大城市主教的地位与公爵几乎不分上下,教会势力之所以能够迅速扩大,既得益于封建制度对王权的限制,又取决于教会自身顺应了时代的变化,通过完善教会组织、兜售圣职卖官鬻爵、征收十一税等方式急速累积财富,与世俗统治权力实行抗衡。比如,米兰虽然遭受帕维亚的欺压,但作为伦巴第地区的主要教会国,她的地位依然高高在上;阿奎莱亚(Aquileia)尽管是片沙漠之地,却有自己的教长;奇维达雷(Cividale)作为牵制周边城镇的要塞,虽是个小村庄但也是教会重镇。[③]就这样,基督教会从最初作为统治阶级的合作伙伴,一步步转变为与世俗统治者争夺权力的强劲对手。

① 李筠:《西方中世纪政治思想研究漫谈》,张桂琳、庞金友主编:《西方古代中世纪政治思想研究》,社会科学文献出版社,2012年,第307页。

② 这里所谓的政治协商并不意味着与人民协商,因为按照神意,掌权者和富人就是人民的天然代表。因此国王或诸侯只向他的主要臣属和自己的附庸征求意见,但即便是最骄横的君主也不会违背这种协商制度。布洛赫:《封建社会》下卷,张绪山等译,商务印书馆,2012年,第655页。

③ John A. Symonds, *A Short History of the Renaissance in Italy*, Adamant Media Co., 2004, p.19.

二、阿奎那、但丁、马西利乌斯的"国家"观念

在中世纪神学传统观念中,"国家"被视为人类堕落的产物。人类自亚当开始就沾染上恶习,因此需要有一种约束以免人类进一步陷入罪恶的深渊,而国家恰好提供了这种限制性的强力。在经院哲学家的眼里,国家的功能蒙上了一层消极负面的色彩。基督教在创立伊始谨遵耶稣的话语:"凯撒之物当归凯撒,上帝之物当归上帝"①,由此派生出统管两个世界的两种权力。接着,耶稣使徒圣保罗将这种划分上升到肉体与精神的区别,圣保罗借助奥尔弗斯神话,将世俗的力量比作身体,精神的力量喻为灵魂,"躯体是帐篷,灵魂暂居其中,然而帐篷被拆毁时,灵魂并非无家可归,天上的身体在等着它,那是上帝亲自营造的永存的房屋"②,此番解释为教会提供了"君权神授"的理论依托,让教会感到自己对于世俗政权理应抱有终极关怀。

奥古斯丁的"神权"国家观在很长一段时期内都占据主导地位,直至中世纪晚期才遭遇挑战。首先,"蛮族"入侵并取代罗马帝国已成事实,君主制作为一种新的国家观念在日耳曼习俗中逐渐形成。君主制虽然在古希腊罗马思想家的著作中早被提及,③但直到日耳曼人的到来才真正将之变为西欧政治生活中的现实。在日耳曼人的封建观念中,国家是带有契约性质的有机体,国家运作的原则是建立在契约关系上的责任制。汤普逊不无见地地指出:"罗马贡献了财产的关系,日耳曼人贡献了人身的关系。"④ 9世纪法兰克帝国分裂,日耳曼人的入侵直接将欧洲带入了封建社会。尽管封建制度伴有政治压迫、经济剥削的性质,但整体而言,它有助于社会的进步与完整。在日耳曼封建制度的影响下萌发出一系列近代化的国家政治思想,比如习俗是不可违背之法,国家运作必须遵循风俗习惯,统治者的权威来自君权固有的威严,作为最高封建主的国王与其臣民之间必须各自履行契约义务方可享有权利。

其次,12世纪罗马法复兴导致了复合型国家观念的诞生。法学家开始注

---

① 《路加福音》,第20章25节。
② 穆尔:《基督教简史》,郭舜平等译,商务印书馆,2010年,第32页。
③ 柏拉图在《国家篇》中划分了四种政体:贵族制、寡头制、民主制、僭主制;亚里士多德在《政治学》中根据政体的道德目的和统治权威的人数划分出六类政体:君主制、贵族制、共和制、僭主制、寡头制、民主制;西塞罗在与柏拉图同名著作《国家篇》中也区分了六类政体:君主制、贵族制、民主制及与之对应的蜕化形式,即僭主政治、寡头政治和暴徒统治。
④ 汤普逊:《中世纪经济社会史》下册,耿淡如译,商务印书馆,1984年,第325页。

重从法律当中寻找立法权威的最高来源,罗马法①尤其是《民法大全》中"私法"(ius Privatum)部分具有世俗性的特征,麦基文将之视为宪政思想的重要源头。"国家"被视为一种政治共同体,人们为了追求共同利益而组建国家,君主是头颅,臣民是躯干,统治者拥有的权力是共同体的成员让渡于他的,国家的运作类似于"艺术的工作"。与之相反,古罗马法学家乌尔比安(Domitius Ulpian)通过研究《学说汇纂》得出了王权至上的结论,其著名的格言"使君主愉快的便是具有法律效力的","君主不受法律约束"②,则是对罗马法的另一种解读。

再者,13世纪亚里士多德自然政治学的重新发现在欧洲引发了国家观的新一轮革命。由于"人在本性上是政治动物"③,因此"国家"是人类为了实践自然秉性而存在的政治场域,每个人通过发挥本性中合作共存的自然意识使得人类能够最大程度地实现自我价值。由人类天生需求而产生的国家是个活的有机体,如同人的生命有限,国家也会发展和演变。亚里士多德政治观表明,国家是人性自然的实现,国家不仅是保障人类基本生活的必要场所,而且是使人类达到更好生活的唯一途径。亚里士多德政治革命使得"国家"抹去了作为人类堕落产物的标签,他为国家存在的必要性和合理性提供了解释,将世俗国家从基督教世界(Christianitas)中解放出来,主张"国家"是具有独立性和自足性的政治实体。不仅如此,亚里士多德在《政治学》开头便划分了国家政治共同体与家庭的区别,明确指出城邦国家与家庭和其他团体不只是大小之分,并且还有着实际上的差异,④这为以后的思想家分析整体与部分、国家与公民间关系提供了新的思路。

由此可见,中世纪政治思想的主题大致可以归结为统治权力的属性及其归属问题,在权力的两端分别伫立着教皇和皇帝,"上帝之物"和"凯撒之物"的区别建构起二元对立的分权框架。由于权力的性质及其界定的问题与统治权的合法性密切相关,因而无论是教会法学家还是皇帝的辩护人都试图从源头上为各自的权力正名。权力的归属决定了国家性质,至中世纪晚期,在

---

① 伴随着罗马法的复兴出现了法学的全面复兴,科学性的法学研究在罗马帝国灭亡时一并中断了。日耳曼人的习惯法和封建时期的法律都不是以立法条文为基础,而是建立在部落或采邑的古老习俗上,直至12世纪罗马法的《民法大全》的全面发现才使法学研究重回科学的道路。因为只有在罗马法律条文中,特别是在《法理汇要》中才能找到发现方法的模式。哈斯金斯:《12世纪文艺复兴》,夏继果译,上海人民出版社,2005年,第159—160页。
② J. H. 伯恩斯主编:《剑桥中世纪政治思想史》下,程志敏等译,生活·读书·新知三联书店,2009年,第582页。
③ 亚里士多德:《政治学》,吴寿彭译,商务印书馆,1965年,第7页。
④ 亚里士多德:《政治学》,吴寿彭译,商务印书馆,1965年,第3—4页。

基督教理论、日耳曼习俗、罗马法传统、亚里士多德政治思想的交织影响下，形成了多样化的国家观念，其中最为典型的有托马斯·阿奎那、但丁和帕多瓦的马西利乌斯的国家说。

阿奎那是中世纪经院哲学的集大成者，作为多明我会的修道士，阿奎那并没有选择隐修生活，而是与世俗君主和教皇都往来密切，其著作《论君主政治》(De Regimine Principum)和《论对犹太人的统治》(De Regimine Judaeorum)就是分别献给塞浦路斯国王和布拉班女公爵的。阿奎那十六岁便开始跟随博学鸿儒的大阿尔伯特(Albert the Great)研究亚里士多德思想，广阔的社交圈子加上深厚的哲学修养让阿奎那重新思考奥古斯丁消极的国家观念。阿奎那的巨制《神学大全》(Summa Theologiae)不仅表明其重建教阶秩序的决心，更表明了他试图建构起一种更为持久的普世性国家政治理论。[1]文德尔班指出，托马斯旨在调和自然神学与天启神学之间的矛盾，[2]换言之，阿奎那实现了亚里士多德的自然国家观与奥古斯丁的神学宗教观的巧妙糅合，他试图证明基督教中的神性与人类思想中的理性并非水火不容，信仰和智识、神学与哲学完全能够和谐并存。[3]若不是阿奎那努力在"天启"和"人为"之间架构起桥梁的话，我们很难想象在中世纪"人性本沉沦，理性无足恃"的基督教主导观念下能够形成近代国家政治理论。[4]

阿奎那充分吸收了亚里士多德的自然国家论，他在《论君主政治》开篇写道："人天然是个社会的和政治的动物，注定比其他一切动物要过更多的合群生活"[5]，由此透过人类本性来理解国家性质。就个体的人而言，每个人都具有社会性和政治性，这种自然属性决定了人类必须过集体合作的生活，这就为"国家"的存在提供了必要前提。人类所具有的特殊语言能力使得人与人之间进行思想沟通，"朋辈共处对人来说是十分自然的和必需的"[6]，只有在共同生活的社会中每个人才能够实现自身目的和价值。当然，阿奎那也注意到，社会中难免有像隐士或圣徒那样寡欲独居之人。

---

① J. I. Catto, "Ideas and Experience in the Political Thought of Aquinas," *Past and Present*, Vol.71, 1976, pp.3-21.

② 文德尔班：《哲学史教程》上卷，罗达仁译，商务印书馆，1996年，第431页。

③ Antony Black, *Political Thought in Europe 1250-1450*, Cambridge University Press, 1992, p.21.

④ 台湾学者陈思贤在《天使下凡：圣汤马斯时刻的来到》中将阿奎那政治思想的特点归结为四点：亚里士多德人本政治观(homo politicus)的再现，双重秩序理论，承认私有财产的正当性，将政治视为技艺，而非伦理的延伸。张桂琳、庞金友主编：《西方古代中世纪政治思想研究》，社会科学文献出版社，2012年，第245—250页。

⑤《阿奎那政治著作选》，马清槐译，商务印书馆，2010年，第44页。

⑥《阿奎那政治著作选》，马清槐译，商务印书馆，2010年，第45页。

再者,由于人类生活在群体之中,各自有不同的喜好和习惯,若顺从本性,每个人都只会顾及私利,那样势必引起社会秩序的混乱不宁,这就引出了如何才能保障合群生活的问题。阿奎那给出的答案是要借助两种工具:理性和法律。理性是上帝赋予人类独有的能力,"理性之对于人,犹上帝之对于宇宙"①,在理性的指导下人类运用推理能力抱有目的地行事,法律则是限制王权的有效工具,因而必须制定有利于共同利益的法律条文。

　　国家具有引导社会的功能,人类本性决定了人必须过群居的社会生活并依靠自己来设置国家政治体系。在阿奎那看来,国家并非人类堕落的产物,与之相反,国家是人类为了自身物质与精神需要创造而成的。同样,我们也可以从对罗马帝国衰亡原因的分析上看出阿奎那国家观念中的近代性。奥古斯丁将帝国灭亡归结于上帝为了惩罚人子之罪的结果,阿奎那却从政治制度的发展中寻求答案。阿奎那模仿亚里士多德的政体六分法,将由一人统治的君主政治视为最好政体,僭主统治则是最无道的政权形式,听从暴君与听任野兽摆布没有区别,国屏民弱是暴政祸害的结果,"当摆脱难以忍受的屈辱的机会自行出现时,群众就不会那么循规蹈矩,还念念不忘忠诚不二的教条。更可能的是,一般人民觉得在采取一切办法以反抗心肠歹毒的暴君方面倒是并不缺乏信心的"②。人民在僭政下揭竿而起的事件在罗马历史上并不少见,在《论君主政治》第六章"君主制度的优点以及防止其蜕化为暴君政治的必要措施"中,阿奎那详细讨论了当人民面对暴戾的君主专制时应当如何采取行动,大致分为两类:依靠人力和求助上帝,前者又可以再细分为"容忍型""起义型"和"求取型"。③

　　但由于人类是借助上帝赋予的理性才成功创造出国家体系,归根结底国家仍然间接地属于上帝。君主之于国家犹如上帝之于宇宙,无论是建立一个新的王国还是对已有国家的治理都应参考上帝在世间的两个工作,"第一个方面是创造的行为;第二个方面是在创造以后随即对创造物的统治"④,君主

---

① 《阿奎那政治著作选》,马清槐译,商务印书馆,2010年,第80页。
② 《阿奎那政治著作选》,马清槐译,商务印书馆,2010年,第75页。
③ "容忍型"是指"如果暴政出乎意料地并不过分,那么至少在一个时期内有限度地加以容忍,而不是由于反对它而甚至冒更大的危险";"起义型"是指"如果暴政分外厉害,达到不堪忍受的地步,那么由一些比较有力量的公民起来杀死暴君,甚至为了解放社会而甘冒牺牲生命的危险,那也不失为一件好事";"求取型"是指"任命国王来统治某一个社会的权利属于一位长辈,那么,纠正过度暴虐的办法就必须向他求取"。《阿奎那政治著作选》,马清槐译,商务印书馆,2010年,第58—60页。
④ 《阿奎那政治著作选》,马清槐译,商务印书馆,2010年,第81页。

应当采取的行动必须要效仿上帝在宇宙中的措施，[①] "当没有希望靠人的助力来反对暴政时，就必须求助于万王之王的上帝"[②]。《论君主政治》第九章"天堂的最高幸福是人君的酬报"间接表露出没有一种世俗的幸福能够达到完美的境界，世间万物终究都归于上帝所造。可见，阿奎那从亚里士多德那里汲取的政治经验并不足以改变他对国家所具有的"神性"的终极肯定，或者说，阿奎那借鉴的只是自然科学的方法，在其国家观念里上帝永远是凌驾于国家头上的那个至高无上的缔造者。[③]

但丁（Alighieri Dante, 1265—1321年）在《论世界帝国》（De Monarchia）中表达的国家观要比阿奎那更加贴近实际的政治事实。但丁综合了阿奎那与奥古斯丁的国家理论，他认同阿奎那主张的国家具有自然性，无论国家采用何种政治体制，自然形成的国家都具有自身的特殊性，一个既要服务于人类社会同时又带有自然属性的国家终究会因为人类的反复无常及刚愎自用而走向毁灭。但丁自身的不幸经历恰好验证了他的国家观。由于佛罗伦萨内部激烈的竞争，但丁遭遇流放，被迫离开他热爱的祖国。为了克服国家自身的两面性，强大的普世帝国是最好的解决方案，而这种世界帝国与其说是人类的产物，毋宁说是神意的杰作。不过但丁理想中的这个国家并非奥古斯丁的上帝之城，它虽然源自上帝所创，却是实实在在的世俗国家。但丁对奥古斯丁的国家观加以发挥，他将国家从天上带回到尘世。根据诗人维吉尔的预言，强大的罗马帝国注定会将和平与秩序重新复归于四分五裂的世界。但丁个人的惨痛经历让他感到，意大利内部的党派恩仇归因于教皇与皇帝之间的权力争夺。但丁设想能有一个神圣的、普世的世俗国家帮助人类实现自身价值。这种国家观显然对于当时深陷于神圣罗马帝国皇帝路易四世纷争的教廷是极端不利的。但丁的普世国家对教会享有的精神权力构成了挑战，1329年教皇约翰二十二世下令焚烧但丁的著作。1559年，查理五世的家庭教师即教皇哈德良六世，为应对宗教改革而主张复兴但丁的政治思想，方才使得但丁著作重现于世。

帕多瓦的马西利乌斯（Marsilius of Padua, 1275—1342年）继但丁之后进

<hr />

① 《论君主政治》第12章"君主的职责：王权同精神对肉体和上帝对万物的支配权的相似之处"和第13章"这一类比的进一步阐明和由此可以得出的结论"都在说明上帝对君主和人世具有终极权力，同时也表明国家只有受一个人的统治时才符合自然规律。
② 《阿奎那政治著作选》，马清槐译，商务印书馆，2010年，第60页。
③ 布莱克指出，阿奎那或者同时代的其他人从亚里士多德那里学到的只是一套全新的方法，而非一种全新的教义。如果将亚里士多德思想传入欧洲之前和之后加以比较的话，可以发现无论是关于教皇还是皇帝的著作，所发生的变化只在于政治表述的方式上，而非是对基督教教义的否定，因而若将之称为是一场"亚里士多德——托马斯式的革命"委实为过。

一步强调了国家所具有的积极意义。马西利乌斯从彻底世俗的角度出发,抱着探究政体与权威本质的信仰写出了《和平的保卫者》(*The Defender of Peace*)。布莱克认为,马西利乌斯使政治学成为人类富有创造性地探索世界的学科。①然而我们不应当将马西利乌斯取得的成就归功于个人思想突破的成果,而应注意到那个时代意大利社会政治背景所发生的变化。

自阿奎那开始,现实主义的思想家便有意识地调和教皇与皇帝之间的对峙,但他们始终无法彻底否定教会权威所具有的神性力量。在面对教权性质和起源的问题上,皇权辩护者的反唇相讥显得绵弱无力,这一方面是由于教会拥有特殊的精神力量,另一方面是因为教会占据了庞大的世俗利益。神学的影响长期麻木着人们的心灵,教会借助上帝的名义掌控着精神世界,让世人相信它拥有打开天国之门的钥匙,成为国家与天堂之间的阶梯;同时,教会掌控着全国三分之一的土地,其中包括晚期罗马帝国皇帝的赐赠、"蛮族"国王赋予教会的土地管辖特权等,教会地产的庞大规模足以让世俗统治者为之震惊,主教地位不亚于大贵族,教皇则成了大地主。强大的经济实力使得一些封建诸侯甘心沦为主教附庸,建立在地产关系上的契约习俗消磨了反抗斗争的意志,进一步助长了教会的权威与野心。在政治权利、经济实力和社会地位的三重保障下,要想实现政教分离,或者企图将教权置于王权下的任何努力无不收效甚微。

然而到了14世纪马西利乌斯的时代,欧洲逐渐从中世纪神学统治的迷障中苏醒。自11世纪,欧洲社会在政治、经济、宗教上的变化终于到了14世纪发生了整体性改变。这种变化首先还应当从教会的地位和影响说起。基督教在创教早期宣扬的教义曾为苦难生活的人们提供了精神上的动力,这也是即便有遭受世俗迫害的危险,信徒人数却依然递增的原因。10—12世纪,教会从"蛮族"国王那获得的诸多特权,并且对地产的占有欲望令其背离了自身教义。土地占有制和庇护制让教会庄园化,封建制度则让教会军事化。按照日耳曼封建法,土地权利与军事义务构成教会与国王之间契约的对等,国王将良田赠予教会,相应地,教会在国王出征时要提供兵源,教会的性质彻底封建化,教会成了封建采邑,主教身份形同于男爵,这不禁让皈依者开始质疑教会信誉,在教会布讲的道义与实践之间的悬殊差异侵蚀着基督教名声,人们的信仰开始动摇。再者,教会有着自己的行政组织和司法机构,最高的统治者是教皇,省长是大主教和主教,宗教会议是教会内部的立法会议,它制定法律,设立法院和宗教裁判所,其运作程序类似于国家,只不过教会要比中世纪欧洲任何"国家"更加坚不可摧。教会对世俗政治事务的干涉日益加强,它对

---

① Antony Black, *Political Thought in Europe 1250–1450*, p.21.

世俗权力的野心严重破坏了意大利的和平与社会秩序。就人民心理而言,在遭受了频繁的社会动乱和战争蹂躏后,自然会寻求一种安稳生活,中世纪晚期出现的民族情感①使人们倾向接受既定的"蛮族"国家发展路线,但教会为了自身利益不惜邀请法国、德国、西班牙干涉意大利内部事务,这种以社会安定为代价的做法势必激起民众的不满情绪。加之近半个世纪"教廷大分裂"(The Great Schism)②造成的鼎足局势,不仅削弱了教会力量及其在人民心中的神圣地位,更使得教廷不得不承受三倍于以往的经费开支,财政负担加剧了教廷对外的剥削,同时也揭露出教会内部的种种弊端。

亚里士多德思想的重新发现为14世纪意大利政治思想家提供了一座巨大的武器库,诸多思想家都从中提取武器以发展自己的政治理论,而最强大的一件武器——主权国家理论无疑被马西利乌斯选中。马西利乌斯摒弃了对教会的敬畏,尝试用纯粹的政治学眼光来看待世俗国家的问题,这使其得以向教会发起强有力的反击。《和平的保卫者》明确将国家权力从屈服于教会权威的状态中剥离出来,用世俗的观点论述国家权力的合理性,最终得出了完全不同于其他中世纪思想家的结论,颠覆了先前教会与国家权力之间的主从关系,形成了非精神化的国家观念。历史的进程表明,马西利乌斯的思想走在了时代前沿。14世纪,法国、英国等民族国家开始崛起,意大利中北部城市在帝国和教廷的缝隙中顽强地捍卫着独立和自治。

马西利乌斯曾担任维罗纳的斯卡拉大公和米兰马泰奥·维斯孔蒂的顾问,他在神圣罗马帝国皇帝路易四世的庇护下逃离了教廷的迫害。马西利乌斯在1324年写成的《和平的保卫者》同许多政治理论著作一样,诞生于乱世纷争中,当时正值路易四世与约翰二十二世为了权力而紧张对峙,马西利乌斯坚定地站在了教皇的对立阵营,其政治理论无疑是对当时局势的呼应。

---

① 坎宁指出,中世纪晚期民族情感的出现是12世纪中期以来不同国家发展的随从现象,例如"在关于帝国侵略的所谓'日耳曼人的风暴'(furor teutonicus)的影响下,成为意大利人而不是德国人的这种情感可以追溯到红胡子腓特烈时代",但这种民族感绝不等同于近代民族主义。J. H. 伯恩斯主编:《剑桥中世纪政治思想史》下,程志敏等译,生活·读书·新知三联书店,2009年,第489页。
② 1309年,教皇克莱门特五世把教廷迁至法国阿维尼翁,史称"巴比伦之囚"。教皇教廷在之后的七十年里始终处于法国的控制下。1377年,格雷戈里十一世返回罗马任教,看似终于可以摆脱法国的影响,可惜次年继任的乌尔班六世登位后不久便同枢机主教产生矛盾,教廷另选出教皇克莱门特七世,于是半个世纪中在罗马和阿维尼翁并存着两位教皇。1409年的比萨会议上,双方枢机主教废黜了两位教皇,重新选出亚历山大五世,但这次基督教全体会议的成果并未得到认同,1410年,约翰二十三世继亚历山大五世后成为新教皇,于是在欧洲出现了三位教皇鼎足的局面。1414年,皇帝西吉斯蒙德为了结束教廷大分裂而召开了康斯坦茨宗教大会,1417年终于选出得到公认的新教皇马丁五世。

首先,关于国家的性质和功能方面,马西利乌斯提出了一种纯粹的世俗性国家理论。国家是一种政治共同体,国家存在的目的是更好地服务于人类精神和物质生活的需要,而非神学家和经院哲学家所谓的救赎工具。接着,马西利乌斯认为教会是造成意大利分裂的重要原因,为了解除长期压抑在国家身上的教会权杖,马西利乌斯否定了教会司法权的有效性,这无异于在宣布教会无权干预世俗国家事务。但在解构教会权力的方法上,马西利乌斯与但丁有所不同。但丁通过帝国至上论,将教会完全赶出了政治权力的舞台;马西利乌斯却采取了一种较为温和的方式,他将教士阶层吸纳到国家共同体成员当中,成为世俗国家组成结构中的一部分。在马西利乌斯看来,教皇、主教不是凌驾于人民之上的上帝牧者,相反,他们也要听从于国家的号令,国家是基于人民共同意志建立起来的,因而教士也隶属于人民和国家。马西利乌斯将人类物质需求置于社会需求之上,只有当人类在满足了自然生理的需要后才会衍生出社会性的需要。国家对于马西利乌斯而言,不仅仅是对传统习俗的消极接纳,国家能够有效地改变甚至是创造新的规制,以便更好地适应人类生活的需求。由于习俗和法律只能来自人类群体,因此权力理应归人民大众所共有,但在实际操作的过程中,群众往往会将权力让渡于他们共同承认的领袖手中。由此可见,国家是人类自身创立的机构,无论是国家起源还是实际运作,国家的作用都是为了更好地完善人类本能的需求,而非来自外界任何超自然的存在。再者,马西利乌斯的国家理论强调了法律的作用。国家必须要由法来管制,并且这种统摄的法不是高高在上的神法或是抽象的自然法,它是经过具有立法权的人民大众共同认可并制定的实在法,法的存在能够有效防止暴君专制。总之,人民才是国家真正的主人。

　　由此可见,在阿奎那、但丁及马西利乌斯的国家观念中都涉及三点共通的问题:第一,对于不同政体之间相对价值的衡量;第二,公共利益在国家政治中的地位与作用;第三,公民在国家事务中扮演的角色。这三位中世纪晚期的意大利思想家纷纷追随亚里士多德的脚步,认为国家的存在并非出于洗刷原罪的目的,而是人类为了自身需要的创造。个体组建起家庭、地区、城市,直至最终建立一个王国或国家,这不仅合乎人类理性,同时也符合自然发展的规律。阿奎那试图在神学基础上建构理性国家,但丁希冀古罗马人的世界帝国能够重现,帕多瓦的马西利乌斯则坚决捍卫世俗国家的权威。

　　此外,在论述国家与教会关系的问题上,阿奎那、但丁和马西利乌斯也分别给出了三种理论模式。阿奎那虽然成功调和了政教分歧,但仍囿于奥古斯丁的神学框架下,在阿奎那看来,基督教国家是凌驾于世俗国家之上的终极权力拥有者;但丁由于亲历党争带来的危害,对教会造成的意大利分裂深感痛心,为此他构建起基于统一原则下的帝国理论,这个世界帝国君主的权力直接来源于上帝而非罗马教皇,由此奠定了政教分离的思想基础;马西利乌斯则将教会纳入世俗国家的统治范围内,将民意视为国家权威的唯一来源,国家要在法的限度内运作,法律的制定又要基于人民的一致同意,由此推导出国家权力掌握在人民手里,只有人民才是国家真正的主人,拥有至高无上的权力,马西利乌斯的民治理论使其无愧为近代国家政治理论的先驱。

第二节　意大利文艺复兴时期的"国家"

西方文明的发展大致可划分为三个阶段:第一是以古希腊罗马为中心的古代文明,第二是以基督教日耳曼国家为中心的中世纪文明,第三是近现代的西方文明。文艺复兴在西方文明的发展史上扮演着承上启下的关键角色,标志着中世纪向早期近代的过渡转型,一方面旧有的社会秩序和统治方式正被打破,另一方面新的政治观念和政治机制尚在成型。

一、从城市公社到城邦国家的发展模式

从中世纪到文艺复兴,西欧各地政治统治模式大致依循两条路线演进:其一是以英、法等国为代表,由中世纪的封建王朝政治模式向近代民族国家的演变;其二是以意大利中北部地区为代表,由中世纪城市公社逐渐发展成为拥有明确领土范围的城邦国家。然而意大利城邦国家的形成并非完全是文艺复兴时期的产物,米兰、维罗纳、锡耶纳、佛罗伦萨等城邦国家的源头甚至可以追溯至古希腊罗马时代。在中世纪,意大利大部分地区迎来了人口与经济的急剧增长,许多城市的外围疆界与内部结构基本都是在中世纪萌始成型。11—13世纪,神圣罗马帝国和教皇国之间的敌对态势为意大利中北部城市提供了迅速发展的契机。伴随着教廷大分裂和神圣罗马帝国内部的种种危机,两股强大的权力中心到了14世纪初期已大不如前。

中世纪的欧洲尚处于封建体系的制约下,其特征包括人身依附、私法审判和地方割据。在中世纪早期,极少有固定的通商贸易,社会各阶层几乎全部依赖土地维持生计。庄园是中世纪最基本的政治经济单位,庄园主和佃农各自出于生活需要而结合在一起。从经济上看,封建统治必须依赖两个条件:其一,土地是唯一被认可的财富形式;其二,货币流通不是经济的主导形式。按照习俗,在土地与劳务之间构成对等关系,作为劳务报酬,土地是唯一被接受的东西。如果租用或受领土地,就必须以劳务偿还,包括劳作、服役或宗教服务。在自上而下的中世纪封建社会里,国王将土地作为采邑分封给王公诸侯,换取军事服务,维持社会秩序。依此类推,封建大领主成了各自封地

上的"王",他们也按功劳大小将一部分土地逐级下封。虽然在理论上,国王是最大的封建主,但实际情况却是诸侯割据,大小领主们在各自领地上独霸一方。因而封建化的过程其实就是中央权力碎片化、地方势力集权化的过程,随着诸侯势力的不断壮大,"国家"的整体性早已荡然无存。与欧洲各地不同,意大利中北部地区并没有真正经历过封建制度的洗礼,当英、法等国的王权在与地方势力较量的过程中逐渐形成统一的民族国家之际,意大利却展现出另一幅政治图景。①

在中世纪晚期,意大利各地已形成了初具规模的城市公社(comune)。城市的繁荣主要依靠贸易活动,商人阶级在经贸过程中不断发展壮大,他们创造、运转、分配、累积财富,城市人口的组成也因此分化成三个等级:传统显贵构成上层(maiores)、新兴商人构成中层(mediocres)、劳作小民构成下层(minores)。其中,中层阶级是城市经济的核心,而位于社会下层的大批无产者,如工匠、手工业者等占据了城市人口的最大比例。上层统治阶级不得不在政治上做出让步和调整,以适应迅速成长的中下层阶级的需求。传统显贵的地位与财富原本依赖土地,然而城市化运动的兴起迫使他们融入历史潮流,从乡间城堡搬到城内,城市化效应不断由城市中心向边缘辐射。

意大利城市公社的基本目标主要有两点:第一是不受任何外界势力的干涉,第二是不断追求更大程度的自由与独立。城市公社的建立正是为了迎合城市的生存与发展。城市公社是城市内部基于共同利益之上的政治集合体,公社最基本的职能是代表并维护内部成员的利益,无论是教会还是包括皇帝在内的封建领主都对意大利城市公社的发展无可奈何。一般而言,城市公社的核心组织是公民集会,又可称作"人民议会"(*parlementum*),公社中核心领导集团的成员是以各种方式推选出来的人民代表,他们被称为"贤人"(*boni homines*)。11世纪,在比萨、米兰、阿雷佐(Arezzo)、热那亚、阿斯蒂(Asti)等地已经有专门的执政官(consul)负责城市事务,执政官代表城市对外行事,这些政府官员都有各自相应的职责,被赋予行政、财政、司法、审判等权力。

意大利各地城市灵活地周旋于皇帝与教皇之间,并且在应对两大对峙权力中心的过程中培养了处理宗教和世俗事务的能力。城市力量的壮大主要体现在两个方面:首先,城市与乡郊之间形成唇齿相依的共生关系。城市周边的村落(contado)成为城市发展的基础,从粮食供给、招募民兵、缴纳税收等各个方面为城市提供保障,并且乡村往往还是战争时的武力缓冲地带及过往商客歇息落脚的驿站,但无论乡郊对于城市的贡献再大,都不可能取代城市

---

① Wallace K. Ferguson, "Toward the Modern State," in idem et al. eds., *The Renaissance: Six Essays*, Harper and Row, 1962, pp.1–28.

成为政治活动的中心;再者,城市与城市之间形成收纳吞并的臣属关系。地处贸易通商要塞、拥有众多人口的城市发展得更加迅速,相应地也就需要更多资源和空间,城市发展的必要手段之一就是对外扩张,在征服和吸纳其他城市的道路上,城市逐渐演变为拥有明确领土范围的城邦国家。由此可见,城邦国家的形成是一个由中心向周边不断扩张、权力辐射的过程,原本模糊的领土界限随着城邦国家的形成变得清晰。城市在开疆扩土方面表现出来的积极性丝毫不亚于任何封建领主,那种追求利益最大化和控制权力的野心将城市所具有的世俗性特征展现得淋漓尽致。

随着乡村城市化和城市国家化,城市统治的对象由最先的市民逐渐扩大到移民、属民,经济模式也由原来以土地为中心演变为以商贸为主。如何平衡不同行业、行会组织之间的利益,协调不同社会阶层之间的权力,成为城邦国家面临的重要难题,这势必要求管理体制的完善和政府官职的细化。早期意大利城邦国家基本都是共和制,城市经济的发展使得城市人口的身份日趋多样化。传统显贵组成的上层阶级与新贾富商组成的中产阶级之间的壁垒逐渐被打破,转变为由贵族与平民构成的二元体系,贵族又分为乡村旧贵族和城市新贵族。城邦国家首先考虑的是城市人口的利益,随后才是乡郊,城市中又以大行会成员的利益为先。以佛罗伦萨为例,羊毛、丝织、染业等大行会贸易构成了佛罗伦萨经济收入的主要来源,远距离贸易的需要使得大行会与金融业、造船业有着千丝万缕的关系,至13世纪中叶,佛罗伦萨已有八十多家银行,金弗洛林(florin)很快成为全欧洲范围内的通用货币。

意大利中北部地区之所以能够按照不同的国家模式发展,主要取决于政治和经济两方面的原因。首先在政治方面,意大利在14世纪前一直受到两股势力的交错影响,神圣罗马帝国及横踞在半岛中心地带上的教皇国都竭力主张各自权威。10—13世纪,神圣罗马帝国皇帝始终是意大利人民名义上的宗主,而以罗马为中心的教皇则是意大利人民在精神上的领袖。无论教皇还是皇帝都不甘示弱地争夺着至高权威,彼此间的较量与冲突谱写出意大利中世纪历史的篇章。然而始终没有哪方能够完全掌控局势成为意大利唯一的主宰,也正是因为这两股势力长期处于此消彼长的拉锯对抗,才导致意大利在形成统一的民族国家进程上远远落后于英、法等国。再者在经济方面,意大利的商贸活动要远早于欧洲各地,一则由于意大利占据得天独厚的地理位置,成为连接地中海东岸与欧洲内陆的贸易桥梁,二则由于意大利商人拥有无可比拟的经商天赋。城市人口的增长与迅速积聚的财富极大地冲击着封建势力赖以生存的土壤,城市生活犹如磁石般吸引着包括封建贵族在内的各类人群。伴随城市化运动的兴起,在皇帝与教皇的二元体系中产生了新的裂缝,城市作为一股新生力量不仅成为教皇和皇帝争相拉拢的对象,更是在双方权力争夺战中坐收渔翁之利,尤其是意大利中北部地区的许多城市,在实际的政治生活中享有独立和自治。13世纪下半叶,神圣罗马帝国已经疲于应对各种势力,也不再有插手意大利事务的能力;14世纪初期,教廷迫于法国国王腓力普四世的压力迁至阿维尼翁,开启了长达七十年的教会"巴比伦之囚"(Babylonian Captivity, 1309—1378年)。随着教权与皇权的同步离去,意大利城市迎来了空前发展的契机。当对神圣罗马帝国的敬仰已如日薄西山,当教皇的威权即便是在罗马也遭鄙夷漠视时,一种新的政治文明——城邦国家——便在这片权力真空的地带上获得了新生。[1]

然而我们不禁发问,城市公社为何会趋向没落?专制君主又是如何取而代之登上了历史舞台?毋庸置疑,这个问题相当复杂,是内外合力产生的结果,既有来自内部党派分裂的离心力,又有来自外部势力干涉的压力,此处仅针对较为关键的两个方面加以分析。

第一是政治因素。教皇与皇帝之间的权力争夺在意大利城市内部具体表现为圭尔夫与吉柏林的较量。城市中的个人和团体都自觉或不自觉地被贴上了标签,在亲教皇的圭尔夫派与支持皇帝的吉柏林派之间选择投靠拉拢的对象。久而久之,派系争斗演变成各大家族间的冲突,倘若站错阵营则随时都有可能被逐流放。城市内部党派倾轧的状况同样体现在城市之间的关系上。弱小的城市犹如刀俎上的鱼肉,成为规模较大的城市肆意争夺的对象,小城市为求自保不得不寻求对策,要么对外结盟寻求保护,要么将生存的希望寄托在城市内某个强势统治者的身上。持久的党争分裂和派系冲突让百姓备受煎熬,瞬息万变的政治形势早已让大多数人身心俱疲。所谓"乱世出英雄",在城市公社政府的统治不得人心的情况下,人民自然倾向于接受更具能力和手腕的个体来结束四分五裂的乱局,摆脱永无止境的权力争夺,专制统治者便应时而生。我们甚至能够不无讽刺地认为,专制君主的野心正是借助民心顺势而起。

第二是经济因素。意大利的城市人口根据所从事的行业类别分属到各个行会,不同的经济地位决定了人们在社会阶级中的层次,不同的社会阶级团体追逐着不同的经济利益,没有人愿意为了公益而牺牲私利,共善的概念被掩埋在个人的欲望里,由此造成了从经济向政治辐射的离心力。公社政府治理下的各社会阶级都竭力想要保全自身利益,缺少了一致奋斗的目标。共同利益的缺失势必导致政治忠诚对象上的不统一。此时,强有力的个体便能趁机打破僵局,垄断权力,取代公社政府施行个人统治。

---

[1] Eugene F. Rice Jr., *The Foundations of Early Modern Europe 1460-1559*, W. W. Norton and Company, 1970, p.114.

值得注意的是，无论教皇还是神圣罗马帝国皇帝，他们的势力自15世纪中期都有重新抬头的趋势。教皇在意大利中部，尤其是在罗马涅（Romagna）地区试图恢复教会拥有的古老权威，努力将周边城邦纳入教皇国的掌控之下；神圣罗马帝国在16世纪被并入哈布斯堡帝国后，也试图加紧对意大利北部地区的掌控。这两股势力的加强无疑会威胁到意大利独立城邦国家的自由。不仅如此，显贵家族与大行会商人逐渐控制了政府权力，公民权力日益收缩。随着商业资本主义经济的发展，城市内积聚的大量财富及参与政治生活的机会吸引了野心勃勃的贵族阶层，原本充满自由气息的城邦中开始出现了权力垄断，米兰和帕多瓦尤其如此，而以共和自由闻名遐迩的佛罗伦萨则自1434年科西莫（Cosimo de'Medici）回归后，统治权基本掌控在以美第奇家族为中心的寡头集团手中。

二、14—16世纪意大利城邦国家体系

在中世纪，英、法等国和神圣罗马帝国随处可见的诸侯割据现象在意大利却难觅踪影。意大利城邦国家在中世纪时基本都是些共和政府统治下的城市公社，只不过在独立和自治的程度上有所差异。然而到了文艺复兴初期，一种具有划时代意义的政治现象在大部分城市公社开始蔓延，那是政治体制的转型与统治方式的改变。许多意大利城市纷纷让位于"暴君"制度，专制君主取代了共和政府，在中世纪的城市公社与文艺复兴的城邦国家之间划分出一道清晰的界限。套用文艺复兴史家西蒙兹的话来说，14世纪的意大利就是"暴君的时代"（Age of the Despots）。[①]一旦城市公社的权力落到专制君主的手里，新君主及其后继者便通过继承、武力征服、政治阴谋等各种手腕来维系个人统治，或者以更加赤裸的方式——用金钱购买统治权力。

凭借商业贸易及掌控丰厚的土地资源，意大利城邦国家成为独立于教权和皇权之外的第三股政治力量，在面对名义上的宗主时毅然吹响了反对的号角。至14世纪初期，罗马北部的大部分地区俨然已是城邦国家镶嵌的拼图。15世纪由于城邦相互攻占，意大利的政治版图大为简化，大城邦不断开拓疆域，小城邦纷纷丧失自由。至15世纪中期，那不勒斯王国、教皇国、佛罗伦萨、威尼斯共和国和米兰公国共同掌控着意大利的命运，意大利逐渐形成了一套城邦国家政治体系。各大城邦都专注于维护自身领土范围，伺机向周边扩张，一方面是为了占据有利的贸易路线，另一方面是为了谋取更多的资源财富，以满足日益增长的人口需求。虽然五大国的政治体制不尽相同，但各城

[①] John A. Symonds, *Renaissance in Italy: The Age of the Despots*, 2nd edn., Smith Elder & Co., 1880, Chapter 3.

邦都享有独立与自治,并且有着较为清晰的领土界限。

米兰是意大利北部伦巴第地区的中心,也最完美地诠释了城市是如何在政治与经济的双重影响下实现了由共和政府向君主统治的演变。在米兰人民为自由和独立奋斗的道路上,城市的统治权落到了富裕的上层阶级手里,因为只有依靠雄厚的经济实力才有能力担负起战争开销的经费。在抵御红胡子巴巴罗萨(即腓特烈一世,Friedrich Ⅰ)的猛烈攻击时,只有上层阶级才有能力提供骑兵等军力。在上层社会的成员中,一部分是古老的商人家族,另一部分是在城市化运动中迁入城市的传统贵族,这两股支流到了13世纪基本交融,共同构成米兰上层社会的砥柱,垄断政府内部各重要职务,主宰各项法规政策的制定。然而随着贸易范围的扩大及商业资本化的迅速发展,新兴的城市商人逐渐积聚起愈来愈多的财富,于是城市中的富裕人口分裂为两大阵营:古老的传统显贵与新兴的商业家族。前者主要依靠世袭财富,并以土地作为投资经营的对象;后者不断发展商业贸易,并要求与经济地位相对等的政治权益。显然,两大阵营若能联手,米兰的江山便稳稳地操控在他们手里;但若分庭抗礼反目相向,便为社会中其他阶级打开了一扇革命的大门。城市内不断壮大的中下层阶级是不容小觑的政治力量,包括工匠、手工业者、工人、小店主在内的每个人都会本能地捍卫自身利益。

社会阶级在不同利益的驱使下日渐分裂,彼此间的矛盾随着党派纷争不断升级。当社会矛盾激化到不可调和、社会秩序陷入一片混乱时,强势个体被寄予厚望,个人统治被作为缓冲之计来应对局势。城市中的上层贵族和下层小民纷纷同意从其他城市邀请声誉卓著者来担任督政官(*podesta*),接替公社政府管理城市,这些外来督政官的任期通常为一年,目的是在混乱不堪的城市中重新建立起秩序与安定。另一种情况为,在骚乱暴动中,社会下层阶级推选出一位领袖作为人民代表,这位领导者被赋予"人民首领"(*capitano del popolo*)的称号和极大的权力,他被社会下层阶级寄予厚望,广大民众希望能在首领的带领下与上层权贵展开较量。无论是督政官还是人民首领,设立这些权力职务的初衷都是为了平息城内纷争,是作为缓和社会阶级矛盾的权宜手段。然而事实是,人民一旦把权力交付到专制者的手里,听命于个人统治后,这种统治与臣服的关系便很难再被打破。专制统治者的任期逐渐延长,最终变成终身制,而且还发展起世袭特权。城市公社曾经享有的自治到了专制君主时期已消失殆尽,专制独裁者被委婉地冠以"君主"(*signore*)的头衔,摇身变成城邦国家的主人,并且通过一系列形式上的认可,如在大议事会(Great Council)或其他代表机构中,以公认投票的方式让权力变得合法。

毋庸置疑,必定有相当一部分的公民是被迫接受专制君主的统治,他们对僭主的认可完全是消极的。专制君主一旦坐上权力的宝座,便迫不及待地想要抹去头衔上残留的民主印记,即便他明知自己的权力来自人民,却仍然蔑视人民,并竭力要与下层阶级划清界限。为了让自己的统治更具合法性,新君主会从皇帝或教皇那里购买统治头衔,成为他们的权力代理人。在站稳脚跟后便对其他城邦蠢蠢欲动,在对外征服的过程中建立起具有明确领土范围的城邦国家,同时还伺机从神圣罗马帝国皇帝那加封侯爵、公爵等更加响亮的统治头衔。米兰的维斯孔蒂和斯福尔扎、费拉拉的埃斯特、曼图亚的贡扎加都是如此,他们在各自领土范围内享有的权威绝不亚于任何帝王。总之,对于公社政府而言,扶持强势个体上台以期稳定乱局的做法无异于自取灭亡,新君主往往都会将权杖传给子嗣,继承者则更能名正言顺地施行统治。

在14—16世纪意大利各城邦国家中,威尼斯的政治最稳定,国家机构的运作也最具成效。可以说,在意大利文艺复兴时期,威尼斯是唯一一个依靠自身资源和政局稳定而长期维系独立自治的共和国。威尼斯是神圣罗马帝国文明衰亡的产物,她原为一片沼泽,与其毗邻的许多北意城市早在半个多世纪前便进入了文明时代。威尼斯的第一批居民是从罗马帝国各行省逃来的难民,他们将古罗马文明的印记带到了亚得里亚海沿岸。作为亚德里亚海上皇后,威尼斯完全依靠商业贸易一步步发展壮大,但她的商贸活动始终都被由富商贵族组成的统治集团所垄断。显贵家族为了保护自身经济利益,在威尼斯共和政府中建立起一套无懈可击的权力操控机制,统治权牢牢掌控在寡头集团的手中,最有权势的贵族家族联合成一道坚固的防线,将所有其他阶级成员都阻挡在政府的大门外,剥夺了大部分人民参政议政的权利。1297年,威尼斯的大议事会对公众关闭,只留下当时最具权势家族的成员;[①]不仅如此,威尼斯商贸舰队也只听命于政府,因而只有掌权的家族才能顺利地从事贸易活动,由此从政治和经济两个层面将所有可能构成威胁的政治力量都扼杀在摇篮里。可以毫不夸张地说,威尼斯共和国的统治权力一直由贵族寡头集团操纵,这个寡头集团与专制君主并无太大分别。

佛罗伦萨共和国的情况要比威尼斯复杂得多。佛罗伦萨的经济直至14世纪依然没有定型。尽管佛罗伦萨同威尼斯一样也是以商贸闻名,却没有港口,导致佛罗伦萨不得不将贸易业与银行业相联系;另一方面,毛纺织业又是佛罗伦萨最大的产业,在14世纪约九万人口当中,毛纺工人的数量占据了三分之一。佛罗伦萨经济中特有的冒险性与多面性为追求财富的各类人群提供了机遇,社会阶级的划分随着经济财富的积聚而变化,并进一步导致佛罗伦萨核心政治集团内的成员流动。佛罗伦萨政权原本由传统显贵和富裕的

① Wallace K. Ferguson, "Toward the Modern State," in idem et al. eds., *The Renaissance: Six Essays*, Harper and Row, 1962, p.23.

商人银行家操控,但在资本主义经济的冲击下,一些古老家族趋向没落,银行大亨濒临破产,新兴的商人家族则不断涌现,这些新贾富商与大行会联手削弱传统显贵的政治权力,1293年的《正义法规》明确将贵族排除在政坛之外,建立起一套由大行会掌控的统治体制,只允许个别小行会成员参与其中,而占据城市大部分人口的毛纺织业工人和手工业者也同贵族一样,被剥夺了参政议政的权力,他们被视作随时都有可能喷发的火山岩浆,是最不稳定的政治因素。

佛罗伦萨政府的最高统治集团由三大机构,首长团、十二贤人团、十六旗手团组成,首长团内除了八位首长还有一位最高领袖"正义旗手",首长团的任期为两个月。布鲁尼在《论佛罗伦萨的政制》中指出:"九名首长协同二十八位议员共同享有很大的权力,这尤其体现在事先未经他们同意的情况下,任何事务都不得被提到大议事会上讨论。"在三大统治机构以外还另设两个大议事会,分别是由三百人组成的"人民大会"(Council of the People)和由两百名出身高贵者组成的"公社大会"(Council of the Commune)。在需要召开大会商讨之前,所有事务都必须首先经过首长及议员的严格审查,在获得他们的批准后再提交给人民大会。经人民大会通过后再提交至公社大会讨论,如果公社大会也准予通过的话,才可以说经由三大议事机构一致同意的决议具有法律效力。佛罗伦萨共和政府说到底还是像布鲁尼描述的那样,属于混合政体。"尽管说人民是主体,议会是权威,但事实上,人民集会(assembly)极少召开,因为首长阁僚及其两大顾问辅助班子有权决断一切事宜,每件事情事先都已得到妥善安排,除非发生重大变故才需要召开全体人民大会。"①所以佛罗伦萨政治上的变革,与其说是政治制度上的颠覆,毋宁说是统治集团内部成员的更替,并不存在政治体制上的革命性变化。1434年,老科西莫在被判流放后仅一年便重归佛罗伦萨政坛,当时的统治权力不过是从阿尔比齐(Albizzi)家族移交到了美第奇家族的手里,所谓的新政府也不过是在原来旧政府的基础上更换了一批受益者。②尽管佛罗伦萨政府的寡头特征愈发明显,但美第奇家族却小心翼翼地保全了共和政体的外在形式。虽然美第奇家族成员并没有亲自出任政府部门的要职,并且在表面上延续了佛罗伦萨的议会机制及公民参政议政的权利,但在长达六十多年里,老科西莫,大洛伦佐,乃至

① 郭琳译文,布鲁尼:《论佛罗伦萨的政制》,《政治思想史》2015年第3期;译自Leonardo Bruni, "On the Florentine Constitution," in Gordon Griffiths, James Hankins et al. trans. and intro., *The Humanism of Leonardo Bruni: Selected Texts*, Medieval and Renaissance Texts and Studies, 1987, pp.171–174。
② Ferdinand Schevill, *History of Florence: From the Founding of the City Through the Renaissance*, F. Ungar, 1966, p.355.

皮耶罗二世等人始终都是统治权力的幕后操控者。无论是在内政还是外交方面,美第奇家族发挥的影响作用不仅决定了佛罗伦萨的政治走向,更加关乎意大利半岛的整体时局,仅就这点而言,美第奇家族扮演的角色实质上已经与君主不相上下。

第三节　文艺复兴时期人文主义者的"国家"观念

鲜有学者会否认"国家"在西方政治思想史中占据的重要位置。文艺复兴时期意大利人文主义者也普遍意识到政治共同体存在的必要性和重要性,但他们对于国家政治体的性质特征却没有明确的界定。到底应该建立普世帝国还是单一的世俗城邦?应该宣扬共和政治还是拥护君主统治?在意大利人文主义者的政治词汇中,"共和"(respublica)被用于指称"国家",换言之,人文主义者的"国家"观念可以用"共和"替代。"共和"犹如黑格尔绝对精神统摄下的"法权国家"(Rechtstaat),具有道德观念上的积极意味,并与僭政(tyranny)互为对立,属于良好政体的范畴。文艺复兴时期意大利人文主义者勾勒的"国家"观念恰恰是现代国家观念形成的基础,15、16世纪意大利城邦国家孕育了现代国家的胚胎,是现代国家统治模式的雏形。

一、从古代到近代"国家"观念的蜕变

谈到文艺复兴时期意大利人文主义者的"国家"观念,我们首先会遇到这样一个问题,即在人文主义者的脑海里到底有没有可被称为"国家"的概念?大多数学者想必都会持肯定的答案,事实也确实如此,人文主义者的确有他们自己对国家的理解。对于国家是什么,或者说,国家应当是怎样的,他们多少都有述及。乍看之下,15、16世纪人文主义者的国家观念非常直观,并伴有理想化色彩,他们在思考国家问题时往往以史为鉴,尤以古罗马为榜样,将之视为建构"国家"观念的参照标准。

诚然,若是依照斯金纳追溯的国家起源及现代国家的标准来衡量的话,古罗马还没有具备现代政治学中"国家"的特征。斯金纳在《现代政治思想的基础》的末尾总结了"现代国家观念形成的重要先决条件":第一,政治学领域必须被设想为道德哲学的独特分支,政治考虑的是纯粹的统治艺术;第二,每个王国(regnum)或城邦(civitas)必须享有绝对的独立,不受外来和上级权力的束缚;第三,每一个独立王国的最高掌权者必须享有绝对的权威,在其领土范围内是唯一的立法者和所有人效忠的对象;第四,政治社会存在的唯一理由

就是出于政治目的的需要。①我们不妨将古罗马与斯金纳所谓的"现代国家"加以对比,两者的相似之处定会让人惊讶不已。首先,在古罗马帝国盛期已经有了明确的疆域界限,领土被分割成各个行省;其次,古罗马人拥有法律意义上公民身份的观念,并自212年起,向帝国境内所有自由民授予罗马公民权;再者,古罗马皇帝在军事、政治及司法领域内是权威代表。既然古罗马已经在一定程度上具备了"国家"特征,那么15、16世纪的人文主义者将之奉为楷模,也就间接地揭露了人文主义者衡量"国家"的标准。

意大利人文主义者呼吁效仿古罗马的另一个原因在于,古罗马社会秩序井然,古罗马人自觉地遵守法律纲纪,"共和"政体通过法律手段为公民自由提供了保障,保护弱势个体免遭权势欺压和不公待遇。这与蛮族入侵后混乱动荡的中世纪及人文主义者所处的时代形成强烈反差。可想而知,威震八方的古罗马历史对于人文主义者而言是多么伟大的榜样。然而昔日威严强大的古罗马也未能幸免由盛转衰的历史结局,在外族入侵、内部腐败、权力斗争等各种因素的蚕食下最终悲壮地画上了覆亡的句点。在人文主义者眼里,罗马帝国的兴衰史成了一部活生生的"训典",文艺复兴时期意大利的政治思想家正是要从这段风云变幻的历史篇章中汲取经验教训,以期重新构筑国家的强盛与统一。

可以说,人文主义者对古罗马的态度并非只是一味盲目地推崇。尽管就情感上而言,许多佛罗伦萨人文主义者都将古罗马人视为自己的祖先,萨卢塔蒂、布鲁尼还将佛罗伦萨城市的起源追溯至罗马共和国时期。但倘若就此给所有人文主义者都贴上一枚"复古主义"(antiquarianism)的标签,则又言过其实,因为与其说他们是在复古,毋宁说只是在仿古。人文主义者站在后人的立场,置身于当下社会的现状,以历史的眼光审视并分析着古罗马的荣辱兴衰。人文主义者既敬仰古罗马又不失理性化地选择,或许更为贴切的说法是,人文主义者是在以古鉴今,试图古为今用,他们要从古罗马人那里找到有利于实践自己政治理想的支撑。在人文主义者笔下,罗马史犹如一支万花筒,怀揣不同写作目的的人可以从中随意撷取为己用的历史篇章;罗马史又形同一面明镜,照亮了彼特拉克、布鲁尼、马基雅维利等人文主义者的"国家"观念。古罗马好似一个可塑性极强的模胚,每个人都能按照自己的政治意图将之揉捏出不同的形状,从古罗马人的思想宝库中觅得"武器"。

文艺复兴时期的意大利人文主义者始终在不断地探寻着同样的问题:到底是什么造就了古罗马的伟大? 能否重振古罗马的雄风? 如何才能复兴古

① 斯金纳:《现代政治思想的基础》宗教改革卷,奚瑞森、亚方译,译林出版社,2011年,第370—373页。

罗马时期优良的道德传统？从彼特拉克到马基雅维利，围绕古罗马的种种思考构成了一种思想的传承。比如，在彼特拉克那里，对古罗马的思考上升为在道德哲学层面上两种生活方式之间的抉择；在马基雅维利那里，对古罗马历史的运用与借鉴则显得更具世俗性和现实性；在人文主义史家弗拉维奥·比昂多（Flavio Biondo，1392—1463年）那里，十卷本《罗马衰亡以来的千年史》（*Roma Triumphans*）本身就堪称是一部扎根于古罗马历史中的鸿篇巨制。总之，这些意大利人文主义者无一不是经历着漫长而又艰难的探索，古罗马既是指引他们前行的明灯，又是他们旨在复兴的奇迹。当人文主义文化与政治接洽时，自然地就形成一种如何实现古为今用的政治思考，这一点在公民人文主义的代表布鲁尼身上体现得尤为明显。[1]

在布鲁尼政治思想的门槛上伫立着西塞罗的身影，在他思考国家问题的轨迹上透射出西塞罗式国家政治观念的浓厚色彩。可以说，如何将西塞罗描绘的古罗马共和国行政机制运用到当时佛罗伦萨城邦共和国的政治统治中去是布鲁尼政治思考的出发点。换言之，布鲁尼将古罗马共和国奉为佛罗伦萨效仿之典范。为了更好地颂扬佛罗伦萨的自由之风并为共和政体提供理论依据，布鲁尼巧妙地从佛罗伦萨公民身份的合法性入手，讨论了佛罗伦萨的祖先到底由谁而起的问题。布鲁尼否认了朱利乌斯·凯撒创建说，认为佛罗伦萨是苏拉的老战士在罗马共和国末年建立的。[2]紧接着，布鲁尼通过分析佛罗伦萨的政治制度与政府结构进一步拉近佛罗伦萨与罗马共和国之间的距离。西塞罗笔下的罗马共和国在法律的保障下人民充分享有自由，在执政官、元老院和市民大会之间实现了政府机构的权力制衡。[3]同样，"佛罗伦萨的政体是如此值得赞誉……如同调试完美的琴弦能奏响不同音阶合成的和谐之声，政府各部门的佛罗伦萨公民也各司其职"[4]。在具体到政治制度的

---

[1] 郭琳：《论布鲁尼市民人文主义思想的两面性——以〈佛罗伦萨城市颂〉为例》，《政治思想史》2014年第2期。

[2] Hans Baron, *The Crisis of the Early Italian Renaissance*, p.63.萨卢塔蒂此前也曾详细论证了佛罗伦萨的起源，详见 Coluccio Salutati, "Invective against Antonio Loschi of Vicenza," in S. U. Baldassarri and A. Saiber eds., *Images of Quattrocento Selected Writings in Literature, History, and Art*, Yale University Press, 2000, pp.4-11.

[3] 西塞罗认为在理想的政体中，必定有一位不会垄断政治权力的杰出统治者，一部分权力适当地掌控在贵族手中，同时某些国家事务还应交给人民决定，由此实现君主制、贵族制与民主制的审慎结合，在多种社会构成因素中保持权力的制衡，并且西塞罗相信，罗马传统的共和政体是非常接近这理想政体类型的。穆霍帕德希亚：《西方政治思想概述》，姚鹏等译，求实出版社1984年，第54页。

[4] Leonardo Bruni, "Panegyric to the City of Florence," Benjamin G. Kohl and Ronald G. Witt eds., *The Earthly Republic*, University of Pennsylvania Press, 1978, p.168.

问题上,布鲁尼还是依循了共和传统的观念,赞扬佛罗伦萨的民主(共和)政体(popular constitution),将城邦共和制视为一种由多数公民为了共同利益而实施的统治形式。

就布鲁尼所描绘的佛罗伦萨共和国政府结构及其运作方式而言,非常类似于古罗马共和政体,但是应当注意,布鲁尼在颂扬佛罗伦萨的"民主政体"时的侧重点有所不同。古典共和政制更加关切民主参与政治的过程,即在独立自治的城市国家中实践"参与性的公民权"(participatory citizenship)的概念。西塞罗在《论共和国》中提出"共和国是人民的事务",从公民参政的角度出发考虑如何为了公民共同利益来建构政府。英国学者赫尔德(David Held)指出,古罗马的"统治模式不仅把自由与美德结合到一起,而且把自由与公民的荣誉及军事力量结合到了一起。古罗马提供了这样一种政治观念,它把政治参与、荣誉与征服联系到一起,因而可以摧毁君主政体中形成的如下看法,即国王享有对其服从者的个人权威,只有国王才能保证法律、安全和权力的有效实施"①。然而布鲁尼赞扬佛罗伦萨的根基是建立在对法律和自由的宣扬之上,诸如平民主义的论点没有引发布鲁尼的共鸣。换言之,布鲁尼赞扬的是佛罗伦萨政府体制结构和律法制度本身的特征,至于这种制度到底在多大程度上能够确保公民真正参与到政府管理中去则不是他聚焦的关键。②

整体而言,14—16世纪的意大利政治思想家们非常关注这样一些内容:国家性质的问题、如何完善和运作国家机器的问题、国家与公民之间关系的问题,以及国与国之间(包括与教廷之间)的关系问题等。在西方,这些问题合在一起,被称作对国家政治共同体的思考。在西方政治理论和实践的漫长历史上,有一种政治现象十分引人注目,那就是古代希腊、罗马的城邦和近代出现的城邦国家、民族国家都具有国家政治共同体的印记。这里所说的国家政治共同体主要指:国家与公民之间具有特定的政治契约关系,各种政治权力集团在国家中具有特定的权势位置,国家机构的各组成要素整合在一起使国家机器有效地运作。③

不过中世纪西方的思想家们并非没有思考国家政治之类的问题,前文已有述及,像阿奎那这样的经院哲学家就在其著作中对基督教世界和世俗世界

① 大卫·赫尔德:《民主的模式》,燕继荣等译,中央编译出版社,1998年,第41—42页。
② 鲁宾斯坦指出,布鲁尼颂扬的佛罗伦萨制度与实际的市民公共生活之间存在反差,布鲁尼有意省略掉"理论"与"现实"间鸿沟的做法或许与其著作具有赞美意图的性质有关。Nicolai Rubinstein, "Political Theories in the Renaissance," in André Chastel et al. eds., *The Renaissance: Essays in Interpretation*, p.177.
③ 该部分内容参见郭琳:《马基雅维利的国家政治共同体意识》,《上海师范大学学报(哲学社会科学版)》2014年第2期。

之间的关系做过系统的论述。他巧妙地糅合了奥古斯丁的宗教观与亚里士多德的政治观，以世俗国家的起源、国家统治的最终目的为切入点得出了教权高于王权的结论。他认为："君主的职责是掌握世俗事务中的最高权力，政治按照它所服务的目的的重要性而属于一个更高的等级……只有神的统治而不是人类的政权才能导使我们达到这个目的。"[①] 但阿奎那在论证"人间的国王必须隶属于罗马主教"的过程中还是不得不承认，"教会只有在涉及人类拯救之最高目的方面才具有至高无上的权力"。[②] 鉴于此，英国学者厄尔曼（Walter Ullamn）甚至不无夸张地认为，正是阿奎那对国家、公民、政体、法律等概念的理论性思考使得"原来不曾有过的政治学已经形成了"[③]。此外，除了教俗权力之争的问题外，诸如"普世主义""世界帝国"之类的思想也萦绕于中世纪政治思想家的脑海中，而但丁无疑是该理论的积极宣传者。对权力斗争、党派倾轧、阶级矛盾的危害性有着切身经历的但丁在《论世界帝国》中构建出一套基于统一原则的世界政体论，"这个政体统治着生存在有恒之中的一切人"[④]，并明确指出这个世界帝国君主的"统治权直接由上帝赐予而非来自罗马教皇"[⑤]，从而在一定程度上为政教分离奠定了思想的根基。不过，中世纪的社会历史状况制约着国家政治共同体观念的难产。在中世纪的西方，政治权力形式多表现为王朝政治模式。在封建制度下，代表最高权势的家族成为政治权力的中心。其他分散的政治权势集团还有各级封建领主、教会势力等。在封建社会的基层机构即庄园内，农奴与庄园主之间有着人身依附关系。也就是说，在封建社会的底层，最广大的劳动者只与庄园主发生权利、义务关系，而不与国家直接发生自由的政治契约关系。

14世纪后的西方世界，诸多新的政治力量孕育而出。特别是货币经济、黑死病等因素导致庄园经济衰落，使原来封建人身依附关系开始松动，诞生了大量的自由民。新的货币结算体制、新的国际竞争形式等，都需要以新型的国家政治权力形式来体现、保障各自的权势。由此出现了近代的民族国家，其政治共同体的整体功能也开始显现。新兴的民族国家以其强有力的政治统治形式促进、捍卫着本国的民族经济和商业利益，谁能充分发挥民族国家的整体功能，谁就能占据经济、政治、国际地位上的优势。而当时的意大利由于"历史上的诸多因素（如神圣罗马帝国、教皇国的存在等），还只能以城邦

---

① 《阿奎那政治著作选》，马清槐译，商务印书馆，2010年，第85页。
② 有关阿奎那的国家理论，可参考丛日云主编：《西方政治思想史》第二卷，天津人民出版社，2005年，第292—294页。
③ 沃尔特·厄尔曼：《中世纪政治思想史》，夏洞奇译，译林出版社，2011年，第175页。
④ 但丁：《论世界帝国》，朱虹译，商务印书馆，2010年，第2页。
⑤ 但丁：《论世界帝国》，朱虹译，商务印书馆，2010年，第56页。

国家的政治形式与其他国家的政治力量发生联系"①。如史学家波将金在《外交史》里指出："教皇虽然无力统一意大利，却有足够的力量阻止别人去统一她。"② 文艺复兴时期的王权已经转变成了国家的象征，而不再代表着家族的势力。因此在英、法等国，政治思想家特别在意与主权相关的君权问题，在他们眼里，国家主权和君权变成了通用的概念。

上述社会政治的转换与城市兴起不无关系。城市兴起后，新的政治模式逐渐显现出来。在意大利，情况又比较特殊。意大利不像法国那样由一大群世袭贵族左右政局。特别是到了14世纪，教廷迁至法国阿维尼翁，亚平宁半岛催发了旧势力瓦解的步伐，许多城邦国家借势确立自己的独立地位。③ 在这些城邦国家内，诞生了近代西方最初的国家政治共同体模式。也正是在这些城邦国家内，许多公民通过行会找到自己生存的位置。行会与行会之间通过政治磨合产生城邦权力中心，于是新的城邦国家政治共同体诞生了。以15世纪的佛罗伦萨为例，上述由下而上的城邦国家政治共同体独具特色。在佛罗伦萨大约五万人中逐渐形成六千称作"公民"的选民，这些人都是年过25岁有专长者，并且是行会成员。他们经资格审查机构确认后取得选民的资格。选举人当选后即刻成立两个议事机构即公社会议和人民会议，它们分别由两百公民和三百公民组成。还有大量分散选出的议事会，处理特别的政治事务，其中就包括立法机构"十二贤人团"和"十六旗手团"，外交事务机构"战事十人委员会"等。城邦政府另设置一个小型的行政机构即执政团，由一群阁僚组成，并由一名正义旗手作为执政团的领导。

到了马基雅维利和圭恰迪尼的时代，这些意大利政治思想家面临的最为急迫的国家政治问题是，面对纷繁复杂的国际环境如何使城邦国家在处理对外对内事务时最大程度、最有效地发挥国家治理功能。当让·博丹（Jean Bodin）等人在关心国家主权的问题时，意大利的思想家仍在关心早已存在的城邦国家共同体结构该如何完善的问题。对此，当代学者艾伦认为，无论16世纪意大利政治思想的性质历经了多么大的变化，它依然与欧洲其他地方的思想保持了遥远的距离，那些困扰着欧洲其他地方思想家的问题很少引起意大利思想家的注意。④

① 周春生：《马基雅维里思想研究》，上海三联书店，2008年，第167页。
② В·П·波将金主编：《外交史》第一卷上册，史源译，生活·读书·新知三联书店，1979年，第251页。
③ 关于文艺复兴时期意大利城邦国家体系及相互关系，参见 Eugene F. Rice Jr., *The Foundations of Early Modern Europe:1460-1559*, pp.114-117。
④ J. W. Allen, *A History of Political Thought in the Sixteenth Century*, Butler and Tanner Ltd., 1960, p.446.

二、以 *respublica* 为中心的人文主义国家观

文艺复兴时期意大利人文主义者大多以古罗马为榜样,将古罗马共和国作为改革当下和建构理想国家政治制度的原型。此效古观念最为明显地体现在 respublica 这个政治术语中,而通常与 *respublica* 对应的中译文就是"共和"。

关于"共和",我们应当注意,无论是在古典时代还是文艺复兴时期,"共和"从没有被用来指称现代政治学意义上的"共和制"(republic)。在现代政治观念中,"共和国"代表了全体公民的意志,与世袭制度或君主特权互不兼容。"共和国"所具有的与君主制对立的现代性意味直至18世纪才逐渐形成。严格来讲,那种没有国王的共和国是从美国独立才开始的。如果说到"共和"就联想到"大众民主"的话,那就是在用现代政治学理论来衡量历史现象,这是现代学者对"共和"的理解,而不是古代作家和人文主义者当时就有的观念。

第一,在古代政治著作中,*respublica* 通常与"城邦"(*civitas*)互换,既可以表示在一定领土范围内的独立城邦(state),又可以表示城邦统治所包含的公共事务(public affairs),有时还能与希腊语 *politeia* 互译,用来表示体制(constitution)或政制国家(constitutional state),比如西塞罗就用 *politeia* 与亚里士多德《政治学》中的 *respublica* 对应。但略有不同的是,*politeia* 并不具有道德意味或分析指向的功能,它是个中立性的政治概念,而 *respublica* 在使用过程中却蕴含了某种积极性的道德指向,经常用于表示依循法律传统维护公民自由、反对强权统治的良好国家,与之构成对立的政治术语是"僭政",而不是"君主制"。

第二,古代作家在使用"共和"一词时并未指向任何一种特殊的政体类型。比如在西塞罗和李维的政治术语中,"共和国"既包含了平民共和国(popular republics),又包含了君主制共和国(monarchical republics)和贵族制共和国(optimate republics)。也就是说在古典时代,"共和"是一个既能够表示属类又能够表示种类的概念,"共和"与"君主"并不冲突,它可用于指称任何尊重公民自由与平等的良好政体。

第三,古代作家并没有用"共和"来指称某个特殊的历史分期,古代"共和国"不是专指古罗马共和国,这种具有针对性的分期指向要到18世纪晚期才开始出现。在塔西佗(Tacitus)、绥托纽埃(Suetonius)等古罗马史家看来,元老院执政下的古罗马要比以奥古斯都(Augustus)启端的古罗马帝国更富有自由气息,或许有人会感怀公元1世纪以前的共和政制,但是古罗马政治著作中的"共和国"的时间跨度为,上启罗慕洛(Romulus)建国,下至5世纪蛮族入侵导致的西罗马帝国灭亡,除却在此期间偶尔出现的僭政时期,如公元前450年罗

马十人团(*decemvirs*)执政期,苏拉(Sulla)、尼禄(Nero)统治时期,这段长达13个世纪的历史统统被归为古罗马共和国的篇章。①

文艺复兴时期,*respublica*的含义变得更加复杂,人文主义者对于"共和"有着两种不同的用法:一种是古罗马作家的传统用法,能够与"城邦"互换,表示与"僭政"相对的政体类型,它可用来指称任何尊重公民自由和平等的良好政体;另一种用法大约出现于15世纪中叶,在布鲁尼和锡耶纳的弗朗西斯科·帕特里齐的影响下,"共和"被用来指称所有非君主制的政体类型,表示与君主制相反、富有德性的平民政体。布鲁尼在翻译亚里士多德《政治学》时赋予了*respublica*这层新含义。在翻译的过程中,布鲁尼用*respublica*指称具有良好道德规范的公民政体,与亚里士多德政体六分法中的第三类好政体*politeia*相对应。布鲁尼这种译法很容易令人混淆,因为亚里士多德不仅用*politeia*来表示多数人统治的好政体,更是用这个单词来统称所有类型的政体,即*politeia*在亚里士多德那里,既能表示"科属"又可指代"品种"的多义词。由于布鲁尼翻译的《政治学》在当时影响极大,取代了先前摩尔贝克的威廉(Willian of Moerbeke)翻译的旧版本,因此*respublica*的概念所指也变得宽泛起来。就某种特殊的政体类型而言,它涵盖了所有非君主制的政体,除平民共和国之外,还包括贵族和寡头统治的政体。马基雅维利在《君主论》开篇写道:"从古至今,统治人类的一切国家,一切政权,不是共和国就是君主国"②,也正是基于布鲁尼赋予*respublica*的第二层含义,从而将国家区分为共和制和君主制。

由此可见,文艺复兴时期意大利人文主义者的"国家"观念是以*respublica*为中心出发的,但是人文主义者理解的"共和"不同于现代政治学中的概念。尽管两者之间有交集,都可以用来指称基于民意的政体,但人文主义者政治术语中的"共和国"有着更加宽泛的所指,他们心目中的共和国是允许君主存在的。值得注意的是,不仅意大利人文主义者是这样,当时欧洲其他国家的人文主义者也是这样。比如莫尔(Thomas More,1478—1535年)在《乌托邦》(*Utopia*)中就加入了国王乌托普;伊拉斯谟(Desiderius Erasmus,1466—1536年)不仅担任过查理五世顾问,他还著有《基督教君主的教育》(*The Education of a Christian Prince*)。但这并不意味着这些人文主义者都是主张君主制的,而是应当将他们放置在共和思想传统中去认识。人文主义者构想的是与君主制兼容的共和国,就本质而言都属于共和思潮,在理想的共和国中的君主

---

① James Hankins, "Exclusivist Republicanism and the Non-Monarchical Republic," *Political Theory*, Vol.38, No. 4, 2010, pp.452-482;韩金斯:《马基雅维利与人文主义的德性政治》,曹钦译,《政治思想史》2013年第3期。

② 马基雅维里:《君主论》,潘汉典译,商务印书馆,1985年,第3页。

并不是专制独裁者,也就是说在人文主义共和语境中,我们必须对"君主"与"僭主"加以区分。

然而无论是文艺复兴时期还是现代政治概念中的"共和国"都牵涉到"共和自由"的问题,我们不禁发问,共和自由的内蕴或特征到底源自哪里? 这个问题显然带有目的论色彩,更关键的是,对于该问题根本无法给出一个明确的答案。在文艺复兴时期意大利人文主义者的国家观念里,探寻共和自由的源头本身就是个模棱两可的任务。这是因为,在人文主义者看来,"自由"并没被囿于某种具体的政体类型中,对"自由"源头的探寻可能会引发双重含义。一方面可以在具有良好道德规范的共和政体中探寻政治自由的源头,另一方面也可以在任何一种制度形式的国家里,探寻公民生活所拥有的"自由",或者说,探寻公民是如何在法律制度的保障下拥有政治自由和其他权利。显然,这第二层"自由"的源头并没有局限在共和制内,它包含的范围更宽更广,不仅存在于像佛罗伦萨那样的城邦共和国,即便是在君主国和其他类型的政制模式下,公民都可以享有一定程度上的自由。

人文主义者一方面以古罗马历史为鉴,另一方面又从亚里士多德和西塞罗政治思想中汲取养分,将各种不同类型的政治制度一律视作自然发展的结果,国家运作中出现的各类问题则被视为是制度所派生的,是由不合理的制度带来的弊端。人文主义者所具有这种国家观念与他们受到的教育,政治经历及社会身份息息相关。由于人文主义者大多都有在政府部门任职的经历,一般情况下都会依附于教廷、君主或是其他统治阶层的门下谋生,这种生存条件导致他们的思想不会刻意遵从某种特定的意识形态,更不会去排斥其他类型的"国家",这势必造成人文主义国家观的多样性。比如,彼特拉克虽然自称是共和主义的拥护者,但较之于平民政府,他更加偏爱君主统治。1370年,彼特拉克在帕多瓦以南的阿尔卡(Arquà)定居,帕多瓦君主弗朗西斯科·卡拉拉(Francesco il Vecchio da Carrara,1325—1393年)是他最后一位庇护人,彼特拉克在阿尔卡的房产也得益于卡拉拉的资助。1373年,彼特拉克致信卡拉拉,向他传授君王统治之道。①

人文主义者对政制价值的判断仅限于"好"与"坏"的程度,绝非"好"与"坏"的性质,无论好坏,他们很少针对政体合法性本身提出真正的挑战,这也

---

① Francesco Petrarca, "How A Ruler Ought to Govern His State," in trans. by Benjamin G. Kohl, in Benjamin G. Kohl and Ronald G. Witt eds., *The Earthly Republic*, University of Pennsylvania Press, 1978, pp.35~78.

部分地解释了彼特拉克、萨卢塔蒂①、布鲁尼、马基雅维利等人文主义者为何在谈到国家政体的问题上,能够轻易地改弦易辙,拥护不同的政治体制。在米兰、佛罗伦萨、威尼斯、曼图亚、乌尔比诺等意大利城邦国家里,人文主义者既能高声赞誉共和自由,也能竭力讴歌君王美德,这两类作品共同构成文艺复兴时期国家政治著述的主流。

因此,文艺复兴时期人文主义国家观虽说是以"共和"为中心,但他们所理解的共和制并非与君主制对立。人文主义者宣扬的共和国在很大程度上都是精英政治,绝不是今天学术语境中的大众民主,这一传统起自于柏拉图和亚里士多德。柏拉图曾寄希望于"哲学王"当政,在经历了血的教训后他才转向法治,这恰好对应了柏拉图从早年《国家篇》到晚年《法律篇》的转变;同样,亚里士多德在六类政体中也主张有德的君主统治为最佳。西方历史上的共和制,无论其表现在理论上还是实践上,总是有一个类似于君主式的人物存在。1494年在佛罗伦萨建立宗教共和国的萨沃纳罗拉,宗教改革时期在德国建立"天国"的闵采尔,在日内瓦建立神权共和国的加尔文,他们其实都是"君主"。荷兰革命和英国革命后成立的政府也是都有君主的。在西方政治思想史上,确定共和政体的标准不是看国家有无君主,而是要看君主是否专制,是否强调法治,换言之,共和的本质在且仅在于宪政。人文主义者以 *respublica* 为中心的国家观也是宏大的西方共和思想传统脉络中不可小觑的一股支流,但在这股"共和"支流的表面下涌动着惊人的思想力量与理论架构——人文主义德性政治观,关于这点本编将在第二章中详细展开。

---

① 威特指出,萨卢塔蒂既不拥护君主制,也不偏袒共和制,无论是哪种政体类型,萨卢塔蒂关心的只有统治的好与坏,只要依法统治就是好的统治。德·罗萨对威特该观点表示赞同,认为萨卢塔蒂是一名历史相对主义者:在有些情况下,萨卢塔蒂主张共和制是最佳的统治形式,在另一些情况下,则君主制更为可取。Ronald G. Witt, *Coluccio Salutadi and His Public Letters*, Librairie Droz, 1976, p.79; Daniela De Rosa, *Coluccio Salutati: il cancelliere e il pensatore politico*, La Nuova Italia, 1980, pp.13-14. 德·罗萨的观点转自 Robert Black, Review Article on "The Political Thought of the Florentine Chancellors," *The Historical Journal*, Vol.29, 1986, pp.993-994。

第二章 国家统治权力的合法性

自古典时代起,统治权力的合法性就有多重来源,比如民众认可、世袭制度、传统习俗、政体性质、君权神授、宗教信仰,以及承袭于柏拉图和亚里士多德政治哲学的思想传统。14、15世纪意大利政治局势的转变使得国家统治权力合法性的传统源头开始枯竭。一方面,随着基督教会宗教权威的衰退,由教皇授予的君权合法性开始遭到质疑;另一方面,大多数意大利城邦国家的统治者出身贫微,如弗朗西斯科·斯福尔扎在成为米兰公爵前只是一名雇佣兵队长,科西莫·德·美第奇也是从教皇的银行家逐渐攀升为佛罗伦萨政治的操纵者。这些在传统观念上原被视为非法统治的新君主,为了确立自身统治的合法性,努力做着各种尝试。于是权力合法性的问题再度浮现于政治思想的舞台中,成为为各国宫廷效力的人文主义者关注之焦点,他们另辟蹊径,试图寻找权力合法性的新源头。

第一节 以德治人:开辟合法统治的新路径

当统治权力合法性的传统根源开始枯竭,意大利人文主义者便开始将改革的目标投注到个体身上,思考如何才能提升统治阶级的德性与智慧,通过改造统治者从而实现国家社会的整体改善。可以说,人文主义者的这种想法是保守的,他们注重的是针对当下现实的改良,而非意识形态上的变革;他们提倡复兴古典文化价值,通过人文主义教育(*studia humanitatis*),从智慧、道德、军事技能等各个方面让沉睡的古罗马荣耀在文艺复兴时期的意大利重放光芒。简言之,意大利人文主义者从"德性"的视角出发,提出以德治人,将改革希望寄托于在循序渐进的德育教化上,统治者是否具备德性成为衡量政体好坏和权力合法性的标准,由此弥补了14、15世纪大部分意大利统治者在门第血统上的阙如,为国家统治权力的合法性提供了另一种理论依据。

一、德性政治:早期人文主义者政治思想的核心

从古罗马历史中寻找统治权力合法性的依据成为15世纪人文主义者思

考的重点。但人文主义者发现,他们无法把罗马人合法统治的标签直接贴到意大利各城邦国家统治者的身上,而必须针对当下状况有所变通。人文主义者清楚地知道,其时的君主、僭主或寡头统治者根本不可能从权力合法性的传统根源中找到依托,最直观的原因就是他们没有高贵的血统和良好的出身。诸如米兰的维斯孔蒂和斯福尔扎、曼图亚的贡扎加、乌尔比诺的蒙特菲尔特罗等都是从戎军人,作为雇佣兵队长厮杀征战才最终登上了权力的宝座。可想而知,人文主义者若想要证明他们的统治像古罗马皇帝那样正当合理,首先就要避开谈论这些新君主是继承了古罗马的传统。唯一可能被接受的说法是,他们的统治正是为了复兴古罗马的传统。换言之,文艺复兴时期意大利新君主的统治权力不是源自对古罗马统治权的延续,而是对历经断裂后的合法统治权的重拾。尽管在14—16世纪意大利城邦国家中,几乎没有哪个(除了威尼斯共和国)能够像古罗马那样凭借强大的军事实力维系长治久安,但这丝毫不影响人文主义者以古罗马为榜样,把和平、稳定、强大作为统治者的治国目标。

如果不是出于对法律惩戒的畏惧,人们为何要服从统治者的权威? 对于这个问题,人文主义者依然一如既往地从古罗马历史中寻求解答。在古罗马人看来,从罗慕洛建国到476年西罗马帝国灭亡,这期间的统治都是建立在各种正当性基础之上的。合法统治权的来源包括罗马固有的习俗传统,罗马军队的骁勇善战,古罗马皇帝的高尚美德,最重要的一点在于古罗马人的统治是上帝的意志。即便当西罗马帝国覆灭千年后,但丁在《论世界帝国》(*De monarchia*)中依然主张"罗马人生而治人"①。在但丁看来,罗马人民拥有其他任何种族都不具备的高贵德性,这是一种根植于基因的决定性优势。罗马人的优越性最鲜明地体现于上帝神意的各种显现中,这些现象唯有用神迹才能够解释,其中最具说服力的就是上帝让耶稣在奥古斯都时代降临。②

但丁对于古罗马的崇敬之情到了15世纪人文主义者那里消退不少,无论是布鲁尼、比昂多还是瓦拉,都不曾借助经院神学家或是教父哲学家那套道成肉身的基督教说辞来证明罗马统治的正当性。实际上,在文艺复兴早期,关于罗马帝国权力的合法性问题已无须再做更多的争辩,古罗马和神圣罗马

---

① 但丁:《论世界帝国》,朱虹译,商务印书馆,2010年,第43页。
② 但丁在《论世界帝国》卷二中专门讨论了上帝是如何运用奇迹创立了罗马帝国,而且这些奇迹都是得到古罗马作家证实的。比如,当罗马人的第二个君王努马·庞皮留斯主持献祭仪式时,一块盾牌从天而降;当高卢人企图偷袭朱庇特神殿彻底毁灭罗马时,一只鹅高声发出了告警;眼看罗马城要落入迦太基人手里时,一阵大冰雹阻挡了汉尼拔的胜算。但丁通过这些神意事件就是为了表明,罗马民族获得世界统治权是合乎公理的。但丁:《论世界帝国》,朱虹译,商务印书馆,2010年,第34—36页。

帝国之于但丁的意义在15世纪人文主义者那里几乎消失殆尽,天下一统的帝制论显然有悖于当时欧洲各地政治发展的趋势。继但丁之后的意大利人文主义者关注古罗马,效仿古罗马,并不是纯粹为了将之作为改革当下政治统治的替代品,恰恰相反,他们是要从古罗马兴衰存亡的历史经验中汲取教训,让历史为现实服务,最终目的是强化意大利各城邦国家的统治权力。

那么早期人文主义者到底如何运用古罗马历史,为当时带有缺陷头衔统治的新君主们提供合法统治的新依据?对此,弗拉维奥·比昂多指出:我们能够从古罗马历史中汲取到的教训是,只有当权力建立在德性的基础上,国家才能伟大。这里所谓的德性同时包括智慧和道德两个方面。罗马之所以强大,正是因为她从不会让德性的宝库趋于干涸,她懂得如何通过各个行省乃至从社会下层吸收德才兼备之人。从财富与门第中无法推衍出合法统治的权力,只有当权力与德性相伴时才能拥有真正的高贵,哪怕是皇族出身,也要同时具备理智与道德才能合法统治,也只有这样才能让被统治者心悦诚服。①

比昂多的这番话将我们引向了一个非常关键的概念——德性。其实,自彼特拉克到马基雅维利,人文主义著述中大量的文本信息都指向了"德性"这个极其鲜明的主题。不仅是政治著作,在书信、文学、艺术、哲学等作品中也都能够发现人文主义者对"德性"的强调。"德性"是人文主义者从古罗马历史中发掘的,为当时统治者和统治集团合法统治权辩护的"法宝"。卡斯蒂里奥内在《廷臣论》中赋予廷臣最重要的使命就是要作"君王的磨刀石",对君王的德性教育要比才能教育更加迫切;②著名的教育家菲勒尔福在致费拉拉权位继承人莱奥内洛·埃斯特(Leonello d'Este)的信函中也表达过类似观点;③兰迪诺在《论真正的高贵》中强调,只有拥有杰出德性的人才有资格被赋予统治权力,真正的贵族(高贵之人)哪怕没有显赫的头衔,却依然因为内在的德性而高贵,官职、荣誉、头衔等并不能给人带来高贵,这些东西只能被用作高贵的佐证,真正的高贵只源自德性。④布鲁尼在对比了古罗马共和国与帝国历史

---

① Flavio Biondo, *Roma Triumphans*,原著出版社不详,此处中译文根据韩金斯的未刊英译稿译出。哈佛大学出版社发行的文艺复兴经典文库"塔蒂丛书"(I Tatti Renaissance Library)2016年出版了比昂多《胜利的罗马》前两卷。

② Baldassar Castiglione, *The Book of the Courtier*, W. W. Norton and Company, 2002, pp.216, 231, 240.

③ Francesco Filelfo, *Epistularum familiarium libri XXXVII*, 1502, p.44, in James Hankins, *Humanism and Modern Political Thought*, p.140, note 2.

④ Cristoforo Landino, "On True Nobility," in Albert Rabil ed. and trans., *Knowledge, Goodness and Power: The Debate over Nobility Among Quattrocento Italian Humanists*, Medieval and Renaissance Texts and Studies, 1991, p.210.

后指出:罗马共和国取得非凡成就的关键就在于她让拥有德性的公民展开良性循环的竞争,而帝国时期君主将任何有德性和能力的人都视为敌手,竭力抹杀自由。①可以毫不夸张地说,"德性"是早期人文主义者政治价值观的主导,人文主义者以"德性"为中心展开的政治思考可称作"德性政治"(virtue politics)。美国学者韩金斯指出,无论是在早期人文主义的伦理学著作中,还是在他们的政治著作中,德性的主题无处不在,即便说人文主义政治就是"德性政治"也不为过。②人文主义者推崇的德性所涵盖范围很广,不仅包括古希腊传统上的四主德:智慧、勇敢、节制、正义,以及中世纪传统中的三种神学德性:信德、望德、爱德,而且还包括个人能力、专业知识、有效性、男性气概与力量。③

"德性政治"的表述自然让人联想到伦理道德,属于实践哲学的一种,沿承自古希腊哲学家亚里士多德的伦理学和政治学。当代实践哲学分为三大流派:道义论、后果论和目的论。④与前两者不同的是,目的论更多地强调思想和行为要遵循道德意识的支配,通过合乎道德理性(moral virtue)的行为模式从而实现人类的共善和幸福,无论就行为的手段还是目的而言,(至善)目的论有别于另外两种实践哲学理论。以康德为代表的(契约)道义论主张行为本身及其内在动机的正确性,根据行为自身所具有的善恶特征来评判行为是否合乎理性和具有正当性;(功利)后果论则从行为的结果出发,主张只要行为或规则所带来的结果是良善的,那么这个行为就是道德的。意大利人文主义者主张的"德性政治"与古代目的论实践哲学及当代以安斯康姆(G. E. Anscombe)、威廉姆斯(B. Williams)、拉兹(Joseph Raz)等为代表的德性伦理学相似,他们注重提升统治阶级或统治者个人的智慧和德性,推崇"以点带面"的改革方式,通过促进和提高统治者的道德行为规范,为被统治者竖立行为榜样,由此实现整个国家的共同利益,营造和谐幸福的共同体。

"德性"与高贵不可分割,能够正当行使统治权力的人必须具有真正的高贵(true nobility)。人文主义者所谓的德性和高贵与门第高低、财富多寡无关,而是一种对精英政治统治的艺术化表达,赋予了政治观念以伦理道德的意义。比如,薄伽丘列举了大量古罗马人物,包括盖乌斯·马略(Gaius Marius)、

① Leonardo Bruni, "Panegyric to the City of Florence," in Benjamin G. Kohl and Ronald G. Witt eds., *The Earthly Republic*, University of Pennsylvania Press, 1978, p.154.
② 韩金斯:《马基雅维利与人文主义的德性政治》,曹钦译,《政治思想史》2013年第3期。
③ 韩金斯:《马基雅维利与人文主义的德性政治》,曹钦译,《政治思想史》2013年第3期。
④ 道义论与契约论相交叉,其核心是正义理论;后果论与功利论相交叉,其重点在实践推理的政体结构;目的论与至善论相交叉,其核心为伦理德性。应奇、刘训练编:《第三种自由》,东方出版社,2006年,总序。

西塞罗、提图斯·维斯帕西亚努斯(Titus Vespasian)、奥勒良(Aurelian)、马尔库斯·雷古鲁斯(Marcus Regulus),以及为捍卫罗马自由而反对克劳狄(Appius Claudius)独裁统治的卢修斯·维吉努斯(Lucius Verginius)[1],尽管这些人出身卑微,但他们都是杰出的统治者和将领,德性存在于社会各个等级,无论是农民,工匠还是权贵富贾。对此,萨卢塔蒂指出有两种衡量高贵的尺度,一种是财富,另一种是德性,真正的高贵只取决于德性。无论是奴隶还是自由民,统治者还是被统治者,富有者还是贫穷者,所有人皆有拥有真正高贵的可能。萨卢塔蒂鄙视那些仰仗财富与血统自认高贵的贵族,他们整日只知道沉溺于狩猎、争斗、游戏、骑马,追求财富和享乐,极少有出身贵族的人懂得德性的重要。[2]萨卢塔蒂的弟子波焦(Poggio Bracciolini,1380—1459年)也指出,只要你愿意去拥抱德性,那么成为有德之人便易如反掌,与之相反,恰恰是那些自认为拥有世袭的高贵,只知道寄生于祖辈荣耀之下的人反倒很难具备德性。[3]巴尔托洛梅奥·普拉蒂纳(Bartolomeo Platina,1421—1481年)也认为:"高贵的特征表现为遵从正义、恪职尽责、控制欲望以及遏制贪婪。任何人只要具备了这些特征,即便出身贫贱也同样能被视为拥有德性的高贵之人。"[4]博纳克索·达·蒙特马尼诺(Buonacorso da Montemagno)作为15世纪著名的伦理政治家,在论及高贵时同样指出:在良好的共和国内,个人所拥有的荣耀和地位不会根据其家族谱系的高贵来论定,哪怕他的祖辈居功至伟,只有那些自身饱学多才、充满智慧和德性之人才能被赋予统治国家的权力。[5]卡俄斯的莱奥纳多(Leonardo of Chios)关于高贵的论调更加直接,他将传统世袭的高贵视为虚假的高贵,而真正的高贵只源于自身的德性。莱奥纳多进一步指出:

> 高贵可分为两种:第一种是浮于表面上的、一般为世人公认的高贵,这种高贵通常与财富、古老的血统、世袭的权利等如影随形;另一种则是更纯粹的高贵,它不受世俗目光的评判,它不因贫穷而

---

① Giovanni Boccaccio, *De casibus virorum illustrium*, A. Mondadon, 1983.

② Francesco Novati ed., *Epistolario di Coluccio Salutati*, Vol.1, pp.51,56−57,105,176,256, in B. L. Ullman, *The Humanism of Coluccio Salutati*, Editrice Antenore, 1963, pp.73−74.

③ Poggio Bracciolini, "On Nobility," in Albert Rabil ed. and trans. *Knowledge, Goodness, and Power: The Debate over Nobility among Quattrocento Italian Humanists*, Medieval and Renaissance Texts and Studies, 1991, pp.63−89.

④ Bartolomeo Platina, "On True Nobility," in Albert Rabil ed. and trans. *Knowledge, Goodness, and Power: The Debate over Nobility among Quattrocento Italian Humanists*, pp.269−298.

⑤ Buonacorso da Montemagno, "Treatise on Nobility," in Albert Rabil ed. and trans. *Knowledge, Goodness, and Power: The Debate over Nobility among Quattrocento Italian Humanists*, pp.32−52.

卑微,这种高贵的每一寸都因充满德性而熠熠生辉。第一种高贵源于勃勃野心,世界各地随处可见;第二种高贵则源于道德的根源,其无穷力量源于自然本性的美丽绽放,这种高贵最完美地体现在少数人的身上,那些人无论在行动还是思维上都无可挑剔。任何拥有这般高贵的人等于被赋予了智慧和美德,这样的人更加适合治理国家和处理重要事务。[①]

总之,早期人文主义者通过"德性"的视角为"合法"统治开辟了一条新的路径,巧妙地借助"德性"遮盖了血统上的贫微,出身卑微的人只要具备德性便同样能够跻身于统治阶级的行列。当然,能否以社会共善为先也是"德性"的内涵之一。我们不难发现,"德性政治"将统治权力的合法性和政治行为的正当性与统治者个人所具备的德性紧密联系在一起,人文主义者所持的德性政治观与亚里士多德在划分政体好坏时所依据的道德目标之间有着明显的亲缘纽带,由此为许多带有缺陷头衔的统治者建构起一套带有明显精英色彩的政权理论。

二、"德性政治"的思想渊源与现实意义

除了从古罗马历史中汲取养分,"德性政治"还与古希腊、古罗马政治思想有着深厚的思想渊源。我们不仅能够从亚里士多德伦理哲学中一探源头,柏拉图、西塞罗及斯多葛学派等智识资源同样影响了早期人文主义者的"德性政治"观念。"德性政治"说到底强调的是"德性"在政治统治中的核心地位,提倡借助伦理哲学来提升个人道德行为,继而实现政治改革的终极目标,使得国家在有道德的统治下最大化地实现共同利益。"德性政治"牵涉德性分配的比例问题及德性与权力之间的对等关系,简言之就是有德者称王。拥有德性之人自然散发出人格魅力,柏拉图《理想国》中的"哲学王"正是最高德性者的化身,亚里士多德在政体六分法中亦将开明贤德的行王政者视为最佳。透过德性的焦点不难发现,在15世纪人文主义者的政治思想中潜藏着承自于古典哲学和德性伦理学的思维逻辑,"德性政治"的观念意识建构于道德理性的伦理模式之上,其中包含两层含义。

首先,具体的行为模式是德性的外化表现,行为模式的关键在于理性控制的理念,使得理性能够将激情与欲望控制在适当范围内,这与古典哲学中

---

① Leonardo of Chios, "On True Nobility Against Poggio," in Albert Rabil ed. and trans., *Knowledge, Goodness, and Power: The Debate over Nobility among Quattrocento Italian Humanists*, pp.118-119.

以理性为主导的传统不谋而合。"对亚里士多德而言,考察理性是否在正确地行动,就要看是否整个人(而非只有某种官能或方面)正在欣欣向荣。"[1]将这种道德理性的伦理模式放大到国家层面,基于整体与部分的考虑也同样适用于城邦政治生活。德性统治就是由拥有智慧和美德的统治者个人(君主)或团体(贵族)运用理性的工具去服务于整个政治共同体,控制社会政治生活中各种能被勾唤起的人类激情与欲望,通过驾驭公民对荣誉的渴望来中和恶行和私利的诱惑;[2]再者,德性成为划分社会地位及分配政治角色的尺度。个人地位(包括社会、政治、经济)依照道德能力呈阶梯式递升,在金字塔顶端是少数具有理智与德性的优秀个体,在金字塔的基部则是被激情牵引的人民大众。道德德性是一种习惯,它不是自然赋予的;而理智德性则需要一种有德性的自然。[3]正是因为德性并非是与生俱来的,更不是人皆有之的公平之物,才更突显其弥足珍贵;也正是由于德性的分布不均才使之成为人文主义者判断合法统治的度量衡。

值得注意的是,"德性政治"与中世纪政治思想传统形成了强烈反差,甚至是"反叛"。中世纪经院哲学家大多为法理学家和神学家,他们关注政治问题的角度与15世纪意大利人文主义者完全不同。对经院哲学家而言,政治是"堕落"世界的产物,教会与国家之间的权力归属是他们思考的头等大事,经院哲学家努力阐释教会的权力性质和权限领域,在中世纪二元对立的思想背景下,困扰中世纪思想家的问题主要有:对于教皇拥有的"完满权力"到底能否限制? 如果可以限制的话又该通过何种方式? 国家统治权力的合法性到底源自何处? 如果必须要获得人民的一致同意,那么取得人民同意的方式到底是通过法律还是道德的力量? 就统治制度和权力结构的层面而言,在何种政体下的统治才算具有正当性? 总之,经院哲学家思考问题的方式比较抽象,他们习惯从法的角度出发,受众对象一般都是经院哲学家。相反,人文主义者思考的角度则显得多样化,他们会从古代历史、文学、诗歌及道德哲学中挖掘有益于政治统治的榜样,亚里士多德、西塞罗、李维等古代作家的思想都是人文主义者构筑政治"大厦"的地基,人文主义者希望通过他们的政治著述让统治者受到教育和启发,在道德和智慧两方面同时有所增益。

人文主义者推崇德性政治,一来是为了帮助他们效力的对象确立权力的合法性,但还有另一个原因。在人文主义者看来,世风日下与政治体本身的

---

① 韩金斯:《马基雅维利与人文主义的德性政治》,曹钦译,《政治思想史》2013年第3期。
② 韩金斯:《马基雅维利与人文主义的德性政治》,曹钦译,《政治思想史》2013年第3期。
③ 哈维·曼斯菲尔德:《马基雅维利的 Virtue》,《共和主义:古典与当代》,宗成河、任军锋译,上海人民出版社,2006年,第101页。

形式无关,统治者个人能力的不足和德性的欠缺导致了社会腐败和秩序混乱。这进一步表明,人文主义者的侧重点不在"国家",而是统治国家的个体,统治者的德性要比特定的政体类型远为重要,这种政治关怀的倾向就是"德性政治"最深层、最现实的源头。再者,人文主义者政治观念中的"统治者"范畴与统治人数的多寡没有必然联系,他们既可以接受个人统治下的君主制和由少数人组成统治集团的贵族制,也可以接受多数人参与统治的民主政体。"德性政治"的核心是以德治人,以德服人,人文主义者希望并鼓励统治者凭借美德、智慧和能力为被统治者树立榜样,而不是通过武力镇压等强制性手段迫使被统治者屈服。因为不自愿的顺从不会持久,好比一个皮球,你越是重力拍打,它越反弹得厉害,这个道理对政治统治同样适用。如果统治者滥用权力、违背民意、施行暴政的话,无论政体形式如何,这种倒行逆施的统治方式势必会引发不满与反抗。这时就只有两种解决办法,要么统治者顺乎民意,用德性代替武力,缓和与被统治者之间的矛盾冲突;要么在革命的浪潮中推翻现有的统治势力,让拥有正义、智慧、审慎、勇敢等高贵德性的人成为新的领袖。

自古典时代以来,在任何类型的政治共同体内都出现过滥施权力的现象,15世纪意大利城邦国家当然也不例外。对此,人文主义者并没有依循中世纪法学评注家巴托鲁斯(Bartolus)的思维方式,试图对"专制""暴君"等概念给出明确的界定,从法学角度剖析哪种情况下的统治才属于僭政和暴政,而是回到西塞罗、李维、塔西佗、萨鲁斯特等古代作家的著述中,努力理解政治腐败背后的深层原因。人文主义者已经意识到,对于统治者的滥权暴政,不能寄希望于通过民众同意或合法抵制等法学理论的手段去化解矛盾,人民起义也不是解决腐朽专权的有效方式,暴力革命只会雪上加霜,让不懂统治术的粗俗野夫取代原来的统治者只会使国家陷于更大的混乱。也许有人会想到另一种方法,那就是在权力的格局中引入一位政治强人以期改善现状。当然,这不失为权宜之计,并且14、15世纪许多意大利城邦国家当遇到市民社会秩序失常时,也确实会寻求雇佣兵队长的帮助,诸如斯福尔扎(Francesco Sforza)、皮齐尼诺(Niccolò Piccinino)、托冷蒂诺(Niccolò da Tolentino)等人都是凭借军事力量最终变为炙手可热的"强人"。在他们当中,斯福尔扎更是从一介武夫华丽地蜕变为政治新秀。然而人文主义者相信,有勇无谋决不能取信于民,仅靠武力征服的领地不会长治久安,关于这点,西塞罗早就说过,暴力的统治手段不可能营造出安定和谐的市民社会,人文主义者对此不可能置若罔闻。

文艺复兴时期意大利人文主义者大多都有在各国宫廷任职的经历,他们对社会上层统治阶级的情况了然于心。新君主们带着缺陷头衔操控着城邦内外的政治事务,为了能够名正言顺地行使权力,他们竭尽所能,包括操纵公社选举、拉拢大行会、通过政治联姻获取贵族身份、编造具有世袭高贵血统的族谱,甚至不惜充当教皇和神圣罗马帝国皇帝的代理人。然而所有这些计策最终不过流于表面,欺骗或糊弄无法从根本上让人民自觉自愿地接受统治,如果无法从自身能力和德性出发,考虑如何做出改变,一味地绞尽脑汁只在外部环境上做文章的话,只能说是"治标不治本",欣欣向荣的和谐城邦更是无从谈起。正因如此,人文主义者将"德性政治"作为治国济民的良方,提出要从根源上,即从统治者自身出发,才有利于稳定政治秩序,用信任来取代欺诈和暴力,只有当人民发自内心地对统治者表示尊敬与忠诚,国泰民安的盛世景象也就指日可待。在人文主义者看来,具有德性的统治者要做到与人民"水乳交融",从物质和精神上同时关爱百姓,这就要求统治者必须拥有智慧的头脑和美好的心灵,一个只会追求私利不顾共善的统治者不可能深得民心;但是统治者若是拥有审慎、智慧、勇气等德性,做到心系于民,以人民和国家利益为目标的话,那么他或他们的统治权力必然就是合法的。

无论是公仆意识还是服务精神,都只有在德性政治的根基上才能开花结果,不过这种观念并不是15世纪人文主义者的原创,因为早在亚里士多德、萨鲁斯特等古代作家那里就已经开始提倡在统治阶级成员内部要开展德性竞争。古典时代的德性观念建立在某种他我意识之上,即爱人如爱己,有德者的行为目的不是出于自身利益,高贵和荣耀源于为了他人、为了国家共同体而服务。或许,人文主义者推崇的德性政治可视作一种新古典主义荣辱观,他们在复兴古典文化的基础上,呼吁将政治义务和公民美德两相结合的公民精神,试图再度建构起以德性为中心的社会价值体系,并以此打破门第、财富等外在条件的限制,让德性成为真正高贵的本源。可以说,人文主义者"德性政治"最理想的画面就是,上至国王将相,下至庶民百姓,每个人都奉行"勿以善小而不为,勿以恶小而为之"的道德行为准则,平等地接受德性的评判,在德性的统摄下营造良性的社会氛围,使德性成为一种普世价值,让美德的行为广受嘉奖,让有德的个人加官晋爵。人文主义者相信,只要能够复兴古典美德,在以德为先的社会风气下,重振古罗马雄风也不再是那么遥不可及的幻想。

意大利人文主义者推行的"德性政治"在之后几个世纪内对欧洲思想文化产生了持续性的影响。但纵观西方近代政治思想史的发展脉络,"德性政治"最终没能成为西方政治思想传统的一脉,甚至根本没引起近代西方政治理论家的足够重视。整体而言,造成"德性政治"被忽视的原因主要有两个方面:第一,人文主义者对德性政治的强调未能凝聚成一股强大的思想动力,它止步于社会文化运动的层面,没有达到政治理论精细化的高度。任何在历史上没能引发广泛关注的政治理论一般也就自然地被现代政治思想家边缘化了;第二,西方学界现已基本达成共识,将马基雅维利视作文艺复兴政治理论代表的典型。吊诡的是,从西方政治文化传统发展的脉络上看,马基雅维利恰恰与早期人文主义者的"德性政治"观念背道而驰,正是因为马基雅维利提出了政治与道德的分离,才使他成为当代政治理论的先驱。毋庸置疑,马基雅维利站在了"德性政治"的反面。当今学界对马基雅维利的高度重视直接导致了对早期人文主义者"德性政治"的忽视。

第二节 "德性政治"决定自上而下等级秩序的合理性

人文主义者虽然一再降低世袭特权、祖辈荣耀、出身门第的作用,却从另外一个特殊角度即德性的角度再一次肯定了政治等级秩序的合理性,只不过他们所接受的政治等级制度是严格建立在对道德和理性的评估基础之上的。较之于平民和穷人,富人和贵族肯定有更多的时间和金钱接受古典文化的熏陶与人文学科的教育,这种教育熏陶对于"德性"的养成与提升又是必不可少的。透过"德性"的焦点,人文主义者竭力宣扬的"自由"只不过是对德性的嘉奖,"平等"也只是权力分配的合适比例,这无疑让人文主义者的政治思想蒙上了一层强烈的精英色彩。

一、人治优于法治:以提升德性为目标的君主驯化

文艺复兴时期意大利各城邦国家普遍都存在僭政、专制和腐败的政治现象,法律的制约不足以有效地解决这类问题,有时候法律甚至还会沦为暴君压制人民的武器。人文主义者明白,统治者和统治集团作为权力的直接行使者掌控社稷大计,他们站在权力金字塔的顶端,法律对于权势者而言往往形同虚设。就法律的约束力而言,人文主义者的看法与古罗马作家塔西佗有着跨时代的共鸣,他们都认为国家越是腐败,各项法令条文也就越加繁杂。

在人文主义者看来,有两类人不受任何法律和司法强制力的约束,虽然这两类人同属于社会中的强者。一类是受过良好教育,拥有德性和智慧的人,因而无须法律的管教;另一类则是仰仗金钱和权力欺强凌弱的人,他们蔑视并且肆意践踏法律。对此,波焦借阿纳卡西斯(Anacharsis)之口说道:

> 城市中只有下层阶级和弱势群体才会受制于法律。法律是一张巨大的蜘蛛网,它专门捕食弱者,却极易被强者撕毁。有权有势的统治者凌驾于法律之上,只有那些无依无靠、势单力薄的人才会需

要法律,认为法律能够保护他们免受强者欺凌。庄重、审慎、有头脑的人并不需要法律,因为他们自己就能规划出一套正确的生活法则,这些人要么天生就有着良好的美德,要么是在接受了人文学科的教育熏陶后所得;城市中的权势者则唾弃、践踏法律,认为法律只适合那些弱者、雇佣兵、工匠等社会底层的贫穷者,较之于法律的权威,暴力和恐惧的威慑更有助于统治这些顽劣的愚民。①

然而我们很难据此得出结论说,人文主义者对当时的法律普遍持有厌恶之情,他们敬仰古罗马的法律,视之为古代智识资源的宝库,他们同样肯定自然法和神法的作用。或许更为恰当的说法是,人文主义者从未想过要从根本上去挑战法律本身的权威,只不过他们对于当时司法权力的行使情况微词颇多,正是因为权势者目无章法,甚至借助法律欺强凌弱,才最终导致国家腐败与社会失序。就当时特定的社会现象和实际的司法情况而言,法律的积极有效性被抹杀了,它非但没有被用来揭示真理,反倒成为颠倒是非的武器;法律听从了钱财和权力的摆布,偏离了守护正义的初衷,对广大人民的公共利益漠不关心,听随正义遭受强势者的蹂躏,原本理应由法律守护的公正、平等、正义,现在不过成了纸上谈兵。令人文主义者更加不满的是,法律操作程序上的错综复杂及在法律名义下的各种繁文缛节严重阻碍了法律作用的发挥,反倒扼制了自由。鉴于此,人文主义者并不认为通过法律制度能够有效地规范行为举止。较之于法律所能发挥的政治效力,人文主义者更愿意将信心和希望投注在统治者身上。如果将良好的法律喻为一匹日行千里的骏马,最关键的还是那个手握缰绳的骑马人——国家共同体中的统治集团,其中包括统治者、司法官等。称职出色的统治者必然是心地善良,懂得如何运用理性、审慎和智慧来驾驭"骏马"的睿智者。总之,人文主义者对古罗马政治家所奉行的法律至上原则持有保留态度,他们更加推崇人治而不是法治,社会的和谐有序确实离不开法律规制,然而比法律更加重要的是立法执法的人,换言之,国家和社会的有效运作依赖于执掌和执行法律权力的人。

由于光凭法律和政治机构无法有效地抵制社会腐败,因此人文主义者相信,唯一能被用来阻止滥施权力的武器就是提升统治阶级的德性,况且法律也正是掌握在统治阶级的手里。同时,道德水平的提升还必须循序渐进,一则不能通过强制的方式,二则切不可操之过急,而是应当通过规劝和说服的手段,这项"驯化"君主的重要任务无疑就落到了精通古典文化与人文教育的

---

① Poggio Bracciolini, "On Avarice," in Benjamin G. Kohl and Ronald G. Witt eds., *The Earthly Republic*, University of Pennsylvania Press, 1978, pp.241–289.

人文主义者身上。如同卡斯蒂里奥内在《廷臣论》中说的那样,人文主义者肩负着"君王磨刀石"的角色,必须不断教育、熏陶和指导统治者如何正确行使权力。在教育方面,人文主义者的作用有目共睹,许多人文主义者兼具教育家的身份,比如菲勒尔福(Francesco Filelfo)、费尔特雷的维多利诺(Vittorino da Feltre),以及维罗纳的瓜里诺(Guarino da Verona),他们都在各国宫廷中担任过私人教师,努力将统治者培养成具有德性的人,并向统治者灌输道德统治的理念。人文主义者相信,只要上层统治者的德性得到提升后,便自然会形成一股自上而下的道德感化力,为被统治者竖立起道德榜样。

在众多人文主义教育家当中,尤其值得一提的是瓜里诺,正是因为他的贡献才使得费拉拉大学成为意大利南部的知名学府。相对于安逸稳定的职位,瓜里诺似乎更倾心流动漂泊的生活,他辗转于各个城市,从威尼斯到维罗纳,从特伦托(Trent)到帕多瓦(Padua),从博洛尼亚(Bologna)到佛罗伦萨,教育家的名声在他所到之处广为流传。瓜里诺教学严谨,教育方式也颇受称颂,人们尊敬他的品德与学识,从四面八方慕名而来。1429年,费拉拉统治者尼科洛·埃斯特(Niccolo d'Este)向瓜里诺抛出了橄榄枝,希望他能够来费拉拉宫廷担任莱奥内洛·埃斯特的家庭教师。莱奥内洛虽然是尼科洛的私生子,却是埃斯特家族的权位继承人。瓜里诺接受了邀请,此后七年他全身心地投入到对这位未来君主的教育中。莱奥内洛极具天赋,他不仅跟随瓜里诺潜心学习古典哲学和道德伦理,还与波焦、菲勒尔福、德琴布里奥及弗朗西斯科·巴尔巴罗(Francesco Barbaro)等当时著名的人文主义者互通书信。在这些人眼里,莱奥内洛堪称未来的奥古斯都,只可惜莱奥内洛英年早逝,他的死讯让包括瓜里诺在内的所有人文主义者都扼腕叹息。[1]不过对未来君主的驯化只是人文主义者改革计划的一部分,重点还是在于提升当下统治者的德性,人文主义者把统治阶级的德性看作是优良政府的关键和救治腐化的药方,[2]希望统治者的高贵品行能够感染普通民众,每个人都能自觉保持高尚的品德,由此改变社会政治中的不良现象。对此,瓜里诺写道:

> 在国家中担任统治角色的人,一旦具备了正义、善良、审慎和节制,便能与所有人分享他这些美德所带来的"果实",将德性的力量传播给每个人。当个体沉思于哲学研究时并不能带来实用的功效,因为它仅能对从事哲学研究的单独个体产生影响……古代圣贤完

---

① John A. Symonds, *A Short History of the Renaissance in Italy*, Adamant Media Co., 2004, pp.210–212.
② 韩金斯:《马基雅维利与人文主义的德性政治》,曹钦译,《政治思想史》2013年第3期。

全有理由赞赏那些驯化君王的教育家,认为他们通过提升统治者个人的德性从而影响到许多被统治者的行为习惯。如伯利克里的老师阿那克萨格拉(Anaxagoras)、迪翁(Dion)与柏拉图、毕达哥拉斯(Pythagoras)与意大利的君主们、阿忒努德鲁斯(Athenodorus)与伽图、帕奈提乌(Panaetius)与西庇阿(Scipio)、西塞罗与凯撒,即便在我们的时代,曼纽尔·克里索罗拉斯(Manuel Chrysoloras)作为一位伟大的教育家也培养了许多杰出的弟子。[1]

对于应当如何获取和提升德性的问题,人文主义者并没有亦步亦趋地跟随在古典道德哲学家的身后,即便亚里士多德和西塞罗的著作在15世纪被奉为圭臬。亚里士多德主张,德性的获取不仅需要后天的道德实践和哲学反思,同时还要受到出身血统、成长环境、社交圈子的影响,良好的身世背景和周遭的环境都对德性的获取起到一定的作用。与亚里士多德相比,人文主义者的方案则直接得多,他们把接受人文教育和人文学科的熏陶视为通往德性之路的一站式"快车"。这种教育理念与现代大学中通识教育的目标极为相似,通过教育来培养德性的主张也从另一个侧面阐释了人文主义者为何会对复兴古典文化抱有如此之大的热情。因为他们相信,语法、修辞、诗学、历史及道德哲学等人文学科中蕴藏着古典文化所包含的道德价值理念,接受人文教育的过程等于养成和提升德性的过程。在古典文化中蕴含着关于智慧、审慎、美德等治国治民所需的一切品质与技能,因而学习和模仿古代贤哲的各类著作,包括诗歌、演说、哲学、历史等,一方面有助于提升统治者的道德水准,这是施行良好统治的必备前提,另一方面也有利于培养统治者的雄辩口才,这是施行良好统治的重要手段。

在以提升德性为目标驯化君主的过程中,雄辩的口才显得尤为重要。要让君主心悦诚服地接受教育并做出改变,人文主义者必须掌握一套说服的艺术,通过言辞说教让统治者心甘情愿地实行自我道德约束,因而可以说,雄辩术是吹响驯化君主的号角。人文主义者大多擅长雄辩,并且在他们的雄辩术里夹带着修辞技巧,他们高度颂扬良好的行为品德,严厉苛责恶劣的言行举止。由于人文主义者在政府和社会中的地位与影响,1390—1430年间,公共演说在意大利各城邦国家中开始流行起来,至15世纪末,公共演说已经成为一种固定的文化仪式传统。演说者以人文主义者为主,他们在公众场合下用拉丁语发表演说,通过这种方式在公共生活与私人生活之间架起一座桥梁。

---

[1] Guarino of Verona, "Letter of Guarino to Gian Nicola Salerno 1418," in Eugenio Garin, *Il pensiero pedagogico dell'Umanesimo*, Giuntine, 1958, p.328.

需要举行演说仪式的场合包罗万象，比如显贵家族举行婚礼或葬礼、政府要员的就职仪式、大学新课程的第一次开讲，以及同来访使节的会晤场合等。以佛罗伦萨为例，在1415年的一次政府就职仪式上，某位新任法官就以"正义"为主旨进行了公开演说，古代经典和圣经权威让演说内容变得丰满且具有说服力，演说者秉承了亚里士多德的传统，对美德予以高度赞扬，呼吁统治者重视德性，在实际统治过程中发挥出德性的力量。演说的最终目的是唤起人们对道德意识的普遍关注，尤其是要向所有在任的政府官员及对即将上任的新官传递一种道德期望，督促他们恪守职责，履行人民公仆应尽的义务和责任，这种道德责任感具有无穷的威力，虽然不像司法惩戒那般令人生畏，但它会让任何低于道德期望标准的人受到社会舆论的谴责，背负心理上的压力，遭受其他人的唾弃，在人言相传或史书载录中遗臭万年。道德名誉上的惩戒要比肉体上的痛苦更加深刻，不仅道德败坏者本人，他的整个家族都有可能连带蒙羞。若用现代眼光来看，15世纪人文主义者擅长的雄辩术就好比是我们今天流行的一种社交技能，借助社会舆论的影响和大众心理的导向来惩恶扬善，以公共演说的方式宣扬德性的力量，同时批判不良的道德行为。更加通俗一点的说法或许就是人言可畏，言辞有时候要比动用武力有着更加惊人且持久的效力。总而言之，文艺复兴时期人文主义者擅长的雄辩之术并非只是空洞的修辞和华丽的点缀，在雄辩风格中包含着政治目的，实际上，人文主义者希望借助雄辩术建立一套道德行为规范机制，他们努力宣扬惨遭统治者漠视的德性价值，始终强调德性的重要性和德性包含的政治意义。

　　总之，人文主义者将德性作为驯化君主的目标，将崇德、重德、立德之说作为改善社会风气的丹药良方。可以毫不夸张地说，"德性"是先于马基雅维利之前的人文主义者献给君王的明镜宝鉴。人文主义者相信，古典文化中蕴含的崇高美德在任何时代都不过时，国家统治者应当浸润在历史、诗歌及道德哲学等人文学科的滋养下，通过教育熏陶来提升自身道德修养。如果失去了德性的驾驭，哪怕再公平正义的法律条文也不过是一纸空文，只有当统治者具备了高贵的德性，才能保障法律制度的公平有效。对于德性的强调与重视早已跨越了道德伦理的藩篱，成为人文主义者政治思想的砥柱。

二、"德性政治"统摄下的人文主义自由观

　　不可否认，在意大利文艺复兴时期，尤其是在佛罗伦萨共和传统中，对自由的强调已达到无可复加的地步。公民人文主义的代表布鲁尼庄严地指出：

失去了自由,共和国将不复存在;失去了自由,生活的意义便荡然无存。[①]在14、15世纪意大利城邦国家政治生活中,"自由"几乎成为公共信仰的风向标。不仅如此,在过去半个多世纪里,西方学界在汉斯·巴龙和"剑桥学派"的引领下大多围绕"共和自由"来审视文艺复兴时期的政治生活,[②]将"共和自由"视作意大利人文主义者政治思想的核心关怀。在巴龙笔下,布鲁尼是共和自由的忠实捍卫者,佛罗伦萨共和主义形同于一种自由的意识形态;在佩蒂特、斯金纳眼里,15世纪佛罗伦萨人文主义者的自由观盖了平等自治、不畏强权、积极参政等内容,正是这些内容支撑起当代共和主义者以"无支配"自由理论为基石的共和主义哲学大厦。[③]

　　这些似乎过度拔高了"共和自由"的地位,原因有三个方面:第一,我们必须注意到意大利人文主义者在论及"共和自由"时的写作目的与受众对象。人文主义者在宣扬"共和自由"时,写作目的大多出于政治宣传,针对的对象一般又都是社会上层统治阶级,并且就佛罗伦萨当时的政治现实来看,这类"共和自由"之作还存在虚妄矫饰之嫌。[④]第二,我们不能因为当代共和主义者理论研究的偏好而将"共和主义"的标签加之于意大利文艺复兴时期所谓

---

① Leonardo Bruni, "Preamble to the New Code of the Statutes of the Guelf Party," in Gordon Griffiths, James Hankins et al. trans. and intro., *The Humanism of Leonardo Bruni: Selected Texts,* Medieval and Renaissance Texts and Studies, 1987, p.48.

② Hans Baron, *The Crisis of the Early Italian Renaissance: Civic Humanism and Republican Liberty in an Age of Classicism and Tyranny,* Princeton University Press, 1966; J. G. A. Pocock, *The Machiavellian Moment: Florentine Political Thought and the Atlantic Republican Tradition,* Princeton University Press, 1975; Quentin Skinner, *Liberty before Liberalism,* Cambridge University Press, 1998; Nicolai Rubinstein, "Florentina Libertas," *Rinascimento,* No.2, 1986, pp.3–26; Ronald Witt, "The Rebirth of the Concept of Republican Liberty in Italy," in A. Molho and J. A. Tedeschi eds., *Renaissance Studies in Honor of Hans Baron,* G. C. Sansoni, 1971, pp.175–199; Alison Brown, "De-masking Renaissance Republicanism," in James Hankins ed., *Renaissance Civic Humanism: Reappraisals and Reflections,* Cambridge University Press, 2000, pp.179–199.

③ 斯金纳对共和主义"无支配"自由观的阐释经历了一个转变的过程,他早先将"无支配"自由视为消极自由的替换形式,满足于实际干涉的阙如,随后又自我纠偏,重新阐释了"无支配"自由的含义,指出这种自由观同时区别于古希腊政治家亚里士多德及当代政治家伯林对于自由的定义,并称之为"新罗马"(neo-Roman)自由。

④ 自德裔美籍学者汉斯·巴龙于1925年提出"公民人文主义"概念,并将布鲁尼奉为该思想意识形态的典型和共和政制的忠实捍卫者之后,西方学界在过去半个多世纪内针对"巴龙论题"的质疑便不曾停止,参见郭琳:《"巴龙论题":一个文艺复兴史研究经典范式的形成与影响》,《学海》2015年第3期。

的共和派人文主义者身上,这样势必导致时代倒错、视野瓶颈等问题。[1]第三,涉及对马基雅维利在意大利文艺复兴政治思想发展脉络中的准确定位。马基雅维利是个分水岭,尽管他肇端了现代性浪潮,但是在他之前的那个思想家群体,其中包括萨卢塔蒂、布鲁尼、波焦、帕尔米耶里、沃格利奥(Pier Paolo Vergerio)、锡耶纳的帕特里齐(Francesco Patrizi)、布朗多利尼(Aurelio Lippo Brandolini)、斯卡拉(Bartolomeo Scala)等,这个群体才是真正意义上意大利文艺复兴政治思想代表的典型。这些人文主义者对"自由"的理解不仅没有局限在共和主义的框架内,"德性"这个充满伦理色彩的概念才是他们权衡自由的准绳。

如果从"德性"的视角来审视,很多问题似乎迎刃而解,比方说,人文主义者的政体论。鲁宾斯坦指出,在文艺复兴政治著述中,对君主制和共和制进行直接对比的做法非常罕见,[2]斯金纳也认为,我们很难断定谁才是共和制的忠实拥护者。15、16世纪意大利人文主义者在选择良好政体类型时往往表现得模棱两可,甚至自相矛盾,君主制与共和制孰优孰劣成了难解之谜。尽管卡斯蒂里奥内、锡耶纳的帕特里齐、普拉蒂纳、马基雅维利等人都写过关于君主制和共和制的著作,[3]但人文主义者在论及政制时会尽量避免两种意识形

---

[1] 有学者甚至试图从根本上否定"共和主义",指出所谓的共和传统不过是人为的逻辑概念,共和、自由等词汇所描绘的历史现象千差万别,毫无共性可循,当代共和主义者带有目的性地从历史中寻找古人经验,将许多特定情况不加拣选地统一归置于共和传统的大旗之下,反倒模糊了共和自由的多样性。Dario Castiglione, "Republicanism and Its Legacy," *European Journal of Political Theory*, Vol.4, 2005, pp.453-465.另外,美国学者尼尔森指出,在近代早期西方思想史中,共和传统的观念其实包含了两种互为冲突(或者说带有冲突性质)的统治形式:一种是新罗马传统,另一种则是希腊式传统。前者以西塞罗和李维的政治主张为基础,强调公民权利、军事能力和国家整体的对外扩张,新罗马传统建立在公民个体的荣誉观念及为国奉献的精神之上,这就是"剑桥学派"对文艺复兴时期共和主义的阐释;相反,希腊传统是以柏拉图、亚里士多德的政治主张为基础,强调共善、集体利益,以及与罗马帝国主义腐败奢靡截然不同的斯巴达式质朴生活,较之于公民个体的权益,希腊传统更注重个体平等,认为这样才有利于国家的统一和稳定。总之,新罗马传统与希腊式传统最大的差别就在于前者意欲扩张,后者旨在持守安稳。Eric Nelson, *The Greek Tradition in Republican Thought,* Cambridge University Press, 2004; Aurelio Lippo Brandolini, *Republics and Kingdoms Compared,* ed. and trans. by James Hankins, Harvard University Press, 2009, Introduction, pp.xix-xx.
[2] Nicolai Rubinstein, "Italian Political Thought 1450-1530," in J. H. Burns and Mark Goldie eds, *The Cambridge History of Political Thought 1450-1700,* Cambridge University Press, 1991, p.35.
[3] 卡斯蒂里奥内(Baldassar Castiglione)的《廷臣论》(*The Book of the Courtier*)第四卷;锡耶纳的帕特里齐的姊妹篇《论共和教育》(*Republican Education*)和《论君王教育》(*On Kingdoms and the Education of the King*);普拉蒂纳的姊妹篇《论君主》(*On the Prince*)和《论最佳公民》(*On the Best Citizen*);马基雅维利的《君主论》和《论李维》。

态的直接对撞和冲突。①在一个政治体里,统治者的"德性"远比政体类型更加重要。②其实这就是"德性政治"的具体表现,在看似赞成共和抑或拥护君主的政体争辩背后,上层统治集团是否具备德性才是关键。

只有当我们从"德性"的视角出发,才能够理解像锡耶纳的帕特里齐那样同时拥护君主制与共和制的双重政体倾向与思维模式。③帕特里齐曾将九卷本《论共和教育》毫不费力地修改成无论在长度还是内容上都相似的姊妹篇《论君王教育》,他在前部著作中还竭力称赞和维护共和政体,在后部著作中则笔锋一转倒向了君主制。帕特里齐对于这种前后相抵的做法给出的解释是,国家制度的好坏取决于统治者的德性与智慧,而非制度本身的形式。④一方面,人文主义者提倡以德性为准绳来决定拥有最高统治权的人数和人选,要找到具有德性的个体显然更易于找齐找全具有德性的团体,由此导出君主制优于共和制;另一方面,人文主义者又质疑这位至德至善者的存在,社会中或许并不缺乏充满德性的个体或家族,但任何人都不可能拥有超乎所有人的至德,仅万能的上帝才有如此完满的德性,由此又可导出共和制优于君主制,因为让个体(君主)凌驾于众人之上成为绝对权力者的做法显然是有悖于自然的非正义。⑤

人文主义者在以德性为轴心的思维框架下很容易流露出两种倾向,一是反对纯粹的平民政体,二是拥护既有的寡头统治。人文主义者大多都参与政治生活,他们对政治的看法极大地受制于周遭环境的影响及个人利益的得失,具体表现在对所服务对象的依赖,对民粹主义的怀疑,以及对精英主义的

---

① 布朗多利尼(Aurelio Lippi Brandolini)算是个例外,他在《共和国与君主国对比》(*Republics and Kingdoms Compared*)中借人物之口,结合当时佛罗伦萨共和国及匈牙利王国的实际情况,在两种政体之间进行了详尽的比较,从最终结论来看,布朗多利尼明确支持个人统治,或许这与该著作是为了敬献给美第奇家族不无关系。

② James Hankins, "Exclusivist Republicanism and the Non-Monarchical Republic," *Political Theory*, Vol.38, No. 4, 2010, p.4.

③ 帕特里齐的声名虽在当代鲜有问津,但在文艺复兴时期他的知名度却远甚于马基雅维利。帕特里齐的政治著作在 15、16 世纪多达 37 个印刷本,并被译成多种语言,是大学课堂里的通用教材,帕特里齐的政治主张迎合且代表了绝大多数人文主义思想家的观点,可视为人文主义者主流思想。James Hankins, "Modern Republicanism and the History of Republics," in Stefano Caroti and Vittoria p.Compagni eds., *Umanesimo e Rinascimento alle Origini del Pensiero Moderno*, Leo S. Olschki editore, p.112.

④ Francesco Patrizi, *De regno et regis institutione libri IX*, Book I, Chapter 1, Paris, 1511, pp.7–8, in James Hankins, "Humanism and the Origins of Modern Political Thought," in Jill Kraye ed., *The Cambridge Companion to Renaissance Humanism*, Cambridge University Press, 1996, pp.120,140, note 2.

⑤ Francesco Patrizi, *De institutione reipublicae,* Book I, Chapter 1.

好感。人文主义者不削与社会下层阶级为伍，①他们认为贤人统治要比天下为公的平等机制更加合理，理想政体就是将权力交予智者贤者，换言之，人文主义者是贤人统治的辩护者；不仅如此，人文主义者还赞成开明统治者在治理国家、决策政事时有权独断专行，劝说甚至强制被统治者服从命令，一方面因为被统治者在智慧、能力、德性等方面都不如统治者，另一方面是因为德性统治者的决议通常迎合了共同利益。毋庸置疑，人文主义者认可等级制度，政治统治集团的存在是自然且必要的，这个集团既可以由君主及其廷臣构成，也可以由贵族寡头构成，只要统治集团保持开放，使得任何具备德性和智慧的个体都有跻身其中的权利。人文主义者虽然一再降低财富、出身对政治地位的影响，但他们却从另一个角度，即德性的角度再次肯定了当权者统治的合法性，只不过判断合法的标准是严格建立在对道德和理性的评估基础之上的，其他一切世袭身份和祖辈荣耀都变成了次要的标准。此外，人文主义者还主张权利特殊化，有德性和能力的公民可享有更多特权，布鲁尼、波焦、马尔苏比尼等人文主义者的生活待遇简直可与佛罗伦萨显贵相媲美，他们都享有纳税豁免，②布鲁尼甚至能与科西莫、卡博尼（Neri Capponi）、阿恰约利（Angelo Acciaiuoli）等政治首脑同台共商机密要事。③人文主义者勾勒的理想政体说到底就是由德性统治者领导蒙昧大众，被统治者对国家政策只能予以形式上的表决。

无论人文主义者极尽笔墨渲染共和国法律如何保障公民的平等与自由，我们都要明白，这种公正绝不是彻底的平等，而是合适的比例；自由也非绝对的独立，而是有限的权利。自由在任何情况下都不可能等同于自治，那些在德性上的弱者和劣者理应接受贤德者的统治。布鲁尼曾带着畏惧的口气告诫城市显贵，永远不能将政治武器及施展政治行为的权力交到民众手里，任由他们按照自己意志加以滥用。布鲁尼在记述了梳毛工人起义后不忘补充道："或许这是对这座城市中显赫地位者的永久性警告"，"一旦人民夺到权力的缰绳便再难以收回，他们人数众多势不可挡，强而有力"。④佛罗伦萨在文艺复兴时期的城邦共和国中当属典型，尽管佛罗伦萨是以抽签方式选拔政府

① Lauro Martines, *The Social World of the Florentine Humanists 1390–1460*, 2nd edn., University of Toronto Press, 2011, p.99.

② Lauro Martines, *The Social World of the Florentine Humanists 1390–1460*, 2nd edn., University of Toronto Press, 2011, pp.87,117–130.

③ Gordon Griffiths, James Hankins et al. trans. and intro., *The Humanism of Leonardo Bruni: Selected Texts*, Medieval and Renaissance Texts and Studies, 1987, p.41.

④ Leonardo Bruni, *History of the Florentine People*, Vol.3, Book IX, ed. and trans. by James Hankins, Harvard University Press, 2007, p.9.

官员,但人文主义者对此普遍不予认同,他们更希望通过投票挑选出真正具有德性的统治者,而不是依靠盲目的抽签以示平等,让那些无能无德的人仅仅凭借运气和上天的眷顾登上权力的宝座。即便是堪称公民人文主义代表的布鲁尼及其门徒帕尔米耶里也都认为德性才是选拔官员、分配公共荣誉的标准。

帕尔米耶里出生于佛罗伦萨一个富裕的商人家庭,从小就接受良好的人文主义教育,成年后积极介入公共政治生活,与佛罗伦萨文书长布鲁尼、马尔苏比尼、波焦及里努齐尼等人都颇为相熟,也是一位将古典文化与公民生活两相结合的公民人文主义者。在帕尔米耶里四十多年的政治生涯中,曾在政府各部门出任过五十多个不同的高级职务。[①]帕尔米耶里非常推崇西塞罗和但丁,潜心用拉丁文和意大利文创作,为后人留下许多有关历史和道德类的著述,其中包括一部尼科洛·阿恰约利的传记(Biography of Niccolò Acciaiuoli),对卡洛·马尔苏比尼的礼赞(Eulogy of Carlo Marsuppini),记载了佛罗伦萨1406年成功围攻比萨的光荣历史,以及用但丁式三一律写成的长诗《生命之城》(The City of Life),等等。在谈到政治统治的基础时,帕尔米耶里说道:

> 公共荣誉(也就是官职)应当根据个体价值(degnità)来分配,但是在共和国里很难断定谁的价值更大,因为人们在这个问题上无法达成共识。贵族和权势者说,价值体现在财富资源和古老尊贵的出身;平民主义者说,价值取决于与他人一起和谐共存的能力;有智慧的人说,个体价值存在于积极的德性。那些掌管官职分配及遵循至理名言的人总是会将荣誉授予最具德性的人,这是因为公共荣誉就该对应于个体价值,而在人类身上,再也没有比为了公共事业奉献自我的德性更加难能可贵。那些只会借助先辈的德性来获取荣誉的人(反倒)丧失了所有获得公职的机会,那些毁损祖辈名誉的人无疑是凄惨可怜的。让他凭借自己的能力(而不是借助亲眷关系)去证明他值得被授予荣誉;让他只有当自己的德性与他人等同时才敢自诩高贵。最具智慧的古人在开疆拓土时通常会让外邦人、穷人和出身卑微的人担任掌权的职位,只要他们认为这些人身上体现出杰出的德性……这类历史事例不胜枚举……所有人都该欣然接受有德之人的统治,即便有德者的出身低贱,没有显赫的祖先。[②]

---

① 张椿年:《从信仰到理性——意大利人文主义研究》,浙江人民出版社,1994年,第186页。
② Matteo Palmieri, *Vita Civile*, Book III, ed. by Gino Belloni, G. C. Sansoni, 1982, pp.136-137.

显然,帕尔米耶里认为在挑选行政官员时首先应该考虑的还是德性,只要具备了德性,哪怕他是穷人抑或外邦人,都该被予以掌权之职。在德性这条准绳的面前,无论是传统显贵还是新兴权贵,祖辈、门第、财富等其他条件统统都与个人德性相形见拙。不过我们绝不能认为帕尔米耶里的这段话是在为平民辩护,因为与穷人相比,富人、贵族肯定有更多的时间和金钱接受古典文化和人文教育,这种教育熏陶对德性来说又是必不可少的,因为人文主义者主张德性的获取与提升必须依靠后天的努力。①

巴尔托洛梅奥·斯卡拉对自由的阐释或许能够从另一个角度帮助我们看清楚人文主义者是如何借助"德性政治"的统治理念,使得自上而下的等级秩序具有合法正当性。斯卡拉将自由称作所有高贵之人必须努力去获取的"神圣且伟大的馈赠",是人类天性中的"荣誉与特权",这种特权既然是人类天性中不可分割的一部分,那就意味着应该不分门第贵贱,所有人都能享有自由,并且不光是佛罗伦萨公民,所有属邦、外邦人也都可以享有自由。如果斯卡拉就此停笔,那或许可以说这位人文主义者的自由观中透射出无支配的一面,可惜斯卡拉似乎意识到自己偏离了主流思想的轨道,于是话锋一转:"渴望自由,这是多数人都会做的;但学会如何变得自由及如何利用自由,则只有真正拥有自由头脑的人才能够做到。"②斯卡拉所谓的"拥有自由头脑的人"不失为"德性"所包纳的特性之一。乍看之下,斯卡拉似乎是在为以平等自治为基础的自由进行辩护,然而其著作中但凡涉及自由的内容,没有只言片语提及"不希望受到支配"或"不应屈从于特权",也没有将"公民参政"视作保护个人权益的必然手段,更没有对逾越法律允许范围之外的强权横加谴责。斯卡拉的自由观一方面表明了其与"无支配"自由的背离,另一方面再次体现出人文主义者不仅是以"德性"论自由,更是将"德性"作为行使政治权力、划分等级秩序的条件和手段。

在人文主义者看来,追求自由是人类天性,但这并不意味着每个人生来就具有政治自治的权利,唯贤德之人才配得上自由,拥有自治及治人的权力,并且只有在接受教育和提升德性的过程中自由才会相伴而生。对于缺乏德性的人而言,接受优秀统治者的领导反倒更利于他们的利益。显然,当且仅当以贤德开明的上层阶层为对象时,人文主义者视域下的自由才增添了一抹积极意味。总之,德性关乎合法统治的权力,自由则是对有德之人的嘉奖。这个结论非常重要,因为只有当我们认识到人文主义者的自由观念是与德性

---

① 韩金斯:《马基雅维利与人文主义的德性政治》,曹钦译,《政治思想史》2013年第3期。
② Bartolomeo Scala, "Defense Against the Detractors of Florence," in Reneé Neu Watkins ed., *Essays and Dialogues*, Harvard University Press, 2008, pp.254−256.

直接挂钩,而不仅仅是在共和政制的背景下宣扬自由时,才能够看清楚薄伽丘、布鲁尼、波焦、斯卡拉等这批早期人文主义者的政体观,并进一步推导出另一个重要的论点:共和派人文主义者并非排他性共和主义者。一方面他们并没有否定君主政体的合法性,也没有将君主制与共和制截然对立;另一方面他们从未与广大人民群众站在同一阵营,更没有希冀在全世界普及民主政府。那些毕生效力于君王权贵,拥护君主制的人文主义者也同样会宣扬自由与平等,参政议政并不是共和国的特权,帕特里齐就用"公民的生活方式"(vivere civile)、"自由的生活方式"(vivere libero)来描绘君主政体下的政治生活。[①]

第三节　布鲁尼论政体合法性

事实上,在17世纪前都不曾出现过可以被恰当地称作"共和主义运动"的现象。在前现代的共和派眼里,政治世界并不是由合法的市民共和国与非法的世袭君主国(或寡头政体)简单构成的二元对立。与18世纪法国或美国的革命主义者不同,文艺复兴时期的共和主义者并没有声称,根据道德权利他们能够将共和政体强加于所有非共和制国家的头上。鉴于此,美国学者韩金斯提出,或许将他们称为"共和主义偏好者"的话更显妥帖。[②]然而有一位人文主义者却貌似属于例外,那就是被巴龙奉为公民人文主义代表的佛罗伦萨文书长莱奥纳多·布鲁尼。

一、共和制是唯一的合法政体?

文艺复兴时期人文主义者在思考政体类型时,他们的视野并没有仅仅局限于共和主义的框架中。如同亚里士多德及中世纪晚期的经院哲学家那样,意大利人文主义者并不唯独钟爱共和政体,在他们看来,共和平民政体连同所有其他各种政体类型,包括君主制、寡头制,甚至僭主政体等都是一种自然事实。文艺复兴时期拥护共和制的人文主义者即便会不加掩饰地对共和政制表示赞誉,也会在政体争辩时将共和制视为合理的最佳,但这并不意味着他们将包括君主制在内的其他政体完全排除在合法性之外。例如,锡耶纳的帕特里齐就曾明确抨击任何"共和制是正义的,君主制是不道德的"理论。帕

---

① James Hankins, "Exclusivist Republicanism and the Non-Monarchical Republic," *Political Theory*, Vol.38, No. 4, 2010, pp.452–482.

② James Hankins, "Exclusivist Republicanism and the Non-Monarchical Republic," *Political Theory*, Vol.38, No. 4, 2010, p.454.

特里齐在《论共和教育》中写道：

> 我并不认为所有共和制国家都是正当的，而所有君主制国家都是卑劣的，因为无论在哪里都会发生公民之间的斗争，他们受到欲望和贪婪的驱使，腐蚀着由好公民构成的政治体（status），这些争夺不休的野心永远得不到满足，而这几乎是所有共和国都会遇到的问题，只有当人们不对他人之物产生贪念时才能够保持国家健康。

帕特里齐认识到，君王堕落腐朽是导致共和制出现的要因，当然，没有什么能比在一位明君统治下的生活更加美好，只不过这种情况实属罕见，明君后嗣的身边常常簇拥着献媚者，心怀叵测的人络绎不绝，君王统治不免滑向腐败。于是帕特里齐做出判断：生活在秩序井然的共和国内要比受一位不称职的君王统治更为安全。共和国相较于君主国更能长治久安，因为共和国如同拥有三头六臂的超人，他有集体的智慧和眼睛，有群策群力的大脑和记忆力。但帕特里齐继续写到，政体的选择要按时间、地点、人物等分情况而定，不同时期和不同地区都要有不同类型的政体与之相匹配，法律也是如此。首先要认识到法律是因国家而存在，不是国家要迎合法律，所以"千篇一律"的说法无疑是谬论，那些声称同一种法律适用于所有国家的人显然是一派胡言。不仅如此，不是所有的法律都能永久地保持效力，必须时不时地根据需要去修正乃至废弃那些不合时宜的法令条文。[1]

帕特里齐与他那个时代大多数人文主义思想家一样，相信只要统治者具有德性，那么国家就是好国家，政体的好坏取决于统治者的德性、智慧和能力，与政权性质或政体类型本身并无直接关系。正如前文论述的那样，在人文主义者眼里，统治者的德性要比特定的政体类型远为重要。

显然，文艺复兴时期所谓的共和派人文主义者大多都只能算是共和主义偏好者（republicanism preferentialist）。[2]然而却有一人看似属于例外，那就是

---

① Francesco Patrizi, "What is More Excellent, A Republic or the Rule of a Single Prince?" in idem., *De institutione reipublicae libri IX*, Paris, 1534, Book I, p.1. 注：该著作出版社未详，此处中译文根据韩金斯的未刊英译稿译出。
② James Hankins, "Exclusivist Republicanism and the Non-Monarchical Republic," *Political Theory*, Vol.38, No.4, 2010, p.454.

莱奥纳多·布鲁尼(Leonardo Bruni, 1370—1444年)。①布鲁尼是文艺复兴时期
著名的政治家、思想家、史学家、古典学家和教育家。布鲁尼出生于阿雷佐一
个普通的圭尔夫派家庭,1405年在业师萨卢塔蒂(Coluccio Salutati, 1331—
1406年)的举荐下来到罗马担任教皇秘书,开启了十年教廷生涯,先后服务于
英诺森七世、格里高利十二世、亚历山大五世和约翰二十三世。康斯坦茨会
议(Council of Constance)上教皇约翰二十三世被废黜后,布鲁尼回到佛罗伦
萨,除了自1427年起终身担任佛罗伦萨共和国文书长职务外,布鲁尼还担任
过首长团、安全委员会、贸易委员会的成员,并于1439、1440和1441年三次入
选"战争十人委员会"(Dieci di Balià)。布鲁尼在生前最后二十年内成为佛罗
伦萨最富有的公民之一,他兼得时机和机遇的眷顾,从一名普通的谷物商人
的儿子成功蜕变为声名显赫的佛罗伦萨公民。根据1427年的财产申报评估
纪录(catasto),布鲁尼的净资产高达11800弗洛林金币,这还只是保守估计,
不包括其名下的四处大宅、律师收入、藏书等资产的价值在内。布鲁尼的收
入主要分为四大来源:七座农场的产出、商贸利润、政府公债及银行投资,
1427年布鲁尼的缴税排名在整个佛罗伦萨居第七十二位。②

　　布鲁尼被巴龙誉为"公民人文主义"的典范,是15世纪早期人文主义运动
中的核心人物,其代表作有十二卷《佛罗伦萨人民史》(The History of the Flo-
rentine People)、《佛罗伦萨城颂》(Panegyric of the City of Florence)、《斯特罗齐
葬礼演说》(Oration for the Funeral of Nanni Strozzi)、《论军制》(On Knighthood)
等,著述涉及文化、政治、历史、语言、教育、道德哲学等各个领域。布鲁尼关
于共和政体合法性的论述与其他人文主义者非常不同。布鲁尼在写作1428
年的《斯特罗齐葬礼演说》中竭力渲染共和政制的优越性,言语间饱含了对佛
罗伦萨共和国的深厚感情,该著作堪称拥护共和制同类题材之典型。从某种
意义而言,布鲁尼所代表的公民人文主义不失为是对古罗马共和精神的复
兴,对公民自由的高度推崇势必基于古典共和主义意识形态。在《斯特罗齐
葬礼演说》中,布鲁尼清楚地说道:

---

① 关于布鲁尼生平简介可参考 Vespasiano, *Renaissance Princes, Popes, and Prelates: The Vespasiano Memoirs, Lives of Illustrious Men of the XVth Century,* trans. by W. George and E. Waters, Harper and Row, 1963, pp.358-368; Gordon Griffiths, James Hankins et al. trans. and intro., *The Humanism of Leonardo Bruni: Selected Texts,* Medieval and Renaissance Texts and Studies, 1987, pp.21-42;郭琳译文,布鲁尼:《论佛罗伦萨的政制》,《政治思想史》2015年第3期。

② Lauro Martines, *The Social World of the Florentine Humanists 1390-1460,* 2nd edn., University of Toronto Press, 2011, pp.117-120.

这是共和国真正的自由、真正的平等:不必害怕来自任何人的暴力和错误行动,公民在法律面前,在担任公职方面享有平等的权利,而这种权利在个人或少数人的统治下是不可能实现的。那些偏好君主统治的人认为在君主身上有着任何人都不可能具备的美德。何曾有过这样的君主,他所做的一切都是为了百姓,丝毫不考虑自己? 这就是为什么那些赞美君主的言辞总是虚妄缥缈、缺少真实精确依据的原因。按历史学家所言,君主是不会希望看到别人比他好的,除了他们自己,任何人的美德对他们总是充满了威胁[1]。少数人的统治也同样如此。因此,**唯一**剩下的**合法**(legitimate)统治形式就只有**民主/共和政体**(popular constitution),只有实行**民主制(共和制)** 才能有真正的自由,所有人都享有同样的法律平等,使得修身养性蔚然成风而不致引起任何怀疑。[2]

我们不禁发问,布鲁尼的这段话到底在多大程度上能够体现出他是共和制度的忠实拥护者? 就字面而言,布鲁尼明确表达了"共和政体是**唯一合法的统治形式**"的意思,布莱克指出,如此彰明显著地强调共和政体合法性的论调在布鲁尼时代可谓"独一无二";[3]但有不少学者质疑布鲁尼政治话语的真实性,韩金斯指出,《斯特罗齐葬礼演说》中这段颇具共和意味的代表性言辞,尽管看似是在维护共和制的合法性,并将亚里士多德传统政体理论中的另外两类合法统治,即君主制和贵族制排除在外,实际上却是布鲁尼在高度修辞化语境中的刻意为之,是为了迎合特殊政治场合的矫饰之词,根本无法代表布鲁尼真实的政治立场。[4]我们姑且不论布鲁尼创作《斯特罗齐葬礼演说》的文本语境及该著作采用的巧妙修辞,仅仅从政治术语的角度出发,将《斯特罗齐葬礼演说》中被布鲁尼奉为唯一合法的**民主/共和政体**与布鲁尼其他著述中的政体术语加以比对,以期厘清布鲁尼此处推崇的"共和制"所包含的意蕴,同时还原布鲁尼政体观的真实取向。

---

① 这里的历史学家指古罗马史家萨鲁斯特(Sallust),布鲁尼此处引文出自萨鲁斯特的《喀提林阴谋》(Bellum Catilinae)。该注释为所引文献的英译者格里菲茨所按。
② Leonardo Bruni, "Oration for the Funeral of Nanni Strozzi," in Gordon Griffiths, James Hankins et al. trans. and intro., *The Humanism of Leonardo Bruni: Selected Texts*, Medieval and Renaissance Texts and Studies, 1987, p.125.
③ Antony Black, *Political Thought in Europe 1250–1450*, Cambridge University Press, 1992, p.133.前文已经提及,人文主义者尽量都会避免在互相冲突的政体之间进行比对分析,他们的政体观往往表现地模棱两可。
④ James Hankins, "Rhetoric, History and Ideology: The Civic Panegyrics of Leonardo Bruni," in James Hankins ed., *Renaissance Civic Humanism: Reappraisals and Reflections*, pp.171–176.

上文所引《斯特罗齐葬礼演说》中至少有两处论点是直接针对君主统治展开的攻击。首先，就人类天性中的利己性而言，君王同所有人一样不可避免地会优先考虑个人利益。没有人能够做到始终将公共利益置于私人利益之上，君王也不例外。因而在现实的政治统治中，没有哪位君主所做的一切都是为了他的臣民，而丝毫不顾及自己。这种逻辑推理无异于在说，所有君王在具体的政治实践中都变成了僭主，或许有些君王不能算彻头彻尾的僭主，但在统治过程中他至少有部分时间是充当了僭主。鉴于此，君主制并不像亚里士多德划分的那样，是一种真实存在的有效政体，君主制纯粹只是一种理论假定的模式。显然，布鲁尼在《斯特罗齐葬礼演说》中暗含的这第一个论点冲撞了亚里士多德在《尼各马可伦理学》（Nicomachean Ethics）中的论调。亚里士多德认为："君王之所以能够成为君王，是因为他本身具备自足性，并且要胜于所有的善；君王那样的人已经别无其他需求，因而君王不会考虑什么会对自己有利，而只会为那些被他统治的人考虑。"①吊诡的是，布鲁尼于1416年曾经翻译过亚里士多德的《伦理学》，他对亚里士多德的尊敬与赞美之词溢于言表，并且布鲁尼始终都将亚里士多德奉为圭臬，还把自己翻译的亚氏著作敬献给当时的名人政要。

再者，布鲁尼援引萨鲁斯特在《喀提林阴谋》中的观点，指出君主总是不希望看到别人比他好，任何人的美德在君主看来都是威胁。这种对有德者的惧怕不仅存在于君主身上，由少数人统治的贵族制也同样如此，因为在实际统治的过程中，贵族很容易就滑向了寡头，在现实政治中并没有真正的贵族统治，所有贵族都不过是由寡头扮演的。但与君主制和贵族制不同的是，德性在共和政府中却通常被视为良好统治的必要前提，没有人会害怕来自有德之人的威胁。通过对亚里士多德的三类优良政体进行筛选，布鲁尼将君主制与贵族制剔除在外，那么剩下的唯一合法政体就只有共和制了。

在《斯特罗齐葬礼演说》的这段话中，有许多值得注意的地方，我们以政治术语为突破口着手分析。布鲁尼除了翻译过《伦理学》，他在1436年左右还翻译过亚里士多德的《政治学》，在将亚里士多德划分的六类政体从希腊文翻译为拉丁文时，布鲁尼采用的政体术语如下表所示：

---

① Aristotle, *Nicomachean Ethics: Translation, Introduction and Commentary*, eds. by Sarah Broadie and Christopher Rowe, Oxford University Press, 2002, p.219.

表1　布鲁尼在《政治学》译本(1436—1438年)中的政体术语表①

项目	好政体 (Rectae res publicae)	腐败政体 (Transgressiones et labes)
一个人(Unum)	君主制(regia potestas)	僭主制(tyrannis)
少数人(Pauci)	贵族制 (optimatium gubernatio)	寡头制 (paucorum potestas)
多数人(Multi)	共和制 (respublica)	民主制 (popularis status)

　　根据美国学者韩金斯对布鲁尼著作年代的考量,布鲁尼很可能在15世纪20年代初便着手翻译亚里士多德的《政治学》,而在1420年布鲁尼刚刚译注完另一部托名亚里士多德的著作《家政学》(Economics),布鲁尼的《斯特罗齐葬礼演说》则是要等到1427年左右方才问世,②因此《政治学》最初的翻译工作正好是介于《家政学》和《斯特罗齐葬礼演说》之间。与此同时,布鲁尼还忙于为自己采用的术语辩护,在约写于1424年的论文《论正确的翻译》(De recta inter-pretatione)中,布鲁尼明确表示自己在选择与希腊文对应的拉丁文政体术语时是极其仔细谨慎的。由此大致可做推断,布鲁尼在《斯特罗齐葬礼演说》中那段话的真正用意并不是为了颠覆亚里士多德划分的三类好政体。从表1中可以看到,布鲁尼还是因循了亚里士多德的政体分类法,认可君主制、贵族制和共和制都是有道德的统治,这三类政体都属于好政体范畴。布鲁尼对君主制最直接的两处批判其实并不是建立在对君主制本身合法性的质疑上,最终用来与君主制进行比较的实际上也不是贵族制与共和制,而是这两类好政体在腐败变异后的形式,即寡头制和民主制。根据布鲁尼在翻译《政治学》中使用的政体术语可以判断,布鲁尼实质上还是继承了亚里士多德的政体观,一方面赞成君主制最容易退化为僭主制,另一方面接受亚里士多德按照道德价值对政体类型进行的由最好到最坏的等级排序,在三类腐败政体中,民主制③要稍好于寡头制,而僭主制则是最坏的。

　　布鲁尼在翻译时对政体术语的甄别选取与其本人政体观有着不可分割的联系。或许存在一种假设性的可能,即布鲁尼对政体术语的选择是在故弄玄虚,混淆读者的耳目,提醒读者不该把他关于政体合法性的论点当真,因为

① Leonardo Bruni trans., *Aristotelis Politicorum libri VIII*, Strassbourg, 1469, p.118.

② James Hankins, *Humanism and Platonism in the Italian Renaissance*, Vol.1, Edizioni di storia e letteratura, 2003, pp.58−59; James Hankins, "The Dates of Leonardo Bruni's Later Works 1437−1443," *Studi medievali e umanistici*, Vol.6, 2007, p.21.

③ 亚里士多德在《政治学》中用"*democratia*"来表示民主制,布鲁尼在将之翻译为拉丁语时则用了"*popularis status*"。

尽管《斯特罗齐葬礼演说》就标题而言是一篇演说稿,但它却从来没有以演说的形式出现过,这不得不说可以算是布鲁尼的"障眼法";[1]然而还有另一种解读,并且这种分析更加接近事实,那就是布鲁尼在暗示,所有"真实的"、可用于实践操作的政体实际上都不具备合法正当性。亚里士多德在《政治学》中已经明确表示:虽然从原则上来讲,君主制是最佳政体,但它在实践中却最难实现,僭主制则最易实现;提到一种"理想"政体(he aristê politeia),就是指王政和贵族制,但这些在操作上都不太可行。[2]布鲁尼推崇亚里士多德的著作及其思想,其政体观也极大地受到亚里士多德政体观的影响,这或许能够部分地解释布鲁尼为何在《斯特罗齐葬礼演说》中说"唯一剩下的合法统治形式只有共和政体",因为另外两种好政体——君主制和贵族制——都不过是纯粹的理论,都是现实的阙如。[3]就这层意义来看,布鲁尼俨然成为一名现实主义政治理论家,甚至堪称是马基雅维利的先驱。[4]

　　但是布鲁尼在推导出"唯一剩下的合法统治形式只有共和政体"这个最终结论的过程中,无论是逻辑思维还是论证方式都存在非常明显的纰漏,所得结论无法成立,也不可能"扳倒"君主制和贵族制的合法性。我们可以从三个不同的角度来分析布鲁尼的论证逻辑。第一,即便接受了大前提,肯定了在现实中只有三种"真实的"政体类型,也不能因为其中的两种是非法的,从而得出结论说,剩下的最后一种就是合法的。第二,布鲁尼对君王美德的全盘否定等同于是在否认任何公共德性(public virtue)存在的可能性,这种观点无疑是在背叛,抑或说颠覆了其时代几乎所有人文主义者都持有的道德信仰。人文主义运动核心的价值特征就是复兴古典德性,关于这点在本章前两

----

[1] James Hankins, *Humanism and Platonism in the Italian Renaissance*, Vol.1, pp.58-60.

[2] Aristotle, Politics, Vol.4, p.1289.

[3] James Hankins, *Humanism and Platonism in the Italian Renaissance*, Vol.2, pp.193-239.

[4] 现代学者基本上都将马基雅维利视为激进的当代人物,很多学者也在布鲁尼与马基雅维利之间做过比较研究,此处仅择取较为代表性的观点。在巴龙看来,马基雅维利关于近代政治的诸多思考都得益于布鲁尼的公民人文主义,可以说是对布鲁尼政治思想的继承与发扬,布鲁尼、彼特拉克和马基雅维利共同构成意大利人文主义思想脉络上延续性的波峰。Hans Baron, *In Search of Florentine Civic Humanism*, Vol.2, Princeton University Press, 1988, pp.191-192,186.曼斯菲尔德则认为,布鲁尼还是一个囿于亚里士多德思想框架内的文艺复兴式传统人物,马基雅维利却是近代政治的开拓者和革新者,布鲁尼从外部挖掘、模仿古人的语言与智慧,其著作多运用理想化的修辞手法(rhetoric of idealization);马基雅维利一面在反对古人的思想意识形态,一面却又想要从内部剖析古人智慧与力量的秘密所在,其著作多运用理性化的修辞手法(rhetoric of rationalization),布鲁尼称得上是共和主义者,马基雅维利却不是,至少说从任何共和主义的明确意义上而言他不是。Harvey Mansfield, "Bruni and Machiavelli on Civic Humanism," in James Hankins ed., *Renaissance Civic Humanism: Reappraisals and Reflections*, pp.223-246.

节也有详细述及。以彼特拉克为首的意大利人文主义者沉醉于发掘古代经典，旨在唤醒古典时代的公民美德，布鲁尼本人也在多处场合提倡过公共德性，如果说布鲁尼连最基本的前提"存在德性"都加以否认的话，又如何继而再去提倡"发扬德性"？这种函矢相攻的论点显然站不住脚。第三，布鲁尼用来否定王政合法性的理由是认为君王不可能拥有无私的德性，然而布鲁尼却忽视了"德性的缺失"是把"双刃剑"，如果可以把它作为判定君主统治是否道德正当的尺度，那也同样可以用它来否定共和制。倘若君王不可能拥有无私的美德，又该如何保证共和政体下共享统治权力的众多官员能够时刻以共善为先？所以布鲁尼应当在论证中添增一个小前提：权力掌握在集体手中要比在个体手中更加有效，更有利于保障公共利益。但是布鲁尼却省略了这个至关重要的小前提，作为深谙修辞术的政治家，布鲁尼追求的是著作整体上的雄辩风格，会尽量避免哲学式三段论可能带来的负面影响。

再者，在布鲁尼推导出最终结论的过程中，萨鲁斯特是除了亚里士多德之外的另一个权威，布鲁尼直接默认了萨鲁斯特的观点"君主是不会希望看到别人比他好的"，丝毫没有证明为何有德性的公民在君主制中会被视为威胁，但在共和制中却能广受欢迎。恐怕这个问题是布鲁尼不想证明也无法证明的，一则是因为该观点本身很难从历史中寻求佐证，各种反例倒是不胜枚举；再则是因为有大量的人文主义作品都已经提到，许多古代君王不仅本人贤明贤德，而且还重德好德，喜欢布恩施惠于有德之人。[1]

由此看来，我们不能仅仅根据《斯特罗齐葬礼演说》中这段话的字面含义来判断布鲁尼的政体倾向。布鲁尼可谓15世纪人文主义思想家中的领衔翘楚，故不可能与主流思想逆行而上，冒天下之大不韪去否断德性之存在，他本人对德性的重视，对古罗马共和国公共德性的推崇也是既定事实。不仅如此，布鲁尼深知尽管佛罗伦萨名义上是共和政体，但实际上却是前有阿尔比齐家族当道，后有美第奇家族垄断的寡头统治。如果布鲁尼真心想要否认君主制和贵族制，那么这两种政体的退化形式就更谈不上合法。克里斯特勒曾提醒我们，应当审慎对待人文主义者著作的真实性，切不可忽视著作中带有的政治目的，也无法凭借著作本身传达的信息对作者的真实想法加以判断，更不能将宣传之作描述的和谐景象等同于当时的社会现实。[2] 所以我们当结合布鲁尼在1428年前后的其他著述，深究上述文献字里行间的未尽之意，这

① Craig W. Kallendorf ed. and trans., *Humanist Educational Treatises*, Cambridge University Press, 2002.

② Paul O. Kristeller, "Humanism and Scholasticism in the Italian Renaissance," *Studies in Renaissance Thought and Letters*, Edizioni di Storia e Letteratura, 1956, pp.553—583；详见郭琳：《"巴龙论题"：一个文艺复兴史研究经典范式的形成与影响》，《学海》2015年第3期。

段貌似表露出布鲁尼是共和制忠实拥护者的言论,到底有没有另一种解释的可能,其中又隐藏着什么动机和目的?

二、是排他性共和主义者还是西塞罗式修辞学家?

首先,我们应该搞清楚布鲁尼这段话中所谓的"合法性"(legitimate)意蕴为何。总体而言,"合法性"大致可区分出两种含义:第一表示法理意义上的合法,第二表示修辞意义上的合法。布鲁尼在翻译亚里士多德《政治学》时,并没有用拉丁语"合法"(legitima)去对应亚里士多德指称的"健康的政体"(right constitutions),而是选择了"好"(rectae)这个术语。我们知道,"合法性"在文艺复兴时期的拉丁语中具有多重含义,较为通用的是延续了中世纪市民法中的用法,合法性源于"法律制度和统治者指令权力",可用韦伯划分的三类合法性中的"法理型"来概括。法理意义上的"合法性"表示公民或臣民没有道德义务遵从非法统治者的指令。对于任何熟悉古典政治思想的人而言,这种将亚里士多德设定的"自然"政体标记为非法的做法似乎有些奇怪。然而我们必须知道,中世纪"合法性"的观念建立在法律基础上,并且包含了道德正当性。因而若是从法理层面来分析的话,布鲁尼之所以认为共和制是唯一具有"合法性"的政体,主要是因为君主制和少数人的统治(贵族制)都不具有道德正当性,因而都是不合法的,也就不应当推行。

布鲁尼在使用"合法性"时除了法理意义的考虑,另一种可能就是出于修辞意义,这对于擅长修辞术的布鲁尼来说,未尝不是一种惯用的措辞方式。此时的"合法性"变成了一个具有高度颂扬意义的词汇,表示"真实的","现实的",与"虚幻缥缈"构成对立。值得注意的是,布鲁尼在创作《斯特罗齐葬礼演说》之前,在另一部著作《论军制》(De militia)中就采用过同样的写作手法,他在谈到如何描绘一座城市时写道:"一种是哲学家极富笔墨的渲染,但这种方法仅限停留于构想阶段,属于纸上谈兵;另一种是如实呈现我们在现实中所看到的模样。"[1]布鲁尼将古代哲学家与古罗马建国者进行对比,"柏拉图和希波达摩斯(Hippodamus)规定军事城堡必须远离普通人群,然而罗马城真正的缔造者罗慕洛却除了在打仗服役期外并不对战士(milites)与其他市民加以区分"[2],布鲁尼在"虚"与"实"之间选择了后者,认为由罗慕洛建立的军事制

---

[1] Leonardo Bruni, "On Knighthood," in Gordon Griffiths, James Hankins et al. trans. and intro., *The Humanism of Leonardo Bruni: Selected Texts,* Medieval and Renaissance Texts and Studies, 1987, p.128.

[2] Leonardo Bruni, "On Knighthood," in Gordon Griffiths, James Hankins et al. trans. and intro., *The Humanism of Leonardo Bruni: Selected Texts,* Medieval and Renaissance Texts and Studies, 1987, p.132.

度才真实有效,而不像哲学式那般虚幻不实。

布鲁尼在写《斯特罗齐葬礼演说》时的文本语境与《论军制》非常相似,因此他极有可能是从修辞意义的层面来阐释共和政体"合法性"的,若果真如此,这种解读的结果就变得非常关键。反过来看,如果布鲁尼不是从修辞意义,而是从法理意义来论证"合法性"的话,其结论"共和政体是唯一合法的"将毫无疑问地表明布鲁尼在政体论的问题上是一名彻底的排他性共和主义者,他将如同巴龙定位的那样,是共和制的忠实拥护者,而这种排他性共和主义立场要比亚里士多德、经院哲学家和大多数同时代的人文主义者激进得多。亚里士多德的政体论在布鲁尼的衬托下显得温和审慎,对于政体好坏的区分不是两极分化的严格对立,而是依照道德价值和公共利益对六种政体类型进行了程度上的排序。①布鲁尼若是从法理意义来判定"合法性",那么除了唯一合法的共和政体,所有其他类型的政体都将变成"不合法的",这就抹杀了亚里士多德对于政体在好坏程度上进行排序的意义。换言之,在布鲁尼的政体论中,只有好与坏的两极划分,没有次好或最坏等层级上的渐进,这种分析方式足以让布鲁尼被扣上一顶政治极端主义或排他主义的帽子。

如果接受对"合法性"的第二种解读,认为布鲁尼纯粹是从修辞意义上断定共和制是唯一合法的统治形式,并且这种"合法性"是因为考虑到共和政体要比其他两类好政体更加切实可行,不像君主制与贵族制那样仅仅停留在理论构建的模式,这样就排除了布鲁尼是排他性共和主义者的可能,并且还可以认为,布鲁尼的政体论基本囿于亚里士多德政体思想的框架内,也符合当时人文主义政治思想的总体走向。然而事情并没有那么简单,因为在一封极有可能是布鲁尼的亲笔信中,布鲁尼再一次提到了政体"合法性"的问题。更为重要的是,布鲁尼在这封致信中,基于法理意义的考虑要远甚于修辞意义。根据巴龙的分析,布鲁尼是受命于神圣罗马帝国皇帝西吉斯蒙德三世(Sigismund Ⅲ),才写了这样一封介绍佛罗伦萨政制的书信。②布鲁尼在信中开门见山地搬出了亚里士多德的政体六分法,写道:

---

① James Hankins, "Exclusivist Republicanism and the Non-Monarchical Republic," *Political Theory*, Vol.38, No.4, 2010, pp.454-455.

② 1413年,当时还是"伪"教皇约翰二十三世秘书的布鲁尼在意大利北部觐见皇帝西吉斯蒙德三世,应皇帝的要求,随后写了介绍佛罗伦萨政制的致信。由于此信似乎并未写完,并且没有落款,所以很难断定出处,但是有大量证据还是能够推断布鲁尼很有可能就是该信函的作者。Hans Baron, *Humanistic and Political Literature in Florence and Venice at the Beginning of the Quattrocento*, Harvard University Press, 1955, pp.172-184; James Hankins, *Humanism and Platonism in the Italian Renaissance*, Vol.1, pp.23-29.

首先，必须明白有三种合法的(legitimate)统治类型，以及与之对应的三类腐败政体(这是哲学家的说法)。其一是由一人统治的王政(kingship)；其二由少数优秀的人统治的贵族政体(希腊人称之为aristocracy，我们称为 optimate rule)；其三是由人民自己统治的民主政体(希腊人称之为 democracy，我们称为 popular regime)。同样地，与这三类合法政体对应的还有三类腐败政体。如果君王的权力不是用来照顾其臣民的利益，王政则退变为僭政；另外两类也一样，若不能按合法形式维系的话，将相应地退变为腐败政体。①

根据这段话的内容，我们可以重新绘制出另一个表格来反映布鲁尼的政体术语：

表2　布鲁尼致德国君主信函(1413年)中的政体术语表

项目	好政体 (Legitimae species)	腐败政体(Labes)
一个人(Unum)	君主制 (Regnum)	僭主制(Tyrannis)
少数人 (Prestantes viri)	贵族制 (aristocratia/ optimates)	未命名
多数人 (Populus)	民主制 (democratia/ popularis status)	未命名

由表2可见，布鲁尼在1413年时，把民主制赫然归入了"合法性"政体类型中，用"民主制"(democratia)替代了亚里士多德原本使用的"公民制"(politeia)，并且丝毫没有顾忌亚里士多德本来是用"民主制"这个术语来表示腐败的政体，堂而皇之地实现了"民主制"地位的翻转。对于布鲁尼这般出人意料的大胆之举，或许完全是迫于当时的政治压力。布鲁尼在给西吉斯蒙德三世写这封信函时肯定有诸多顾虑，最大的压力就是必须要捍卫当时佛罗伦萨共和国的平民政府(popular government)，证明佛罗伦萨的政制是合法统治的形式。这无异于是在颠覆神圣罗马帝国自中世纪起便在佛罗伦萨享有的宗主权，即便这种宗主关系仅止于名义上，但布鲁尼为共和制正名的做法肯定让西吉斯蒙德三世和帝国的扈从感到陌生并且难以接受。在这种情况下，布鲁尼必须要从政治术语的选择上就体现出足够的说服力与权威性，他假托亚里士多德政体观，然而却启用了"合法性"这个连亚里士多德都没碰过的术语(亚里士

---

① James Hankins, *Humanism and Platonism in the Italian Renaissance,* Vol.1, p.27.

多德用的是"健康的政体"),为了在皇帝面前捍卫佛罗伦萨的地位,为了为佛罗伦萨的民主制辩护,布鲁尼不得已而为之地把"合法性"这项权威的帽子戴到"民主制"的头上。如果布鲁尼在这封信中要想沿用亚里士多德或西塞罗的政体术语,恐怕很难找到哪个词汇能被用来描述当时佛罗伦萨实际的统治方式。另外,布鲁尼对中世纪由莫比克翻译的《政治学》深感不满,认为莫比克的拉丁文译本带有明显的希腊文痕迹,莫比克用"公民制"同时表示一般政体及有德的特殊政体,[1]布鲁尼对此抱怨说:

> 对于那些根据希腊文英译出来的拉丁术语,我该说何是好,这种音译之处如此之多,以至于这部拉丁译本的一半都形同原本。要知道任何希腊文词汇都可以从拉丁语中找到对应。我尚能原谅莫比克因为找不到对应之词而采用一些模糊、奇怪的术语,但是对于那些明明可以从拉丁语中找到与希腊文完美对应的词汇,却仍然保留希腊文的做法就极其无知了。[2]

布鲁尼不仅指望不上莫比克的《政治学》译本,就连从中世纪的经院学者那里也寻不到帮助,他们从来就没有用"共和国"的名号来指称亚里士多德笔下有德的民主制,因而布鲁尼此举不得不说是独辟蹊径,甚至可以说是在政体术语极端匮乏的窘境下孤注一掷。

在致信西吉斯蒙德三世后没过几年,布鲁尼便开始翻译亚里士多德的《理学》。由于是译作,布鲁尼在遣词造句上较少运用修辞手法。在《伦理学》卷三中,亚里士多德把政治制度与人际关系做了类比,在介绍六类政体时采用的术语与《政治学》并没有太大差异,布鲁尼的拉丁文译本也基本沿用了他在1413年致信中的政体术语,尤其是一个人与少数人的统治类型。但有一点不同,针对亚里士多德在《政治学》中关于"*politeia*"的含混用法,即在表示特殊政体时指称由多数人统治的类型"*timocratic*",布鲁尼却将之译为"*censuaria*"或更为人熟知的"*popularis*",将之列入好政体的范畴,严格与多数人的暴民统治加以区分。布鲁尼在翻译《伦理学》时所用的政体术语如下表所示:

---

① James Hankins, "Exclusivist Republicanism and the Non-Monarchical Republic," *Political Theory*, Vol.38, No. 4, 2010, pp.460–461.

② Leonardo Bruni, "On the Correct Way to transate," in Gordon Griffiths, James Hankins et al. trans. and intro., *The Humanism of Leonardo Bruni: Selected Texts*, Medieval and Renaissance Texts and Studies, 1987, p.228.

表3　布鲁尼在《尼各马可伦理学》译本（1416—1418年）中的政体术语表[①]

项目	好政体 (Legitimae species)	腐败政体 (Labes)
一个人 （Unum）	君主制 （Regnum）	僭主制 （tyrannis）
少数 （Prestantes viri）	贵族制 （Optimorum ciuium potestas）	寡头制 （paucorum potentia）
多数人 （Populus）	民主制 （Censuaria/ popularis）	暴民制 （multitudinis gubernatio）

　　从表3中可以看到，布鲁尼在1416年翻译《伦理学》时，基本上维持了1413年向西吉斯蒙德三世介绍佛罗伦萨政制时的政治氛围，仍然将"民主制"（popularis）视为好政体类型，这与后来翻译《政治学》时采用的政体术语形成了强烈的反差。在《政治学》中，布鲁尼引入了一个新颖的政体术语"共和制"（respublica）来取代"民主制"的地位，并且自我纠偏般地把"民主制"无情地归入到腐败政体中。布鲁尼在政体术语上的骤变与翻转几乎让人晕眩，为了更好地理解布鲁尼的政体论，我们必须进一步考察布鲁尼在翻译《伦理学》（1416—1418年）与《政治学》（1436—1438年）两个时段间其他涉及政体的译作——《家政学》注疏本。布鲁尼在1420年译注的《家政学》是托名亚里士多德的作品，也是文艺复兴时期最流行的作品，1600年之前，《家政学》至少留存了260部手稿和55部印刷版。[②]布鲁尼并没有在《家政学》中对亚里士多德提出的政体类型给出新的拉丁译法，但他却做了个非常有趣的校正标注。借助托名亚里士多德的作者的权威，布鲁尼做出了一个总体判断：共和国中由多人统治，但家庭由一个男性家长（paterfamilias）统治。[③]值得注意的是，这是布鲁尼第一次在著述中用"共和国"这个词，并且不是指称广义上的"国家"（state），而是为了突出一种由多数人统治的非君主制（non-monarchical）的统治方式。这似乎是要区分共和国与君主制，但这种政体对立的想法在《家政学》中并未得到发展，只能说这种二元政体论初露端倪，至少表明布鲁尼在

① Leonardo Bruni trans., *Aristotelis Ethica Nicomachea,* 1479, sigs riiiv-riiiir.

② James Hankins, *Humanism and Platonism in the Italian Renaissance,* Vol.1, p.191; James Hankins, *Repertorium Brunianum: A Critical Guide to the Writings of Leonardo Bruni,* Vol.1, Istituto storico italiano per il Medio Evo, 1997, ad indices.

③ 这部作品没有现代版，而许多早期版本都源自残本，此处征引的是敬献美第奇的副本：Cosimo de'Medici, Florence, Biblioteca Mediceo-Laurenziana, MS Plut. 79, 19, fo. 3r, Poemium.; James Hankins, "Exclusivist Republicanism and the Non-Monarchical Republic," *Political Theory,* Vol.38, No.4, 2010, pp.464, 480, note 47。

1420年左右已经开始尝试着用更加高贵的词汇来描述多数人的统治,并且有意识地对自己先前使用的政体术语进行纠偏,最终在1436—1438年的《政治学》译本中赋予了"共和制"合法性,用"共和制"取代"民主制",表示有道德的统治。可以说这是"共和制"自古典时代以来的革命性胜利,同样是在《政治学》中,"民主制"的地位却一落千丈,从有道德的统治类型直接降级沦为腐败政体。

通过文中三张政体术语表,我们缕析了布鲁尼在翻译亚里士多德著作过程中所用政体术语的转变历程,回头再看《斯特罗齐葬礼演说》中那段慷慨激昂的共和派宣言,我们突然发现自己被布鲁尼带入到一个解释学的困境里。《斯特罗齐葬礼演说》大约写于1428年,那时布鲁尼所谓的"民主制"(*popularis status*)到底应该与他哪个阶段的政体论模式相对应? 在1416—1418年翻译《伦理学》时"民主制"属于道德统治的好政体;但在1436—1438年翻译《政治学》时却被特别用来指称人民统治的腐败政体。摆在《斯特罗齐葬礼演说》中的这个问题又直接与布鲁尼到底是从哪个立意出发审视政体"合法性"的问题挂钩,也许存在三种可能的解释。

第一,布鲁尼是"邪恶之师"的先驱。如果在《斯特罗齐葬礼演说》中被布鲁尼奉为唯一合法政体的"民主制",实际上对应的是人民统治的腐败政体的话,那么无疑可以用某些学者评判马基雅维利式的眼光来解读布鲁尼的政体论。从表面上看似是在称赞"民主制",实则暗含了对任何好政体存在的否定,在布鲁尼的政体论中,根本就不相信有道德良好的国家,该道德论让布鲁尼一下子变成了马基雅维利的"导师",成为一位看透人性之恶的先驱。

第二,布鲁尼是排他性共和主义者。如果在《斯特罗齐葬礼演说》中布鲁尼有意从法理层面考虑"合法性"的话,那么在否定了"君主制"与"贵族制"后,唯一剩下的"民主制"肯定就与前面两者对立,这种情况下的"民主制"可以说等同于布鲁尼《政治学》译本中的"共和制",这样一来,布鲁尼就成了排他性共和主义者,而不是共和主义偏好者,这种政体论中的极端倾向俨然区别于之前的亚里士多德或之后的马基雅维利。

第三,布鲁尼是精明的修辞学家。如果在《斯特罗齐葬礼演说》中布鲁尼有意从修辞层面考虑"合法性"的话,那么前两种答案就都不成立,布鲁尼充其量只是名谙熟修辞的修辞学家,在他看来,"共和/民主制"的可取之处仅在于它不像君主制和贵族制那般不切实际,布鲁尼只不过是基于现实操作性的考虑,最终高度评价了"共和制"而已。

综合来看,第三种解释似乎最有可能。我们先从前两种解释为何无法成立说起。首先,通过分析布鲁尼政体思想的发展脉络,可以清楚地看到布鲁尼早在创作《斯特罗齐葬礼演说》之前已经有意识地倾向于认为"民主制"

（*popularis status*）是多数人统治的腐败政体,并且在1420年时就开始使用"共和制"（*respublica*）表示非君主制的统治。这样一来,上面第二种解释便自相矛盾、无法成立,因为在布鲁尼1428年的政体观念里,共和制已经属于好政体,而民主制则是由共和制退变而来的腐败政制,变成了共和制的对立面。《斯特罗齐葬礼演说》中这段政体论里,既然唯一"合法"的"民主制"已无法等同于同样合法的"共和制",那就说明布鲁尼根本就不是一名排他性共和主义者,他也并不是从法理意义上承认"民主制"的正当性。

排除了第二种解释,再来分析第一种解释,布鲁尼是否全盘否定好政体存在的可能性,并且对人性道德彻底失望? 我们必须以更加高阔的视野来看待这个问题,将布鲁尼放回到他所处的时代15世纪,甚至从文艺复兴时期人文主义政治思想的全局背景下进行整体的考量。布鲁尼高度重视自由在佛罗伦萨的价值和意义,在布鲁尼的宣扬下,佛罗伦萨共和主义几乎等同于自由的意识形态。在当代共和主义者的政治话语中,布鲁尼所赞美和推崇的自由就是"无支配"自由,这种自由的模式只有在民主政府里才能够得到保障,通过确保公民享有平等的政治权利从而保障自由。在自由的政体里必须要有法律来规定和保护私人财产,让有资格的公民通过抽签程序参与政府事务的管理,在法律面前一视同仁。官员任期短暂,权力均分,必须防止权力落入少数统治者的手中。但是仅凭法律和公正是不足以保障全体公民都有平等参政的政治权力,也无法杜绝个别权倾势重的显贵操控乃至滥用权力。为此,在国家共同体中必须维系一定程度上的权力均势,团结弱者的力量以期与强者抗衡,同时要通过法律及政制上的措施防止权势者专权独断,这一点在佛罗伦萨共和国里具体表现为"反贵族原则"和"反平民原则",规定政府职务只能由社会中层阶级公民出任,不仅如此,法律规定对显贵的惩罚要比其他公民更加严厉。①佛罗伦萨采取了一系列措施就是为了平衡各党派各阶级

---

① 这些内容布鲁尼在多部著作中都有提及,比如在《佛罗伦萨城颂》中布鲁尼写道:"如果富人仰仗钱财恃强凌弱,政府就会介入,对富人施以沉重的罚金和惩治来确保弱者的人身及财产安全。人的身份不同,所受的惩罚也应不同,这样才合乎常理,谁最需要救济,谁就会得到最多的帮助,这样就在不同等级的人群中建立起某种平衡,强者凭借自身实力,弱者可以依靠国家,对惩罚的恐惧则可使两者都得到保护。"Leonardo Bruni, "Panegyric to the City of Florence," in Benjamin G. Kohl and Ronald G. Witt eds., *The Earthly Republic,* University of Pennsylvania Press, 1978, p.173;郭琳:《论布鲁尼市民人文主义思想的两面性——以〈佛罗伦萨城市颂〉为例》,《政治思想史》2014年第2期。

之间的权力,这种确保公民自由的方式俨然有别于亚里士多德式的自由。①

　　与亚里士多德在道德哲学意义下的自由不同,布鲁尼在分析佛罗伦萨政制时竭力鼓吹和维护的自由更偏向于政治意义,这种政治视域下的自由必须与正义为伴,政治平等是为了保障自由,保障自由是为了维护正义。为了揭露政治生活中的残酷一面,布鲁尼不惜撕开了亚里士多德为自由带上的哲学式面纱,让政治的本性赤裸裸地暴露在人们面前,换言之,布鲁尼将自由工具化了。他之所以这么做,就是为了表明:为何佛罗伦萨人民的自由当且仅当在民主政制的环境下才得以存活。君主制和贵族制是无法保障这种自由的,因为君王和贵族都逃不出人性弱点的束缚,凡人都有私心,他们无法公正地维持正义,对于他人的德性也总会忍不住妒忌。一旦君王和贵族不能公正地行使权力,那就等于是在奴役他们的臣民。但就本质上来看,君主制和贵族制并非非法统治,僭主制和寡头制才算真正腐败的政体。哲学家称赞的自由不过是"政治的理想",虚幻不实,布鲁尼称赞的自由是基于"政治的现实"。对此,韩金斯颇有见地地指出:我们应当从整体上考虑布鲁尼同时作为公民人文主义者、政府策略宣传者、职业化修辞学家的多重角色,理解他作为佛罗伦萨文书长时必须恪守职责以迎合政治庇护者的目的与利益,区分他修辞笔法下的积极与保守、真实与虚饰。②

---

① 亚里士多德认为,人类组建政治共同体是出于自然的需要,但又不局限于人性的需要,因为集聚在一起不光是为了生存生活,而是为了能够过上更好的生活,因此就要想办法改善和推进政治共同体的各个方面。亚里士多德对四类政体进行了由好到坏的排序,必须同时认识到自然、理性和道德这三重因素在国家政治共同体中所发挥的作用。人类最初是出于自然需要组建起政治体,有了政治体后又要通过法律、教育、制度等一系列方式确保政治体能够良好运作,最后必须让有道德性和智慧才能的优秀者来领导政治体,最终目的是实现好的生活、获取幸福。所以在亚里士多德的政治科学中,自由并非政治的目标,幸福(eudaimonia)才是人类的至高追求与终极目标。

② James Hankins, "Rhetoric, History, and Ideology," in James Hankins ed., *Renaissance Civic Humanism: Reappraisals and Reflections,* Cambridge University Press, 2000, pp.143-178;郭琳:《"巴龙论题":一个文艺复兴史研究经典范式的形成与影响》,《学海》2015年第3期。

第三章　国家与公民关系

意大利人文主义者政治思想的核心是"德性政治",他们关心的是如何提升统治阶级德性的问题,通过古典教育和人文学科的熏陶,让统治者变得更具智慧,行动上更加审慎。同时,在各种社会活动、公共仪式等场合上,运用修辞与雄辩之术在城邦国家及公民社会内部营造出一种崇德、重德、立德的伦理道德氛围。然而,早期人文主义者如何思考公民与国家之间的关系? 在积极入世与消极遁世这两种生活方式之间该如何抉择? 他们是怎样看待公民社会及公民积极参与政治生活的价值的? 萨卢塔蒂、萨沃纳罗拉等人文主义者是如何实践各自的政治理想? 中世纪的意大利公社到底对文艺复兴时期公民人文主义思想的形成又起到什么作用? 15世纪人文主义者是如何颠覆中世纪基督教思想与经院神学奠定的荣耀观、财富观、婚姻观等传统的价值观念? 布鲁尼、里努齐尼等公民人文主义的代表又是如何复兴古典文化中的公民美德? 本章将就这些问题展开分析。

第一节　人文主义思想中的公民观

15世纪佛罗伦萨的政治现实迫使人文主义者在思想上与精神上都急需一种依托。在政治模式的运作方面,文艺复兴时期的意大利城市国家与古希腊城邦之间有着惊人的相似;但就政治思想而言,在希腊文明的废墟上汲取养分的古罗马历史及其政治文化对于文艺复兴时期意大利的政治思想家更具借鉴意义。以彼特拉克为首的早期人文主义者拉开了复兴古典文化的序幕,李维、塔西佗、萨鲁斯特、西塞罗等一批古典作家著作的相继面世为意大利人文主义者提供了重新审视当下政治格局的新维度。对西塞罗形象的定位成为彼特拉克思考的前提,到底应该过积极入世还是消极遁世的生活反映出他关于公民与城邦之间关系的探索。在彼特拉克的引领下,人文主义者开始思考公民到底应当怎样生活? 他们普遍认为,哲学式的沉思隐逸已不再适合当下的政治现状,公民唯有积极投入政治生活才是有益于国家和社会的生活方式。萨卢塔蒂、布鲁尼、帕尔米耶里等人文主义者对于国家与公民之间关系的种种思考恰好将近代西方国家和公民社会的诸多本质内容勾勒了出来。

一、入世与出世：两种生活方式间的困惑

在西方政治传统中，"公民"概念由来已久。早在柏拉图和亚里士多德那里，公民就被划分为等次清晰的社会阶级，并且不是所有等级的人都有参与政治生活的权力。在中世纪经院哲学家那里，社会阶级之间的差异更加明显，不同身份的公民应当各自履行本分职责。到了文艺复兴时期意大利人文主义者那里，公民与城邦之间的关系被放置到一种伦理哲学的道德模式中加以考量，比如彼特拉克就因为到底应该过积极入世还是消极遁世的生活而陷入极大苦恼，由此激发起人文主义者对公民政治生活的普遍关注。

稍加留意便能发现，古罗马作家的政治话语在人文主义思想家的著作中如影随形。①在复兴古典文化方面，彼特拉克(Francesco Petrarca, 1304—1374年)可谓当之无愧的第一人。彼特拉克生于阿雷佐，其父亲是一名遭遇流放的佛罗伦萨商人。彼特拉克的童年在阿维尼翁度过。1309年，罗马教廷被迫迁至阿维尼翁，教皇沦为法国国王的傀儡，"巴比伦之囚"让尚处青少年时期的彼特拉克对教廷充满了厌恶之情，并逐渐养成了喜欢独处、拥抱孤独的性格。彼特拉克在蒙彼利埃(Montpellier)和博洛尼亚学过法律，他热爱古典文化，其中包括古罗马诗人维吉尔和奥维德的诗作、西塞罗和塞涅卡的哲学作品，以及李维和苏埃托尼乌斯的历史著作。②除了给世人留下《论秘密》(Secretum)、《阿非利加》(Africa)、《罗马名人录》(De viris illustribus)等著作，彼特拉克还写过大量书信，他对于政治、社会和宗教的许多看法大多分散在这些书信中。彼特拉克的著作开创了崇古仿古之风气，然而其政治观点却又往往变幻不定，甚至前后相抵，③这一特征非常明显地体现在彼特拉克对西塞罗的看法上。彼特拉克对西塞罗抱有肯定与否定并存的矛盾心理。依照传统观念，西塞罗是一位哲学家，哲学家的生活方式一般都远离政治生活，然而西塞罗却同时又是一位成功的政治家，这让彼特拉克非常困惑，从而引发了他对于

---

① 例如，布鲁尼在《佛罗伦萨城颂》中描绘的佛罗伦萨共和国通过选举任命"执政官"，首长会议的职能类似于古罗马的元老院，圭尔夫党(Parte Guelfa)之于佛罗伦萨就如同监察官之于罗马。

② B. L. Ullman, "Petrarch's Favorite Books," *Studies in the Italian Renaissance,* Rome, 1955, pp. 117-137; Benjamin G. Kohl and Ronald G. Witt eds., *The Earthly Republic,* University of Pennsylvania Press, 1978, p.26.

③ Benjamin G. Kohl and Ronald G. Witt eds., *The Earthly Republic,* University of Pennsylvania Press, 1978, p.27.

积极入世与消极遁世这两种生活方式的思考。彼特拉克最终还是倾向于将对古典文化的研究与沉思生活联系起来，主张只有出世隐逸才能在远离政治喧嚣的环境下潜心研究古典文化，积极参政的公民生活只可能与世俗的追求相得益彰。对此，西格尔指出："作为一名演说家，彼特拉克热爱公民生活(civitas)，但作为一名哲学家，他更钟情于孤独求索(solitude)。"[①]"这位著名的作家端坐于桌前，从尘世中悄然隐去，但他分明能够意识到不计其数的崇拜者投来关注的目光。"[②]正因如此，我们可以说彼特拉克依然没能摆脱中世纪思想观念的窠臼，他更像是中世纪老生常谈的代言人，而不是新世俗精神的开拓者。[③]

至14世纪中叶，意大利人文主义者在彼特拉克的影响下开始广泛搜集古罗马著作，彼特拉克对于两种生活方式的困惑激发起人文主义者对公民政治生活的普遍关注。著名的公民人文主义者萨卢塔蒂留与后世的著述中就不乏此类论述。萨卢塔蒂出生在佛罗伦萨边境附近的布迦诺(Buggiano)，其父亲皮耶罗(Piero Salutati)是当地圭尔夫党派的首领之一。由于党争带来的危害，萨卢塔蒂的童年和青少年时期跟随家人在博洛尼亚度过，不过也因此有幸在当时全意大利最好的大学里接受皮耶特罗·达·莫里奥(Pietro da Moglio)的指导。从19岁开始，萨卢塔蒂便凭借专业的法学训练和丰富的古典文化知识，往来于佛罗伦萨周边各个城市公社，积极投身于政治生活。[④]萨卢塔蒂留下的著作并不多，《论僭政》(De tyranno)、《论法律与医学之高尚》(De nobilitate legum et medicine)、《世俗与宗教》(De seculo et religione)、《论命运与气运》(De fato et fortuna)算是代表。同彼特拉克一样，萨卢塔蒂大部分的创作都是以书信为主，并被同时代人称作最优秀的书信作家。意大利学者诺瓦蒂(No-

① Jerrold E. Seigel, "'Civic Humanism' or Ciceronian Rhetoric? The Culture of Petrarch and Bruni," *Past and Present,* No.34, 1966, pp.36–37.

② R. R. Bolgar, *The Classical Heritage and Its Beneficiaries,* Cambridge University Press, 1958, p.248.

③ Benjamin G. Kohl and Ronald G. Witt eds., *The Earthly Republic,* University of Pennsylvania Press, 1978, p.25.

④ 1367年，萨卢塔蒂被任命为托蒂(Todi)的文书长，不久后又在罗马教廷文书院工作两年，1370年8月成为卢卡(Lucca)共和国的文书长，不过在年底任期结束后，卢卡并没有继续留用萨卢塔蒂，这让萨卢塔蒂非常失落，前途未卜加上妻子在卢卡不幸去世，萨卢塔蒂陷入了痛苦之中。所幸，1374年2月，萨卢塔蒂被选为佛罗伦萨选举公证处成员，更让萨卢塔蒂感到荣耀倍增的是在1375年4月，他被任命为佛罗伦萨共和国的文书长，文书长一职萨卢塔蒂做了31年，直至1406年离世。关于萨卢塔蒂的生平可参考 Armando Petrucci, *Coluccio Salutati,* Istituto della Enciclopedia Italiana, 1972; Ronald G. Witt, *Hercules at the Crossroads, The Life, Works, and Thought of Coluccio Salutati,* Duke University Press, 1983; B. L. Ullman, *The Humanism of Coluccio Salutati,* Editrice Antenore, 1963.

vati)将萨卢塔蒂所有的书信分成两大类,一类是私人信件,另一类则是代表佛罗伦萨政府的公文。至1395年,萨卢塔蒂公开的信函逾千封之多,其中有些公文内容的影响力之大几乎人尽皆知。比如米兰公爵詹加莱亚佐·维斯孔蒂(Giangaleazzo Visconti)曾感慨,萨卢塔蒂的一封书信堪比万马千军。[1]乌博托·德琴布里奥(Uberto Decembrio)也略带夸张地指出,萨卢塔蒂代表佛罗伦萨政府所写的那些讴歌和捍卫自由的信件享誉全世界,并将萨卢塔蒂与古罗马英雄人物赫雷修斯·科勒斯(Horatius Cocles)和西庇阿相提并论。[2]萨卢塔蒂的私人信件所涵盖的内容非常广泛,与其保持通信往来的对象身份多元,其中大多是公证员(notary),但也包括了教皇在内的教会成员,以及那不勒斯国王等世俗统治者,当然还少不了彼特拉克、薄伽丘、安东尼奥·洛斯基(Antonio Loschi)和布鲁尼、波焦等一批当时著名的人文主义者。

萨卢塔蒂非常敬仰彼特拉克,他不仅坚称彼特拉克是"唤醒古典文化的第一人",还努力结交彼特拉克周边好友,如弗朗西斯科·内利(Francesco Nelli)、弗朗西斯科·布鲁尼(Francesco Bruni)、拉波·达·卡斯蒂昂奇奥(Lapo da Castiglionchio)、扎诺比·达·斯特拉达(Zanobi da Strada)和薄伽丘,并且最晚在1368年时已经与彼特拉克有过直接的通信往来。[3]萨卢塔蒂与彼特拉克有着诸多共同之处:第一,萨卢塔蒂崇尚古典文化,他依循彼特拉克的步伐,以极大热情搜集古典著作手稿。萨卢塔蒂自己也承认,是奥维德、维吉尔、卢坎、贺拉斯、塞涅卡、穆萨托等人为他打开了通往古典诗歌殿堂的大门,他认为只有谙熟古典时代的灿烂文化才能够开启未来。[4]第二,萨卢塔蒂也仍未摆脱中世纪思想的禁锢。尽管萨卢塔蒂一方面推崇基督教教义并将之奉为真理,另一方面又接受古代异教徒的政治哲学思想,但在萨卢塔蒂身上依然残留了中世纪神学思想的印记,他始终是在中世纪思想的框架中拾掇着个人信仰。[5]在萨卢塔蒂看来,人类最多只能对自己的善恶之行负责,上帝才是绝对

① Francesco Novati ed., *Epistolario di Coluccio Salutati,* Vol.4, Rome, 1911, p.514; in Benjamin G. Kohl and Ronald G. Witt eds., *The Earthly Republic,* University of Pennsylvania Press, 1978, p.83.

② Francesco Novati ed., *Epistolario di Coluccio Salutati,* Vol.4, p.196;转引自 B. L. Ullman, *The Humanism of Coluccio Salutati,* p.20, n. 3.

③ B. L. Ullman, *The Humanism of Coluccio Salutati,* pp.40−42.

④ B. L. Ullman, *The Humanism of Coluccio Salutati,* p.45.诺瓦蒂指出,在14世纪晚期,萨卢塔蒂成为继彼特拉克之后引领古典文化复兴运动最关键的人物,他意识到文化与政治之间的紧密联系,由此为"公民人文主义"埋下伏笔。Francesco Novati ed., *Epistolario di Coluccio Salutati,* p.64, in B. L. Ullman, *The Humanism of Coluccio Salutati,* p.39.

⑤ B. L. Ullman, *The Humanism of Coluccio Salutati,* p.46.

权力的拥有者。①

在上帝与人的关系中，意志(will)与理性(intellect)孰轻孰重的问题显然同困扰彼特拉克的两种生活方式不无关系。然而萨卢塔蒂给出的回答同样是模棱两可的。在1381年创作《论世俗与宗教》时，萨卢塔蒂毫不犹豫地倒向了中世纪寺院修道生活，明确表示沉思冥想的生活要比世俗生活更为可取，有学者据此认为萨卢塔蒂不仅是虔诚的基督教徒，更是中世纪经院哲学的辩护者。②然而在一封写于1398年的书信中，萨卢塔蒂却竭力劝说友人佩勒格里诺·赞贝卡里(Pellegrino Zambeccari)别入寺院，而是应当继续过世俗生活。对此，萨卢塔蒂解释道："有许多种通往天堂的方法，但寺院生活绝不可能会比积极入世更接近天堂。隐逸沉思最多只能有利于个人，积极入世的生活却能同时有益于他人，由此强调和肯定了积极生活的作用。"不过即便是在这封立场鲜明的书信中，我们仍然可以嗅到萨卢塔蒂在抉择时的犹豫。③

赞贝卡里是博洛尼亚的文书长，与萨卢塔蒂常有书信往来，两人算是相熟的朋友。赞贝卡里因为自己心爱的女子乔万娜不爱他，为了逃避世俗情感的失意而选择宗教精神上的寄托，打算退隐于世做一名修士，为此写信给萨卢塔蒂，征求他的意见。萨卢塔蒂为了打消赞贝卡里的遁世念想，在这种特定的情境下刻意抬高了积极生活的重要性，循循善诱地说服赞贝卡里继续在政府中工作。萨卢塔蒂对赞贝卡里说道："除非你能够真正放弃对乔万娜的爱慕，否则即便选择孤独隐逸也无法带来慰藉，甚至会让爱欲更加强烈。然而如果你能够做到让自己的理性和意志控制住情感与欲望，那即便生活在人群中也一样能够找到内心的平静。"过世俗生活的人通常要比那些孤独求索的隐士更加接近基督，实际上，积极生活的公民是在为家庭、为国家效力，这更符合上帝旨在关怀世间造物的神意。不过一旦谈及上帝，萨卢塔蒂的态度

---

① Benjamin G. Kohl and Ronald G. Witt eds., *The Earthly Republic*, University of Pennsylvania Press, 1978, p.86.

② 巴龙认为萨卢塔蒂随着年纪增长，其思想愈发突显出中世纪的保守特征，而早年对于古罗马英雄的炙热情感却愈发淡漠。"在写于1390年至1400年左右的书信中，当萨卢塔蒂提到老布鲁图斯(Brutus)对儿子的苛刻严厉时，他更像是在对自己早先无比崇拜的古罗马公共精神的质疑。表面上(布鲁图斯)看似是对国家忠心耿耿，实则不过是他虚荣自负的产物。萨卢塔蒂开始谴责所有那些著名的古罗马人物，那些奋不顾身为国捐躯的英雄，然而事实上这些英勇壮举都是因为受到虚荣自负心理的驱使。"Hans Baron, *The Crisis of the Early Italian Renaissance*, p.94.

③ 这种犹豫不决还可以通过1399年5月14日萨卢塔蒂写的另一封书信中得到证明。萨卢塔蒂在信中对一位不愿意出家的姑娘凯瑟琳横加谴责，认为她应当遵守自己对上帝的承诺，停止对世俗幸福的追求，并即刻进入女修道院。Coluccio Salutati, "Letter to Caterina di messer Vieri di Donationo d'Arezzo," Benjamin G. Kohl and Ronald G. Witt eds., *The Earthly Republic*, University of Pennsylvania Press, 1978, pp.115–118.

开始变得模糊起来,他继续说道:"沉思生活的目的是获得永恒,这种生活与此世万物的关系不大,而与彼世相连,运用理智理性寻求心灵的平静,让意志超然于肉体的需求,因而沉思生活要比积极生活更显高贵。"不过萨卢塔蒂似乎突然意识到自己写信的初衷,于是再度笔锋一转:"不过积极生活同样也能通往天堂,它与理性有着密切关系,人类意志最基本的职能就是通过爱的行为实现至福。如果就此世而言,积极生活确实不敌沉思生活,但是就彼世而言,当人死后所有精神活动都戛然而止时,积极生活则变得远为重要,因为那时我们只能通过爱的行为去接近上帝。"不仅如此,在实际生活中,这两种生活方式无法完全剥离,沉思本身包含了一系列必然的行为活动,基督徒也有情感,萨卢塔蒂以奥古斯丁和圣哲罗姆(St. Jerome)为例,表明沉思生活是不可避免地会与积极生活交织在一起的。[1]

至此,萨卢塔蒂在面对两种生活时的犹豫不决已昭然若揭,不过较之于彼特拉克,萨卢塔蒂的创新之处在于,他认识到了普通人的世俗生活与僧侣哲人的沉思生活同样重要,在特定情况下,积极生活甚至更加重要。然而无论就宗教情感还是政治思想而言,萨卢塔蒂始终没能割断与中世纪的牵连,对上帝的虔诚信仰[2]让萨卢塔蒂无法充分认识到积极生活所包含的政治意义和公民社会的价值,更不可能认识到只有当公民积极投身于世俗政治生活、尽职尽责地为城邦提供服务时,才能够体现出公民本身存在的意义与价值。这种公民意识的觉醒要到萨卢塔蒂的弟子布鲁尼、波焦,以及布鲁尼的弟子帕尔米耶里那里才逐渐显露端倪。

二、人文主义者对公民价值的思考

如果一定要用某个词汇来高度概括文艺复兴时期意大利人文主义者对国家与公民之间关系的思考,或许没有能够比巴龙提出的"公民人文主义"更加贴切的了。根据巴龙的阐释,大约在1402年形成于佛罗伦萨的公民人文主义很好地折射出早期人文主义者的公民政治意识,布鲁尼、帕特里齐、帕尔米耶里等都对公民参政、公民价值有过表述。不过"巴龙论题"一经提出便遭到

---

[1] Coluccio Salutati, "Letter to Pellegrino Zambeccari," trans. by Ronald G. Witt, in Benjamin G. Kohl and Ronald G. Witt eds., *The Earthly Republic*, University of Pennsylvania Press, 1978, pp.93-114.

[2] 乌尔曼指出,《圣经》和斯多葛学派教义是支撑起萨卢塔蒂为人处事方式的两大支柱。即便是从萨卢塔蒂与友人通信时的称呼上,也可以看出萨卢塔蒂对上帝的虔敬。萨卢塔蒂避免用复数称呼"你们"(vos),认为这当中包含了不平等,萨卢塔蒂也不喜欢别人在信中称他为"主人"(dominus),因为这样会有辱对方身份。在萨卢塔蒂看来,只存在一位所有人都理当仆从的救世主基督。B. L. Ullman, *The Humanism of Coluccio Salutati*, p.73.

诸多学者的质疑,赫尔德、西格尔等学者认为巴龙夸大了佛罗伦萨公民人文主义的原创性;斯金纳、戴维斯等学者将公民人文主义的核心价值"共和自由"往前追溯了三个世纪,认为早在卢卡的托勒密那里就已经萌发了关于自由、平等的思想意识;鲁宾斯坦、纳杰米、韩金斯等学者则从修辞学的角度对公民人文主义者共和政体观的真实性表示怀疑。①

实际上,公民人文主义者提倡的"公民自由、在法律和政治上的权力平等"等主张都可视为公民社会所包纳的内容,并且同中世纪城市公社的政治传统有着千丝万缕的关系。意大利的政治氛围与欧洲各地不同,尤其是意大利中北部地区,既没有真正经历过封建制度的洗礼,同时又游离于宗教等级秩序观念的束缚之外。自中世纪晚期,在城市中逐渐兴起的市民阶层始终都在追求与经济利益对等的政治权益,他们迫切希望能够从理论上找到依据,现实政治生活中的需求很快引发了意识形态观念上的转变。

意大利人文主义者凭借良好的人文教育——这种教育包括语言的、法律的、古典文化等各个方面,加上他们大都有在政府部门供职的实践经验,敏锐地捕捉到了公民社会中的政治诉求。然而值得注意的是,人文主义者并不是从普遍意义上思考公民社会的具体问题,尽管他们看似是不断从观念或法律上为公民争取自由与平等,但实质上还是默认了当下特权阶层享有的政治权力,或者说,还是对固有的风俗习惯表现得墨守成规。就这层意义而言,人文主义者无论是出于个人主观意识还是政治目的的客观需要,他们都选择了忽视公民社会乃至世俗国家本身存在的价值。或许我们最多只能说,在布鲁尼、帕尔米耶里等早期人文主义者身上,公民意识正在逐渐觉醒,但只有到了马基雅维利、圭恰迪尼那里才真正开始挖掘公民参与政治生活的意义,并充分认识到公民在参政过程中的自身价值。

在文艺复兴时期意大利城邦国家共同体中,公民社会最重要的组成就是行会。以佛罗伦萨为例,13世纪晚期,佛罗伦萨的平民建立起以大行会为中心的平民政府(popular government),由该政府确立的若干民主制度虽然几经波折,但直至1532年佛罗伦萨公国的最终建立,延续了近三百年。在佛罗伦萨共有21个行会,佛罗伦萨公民只有成功加入某个行会,尤其是七大行会②中去,才算初步具有参与政治生活的资格与可能。但总体而言,行会对文艺复兴政治思想起到的作用几乎无足轻重,大行会与小行会始终没能够团结起来

---

① 详见郭琳:《"巴龙论题":一个文艺复兴史研究经典范式的形成与影响》,《学海》2015年第3期。
② 佛罗伦萨的七大行会(arti maggiori)包括毛呢加工业,毛纺织业,银行业,丝织业,审判官和公证人,医生和医药业,皮货商。

成为城邦国家政治体内部一种不可或缺的要素,占据了行会大部分比例的手工业者与毛纺工人也根本没有参与政治生活的机会。在人文主义者的政治著述中,偶尔会提到这些被忽视了的人群,但这也仅限于理论层面。

帕特里齐认为,佛罗伦萨应当施行混合政体的统治,让各行各业的人都能参与其中,不过工匠和手工业者等底层人民从事的工作过于基层化,根本不能算是行业;[1]布鲁尼指出,佛罗伦萨的政体类型不是纯粹的贵族制或民主制,而是两者兼而有之的混合政体,佛罗伦萨政府官员的人选是"避开两大极端而择其中庸",将贵族家族和社会最底层公民同时排除在政府要职外。[2]公民人文主义者不屑与社会下层的公民为伍,即便是像詹诺蒂这样大力推崇民主制的人文主义者,也从未认可那些从事底层职业、依靠劳力谋生的"人民"有资格享有公民基本的政治权力。[3]公民人文主义者之所以对社会下层阶级表现得如此冷漠与偏执,其中不乏古典文化的影响。人文主义者深受古典文化的滋养,尤其将亚里士多德奉为圭臬。亚里士多德虽然关注公民立界的问题,指出"公民权的首要标志是他们应当积极地参与国家事务",不过亚里士多德的公民权是针对土地所有者而言的,工匠、农民、技工等从事社会物品生产的广大劳动者并不享有公民地位;柏拉图更是不相信民主,他拥护的是最优秀者的统治,柏拉图的理想国是以贵族为中心的,民主制在柏拉图看来,是"以任性和激情为标志",民主制强调的公民平等不过是一种"无政府的状态,表明社会团结的毁灭"。[4]人文主义者在古代政治哲学家的影响下,自然也不会赋予广大劳动人民以参政的权力。

尽管就本质而言,人文主义者大多认可公民社会内部既存的等级秩序,但有一点难能可贵,那就是他们意识到无论是在公民彼此之间,还是公民与国家之间,都存在一股带有凝聚力的爱,具体表现为公民之间互帮互助的友谊,以及一种升华了的爱国情怀。帕特里齐高度赞扬公民社会的友谊在政治共同体中起到的重要作用。这种友谊起初是建立在人与人之间相互依赖或互相利用的基础之上,它发散式地呈现在所有公民的身上。不过久而久之,

① Francesco Patrizi, *De institutione reipublicae,* 1534, p.8, in Antony Black, *Guilds and Civil Society in European Political Thought from the Twelfth Century to the Present,* Cornell University Press, p.97.

② Leonardo Bruni, "On the Florentine Constitution," Gordon Griffiths, James Hankins et al. trans. and intro., *The Humanism of Leonardo Bruni: Selected Texts,* Medieval and Renaissance Texts and Studies, 1987, p.171;郭琳译文,布鲁尼:《论佛罗伦萨的政制》,《政治思想史》2015年第3期。

③ J. G. A. Pocock, *The Machiavellian Moment,* Princeton University Press, 1975, p.278.

④ 穆霍帕德希亚:《西方政治思想概述》,姚鹏等译,求实出版社,1984年,第15—16、27页。

友谊逐渐固定为一种习惯,最终褪去了功利的初衷,保留下仁义之爱。①对相同的生活方式的认可是维系公民之间关系的纽带。共同生活在同一片土地上的人们,共享市场和其他各种公共设施,彼此间的友谊会慢慢演变成共同之爱,公民共同爱的对象就是承载着他们一切公共生活的"国家",在某个特定的政治体内,公民社会的友谊会升华为爱国精神,这种升华后的爱则是维系公民与国家之间关系的纽带。帕特里齐说道:

> 头顶同一片天空,呼吸同样的空气,受着同一片土壤的滋养,饮着相同的水;接受同样的老师的教导,听着、说着同一种语言,日益习惯于相同的工作与学习方式⋯⋯受制于同一种法律⋯⋯信奉相同的宗教——所有这一切都是凝聚友爱的纽带。此外,公民之间还有更多共通之处,比如寺庙、集市、剧院、回廊及其他许多为了共同使用而建立的公共场地,这些都将公民聚集到一起。这就激发出西塞罗所说的共同友谊,如果从人们生活中抽离了友谊,犹如将太阳从天空中剥离。友谊连接着朋友,人们在各种庆祝活动、公共演说等场合下与其他人尽情倾诉分享着生活的甜蜜,不会因为善待他人就会让自己吃亏。任何缺乏这种友谊的人,他们的生活都将会充满孤独、迷茫与恐惧。②

值得注意的是,帕特里齐颂扬的友谊,或者说爱国情怀都还算不上是种公民美德,更不是公民社会的真正价值所在。因为在人文主义者看来,公民社会的价值体现在自由与平等,而这种对公民社会价值的判断很大程度上与政府官员的选任制度有关。意大利人文主义者大多为君王、教皇、公爵等统治者效力,他们总是站在统治阶级的立场上思考问题,即便是在讨论"自由"时,人文主义者也并没有局限在共和框架内。现代政治意义中的"自由"包含了强烈的政治自觉性,对个人而言就是参政议政的权利,对国家而言就是独立自主地行使主权。当代共和主义者定义的"无支配"自由所涵盖的内容也大体如此。然而文艺复兴时期的人文主义者在思考自由时会尽可能地削弱自由在法律意义上的重要性,他们对自由的宣扬更多还是出于政治需要,并伴有精湛的修辞技法与政治宣传的目的。同样地,人文主义者理解的"平等"

① Francesco Patrizi, *De regno et regis institutione*, Book VIII, p.497, in Antony Black, *Guilds and Civil Society in European Political Thought from the Twelfth Century to the Present*, p.97.
② Francesco Patrizi, *De regno et regis institutione*, Book VIII, pp.492-493, in Antony Black, *Guilds and Civil Society in European Political Thought from the Twelfth Century to the Present*, pp.97-98.

也不是指法律面前的绝对公正,因为他们相信在任何类型的政体中都能够实现个人自由与平等,这就意味着包括君主统治下的公民生活也可以是自由平等的,只要统治者具有最高的道德与智慧。

所以说,人文主义者对公民社会价值的阐释并不像巴龙、波考克等权威学者分析的那样具有创新性,"公民人文主义"与其说是在危机刺激下萌发的一种新型政治意识形态,毋宁看作对中世纪意大利公社生活中的价值观念的跨时代发扬,只不过人文主义者并没看到中世纪行会所发挥的政治价值,他们更加关注的是公民社会的美德。这一方面是因为受到古典政治思想的影响,另一方面是因为人文主义者著作的受众对象大多是传统显贵与新兴的商人政治家。在人文主义者看来,城邦国家的政治生活应当是自由平等的,但它同时又是以上层统治阶级为核心的。公民的自由与平等、公民在社会中的地位与身份,虽说应当按照"德性"的标准来权衡,但最终因为下层阶级在道德和理智上不如上层统治阶级,所以保持公民社会中既定的政治秩序是合乎自然理性的,人文主义者由此重新粉饰了承自古希腊传统思想中的公民观。

布鲁尼对于国家与公民之间关系的思考具有一定的代表性,由于布鲁尼的政治思想也深受彼特拉克的影响,[1]对彼特拉克的崇敬之情在布鲁尼晚年著作《彼特拉克传》[2]中溢于言表。但布鲁尼同时也毫不避讳地指出,就公民对于国家的责任感而言,彼特拉克的表现远落后于但丁,"但丁投入到积极的市民生活中去发挥的价值远胜于彼特拉克,但丁为了祖国加入军队冲锋陷阵,并且在共和国政府内担任职务。而在彼特拉克身上根本找不到这种公民责任心,连他的住所都远离了这座拥有市民政府的自由城邦"[3]。可以说,布鲁尼式公民人文主义是从早期人文主义传统中逐渐发展而成的,布鲁尼及其后继者帮助统治者认识到,国家不再是神学秩序下的附属品,而是具有世俗性的政治共同体,具有德性的上层阶级理应是这个政治体的领导者。布鲁尼对于国家与公民之间关系的种种思考,恰好勾勒出近代西方国家和公民社会的诸多本质内容。

---

① 1384年阿雷佐沦陷后,布鲁尼被囚于夸拉塔城堡,正巧他所在房间的墙上挂着一幅彼特拉克的肖像画,布鲁尼曾感叹道:"当我每天盯着这幅画时,彼特拉克的著作在我心中燃起了难以置信的激情"。Benjamin G. Kohl and Ronald G. Witt eds., *The Earthly Republic*, University of Pennsylvania Press, 1978, p.121.
② Leonardo Bruni, "Life of Petrarch," Gordon Griffiths, James Hankins et al. trans. and intro., *The Humanism of Leonardo Bruni: Selected Texts,* Medieval and Renaissance Texts and Studies, 1987, pp.95~100.
③ Leonardo Bruni, "Comparison of Dante and Petrarch," Gordon Griffiths, James Hankins et al. trans. and intro., *The Humanism of Leonardo Bruni: Selected Texts,* Medieval and Renaissance Texts and Studies, 1987, p.99.

第一,公民倾其所有效忠国家是公民个体担当的首要义务。布鲁尼将公民积极参政视为崇高美德,他鼓励个体公民发挥自身价值,以城邦的荣耀为最高目标介入政治生活。换言之,布鲁尼式公民人文主义者不再以挖掘古典文献为重心,不再将穷首皓经奉为圭臬,通过将七艺学识付诸实践,一方面做到学以致用,另一方面履行护国安邦的公民职责。可以说,布鲁尼与彼特拉克明显的不同之处就是两人在对待古典著作时心中抱有的目的大相径庭,前者是为国而学,提倡经世致用之学,将古人思想的智慧运用于当下的政治现实;后者是为己而学,弘扬修身养性之学,主张通过汲取古人的智慧以实现个体德性的提升。布鲁尼的公民人文主义带有强烈的公民意识,1427年继萨卢塔蒂成功当选为佛罗伦萨政府文书长的布鲁尼堪称是将人文主义与公民思想两相结合之典范,他在尊奉早期人文主义思想的同时又发展了市民社会生活的“自由”精神。布鲁尼的公民人文主义主张“积极生活要优于沉思生活,财富要优于贫困,婚姻要优于独身,积极参政要优于隐逸修道”[①]。“对人来说最重要的是要了解什么是国家,什么是城市,以及如何保持它和它如何会丧失的道理”[②],任何脱离社会、远离政治生活的人,在布鲁尼看来都是不可取的,他说:“我从很多无知人们的错误中学到一点东西。他们认为只有过隐居和沉思生活的人才是学者;而我从未见过如此伪装起来、逃避同人们交谈的人能够认识三个字。”[③]总之,布鲁尼主张所谓的人是从公民意义上而言的,或者说,公民就是大写的人。

　　第二,国家自由和法律平等是公民个体权利的最终保障。布鲁尼将人文主义造诣与政治自由紧密相连,强调只有在自由平等的共和国内,公民才能够最大化地实现个体价值,投身于文学艺术的创作。雅典文明和古罗马文化的勃兴都是古希腊与罗马共和国的权力和自由臻于极盛时的产物。虽然布鲁尼同彼特拉克都受到李维、西塞罗的影响,但布鲁尼并未止步于古代,他比彼特拉克更进一步将目光移向了当下,对于佛罗伦萨共和国自由的强调在其政治著作中无处不在。鲁宾斯坦认为,布鲁尼的“佛罗伦萨自由”(*Florentina libertas*)主要有三方面的特征,即言论自由、法治和市民平等,其中平等又包含两层含义,即在法律面前的人人平等和所有市民平等地享有参政议政的权

---

① Eric Cochrane, *Historians and Historiography in the Italian Renaissance*, The University of Chicago Press, p.19.

② Hans Baron ed., *Leonardo Bruni Aretino: Humanistisch-Philosophische Schriften*, B. G. Teubner, 1928, p.73;转引自加林:《意大利人文主义》,李玉成译,生活·读书·新知三联书店,1998年,第41页。

③ 丹尼斯·哈伊:《意大利文艺复兴的历史背景》,李玉成译,生活·读书·新知三联书店,1988年,第128页;布鲁尼:《但丁传》,周施廷译,广西师范大学出版社,2008年,第104页。

利。①简言之,"自由"的所指涵盖了从独立到自治的广袤延伸。佛罗伦萨的共和政体有效地保障了人民的自由,法律的公正平等又意味着所有人都必须在法的限度下享有自由,只有在自由之风盛行的社会环境下,公民才能够充分发挥自身价值,而个体的伟大与国家的强大之间则相辅相成。《佛罗伦萨城颂》开篇彰明显著地道出了布鲁尼心目中国家与公民间的关系:"有其父必有其子,人们从儿子的脸上就能辨别出父亲的长相。同样,伟大的城市与其高贵子民之间的关系亦是如此。"②布鲁尼较其同时代的其他思想家更加充分地意识到,公民是构成国家的基本元素,国家是公民共同体组合,公民是国家的微型面孔,国家是公民地位和身份的有力依托。

第三,布鲁尼将人文主义的道德观融入政治观的范畴内,他比彼特拉克更具世俗化的眼光,其政治著作兼备西塞罗式的形式风格和亚里士多德自然政治观的内涵。彼特拉克的著作虽力图追求古典风格,但在内容和形式上仍然带有沉重的中世纪宗教情感,囿于奥古斯丁思想的框架。布鲁尼则效仿西塞罗的著述风格,尤其在其《对话》中,布鲁尼做到了借人物之口就世俗话题自由发表意见,③而非彼特拉克那样亦步亦趋地跟随于中世纪教父哲学家的身后。布鲁尼在萨卢塔蒂的基础上进一步发展了新西塞罗主义,他不仅颠覆了西塞罗原本隐逸出世的哲学家形象,更将其定位为一位对罗马共和国忠心耿耿的爱国公民,在写作的风格形式上竭力效仿西塞罗的修辞法与雄辩术。学界普遍认为是"人文主义之父"彼特拉克开启了复兴古典主义的大门。依我们所见,布鲁尼的公民人文主义着眼于具体的政治社会建设,这对于文艺复兴时期意大利政治思想而言无疑是重大的思维突破。虽然布鲁尼并未依循这个缺口走得更远,但他对公民责任感的强调影响了继其之后的一批人。④布鲁尼主张自由参政、平等自治、积极生活等政治实践路径与彼特拉克的隐逸遁世形成了鲜明的反差,在他的政治著作中,政治自由取代了救赎和教谕。单就这点而言,我们似乎在布鲁尼身上预见到一个世纪之后的马基雅维利。

---

① Nicolai Rubinstein, "Florentina Libertas," *Rinascimento*, Vol.2, 1986, p.12.
② Leonardo Bruni, "Panegyric to the City of Florence,"in Benjamin G. Kohl and Ronald G. Witt eds., *The Earthly Republic*, University of Pennsylvania Press, 1978, p.136.
③ 关于布鲁尼对公民人文主义对话体著作的贡献,参见 David Marsh, *The Quattrocento Dialogue: Classical Tradition and Humanist Innovation*, Harvard University Press, 1980, Chapter 2。
④ 有关这批公民人文主义者政治思想研究状况的缕析,参见 Robert Black, Review Article on "The Political Thought of the Florentine Chancellors," *The Historical Journal*, Vol.29, 1986, pp.991-1003。另外,郑群曾详细分析过从萨卢塔蒂到帕尔米耶里等一批公民人文主义者是如何通过广泛参加社会实践活动来发展"积极生活"的思想。郑群:《佛罗伦萨市民人文主义者的实践与"积极生活"思想》,《历史研究》1988年第6期。

最后,我们不妨通过维斯帕西亚诺·达·比斯提齐(Vespasiano da Bisticci, 1421—1498年)在回忆录中记下的一段有关布鲁尼的故事,来感受一下布鲁尼是如何亲身实践人文主义思想中的公民观的。1439年,教皇尤金四世(Eugene Ⅳ)来到佛罗伦萨参加会议,但当教皇在会后打算离去时,佛罗伦萨政府内部却因为是否应该强制扣留教皇而争论不休。三大议事机构和大议事会都已决定要扣留教皇,此时耄耋之年的布鲁尼不顾众人反对,在最后发言时据理陈词,无奈当日未果。翌日清晨,在政府对外公布决议前,布鲁尼再度前往市政厅,动情地说道,尽管他出生于阿雷佐,却早已将佛罗伦萨视为母国,在为佛罗伦萨出谋划策时,他从未掺杂任何私人恩怨,而是力求尽到一位好公民应尽的责任。在场的人无不为之动容:

> 我所有的谏言都是在为佛罗伦萨的利益考虑,为了使她伟大尊贵,我将佛罗伦萨的荣耀视为生命,从不会在欠缺周全的情况下鲁莽行事,任何提议都应当以共善为先,而不该顾及私人情感。这么多年来,每当我为佛罗伦萨提议时总是心存忠诚与爱意,尽自己绵薄之力尊崇她,记载下她的历史,让她能够永远被人们铭记于心。①

最终,在布鲁尼一番肺腑之言后,佛罗伦萨决定让教皇离开。透过决定尤金四世去留的这件事情,我们清楚地感受到了布鲁尼的政治影响力,同时也看清了布鲁尼对于公民生活与公民价值的阐释。在布鲁尼看来,即便是智慧之神密涅瓦②(Minerva)也会全副武装,在1433年的圣约翰洗礼节上,布鲁尼当着市政官和全体公民的面高声说道:"连最伟大的哲学家都会为了成为最伟大的首领而放弃隐居。"③在《但丁传》中,布鲁尼显然已经在两种生活方式中做出了抉择:真正的智慧之人不需要饱受遁世的折磨,事实上,结论已很肯定:那些天生就头脑愚钝的人从来不可能变得聪明,所以那些不与他人来往、远离社会的人正是典型的愚不可及之人,这些人是什么都学不会的。④

---

① Vespasiano, *Renaissance Princes, Popes, and Prelates: The Vespasiano Memoirs, Lives of Illustrious Men of the XVth Century*, trans. by W. George and E. Waters, Harper and Row, 1963, pp.363-364.

② 密涅瓦,又可译作弥涅耳瓦,既是智慧女神,又是战神,与古希腊神话中的雅典娜相对应。

③ Eugenio Garin, *Portraits from the Quattrocento*, trans. by Victor A. and Elizabeth Velen, Harper and Row, 1972, p.13.

④ Leonardo Bruni, "Life of Dante," Gordon Griffiths, James Hankins et al. trans. and intro., *The Humanism of Leonardo Bruni: Selected Texts*, Medieval and Renaissance Texts and Studies, 1987, p.87.

第二节　人文主义者政治实践的路径

从职业上看,人文主义者大多扮演了教师、外交官、政治宣传家、廷臣等角色。到了 14、15 世纪,在佛罗伦萨更是涌现出一大批将文人与政治家身份两相结合的人文主义者,诸如萨卢塔蒂、布鲁尼、波焦、马尔苏比尼、斯卡拉等人先后担任过佛罗伦萨政府文书长一职,曼内蒂、帕尔米耶里等也都是杰出的人文主义者兼政治家,我们可以从他们的生活与事业中看到相似的发展模式,这些人文主义者通过广泛参与社会政治生活,以亲身经历来实践和发展积极生活的思想。

一、萨卢塔蒂引领公民政治生活

威特曾不无见地地指出,14 世纪晚期,佛罗伦萨之所以能够超越帕多瓦、维罗纳、米兰、博洛尼亚,在意大利文艺复兴运动中独占鳌头,这主要归功于 1375 年出任佛罗伦萨文书长一职的萨卢塔蒂。[1]然而马尔志在勾勒萨卢塔蒂的形象时却写道:"萨卢塔蒂德高望重,但他却从不踏出文书院半步去向统治者建言献策,也从来不忙于过问政治事务。"[2]这似乎表明萨卢塔蒂并不愿意用自己的声望对政治施加影响力。那么萨卢塔蒂在担任佛罗伦萨共和国文书长的 31 年里到底发挥了什么作用? 在萨卢塔蒂的书信中既有劝说友人赞贝卡里继续参与公民政治生活的内容,又有要求不愿遁世的姑娘凯瑟琳立刻进入女修道院的内容,我们应当如何理解萨卢塔蒂的改弦易辙?

1375 年 4 月 15 日,在佛罗伦萨"人民大会"的决议下,萨卢塔蒂取代了尼科洛·莫纳齐(Niccolò Monachi),成为佛罗伦萨共和国新一任文书长。能够出任该职务的人一般都是年长且声名卓著者,年近 43 岁的萨卢塔蒂当然为此倍感荣耀。在一封写给友人布罗斯皮尼(Gaspare Squaro de'Broaspini)的书信中,萨卢塔蒂的兴奋之情溢于言表:"佛罗伦萨是托斯卡纳之花,是全意大利之明镜,她跟随伟大祖先罗马人的脚步,为解放全意大利人民的自由而战斗。我就在这里,在佛罗伦萨从事这最受欢迎的工作,我的职责并不仅仅是向邻近城邦通达佛罗伦萨人民做出的决定,而是要向全世界广而告之这座伟大城市

---

① Benjamin G. Kohl and Ronald G. Witt eds., *The Earthly Republic,* University of Pennsylvania Press, 1978, p.81.

② Demetrio Marzi, *La Cancelleria della Repubblica Fiorentina,* Rocca San Casciano, 1910, p.192, in Gordon Griffiths, James Hankins et al. trans. and intro., *The Humanism of Leonardo Bruni: Selected Texts,* Medieval and Renaissance Texts and Studies, 1987, p.352, note 137.

的大小事件。"①其实,萨卢塔蒂的这段话除了具有为佛罗伦萨进行政治宣传的作用,还有另一层用意,即为了突出两种生活方式之间的强烈反差。一面是自己在佛罗伦萨积极投身于政治生活,忙得如火如荼;另一面则是友人布罗斯皮尼在维罗纳远离政坛,潜心古典研究而置身事外。毋庸置疑,萨卢塔蒂为自己感到骄傲,他曾称佛罗伦萨文书长是"无比光荣伟大的头衔",也正是该职务让萨卢塔蒂声名远播,他希望"有朝一日能够在自己的墓碑上刻下'我曾是佛罗伦萨文书长'"。②

在佛罗伦萨,文书长的职责除了记录佛罗伦萨政府卷宗《咨询与实施》(Consulte e Pratiche)外,就是以佛罗伦萨共和国名义书写各类公文,这些信函被发往包括教会在内的各国宫廷及有名望的个人。加林指出,从表面上看,起草外交公文不过是文书长应尽的本职,但实际上却是个相当微妙的工作,直接关系到官方外交。在处理佛罗伦萨与各国关系的问题上,一位声誉卓著的文书长所发挥的作用不言而喻,因而文书长之人选必须兼具各种能力,包括精通法律知识、老道的外交技能、敏锐的政治判断、良好的心理素质、深厚的文学造诣和能言善辩的口才。③尽管佛罗伦萨政府中大部分职位都采用轮流制,首长团的任期也只有两个月,但文书长一职却是终身制。教皇庇护二世曾感慨:佛罗伦萨的民主关键在于她总能挑选出伟大的文书长。萨卢塔蒂不仅有丰富的政治经验,更有广泛的人脉交际,在14、15世纪佛罗伦萨激荡的政治旋涡中,可以说正是因为有了像萨卢塔蒂这样的文书长,才确保了佛罗伦萨政治的延续性。萨卢塔蒂上任后不久,佛罗伦萨便与教皇格里高利十一世展开了"八圣人之战"(Otto Santi),1378年又爆发了梳毛工人起义,14世纪末至15世纪初佛罗伦萨又被迫与野心勃勃的米兰公爵展开了三次战争。④我们不妨通过书信文本来看一下萨卢塔蒂是如何巧妙应对这些政治事件的,他又是如何将自身置于佛罗伦萨公民的角度来诠释公民对国家应尽的责任的。

---

① 该信写于1377年11月17日,萨卢塔蒂担任佛罗伦萨文书长已有两年。Eugenio Garin, *Portraits from the Quattrocento,* trans. by Victor A. and Elizabeth Velen, Harper and Row, 1972, p.1.

② Francesco Novati ed., *Epistolario di Coluccio Salutati,* Vol.1, p.203;转引自 Eugenio Garin, *Portraits from the Quattrocento,* trans. by Victor A. and Elizabeth Velen, Harper and Row, 1972, p.2.

③ Eugenio Garin, *Portraits from the Quattrocento,* trans. by Victor A. and Elizabeth Velen, Harper and Row, 1972, pp.2-3.

④ 米兰公爵詹加莱亚佐·维斯孔蒂(Gian Galeazzo Visconti)自1387年起迅速对外扩张,其称霸野心直接威胁到佛罗伦萨的独立自由和生存安危,佛罗伦萨被迫于1390—1392年,1397—1398年及1400—1402年分别与米兰展开三次战争,但米兰的包围战术将佛罗伦萨几乎逼入绝境,最终因詹加莱亚佐猝死才让佛罗伦萨化险为夷。

首先,萨卢塔蒂将"自由"作为武器,在外交战场上把"为自由而战"作为佛罗伦萨政府一贯的外交方针,始终以"自由"来诠释战争。"自由"在萨卢塔蒂的政治话语中犹如一块可以任意剪裁的画布,他能够在各种外交场合下凭借"自由"来迎合佛罗伦萨统治集团的政治目的,无论对方是君王、教皇还是帝国皇帝。①对此,米兰的文书长安东尼奥·洛斯基尖锐地谴责道:"佛罗伦萨难道不是意大利自由的母亲吗? 如果说詹加莱亚佐旨在实现的意大利和平(像佛罗伦萨所说的那样)纯粹是君主治下的和平,那么敢问佛罗伦萨,你为何一边口口声声宣扬自己厌恶僭主,一边却总是小心翼翼地重新定义自由并谎称捍卫自由? 佛罗伦萨人民或许可以告诉那不勒斯国王罗伯特(Robert of Naples),说他们不喜欢有君王游荡在佛罗伦萨的领地附近,但是这当中最大的破绽就是,佛罗伦萨恰恰在用开疆扩土的政策实现着她所谓的捍卫托斯卡纳各城市的自由。"②事实上,佛罗伦萨从14世纪末至15世纪初先后征服了阿雷佐、皮斯托亚和比萨,更不用说一些小市镇和城堡,"这段时期佛罗伦萨践行的是一种在全意大利乃至意大利外的霸权文化"③。然而即便面临这般窘境,萨卢塔蒂仍然义正言辞地为佛罗伦萨辩护。萨卢塔蒂指出,佛罗伦萨与教皇之间的斗争是为了抵御外敌的正义之战,而并非针对教廷本身,属于"自由之民对抗暴君的永恒战斗","但愿教廷不再希望佛罗伦萨人民之间有派系纷争,在为自由而战时,所有人都将团结一致";出于同理,在萨卢塔蒂看来,佛罗伦萨与米兰公爵维斯孔蒂之间的较量也是一场自由保卫战,"佛罗伦萨是所有人民自由的捍卫者,因为在捍卫他人自由的同时也更容易捍卫佛罗伦萨自身的自由"。④针对洛斯基的斥责,萨卢塔蒂认为他简直是满口胡言、用心险恶,是"控方"(指洛斯基代表的米兰)对"被告"(指佛罗伦萨)心怀敌意的无端指控,而萨卢塔蒂自己的驳斥之词则是为了"捍卫真理,正义和祖国佛罗伦萨"。萨卢塔蒂指出,佛罗伦萨人民珍视自由,视自由为神圣的馈赠,比生命更加珍贵,而伦巴第人民似乎从不渴望也不热爱自由。对自由的热爱是再自然不过的人类天性,但伦巴第人却认为自由低廉卑劣,这种想法可笑又可耻。"无论是在意大利内还是外,你可曾知道有哪种自由的形式可与佛罗伦萨的自由媲美,能比佛罗伦萨的自由更伟大更纯洁? 是否因为你常年饱受僭主

① Athanasios Moulakis, *Republican Realism in Renaissance Florence: Francesco Guicciardini's Discorso di Logrogno*, Rowman and Littlefield, 1998, p.70.
② Ernest F. Jacob ed., *Italian Renaissance Studies*, Faber & Faber, 1960, p.28.
③ Eugenio Garin, *Portraits from the Quattrocento*, trans. by Victor A. and Elizabeth Velen, Harper and Row, 1972, p.4.
④ Ronald G. Witt, *Coluccio Salutati and his Public Letters*, pp.43, 48; B. L. Ullman, *The Humanism of Coluccio Salutati*, p.13.

的压迫,导致你认为佛罗伦萨的自由也是一种僭政?我知道靠遵纪守法来维护自由实属不易,甚至看似是在受法律的奴役,尤其是那些鲁莽大意的年轻人,他们总会受激情控制,渴望满足自己的物质欲望。我完全能够理解你和你的人民不仅体会不到自由的价值,甚至憎恶自由,认为它是可怕的。"①萨卢塔蒂对自由的诠释"似乎是科拉那动人心弦之声的回音,区别仅在于他将场地从罗马搬到了佛罗伦萨"②。至于谈到佛罗伦萨吞并周边城邦的事实,萨卢塔蒂指出佛罗伦萨依法统治属邦,所有人民都生活在法律统摄下,故属邦人民与佛罗伦萨人民一样享有自由,因为所谓自由就是指依法守法。

其次,萨卢塔蒂详细论证了佛罗伦萨的起源,认为佛罗伦萨人民是罗马人的后裔。尽管无法精确地知道城市最初发生的情况,但是根据遗址中战神庙的风格、曾经伫立在老桥上的战神像和流传下来的习俗等,大体能够推断出罗马人(不是希腊人,也不是伊特拉斯坎人)才是佛罗伦萨的缔造者。③其实,在佛罗伦萨最早的年代记中就将城市创建与外国君主联系在一起,借助历史纽带赋予城市统治的合法性,朱利乌斯·凯撒创建说很好地契合了这一目的,但丁在《神曲》中也将凯撒视为佛罗伦萨的建立者。自14世纪,乔瓦尼·维兰尼的《编年史》(Chronicle)又为佛罗伦萨增添了查理曼再创建说,所有这些建国故事都让佛罗伦萨从一个缺乏合法统治者的城市转变为一座历史悠久之都,其祖先则是欧洲历史上最杰出的帝王。④萨卢塔蒂之所以将佛罗伦萨的源头推至古罗马共和国时期,主要出于两个目的:第一,为佛罗伦萨的独立自治提供依据,通过断绝与罗马帝国的历史粘连,连带割裂了佛罗伦萨与当时的宗主神圣罗马帝国之间的从属臣服关系;第二,为佛罗伦萨的对外扩张搭建平台,通过追溯与古罗马共和国的血脉传承和亲缘纽带,佛罗伦萨有权重申其祖先曾经威震四海的领土主张,从根源上为佛罗伦萨采取的外交扩张政策铺垫理论基石。⑤

① Coluccio Salutati, "Invective against Antonio Loschi of Vicenza," Stefano U. Baldassarri and Arielle Saiber eds., *Images of Quattrocento Florence,* Yale University Press, 2000, pp.7–8.
② 1347年科拉·迪·里恩佐(Cola di Rienzo)在罗马领导手工业者和商人起义,呼吁推翻封建政权,恢复古罗马共和国。Eugenio Garin, *Portraits from the Quattrocento,* trans. by Victor A. and Elizabeth Velen, Harper and Row, 1972, p.4.
③ Coluccio Salutati, "Invective against Antonio Loschi of Vicenza," Stefano U. Baldassarri and Arielle Saiber eds., *Images of Quattrocento Florence,* Yale University Press, 2000, p.9.
④ Brian Maxson, "Establishing Independence: Leonardo Bruni's History of the Florentine People and Ritual in Fifteenth-Century Florence," M. Delbeke and M. Schraven eds., *Foundation, Dedication and Consecration in Early Modern Europe,* Brill, 2012, pp.80–81.
⑤ Brian Maxson, "Establishing Independence: Leonardo Bruni's History of the Florentine People and Ritual in Fifteenth-Century Florence," p.82.

值得注意的是,尽管萨卢塔蒂一直高喊"自由"的口号,他却并未从概念、性质和范围上给"自由"划出明确的界定,我们只能从其著述中粗略地得到两点结论:第一,与"自由"对立的始终是"暴君";第二,"自由"未必一定与共和政府或民主政体挂钩。鉴于此,威特、巴达萨里、乌尔曼等当代学者普遍认为,萨卢塔蒂同但丁一样依然没能摆脱中世纪政治思想传统的桎梏。[①] 不过在关于萨卢塔蒂政治思想的研究中,学者们始终在一些问题上没能达成共识。第一,萨卢塔蒂的著作和大量公文是否反映出佛罗伦萨当时的社会政治现实;第二,这些著述到底在多大程度上能够代表萨卢塔蒂真实的政治信仰。赫尔德(Peter Herde)认为,萨卢塔蒂起草的公文全部都是为了服务于佛罗伦萨政府的外交目的。佛罗伦萨统治者在制定外交政策时,对起草公文的文书长萨卢塔蒂有着严格的要求,不仅要做到目标明确,而且还要精心措辞,尽一切可能提升佛罗伦萨的对外形象,这就使得公文在风格与内容上灵活多变,时而恭维赞美,时而批驳怒斥,时而又需虚妄矫饰,既要有剑拔弩张的气势,又不乏迂回避退的婉约。[②]

然而不可否认,萨卢塔蒂始终坚守承诺,在文书长的位置上尽职尽责地捍卫佛罗伦萨的"自由"。正如他自己说的那样,"谁会让外人羞辱谩骂我们的祖国而袖手旁观?我们的一切都归于祖国。我是佛罗伦萨的公民,作为城邦共同体的一员,每个人都该责无旁贷、倾其全力为国而战"[③]。诚然,萨卢塔蒂不仅是这么说的,他也确实这么做了。1402年詹加莱亚佐猝死,因米兰战争带来的危机随之化险为夷,但萨卢塔蒂在一封致东罗马帝国皇帝的公文中依然心有余悸地将米兰公爵比喻为意大利的苏丹"巴亚捷"(Bajazet),称他"不仅擅长诉诸荒蛮的战争,更会打着和平的幌子采用欺骗战术"[④]。萨卢塔蒂用自己的实际行动诠释着公民积极生活的价值,通过积极参政把自己对古典文化的兴趣爱好与公民生活结合到一起,赋予古典文化以新的生命,在政治经

<hr/>

① 萨卢塔蒂的主要政治著作及对其思想概貌的介绍可参考哈佛大学文艺复兴经典文库"塔蒂丛书"最新版 Stefano U. Baldassarri ed. & intro., Rolf Bagemihl trans., *Coluccio Salutati: Political Writings*, Harvard University Press, 2014; Coluccio Salutati, *On the World and Religious Life*, intro. by Ronald G. Witt and trans. by Tina Marshall, Harvard University Press, 2014。
② Peter Herde, "Politik und Rhetorik in Florenz am Vorabend der Renaissance," *Archiv für Kulturgeschichte*, Vol.67, 1965, p.159, in Robert Black, Review Article on "The Political Thought of the Florentine Chancellors," *The Historical Journal*, Vol.29, 1986, p.992.
③ Coluccio Salutati, Coluccio Salutati, "Invective against Antonio Loschi of Vicenza," Stefano U. Baldassarri and Arielle Saiber eds., *Images of Quattrocento Florence*, Yale University Press, 2000, p.4.
④ Eugenio Garin, *Portraits from the Quattrocento*, trans. by Victor A. and Elizabeth Velen, Harper and Row, 1972, p.9.

历中重新定义"自由",主张如果不是出于捍卫人民自由的目的,那么所有战争都是非正义的。

　　萨卢塔蒂广泛搜罗古籍古典,邀请拜占庭学者曼纽尔·克里索罗拉斯(Emmanuel Chrysoloras,1350—1415年)来到佛罗伦萨大学教授希腊语,他的住所成为当时人文主义者谈经论典的"圣所",佛罗伦萨也因为拥有萨卢塔蒂这样的文书长而熠熠生辉。在萨卢塔蒂的时代,恐怕很难再有哪位人文主义者能够像他那样胜任文书长的职位,正如加林评价得那样:萨卢塔蒂不仅配得上智慧的桂冠,他的盛名更是无可匹敌。[①]1406年5月萨卢塔蒂离世,佛罗伦萨人文主义的鼎盛期也随之落下帷幕。在葬礼上,萨卢塔蒂的弟子和朋友无不用最崇高的言辞表达敬意。布鲁尼动情地说道:"我学希腊语,要感谢恩师;我了解拉丁文化,要感谢恩师;我阅读、研究、知晓古代诗人、演说家和作家,也要感谢恩师。"[②]虽然萨卢塔蒂并没有真正担任过教职工作,但他却有许多知名的门徒,其中包括布鲁尼、波焦、老皮埃尔·保罗·沃格利奥(Pier Paolo Vergerio the Elder,1370—1444年)等,他们都因为自己曾经跟随萨卢塔蒂学习过而深感荣耀。[③]不过在众门徒中,当数布鲁尼最为成功地继承了萨卢塔蒂政治思想中的自由观,并且布鲁尼在日后担任共和国文书长期间,将这种以佛罗伦萨利益为中心的自由观进一步发扬光大。

二、萨沃纳罗拉建构宗教共和国

　　季罗拉莫·萨沃纳罗拉(Girolamo Savonarola,1452—1498年)生于费拉拉,祖父米什莱(Michele Savonarola)是费拉拉大学的医学教授,并且是埃斯特家族的宫廷医生。父亲尼科洛(Niccolo Savonarola)也是一位知名医师。尚处青少年时期的萨沃纳罗拉便对世俗充满厌弃。萨沃纳罗拉受过良好教育,他运用逻辑思维看透了俗世间的种种,1475年4月25日在博洛尼亚加入圣多明我

---

① Eugenio Garin, *Portraits from the Quattrocento,* trans. by Victor A. and Elizabeth Velen, Harper and Row, 1972, p.10.

② Eugenio Garin, *Portraits from the Quattrocento,* trans. by Victor A. and Elizabeth Velen, Harper and Row, 1972, p.11.

③ 萨卢塔蒂的门徒大多沿承了人文主义思想及积极投身政治生活的热情,并且以佛罗伦萨为中心,将这种思想与热情传播到意大利各地。有一种"萨卢塔蒂圈子"(Coluccio's circle)或"萨卢塔蒂学派(学园)"(Coluccio's school or academy)的说法,指大约自1379年起萨卢塔蒂便经常与路易吉·马西利(Luigi Marsili)、尼科洛·尼克利(Niccolò Niccoli)、罗伯托·德·罗西(Roberto de'Rossi)等人聚集在佛罗伦萨圣灵大教堂(Santo Spirito)讨论古典。B. L. Ullman, *The Humanism of Coluccio Salutati,* p.117, note 1.

修道会(San Domenico),有学者甚至认为文艺复兴道德史正始于此。①

　　萨沃纳罗拉与马基雅维利一样,也是颇具争议的历史人物。加林指出,那些尊奉他为"先驱者"的人并没有看到,萨沃纳罗拉连与他自己的时代都是那般格格不入;嘲笑他为"拾遗者"的人更是无法理解,即便死亡也无法阻止这位中世纪的幸存者与时代搏斗。桑克提斯(Francesco de Sanctis)曾将萨沃纳罗拉与马基雅维利加以比对,称萨沃纳罗拉是"过去"在地平线上留下的最后一抹暮光,马基雅维利则是黎明的晨光,是"现代"的先驱。萨沃纳罗拉是中世纪最后之人,即便他是先知,也不过是但丁式的信徒,马基雅维利则是新时代的第一人,他是站在罗马文明殷墟上的现代人。②其实,萨沃纳罗拉并不认为自己在佛罗伦萨推行的政治改革是在复兴异教,在他看来,"基督教生活方式里最为重要的就是灵魂的解放"。对此托马索写道:"鲜有人像萨沃纳罗拉那样被赋予这般能力,他融说教与典范于一身,将沉思与行动、宗教生活与公民生活结合到一起",萨沃纳罗拉是极具权威的演说家和作家,他还是神学家、艺术家和诗人。③马基雅维利一定会说:"在谈到这样的人时,必须要带有敬意。"④圭恰迪尼对萨沃纳罗拉的评价或许更为中肯,在圭恰迪尼看来,萨沃纳罗拉拥有惊人的判断力,这种天赋不仅体现在其著作中,同样也体现在其世俗生活的实践里。萨沃纳罗拉所关心的并不是纯粹的政治,而是社会道德问题,"他那套有关良好习惯的说辞是那么圣洁和令人敬仰,佛罗伦萨从未有过像萨沃纳罗拉时代那样,拥有如此之多的良善与虔诚"⑤。

　　　　佛罗伦萨,我相信你依然记得几年前我在这里刚开始讲道的情
　　景。最初我只字不提哲学,于是你便抱怨我讲得太过肤浅。然而正
　　是这样的内容在普通人中结出了硕果,他们必须要由浅入深。不过

① Ralph Roeder, *The Man of the Renaissance: Four Lawgivers,* The World Publishing Company, 1958, p.3.

② Eugenio Garin, *Portraits from the Quattrocento,* trans. by Victor A. and Elizabeth Velen, Harper and Row, 1972, p.222.

③ Eugenio Garin, *Portraits from the Quattrocento,* trans. by Victor A. and Elizabeth Velen, Harper and Row, 1972, pp.223-224.

④ J. H. Whitfield, "Savonarola and the Purpose of *The Prince,*" *The Modern Language Review,* Vol.44, 1949, pp.44-59.

⑤ Francesco Guicciardini, *Storie fiorentine dal 1378 al 1509,* ed. by Roberto Palmarocchi, G. Laterza and Figli, 1931, p.156;Eugenio Garin, *Portraits from the Quattrocento,* trans. by Victor A. and Elizabeth Velen, Harper and Row, 1972, p.225.圭恰迪尼的评断在卢卡·兰杜奇(1436—1516年)的日记中得到了印证,人们"毫无贪婪地散发礼物,似乎每个人都愿倾其所有,妇女贡献最多,所有人都想把一切献给基督和圣母"。Luca Landucci, *Diario fiorentino dal 1450 al 1516 di Luca Landucci,* G. C. Sansoni, 1883, pp.122-124.

那批有学之士开始反对我，诗人、占星家、哲学家和智者都来责难我，认为我肤浅的布道暴露出我的无知。我这么说并非为了自我标榜，而是说出了他们的心里话。于是我在随后的讲道中开始运用理性，向他们阐释自然与《圣经》，再后来我开始用各种方式来宣讲信仰，最终触及社会中的鄙陋与苍夷。①

　　面对世俗社会中各种丑陋、腐败、阴暗、冷漠的现象，萨沃纳罗拉起初选择了厌恶与逃避，但后来却发展到自称是先知和上帝的仆从，他期望通过政治改革，建构宗教国家来"救赎"佛罗伦萨。1496年4月1日，萨沃纳罗拉在一次四旬期讲道中特意选取了《圣经》中关于先知阿莫斯和撒迦利亚（Amos and Zacharias）的故事，他似乎是在预示自己的死亡，萨沃纳罗拉高声对聚集的人群说，这就是先知的目标，是我的目标和我在这个世界的所得。②在萨沃纳罗拉眼中，佛罗伦萨是一片辉煌奇迹与残忍罪恶矛盾交织的土地，这位费拉拉先知将自己的一切都献给了佛罗伦萨，包括他的生命，殉难之地最终成了殉难者的祖国。③为了客观地评价萨沃纳罗拉，并更好地理解其政治改革的动机，我们首先应当了解14、15世纪佛罗伦萨的政府机制。

　　对于14、15世纪佛罗伦萨的政体性质和政权归属问题，西方学者莫衷一是，要明确界定权力缰绳到底掌握在谁手上并非易事。然而在大多数历史学家看来，1382年至1492年佛罗伦萨的政治走势属于权力垄断的集权化过程。比如，谢维尔和布鲁克尔都认为，这一时期佛罗伦萨共和国的实际权力始终控制在一小部分政治寡头的手里，阿尔比齐家族和美第奇家族则先后是这个寡头集团的核心。④

　　佛罗伦萨于1282年建立起政府组织，并形成了一套延续近250年的政治管理体系。尽管从表面上来看，这套政治体系的运作始终都是在共和政府的名义下进行的，但代表不同利益的政治集团之间的权力较量不曾停止。佛罗伦萨分别于1387、1393、1396和1400年爆发危机，上层统治阶级与下层民众

① Eugenio Garin, *Portraits from the Quattrocento,* trans. by Victor A. and Elizabeth Velen, Harper and Row, 1972, p.228.

② Anne Borelli et al. trans. and eds., *Selected Writings of Girolamo Savonarola: Religion and Politics, 1490-1498,* Yale University Press, 2006.

③ 1498年5月23日，萨沃纳罗拉被佛罗伦萨政府处以火刑，在维奇奥宫门前的领主广场执行。

④ Ferdinand Schevill, *History of Florence: From the Founding of the City through the Renaissance,*1st eds., Harcourt Brace and Company, 1936, pp.336-346; Gene Brucker, "The Medici in the Fourteenth Century," *Speculum,* Vol.32, 1957, pp.22-26; 坚尼·布鲁克尔:《文艺复兴时期的佛罗伦萨》，朱龙华译，生活·读书·新知三联书店，1985年，第182—184页。

之间展开夺权斗争,政治寡头急于扫清通往最高权力宝座道路上的重重障碍,通过改革法令、控制选举、限定任期等一系列集权手段将竞争者排除在核心统治集团之外。虽然莫尔霍认为,这些集权措施针对的并非广大民众,而在寡头集团内部总有一些对至高权力蠢蠢欲动、势力强大且试图施行专制的个人,他们的存在对佛罗伦萨共和政体本身已经构成了威胁。[1]但无论如何,佛罗伦萨内部的政治斗争绝非特例,可谓14—16世纪意大利各城邦国家政治试验田中权力游戏的缩影。传统显贵家族竭力通过一系列集权措施维护贵族利益;大行会中迅速崛起的政治"新人"成为新生代贵族,积极介入政府统治,寻求与经济地位对等的政治权力;中小行会中新兴的市民阶层也不甘心受人摆布,他们很自然地与被流放的显贵家族结成同盟,为了夺取权力默契地谋划着一场场"阴谋"与革命。

佛罗伦萨的城市显贵在成功镇压了1378年起义后,立刻着手改革行会,确保大行会在城市统治中的绝对权威,并将小行会在政府阁僚和两大大会中的代表人数削减为四分之一,规定小行会成员没有资格在佛罗伦萨政府中担任重要职务,这意味着他们不可能再像之前那样有机会出任首长团或者担当"正义旗手"。[2]通过这项激进的限职令,佛罗伦萨的上层阶级成功地将中下层公民排除在核心政治集团之外,借助法令的名义直接剥夺了大部分公民的参政权力。虽说这是针对起义后的补救措施,目的在于维护城市秩序安定以防止骚乱再次发生,但我们从中不难看出,佛罗伦萨政府在政治权力分配问题上一贯采取"压贫扶贵"的态度。[3]

在萨沃纳罗拉看来,美第奇家族作为寡头统治集团的首脑剥夺了佛罗伦萨人民的自由,是邪恶专制的暴君。大洛伦佐时代的佛罗伦萨虽然表面上光芒万丈,但在这层光鲜亮丽的外衣下早已埋伏了政治和经济危机。佛罗伦萨政局内部动荡不安,在与米兰、威尼斯、教皇国等其他各国的外交游戏中也危机四伏。帕齐阴谋的血腥昭示着统治集团内部各大家族间钩心斗角,没收财产、流放驱逐随时都在上演。与萨沃纳罗拉同时代的里努齐尼也证实了这

---

① 在莫尔霍看来,根本不存在所谓的阿尔比齐家族统治下的佛罗伦萨"寡头时代",阿尔比齐家族的马索(Maso degli Albizzi)及其子里纳尔多(Rinaldo degli Albizzi)之所以能够在当时的佛罗伦萨享有很高威望,正是因为他们不同于本内狄托·德利·阿尔贝蒂(Benedetto degli Alberti)和多纳托·阿恰约利等威胁到共和政体的个体强权者。Anthony Molho, *Politics and the Ruling Class in Early Renaissance Florence,* Nuova Rivista Storica, 1968, pp.401-420.

② E. Bellondi ed., *Cronica volgare di Anonimo Fiorentino,* R. I. S., XXVIII, 2, p.35.

③ Nicolai Rubinstein, "Oligarchy and Democracy in Fifteenth-Century Florence," *Florence and Venice: Comparisons and Relations,* Vol.1, La Nuova Italia Editrice, 1979, p.97.

点,认为佛罗伦萨迫切需要的是坚定诚实的领导者,而不是美第奇家族惯用的雕虫伎俩。美第奇统治严重损害了佛罗伦萨共和国及其人民的利益,大洛伦佐挪用国库重金贿赂罗马教会和教皇,让他年仅八岁的儿子乔瓦尼(Giovanni di Lorenzo de'Medici, 1475—1521年)成为大主教,即后来的教皇利奥十世。①就外交而言,五大国在1454年缔结《洛迪和约》和1455年结成意大利同盟(Italian League)后,虽然避免了大规模的战争冲突,但为了哪怕是一丁点的利益,彼此间的明争暗斗都从未停止。一种紧张甚至恐惧的气氛弥漫在意大利各城邦上空,主要城邦国家之间的势力平衡只要稍微出现倾斜,战争的危机就像那篝火里的余烬,随时都有被点燃的可能。百姓惶惶不定,民兵的战斗力在衰减,更可怕的是欺诈、阴谋充斥着各国宫廷,一些统治者不惜求助外国势力以保一己私利。②

身处如此乱世的萨沃纳罗拉自认是"上帝的仆从",必须担负起把自由还给人民、拯救佛罗伦萨于水火的重任。萨沃纳罗拉自言,多年来他遵上帝之意在佛罗伦萨讲经布道,内容无外乎四大主题:尽力证明宗教的真谛、证实基督徒朴素的生活代表了最高形式的智慧、预知那些将要发生的事件(有些已经成真)、讨论统治佛罗伦萨的新方式。③兰杜奇指出:"萨沃纳罗拉的布道总是关乎国家事务,他劝导人们应当热爱并敬仰上帝,必须珍重共同体的良善,没有人能够成为集权者。萨沃纳罗拉总是为了人民。"④从这点来看,萨沃纳罗拉还是秉持了公民生活的传统,他与萨卢塔蒂、布鲁尼、曼内蒂、帕尔米耶里、阿恰约利、里努齐尼等15世纪人文主义者一样,都是佛罗伦萨"共和自由"的捍卫者,为了维护佛罗伦萨人民的利益甚至不惜反对罗马教皇。1493年5月,在萨沃纳罗拉不屈不挠的斗争下,佛罗伦萨的圣马可修道院与伦巴第圣会(Lombard Congregation)分离,从根本上摆脱了教皇对佛罗伦萨的控制,该事件奠定了萨沃纳罗拉的威望,为他之后四年的讲道和改革扫清了障碍。

1492年大洛伦佐去世,皮耶罗二世继位后不久,便于1494年11月被愤怒的人民赶出了佛罗伦萨。面对浩浩荡荡的法国大军和岌岌可危的政局形势,

---

① Eugenio Garin, *Portraits from the Quattrocento*, trans. by Victor A. and Elizabeth Velen, Harper and Row, 1972, p.231.

② Michael Mallett, "Diplomacy and War in Later Fifteenth-Century Italy," *Proceedings of the British Academy*, Vol.67, 1981, pp.270-271.

③ 萨沃纳罗拉针对这四个主题,分别立著《论基督徒生活的廉正》(*De simplicitate Christianae vitae*)、《论十字架的胜利》(*Triumphus crucis*)、《论预言的真理》(*De veritate prophetica*)和《论佛罗伦萨政府》(*Trattato sul governo della città di Firenze*)。

④ Luca Landucci, *Diario fiorentino dal 1450 al 1516 di Luca Landucci*, pp.92-93.

萨沃纳罗拉亲自面见查理八世,成功"劝离"了敌军。他借助上帝召唤的名义将双剑同时指向了精神与世俗的统治者,却指出上帝会把宽恕与和平赐予那些懊悔的人民。而此时在罗马,亚历山大六世令人发指的言行不仅让教廷蒙羞,更是让信仰基督教的百姓陷于精神上的焦虑。[1]萨沃纳罗拉就在这样的历史背景下登上了政治舞台,着手改革佛罗伦萨政府,并应"正义旗手"朱利奥·塞维亚迪(Giulio Salviati)的请求,于1498年初写下《论佛罗伦萨政府》,一方面是为了详细阐述改革佛罗伦萨的政治理想与理论主张,另一方面是为了证明自己的布讲既合乎自然理性,又符合基督教义。该著作不仅带有亚里士多德和阿奎那政治思想的色彩,更有15世纪早期人文主义政治价值观的影响,萨沃纳罗拉结合了古典文化与经院思想,将公民人文主义融入意大利政治文化。萨沃纳罗拉改革的目标主要有三点:在政治上恢复佛罗伦萨共和自由的传统、在宗教上将佛罗伦萨"改造"成上帝庇佑的新耶路撒冷、让佛罗伦萨变成意大利乃至世界的中心并拯救盲目的人民大众。"听啊,佛罗伦萨,听清我对你所说的话;听清上帝传授给我的话……从你这里掀起的革命将会波及全意大利。"[2]

萨沃纳罗拉相信,只有市民政府才能让佛罗伦萨人民过上真正的基督徒生活,由此使佛罗伦萨变为受上帝庇佑的楷模之城,成为全世界人民敬仰和效仿的对象。萨沃纳罗拉在《论佛罗伦萨政府》的引言中指出,他并非泛泛而谈治国之术,而是有针对性地剖析适用于佛罗伦萨的理想政体。虽然在古代和中世纪政治思想家那里,君主制和贵族制是最好和第二好的政体,但是根据佛罗伦萨人民的生活习惯和性格特征,平民政体(共和制)才是最理想的统治方式。他指出:

> 君主制适合那些天生奴性的种族,因为他们要么缺乏勇气、要么缺少智慧。没有头脑的人无论体魄多么强壮,在战场上多么勇猛,都会乖乖地服从君主统治。因为他们不够智慧,所以不可能阴谋叛变,他们就像蜂群追随蜂皇那般听从君主的号令,比如北方各族。与之相反,东方民族虽然聪明睿智,却勇气不足,他们很容易被征服,并安然听命于君主的权威。只有僭政才能强行统治智慧

① 圭恰迪尼在《意大利史》中记录:教皇(亚历山大六世)道德败坏,干尽龌龊猥亵的勾当,他没有诚信,不知羞耻,无视真理,也没有宗教信仰,但他却有永不满足的贪婪与野心,放纵骄奢,甚至比蛮族更加残暴野蛮。Francesco Guicciardini, in Eugenio Garin, *Portraits from the Quattrocento*, trans. by Victor A. and Elizabeth Velen, Harper and Row, 1972, p.233.
② Eugenio Garin, *Portraits from the Quattrocento*, trans. by Victor A. and Elizabeth Velen, Harper and Row, 1972, p.234.

勇敢的人民,但是这样的人民一定会永不停息地反对僭主。意大利人民正是如此,过去与当代历史都已表明,君王在意大利从来不能持久。在意大利人当中,又属佛罗伦萨人民最善于运用他们的智慧与勇气。①

萨沃纳罗拉,这位被追随者称为"新苏格拉底"的先知历经沉浮,有人说他是"独裁者",有人说他是"绝望的布道者"。他在佛罗伦萨人民的膜拜和簇拥下走进市政厅,同样又在佛罗伦萨人民的非难和唾弃中迈向绞刑架。但何人又知那冰冷的绞架或许在这位虔敬的先知看来犹如基督的十字架,那熊熊燃烧将他吞噬的烈火形同殉教者的天堂。萨沃纳罗拉在他那个时代无疑是与众不同的,他毫不留情地揭露并鞭笞社会的弊端与时代的疾病,他是那么渴望和谐与和平。只是在萨沃纳罗拉看来,那种和平只能源于天恩,是上帝的恩赐,是"天国的象征",也只有这种和平才能够拯救佛罗伦萨与整个意大利。

第三节　重估公民积极生活的价值

对意大利人文主义者而言,重估积极生活的意义一方面意味着提倡和复兴古典文化价值,尤其是以西塞罗、塞涅卡等古罗马公民为榜样;另一方面意味着对基督教所宣扬的传统伦理价值观的重新定位。歌颂过去的目的在于改革现行的价值理念,复兴古典文化遗产的努力不可避免地会与中世纪以降的思想文化典型,即基督教教义和经院哲学传统产生冲突,但若由此认为人文主义者对基督教本身抱有敌意的话未免有失偏颇。不可否认,15世纪意大利人文主义者对于中世纪流行的诸多文化价值理念展开了猛烈抨击,主要体现在对财富的赞美和对追求荣耀的认可上,对此,萨卢塔蒂、布鲁尼、帕尔米耶里、波焦、帕特里齐、瓦拉等人都有述及。

一、颠覆中世纪传统的文化价值

众所周知,从事意大利文艺复兴研究的诸西方学者在对文艺复兴时期"人文主义""人文主义者"等概念的界定与阐释上存有重大分歧,在这种观念

① Girolamo Savonarola, "Treatise on the Florentine Government," Stefano U. Baldassarri and Arielle Saiber eds., *Images of Quattrocento Florence: Selected Writings in Literature, History, and Art*, Yale University Press, 2000, pp.254-255.

分歧的背后体现着不同学者在哲学思维和文化价值理念上的分殊。比如在巴龙看来,15世纪初的意大利人文主义者并不是布克哈特笔下那些游走于各国宫廷之间、扎入故纸堆而不问世事的寄生型文人墨客,以布鲁尼为首的这批博学之士抱有将人文主义与公民政治相糅合的观念,巴龙将之定义为"公民人文主义",这种意识形态的萌发则是因为米兰战争的刺激。在共和自由岌岌可危的险境下,根植于佛罗伦萨公民文化深处的城邦共同体意识被重新唤醒,并被注入新的时代内涵。克里斯特勒则始终在文学与哲学之间划出一道泾渭分明的界线,认为像布鲁尼、帕尔米耶里这样的人文主义者不过是谙熟修辞技巧的文人,意大利人文主义者所扮演的角色大多为修辞家或者是私人教师,可视作中世纪语法学家和书信口授者(dictatores)的继承人,尽管他们对道德哲学有所贡献,但与费奇诺、皮科、蓬波纳齐这样的专业哲学家不可等同而语。①克里斯特勒将文艺复兴时期的人文主义严格界定为是与语法、修辞、诗学、历史和道德哲学等人文学科紧密相关的一种文化运动,他主张人文主义本身并不是一种哲学流派,而是具有某种特定和有限的含义,其实质和核心在于对希腊文和拉丁文经典的强调,视其为主要的研究题材和无可匹敌的模仿典范,无论是在写作、思想,甚至是实际的行动中都是如此。文艺复兴人文主义的重点关怀并非哲学,而是在于对古典文化的复兴(scholarly)和提升个人文艺修养与品性(literary),而且人文主义教育的古典学和修辞学标准实际上能够同各类哲学与神学上的观念、信条融合。②

克里斯特勒的观点已经成为对"人文主义"的经典阐释,西方学界普遍予以认同。通过前文论述可以看出,早期人文主义者的政治观念较为保守,他们注重的是当下现实而非意识形态上的变革,强调的是人文教育和通过教育提升个人道德。然而需加注意的是,尽管人文主义者很少提倡政治体制改革,却经常会对流行的传统文化价值观给予大胆批判,这些批判的内容从侧

---

① James Hankins, "Garin and Paul Oskar Kristeller: Existentialism, Neo-Kantianism, and the Post-war Interpretation of Renaissance Humanism," Michele Ciliberto ed., *Eugenio Garin: Dal Rinascimento all'Illuminismo*, Edizioni di Storia e Letteratura, 2011, p.482. 郭琳:《学术的流亡与再生:巴龙、吉尔伯特和克里斯特勒的文艺复兴研究刍论》,《西华师范大学学报(哲学社会科学版)》2015年第4期。

② Paul Oskar Kristeller, *Studies in Renaissance Thought and Letters*, pp.24-25. 昆廷·斯金纳:《现代政治思想的基础》文艺复兴卷,奚瑞森、亚方译,译林出版社,2011年,第17—18页。关于克里斯特勒对人文主义更加详细的解释,详见 Paul Oskar Kristeller, "Humanism," in C. B. Schmitt, Quentin Skinner, Eckhard Kessler and Jill Kraye eds., *The Cambridge History of Renaissance Philosophy*, Cambridge University Press, 2007, pp.113-137;郭琳:《学术的流亡与再生:巴龙、吉尔伯特和克里斯特勒的文艺复兴研究刍论》,《西华师范大学学报(哲学社会科学版)》2015年第4期。

面反映出他们的政治思想,以及对公民积极生活的价值进行重估与反思。

这种批判思想得以萌发的源头,或者说批判思想的养分供给主要是出于对古典时代和古典文化的敬仰。崇古之风可谓文艺复兴时期人文主义者的共通特征。不可否认,自君士坦丁时代起,大多数中古时期的基督教作家已经接受了古代异教思想文化,并试图将之融合到基督教文化中。然而人文主义运动的兴起有别于以往的任何努力,它标志着对古典文化的复兴乃至创新,以及对基督教文化本身的重估。按照克里斯特勒的阐释,所谓"人文主义者"就是精通"好技艺"(good arts)的文人(literatus),通俗些说,就是那些提倡复兴古典文化价值的人。在人文主义者看来,其时的基督教国家之所以挫败屡弱,症结就在于没有继承古典思想文化遗产,缺失了伟大祖先所拥有的智慧、美德、军事技能和实践真知。光荣的过去与"黑暗"的当下形成反差,想要歌颂过去就先要批判当下,复兴古典文化势必会与现行文化产生冲突,基督教教义与经院知识传统则是支撑起现行文化的两大支柱。但这并不是说人文主义者对基督教本身抱有敌意,恐怕他们自己对此也一定会竭力否认,比如萨卢塔蒂对上帝的虔诚之心就无可置疑。所以精确而言,文艺复兴时期早期人文主义者猛烈抨击的是在教会教士中流行的贪婪奢靡之风,他们想要颠覆的是基督教包含的那些不合时宜的文化价值观念。因而我们不能笼统地把"反教会"或"反宗教"这样的标签贴在人文主义者身上,同时还要认识到人文主义者的宗教观有一个发展变化的过程。对此,中国学者张椿年指出:"14世纪,以彼特拉克为代表,把古典文化和宗教调和起来,使宗教人情化,使上帝有了人情味。15世纪,以瓦拉为代表,对僧侣生活进行了全面的批判,彻底否定了守贫、顺从和禁欲的宗教守则,上帝成了幸福的保护者。16世纪,马基雅维利和圭恰迪尼把上帝排除在人间事务之外,使它置于被怀疑的地位。他们不是无神论者,但有了无神论思想的萌芽。"[1]

基督教是西方中世纪思想文化传统的核心构成。基督教自形成伊始,其教义的基本内容就是谴责骄傲与虚荣。然而人文主义者认为,要复兴古典传统中的公民美德,则必须同时复兴古人对荣耀的褒奖之情,通过肯定荣耀的价值激发起人们对荣耀的渴求,从而将对美德的犒赏从彼世拉到现世。基督教教义主张低调谦卑,这无疑与对现世荣耀的积极渴求构成了矛盾,两者的斗争让彼特拉克陷入极大苦恼,这充分体现在他的《论秘密》(Secretum)中。然而15世纪的人文主义者在鼓励君王、教皇和公民争取更多的荣耀时已不再有任何犹豫。所以说,对荣耀的肯定是15世纪意大利人文主义者颠覆基督教传统价值观的第一步,而且在布鲁尼、帕尔米耶里等人文主义者看来,追求荣

---

① 张椿年:《从信仰到理性——意大利人文主义研究》,浙江人民出版社,1994年,第85页。

耀与哲学沉思之间没有矛盾。

不过，我们首先要搞清楚人文主义者的荣耀所指，他们所认可的荣耀并不是出于私利或个人目的的考虑，而是一种生活在政治共同体中的公民尊严与责任，要获得这种荣耀就必须为共同体服务，以共善为先。其次，哲学可以分为两类：一类与思想有关，一类与行动相连。第一类哲学的最终目的通常就是思想本身；第二类哲学包括了生活之道，但若仅限于"知道"(know)则并无大用，除非能将"知道"化为"行动"(action)。生活之道在人文主义者看来实际上又可归为修身、齐家和治国。[①]最后，人文主义者之所以抬高荣耀并不是为了贬低隐逸生活，哲学沉思能够缓和焦虑，抑制激情，驱除怯懦，但未必在每个人的身上都一样管用，就好比并非每块精心耕种的土地都能收获同样的果实，因而只有当哲学与理性契合时才能发挥出最大的功效。"我们经常会看到博学鸿儒变化无常，倔强固执，刚愎自用，宁可这些饱学之士大字不识。有人吝啬守财，有人追逐野心并还有些人则甘愿沦为欲望的奴隶。"[②]可见，人文主义者在肯定荣耀价值时，关键还是要看追求荣耀的方式与目的是否合乎理性，借用著名德裔美籍思想家阿尔伯特·赫希曼(Albert Hirschman)的理论分析框架，人文主义者想要通过激发人们心中积极的激情和欲望从而抵消堕落的原始激情与欲望，即那种对利益的算计或是对得失的报复，只有当人类理性中追求共同荣耀的欲望被唤醒时，才有可能抵制在心中同时涌动着的个人私欲。[③]堕落的激情会使统治者迷失在金钱、头衔等物质的诱惑下，在社会上层显贵圈子中所流行的荣耀观念，依然散发着浓郁的封建色彩和中世纪骑士精神，因此，人文主义者希望用古希腊罗马文化中的公共精神来取代现行的私欲横流，用德性政治熏陶出利他精神，用它来取代以个人优越感为基础的利己私心。[④]

15世纪的人文主义者对于基督教思想中的婚姻观念也同样提出了挑战。使徒圣保罗认为，婚姻是对那些无法控制肉欲之人的妥协。古代晚期的修道士作家更是发展出一套建立在宣扬纯洁与隐逸生活基础之上的社会等级制度。圣哲罗姆曾声称：婚姻中唯一真正的价值就是为上帝生育处女。对此，

① Leonardo Bruni, "Translation of *Economics*," in Gordon Griffiths, James Hankins et al. trans. and intro., *The Humanism of Leonardo Bruni: Selected Texts*, Medieval and Renaissance Texts and Studies, 1987, p.306.
② Matteo Palmieri, "Civil Life," Book II in Jill Kraye ed., *Cambridge Translations of Renaissance Philosophical Texts, Vol.2: Political Philosophy*, p.150.
③ Albert Hirschman, *The Passions and the Interests: Political Arguments for Capitalism before Its Triumph*, Princeton University Press, 1997.
④ 韩金斯：《马基雅维利与人文主义的德性政治》，曹钦译，《政治思想史》2013年第3期。

人文主义者却不以为然，他们试图给予世俗婚姻与家庭更多的价值和地位。帕尔米耶里写道："所有动物生来都具有共同的本能，那就是寻求伴侣繁衍子嗣，由此保全并扩大自己的物种"，因此"生育是件有意义的事情：它有助于增加人口，为祖国添儿育女。当他们茁壮成长后，无论国家处于战争或和平，子民对于国内外事务都是有用的"。①婚姻是家庭的基础，家庭则是国家的基石，丈夫与妻子的结合是自然规律，以确保社会发展于正常运转。丈夫的职责是获取，妻子则是守护，由此积累的财富有利于整个家庭、朋友乃至国家。亚里士多德在《政治学》中说过"国家是家庭的聚合"。布鲁尼解释为：亚里士多德所谓的"家庭"并非砖瓦墙垣，而是指家庭成员；同理，亚里士多德所说的"国家"也不是城墙楼阁，而是指依法生活的政治共同体。布鲁尼进一步指出：对于人类而言，两性结合并非仅是出于生存需要的目的，换言之，他们并非只是为了繁衍后代使其生生不息，更是为了能够快乐地生活。人类的两性结合有其自然的基础，尽管在形式上出于法律和理性的考虑会称之为"婚姻"（matrimony）。在《家政学》注疏中，布鲁尼写道：

> 男人与女人结合组建家庭，这种行为合乎自然并且必不可少，同时还具有诸多益处。至于家庭问题中的人际关系，首先需要注意妻子的问题，因为男女间的结合合乎自然，是自然需求成就了此类结合，即便是对各类动物大自然亦是如此。无论男女，如果缺少对方则都无法结合，因此两性结合是必然所致。在其他动物身上，这种结合的发生并不具备理性，而是顺应动物的自然本性，仅仅是为了繁衍后代。然而在更加审慎的物种那里，（这种结合的目的）极为不同。显然他们之间有着更多的情感互通和协作互助，尤其对于人类而言，两性结合，相扶相助是为了过好的生活，而非仅是出于生存的目的。人类生儿育女并不仅是为了向自然致敬献礼，同时也是出于自身的考虑。当父母年轻气盛时，他们哺育照顾弱小的子女；当父母年迈体弱时，他们从长大成人的子女那里得到看护料理。
>
> 大自然通过这种循环生生不息，她通过物种繁衍（而非个体）循环往复，因此男女结合的天性是受神意所引，他们所有的性格特征都是为了实现同样的目的，无论彼此间有着多大的差异。自然让一方强大另一方弱小，这样后者出于畏惧将更加小心谨慎；前者仗着强健有力则更气盛勇猛；因此一方应当在外养家，另一方则应当在

---

① Matteo Palmieri, "Civil Life," Book II in Jill Kraye ed., *Cambridge Translations of Renaissance Philosophical Texts, Vol.2: Political Philosophy*, p.151.

内持家。为了实现这一目的,自然引导妻子负责操持家务,却使她过于纤弱而无法在外打拼;自然让丈夫不宜料理家政,却使他适合在外冒险拼搏。至于说到子女,尽管夫妻职责分明,却都有抚养子女的责任,一方负责哺育(eruditio),一方负责教育(educatio)。①

在谈论财富价值观时,人文主义者明确谴责基督教传统中的守贫观。使徒斥富守贫的观念自13世纪起通过方济各会的修道制度得以确立。阿奎那指出,心甘情愿地奉行赤贫生活才是获取上帝之爱的首要的、基本的条件。②随着中世纪商业的发展,商人和高利贷者成为教会猛烈谴责的对象,教会无法理解商人是如何快速大量地积累财富的,于是神学家便发展出一套"诡辩术"来界定商品合法交易的范围,向世人宣扬财富的肮脏,把守贫视作美德。然而15世纪人文主义者则用更加积极的态度对待财富,他们称赞获取财富,因为财富不仅对个人,而且对国家也是有用的。对财富具有天生的渴求是人类共通的特征。波焦写道:追求财富使人"勇敢、谨慎、勤奋、沉稳、节制、思维开阔且明辨事理",离开财富则根本无法展现慷慨好施的美德。贫穷是对国家福利的威胁,富有则会让国家美丽、繁荣和强大。金钱给予国家力量和活力,使其能够抵御外敌入侵。在雇佣军的时代,一个没有富裕市民的城邦很快就会丧失自由。与之相对,僧侣和修士对于国家的共善毫无贡献可言。波焦带着憎恶的口气继续说道:"请不要助长那些伪君子和闲散之徒的欲望,他们表面上装作宗教人士,目的是不用付出劳动和血汗就坐享果实,他们只会向人们布道斥富和厌世疾俗,借机从中谋取私利。城邦是建立在我们劳动的基础上的,绝不是依靠这些慵懒的寄生虫。"③

布鲁尼也高度肯定了财富的价值,在将自己翻译的《家政学》注疏本敬献给科西莫·德·美第奇时,布鲁尼指出《家政学》阐释的就是聚财之道,"如同健康是医药的目标,想必人们都会赞同财富就是家政的目标。钱财很有价值,金钱既为它的拥有者增光添彩,同时也是富人实践德行的手段;金钱对于富人的子孙同样有益,使其通过这些钱财能更轻易地获得荣耀及显赫地位,犹如诗人尤维纳(Juvenal)说得那样'贫贱之身仕途艰险,加官晋爵难似登天'。因此,为了自身利益,更是出于对我们所爱的子女的考虑,我们理

① Leonardo Bruni, "Translation of *Economics*," Book I, Chapter 3, in Gordon Griffiths, James Hankins et al. trans. and intro., *The Humanism of Leonardo Bruni: Selected Texts*, Medieval and Renaissance Texts and Studies, 1987, pp.313-314.
② 张椿年:《从信仰到理性——意大利人文主义研究》,浙江人民出版社,1994年,第87页。
③ Poggio Braccciolini, "On Avarice," in Benjamin G. Kohl and Ronald G. Witt eds., *The Earthly Republic*, University of Pennsylvania Press, 1978, pp.241-289.

应竭尽所能增添财富"。布鲁尼认为,金钱当归为善物之列,金钱与幸福直接相连。《家政学》就是古希腊哲学家亚里士多德的财富箴言。[①]不仅如此,布鲁尼还指出,有四种与财富相关的能力是一家之主理应具备的:第一,他应当懂得如何获取财富;第二,要能够保管好自己已获取的福彩,否则"获取"就变得毫无意义,如同用竹筛子打水白费力气;第三,他要懂得如何用财富让生活锦上添花;第四,他要懂得如何享受财富,毕竟拥有财富的最终目的是享受。保管财富和使用财富与获取财富同样重要,对此,奥维德(Ovid)已经说得很清楚:保管财富并不亚于攫取财富;后者得自机遇,前者则为艺术。[②]

经济活动创造财富,人文主义与中世纪经院哲学之间的一个明显分歧就是对财富的评价。布鲁尼在致托马索·坎比亚托雷(Tommaso Cambiatore)的信函中旁征博引、引经据典地证明"财富归列于'善',属于善物","德性确实能让人为善,但仅凭德性本身并不足以让人幸福,人需要不同形式的善的汇聚","外善、体善和灵善",财富可被视作外善,这与基督教传统和经院哲学形成鲜明反差。[③]对财富的赞美构成了人文主义者重估积极生活的重要一面,15世纪的人文主义者不仅批判中世纪基督教神学家,而且还与古代异教思想中的哲学传统格格不入。无论是伊壁鸠鲁还是斯多葛学派,柏拉图还是亚里士多德,他们都不相信积极投身于城邦国家公共生活中去的做法符合至高的哲学与道德准则。根据他们的定义,真正的智者应该远离政治,基督教通过将僧侣的隐修生活认定为是基督徒的最高追求,从而进一步强化了这种观念。然而15世纪的人文主义者却从古罗马人(尤其是西塞罗)的思想中寻找依据,质疑这种在积极生活与沉思生活中的二元对立。由于人们普遍不会怀疑沉思生活对来世灵魂得救所起的作用,因而人文主义者(不仅仅是所谓的公民人文主义者或共和派人文主义者),便将国家政治共同体确立为另一种能够体现个人价值的空间。帕特里齐从国家共同体的视角出发,论证了积极生活比沉思生活更具意义,它为实践德性提供了更加广阔的空间,沉思生活带来的"善"仅仅只能惠泽个体,较之于沉思生活,或许从积

① Leonardo Bruni, "Addressed to Cosimo de'Medici," in Gordon Griffiths, James Hankins et al. trans. and intro., *The Humanism of Leonardo Bruni: Selected Texts,* Medieval and Renaissance Texts and Studies, 1987, pp.305-306.

② Leonardo Bruni, "transation of *Economics,*" Book I, Chapter 6, in Gordon Griffiths, James Hankins et al. trans. and intro., *The Humanism of Leonardo Bruni: Selected Texts,* Medieval and Renaissance Texts and Studies, 1987, pp.316-317.

③ Leonardo Bruni, "On Wealth," in Lorenzo Mehus ed., *Leonardi Arretini Epistolarum libri VIII,* Vol.2, Paperinius, 1741, pp.8-15.注:此处中译文根据韩金斯的未刊英译稿译出。

极生活中更易获取福祉(意指基督救赎)。①通过重估并肯定了财富对现世生活乃至来世的价值,人文主义者巧妙地为"积极的公民生活"注入了另一层经济性的内涵,扩大了积极生活的范畴,贸易经商在人文主义者看来同样属于公民积极生活的内容,经济活动成为政治生活的辅助。经济活动不再是纯粹的私人行为,它对于政治生活有着非常重要的意义,"自由的人需要金钱来行使自由,正义的人需要金钱来行使正义,勇敢的人需要权力来践行德性。现实生活需要许多东西,生活越现实,需求就愈多"②。

洛伦佐·瓦拉(Lorenzo Valla)的想法或许更加激进,他试图从精神平等的视角出发,彻底打破积极生活与沉思生活之间的屏障。尽管瓦拉也承认两种生活方式存在差异,但同时他却努力扩大积极生活所涵盖的范围,使得积极生活的内涵远远超越了哲学范畴上对它的界定。亚里士多德认为,积极生活的范围仅仅是指掌控政治权力和发号军事命令,但包括瓦拉在内的人文主义者却将从事各行各业的人都纳入积极生活的圈子里,除了统治者和军官将领,还包括富商巨贾、官僚廷臣、民兵将士、文人墨客等,这些人的生活也都属于积极生活的范畴,但是这些职业在亚里士多德和中世纪神学家眼里,却与追求享乐的奢靡生活脱不了干系。因此,人文主义者的理论界定势必与传统观念之间发生冲突,却与其时社会生活的实际需求紧密契合,从理论上为更多的人打开了积极生活的大门,也使得人文主义者能够有机会向更广泛的人群说教德性。

人文主义者关于基督教社会的新观念对于政治思想史也产生了重要的影响,他们的文化批判论让读者面临双重抉择:一面是强大、统一、高度文明的古罗马黄金时代,一面是孱弱、腐败、四分五裂的意大利当下。当人文主义者需要标榜自身成就或吹捧君主时,他们会高歌古典价值对"中世纪"或"哥特蛮族"取得的胜利。无论是哪种情况,两种并存的价值观本身就足以动摇传统社会赖以依存的思想根基,使之无法辨析价值取向及其他处理问题的可能性。人文主义者发起的"文化战争"让价值错乱成为可能,甚至成为现实。他们对古典文化谙熟于心,他们习惯将自己时代的文化与古典文化加以比较,他们偏好现实主义并喜欢就同一问题的两面性展开争论,所有这些特征最终将人文主义者引向了"文化相对主义"(cultural relativism)的雏形。这在晚期人文主义作家米歇尔·德·蒙田(Michel de Montaigne)的作品中或许尤为

---

① Francesco Patrizi, *De regno et regis institutione,* p.5, in James Hankins, "Humanism and the Origins of Modern Political Thought," in Jill Kraye ed., *The Cambridge Companion to Renaissance Humanism,* Cambridge University Press, 1996, pp.126-127.

② Leonardo Bruni, "On Wealth," in Lorenzo Mehus ed., *Leonardi Arretini Epistolarum libri VIII,* Vol.2, Paperinius, 1741, pp.8-15.

突出,但早在彼特拉克的作品中就已显露端倪。文化相对主义的一个重要特点是将某种习惯上被认为自然之物的东西实际上看作文化产物,而一切属于文化范畴的东西既然不出于自然,因此靠人类的力量就能加以改变。若将此定律运用于文化领域,反对传统、呼吁改变的意志就会引发文化复兴;若将之运用于政治领域,则势必导致乌托邦理想国的诞生。

总之,15世纪人文主义者将传统的基督教价值观与古代异教思想中的公民价值观交相糅合,重新阐释了基督教传统的伦理思想。尽管人文主义者并不会对教会的宗教政制和教义直接提出挑战,也不会公然谈论任何有关于教会与国家二者关系的敏感话题,但他们的言论确实起到了削弱教会政治主张的作用。人文主义者通常假借对话体作品中人物之口,挖掘诸如教权主义、等级制度、修道主义等各种思想意识形态的根源,映射宗教目的应当服从政治目的的主张。实际上,有时候人文主义者对基督教教义的批判本身就可以视为宗教改革的前奏,这是一种为了重拾古代基督教的纯洁性而掀起的宗教文化运动;但不可否认,有时候人文主义思想家似乎更加关心如何复兴古典文明的荣耀,其实质并不是质疑教会正统的问题。不过无论是哪种情况,至少在某些问题上,人文主义者提出的新基督伦理观念可以说已经是有意识地在抵制基督教教会的权威,吹响了颠覆中世纪基督教思想传统的号角。

二、复兴古典文化中的公民美德

前文已有提及,对西塞罗形象的定位自彼特拉克起便引发了人文主义者关于公民生活方式的思考。布鲁尼曾著有《新西塞罗传》[①],其中不仅谈到普鲁塔克对西塞罗隐退政坛给出的解释,并且生动地勾勒出西塞罗作为学者兼政治家的新形象,鼓励其时代公民奉之为楷模。在布鲁尼看来,西塞罗的成就取决于三个条件,个性、习惯和能力。西塞罗的伟大几乎蒙天所赐,他习惯于保持机警,擅于将自己熟知的所有知识学识全部融入公共政治事务中去。西塞罗在哲学宝库中不仅寻找到了育人之技巧,更是找到了治国之方法。西塞罗在年轻时就受过良好教育,并通过公共演说进一步练就了雄辩口才,他能将自己所思所想毫不费力地用文字表达出来。凭借如此伟大的个性、天生的禀赋和广博的学识,西塞罗一生创作了大量作品,即便当死亡裹挟他离去

---

① Leonardo Bruni, "The New Cicero," in Gordon Griffiths, James Hankins et al. trans. and intro., *The Humanism of Leonardo Bruni: Selected Texts*, Medieval and Renaissance Texts and Studies, 1987, pp.184-190.注:格里菲茨、韩金斯等收编并翻译的是布鲁尼《新西塞罗传》的节选本。

之际,他还在不断计划创作更多的作品。

　　布鲁尼尖锐地指出,西塞罗之所以一度离开政坛,暂时放弃了公民参政的权力,并不是为了在遁世冥思中寻求彼岸福祉,最根本的原因是罗马共和国在凯撒独裁当权后名存实亡,西塞罗心灰意冷迫不得已选择隐退。"当西塞罗回到罗马后,他发现自己无论在罗马宫廷还是在元老院里都不再有施展拳脚的机会,因为有一个人已经独揽大权。于是西塞罗回归到学习和写作的生活中,暗忖或许通过这种方式至少还能对罗马人民有所贡献,更何况现在也没有别的方法为国为民效力。"隐退期间,西塞罗很少会去罗马城内,除非出于向凯撒致敬的目的或是为某些公民辩护。比如,在为马库斯·马尔塞鲁(Marcus Marcellus)的辩护中,西塞罗竭力劝说凯撒恢复马尔塞鲁的职务,并为此以元老院的名义向凯撒表示感谢;西塞罗还曾在勃然大怒、威风凛凛的凯撒面前,为昆图斯·里加鲁(Quintus Ligarius)和加拉太国王德奥塔鲁(King Deiotarus of Galatia)辩护过。除此之外,西塞罗都是在与朋友畅谈或是在阅读写作中消磨时光,或是将时间用在那些希望研究哲学的年轻人身上。但在布鲁尼描述的这段西塞罗的乡村时光中,有些细节值得引起注意。第一,西塞罗教育的年轻人都是罗马城内权势家族的成员,西塞罗也正是通过与他们之间的接触,日后再次在国家事务上发挥着巨大的影响;第二,西塞罗在给朋友的书信中曾提到,说自己正过着雷欧提斯(Laertes)般的生活,布鲁尼认为这种说法或许是西塞罗惯用的玩笑之言,但也有可能表露出西塞罗渴望重新参与政治生活中去的抱负。

　　布鲁尼认为,无论是在政治或是写作领域,西塞罗可谓天生就是惠泽他人之人。就公共事务而言,西塞罗作为执政官和演说家,为国家及为不计其数的百姓提供服务;就求知创作而言,西塞罗不仅是罗马人的引路明灯,实际上,他是在为所有操拉丁语的人民服务,布鲁尼称之为"教育与智慧的启明星"。

　　西塞罗是第一个用拉丁语研究哲学的人,这是迄今为止无人知晓的领域,对罗马演说家而言几乎闻所未闻。许多文人学者都认为哲学是不能用拉丁语记录或探讨的话题。西塞罗则不以为然,他在拉丁语中新增添了许多词汇以便能更加清晰、方便地表达出哲学家的思想与论点。是西塞罗最先发现了演说术的技巧和艺术,并使继后的拉丁学者受益匪浅,他还比任何希腊学者都博学多才;是西塞罗将雄辩术——人类理性思维的伴侣变成了罗马统治的权力工具之一。鉴于此,西塞罗不仅配得上"国父"的称谓,他更值得拥有"演说与写作之父"的桂冠。如果你读过西塞罗的著作和作品,你根本无法想象他怎么还能有时间投入政治生活;同样,如果你了解西塞罗的政治生涯,以及他在公共和私人领域内立下的功绩、为他人辩护、鞠躬尽职、勇敢战斗的话,你定会认为他根本没有空暇能投入阅读写作。因而在我看来,西塞罗是唯一能够取得所有这些伟大且来之不易的成就的人。当他积极投入到共和国事务中时,他要比那些生活闲暇专注写作的哲学家更加丰产;当他几乎都在埋头伏案笔耕不辍时,他要比那些一心从政的政治家更有所为。①

　　布鲁尼在西塞罗身上重新挖掘公民美德的内涵,另一位15世纪著名的人文主义者阿拉曼诺·里努齐尼(Alamanno Rinuccini,1426—1499年)则从"自由"的视角出发,重新审视公民美德赖以生存的根基。里努齐尼被文艺复兴研究史家马丁内斯(Lauro Martines)誉为"最具天赋的人文主义者之一"②,15世纪下半叶,里努齐尼成为与布鲁尼、帕尔米耶里、曼内蒂(Giannozzo Manetti,1396—1459年)、多纳托·阿恰约利(Donato Acciaiuoli,1429—1478年)等人比肩,共同捍卫佛罗伦萨共和政治的人文主义理论家。里努齐尼出生于佛罗伦萨一个显赫的商人家庭,但他却对家族从事的商业贸易不以为然,从小就对人文学科展现出浓厚兴趣,尤其钟爱哲学,曾在佛罗伦萨大学跟随著名的拜占庭学者约翰·阿基罗保罗斯(John Argyropoulos,1394—1487年)学习希腊语,后成为柏拉图学园的成员,并对亚里士多德、西塞罗的政制言论进行过深入研究。里努齐尼的著述范围涵盖很广,他不仅将普鲁塔克、伊索克拉底(Isocrates)等古典作家的作品翻译成拉丁语,还写过政治演说、宗教训诫和帕尔米耶里的葬礼演说。1460—1475年间,里努齐尼在佛罗伦萨政府中担任过一系列的要职,1460年被选为"首长团"长老,两年后又成为"十二贤人团"之一。1464年老科西莫去世,其子皮耶罗·德·美第奇(Piero de'Medici)为了抑制佛罗伦萨城内日益高涨的反美第奇呼声,在原来的基础上进一步紧缩政府的核心统治集团,强化集权措施,于1466年组建起一个新的巴利阿(Balìa),③里

---

① Leonardo Bruni, "The New Cicero," in Gordon Griffiths, James Hankins et al. trans. and intro., *The Humanism of Leonardo Bruni: Selected Texts,* Medieval and Renaissance Texts and Studies, 1987, pp.187–188.

② Lauro Martines, *The Social World of the Florentine Humanists 1390-1460,* 2nd eds., University of Toronto Press, 2011, p.7.

③ 巴利阿是佛罗伦萨政府在应急情况下临时组建起来的特殊权力机构,拥有很大权限,不仅能够出台新的法规,修改旧法令,还能够控制选举,打压敌对派系。巴利阿在1382、1393、1400、1412和1433年都起到过巩固政权、化解危机的作用。朱孝远、霍文利:《权力的集中:城市显贵控制佛罗伦萨政治的方式》,《河南大学学报(社会科学版)》2007年第6期。

努齐尼成功地成为这届巴利阿的成员。1471年里努齐尼被推选为"正义旗手",1475年代表佛罗伦萨出使罗马教廷,试图调解佛罗伦萨与教皇之间的矛盾。但正是在这次外交出使任务中,里努齐尼与大洛伦佐意见冲突,最终导致里努齐尼弃官离职,隐退政坛。

里努齐尼在斯多葛学派思想框架下,强调自由必须具有自治特征,公民有权按照个人意志生活,只要合乎理性、法律和风俗传统,换言之,当且仅当公民的行为有悖于法律纲纪和道德理性时才应受到他人的干涉。公民在自由状态下同样也有许多不能做的事情,比方"禁止伤害他人,禁止强行抢夺别人财产,禁止凌辱其他公民的妻儿","并不能因为这些行为遭到禁止就说某人被剥夺了自由"。[1]不过里努齐尼提出了一个非常特殊的情况,即当政治体本身已经腐化堕落时,公民只有奉迎而为才能成功融入政治生活,即所谓的"顺势者昌",这不免在合乎道德理性与迎合现实利益之间撕开了一道裂口,里努齐尼本人便不得不面对这个两难的抉择。[2]他认为佛罗伦萨共和国在美第奇家族的统治下形同僭政,对于佛罗伦萨人民的现状,里努齐尼"哀其不幸、怒其不争","曾经统治大片托斯卡纳及相邻地区的佛罗伦萨人民如今却乖乖听命于一个毛头小子(指洛伦佐·德·美第奇)"。让里努齐尼更感悲愤的是:第一,多数人并没真正意识到自己处于被奴役的境况;第二,没有人胆敢在大洛伦佐面前畅所欲言,即便是那些比大洛伦佐博学多才的年长者;第三,许多人甚至不愿去重获自由,反对任何试图将他们从奴役中解放出来的努力。[3]在这种状况下,拥有德性和正义感的公民要么遭受打压惩罚,要么只好自愿放弃自由参政的权利。此时,自由不再简单地化约为公民能广泛参与自治,而是由外化转变成一种内省的状态,是精神上的勇气与毅力,当刚正不阿的人落到了腐败的国家,他唯有凭借内心自由方能抵制包括激情、欲望在内的各种堕落的诱惑。

---

[1] Alamanno Rinuccini, "A Condemnation of Lorenzo's Regime," in Stefano U. Baldassarri and Arielle Saiber eds., *Images of Quattrocento Florence: Selected Writings in Literature, History, and Art,* Yale University Press, 2000, p.105.

[2] 里努齐尼本人迫不得已选择退出政坛,他拒绝为美第奇政府效力,其写于1479年的对话体著作《论自由》(*On Liberty*)包含三方面的内容:第一,谴责美第奇家族篡夺了统治权力,施行暴君专制;第二,赞美先前佛罗伦萨人民取得的伟大成就,追思过去美好的自由生活;第三,呼吁人民坚守自由原则,勇敢地反抗暴君。《论自由》创作于1479年,正是帕齐阴谋发生后的次年,里努齐尼一来是为表明自己选择隐退的真正原因,同时也旨在告诫身边朋友和他人不要沦为美第奇的兵卒,成为佛罗伦萨共和国的敌人。

[3] Alamanno Rinuccini, "A Condemnation of Lorenzo's Regime," in Stefano U. Baldassarri and Arielle Saiber eds., *Images of Quattrocento Florence: Selected Writings in Literature, History, and Art,* Yale University Press, 2000, p.106.

热爱自由、追求自由自古以来就被视为公民美德。西塞罗在《论义务》中曾描绘过他心目中真正的自由,西塞罗写道:

> 我们必须让自我从一切干扰性的情绪中得到解放,不仅要摆脱欲望与恐惧,而且还要摆脱极度的悲喜和愤怒,唯此才能够感受到心灵的平静和从各种情绪中解脱的自由,并带来道德上的稳定与高贵。然而有许多人而且还会有更多的人,一方面追求着我所说的心灵的平静,一方面推卸掉作为公民的职责义务,选择了遁世隐逸的生活。在这些人当中有最著名、最重要的哲学家,也有最具深邃智慧的人,他们无法忍受他人或是统治者(君主)的行为举止;另有些人归隐乡间,在远离世俗中找到欢乐。这样的人有着与君王一致的目标——不受欲望的限制,不听命任何权威,享受着自由,过着随心所欲的生活,这才是真正的自由。[1]

显然,西塞罗对自由的定义引发了里努齐尼的共鸣,但里努齐尼的自由观是否完全源于西塞罗,这点还不得而知,不过我们在里努齐尼对自由的阐释中明显能够看到西塞罗思想的影子。里努齐尼与布鲁尼一样,也将古罗马共和国视为佛罗伦萨效仿的榜样,但是里努齐尼并没有将积极参政视作共和政治的必然构成,公民应该在不降低品格、不妥协品德的前提下自由地参与政治生活。在里努齐尼看来,大洛伦佐僭取了佛罗伦萨人民的自由,里努齐尼甚至公然支持1478年的帕齐阴谋(Pazzi Conspiracy)[2],称之为"伟大的行为,配得上至高的赞美",呼吁恢复共和政制,"让人民和国家重获自由"。[3]由此可见,里努齐尼透过"德性"的视野将"自由"升华到了一种精神层面的新境界,其政治思想中的自由是指按照理性与道德生活的能力,是依靠理性、不受任何威逼利诱的行动能力,也是一种能够辨别是非和理性选择的能力。这种能力或许可以引导人们通过建立民主政府、修订法律条例、改善机构设置从

---

[1] Cicero, *De officiis*, trans. by Walter Miller, Book I, Re-Issue edn., Loeb Classical Library, Harvard University Press, 1913, pp.69-70.
[2] 1469年美第奇家族的大洛伦佐继承家族的政治事业,通过一系列政治手腕控制住佛罗伦萨的政府首脑和大议会。1478年,与美第奇家族在银行业上一直竞争的帕齐家族在教皇西克斯图斯四世(Sixtus IV)的暗地指使下,发动了帕齐阴谋,虽然成功杀死了大洛伦佐的弟弟朱利亚诺,却让大洛伦佐借此事件赢得了广大佛罗伦萨市民和修士的支持与拥戴,挫败了教皇企图孤立佛罗伦萨的用意。
[3] Alamanno Rinuccini, "A Condemnation of Lorenzo's Regime," in Stefano U. Baldassarri and Arielle Saiber eds., *Images of Quattrocento Florence: Selected Writings in Literature, History, and Art,* Yale University Press, 2000, p.104.

而改变不自由的状态，却独立于现实政治之外，与政体本身的形式无关，只有通过哲学和道德方面的提升才能获得这种心境上的自由，使灵魂纯洁无瑕。这样一来，原本作为公民美德之一的"积极参政"充其量只能算作是在履行公民的职责与义务，在被腐败裹挟的国家中，非但不能成为提升道德的帮手，反倒会对自由构成头号威胁。[1]

---

[1] James Hankins, "Modern Republicanism and the History of Republics," in Stefano Caroti and Vittoria p.Compagni eds., *Umanesimo e Rinascimento alle Origini del Pensiero Moderno*, Leo S. Olschki Editore, 2012, pp.121–122.

第四章　国家机器的运作与完善

15世纪,英国、法国、西班牙等近代民族国家通过改革军事制度、积极对外扩张、发展商业贸易等方式迅速成长;奥斯曼土耳其帝国在1481年平息了国内继任权争夺危机后也蓄势待发,觊觎地中海地区的野心蠢蠢欲动。与新兴民族国家强势崛起的发展态势形成鲜明对比的是,意大利各城邦国家却依旧陷于此消彼长的权力拉锯战中,在民族国家政治共同体的发展方面意大利无疑落后了。1500年后不久,曾经堪称欧洲经济、文化、艺术中心的意大利中北部地区不仅丧失了文化优势与主导地位,这片曾经让历代意大利人文主义者自豪的沃土甚至沦为了欧洲各新兴民族国家角逐的竞技场和争夺的战利品,自诩为伟大的古罗马民族后裔的意大利人民落入了他们心目中的"蛮族"手中。灾难频发的16世纪打击了许多意大利人的文化自信心,像马基雅维利、圭恰迪尼这样的政治思想家痛定思痛,开始质疑早期人文主义者提出的"德性政治"改革主张,他们以敏锐的政治眼光意识到,"国家理性"才是国家生存之根本,民族国家才是一种国家统治模式的发展趋势。

第一节　马基雅维利的"国家"构想

鲜有学者会否定马基雅维利是当代政治理论的先驱。在14—16世纪意大利诸多政治理论家当中,只有马基雅维利成功实现了与现代政治的对接,马基雅维利在当今的地位,以及他对后世的影响令其同时代的人文主义者望尘莫及。德裔美籍学者菲利克斯·吉尔伯特认为,《君主论》和《论李维》两部著作标志着一个新阶段,即近代政治思想发展的启端。这种启端的重要内涵之一就是马基雅维利提出了一种新的国家观念,它突破了时代的尺度,奠定了恒久的价值。①布克哈特指出,像马基雅维利这样的"政治艺术家"以独特的抱负、现实的态度、细致的观察、精到的分析和完善的设计来处理当时所有的国家治理问题。②马克思也肯定了马基雅维利使政治研究独立于道德,评价其"已经用人的眼光来观察国家了"③。些评论对我们认识马基雅维利的国家政治构想无疑具有指导意义。这里我们要做个新的发问,即到底在马基雅维利的国家政治理论中有没有可以被称为"国家"的观念?④

一、面对新兴民族国家的反思

在16世纪的政治门槛上伫立着一位谜一般的伟大人物:尼科洛·马基雅维利。几个世纪以来,马基雅维利被视为邪恶之师的代表,有人痛骂他。威廉·腾普尔在其《自然、人类和上帝》一书中说马基雅维利"用看来最粗俗露骨的文笔描绘出那个时代的人们在行为中经常遵循的,且后人也一贯遵循的那些准则"。1559年,因戈尔施塔特大学焚烧了马基雅维利的模拟雕像,教皇保罗四世将《君主论》正式列为禁书。毋庸置疑,在人类历史上没有哪位作家像马基雅维利那样遭受诽谤与误解,对他的谴责从16世纪延续至今,余韵萦

---

① Felix Gilbert, *Machiavelli and Guiccardini: Politics and History in Sixteenth Century Florence, W. W. Norton and Company,* 1984, pp.153, 159.另外,哈维·曼斯菲尔德在详评马基雅维利《论李维》时也用了"新模式与新秩序"的标题。H. C. Mansfield, *Machiavelli's New Modes and Orders: A Study of the Discourses on Livy,* The University of Chicago Press, 1979.该书中文版的标题为《新的方式与制度:马基雅维利的〈论李维〉研究》,贺志刚译,华夏出版社,2009年。
② 布克哈特:《意大利文艺复兴时期的文化》,何新译,商务印书馆,2010年,第83—86、59页。
③《马克思恩格斯全集》第一卷,人民出版社,1956年,第128页。
④ 郭琳:《马基雅维利的国家政治共同体意识》,《上海师范大学学报(哲学社会科学版)》2014年第2期。

绕。①迈内克评价称:马基雅维利的理论犹如一把利剑,冰冷地扎进西方政治的躯体,让人尖叫,让人暴跳。②马基雅维利所暗示的要比他所说出来的更让人感到震惊。在许多人眼里,马基雅维利是无神论者,其思考问题的方式及其整个价值体系都标志着对传统的离经叛道,但马基雅维利所关心的恰恰是现代政治无法避让的问题。

1469年,马基雅维利出生于佛罗伦萨一个没落的贵族家庭,其父亲贝尔纳多(Bernado)是名开业律师,家里主要经济来源都靠农场的租金。马基雅维利出生那年正值西班牙阿拉贡王国的斐迪南二世(Ferdinand of Aragon, 1452—1516年)与卡斯蒂利亚王国的继承人伊莎贝拉一世(Isabella of Castile)政治联姻,当时佛罗伦萨实际的权力则掌控在大洛伦佐手里。尽管马基雅维利小时候家里条件艰苦,但他接受过人文教育,不仅学习古典文学和拉丁文,还略懂罗马法。在美第奇家族掌权期间,马基雅维利未曾在政府中谋得一官半职,直到1494年皮耶罗二世被驱逐流放,马基雅维利终于盼来了为共和国效力的机会。1498年,马基雅维利被任命为共和国第二国务秘书,并成为战事十人委员会的成员,主管佛罗伦萨外交事务。也是在这一年,马基雅维利目睹了萨沃纳罗拉在韦奇奥宫广场上被处以火刑。对于这位多明我会修士的盛衰沉浮,马基雅维利的情感是非常复杂的。他一方面信服萨沃纳罗拉的预知天赋,认为"在国王查理八世入侵意大利前,萨沃纳罗拉几乎料事如神"③;另一方面,马基雅维利却不赞同意大利人民遭受的灾难是源于上帝对

① 意大利文版《君主论》直至1532年才出版,1553年法语版面世,1560年拉丁文版面世,英文和德文版《君主论》要到17世纪才出现。所以16世纪的人们批判马基雅维利,基本上是因为他们对《君主论》并不了解,人们对马基雅维利和《君主论》本身知之甚少,他们的无知加上教皇焚书之举的"煽风点火",使得马基雅维利遭受许多不公的漫骂。比如,法国胡格诺派(Huguenot)新教支持者英诺森·詹蒂列(Innocent Gentillet),他憎恨美第奇家族的凯瑟琳在法国的统治,将这种憎恶之情迁怒至佛罗伦萨和马基雅维利的头上,甚至声称1572年圣·巴塞洛缪(St. Bartholomew)大屠杀惨案并非出于宗教狂热,而是导源于马基雅维利的无神论主张 。Lee Cameron Mcdonald, *Western Political Theory, Part II: From Machiavelli to Burke*, Harcourt Brace Jovanovich Inc., 1968, p.217.此外,艾伦认为,对马基雅维利造成误解的原因主要有三方面:第一,对其著作缺乏了解。在16世纪谴责马基雅维利的那些人当中,很少甚至没有人真正读过他的著作,除了那部颇具争议的《君主论》。第二,对其创作时的历史条件环境缺乏了解,在马基雅维利时代,整个欧洲局势瞬息万变,在马基雅维利逝世后没几年,其著作中所表现出的意大利复杂纷乱的形势业便荡然无存了。第三,也许最关键的原因在于对马基雅维利自身的思维态度及处事风格缺乏理解,他的那套政治历史观对于传统思想而言无疑是种挑战。J. W. Allen, *A History of Political Thought in the Sixteenth Century*, Butler & Tanner Ltd., 1960, p.447.

② Friedrich Meinecke, *Machiavellism: The Doctrine of Raison d'État and Its Place in Modern History*, trans. by Douglas Scott, Yale University Press, 1957, p.49.

③ Sebastian da Graza, *Machiavelli in Hell*, Princeton University Press, 1989, p.63.

原罪的惩罚。1498—1512年,在皮耶罗·索德里尼(Piero Soderini)任执政官期间,马基雅维利的政治生涯可谓蒸蒸日上。索德里尼非常欣赏马基雅维利的才能,委以他一系列的行政、外交和军事任务,不仅肩负国家防御工事组建民兵军队,还代表佛罗伦萨政府多次出使他国,其中包括法国国王路易十二(Louis XII)和神圣罗马帝国皇帝马克西米利安一世(Maximilian I)的宫廷。马基雅维利在这段时期内积累了丰富的政治外交经验,这成为他日后写作的基础与素材。1512年美第奇家族复辟,马基雅维利不幸被革职下狱,1513年因乔瓦尼当选教皇利奥十世(Leo X)后特赦,马基雅维利才获准回到自己在佛罗伦萨郊外的宅子,从此在佛罗伦萨的政坛上少了名忠心耿耿的臣仆,文坛上却由此多了位影响深远的"巨星"。不过马基雅维利虽身处乡间,仍心系国务。白天他是失意落魄的政客,晚上则穿戴整齐在案头与古人长谈,用文字延续自己的政治理想,始终渴望有朝一日能够重返政坛。

马基雅维利留下许多脍炙人口的作品,如《君主论》《论李维》《兵法七论》(又译《战争的艺术》)和《佛罗伦萨史》等,他是政治家、外交家,也是思想家、历史学家、诗人和文学剧作家。马基雅维利最著名的喜剧当属《曼陀罗》①(La Mandragola),这部作品虽然充满了污秽淫荡的内容,却被视为意大利文艺复兴时期最好的喜剧。《曼陀罗》中流露的诙谐幽默不仅在佛罗伦萨市民当中引发了共鸣,甚至还被搬上了威尼斯的戏剧舞台。在马基雅维利的文学作品中处处饱含了对当时社会道德的讽刺,在看似直白粗俗的诙谐下总是隐藏着敏锐深刻的政治用意。

1513年,马基雅维利的代表作《君主论》问世,这部"君主镜鉴"之作毁誉参半,为他赢得了千古名声,当然这当中也包括了"马基雅维利主义"的"恶名"。②其实,马基雅维利自己已经说得很明白,《君主论》这本小册子探索的是关乎君主国的问题,"什么是君主国,它有什么种类,怎样获得,怎样维持,

---

① 马基雅维利:《曼陀罗》,《马基雅维利全集:戏剧、诗歌、散文》,徐卫翔译,吉林出版集团,2013年。
② 随着对马基雅维利思想研究的深入,"马基雅维利主义"已经不再被简单概括为"目的决定手段",现代学者开始从马基雅维利思想的整体性角度,用公平客观的眼光来评判《君主论》的著述动机。一般认为,《君主论》是马基雅维利敬献给美第奇家族的"求职信";也有学者认为《君主论》恰是一部反美第奇统治的讽刺之作,"只有站在讽刺的立意上,我们才能够理解为什么马基雅维利会选取切萨雷·博尔贾作为君主的楷模";还有一种见解更标新立异,认为马基雅维利写《君主论》是希望美第奇家族会按照他的建议一步步走向厄运。Garrett Mattingly, "Machiavelli's 'Prince': Political Science or Political Satire?" *The American Scholar*, Vol.27, 1958, p.490; Herbert Butterfield, *The Statecraft of Machiavelli*, Collier Books, 1962, p.74.

以及为什么会丧失"①，马基雅维利极尽言辞只是为了表明人们实际上怎样生活与人们应当怎样生活是有天壤之别的，如果"一个人要是为了应该怎样办而把实际上是怎么回事置诸脑后，那么他不但不能保存自己，反而会导致自我毁灭"②。马基雅维利无非是比别人更清楚地洞察到那个时代的政治需求，用技巧性的话语揭露了政治的实质，正因如此，马基雅维利被视为近代政治学的奠基人。《君主论》的写作不仅仅是为了邀官求职，马基雅维利渴望重新得到重用的愿望源于他对政治权力的深刻理解。马基雅维利相信，如果自己能够有机会在新君主身边谏言纳策的话，或许就有希望实现他那解放并统一意大利的梦想。说到底，马基雅维利所做的一切都是为了找到一剂解救意大利于混乱危难的良药。意大利作为文艺复兴的发源地，她在14—15世纪取得了绚丽夺目的文化成就，焕发出鼓舞人心的艺术光彩。然而当英国、法国、西班牙大踏步地向民族国家的发展模式急速迈进时，意大利各地的城邦国家却依然纷争不休。面对外来强大"蛮族"的肆意践踏和凌辱，四分五裂的意大利显得那般无依无助。马基雅维利多么希望能够再一次见到佛罗伦萨曾经引以为傲的自由与荣耀。

马基雅维利作为一个紧随时代步伐的政治思想家以其特有的政治眼力认识到了民族国家政治共同体是一种国家发展的趋势。诚然，马基雅维利没有提出国家政治共同体的概念，但他"对一个强有力政府存在的必要性有很敏感的意识"③，他站在国家政治权力运作的角度思考着如何发挥国家政治共同体的权力功能问题。马基雅维利甚至并不在意具体的"国家"立场，比如不计较自己是站在意大利还是站在法国的立场上发表见解。④ 马基雅维利只想回答什么是一个国家在征服另一个国家时必然会呈现的权力功能和必须予以关注的权力使用方式，他对世俗国家政治共同体的种种意识将近代早期西方国家政治的诸多本质问题勾勒了出来，具体"反映在《君主论》的写作上，就是马基雅维利对每一个政治现象、政治关系、政治治理的分析都以现实的政治利益关系和政治变化实际为宗旨，揭示国家层面上的政治权力运作特征和

---

① 马基雅维里:《君主论》,潘汉典译,商务印书馆,1985年,译者序,第12页。
② 马基雅维里:《君主论》,潘汉典译,商务印书馆,1985年,第73页。
③ 周春生:《马基雅维里思想研究》,上海三联书店,2008年,第167页。
④ 参考周春生:《马基雅维里思想研究》,上海三联书店,2008年,第170页。在1513年写给好友弗朗西斯科·韦托里(Francesco Vettori)的信函中,马基雅维利表明他希望法国国王能够重返伦巴第,因为在这种均衡的形势下形成的和平将会更加持久稳定。Lee Cameron Mcdonald, *Western Political Theory, Part II: From Machiavelli to Burke*, Harcourt Brace Jovanovich Inc., 1968, p.196, note 24.

内容"①。经历了漫长的外交实践生涯,马基雅维利对像法国那样刚刚显露出强大政治共同体功能的民族国家有着独到的理解,《君主论》分别在第3、4、7、13、19章中重点提到了法国,并对路易十二在意大利的荣辱得失做了详尽的分析。换言之,马基雅维利想要为我们展现的是一个初具民族国家整体功能的国家形象,实际上就是想把国家政治共同体的特征讲清楚,同时呼吁意大利尽快在一位称职的君主领导下实现民族统一。《君主论》最后一章,马基雅维利以彼特拉克的诗句结束全文,将立足点升华到了民族整体的高度,呼吁意大利的儿女们为了共同的崇高目标去奋斗,实现民族团结和国家解放。②

其实当马基雅维利遭遇罢官流放之际,他的政治思想体系已基本成型。多年的政治经历影响着马基雅维利对人性的评判,丰富的参战经验让他意识到军事力量是国家强大之根基。马基雅维利为意大利的命运扼腕叹息,他憎恶法国和西班牙把意大利作为角逐的猎物,热切盼望在意大利能出现将狮子的勇猛与狐狸的狡猾集于一身的新君主,瓦伦蒂诺公爵博尔贾和战神教皇尤利乌斯二世都曾被马基雅维利寄予厚望。博尔贾在原本混乱的罗马涅地区建立起秩序和安定,凭借过人的精力、精准的判断力,以及大胆、欺诈、谋杀等各种卑劣手段称霸一方。③同样,出使法国的经历也让马基雅维利认识到,法国的君主政体与意大利有着明显不同;而与比萨作战的经历让马基雅维利看清了意大利军事作战方法上的致命弱点,认识到军事力量的重要性。1513年在遭遇流放后,马基雅维利有足够的时间来思考和诊断意大利"病疾"的根源,他要找出国家兴衰成败的原因,找出政治成功的秘诀,最重要的是要找出如何解救意大利的方法。

马基雅维利的《论李维》④是《君主论》的姊妹篇,在这部著作中马基雅维利详细阐述了他对于"国家"和国家生活的想法,就一定程度而言,《论李维》要比赫赫有名的《君主论》更全面地展现了马基雅维利政治思想的概貌。从表面上看,《论李维》的内容排布有些粗糙无序。第一卷讨论的是国家构成及

① 周春生:《马基雅维里思想研究》,上海三联书店,2008年,第167页。
② 对于《君主论》第26章所起的作用,学术界依然存在着争议。如海尔将之视为马基雅维利的另一个"求职广告";施特劳斯则指出最后一章的异常之处,即马基雅维利为何要将改变的希望寄托在意大利稀缺的爱国主义之上? 马基雅维利指望的新君主是能够统帅全体意大利人民,享有全军威望之人,但安能想象让一个威尼斯或米兰的士兵恭听佛罗伦萨美第奇家族的号令? Lee Cameron Mcdonald, *Western Political Theory, Part II: From Machiavelli to Burke*, Harcourt Brace Jovanovich Inc., 1968, pp.206-207.
③ 马基雅维里:《君主论》,潘汉典译,商务印书馆,1985年,第7章。
④ 马基雅维里:《论李维》(又译《李维史论》),冯克利译,上海人民出版社,2011年。

其运作,包括公民精神,国家的稳定、扩张、被奴役和如何解放的问题;第二卷主要讨论开疆扩土的方法,多处涉及军事力量的问题;第三卷讨论革命暴动,导致国家衰亡的原因和如何避免衰亡。但《论李维》的整体结构显得松散杂乱,所有内容看似是被随意拼凑到一块,甚至有个别章节与整卷主题格格不入。关于战争的叙述散见于卷二和卷三中,貌似马基雅维利丝毫没有顾及前后内容的承接。然而我们不要忘了,《论李维》谈到的问题全部都是马基雅维利认为那个时代的意大利人必须要考虑的重中之重。实际上,整部著作形散而神不散,各卷内容都是马基雅维利面对新兴民族国家的反思,全都围绕着同一个主题:国家。马基雅维利直接或间接地向读者娓娓道来,无论身处和平还是战争年代,围绕"国家"的思考都刻不容缓,其中包括:维持国家强大的因素、导致国家衰败的原因、如何保持国家的稳定、如何有效治理国家,等等。由此可见,即便《论李维》在内容编排上不免支离破碎,但马基雅维利从未真的离题,[①]他想要说清楚如何在战争和权力较量的游戏中制胜克敌,要说明白道德与政治之间的相互关系,马基雅维利心中牵挂的始终是他热爱的祖国意大利。

《佛罗伦萨史》[②]同样是一部饱含马基雅维利爱国情怀之作,从佛罗伦萨的起源一直写到1492年大洛伦佐去世,在写作方法上受到古罗马史家塔西佗和萨鲁斯特的影响。马基雅维利要表明,光有良好的法律和制度不够,关键还需要强大英明的统治者,但其时的佛罗伦萨党派倾轧,古典时代的公共美德早已被自私腐败所侵蚀,曾经拥有高尚荣耀的意大利民族现今沦为"蛮族"争抢的猎物,"在这些外来者的欺凌下被迫倒退到了奴隶制"[③]。直至1527年去世,马基雅维利始终都没能迎来他希望看到的全意大利解放与统一。1527年5月,神圣罗马帝国皇帝查理五世的雇佣军洗劫了罗马和梵蒂冈,史称文艺复兴时期终结。总之,只有当我们结合马基雅维利所处的时代背景,考虑到他思考"国家"问题时的个人情感,才能更好地理解那个长期以来饱受非议与误解的马基雅维利。

二、道德与权力的博弈

倘若说中世纪思想家"错"在漠视当下的政治现实,那么马基雅维利的"罪过"就在于他只关注当下的政治现实。当前人的眼睛仰望天上,追寻上帝

---

① 在《论李维》著名的卷三第六章,马基雅维利为密谋反叛者出谋划策,提供良机,看似离题,实则不然。政治上的尔虞我诈,阴谋诡计已经成为15、16世纪意大利政治现象中权力较量的普遍特征,同样也可以是让一个城邦国家重获自由的出路之一。

② 马基雅维里:《佛罗伦萨史》,李活译,商务印书馆,2011年。

③ Peter Bondanella and Mark Musa eds., *The Portable Machiavelli*, Penguin, 1979, p.559.

究竟在国家人事上扮演何等角色时,马基雅维利的目光却定格于四分五裂、战乱纷飞的当下。身处特定的历史环境,十多年外交生涯的耳闻目染,加之天生敏锐的政治头脑,这一切共同催发了马基雅维利对国家政治生活的独特思考,为我们开启了近代政治思想的大门。

经常说,马基雅维利提出了一种新的国家观念,或至少说,他帮助霍布斯等后继思想家形成了一种国家观念。那么在马基雅维利脑海中到底有没有一种可以被称为"国家"的东西? 显然,马基雅维利思考的国家还不是现代政治意义上的国家,他真正关心的是当时实际运作的城邦国家。马基雅维利确实提到过国家形成的问题,并且相信古罗马历史学家波利比乌斯主张的政体循环论,认为一切政治体都会因为人类天性中的弱点最终走向毁灭,但继而又会出现新的国家政治体。在马基雅维利看来,国家是必然的存在,因为只有国家才能保障人身安全和财产安全,也只有国家才能维护和平稳定,让人民不用担惊受怕。

意大利史学家贝内德托·克罗齐(Benedetto Croce,1866—1952年)及其追随者认为,马基雅维利是成功实现道德与政治分离的第一人。这里暂且抛开传统的伦理道德不谈,马基雅维利政治思想中其实包含了一套基于现实政治考量的哲学体系。人是政治的、现实的动物,人类渴望安全自由,安于习惯,害怕改变。无论何种政体下的国家共同体,都会本能地追求对内持稳,对外勤于扩张。正是由于谙熟人性中的自私贪婪,马基雅维利从不将国家行为的公正与否置于道德理性的天平上去衡量,因为他知道,不管结局怎样都无法改变人性。在马基雅维利看来,任何对人类欲望是否合乎道德的质问都毫无意义,国家存在的目的就是为了满足大部分人的利益,之所以要有国家和政府,就是为了让整体去实现个体无法实现的目的。

在道德与权力的博弈中,马基雅维利看似是选择了后者。在马基雅维利式教条中最著名的也许就是"目的决定手段"。马基雅维利的"国家理性"可以为任何欺诈残忍的言行开脱,他所认可的公民美德通常被概括为在实现目的的过程中无所畏惧和无所顾忌。正因如此,人们谴责马基雅维利善恶颠倒,称其为魔鬼的代言人。细细分析,马基雅维利的确实现了道德与政治的分离,但这并不意味着马基雅维利就是不道德的,或者说是非道德主义者,准确地说,马基雅维利也讲道德,但他讲的是与伦理道德截然不同的政治道德,他剥离了"德性"中的道德意味,直指"德性"中的政治意味。在《论李维》中,马基雅维利明确指出,判断行为善否,要看这个行为是否能够提升国家政治共同体的公共利益,这里所说的利益是基于整体的考虑,是指对全体公民人身、财产安全的保障。杀戮、偷袭、背信等行为放在国家共同体中的个体成员身上,并且是出于个人利益考虑的话,那就是恶行;但倘若这种"恶行"有助于促进国家公共利益的话,那就是善行。在马基雅维利的道德政治守则中,善恶是辩证的,是相对而言的,传统的社会道德情感并不能被用作判断道德善恶的标准,行为的实际效果才是马基雅维利采纳的唯一尺度,或许说"共善决定手段"才更贴近马基雅维利的政治道德观。

我们来看马基雅维利列举的两个生动案例。一个是瓦伦蒂诺公爵、教皇亚历山大六世的私生子切萨雷·博尔贾。博尔贾征服罗马涅,夺取法恩扎,拿下乌尔比诺公国,进攻博洛尼亚,他起先依靠法国和罗马奥西尼家族的帮助,但在他察觉到外界力量可能会阻碍乃至攫取他所赢得的一切时,博尔贾决定心狠手辣地消除隐患,"决计成为托斯卡纳的主宰",并借助雷米洛·德·奥尔科(Remirro de Orco)这个棋子,在实现了自身目的后便将雷米洛碎尸两段,暴尸于广场。博尔贾的所作所为在马基雅维利看来非但"没有可以非难之处",更值得"让那些由于幸运或者依靠他人武力而取得统治权的一切人效法"。①马基雅维利曾把统一意大利的希望寄托在博尔贾的身上,所以在别人看来博尔贾所有的不道德行为,在马基雅维利眼里都具有道德正当性。另一个例子是古罗马执政官斯普利乌斯·波斯图米乌斯。在与萨谟奈人战败后,波斯图米乌斯"认为不应遵守考迪纳和约",并要求元老院把他送还给萨谟奈人。尽管战败,但波斯图米乌斯因"背信弃义"而在罗马人中间赢得的荣誉要比获胜者多得多。对此,马基雅维利总结道:

> 不遵守被迫做出的承诺,并不是可耻的事情。被迫做出的有关公共事务的承诺,一旦强迫的因素消失,人们就会违约,对于违约者而言,也不是什么丢脸的事情。从史书中可以看到各种这样的事例,当今之世每天也都在发生。②

当国家陷于危难时,伦理道德理应让位于政治权力。马基雅维利对法国人赞赏有加,原因之一就是法国人在维护王国权力时会把所有道德顾虑抛在一边,一心只顾祖国安危,不择手段地保卫国家,不管行为是否正当,"是残暴还是仁慈,是荣耀还是耻辱",法国人最厌恶听到的就是:这种政策让国王丢脸。③君主在维护国家安危和公共利益时完全不用被传统道德所束缚,如果"恶行"能够挽救国家的话,那么君主根本"不必要因为对这些恶行的责备而感到不安",一些看似善的行为,"如果君主照着办就会自取灭亡",恰恰是一

---

① 马基雅维里:《君主论》,潘汉典译,商务印书馆,1985年,第31—36页。
② 马基雅维里:《论李维》,冯克利译,上海人民出版社,2011年,第436页。
③ 马基雅维里:《论李维》,冯克利译,上海人民出版社,2011年,第434页。

些看似恶的行为，"如果照办了却会给君主带来安全与福祉"。①实际上，马基雅维利并非刻意颠倒是非善恶，他只不过提出了另一套划分道德善恶的标准，这个道德天平上的每个刻度都是国家整体的利益。就这层意义而言，马基雅维利也是个伦理道德家，但他却是一个不计较善恶、只知道国家的道德家，他大胆地说出了那个时代别人都不敢挑明的国家需求。

马基雅维利的国家观完全源于他对当时欧洲各国政治现象的观察。艾伦指出，马基雅维利心目中的国家主要有五方面的特征，即世俗性、自主性、目的性、群众性和同质性。第一，国家必须具有完全的世俗性。这不仅体现在国家与任何宗教团体没有关系外，甚至与上帝之间都没有瓜葛。马基雅维利将关乎宗教的神学之说视为未知的、不可知的、不存在的，是与世俗国家毫不相干的。虽说国家的有效统治需要宗教，但教会对于国家而言纯属工具。第二，国家是独立自治的政治体。国家在道德上是完全独立的，这源于国家对除了自身的任何事物都不具有职责义务，表面上看到的某些关联也仅限于偶然。第三，国家存在的唯一理由是出于人类的需要。人们希望国家存在，并非出于对国家的关心，而是关心自己的利益安危。由于人性贪婪，国家在对外关系中就是一个武力组织。每个国家都应当致力于扩大势力，唯此才能自我保全，因为它的邻邦不是潜在的对手，就是实际的敌人。第四，国家统治者必须赢得民心。越是能保障公民安全的政府就越得民心。在其他条件都对等的情况下，国家的强弱便取决于公民的爱国精神。第五，国家成员的同质性是助其强大的要因。所谓同质性就是大部分公民有着相同的语言和风俗习惯，在爱国心的驱使下团结在一起，要想摧毁这样的国家实属不易。②

我们在马基雅维利的国家中觅不到上帝的踪影，他所描绘的国家不仅有对当时英、法等新兴民族国家的反思，更是长期以来意大利城邦国家政治情景的缩影。马基雅维利对于国家世俗性与现实性一面的描述是如此清晰，可以毫不夸张地说，意大利文艺复兴时期不曾有过哪位思想家像马基雅维利那样，对"国家"的性质和目的有过这般透彻的分析。马基雅维利看到，在一个政治体里，若所有人都操同一种语言、遵循相同的习俗、信奉同一种宗教，那定是团结强大的武器。在《君主论》中，马基雅维利着重强调了要征服不同质国家的困难，这就好比"在这些国家里面有无数的小王国"，当人们对旧主子的记忆尚未烟消云散时，新君主是无法稳坐江山的。"任何人一旦成为一个城市的主子，如果这个城市原来习惯于自由的生活，而他不把这个城市消灭，他

---

① 马基雅维里：《君主论》，潘汉典译，商务印书馆，1985年，第74—75页。

② J. W. Allen, *A History of Political Thought in the Sixteenth Century*, Butler & Tanner Ltd., 1960, pp.480–481.

就是坐待它把自己消灭。"①同样在《论李维》中,马基雅维利指出:"新的信仰一经出现,它就会为了赢得名望而消灭旧的宗派。如果新宗派的创立者语言各异,他们通常也会把语言消灭。"②像法国、西班牙这样的国家都是建立在民族情感基础之上的,这正是他们强大坚固的缘由所在。在《君主论》第26章和《佛罗伦萨史》第一卷中,马基雅维利俨然把意大利看作一个整体,意大利需要的是能够将日耳曼蛮族赶走的凝聚力。在马基雅维利看来,意大利虽不是独立行使主权的民族国家,但她仍是个自然"国家",只是丧失了形式上与现实上的统一,在马基雅维利心中始终住着一个潜在的意大利国家。一个健全的国家不仅需要深厚文化底蕴的支撑,还需要以民族精神为依托,拥有公民组建起来的军队,这种公民精神和国民军队在一个外来者频繁穿梭的亚平宁半岛上注定是难以实现的。马基雅维利凭借敏锐的政治洞察力意识到,强大的民族国家才是一种国家统治模式的发展趋势。为此,马基雅维利急切盼望意大利能够成为这样的民族国家,古罗马为马基雅维利的信念注入了力量,他知道意大利历史上曾经统一过,坚信这种统一能够再度实现,因为在意大利各城邦国家中,对民族文化艺术的自豪感、相近的语言和习俗,这一切似乎都让统一变得指日可待。

马基雅维利的政治视野相当宽广,他放眼欧洲整体的政治格局,结合个人从政经验,剖析着国家政治共同体涉及的方方面面。马基雅维利不光是在描述自己的国家构想,他更像在预言近代国家的观念,而且还是非常精准的预言,这主要体现在两个方面:一是教会与国家之间的关系。强大统一的民族国家模式是四分五裂的意大利前进发展的方向,而且意大利已经远远落后了,对此,横亘在半岛中心地带的教会难辞其咎。马基雅维利将教会比作意大利最大的负担,教会是破坏统一和阻碍意大利世俗化进程的障碍。欧洲许多国家在16世纪都已经与教会决裂,还有些国家即便没有从根本上与教会断绝关系,但也都尽量采取措施不依赖于教皇教廷。退一步而言,就连基督教国家也愈发具有世俗化特征了。教会在马基雅维利看来最多算是国家统治的工具。国家需要宗教,需要能由国家掌控的教会,整个16世纪都能充分感受到这种需求,但马基雅维利理解的宗教需求与中世纪思想家赋予教会的重要意义截然不同,教会的职能已经从精神权威降级为世俗国家的武器工具。鉴于此,我们完全有理由可以说,尽管在欧洲各地还没有刮起宗教改革的飓风,但马基雅维利对教会职能的定位已经吹响了政教分离的前奏。二是国家与国家之间的关系。国家和政府的主要职责就是要确保人民及其财产的安

---

① 马基雅维里:《君主论》,潘汉典译,商务印书馆,1985年,第21、23页。
② 马基雅维里:《论李维》,冯克利译,上海人民出版社,2011年,第225页。

全。马基雅维利认为,国家醉心于扩大权力与扩充领土的行为是再自然不过的了,16世纪的英国、法国、西班牙、瑞士、神圣罗马帝国等欧洲各国的外交行为也充分证实了这点。对此,艾伦指出,如果《君主论》没有被托马斯·克伦威尔(Thomas Cromwell)、凯瑟琳·德·美第奇(Catherine de Medici)、腓力二世(Philip II)、亨利四世(Henry IV)等奉为宝典的话,也不至于被指"阴险恶毒"。[1]虽然国家在疆域和民族上的界限划分要到17世纪才更加分明彰显,但16世纪国家之间的关系恰如马基雅维利预测地那样展开。

马基雅维利关于国家政治的预言已在历史发展进程中得到了证实,马基雅维利著作中流淌着的是血泪教训,是对那个时代政治经验的深刻总结。16世纪的意大利可谓内忧外患,对内有尔虞我诈的派系争斗,对外有战事频仍的"蛮族"入侵,意大利各城邦之间也相互虎视眈眈。意大利从未像16世纪那样迫切需要一位强有力的领导。马基雅维利观察到的是一个成长中国家切实需要的东西,我们不得不叹服于他的政治眼力与预测力。在很长一段时期内,马基雅维利的名声都与"暴君导师"挂在一起,人们谴责马基雅维利背离了中世纪宗教信仰与道德标准,但似乎忘记了马基雅维利所处的时代背景。诚然,马基雅维利的政治思想、思维模式确实与前人有着天壤之别,他对自然法的不屑一顾、对基督教的抨击谩骂都让他与时代格格不入,但马基雅维利是在为经验事实代言,他是政治现实主义的代表。在马基雅维利的政治词汇中,善恶并非绝对,任何行为只要有益于国家公共利益,那就是善。

第二节　马基雅维利的国家政治共同体意识[2]

马基雅维利作为晚期人文主义者,其作品带有理想主义色彩,但通过细致地梳理分析,我们还是能够辨别出其中蕴含的国家政治共同体意识,尤其体现在他对国家实际政治运作的分析中。可以说是时代造就了马基雅维利,让他具备了洞察国家政治共同体的思想契机,也正是因为有了马基雅维利的时代,才铸就了今天西方国家政治所走的路线。

---

[1] JJ. W. Allen, *A History of Political Thought in the Sixteenth Century*, Butler & Tanner Ltd., 1960, p.483.
[2] 该部分内容参考了郭琳:《马基雅维利的国家政治共同体意识》,《上海师范大学学报(哲学社会科学版)》2014年第2期。

一、国家是保障各权势力量平衡的政治共同体

马基雅维利写《君主论》的目的是向君主进言统治的方法。但全书在提及君主统治的时候不时涉及君主利益与臣民利益息息相关、互为一体的问题。周春生指出,随着研究的深入,学术界逐渐达成一个共识,即马基雅维利是主张共和国政治体制的思想家,他一生所思考的政治问题就是如何解决共和国稳定基础和统治方式的问题。[①]但马基雅维利同时又为同样的政治难题所苦恼,即"如何使国家统治者的行政权既强有力又不至于强大到能颠覆共和国的统治模式,或者说国家统治者的权力既要强大,同时又要受到相应制约。所谓强大,要强大到行政命令畅通无阻,并能控制一切不利于共和国统治的局面发生"[②];所谓制约,就是君主也是公民社会的一分子,即便其权力形式是世袭的但也有法的认可限度。[③]其中就牵涉了如何维系国家和公民之间关系的政治课题。马基雅维利心目中理想的罗马共和国立国之本就是保护公民的自由。[④]

与共和国相关的公民社会是马基雅维利考虑的重点问题。虽然马基雅维利在《君主论》第2章中声明将撇开共和国不予讨论,但《君主论》中几乎每一章都提及了公民的同义词即"人民",第9章的标题更被冠以"论市民的君主国"[⑤]。其具体言论有:"我只是断言:君主必须同人民保持友谊,否则他在逆境之中就没有补救办法了。"[⑥] "一位君主要能够对抗一切阴谋,最有效的办法之一就是不要受到广大人民憎恨",[⑦] "当人民对君主心悦诚服的时候,君主对于那些阴谋无需忧心忡忡;但是如果人民对他抱有敌意,怀着怨恨的话,他对任何一件事,对任何一个人就必然提心吊胆"[⑧]。"总之,君主最重要的一件事就是应该在人民当中生活,以免发生任何意外事件。"[⑨]归结起来,君主地位牢固的基础就是人民对他的需要,"一个英明的君主应该考虑一个办法,使他的市民在无论哪一个时期对于国家和他个人都有所需求,他们就会永远对他效

---

① 周春生:《马基雅维里思想研究》,上海三联书店,2008年,第177页。
② 周春生:《马基雅维里思想研究》,上海三联书店,2008年,第168页。
③ 周春生:《马基雅维里思想研究》,上海三联书店,2008年,第189页。
④ Vickie B. Sullivan, *Machiavelli's Three Romes: Religion, Human Liberty, and Politics Reformed*, Northern Illinois University Press, 1996, p.4.
⑤ 关于该标题不同版本的英译情况,参考周春生:《马基雅维里思想研究》,上海三联书店,2008年,第189页。
⑥ 马基雅维里:《君主论》,潘汉典译,商务印书馆,1985年,第47页。
⑦ 马基雅维里:《君主论》,潘汉典译,商务印书馆,1985年,第88页。
⑧ 马基雅维里:《君主论》,潘汉典译,商务印书馆,1985年,第90页。
⑨ 马基雅维里:《君主论》,潘汉典译,商务印书馆,1985年,第44页。

忠了"①。所以君主必须明白要立足于群众之间,少数贵族和富商巨贾的敌意不会对一位得民心的君主构成威胁,因为没有得到人民信赖的人就不是什么可怕的人,真所谓"得民心者得天下",民心聚合亦即国之利刃。为了说明问题,马基雅维利还提到了意大利以外的政治现象。例如奥斯曼土耳其帝国于1453年灭拜占庭帝国后迁都君士坦丁堡的缘由也正是为了掌握民情、笼络民心。②"君主如果拥有强固的城市,又没有积怨结恨于人民,他就不会受到攻击",但若是失去了民心,那君主离毁灭之日也为期不远了。"一个人纵使在武力上十分强大,可是在进入一个地方的时候,总是需要获得那个地方的人民的好感的。"③法国国王迅速攻占米兰后却又匆匆失去米兰的原因正是如此。在国家政治共同体中,民心民意正是保障国家稳定的关键所在,而愈能保障公民安全的政府也愈得民心。马基雅维利一直在暗示美第奇家族,国家的强大和稳定、君主地位的牢固与否最终都是依靠公民的爱国主义共和精神。无论国家性质及组织形式如何,统治者只有获得了大多数人民的忠诚才能够弥补少数居心叵测者的图谋不轨。而君主所要做的就是确保民众的忠诚并维持人民生活安稳,保卫他们的荣耀和财产。当然拥有一支市民军队是保障君主强大和安全的关键,但若无法赢得人民的爱戴,军队也无济于事。当其他条件都相等的情况下,国家的力量就取决于公民的爱国主义精神。④

"公民社会是国家政治制度的基础,近现代西方国家制度的建设都是与公民社会的发育同步进行的。公民是一个承担法律意义上权利和义务的社会成员"⑤,而国家正是体现公民权利和义务的政治共同体。这当中主要涉及三方面的内容:

第一,从参政的角度而言,在理想的国家里,公民应被赋予参政议政的权利。公民是构成社会、组成国家的基本要素,"公民社会的发育过程会对国家的宪政建设提出其内在和合理的要求"⑥。马基雅维利认识到,公民个体与集体利益间的相互关系构成了政治共同体的生存脉络,公民对国家事务的参与和承担赋予了政治共同体以生命。在这方面,14、15世纪时期的佛罗伦萨无

---

① 马基雅维里:《君主论》,潘汉典译,商务印书馆,1985年,第49页。
② 马基雅维里:《君主论》,潘汉典译,商务印书馆,1985年,第8页。
③ 马基雅维里:《君主论》,潘汉典译,商务印书馆,1985年,第51、6页。
④ 吉尔伯特认为,在马基雅维利看来,爱国主义精神显然也是德性的一种,而在一个组织良好的社会里,这种精神因素会渗入每个成员和机构中,将人民紧密团结成一个活力的整体,而作为整体所发挥出的力量远非是个体的简单叠加所能及。Felix Gilbert, *Machiavelli and Guicciardini: Politics and History in Sixteenth Century Florence*, Princeton University Press, 1965, p.180.
⑤ 周春生:《马基雅维里思想研究》,上海三联书店,2008年,第185页。
⑥ 周春生:《马基雅维里思想研究》,上海三联书店,2008年,第185页。

疑走在了意大利各国的前端,在公民个体和集体需要之间,在私人利益和公共福利之间达到了微妙而精细的平衡,而这种平衡正是政治实效的基础。[①]例如1343年建立的行会统治,较之以前任何时期更具有广阔的群众性基础。1382年,在五千任选人中经复查通过的约七百五十人具有担任公社政府最高官职的资格。此外,佛罗伦萨长老会议的九位"首长"(Priors,也译"执政团成员""执政官"或执政团"长老"等)的任期仅为两个月,下辖的两个辅助班子,即"十二贤人团"(Bounuomini)和"十六旗手团"(Gonfalonieri)的任期则分别为三个月和四个月。这种短暂任期的原则,意味着每一年内都有相当数目的公民享有公社最高官员的权力和声望。由于这样的政治运作兼顾了最大多数公民的利益,佛罗伦萨在一段时期内保持着相对的稳定,并且避免了像米兰的维斯孔蒂或曼图亚的贡扎加那样独裁统治。由于著作的侧重点不同,马基雅维利并没有在《君主论》中对上述问题做进一步展开论述,但在《论李维》《佛罗伦萨史》《兵法七论》等著作中,都对共和国与公民社会的关系有过详细论述。马基雅维利高度重视罗慕洛融法制和权威为一体建立起来的罗马共和国,并将之竖为典范,同时在分析佛罗伦萨的历史时充分注意到公民社会与政治结构的关系,"原来的罗马公民是按照他们的需求授予元老、各种官员的职权"[②],"以人民为基础,共和国的自由才能真正有保证"[③]。因为"贵族比平民有着更加强烈的支配欲望,而平民只有不受他人支配的欲望,较之权贵,平民有更强烈的意愿过自由的生活,更不愿意伤害这种自由"。所以平民会为捍卫自由付出更多的关切与努力,"既然他们无力侵夺它,他们也不会允许别人侵夺它"[④]。根据马基雅维利在不同著作中所表达的观点,只有在公民社会里才谈得上真正意义的宪政。共和时期的罗马人之所以设立护民官,就是为了在平民和贵族,平民和元老院之间充当仲裁,缓和内乱纷争,达到力量的平衡。[⑤]真正的理想社会就是以公民社会为基础的、能充分体现共和国整体功能的国家。同时,公民在国家中享有充分的自由,并由公民来做最后的断定。马基雅维利分析共和国的基本出发点就是以公民社会的立场来考虑国家统治的艺术,[⑥]而公民自由和权力制衡构成了马基雅维利共和国理论的两个核心部分。艾伦也认为,政府最好的组织形式就是赋予其所有公民,或至

---

① 布鲁克尔:《文艺复兴时期的佛罗伦萨》,朱龙华译,生活·读书·新知三联书店,1985年,第186页。
② 马基雅维里:《论李维》,冯克利译,上海人民出版社,2011年,第169页。
③ 马基雅维里:《论李维》,冯克利译,上海人民出版社,2011年,第121页。
④ 马基雅维里:《论李维》,冯克利译,上海人民出版社,2011年,第58页
⑤ 马基雅维里:《论李维》,冯克利译,上海人民出版社,2011年,第54—55页。
⑥ Maurizio Viroli, *Machiavelli*, Oxford University Press, 1998, Chapter 2.

少是绝大多数的公民参政的权力,因为公民参政能更好地促进共和精神,也因为共和政府较之于君主政府更加睿智且不善变。

第二,从法的角度而言,国家与社会的正常运行是基于公民和国家之间所具有的契约原则,而这种特定的政治契约是具有法律效应的。国家要由法来维系。在《论李维》第一卷论述城邦国家的起源和建立时,马基雅维利就旗帜鲜明地指出可遵循两种方式,"一为城址的选择,二为法律的实施"判断创业者德行的高下。[1]马基雅维利认为,统治者为了建立国家和确保安全,制定新的规章制度是立国之初的根本。马基雅维利列举的人物有摩西、罗慕洛、提修斯(Theseus)等,总结其成功的原因,除了依靠武力和个人能力外,立法是重要的方面,正是法律制度使一个民族开化起来。[2]共和国必须维护公民的自由及合法的权利。同时,公民又必须懂法守法、理解契约,否则就不可能去遵守社会规则。按照马基雅维利的观点,任何人都生活在特定的公民社会之中,在他的政法思想体系里,人是就公民这一层含义而言的,[3]或者说,公民就是大写的人。因此任何人包括君主在内都享有、履行法所规定的权利和义务。从统治与被统治的关系看,君主与公民之间也是一种法的关系,公民对于君主同样也有法的制约力,在法的限度内君主失去其权力和地位也是极其正常的。

第三,从军事的角度而言,公民具有服兵役的义务。保家卫国是公民义不容辞的责任。马基雅维利从历史和现实两个方面痛斥雇佣兵制度的危害性,认为由公民组成的国民军队才是捍卫共和国最有力的军事力量,并亲自投身到建设佛罗伦萨公民军队的事业中。[4]在《君主论》《兵法七论》[5]等著作中,马基雅维利都谈到了"公民兵"的问题,认为公民武装是维系政权和国家安稳的重要保障。卡博德甚至认为《君主论》的总体特性清楚地表现在论建

① 马基雅维里:《论李维》,冯克利译,上海人民出版社,2011年,第46页。
② 罗慕洛第一次将土地分配给个人,开创了罗马土地私有化的起源;提修斯设立了中央机关管理共同事务,产生了雅典民族的法律。马基雅维利:《君主论》,潘汉典译,商务印书馆,2012年,第26页脚注。Machiavelli, *The Discourses*, p.107.
③ 意大利学者维洛里认为,马基雅维利的一生就是生动地展示其公民形象,并实践其公民理想的过程。Maurizio Viroli, *Niccolò's Smile: A Biography of Machiavelli*, Farrar, Straus and Giroux, 2000.
④ 马基雅维利的儿子洛多维科作为国民军应征入伍,在1530年抵抗神圣罗马帝国入侵时将生命献给了祖国。马基雅维里:《君主论》,潘汉典译,商务印书馆,1985年,第18页。
⑤《兵法七论》奠定了马基雅维利作为"第一个值得一提的近代军事著作家"的身份,该书是捍卫意大利国家独立与自由的战术论。《马基雅维利全集:君主论、论李维》译者序,潘汉典、薛军译,吉林出版集团有限责任公司,2011年,第13页。

立国民军的几章里。①事实上，公民必须履行的兵役义务与国家存在的利益实是相对共存的，国家存在的最终目的正是为了迎合统治者及公民自身的目的。总之，马基雅维利是从人性的角度和共和国政体的立场出发来考虑公民与国家间的军事问题的。

马基雅维利国家政治理论的另一出彩之处就是权力制衡。为了最大程度地实现和保护公民自由，就必须按照权力牵制的理论设置相应的机构。同时，执政官秉公行事，贵族与平民的权力则处于相互制约之中。曼斯菲尔德认为，马基雅维利的政治科学的特点之一就是"否定了那种谴责罗马贵族和平民之间纷争不已的传统成见"，马基雅维利是第一位称赞党争有益的政治学家。②在马基雅维利看来，任何出于一人之手的政府总会出问题，所以理想的办法是：建立一种宪政，并由君主、贵族和平民相互制约，各自明确其政治权力与义务。③

在马基雅维利心中，法国是他那个时代里组织得最好、统治得最好的国家之一。马基雅维利之所以赋予法国如此高的殊荣，是因为他看到了法国拥有令意大利人民羡慕不已的（至少是马基雅维利一直渴望意大利也能同样获得的）东西，即强大的国家政治共同体的运作，以及民族统一下的民族国家享有的充分自由。马基雅维利看到，"法国国王的自由与安全赖以维持的优越的制度无数之多。其中主要的一个制度就是'议会'及其权力"④。当然，法国在中世纪时期的政治结构就有议会君主制的特点，1254年路易九世确立了"法国议会"作为中央皇家法院的地位，之后1302年菲利普四世召开第一次"三级会议"，进一步巩固了议会的地位。法国自古以来贵族势力相当强大，王公显贵往往独霸一隅，所占有的土地面积甚至超过皇室领地，其享有的特权也堪与国王抗衡。法国国王为了牵制桀骜不驯的贵族，同时也为了达到赢得并利用人民的目的，想出了设立议会这个"作为第三者的裁判机关"，从形式上来看，议会的存在成了国王的保护伞，可以"弹劾贵族，维护平民，而用不着国王担负责任……担带责任的事情委诸他人办理，而把布惠施恩的事情自己掌管"⑤，但从某种意义而言，"议会"正是各种国家势力在相互博弈过程中取得相对平衡的结果。在这个机构中，王权、世俗贵族、圣职教士和城市市民

① Federico Chabod, *Machiavelli and the Renaissance*, Bowes, 1958, p.16;转引自《马基雅维利全集：君主论、论李维》译者序，潘汉典、薛军译，吉林出版集团有限责任公司，2011年，第6页。
② 马基雅维里：《论李维》，冯克利译，上海人民出版社，2011年，第15页。
③ 马基雅维里：《论李维》，冯克利译，上海人民出版社，2011年，第16—17、115页。
④ 马基雅维里：《君主论》，潘汉典译，商务印书馆，1985年，第90页。
⑤ 马基雅维里：《君主论》，潘汉典译，商务印书馆，1985年，第91页。

这股新兴的社会势力之间相互牵制,法国、英国到了13世纪末,之所以能够成为第一批近代的民族国家,在国家的形成过程中,其政治上是以议会制为基础的,"议会"正是各种政治势力扭结交互而成的共同体。

马基雅维利的结论是,不管在何种情况下,在各种政治势力当中保持形式上的权力制衡是必不可少的,而"权力制衡与利益兼顾又是互为表里的两个因素"[1],国家正是体现各种政治势力权利和义务的政治共同体。议会宪政体现了权力的制衡,在政治的形式上保证了国家机器的正常运转,而从其构成的内容上看,在分配权力时必须考虑到利益兼顾的问题,这也是马基雅维利在论及权力制衡问题时的出彩之处。对此,周春生评价道:"马基雅维利的权力理论有一些理想化的成分,他主张国王、贵族和平民的权力都不能随意剥夺,并被转让给其他各方,三者的权力既要有机地组合起来,又要有一定的区分,特别是元老院的权力和平民的权力之间要有相对的分别,由此使政体趋于完善。 如果不同阶级之间的利益平衡被打破,阶级之间的鸿沟扩大,这是十分危险的。"[2]

二、国家是整合各权力机构功能的政治共同体

总体而言,文艺复兴时期意大利人文主义思想家对于"国家"的认识已经大大超越了中世纪神学思想禁锢下的国家观。中世纪思想家关心事物应该怎样,而忽视了事物实际怎样的问题;中世纪思想家迫切想要阐明政治义务的本质,却忽视了法律还不具备制裁功能;中世纪思想家急于搞清楚法律的本质,却根本不去理会法律修正的问题;中世纪思想家竭力要将"国家"与上帝意指联系起来,却忘记了人类天性中具有的政治特征。"国家"观念在12、13世纪时尚未清晰,如果一定要假定一个理想国家的话,那就是基督教国家。不幸的是,基督教国家并非实际意义上的国家,它只是虔诚的信徒想象中的国度。然而15世纪欧洲政治形势急骤变化,在法国、西班牙、英格兰,甚至在意大利,"国家"作为一种整体性的政治共同体的观念开始呈现,最明显的不同之处在于,文艺复兴时期的"国家"逐步摆脱了教会的控制与干涉,国家世俗性的一面日见端倪,世俗国家与"精神领袖"之间仅依靠一条微弱的纽带维系着,稍加用力便琴崩弦断。在这样的时代背景下,人们的思想也开始转变。但马基雅维利的国家政治思想与早期人文主义者之间还存有区别,姑且不论但丁、彼特拉克,即便是萨卢塔蒂、布鲁尼等第二代人文主义者也依然囿于中世纪政治思想的框架下,没有从根本上摆脱神学政治观的桎梏,更不谈政教

---

① 周春生:《马基雅维里思想研究》,上海三联书店,2008年,第180页。
② 周春生:《马基雅维里思想研究》,上海三联书店,2008年,第181—182页。

分离,将政治从道德的束缚中"解救"出来。究其原因主要是早期人文主义者自身的政治地位和所处时代格局的限制所致。但到了马基雅维利、圭恰迪尼等晚期人文主义在,或者称第三代人文主义者那里,残酷的政治现实让他们进一步看清了国家政治的本质。马基雅维利既没有在中世纪思想家早已深挖的经院神学之根基上发展其思想,也没有因循早期人文主义者"德性政治"的方向继续前进,而是前所未有地实现了道德与政治的分离。不过如前文所述,马基雅维利是将政治道德从伦理道德的母体中剥离,他从人性、从国家的根本需求出发,任何有关宗教伦理、道德伦理的问题在马基雅维利的政治世界里根本就不值得一提。

1500年马基雅维利首次出使法国宫廷,会见法国国王路易十二,这次任务在马基雅维利看来是万分耻辱的。在诸多盼求法国垂青的意大利城邦国家中,金钱和武力是唯一说了算的砝码,但可怜的佛罗伦萨两者皆少,马基雅维利在法国所受到的冷遇当然也就可想而知。"弱国无外交"的现实经历让马基雅维利认识到意大利的君主与强大统一的法国中央集权的君主有着明显不同,并促使其思考着如何才能变得强大的问题。

15世纪中叶,法国已逐渐呈现出民族国家政治共同体的模式,中世纪王朝家族政治的模式逐渐被民族国家政治共同体所取代,在新兴的民族国家里,法律、军队、宗教、外交等各国务机构的职能得到了完美的结合,而由这些部件组合起来的近代民族国家堪比上了发条的机器正蓄势待发。例如法国就频繁地穿梭往来于亚平宁半岛,积极介入到意大利各邦国的事务之中。1494年9月,法国国王查理八世率领三万大军浩浩荡荡进入意大利,永久地改变了意大利政治的本质。他引发了持续六十多年之久的意大利战争,随着西班牙、瑞士、神圣罗马帝国、英国等各国势力的接踵而至,意大利城邦国家政治体系被迫纳入到欧洲国际政治体系的框架中。由于美第奇政府的无能与妥协,佛罗伦萨在1494年丧失了比萨及第勒尼安海岸的三座城镇。①愤怒的佛罗伦萨人民将皮耶罗二世驱赶下台,重建佛罗伦萨共和政府。但法国入侵带来的痛楚在人们心理上烙下了深深的印记。屈辱是那么叫人心酸,痛楚是那么感切真实。佛罗伦萨人民再也无法重拾自信,一种悲观的情绪在意大利政治讨论中开始蔓延。②这种情绪在马基雅维利身上也在所难免。但与他人

---

① 1494年,佛罗伦萨"僭主"美第奇家族的皮耶罗二世与入侵意大利的法国国王查理八世立约,答应把比萨暂时割让给法国,等法国在征服了那不勒斯王国后,再将比萨交回佛罗伦萨。但查理没有守信,把比萨交给了比萨人,该事件是致使佛罗伦萨人民将美第奇家族赶下台的导火索。
② 布鲁克尔:《文艺复兴时期的佛罗伦萨》,朱龙华译,生活・读书・新知三联书店,1985年,第374—376页。

不同的是,马基雅维利并没沉溺于感叹国运悲难、国力卑微,惶恐于法国赐予的脆弱的安全感下,他将目光投得更远,他要为国家号脉还要为国家开药,他要探究造成这种悲剧的原因,以及如何摆脱或是改变当前局势的方法。

马克思认为,马基雅维利的国家政治理论将权力作为法的基础。[①]虽然马克思未对上述论点做进一步的阐释,但这里所表达出的分析立场已十分清楚,即与法的抽象性和道德规范相比,权力的运作更贴近人性和现实世界的需求。在国家对内的权力运用方面,马基雅维利做了全方位的权力功能研究,[②]他要表明,近代国家是使各种权力要素、政治机构有效运行的政治共同体。也就是说,君主的统治手段只有在近代国家的权力结构功能中才具有真正的效力和效应。"离开了近代意义上的军队,君主的一千次谎言也不过是一阵风动而已。因此不是君主的谎言能救一个国家;而是当一个国家具备了基本的权力功能时,也许需要一次君主的谎言。所以主流始终是权力功能。"[③]周春生指出:"用现代结构主义、系统论的观点加以评说,就是马基雅维利将权力的各个组成要素置于结构如何最大程度地释放其功能的理论框架内加以分析,其结果是使各个权力要素的内涵更加彰明显著。"[④]

在《君主论》第11至14章中,马基雅维利连续论述了宗教、军队的重要功能。虽然新教徒宗教改革的风暴还未正式到来,但在意大利诞生的马基雅维利的政治思想似乎与基督教或中世纪的经院思想早已分道扬镳。在马基雅维利的时代,教廷不断卷入世俗事务。宗教的世俗性一面与近代西方总体上的国家政治走向不符,马基雅维利已看透了其中的弊端。[⑤]在1521年写给圭恰迪尼的信函中,马基雅维利对于教廷的厌恶之情昭然若揭,他不仅阐明了教廷内种种丑恶内幕,更是指责基督教是造成意大利分裂和军队不振的罪魁祸首。[⑥]"晚近在意大利,皇权开始受到排斥,而教皇在世俗事物方面却取得了更大的声势,意大利已分裂成为更多的国家……意大利就几乎全部落在教廷和一些共和国手里,而组成教廷的神父们和支配共和国的市民们由于不谙

① 《马克思恩格斯全集》第三卷,人民出版社,1960年,第368页。
② 马基雅维里:《君主论》,潘汉典译,商务印书馆,1985年,第10、12、24章等。
③ 周春生:《马基雅维里思想研究》,上海三联书店,2008年,第171页。
④ 周春生:《马基雅维里思想研究》,上海三联书店,2008年,第171页。
⑤ 马克思认为马基雅维利"早就在他的《佛罗伦萨史》中指出教皇的统治是意大利衰败的根源。"《马克思恩格斯全集》第14卷,人民出版社,1965年,第30页,第196—197页。另外,在《论李维》第一卷第12章中,马基雅维利对罗马教会是造成意大利衰弱与分裂的祸根问题进行了全面的剖析。
⑥ Lee Cameron Mcdonald, *Western Political Theory, Part II: From Machiavelli to Burke*, Harcourt Brace Jovanovich Inc., 1968, p.194, note 17.

军事,两者都开始招募外国人当兵。"① 但马基雅维利对待宗教和对待教廷、教皇的态度不能同日而语。② 在马基雅维利看来,国家离不开宗教,也就是说宗教是国家政治共同体中不可分割的一个有机组成。但这种需求与中世纪对宗教的需求截然不同。马基雅维利心目中的宗教应该是政府用于统治的工具。艾伦也认为,马基雅维利将宗教视作检验人类行径及无政府倾向的最好手段。因此,国家政府必须扶持任何有助于其维护秩序的宗教,尤其是那些教导人们把为国家服务作为崇高职责的宗教,但在宗教中绝不能包含将国家与上帝意志联系起来的内容,至于这种宗教是真是假这点根本不重要。③ 换言之,16世纪的国家迫切需要的是受其掌控的教会,而不是那个高高在上破坏了意大利的统一和世俗化进程的罗马中心,从那里散发出来的说教只会成为注入国家鲜活血管中的致命毒药。历史的进程证明了这种观念的正确性,从1517年马丁·路德宗教改革的德国到瑞典、英格兰,这些国家都在努力尝试着政教分离,一些即使没有与罗马教廷决裂的国家也尽量避免依赖教皇势力,就连基督教国家也愈发显现出世俗化的特征。在马基雅维利那里,任何神圣的启示,无论是教会还是上帝都无法干涉国家的运作,但国家确实需要借助宗教的外衣来实现自身的利益。④

马基雅维利认为对于军队在国家政治共同体中的重要性,无论怎样强调都不为过。若要拯救国家,他认为"第一件事情就是组织自己的军队,作为任何一件事业的真正基础"⑤。因为"武装起来的人同没有武装起来的人是无法比较的。指望一个已经武装起来的人心甘情愿服从那个没有武装起来的人是不符合情理的"。因而"君主永远不要让自己的思想离开军事训练问题","君主除了战争、军事制度和训练,不应该有其他的目标、其他的思想……这是进行统帅的人应有的唯一的专业"。如果"不整军经武,就使得人们蔑视你,这是君主必须提防的奇耻大辱之一"⑥。海尔认为,马基雅维利之所以得出这番结论——奉行军事强力的原因在于1500年出使法国宫廷时的亲身经历。在那段经历中,没人聆听来自佛罗伦萨大使的话语,并轻蔑地称他为

---

① 马基雅维里:《君主论》,潘汉典译,商务印书馆,1985年,第62页。

② 在《君主论》第11章中,马基雅维利不惜言辞赞誉西克斯图斯图英勇,亚历山大六世睿智,朱利奥二世(又译"战神教皇尤利乌斯二世")光荣,并在第18和25章中再次肯定了两位教皇的作为。

③ J. W. Allen, *A History of Political Thought in the Sixteenth Century*, Butler & Tanner Ltd., 1960, p.481.

④ J. W. Allen, *A History of Political Thought in the Sixteenth Century*, Butler & Tanner Ltd., 1960, p.483.

⑤ 马基雅维里:《君主论》,潘汉典译,商务印书馆,1985年,第125页。

⑥ 马基雅维里:《君主论》,潘汉典译,商务印书馆,1985年,第69页。

"Mr. Nothing"①。拥有军队还不是关键,重点是必须要有一支自己的军队,即"由臣民、市民或者属军组成的军队",为了说清雇佣军的危害性,马基雅维利再次搬出了法国这面镜子。法国国王查理七世"认识到依靠自己的军队武装自己的必要性,于是在他的王国里制定了关于步兵和骑兵的规章制度",通过整军经武把自己组织起来,从英国人的统治下解放出来。这正是马基雅维利期待意大利能同样效仿的步调。吉尔伯特指出,马基雅维利已经意识到无论意大利各城邦国家在文化艺术领域达到多么辉煌的高峰,抑或是在经济贸易领域取得多少财富,都无法弥补军事力量上的劣势,②而在新一轮国家实力的角逐竞赛中,无论是维护国家独立统一,对外领土扩张还是捍卫海外的贸易殖民地,强大的军队是保障国家权力和利益的武器。③尽管在马基雅维利之前的意大利人文主义者,如布鲁尼也有过关于军队和军制的言论,④但布鲁尼的军制构想与佛罗伦萨的扩张梦想息息相关。与之相反,马基雅维利奉行军事强力的目的则是拯救国家于水深火热。16世纪的政治现实让马基雅维利顿悟,拥有军队已不再是关键,重点是要组建一支国民军,从任何地方招募而来的雇佣军都不可信。雇佣军的危害性在马基雅维利时代昭然若揭,在法国、西班牙等国训练有素的军队面前,意大利人民惨痛的战败经历是一幕活生生的历史教训,这无疑成为16世纪意大利政治思想家呼吁军制改革最为原始的动力。公民对国家的情感决定了公民军的强弱。为了有效地培养公民的爱国精神,最好的方式就是赋予公民,或至少是绝大多数公民参政的权力,因为公民参政能够更好地促进共和精神,也因为共和政府拥有"三头六臂"群策群力,较之于君主政府更加睿智且不善变。

① John R. Hale, *Machiavelli and Renaissance Italy*, Macmillan, 1960, p.52.

② Felix Gilbert, *Machiavelli and Guicarrdini:Politics and History in Sixteenth Century Florence*, pp.182–183.

③关于马基雅维利的军事理论,学者们的态度也是毁誉参半。卡博德虽然承认军事分析是马基雅维利的强项,但在论及意大利分裂的原因时,其对于军事因素的过度高估致使其忽略了对经济、政治、社会等各因素的全盘理解;克拉夫特则认为马基雅维利的军事建议并不理想,在他看来马基雅维利更像是位充满幻想的诗人,而非政治理论家。L. Lee Cameron Mcdonald, *Western Political Theory, Part II: From Machiavelli to Burke*, Harcourt Brace Jovanovich Inc., 1968, pp.211–212. 另外,潘汉典认为"在军事组织和军需供给上的城乡差别反映了马基雅维利的军事建设的阶级性。"《马基雅维利全集:君主论、李维史论》译者序,第7页。

④ Leonardo Bruni, De militia, in Gordon Griffiths, James Hankins et al. trans. and intro., *The Humanism of Leonardo Bruni: Selected Texts*, Medieval and Renaissance Texts and Studies, 1987, pp.127–145.

法是国家权力的基础。①历史经验表明,如果在这个问题上模棱两可,就会导致一个人乃至一个国家的政治命运毁损。马基雅维利提到:"一切国家,无论是新的国家、旧的国家或者混合国,其主要的基础乃是良好的法律和良好的军队"②,君主只有在法律的前提下,才能既照顾到个人的利益,又兼顾共和国的利益③。然而马基雅维利所思考的法律并不是抽象的理论,而是一套发生现实效应的制度。在马基雅维利看来,"法是调控人性、实行有效治理和维系社会的手段"④。法律同那些抽象的道德意义上的概念,如公正、自由、理性、正义等超验的形式一样,倘若无法实现国家和公民的安全,没有了实际利益的具体体现,法也就失去了实际的政治意义。换言之,马基雅维利关注的、认为重要的是实定法,而不是抽象的自然法。艾伦认为,马基雅维利对自然法的不屑,对基督教的态度让他显得那么格格不入。⑤诚然,在过去的千余年里,人们更多是从神学或自然法的层面去思考政治。与那些形而上学的法学论证所不同的是,马基雅维利没有使自己的法学理论停留在法律的普遍性问题上。马基雅维利的思维倾向决定了他对诸如自然法之类的传统意识形态学说的轻视,"他只依赖自身的经历,检验从亲身经历中得出的结论,借鉴从历史研究中引出的某些准则",这就是马基雅维利所做的一切。⑥"马基雅维利对自然法的轻视固然可谓是一种遗憾,但就其思想体系和所要阐述的国家政治和国际政治的实际状况而言,少谈和不谈自然法反倒是成全了一种新理论体系的诞生。"⑦

第三节　政治现实主义者对现实政治的考量

圭恰迪尼与马基雅维利同为16世纪著名的意大利思想家,两人关于国家政治生活的思考都与他们自身的政治经历和现实政治息息相关,两人都依赖观察与经验分析着国家政治的方方面面。作为第三代人文主义者,在特定的

① Alfredo Bonadeo, *Corruption, Conflict, and Power in the Works and Times of Niccolò Machiavelli*, University of California Press, 1973, p.105.

② 马基雅维里:《君主论》,潘汉典译,商务印书馆,1985年,第57页。

③ 马基雅维里:《论李维》,冯克利译,上海人民出版社,2011年,第113页。

④ 周春生:《马基雅维里思想研究》,上海三联书店,2008年,第192页。

⑤ J. W. Allen, *A History of Political Thought in the Sixteenth Century*, Butler & Tanner Ltd., 1960, p.484.

⑥ J. W. Allen, *A History of Political Thought in the Sixteenth Century*, Butler & Tanner Ltd., 1960, pp.451-452.

⑦ 周春生:《马基雅维里思想研究》,上海三联书店,2008年,第197页。

历史和政治环境中,圭恰迪尼与马基雅维利认清了国家世俗化的特征,他们闭口不谈自然法,并与基督教传统分道扬镳。无论是在对内统治还是对外关系上,国家不必顾忌传统伦理道德规范的禁锢,无须计较实现目的的手腕,大可抛开责任和义务的束缚,国家纯粹是为了"国家理性"而存在。在政治游戏中,马基雅维利和圭恰迪尼的眼睛始终牢牢盯着国家利益与民族利益,"国家理性"无疑是他们政治现实主义淋漓尽致的体现。于是早期人文主义者的德性政治转向了晚期人文主义者的现实政治,开启了国家理性化与信仰世俗化的进程。

一、圭恰迪尼政治观中的现实主义

圭恰迪尼与马基雅维利同时代,在两人身上有着诸多共通之处,比如对古代历史学家的尊崇,对意大利命运多舛的悲叹等。圭恰迪尼多才多艺,他是文艺复兴时期著名的历史学家、外交官、政治思想家。1483年3月6日,圭恰迪尼出生于佛罗伦萨的一个贵族世家,在家中排行老三。圭恰迪尼家族约于13世纪早期在佛罗伦萨定居,最初以土地经营为主,后以长途贸易发家,在里昂、安特卫普、纽伦堡、伦敦和那不勒斯等欧洲各地都有商业分支机构,因而圭恰迪尼家族是一个具有近代资本主义色彩的新兴贵族家族。圭恰迪尼从小就接受过良好的法学和人文主义教育,在佛罗伦萨、费拉拉、帕多瓦和比萨等地都有过求学经历。圭恰迪尼的政治生涯与美第奇家族有着不可分割的联系。索德里尼政府统治时期,圭恰迪尼作为外交使节出使西班牙,1512年共和政府被推翻,美第奇家族复辟后,圭恰迪尼便为美第奇教皇效力,先后成为列奥十世和克莱芒七世的心腹,1516年被教皇派至摩德纳(Modena),次年又被派至雷焦(Reggio),1521年担任帕尔马(Parma)总督,1523年成为罗马涅(Romagna)总管。这些城市原本都是费拉拉公爵的领地,成为教皇辖地后依然内部纷争不断、党派林立,圭恰迪尼却在这些难以驾驭的地方逐渐树立起了威望。里多尔菲评价道:"圭恰迪尼赢得了被统治者的爱戴,获得了如此响亮的声誉,他镇压叛乱、平衡收支,他所治理的地方很快就重建规章秩序,成为邻邦羡慕的对象和效法的榜样。""圭恰迪尼的成功在一定程度上得益于他曾经做过律师这个行当,律师必须在复杂的人际关系中找出一套不变的法律规则,这是责任观念的自然延伸,也是为何法学家被委以统治的重任时,总能立即卓有成效。"[①]在当时意大利半岛上,盘踞着神圣罗马帝国皇帝查理五世和法国国王弗朗索瓦一世这两头"猛虎",在1525年的帕维亚战役中查理五

---

① Robert Ridolfi, *The Life of Francesco Guicciardini*, trans. by Cecil Grayson, Alfred A. Knopf, 1968, pp.69-70.

世取胜,圭恰迪尼参与协商"科尼亚克同盟"(League of Cognac),并成为教皇军队的统领。罗马大劫后,圭恰迪尼于1531年来到博洛尼亚担任总督。1532年克莱芒七世任命亚历山德罗·德·美第奇为佛罗伦萨世袭公爵,佛罗伦萨由此翻开了公国历史的篇章。圭恰迪尼在1534年回到佛罗伦萨辅佐公爵,三年后因为自感不得重用而退出政坛,回到了他在圣玛格丽塔(Santa Margherita)的宅子里埋头著述。

圭恰迪尼与马基雅维利相熟,两人时常有书信往来,在这两位思想巨擘的身上有着诸多共通之处。同马基雅维利一样,圭恰迪尼也为后世留下许多宝贵的作品,其中包括《佛罗伦萨史》(History of Florence)、《意大利史》[1](History of Italy)、《格言与反思》(Maxims and Reflections)[2]、《关于佛罗伦萨政府的对话》(Dialogue on the Government of Florence)、《关于马基雅维利〈论李维〉的思考》(Considerations of the Discourses of Niccolò Machiavelli)等;两人都精通拉丁文和古典文化,通过自身政治实践与政治经历反思当下国家政治的方方面面;两人都擅于寓政于史,在历史叙述中融合自己的政治观点,认为15世纪早期人文主义者对历史和政治的思考已经无法满足16世纪残酷的政治现实的需求;两人还都主张个人道德美德在无情的政治权力面前是那么微不足道。[3]

16世纪上半叶,在所有批评马基雅维利的思想家中,圭恰迪尼算得上是最具分量的。吊诡的是,圭恰迪尼的政治视角与马基雅维利非常相似,同样愤世嫉俗、贪恋权位、在乎荣耀和金钱。艾伦略带夸张地指出,如果圭恰迪尼是一位君王的话,他很有可能已经成为马基雅维利笔下另一个切萨雷·博尔贾。[4]一方面,圭恰迪尼批评马基雅维利,主要批评马基雅维利审视政治问题

---

[1] 史学家科克伦认为,圭恰迪尼的《意大利史》是一部历史杰作,相较于古典作家的历史作品,有过之而无不及。Eric Cochrane, *Historians and Historiography in the Italian Renaissance*, pp.295–305.

[2] 鲁宾斯坦认为,在文艺复兴思想史上,圭恰迪尼的《格言与反思》占据了独一无二的重要地位。在16世纪的著述中,鲜有哪一部作品像《格言与反思》那样为我们呈现出作者的思想与情感。《格言与反思》与马基雅维利的《君主论》一样,是那个充满危机的历史转型期的杰作;《格言与反思》又与《君主论》不同,《格言与反思》包含了许多私人和公共生活的内容,既描绘出圭恰迪尼其人其事,又勾勒出一个作为政治理论家的圭恰迪尼。Nicolai Rubinstein, "Introduction to The Torchbook Edition," in Francesco Guicciardini, *Maxims and Reflections of a Renaissance Statesman (Ricordi)*, trans. by Mario Domandi, intro. by Nicolai Rubinstein, Harper and Row, 1965, p.7.

[3] Albert Rabil Jr. ed., *Renaissance Humanism: Foundations, Forms, and Legacy*, Vol.1, University of Pennsylvania Press, 1988, pp.198–199.

[4] J. W. Allen, *A History of Political Thought in the Sixteenth Century*, Butler & Tanner Ltd., 1960, p.495.

的经验和视角,认为马基雅维利对古罗马历史的偏倚过重,试图从古罗马兴衰史中萃取经验的做法太过绝对。另一方面,圭恰迪尼赞赏马基雅维利,叹服马基雅维利对人性的透彻分析及对人类历史发展规律的敏锐洞察。奎恰迪尼与马基雅维利一样,也认为人性不易改变,历史仍会重演。对此圭恰迪尼指出,人的外貌和事物的表象虽会变化,但同样的事情会再次发生。①但不同的是,圭恰迪尼并不是历史经验论者,历史于他而言只能被用来借鉴,却不能被用来总结与概括。马基雅维利则恰恰要从历史经验中总结出一套可被用于指导当下的行为准则。圭恰迪尼对此不以为然:这个世上没有什么绝对的事情,任何基于经验的行为准则都不是万能。如果不加区分、泛泛而论的话,那就是弥天大错。由于环境的多样性,几乎每一种规则都有限制与例外。②

从表面来看,圭恰迪尼似乎与马基雅维利一样偏爱共和政府的统治,在讨论母邦佛罗伦萨时尤其如此。不过圭恰迪尼对共和政府的偏爱之意最多仅就佛罗伦萨而言,他断然是不希望看到全意大利都施行共和政制的。③我们不要忘了,圭恰迪尼出身于官宦世家,有着显贵身份的圭恰迪尼不会像马基雅维利那样,对平民政府的优越性充满信心;与之相反,圭恰迪尼反复表达了对平民的鄙夷和蔑视。在圭恰迪尼眼中,人民好比"疯狂的野兽,只会招惹是非,酿下祸患",人民对于政治动机,对于国家治理一无所知,他们在做政治决断时从来都是出于侥幸,而不是出于理性。④"人民统治的唯一优点就在于他们能够遏制僭主,但是由于人民愚昧无知,他们根本就不懂如何商议国家大事,那就是为何一旦共和国把权力交到人民手里便很快覆灭的原因。"⑤然而圭恰迪尼却对"共和自由"青睐有加,将之视为抵御压迫的法宝。圭恰迪尼毫不避讳地指出:"在佛罗伦萨,人民至少应该具有选举政府官员和表决立法

① Francesco Guicciardini, *Maxims and Reflections of a Renaissance Statesman* (*Ricordi*), trans. by Mario Domandi, intro. by Nicolai Rubinstein, Harper and Row, 1965, p.60, No. 76.

② Francesco Guicciardini, *Maxims and Reflections of a Renaissance Statesman* (*Ricordi*), trans. by Mario Domandi, intro. by Nicolai Rubinstein, Harper and Row, 1965, pp.42, 69, No. 6, 110.

③ J. W. Allen, *A History of Political Thought in the Sixteenth Century,* Butler & Tanner Ltd., 1960, p.497.

④ Francesco Guicciardini, *Maxims and Reflections of a Renaissance Statesman* (*Ricordi*), trans. by Mario Domandi, intro. by Nicolai Rubinstein, Harper and Row, 1965, pp.76–77, No. 140, 141.

⑤ Francesco Guicciardini, "Considerations of the Discourses of Niccolò Machiavelli," in James B. Atkinson and David Sices trans., *The Sweetness of Power,* Northern Illinois University Press, 2007, p.390.

提案的权力。"①但是在应当由人民还是贵族来充当"自由"守护者的问题上，圭恰迪尼给出了截然不同的答案。

首先，对于圭恰迪尼来说，"自由"的价值不过就是用来阻止僭主专制的工具，而不是意识形态的武器。单就这点而言，圭恰迪尼既不同于萨卢塔蒂、布鲁尼的公民人文主义，也有别于马基雅维利的共和主义；再者，圭恰迪尼始终都站在贵族的立场上思考。他以古罗马为例，虽然从平民中推选出来的"保民官"的职责是捍卫自由，但是罗马显贵同样对之义不容辞，执政官(Consuls)和独裁官(Dictators)都有捍卫自由的义务与权力，而且贵族显然要比平民发挥出更大的作用，比如挫败格拉古兄弟(Gracchi)的改革和平息喀提林阴谋(Conspiracy of Catiline)，况且保民官只能保卫平民利益，并不能保护整个国家。"如果一定要从平民和贵族中做出选择，组建一个纯粹的平民政府或是贵族政府的话，我认为选择贵族要比选择平民更加安全。因为贵族更具智慧，品德优良，他们要比平民更懂如何合理地统治；平民则劣迹斑斑，愚钝无知，他们只会搞砸和毁灭一切事情。"②如此看来，在对待平民的态度上，马基雅维利要比圭恰迪尼温和得多，至少马基雅维利对共和政府仍抱有很大的希望，正是这种希望支撑起马基雅维利共和主义的信念。马基雅维利认为，贵族与平民的差异在于前者旨在获取权力，后者只求不受压迫，"故较之权贵，平民有更强烈的意愿过自由的生活，更不愿意伤害这种自由"③。不过圭恰迪尼似乎在一问题上要比马基雅维利看得更加透彻，即圭恰迪尼认识到，人们渴求"自由"主要是出于自身利益的考虑。"自由"常被用作个人野心的托词或掩饰，那些借助"自由"名义弑君的人通常就是日后的暴君，因为人类天生就会渴求对他人的主宰。④

圭恰迪尼对人性的判断比起马基雅维利来更近人情世故。马基雅维利反复揭露人性之恶，"人性是恶劣的，在任何时候，只要对自己有利，人们便与(恩义)这条纽带一刀两断"，"除非某种需要驱使人们必须对你忠诚外，他们总是变成邪恶的"。⑤然而圭恰迪尼却不止一次地渲染人在本性上倾向于善，

① Francesco Guicciardini, "Considerations of the Discourses of Niccolò Machiavelli ," in James B. Atkinson and David Sices trans., *The Sweetness of Power*, Northern Illinois University Press, 2007, p.390.

② Francesco Guicciardini, "Considerations of the Discourses of Niccolò Machiavelli ," in James B. Atkinson and David Sices trans., *The Sweetness of Power*, Northern Illinois University Press, 2007, pp.394–395.

③ 马基雅维里：《论李维》，冯克利译，上海人民出版社，2011年，第58页。

④ Francesco Guicciardini, *Dialogue on the Government of Florence*, trans. and ed. by Alison Brown, Cambridge University Press, 1994, p.51.

⑤ 马基雅维里：《君主论》，潘汉典译，商务印书馆，1985年，第80、115页。

甚至认为谁没有这种向善的天性，谁就是恶魔禽兽。①"人类天生向善而非向恶，没有人生来就会弃善扬恶，除非有些因素诱导他如此。但是人类的天性又是那般脆弱，各种诱惑则是不计其数，于是人类很快便堕落地偏离了善的轨道。为此，明智的法官定下了赏罚规制，只为让人心生希望和畏惧，坚定向善的天性。"②可见圭恰迪尼与马基雅维利在对待人性的问题上，出发点是相反的。马基雅维利秉持的是"不到万不得已，人无行善之理，若能左右逢源，人必放浪形骸，世道遂倏然大乱"③；圭恰迪尼则似乎是在坚信人之初性本善，虽然人性易受诱惑而变，但若能加以法度制约，犹可令其改邪归正。值得注意的是，圭恰迪尼的人性泛论只是就伦理角度而言，一旦把人性投放到政治的大熔炉里，圭恰迪尼的向善说就变味了。比如，圭恰迪尼建议："如果不能同时取悦于所有人，那么就不必布恩施惠于任何人。因为受到伤害的一方非但不会忘记屈辱，甚至还会无限放大自己的怨恨。与之相反，受到恩待的一方要么顷刻忘记惠泽，要么无限缩小你的好意。所以这么做的话，你所失却的终究比你所得到的要多得多。"④

　　圭恰迪尼似乎有时候要比马基雅维利更称得上是一位"马基雅维利主义者"。毋庸置疑，同为16世纪最伟大的意大利政治思想家，在马基雅维利和圭恰迪尼政治思想中的相通之处有目共睹，并且这种共性是实质性的和根本性的，这在一定程度上会掩盖或削弱他们之间的殊异之处。在一些事情上，圭恰迪尼要比马基雅维利看得更加清楚透彻，他对待问题的态度也要比马基雅维利更加冷静审慎。比如，圭恰迪尼虽然赞同马基雅维利所谓的"目的决定手段"，却同时点明了阴谋诡计、背信弃义等行为不利于政治上的长远稳定；⑤圭恰迪尼虽然也迫切希望将侵略者赶出意大利，但他并不认同马基雅维利所

---

① Francesco Guicciardini, *Maxims and Reflections of a Renaissance Statesman* (*Ricordi*), trans. by Mario Domandi, intro. by Nicolai Rubinstein, Harper and Row, 1965, p.75, No. 134.

② Francesco Guicciardini, *Maxims and Reflections of a Renaissance Statesman* (*Ricordi*), trans. by Mario Domandi, intro. by Nicolai Rubinstein, Harper and Row, 1965, p.75, No. 135.

③ 马基雅维里：《论李维》，冯克利译，上海人民出版社，2011年，第54页。

④ Francesco Guicciardini, *Maxims and Reflections of a Renaissance Statesman* (*Ricordi*), trans. by Mario Domandi, intro. by Nicolai Rubinstein, Harper and Row, 1965, pp.47–48, No. 25.

⑤ J. W. Allen, *A History of Political Thought in the Sixteenth Century*, Butler & Tanner Ltd., 1960, p.499.

说的"解放的时机已经成熟"。①不仅如此,圭恰迪尼认为意大利获得解放的机会简直渺茫,他甚至毫不忌讳地指出,意大利在文化艺术上取得的惊人成就与她未能早日统一的政治现实不无关系,如果意大利能够早日统一的话,这或许会对各个城邦国家中绚丽多彩的文化生活起到反作用,因为中央政府的建立势必会抑制各地方政府的欣欣向荣,意大利也会因此经历更多的磨难。在统一呼声日益高涨、民族情绪集中爆发的时代,很少有人能够像圭恰迪尼那样具有看清、看透政治现实的眼力,而这种能力恰恰源于圭恰迪尼就是一名彻头彻尾的政治现实主义者。

二、国家理性化与信仰世俗化

"国家理性"与近代民族国家的兴起相生相伴,它源自近代早期欧洲从封建社会到现代社会的转变和各个政治实体之间的竞争。与国家理性遥相呼应的是国家利益,新兴的民族国家以其强有力的政治统治模式,捍卫并促进本国的民族经济与商业利益。谁能充分发挥民族国家的整体功能,谁就能占据经济、政治、国际地位上的优势,近代国家愈发成为一种非人格化的统治机器。

马基雅维利的著作通常被认为最典型地包含了国家理性的内涵和要义,有学者甚至认为,"国家理性"标志着一种马基雅维利式的政治道德态度。②中国学者甘阳指出,《君主论》第15章谈的就是政治现实主义,第18章则充分表明了马基雅维利就是一位政治现实主义者。因为马基雅维利已经注意到,柏拉图、亚里士多德等古典政治哲学家只会空谈"政治的理想",却避而不谈"政治的现实",他们津津乐道的"国家"都是从来不曾实际存在过的,也永远不可能存在的想象之产物;列奥·施特劳斯指出,从色诺芬的对话体《希耶罗》(Hiero)(又译《论僭政》,Tyrannicus)到马基雅维利的《君主论》,最能体现西方古典政治哲学与西方现代政治哲学的根本区别。《君主论》明明传授的是如何当好一名僭主的秘诀,但全书却偏偏刻意绕开了"僭主"一词。③马基雅维利

---

① 与圭恰迪尼不同,马基雅维利在《君主论》第26章中指出,将意大利从蛮族手中解放出来的时机已经成熟,"只要有人举起旗帜,她就准备好并且愿意追随这支旗帜",并将美第奇家族的教皇列奥十世视为救世者的领袖,只要美第奇王室采取《君主论》中的谏言,解放意大利就不存在巨大的困难。为此,马基雅维利甚至谈到了上帝的神迹,"大海分开了,云彩为你指路,巉岩涌出泉水,灵粮自天而降",颇有一种诸事俱备只欠东风的意味。马基雅维里:《君主论》,潘汉典译,商务印书馆,1985年,第122—126页。
② Lee Cameron Mcdonald, *Western Political Theory, Part II: From Machiavelli to Burke*, Harcourt Brace Jovanovich Inc., 1968, p.218.
③ 甘阳:《从色诺芬到马基雅维利》,色诺芬《居鲁士的教育》,沈默译,华夏出版社,2007年,中文版序;Leo Strauss, *On Tyranny*, The Free Press, 1991, p.24.

有意要忽视"君主"与"僭主"的区分,这种思考政治的方式不得不说是马基雅维利对其时代的政治现实的回应,这也是西方现代政治哲学发展的趋势。

　　不过也有学者指出,"国家理性"实际上肇端于圭恰迪尼,"马基雅维利确实有一套关于道德起源及意义的理论,尽管它不是一套关于义务和责任的理论。然而圭恰迪尼根本就没有什么道德的标准。对圭恰迪尼而言,行为的道德准则无异于方便起见的临时约定,它总是方便了他人,却不利于自己"①。在《关于佛罗伦萨政府的对话》里,圭恰迪尼正式提出了"国家理性"(*ragion di stato*),但早在此前,圭恰迪尼所谓的"国家利益"(*l' interesse dello stato*)其实就是"国家理性"的代名词。②国家理性对传统的自然法学构成了严峻的挑战,16世纪的意大利思想家立足于现实政治的需要,主张国家统治者在做政治决断时唯一需要依循的只有国家利益。马基雅维利与圭恰迪尼秉持的国家理性至上的观点在后继思想家乔瓦尼·博泰罗(Giovanni Botero,1544—1617年)的《论国家理性》(*Della ragion di stato*)中得到进一步发扬光大。艾伦颇有见地地指出,16世纪的思想家思考的实际上都是如何稳定政治秩序的问题。政治秩序是在这百年里各国政府迫切需要的东西,各国君主和统治者都在为之不懈努力。英国、法国、西班牙、神圣罗马帝国在15、16世纪基本已形成了强大的中央集权,意大利在历经烽火硝烟后,最终在查理五世大军的"铁蹄"下,结束了混乱不宁的局面。③因此,国家理性化与信仰世俗化堪称16世纪意大利政治思想的两大特征。

　　我们不妨看一下圭恰迪尼理想中的国家政体类型。在强大统一的中央集权民族国家已成大势所趋之际,圭恰迪尼却希冀混合政府体制能够帮助佛罗伦萨实现国家的有效运作。从表面上看,圭恰迪尼似乎在与时代背道而驰,但实际上这种"背道而驰"恰恰反映了这位老谋深算的意大利思想家基于现实政治的考虑。圭恰迪尼始终都将威尼斯视为国家治理的楷模,佛罗伦萨需要的是像威尼斯那样的"混合政体"。圭恰迪尼在《洛格罗诺论集》《关于佛罗伦萨政府的对话》《格言与反思》和《关于马基雅维利〈论李维〉的思考》中,多次提到佛罗伦萨应当建立混合政府体制,其国家政治理论透射出浓郁的现实主义和宪政特征。圭恰迪尼强烈谴责美第奇家族的统治,无论是民主制还是贵族制,在圭恰迪尼看来都糟糕透顶。圭恰迪尼自言:"之所以赞成混合政

① J. W. Allen, *A History of Political Thought in the Sixteenth Century*, Butler & Tanner Ltd., 1960, p.500.

② Lee Cameron Mcdonald, *Western Political Theory, Part II: From Machiavelli to Burke*, Harcourt Brace Jovanovich Inc., 1968, p.218.

③ J. W. Allen, *A History of Political Thought in the Sixteenth Century*, Butler & Tanner Ltd., 1960, p.512.

府,是因为在这样的政府里,自由能够得到守护,国家是所有人的国家,让那些觊觎权力的人无计可施。混合政府有助于实现社会各阶层之间的平衡,各政治力量集团之间的均势制衡又是守护和确保自由的关键。即便放眼历史,强盛的古罗马共和国施行的也是混合政体,而非平民统治。"①实际上,圭恰迪尼早在1508年写《佛罗伦萨史》时就已经看出佛罗伦萨政府体制中潜藏的弊端,他写道:

> 很难想象有哪个城市比佛罗伦萨的政治结构更加松散和糟糕。所有症结都起源于没有谁能够在佛罗伦萨持久地拥有负责共和国事务的权力,即没有人能够从立法到执法这个过程中一以贯之。首长团每两个月换届一次,旗下两大阁僚辅助班子的任期则分别是三个月和四个月。在如此短暂的任期内,每个人都只知道谨慎处事,没有人会感到自己对公共事务负有责任和义务。此外,法律规定三大权力机构的成员在任期届满后,要间隔很久才能再任,这项规定不仅针对个人,还同样适用于家族。后果就是,在大部分时间里,佛罗伦萨的官员都只能由一些缺乏经验,能力不足的人来担当。如果这些人再不听从有智慧的公民的意见,而倔强地一意孤行的话——情况也的确如此,因为他们害怕有声望的公民会将他们逐出政府——佛罗伦萨注定就要走向毁灭。不仅如此,当一大群人不得不商议一些存有争议的问题时,过程难免拖沓迟缓,无法果断行事,还有就是商议中容易走漏风声,由此引发的祸端不计其数。②

统治机构成员的频繁流动不仅导致佛罗伦萨政府内部很不稳定,并且还阻碍了信息对外畅通,使得佛罗伦萨的驻外使节无法在第一时间得知本国内发生的大小事件,导致使节在许多场合下往往处于被动的局面。圭恰迪尼对此深有体会。1511年,未满三十岁的圭恰迪尼被任命为佛罗伦萨驻西班牙大使,为此他感到兴奋与自豪,"在记忆中,从未有过如此年纪轻轻的人被委以

---

① Francesco Guicciardini, "Considerations of the Discourses of Niccolò Machiavelli ," in James B. Atkinson and David Sices trans., *The Sweetness of Power,* Northern Illinois University Press, 2007, p.395.

② Francesco Guicciardini, *The History of Florence,* trans. and intro. by Mario Domandi, Harper and Row, 1970, pp.218–219.

这般重任"①。但令圭恰迪尼始料未及的是,西班牙阿拉贡国王斐迪南二世只不过在表面上以礼相待,圭恰迪尼的出使任务进展得很不顺利。圭恰迪尼认识到,斐迪南二世奸诈狡猾、精明算计,佛罗伦萨在强大的西班牙面前根本无足轻重。为此,圭恰迪尼多次写信回佛罗伦萨恳求指示,无奈全部石沉大海杳无音讯。不仅如此,让圭恰迪尼更加感到耻辱的是,1512年索德里尼领导下的共和政府垮台,作为驻外使者的圭恰迪尼竟然对此事一无所知,反倒是西班牙国王抢先一步得知这个消息。在出使西班牙的这段时间里,圭恰迪尼始终心系佛罗伦萨,写下《洛格罗诺论集》,只可惜被圭恰迪尼寄予厚望的共和国政府还未来得及按其意进行改革,便已分崩离析。不过这恰好说明了《洛格罗诺论集》并不是一部寻求机运转变的阿谀之作,圭恰迪尼对佛罗伦萨的社会、政治、政府体制做了详尽分析,他是基于现实的角度与实用的目的,在为佛罗伦萨把脉开药。②

从早期人文主义者到马基雅维利和圭恰迪尼那里,德性的观念也经历了转变。早期人文主义者讲究从德性出发思考政治统治的问题,一来是为那些带有缺陷头衔进行统治的君主提供权力合法性的依据,二来也是希望通过提升统治阶级的德性从而实现社会政治风气的改良。然而布鲁尼、帕尔米耶里、帕特里齐等早期人文主义者的德性政治观念是保守的,他们都属于固守时局的人。由于社会地位和政治身份的局限,早期人文主义者不仅会从基督教思想中寻求理论上的支持,更不可能从根本上动摇教廷教皇和教会的权威。与早期人文主义者不同的是,马基雅维利虽然也谈德性,但他却质疑早期人文主义者"德性政治"的有效性。前文已有述及,克罗齐认为马基雅维利成功实现了政治与道德分离,该观点太过绝对。实际上,马基雅维利是从传统的伦理道德中剥离出了政治道德,但他并不是一位非道德主义者。从早期人文主义者到马基雅维利和圭恰迪尼,德性的内含发生了增减,马基雅维利和圭恰迪尼是从现实政治的需求出发,他们推崇的德性简单而言就是具备政治强力。

马基雅维利和圭恰迪尼都将教廷视为具有世俗特征的政治力量,教皇国所表现出来的世俗性其实与意大利半岛上任何一种世俗权力都无本质性的差异。如果一定要深究教会国家与世俗国家之间的区别,或许就是教会披上了一层虚伪与迷信的外衣。我们完全有理由认为,早在宗教改革的风暴到来

① Francesco Guicciardini, "Ricordanze ," in Francesco Guicciardini, *Scritti autobiografici e rari,* ed. by R. Palmarocchi, Bari, 1936, p.69, in Athanasios Moulakis, *Republican Realism in Renaissance Florence: Francesco Guicciardini's Discorso di Logrogno,* p.29.

② Athanasios Moulakis, *Republican Realism in Renaissance Florence: Francesco Guicciardini's Discorso di Logrogno,* pp.29–30.

之前,马基雅维利与圭恰迪尼就已经拉响了警报,他们不仅质疑神启的真实性,并且还质疑基督教社会和宗教国家的价值。在某种意义上,他们甚至要比宗教改革家走得更远。马基雅维利和圭恰迪尼都拒绝接受《圣经》的启示与教会的权威,他们要么从古代作家和异教思想中获得启发,要么开辟一条特立独行的先例。在他们看来,值得国家去为之奋斗的东西无外乎就是独立自由、安全稳定,和一种虚幻的荣耀。

正因如此,第三代人文主义者彻底摒弃了基督教传统,他们毫不留情地抨击教会,他们对中世纪基督教神学轻蔑鄙夷,他们要瓦解教会赖以生存的根基。这种从传统思想道德中的解放或许于马基雅维利和圭恰迪尼,乃至整个文艺复兴时期而言,都算是标新立异、大胆激进的。但这是否就意味着西方政治思想由此向前迈出了一大步?是否标志着近代政治思想由此拉开了序幕?国家理性化和信仰世俗化是否象征着人类政治文明的继往开来?路漫漫其修远,这些问题都有待进一步商榷,但有一点却毋庸置疑,14—16世纪意大利人文主义者在西方政治思想史的发展历程上为后人留下了一幅幅历久弥新的绚烂画卷。

余论　意大利人文主义国家政治理论三点未尽之问题

　　早期人文主义者并不像中世纪经院哲学家或近代政治家那般注重政治理论的系统架构。14、15世纪,人文主义者的政治思想依然囿于以道德修辞为主的古典文化传统中,他们将提升统治者(或集团)德性和社会道德风气作为政治改革的目标。这一时期人文主义作品的风格侧重于高雅博学,而非精细入微。著作的受众对象一般都是受过良好教育的上层统治阶级。尽管在早期人文主义者的作品当中,鲜有能与《君主论》相媲美之作,却从根本上影响了西方政治思想的发展进程,为之提供了赖以生存的肥沃土壤。早期意大利人文主义者的贡献并不在于提出了系统性的理论体系,而是在于营造了有利于迸发思想火花的氛围环境。直至16世纪,在马基雅维利、圭恰迪尼等晚期人文主义者的政治著述中,方才流露出近代政治思想中特有的张力与两难的特征。

一、双重政体的倾向与政治忠诚

　　“政治忠诚”是研究意大利人文主义者的国家政治理论中首先遇到的问题。美国学者韩金斯指出,改革家通常分成两派:一派相信可以通过改革政治体制从而实现个体改造;另一派认为通过改造个体从而能够带动制度体系的改变。14、15世纪的意大利人文主义者大多属于后者。[1]早期人文主义者最关心的是“德性”的问题,他们关注如何才能提升统治阶级的德性与智慧。我们知道,中世纪政治思想可以笼统地概括为两种对立的意识形态之间的较量。然而教权与皇权的冲突到了14世纪初已渐入尾声。但丁希冀的“世界帝国”随着神圣罗马帝国势力的衰退变得烟波浩渺。1375—1415年的教廷大分裂更是让教皇和教阶秩序信誉扫地。就国家政治层面而言,文艺复兴时期是君主和寡头的时代,聚焦和争议的中心是统治地位和统治权力的合法性问题。当传统的权力合法性源头趋于枯竭之际,人文主义者自然将精力投注于个体身上。

---

① James Hankins, "Humanism and the Origins of Modern Political Thought ," in Jill Kraye ed., *The Cambridge Companion to Renaissance Humanism,* Cambridge University Press, 1996, p.119.

早期人文主义者可谓固守时局的保守派，他们将改革的重心寄托在个体身上，而不是从政治制度的根本上掀起一股彻底革命的飓风。他们这么做自有道理。也许最可信的解释就是，人文主义者大多依附于教会、君主或是其他统治阶层的门下以求谋生。基于这种生存条件，要对现有的社会秩序给予大力抨击显然不是明智之举。因此，早期人文主义政治著作基本采取道德说教的方式，或是向统治者建言献策，或是高歌赞美颂词。当人文主义者不得不对时政提出建设性意见时，他们的言辞往往显得敷衍，那种表露意识形态的激情阐释则付之阙如。换言之，人文主义者不会明确凭借某种特定的意识形态去排斥一切其他的政治观念。他们对政体制度的判断仅限于"好"与"坏"的程度，绝非"好"与"坏"的性质。在亚里士多德的影响下，人文主义者将各类政体视为自然发展的结果，将政治失败的原因归结为统治者德性的缺失。人文主义者对政治的理解极大地受制于他们对统治集团的依赖，比如帕特里齐、普拉蒂纳等人能够同时拥护共和制和君主制，只要统治者具有德性，政体本身并不是关键。这就是为何人文主义者能够轻易地改弦易辙，具有双重政体倾向的原因。但若按照现代政治的眼光来看，彼特拉克、萨卢塔蒂、布鲁尼、马基雅维利无疑都是政治上的"伪君子"，现代学者不惜笔墨对他们著作中诸多自相矛盾之处予以抨击。然而倘若我们考虑到这些人文主义者的政治身份和教育背景，并且还原历史情境加以分析的话，便能理解人文主义者在政治忠诚上的朝秦暮楚了。

　　再者，人文主义者都接受过专业的修辞学训练，热衷于探讨同一个问题的正反两面。若是因为这一点而让人文主义者背负"政治不忠"之名并饱受苛责的话，他们定会辩驳说：按照西塞罗传统，演说者最重要的职责就是提升听众的道德理性，政治忠诚并没被包括在人文主义者对"道德"的定义中。修辞习惯已经渗透到人文主义思想文化中，意大利人文主义者并不讲究政治上的忠诚守信，有效的语言表达要比严格遵守事实更为重要。实际上，在人文主义者看来，一场能够赢得掌声的演说恰恰需要刻意隐藏事实，甚至需要编造事实，在某些特定场合下懂得如何说谎是修辞雄辩的技巧之一。所以说，精湛高超的修辞技巧必然会与矫饰不实相伴相随。我们不妨来看一个生动的事例。米兰公爵菲力波·马利亚·维斯孔蒂（Filippo Maria Visconti）的文书长皮埃尔·坎迪多·德琴布里奥（Pier Candido Decembrio，1399—1477年）在1438年与佛罗伦萨人文主义者波焦之间曾有书信往来。米兰和佛罗伦萨这两个国家当时刚刚签订了停战协议，为了示好，维斯孔蒂让德琴布里奥写信给波焦，公然谴责那些抨击佛罗伦萨的文章。德琴布里奥的这封信完全就是一篇佛罗伦萨颂词：

佛罗伦萨因她的美丽与自由而受赞誉,因她灿烂的文化与人民固有的德性而备受敬重,她强大的军事能力及对和平的渴望远近闻名,她竭力抵御米兰的进攻并捍卫意大利的自由,她决不允许帝国的武力威胁到她的盟友。[1]

显然,上述言辞仿照了布鲁尼的《佛罗伦萨城颂》。但仅在两年前,当米兰和佛罗伦萨交战期间,德琴布里奥在《米兰城颂》(De laudibus Mediolanensium urbis panegyricus)中却对佛罗伦萨横加谴责,批判佛罗伦萨冷酷暴力,内部四分五裂,在军事上依赖雇佣军,在文化上冒充领导者,并且假借捍卫意大利自由的名义来满足自己帝国扩张的野心。[2]我们从这两封截然不同的书信中已能感受到人文主义者精湛的修辞技巧与讽刺妙笔。对此,波焦当然不甘示弱。在很长一段时间内,米兰维斯孔蒂家族都饱受佛罗伦萨人的唾骂,被冠以"暴君"的恶名。然而波焦在回复1438年德琴布里奥的信时,却破天荒地称赞詹加莱亚佐是"最优秀并值得称道的君主",菲力波·马利亚则是"我们时代的领路人,在他的身上,意大利人祖先的美德与正义重焕光芒"。[3]作为政治宣传家,人文主义者能够娴熟地发挥修辞技巧;作为政府官员,他们熟悉政治权力的游戏,洞悉各城邦国家的实力变化。人文主义政治家既要考虑国家的对外形象和声誉,同时又要注重公文言辞能否给国家带来实际的政治利益。通常情况下,"声誉"与"实用"往往无法兼容。由于人文主义者只是当权统治集团的代言人,而非政策的制定者,因而我们不能苛求他们政治著述中的忠诚一致,人文主义者的政治立场永远取决于他们担任的政治职务。在政权更迭嬗变的15世纪里,或许唯一不变的就是,人文主义者会尽其所能地为轮番掌权的统治集团服务,迎合统治者的利益。

二、寡头统治的辩护与共和思想

"共和主义"是研究意大利人文主义者的国家政治理论中另一个绕不开的问题。美国学者布莱斯指出,综观"共和主义"在意大利政治思想史上的发

---

[1] Riccardo Fubini ed., *Poggio Bracciolini: Opera omnia*, 4 Vols., Vol.1, 1964, pp.333–339; James Hankins, "Humanism and the Origins of Modern Political Thought," in Jill Kraye ed., *The Cambridge Companion to Renaissance Humanism*, Cambridge University Press, 1996, pp.121–122.

[2] 1429年,佛罗伦萨主动进攻曾经的盟友卢卡共和国,由此拉开了对外侵略的战幕,这些都成为德琴布里奥狠狠抨击佛罗伦萨人的依据。

[3] James Hankins, "Humanism and the Origins of Modern Political Thought," in Jill Kraye ed., *The Cambridge Companion to Renaissance Humanism*, Cambridge University Press, 1996, p.122.

展轨迹,可以看到两个非常重要的节点,它们分别是发生于13世纪晚期亚里士多德《政治学》的重现和16世纪初期马基雅维利著作的问世。早期人文主义者的共和思想较为温和,他们既没有批驳中世纪思想家关于共和制度的言论,也没有提出让人耳目一新的,可被称作"文艺复兴共和主义"(Renaissance republicanism)的独特理论。①然而人文主义者的共和思想有他们自己的特征。13世纪晚期的人文主义思想家倾向于平民共和主义;自14世纪晚期起,人文主义者在君主和寡头统治的时代大背景下重新阐释共和主义,在复兴古典共和传统的同时更贴近当下的政治现实。不仅如此,早期人文主义者还在"共和主义"中融入了"帝国主义"的元素,以此迎合政治目的的需求。②随着人文主义者对古典道德哲学研究的深入,他们不断丰富着世俗生活的积极内蕴,提倡公民社会的作用与价值。最终,以布鲁尼为代表的15世纪人文主义者发展出一套共和传统的历史叙事,将共和自由与政治文化两相结合。下面不妨以布鲁尼为例,探究早期人文主义者是如何借助"共和自由"的武器为寡头意识形态服务的。

布鲁尼被巴龙誉为共和制的捍卫者,但在其公民人文主义思想中却含有明显的贵族共和主义色彩。布鲁尼对亚里士多德六类政体的划分并不陌生,③在亚里士多德看来,共和制本质上是一种以民主制和寡头制的审慎结合为基础的混合形式,它的统治者由既不太富也不太穷的中间阶级组成。④巧合的是,翻译完《政治学》后不久,布鲁尼便在《论佛罗伦萨的政制》中明确表示:"佛罗伦萨的政体类型不是纯粹的贵族制或民主制,而是两者兼而有之的混合政体",并就公民参与国家政治的问题上提出了"反贵族原则"和"反平民原则"。⑤布鲁尼一改早先对佛罗伦萨共和政体的颂扬基调,转而承认混合政

① James M. Blythe, *Ideal Government and the Mixed Constitution in the Middle Ages*, Princeton University Press, 1992.
② 自14世纪晚期,罗马、威尼斯、佛罗伦萨、米兰纷纷开始对外扩张,将周边城市纳入自己领土范围内。对此,共和派人文主义者在借鉴古罗马历史的基础上,刻意美化这种带有帝国扩张性质的侵略行为,称之为抵御暴君、捍卫自由的正义战争。
③ 布鲁尼先后翻译了亚里士多德的《尼各马可伦理学》和《政治学》,其人文主义风格的译本因与中世纪经院主义哲学家存在极大反差而引发争议,但布鲁尼翻译的《政治学》在15世纪取代了中世纪摩尔贝克的威廉(William of Moerbeke)译本并被广泛引证。James Hankins, *Humanism and Platonism in the Italian Renaissance*, Vol.1, Edizioni di storia e letteratura, 2003, pp.193-239.
④ 穆霍帕德希亚:《西方政治思想概述》,姚鹏等译,求实出版社,1984年,第31页。
⑤ Leonardo Bruni, "On the Florentine Constitution," in Gordon Griffiths, James Hankins et al. trans. and intro., *The Humanism of Leonardo Bruni: Selected Texts*, Medieval and Renaissance Texts and Studies, 1987, p.171;郭琳译文,布鲁尼:《论佛罗伦萨的政制》,《政治思想史》2015年第3期。

体的做法与其说是对亚里士多德的刻意模仿,不如将之视为布鲁尼对当时佛罗伦萨政治现实的真实写照。借助西塞罗式的修辞语言,布鲁尼巧妙地将贵族寡头扶上了佛罗伦萨共和国的宝座,或者说城市显贵的寡头传统始终根植于布鲁尼公民人文主义思想的深处。

首先,布鲁尼颂扬佛罗伦萨的立足点是基于法律制度的公正与政治体制的合理,成功施行"共和政体"并不等于必须将统治权赋予全体公民。事实上,布鲁尼早已将统治佛罗伦萨的权杖交到了圭尔夫党派的手中。①"在佛罗伦萨众多官员中,没有哪个能比圭尔夫党派的领袖更令人瞩目",党派倾轧、分权掣肘是布鲁尼时代佛罗伦萨政治的显著特征,对此布鲁尼坚决站在圭尔夫党的立场表态,将之誉为"善党",并在述及佛罗伦萨圭尔夫党派的起源时也不惜笔墨地将之与雅典人相媲美。1260年在蒙塔佩蒂(Montaperti)战役中惨败溃逃至卢卡的圭尔夫党人在布鲁尼心中同样不失英勇气概,他们"如同效仿杰出的雅典人在第二次希波战争中撤离雅典,这么做只为有朝一日能够作为自由人重新返回自己的城邦。正是出于这种精神,在惨烈战争中幸存下来的英勇的佛罗伦萨市民离开了祖国,相信只有通过这种方式日后才能更好地洗雪前耻……终于时机成熟了,在骁勇善战的将领的带领下,他们踏上了讨伐西西里国王曼弗雷德的征程……最终建立起一个新的政府机构,组成人员都是圭尔夫党派的首领,他们都曾在这场正义的战斗中发挥领导作用。这个机构在佛罗伦萨享有很高的权威,几乎所有事情都由他们过问和监督,以确保共和国的运作不再偏离祖辈行进的轨迹,还要小心共和国的权力不会落入敌对派系的手里"②。布鲁尼竭力将由上层显贵组成的圭尔夫党包装为共和政府真正的统治者形象,通过唤起人们心中对赢得战争胜利的感激和喜悦之情巧妙地营造出一种印象,即倘若没有圭尔夫党在1266年阿普利亚战役中为了佛罗伦萨浴血奋战的话,就不会有佛罗伦萨今日的自由与辉煌成就。并且自13世纪开始,佛罗伦萨的历史便与圭尔夫党紧密关联,效忠圭尔夫党的领导等同于获取政治自由的首要条件。

随着1434年美第奇家族势力在佛罗伦萨崛起,布鲁尼更加意识到调整政治立场的重要性。在《论佛罗伦萨的政制》中,布鲁尼抛弃了早年在《佛罗伦萨城颂》中的口吻,承认佛罗伦萨的政体介于贵族制和民主制之间。"在佛罗伦萨很少召开公民大会,因为每件事情事先都得到妥善安排,也因为执政阁

---

① 布鲁尼出身于阿雷佐的一个圭尔夫党派家庭,1384年阿雷佐城内的吉伯林党在法军的帮助下夺取政权,阿雷佐被划入佛罗伦萨的领土管辖。
② Leonardo Bruni, "Panegyric to the City of Florence," in Benjamin G. Kohl and Ronald G. Witt eds., *The Earthly Republic*, University of Pennsylvania Press, 1978, pp.172–173.

僚和委员会有权决断一切事宜……尽管人民是主体,议会是权威,但正如我们说的,人民议会很少召开。""佛罗伦萨历经变迁,时而偏向民众,时而倒向贵族……外国雇佣军取代了公民军投入战争,于是政治权力便不再属于民众,而是掌握在贵族和富裕阶层的手里,因为他们为城邦做出诸多贡献,用商议取代了武力。"[1]也许有学者会辩称,布鲁尼这种反差鲜明的政体观是由于美第奇家族上台后,佛罗伦萨政府性质或结构发生变化而引起的。但基于鲁宾斯坦、布鲁克尔等学者的研究可知,随着梳毛工人起义后1382年新宪法的颁布,佛罗伦萨进入了一个长久稳定的寡头统治时期,1434年的政权更替并没给佛罗伦萨政府带来明显的改观,里纳尔多·德利·阿尔比齐(Rinaldo degli Albizzi,统治时期为1417—1434年)政府与科西莫政府都是寡头政权。[2]因此我们不妨换个角度来作解释,自1427年起担任佛罗伦萨政府文书长的布鲁尼深谙,唯有积极介入政治事务,并精心服务于为其提供庇护的佛罗伦萨寡头统治者,方能保住来之不易的权力。布鲁尼写作针对的受众对象是政府的当权者,他们在布鲁尼心中是确保国家安稳的关键。为了迎合统治阶级并保障切身利益,布鲁尼的公民人文主义无疑会带有保守色彩。[3]

其次,布鲁尼认识到政治权力与经济基础之间的作用与反作用关系,谁掌握经济大权谁就控制政治命脉,因此布鲁尼所谓平等参政的权力实际缩小为显贵阶层的特权,而寡头政治的特征又是以追求财富为标志的。掌权的寡头集团除非遭遇经济破产或政治暗算,否则绝不会轻易交出手中的权杖。15世纪初期的佛罗伦萨面临着来自国内外的多重危机,加之对外扩张需要耗费大量钱财,这给政府带来了巨大的经济压力,战争的胜利愈发取决于投入到

---

① Leonardo Bruni, "On the Florentine Constitution," in Gordon Griffiths, James Hankins et al. trans. and intro., *The Humanism of Leonardo Bruni: Selected Texts,* Medieval and Renaissance Texts and Studies, 1987, pp.171,174;郭琳译文,布鲁尼:《论佛罗伦萨的政制》,《政治思想史》2015年第3期。

② 1434年前后佛罗伦萨的政府结构,分别参见 Nicolai Rubinstein, *The Government of Florence Under the Medici 1434-1494,* Clarendon Press, 1966, Chapter 1; 布鲁克尔:《文艺复兴时期的佛罗伦萨》,朱龙华译,生活·读书·新知三联书店,1985年,第182—184页。

③ 美国学者纳杰米曾质疑巴龙提出的以布鲁尼为代表的公民人文主义的积极内涵,认为萨卢塔蒂、布鲁尼不过是通过对行会共和主义的重塑,进而创造出一套新式的政治话语。John M. Najemy, "Civic Humanism and Florentine Politics," in James Hankins ed., *Renaissance Civic Humanism: Reappraisals and Reflections,* Cambridge University Press, 2000, pp.75-105. 但纳杰米对巴龙的学术贡献仍给予高度评价,认为"19世纪的文艺复兴研究诞生了布克哈特,20世纪则绽放出了巴龙……通过对布鲁尼和15世纪早期公民人文主义的挖掘,巴龙无疑重新建构了上迄彼特拉克,下至马基雅维利的整个文艺复兴时期"。John M. Najemy, "Review Essay of Hans Baron, *In Search of Florentine Civic Humanism,*" *Renaissance Quarterly,* Vol.45, 1992, pp.340-350.

战争中去的经济实力。布鲁克尔指出:"由战争引起的经济负担和紧张关系,是削弱共和国政治体制和道德准则的一个最有影响的因素,它同时把这个共和社会推向一种最初是由一个家族,后来是由单独一人占统治地位的政治制度。"①在庞大军费开支的压迫下,很多平民家庭不堪重税、背井离乡沦为难民,他们毫无自由可言,更不用说能够平等地参与社会政治生活。在奉行对外扩张的政策上,佛罗伦萨共和国与米兰公国并无大异,统治阶级狂热的战争欲望和野心给佛罗伦萨普通平民的生活不仅带来了经济重负,并且严重危及布鲁尼引以为豪的政治自由。经济实力与政治权利是支撑公民社会正常运作的两根支柱,丧失了经济能力的中下层市民自然地降级为权势家族的政治附庸,像美第奇这样拥有雄厚资本的大家族借机利用人民对政府的不满情绪拉帮结派、扩充自身政治势力②,在布鲁尼晚年成为佛罗伦萨实权的操控者,并且成功地在两个相互对立的原则——特权与平等之间实现了张力的平衡。

从表面上看,1382年后佛罗伦萨政府官职所面向的群众基础在不断扩大,然而实际上任的资格却被严格控制在少数寡头贵族的手里,参与竞选的大部分公民都被精心设计的选任程序挡在了门外,1434年上台的美第奇家族通过操纵"中枢委员会"(accopiatori)和"巴利阿"有效地筛选掉统治集团圈子外的候选公民,同时不断延长任职期限来巩固政权。③圭恰迪尼为此感叹道:"科西莫为了保障他的权势,选定一批公民组成了为期五年的巴利阿……巴利阿的权力如此之大,以至于在他当政的年代,首长们几乎从来没能按抽签的方式产生,都是由中枢委员会按照他的意愿选举的。每当巴利阿五年届满时,只需把他们的权限再延长五年就可以了。"④身处当下的社会现实,布鲁尼清楚地知道普通市民即便拥有天生的政治权利和自由参政的意志,也不能在政府里享有一官半职。当布鲁尼描绘"在所有人的面前存在着同等的自由,这种自由只受法律的限制……在所有人的面前同样存在着获得公职和升任的希望,只要他们具有勤勉和自然的禀赋,严肃认真和令人尊敬地生活。德

---

① 布鲁克尔:《文艺复兴时期的佛罗伦萨》,朱龙华译,生活·读书·新知三联书店,1985年,第220页。
② 关于美第奇家族崛起、兴盛和没落的经历,参见 Dale Kent, *The Rise of the Medici: Faction in Florence, 1426–1434*, Oxford University Press, 1978; Nicolai Rubinstein, *The Government of Florence Under the Medici, 1434–1494*。加拿大学者朱杰维奇明确表示,公民人文主义有效地加强了美第奇家族对佛罗伦萨的统治,参见 Mark Jurdjevic, "Civic Humanism and the Rise of the Medici," *Renaissance Quarterly*, Vol.52, 1999, pp.994–1020。
③ John M. Najemy, *Corporatism and Consensus in Florentine Electoral Politics 1280–1400*, The University of North Carolina Press, 1982, pp.263–299.
④ Francesco Guicciardini, *The History of Florence*, Harper and Row, 1970, p.5.

性与廉洁是这座城市对公民提出的要求,任何人只要具备了这两种品德就被认为足以胜任管理共和国的事务……这是共和国真正的自由、真正的平等,不要害怕来自任何人的暴力和错误行动,公民在法律面前,在担任公职方面享有平等的权利"①之时,必须注意布鲁尼的措辞相当谨慎。纳杰米尖锐地指出,布鲁尼并没有明确表示所有公民(即便是那些最具高贵品德的公民)能够平等地享有管理共和国的实际权力,布鲁尼给予民众的不过是一种希望,他所说的只是每个符合条件的公民都有相同的机会去获取高官职务,这种口吻无异于在说每个人都能平等地参与到选举的流程中去。但是布鲁尼明知大部分候选人会被贵族寡头垄断的资格审查委员会阻挡在政府的门槛外,最终无法得到公正的选举结果。②卡瓦尔坎蒂(Giovanni Cavalcanti)那句:"许多人获得了选任希望,少数人获得了政府官职"③,可谓是对当时佛罗伦萨政治现实非常形象的诠释,显贵寡头在貌似迎合公民参政热情的同时又悄然扼杀了他们通往政治道路的唯一希望。随着阶级差距的不断拉大,平等参政的口号不过是美好的幻影,人民大会与统治阶层间就战争立法的问题产生巨大分歧,日益激化的阶级矛盾使得城市中下层平民和上层显贵间的鸿沟已无法逾越。因此,尽管佛罗伦萨社会不是等级制的,她的上层分子却仍然有强烈的贵族化和特权化的倾向,④作为上流社会的一员,布鲁尼在享受身份地位带来的优越感的同时根本无法超越阶级意识形态的束缚。

最后,我们应当注意到布鲁尼政治术语中有资格参政的公民具有特殊的限定,这种公民必须同时满足多重条件:第一,具有佛罗伦萨公民权;第二,具有民众公认的才能与德性;第三,没有违反禁令包含的各项关于年龄、家庭裙带、历任时间及公民义务的规定。"首长会议及其下设的两个办事机构的成员必须年满三十岁,正义旗手要年满四十五岁,两大立法机构的成员则必须年满二十五岁。法律严格禁止家庭裙带关系出现在政府中,同一家庭内不得同时有两位成员在同一届政府里担任官职。历任时间的限制用于防止刚刚到任的官员重新获任,曾当选的公民在任期届满后必须间隔三年方可再任,其

① Leonardo Bruni, "*Oration for the Funeral of Nanni Strozzi*," in Gordon Griffiths, James Hankins et al. trans. and intro., *The Humanism of Leonardo Bruni: Selected Texts,* Medieval and Renaissance Texts and Studies, 1987, pp.124–125.

② John M. Najemy, *Corporatism and Consensus in Florentine Electoral Politics 1280–1400*, The University of North Carolina Press, 1982, pp.308–309.

③ John M. Najemy, *Corporatism and Consensus in Florentine Electoral Politics 1280–1400*, The University of North Carolina Press, 1982, p.311.

④ 布鲁克尔:《文艺复兴时期的佛罗伦萨》,朱龙华译,生活·读书·新知三联书店,1985年,第126页。

家庭成员则必须在他卸任后六个月才有资格任职。任何公民如果逃避纳税或者未能履行其他对城邦应尽的义务,同样也没有资格参政。"[1]据鲁宾斯坦统计,15世纪初,在佛罗伦萨两万名成年男性中仅有大约三千人具有担任官职的公民资格,[2]大部分公民都属于城市依附人群,被排挤在合法公民身份之外,也就相应地被自动剥夺了参与政治的权利。如此严格限定参政公民身份的结果就是使所谓的"共同利益"缩水为贵族当权者的利益。不仅如此,1378年梳毛工人起义后,城市显贵家族为确保自身利益,采取一系列措施打击抑制小行会的发展,阿尔比齐家族[3]联合其他显贵开始有意排挤社会下层市民担任政府官职,如规定小行会参加政府的代表不得超过四分之一,[4]统治集团愈发集权化,1343年建立起来的佛罗伦萨行会政府的群众基础严重动摇。[5]学界已基本达成共识,认为从1382年建立起来的、以保守的显贵家族为主的新政府持续到1434年科西莫·德·美第奇回归,这半个世纪的佛罗伦萨政府通常可被称为"寡头政治",更确切地说是"保守政治"。[6]因此,布鲁尼在创作《佛罗伦萨城颂》时,通过新西塞罗式的修辞手法为佛罗伦萨披上了共和的外

---

[1] Leonardo Bruni, "On the Florentine Constitution ," in Gordon Griffiths, James Hankins et al. trans. and intro., *The Humanism of Leonardo Bruni: Selected Texts*, Medieval and Renaissance Texts and Studies, 1987, p.173.

[2] Nicolai Rubinstein, "Oligarchy and Democracy in Fifteenth-Century Florence," in S. Bertelli and N. Rubinstein eds., *Florence and Venice: Comparisons and Relations*, Vol.1, La Nuova Italia, 1979, p.107.

[3] 阿尔比齐家族继承了圭尔夫党派的传统和政策,喜欢更为贵族化的统治,排斥那些新暴发的社会分子。

[4] 张椿年:《从信仰到理性——意大利人文主义研究》,浙江人民出版社,1994年,第131页。

[5] 霍文利在《权力的集中:城市显贵控制佛罗伦萨政治的方式》一文(前引)中考察了佛罗伦萨城邦的显贵家族如何借助一系列集权措施逐步确立起寡头政府的统治方式。亦可参见朱孝远:《公民参政思想变化新论——文艺复兴时期人文主义者参政思想浅析》,《世界历史》2008年第6期。

[6] 布鲁克尔:《文艺复兴时期的佛罗伦萨》,朱龙华译,生活·读书·新知三联书店,1985年,第183页。

衣,①《佛罗伦萨城颂》成为宣传和美化当权政府的工具,在美第奇家族掌权后依然留任文书长一职的布鲁尼可被视为寡头政府的忠实附庸。

此外,布鲁尼对广大下层民众流露出的不屑与鄙视也不容忽视。布鲁尼在政治著作中反复强调要捍卫公民自由,却又将下层民众排除在参政资格外。显然,布鲁尼政治术语中的公正不是彻底的平等,而是合适的比例;自由也非绝对的独立,而是有限的权利。布鲁尼在对待梳毛工人起义事件和当佛罗伦萨谋求对外扩张时,完全倒向了统治阶级的立场。他将1429年佛罗伦萨进攻卢卡归结为市民盲目的爱国行为,并将战争失败的责任推卸到人民大众的头上,"最终,贤人顾问团和政府领袖的意见被民众的呼声压倒了,在多数民众的压力下还是发动了对卢卡的战争","战争耗竭了佛罗伦萨的力量并造成严重的内部分裂……人民对一切都开始抱怨,这是他们面对事态恶化时的一贯所为,最可恨的是,这些人正是这场灾难的始作俑者,是他们从一开始就鼓动对卢卡的战争"。②似乎可以认为,在布鲁尼心中实际上并不赞成让大多数公民介入政府事务、参政议政,盲从无知的民众经常会带来逆反的效果,感性的冲动极易抹杀他们理性的思考,在政府政策失利的原因上多数民众难辞其咎。

三、政治道德的诉求与善恶之争

"善恶之争"是研究马基雅维利的国家政治理论中一个恒久主题。16世纪四分五裂的意大利在新兴的民族国家机器前不堪一击,残酷的政治现实剜割着晚期人文主义者的内心。自柏拉图启端的整个西方政治传统遭到了质疑,在这场政治思想领域的严峻"危机"中,马基雅维利无疑是最为激进的。

① 西格尔在与巴龙的论战中曾明确指出"公民情感与直接参政并非判定公民人文主义思想的决定性因素",布鲁尼的著作必须被视作"一种特殊形式的文化的产物,即注重修辞和雄辩的文化","我们要时刻牢记人文主义文化的根基就在于修辞的艺术"。Jerrold E. Seigel, "'Civic Humanism' or Ciceronian Rhetoric? The Culture of Petrarch and Bruni," *Past and Present,* No.34, 1966, pp.10,12. 有关人文主义者对修辞技巧运用的研究,参见 Paul O. Kristeller, "Humanism and Scholasticism in the Italian Renaissance," *Studies in Renaissance Thought and Letters*, Edizioni di storia e letteratura, pp.553-583;Hanna H. Gray, "Renaissance Humanism: the Pursuit of Eloquence," *Journal of the History of Ideas*, Vol.24, 1963, pp.497-514。
② Leonardo Bruni, "Rerum Suo Tempore Gestarum Commentarius," in Gordon Griffiths, James Hankins et al. trans. and intro., *The Humanism of Leonardo Bruni: Selected Texts,* Medieval and Renaissance Texts and Studies, 1987, pp.153-154.

鲜有学者会否认马基雅维利是人文主义者。①然而马基雅维利与早期人文主义思想传统之间的关系却颇为复杂。一方面，马基雅维利继承了早期人文主义者在政治忠诚问题上的灵活变通，并不拘泥于在君主制和共和制中做出抉择；②另一方面，马基雅维利欲求的是政治强权，他质疑早期人文主义者主张的"德性政治"。尽管马基雅维利也相信，鼓励统治阶级提升德性不失为有效的改革手段，但他更加关心如何保障国家政治共同体的整体有效运作。马基雅维利也从古典文化中汲取经验教训，将古罗马奉为典范，但马基雅维利的政治分析具有极强的现实性，他不仅要通过历史窥探权力的秘密，更要对教廷教会发起猛烈的抨击。

　　早期人文主义者中许多都是虔诚的基督教徒，他们虽然认识到教廷骄奢淫逸和腐败不堪，也意识到异教与基督教之间的矛盾冲突，但他们并没有在信仰与理性、在道德与权力之间割裂开一道无法逾越的鸿沟，他们对待基督教和教会的态度远不如马基雅维利激进。比如，瓦拉只是尝试用异教的价值观念重新阐释基督教伦理；费奇诺试图缓和极端异教思想与基督教神学之间的差异；布鲁尼提出区分政治价值与宗教价值，对教会在精神领域的权威予以认同。马基雅维利却不一样，他毫不避讳地指出自古罗马共和国以降，基督教伦理道德与建构世俗国家所需要的政治道德之间存在不可调和的分歧，并大胆地指出宗教必须服从国家公共利益。马基雅维利把宗教从敬奉信仰的高度一下子拉低为政治统治的工具，这种观念可谓史无前例。英国学者以赛亚·伯林(Isaiah Berlin, 1909—1997年)指出，马基雅维利是在复兴古代异教道德，为的是与基督教道德相抗衡，马基雅维利政治理论的创新之处在于，他认识到了这两种道德体系之间无法兼容并蓄。③不过伯林的观点有待商榷，因为没有哪位古代道德思想家或许会纵容马基雅维利所鼓吹的行为价值论。但有一点毋庸置疑，虽然每个时代都少不了"恶人"，却从来没有像马基雅维利那样直白露骨，堂而皇之地拥护"不道德"的行为模式。

　　早期人文主义者大多从形式上效仿古人，倡导复兴古典时代的公民美

---

① Robert Black, "Machiavelli, Servant of the Florentine Republic," in Gisela Bock, Quentin Skinner, Maurizio Viroli eds., *Machiavelli and Republicanism*, Cambridge University Press, 1990, pp.71–100.

② 当马基雅维利站在共和派立场上写作时，他要比萨卢塔蒂、布鲁尼、帕尔米耶里等人有着一颗更加虔诚的共和之心。无论是1512年被罢官革职时，还是1520年领命撰写《佛罗伦萨史》时，马基雅维利都没有放弃过共和制理想，他甚至向美第奇教皇利奥十世建议恢复佛罗伦萨共和国时期的大议事会制度。马基雅维利：《君主论》，潘汉典译，商务印书馆，2012年，第17页。

③ Isaiah Berlin, "The Originality of Machiavelli," in Myron p.Gilmore ed., *Studies on Machiavelli*, G. C. Sansoni, 1972, pp.147–206.

德。但在马基雅维利看来,这种刻意的模仿肤浅卑陋,他希望通过历史总结出"国家"兴盛衰亡的经验,从中推导出一套能用于指导当下统治的行为准则,降低命运对人世事务的影响,提高政治算计的成功率。值得注意的是,尽管马基雅维利也提到德性或美德,也讲那些被人们普遍认可的优良品质,但马基雅维利政治思想中的德性既不是古希腊传统上的四主德,也不同于早期人文主义者对德性概念的诠释。马基雅维利剥离了德性中所包含的传统的道德意味,赤裸裸地指向了德性中的政治意味,他所倡导的德性包括了力量、实力、能力和权力。[1]

马基雅维利在《君主论》和《论李维》中都强调,政治制胜的行为法则与传统道德所鼓吹的行为法则毫不相干。这是早期人文主义者不曾也不敢触碰的敏感话题,马基雅维利无疑是在挑战古典哲学和德性伦理学赖以凭借的伦理模式。自柏拉图以降的哲学家深信,在自然、幸福和德性三者之间有着无法割裂的内在纽带。人们在行为处事时只有遵从了道德理性才会幸福。正确的行为准则就是听从理性的引导,践行德性才能拥有幸福。依同理,在国家政治生活中,国家是基于人类需要而自然形成的政治体,要使国家幸福,统治者必须依德行事,统治的艺术,或者说治国之术的要义就在于统治者能否养成德性,这种德性必定是受理性支配的。即便是教父哲学家奥古斯丁也不曾否认德性、善和幸福之间的联系,只不过他将对于德性的回报放到了来世。

然而马基雅维利对于西方政治思想传统中关于自然、幸福和德性的说法却不以为然。"一个人如果在一切事情上都想发誓以善良自持,那么,他厕身于许多不善良的人当中定会遭到毁灭。所以,一个君主如要保持自己的地位,就必须知道怎样做不良好的事情,并且必须知道视情况的需要与否使用这一手或者不使用这一手。"[2]马基雅维利的不道德论源自于16世纪政治现实带给他的痛苦教训。意大利的政治环境让马基雅维利体会到,生存是所有其他善行的先决条件,一旦沦为奴隶就没有任何幸福可言。君王出于统治的需要,人民出于生存的需要,有时候离经叛道,背弃道德也是迫不得已。为了保障国家政治体的有效运作,君王应当随时准备抛却伦理道德规范的束缚。马基雅维利之所以被称为"政治学之父",是因为他主张政治生活应当服从政治道德(而非伦理道德)价值的评估体系,行为者必须对自己行为的结果负责,无论是善行还是恶行。在《君主论》第15至18章,马基雅维利连续讨论了君王在良好的品质与恶行中该如何选择,在慷慨与吝啬、仁慈与残酷、守信与违

---

[1] James Hankins, "Humanism and the Origins of Modern Political Thought," in Jill Kraye ed., *The Cambridge Companion to Renaissance Humanism*, Cambridge University Press, 1996, p.135.
[2] 马基雅维里:《君主论》,潘汉典译,商务印书馆,1985年,第73—74页。

誓、受人爱戴与被人畏惧中，马基雅维利从人性出发，辩证地分析了"恶行"的好处。"君主必须提防被人轻视和憎恨，而慷慨却会给你带来这两者"，"新的君主由于新的国家充满了危险，要避免残酷之名是不可能的"，"被人畏惧比受人爱戴要安全得多"，"当遵守信义反而对自己不利的时候，或者原来作出承诺的理由不复存在的时候，明智的统治者绝不能够，也不应当守信"。①

实际上，马基雅维利所做的并不是将政治与道德分离，而是从传统伦理道德中剥离出政治道德，他所划分的是目的与手段在道德戒律上的区别。并非所有好的目的都能够借助好的手段来实现，而一切好的手段也不一定都可用来实现好的目的。正是因为马基雅维利深谙人性，并从人的自然性出发，扎根于当下的政治现实，所以他才告别了传统伦理道德的教条，转而拥抱政治道德的实际需要。②

意大利学者卡博德曾说，文艺复兴时期意大利人的思想或许可以概括为："为了艺术而艺术，为了政治而政治，为了科学而科学。"③卡博德的这个评价用来描述马基雅维利的国家理论与政治思想是再贴切不过的了。马基雅维利想要灌输给君王的并不是什么"恶魔之音"，我们甚至可以将马基雅维利比喻为天真无邪的孩童，他用最直白最率真的话语描述出人间世道和政治世界的真相。可以肯定的是，马基雅维利不是一名谙熟修辞学和雄辩术的演说家，他与布鲁尼等早期人文主义者不同，不会用华丽的辞藻堆砌起一堵掩障他人耳目的"高墙"，但马基雅维利从来都没有诋毁道德。在权力与道德的博弈中，我们可以说马基雅维利在漠视道德，他不会把传统的伦理美德置于政治权力的天平上衡量；我们也可以说马基雅维利在划分道德，用肺腑之言将道德一分为二：伦理道德与政治道德，他关心的只有那个以国家理性和公共利益为目标的政治道德。谁能解放和统一意大利，谁能让国家变得强大持稳，谁能助他实现政治抱负和理想，谁就是马基雅维利心目中那个拥有政治道德的真英雄。

---

① 马基雅维里:《君主论》，潘汉典译，商务印书馆，1985年，第78—80、84页。
② 马基雅维利对人性的分析可以大致概括为三个方面：第一，人类的本性不会因为时空变化而改变；第二，人类总是自私贪婪，从私利的动机出发行事；第三，人类能够合乎理性地行事。如果将人类行为中的善恶之争排除在考虑范围之外，借助丰富的经验，统治者就能对行为的后果做出推测，避免那些不尽如人意的后果。James Hankins, "Humanism and the Origins of Modern Political Thought," in Jill Kraye ed., *The Cambridge Companion to Renaissance Humanism*, Cambridge University Press, 1996, pp.136–137.
③ 原文为"Art for art's sake, politics for politics' sake, and even, ultimately, science for science's sake"，参见 Federico Chabod, *Machiavelli and the Renaissance*, trans. by David Moore, Bowes & Bowes, 1958, p.184。

下 册 撰 稿 人

潘乐英　朱　兵
陈高华　周春生

第三编

17—19世纪国家统一思想中的矛盾与冲突

导　论

政治共同体(political community)一般指具有共同的政治利益、公认的政治机构和特定的居住区域的人们所构成的社会集合体。[①]虽然"共同体"一词是个用得极多的术语,在普通的或专业的字典中都可以找到它的定义,但"政治共同体"这一概念本身却较少出现。[②]西方政治学家虽然很重视政治共同体这一概念,但对它的理解却不尽相同。塞缪尔·亨廷顿认为,政治共同体以种族、宗教、职业和共同的政治机构为基础。它有三个要素:对政治和道德规范的某种共识、共同的利益、体现道德一致性和共同利益的政治机构及政治制度。他说,一个社会所达到的政治共同体的水平,反映了构成该社会的各种社会势力与政治制度之间的关系。[③]卡尔·W.多伊奇(Karl W. Deutsch)将政治共同体当作"辅之以强制和服从的社会互动者",它由形形色色的政治行为者构成。[④]厄恩斯特·B.哈斯(Ernst B. Haas)认为,政治共同体是一个理想的、典型的政治单元,政治共同体最主要的因素不是地理区域而是政治关系,尤其是公共的政治权利和公民对核心政治机构的忠诚。[⑤]而戴维·伊斯顿(David Easton)则把政治共同体看作联结政治系统成员的一种纽带,其最基本的要素是情感的联结。他对政治共同体所下的定义是,"政治共同体这个概

① 《中国大百科全书》编辑委员会编:《中国大百科全书·政治学卷》,中国大百科全书出版社,1992年,第489页。

② 关于"共同体"这一概念及有关这一概念的研究,可参见 Colin Bell and Howard Newby, *Community Studies: An Introduction to the Sociology of the Local Community*, Praeger, 1973; Gerard Delanty, *Community*, Routlede, 2003; Robert M. Maciver, *Community: A Sociology Study*, Macmillan, 1982; Amitai Etaioni, "The Responsive Community: A Communitarian Perspective," *American Sociological Review*, Vol.61, No.1(Feb., 1996), pp.1-11; G. W. Blackwell, "Community Analysis," R. Yong, ed., *Approaches to the Study of Politics*, Northwestern University Press, 1958, pp.305-317。齐格蒙特·鲍曼:《共同体》,欧阳景根译,江苏人民出版社,2003年。斐迪南·腾尼斯:《共同体与社会——纯粹社会学的基本概念》,林荣远译,商务印书馆,1999年。

③ 塞缪尔·亨廷顿:《变革社会中的政治秩序》,李盛平、杨玉生等译,华夏出版社,1988年,第8—9页。

④ Karl W. Deutsch, *Political Community at the International Level*, Garden City, 1954, p.16.

⑤ Ernst B. Haas, *The Uniting of Europe: Political, Social, and Economic Forces 1950-1957*, Stanford University Press, 1958, pp.4-5.

念,指的是政治系统的一个方面,它是由政治分工联合在一起的人群团体"①。由于是在成员的共同认同和利益共识的基础上构成的,所以政治共同体具有稳定性的特征,在统治当局发生更迭或者政体/宪法秩序发生变更的情况下,它往往可以继续存在。

在政治学的视野中,历史上的城邦、城市、王国和民族国家都是独立的个人在一定地域内基于共享的观念和文化,通过共同参与而形成的政治共同体,也就是说它们是政治共同体在不同的历史时期的不同表现形式。意大利很早就出现了城邦国家共同体的模式,其政治共同体思想的源流可以追溯至古罗马时期。西塞罗就曾在其著述中称最高的、最理想的政治体制是公民共同参与的城邦政体,他称之为公众的或公共的政治团体。他称:"国家乃人民之事业,但人民不是人们某种随意聚合的集合体,而是许多人基于法的一致和利益的共同而结合起来的集合体。"②到了罗马帝国时期,罗马的法学家们开始用万民法的理论来构筑罗马帝国的共同体。③

自近代以来,欧洲一些大国在16—17世纪纷纷成为民族国家,民族国家成了政治共同体的主要表现形式。民族主义也成了近代世界政治思想的主要表现。随着民族国家的兴起,民族国家政治共同体的整体功能开始显现,谁的民族国家整体功能发挥得越充分,谁的经济、政治、国际地位等优势就更为明显。④意大利早在中世纪就到处都是城邦国家政治共同体,但由于其长期处于分裂状态,在民族国家政治共同体的发展方面落后了。直到19世纪,意大利经历了民族复兴运动⑤(Risorgi mento),1861年实现了统一,才终于成了民族国家。在这段时间内,意大利面临着由多个政治共同体形成一个统一的政治共同体所需面对的一系列重大问题,包括确定统一的政治共同体的政权形式、解决党派纷争、进行民族建构等问题。本编试图以民族国家政治共

---

① 戴维·伊斯顿:《政治生活的系统分析》,王浦劬等译,华夏出版社,1999年,第206页。

② 西塞罗:《论共和国》,王焕生译,中国政法大学出版社,1997年,第39页。

③ 参见查士丁尼:《法学总论——法学阶梯》,张企泰译,商务印书馆,1989年,第2篇《自然法、万民法和市民法》。

④ 顾春梅、周春生:《对State政治共同体内涵的历史阐释》,《学习与探索》2018年第3期。

⑤ 历史学家对意大利民族复兴运动的起止时间的争议是比较大的,有些历史学家认为早在但丁和马基雅维利在其著作中呼吁意大利统一的时候民族复兴运动就开始了,而直到1870年收复罗马,甚至是1918年收复底里雅斯特才结束。而有些历史学家认为1814年拿破仑帝国的覆灭是民族复兴运动的起始点,而以1861年意大利王国结束为终点。但有一点是很清楚的那就是1859至1861年意大利王国的成立是民族复兴运动的高潮。Charles F. Delzell, ed., *The Unification of Italy, 1859-1861: Cavour, Mazzini, or Garibaldi?*, Holt, Reinhart and Winston, 1965; and Denis Mack Smith, *Victor Emmanuel, Cavour and the Risorgimento*, Oxford University Press, 1971.

同体思想——民族主义为主线,对这一时期的政治思想作一个整体性研究。

从学术层面而言,意大利民族国家政治共同体的形成与统一后国家建设期间的政治思想有独特的研究价值。自从476年西罗马帝国灭亡,意大利一直处于分裂状态,外族连续入侵,众多邦国纷争不已、干戈不断。从18世纪末民族主义思潮的兴起到民族国家的建立,意大利的民族复兴运动无论在意大利历史上还是在意大利的政治思想史上都是一个极其重要的部分。有的思想家甚至认为意大利民族复兴运动的重要性之于意大利,犹如法国大革命之于法国。民族复兴运动是意大利历史上的一个转折点,也是国家现代史的开端,对意大利整个国家的各个方面都产生了无与伦比的影响。在民族复兴运动中,意大利确定了国家的主要疆域,使意大利成为一个真正的、独立的现代民族国家。从文艺复兴时期开始,众多思想家如但丁、马基雅维利就都呼吁意大利统一。人民群众为了反抗外族凌辱、结束分裂割据,也进行了无数次的英勇斗争。而这一切都离不开民族主义思想的巨大推动作用。在民族复兴运动中产生了为国家的统一做出了巨大贡献的意大利"四大国父":马志尼、加里波第[①]、加富尔[②]和伊曼纽尔二世。在民族复兴运动中也产生了一系列全新的政治思想:民族主义思想、自由主义思想、共和主义思想等。

西方学术界一直非常重视对意大利民族国家政治思想的研究,主要原因在于这一时期思想本身的丰富内涵。这一时期不仅有传承自古罗马的关于民族、国家、共和国等思想理论,也有这些传统的政治思想和当代的自由、民主等新思想的碰撞;加上当时意大利处于民族危急时刻,各派政治思想家都希望能够用政治思想来救亡图存,促进意大利的统一,对国家的未来提出了不同的构想;针对国家面临的各种现实的政治问题,思想家们提出了各具特色,甚至相互冲突的解决方法,使得这一时期的政治思想具有很大的学术价值。

此外,在民族复兴运动过程中涌现了马志尼、焦贝蒂、加富尔等思想大家,他们的政治思想也有待进一步发掘。在国家统一后,新的国家面临着来自教廷的挑战、议会内派别纷争激烈、地方主义兴盛、民众骚乱、国际地位低微等众多困难。克服这些困难,在政治统一的基础上形成精神的统一,培养公民对民族国家政治共同体的归属感和忠诚成了国家的新任务,也是民族建构的主要内容。政治家和思想家们就如何处理宗教与国家的关系、如何解决

---

① 朱塞佩·加里波第(Giuseppe Garibaldi,1807—1882年),意大利爱国志士及军人。他献身于意大利统一运动,亲自领导了许多军事战役,是意大利建国三杰之一。

② 卡米洛·本索·迪·加富尔(Camillo Benso di Cavour,1810—1861年),撒丁王国首相(1852—1859、1860—1861年),意大利王国第一任首相(1861年),意大利统一时期自由贵族和君主立宪派领袖;开国三杰之一。

议会纷争和如何培养意大利意识、缔造意大利人进行了一系列的讨论和研究,甚至展开了激烈的、针锋相对的辩论。统一后的建设,无论是国家建设、民族建构还是殖民运动,从整体上来说效果都不理想,其原因令人深思。

从现实意义而言,意大利民族国家政治共同体形成和建设时期所遇到的问题虽然由于历史原因,矛盾更加复杂,冲突更加激烈,具有其特殊性,但是这些问题也是很多民族国家在形成过程中都会遇到的问题,具有普遍性。所以这段时间的政治思想对其他民族国家的建设也具有借鉴和参考价值。此外,很多史学家认为统一之后的自由主义意大利国家的各种经历,包括未能形成全面的议会民主、在20世纪初倒向法西斯主义等,都可以在国家统一的过程和民族复兴运动的斗争中找到原因。[1]这也使得研究这段时间的历史和政治思想具有了特殊的意义。而现代意大利被认为是"欧洲病夫"[2],无论在经济上还是政治上都存在着众多问题,而很多问题(党派纷争、南北问题等)的根源也被认为就是在意大利民族复兴运动中产生的,因此对这段历史及其间发展的政治思想的了解对于理解意大利的现状有着很大的帮助。

从研究情况而言,国外对意大利民族复兴运动期间的政治思想的研究有整体性研究,如丹尼斯·M.斯密斯(Denis M. Smith)、路易吉·萨尔瓦托雷利(Luigi Salvatorelli)和罗纳德·S.昆索洛(Ronald S. Cunsolo)的研究,也有对个体人物政治思想的研究(如马志尼、焦贝蒂和加富尔等),但鲜有以"民族国家政治共同体思想"为视角,对意大利民族国家政治共同体思想作整体性研究的。国内对于意大利民族复兴运动的研究本来就不多,对这段时期的政治思想的研究更是少之又少,而在意大利民族国家政治共体思想方面的研究更是寥寥。本编力图跟随、借助前人的研究成果,采取历史情境还原、文本分析等方法,以"民族国家政治共同体思想"为主线,对意大利民族国家政治思想做一个简单的梳理和研究,力求找出这一时期政治思想的独特之处。

国外对于这一时期的政治思想的研究从整体上来说可以分成三部分:对意大利民族主义思潮兴起的研究、对民族复兴运动的研究和对民族复兴运动期间主要政治思想家的研究。

1. 对意大利民族主义思潮兴起的研究

对意大利民族主义思潮兴起的研究集中在这两个方面:复兴运动前期的爱国"秘密社团"和法国对意大利民族主义思潮的影响。

首先是对复兴运动前期的爱国"秘密社团",特别是烧炭党的研究。鉴于

---

① Lucy Riall, *The Italian Risorgimento: State, Society and National Unification*, Rutledge, 1994.
② Andrea Mammone and Giuseppe A. Veltri, eds., *Italy Today: the Sick Man of Europe*, Routledge, 2010.

秘密社团在唤起民族主义思想上所起的重要作用,一般的意大利近现代史,特别是关于复兴运动的研究都会提及。露西·里亚尔(Lucy Rial)在《民族复兴运动:从拿破仑时期到民族国家的意大利历史》(*Risorgimento:The History of Italy from Napoleon to Nation-state*)一书中对秘密社团产生的原因,烧炭党所起的作用、缺陷及其失败的原因作了分析。①俄罗斯作家科瓦利斯卡娅则在其著作《意大利烧炭党》中详细记载了烧炭党的一系列斗争,并分析了这些斗争失败的原因及烧炭党运动产生的影响,但对烧炭党人的民族主义思想所涉不多。②而路易吉·萨尔瓦托雷利在《民族复兴运动:思想与行动》(*The Risorgimento:Thought and Action*)中对烧炭党的自由主义思想的研究是对科瓦利斯卡娅研究的有益补充。他认为,烧炭党人的欧洲公众思想的基本观点是个人自由和民族自由(或独立)。③一般的思想家都认为虽然烧炭党在组织形式和斗争方式等方面存在着不足,但不可否认的是由于其广泛的影响,烧炭党在复兴运动初期唤醒民族主义情绪方面发挥了举足轻重的作用。

其次是对法国对意大利民族主义思潮的影响的研究。法国对意大利民族主义思潮的影响主要在于法国大革命和拿破仑对意大利的统治。法国大革命对毗邻的意大利产生了巨大的影响,在意大利播下了革命的火种。意大利国内掀起的法国大革命宣传热使得"自由、平等、博爱"等观念深入人心,民族独立和国家统一的欲望被激活了。之后,拿破仑对意大利的统治,被认为对于促进意大利的统一产生了积极的作用。丹尼斯·M.斯密斯在《意大利的缔造:1796—1886》(*The Making of Italy 1796-1866*)一书中认为,法国对意大利的专制统治促进了意大利民族主义情绪的高涨;④而露西·里亚尔在《意大利民族复兴运动:国家、社会与民族统一》(*The Italian Risorgimento:Society and National Unification*)中提出法国的统治无视意大利的地区差异,实际上对民族的统一产生了积极作用。⑤德里克·比尔斯(Derek Beales)和欧金尼奥·F.比亚吉尼(Eugenio F. Biagini)在《意大利的民族复兴运动与统一》(*The Risorgimento and the Unification of Italy*)中表达了这样的观点:法国的统治虽然是专制的,但无论是对摧毁意大利的封建因素,还是促进意大利的进步都

---

① Lucy Riall, *Risorgimento:The History of Italy from Napoleon to Nation-state*, Palgrave Macmillan, 2009.

② 科瓦利斯卡娅:《意大利烧炭党》,辛益译,《河南大学学报》1986年第1期。

③ Luigi Salvatorelli, *The Risorgimento:Thought and Action*, Harper and Row, 1870.

④ Denis Mack Smith, *The Making of Italy 1796-1866*, Macmillan, Holmes and Meier, 1988.

⑤ Lucy Riall, *The Italian Risorgimento:State, Society and National Unification*, Rutledge, 1994.

有积极作用。①同样,尼古拉斯·杜马尼斯(Nicholas Doumanis)在《缔造民族:意大利》(*Inventing the Nation: Italy*)中提出法国革命和拿破仑的统治不仅影响了半岛的政治和社会结构,还促进了一个新的政治阶层和自由政治文化的形成。尤其是三分意大利和宪法的实施,给意大利人强加了国家观念,使某些阶层对国家产生了依恋。②

2. 对民族复兴运动的研究

在对民族复兴运动的研究中,关于民主主义者的政治思想的研究一直占据着核心地位。即使在统一完成一百多年之后,其重要地位也仍是不言而喻的。法西斯统治时期,以乔瓦尼·真蒂莱(Giovanni Gentile)为代表的学者肯定了民族复兴运动在建立国家中的奠基作用,认为之后意大利政治的发展都与复兴运动有着密不可分的关系。

现代意大利国内对复兴运动的研究主要可以分成两种对立的观点:一种是以贝内德托·克罗齐(Benedetto Croce)为代表的自由主义观点,另一种是以安东尼奥·葛兰西(Antonio Gramsci)为代表的马克思主义观点。克罗齐的主要目标就是为了保卫意大利自由主义的成就。在《1871—1915年意大利史》③中,他称复兴运动的领袖们为正直的、无私的、忠诚的绅士,精神上的贵族,肯定了他们在复兴运动中发挥的积极作用,并认为统一之后的意大利所遇到的种种问题和他们没有什么关系。意大利的软弱是后来的领导者的决定和国家遇到的政治、经济及外交难题所导致的。他认为法西斯主义是由于一战摧毁了自由主义而引起的,和民族复兴运动无关,而且克罗齐对意大利统一之后在经济上和文化上的发展也作出了积极肯定的评价。克罗齐认为,这一个世纪的意大利历史是现代欧洲史诗般的"自由的历史"的观点受到包括民族主义者、法西斯主义者、民主主义者和马克思主义者在内的"现实主义者"的联合攻击。④以葛兰西为代表的马克思主义历史学家认为,意大利民族复兴运动是一场"消极的革命",一场"没有革命的革命"。⑤葛兰西认为,温和自由主义者利用了民主主义者,通过挫败革命、和封建势力妥协取得政权。他认为,温和自由主义者声称要重建意大利,但事实是为了狭隘的阶级利益牺牲了真正的社会和政治变革;和封建政权的妥协导致了国

① Derek Beales, Eugenio F. Biagini, *The Risorgimento and the Unification of Italy*, Pearson Education Ltd., 2002, Pearson Education Ltd., 2002, 1971.

② Nicholas Doumanis, *Inventing the Nation: Italy*, Arnold, 2001.

③ 贝内德托·克罗齐:《1871—1915年意大利史》,王天清译,中国社会科学出版社,2005年。

④ A. William Salomone, "The Risorgimento between Ideology and History: The Political Myth of Rivoluzione Mancata," *The American Historical Review*, Vol.68, No.1(Oct., 1962), pp.38–56.

⑤ 安东尼奥·葛兰西:《狱中札记》,曹雷雨、姜丽、张跣译,中国社会科学出版社,2000年。

家与公民社会之间的永久裂痕、长期的政治不稳定和地方性的社会混乱。由此,葛兰西认为,法西斯主义是这种情况的直接产物。葛兰西对于意大利历史和社会的思考给历史学带来了一股新鲜的风气,但同时也带来了争议和新的意识冲突。[1]

历史自由主义史学家和马克思主义史学家展开了长久的论战:自由主义历史学家认为复兴运动是辉煌的时刻,有英雄的壮举,取得了实际的成就;马克思主义历史学家则强调了阶级压迫、内部分裂和政治上的失败。自由主义者认为由于意大利发展缓慢的经济和低微的外交地位,领导者已经不可能取得更大的成就了;而马克思主义者认为民主主义者太过软弱、胆小,以至于不能发起一场真正的革命。虽然双方有很大的分歧,但是在很多方面却有着一致的意见,比如意大利经济落后、中产阶级软弱无力、全国性革命热情缺乏、地方主义的影响力大、复辟的封建政权残酷镇压等。而且双方都认为,复兴运动过程中本应发生的社会和经济转型没有出现,从这一层面上来讲复兴运动并没有取得成功。

在20世纪八九十年代,修正主义历史学家开始对自由主义学派和马克思主义学派的时代划分、研究方法、研究主题及其观点提出了挑战。他们抛弃了马克思主义的阶级斗争观点和自由主义者的自由和进步观点,因为他们认为这两种观点都不能解释从拿破仑统治开始到民族国家建立这一时期的历史。他们提出重新评估意大利中产阶级的贡献及其所取得的成就,重新认识复辟的封建政权所采取的改革对意大利带来的积极影响。修正主义者虽然在目的上不一致,但是他们的批评有一个反复出现的共同主题:在每个关键阶段、每个关键时刻,意大利历史总是未能实现根据实际历史形势所应该取得的成就。[2]但是修正主义历史学家未能提出其他研究和理解政治斗争的方式,事实上强调国家形成和中产阶级的贡献使得意大利19世纪的各种对抗和危机的真实情况被忽视了。民族主义也被忽视了,未能得到更好的解释。

英国和美国的历史学家采用了和意大利历史学家完全不同的视角来研究这一时期的历史。虽然英国和美国的历史学家对民族复兴运动历史的研究并没有呈现和意大利历史学家那样的公然争论,但他们的研究也反映了进步与反动之间的概念区分。丹尼斯·M.斯密斯在20世纪50年代出版的一系

---

[1] A. William Salomone, "The Risorgimento between Ideology and History: The Political Myth of Rivoluzione Mancata," *The American Historical Review*, Vol.68, No.1(Oct., 1962), pp.38-56.
[2] A. William Salomone, "The Risorgimento between Ideology and History: The Political Myth of Rivoluzione Mancata," *The American Historical Review*, Vol.68, No.1(Oct., 1962), pp.38-56.

列作品中对民族复兴运动的一些关键人物都持批评的态度,比如加富尔。①
他认为加富尔是一个狡猾的、前后不一致的人,而意大利统一运动整个过程
中充满各派势力的对抗和欺诈,而正是这些对抗和欺诈最终促成了意大利的
统一。对丹尼斯·M.斯密斯和那些被他的观点所影响的历史学家来说,1861
年统一意大利的成立反映了政治对抗而不是民族复兴运动时期的民族主义
意愿。从博尔顿·金(Bolton King)的作品《意大利统一史》(*A History of Italian
Unity*, *Being a Political History of Italy from 1814—1871*)②和乔治·M.特里威廉
(George Macaulay Trevelyan)的《加里波第和意大利的缔造》③中我们可以看
到,他们更多是从统一的角度来看意大利19世纪的历史,重点关注意大利代
议制政府的成就。特里维廉认为统一运动是一个道德故事:以民族主义者为
代表的善的势力和以反对势力为代表的恶势力之间的对抗。威廉·K.汉考克
(William Keith Hancock)在《里卡索利和托斯卡纳的复兴运动》(*Ricasoli and
the Risorgimento in Tuscany*)一书中可以看出由于对法西斯主义的厌恶,他对
意大利的民族主义采取了批评的态度。④从统一后的情况来看待意大利统一
的倾向在19世纪70年代出版的由A.威廉·萨洛莫内(A. William Salomone)主
编的《意大利从民族复兴运动到法西斯主义:极权主义国家根源探寻》(*Italy
from the Risorgimento to Fascism*: *An Inquiry into the Origins of the Totalitarian
State*)中的一系列文章中尤其明显。⑤总的来说,英国和美国的历史学家都认
为从历史的角度来看意大利统一运动是失败的。他们认为统一运动充满没
有实现的诺言,错失了许多机会,最终只剩下遗憾、腐败和挫败的野心。

2000年阿尔贝托·班蒂(Alberto Banti)的《国家观念》(*L'idea della nazione*)
和2007年班蒂和保罗·金斯伯格(Paul Ginsberg)编辑的民族复兴运动年鉴《意
大利史》(*Storia d'Italia*)的发行,开辟了一种历史研究的全新视角:通过意大

---

① Denis Mack Smith, *Cavour and Garibaldi*, Cambridge University Press, 1954. Denis Mack
Smith, *Italy*: *A Modern History*, The University of Michigan Press, 1959. 丹尼斯·M.斯密斯研究
意大利民族复兴运动的其他著作包括:Denis Mack Smith, *Cavour*, Alfred A. Knopf, 1985; Denis Mack Smith, *Mazzini*, Yale University Press, 1994; Denis Mack Smith, *The Making of Italy
1796-1866*, Macmillan, Holmes and Meier, 1988; Denis Mack Smith, Victor Emmanuel, *Cavour
and the Risorgimento*, Oxford University Press, 1971。
② Bolton King, *A History of Italian Unity*, *Being a Political History of Italy from 1814-1871*,
James Nisbet Co. Ltd., 1912.
③ George Macaulay Trevelyan, *Garibaldi and the Making of Italy*, *June-November 1860*, Phoenix Press, 2001.
④ William Keith Hancock, *Ricasoli and the Risorgimento in Tuscany*, H. Fertig, New York,
1969.
⑤ A. William Salomone, ed., *Italy from the Risorgimento to Fascism*: *An Inquiry into the Origins
of the Totalitarian State*, Doubleday Anchor Books, 1970.

利文学、音乐和艺术来研究思想观点的产生和传播。①根据这一视角,很多历史学家对意大利民族复兴运动中的"国民爱国言论"进行了仔细研究。浪漫主义及其对爱国主义者的思想和行动的影响成为一个重要的研究领域。民族主义被和更广泛的文化、社会和政治变化联系起来进行分析。有些历史学家从性别的角度来分析民族主义,有些历史学家研究意大利象征物的出现、统一运动前后意大利意识的产生,以及大众对它们的反应的变化。由此,研究的重点已不再是经济的变化和国家的形成,而是又回到民族的观点和意大利的民族主义思想了。

3. 对民族复兴运动期间主要政治思想家的研究

对意大利复兴运动时期的人物思想的研究主要以马志尼、加里波第和加富尔的思想为主,其中对马志尼的研究是最多的。对于马志尼的评价一直是富有争议的。在马志尼去世后,意大利的报纸将马志尼斥为"自由统一的意大利最危险的敌人",而在意大利之外他却备受称颂,被认为是"一个天生的领导者","最伟大、最勇敢、最有英雄气节的意大利人"。直至1946年还有意大利的历史学家称他为"恐怖主义者"。博尔顿·金在其著作《马志尼传》中对马志尼给了高度评价,也指出了马志尼作为思想家的弱点。②他认为马志尼的理论屡屡出现错误,而且他的思想也没能成为一个紧密的整体。虽然这些弱点削弱了他作为思想家的价值,但也正是这些特点使他成为伟大的道德导师。在政治实践中,马志尼虽然大多都失败了,但也不影响他成为一名伟大的政治思想家。在《现代意大利的缔造者》(The Makers of Modern Italy)一书中,约翰·马里奥特(John A. R. Marriott)认为我们不必在意马志尼后期的生涯,因为马志尼是一个理想主义的先知,他唤醒国民的民族意识的使命完成了,之后的任务就要交给现实主义的政治家了。③萨尔沃·马斯泰罗内(Salvo Mastellone)的《马志尼的政治思想》一文对马志尼的共和主义理想做了具体的分析,他认为马志尼的理想是建立民主主义的代议制共和国,而代议共和民主制支持劳动与知识及资本的结合,反对某一民族的特权,因为政治的目的是以人类的名义建设一个人类共同体。④可见,即使如今对马志尼仍有不同的评价,但总体来说历史学家对其人、其思想的评价是积极肯定的。丹尼斯·M.斯密斯在其《马志尼》(Mazzini)一书中,不仅介绍了马志尼的个人生平、哲学思想、宗教观点、爱国视野、欧洲思想和马志尼的政治影响力,还着重介绍

---

① Lucy Riall, *Risorgimento: The History of Italy from Napoleon to Nation-state*, Palgrave Macmillan, 2009, p.viii.
② 博尔顿·金:《马志尼传》,马清槐等译,商务印书馆,1997年。
③ John A. R. Marriott, *The Makers of Modern Italy*, Macmillan and Co., Ltd., 1889.
④ 萨尔沃·马斯泰罗内:《马志尼的政治思想》,黄华光译,《史学理论研究》1996年第3期。

了马志尼在英国的生活。①

　　学者对加富尔在民族复兴运动中所发挥的作用,以及他在内政外交上的成功一般都是予以肯定的。在意大利统一之后不久,一些历史学家就将加富尔和俾斯麦称作现实主义政治家的代表,对其实用主义的政治策略给予了极大的肯定。对于这些历史学家来说,加富尔成了新型现代政治家的代表,是现实政治主义的创建者。但是英国历史学家丹尼斯·M.斯密斯挑战了传统的加富尔思想的现实主义观点,他认为加富尔的思想是前后不一致的,甚至是矛盾的。在《意大利的缔造 1796—1866》一书中,他甚至提出加富尔从一开始根本就没有想过要统一意大利。②在《加富尔》一书中,他认为加富尔只是碰巧创造了历史,也只是碰巧缔造了意大利。③其著作《1860年的加富尔和加里波第》一书的副标题——政治冲突的研究,也很能说明他的观点。④不少历史学家受到他这一观点的影响。对于加里波第思想的研究主要集中于他的思想转变:如何从一个马志尼的追随者变成了君主制的拥护者。

　　此外,乔瓦尼·斯帕多利尼(Giovanni Spadolini)的《缔造意大利的精英》是一本集中研究复兴运动中人物思想的书。在这部书中,斯帕多利尼勾勒出了近七十位对意大利民族统一运动产生过重大影响的人物,其中包括思想家、革命家、政治家、民族英雄、爱国烈士、文化巨匠、音乐大师和画界泰斗等。因此,对于研究意大利的政治、政党、国家体制、经济制度、思想文化、社会问题、政教关系等都是一部很有参考价值的著作。

　　从国内来看,对意大利复兴运动期间的政治思想的研究并不是很多。民国时期,关于意大利政治思想的研究,主要是梁启超在1940年出版的《意大利建国三杰传》⑤。梁启超在书中以时间为顺序对马志尼、加富尔和加里波第的性格,相互之间思想的碰撞和各自对统一运动所做的贡献都有精辟的描述。在现代学者中,对意大利民族国家时期的政治思想家作出奠基性研究的是赵克毅和辛益。1987年出版的赵克毅和辛益合著的《意大利统一史》一书,详细介绍了意大利在西罗马帝国沦亡之后到意大利统一运动之后进行侵略扩张的过程,探讨了统一运动产生的根源、民主派和自由派在统一运动中的作用和统一完成的伟大意义。⑥1998年辛益的《近代意大利史》对近代意大利的政

---

① Denis Mack Smith, *Mazzini*, Yale University Press, 1994.

② Denis Mack Smith, *The Making of Italy 1796-1866*, Macmillan, Holmes and Meier, 1988.

③ Denis Mack Smith, *Cavour*, Alfred A. Knopf, 1985.

④ Denis Mack Smith, *Cavour and Garibaldi1860: a Study in Political Conflict*, Cambridge University Press, 1986.

⑤ 梁启超:《意大利建国三杰传》,新中国文化出版社,1940年。

⑥ 赵克毅、辛益:《意大利统一史》,河南大学出版社,1987年。

治、军事、经济和外交各个方面都有详细的分析介绍。①赵克毅和辛益的作品都是从马克思主义的角度来分析问题的,认为意大利民族复兴运动是资产阶级追求自身利益,发动封建制度和外国压迫的资产阶级革命,为资产阶级掌权和资本主义的发展开辟了道路。

　　在学术论文方面,赵克毅对马志尼专门研究的论文包括《马志尼与意大利统一运动》②《试论马志尼派起义屡遭失败得因果》③。他对马志尼在复兴运动中的贡献和其失败的原因进行了剖析,提出了独到的见解。辛益堪称意大利民族复兴中运动期间思想的研究大家,他对复兴运动期间的几个主要的政治思潮和几个主要的政治思想家的思想都有研究。《意大利烧炭党运动述略》一文涉及了烧炭党的组织原则、行动纲领和主要成就。④辛益认为,烧炭党是复兴运动早期起领导作用的、资产阶级民族主义的、带有浓厚宗教色彩的、表现为会社形式的组织;烧炭党运动则是复兴运动史早期极为重要的篇章。《马志尼与烧炭党》则重在说明马志尼加入烧炭党的原因,在其中参加的活动和后来退出烧炭党的经历,描述了马志尼思想的转变。⑤《"青年意大利党"17年》一文评述了民族复兴运动过程中由马志尼组织的青年意大利党的历史功绩。⑥在《意大利复兴运动初期的进步政治思潮》一文中,辛益对意大利复兴运动初期的进步政治思潮进行了总结性研究。⑦他认为,国内的法国大革命宣传热对意大利民族主义思潮的发展产生了巨大的影响,揭开了意大利复兴运动的序幕;而侨民社会的革命方略筹划风不仅直接培育了马志尼主义的"青年意大利"党,还将复兴运动引向了一个更新的阶段。此外,辛益还对加富尔的政治思想做了介绍:《加富尔派复兴意大利的纲领与实践》⑧和《夹缝中弱国外交的奋起——评克里木战争中的加富尔对外政策》⑨。他在文中质疑了认为加富尔派是复兴运动胜利果实的"篡夺者"的观点,肯定了加富尔为实现意大利复兴所做出的重要贡献。他认为"篡夺者"的观点不仅影响了对加

---

① 辛益:《近代意大利史》,河南大学出版社,1998年。

② 赵克毅:《马志尼与意大利统一运动》,《史学月刊》1980年第1期。

③ 赵克毅:《试论马志尼派起义屡遭失败得因果》,《河南大学学报(社会科学版)》1988年第4期。

④ 辛益:《意大利烧炭党运动述略》,《历史学刊》1987年第4期。

⑤ 辛益:《马志尼与烧炭党》,《河南大学学报(社会科学版)》1990年第1期。

⑥ 辛益:《"青年意大利党"17年》,《河南大学学报(社会科学版)》1992年第1期。

⑦ 辛益:《意大利复兴运动初期的进步政治思潮》,《河南大学学报(社会科学版)》1988年第4期。

⑧ 辛益:《加富尔派复兴意大利的纲领与实践》,《河南大学学报(社会科学版)》1991年第1期。

⑨ 辛益:《夹缝中弱国外交的奋起——评克里木战争中的加富尔对外政策》,《世界历史》1993年第6期。

富尔的客观评价,也妨碍了人们正视马志尼派失败的根本原因。

近期对意大利政治思想的研究不是特别多,主要是对马志尼和青年意大利党的研究,如史晓红的《1948年意大利革命中的马志尼述评》[①],张建兵、周建国的《马志尼的责任论》[②],马婉平的《论"青年意大利党"在历史上的作用》[③]。值得一提的是,李峻在《论意大利自由派获得统一大权的历史必然性》一文中分析了为什么在复兴运动的诸多政治派别中,自由派最终获得了统一大权的原因。[④]此外,还有意大利复兴运动时期的政治思想和中国的政治思想的比较研究,比如孙新彭的《意大利与德意志民族复兴运动及对我国20世纪30年代兴起的民族复兴思潮的影响》[⑤]、李珺平的《从"加富尔"到"马志尼"——黄遵宪政治理想之定位及价值》[⑥]。

本编希冀通过对意大利民族国家政治共同体思想从社会学、政治学、历史学和人类学等学科多角度、多层面的解读,勾勒出意大利民族国家时期的政治共同体思想——民族主义思想的主要内容和发展脉络,并全面评述意大利近代民族主义思潮的特点。19世纪,意大利虽然在民族主义的推动下得到了统一,但是意大利的民族主义思想充满了矛盾与冲突,这不仅给统一后的国家建设带来了重重矛盾,也使很多国家重大问题一直没有得到解决,直至今日困惑犹在。本编紧扣意大利从争取民族独立到殖民扩张过程中各种矛盾与冲突这一核心内容,深入剖析意大利各种思潮面对矛盾欲解而难解的政治思想局面。除了突出这些思想之间的矛盾,本编还将意大利置于欧洲的大背景下进行研究:在研究欧洲的历史变迁和思想变化对意大利民族主义思想的影响的同时,试图挖掘造成意大利的民族主义思想比其他欧洲国家的民族主义思想更复杂、矛盾和冲突更加激烈的原因。

在讨论的过程中,本编采取史实和理论交叉评述的方法以突出历史事件和思想家的理论之间的相互影响和联系。一方面,本编勾勒出了意大利从四分五裂的局面,通过社会各个阶层的共同努力奋斗最后达到统一的整个过程,以及统一后的国家建设和殖民扩张过程中出现的种种问题。另一方面,本编也清晰地描述了从民族主义思潮的兴起到统一过程中各个思想流派的

---

① 史晓红:《1948年意大利革命中的马志尼述评》,《洛阳师专学报》1998年第6期。
② 张建兵、周建国:《马志尼的责任论》,《科教文汇》2008年第11期。
③ 马婉平:《论"青年意大利党"在历史上的作用》,《殷都学刊》1994年第3期。
④ 李峻:《论意大利自由派获得统一大权的历史必然性》,《安徽史学》2003年第6期。
⑤ 孙新彭:《意大利与德意志民族复兴运动及对我国20世纪30年代兴起的民族复兴思潮的影响》,《历史与教育》2014年第3期。
⑥ 李珺平:《从"加富尔"到"马志尼"——黄遵宪政治理想之定位及价值》,《湛江师范学院学报》2005年第5期。

截然不同的思想之间的争鸣与交锋,以及统一之后思想家对于国家建设和民族建构提出的不同理论与设想。

本编并没有遵循意大利政治历史的传统分法,将统一当作意大利政治的一个阶段的结束和另一个阶段的开始。考虑到统一运动中的很多矛盾冲突延续到了建国后,并给国家建设和民族建构带来了极大的困扰,因此本编将统一之后的关于国家建设、民族建构的理论和殖民理论纳入了研究范围,意在完整呈现意大利民族国家建立的整个过程中,民族主义思潮的变化及其特征。

第一章　民族主义思潮

在世界历史的进程中,民族主义是一种对近代历史发展产生了极大影响的思潮,它曾激励千千万万民众在历史的舞台上交替上演民族的融合、分裂、独立、冲突甚至战争等戏剧。近代西欧的民族主义是发展比较完备、表现比较充分的一种民族主义思想类型,在唤起人民的觉醒、促进民族意识的成长发展,最终促成民族国家的形成上起到了关键作用。

第一节　近代西欧民族主义思潮的兴起

一、民族与民族主义

"民族"(nation)这个词来源于拉丁语"natio"。"natio"一词源于"nascor",意为"我出生于",在拉丁语中意指一个种属或种族。后来"民族"一词具有了出生于某地、承袭某种血统、讲某种语言的意义,被用来指称通过血统、语言和出生地联结起来的人群。"民族"这个词在早期阶段一直与血缘或地区相联系。在16、17世纪,"民族"这个词的含义发生了重大变化,人们往往把一国之内的人民统称为"民族",而不管其种族集团。到了18世纪,"民族"一词在英语和法语中又具有"国家"(state)的意义,还开始具有与"人民"(people)相对应的含义,在政治意义上特指政治组织或国家。

对于"民族"的定义是多种多样的,从内容上看大致可以分为两类:一类是以西欧和北美学者为代表的西欧民族观。德尼·狄德罗(Denis Diderot)在其所编的《百科全书》中认为,"民族"就是居住在一定地区内并臣服于同一政府的相当数量的人。1830年,《法兰西学院词典》第六版又把"nation"解释为"出生在一个国家或归化加入某一国家,并生活在同一政府之下的全体居民"。英国学者安东尼·史密斯(Anthony Smith)认为:"民族是一个纵向和横向联系上的一体化的、拥有固定领土的群体,它是以共同的公民权利和具有一种(或更多)共同的集体情感为特征的。"①安东尼·吉登斯(Anthony Giddens)持和史密斯相类似的观点,认为"民族是指居于拥有明确边界的领土上的集体,此集体隶属于统一的行政机构"②。另一种观点是以斯大林为代表的"四个共同"论。1914年,斯大林在其名著《民族问题和社会民主党》中提出的民族定义是:"民族是人们在历史上形成的一个有共同语言、共同地域、共同经济生活以及表现于共同文化上的共同心理素质的稳定的共同体。"③无论是西方民族观还是斯大林的"四个共同"论,其中"民族"一词都被赋予了相当强烈的政治色彩,使它和"国家"在概念上紧密联系在一起。

一般而言,民族由受不同政府和法律所管辖的一国全体居民构成。以德国为例,1806年神圣罗马帝国解体后,德国变成了一个松散的德意志联邦。德国人虽然生活在不同的政治实体(如王国、公国、城市、领地等)之中,并且有不同的政府和法律,但由于他们都讲德语,有共同的血统、出生地和风俗,所以德国人仍然被视为一个具有明显特征的日耳曼民族。德国语言学家约翰·克里斯托夫·阿德隆(John Cristopher Adlon)在他所编撰的词典《阿德隆词典》中对"民族"一词所下的定义是:"民族是一国之原住民,原因是他们有共同的血统和共同的语言,而无须取决于他们是否创建单一的国家或被分裂在几个国家之中。"可见,德国人认为构成"民族"的关键要素是共同的血统、语言、法律和风俗,而不是人们的出生地或者别的什么。意大利的情况也一样,长期的罗马帝国统治使意大利形成了统一牢固的民族意识。虽然进入近代以来,意大利四分五裂,意大利人民处于各种大大小小有时甚至多达几百个政治实体的管辖之下,但是意大利人的民族意识却是一直存在的。

民族的形成是一个长期的、自然的历史过程。从民族的形成过程来看,一些早期的血缘集团在其特定的领土内,在发展过程中形成了一种特定的共同观念、心理、行为、风俗习惯等特质。集团成员随着经济文化的发展和相互交往的扩大,逐渐认识到自身的共同特质。在这种共同意识的作用下,之前松散的血缘集团——这个自然共同体逐渐增强了凝聚力,团结为稳定的共同体,其中的每个成员对这个共同体有着强烈的归属感。从这个意义上来说,民族是具有相同血缘、共同心理文化活动和生活方式、共同经济和政治生活,并对这个共同体有着认同感和归属感的社会共同体。这种将整个民族团结起来的特质就是我们所说的民族性。每个民族都有自己独特的民族性,民族

① 安东尼·史密斯:《民族主义的理论》,《民族译丛》1986年第1期。
② 安东尼·吉登斯:《民族国家与暴力》,胡宗泽、赵力涛译,生活·读书·新知三联书店,1998年,第144页。
③《斯大林全集》第2卷,中央编译局译,人民出版社,1953年,第294页。

性是一个民族的精髓,也是一个民族之所以区别于其他民族的标志。民族性规范和决定着整个民族的行动,也是民族主义的渊源和根基所在。当然,随着社会的发展和自然环境的变化,一个民族的属性也会有所改变,并生成一些新的特质。

还有一些人并不认为民族是自然演变而成的有机体,而只是想象的共同体。[①]他们认为,民族是人们在民主、自愿的原则上构建起来的共同体。而民族性也不是人与生俱来的属性,它在本质上是一种有意识的、通过大规模宣传和教育等手段构建起来的文化人造物,是18世纪晚期以后才出现的现象。也有人说,区别不同民族的标准是人们的主观意愿,而不是种族血统、历史、文化、语言、地理等客观因素。其实,单纯的主观因素和客观因素都不足以构成一个民族存在的基础和全部理由。任何一个民族既包括客观因素,如领土、语言、宗教、文化或共同的血统;也包含主观意志,如人民的民族意识、民族感情和作为同一个民族而共同生活的主观愿望。界定民族既要考虑客观因素,也要考虑主观因素。

“民族”和“国家”这两个概念经常被联系在一起,还经常被互换使用。其实这两个词有着不同的内涵。民族是一个偏重于心理文化的概念,而国家则是一个政治单位和政治法律概念,它是一个拥有一定人口和领土,具有完备法律,建立起自治政府,并拥有主权的政治单位。民族和国家的关系比较复杂:有的国家存在着多个民族,有的则有民族而无国家,“只有当一个国家内只有一个民族,国家的领土界限与民族居住地的范围相同,而且文化与政治已经逐渐融合,这种国家,我们才称之为民族国家(nation-state)”[②]。只有在这层意义上,“nation”才等同于“国家”。但是这样的民族国家只是理想的国家形式。现实的民族国家基本上都不是单一民族建立的,“民族的界线与国家的界线总是存在着程度不同的不一致”[③]。世界上绝大多数所谓的民族国家实际上是一种多民族的混合体,“只有大约百分之十的国家具有严格意义上的民族国家的地位”[④]。民族的形成与国家的建立有可能是同时并进的,比如西欧诸国。但有的民族先于国家形成,有的民族则是在国家建立之后运用国家的政治权力创造、形成的民族共同体。这种在近代民族与国家融合而成为民族国家过程之中所产生的近代民族主义,正是本编所要研究的民族主义。

“民族主义”(nationalism)一词源于“民族”(nation)和“民族的”(national)

---

① 本尼迪克特·安德森:《想象的共同体》,吴叡人译,上海人民出版社,2011年。
② 李宏图:《西欧近代民族主义思潮研究》,上海社会科学院出版社,1997年,第5页。
③ 周平:《民族政治学导论》,中国社会科学出版社,2001年,第29页。
④ 戴维·米勒、韦农·波格丹诺编:《布莱克维尔政治学百科全书》,邓正来译,中国政法大学出版社,2002年,第528页。

这两个词。"national"指某种关涉整个民族的东西;此外,一个带着偏袒之心赞美本民族的人可以被称为"民族的"(national)。"民族主义"一词,最早出现在15世纪莱布茨格大学的校园里,围绕"波希米亚人"和"非波希米亚人"的"出生地"(nations)问题进行的一场学术争论中。在这场争论中,双方使用了"nationalism"这个词。当时,这个词的含义仅仅是指莱布茨格大学的教授们为了保卫相同出生地的同胞们的共同利益而组成的联合组织。这个词到了19世纪才慢慢流行起来。1836年,这个词首次出现于《英国牛津词典》,被解释为一种学说,意为特定的民族是神造的客体。可见,当时还是在神学意义上使用这个词。[①]1844年,民族主义出现于社会文本中,其基本含义被解释为,"对一个民族的忠诚和奉献,特别是指一种特定的民族意识,即认为自己的民族比其他民族优越,特别强调促进和提高本民族文化和本民族利益,以对抗其他民族的文化和利益"[②]。

埃瑞克·霍布斯鲍姆(Eric Hobsbawm)指出,如果不对"民族"这个字眼以及由它派生出的有关词汇有所了解,简直就无法对人类最近两个世纪的历史做出理解。与民族一样,政治家和学者们对民族主义的解释不知凡几,然而没有一个定义能为人们所普遍接受,因为没有一种解释能够全面而准确地把握民族主义的所有特征和内容。E.B.哈斯曾将民族主义比喻成一只大象,将研究者比喻成一个瞎子,每个研究者只摸到"民族主义"这个大象的一部分。19世纪的政论家沃尔特·白哲特(Walter Bagehot)在谈到"民族是什么"时讲道:"你要是不问,我们都知道它是什么;但要马上对它解释或定义,却是不可能的。对民族主义来说,白哲特的话同样适用。"[③]造成这种状况的原因是多方面的。一方面,由于民族主义现象所涵盖的范围是广泛的和多侧面的,包括民族和民族国家的发展,也包括族裔特性和社群发展。它延伸到种族和种族主义、政治宗教、族裔冲突、保护主义、种族屠杀等一系列相互联系的领域。另一方面,民族主义所采取的形式也如同一个万花筒:宗教的、保守的、保护主义的、整合主义的、分立主义的、领土收复主义的等。

综观国内外学者对"民族主义"的研究,他们对民族主义的理解大致可以分为两类:从心理或者从政治两个层面来界定民族主义的含义。一种观点认为民族主义是一种心理状态。这种心理状态,或者是一个民族的民族性;或者是对于民族利益、民族独立与民族统一的信仰或主张;或者是一种爱国心

---

① 李宏图:《西欧近代民族主义思潮研究》,上海社会科学院出版社,1997年,第5页。
② 徐迅:《民族主义》,中国社会科学出版社,1998年,第40页。
③ Ernst Bernard Haas,"What is Nationalism and Why Should We Study It?" *International Organization*, Vol.40, No.3,(1986), pp.707-744.

和民族自豪感。如乔治·P.古奇(George P. Gooch)把民族主义称为"一个民族的自我意识"。他认为,民族主义的中心是团体意识。"它作为一种意识形态是一种心态,即一个人以民族作为最高效忠对象的心理状况,它包含着本民族优越于其他民族的信仰。"[1]汉斯·科恩(Hans Kohn)认为,民族主义是一种思想状态,它要求对民族国家怀有至高无上的忠诚。[2]安东尼·吉登斯说:"民族主义,这个词主要指一种心理学的现象,即个人在心理上从属于那些强调政治秩序中人们的共同性的符号和信仰。"[3]卡尔顿·海斯(Carlton Hayes)认为:"民族主义是两种极其古老的现象——民族性和爱国主义的现代情感的融合和夸大。"[4]《布莱克维尔政治学百科全书》是这样解释民族主义的:民族主义是一种政治上的学说和情感,是一种迄今为止世界上最强有力的意识形态。[5]民族成员或国家公民的民族主义情感往往表现为对本民族的历史、成就及其对人类贡献的过分夸耀和颂扬,也表现为了民族可以付出任何牺牲包括生命的态度,这种态度在民族受到外族压迫、国家主权受到侵犯的时候体现得最为明显。当然,民族主义者往往对外族表现出一种排他性的情感,如不信任感、不安全感、蔑视感、嫉妒感等,甚至是强烈的仇恨。另一种观点认为,民族主义不仅是一种思想形态,而且是一个民族追求建立自己的国家的现实政治运动。约翰·布鲁伊(John Breuilly)认为民族主义是一种政治形态,它指寻求和掌握国家权力的政治运动,并用民族主义为理由去证明这种行动的正当性。[6]安东尼·史密斯也认为民族主义是意识形态和政治运动的结合体,它包括特定的语言、意识和象征。[7]而有的学者把民族主义的含义归纳为三重内容:心理状态或思想观念、思想体系或意识形态和社会实践或群众运动。[8]可见,当我们认为民族主义作为一种"主义",把它定义为一种思想观念时,它表现出意识形态的特点;但当它与民众运动相结合时,民族主义的观念就会形成一种巨大的力量,深刻地影响社会的发展进程。

民族主义是一种近代的历史现象,而不是早已存在的思想观念。每个民族对本民族的忠诚和热爱,对生疏的外人的冷漠、防范甚至敌视的情感早就

---

① George Peabody Gooch, *Nationalism*, ReInk Books, 1920, p.5.

② Hans Kohn, *Nationalism: Its Meaning and History*, D. Van Nostrand Company, 1955, p.9.

③ 安东尼·吉登斯:《民族国家与暴力》,胡宗泽、赵力涛译,生活·读书·新知三联书店,1998年,第41页。

④ 周平:《民族政治学导论》,中国社会科学出版社,2001年,第166页。

⑤ 戴维·米勒、韦农·波格丹诺主编:《政治学百科全书》,邓正来译,中国政法大学出版社,2002年,第530—531页。

⑥ John Breuilly, *Nationalism and the State*, Manchester University Press, 1985, p.3.

⑦ Anthony D. Smith, *National Identity*, University of Nevada Press, 1993, Preface.

⑧ 余建华:《民族主义:历史遗产与时代风云的交汇》,学林出版社,1999年,第11—12页。

存在,但只有经过一定的政治经济和文化的历史运动才能形成。在近代民族形成的实际过程中,人们在这种民族情感的基础上所表达的对整个民族的热爱与忠诚才能成为民族主义的内容。西欧诸国从封建社会向资本主义社会的过渡,伴随着近代民族的形成。也就是说,近代的民族主义是在反封建斗争的过程中形成的。由于文艺复兴和宗教改革运动带来的"人的解放",使人发现了自己,认识到了自身的价值,人们的忠诚从神圣的天国转移到了世俗的人间,开始发现他们生存于其中的民族共同体,民族情感剧增。

与其他社会思潮相比,民族主义具有以下特点:首先,民族主义强调民族自决权。它认为,每个民族都有权选择自己所喜欢的政府形式,有权实行自治,建立主权独立的民族国家。其次,民族主义强调民族利益高于一切。它认为,民族高于个人,国家要以民族利益作为立国、治国的最高价值准则;要不断增强民族的实力,拓展民族的生存空间。唯有如此,一个民族才能免于衰落或毁灭,个人生存才能得到保障。此外,民族主义强调本民族的是最好的,是永远正确的。民族主义者强调本民族的目标、文化、使命、传统和生活方式比其他任何民族都要优越,并且具有普世价值。在本国的所作所为正确的时候,要千方百计确保它永远正确;在本国的所作所为错误的时候,也要想方设法把它变成正确的。无论怎样,个人始终要忠于自己的祖国。这就是民族主义区别于其他政治思想的显著特色:"My country! Right or wrong."民族主义还强调增强民族凝聚力,实现超阶级的民族团结和民主忠诚。团结可以使无数个人微小的力量合众为一,民族团结是与外族进行竞争的必要前提。团结和忠诚的基础,除了共同的语言、血统、文化、风俗传统和宗教等元素,还有自由、平等、民主和人权等政治原则。最后,民族主义强调"自我"与"他我"之分,并总需要一个参照系作为自己存在的依据。民族除了通过共同的因素来进行自我认同外,还通过"他者"来界定自己和自我的认同。民族主义者往往认为,"我们的"就是好的,需要坚持和普及;而"他们的"往往比"我们的"差,因此值得怀疑甚至要加以拒绝。以赛亚·伯林(Isaiah Berlin)的话能很好地阐释这种观点:"民族主义就等于我们对自己说,因为我们是德国人或法国人,所以我们是最优秀的人,我们完全有权利做我们要做的事。"①

在历史上,民族主义是一把双刃剑,具有双重意义。民族主义作为一种社会思潮包含着理性的认识,也有非理性的情感的表达,对历史的进程产生了重大影响。从积极意义上说,民族主义和爱国主义相结合,唤醒了被压迫民族要求解放和独立的意识,摧毁了封建社会和封建社会结构,使这些民族实现了民族统一,建立了与封建王朝国家有着本质不同的民族国家。民族主

---

① 李肇忠:《近代西欧民族主义》,人民出版社,2011年,第35—36页。

义的出现确立了近代社会的一个重要原则即民族自决权,这个原则成了近代国际关系的通用原则。根据这一原则,一大批弱小民族获得了独立,建立了自己的民族国家。从消极意义上说,"民族主义一旦发展到极端,往往会走向沙文主义甚至变为霸权主义,而最终则成为危害世界和平和安定的乱源"[①]。在现实之中,极端的民族主义具有极大的破坏力。民族主义被认为是分裂动荡的始作俑者,它破坏稳定,造成分裂,非洲国家的动荡和动乱在很大程度上就肇始于极端的民族主义。在历史上,民族主义引起过军国主义、帝国主义、种族优越主义及战争,给世界人民带来极大的罪恶。总之,"它把世界引向两条截然不同的道路:一条是和谐的,一条是动荡的"[②]。所以预防民族主义的负面效应,控制民族主义的非理性因素,是理论研究和现实政治生活都必须面临的重要课题。

二、近代西欧民族主义的兴起与民族国家的诞生

(一) 地方主义 (provincialism) 和普世主义 (universalism)

中世纪的西欧也可以看作是一个以封建割据为基础的统一的基督教世界。在现实中,国家是分裂的。罗马帝国灭亡后,在蛮族人建立的一系列国家中,形成了一种以层层分封为主要特征的社会制度,即封建制度。名义上国王拥有全国的土地,国王通过军事分封把土地封给自己的大臣及军事贵族等,这些大领主在庄园内享有"特恩权",掌握着领地内的政治、经济、法律大权。正如恩格斯所说:"领主身兼立法者、裁判官和判决执行人,他成了自己领地上完全不受任何限制的统治者。"[③]这样,各个封建领主各地自主,拥兵自重,他们的庄园俨然就是国中之国。整个国家虽然在名义上保持统一,但实际上却被分裂成无数个小的公国、伯国和城邦,没有完整系统的国家组织机构,不存在国家主权,更不存在完整意义上的国家。国王只是通过领主间接地同自己的臣民发生联系。而对于广大民众来说,国王是遥远的,对国王认识是朦胧的,忠诚意识更是无从谈起,他们把自己的忠诚更多地给予了同自己有着直接关系的领主。在城市中,也同样是各自为政的行会占据主导地位。因此,庄园和行会成为整个社会的基本单位和权利主体。所以在中世纪,人们的忠诚是地方性的,而不是全国性的;占主导地位的社会观念是地方主义,而不是民族主义。

---

① 李宏图:《西欧近代民族主义思潮研究》,上海社会科学院出版社,1997年,第1页。
② John T. Routhe, *International Politics on the World Stage*, Dushkin Pub. Group, 1989, p.141.
③《马克思恩格斯全集》第21卷,人民出版社,2003年,第281页。

在宗教上,中世纪社会是高度统一的。基督教在中世纪得到了迅速传播,并成为支配社会和人们精神生活的主导力量,它支配一切,控制一切,使整个西欧成为一个整体的基督教世界。基督教通过宗教力量把各个分裂割据的"诸侯邦国"联结在一起,组成基督教世界。这是一个超越了狭隘地方空间和现实政治社会,以文化和精神的信仰为基础而连接起来的大一统世界。在基督教普世主义观念的支配下,每个人只是作为基督徒而存在。人们看待一切事物并不是从他们的"民族"或"国家"出发,而是从基督教出发。在人们心中,"只知有教,不知有国;只有对上帝的敬畏,没有对世俗君主的虔诚"[1]。在这个基督教世界中,没有法国人、德意志人、意大利人的区别,只有基督教信徒与异教徒的对立。博伊德·C.谢弗(Boyd C. Shafer)指出,人民首先认为自己是基督教徒,其次是某一地区如勃艮第或康沃尔的居民,最后,如果非得要说的话,才说是法兰西人或英吉利人。[2]因此,占据中世纪西欧社会主导观念的是地方主义和普世主义,而这两种观念却极大地抑制和阻挡着民族情感、民族意识的产生。

可见,中世纪人们的忠诚情感只指向地方领主或城市行会,具有地方性;与此同时,对基督教的信仰又使人们有同属基督教大家庭的归属感,具有普世主义。这样,地方主义和普世主义这两种既相互冲突又同时共存的意识形态成为主导性的意识形态,对于世俗国家的效忠感情是不存在的。无论是地方主义还是普世主义都超越或抹杀了国家观念,均与建立民族国家的观念相违背。只有走出中世纪之后,民族国家的观念才开始逐渐形成,民族情感逐渐增长,民族主义也开始萌芽。[3]

(二) 王朝国家的建立与民族意识的产生

在中世纪,教权无论在理论上还是在实践中都赢得了对君权的绝对优势,教皇成为整个西欧社会的最高主宰。托马斯·阿奎那甚至建立了一整套神学政治体系,系统阐述了教权高于君权的思想。"教皇的权力在世俗问题和宗教问题上都是至高无上的,他的权力不会丧失,他的统治权将永不消逝。"[4]然而随着西欧各国社会经济的发展,王权开始日渐加强,统一的国家机构也逐渐形成,在思想战线上也进行着一场决战。新兴的资产阶级首先掀起了文艺复兴运动。在文艺复兴运动中,资产阶级举起人文主义的旗帜,把斗争矛

---

① 李宏图:《西欧近代民族主义思潮研究》,上海社会科学院出版社,1997年,第24页。
② Boyd C. Shafer, *Nationalism: Myth and Reality*, Harvest Book, 1955, p.61.
③ 李宏图:《西欧近代民族主义思潮研究》,上海社会科学院出版社,1997年,第27页。
④ 托马斯·阿奎那:《阿奎那政治著作选》,马清槐译,商务印书馆,1963年,第44页。

头直指以罗马教会为代表的封建制度,他们以人性代替神性,以人的世俗世界代替神的天堂,以个人奋斗代替宗教宿命论,以人权代替神权。马基雅维利最为透彻地表达了当时社会的要求和愿望。他认为教皇和教会是造成意大利四分五裂的重要原因。在他的历史著作,特别是《君主论》中,始终贯穿着加强王权、富国强兵、实现统一的现实主义主题。后来的宗教改革运动,对罗马天主教进行了更为猛烈的攻击,摧毁了它作为普世一统的最高权威。马丁·路德在他的《九十五条纲领》和《致德意志基督教贵族公开书》中充满了强烈的民族意识和爱国主义情感的呼唤与呐喊。他力主对传统教会体系进行改革,把各国教会变成不受罗马辖制的民族教会,把宗教管理变成任何外来力量不得干涉的民族事务,以确立君主的至上权威。

资产阶级为了确保与扩大自身的经济利益,迫切要求实行统一的度量衡、统一的规章制度、统一的国内市场。他们渴望建立一种强大的政治秩序,但他们所面对的现实却是诸侯割据、争乱不已、分裂动荡的局面。这时,处在封建诸侯割据和罗马教皇两重夹击之下的国王也迫切希望摧毁这两种势力,特别是罗马教皇对王权的限制和剥夺,加强王权,实现统一。于是,市民资产阶级与王权结成了联盟,与封建贵族和教会两种势力展开了斗争。宗教改革运动则是这场斗争的最高潮,通过宗教改革,罗马教皇的一统权威被摧毁,服从国王权威的民族教会建立了,一统的基督教普世国家被分成很多独立的国家。"君权神授"理论的出现标志着教权至上的理论已为王权至上所取代。王权完全战胜了教权,也战胜了地方割据,成为国家的最高权威,也成为在王权管辖范围内社会各集团的最高效忠对象。国王及其王朝被看作是国家的象征和标志。人民大众通过对君主的热爱与忠诚来表达对自己国家的热爱与忠诚,忠君与爱国紧密地联系在了一起。民族和国家等同于国王的化身,即民族同化于国王,国王的意志代表着国家的意志、利益和权力。

虽然过去我们一提到"君权神授""朕即国家"就大加鞭挞,认为这套理论是为封建专制统治服务的,阻碍了历史的脚步。但不可否认,从历史主义的角度来看,在当时,王权体现了历史的进步。恩格斯曾指出:"在这种普遍的混乱状态中,王权是进步的因素,这一点是十分清楚的。王权在混乱中代表着秩序,代表着正在形成的民族而与分裂成叛乱的各附庸国的状态对抗。"①也就是说,王权代表着民族与分裂作斗争,从而促进了民族国家的形成。

随着王权国家的建立,不仅在政治上形成了对王权的认同,一种共同的文化认同也逐渐形成了。这种认同主要表现在民族语言的形成以及运用民族语言撰写本民族的历史等方面。在中世纪,拉丁语作为通用的语言,严重

---

① 《马克思恩格斯全集》第21卷,人民出版社,2003年,第453页。

阻碍着欧洲各国民族语言的形成。随着民族意识的觉醒，一些知识分子开始倡导使用本民族的语言。14世纪，西欧各国要求使用本民族语言成了一股势不可挡的浪潮。在英国，宗教改革家约翰·威克利夫(John Wycliffe)，出于反对天主教统一地位的需要，把《圣经》译成英语，从而奠定了英语民族语言的基础。除了意大利和英国，欧洲的一些主要国家如法国和德意志等都逐渐形成了自己的民族语言。民族语言的确立，集中反映了民族感情和民族意识的增强。民族语言代表着本民族独特的民族精神和文化特征，每个民族能够根据语言来判明和识别不同的民族共同体。民族语言的形成不仅反映了民族精神，还提供了判别民族意识、民族感情的标尺，而且反过来影响和发展了民族的感情和作为一个统一民族的意识，成为民族团结、民族感情和民族意识的基础。

这种民族精神、民族意识和民族情感的表达还体现在对民族历史的编撰上。民族历史表明每个民族均有他们共同的过去、共同的文化以及共同的风俗习惯，说明他们是一个整体的民族共同体。在这一时期编著的历史著作中，如马基雅维利的《佛罗伦萨史》(*Istorie Florentine*)、圭恰迪尼(Guicciardini)的《意大利史》(*Storia d'Italia*)；英国威廉·卡姆登(William Camden)的《不列颠志》(*Britannia*)①和威廉·哈里森(William Harrison)的《不列颠的历史记述》(*Description of England*)；德意志宗教改革家著述的《伟大的德意志英雄》等都是通过对过往历史的探讨，从古代的历史中寻找民族伟大光荣的源头，激发人们强烈的民族意识和民族情感。

将一个民族凝聚成一个紧密的共同体的基础就在于他们具有共同的心理、意识和情感，以及共同的文化认同。在文化层面上表达出的民族意识和民族情感，一方面成为构建近代国家的重要内容，同时也是追求构建近代民族国家的一种内在动力。②正是在这一时期产生了民族意识，为近代意义上的民族主义的出现奠定了基础。

（三）民族国家的建立和近代民族主义的形成

王朝国家虽然曾经是"现代民族主义的带步人"③，专制王权在一定的历史时期确实吻合过民族利益，在一定程度上促进了近代民族国家的形成，但是随着专制制度发展到鼎盛时代，它愈来愈失去其进步作用，阻碍着近代民

---

① 1586年出版的《不列颠志》初为拉丁文，后译成英文，是第一部综合性的英格兰地方志，介绍了该岛的自然地貌、名胜掌故和曲章风俗等。
② 李宏图：《西欧近代民族主义思潮研究》，上海社会科学院出版社，1997年，第64页。
③ Hans Kohn, *The Idea of Nationalism: A Study in Its Origins and Background*, The Mcmillan Company, 1945, p.4.

族国家的形成。因为专制君主的统治从本质上来说并不是把国家的利益放在首位,他们真正的目标和首要原则仍是王朝利益。随着资本主义的发展,王朝国家再也不能体现、代表他们的利益和要求。于是,资产阶级掀起了启蒙运动,以全民族的名义展开了对封建专制君主和王朝国家的批判,要求获得自由、平等、人权和幸福,要求用这些新的政治原则和政治观念来构建新的国家——民族国家。在理性的引导下,启蒙思想家运用自然法的理论批判现存的专制制度,抨击"国王就是国家的化身和象征"这一专制统治的传统理论基础,主张用"天赋人权"来取代"君权神授"观念,用"法律面前人人平等"和"自由、平等、博爱"原则来取代贵族的等级特权,要把君主的权力置于人民代表的控制之下,要恢复人的自由、平等和权利,并使之成为构建新型民族国家的基本内容。

狄德罗等思想家指出,人的自由来自于自然,任何人不得侵犯,"自由是天赐的东西,每一个同类的个体,只要享有理性,就有享受自由的权利"①。狄德罗指出,君主不是国家的化身,国家也不是君主的私产,人民才是国家的真正所有者,"政权尽管为一个家族所继承,掌握在一个单独的人手里,却不是一个人的财产,而是一件公共的财产,因此它绝不能离开人民,它在本质上只属于人民,仅仅为人民所固有……并不是国家属于君主,而是君主属于国家;统治国家的权力之属于君主,只是因为国家选择了君主来统治,只是因为人民根据法律有服从他的义务"②。爱尔维修认为,一个国家是由它的所有公民组成的,所以对于一个君主和一个国家来说,由每个公民的利益所组成的公共利益才是最高的和唯一的追求和行动目的,同时也是判断他们的行为是否符合正义和道德的标准。据此,霍尔巴赫认为"专制制度在本质上是违反人的本性和整个社会的目的的"。他认为,"合法的专制制度乃是一个自相矛盾的名词",从而直接否定了专制统治的合法性。③

在启蒙思想家看来,人生而自由、平等,一切人都具有追求生存、幸福的权利,这种权利是天赋的、神圣的,能够确保人们享有平等、自由等天赋人权的国度就是他们的祖国。而专制政权肆意剥夺了人们的这些权利和自由,肆意侵占人民的财产,只为贵族们谋福利。所以它就丧失了对其成员的权利,人民完全有理由抛弃它。17世纪,拉·布吕耶尔针对专制制度的压迫喊出了"专制之下无祖国"这句至理名言。霍尔巴赫也认为,没有了自由、财产和安全,也就没有了祖国。在他看来,"当社会给它的所有成员们提供物质的需要

① 北京大学哲学系编:《十八世纪法国哲学》,商务印书馆,1963年,第427页。
② 北京大学哲学系编:《十八世纪法国哲学》,商务印书馆,1963年,第429页。
③ 北京大学哲学系编:《十八世纪法国哲学》,商务印书馆,1963年,第663页。

和属于他们自然权利的安全、自由和财产时,这个社会才是公正、善良和值得我们爱慕的",然而那些"偏袒少数人而苛待大多数人"的社会则是"不公正的、坏的和不值得我们爱慕的"。[1]在卢梭看来,人们通过订立社会契约,在自由、平等、博爱的原则下组成国家,建立政府。国家或政府的权力来自人民的同意或授权。一个国家或政府受到人民爱戴的前提就是它代表公意并能够为人民谋取福利,使自己成为"公共的母亲,要让公民在国家中享受的种种利益能使他们热爱这个国家,要让政府在公共事业中留给人民足够的地位以使公民感到像在自己家里一样,要使法律在公民的心目中只是一种保障公民自由的东西"[2]。

总之,在启蒙思想家的尖锐批判下,忠君与爱国两者间的等同关系被彻底否定了,君主已丧失了国家化身与象征的意义。对启蒙思想家来说,能够提供安全、快乐、幸福的国家才是值得他们珍爱的祖国,祖国就是一个人们生活在其中的命运共同体。启蒙思想家所理解的祖国,不是国王的专制统治,保护封建特权、维护王朝利益的国家,而是以人民的自由、权利、利益和幸福为目的的一种共同体。在这个共同体中,大家平等、自由地联结在一起,每个人都是这个共同体的成员,他们为了一个共同的目的即保障人们的权利与自由,增进人民的幸福和利益而结合,并享有共同的权利和义务。共同的利益和命运与每个成员的利益和命运休戚相关,于是在他们的内心自然就会蕴含着对这个共同体——他们的祖国的热爱与忠诚之情。这样,启蒙思想家赋予了祖国一种崭新的政治含义。

18世纪启蒙时代的思想家在批判封建专制制度中创立了新型的民族主义理论,而在他们的思想意识中又具有浓厚的世界主义倾向。启蒙时代的世界主义最鲜明的特征是强调忠诚热爱全人类,而不是特定的民族或国家。启蒙思想家在提出世界主义与封建王朝国家相对抗,批判封建君主时,深知政治社会的基本单元是民族国家,要在民族国家中实现人的自由和幸福。他们不是不要祖国,而是不要封建王朝国家,希望实现新型的民族国家。视自己为世界公民的启蒙思想家心中无不充满着对祖国的热爱与眷恋,只是在剥夺了人的自由和权利的专制主义下,他们不得不转移自己对祖国的忠诚。正是强烈的爱国主义升腾、转化成了看似超越民族国家的世界主义。所以这种世界主义不过是爱国主义的另一种表达形式。民族主义和世界主义这两种"表面上看似截然相反、水火不容的思想理论,实际上它们之间有着内在的一致

---

① 霍尔巴赫:《自然的体系》上卷,管仕滨译,商务印书馆,1964年,第203页。
② 卢梭:《论政治经济学》,王运成译,商务印书馆,1962年,第19—20页。

性,并统一于:'推翻封建王朝国家,重建近代民族国家。'"①

　　经过启蒙思想家的批判和资产阶级革命实践,王朝国家终于被推翻了,民族利益取代了王朝利益,人民主权成为新的民族国家的政治主体。由于民族利益和人民主权的确立,近代民族国家也有了坚实的基础,比王朝国家更加稳固。在一个以人民主权为中心的新的共同体中,国家利益与公民利益是一致的,国家保障、照管着公民的自由、平等和幸福。公民与国家联结成为一个统一的整体,公民比任何时候都爱自己的国家。另外,传统的社会结构被打破,旧的等级制度也被摧毁,一个较为公平和开放的社会结构,更加促进民族的融合与统一。

　　在英法这些资产阶级力量十分强大且经历过资产阶级革命的国家,近代民族主义均表现出强烈的、各具特色的政治意义。在英国,1640年的资产阶级革命,尤其是1688年的"光荣革命"之后,英国逐渐成为一个中央集权的、统一的新型君主立宪制民族国家。在这个国家里,法律高于国王,立法大权也转移到议会手里。对国家命运负责的也不再是国王,而是民族——由理性、平等和自由的个人所组成的政治实体或国家。民族和国家从此结合成一体,成为民族国家。在英国,民族主义在某种程度上与个人自由原则联系在一起,所以英国的民族主义实际上是自由民族主义。自由原则深深扎根于英国的民族与生活特性之中,对英国人来说,自由就意味着个人在不直接妨碍他人自由的前提下,可以自由地做自己想做的任何事情。洛克认为,个人及其自由、尊严和幸福是所有民族生活的基本要素,民族国家是基于被统治者的自愿同意的道德信托。约翰·弥尔顿认为,民族主义不是指摆脱"外来奴役"、实现集体独立的斗争,而是指摆脱专制统治、获得个人自由,是在自己的政府和教会面前对个性的自我肯定,是把人从奴隶和迷信状态下解放出来。

　　在英国自由民族主义思想的影响下,法国在18世纪也出现了民族主义思潮,其代表人物是卢梭。卢梭接受了英国的个人自由观念,但他认为只有个人自由是不够的,社会需要民族这种集体人格作为新的社会和社会秩序的合法化证明。他提出的新的民族主义思想主要包括以下内容:首先,民族或国家是反映人们的公意的共同体。专制统治造成了公民与祖国的分离,他们之间没有任何联结点。卢梭认为人们通过订立社会契约,结成共同体,他们的意志形成了共同体的公共意志。公共意志是整个共同体意愿与利益的表达,所以治理社会就应当以社会成员公共的利益为依据。通过公意这个概念,卢梭排斥了在共同体中个人专制的存在,并用人民主权取代了王权。其次,国家为了保障公民的自由、权利而存在,公民在行使权利的同时对他们的国家

----

① 李宏图:《西欧近代民族主义思潮研究》,上海社会科学院出版社,1997年,第111页。

也承担着相应的责任和义务。通过契约,公民个体与国家紧密地结合为一体,于是"热爱祖国就是热爱你自己",这样每个公民都具有自觉的爱国意识和强烈的爱国情感。此外,卢梭主张通过公共教育来培养公民的爱国情感和民族意识。他认为,国家对公民自由、权利的保障与福祉的增进是公民爱国感情的最终源泉,但只有这一点是不够的,还必须通过公共教育来培养公民的爱国主义感情。"没有自由,就不会有爱国思想;没有道德,何来自由;没有公民,就无所谓道德;培养公民,你就有了你所需要的一切东西;没有公民,则自国家的统治者以下,除了一些下贱的奴隶之外,你一无所有。"① 总之,通过"社会契约"的学说,卢梭提出了全新的国家组织原则——人民主权论。通过人民主权,卢梭构建成了一种新的政治共同体——民族国家。在这个民族共同体中,祖国保障着人民的自由、平等、权利和幸福,而人民主权又使公民紧紧依恋着祖国、热爱着祖国,保证着民族共同体的稳固存在。卢梭的民族主义充满着民主共和的思想,成为近代民族主义理论的一块里程碑,对后世产生了深远的影响。

在德意志,自宗教改革后,德意志处于分裂割据状态,资产阶级的力量也比较薄弱。面对法国文化的冲击与入侵,德意志的一批知识分子奋起反抗,从保护本民族的民族性出发,形成了独特的文化民族主义,其代表人物是赫尔德。如前所述,法国启蒙思想家是从政治意义上去理解民族共同体的,并赋予了民族共同体一种政治意义,认为民族是建立在人民的自由结合之上的一种共同体。赫尔德却认为民族共同体应该是有机的、自然的,它的基础是精神的和文化的。在赫尔德看来,民族精神是一个民族有机体的中心和根本。

近代西欧各国的民族主义政治思潮有很多的共同点。不管是在工业先进的英国,还是在工业落后的德意志和意大利,它们的民族主义都带有浓厚的自由主义色彩。这种色彩主要体现在以下五个方面:自由民主原则、民族自决原则、民族统一原则、国际主义与和平主义原则、民族性原则。随着民族国家以一种新的政治共同体的形式登上历史舞台,就牢固地主宰了人们的社会生活,民族主义紧紧地控制了欧洲各国人民的感情。"民族"与"国家"已经完全融为一体,"民族第一"与"国家至上"观念深深融入人们的潜意识之中。在已经建立民族国家的地方,民族主义表现为对"民族权利"和"民族利益"的坚决伸张与维护;在还未建立民族国家的地方,建立自己的民族国家就成为民族主义的首要目标。民族主义所具有的巨大感召力,以及它在西欧民族国家构建中取得的成功,对其他的民族和国家产生了强大的示范效应。本编所

---

① 卢梭:《论政治经济学》,王运成译,商务印书馆,1962年,第21页。

要介绍的正是在欧洲其他国家的民族主义的影响下,19世纪意大利民族主义思潮从形成、促进统一,到后来扭曲成为极端的民族主义——帝国主义的情况。

第二节　意大利民族主义的思想源泉

一、意大利民族主义思想的先驱：但丁与马基雅维利

从14世纪中期开始,持续了两百多年的文艺复兴不仅没有改变意大利政治上四分五裂的局面,甚至还加深了这种状况。因此,这一时期,以结束分裂、实现统一为核心的意大利民族主义思潮也逐渐萌发。"新时代的预言家"但丁开创了意大利民族文学的新时代。在但丁之后,阿里奥斯托、塔索、圭恰迪尼、马基雅维利等,继续高举民族文学的旗帜,对意大利意识的形成产生了重要影响。[1]其中,但丁和马基雅维利是最具影响力的两位民族主义思潮的先驱人物。

（一）但丁与意大利意识

对意大利民族意识的形成,佛罗伦萨诗人但丁·阿利盖利有着不可磨灭的贡献。他通过《神曲》表达了希望意大利民族"得救"的思想,被著名的瑞士史学家布克哈特称赞为"他那个时代最具有民族性的先驱"[2]。

整体意大利意识和争取民族得救是但丁民族观最重要的两个部分。[3]在但丁生活的时代,意大利经济的发展在客观上已经提出了国家统一的要求,但是意大利却仍然四分五裂、干戈迭起;人们没有整体的国家民族观,也没有整体意大利意识。教皇的统治进一步阻碍着意大利成为一个中央集权的国家,所以培养意大利人的民族意识就成了诗人首要的目标。《神曲》由《地狱篇》《炼狱篇》和《天堂篇》组成,其中《地狱篇》中所呈现的内容完全是意大利现实的真实写照。诗人通过和古罗马诗人维吉尔的神游,以及在神游的过程中和众多意大利亡灵的对话,将意大利现实生活的方方面面完整地呈现在世人面前。对于因分裂和无序导致意大利国之不国、衰弱无力的状况,沦落为

---

① 乔瓦尼·斯帕多利尼:《缔造意大利的精英们——以人物为线索的意大利近代史》,罗红波、戎殿新译,世界知识出版社,1993年,第586页。
② 雅各布·布克哈特:《意大利文艺复兴时期的文化》,何新译,商务印书馆,1979年,第126页。
③ 常智敏:《从〈神曲〉看但丁的民族观》,《西南民族学院学报(哲学社会科学版)》1996年第4期。

"奴隶般的意大利"和"妓院",但丁感到万分悲痛。诗人通过各种方法煞费苦心地来突出"意大利人"的概念,培养读者的意大利意识。在神游途中,他不断向亡灵发出询问"有没有意大利人",以此来不断提醒读者。诗人在《神曲》中反复颂扬意大利人光荣的历史以激发意大利人的民族自豪感和自信心。他认为古罗马帝国的历史就是意大利人的历史,通过颂扬意大利的光荣历史,诗人的根本目的在于昭示罗马人的后裔,也就是他同时代的意大利人继承祖先的光荣传统,积极进取,统一国家,重塑罗马人的形象。诗人不是用当时的官方语拉丁语,而是用托斯卡纳方言来书写的。由于但丁的民族主义思想,他对俗语有着发自内心的热爱,亲切地称之为"我的祖国的语言"[①]。通过但丁的努力,他所使用的托斯卡纳方言"成了新的民族语言的基础"[②],但丁也被称为意大利语之父。到文艺复兴时代正式出现了要把意大利作为一个整体来看待的思想,但丁孜孜不倦地向意大利人灌输民族意识,对于意大利民族意识的形成是功不可没的。

但丁民族观的基本核心和主体是期盼意大利人能够得救。在《致斯加拉大亲王书》中,他明确说明他创作《神曲》的目的就是企盼意大利人终能得救,即"使得生活在这一世界的人们摆脱悲惨的境遇,把他们引到幸福的境地"[③]。在《神曲》开篇,在"黑暗的森林"中迷路的主人公但丁被三只猛兽豹、狮子和狼挡住了去向光明的道路。正在他进退维谷之际,维吉尔出面相救,指引他通过游三界而得救。其中,黑暗的森林象征着意大利的邦国纷争和社会腐败;三只野兽分别代表淫欲、强暴和贪婪;维吉尔象征理性;而但丁自己则象征普通意大利人,代表意大利民族。但丁希望意大利民族和书中的自己一样最终能够得救,能够从地狱走向天堂。

关于意大利得救的方式,但丁在《神曲》中提出了"内救"和"外救"两条途径。"内救"即依靠意大利人自身的力量,停止内乱和堕落,躬身自救。"内救"的关键在于首先要认识到造成意大利灾难的因素,了解意大利腐败堕落的原因;培养意大利人的民族自信心和历史责任感,激发意大利人希望获救的能动意识。但丁谴责暴君、党派、高利贷者,因为他们致使意大利人道德沦丧;他批判腐败的教会,认为阿维尼翁教皇与法国国王勾结,阻挠了意大利的统一。但丁在《神曲》中以悲惨的现状警醒当代人,以意大利光荣的过去激励当代人,以意大利美好的未来引导当代人,目的就是要让意大利人行动起来,谋求自救。但是意大利一盘散沙的无情现实让但丁意识到"自救"

① 缪朗山:《西方文艺理论史纲》,中国人民大学出版社,1985年,第275页。
② 雅各布·布克哈特:《意大利文艺复兴时期的文化》,何新译,商务印书馆,1979年,第372页。
③ 伍蠡甫主编:《西方文论选》,上海译文出版社,1979年,第162页。

的希望不大。所以他将希望寄托在了"外救"的途径上,期盼意大利"救星"降临,"杀死那卑贱的淫妇,连同那个如今和他一起犯罪的巨人"①。在《神曲》中,诗人不断提示"意大利救星"即将出现。因为中世纪的意大利在形式上隶属于"神圣罗马帝国",所以在名义上,帝国皇帝也是意大利的皇帝,而且帝国皇帝也是唯一有和教皇相抗衡的实力的人,所以但丁很自然地把拯救意大利的希望寄托在了帝国皇帝的身上。但是当时先后继位的鲁道夫一世②和其子阿尔贝特一世(Albert I)为德意志封建主内部的争斗所困扰,无暇顾及意大利。但丁在《神曲》中悲愤地谴责他们放弃了自己应得的权利和应尽的职责,认为鲁道夫皇帝能够医好意大利的致命伤,但他却迟迟不去办,"听任这座帝国的花园荒芜不堪"③。亨利七世继位后,自诩为"世界之王"。但丁又把希望寄托在了他的身上,希望能借助他的兵力统一意大利。当消息传来"伟大的亨利将去整顿意大利的秩序",流放中的但丁压抑不住内心的喜悦,高兴地致函意大利各邦国,告诉他们正义就要复活,第二个摩西将使他的人民摆脱"埃及人"的折磨。他还在信中盛赞亨利七世富有同情心,称他是凯撒和奥古斯都的再生,是人民的光荣,并敦促意大利人为这位"和平之王"的到来而高兴。当但丁获悉他的故乡佛罗伦萨和那不勒斯王国结盟反对亨利七世时,他异常愤懑,斥责他们是"最可悲的佛罗伦萨人"。这种渴望"救星"降临的想法反映出新旧交替的历史时期,新兴阶级先驱者的矛盾心态,一方面迫切希望社会变革,另一方面又因自身力量弱小而无可奈何,只能指望获得一种外在的帮助。在西欧资本主义萌芽时期,王权逐渐发展成为一种历史潮流,在当时是一种积极的、进步的因素。虽然但丁对神圣罗马帝国皇帝的不切实际的幻想是可悲的,但他主张通过加强王权来实现意大利统一,却是把握住了时代的脉搏。④

但是帝国皇帝毕竟是一个外族皇帝,企图依靠一个外族皇帝来实现意大利国家的统一和民族的复兴,无异于与虎谋皮。这也使得但丁的民族观笼罩上了一层不切实际的悲剧色彩。其实,希望神圣罗马帝国皇帝能够通过德意志来征服意大利的政治愿望明显与他的本能的意大利文化统一的情怀是不

① 但丁·阿利盖利:《神曲·炼狱篇》,朱维基译,上海译文出版社,1984年,第47页。其中,"淫妇"指法国国王,"巨人"指教廷。
② 鲁道夫一世(Rudolf I of Germany, 1218-1291),哈布斯王朝的奠基人,1273年登基为德意志神圣罗马帝国皇帝,1273—1291年在任。
③ 但丁·阿利盖利:《神曲·炼狱篇》,朱维基译,上海译文出版社,1984年,第263页。
④ 刘辉扬:《但丁——争取意大利民族统一的战士和思想家》,《齐鲁学刊》1981年第4期。

一致的。[1]有人甚至认为,但丁希望神圣罗马帝国皇帝控制意大利主要是由他的世界和平的理想所激发的,部分也是由于他坚信将他流放的佛罗伦萨应该得到惩罚。[2]

但丁的宗教思想非常复杂,一方面他笃信基督和上帝,另一方面他又严厉谴责和批判教会。教皇既是教会的最高权威,又是教皇国的封建君主。教皇一面与德意志皇帝与法国皇帝互争雄长,一面插手意大利各个邦国的内部事务和他们之间的相互斗争,为自己谋求利益。但丁认为,教会已经成为妨碍意大利统一的主要因素,也是导致意大利阴谋不断、纷争不已和道德沦丧的主要原因。作为解决办法,但丁要求从政治和经济上削弱教会的特权,并在政治上实行政教分离。他提出了"两个太阳"的理论:教权和世俗政权好比两个太阳,分别照耀着精神世界和尘世世界,各有各的责任,权限分明。而现在宝剑(指世俗权力)和牧杖(指宗教权力)连接在了一起,教皇把两种权力"合在一起必然走上邪道"[3]。

但丁的《神曲》是一个民族先行者的呐喊。他通过对腐败现实的鞭挞,对美好未来的期盼,希望意大利人能够觉醒,得到拯救。在蒙昧主义猖獗的中世纪,但丁的民族观无疑是惊世骇俗的。虽然他对于解决意大利的苦难有着不切实际的幻想,但他的思想已经是当时时代的最强音,成为意大利民族主义思想的肇源。

(二)马基雅维利与意大利统一思想

备受民族复兴运动历史学家尊重的另一个意大利早期人物是尼古拉斯·马基雅维利。与但丁相比,生活在文艺复兴晚期的马基雅维利的民族思想相对成熟许多。马基雅维利虽然出身于佛罗伦萨的一个没落的贵族家庭,但在很早的时候就有机会阅读许多历史书籍。1494年,美第奇家族对佛罗伦萨的统治被推翻,成立了共和国。1498年6月19日,时年29岁的马基雅维利由大元老院正式批准成为佛罗伦萨共和国的第二国务秘书,[4]开始在佛罗伦萨共和国政府供职,致力于共和国的军事与外交活动。这一职务使马基雅维利得以观察当时的政治领导者制定政策的过程,成为一个对当时管理国家事务的领导者的最直接的观察者和评价者。[5]在马基雅维利的时代,民族的君主国

---

① Harry Hearder, *Italy in the Age of the Risorgimento 1790–1870*, Longman Group UK Limited, 1988, p.157.
② Alessandro Passerin d'Entrèves, *Dante as a Political Thinker*, Clarendon Press, 1952.
③ 但丁·阿利盖利:《神曲·炼狱篇》,朱维基译,上海译文出版社,1984年,第135页。
④ 斯金纳:《马基雅维利》,王锐生、张阳译,工人出版社,1986年,第20页。
⑤ 斯金纳:《马基雅维利》,王锐生、张阳译,工人出版社,1986年,第30页。

417

是备受尊崇和关注的。欧洲各个区域很快趋向统一,意大利却落在最后面。当时,意大利实际上分为五个国家:那不勒斯王国、教皇领地、米兰公国、佛罗伦萨和威尼斯共和国。整个半岛统一并建立民族君主国就是马基雅维利的理想,但这个理想的实现面临着无数障碍:各国相互之间充满猜忌和嫉妒;当时的各国君主没有一个有统一意大利的财力与威望;而教皇的特殊地位及其政策更是统一的大暗礁。①1894年,法王查理八世忽然入侵意大利,此后意大利成为法兰西、西班牙和德意志诸大国的逐鹿之地。马基雅维利身处内忧外患、动乱不安的社会现状中,积极地思索、寻求自己国家的强盛之路。他多次出使法国,亲眼看到这个统一于强大王权之下的国家的兴旺。他深深认识到,一个国家如果不像法国和西班牙那样统一在一个政府之下,就不会有幸福和安宁。

马基雅维利是所有文艺复兴时期的世俗思想家中最不受教会和神学权威羁绊的一个。他强烈批评教会的腐败,谴责基督教是造成意大利分裂的原因:"一是由于那个教廷的恶劣行径,这个地区的虔敬信仰已丧失殆尽,故而弊端与骚乱丛生……我们还蒙受着更大的一份恩典,此乃我们覆亡的第二个原因。这便是教会无论过去还是现在,总让这个地方保持四分五裂的状态。"②他甚至指责基督教信仰使人们失去热爱自由的精神,放弃世俗追求,是麻痹人们精神的祸根。这些离经叛道的言论,使马基雅维利受到教士阶层的广泛攻击。他们都将马基雅维利描绘成一个"敌基督"者,一个彻底的无神论者,一个将人类带离德性和真理、降格为野兽的恶魔。由于19世纪的意大利民族主义是反对教廷的运动,所以完全可以将马基雅维利看作是意大利民族主义的创始人。

从某种程度上,意大利民族主义者对马基雅维利的理解主要是以《君主论》的最后一章为依据的。正是这短短的最后一章却被认为比书的所有其余部分更重要——甚至可以说比他的所有著作加在一起都重要。③这最后一章包含了他对1494年法国军队入侵意大利事件的反对。在马基雅维利看来,意大利是欧洲唯一完全文明化的地方,然而在1494年之后它却被野蛮的外族所模仿、控制。当马基雅维利写《君主论》的时候,从1494年到1513年的外族入侵浪潮使他意识到,意大利需要一个强大的领导者来将野蛮人驱逐出去。他在书中论证:意大利若要结束内部无休止的阴谋和纷争,以及统治者们私人

① 威廉·邓宁:《政治学说史》上卷,谢义伟译,吉林出版集团有限公司,2009年,第150页。
② 尼科洛·马基雅维利:《论李维》,冯克利译,上海人民出版社,2012年,第83页。
③ Hearder Harry, *Italy in the Age of the Risorgimento 1790–1870*, Longman Group UK Ltd., 1988, p.158.

之间的敌对和争斗，只有建立一个统一的中央集权国家才行。但丁"把异族皇帝看成意大利的救星"，马基雅维利则想要从意大利本土寻找并塑造一个民族王权，也就是统治佛罗伦萨的美第奇家族。在《君主论》的最后一章，他建议朱利亚诺·德·美第奇(Giuliano de'Medici)——佛罗伦萨的统治者，承担起这个救国重任。美第奇家族统治着意大利北部实力最为强大的佛罗伦萨和周边的托斯卡纳地区，而且当时的教皇利奥十世①是美第奇家族的成员。正是考虑到这些因素，马基雅维利才敢于大声疾呼："现在除了在你的显赫的王室中，她(指意大利)再也找不到一个可以寄予更大希望的人了。这个王室由于好运和能力，受到了上帝和教会的宠爱，现在是教会的首脑，因此可以成为救世者的领袖。"②

马基雅维利关注的并不是意大利制度上的统一，而是"意大利各个国家在外交和军事上的统一，通过公民兵而不是通过冷漠的雇佣兵来体现统一"③。他的目的不是要将意大利统一成一个单一的国家，不是在政治意义上将佛罗伦萨共和国并入意大利，使之成为意大利的一部分。但是马基雅维利确实希望意大利各个君主国能够采取统一的行动；这种统一的行动必须由某个意大利的君主来激发、引导。与但丁梦想神圣罗马帝国皇帝将和平强加于意大利各个君主国之上不同，马基雅维利将救国的希望寄托在意大利本土的君主身上。从这层意义上来说，马基雅维利的观点更靠近现代的民族主义思想。④对但丁来说，德意志皇帝并不像马基雅维利眼中的马克西米利安二世(Maximillian II)或者查理五世(Charles V)那样是一个外国的权威，一个来自"外部"的权威。对但丁来说，皇帝仍然是一个世界性的人物，他的权力中心碰巧在基督教联邦中的另一个地方而已。虽然马基雅维利没有设想一个意大利"王国"或"国家"的可能性，但他至少已经在将分裂的意大利和北边强大而统一的王国进行对比了。

14年的外交与军事生涯塑造了马基雅维利的"实用主义"的"权力政治学"。他在《君主论》中劝诫君主要效仿狮子和狐狸。⑤他认为："那些只效仿狮子的人是愚蠢的"，一个意大利君主可以通过采用狐狸的策略抵偿北边王

① 利奥十世(Leo X，1475—1521年)，原名乔瓦尼·迪·洛伦佐·德·美第奇(Giovanni di Lorenzo de'Medici)，文艺复兴时期的最后一位教皇，1513—1521年在位。

② 尼科洛·马基雅维利：《君主论》，潘汉典译，商务印书馆，2015年，第123页。

③ Hearder Harry, Italy in the Age of the Risorgimento 1790—1870, Longman Group UK Ltd., 1988, p.158.

④ Hearder Harry, Italy in the Age of the Risorgimento 1790—1870, Longman Group UK Ltd., 1988, p.158.

⑤ 尼科洛·马基雅维利：《君主论》，潘汉典译，商务印书馆，2015年，第83页。

国的强大实力。从文艺复兴时期到民族复兴运动时期之间的很多意大利人接受了这个理论，相信只有用他们的更高级的文明和更高明的才智才能克服阿尔卑斯山北边的野蛮民族的强大力量。尤其是萨沃依王室，在17到18世纪通过外交手段，利用野蛮政权之间相互斗争，成功地为自己的国家谋取利益，不断扩大国家的领土。加富尔在19世纪遵循了这一传统，巧妙地利用外交技巧，充分利用强国之间的纷争，最终使意大利走向了统一。

但丁和马基雅维利的民族主义思想虽然有很多不同的地方，但他们提出了一个相同的民族性命题，即"如何结束意大利的分裂局面，实现复兴与统一"①。他们的这种思想成为意大利民族主义思想的源泉。

二、启蒙运动与浪漫主义的影响

（一）启蒙运动与法国大革命

意大利复兴运动的思想基础是18世纪的启蒙运动。启蒙思想家的基本目标是把意大利从封建专制和天主教统治下的贫困、愚昧和颓丧的状态下解放出来；而要实现这个目标，又必须结束外国压迫、内部分裂的悲惨局面。因此，意大利的启蒙运动，除去反封建、反天主教会之外，主要表现为争取民族独立的社会文化运动。在启蒙运动初期，也就是18世纪20年代至50年代末，启蒙思想家主要抨击了阻碍意大利文学、艺术、科学发展的旧思想和旧习惯。通过历史创作激起人民群众对古代光辉历史的兴趣，使人民群众感受到本民族语言的亲切与美妙，培养他们的民族感情。

18世纪六七十年代，启蒙运动进入高涨阶段。意大利启蒙运动在这个时期较多地表现出了民族主义成分。这一时期，意大利的民族意识愈发明显。"patria"（祖国）一词开始用来指称整个意大利，而不是城市国家和区域性王国。这一改变最早是由最有名的启蒙期刊之一，韦里兄弟主编的米兰的杂志《咖啡》(Il Café)中的文章指出的。对意大利"祖国"概念的全新理解，最全面的讨论在1765年由G. R.卡利(G. R. Cali)发表。他在文章《祖国意大利》(Della patria degli italiani)中指出意大利人有权利在半岛的任何一个地方都感觉像在自己家里一样，"就像英国人在英国，荷兰人在荷兰等"②。他认为"意大利民族"最早由古罗马人创造，他们统一了国家，将各个城市首先塑造成一个帝国，然后再使之成为一个国家，在这个国家里，所有的意大利人都享有罗马

① 尹建龙：《两位巨人与意大利民族主义的勃兴》，《中国民族报》2008年7月25日。
② Derek Beales, Eugenio F. Biagini, *The Risorgimento and the Unification of Italy*, Pearson Education Ltd., 2002, p.69.

公民的权利。虽然后来蛮族入侵打破了国家的统一,在接下来的几个世纪里意大利一再分裂,但他认为,在18世纪,现代意大利人共享一个集体的认同,这种认同由他们天赋、起源和生存条件构成。但是卡利认为民族统一并不是必须的,共同的民族认同和对不同的统治王朝或者共和国的忠诚是相容的。意大利的爱国主义和区域的或城市的爱国主义并不相互排斥。①

启蒙思想家们愤怒地谴责了外国的压迫和内部的分裂割据,为意大利的民族独立与国家统一大声疾呼。比如,亚历山德罗·维利(Alexandro Villi)曾催人泪下地喊道:"如果我们还想做人的话,我们必须是意大利人,而不是伦巴第人、那不勒斯人、托斯卡纳人。"②彼得罗·维利(Pietro Villi)则令人鼓舞地预言说:"过不了多少年,意大利就将成为一个统一的大家庭。"③然而他们虽然喊出了民族复兴的口号,却未能指出民族复兴的道路。④著名的悲剧大作家、诗人维托里奥·阿尔菲耶里(Vittorio Alfieri),尖锐地抨击了国王和教皇的双重暴政。他写道:"那被独裁者统治的地方,不是我的祖国,只是我出生的地方。"他相信意大利人民会觉醒,为扫荡外国压迫者、国内的暴君和教皇,"意大利人将勇敢无畏地投入拼死的战斗"⑤。对阿尔菲耶里来说,"民族的重生不是一个意愿,而是一个要求"⑥。可以说,阿尔菲耶里发出了自16世纪以来第一次明确要求意大利自由和统一的呼声。意大利历史上的思想家马基雅维利、詹巴蒂斯塔·维科(Giambattista Vico)等人的思想也和欧洲的新思潮融合,成为历史转变和意大利"救赎"的世俗指导思想。⑦

在这一时期,"历史也成了民族自豪感的源泉",意大利人关注的中心从欧洲史转向意大利史。古罗马不再给予强调,因为其语言虽然曾主导着半岛上居民的文化生活,现在却阻碍着意大利人作为一个民族的观点的形成。在摩德纳,卢多维科·A.穆拉托里(Ludovico A. Muratori)将中世纪视为现代意大利的起源。他出版了他的宏伟巨著中世纪文献集,旨在展示意大利历代以来

---

① Derek Beales,Eugenio F. Biagini,The Risorgimento and the Unification of Italy,Pearson Education Ltd.,2002,p.69.

② 波尔什涅夫:《新编近代史》,王以铸译,人民出版社,1955年,第326页。

③ 古科夫斯基:《意大利史纲》,莫斯科,1959年,第199页。转引自辛益:《意大利复兴运动初期的进步政治思潮》,《河南大学学报(社会科学版)》1988年第4期。

④ 赵克毅、辛益:《意大利统一史》,河南大学出版社,1987年,第70页。

⑤ 古科夫斯基:《意大利史纲》,莫斯科,1959年,第200页。转引自赵克毅、辛益:《意大利统一史》,河南大学出版社,1987年,第70页。

⑥ Derek Beales,Eugenio F. Biagini,The Risorgimento and the Unification of Italy,Pearson Education Ltd.,2002,Pearson Education Ltd.,2002,p.23.

⑦ A. William Salomone,"Statecraft and Ideology in the Risorgimento:Reflections on the Italian National Revolution,"*Italica*,Vol.38,No.3(Sep.,1961),pp.163-194.

的连续性。①由于受统治者的压迫,当时的启蒙思想家还不敢明确地在政治上提出独立与统一的要求,只是借助于发展意大利艺术、文学和科学来实现意大利人精神上的统一。但是他们是意大利复苏的代言人,为19世纪民族复兴运动的兴起打下了思想基础。自18世纪中叶起,意大利人复兴国家的思想便"从文学作品中摆脱出来变成了政治实践"②。

1789年爆发的法国资产阶级革命,对与法国山水相连的意大利产生了巨大而深远的影响。启蒙思想家从法国翻天覆地的变革中得到了启发。他们认识到法国革命的道路就是意大利复兴的道路。以亚历山德罗·维利为代表的启蒙思想家公开宣称,法国大革命是值得包括意大利在内的欧洲大陆各国效法的榜样。启蒙思想家们因此掀起了一个宣传法国大革命的热潮。启蒙思想家以羡慕的心情讨论和阐述《人权和公民权宣言》,呼喊"自由、平等、博爱"的口号。米兰、都灵、佛罗伦萨等重要城市,出现了数目众多的宣传法国革命思想的协会和俱乐部。与此同时,具有自由主义和民主主义倾向的报纸,如《人民论坛报》《皮埃蒙特共和党人》《自由的威尼斯人》等,也先后创办起来。这些协会、俱乐部和报刊在宣传法国革命思想的同时,举起了"复兴祖国"的旗帜,呼吁社会改革,呼吁实现意大利的民族独立和国家统一。法国大革命的宣传热,成了意大利复兴运动展开的战鼓与号角。一批意大利的"雅各宾党人"参加并领导了这些团体,使得这些宣传性的团体向着行动性的组织转化。

法国大革命的宣传热使意大利的普通民众了解了近在邻国的革命事变的生动事实,他们也从中看到了自己的前途,开始行动起来。城市爆发了群众性的示威游行、学生风潮和小规模的起义,农村发生了农民拒绝缴纳贡赋、进攻贵族地主庄园的骚动。皮埃蒙特地区的农民居然能援引法国革命的原则,声称"我们是第三等级。如果贵族不老实,我们就要焚毁他们的城堡"③。萨沃依地区的人民把孟德斯鸠将军指挥的法兰西共和国军队当作解放者来欢迎。他们效法法国革命的榜样,自行选举并召开了国民议会,宣布废除撒丁国王政权,取消封建贵族特权,将逃亡贵族的财产收归国有。都灵的共和俱乐部与法国的革命政权建立了联系,撒丁岛的革命者领导居民赶走了副国王,那不勒斯成立了以建立共和国为目标的革命委员会。宣传热变成了效仿热,这本身就说明了宣传热作为一股先进的政治思潮,的确反映了意大利普

① Spencer M. Di Scala, *Italy: From Revolution to Republic, 1700 to the Present*, Westview Press, 2009, p.20.
② 乔治欧·爱德洛德:《意大利近代史》,《世界史研究动态》1983年第6期。
③ 古科夫斯基:《意大利史纲》,莫斯科,1959年,第207页。转引自辛益:《意大利复兴运动初期的进步政治思潮》,《河南大学学报(社会科学版)》1988年第4期。

通民众的心声,因而起到了巨大的发动民众的作用。

(二) 浪漫主义和文化民族主义

早在文艺复兴时期,意大利的一些思想家就已经在文化层面上表达了正在形成的意大利民族意识,要在意大利民族的过去中寻找光荣和伟大,以表达他们对意大利民族强盛的渴望。作为一个统一的民族共同体,它不仅仅是指共同的疆域,更重要的是有一种统一的民族精神、民族文化。到了18世纪末,面对意大利的分裂,一批知识分子正是从民族文化、民族精神入手来剖析民族分裂的原因,寻求民族团结与统一的道路。在他们看来,意大利在政治上、经济上的分裂只是表面原因,最为根本的原因是这个民族丢弃了民族精神,没有统一的民族文化。因此,他们想要不遗余力地培植意大利的民族精神,期望形成统一的民族文化,唤起意大利民族追求统一的使命感,从而实现整个意大利民族的团结与统一。

18世纪法国启蒙思想家在启蒙运动中形成了近代民族主义的崭新政治意义。而在意大利,面对分裂割据和外权的专制统治,软弱的资产阶级未能从政治意义上寻求意大利的统一与强大,而是把思想的触角伸向了文化层面,将意大利民族视为一个自然的文化有机体,沉湎于对意大利民族古老文化传统的追忆。他们期望弘扬意大利的民族精神,在精神层面上统一处于分裂割据状态的意大利。从18世纪起,浪漫民族主义遍及文学和视觉艺术。作为一种文学运动,意大利浪漫主义的代表是拿破仑帝国崩溃时期的一批作家。当拿破仑帝国在1814年崩溃时,意大利的封建政权纷纷复辟。当时,意大利面临的问题不仅仅是取得统一,还要结束外权的统治。独立和统一运动的中心在米兰。在那里,对拿破仑统治时期兴盛一时的古典主义的反对和革命政治运动结合在了一起。其他国家的浪漫主义虽然都有其政治性的一面,但是没有一个国家达到意大利这样的程度。因为很多文学都是以意大利的过去为主题的,而意大利的过去经常传达出强大的政治信息,为了通过审查,这些信息常常被特意放置在特定的历史情境之中。

和法国一样,意大利的浪漫主义者也认为文学艺术应该有其实际用处。意大利的浪漫主义文学家们试图以他们的作品唤醒意大利人的民族意识。德·桑提斯(De Sanctis)在他的《意大利文学史》中宣称,意大利的浪漫主义学派虽然和德国的传统与法国的方式有联系,但从本质上来说无论从形式还是目的上都是意大利的。[①]穆拉托里出版了历史文件和他的研究结果,复兴了

---

① Kenneth McKenzie,"Romanticism in Italy,"*Modern Language Association*,Vol.55,No.1
(Mar.,1940),pp.27-35.

人们对民族历史的兴趣。卡洛·哥尔多尼（Carlo Goldoni）使喜剧不再只是模仿传统创作方式，而是使之成为人们现实生活的真正写照。朱塞佩·帕里尼（Guiseppe Parini）在他的讽刺作品中包含了道德熏陶和教育的目的，虽然他自己满足于温和的社会改革，但预言了革命的到来。阿尔菲耶里虽然是一位贵族（也是一位古典主义者），但是在散播暴动的种子方面所做的贡献没有人比他更多。诗人贾科莫·莱奥帕尔迪（Giacomo Leopardi）是1815年之后弥漫于大多数意大利国家的封闭、偏狭气氛和恼怒情绪的诠释者。作为一个来自教皇国的雷卡纳蒂的反动贵族的儿子，莱奥帕尔迪伯爵拒绝进入教会任职，这与他父亲的政治效忠背道而驰。同时，虽然他避免卷入激进的革命政治中，但他信奉浪漫主义的、理想化的观点。他的诗歌代表了意大利浪漫主义最成熟的表达，包含了深刻的、痛苦的道德诚信。他的哲学具有强烈的悲观而又清晰的痛苦和挫折感，同时又具有理想最终胜过现实羁绊的自信。在1818年的《致意大利》（All'Italia）中，他写道：

> 啊，我的祖国，我瞧见
> 古罗马遗留的城墙与凯旋门，
> 圆柱与神像，
> 塔楼与雕柱，
> 可我瞧不见我们先祖的
> 荣耀、桂冠与武器。
> ……
> 啊，雍容华贵的夫人，
> 您在我眼前竟堕落到这等模样，
> 我问苍天，我问大地，
> 请告诉我，请告诉我
> 是谁把她折磨成这等模样？
> 更糟的是
> 她双手戴着镣铐，
> 一头秀发蓬乱，
> 没有面纱，衣衫褴褛；
> 她颓丧地坐在地上，
> 双手掩面，嘤嘤啜泣。
> 你有理由悲伤，我的意大利，
> 你生来就是为着胜利，

无论是一帆风顺抑或身处逆境。①

在这首诗中，诗人缅怀祖国古代的光荣历史，哀悯现代意大利的不幸受难，痛斥意大利人的卑怯无能、不能为解放祖国而奋战。诗人把古罗马的光辉遗迹与现代意大利的沦落作了强烈对照，流露出无穷痛苦、满腔忧愤的情绪。但与此同时，诗人对祖国的复兴仍然抱有很大的信心，相信意大利不会任凭命运支配，而终将站起来掌握自己的命运。所有这些作家和他们的作品在唤醒意大利的独立精神方面都起了巨大的作用。

复辟的封建政权是反动的，暴动的提倡者不仅受到了政府的嫌疑，也受到了支持现存政治体系的古典主义者的反对。因此，浪漫主义不可避免地成了政治复兴运动中的一部分。从纯粹的文学角度来看，浪漫主义者的作品也并不是特别不符合常规。但是他们研究自己国家和其他国家的现代文学，谴责对古代作品的模仿，目的在于使文学为民族教育服务，而这是一个在以前几乎闻所未闻的理念。②民族复兴运动最著名的文学标杆是米兰贵族亚历山德罗·曼佐尼（Alessandro Manzoni）。曼佐尼和乌戈·福斯科洛（Ugo Foscolo）一样，很早就转向法国大革命的原则，在他的诗歌《自由的胜利》（*Il trionfo della libertà*）里，他对法国大革命的原则进行了赞颂。他在巴黎待了五年（1805—1810），之后回到米兰永久定居。他的政治观发展路线和福斯科洛的情况非常类似：他起先是拿破仑专制政府的批评者，后来发现唯一的选择——旧政权的复辟——其实更糟糕。在经历了奥地利在米兰的复辟之后，1814年，他听到法国皇帝重掌政权很是欣慰，希望皇帝的这次回归是永久的。但是滑铁卢战役使这一希望破灭了。在19世纪20年代，曼佐尼变成了文学和文化复兴的浪漫主义的倡导者；在1830到1848年间，他成为米兰最主要的温和自由主义者之一。

曼佐尼并没有提出将政治革命的需要作为文学运动的指导原则，但他认为文学应该是有用的，并且必须有其历史和道德真相的来源。③曼佐尼出版了无数诗歌和悲剧，其中很多都是关于爱国主义主题的。他的代表作历史小说《约婚夫妇》（*I promessi sposi*）是意大利最重要的浪漫主义作品，表面上无关政治内容，但通过描写17世纪西班牙统治下农村青年伦佐和鲁齐娅的不幸遭遇，借以表现19世纪上半叶奥地利奴役下的意大利人民的悲惨处境。作品中

① G. Leopardi, *I Canti, with a selection of his prose*, trans. J. Nichols, Manchester, 1994, p.3.

② Kenneth McKenzie, "Romanticism in Italy, " *Modern Language Association*, Vol. 55, No. 1 (Mar., 1940), pp.27-35, 29.

③ Kenneth McKenzie, "Romanticism in Italy, " *Modern Language Association*, Vol. 55, No. 1 (Mar., 1940), pp.27-35.

呈现出的17世纪在西班牙统治下,伦巴第的悲惨状况的画面引起了人们对现时代奥地利罪恶统治的关注,这种关注程度甚至超过了曼佐尼自己的预期。作品除了将处于内忧外患之中的整个意大利人民的悲惨境况映照出来,还涉及了争取民族独立、统一和自由这些最尖锐的时代要求,使这部历史小说充溢着爱国主义精神,具有重大的现实意义。小说被看成是意大利历史的写照:备受欺压,但一直保持着尊严和活力。①《约婚夫妇》为意大利历史小说的发展奠定了基础,在它的影响下,产生了许多表达民族复兴运动理想的优秀历史小说。《约婚夫妇》的另一贡献在于,它被认为是19世纪初的标准意大利语书写,是意大利历史上出版过的最优美的文学作品,设立了意大利语的优雅和复杂性的新标准,也是现代意大利语言统一史上的里程碑。

这个时期的戏剧也表现出了强烈的民族主义情感。意大利人发明了戏剧,但是直到大约1800年,贵族的、宫廷的形式(正歌剧)才占优势。在19世纪早期,随着焦阿基诺·罗西尼(Gioacchino Rossini)、温琴佐·贝利尼(Vincenzo Bellini)和加埃塔诺·多尼泽蒂(Gaetano Donizetti)的著作的出现,一种更容易被接受的形式取代了它。②这些剧作家以不同的方式创作了能够激发民族抱负和集体自由的音乐与剧本:罗西尼1829年的《威廉·泰尔》(*William Tell*)专注于瑞士的爱国主义,而贝利尼1835年的《清教徒》(*Puritan*)对为争取宗教自由所进行的斗争进行了思考。但是最接近于民族复兴运动精神的是朱塞佩·威尔第(Giuseppe Verdi)。他的音乐和个人政治偏好受到了逐渐高涨的意大利独立运动情感的巨大影响。③他的戏剧经常利用中世纪伦巴第和西西里的英雄,赞美对祖国的爱不分民族,比如1855年的《西西里晚祷》(*l Vespri Sicilliani*)④和古代希伯来人与埃塞俄比亚及法老时代的埃及人,又比如1871年的《艾达》(*Edda*)。他强有力而又富有情感的音乐适合因失去祖国而充满悲伤情感的、英雄主义的语言(正如在纳布科的希伯来奴隶的合唱一样)。他的戏剧演出经常引起全国的情感回应和巨大反响。大街小巷、工场工地都能听到

① Spencer M. Di Scala, *Italy: From Revolution to Republic, 1700 to the Present*, Westview Press, 2009, p.53.

② Derek Beales and Eugenio F. Biagini, *The Risorgimento and the Unification of Italy*, Pearson Education Ltd., 2002, p.71.

③ Philip Gossett, "Giuseppe Verdi and the Italian Risorgimento," *Preeceedings of the American Philosophical Society*, Vol.156, No.3 (Sep., 2012), pp.271-282.

④ 西西里晚祷事件,指1282年西西里岛人民反对安茹王朝的西西里国王卡洛斯一世对丹迪统治的一场起事。复活节翌日西西里人以晚祷钟声为号驱杀当时统治西西里的法国人。起事直接导致了西西里晚祷战争的爆发。

人们唱着他最著名的咏叹调,就像它们是流行歌曲一样。①在19世纪,当戏剧在英国被认为是只符合上层社会的审美观点,只有在很少几个地方能看到戏剧时,意大利已经有了很多剧院,并且戏剧已为社会各个阶层所欣赏。虽然审查对颠覆性的戏剧非常严格,但仍然有很多报道说富有爱国主义含义的咏叹调的传唱激发了众多游行和暴动。毫不奇怪,威尔第的名字在街头涂鸦中被当作民族主义的代名词来使用。戏剧的政治重要性因剧院在公共生活中的重要性而得到了加强。毫无疑问,在意大利——一个文盲程度很高的地方——剧院是自由主义宣传最有效的媒体。

在提倡自由和进步的文学出现之前,意大利不可能有任何政治和社会的革新。浪漫主义者的目标正是"给意大利人创立一种崭新的民族文学,这种文学不是那种取悦于听觉然后转瞬即逝、不能持久的乐声,而是向国民解释他们的希望、思想、需求以及社会活动"。总之,意大利文化民族主义思潮的兴起是那个时代的产物,是对外族文化的一种抗拒,其目的是使意大利民族在精神文化上统一起来,以便抗拒外来文化的冲击;同时,它还表达了这个民族的志向和欲望,即意大利民族肩负着一种神圣使命,它过去是伟大光荣的民族,现在也应该和必定是这样一个民族。这种文化上的长期发展为19世纪意大利民族国家的出现提供了思想土壤。在充满浪漫主义思想的意大利人的共同努力下,无论他们是否真正支持浪漫主义,意大利的政治复兴最终变为了现实。②通过启蒙运动和浪漫主义思想的影响,由于"承认共同的文化遗产,共同的历史传统,共同的经济利益和共同语言而产生的民族情感"③在18世纪不断发展。

第三节　意大利民族主义思潮的艰难发展

在意大利的土地上,曾经有过罗马帝国的辉煌,也闪耀过文艺复兴的光芒。位于罗马的教廷作为天主教的中枢,掌握着统治天主教徒心灵的神权。但是相比于欧洲其他国家,意大利的民族主义思想兴起较晚。在18世纪晚期,意大利还在奥地利统治之下,并为许多封建邦国所割据,在外国统治者与

---

① Raymond Grew,"Culture and society,1796—1896,"John Anthony Davis ed., *Italy in the nineteenth century*,Oxford University Press,2000,pp.206-234.
② Kenneth McKenzie,"Romanticism in Italy,"*Modern Language Association*,Vol.55,No.1(Mar.,1940),pp.27-35.
③ Spencer M. Di Scala, *Italy: From Revolution to Republic, 1700 to the Present*, Westview Press,2009,p.20.

本国封建主义者的双重压迫下,经济与社会发展落后。迟至19世纪初,意大利还被认为只是一个"地理概念"而已,讲意大利语的人还散居于众多的封建专制诸侯国中;而且奥匈帝国还占领着意大利的北部,左右着意大利的发展。在"帝国梦想"和"天国梦想"的光环背后,是意大利的四分五裂和民族意识发展的迟滞,在现代化和民族国家发展的道路上远远落在英国和法国的后面,成了"迟到的民族"。①

一、民族主义思想发展的障碍

意大利民族主义思想发展迟缓有其客观的原因。从政治上来讲,意大利长期处于分裂状态,很多时候意大利境内的邦国中有一半由别的国家的国王、大公或王位继承人所统治。由于一些统治者在统治中注重非意大利因素,导致意大利的民族认同感进一步被削弱。意大利可以说是王朝统治的实验室,大部分地区在1700年之后接受了新的王朝,包括那不勒斯、西西里、撒丁岛、米兰、托斯卡纳、帕尔马和皮亚琴察。威尼斯(控制了巴尔干半岛和爱奥尼亚群岛的部分海岸)和撒丁王国在意大利半岛的地理界限之外还有领土。半岛不仅仅是分裂的,这片土地上的各个邦国的分界线还因为利益的关系忽视了自然的边界,导致问题更加复杂。虽然德意志的情况和意大利很相似,甚至比意大利更分裂,分成了三百多个国家,但是在某些方面,就民族意愿来说,意大利的形势似乎更严峻,因为神圣罗马帝国给一片大致相当于德意志的地区类似政治统一的感觉,而"意大利"这个词却根本没有政治意义。此外,罗马的教廷密切关注着全世界的教会,因为有教廷的存在,意大利问题尤为特殊。

意大利的统一还有地理上的障碍。根据奥地利19世纪早期首相梅特涅(Metternich)的说法,意大利仅仅只是一个"地理名词"而已。虽然它的自然边界非常清晰,内部的地理条件却使之分裂。意大利的主要地理特色是亚平宁山脉,山脉使得整个长长半岛相互之间的交流变得困难。大多数的河流不能用以航行,因为冬天有激流,夏天水又太少。唯一的大平原波河平原和其余的多山地区形成了强烈的对比。海岸线非常长,在大多数地方只有在海岸线附近才有一带肥沃的土地,其余都是贫瘠的山地。这些自然的分界和18世纪的国家边界线是不匹配的。热那亚和科西嘉岛的地理形势迥然相异,皮埃蒙特和撒丁岛的地貌也是各不相同。在教皇国内部,亚平宁山脉东边的地区,尤其是有时被称作"罗马涅"有时被称作"公使馆"的靠近波河三角洲的北部

---

① Brian Jenkins and Spyros A. Sofos, eds., *Nation and Identity in Contemporary Europe*, Routledge, 1996, pp.285–286.

地区,是威尼托的自然关联之地,而不是罗马的,甚至也不是它的郊区地带。毫无疑问,部分由于地理原因,罗马涅人反抗教皇的统治在19世纪的意大利历史中是很重要的一笔。让事情变得更复杂的是,在一些国家内还有属于别的国家的飞地。各个国家之间有数不清的关税障碍,为了各自财政的利益阻碍了贸易。1750年,单在皮埃蒙特就有498个这样的障碍。①所以意大利只是一个意义有限的地理名词。

除此之外,还有语言上的障碍。母语、亲情的感受和共同的土地一起,是民族主义的先决条件。历史学家、哲学家詹巴蒂斯塔·维科在研究意大利部落语言时,总结道:"语言因人们的社会需要产生,用以理解和回忆重要的事件,含义丰富而微妙。人、语言、认知状态、道德意识和历史事件相互影响。"②在欧洲其他地方,随着国家扩展政治控制、加紧行政管理,首都的语言往往成为官方语言。英国和法国之间的百年战争(1337—1453年)的其中一个结果是,英国放弃了在公共场合使用在1066年诺曼底人征服了英国之后一直使用的法语,这绝非偶然。意大利的三十多种方言由于国家的政治分裂被认为变成了永恒的或半永恒的状态。语言的差异代表着政治的分裂。意大利民族之父但丁的《神曲》用托斯卡纳方言写成,使托斯卡纳的方言逐渐成为意大利人的标准文学用语。但是教会强烈反对《神曲》的印刷,因此剥夺了意大利人学习阅读的一个绝佳机会,也阻碍了大众媒介的发展。另外,转向意大利语必然会引起城市和乡村诗人的强烈反对,他们公开反对以牺牲地方方言为代价而让意大利语获得显要地位。外权当政也干扰了人们对意大利语的接受。出于本能、依赖和逢迎讨好的目的,中上层意大利人采纳了占领国的语言。阿尔菲耶里承认直到1775年,他26岁时才开始学习意大利语。为了保护法语和地方方言,意大利语在皮埃蒙特是被禁止的。要求采纳意大利语作为母语是文学民族主义者的任务。正如我们所看到的,他们提出民族语言、民族作家和民族文学对有效的大众精神发展的重要性,可悲的是,意大利却没有这笔财富。1754年,当安东尼奥·杰诺韦西(Antonio Genovesi)一反往常的行为,决定在那不勒斯大学上国内经济课程时使用意大利语而不是拉丁语,引起了相当的骚动。杰诺韦西认为:"只要大多数意大利人无法理解的拉丁语主导着教育,就没有真正的大众教育也不可能有民族团结,如果一个民族的著作几乎都是用外语书写的,那么这个民族很难形成独立的文化。"③

---

① Derek Beales and Eugenio F. Biagini, *The Risorgimento and the Unification of Italy*, Pearson Education Ltd., 2002, p.16.

② Ronald S. Cunsolo, *Italian Nationalism*, Robert E. Krieger Publishing Co. INC., 1990, p.6.

③ Spencer M. Di Scala, *Italy: From Revolution to Republic, 1700 to the Present*, Westview Press, 2009, p.19.

由于政治分裂和地理分裂,加之语言上的不统一,意大利各地人民乡土观念严重。意大利人称之为"乡土观念"(campanilismo),其字面意思就是对教堂的钟楼或钟塔感到骄傲——这是一种政治化了的"教区制度"。①很多国家的爱国主义集中在当地的城市,而不是他们的国家甚至也不是他们所在的地区,这可以说明当时城市为何如此富有活力。习惯了在自己的国家、在任何一个特定的历史时期建筑风格一致性的英国旅行者,会对相互之间相隔只有5千米之遥的比萨、锡耶纳和佛罗伦萨13世纪的建筑的迥异感到震惊。②这种异常复杂的地方主义可以追溯到古罗马时代,因为当时罗马帝国犹如一个庞大的城市网,行政责任被授予了当地的寡头政治集团。③在罗马帝国覆灭后,城镇保留了强大的市政传统,坚决反对所有外族或野心勃勃的教皇将主权强加于它们头上的图谋。从12世纪末开始,意大利的城镇转变成为城市国家。这些城市无论在经济上还是文化上都非常繁荣,可以说是当时欧洲最繁华和人口最密集之地。在文艺复兴时期主权分裂甚至可以说是意大利活力的一个关键因素。④但是在政治上,即使在这些城市国家内部,也没有统一的行政体系或者法律机构。在这种情景中,城市而不是乡村在传统上才是政治活动和政治主动权的中心,这种情况持续到19世纪,尤其是在1799、1848—1849和1860年的革命危机时刻,情况更是如此。意大利有着被历史学家描述为"文化多中心主义"的特色——也就是说,存在着相互竞争的文化中心。在整个19世纪没有集中面向意大利的社团和报纸(虽然有一些以意大利语出版的地区性报纸)。虽然有很多古老的大学(包括欧洲最古老的大学博洛尼亚大学),但没有一所是以真正的意大利国内文化生活为关注点的。18世纪,虽然成立了许多学院,但都是地方性的。艺术的繁盛往往只发生在其中某个国家,通常是由于朝廷的支持。对没有受过教育的人们来说,意大利没有政治意义。意大利语是上层阶级、知识分子和政府的语言。可以说,迟至18世纪中期,可以准确地称之为民族主义的东西在意大利还不存在。即使到了19世纪初期,意大利的民族意识还是非常淡薄的。⑤

如第一章所述,地方主义和普世主义这两种观念超越或抹杀了国家观

---

① A. Lyttelton, "Shifting Identities: Nation, Region and City, "*Italian Regionalism*, Oxford, 1996, pp.33-52.

② Derek Beales, Eugenio F. Biagini, *The Risorgimento and the Unification of Italy*, Pearson Education Ltd., 2002, pp.234-235.

③ Nicholas Doumanis, *Inventing the Nation: Italy*, Arnold, 2001, p.15.

④ Nicholas Doumanis, *Inventing the Nation: Italy*, Arnold, 2001, p.16.

⑤ Bolton King, *A History of Italian Unity, Being a Political History of Italy from 1814-1871*, James Nisbet Co. Ltd., 1912, p.1.

念,阻挡着民族感情和民族意识的产生。在葛兰西看来,当时意大利人民两个最重要的政治意识维度就是"市政地方主义和天主教的普世主义"①。在意大利,不仅地方主义观念根深蒂固,而且由于教廷的存在,普世主义对意大利人的影响也特别深刻。处在这两种相互冲突的观念夹缝中的意大利民族主义思想发展非常缓慢,而且和别的争取民族独立的国家不同的是,意大利并不是一个"被征服的国家",因为它长久以来根本就不是一个国家,所以它的子民面对的问题是"将它变成一个国家"②。所幸的是,所有民族复兴运动的爱国者都相信自古以来"意大利意识"一直存在,这种"意大利意识"被认为是由半岛居民代代相传而形成的历史实体。他们认为:"意大利存在着一个民族传统、一个文学、一个历史和一个意大利民族。"③意大利绝不像梅特涅所说的,只是一个简单的"地理概念"。正因此,爱国者们确信意大利人有权摆脱外国的统治,成为一个独立自主的统一国家。④古代和中世纪的回忆,地方自治的传统,18世纪的各种理论和改革,最新的革命熏陶,这些都有助于发展自由思想;曾经开创古罗马帝国的意大利人种的骄傲加上现实中外国的压迫,又使人们产生渴望独立、切望复兴的民族情感。这些思想和情感虽然只活跃在少数人的心灵中,但却是星星之火,可以燎原。

二、拿破仑的统治与强加的国家观念

在法国大革命之后,为了散播国家观念和共和主义思想并保证革命果实,法国试图将自己的激进方案强加到欧洲其他国家。拿破仑·波拿巴于1796年4月入侵意大利北部,到1799年他和他的军队征服了整个半岛。虽然在奥地利和俄罗斯军队的联合攻击下被驱逐出意大利几个月,但直到1814年撤退之前半岛一直处于拿破仑的统治之下。拿破仑重构了意大利的版图,整个意大利半岛被从十几个邦国简化成三个部分:西北部和中部并入法兰西帝国,东北部成立意大利王国,南部被重建为那不勒斯王国。

在强大的军队支持下,拿破仑对意大利进行了大范围的改革。一方面,法国推广了开明君主的改革成果,最明显的是教皇和教会的权力进一步被削

---

① Antonio Gramsci, *Il Risorgimento*, in Alexander Gerschenkron, "Rosario Romeo and the Original Accumulation of Capital," *Economic Backwardness in Historical Perspective*, Belknap of Harvard University Press, 1962, p.92。

② G. F. H. and J. Berkeley, *Italy in the Making*, Vol.2, Cambridge University Press, 1936, p.xxii.

③ 路易吉·萨尔瓦托雷利:《意大利简史——从史前到当代》,沈珩、祝本雄译,商务印书馆,2014年,第416页。

④ Giuseppe Gazzola, "Italy from without: An Introduction," *Forum Italicum*, Vol.47, No.2, 2013, pp.237-245.

弱了。1809年,教皇的俗权(the temporal power of the Pope)被宣布废止。到1814年,各个等级的修道院在整个意大利半岛消失了,修道院的土地被拍卖。1789年,教会拥有19%的"博洛尼亚平原"的土地,贵族拥有55%,中产阶级拥有18%;到1804年这些数字变为4%、50%和34%。[①]拿破仑对继承权的攻击比之前统治者的措施更为彻底,也导致了土地重新分配和农业的商业化,使得之前遗留下来的封建主义因素最终消失了。在其他方面,法国取消了很多贸易障碍。他们建立了从阿尔卑斯山脉贯通亚平宁山脉的新马路,为一个内部交流极其糟糕的国家的统一做出了重要贡献。他们不仅编撰了法律,并使之成为大多数意大利地区的法律标准,还引进了法国的公民法和商法。拿破仑政府继续鼓励意大利农业的发展,但是并不扶助其他工业的发展,因为他们的政策目标主要是为法国制造商夺取意大利的原材料。[②]因此,意大利的丝绸工业遭受了重创。最后,法国还带来了代议制政府。到1799年,除了被法国送给奥地利的威尼西亚,意大利大陆的每一个地区都短暂地经历了共和宪法。这些宪法是温和的,是以法国1795年的宪法为模型的,而不是更早的革命期间的激进宪法。他们还成立了由两个拥有不同权力的议院组成的代表大会。

拿破仑时代对半岛人民的意义不完全在于短暂的国家经历,也不是因为创建了一个叫作"意大利"的国家,因为这些年法国的高压统治使得大多数意大利人并不热爱意大利,也不喜欢国家观念。这一时期的意义也不主要因为平等和自由等进步观念的输入,因为拿破仑自己就背叛了这些观念。拿破仑对意大利最深远的影响在于他打破了意大利旧的政权模式。[③]通过抛弃现存的政府体系和行政方式,代之以更理性、更集权的政府体系和行政方式,拿破仑使得意大利人在后来更容易塑造一个他们自己的国家。虽然很难知道意大利人的思想境界因为这些改革而改变的程度,但我们可以认为这些改革确实导致了意大利人新的认识。意大利人被迫接受了中央集权、国家功能和与之伴随的传统权威的解散。人们对权威的认知同样也发生了改变。大多数意大利人不得不接受国家权威,他们的生活因国家立法、国家调节和职能部门的决定受到极大的影响,而这些毫无疑问迫使他们将国家当作最重要的参考单位。

在意大利王国,无论是农民还是庄园主,其经济事务都受到当局的监管。

---

① Derek Beales,Eugenio F. Biagini,The Risorgimento and the Unification of Italy,Pearson Education Ltd.,2002,Pearson Education Ltd.,2002,p.25.

② Derek Beales,Eugenio F. Biagini,The Risorgimento and the Unification of Italy,Pearson Education Ltd.,2002,Pearson Education Ltd.,2002,p.25.

③ Nicholas Doumanis,*Inventing the Nation:Italy*,Arnold,2001,p.33.

伦巴第和摩德纳的人们也受到同样规则的管辖。而这些不仅扩大了人们的政治视野,也使他们内心产生了新的文化认同,虽然将这些联结称之为"国家性的"还为时过早。①因为传统的身份认同和忠诚持续产生影响,这种认同和忠诚是拿破仑统治的新国家所不能获得的。拿破仑极大地加强了政府的合理化和行政管理的规范化。受新秩序影响最深的人自然是那些在新政府体系里供职的人。官员、会计师、文员和收银员等这些靠国家生活的人最有可能比其他人更相信拿破仑体系的合法性和其社会职能。另一群很可能对新秩序产生情感依恋的是士兵。在一起行军、战斗和生活,通过参加拿破仑的军事活动和平息地方骚乱,意大利士兵很容易对意大利国家产生一种忠诚感,虽然这种忠诚度很难衡量。②弗兰克·D.佩鲁塔(Frank D. Peruta)就曾描述,1796年到1814年之间士兵的经历怎样加强了民族意识和民族归属感。③而且,虽然意大利军队为法国服务招致了很多不满,但是意大利军队的建立本身传达了一种民族的荣耀感,"对意大利民族意识和独立意识的形成具有重要作用"④。而且士兵们在为法国作战的过程中得到了历练,为民族复兴运动中的战斗做了准备。

虽然拿破仑政权对意大利半岛做出的改革比以往任何一个政权都要有效、彻底,不过也不能过度夸大意大利政治文化和政治心态转变的程度。毕竟法国引起的反感多于赞赏。对大多数意大利人来说,法国统治时期是一段极其不愉快的经历,所以在1814年拿破仑退位后,绝大多数法国带来的改革都被抛弃了。但是法国统治时期对意大利的政治生活的深刻影响是不言而喻的。无论意大利人多么讨厌法国的统治,中央集权的、合理化的政府结构还是被复辟的政权或多或少地保留了下来。虽然法国很不受欢迎,但很多中上层阶级的意大利人都赞赏法国的管理模式。整个19世纪,意大利的政治主要就是由对意大利的中央集权政策保持忠诚的政治阶级所控制的,包括皮埃蒙特的加富尔和阿泽利奥⑤和托斯卡纳的里卡索利⑥。这些人也成为1860年建立的民族国家的开国元勋。而大幅度的、反复改变的国家边界,尤其是三

---

① Nicholas Doumanis, *Inventing the Nation:Italy*, Arnold, 2001, p.36.

② Nicholas Doumanis, *Inventing the Nation:Italy*, Arnold, 2001, p.37.

③ Lucy Riall, *The Italian Risorgimento:State,Society and National Unification*, Rutledge, 1994, p.68.

④ Spencer M. Di Scala, *Italy:From Revolution to Republic,1700 to the Present*, Westview Press, 2009, p.32.

⑤ 马西莫·德·阿泽利奥(Massimo d'Azeglio,1798—1866年),意大利政治家,1849—1852年任皮埃蒙特王国首相。

⑥ 贝蒂诺·里卡索利(Bettino Ricàsoli,1809—1880年),意大利政治家。1861年在加富尔去世后继任首相,1861—1862年在任。

分意大利,让人们很难认为18世纪的意大利政治地图是神圣的。这也从某种程度上对之后的意大利统一起到了促进作用。

法国革命和拿破仑的统治不仅影响了半岛的政治和社会结构,也促进了一个新的政治阶层和自由政治文化的形成。通过将意大利简化成三个部分,拿破仑使得本来处于不同政治区域的人有机会在一起共事。随着法国在意大利的改革的进行,一个更高效的政治阶级产生了,这个对旧政权没有依恋的阶级将会在民族复兴运动早期扮演重要角色。[①]这个时期留下的另一份遗产直接导致了后来意大利民族国家的缔造,这份遗产就是民族主义。[②]虽然法国统治时期并没有促进有意识的、以创建统一的民族国家为目的的运动的形成(这样的运动在19世纪30年代才真正开始出现),但正是这个时期使得国家观念深入人心。当时"国家"已经成了激进政治词汇的根本特征。对于法国革命者来说,国家就是人民,人民就是国家的主人。也就是说国家是唯一能够保证和维持个人自由、法律面前人人平等和政治民主等进步观念的机制,而意大利的革命者同样赞成这样的国家观念。

随着法国大革命和随后的入侵,关于祖国和意大利民族的思想才进一步发展成系统的、持续的讨论。雅各宾主义和民主思想的影响使意大利民族可能是唯一合法的主权载体的观点得到了加强。历史学家希奥尔西奥·瓦卡里尼和斯图尔特·伍尔夫都认为意大利雅各宾派或"爱国者"提出了意大利政治和社会的复兴问题,呼吁统一、独立和建立共和国。[③]18世纪90年代,"意大利民族"的存在已经被认为是不言自明的了,虽然它的定义仍然是非常模糊的。在很多情况下,爱国主义者最关注的问题是"哪种自由政府最适合意大利的幸福"。梅尔基奥雷·焦亚(Melchiorre Gioia)1797年的一篇文章获得了以此为题的论文比赛的一等奖。焦亚认为,最适合意大利幸福的是统一的共和国。[④]1799年的《暴君的毁灭和共和教义问答》(*Republican Catechism for the Ruinationa of Tyrants*)关注的也同样是自由和自治而不是民族统一。拿破仑最终建立"意大利王国",在上层和中层阶级中进一步加强了泛意大利愿望。但是拿破仑自己背叛了他在意大利人中点燃的希望,给了意大利爱国者更多争取民族独立的理由。不仅他自己之前建立的共和国被转换成了君主国,他

---

① Spencer M. Di Scala, *Italy: From Revolution to Republic, 1700 to the Present*, Westview Press, 2009, p.28.

② Nicholas Doumanis, *Inventing the Nation: Italy*, Arnold, 2001, p.40.

③ Spencer M. Di Scala, *Italy: From Revolution to Republic, 1700 to the Present*, Westview Press, 2009, p.23.

④ Filippo Sabetti, "The Making of Italy as an Experiment in Constitutional Choice," *Publius*, Vol.12, No.3(Summer, 1982), pp.65-84.

自己也完全抛弃了国家作为一个政治共同体的观念。在拿破仑到来之前就已经存在的秘密社团继续着他们反对独裁统治的斗争,但在法国的高压统治之下,这些社团基本上是不活跃的,即使有一些小规模的叛乱也很快遭到了镇压。

虽然法国成功地压制了秘密社团的反叛,但是文化上的抗议却难以监管。这些年里爱国主义者的愿望和热情的诠释者与旗手是福斯科洛。他是一个医生的儿子,出生于桑特岛,威尼斯的一个阿拉伯殖民地,但是他的家庭在他还很小的时候就移居威尼斯了。后来,由于热衷于法国大革命的思想,他转信雅各宾主义并在意大利共和国军队服役,同时成为了新意大利最著名的诗人之一。他的著作饱含对历史的政治作用和规范性作用的全新认识,以及对意大利的爱的强调。福斯科洛一开始是欢迎拿破仑的,在1797年写的《解放者波拿巴颂》(*A Bonaparte Liberatore*)中,他庆祝自由观念在他深爱的意大利传播,称颂波拿巴为"新的普罗米修斯"和"至高无上的解放者"。[1]但是由于对波拿巴专制统治感到失望,福斯科洛变成了政权的批评者。1802年,他参加了在里昂举行的一个关于意大利政治前景的会议,会上他在《致波拿巴》的演讲中,间接批判了拿破仑的暴政。之后,他在其著作中对拿破仑的统治开展了持续的批判。《雅各布·奥尔蒂斯的最后一封信》(*Ultime Lettere di Jacopo Ortis*)中展现的动荡背景被认为正是拿破仑时期的写照。《一座座陵墓》(*Dei Sepolcri*)则被认为是对法国规定墓碑尺寸和书写内容法律的毫不掩饰的批判。福斯科洛认为这一法律是对自由权利和几千年的古老传统的冒犯。在拿破仑政权彻底覆灭之后,因为他反对拿破仑政权的记录使他在奥地利政府面前信誉良好。但是在1815年,他拒绝对维也纳宣誓效忠,自愿选择流放英国。他宁愿选择流放而不愿意在外权统治下毫无尊严地活着被认为是意大利历史上的一个转折点。只有当人民愿意为意大利受苦,意大利才有可能成为现实。

很多历史学家将意大利意识的发展追溯到拿破仑时期。意大利统一的观念在拿破仑时期取得了质的飞跃。[2]拿破仑建立的"意大利王国",加强了爱国人士的泛意大利愿望,提高了意大利人的民族意识。这一时期在整个意大利,一些象征物如三色旗的使用也引起了初期的民族认同感。三色旗(绿、白、红)是法国在18世纪90年代后期的发明。1848年,有萨沃依十字架图像

① Derek Beales, Eugenio F. Biagini, *The Risorgimento and the Unification of Italy*, Pearson Education Ltd., 2002, Pearson Education Ltd., 2002, p.26.

② Spencer M. Di Scala, *Italy: From Revolution to Republic, 1700 to the Present*, Westview Press, 2009, p.29.

的三色旗成为对萨沃依王朝忠诚和坚持意大利事业的象征。[①]法国统治时期对意大利民族历史的影响具有两面性。很多爱国者并不情愿将法国的统治和民族观念联系起来。马志尼认为法国的统治更多是阻碍了意大利民族统一的前景。虽然认为法国革命引起了意大利的民族主义运动并不合理,但法国的统治确实在意大利播下了国家观念的种子。不可否认,如果没有法国这段统治时期,在意大利人中间形成国家观念和民族认同感是很难想象的。这一强加的国家观念也催生了意大利自发的民族主义思潮的兴起。

三、烧炭党运动与民族主义思潮的兴起

18世纪下半期,意大利一些邦国的"开明君主"实行了某些改革,使备受摧残的社会经济得以复苏,资本主义经济开始缓慢发展。启蒙思想家的大声疾呼,使全民族认识到民族独立和国家统一对于意大利的重要意义。受法国大革命影响,当时意大利的一些进步知识分子开始思考建立统一的意大利国家问题。随后,拿破仑占领并统治意大利带来了资本主义文明,也给意大利人强加了国家观念,促进了民族意识的成长。但法国统治者在意大利采取的掠夺式统治激起了意大利人反抗异族压迫的民族感情,不同邦国的人开始把自己视为意大利人。赶走异族统治者,实现民族独立与国家统一,成为意大利人的共同愿望。反抗拿破仑统治的共同斗争,使意大利民族的反抗斗争摆脱了过去分散、孤立的状态,汇成了一股巨大的洪流,促成民族复兴运动迅速开展起来。正是在这样的背景下,产生了烧炭党和烧炭党运动。烧炭党正是意大利自发的民族主义的表现。

意大利的烧炭党组织在19世纪最初几年出现在南方卡拉布里亚山区。这里有茂密的森林,许多居民以烧炭为生。他们把自己的产品卖给收购与出售木炭的小店铺。一种名为"温塔"的小店铺,成了他们交际、聚会的场所。一些革命者为躲避反动当局的迫害,以茂密的森林为藏身之所,并在烧炭的居民中间建立并发展了秘密的革命组织。这种秘密的革命组织,以烧炭职业为掩护,以当地居民所能接受的会社为组织形式,以每个温塔为基本的组织单位,以烧炭居民所习惯的职业用语为联络语言,以烧炭产生的烟、火、炭三种颜色——蓝、红和黑为组织的标志。烧炭党的绦带和旗帜都是由这三种颜色组成的。蓝、红、黑三种颜色都深含寓意:不绝如缕的烟是蓝色的,因而以蓝色象征烧炭党人的希望;燃烧炽烈的火苗是红色的,因而以红色象征烧炭党人经过火热的斗争而成就的美德;烧成的木炭是黑色的,因而以黑色象征着烧炭党人的终生信仰。烧炭党组织就是这样产生的,烧炭党的名称也由此

---

① Luigi Salvatorelli, *The Risorgimento: Thought and Action*, Harper and Row, 1870, p.122.

而来。

烧炭党的政治纲领如下：首先是驱逐外族统治者、实现民族独立；其次是抽象的、形式上的国家统一；再次是争取君主立宪、改革现存的专制国家。这个纲领最为重要的一点，是要求民族独立，也提及了意大利的统一，尽管只是最普通的、抽象的和形式上的统一。烧炭党的斗争手段是革命，但这种革命是单纯的政治革命，不触动财产所有权。由于这个原因，再加上秘密会社活动的保密原则，就使烧炭党的革命不能发动群众，只是少数人参与的密谋暴动和军队起义。烧炭党的组织是分散的：虽然烧炭党曾经遍及整个意大利，可它并没有一个中央领导机构；虽然烧炭党的运动曾经席卷意大利南北，可实际上却缺乏协调、统一的指挥。而且烧炭党内部存在着矛盾的倾向——温和的自由主义倾向与激进的民主主义倾向。在之后意大利争取民族独立与解放的斗争中，正是这两种倾向之间的相互斗争，构成了意大利复兴运动的基本内容。

烧炭党人是当时意大利自由思想的诠释者。本质上，他们想要的是自由和宪法，这些源自革命的要求在反对拿破仑和他的继任者们的暴政的暴动中得到了加强。烧炭党运动的重要性在于它宣传自由—宪法要求，有统一的意愿。他们所指的统一不仅是整个意大利的统一，甚至是整个欧洲的统一。这种自由主义的基本观点是个人自由和民族自由（或独立）必须是和谐的。[1]个人自由的发展被认为是每个人无可争辩的权利，正如民族性的自由发展是每个民族的固有权利一样。个人的自由本质和民族的自由本质是一样的。一个民族有自己的权利，因为权利是人的一部分；民族的权利并不超过个人的权利，而是个人权利的总和。

从19世纪初起，烧炭党就不断地发起暴动。1813年秋天，在卡拉布里亚发生了烧炭党人的第一次大规模行动，提出了恢复西班牙王室斐迪南四世的统治并宣布实行立宪的要求。这次行动规模虽大，却是分散、孤立进行的，最终被法军镇压了。1814年3月，在阿布鲁齐发生了烧炭党起义。烧炭党人组织了为数甚多的造反居民，袭击了全省的政权机构，焚烧了税簿和征役册，宣布要把居民从法国的沉重压迫下解放出来。烧炭党在一系列城市（圣安杰洛、佩涅和其他一些城市）建立了临时政府，烧炭党人的蓝、红、黑三色旗首次飘扬在了圣安杰洛的城头。起义者在一些地区宣布成立斐迪南四世的立宪王朝，而在另一些地区则宣布成立共和国。这次起义坚持了一年，到1814年4月才被法国将军蒙蒂尼指挥下的军队镇压下去。随着拿破仑统治开始崩演，烧炭党运动越过了南意大利的边界，扩展到了整个亚平宁半岛。1814—1815

---

① Luigi Salvatorelli, *The Risorgimento: Thought and Action*, Harper and Row, 1870, p.77.

年,教皇国各省差不多都有了烧炭党组织,罗马涅拥护烧炭党的人数目最多。伦巴第、威尼斯的烧炭党人参加了当地1814年争取民族独立、实行立宪的大规模斗争。在维也纳会议召开前夕,威尼斯城的房屋和墙壁上以及公共场所,都贴着散发的标语和传单。一份传单上写道:"同胞们! 威尼斯的居民们! 我们复兴的时代来临了!……威尼斯应当是自由的……"[1]传单的结尾还提出了"独立和建立立宪政府"的要求。拿破仑帝国垮台之后,奥地利的压迫取代了法国的压迫。烧炭党人又投入了反对封建专制统治、反抗奥地利民族压迫的斗争。[2]1820—1821年,烧炭党领导了两西西里王国和皮埃蒙特的资产阶级革命。受到1830年法国七月革命的鼓舞,烧炭党1831年2月起义在摩德纳爆发。从1816—1831年,烧炭党人发动了一系列武装起义,以争取实现君主立宪,掀起驱逐奥地利势力的民族斗争高潮。但起义无一例外地遭到了奥地利的镇压。

烧炭党起义可谓轰轰烈烈,但结果都以失败告终。究其因,除了奥地利军队和地方军队在欧洲的默许下联合镇压外,最关键的因素是革命者自己内部的混乱。[3]虽然都是反对专制政权,但是立宪温和主义者和更激进的民族派分裂,无论在南部还是在皮埃蒙特,他们都是既相互合作,又相互拆台。烧炭党起义失败还有一个主要原因,就是这些起义没有和广大的人民群众联合起来,没有广泛的群众基础。所有的活动几乎都是烧炭党人与一些立宪主义者和自由主义军官的联合行动,纯粹是军事密谋性质的行动,所以在强大的奥军及国内反动势力面前不堪一击。

萨尔瓦托雷利认为烧炭党运动除了没有提出明确的政治方案外,还有两个弱点:一是烧炭党对政府妥协的倾向很强烈,甚至时不时考虑支持反对自由主义的政府(梅特涅的奥地利政府、查理十世的法国政府);二是在1815—1830年间,意大利政治思想虽然在18世纪中期到19世纪早期有很大的发展,但仍然囿于拿破仑时代的范畴。[4]他认为除了罗马诺西的个人主义、实证主义和法律宪政主义(一种无创造性的18世纪思想的延续),当时的意大利还存在几种被称为"反传统政治"的思想。这些思想之所以被认为是反传统政治,主要是因为它们总体上否定或谴责政治价值,轻视人类活动的价值。然而这种轻视包括了一些对民族复兴运动思想有很大影响的因素:彻底否定被政府

---

① 赵克毅、辛益:《意大利统一史》,河南大学出版社,1987年,第89页。

② 1814年至1815年在维也纳会议上,意大利重新被分割为8个邦国,奥地利、西班牙和教皇的势力也都得到了恢复。

③ Lucy Riall, *Risorgimento: The History of Italy from Napoleon to Nation-state*, Palgrave Macmillan, 2009, p.14.

④ Luigi Salvatorelli, *The Risorgimento: Thought and Action*, Harper and Row, 1870, p.77.

和墨守成规的思想家一次次利用的"国家利益理由";政治利益明显从属于道德需求;肯定政府和国家的单纯工具价值。[①]

烧炭党运动失败后,一部分流亡到国外的政治侨民对过去的斗争历程进行了批判性总结。他们认为,"烧炭党虽然提出了摆脱外族压迫、实现民族独立的任务,也曾模糊地提出实现国家统一的主张,但是始终没有把后者放到与前者并列的重要位置上。然而二者是不可分割的,没有独立即没有统一,没有统一则没有独立。只有实现了独立和统一才谈得上自由"[②]。这样的批判性总结是富有成效的。他们提出了作为意大利复兴运动思想体系基本内容的著名公式:"独立、统一、自由。"这个口号成为意大利民族主义者继续奋斗的目标。

烧炭党作为意大利人民为反对外族压迫而建立的第一个民族主义组织,在意大利民族解放斗争史上的功绩是不容置疑的。烧炭党人的斗争虽然都失败了,但他们那种不屈不挠、英勇献身的精神激励并鼓舞了千千万万的意大利民众。烧炭党的纲领和实践也给以后更进步的资产阶级民族主义组织留下了宝贵的经验和教训。烧炭党运动不仅培养出了意大利民族复兴运动的新领导人物马志尼,也为马志尼主义的"青年意大利"活跃于意大利的政治舞台铺平了道路。烧炭党人对民族独立的渴望和斗争不仅促进了意大利民族意识的进一步觉醒,也引起了欧洲其他国家进步人士对意大利解放事业的关注和支持。

---

① Luigi Salvatorelli, *The Risorgimento: Thought and Action*, Harper and Row, 1870, p.78.
② 辛益:《意大利复兴运动初期的进步政治思潮》,《河南大学学报(社会科学版)》1988年第4期。

第二章　民族国家政治共同体的多重选择

随着国内民族主义思潮的蓬勃发展,统一的呼声越来越高。从19世纪30年代开始,统一的观点已经被广泛接受了,但达到统一目的的方式却并不明确。以何种方式统一意大利,何种政府模式最适合在不同的政权下生活了1300多年的人民等问题,激发了人们热烈的辩论。[1]自由主义、激进主义、共和主义、新圭尔夫主义、社会主义和联邦主义,各种思想同时或者先后成为意大利革命的领导思想。[2]而最具代表性、影响力最大的是共和主义、联邦主义和自由主义这三种思潮。以马志尼为首的民主派主张通过革命的方式成立代议制共和国,以焦贝蒂为首的新圭尔夫派希望在教皇的领导下成立意大利联邦,而以加富尔为首的温和自由主义者希望在萨沃依王朝的旗帜下统一意大利,成立君主立宪制王国。

第一节　激进的共和主义:马志尼主张成立代议制共和国

中世纪末期,英、法等国的政治思想家同样在文化层面上表达了他们的民族意识。他们在民族国家形成的实际历史过程中迅速转向了社会政治领域,转向了运用理想来批判封建专制,从而在政治意义上确立了近代民族主义的基本内容。在意大利同样有一个从文化民族主义向政治民族主义转变的过程。意大利政治民族主义的奠基者就是朱塞佩·马志尼(Giuseppe Mazzini)。可以说,在19世纪,没有一个自由民族主义的倡导者能够具有像马志尼那样的号召力或影响力。

---

① Filippo Sabetti, "The Making of Italy as an Experiment in Constitutional Choice," *Publius*, Vol.12, No.3(Summer, 1982), pp.65–84.

② A. William Salomone, "Statecraft and Ideology in the Risorgimento: Reflections on the Italian National Revolution," *Italica*, Vol.38, No.3(Sep., 1961), pp.163–194.

一、意大利的民族使命

马志尼出生于热那亚一个富足的中产阶级家庭,父亲是一位颇有名气的医生和解剖学教授,笃信民主政治并身体力行。马志尼从小遵从父亲的安排学医,但其16岁时一件意外的事件突然改变了他的生活进程。根据马志尼自己的记载,这次事件首次激发了马志尼关于意大利未来的想象。1820年和1821年的烧炭党革命最后不可避免地失败了;遭受失败、心灰意冷的皮埃蒙特自由派人士纷纷前往热那亚和萨皮耶达雷纳,准备逃往西班牙。很多逃亡者都身无分文,一路靠讨钱维持。马志尼在陪同母亲散步时注意到了他们绝望的面孔,亲眼看到了街道上为他们募捐的情形。他们的形象经常萦绕在他的脑际。他第一次意识到有人因为政治理想而斗争、受苦。革命的失败让他非常苦恼,他觉得"如果所有的人各尽其责,他们本来是会取得胜利的"[1]。这样,少年时代的马志尼就立下了献身救国的壮志。之后,他坚持穿黑衣,并终身保持了这一习惯,以志不忘国家沦亡耻辱,不忘肩负救国重任。

马志尼是意大利政治民族主义的主要倡导者,从某种程度上说就是政治民族主义的创始人。他的民族自决观念源自德国的浪漫主义,尤其是康德和赫尔德的著作。法国思想家维科、盖尔等人的"历史是前进的"发展历史观和复辟时期的历史学家基佐(Guizot)关于"意大利历代思想家没有把理论和实践结合起来"的见解,对马志尼政治信仰的最后形成都起着很重要的作用。马志尼的思想在1840年之前就已经成形,并通过他在"青年意大利"的著作、宣传册和他那些富含人生经历与思想火花的信件得到了广泛宣传。

马志尼具有一种民主的民族观,实际上,他把人民的概念同民族的概念联系到了一起。1832年,他对民族做出了这样的定义:"民族就是操着同样的语言、具有平等公民权利和爱国权利、为了发展和完善社会力量和这些力量的活动而结合起来的公民整体。"[2]对马志尼来说,"民族"这个词代表着"动机、目标和权利的统一";没有这种统一就没有民族,而只是"一伙人"。[3]他认为相互残杀,后来又南下征服了苟延残喘的罗马帝国的日耳曼蛮族只是"一伙人",而意大利人由于几个世纪以来都被剥夺了表达原则和目的的自由,也

---

① 博尔顿·金:《马志尼传》,马清槐等译,商务印书馆,1997年,第6页。

② Stefano Recchia and Nadia Urbinati, eds., *A Cosmopolitanism of Nations: Mazzini's Writings on Democracy, Nation building and International Relations*, Princeton University Press, 2009, p.50.

③ Stefano Recchia and Nadia Urbinati, eds., *A Cosmopolitanism of Nations: Mazzini's Writings on Democracy, Nation building and International Relations*, Princeton University Press, 2009, p.48.

不享有任何权利,到目前为止,也只是"一伙人"。只有当组成民族要素的动机、目标和权利建立在坚固而持久的基础之上的时候,民族才真正存在。①他认为民族对个人意义重大,离开了民族或国家,个人便算不了什么,"没有国家,你们就没有名称、象征、声音,也没有权利,不能作为兄弟加入各国人民的行列"②。当然在民族这个整体中,所有的成员都是平等的,不存在等级和特权。在真正的民族里,"上帝在其顶端,人人平等在其底部",而且"法律必须表达普遍的愿望……全国人民应当直接或间接地成为立法者"③。马志尼认为,人民的同意与合乎道德的目标是构成民族或民族国家的两大基本要素。民族的统一要建立在民众同意即自由民主原则的基础之上。"只有为了人民,依靠人民和在人民的主持下才能建立起真正的民族性。"④马志尼认为,一个真正的民族必须有它的道德意图,只有在严格遵守道德律的情况下,一个民族才能达到"精神纯化和献身神圣事业"的境界。他指出:"一个群落的人们如果是出于自私动机,因纯物质欲念而被吸引到一起,是不会成为一个民族的。要想成为一个民族,它所赖以获得生命力的动机、目标和权利必须置于经久不变的基础之上。其志趣必须是合乎道德的,因为一项物质利益本身,由其本质所决定是有限的,因而不能构成任何经久不变的结合的基础。"⑤所以当一个地区的居民希望成为一个民族或组成一个国家时,只有当他们的意愿的背后存在着一种合乎道德的意图时,他们才有权那样做。最后,他认为民族的法律必须源自人类的本性,因为只有人类的本性不会被时间抹去。

罗马帝国时代的辉煌和中世纪之后意大利的落后与分裂,使马志尼具有深深的民族危机意识。他悲愤地控诉意大利的专制主义制度,认为在意大利没有新闻自由,没有文学刊物,没有国家剧院,没有普及教育,没有外国书籍,也没有可以讨论政治问题的议会或委员会。"暴政在意大利周围筑起了一堵穿不透的墙。一支由密探、海关官员和警察三方组成的队伍日夜警戒着,阻止思想的交流。国家规定实行集体互教制度。大学被关闭,或者受到限制。死刑不仅威胁着秘密印刷书刊的人,也威胁着收藏和阅读禁书的人。"⑥在他

---

① Stefano Recchia and Nadia Urbinati, eds., *A Cosmopolitanism of Nations: Mazzini's Writings on Democracy, Nation building and International Relations*, Princeton University Press, 2009, p.48.

② 马志尼:《论人的责任》,吕志士译,商务印书馆,1995年,第86页。

③ 马志尼:《论人的责任》,吕志士译,商务印书馆,1995年,第89页。

④ 博尔顿·金:《马志尼传》,马清槐等译,商务印书馆,1997年,第246—247页。

⑤ Stefano Recchia and Nadia Urbinati, eds., *A Cosmopolitanism of Nations: Mazzini's Writings on Democracy, Nation building and International Relations*, Princeton University Press, 2009, p.49.

⑥ 马志尼:《论人的责任》,吕志士译,商务印书馆,1995年,第174页。

著作的字里行间无不流露出对民族的忧虑,"看看意大利吧! 不幸、苦难、抗议和个人牺牲在这个国家已经达到无以复加的地步。人民已陷入了水深火热之中"①。

民族使命观是马志尼的基本观点之一,马志尼有强烈的民族使命感。他认为,每个民族都有某种为人类效劳的明确而具体的任务。"上帝已在每个民族的摇篮上写明了他的一行思想。"②在他看来,英国的作用是"工业和殖民地",俄国的作用是教化亚洲,波兰的作用是"斯拉夫民族的创始精神";德国的特征是思想,法国的特征是行动,意大利的特征在于思想与行动相一致。意大利是唯一曾向分散的各族人民两次喊出"统一"这个伟大字眼的国家。罗马曾两次成为欧洲世界的中心和圣殿。第一次是在古罗马时代,勇猛善战的战士们横越已知世界,并引进文明制度促使它进行联合,实现了"政治团结";第二次是在教皇时代,意大利人的才华在教皇统治下体现出来,并担负起四个世纪以前被放弃的、向基督教世界各国人民宣讲心灵大联合这一庄严的使命,促进了"精神团结"。现在,意大利准备肩负起第三个使命:建立一个比罗马皇帝或教皇更加强大、自由和统一的国家。继帝国的罗马和教皇的罗马之后,人民的罗马即将崛起,并将通过"各民族的一致同意"来领导世界和发挥首创精神。"这项使命的提出势必震动整个欧洲,并使各国把目光和思想都集中在意大利身上。"③对马志尼来说,意大利民族有过去、现在,最关键的是有未来。他不认为意大利的过去是可以恢复的,或"以过去的国家的方式"来重建,也不认为过去是一个可以复制的模型;而是将过去当作让意大利走出当前的泥淖、进行重建的激励和一种吉兆。④

马志尼认为,在所有欧洲国家中,意大利是最有资格承担这一使命的国家。因为法国在1815年之后丧失了首创精神,也已经失去了这个机会。英国由于以不干涉的名义,奉行"光荣孤立"政策而置身于欧洲大陆事务之外。德意志也因它"放弃那种应当是集体性的作用和统一的形态,采用敌视自由的军事君主制,咄咄逼人地企图以此窒息德国全部思想活力",丧失了担任这一使命的资格。斯拉夫民族陷于四分五裂的境地并缺乏全国生活中心,无法担此重任。⑤马志尼认为意大利是上帝指定要担负起使欧洲达到精神团结,并通过欧洲达到人类大团结这一使命的国家。因为意大利除了优越的地理位置,还有过光荣地领导欧洲精神统一的历史,拥有古代的威望以及因对全人

① 马志尼:《论人的责任》,吕志士译,商务印书馆,1995年,第181页。
② 博尔顿·金:《马志尼传》,马清槐等译,商务印书馆,1997年,第253页。
③ 马志尼:《论人的责任》,吕志士译,商务印书馆,1995年,第91页。
④ Luigi Salvatorelli, *The Risorgimento: Thought and Action*, Harper and Row, 1970, p.92.
⑤ 马志尼:《论人的责任》,吕志士译,商务印书馆,1995年,第251页。

类的贡献而赢得的荣誉,举国上下期盼实现民族复兴和促进全人类进步的事业。他从新的意大利民族看到了"第三罗马"所需要的条件;同时,在一种循环的过程中,他在意大利罗马的事实中看到了意大利未来使命的特别强大的基础。马志尼相信"意大利人民将建立一座比朱庇特神殿或梵蒂冈更加雄伟壮观的大厦,在这座大厦的顶上你们将插上自由和联合的旗帜,使它在各国人民眼中大放光彩"①。届时,罗马将再一次成为各民族的神殿,历史的中心,"实现当年但丁关于意大利成为引导人类臻于太平盛世的'舵手'的梦想"②。

马志尼怀有强烈的民族爱国主义情感,同时也具有世界主义情怀。在马志尼那里,"民族"一词不是孤立的,而是与"人类"一词联系在一起的。他"相信人类的团结,相信上帝的全体子女不分性别、肤色或处境在道德上一律平等,只有犯罪者除外"③。所以所有民族应一律平等,亲如兄弟。而且他认为每个民族都有自己的限度,这一限度便是其他民族的自由。马志尼反对那种主张霸权和种族优越的民族主义,他认为这种民族主义是狭隘的。他同样反对殖民扩张,认为殖民扩张就是某个国家自身能量的扩张,这种国家除了自己力量的权限之外不承认任何其他限度。所以虽然马志尼渴望意大利民族富强,但反对通过牺牲其他民族来谋取本民族的利益。马志尼同情并支持兄弟民族的解放事业,强调人的责任,通过责任他寻求的是"从苦难和罪恶中拯救世界"④。在对家庭、祖国和人类的三大责任中,马志尼认为人的首要责任是对人类的责任。他认为,上帝天然地把人类分为各个民族,把习性、情感、抱负相类的个人归聚为同一民族,希望个人在为民族国家效劳的同时也为全人类服务,同时也希望他依靠本民族及其共同力量促进世界进步。所以必要的时候要对兄弟民族的自由与解放事业予以支持和帮助。"不管一个人在什么地方为公理、正义、真理而斗争,那里就有你们的弟兄;不管哪里遭受错误、不公正和暴政的压制而受苦受难,那里都有你们的弟兄。"⑤别的民族的解放事业和意大利的民族解放事业都服务于同一个目的,都是为了同一种普世真理。没有别的民族的斗争,本民族也难以发展。1834年,基于这种信念,他建立了"青年欧洲"协会,其成员相信全人类的前途是自由、平等、博爱,并为了这种前途的实现而渴望献出他们的思想与行动。

在马志尼看来,民族主义本身不是目的,而是达到建立为人民所有、由人

---

① 马志尼:《论人的责任》,吕志士译,商务印书馆,1995年,第92页。
② 李肇忠:《近代西欧民族主义》,人民出版社,2011年,第127页。
③ 马志尼:《论人的责任》,吕志士译,商务印书馆,1995年,第268—269页。
④ Swan M. Burnett, "*Giuseppe Mazzini—Idealist. A Chapter in the Evolution of Social Science*," *American Anthropologist*, New Series, Vol.2, No.3(Jul. - Sep., 1900), pp.502-526.
⑤ 马志尼:《论人的责任》,吕志士译,商务印书馆,1995年,第83页。

民所治、为人民所享的政府这个目的的手段。①对马志尼来说,民族主义是现代世界的新宗教。他相信意大利曾经被上帝要求成为一个民族,只有当意大利成为一个民族才能完成它鼓舞其他民族同样争取统一的使命。马志尼的民族观念可以被认为是意大利最完整的民族复兴运动概念,不是贫瘠的意识形态的浅薄涉猎,而是思想和行动最密切的结合。②他还将政治复兴和道德提升联系在一起,将马基雅维利主义连根拔除。如果意大利人需要拥有逃脱自文艺复兴之后的几个世纪里坠入的精神深渊的能力,那么这种崛起的精神推动力主要就来自马志尼。

二、青年意大利与民族主义思想的传播

马志尼民族主义思想的形成是从对烧炭党的批评开始的。马志尼在1827年加入烧炭党,后来马志尼觉得这个社团变得偏狭、排外,不愿将民族解放的信息广为传播。他谴责烧炭党的自由主义"只关注人性和个人,忽视了民族和社会,不关心人民,只确认权利而不强调义务,所以是功利主义的、不道德的"③。马志尼在1830年因叛徒告密被捕,获释后被逐出意大利。1831年4月,他来到了法国南部的一个海滨城市马赛。烧炭党人的一系列失败引起了马志尼的深思。他认为,意大利的复兴运动不能只限于少数个人或者狭隘社会阶层凭经验进行的政治行动,而应该在精神上,首先在宗教和道义方面进行革新。通过革新在社会上产生一种基于对上帝和人类的坚定信念的、深刻而广泛的潮流,从而动员全体人民参与复兴运动。基于这样的信念,1831年6月,马志尼建立了主要由一部分前烧炭党及中小资产阶级,以及手工业者、工人和农民组成的革命组织"青年意大利"。"青年意大利"的口号是独立、统一、自由,宗旨和目的是通过自下而上的革命实现意大利统一,建立一个包括全意大利领土的、独立的、自由的共和国。马志尼还提出了废除君主专制、实行普选权、保障公民民主自由权利等进步主张。"青年意大利"采用了绿、白、红三色相间的三色旗。旗帜上一面写着自由、平等、博爱,另一面写着独立、统一。与烧炭党相比,马志尼有着鲜明的纲领,他的思想有着新鲜的内容。"青年意大利"为进行公开的革命宣传做了大量工作。制造公共舆论,引导公共舆论为民族事业服务一直是马志尼的共和方案中最为关键的方面。④1832年2月,马志尼在马赛创办的《青年意大利》杂志成为主要的革命宣传工

---

① David G. Rowley, "Giuseppe Mazzini and the democratic logic of nationalism," *Nations and Nationalism*, Vol.18, No.1, 2002, pp.39-56.

② Luigi Salvatorelli, *The Risorgimento: Thought and Action*, Harper and Row, 1970, p.97.

③ Luigi Salvatorelli, *The Risorgimento: Thought and Action*, Harper and Row, 1970, p.90.

④ Denis Mack Smith, *Mazzini*, Yale University Press, 1994, p.51.

具。马志尼和他的同事们在上面发表了很多文章,宣传"青年意大利"的纲领和主张,总结意大利过去革命的经验与教训,召唤爱国青年投身到民族统一运动中来。

马志尼首先总结了烧炭党人失败的原因。他认为过去的斗争之所以屡遭失败,"不在于革命者的软弱,而是由于缺乏正确的理论指导",没有一个统一而明确的计划和奋斗目标。他批评了烧炭党人斗争的盲目性,认为他们"只号召人们去推翻,而没有教导人们在旧的废墟上建立一座新的大厦"。在马志尼看来,知道自己想要达到的奋斗目标,是革命的第一定律。①他也看到了烧炭党人忽视人民群众的力量这个根本的弱点。他认为不发动人民群众参加,只靠少数人搞密谋暴动很难成功。所以他一开始就明确提出了建立独立、统一的共和国的目标,因为他认为"除非所有的力量都在'统一、自由和独立'的基础上联合起来为解放而努力",否则意大利绝不可能取得真正的进步。②他还规定了"青年意大利"的斗争手段是"教育和起义":教育人民,使他们认识到自己民族所处的困境,使他们接受独立、统一与共和的思想;发动人民举行武装起义,实现奋斗的目标。他号召青年意大利党人在坚持"教育和起义"原则的同时,还要奉献"思想和行动",既探讨有益于革命胜利的策略,并以坚决而果断的行为去执行正确的策略。他认为革命必须是为了人民的利益,由人民发动起来,才能成功,"自由之树,只有当它用公民之手培植起来,用公民的血加以灌溉并靠公民的勇气加以护卫的时候,才会开花结果"③。他毫不怀疑一旦让意大利人民了解到苦难的根源,看到改变处境的途径,一旦使他们感到"上帝站在被压迫者一边",他们就会像伦巴第联盟④和西西里晚祷事件时期那样再次行动起来。

对于国家统一的方式,马志尼认为必须采取自下而上的武装革命。虽然马志尼强烈反对恐怖主义活动,希望尽可能和平地通过国内的政治斗争达到民族解放和建立民主政府的目的,但是他知道战争是不可避免的,而且在特

---

① Stefano Recchia and Nadia Urbinati, eds., *A Cosmopolitanism of Nations: Mazzini's Writings on Democracy, Nation building and International Relations*, Princeton University Press, 2009, p.41.

② Stefano Recchia and Nadia Urbinati, eds., *A Cosmopolitanism of Nations: Mazzini's Writings on Democracy, Nation building and International Relations*, Princeton University Press, 2009, p.34.

③ Ignazio Silone, ed., *The Living Thought of Mazzini*, Cassell and Company Ltd., 1946, p.25.

④ 伦巴第联盟,意大利北部地区由16个城市组成的联盟,在12—13世纪抵制了神圣罗马帝国对主权的侵犯。

定的情况下"战争是神圣的"①。鉴于意大利令人哀伤的现状,马志尼认为只有通过武装革命才能改变其悲惨的命运,实现意大利民族复兴的理想。在意大利内部,他认为,如今人民与君主制已经成为仇敌。一方面是君主制,包括它过去几个世纪的生活、传统、权力、密探、税吏和警察;另一方面是人民,包括他们未来千百年的生活、他们向往新事物的本能、流芳百世的青春活力以及无数群众。双方的战士已经准备战斗,决战一触即发。而奥地利是不会放弃意大利的领地的,除非诉诸武力,因为它是不可能容忍自由制度与它的专制统治并存的。马志尼说:"它(奥地利)使我们失去了生活、国家、名声、荣誉和物质幸福。"他认为,在对奥地利不可避免的战争打响并赢得胜利之后才会统一,也才会有共和国,政治上才会有各种形式的进步。马志尼同其他许多爱国志士都懂得,任何和平解决的办法都是不切实际的幻想。他坚持说:"真正的革命是两个完全相反的原则之间的殊死搏斗,意大利的命运必须在伦巴第的平原上决定。"②马志尼有足够的理由欢迎战争。他认为战争将挽救麻木不仁、灰心丧气的意大利人。正如拿破仑战争已经证明的那样,意大利人非常勇敢,只是需要花很大的力气才能激励他们振奋起来。马志尼还认为战争可以使意大利恢复它的民族自尊心,使它有权利得到其他民族的尊敬。他认为,战争是奴隶主与力图砸碎枷锁的奴隶之间的永恒规律。

马志尼认为,只有当意大利人民团结起来反对奥地利的压迫和国内的专制统治时,革命目的才能达到。虽然他一直认为意大利的统一斗争是更大范围的、以解放全欧洲各个民族为目标的斗争的一部分,甚至号召建立一个"泛欧洲的革命联盟",但是他坚决反对借助外国势力的干涉来达到统一和解放的目的。他认为在意大利的外国势力和国内的专制势力必须"由国内的民众革命力量来打败",几个世纪以来的失败教训让他认识到不应该指望"在外国人的手里寻找自由"。③

---

① Stefano Recchia and Nadia Urbinati, eds., *A Cosmopolitanism of Nations: Mazzini's Writings on Democracy, Nation building and International Relations*, Princeton University Press, 2009, p.23, 157.

② Stefano Recchia and Nadia Urbinati, eds., *A Cosmopolitanism of Nations: Mazzini's Writings on Democracy, Nation building and International Relations*, Princeton University Press, 2009, p.36.

③ Stefano Recchia and Nadia Urbinati, eds., *A Cosmopolitanism of Nations: Mazzini's Writings on Democracy, Nation building and International Relations*, Princeton University Press, 2009, p.36.马志尼认为,在外国的军队的帮助下得到的民主既不会持久,也有辱民主之名。他的这个观点和英国哲学家约翰·斯图尔特·密尔的观点很相近。在他1859年的论文《论不干涉》里,表达了关于为了民族自决的目的而爆发的大众起义的合法性的观点,和反对由外国强加的政权更迭的观点。其实早在30年前马志尼就已经表达了这些观点。

他相信意大利是可以靠自己赢得独立的,而且"只有当一个民族意识到了自己的民族性,民族性才真正存在,而这种民族性意识是不能够在外国武力帮助下取得的胜利中产生的"①。马志尼认为,没有人民大众的参与就没有真正的战争。而且从长远来讲,"如果不能得到大多数群众心甘情愿的支持,任何革命斗争将缺乏合理性而最终注定失败"②。而动员民众参与的秘密掌握在那些准备随时投入战斗并且承诺引领民众走向成功的人手里——"青年意大利"就是这些人的集合。

马志尼期望通过武装革命建立起一个意大利的民族国家,他把革命构想分成两个阶段:第一阶段,发动人民举行武装起义或进行革命斗争,解放整个亚平宁半岛,成立临时革命政府;第二阶段,把政权转让给自由选举产生的国民会议,由它来领导将意大利建设成为欧洲领先的国家。但是他比较清醒地看到,任何在局部地区或准备不足的情况下举行的起义都将是毫无结果的。他宣称,只有胜利才能证明起义是合情合理的,这番话充分说明马志尼对起义的作用有着清醒的认识,虽然他后来的许多行动有悖于此番理论。至于驱逐外国势力的战斗方式,考虑到意大利多山的地形,马志尼建议采取游击战术。③他说,这是一个不得不与训练有素的军队对抗以获得自由的民族必然采取的手段——荷兰人对腓力二世(Philip II),美洲殖民地人民对英国,时代更近的西班牙人和希腊人都采取了这种方式。意大利特别适合实行这种战略,因为它有任何敌人都无法用武力加以控制的漫长山脉。他大声疾呼,"意大利人,瞧瞧你们的山脉吧,你们的力量和绝对可傲的胜利就在那里"④。马志尼的这种思想应该还受到了烧炭党中难得的革命家和政治家宾科的影响。在其两卷本论著《论民族起义斗争》中,宾科指出,意大利未来美好的前景,应该是统一的意大利共和国。而要实现这一美好的前景就必须有正确的革命方略,那就是采取游击战争形式的普遍起义和革命。⑤

为了宣传革命主张,发展革命组织,马志尼千方百计地将《青年意大利》杂志和其他的革命书刊运进意大利。各个邦国的大学生、军官、士兵和手工

① Ignazio Silone, ed., *The Living Thought of Mazzini*, Cassell and Company Ltd., 1946, p.26.

② Stefano Recchia and Nadia Urbinati, eds., *A Cosmopolitanism of Nations: Mazzini's Writings on Democracy, Nation building and International Relations*, Princeton University Press, 2009, p.24.

③ Stefano Recchia and Nadia Urbinati, eds., *A Cosmopolitanism of Nations: Mazzini's Writings on Democracy, Nation building and International Relations*, Princeton University Press, 2009, p.24.

④ 博尔顿·金:《马志尼传》,马清槐等译,商务印书馆,1997年,第29—30页。

⑤ 辛益:《马志尼与烧炭党》,《河南大学学报(社会科学版)》1990年第1期。

业者都争先恐后地阅读马志尼的文章。随着马志尼思想的传播，"青年意大利"的组织在意大利各地建立和发展起来。撒丁王国和伦巴第地区是马志尼和"青年意大利"活动的中心。"青年意大利"最大的组织米兰协会就建在伦巴第。在教皇国多个城市出现了"青年意大利"的支部，甚至在教皇国的首都罗马，也有不少马志尼的拥护者。马志尼的著作在托斯卡纳公国也广为流传。比萨大学的学生们由于得不到原著，就把马志尼的文章抄下来，互相传阅、讨论。

"青年意大利"党人的宣传活动启发了意大利人民的民族觉悟。"青年意大利"党人发动的一次又一次的武装起义，使独立统一的思想深入人心。虽然武装起义无一例外地失败了，但这些运动促进了意大利民族意识的进一步觉醒，对意大利的民族解放运动产生了深远影响。

三、马志尼的共和主义理想

马志尼学说的主要内容是共和主义和意大利统一。他之所以成为一个共和主义者，与其年少时的经历有关。马志尼提到有四件事对他产生了影响，并使他在少年时代就倾向民主思想：其一，父母对社会上的各个阶级态度亲切，一视同仁；其二，对家中几次聚谈法国共和战争的回忆；其三，他父亲将一家旧吉伦特派①报社的几期报纸半遮半掩地藏在医学书籍背后，唯恐被警察发现；其四，对他影响最大的很可能是在拉丁语老师指导下阅读的古代经典著作。这些著作的内容不外乎不断地抨击君主政治，歌颂民主政体。马志尼深受这些经典著作的影响，最后把共和政体当作理所当然的道德之源。从1831年马志尼选择流亡生活直到1872年3月10日在比萨去世，他的这种坚持共和主义反对派立场的活动一直持续了40年。这是一种一以贯之的反对派活动，其目的就是要实现他的政治"乌托邦"，即共和制理想。②

马志尼拥护共和主义的根本理由是他认为在任何君主制度下都不可能出现民主的法规。当时，有这种想法很正常，因为在法兰西共和国已经通过了一系列真正的民主法律，欧洲所有君主国简直没有什么受民众欢迎的改革。在意大利，马志尼发现了有利于缔造共和国的特殊环境，因为在威尼斯和他自己的祖国热那亚，共和传统已经深入人心。

首先，马志尼希望未来的意大利是一个自由而平等的民主共和国。他认

---

① 吉伦特派（Girondist），又称"布里索派"（Brissotins）或"长棍面包派"（Baguettes），是法国大革命时期立法大会和国民公会中的一个政治派别，主要代表当时信奉自由主义的法国工商业人士。
② 萨尔沃·马斯泰罗内：《马志尼的政治思想》，黄华光译，《史学理论研究》1996年第1期。

为"政体,如果想使它有效或有利,就必须体现国家全体成员的利益,必须代表成为国家灵魂的思想,即关于聚集在其疆土范围内数百万人生来就追求的那种理想的意识"①,所以他认为共和制是意大利最理想的政治制度。他和西斯蒙迪(Sismondi)一样,把意大利中世纪时期的城市公社视作共和制的范例。"因为我们意大利的传统本质上是拥护共和政体的,我们伟大的记忆是关于共和政体的,我们民族进步的整个历史是共和政体的,然而在我们之中引入君主政体之后,因为它持续对外国政权的奴态,衰退和毁灭就一直伴随着我们,而对人民和民族统一的敌对达到了顶点。"②共和是"民族政治之最合逻辑的形式",是自由和平等唯一必然的结果,只有共和制才能体现国家千百万人民的公意。而"建立在不平等基础之上的君主制代表的是王朝的利益而非民族利益,绝不能赋予国家以道德统一"③。他认为,意大利的帝制不曾有过辉煌的历史,不曾有过可敬的传统,也没强大的贵族作为它的支柱。同时,他认为君主制由于不了解民族观念,没有历史先例,也没有与意大利生活之树相连的根,因而必然误解事件的意义和时代的需要。他坚持说,统一的意大利不可能再有国王,这一点很重要。马志尼认为,历史无数次令人失望的经历和最近一次次斗争的失败说明单靠一个君主很难解决意大利所有地方之间的冲突和竞争。④他认为北方和南方的敌对情绪可能屈服于建立一个共同的共和国的原则,但那种情绪永远不会使那不勒斯接受一位皮埃蒙特的国王。他预言说:"欧洲的巨大变动不可避免地将导致共和制原则的普遍确立。故意大利若继续推崇君主制原则,则若干年后必将引起新的革命。"⑤

从理论上,马志尼认为,上帝和人性的法律注定每个民族是一个由亲如弟兄的人民组成的自由、平等的集体;共和国是唯一保证这一未来的政府形式。⑥他认为:"共和制意味着联合,自由权利只是其中的一个因素、一项必要的先决条件。共和制意味着联合,是一种新的人生哲学,是一种推动世界前进的神圣观念,是给予人类的唯一革新手段。"⑦共和意味着人民与政府之间

---

① 马志尼:《论人的责任》,吕志士译,商务印书馆,1995年,第259页。
② Derek Beales and Eugenio F. Biagini, *The Risorgimento and the Unification of Italy*, Pearson Education Ltd., 2002, p.227.
③ 马志尼:《论人的责任》,吕志士译,商务印书馆,1995年,第232页。
④ Stefano Recchia and Nadia Urbinati, eds., *A Cosmopolitanism of Nations: Mazzini's Writings on Democracy, Nation building and International Relations*, Princeton University Press, 2009, p.41.
⑤ 赵克毅、辛益:《意大利统一史》,河南大学出版社,1987年,第112页。
⑥ Derek Beales and Eugenio F. Biagini, *The Risorgimento and the Unification of Italy*, Pearson Education Ltd., 2002, p.226.
⑦ 马志尼:《论人的责任》,吕志士译,商务印书馆,1995年,第172—173页。

的绝对信任,遴选最有才干、最杰出的人出任各种职位,一种真正消灭了党派纷争并迫使国家未分化的力量进行社会立法的民族团结。共和,唯有共和,才是理想的国家,是天国在人间的体现,马志尼希望共和国建立在人民主权的原则之上。他说:"人民,就是我们的原则。整个政治大厦都应建立在这一原则之上,人民是包容一切的伟大统一体,它拥有一切权力与力量,包容着一切意志。"①马志尼认为,通过普选而实现的权利平等和使劳动界得到解放的社会力量的发展将使人变成人民。共和国也将是建立在民主与平等原则基础上的民族国家。马志尼在1849年对罗马议会的演讲很好地概括了他的自由、平等和合作的共和政体思想。他在演讲中说道:"我们所说的共和,不只是一种政治制度,一个术语,一个由获胜的政党强加在其对手身上的制度。我们把它当作一种原则,一种由人们采取的促进教育的新措施,一种应该执行的教育计划,一种旨在促进道德进步的政治制度。我们把它当作一种必定发展自由、平等和合作的制度;自由,以及与此相应的思想之不受干扰的发展,即便这些思想与我们的思想不同;平等,因而我们不会让新的政治等级取代昔日旧的等级;合作,即整个民族所有力量的完全认同以及全体人民尽可能的完全认同。"②意大利只有作为一个自由人的共同体才能不断发展、进步,只有当他们拥有一个共和形式的政府的时候,所有意大利人的自由才能得到保障。③

马志尼论证了自由对一个新国家的重要性。他认为,人的责任包括对家庭、祖国和人类的责任,而"没有自由,你们就无法履行任何责任;因此你们享有获得自由的权利,并有责任用一切手段从任何不让你们获得最有权利的权势中夺取自由。没有自由就没有道德……没有自由就没有真正的社会,因为在自由人与奴隶之间不会有任何联合,只会是一些人统治另一些人……自由是神圣的,就像自由所体现的个人生活是神圣的一样。如果没有自由,人生就成了单纯的有机功能……只要有某个阶级、某个家族或某个人凭假冒的神权、出身或财富僭取对别人的统治权,那就没有什么自由可言。自由必须是属于大家的,必须是人人看得见的"④。具体来说,马志尼认为人应该享有的自由包括:人身自由、迁移自由、宗教信仰自由、对各种问题发表意见的自由、通过报刊或其他任何和平方式发表言论的自由、接触他人的见解以便能够丰富自己知识的思想交流的自由、用脑力和体力劳动的一切成果进行贸易的自

① 萨尔沃·马斯泰罗内:《欧洲政治思想史——从十五世纪到二十世纪》,黄华光译,社会科学文献出版社,2001年,第298页。
② 马志尼:《论人的责任》,吕志士译,商务印书馆,1995年,第233页。
③ Nicholas Doumanis, *Inventing the Nation: Italy*, Arnold, 2001, p.58.
④ 马志尼:《论人的责任》,吕志士译,商务印书馆,1995年,第110页。

由等。所有这些自由,如果不严重违背正义,是任何政府与权威都不能剥夺的。当然,自由并不意味着无政府状态,不是随心所欲地使用或滥用个人才智的权利,而是根据个人自身特定的意向选择一种行善的手段的权利。因为"真正的自由不包含作恶的权利,而只是包含在通向为善的两条道路之间做出选择的权利"①。

其次,新的共和国应该是一个统一的民族国家。马志尼认为,没有统一就没有真正的国家,因为没有统一就没有力量,而被各个充满嫉妒心的、强大而统一的国家包围的意大利,最需要的就是强大。②所以意大利只有实现民族统一,才会有伟大的力量与光明的前途,人民的幸福和欢乐也才有保障。他认为意大利的统一不仅仅是由于"她的地理条件、语言和文化",也由于"防卫和政治权力的需要、人民的愿望以及他们内心的民主本能"③。他认为,意大利被分成若干邦的措施不是人民的创举,而是由一些王公或外国政府者的野心和阴谋造成的,因为对他们来说,一些狭小的地区比一个大国对他们更有好处。他呼吁意大利人民致力于祖国的统一,因为国家是一个不可分割的整体。就像一个家庭成员如果有谁远在别处,就得不到兄弟们的手足情谊,同样,只要讲本民族语言的地方有一部分与国家分离,我们就得不到欢乐和安宁。

马志尼是反对联邦主义的,"因为联邦主义会削弱意大利,使之处于像瑞士一样的政治无能状态,最后必然成为某个邻国的附庸;因为联邦主义会使现在已经灭绝的地方之间的敌对死灰复燃,使意大利重新回到中世纪的状态;因为联邦主义会使大的民族舞台分裂成许多小的舞台,这样就会为众多野心勃勃的人大开方便之门,成为贵族政治的根源;因为联邦主义会摧毁意大利大家庭的统一,打击意大利注定要完成的人类伟大使命的根基"④。他认为一个国家必须有一个单一的政府,那些自称的联邦主义者并且要把意大利变成由若干邦国组成的友好联盟的政客是要肢解这个国家,而根本不懂得统一的意义。正如焦亚所指出的,一个联合的政体就像一个联邦共和国,和统一的国家相反,将会使地方之间的紧张关系长期持续并不断恶化,最终导致分裂。国家统一,在马志尼看来,并不意味着任何个人的专制主义,而是所有人的联合与一致。国家不是一个聚集体,而是一种联合体。国家是自由、平

---

① 马志尼:《论人的责任》,吕志士译,商务印书馆,1995年,第119页。

② Ronald S. Cunsolo, *Italian Nationalism*, Robert E. Krieger Publishing Co. INC., 1990, p.189.

③ Mazzini, *Life and Writings of Joseph Mazzini*, (6 vols.), Smith, Elder and Co., 1890–1891, p.290.

④ Derek Beales and Eugenio F. Biagini, *The Risorgimento and the Unification of Italy*, Pearson Education Ltd., 2002, p.227.

等的人们友好和谐地团结在一起,为一个共同的目标而奋斗的社团。他告诫人们,确保国家的自由和统一是他们的责任。只有一个自由的、统一的国家才能实行我们所谈到的鼓励和措施。

马志尼诉求的意大利统一是一种道德需求,一种精神实在。他的观念代表了重建已经随着文艺复兴一起消失的意大利人的精神统一的希望。[①]任何形式的唯物主义和马志尼的精神都是不相容的。对他来说,"意大利是一个历史传统;甚至是一种道德生活,一种精神,一种服务于人性的天命"[②]。领土的统一是一种聚集道德力量、表达民族团结的手段,是意识统一的合适表现,是人民意愿应有的实现。对于通过一个国家从政治上和军事上吸收其他现存国家从而缔造意大利的观点,马志尼是敌对的,正如他反对共和联邦主义者一样(虽然是由于其他的原因)。适合统一的,也是适合共和国的:马志尼不认为这仅仅是一种政府形式对抗其他的政府形式,比如立宪君主制;他也不认为这仅仅是自由原则的表达(正如对于共和联邦主义者来说一样)。相反,这是思想和行动的统一,是国家建构必要的加冕礼,也是民族使命的必不可少的工具。意大利以往的辉煌历史传统使所有这些都得到了加强,这个过往的历史对马志尼来说是共和主义的,不是君主制的。[③]

尽管拿破仑曾预言统一必将到来,但只有少数意大利人认为那是可以实现的理想。很多人甚至怀疑意大利自己是否希望统一。他们认为即使意大利有统一的愿望,但欧洲整体的现实是否会让统一取得成功是一个问题,国家的统一是否能够永远经受住地区之间旧有的敌对情绪的压力又是一个不容忽视的问题。马志尼却坚信意大利的统一是必须的,也是必然的。当他的同时代人还没有能够认识到时,他就已看出意大利统一是可以实现的。他不仅预言了意大利的统一,其富有感染力的学说还将这个在表面上看似办不到的事情变为全体意大利人的现实决心。这正是马志尼的伟大之处。

最后,新的共和国还应该是一个由道德法则统治的国家。马志尼认为,一个真正的民族必须有崇高的道德意图。他认为政治活动的目的就是把道德法则运用于国家的政府机构之中。国家为道德而存在,其终极目的就是促进国内公民道德水平的增长。大体来说,国家可以通过三个途径来促进公民的道德生活,提升公民的道德水平:

一是要保障公民的自由权利。自由本身不是目的,但它是道德的必要条件,是真正的进步所必不可少的。只有不隶属于任何人而只属于上帝的自由

---

① Luigi Salvatorelli, *The Risorgimento: Thought and Action*, Harper and Row, 1970, p.18.

② Luigi Salvatorelli, *The Risorgimento: Thought and Action*, Harper and Row, 1970, p.93.

③ Luigi Salvatorelli, *The Risorgimento: Thought and Action*, Harper and Row, 1970, p.94.

人,才能达到完美的精神境界。

二是鼓励合作并使之与自由相协调。仅有自由是不够的,只有合作才能使自由变为大众的现实。"合作使你的力量增加了百倍,它使人的思想和进步化为你自己的思想和进步,它用人类家庭的感受和增强的团结感提高了你的本性,使之更加美好并变得神圣。"①只有在自由人中间才可能产生合作,因为真正的合作意味着对目标有意识的认可和接受。自由与合作互为条件,互相促进。马志尼认为国家应该鼓励合作,但是不得运用任何手段强制合作,反对为了合作而实行集体专制。②

三是为了提高公民的道德修养,使公民了解自己的责任,必须经由国民教育来完成,所以国民教育就成了国家最重要的任务。因为"比物质统一重要得多的是精神统一"③,如果没有国民教育,精神统一是不可能实现的,不可避免地会出现无政府状态。马志尼认为,教育的作用远远超出了传授知识和塑造性格的范围,它是在激励公民信念,为生活和责任的伟大准则铸造灵魂。国民教育的作用"仅次于宗教,是一个民族中伟大的约束力的协调因素,把个人意志合并为共同意志,消灭党争、阶级斗争和派系之争,为一个团结的国家向着实现其命定目标前进扫清道路"④。没有国民教育,不管这种国民教育是强制性的还是自愿的,就没有真正的国家。巴枯宁曾经问他,如果建成了共和国,他打算怎样做使人民真正自由。马志尼答道:"建立学校,在此传授人的责任、献身和挚爱。"⑤

四、共和国梦想的破灭与民主派的反思

马志尼不仅是一个理想主义者,也是一个行动家。⑥为实现统一的共和国这一目标,马志尼及其追随者在进行意大利民族精神与民族复兴思想宣传的同时,展开了武装起义。但是在北方的皮埃蒙特和南方的那不勒斯的起义计划相继流产。马志尼决定从国外发动对萨沃依的远征,推翻撒丁王国政府,点燃全意大利起义之火。他从马赛转移到日内瓦,筹划并参加了这次远征。1834年2月初,远征军从瑞士出发。但是这次远征因为得不到人民群众的支持,加上长时间的行军使远征军疲惫不堪,最后被萨沃依军队击溃。萨沃依远

① 博尔顿·金:《马志尼传》,马清槐等译,商务印书馆,1997年,第226页。
② 博尔顿·金:《马志尼传》,马清槐等译,商务印书馆,1997年,第226—227页。
③ 博尔顿·金:《马志尼传》,马清槐等译,商务印书馆,1997年,第228页。
④ 博尔顿·金:《马志尼传》,马清槐等译,商务印书馆,1997年,第227页。
⑤ 博尔顿·金:《马志尼传》,马清槐等译,商务印书馆,1997年,第228页。
⑥ Swan M. Burnett, "Giuseppe Mazzini—Idealist. A Chapter in the Evolution of Social Science," *American Anthropologist*, New Series, Vol.2, No.3(Jul.–Sep., 1900), pp.502–526.

征也宣告失败。马志尼被皮埃蒙特王国政府判处死刑,被迫离开了意大利。

多次起义的失败使马志尼备受诟病。焦贝蒂向他着重指出,不成功的起义只会使爱国志士丧失勇气,并使压迫加剧。马志尼虽然答应不再鼓励起义活动,但他仍然主张起义是唤起民众的唯一手段。他认为,即使最初的几次起义失败了也无关紧要,因为起义可以振奋精神,而高昂的精神总有一天会迎来胜利。他不愿相信,牺牲和斗争是得不到报偿的,也不相信偃旗息鼓的等待仅仅是因为胆怯。远征失败后,马志尼侨居日内瓦,坚持不懈地写作,继续进行广泛的通信,坚持进行组织工作,谋划方略。

马志尼的影响力和他真实的政治生涯在1849年春天达到了顶峰。受到始于法国的欧洲大动荡的影响,意大利、米兰、威尼斯等地纷纷爆发起义。在威尼斯,以丹尼尔·马宁(Daniel Manin)为首的临时政府宣布共和。在皮埃蒙特、教皇国、托斯卡纳公国和两西西里王国也掀起了民众的反奥怒潮。革命风暴席卷了整个亚平宁半岛。在大概三个月的时间里,马志尼回到了意大利,身处欧洲事务的中心位置。在意大利中部反对教皇政权的民众起义之后,1849年3月,制宪会议取消了教皇的俗权,宣布罗马为共和国。马志尼在革命圈子内的声誉使他成为事实上的政治领导者。这是他一生中唯一从政的经历。在任罗马共和国执政官期间,马志尼表现出了卓绝的管理能力和外交才能。当时的英国外交部部长帕默斯顿(Palmerston)称赞其为"推理和辩论的典范"[1]。共和国的公民普遍享受个人自由和政治自由,包括新闻自由、宗教自由、正当程序、男女平等和一些基本的社会权利,而且自由的程度是同一时期欧洲任何一个地方都无法比拟的。[2]

但是面对如此激烈的政治挑战,欧洲的保守政权并不只是袖手旁观。罗马共和国新政府几乎没有时间来加强民主。天主教势力——奥地利、西班牙、那不勒斯王国,在法国的领导下(以路易·拿破仑为首的法国当时也是一个共和国,罗马民主派还对法国寄予了厚望),迅速组织起了一支队伍打碎了马志尼在罗马的政治实验。虽然在加里波第的领导下,罗马共和国进行了激烈的抵抗,但最终还是输了。共和国维持到1849年7月,罗马于7月2日失

---

① Martin Wight, *Four Seminal Thinkers in International Theory:Machiavelli,Grotius,Kant,and Mazzini*,Oxford University Press,2005,p.113.

② Stefano Recchia and Nadia Urbinati,eds., *A Cosmopolitanism of Nations:Mazzini's Writings on Democracy,Nation building and International Relations*,Princeton University Press,2009, p.5.

陷，共和国覆灭了。教皇庇护九世①回到了他的地盘，宪法被废除，不计其数的人被捕，被判以无情的处罚。马志尼被迫又一次流亡伦敦。但是马志尼在意大利和欧洲所有共和主义者与进步人士的心目中的地位更高了，罗马的保卫战使他赢得了比他一生中任何其他时期都更广泛的支持。罗马共和国是民主派通过建立资产阶级共和国、自下而上统一意大利的一次勇敢尝试，是以马志尼为首的民主派在争取意大利统一的斗争中做出的一项伟大业绩。

1849年对马志尼来说是充满希望的一年，也是令人失望的一年。从表面上看，从威尼斯到佛罗伦萨，从佛罗伦萨到罗马，似乎正在形成一个共和制的轴心。威尼斯共和国，由丹尼尔·马宁掌管；佛罗伦萨争取共和制的斗争，由朱塞佩·蒙塔内利（Giuseppe Montanelli）和圭拉济指挥；罗马共和国，由马志尼自己领导。但这只不过是表象，事实远非如此令人乐观。这些共和国的出现，都是昙花一现。三个共和国虽然有一些共同之处：组织形式一样，民主的内容和色彩一样，社会状态一样，而且都需要反击国际和国内反动派的进攻。然而在思想原则、政治方针和道德观上，却大相径庭。威尼斯在历史上长期是独立的共和国，因此它沉湎于古代的骄傲，以傲慢的姿态保持自我孤立。威尼斯的革命，尽管比佛罗伦萨和罗马的革命延续的时间稍长，但最后仍然不可避免地失败了。佛罗伦萨长期处于矛盾之中：它一方面有共和传统，另一方面又实行着君主制。罗马还没有能力战胜教皇传统的影响，但却发表了唯一一份，也是最后一份成立共和国的文告，其用意是想为建立一个人民和民主的意大利开辟道路。然而此举为时过早，结果令人失望。马志尼作为罗马共和国的执政者，尊崇历史上的古典共和国，试图重建历史上由执政官掌权的政治传统，想恢复古罗马人的榜样。共和主义者虽然想建立一个崭新的意大利，但共和主义者的革命并没有摆脱传统的模式。他们遇到的第一个难题就是，他们无法找到一个各个共和国都能接受的实现民族统一的形式。地方主义仍然存在，而且还在持续产生影响。

1849年的失败给民族主义运动带来了严重后果。马志尼派和民主主义者尽管一心致力于革命事业，但在公共舆论方面受到了重大打击。共和国，似乎无论在政治上还是在军事上都不可行。尤其是法国镇压罗马"姐妹共和国"使民主主义者感到彻底失望了。民主派民族主义者也进行了反思，怀疑是否是自己逼得太紧，还是时机不够成熟，抑或是马志尼的暴力方式过时了。最令人痛心的是人民拒绝响应，尤其是农民。未能按照当初的允诺分土地给

---

① 庇护九世（Pius IX，1792—1878年），原名马斯塔伊-费雷蒂（Giovanni Maria Mastai-Ferretti）。出身于意大利贵族家庭，在位32年，是最后一任兼任世俗君主的教皇，坚持教皇的世俗权力。

农民使得农村的民众更加受到神职人员的控制。他们一如往常地认为,罗马共和国的目标和行为是反上帝、反教会、反教皇的,因此是罪恶的。队伍中出现的分裂导致了很多怨恨和控诉。为了防止进一步的分裂,在1849年之后民主派领导者做了很多努力来融合所有的民主主义和共和主义派别,将反圣职者、共济会成员、国际主义者、专业团体、工人联盟和农民群体都融入同一个庞大的运动中。意大利左派的历史性缺点是不能够克服彼此间的分歧,达成统一的立场,这种状况延续到统一之后的意大利,对于自由主义议会政权的存在是一个不利的因素。民主派的失败对于19世纪中期的意大利来说,唯一的好处就是给加富尔施展政治艺术提供了舞台。

马志尼没有成功地以他倡导的方式统一意大利,但是马志尼组建、代表并巩固了民族复兴运动的连续性。他的"失败"是将民族复兴运动托举到了一个新领域,而这一点使得所有他的对手的成功变成只是暂时的胜利。[①]他的思想和学说深深影响了每一位为意大利的独立和统一而战的仁人志士,他在报纸杂志上发表的文章培养了一代又一代的革命青年。"意大利的一半优秀分子已经靠他的著作得到了营养,已经靠他的教益懂得信奉独立和统一的原则……"[②]加里波第在其功成名就的1864年公正地评价了马志尼在当时所起到的作用:"当我还是孩童的时候,就曾梦寐以求找个人做导师。终于,像久渴逢甘泉一样找到了他。那个时候,环顾四周,众人皆睡,唯他独醒。在他身上,对祖国、对自由的热爱,像是神圣的烈火永不熄灭。"[③]马志尼最伟大的一点在于,"他不仅仅是理想主义者,而且是圣贤和英雄,在生活中身体力行其所倡导的真理"[④]。梅特涅称马志尼是"欧洲最有影响力的革命家"[⑤]。总之,没有一个人像他一样将自己的所有智慧和所有精力都用在了意大利和人类的解放事业上。斯卡拉认为他应该和达尔文及斯宾塞一样被尊崇为社会进化的奠基者。[⑥]

---

① A.William Salomone, "Statecraft and Ideology in the Risorgimento: Reflections on the Italian National Revolution," *Italica*, Vol.38, No.3 (Sep., 1961), pp.163-194.

② 博尔顿·金:《马志尼传》,马清槐等译,商务印书馆,1997年,第131页。

③ 米诺·米拉尼:《传奇将军加里波第》,曹震寰译,世界知识出版社,1986年,第298页。

④ 博尔顿·金:《马志尼传》,马清槐等译,商务印书馆,1997年,第281页。

⑤ David Gress, *From Plato to NATO: The Idea of the West and Its Opponents*, Free Press, 1998.

⑥ Swan M. Burnett, "Giuseppe Mazzini—Idealist. A Chapter in the Evolution of Social Science," in *American Anthropologist*, New Series, Vol.2, No.3 (Jul.–Sep., 1900), pp.502-526.

第二节　理想的联邦主义：焦贝蒂构建教皇领导下的联邦国家

马志尼认为意大利应该统一起来以完成上帝赋予的使命，但无论是这个使命还是完成使命的方式都是激进的。这使得马志尼成了憎恨革命、提倡以发展经济或者其他方式来达到统一目的的意大利温和主义者的死敌。大多数受过教育的意大利民众思想传统、缺乏勇气而无法接受马志尼的信条，他们寻求一种更温和的方式来调和爱国主义激情和审慎。

一、焦贝蒂的君主制联邦主义思想

由于意大利长期处于分裂状态，成立一个联邦国家的呼声受到了很多思想家的支持。这种方式被认为尊重了意大利的历史和文化，在当时看来似乎是一种相对来说更符合实际的统一途径。复兴运动期间，意大利存在各种各样的联邦主义思想，它们与马志尼和加富尔所持的未来意大利国家的统一观念相对立。这些思潮包括焦贝蒂的新圭尔夫派联邦主义、切萨雷·巴尔博[①]和达泽利奥的温和自由派联邦主义、卡洛·卡塔内奥（Carlo Cattaneo）的激进自由派联邦主义和朱塞佩·费拉里（Giuseppe Ferrari）的民主共和派联邦主义。焦贝蒂的联邦主义思想和卡塔内奥的联邦主义思想是当时代表性的联邦主义思想，其中以焦贝蒂的联邦主义思想影响最大。他将意大利的伟大和教会联系在一起，通过将教会与意大利的统一联系起来，从而消除了马志尼赋予的意大利使命的激进锋芒，同时又保留了意大利必须得到救赎的关键概念。[②]

（一）意大利的领先地位

联邦主义的主要倡导者焦贝蒂于1801年4月5日出生于都灵，起初进入教会成为神职人员，后来又从政，在政府任职。1833年，因为卷入革命活动被捕、审讯、关押。当获得自由之后，焦贝蒂去了巴黎，之后又前往布鲁塞尔，并在那里完成了巨著《论意大利在精神和文化上的领先地位》（*Del primato morale e civile degli italiani*，1843）。虽然许多人认为文章本身"缺乏想象力""冗

[①] 切萨雷·巴尔博（Cesare Balbo，1789—1853年），圭尔夫主义者、立宪主义者。生于都灵的一个贵族家庭，1848年3—7月任皮埃蒙特王国首相。
[②] Spencer M. Di Scala, *Italy: From Revolution to Republic, 1700 to the Present*, Westview Press, 2009, p.76.

长""浮夸"甚至是"愚蠢的",①但是历史学家长久以来一直认为这本书取得了"惊人的成功",成为在19世纪40年代这个令人眼花缭乱的年代出现的温和民族主义者和新圭尔夫派关注的焦点。②这本书之所以如此成功,主要是因为它向意大利人强调,即使意大利表面上是分裂的,政治上也处于弱势地位,但仍然是一个伟大的民族。③

焦贝蒂是意大利领先地位的代言人,在其著作中他对意大利的"优越性"进行了详细的阐述和论证。他认为意大利半岛由于地理位置的原因成为了文明世界的中心。④而且意大利是一个有创造力的民族,其他民族的文明是源自天主教和意大利的。⑤意大利是其他民族的救赎,而不是相反。⑥他认为意大利是全世界的、超自然的,是一个超级国家,是所有人民的头领,因为它包括了所有民族天赋所组成的要素。

在焦贝蒂看来,宗教是意大利领先地位的主要根据。因为宗教在本质上控制人类的一切,对任何社会都是很重要的。⑦而在意大利,教会的超民族存在使意大利成为"最卓越的宗教国家"。所以焦贝蒂和历史学家、政治家切萨雷·巴尔博一样,认为唯一真正的、有效的民族主义原则是新圭尔夫主义⑧。焦贝蒂信奉以教皇为首、以教会为凝聚力的意大利的统一。他将意大利的命运和教会的、教廷的命运紧紧联系在一起,认为统一的唯一希望在于教皇和教会的主动性。在焦贝蒂看来,教皇是意大利的君主,他深信教皇是无可替代的精神领袖:

> 我还看到宗教被置于每个个人兴趣的最高位置,君主和他的子民不仅尊敬和爱戴罗马教皇,尊他为彼得的继承人、基督在尘世的代表、普世教会的首领,也当他是意大利联邦的总督和首领,欧洲

① Christopher Duggan, *A Concise History of Italy*, Cambridge University Press, 1994, p.7, 112; Stuart Woolf, *A History of Italy, 1700–1860: the social constraints of political change*, Routledge, 1979, p.338; Derek Beales, Eugenio F. Biagini, *The Risorgimento and the Unification of Italy*, Pearson Education Ltd., 2002, Pearson Education Ltd., 2002, p.58.

② Christopher Duggan, *A Concise History of Italy*, Cambridge University Press, 1994, p.7.

③ Denis Mack Smith, *The Making of Italy 1796–1866*, Macmillan, Holmes and Meier, 1988, p.73.

④ Vincenzo Gioberti, *Del primato morale e civile degli italiani*, Vol.I, Brusselle, 1844, p.13.

⑤ Vincenzo Gioberti, *Del primato morale e civile degli italiani*, Vol.I, Brusselle, 1844, p.24.

⑥ Vincenzo Gioberti, *Del primato morale e civile degli italiani*, Vol.I, Brusselle, 1844, p.28.

⑦ Vincenzo Gioberti, *Del primato morale e civile degli italiani*, Vol.I, Brusselle, 1844, p.17.

⑧ 新圭尔夫主义(Neo-Guelphism),指由焦贝蒂发起的19世纪前半期意大利自由主义天主教政治运动,旨在通过以教皇为首的方式促成意大利的统一。

的仲裁者和和事佬,整个人类的精神之父,全世界的教化者和安定剂,拉丁民族的辉煌历史的继承者和灿烂未来的天然的强大创造者。①

焦贝蒂描述了教会在历史上的角色。他力图证明教会作为一个机构和教义的源泉,在意大利的历史上有很多辉煌的时期。尤其是他对中世纪时期的解读和马志尼的解读是很不一样的。马志尼强调在公社中出现了政治生活自治的初级模式,而焦贝蒂关注的却是教廷所扮演的关键角色。虽然马基雅维利、萨尔皮和但丁都将教会描述成民族统一的障碍,但焦贝蒂认为,事实上正是教会使意大利文化在分裂的威胁中保存下来,并为它的继续发展提供了一个有效的基础,保证了文化的持续性。而以自由的名义受到大家欢迎的宗教改革,结果只加深了意大利对外权的依赖,削弱了它特殊的精神地位,并没有给意大利带来主动权。②所以焦贝蒂不认为历代教皇是意大利分裂的根源,相反,他认为教皇在对意大利和欧洲统一有利的每个时刻都是参与其中的。③他对教会和教廷在意大利土地上不可否认的存在,以及它们对于意大利命运的无可辩驳的重要性表示最深的感激。在焦贝蒂的心目中,教廷是意大利统一的原则:

> 教廷,是完全属于我们和我们的民族的,因为是它创建了我们的民族而且扎根于此整整十八个世纪;它是具体的、鲜活的、真实的——不是一个抽象的东西,也不是一个虚构的妄想,而是一个公共机构,一道神谕,一个活生生的个人。它是理想的,因为它表达了世界上最伟大的挂念。它的影响力无人能比,它被当作神灵供奉,良心使其坚固,宗教使其圣洁,君主对它尊崇备至,人们对它百般崇拜。它就像一棵树,扎根于天堂,繁茂的枝叶覆盖整个宇宙。它就像我们的家园经久不衰,像真理在世间永不磨灭,因为它是真理的神圣护卫者,也是整个人类的主教。它本质上是和平和文明的,因为它是没有武装的;它因它的忠告和言语而享有至上的权威。总之,它本身就具有完善的组织和模式,因为这是一个由上帝自己组织的权力机构,这个机构构成了在人世间可以见到或想到的最完美

---

① Vincenzo Gioberti, *Del primato morale e civile degli italiani*, Vol.II, Brusselle, 1844, p.309.

② Bruce Haddock, "Political Union without Social Revolution: Vincenzo Gioberti's Primato," *The Historical Journal*, Vol.41, No.3, 1998, pp.705–723.

③ Vincenzo Gioberti, *Del primato morale e civile degli italiani*, Vol.I, Brusselle, 1844, p.31.

社会的核心。①

焦贝蒂认为,教廷促进了意大利的统一这一观点有一定的道理,因为在长期的分裂中,教廷的存在成了意大利人在宗教上和文化上统一起来的因素,但是从地理上来说,实际上教皇国盘踞意大利中部,将南方和北方割裂,将意大利一分为二。②

焦贝蒂将天主教等同于真理,将意大利等同于基督教,他自然地将意大利置于各个国家之首。虽然在宗教改革之后,意大利经历了经济和政治衰退的创伤,但是他认为正在形成中的新世界需要不同以往的政治领导方式。意大利的宗教仍然使它成为了卓越的、自主的权威国家,意大利还曾经"给现代世界各个国家提供了文明的种子",它可以重拾它的地位,因为它的基本原则没有受到损伤。③尽管意大利经受了30年的失望与屈辱,但意大利文化在本质上是健全的。只要抓住机会,意大利的政治秩序不仅可以变得井井有条,也有可能重新掌握欧洲的领导权。可见,新圭尔夫派对意大利实现统一的希望既不寄托于共和主义的哲学思想,也不寄希望于君主国的宝剑,而是寄托于经过改革的和不断进行改革的教廷的道德力量。④焦贝蒂希望教会能够与时俱进,适应时代的需求。他认为进步已经成为19世纪的大众信仰;教会应该拥抱这个信仰,努力使自己的教义成为当前政治、社会和道德问题的参考标准。焦贝蒂关于领先地位的观点受到了极大的欢迎,这个观点的广泛传播使民族复兴运动事业获得了新的追随者。⑤

(二) 以教皇为首的意大利联邦方案

很多激进分子包括马志尼,对教廷复兴的可能性充满担心,害怕近几年来教皇国的专制文化和混乱管理会扩展开来。但焦贝蒂却认为,意大利独特的宗教传统不适合从其文化之外来寻找政治榜样。文化自治意味着政治自治。焦贝蒂强调:"意大利本身,主要由于宗教,具备了民族和政治复兴所需要的所有条件。"⑥也就是说,无论采取何种方式完成政治事业都应该尊重意大利的基本文化资产和特殊身份,排除了内部革命和通过外国武力解放的可

① Vincenzo Gioberti, *Del primato morale e civile degli italiani*, Vol.I, p.53.
② John Anthony Davis ed., *Italy in the nineteenth century*, Oxford University Press, 2000, p.2.
③ Vincenzo Gioberti, *Del primato morale e civile degli italiani*, Vol.I, p.15.
④ John A. R. Marriott, *The makers of Modern Italy*, The Clarendon Press, 1931, p.30.
⑤ Filippo Sabetti, "The Making of Italy as an Experiment in Constitutional Choice," *Publius*, Vol.12, No.3(Summer, 1982), pp.65-84.
⑥ Vincenzo Gioberti, *Del primato morale e civile degli italiani*, Vol.I, Brusselle, 1844, p.47.

能性。①

首先,他认为意大利必须重新成为一个国家,而要成为一个国家,其成员之间必须有某种程度的联合。如果不能够实现联合,那么国家将遭受无与伦比的削弱。他认为意大利是存在的,"我们是同一民族,拥有共同的血统,信仰共同的宗教,书写着同样的语言,即使我们分属不同的政府,遵守不同的法律,被不同的机构所管束,有着不同的民间传说,遵循不同的习俗,具有不同的情感和习惯"②。但意大利只是一个潜在的民族,因为分裂阻碍了人们成为同一个民族。如果意大利人要成为一个实际的民族,联合是必须的。所以焦贝蒂是反对革命的,"假设我们通过革命的方式结束了意大利目前的分裂局面,我们不仅远远没有达到我们所企望的联合,还将会为新的动乱打开大门"③。焦贝蒂认为如今的革命形式有两种:一种是做一些变革,并不对最高统治权做严重的侵犯;另一种则是翻天覆地的变化,然后在一片废墟上建立一个全新的国家。④第一种革命往往发生在最高统治权分裂的时候,当国家的某个地方被无端侵犯的时候,因自卫而奋起反抗,这种革命是合法的。但是如果一个国家的统治权掌握在一个统治者手里的时候,情况就不一样了。第二种革命是不合法的,因为这种革命要推翻法律,会引起无政府状态,而且一旦武力变得不可控制,那么一切最为罪恶的行为将接踵而来。当这些变化发生的时候,法律和秩序就难以维持了,除非原先的统治权力能够重新回归,然后清除引起它毁灭的罪障。如果某些人一意孤行,那么结果往往是人们习以为常的、历史悠久的生活方式将被一个仅仅是理论上的国家,一个虚弱的、没有历史根基、没有现时力量,也没有对未来的信任的虚无政府所取代。这样的政府既不能抑制政治摩擦和各个地方政府之间的对抗,也不能消除地方上的仇恨情绪;这样的政府很快就会使国家一败涂地、陷入比之前更糟糕的境地。所以他认为真正暴力的革命除了能消除社会上的恶劣情绪之外,其实对谁都没有好处。⑤

也正是这个原因,焦贝蒂对马志尼的暴动策略是表示质疑的。他认为派遣小队暴动者到政治敏感或易攻击的区域进行暴动到目前为止被证明是无效的,尤其是1834年的萨沃依远征证明马志尼的暴动策略是完全不切实际的。他认为发动会引起广泛社会和经济变革的政治变革肯定会招致猛烈的联合抵抗,而且试图"以武力摧毁"一个国家区别于其他国家最具特色之处,

① Vincenzo Gioberti, *Del primato morale e civile degli italiani*, Vol.I, Brusselle, 1844, p.47.
② Vincenzo Gioberti, *Del primato morale e civile degli italiani*, Vol.I, Brusselle, 1844, p.48.
③ Vincenzo Gioberti, *Del primato morale e civile degli italiani*, Vol.I, Brusselle, 1844, p.49.
④ Vincenzo Gioberti, *Del primato morale e civile degli italiani*, Vol.I, Brusselle, 1844, p.50.
⑤ Vincenzo Gioberti, *Del primato morale e civile degli italiani*, Vol.I, Brusselle, 1844, p.50.

只会带来灾难。①即使被称为这个时代的政治天才的拿破仑也失败了,因为他试图在很短的时间内重塑政治世界,他的雄伟大业也在即刻间灰飞烟灭了。由此得出的政治教训显而易见:持久的政治变革只有通过现存文化内已经经过试验的、可靠的渠道才可能成功。焦贝蒂认为,教会和国家自古罗马帝国时期起就是一直相互交织、难以区分的,想要将一方的利益和权利从另一方区分出来无疑等于进行一场"反自然"的手术。②教会等级制度已经渗入了国家机构的各个方面,试图进行一场和教会利益相左的民族复兴运动必然会忽视意大利文化的"自然界线",否定国家主要机构的"光辉形象"。③通过否定革命的重要性,提倡教会和民族运动之间的合作,焦贝蒂的方案赢得了很多温和自由主义者的认可。

焦贝蒂同样反对借助外国势力来帮助意大利获得国家统一。当时有不少人希望借助外国势力来帮助意大利获得国家统一,至于依靠哪些外国势力却意见不一:大部分都希望是法国,也有人寄希望于德国。焦贝蒂坚持认为这样的观点是绝对荒唐的,应该加以鄙弃,因为"想要民族独立,又想依赖外国势力,想要从外国势力身上得到本来应该在本土自发形成的东西,本身就是自相矛盾的"④。不管意大利人民在过去遭受了多少不幸,否认意大利的自治权力和对国内两千万人民的勇气丧失信心是一种懦弱的表现,应该受到谴责。18世纪一些人通过借助法国的军队来解放自己的祖国意大利,结果把意大利变成了一个隶属法国的省份。历史证明这样的想法是不切实际的。

焦贝蒂甚至反对效仿外国的方法。他认为那些试图效仿外国的方法来统一意大利的人在本质上是邪恶的,因为他们不是从爱国主义的观点出发的,而且他们的观点也不符合意大利的特殊情况,他们只是用一些教条和外国的例子在搭建一个"不切实际的空中楼阁"⑤。他认为:"政治上的一条恒久不变的真理就是,政治变革如果不是因为人民自发的行动,不是根据实际情况自然形成的结果,那么就不能持久,也没有生命力。"⑥在1789年前的50年里,无论是在意大利、西班牙、德意志还是其他地方,那些刻意为之的、糟糕开展的革命都只是法国大革命改头换面的模仿而已,它们因法国的思想和成功经验而产生,也受法国的控制。这也就是为什么那些尝试统统失败或效果甚微的原因。

---

① Vincenzo Gioberti, *Del primato morale e civile degli italiani*, Vol.I, Brusselle, 1844, p.22.
② Vincenzo Gioberti, *Del primato morale e civile degli italiani*, Vol.I, Brusselle, 1844, p.23.
③ Vincenzo Gioberti, *Del primato morale e civile degli italiani*, Vol.I, Brusselle, 1844, p.23.
④ Vincenzo Gioberti, *Del primato morale e civile degli italiani*, Vol.I, Brusselle, 1844, p.51.
⑤ Vincenzo Gioberti, *Del primato morale e civile degli italiani*, Vol.I, Brusselle, 1844, p.51.
⑥ Vincenzo Gioberti, *Del primato morale e civile degli italiani*, Vol.I, Brusselle, 1844, p.51.

焦贝蒂写《论意大利在精神和文化上的领先地位》这本书的目的就是给意大利提供一个和马志尼那种危险的民主革命不一样的方案,因为他和其他温和主义者都相信爱国并不一定要革命,他们希望意大利以联邦的方式统一,而现存的君主仍然维持统治。①他建议成立一个由现存的意大利各个邦国结合而成,由教皇充当象征性首领的松散的联邦国家,作为将意大利从外国的控制和影响下解放出来的方式。②焦贝蒂强烈推荐他的联邦政府方案,因为他认为这样的政治体系明智地尊重了区域敏感性,是"完全符合意大利半岛的自然、风俗习惯、机构体系和地理条件的"③。意大利有太多的地方依恋情绪,很难将这里的居民纳入马志尼和民主共和主义者们希望建立的统一国家和自由主义者倡导的君主政体之中。而联邦的方案不仅是能够付诸实施的最简便的方式,还可以提供对大家都有利的长期的政治、经济和文化进步的前景,又可以将给各个邦国的国内管理带来的骚乱降到最低程度。

联邦的观点对意大利来说并不陌生。焦贝蒂将意大利联邦的传统追溯到了早期的伊特鲁里亚联盟④,而后来的意大利联盟⑤和伦巴第联盟⑥也都是联邦传统的体现。每个联邦实验,事实上,"在本质上都具有总体性和多样性",并要求有一个不会取消各个组成部分的多样性的"统一原则"。⑦在意大利,这样的一个原则由于宗教和神职人员的原因一直存在,因为在宗教世界,规则"不是通过武力而是通过智慧和道德心"得以实施的,允许各个邦国和地方中心在整个意大利范围内行使各自适合的职责。⑧以教皇为首的意大利联邦方案在中世纪,尤其在乔治七世时期也是有过暗示的,虽然没有和民族原则联系起来。拿破仑之后欧洲势力中心的更迭使各个民族的命运成了最紧迫的政治问题。通过将联邦主义、天主教和民族主义联系起来,焦贝蒂充分

---

① Denis Mack Smith, *The Making of Italy 1796-1866*, Macmillan, Holmes and Meier, 1988, pp.81–82.

② Vincenzo Gioberti, *Del primato morale e civile degli italiani*, Vol.I, Brusselle, 1844, pp.53–54.

③ Vincenzo Gioberti, *Del primato morale e civile degli italiani*, Vol.I, Brusselle, 1844, p.56.

④ 伊特鲁里亚文明是在古罗马兴起之前意大利最高的文明,其兴盛期在公元前6世纪。伊特鲁里亚没有集权的政府,只有以城市国家组成的松散的联盟。

⑤ 意大利联盟,又称最神圣同盟,是继几个月之前的《洛迪协约》,威尼斯共和国、米兰公国和佛罗伦萨共和国1454年8月30日在威尼斯共同缔结的一个国际协定。联盟对意大利半岛的稳定和对因遭受黑死病导致的萧条经济的恢复起到了极大的促进作用。

⑥ 伦巴第联盟是在1167年在教皇的支持下,为反抗霍亨斯陶芬王朝神圣罗马皇帝将意大利纳入神圣罗马帝国的企图而结合的一个中世纪联盟。在其最兴盛的时候,联盟包括了北部意大利绝大部分城市。

⑦ Vincenzo Gioberti, *Del primato morale e civile degli italiani*, Vol.I, Brusselle, 1844, p.56.

⑧ Vincenzo Gioberti, *Del primato morale e civile degli italiani*, Vol.I, Brusselle, 1844, p.56.

利用意大利历史上的主要潮流,强烈要求推动扎根于文化和传统的政治创新。

焦贝蒂认为,在政治上任何理智的讨论都必须建立在从历史上发展而来的传统之上,而不是来自哲学想象的乌托邦理想之上。他认为19世纪30年代政治改革失败的原因就在于激进派将乌托邦的理想建立在不切实际的基础之上。我们不可能让外在的政治世界来适应我们心中的纯粹梦想,而是必须从意大利目前各种问题的实际情况出发,将方案建立在可以带来政治和精神力量的机构的基础之上。他坚持认为:"任何政权,如果不适合或不能使自己适应所在国家的特殊情况,那么就很难建立,即使得以建立也难以持久。"①联邦政府是符合意大利实际的,因为这可以很好地解决教廷的俗权和其已在亚平宁半岛存在上千年所带来的问题。教廷的完整将巩固意大利社会的等级制度。焦贝蒂认为联邦政府是意大利固有的、最自然的政府形式,意大利也有成立联邦国家所应具备的所有要素。②他的联邦政策的目的是让国家在教廷的领导下实现整体的转变,所有的意大利人重新团结起来,国家重新回到作为"全世界的祖国和人类家庭的再生国家"的历史地位。③焦贝蒂知道要想使各个分裂的邦国在实际上接受其中一个邦国的领导只靠"统一的意大利"这一象征是不够的。他寻求的是超越了政治分裂的真正的意大利民族认同,他希望能在教会找到这一认同。

焦贝蒂认为民族运动必须有一个统一的原则,而且这个原则必须是真实、具体和鲜活的,并且深深扎根于文化,而"不是抽象、虚幻的,因为国家不是通过妄想或空想进行统治的"④。焦贝蒂反对绝对统一主义者正是因为他们的观点"不是源自国家的概念,和意大利的特定条件不相符,也没有一个民族基础";他们是通过"模仿外国原则和榜样"形成的"空中楼阁"。⑤焦贝蒂并不是说绝对统一的国家在任何地方、任何时候都是不合适的。他承认,在纯粹的理论中,绝对统一的国家有着讨人喜欢的,甚至"美好"的一面。⑥他不允许的是,不考虑实际情况而谈论某些国家形式的好处。他坚持认为:"如果一个制度不能够适应它被应用的地方和实践的特定条件,就没有任何实际价

① Vincenzo Gioberti, *Del primato morale e civile degli italiani*, Vol.I, Brusselle, 1844, p.22.

② Vincenzo Gioberti, *Del primato morale e civile degli italiani*, Vol.I, Brusselle, 1844, p.57

③ Cunsolo Ronald S., *Italian Nationalism*, Robert E. Krieger Publishing Co. INC., 1990, p.20.

④ Vincenzo Gioberti, *Del primato morale e civile degli italiani*, Vol.I, Brusselle, 1844, p.48.

⑤ Vincenzo Gioberti, *Del primato morale e civile degli italiani*, Vol.I, Brusselle, 1844, pp.48-49.

⑥ Vincenzo Gioberti, *Del primato morale e civile degli italiani*, Vol.I, Brusselle, 1844, p.55.

值。"①意大利几个世纪的分裂不可能不经过破坏现存的权力和利益的长期混乱就迅速融合成一个权力中心。"在政治中，及时、可行的方案被认为是最好的"，所以意大利应该追求能够更好地反映历史印记的多中心的体系。②

焦贝蒂认为，以教皇为首的温和权威领导下的政治联盟有数不清的好处。因为这样一个合作性的联合会增强各个君主的势力而不损害他们的独立，而且所有君主可以任意使用其他君主的势力，这样国内破坏性的战争和革命源头可以得到消除。通过教皇和各个君主之间的高度一致形成的联邦政府可以有效控制焦贝蒂称之为"地方自治主义者"的国家官僚们，各个君主国也不会再只致力于自己国家的利益，而对半岛最重要的需求置若罔闻。安全得到更大的保障这一前景被焦贝蒂认为是现存政府愿意联合的主要动力，因为被大海围绕、被阿尔卑斯山阻隔的意大利，只有团结起来才可以抵制半个欧洲的侵袭。在教皇的带领下，意大利将重回欧洲强国的第一梯队，这将会给意大利带来从未有过的荣誉；如今在跟整个欧洲的共同利益相关的事务上丧失了话语权的意大利君主们，也将重新赢得他们在欧洲大陆的恰当地位。通过将各君主国的财力和兵力聚集在一起，他们可以建立一支共同的海军来护卫意大利港口和地中海的自由，而这一点无论哪个单独的意大利国家都是做不到的。焦贝蒂用激情而又富有诗意的语言表达了他对统一的意大利联邦的渴望和憧憬：

> 还有什么能比他的祖国，一个统一、强大和致力于上帝的祖国，一个有凝聚力、和平并且备受其他民族尊敬和仰慕的祖国更能引起一个意大利人的美好遐想呢？还能想象比这更美好的未来吗？还有比这更幸福的事情吗？……我想象它（意大利）由于它的几个君主之间的稳定而永久的联盟而变得强大，国内万众一心，几个君主通过互利互惠增强各自的实力，将各自的军队汇编成保卫半岛抵御外国侵略的强大意大利国民军……我期待着有一天意大利的舰队再次在地中海上乘风破浪，几个世纪以来被外国篡夺的属于意大利的合法海域将回到这个强大的、宽宏大量的民族的怀抱。我看到欧洲和全世界的目光都关注着意大利的未来，复兴的意大利的未来。③

① Vincenzo Gioberti, *Del primato morale e civile degli italiani*, Vol.I, Brusselle, 1844, p.55.
② Vincenzo Gioberti, *Del primato morale e civile degli italiani*, Vol.I, Brusselle, 1844, p.55.
③ Vincenzo Gioberti, *Del primato morale e civile degli italiani*, Vol.II, Brusselle, 1844, p.307.

意大利联邦的好处还包括为意大利重新开始远征,在地球上的不同地方建立殖民地提供机会。在焦贝蒂看来,实行殖民主义不仅是完全正确的也是符合基督教教义的,是有用的也是必需的。殖民是传播文明、为信仰的征服开辟、扫平道路的唯一方式,也是使整个人类大团结的唯一和平方式。通过建立殖民地,欧洲可以将其主权扩展到地球的其他地方,将其启蒙思想和文化传输给殖民地,并将获得其他有利条件作为回报。曾经雄霸一方的意大利,现在不想在它的国界之外无一寸之地,因为不仅英国、俄罗斯、法国和西班牙,而且连葡萄牙、荷兰、丹麦、瑞士和比利时都拥有了他们各自的殖民地。意大利联邦国家的成立还将消除,或至少减少度量衡、货币、关税、语言和商业、公民管理体系的差别;这些差别极大地阻碍着各个君主国之间的交通和思想的交流。这些差别的消除将不仅开阔人们的视野,也将逐渐消除城市之间的分裂和敌对。各个邦国之间的互惠协议还将确保意大利任何一个邦国,在其君主去世之后,领土主权能得到顺利传递,不会再遭受野蛮的封建领主的侵略,或引起一系列的灾难性战争。就像巴尔博所说,一个新圭尔夫主义的联邦政府能治疗意大利的很多创伤,给意大利带来福音,也将为促进欧洲和全世界进步而努力。[1]

焦贝蒂知道成立一个意大利联邦国家并不只是意大利内部的问题。因为无论成立哪种形式的意大利民族国家都无疑会导致奥地利在意大利利益的丧失。奥地利必然会动用一切可用的资源,包括武力,来保卫它的利益。所以焦贝蒂期待建立一个以罗马和皮埃蒙特为轴心国的联盟——罗马是"享有特权的基督教智慧的所在地",后者是"意大利军事力量的主要基地"。[2]在教会的文化领导权和皮埃蒙特的军事领导权之间,其他的组成国家将发现很难有再操控局面的余地,这将为意大利带来稳定的局面。

焦贝蒂的联邦方案试图兼顾意大利境内的各个方面的利益。成立联邦国家对现存政府来说,至少在短期内,并没有什么值得担心的,而在安全方面则可以得到很大的保障。作为"全国性"的领导机构的教会将发现自己又一次不仅在国内,甚至在国际上也占据了核心的政治地位。皮埃蒙特将会在外交政策的决策上享有决定性的影响力,同时限制其他成员国家更具野心的改革方案。改革家们也会将民族国家的创建看成是一个新的开始,他们逐步实施之前被外国的、地方的和区域的利益所阻碍的各项改进措施,只有革命派和反动派被排除在焦贝蒂所准备的"盛宴"之外。

焦贝蒂的联邦主义思想得到了切萨雷·坎图(Cesare Cantù)的大力支持。

① Ronald S. Cunsolo, *Italian Nationalism*, Robert E. Krieger Publishing Co. INC., 1990, p.61.

② Vincenzo Gioberti, *Del primato morale e civile degli italiani*, Vol.I, Brusselle, 1844, p.67.

坎图是焦贝蒂思想的忠诚支持者,在基本信念上从未对焦贝蒂产生过怀疑和动摇。在坎图的一生中,有一种最基本的思想始终在激励和指引着他,这就是民主和宗教是密不可分的;在老百姓的生活中不能没有神甫;如果没有宗教这种古老的信仰,自由就不会发展;如果没有教会的首肯和承认,资产阶级也就不会取得胜利。[①]他一直坚定不移地主张保持世俗政权与教会之间的联系。他认为这种联系已经构成了意大利历史的传统,即使是在发动革命时,也不可丢弃与天主教的联系,也不能不把教会的基本精神,也就是人民性与共和性作为口号。坎图主张在原有疆域内,建立一个由真正的意大利人组成的人民的意大利。这是一个古老但又与现实广泛融合的意大利,在这样一个国家里,公民和教民、爱国者和宗教信徒、议会和教会,已经没有什么区别。与焦贝蒂不同的是,焦贝蒂主张意大利应当建立一种使国人引以为豪、放射着异彩的君主制,而且与教会共存;而坎图所追求的则是城市国家式的共和制。在这样一个体制下,不仅需要有教会的存在,更需要有一个大慈大悲、庇护民众、宽宏大量的教皇。

巴尔博虽然也是意大利联邦方案的拥护者,但他主张在各邦国之间建立协议制度,而不是建立独裁者的强权统治。巴尔博赞同焦贝蒂的观点——"联邦是最适合意大利本性和历史的政治形式。"[②]他认为意大利的政治文化的多中心特色是一个无法逃避的历史负担。意大利的大城市(包括都灵、米兰、佛罗伦萨、罗马、那不勒斯、帕尔马和摩德纳,威尼斯意外地被忽略了)都是政治权力的集中地点。[③]希望这些城市的市民愿意接受它们之中的任何一个城市领导的方案都是危险的乌托邦主义,而用武力迫使其他国家屈服只会激起顽固的对抗意识。因此,梦想建立一个有着同一个首府城市的统一国家是愚蠢的,也是天真的,不仅违背意大利的历史,也和过度的中央集权对地方利益有害这一欧洲的普遍共识背道而驰。和焦贝蒂不同的是,巴尔博反对由教皇领导的、反奥地利的意大利联邦。巴尔博更注重教皇国的缺点,一开始就不看好教皇的领导。他甚至认为教皇很有可能会成为意大利政治联盟的敌人。[④]在1843年8月18日的一封信中他承认教皇国的俗权政府是意大利各个邦国中"最糟糕、最混乱的政府"。巴尔博所希望的是皮埃蒙特能够通过外交手段让奥地利放弃对意大利的控制,然后通过吸收伦巴第和威尼西亚成立

---

① 乔瓦尼·斯帕多利尼:《缔造意大利的精英们——以人物为线索的意大利近代史》,罗红波、戎殿新译,世界知识出版社,1993年,第66页。

② Cesare Balbo, *Delle speranze d'Italia*, Turin, 1948, p.34.

③ Cesare Balbo, *Delle speranze d'Italia*, Turin, 1948, p.25.

④ Filippo Sabetti, "The Making of Italy as an Experiment in Constitutional Choice," *Publius*, Vol.12, No.3(Summer, 1982), pp.65-84.

强大的北部意大利王国,在此基础上创建一个不受奥地利控制的意大利联邦。但要奥地利放弃对意大利的控制的想法似乎过于天真。

焦贝蒂的联邦方案之所以受到极大的欢迎,和绝大多数意大利人都是基督徒这一点是分不开的。首先,在教徒的心目中,教皇和教廷是神圣的,具有其他任何人物和机构都无法比拟的号召力;并且这种号召力不局限于某个邦国。其次,由长期分裂导致的各个邦国之间的巨大差异是不可否认的事实,致使许多人都对统一不抱任何幻想。即使能够顺利统一,统一之后想要将这些邦国融合成一个民族国家也会是一个棘手的难题。最后,法国的支持使联邦的方案更加受到注目。法国从来都不愿意接受统一的意大利,因为历史教会他们"不要容忍任何邻国阻碍他们控制整个欧洲,因为他们认为控制欧洲对他们自己国家的发展是至关重要的"[1]。法国希望意大利成为一个以教皇为首的松散的联邦国家,在驱逐奥地利之后,这个联邦理所当然会成为法国的卫星国。

焦贝蒂的联邦方案的缺点也是非常明显的。首先,他虽然有提及仍然控制着意大利北部地区的奥地利,但并没有估计到问题的严重性。虽然皮埃蒙特是意大利各邦国中军事实力最强的国家,但却不足以和奥地利抗衡,所以将驱逐奥地利的希望寄托在皮埃蒙特的军队上明显是不现实的。况且皮埃蒙特的温和主义者们对于教廷是否能够进行自我改革并领导意大利的独立运动并没有信心。[2]其次,教皇国的政府在俗权统治上并不成功,所以被其他地区接受的可能性不大。而焦贝蒂却并没有对教皇国的改革做任何探讨。在这一点上,巴尔博明显比焦贝蒂有着更理智的认识。且不要说教皇国的社会和经济状况持续恶化,没有人能够理解为什么一个自由主义者的领导人会将希望放在自从1831年以来一直刻意无视欧洲进步思想的教廷上。焦贝蒂明显选择了回避教会在政治和管理上的不足,而强调教会成为民族事业的中心所带来的积极影响。[3]

事实上,联邦主义形式的意大利和大多数民族主义者希望的意大利是大相径庭的。虽然意大利将从教皇和奥地利的控制中独立出来,但是并没有真正意义上的统一。马志尼认为,按联邦的方案,统一的意大利半岛在本质上

① Christopher Duggan, *Francesco Crispi 1818-1901: From Nation to Nationalism*, Oxford University Press, 2002, p.406.

② Spencer M. Di Scala, *Italy: From Revolution to Republic, 1700 to the Present*, Westview Press, 2009, p.78.

③ Bruce Haddock, "Political Union without Social Revolution: Vincenzo Gioberti's Primato," *The Historical Journal*, Vol.41, No.3, 1998, pp.705-723.

是脆弱的,很容易受法国和奥地利的控制。①阿泽利奥也认为焦贝蒂的联邦方案"善良但不切实际"。②焦贝蒂虽然知道很多人并不赞成他的联邦主义观点,因为他们会觉得这对意大利没用,对教皇来说也是不合适的,国内的君主国和欧洲的其他国家都不会接受。但是他认为虽然联邦主义不能达成所有的愿望,但它将大大改善意大利的命运,尤其是如果不经过流血、暴乱和革命就能完成成立联邦的目的的话。他认为政治统一论者也许在理论上是好的,但这些理论只有在现实中有效才适合我们,而在政治中,切实可行的才是最好的,半条面包总比没有好。在他看来,分裂了几个世纪之久的意大利,想要和平地统一为一个国家简直是做梦;而想要通过武力来达到统一的目的简直就是犯罪,只有那些使意大利蒙羞的人才会想要这么做。所以他认为即使付出巨大的代价,创建一个统一的意大利也几乎是不可能的,更不用说保持统一的国家。所有的事实都证明一个中央集权的国家不符合意大利历史传统,也不符合意大利人的性格。

(三) 失败与反思

这个以焦贝蒂为代表的新圭尔夫派的意大利联邦方案是集个人主动性、共同情感、合适的外部因素于一体的少有结合,在19世纪40年代实现的可能性似乎很大。1847年12月,巴尔博成为加富尔主办的、充满活力的、进步主义者的报纸《复兴》(Il Rinascimento)的主编,后来又成为1848年宪法颁布之后皮埃蒙特的第一位首相。之后,焦贝蒂成功地继任了首相之职。作为议员和首相,巴尔博和焦贝蒂都倾向于保守的、有限制的自由主义,这迎合了很多天主教徒和自由主义者的喜好。他们的议会和内阁立场证明新圭尔夫派迫切希望国内能够取得进步。

1846年6月16日,教会选出了教皇庇护九世。出生于费雷蒂的庇护九世通过他在教皇国内的建设性改革,很快就获得了民主主义者的支持。改革家帕斯夸莱·戈齐被任命为内政部大臣。国家委员会和政府内阁系统被设立。常规的警察被公民护卫队所取代,不再对私人生活任意干涉。少许仁慈的举动对于一个刚当选的教皇来说其实再平常不过,却被认为是具有重要政治意

---

① Christopher Duggan, *Francesco Crispi 1818-1901: From Nation to Nationalism*, Oxford University Press, 2002, p.91.
② 乔瓦尼·斯帕多利尼:《缔造意大利的精英们——以人物为线索的意大利近代史》,罗红波、戎殿新译,世界知识出版社,1993年,第60页。

义的行为;庇护突然发现他被骚乱的群众欢呼为自由主义的弥赛亚①,甚至是未来意大利联邦的首领。赛滕布里尼(Settembrini)在回忆1846—1847年间的狂热时写道:"人们说,庇护九世是真正的基督的代理人,是所有教皇中最伟大的。君主们说,他是一个雅各宾派的成员,也是一个共济会成员。"②显然,从马基雅维利到焦贝蒂一直在苦苦寻找的意大利的拯救者和解放者似乎已经出现了。意大利人都开始向他靠拢。理想主义者、自由主义现实主义者、保守的天主教徒,甚至坚定的神职人员、妥协的暂时论者、马志尼和加里波第的民主共和主义者与社会主义的同情者,像卡洛·皮萨卡内(Carlo Pisacane)和朱塞佩·费拉里都愿意给新圭尔夫派一个证明自己的机会。弗朗切斯科·克里斯皮③也明确表示支持联邦方案,他认为虽然西西里人、威尼斯人和米兰人都有权要求自治,但他们不应该寻求西西里的完全独立。他写道:"他们不想要成为独立的民族,而是在伟大的意大利整体之内有其独一无二的代表。这种代表将持续直到上帝愿意让意大利融合为一个民族,从阿尔卑斯山到马沙拉岛。"④因此,意大利当前的目标应该是形成一个联邦体,而非其他。所有历史上的大师的教导也似乎都在敦促,在教皇的领导下解放的、统一的巨大综合体中,采取马志尼号召的上帝和人民、思想与行动的统一方式。

1848年3月22日,皮埃蒙特向奥地利宣战也就是第一次意大利独立战争,向全意大利发出希望得到武力和人力支援的请愿。以马志尼为代表的共和主义者、以卡塔内奥为首的联邦主义者、那不勒斯、托斯卡纳的军队都加入了这场反抗奥地利的战争。君主和爱国者之间的这种统一行动超出了迄今为止任何方案的预期。⑤使民族主义者失望的是,庇护九世虽然迫于国内革命形势的压力,批准组织志愿军,与政府军一起参加对奥作战,但是却因害怕失去王位,害怕和千百万的天主教徒关系破裂,始终拒绝正式对奥宣战。在4月29日召开的红衣主教会议上,庇护九世违反众愿,一意孤行,公然发布了呼吁停止对奥地利作战的《宣言》。他说:"一些人希望我们与意大利其他邦国

---

① 弥赛亚(天主教译作默西亚,英语为Messiah),是个圣经词语,与希腊语词基督是一个意思,在希伯来语中最初的意思是受膏者,指的是上帝所选中的人,具有特殊的权力,是犹太人所期待的救世主。

② Christopher Duggan, *Francesco Crispi 1818-1901: From Nation to Nationalism*, Oxford University Press, 2002, p.49.

③ 弗朗切斯科·克里斯皮(Francesco Crispi, 1818—1901年),意大利爱国者、政治家。意大利民族复兴运动的领导者之一。1887—1891、1893—1896年两次任意大利王国首相。

④ Christopher Duggan, *Francesco Crispi 1818-1901: From Nation to Nationalism*, Oxford University Press, 2002, p.60.

⑤ Filippo Sabetti, "The Making of Italy as an Experiment in Constitutional Choice," *Publius*, Vol.12, No.3(Summer, 1982), pp.65-84.

的人民和君主共同对奥开战。但是我们的天职促使我们声明,这违背我们的意愿。因为,我们的头等义务是以同样的慈父般的热情情感对待所有的人民与民族。"①他宣称自己只是一个普通的牧师,并不是攻无不克的拿破仑,不能够致力于非基督教的行为,向天主教奥地利宣战。教皇失去了所有他曾有过的对民族主义者的同情心,走向反革命和反自由主义立场。事实证明,庇护九世既不是一个自由主义的教皇,也不是一个民族主义统治者,他代表的是普世主义而不是民族主义。②意大利各个地区缺乏团结一致的行动,加上奥地利的残酷镇压,第一次独立战争最终以失败告终。皮埃蒙特国王查理·阿尔贝特(Charles Albert)让位于他的儿子维克托·伊曼纽尔二世③。

革命"终止了新圭尔夫派在教廷的领导下的意大利联邦方案,也减弱了其他联邦主义者的呼声"④。人们对自由主义天主教运动也丧失了信任,这个运动曾经对革命很重要,曾引诱了很多本来可能会是保守主义者的人加入到改革主义者和自由主义的活动中。但是很多意大利人现在对教皇深感失望。从1849年起这个运动就丧失了政治信誉。紧随新圭尔夫派的失败之后,焦贝蒂、巴尔博和其他天主教温和主义者对所发生过的事情做了反思和总结,为未来的行动提供了建议。焦贝蒂自己也放弃了他在《论意大利在精神和文化上的领先地位》中采取的立场,将他的观察所得写进了他的第二本巨著《意大利的文明革新》(Del rinnovamento civile d'Italia)(三册,1851年)中。对于反动分子拒绝扩大国家的基础,拒绝将人民吸纳进来并照顾他们的合法要求的做法,焦贝蒂进行了猛烈的抨击;他还责备政府官僚们,尤其是皮埃蒙特的管理者们,因为比起反抗奥地利的战争,他们更关心的是维护自己的职位。皮埃蒙特的地方自治主义者以自我为中心,在关键的诺瓦拉战役中不仅妨碍了人民的总动员,并且还不肯投入后备部队。他认为,这本来是一场可以打赢的战争。庇护九世也遭到了严厉的批评。耶稣会成员总是围在他身边,说服他不要参与斗争,将精力放在保存俗权的事业上。法国同样受到了焦贝蒂的谴责,但是考虑到意大利君主拒绝团结在皮埃蒙特的周围,法国不情愿参与到意大利的斗争中也是可以理解的。焦贝蒂还将他的怒气发泄在了马志尼主

---

① 鲍爵姆金:《1848—1849年革命》第1卷,莫斯科,1952,第497页。转引自辛益:《近代意大利史》,河南大学出版社,1998年,第210页。

② Filippo Sabetti, "The Making of Italy as an Experiment in Constitutional Choice," *Publius*, Vol.12, No.3(Summer, 1982), pp.65-84.

③ 维克托·伊曼纽尔二世(Victor Emmanuel II, 1820-1878),皮埃蒙特的最后一个国王, 1849—1861年在位,也是意大利统一后的第一个国王,1861—1878年在位)。

④ Raymond Grew, *A Sterner Plan for Italian Unity: The Italian National Society in the Risorgimento*, Princeton University Press, 1963, p.5.

义者和"清教徒"的身上,因为他们坚持教条般的信仰,认为获得自由、统一和进步的唯一方式就是通过革命,建立一个激进的共和国。

焦贝蒂为意大利人"提供了一种看起来新颖独到同时又具有民族性的哲学,把意大利置于与更为先进的国家相同的水平上并且赋予意大利思想以新的尊严"[1]。他的著作广受欢迎,使得他的观点广为传播,为民族复兴运动事业吸引了更多的支持者。正如博尔顿·金所论述的:"天主教的基调赢得了神职人员的赞赏,而对萨沃依君主的赞扬又俘获了民主主义政治家的心。"[2]虽然圭尔夫派的联邦方案失败了,但焦贝蒂的理论极大地激起了意大利的民族意识,民族复兴运动已经成为一个不可否认的事实。

二、卡塔内奥的共和制联邦主义思想

卡洛·卡塔内奥虽然也主张以联邦的方式来统一意大利,但实际上他的思想和焦贝蒂的联邦主义思想存在着很大的差别。卡塔内奥崇尚共和制,同时不希望意大利脱离奥地利。虽然他的联邦主义思想并没有像焦贝蒂的联邦思想那样成为广泛宣传的联邦方案,但正是由于他的独特见解,使得他的思想和焦贝蒂的思想形成了鲜明的对比。这位于1801年6月出生于米兰的爱国者是民族复兴运动时期少数的几位性格孤僻的思想家之一。在他生活的时代各种哲学理论和宗教思想纷纷问世,所有人都梦想借助圭尔夫派[3]和吉伯林派[4]平分天下时代的古老神话来振兴意大利。所有派别,无论是温和派还是激进派,都"渴望从已经消逝的岁月中寻找某些东西,以证明意大利民族的存在早已是事实";无论是保守派还是革命派都"想重新唤起古罗马的光荣,激发人们对它的向往"[5]。但卡塔内奥却更愿意面对现实,研究现状,指出缺陷和不足,以便让国人明了:要使民族振兴、民族素质提高,究竟还需要创

---

[1] 安东尼奥·葛兰西:《狱中札记》,曹雷雨、姜丽、张跣译,中国社会科学出版社,2000年,第74页。

[2] Filippo Sabetti, "The Making of Italy as an Experiment in Constitutional Choice," *Publius*, Vol.12, No.3(Summer, 1982), pp.65–84.

[3] 圭尔夫派(Guelfi),又称"教皇派",与代表大封建主利益的吉伯林派(又称皇帝派)相抗衡。"圭尔夫"为意大利语,系德意志韦尔夫家族一名的音译。因同霍亨施陶芬家族的腓特烈争夺帝位的奥托属韦尔夫家族,故教皇及其支持者均称自己为圭尔夫派。产生于12世纪罗马教皇和神圣罗马帝国皇帝间的斗争激烈时期,在15世纪时归于消失。

[4] 吉伯林派(Ghibellini),又名皇帝派,与效忠于教皇的圭尔夫派相抗衡。吉伯林为意大利语,系德意志霍亨施陶芬家族世袭领地魏布林根堡的音译。成员多为大封建主。和圭尔夫派一样产生于12世纪罗马教皇和神圣罗马帝国皇帝间的斗争激烈时期,在15世纪时归于消失。

[5] 乔瓦尼·斯帕多利尼:《缔造意大利的精英们——以人物为线索的意大利近代史》,罗红波、戎殿新译,世界知识出版社,1993年,第101页。

造哪些条件。他并不赞同焦贝蒂极力鼓吹的意大利的领先地位,他认为:"振兴民族精神和提高民族素质,和过分强调本民族在世界上的拔尖地位不可同日而语。"①卡塔内奥不仅致力于实验哲学和实用哲学的研究,还倾心关注西欧各国现代社会的现实经验。他认为,只有西欧各国才能为意大利的独立和自由提供启示。

卡塔内奥在1848年之前并没有公开、完整地提出他的政治方案,但是他的方案其实已经完全渗透在他的早期著作之中。卡塔内奥写于1835年的《犹太人禁令》已经显示了他完整的思想,这一思想在他和《统计通用史册》(始于1832年)合作期间,尤其是在从1839年到1844年编辑《工艺界》的过程中得到了充分表达。在卡塔内奥的早期作品中经常可以感受到一种民族意识。对卡塔内奥来说,意大利除了是一个地理概念,也是一个国家,因为居住在这片土地上的不同区域的人们,在很大程度上,"遵循着相同的《罗马法》传统,说着都是源自拉丁语的语言(意大利方言),信奉着同样的罗马天主教"②。虽然卡塔内奥认识到了意大利人有着很多相同的传统、价值观和兴趣,但他并没有和他同一时代的其他知识分子那样得出意大利必然成为一个民族国家的结论。从这一点来说,在1848年之前,卡塔内奥可以被认为是一个民族主义者,但是一个文化民族主义者,而不是政治民族主义者。卡塔内奥的联邦主义方案和焦贝蒂的联邦方案比较,最大的不同在于:其一,卡塔内奥希望未来的联邦国家是一个共和国;其二,这个联邦是以奥地利的哈布斯堡王朝,而不是以教皇为首。

(一) 卡塔内奥的共和主义思想

在1848年革命之前,卡塔内奥的世界观是自由主义的,不是民主主义的。他一直认为代议制政府和政治言论自由对文明社会来说是非常需要的,也正因此,他高度赞美英国的政治传统。但是作为一个极其典型的19世纪自由主义者,卡塔内奥或多或少地认为,政治权力的运用和政治责任的承担仅限于受过正式教育并拥有一定财产的人。所以1848年5月伦巴第实行全民公民投票权让他震惊不已,他甚至认为这是政治发展历程中的闹剧。但是在50年代早期,卡塔内奥至少在书面上表达了对意大利民众的政治潜力的信心。他指出即使在1848—1849年间意大利各地的人民都试图开展他们的领导提议

---

① 乔瓦尼·斯帕多利尼:《缔造意大利的精英们——以人物为线索的意大利近代史》,罗红波、戎殿新译,世界知识出版社,1993年,第101页。

② Clara Maria Lovett, *Carlo Cattaneo and the Politics of the Risorgimento, 1820-1860*, Martinus Nijhoff and The Hague, 1972, p.30.

的任何方案。所以如果在1848年之前意大利的领导者们未能赞成由温和主义者提议的改革方案,不该归咎于人民;如果自由—民主主义领导人在意大利历史的关键时刻缺乏清晰的目标,也不该归咎于人民。

关于未来独立的意大利的政府形式,很明显卡塔内奥是支持共和制的,但他一直不是一个教条主义的共和主义者。卡塔内奥认为,在意大利"君主制就像一种奇异的、脆弱的植物,是不常见的"①。在1848年革命之前,卡塔内奥经常对瑞士和美国的共和政府表示赞赏。但是他认为共和形式的政府并不适合他自己的地区,至少只要在伦巴第还属于哈布斯堡帝国时,共和制政府就是不合适的。但是在革命期间和之后意大利统治者的政策使他相信,统治者们都不愿意满足意大利人民的政治愿望。因为中部意大利的统治者们的王位是建立在革命中奥地利军队获胜的基础之上的;两西西里王国的国王相对比较独立,但是接受的是古代政权的政治观念;而教廷,在卡塔内奥看来,是"政治自由主义和意大利民族主义的天敌"②。教廷,今天还对自由主义大抛媚眼,明天就会号召欧洲的所有牧师支持它的亲信,"教廷是意大利衰弱的秘密"③。在意大利的所有邦国中,只有一个国家,也就是萨丁王朝的皮埃蒙特王国,保持了1848年的宪法并对意大利的民族主义表示同情,对来自各个地区的政治难民提供庇护。但卡塔内奥反对皮埃蒙特在1848—1860年间领导意大利民族主义运动的野心,主要是因为他不相信一个有着保守主义、教权主义和尚武精神传统的王朝拥护自由主义原则的诚意,认为皮埃蒙特政府只是在利用意大利人民的民族主义情感为自己谋利。在没有一个真正意大利本土的王朝能够发誓保护意大利的独立,同时又接受政治自由的情况下,意大利共和国似乎是唯一的选择。

卡塔内奥提倡共和主义还有一个具体的原因,那就是历史性城市的存在,这些城市并没有完全忘记他们的政治自治传统和他们曾经在国家历史中的显要地位。卡塔内奥认为意大利未来的希望不在于意大利各个国家的统治者,而在于这些古老城市的居民,因为这些城市有着持续了几个世纪的自治与共和政府的传统。卡塔内奥认为共和主义是一种能保存和激活真正的

---

① Clara Maria Lovett, *Carlo Cattaneo and the Politics of the Risorgimento, 1820–1860*, Martinus Nijhoff and The Hague, 1972, p.71.

② Clara Maria Lovett, *Carlo Cattaneo and the Politics of the Risorgimento, 1820–1860*, Martinus Nijhoff and The Hague, 1972, p.70.

③ Clara Maria Lovett, *Carlo Cattaneo and the Politics of the Risorgimento, 1820–1860*, Martinus Nijhoff and The Hague, 1972, pp.71–72.

意大利传统的方式。①在一篇写于 1850 年的散文中,卡塔内奥就关于意大利城市的历史和政治上的重要地位发表了自己的观点,并在后来的写作中屡有提及。他认为:"意大利城市的居民,即使没有军事方面的知识,也比王朝的军队更强大。"②

(二) 以哈布斯堡王朝为首的联邦方案

联邦主义是卡塔内奥的政治观中最具特色的,也是最重要的方面,可以说在 19 世纪四五十年代甚至在意大利统一之后,是他唯一一直提倡的政治观点。他不明白为何要求建立一个强大的中央集权的国家才是爱国的表现。在他看来,小的社会更具教育作用,也更自由,因为在这样的国家中人民和政府的联系更紧密。从长远来看,卡塔内奥和马志尼、加里波第一样,希望建立一个欧洲联合众国;但从短期来看,他认为意大利无论在物质上还是心理上都尚未做好进行独立战争的准备,他担心战争会引起无法控制的后果。正因为如此,他认为意大利没必要急于独立,最急迫的任务应该是创建一个更自由、更进步、更繁荣的社会,让民族主义和世界主义自由发展、成熟。可见,在对待意大利的态度上,卡塔内奥站到了具有理性的欧洲主义和世界主义的立场上,他认为意大利应当与欧洲同命运、共呼吸,应当与各个具有理性的民族组成一个单一的世界民族。③他和另一位同样出身于伦巴第的联邦主义者费拉里都认为应该将意大利的民族复兴运动放在一个实际的欧洲大背景下来考察。早在 1834 年,卡塔内奥就建议威尼斯和伦巴第加入北方关税联盟。④而这样的依附程度,无论是马志尼和激进分子,还是巴尔博和温和主义分子,出于民族主义的考虑,都是很难认同的。

在卡塔内奥看来,奥地利帝国由帝国转变为立宪君主政体的联邦是一个可行的解决方案。卡塔内奥意识到了伦巴第—威尼斯王国是帝国内部最先进、最繁荣的区域之一,伦巴第—威尼斯可以在哈布斯堡君主国内得到充分的发展。他认为如果在维也纳的帝国政府也意识到了这一点(它也必须认识到这一点),因为伦巴第—威尼斯创造了大量的税收,那么帝国政府将会允许

① Clara Maria Lovett, *Carlo Cattaneo and the Politics of the Risorgimento, 1820–1860*, Martinus Nijhoff and The Hague, 1972, p.122.

② Clara Maria Lovett, *Carlo Cattaneo and the Politics of the Risorgimento, 1820–1860*, Martinus Nijhoff and The Hague, 1972, p.71.

③ 乔瓦尼·斯帕多利尼:《缔造意大利的精英们——以人物为线索的意大利近代史》,罗红波、戎殿新译,世界知识出版社,1993 年,第 104 页。

④ Denis Mack Smith, *The Making of Italy 1796–1866*, Macmillan, Holmes and Meier, 1988, p.93.

意大利领域至少享有和在玛丽亚·特蕾莎女王(1717—1780年)时期曼图亚公国和米兰公国那样的自治权。而且在19世纪40年代,卡塔内奥也感觉到了民族主义运动的高涨给哈布斯堡王朝带来的挑战。联邦的方案可以允许每个地区和每个民族遵循当地的传统、拥有自己的语言和军队,这似乎是保存王朝的唯一方法。卡塔内奥认为,帝国的每个领域都可以处理自己的内部事务,同时保持对王室的忠诚。因此,在他看来,"帝国可以成为一个不同民族的联邦,不是通过不受欢迎的军队和对地方需要漠不关心的官员,而是通过真正的利益和将君主制的机构联合在一起"①。也就是说卡塔内奥并不希望意大利脱离奥地利,而是希望奥地利由帝国转型成以哈布斯堡王朝领导的联邦国家,而意大利各个国家以平等的身份加入奥地利联邦。要达到这样的目的,当然最终不仅要依靠各个区域的良好状况,而且要依靠哈布斯堡王朝在自由主义盛行的时代幸存下来。

卡塔内奥提议的联邦方案,至少部分地,是建立在他对意大利历史的解读之上的。卡塔内奥没有否认在1848—1849年间在意大利各个地区出现的共同的民族主义愿望,但也意识到了他的祖国伦巴第和意大利其他地区之间存在的巨大差异。用费拉里的话来说,意大利由8个国家组成,有8个首都城市,在民族革命之后,没有一个愿意自愿放弃各自的特殊地位和特权。所以他认为联邦主义方案是最实际地解决意大利特殊历史造成的问题的最好办法。和费拉里的看法一样,卡塔内奥认为意大利各个地区之间的历史性的分裂和差异使某种形式的联邦成为不可避免的方法。在19世纪50年代中期的一篇文章中,卡塔内奥写道:

> 无论一种语言在家庭之间或城市之间产生多大的思想和情感的交流,伦敦的议会会议永远不能够满足美国;巴黎的议会会议永远满足不了日内瓦;在那不勒斯起草的法律永远不可能使西西里得到恢复,而皮埃蒙特的议会大多数人也永远不可能通过在威尼斯或者米兰被接受的措施。②

卡塔内奥并不是唯一认识到浓厚的地方传统、意大利人的忠诚和高涨的民族主义情绪之间可能发生冲突的民族复兴运动时期的政治思想家。但他

① Clara Maria Lovett, *Carlo Cattaneo and the Politics of the Risorgimento, 1820–1860*, Martinus Nijhoff and The Hague, 1972, p.31.
② Clara Maria Lovett, *Carlo Cattaneo and the Politics of the Risorgimento, 1820–1860*, Martinus Nijhoff and The Hague, 1972, p.73.

是少数几个认为地方的政治传统的保存比起建立中央集权的民族国家,能给意大利政治自由的发展提供更大的保障的思想家之一。此外,卡塔内奥相信意大利人民的民族主义意愿并不一定要通过马志尼和意大利民族协会提倡的政治统一才能得到满足。调控商业的普通立法、共同外交政策,尤其是对国家防御的共同关注,在他看来,都是意大利联邦得以存在的最基本的条件。和费拉里一样,卡塔内奥认为马志尼的意大利统一观点太教条化,包含太多情感因素,马志尼的密谋策略不仅有破坏性,也是无效的。他指控马志尼混淆了革命和暴动。[①]卡塔内奥对马志尼的策略的谴责,尤其是对马志尼派1852—1853年间革命意图的谴责,说明他对生命的关注和他对恐怖主义作为政治手段的毫不妥协的反对。但是他未能理解马志尼的革命口号的巨大吸引力和感染力,正是马志尼的口号将民族主义意愿转化成了类似宗教的表达。在某种程度上,1848—1849年革命的教训使卡塔内奥更接受马志尼的建立在民主与共和方案之上的意大利民族主义运动的梦想。然而在两个人之间还是横亘着一条鸿沟。卡塔内奥,作为一个改革家和天生的学者,不能够真正理解将毕生的经历奉献于革命和政治的马志尼的目标与动机。但是除了个性和世界观上的区别之外,卡塔内奥无法和马志尼合作,还因为他不相信意大利的政治统一是一个实际的目标,也不认为政治统一是未来的一种道义责任。

直到进行米兰"激战的五天"[②]这一年年初,卡塔内奥仍在主张建立一个包括奥地利在内(因为奥地利在统治者伦巴第—威尼斯地区)的意大利联邦。但是在"激战的五天"中,卡塔内奥却义正词严、慷慨激昂地转而反对奥地利元帅拉德茨基[③]。米兰起义本来是自发、分散和没有组织的,卡塔内奥出面对各方面进行了协调。他不仅把不懂纪律、不会打仗的民众组织起来,还把政治观点不同,甚至对立的力量团结在一起。在他的领导下,米兰起义不但充满了爱国精神,而且还闪耀着民族复兴的光辉。但当皮埃蒙特的军队赶来支援时,卡塔内奥却重新转到了反对派的立场上,为阻止伦巴第和皮埃蒙特合并进行不懈的斗争。他不惜一切代价,捍卫民主和联邦的原则。他坚定不移地认为,只有共和主义的联邦制才能拯救意大利。就像斯帕多利尼指出的,

① Clara Maria Lovett, *Carlo Cattaneo and the Politics of the Risorgimento, 1820-1860*, Martinus Nijhoff and The Hague, 1972, p.76.
② 受到西西里人民起义的胜利和法国巴黎二月革命的成功的激励,处于奥地利统治下的米兰人民自发起义。揭竿而起的米兰人民在1848年3月18日至22日这五天里靠简陋的武器和奥地利军队进行了激烈的战斗,赶跑了奥地利统治者,成立了临时政府。
③ 拉德茨基(Radetzky, 1766-1858),奥地利元帅,驻意大利总督。1841年率领奥军进驻意大利。1848年,米兰发生起义时,他的军队驻扎在那里。

"无论从哪点看,卡塔内奥都是一个欧洲人,而不单单是哪个国家的公民"[①]。从他在米兰"激战的五天"前夕起草的一份建立阿尔卑斯山南国家的纲领里可以看出他的欧洲主义思想。他写道:"各国民众普遍起来造反。各国人民都开始觉醒。他们已经认识到每个民族的自由都是其他民族获得自由的必要条件。各国人民为了自卫,都应当武装起来,但必须是简单的民众武装,切不可发展成用于征服他人的军队。……只有不利于压迫者的旗帜才是大众的旗帜,这就是平等、正义、自由和人道的旗帜。"[②]

1851年夏,朱塞佩·蒙塔内利1848年革命的一个激进派的领导者,成为"拉丁民主委员会"的创始人之一。委员会的成员很多都是法国、西班牙和意大利的激进派成员。委员会的目的是促进全欧洲的革命,建立民主共和联邦。费拉里也赞同委员会的观点,愿意与之合作,希望使民主联邦主义成为意大利问题的最佳解决方案。费拉里和卡塔内奥一起写了一封信作为对委员会宣言的回应。他们指出,1848—1849年革命的失败可能是塞翁失马,焉知非福。考虑到皮埃蒙特的野心,失败意味着意大利至少暂时处于哈布斯堡家族而非萨沃依王朝的控制之下。意大利人民可能从这次经历中认识到想要获得独立和自由不能指望君主、教皇或独裁者,而是必须通过人民自己争取。他们写道:

> 意大利必须放弃它的幻想:革命的主动权必须掌握在下层人民手中……在每一个意大利国家,人民必须站起来,他们必须立即宣告他们的主权,他们必须选出议会,监督并掌握他们的自由。和你(指拉丁民主委员会)一样,我们相信罗马共和国,威尼斯共和国和所有未来的共和国会组成一个意大利联合众国。[③]

在米兰"激战的五天"中充当主角的这位学者是一位与时代无法合拍的人物,他一直坚持他的共和联邦主义思想。卡塔内奥不愿接受马志尼的意大利统一共和国的梦想,也不愿称赞查理·阿尔贝特和他的继任者为"意大利之剑"。1848—1849年革命失败之后,几乎整个意大利都转向拥戴萨沃依王朝的君主政体。如果政治革命不能够在可预见的将来实现,他们希望至少可以

① 乔瓦尼·斯帕多利尼:《缔造意大利的精英们——以人物为线索的意大利近代史》,罗红波、戎殿新译,世界知识出版社,1993年,第105页。
② 乔瓦尼·斯帕多利尼:《缔造意大利的精英们——以人物为线索的意大利近代史》,罗红波、戎殿新译,世界知识出版社,1993年,第105页。
③ Clara Maria Lovett, *Carlo Cattaneo and the Politics of the Risorgimento, 1820–1860*, Martinus Nijhoff and The Hague, 1972, p.73.

通过和皮埃蒙特政府合作打败奥地利而获得意大利独立。卡塔内奥却不愿参加王朝战争,在他看来,萨沃依王朝所从事的事业,似乎并不能适应意大利历史发展的需要。在加里波第以维克托·伊曼纽尔二世的名义解放意大利南方之后,他建议加里波第不要轻易与皮埃蒙特合并,以便给真正民主的联邦制度留有一个试验的机会。意大利王国宣告成立之后,三个选区选举卡塔内奥为王国议会议员(1861年),但他拒绝向君主体制宣誓,始终坚持共和主义信念。[①]当意大利王国准备占领罗马时,卡塔内奥仍在幻想着:意大利民众将很快意识到,只有按照瑞士的模式建立一个联邦国家,才能满足自己的需要,才能有利于民族的发展。无论就禀性还是信念而言,他同萨沃依家族建立的君主制是格格不入的。他坚定不移地认为,只有共和主义的联邦制才能拯救意大利。

卡塔内奥最亲密的伙伴对他的政治观点持保留态度,马志尼和他的追随者则认为这是"最糟糕的政治异端邪说"[②]。加富尔对这位伦巴第经济学家和曾经的革命家也是敌视的。由温和主义者组成的,作为加富尔在意大利最重要的政治同盟的民族协会对卡塔内奥更加敌视。协会的报纸认为他是意大利统一事业的阻碍。[③]因为在这个时候,在大家看来,奥地利成了意大利民族复兴的主要障碍,它不仅封锁了意大利民族独立之路,而且妨碍了改良事业的成功。[④]

卡塔内奥为意大利人民寻求民族独立和政治自由的政治方案总体来说是不成功的。作为一个政治思想家,卡塔内奥给他的同时代和后代的同胞一个对1848—1849年革命的全面、有深刻见解的分析。他了解他自己时代的这两股重要的力量:自由主义和民族主义。更重要的是,他认识到这两股力量并不一定是相容的。虽然他向他的同时代人指出需要在民族主义者的意愿和对政治自由的寻求之间保持平衡,但是卡塔内奥未能设计出一个和马志尼派或意大利民族协会相容的政治方案。

对于很多卡塔内奥同时代的人来说,他希望的帝国转型是完全不切实际的。为了防止自由主义的密谋,弗兰西斯二世政府在1821年的政治考验之后,已经采取了镇压的政策,目的在于遏制破坏性的(也就是自由主义的)观

---

① 乔瓦尼·斯帕多利尼:《缔造意大利的精英们——以人物为线索的意大利近代史》,罗红波、戎殿新译,世界知识出版社,1993年,第102—103页。

② Clara Maria Lovett, *Carlo Cattaneo and the Politics of the Risorgimento, 1820–1860*, Martinus Nijhoff and The Hague, 1972, p.97.

③ Raymond Grew, *A Sterner Plan for Italian Unity: The Italian National Society in the Risorgimento*, Princeton University Press, 1963, pp.142, 240, 262, 278.

④ 路易吉·萨尔瓦托雷利:《意大利简史》,沈珩、祝本雄译,商务印书馆,2014年,第444页。

点的传播。尤其是政府对出版物非常严格,除个别情况外,禁止讨论政治事件。1835年,费迪南德一世坐上哈布斯堡王位之后,曾经带来了新的希望。但是在19世纪40年代,情况又开始恶化了,因为伦巴第—威尼斯王国的管理者开始感受到了维也纳的政治困境带来的压力。在米兰,在30年代末大众的普遍失望和不满导致了对奥地利统治的真正反抗。确实,希望脱离帝国的人数在总人数中所占比例不多,而且主要集中在城市。但是在他们的反抗者的阵营中有着能确定社会基调的那些人:贵族、学者、作家和艺术家,以及一些商人。1848年革命的到来宣告了卡塔内奥早先希望哈布斯堡帝国转型成为自由民族的联邦方案的失败。随着帝国各个地方爆发革命,强有力的自由—民族主义运动在意大利兴起,卡塔内奥开始考虑意大利各个国家组成一个联邦国的可能性。但是事实证明这个解决方案不比哈布斯堡王朝的转型来得更可行。

卡塔内奥也未能充分处理一些费拉里和皮萨卡内等提出的严重问题,也就是如何处理那些导致社会落后的社会和经济问题。卡塔内奥并没有忽视这个问题,但是总体来说他一直相信政治和经济自由主义将创造出社会变革所必须的条件。卡塔内奥并不那么相信群众的力量,在他所倡导的意大利政治革命中,群众的角色非常模糊。希望意大利的政治变革效仿瑞士和美国的联邦模式实际吗?甚至假设瑞士和美国代表了民族独立和政治自由的理想结合,联邦制度能在像意大利这样一个几个世纪以来一直是欧洲列强的争夺之地的国家生存下来吗?对于这些问题,卡塔内奥并没有给出明确的解释。卡塔内奥承认意大利民主联邦只能存在在"欧洲联合众国"中,也就是说,在一个由拥有自由—民主政府的自由国家组成的联邦中才能成功。[1]他推断欧洲各个民族的自由主义的胜利和民族意愿的达成将带来一个持续和平与互相尊重的时代。这个政治愿景可能是合理、高尚的,但是在当时似乎是完全不切实际的。

三、焦贝蒂与卡塔内奥的联邦主义思想之比较

从影响上来说,焦贝蒂的联邦主义思想远远大于卡塔内奥的联邦主义思想。由于焦贝蒂一直积极从事政治活动,甚至一度成为皮埃蒙特的首相,而且他在《论意大利在精神和文化上的领先地位》中系统阐述了他的联邦主义思想,使得焦贝蒂的联邦思想得到了更广泛的宣传,他的思想不仅极大地激发了意大利人的民族自信心,对当时的政治形势也产生了很大的影响。卡塔

---

① Clara Maria Lovett, *Carlo Cattaneo and the Politics of the Risorgimento, 1820–1860*, Martinus Nijhoff and The Hague, 1972, p.89.

内奥的联邦主义思想,虽然有说服力,但大多只是零星出现在他的一些著作和写给亲密的政治上的朋友的私人信件里。卡塔内奥从来也没有想过要让它们成为,实际上也没有成为广泛宣传的政治方案。而且分析他的政治行动可以发现,尤其在1849—1850年间他基本上不愿意扮演任何政治角色,即使为了获得民族的独立和政治的自由,当革命势在必行的时候,从内心里他还是一个改革家。除了在1860年他想要影响加里波第的政策之外,他是刻意回避政治责任的。总的来说,卡塔内奥对他同时代人的影响从来没有比他的政治观点对后代的历史学家和政治家的影响来得大。

同属联邦主义思想,温和自由主义者焦贝蒂的君主联邦主义思想和卡塔内奥的共和联邦主义思想自然有一些共同的地方。首先,他们都非常注重对中世纪的重新评估,虽然促进重新评估的精神动力是不一样的。焦贝蒂试图以中世纪的历史证明教廷在意大利历史上的重要地位和教皇不可替代的精神领袖作用;卡塔内奥则试图在中世纪的历史中寻找意大利的共和主义传统。其次,他们都认为意大利由于长期的分裂,形成了不同的文化与传统,地区差异大,实现绝对统一的可能性相对较小,而联邦的方式却正好解决了这一问题:国家相对统一,但又比较松散,各个邦国拥有很大的自治权。他们不想要一个包括全意大利的绝对统一的民族国家,因为他们认为这是从外部和上面强加的,是有害于各个意大利国家的人民的,会阻碍他们的自由。此外,无论是焦贝蒂还是卡塔内奥,和马志尼比起来,他们都想以渐进的而不是革命的手段,将新的意大利建立在当前已有的条件基础之上。和马志尼的思想与行动团体不一样,焦贝蒂和卡塔内奥两者都是思想家而不是行动家,而且即使人民群众组成了他们理论方案的一个不可缺少的组成部分,他们也并不倾向于和人民群众有过多的联系。最后,两者的联邦主义在接受当前现实和采取改革的方法上有着相同的背离。他们都反对秘密社团和密谋。他们积极、理智、清晰的思想,和马志尼的激烈、统一的神秘主义形成了鲜明的对比。

但是焦贝蒂的新圭尔夫派联邦主义思想和卡塔内奥的民主共和联邦主义思想,在产生的根源和内容实质上却是截然不同的,甚至是相互矛盾的。首先,从产生的根源来说,由于古罗马帝国时期的辉煌和教廷在意大利的存在使意大利人自然而然地认为意大利人是优越于其他民族的,是生来领导其他民族的,焦贝蒂的思想表达了一种重回巅峰的渴望。但是帝国灭亡之后的长达几个世纪的四分五裂和外权入侵使意大利沦为一个地理名词,也导致了意大利的自信心和自我意识的丧失。很多人包括加富尔都认为意大利很难靠自己的力量解决意大利问题。卡塔内奥建议建立一个以奥地利为首的联邦国家的思想正是这样一种心理的写照。可见,焦贝蒂的联邦主义思想建立在对教廷和教皇的至高无上的权威和意大利民族的优越性的基础之上,实质上是一种意大利自我意识的张扬。而卡塔内奥的联邦主义思想却是建立在他对共和主义的信念和对奥地利的幻想之上,反映了意大利自我意识的薄弱。这是一种历史原因导致的民族矛盾性格。以焦贝蒂为首的新圭尔夫派是由天主教的基督徒所组成的,他们强调对教廷和现存国家的尊敬。而以卡塔内奥为首的激进自由主义者阵营大都是实证哲学家和思想家,对他们来说,民族复兴运动意味着政治、社会尤其是思想的完全解放。他们的激进主义更多的是观念层面的而不是政治层面的。当激进自由主义者面对传统的机构和传统的信仰的时候,他们摒弃前者,反对后者。科学和理智是他们的指导思想。对他们来说,科学和文化是最高价值,他们不了解形而上学或者宗教的超然存在。

卡塔内奥的民主共和联邦主义保证了全民创制、地方自由和个人自由,而焦贝蒂的新圭尔夫派联邦主义强调对教廷和现存国家的尊敬,在这方面两者是完全对立的。它们代表了最大程度和最低程度的自由、政治动乱和现代性。[1]可以说,卡塔内奥的联邦主义和焦贝蒂的《论意大利在精神和文化上的领先地位》代表了最大程度的对立面:前者希望旧意大利完全被欧洲吸收,后者设想将新欧洲简化成旧意大利。[2]

总之,焦贝蒂和卡塔内奥的联邦主义思想在理论上似乎很完美,但现实的情况却是错综复杂的,教皇自私自利的本性和奥地利帝国对意大利的毫无诚意注定这只是美好的愿望。虽然意大利最后并没有以联邦的方式统一,但这两种联邦主义思想,特别是焦贝蒂的联邦主义思想在意大利民族复兴运动初期对激发民族情感、唤起统一渴望产生了重大的影响。

第三节　温和的自由主义:加富尔倡导建立君主立宪制王国

共和主义和联邦主义两个方案先后失败了。宪法的废除、外国的干涉和占领(奥地利在公使馆、公国和托斯卡纳,法国在罗马)是意大利各地政府对1848年革命合乎逻辑的反应。共和主义进程的最后步骤并没有发生,君主——立宪的联邦主义也消失了。后者的失败比前者似乎更为彻底,因为前者至少曾经有共和国的实践,并且曾努力保卫罗马和威尼斯。新圭尔夫派联邦主义作为意大利问题的一个可能的解决方案已经被排除了,虽然还有一些人尚未认识到这一点,还千方百计想要继续推进(甚至是在国际的规模上)。新圭尔

---

① Luigi Salvatorelli, *The Risorgimento: Thought and Action*, Harper and Row, 1870, p.107.

② Luigi Salvatorelli, *The Risorgimento: Thought and Action*, Harper and Row, 1870, p.106.

夫派的民族复兴运动概念受到了致命的打击：全国性的教廷或者教皇领导国家的幻想破灭了。这是在民族复兴运动的过程中支持自由欧洲主义的一个重要观点，因为这意味着最能代表本土保守和独裁主义的主要势力中的其中一股势力的消失。共和主义和联邦主义的失败给温和的自由主义提供了施展的舞台。

一、温和的自由主义

意大利的温和主义不仅仅受到政治的激发，还深深扎根于文化土壤。它跟历史研究，特别是意大利历史的研究紧密相连。意大利18世纪的知识萌发在19世纪上半叶，结出了果实：新的历史—民族意识，而这种意识依次受到了从18世纪继承而来的人文精神和社会精神的熏陶。可以说，意大利历史的研究催生了温和主义学派，曼佐尼和巴尔博很清楚地表明了这一点。最大的例外是焦贝蒂，其实他也不完全是例外，因为他也受到了历史研究的熏陶（虽然他的心态不能完全被称为历史的）。事实上，他声称他的《论意大利在精神和文化上的领先地位》是有历史根据的。在别的国家的历史上很难找到这样的历史时段，其中的政治和文化活动能像意大利民族复兴运动中那样相互关联、如此密切——对那些对复兴运动做纯粹地域—政治理解的人来说，这是不容置疑的关键证据。

民族历史的研究对民族复兴运动来说产生了两个结果：对意大利的过去有了更好的认识，对未来提供了一个很好的经验和预兆；对意大利和欧洲的关系有了更清楚的认识，能从欧洲层面来看待意大利问题了。民族的和欧洲的因素是紧紧联系在一起的。民族复兴运动肯定会受到意大利过往辉煌的强烈影响，而对它衰败原因的分析指出了克服它们的困难之处和可行的方法。在对各种历史时期的选择和评估上融入了强烈的政治因素。一些著名人士明确指出一群意大利历史学家，他们同时是爱国主义者、温和主义者或者新圭尔夫派或天主教—自由主义者或其他类型的政治家，都没有将关注的视线投向古罗马（在这一点上马志尼和其他温和主义者之间也有不同意见），甚至也没有投向文艺复兴，而是都不约而同地关注中世纪——城市国家的时代。他们从意大利历史中提取出来的重要性是独立和自由而不是国家的统一。巴尔博认为独立绝对优先于自由。有人可能会说他说得太绝对，甚至要求独立的激情熄灭所有其他的民族激情。但是这种看法即使在温和主义者阵营中也是唯一的。杜朗多发表论文公开反对他，虽然文中没有提及巴尔博的名字。杜朗多指出只考虑独立而不担心自由是一个严重的错误：以立宪的方式重构意大利政治秩序是取得民族精神团结的唯一方式。巴尔博自己，就此而言，是在谈论机会，而不是原则；就过去的历史而言，在认为自由是意大利最灿烂文明的根基这一点上没有人比他更坚定。

　　对意大利和欧洲历史的了解,加上对当前形势的观察,让这些政治研究者们清楚地认识到意大利的衰退在刚迈入现代门槛时就开始了,而这个时候正是其他欧洲国家迅速发展的时期。[①]因此,他们总的目标是使意大利上升到欧洲文明的水平,因为他们确信共同的欧洲和共同的基督教文明,构成了现代国家价值观的纽带。参与到这个文明中去对每个民族来说都是最重要、最首要的生存条件。巴尔博比其他任何人都更固执地认为如今的意大利和其他民族比起来是落后的。他指责了对意大利过往辉煌的吹嘘,认为这种吹嘘诱使大家梦想一个永远不可能复原的意大利辉煌的过往,转移了人们的思想对意大利当前现实的关注。意大利不能将自己从欧洲生活中孤立出来,至少暂时地只能占据欧洲生活中的末尾位置。意大利现在落后的主要原因是缺乏经验,对代议制政府的发展缺乏贡献,在巴尔博看来代议制政府的发展是欧洲政治最大的进步。

　　对经济和科技的研究同样导致了欧洲主义观念。对民族复兴运动来说,这方面研究的重要性仅次于对历史的研究。从欧洲大国富强的事实中,自由派人士逐渐意识到,如果意大利经济不能够实现资本主义化,不能建立统一的国内市场,那么想要从政治上复兴意大利简直是奢谈。只有努力使各邦国经济平衡发展,发展自由贸易,建设铁路,实现民法、刑法和商法的统一,方可使意大利不经过革命的震动就走上民族复兴的道路。从19世纪30年代起,意大利自由派为研讨经济发展问题,掀起了办报刊的热潮。重要的研究机构包括伦巴第的期刊,比如罗马诺西的《统计通用史册》(*Annali di Statistica*)和卡塔内奥的《工艺界》(*Politecnico*)。[②]这些报刊不仅刊登了自由派学者们对意大利经济进步面临的各方面问题的探讨,也刊登了大量英国、法国经济发展状况与经验的报道。这些研究滋养了现代思想,促进了赞成工业发展、铁路建设的改革方案和降低关税联盟的形成,还促进了意大利科学家代表大会的成立。

　　总的来说,他们努力使民族的各种能量都得到了发挥,通过将它们的不同形式在不同的区域相互联合,使它们在各方面都得到发展,而他们的明确目标就是要建立全新的意大利。在经济学领域最重要的主张(也有政治和民族价值的主张)是由将温和主义发挥到极致的政治家加富尔做出的,他还通过与革命联盟,超越了温和主义。欧洲主义即使在1848年之前都已经是加富尔思想的一个最基本的特征。之前提到的共同欧洲文明使加富尔将欧洲的

[①] Luigi Salvatorelli, *The Risorgimento: Thought and Action*, Harper and Row, 1870, p.100.

[②] Luigi Salvatorelli, *The Risorgimento: Thought and Action*, Harper and Row, 1870, p.101.

不同民族称为"基督教大家庭的分支",让意大利重新加入欧洲文明是他的欧洲主义的另一个特色。和其他的温和主义者一样,加富尔特别关注英国和法国。当巴尔博将"英法文明,西方欧洲的文明"等同于"进步中的文明"时,加富尔也表达了基本相同的思想。

温和主义者的新意大利政治方案也是民族特征和欧洲特征的结合。他们考虑到了通过几个世纪逐渐形成的不同意大利国家的实际情况,提议通过以最先进的欧洲国家为模板进行改革的方式来保护它们。他们的任务是在已有现状的基础上进行建设,希望可以将变革可能给意大利和欧洲文明带来的混乱降到最低。他们害怕民众倡议,对于民主,他们无论在理论上还是实践中都持否定态度。当然,这个否定并不是这个派别唯一的和最后的论断,因为巴尔博和加富尔谈及了民主的最终胜利。英国和法国成为每个意大利国家想象中的君主—立宪方案的模范。

温和主义者的民族复兴方案的重要性是不言而喻的。首先,他们使民族的观点得到了更大范围的宣传,之前民族的观点对很多意大利人来说是陌生的。其次,他们考虑到要将政治、经济、文化和宗教理想结合起来为民族复兴运动服务。此外,他们论证了不经过革命以最低程度的变动实现复兴的方案是可行的。最后,他们希望将保守势力和欧洲政府更紧密地联合起来为意大利事业服务。

自由派人士对马志尼发起的一系列密谋起义进行了尖刻批评,表明了他们坚决摈弃革命道路的态度。巴尔博认为,密谋起义除了"煽动彼此仇恨与报复的罪恶之火"外别无用处。革命失败带来的严重后果让自由派的政治家们认为马志尼派争取建立民主共和国是一种危险的主张。焦贝蒂说:"依我看来,人民幸福最大的敌人,就是人们通常所说的共和国,换言之,亦即纯粹的民主制度。"[①]许多原来曾经积极参加革命或者对革命表示同情的自由派人士在实践中得出了这样的结论:缺乏准备、操之过急的武装起义道路走不通,应当采用渐进、温和与和平的方式求得意大利的独立与统一。巴尔博就认为,"只有权利、平等和自由才能把我们从暴政和无政府状态的双重威胁下解脱出来",宣称"将双手插入口袋",即和平的方式是复兴意大利最明智的方法。[②]

皮埃蒙特是1848年革命之后唯一保持宪法的国家,它似乎已经成为新意大利的翘楚。革命也"让所有意大利的君主们成了反民族主义者,除了皮埃

---

① 辛益:《加富尔派复兴意大利的纲领与实践》,《河南大学学报(社会科学版)》1991年第31卷第1期。

② 赵克毅、辛益:《意大利统一史》,河南大学出版社,1987年,第140页。

蒙特的新国王伊曼努尔二世"[1]。在所有其他国家放弃了民族和未来,转向反动并投入外国人的怀抱时,皮埃蒙特通过继续自由主义的国内方针保持了它的候选人资格。皮埃蒙特成了民族主义者的避难所,也成了民族主义者继续民族事业的唯一希望。况且,萨沃依王朝统治下的皮埃蒙特不仅经济相对发达,且具有一定的实力,最重要的是皮埃蒙特是意大利各邦中唯一由意大利人当权的邦国。皮埃蒙特的历史和其他邦国的历史的一个很大区别在于:当半岛绝大部分地区都处于外权控制之下的时候,萨沃依王朝一直保持着独立。[2]因此,无论从民族情感上还是从经济政治利益上来说,皮埃蒙特都是他们实现统一的理想基础。无论是共和主义者还是联邦主义者,这时都将目光转向了皮埃蒙特,希望皮埃蒙特能担任起领导民族事业的领头羊任务。

事实上,"接下来十几年的皮埃蒙特历史就是意大利的历史"[3]。为了能更好地承担起这个任务,焦贝蒂在《意大利的文明革新》中提出,皮埃蒙特必须结束"地方自治主义"。这意味着皮埃蒙特人必须不再认为他们自己国家的命运和意大利的命运是分开的,他们必须不再将意大利看成扩大萨沃依王朝国家领土的场地。焦贝蒂说道:"独立战争本身就深受'地方自治主义'之苦;这也是皮埃蒙特和其他意大利国家和人民缺少一致的原因。"[4]皮埃蒙特必须全心全意地支持意大利事业。在这个事业进程中,皮埃蒙特可以担负起领导者的角色,只要最终的目的是由意大利取代皮埃蒙特,而不是相反。萨沃依王朝必须处理好三个现代问题:智力发展、民族性、提高普通民众的地位。"撒丁王朝至今为止都是贵族的、地方自治的,对人才的接受力不强;现在它必须尽可能变成进步的、民主的和全国性的。"[5]也就是说,在担起领导意大利的任务之前,皮埃蒙特必须自我转型。卡塔内奥在独立战争前夕也曾对皮埃蒙特提出同样的要求。

二、加富尔的君主立宪制方案

(一) 加富尔的历史相对论

1810年8月10日,温和自由主义的代表加富尔出生于都灵的一个贵族家

① Filippo Sabetti, "The Making of Italy as an Experiment in Constitutional Choice," *Publius*, Vol.12, No.3(Summer, 1982), p.5.

② Silvana Patriarca, "Indolence and Regeneration: Tropes and Tensions of Risorgimento to Patriotism," *The American Historical Review*, Vol.110, No.2(Apr., 2005), pp.380-408.

③ Bolton King, *A History of Italian Unity*, Vol.1, James NIsbet, 1899, pp.359-360.

④ Luigi Salvatorelli, *The Risorgimento: Thought and Action*, Harper and Row, 1970, p.140.

⑤ Luigi Salvatorelli, *The Risorgimento: Thought and Action*, Harper and Row, 1970, p.140.

庭。他父亲是一个顽固守旧的侯爵,母亲是瑞士日内瓦加尔文主义者的后裔。加富尔16岁进入了都灵军事学校。在戎马生涯中,加富尔的政治观念是极端自由主义的、"雅阁主义的"[1]。后来,由于发表了同情1830年法国七月革命的言论被上级申斥,被贬到一个偏僻的小城。辞职后他游历了法国、英国和比利时。英国的君主立宪政体及国家机构的设置引起了他极大的兴趣,使他产生了按照英国模式来改革意大利的想法。加富尔既讨厌奥地利也厌恶马志尼,他真正感兴趣的是经济的发展,在他看来经济的发展需要有自由的贸易、自由的政体和稳定的政局。

加富尔吸收并融合了法国历史学家基佐的历史进步观点与哲学家库杰恩的折中主义思想,提出了推动社会政治进步又无须违法、无须使用暴力的"中庸"政策。他宣称,这种"中庸"政策是将社会之舟从威胁着它的无政府状态和专制统治这两座暗礁中解救出来的唯一方法。对于意大利的使命,加富尔很少提及罗马帝国、前罗马的意大利部落、公社、文艺复兴和中世纪教廷。他不认为有以意大利为主角或核心演员的、动人心魄的戏剧需要重演,也没有天启的目标需要重新开始。加富尔对现实的洞察力,对历史力量的理解与马志尼和焦贝蒂正好相反。他认为历史既不能加快速度来容纳马志尼的信仰的大跃进,也不能倒回去包容焦贝蒂的中世纪精神。

对于加富尔来说,历史不能重演。根据加富尔的想法,马志尼通过大众、人民的创举达到统一的假设没有先例。以法国和俄罗斯为例,统一都是以一个中心开始,在法国是法兰西岛,在俄罗斯是莫斯科公国。每个中心都是靠着领导者的治国才能和运气,逐渐扩大自己的领域直至地理、语言所暗示的边界的极限。至于焦贝蒂的联邦政府,认为时代将认可联邦政府而不是统一的民族国家的想法是荒谬的。他认为民主共和国不符合历史,因为它是"不合时宜的",而新圭尔夫派的联邦政府是"反历史的"、是过时的,温和的自由主义的立宪君主制国家似乎更适合时代的潮流。[2]和马志尼、焦贝蒂及其追随者,民主共和主义者、新圭尔夫派和君主制联邦派相反,加富尔选择国家组织的、政府主导的民族主义,既不是建立在人民的基础之上,也不依靠教皇和君主,而是基于有活力的政治、行政、社会和经济机构。事实上,意大利以这样的方式建成,证明加富尔抓住了时代的潮流和历史的实情。

很难确定加富尔是什么时候成为一个民族主义者的。虽然他认为整个半岛由不同的"国家"组成,但是想要使半岛脱离外权的干涉却足以让我们认为他是一个意大利人、一个爱国者。他有伟大的抱负,19世纪30年代的时候

① Denis Mack Smith, *Cavour*, Alfred A. Knopf, 1985, p.5.

② Ronald S. Cunsolo, *Italian Nationalism*, Robert E. Krieger Publishing Co. INC., 1990, p.21.

他承认他经常希望梦醒之后发现自己是意大利王国的首相。虽然他没有明确指出王国的区域范围，但我们可以大概认为是比皮埃蒙特更大的一个国家。加富尔可能起先确实认为，为了保护皮埃蒙特的利益，半岛的统一在政治上是没有必要的。从1848—1849年的失败经历中，加富尔意识到触动阶级结构的事是不可能成功的。无论是通过焦贝蒂的教皇君主精神、马志尼的民众起义，还是单纯的加里波第战功，解放和统一都是不可能完成的。联邦政府和统一的民主共和国一定要获得至关重要的中产阶级的支持。只有自由主义的君主制国家才有成功的希望。

加富尔十分钦佩英国的罗伯特·皮尔（Robert Peel），因为他引导托利党开展了温和的改革，然后"窃取"了激进派的政治能量。[1]加富尔将这些自由的观念和作为一个政治战略家的天赋结合起来，在1852—1859年间，用这些天赋主导了皮埃蒙特的政治，并将皮埃蒙特的权力加诸整个意大利。

（二）皮埃蒙特的改革

加富尔在1848年6月成为皮埃蒙特议院议员。在1850—1852年间，他前后担任贸易、经济、农业等部门的内阁大臣；在1852—1861年间，担任四任首相和外交大臣。加富尔认为，要实现在萨沃依旗帜下统一意大利的目的，首先要富国强兵，即要大大加强皮埃蒙特的经济和军事实力。在他看来，民族复兴运动就是"一场将意大利提高到欧洲最先进国家水平的运动"[2]。加富尔在任期间持续推进了他的前任巴尔博、焦贝蒂和阿泽利奥开展的、曾被复辟的统治者打断的皮埃蒙特现代化运动。他使用国家权力促进自由贸易，培养自由资本主义、刺激生产；振兴银行、兴建公共工程；鼓励科学种植、积极促进农业现代化；通信设施和交通枢纽被更新换代；道路建设得到促进，铁路线路覆盖了整个皮埃蒙特；积极扩充军备，增加军费，对军队的指导和训练也改头换面，在国王、总参谋部和政府的共同领导下，军队成为更高效、强大的机构，为日后的统一战争打下了基础。在国家的监督下，落后于西方其他发达国家的皮埃蒙特的经济实力得到了快速和稳定的增长。在加富尔的领导下，皮埃蒙特变成了温和进步主义的最好例证，活力和乐观的精神向全国各地散发。[3]

经济复兴政策是和自由宗教政策齐头并进的，新皮埃蒙特的政策在宗教

① Lucy Riall, *Risorgimento: The History of Italy from Napoleon to Nation-state*, Palgrave Macmillan, 2009, p.28.

② Spencer M. Di Scala, *Italy: From Revolution to Republic, 1700 to the Present*, Westview Press, 2009, p.103.

③ Ronald S. Cunsolo, *Italian Nationalism*, Robert E. Krieger Publishing Co. INC., 1990, p.66.

事务上也得到了实施。呼吁取消宗教法庭的《斯卡蒂法》(*Sccardi Law*)在加富尔的大力支持下通过了,虽然那时他尚未成为首相。这是自由政策的实施,是平等在法律面前的实现,也是新圭尔夫派失败的一个自然后果。加富尔于1852年11月接任首相之职之后,进一步限制了教会权力,不准教会干预国家政治,取消教徒不受国家司法裁判的特权,缩减寺院数目,没收拍卖部分寺院财产充实国库。民族国家政策和罗马天主教教廷之间首次出现了公开的对抗。

加富尔新政策的议会手段是中左和中右势力的"联姻"。通过"联姻",备受责骂、屡次被认为是蛊惑人心而被逐出教会的左翼,进入了政府。虽然不是整个左翼,但至少是拉塔齐的政治分支。统治阶级的队伍得到了扩大和转型。贵族阶级真正丧失了对皮埃蒙特国家政治的垄断。虽然还没有真正的民主,但至少已经起了一个头,基础已经打好了。中左和中右势力的"联姻"使加富尔在议会中占有了优势,使他有了坚实的基础来对抗国王试图削弱议会权力的图谋,也保证了他的各项改革措施能够得到实现。"联姻"促成了赞成独立的资产阶级之间的新联盟,削弱了保守派和极左派的影响力,"成为吸引爱国者的磁石"①。

加富尔外交活动的宗旨是寻求与欧洲某一大国建立反奥联盟。他承认1848—1849年革命失败的血的教训就是皮埃蒙特永远不可能靠自己的力量打败奥地利,所以他将外交看成是"为皮埃蒙特获得盟友,孤立奥地利的唯一手段"②。为此,他派军队参加了1854年爆发的克里米亚战争③,站在英、法方面作战。此举虽系劳民伤财,为他人作嫁,但作为战胜国参加了一战后的巴黎和会,提高了皮埃蒙特王国在意大利境内的地位及在欧洲大陆的声誉。加富尔在会上提出了"意大利问题",痛陈奥地利在意大利的专横暴虐,赢得了英、法对意大利的独立与统一运动的同情和支持。最终通过1858年7月《普隆比埃协议》的签订,④缔结了皮埃蒙特与法国之间的反奥军事同盟。这就解

---

① Spencer M. Di Scala, *Italy: From Revolution to Republic, 1700 to the Present*, Westview Press, 2009, p.104.

② Lucy Riall, *Risorgimento: The History of Italy from Napoleon to Nation-state*, Palgrave Macmillan, 2009, p.29.

③ 克里米亚战争(Crimean War,又名"克里木战争",东方战争、第九次俄土战争),在1853年10月20日因争夺巴尔干半岛的控制权而在欧洲大陆爆发的一场战争,是拿破仑帝国崩溃以后规模最大的一次国际战争,奥斯曼帝国、英国、法国、皮埃蒙特王国等先后向俄罗斯帝国宣战,战争一直持续到1856年才结束,以俄国的失败而告终,从而引发了国内的革命斗争。

④ 普隆比埃是法国东南部的一个温泉疗养地。1858年7月20—21日夜里,拿破仑三世与加富尔长谈了8小时,就法国出兵干预皮埃蒙特与奥地利即将发生的冲突达成协议。

决了皮埃蒙特在军事上不足以与奥地利抗衡的问题。

1850—1859年间,在加富尔指导下实施的皮埃蒙特自由政府实验是富有成效的。在这10年里,加富尔的政策使皮埃蒙特无论在经济发展还是在政治进步方面都走在了整个意大利的最前面。[①]皮埃蒙特在经济改革和政治生活转变方面取得的成就和半岛其他地方的政治反动与民主派运动的政治混乱形成了鲜明的对比。[②]这是民族复兴运动中不可缺少的组成部分,因为皮埃蒙特实力的增强,使它成了全意大利资产阶级心目中的理想王国。更重要的是,它向世人证明了意大利人的自治能力,进一步确认了他们独立的权利,因为独立既是自治的前提也是自治的结果。事实上,如果自治的主要条件是一个民族不从属于外权,那么一个民族如果在国内仍然是受奴役的状态,即使摆脱了外权的奴役也是没有用的。[③]

1848—1849年革命无论对温和主义者还是对民主主义者都是一个转折点。[④]刚开始,马志尼、加里波第和其他民主派人士都因为不遗余力地为建立共和国战斗而赢得了广泛的国际名声。虽然革命失败了,但马志尼预言革命很快就会成功。再次被流放回到伦敦后,他建立了"意大利民族委员会",募集资金,为接下来意大利的革命做准备。但无论是1853年在米兰、1854年在马萨、1856年在巴勒莫的暴动,还是1857年卡洛·皮萨卡内对萨普里的远征都以失败告终。虽然这些缺乏准备、装备落后的暴动不全是马志尼的责任,但当起义失败后,所有的批评都指向了马志尼,使马志尼的影响力大大降低。革命的失败加上众多民主派人士被迫害、监禁和流放,使得民主派在19世纪50年代中期开始失去团结和动力。

加富尔的成功和马志尼阵营的持续失败形成了鲜明的对比,使得很多爱国者认识到在皮埃蒙特领导下取得意大利独立可能是唯一的可行方案。大量来自于意大利其他地区的流放者来到皮埃蒙特,他们参与新闻业、议会和其他各种形式的公共生活,甚至参加政府活动,从根本上促进了这个王国的地方主义的减弱,使之开始成为整个意大利的代表。事实上,正是这种新的民族意识和自由政权下的政治生活的提升,导致了包括萨沃依王国在内的阿尔卑斯山南侧国家的真正融合。也就是说,如果皮埃蒙特担负起了意大利的

---

① Spencer M. Di Scala, *Italy: From Revolution to Republic, 1700 to the Present*, Westview Press, 2009, p.105.

② Lucy Riall, *Risorgimento: The History of Italy from Napoleon to Nation-state*, Palgrave Macmillan, 2009, p.27.

③ Luigi Salvatorelli, *The Risorgimento: Thought and Action*, Harper and Row, 1970, p.145.

④ Lucy Riall, *Risorgimento: The History of Italy from Napoleon to Nation-state*, Palgrave Macmillan, 2009, p.26.

事业,促成了这个民族认真、冷静的性格,以及国家和王朝的坚固,并进一步促进了自由—宪法的实验,那么民族复兴期间大步走向统一的意大利,同样也促进了皮埃蒙特国家的完善,促进了它的政治、文化及道德的提升。加富尔改革的成功,在提高皮埃蒙特王国的声望的同时,也提高了以它为代表的自由派的声望。以马志尼为代表的民主派在皮埃蒙特王国的影响更加减弱了。而以皮埃蒙特为首开展民族复兴运动,达到国家统一的呼声越来越高。

(三) 国家主导的民族主义

虽然加富尔曾把1830年法国七月革命的胜利看成是"照耀意大利复兴的曙光",也考虑过要借助暴力手段来达到国家统一的问题,但他的思想很快就发生了变化。他反对1831年意大利各邦的起义,称这是"很可怕的革命";他认为"青年意大利"是一个"疯狂、残忍而怪诞的政党",他谴责该党的极端行为扰乱了社会秩序,妨碍了进步事业。他认为马志尼使用的愚蠢的暴动革命手段不仅不能促进解放和统一,还可能会引发无法控制的反冲击力,导致内乱和阶级之间的冲突。因为政府只顾着寻求如何保护自己,专注于转移给他们带来威胁的危险,将意大利所有进步和解放的观念弃之不顾;而且由于他们的极端行为,政府也会借此采取极端反动的措施。

加富尔坚持由国家发起的统一运动。他认为高层的指导可以将分散在各个互不相同的团体中的民族主义情绪凝聚起来,加以调整和引导。几个世纪以来的各个流派的知识分子打下了基础,但是高潮阶段需要对参与统一的各股势力进行集中管理。联邦主义者和民主共和派的民族主义者都是不可或缺的人力资源,但只有自由主义的皮埃蒙特才能提供这样的领导和控制。如果批评家将这些努力和结果贴上意大利的"皮埃蒙特化"(Piedmontization),那也只能随他们了。加富尔面对了很多的混乱和困难,但他在国家主导的民族主义上从不让步。在普隆比埃,拿破仑决定为意大利能够成为四个国家的联邦准备和奥地利一战,如果战争是保卫性质的,那么意大利国内的公众舆论将会支持战争。作为获得法国帮助的条件,加里波第的出生地尼斯和皮埃蒙特皇室祖先的居住地萨沃依将被割让给法国。克洛蒂尔德公主、维克托·伊曼纽尔二世15岁的女儿,将嫁给杰洛姆·查尔斯·波拿巴王子——皇帝的表亲。杰洛姆是一个大胖子,年龄又是克洛蒂尔德公主的两倍,还是一个臭名昭著的浪子。[1]只要有一个镇定自若的首相掌握着国家的命运,相信他的子

---

[1] 加富尔主导的这场政治婚姻被认为是他的"马基雅维利主义"的典型表现。James E. Jordan, "Matrimony and Machiavellianism: The Marriage of Prince Napoleon," *Proceedings of the American Philosophical Society*, Vol.115, No.4(Aug., 1971), pp.317–323.

民能够接受这些条件并确保履行这些承诺。

当然坚持国家发起的统一运动，并不代表加富尔不相信民众的力量，相反，他认为民众的支持对统一运动来说是至关重要的。在他看来，"人民对进步有着几乎夸张的渴望，有着强烈的民族意识和对国家主要机构的热爱，这使得他们成了为民族解放所做的所有尝试的最重要支持，虽然并不是最主要的手段"①。加富尔认为1820—1821年的革命被轻易地镇压就是因为上层阶级是分裂的，而民众几乎没怎么参与。1830年之后的暴动大多在发生之前就被镇压了，因为这些运动依靠的是共和主义的观念和蛊惑人心的激情，所以是不会有结果的。他断言："民主革命在意大利没有成功的机会，因为革命没有得到大众的同情。"②

加富尔希望意大利的所有子民都能联合起来共同为民族解放而斗争。他认为意大利所有的麻烦都是有古老的历史根源的，导致这些麻烦的主要原因是外国持续几个世纪对意大利施加的政治影响，而扫除这些障碍的阻力主要来自内部的分裂和敌对。所以他呼吁："只有当意大利的所有子女都团结起来共同努力，才能实现民族独立这个最高目标。如果没有独立，意大利不能够有持续的政治发展，也不可能取得真正的进步。"③他非常相信巴尔博所说的："这（民族独立）不是空想，也不是毫无根据的幻想，而是一个经得起严峻考验的真理。"④而意大利的解放不可能实现，除非通过国内所有力量的联合行动，包括各个邦国的统治者们。民族主义者应该获得那些深深扎根于民族土壤的合法君主们的支持，应该以促进现存意大利各个政府的进步倾向为己任。这样的行为，就像巴尔博在《意大利的希望》(Le Speranze d'Italia)里说的，将会重建意大利大家庭的各个分支之间的联合。这将有可能使国家从未来有可能产生的有利政治环境中获利，并将自己从外国的控制下解放出来。这样的联合并没有像表面上看起来那样难。加富尔相信尽管有着关于分裂的惨痛记忆，共同的民族情感已经变得普遍；这种情感正在日渐加深，已经足以将所有的党派团结在一起，尽管它们之间存在分歧。在他看来，每个社会阶层，从某种程度上来说，都可以在这个重要的事业中相互合作；每个受过教

① Denis Mack Smith, *The Making of Italy 1796-1866*, Macmillan, Holmes and Meier, 1988, p.104.
② Denis Mack Smith, *The Making of Italy 1796-1866*, Macmillan, Holmes and Meier, 1988, p.106.
③ Denis Mack Smith, *The Making of Italy 1796-1866*, Macmillan, Holmes and Meier, 1988, p.107.
④ Denis Mack Smith, *The Making of Italy 1796-1866*, Macmillan, Holmes and Meier, 1988, p.107.

育、在意大利有一定影响的人都可以通过致力于指导和启发他们周围的公民来为这个目标付出自己的努力。

在避免社会巨变的前提下煽动对奥地利的战争成了加富尔一直担心的问题。加富尔借用了焦贝蒂对马志尼的谴责,将马志尼称为一个徒劳的空想家。加富尔对加里波第的评价也很苛刻,称他为一个盲信者、一个煽动家,对统一运动所处的外交和国家环境一无所知。随着加富尔对吸引各个派别为民族事业所用的能力越来越强,使得他对是利用或者还是反对马志尼和加里波第也越来越得心应手。加富尔觉得既然马志尼和加里波第是统一运动中民主势力的主要驱动者,有必要利用他们和人民之间的紧密联系,一旦他们做出不利于他的计划实施的事情,他就会毫不留情地阻止他们从事的活动,与他们断绝关系。在热那亚之后,加富尔命令逮捕逃亡的马志尼,如果1860年5月加里波第的西西里远征没有照着他的预期开展的话,他还准备随时逮捕加里波第。

意大利民族协会是加富尔的国家主导的民族主义的有力维护者。到1856年,很多自由主义君主制倡导者、支持联邦政府的温和主义者和要求统一的联邦共和主义者都纷纷相信加富尔和皮埃蒙特是支持议会政府、机构的自由发展和个人权利的,并相信他们将建立一个由半岛的大部分地区组成的世俗国家。意识到密谋和起义只能起反作用,丹尼尔·马宁,一个1849年之后一直在法国流放的威尼斯人、民主派人士,像加里波第建议过新圭尔夫派一样,建议所有的民主主义者和共和主义者寻求加富尔的谅解。旗帜鲜明的民族主义者的社团"意大利民族协会"是由丹尼尔·马宁和同样在1848—1849年革命后被流放的民主派人士乔治·T.帕拉维奇诺(Giorgio T. Paravicino)在1857年共同创立的。协会维护加富尔的国家主导的民族主义信仰。"民族协会"宣称:"相对于政治机构、城市和地方的利益,协会以意大利独立和统一的伟大原则为先;协会将不遗余力地支持萨沃依王朝,只要萨沃依王朝支持意大利……协会相信意大利想要取得独立和统一必须依靠人民的行动,皮埃蒙特政府的合作也必不可少。"①"民族协会"呼吁国内各种势力为了意大利的"独立"和"统一"联合起来,"如果不能团结她所有的能量,意大利是不可能恢复独立的。如果没有统一的民法,意大利的自由也得不到维护和保持……想要意大利强大、富有、繁荣、昌盛和幸福,它必须是独立和统一的。将各种力量联合起来才能给我们带来独立;有了独立才有自由,这是我们国家能做到

---

① Ronald S. Cunsolo, *Italian Nationalism*, Robert E. Krieger Publishing Co. INC., 1990, p.193.

的……"①民族统一,而不是独立和自由,成了这些维护君主制的前民主派人士的主要目标。

民族协会是民族复兴运动中最引人注目且影响深远的政治组织。1860—1861年的巅峰时期,民族协会拥有450个分支或委员会,2500个地方负责人或理事。在皮埃蒙特避难的一万多流放者几乎都是民族协会的成员。在招募志愿者、提供军需品、运输和对加里波第的西西里远征提供经济援助等方面,民族协会发挥了很大的作用。协会吸引了来自贵族和资产阶级家庭的自由主义者,来自底层的激进分子以及曾经的革命者。协会也得到了托斯卡纳的自由主义者和加里波第和马志尼之前的伙伴的支持。②协会反映了政治气氛的变化和斗争方式的转变,对有些人来说甚至奋斗的目标也发生了改变。现实主义和经验告诉他们,民众的自发起义是幼稚的也是具有破坏性的。他们在加富尔的改良主义里看到了和平改变的道路。即使协会的成员对于加富尔对意大利事业的诚心没有信心,他们也认为他们的施压和正在发生的国内形势将迫使加富尔和每个民族主义者为同一个统一的意大利而奋斗。民族协会的成立被认为是共和主义者转向支持加富尔的最戏剧性的标志,这意味着民族主义者将接受皮埃蒙特领导下的统一,也标志着马志尼时代的真正结束。③

在和拿破仑皇帝达成《普隆比埃协议》后,加富尔和民族协会有了更多的接触,包括通过媒介进行常规性的信息交换。根据和拿破仑的约定,加富尔要挑起战端。他继续鼓励民族协会筹划叛乱,希望这些叛乱能在控制范围之内,又能迫使奥地利在意大利的附庸政权向奥地利求援,邀请奥地利出面干涉。叛乱丛生可以使拿破仑相信加富尔的政策得到了广泛的支持,这是拿破仑坚持要求的另一个附带条件。协会煽动的民众叛乱有几次是成功的,另外的都失败了,因为贵族和资产阶级自由主义者与民众缺乏联系。加富尔被迫依靠马志尼式的冒险和加里波第的功绩来激起足够的民众支持。

1859年2月,加富尔邀请加里波第来到都灵,商谈联法反奥的军事计划,并邀请加里波第参加反奥战争。鉴于民主派的日渐衰微,无力争夺对奥战争的领导权,为顾全国家的统一运动的大局,加里波第欣然接受了组织志愿军参加皮埃蒙特王国军队,对奥作战的使命。也就是说,加里波第已正式和马

① Ronald S. Cunsolo, *Italian Nationalism*, Robert E. Krieger Publishing Co. INC., 1990, pp.193–194.

② Raymond Grew, *A Sterner Plan for Italian Unity: The Italian National Society in the Risorgimento*, Princeton University Press, 1963.

③ Spencer M. Di Scala, *Italy: From Revolution to Republic, 1700 to the Present*, Westview Press, 2009, p.107.

志尼分道扬镳,站到了以皮埃蒙特国王维克托·伊曼纽尔为公认领袖的那一边。①在加里波第的号召下,成群结队的志愿者从伦巴第、威尼斯、托斯卡纳和教皇国等全国各地来到都灵。"这是一股令人敬佩的爱国主义激情。大家都捐弃了党派之间的仇恨,忘却了城市之间和邦国之间的嫉妒,再也不分谁是米兰人、谁是佛罗伦萨人或是博洛尼亚人,因为大家都是意大利人。人民不再为抽象的思想、政治上的诡辩和国家的政体形式而操心,他们唯一操心的神圣事业就是祖国的统一。"②

　　1859年3月,加富尔命令开展广泛的军备,征集了许多预备队。1859年4月23日,奥地利下了最后通牒,要求皮埃蒙特在3天之内裁军。奥地利的要求给加富尔向法国请求援助提供了很好的借口。在加富尔拒绝了奥地利最后通牒的要求,又努力阻碍了欧洲的调停之后,第二次意大利独立战争爆发了。战争本身就是国家主导的民族主义的一个很好的例子。除了法国的支持之外,第二次独立战争和1848—1849年革命比起来,最关键的因素在于意大利人的团结。③4月底,意大利和法国联合抵抗奥地利的战争一开始,加富尔就让民族协会煽动小型的、限制级的暴动。在民族协会的要求下,托斯卡纳和帕尔马在6月1日发生暴动,摩德纳在第二天发生暴动,教皇国除了罗马之外,在6月13—15日发生暴动。教皇国内的暴动被教皇的军队镇压了,而其他国家的暴动成功地推翻了外国的傀儡政权。意大利人民革命运动的蓬勃发展和意大利可能真正实现统一的前景使拿破仑三世感到震惊。因为他真正想要的是取代奥地利控制意大利,或者甚至让意大利成为法国的一个卫星国,所以他决定立即结束战争。7月8日,法奥两国皇帝在比利亚弗兰卡会晤,在没有一个意大利人参加的情况下,签订了停战协定。根据协定,奥地利割让伦巴第给法国,法国再转赠给了皮埃蒙特。威尼斯依旧属于奥地利。拿破仑三世保证恢复托斯卡纳、帕尔马和摩德纳等公国被人民起义推翻的政权,并由奥地利与那不勒斯、罗马、托斯卡纳、帕尔马及摩德纳分别缔结条约,建立一个在奥地利领导下的意大利各国君主的联邦,以教皇为名誉首脑。

　　比利亚弗兰卡停战协定的条款在意大利激起了一股愤怒的风暴,摧毁了拿破仑三世的大部分条件。加富尔在一段时间内放弃政府职权,保持活动自由,使有关中部意大利的协定全部失效。他以"庶民百姓"的身份来到意大利中部,积极开展活动,与各邦的自由派商谈了和皮埃蒙特王国合并的问题。

---

① 亚·大仲马:《加里波第回忆录》,黄鸿钊译,商务印书馆,1893年,第364页。
② 赵克毅、辛益:《意大利统一史》,河南大学出版社,1987年,第236页。
③ Spencer M. Di Scala, *Italy: From Revolution to Republic, 1700 to the Present*, Westview Press, 2009, p.113.

自由派对此表示全力支持。1860年3月,这些邦国举行了全民投票,正式与皮埃蒙特合并。民族协会和自由派联盟合作在1860年3月的议会选举中使加富尔取得了压倒性的胜利,加富尔重新上台执政。3月末,在取得拿破仑三世承认托斯卡纳、帕尔马、摩德纳和罗马涅与皮埃蒙特合并的条件下,皮埃蒙特遵从《普隆比埃协议》将萨沃依和尼斯两地割让给法国。在加富尔写给尼斯总督的一封信上,加富尔表示对于尼斯的割让他同样感到痛苦,但是"意大利的救赎需要我们做出这个牺牲"①。直觉告诉他这两地的割让是意大利统一所依赖的基本条件。②

三、西西里远征和民主派与自由派之争

加富尔是个很注重现实的行动家。他知道意大利靠自己实现解放的目的几乎是不可能的。没有外援的话,皮埃蒙特很难驱逐奥地利,而唯一可以利用的外部资源就是法国。加富尔知道法国不想皮埃蒙特无限扩张,也不想皮埃蒙特成为统一的意大利的领导者,因为在法奥对抗中分裂的意大利对法国更有利,而统一的意大利则可能成为法国的威胁。也正是这个原因,法国一开始反对托斯卡纳和艾米利亚并入皮埃蒙特,直到法国改变主意同意这两个地区在1860年初并入皮埃蒙特,加富尔才感觉到统一的意大利是有可能实现的。但他仍然不确信是否真有需要建立一个完全统一的意大利。皮埃蒙特已经通过外交和局部战争控制了意大利北部,如果想要再进一步扩张领土必然需要进行大规模的内战,而这并不是加富尔想要的。他的意愿是"专注于意大利北部和中部,那不勒斯和西西里的问题留待后代解决"③。但是加里波第的想法却和加富尔完全不同。

加里波第无论是追随马志尼还是后来放弃共和主义观念,抑或改而支持维克托·伊曼纽尔,一直保持着他的民族主义信仰,一直在为实现意大利的统一而战斗。他的所有行为都是为了"将外国势力从意大利的土壤上驱逐出去,建立一个在皮埃蒙特治理下的统一的王国"④。这个目标成了他生活的主导,也是他所有行动的动力。加里波第和大多数民族主义者一样对比利亚弗兰卡停战协定感到失望,对他的家乡尼斯被割让感到愤怒,转而反对加富尔。加里波第和他的千人军于5月5日从热那亚的夸尔托起航,去西西里协助西

---

① Denis Mack Smith, *The Making of Italy 1796–1866*, Macmillan, Holmes and Meier, 1988, p.305.

② Arthur James Whyte, *The Political Life and Letters of Cavour: 1848–1861*, Oxford University Press, 1930, p.346.

③ Denis Mack Smith, *Cavour*, Alfred A. Knopf, 1985, p.210.

④ Andrina Stiles, *The Unification of Italy: 1815–1870*, Hodder and Stoughton, 2001, p.53.

西里人民从1860年4月4日开始的对波旁王朝的反抗。临行前,加里波第给皮埃蒙特国王维克托·伊曼纽尔写了一封信,表明他出征是以萨沃依王朝的名义,宣称他的战斗口号永远是:"统一的意大利万岁!维克托·伊曼纽尔——意大利首位最勇敢的战士万岁!"他希望能用远征的成果,为国王的王冠缀上"一颗璀璨夺目的新宝石"①。

关于加富尔对加里波第的计划的态度,不同的历史学家有不同的理解。一些历史学家认为加富尔假装阻止加里波第,却在暗中支持他。假装阻止是出于外交上的考虑,通过阻止来说明这不是皮埃蒙特官方的行为,减少舆论压力。暗中支持是因为加富尔将加里波第视为同盟,也可能是因为他从一开始就想利用加里波第来达到自己的目的。而有些历史学家则将加富尔看成是加里波第的敌人,认为他假装支持远征,实际上是反对加里波第的统一计划的;他在暗中搞破坏,阻止远征取得成功。事实上,加富尔应该是默许加里波第远征的,但他也对此充满疑虑。一方面,他觉得如果远征胜利,可以使意大利南部并入皮埃蒙特,当然是一件好事;如果远征失败,皮埃蒙特也不用担责任,而民主派则会名声扫地。另一方面,他又害怕这次远征的革命性质。加里波第本来就是一个共和主义者,只是最近才变成保皇主义者。加富尔害怕万一远征获得全胜,加里波第如果在意大利南部宣布成立意大利共和国,民主派乘机掌握革命的主动权,那么萨沃依王朝就会处于危险的境地,甚至面临覆灭的危险。

在加里波第的领导下,远征军很快解放了西西里。"加里波第的远征成了本世纪最惊人的事实,受到了几乎整个欧洲的表扬。"②加里波第以意大利和维克托·伊曼纽尔的名义进行独裁,喊出"意大利维克托·伊曼纽尔"的口号。之后,加里波第又率军渡过墨西拿海峡,解放了那不勒斯,接着准备进军罗马。加里波第的节节胜利出乎了所有人的意料,统一运动似乎出现了新转机。无论是民主派还是自由派都希望借助加里波第的胜利达到自己的政治理想。意大利的统一对于加富尔来说似乎一直是一个遥不可及的假设,马志尼的统一诉求在他看来是不切实际的乌托邦思想,但加里波第的意外成功改变了他的这种观念,让他认识到统一似乎也并不是完全不可能的事。③所以除了在暗中准备阻止加里波第的进一步行动之外,加富尔希望能尽快通过人民公投的方式将西西里并入皮埃蒙特,以保证皮埃蒙特的领导权。6月初,加

---

① 亚·大仲马:《加里波第回忆录》,黄鸿钊译,商务印书馆,1893年,第418页。

② Denis Mack Smith, *Cavour and Garibaldi 1860: a Study in Political Conflict*, Cambridge University Press, 1986, p.29.

③ Denis Mack Smith, *Cavour and Garibaldi 1860: a Study in Political Conflict*, Cambridge University Press, 1986, p.103.

富尔派出了他的第一个使者朱塞佩·拉·法里纳（Giuseppe La Farina）去西西里，积极筹备合并事宜。在政权建设方面给了加里波第巨大帮助的民主派人士克里斯皮和他的朋友们坚决反对西西里和皮埃蒙特的立即合并。两派人士围绕在加里波第身边就合并事宜展开了激烈的博弈。

1860年9月初，加里波第占领那不勒斯并成立临时政府不久，马志尼、卡塔内奥和萨菲等一些民主派的领袖便齐聚那不勒斯。民主派内部也出现了分歧。卡塔内奥作为联邦主义者关注的是国家内部的个人自由，他希望能够允许西西里自治，当然这只是在地区自治是意大利的一个总的计划，并且是在不会引起民族实力和民族意识减弱的情况下；①他的观点得到了同样是激进联邦主义者的朱塞佩·费拉里的支持。而马志尼和大多数激进派人士都是统一主义者，认为"联邦只会使我们沦为一个二流国家"②。他们虽然希望合并，但希望合并纯粹是为了统一而不是向加富尔和保守派投降。他们知道合并等于剪去了加里波第的双翼，而让加富尔掌握了革命的主动权，这样罗马和威尼斯就会仍然掌控在外人手中。马志尼建议推迟合并正是出于国家统一的考虑。马志尼坚决反对把南意大利并入皮埃蒙特，建议加里波第立刻宣布南意大利为共和国。但加里波第拒绝了建立共和国的主张。他认为意大利人首要的任务是建造一所归自己所有的住房，将不速之客从中赶出去，而后才能考虑如何安排住宅中的秩序。只要同奥地利和教皇的斗争还在进行，共和派就应当同萨沃依王朝站在一起，迫使自己的共主义良心沉默。③

关于西西里合并展开的争论决定着意大利的命运，也决定着民主派和自由派的未来，而加里波第则成了这次争论的关键因素。马志尼和以加富尔为代表的民主派与自由派之间的斗争，其实是两种方案之间的斗争：民众—革命方案（即使在君主制被接受之后马志尼还一直坚持的方案）和君主制政府方案。两个方案里存在着他们的不可调和性。在造就意大利统一方面，问题在于统一是怎样造的，由谁来造就统一，统一又是为了谁。君主制还是共和制的问题包含了加富尔和马志尼的思想之间更深刻的对比。马志尼提倡的是意大利民众的主动权。如果从国际的观点来看，这意味着意大利必须在其他民族之前"独立完成"；从国内的观点来看，这意味着要靠意大利人民自己起来造就统一。"革命必须由人民来干，也是为了人民。"这也是为什么马志尼谴责维克托·伊曼纽尔国王，他在1859年9月20日写于佛罗伦萨的公开信

① Denis Mack Smith, *Cavour and Garibaldi 1860: a Study in Political Conflict*, Cambridge University Press, 1986, p.53.
② Denis Mack Smith, *Cavour and Garibaldi 1860: a Study in Political Conflict*, Cambridge University Press, 1986, p.53.
③ 赵克毅、辛益：《意大利统一史》，河南大学出版社，1987年，第276页。

中对维克托·伊曼纽尔国王进行了猛烈抨击:"你没有联合意大利人民,也没有号召他们来加入你的行动。受到一个比起改革者的角色来,更喜欢卢多维科·伊尔·莫罗(Ludovico il Moro)的艺术的首相的引诱,你拒绝人民的武装,而是不必要地,在错误的时间,请求一个外国暴君的武装来帮助意大利的解放事业。"① 马志尼相信意大利可以单独对抗奥地利(就像查理·阿尔贝特曾经相信的那样),然而加富尔却不这么认为。马志尼反对加富尔的方案的主要原因就在于他认为这种统一意大利的方式并不是从向人民大众灌输民族意识开始的,也不需要说服人民联合起来一起为建设他们的国家而努力。②

组织比利亚弗兰卡和那不勒斯的人民进行公投的决策是共和政治与君主政治之间的中间点,两派都试图将最终决定的权利交给国民大会的投票。马志尼对投票结果会如何没什么疑问,但是他坚持认为由民众投票产生的君主政体和意大利各个地区集中在一个已经存在的君主政体周围不是一回事。加富尔和维克托·伊曼纽尔也认识到了这个差别,但是他们从这里得出的行动指导方针却是相反的。加富尔持久地反对共和主义、反对革命的思想和他对人民政府和公民创制的反对是密切相关的。然而加富尔的反革命情绪,反对公民创制的决定,想要将民族运动的领导权掌握在君主政府手里的决心并不完全是出于王朝和保守利益,而是或多或少有着自由主义的因素。加富尔相信议会,但马志尼坚决反对君主立宪制度,他在1834年就曾表达他对这个问题的最初想法:"君主立宪制度是世界上最不道德的政府形式;是本质上最腐败的机构,因为构成政府活力的有组织的斗争会激起所有个人获得荣誉、夺取财富的欲望。"③

从这里我们可以看出他们两个人两种不同观点的根本对照——或者可以说是两种世界观的对照。加富尔一直坚持"有组织的斗争",即使他有时候会改变游戏规则,就像迫害"人民的意大利"那样。他曾在议会上说,建立在自由的基础之上、没有党派也没有斗争的秩序是很难想象的。完全、绝对的和平与自由是不一致的,接受自由的好处的同时,也必须接受它的缺点。马志尼也意图维持自由,但是他的目标是这样一种秩序,在这种秩序中(党派的)斗争将自然停息。"责任,一旦被接受,就排除了斗争的可能性。"④这就是马志尼所谓的统一理想和他的统一"教条"。正如我们所知,对他来说,他考虑的远远不止政治统一,政治统一在他看来只是道德和宗教统一的其中一个

① Luigi Salvatorelli, *The Risorgimento: Thought and Action*, Harper and Row, 1970, p.152.
② Denis Mack Smith, *Cavour and Garibaldi 1860: a Study in Political Conflict*, Cambridge University Press, 1986, p.442.
③ Luigi Salvatorelli, *The Risorgimento: Thought and Action*, Harper and Row, 1970, p.154.
④ Luigi Salvatorelli, *The Risorgimento: Thought and Action*, Harper and Row, 1970, p.155.

因素。

马志尼和加富尔之间观点的不同之处主要表现在两个方面：一方面，马志尼是更自由、更激进的改革者，因为他提出了公民创制，而加富尔则是政府—君主创制的监护人；另一方面，因为马志尼预设的目标或者说他的理想是一致和联合，而加富尔预想的是不断的政治斗争。这两方面的不同主要是源自两个人不同的心理结构：加富尔将政治和宗教（道德）做了理性的区分，而马志尼将两者神秘地结合在了一起。理性的世俗主义和宗教神秘主义毫无疑问是两人最出色、也是相互对抗的理论，虽然加富尔对宗教问题并不是漠不关心。事实上，加富尔对宗教事务非常关心，并有其独特的观点。这两个人的心理结构和精神意愿的对照并不一定表示他们这两种意愿本质上是完全对立的，因为他们代表了历史过程中同样深刻、同样必要的需求。从这一观点看，我们可以将马志尼和加富尔看作是互补的，但是在一个比直接政治成就更高的层面上。

马志尼和加富尔的竞争，代表着作为公民创制所体现的国民大会和作为奉君主创制为神圣的民主手段的公民投票系统之间的竞争。在这场竞争中，天平倾向后者的关键人物是加里波第。加里波第称马志尼为他的导师。事实上，马志尼确实曾是加里波第的导师，就像马志尼是很多其他人的导师一样。但是他的弟子的精神构造和他自己的是有着深刻差异的。加里波第对国家的主要贡献在于他是一名战士。[①]加里波第是人民战争的理想领导者，是能够将普通公民引导到战场上去，鼓动他们死心塌地为民族事业而战斗的天生领袖。他所做的这一切毫无私心，而只是朴实的英雄主义。他象征着全国民众的意大利精神，意大利民众渴望独立、自由和公正的精神，这种精神原始而单纯。他比马志尼更接近人民；他对人民更加了解，人民也更加了解他。他是马志尼的"思想与行动"的第二部分而不是第一部分的杰出实现者。虽然他有着比马志尼更现实的性格，但缺乏马志尼的深刻和远见。他没有接受马志尼的人民自我创制观念，也不理解马志尼的方案的宗教基础。虽然他忠诚地相信共和国的优越性，但他做出了理性的判断，认为在1860年成立共和国还是不可能的。

加里波第拓宽了共和主义的概念，使之包含人民赞成的任何形式的政府。正因为这样，他坚信人民公投是维克托·伊曼纽尔君主政权的神圣化，对开展人民公投的特定条件没有给予太多的考虑，对马志尼召开立宪会议的要求所代表的最终政治需求也没有过多关注，因为他认为这是浪费时间。一旦

---

① Denis Mack Smith, *Cavour and Garibaldi 1860: a Study in Political Conflict*, Cambridge University Press, 1986, p.441.

他认识到他不能够从那不勒斯继续进军到罗马和威尼斯,他就觉得没有必要再阻止合并。对他来说,地域问题是优先于政治问题的。这种看事情的方式部分地是由于他认为如果要统一意大利,暂时性的独裁是需要的。既然这样,接下来应该是维克托·伊曼纽尔的独裁。他没有想到这并不是暂时的独裁,而是一个王朝的开始。①直到1870年之后,加里波第才像马志尼那样,说起撒丁王国宪法的不足,需要用全国性的宪法代替。

在西西里远征中达到了高潮的民主派和自由派之争,因加里波第思想的转变而使加富尔获得了重要的砝码。9月8日,在教皇国的起义给了加富尔从加里波第手里夺取主动权的借口。两天之内,皮埃蒙特军队开入教皇国。18日在恰尔迪尼击败教皇国的军队,然后进入那不勒斯王国和加里波第会合。加里波第和维克托·伊曼纽尔在那不勒斯西面的泰亚诺会晤,称维克托·伊曼纽尔为"意大利国王"。那不勒斯和西西里跟皮埃蒙特与其他北部地区合并的公投于10月21—22日举行。马尔凯和瓮布里亚于11月4—5日分别举行。这次公投代表着革命的结束,也代表着加富尔戏剧性地夺取了政治和军事的主动权。1861年3月17日,意大利第一届议会宣布意大利王国成立,宣布维克托·伊曼纽尔为国王,章程为国家宪法,都灵为国家首都,加富尔为首相。维克托·伊曼纽尔自称为"上帝和民族意愿之光的意大利国王",将君主政体传统和人民主权融为一体。为了表明君主立宪政体的继续,他仍然被称呼为维克托·伊曼纽尔二世。6月6日加富尔逝世,年仅51岁。

加富尔掌管国家官员,履行首相一职,掌控外交、战争,取得欧洲的好感,利用公愤达到国家统一。他的成功方式在历史上不断被模仿,包括俾斯麦。加富尔并没能逃过意大利历史学家和社会各部门学者的批评。他们认为意大利没有出现像俾斯麦领导的德国统一那样的真正的战争。意大利的统一主要是依靠加富尔的政治睿智和机敏外交,没有让加里波第的火焰之剑发挥足够的作用。意大利人在精神上仍然处于分裂状态。②加富尔对共和民族主义与民主革命的反对得到了中产阶级和一部分上层阶级战略上的重要支持,但是普通老百姓被排除在自由主义的议会政权之外。不符合议会选举财产

---

① 加里波第思想的转变对以马志尼和加富尔为代表的民主派和自由派之间的争论起着决定性的作用。最终君主制的胜利也使得激进的民主派等了很多年才逐渐实现各个政治目标:1870年罗马才收复;1876年左派才开始在议会中占多数席位,戴普雷提斯在选举中获胜;在19世纪末20世纪初,南方的很多特殊经济和社会需求才得到认可;在1846年之后,马志尼的共和主义梦想和卡塔内奥的地区自治理想才得到实现。加里波第的决定的积极意义在于至少打开了两个派别之间的死结,避免了内战。Denis Mack Smith, *Cavour and Garibaldi1860:a Study in Political Conflict*,Cambridge University Press,1986,p.361,p.5.
② Ronald S. Cunsolo, *Italian Nationalism*,Robert E. Krieger Publishing Co. INC.,1990,p.73.

要求的个人不能参加合并的公投。正因为将下层社会排除在外,一些人认为民族复兴运动是从未发生过的革命。意大利当前的共和国政体也许正是认为加富尔缺乏政治才能的观点的有力证据。

另一个不满是因为意大利放弃了它的"永恒使命"。这方面的埋怨有很多方面,马志尼和加里波第以及他们的追随者们表达了更为直接的不满,认为意大利拒绝将统一斗争转化为所有人民的解放、自决和团结的改革运动。深感沮丧的加里波第虽然反复被选为议会成员,却一直拒绝到任,退隐到小岛上。马志尼也放弃了他曾经付出巨大努力创建的意大利国家。他去了热那亚,严厉谴责"不是意大利的意大利"。历史学家们对马志尼的"使命"和焦贝蒂的"领先地位"鼓舞人心的作用没有任何争议,却认为他们留下了一种不确定的、令人烦扰的遗产。关于统一的方式和结果的纷争给之后的意大利历史也投下了阴影。每个派别因背叛了众人心目中理想的意大利所经历的怨恨、罪恶感,被证明不可能灭绝、也不可能被湮没,尤其当统一的意大利面对重大抉择的时候。分裂的精神一直持续到自由主义国家和法西斯时期。虽然对于意大利命运的规划截然不同,但马志尼和焦贝蒂的极端构想都代表了强烈的使命感。在马志尼和焦贝蒂心目中,民族复兴运动不仅仅是一个政治运动。意大利的统一代表着意大利将在这个世界上承担起文明的使命,起到文明和文化的带头作用。而因未能完成宏伟的梦想而不可避免地带来的挫败感和对某种杰出事业的持续渴望在一部分重要的知识分子中形成一股强大的力量。天才评论家、诗人和社会哲学家乔瓦尼·帕皮尼就失望地认为,民族复兴运动最令人痛苦和悲哀的遗产是它并没有完成。[1]

没有人会否定马志尼是意大利统一最早、最坚定的宣传者,没有人会质疑他的著作在这个方向的高度重要性,也没有人会怀疑以皮埃蒙特为核心的统一的意大利国家会在1859—1861年间成立,这个统一大业是在加富尔对政治和政府的指导下完成的。但是如果我们不仅仅从简单的政治—地域角度来考虑,那么就必须承认1860—1870年间形成的统一的君主立宪议会制意大利国家代表了和马志尼的观点与方案冲突的某些特征。事实上,他们之间有战争;加富尔是胜利者,马志尼是失败者。更具体地来说,马志尼一开始,当他将他的统一方案强加于皮埃蒙特的"地方主义"之上时,是胜者;但是当实施这个方案的时候,马志尼必须屈服。而激进自由主义或者共和—联邦自治主义,甚至做出了更大的让步。即使失败了,马志尼的民主思想和加里波第的榜样作用持续在意大利发酵,在欧洲甚至在世界上的影响力持续至今。从

---

[1] Ronald S. Cunsolo, *Italian Nationalism*, Robert E. Krieger Publishing Co. INC., 1990, p.198.

这层意义上来讲,他们并不是民族复兴运动中的"失败者"。①

加富尔方案的成功有其必然性。中国著名史学家梁启超把民主派和自由派在复兴运动中的作用,形象地比喻为"耕者"与"获者"的作用:"论意大利建国之功,首必推马志尼,天下公论也。马志尼耕焉,加富尔获焉。试问获者之功绩,视耕者何如矣!"②梁启超的评论是十分公允的。其实,民族复兴运动的成功离不开马志尼的鼓吹宣传,加里波第的冲锋陷阵和加富尔的运筹帷幄。

以上就是三个思想流派对意大利的统一方式和民族国家政治共同体政体形式的不同设计和具体实践。就理论而言,三个思想流派之间的不同点远远多于相互之间的一致性。但是如果我们根据民族复兴的具体事实对它们做出历史的评价,那么就会发现它们其实是互补的。在温和主义者身上,我们会发现对现实的感应和了解,以及应用这些知识的政治手段;在激进主义者身上,我们会发现对自由、创新和解放观点的清晰阐述;在马志尼身上,我们会发现道德和宗教的精神,宣传的使徒,思想和行动的神秘结合。这三种思潮出现在同一时期带来了不同寻常的结果:每种极不相同的观点都激发了意大利人的智慧,唤起了他们的热情,对社会的各个阶层都产生了影响。无论是在国内还是国外,意大利问题的各个方面都得到了探讨,国内的所有力量都被唤醒、激发和动员。出现了许多不惜牺牲自由甚至生命的行动,比如班迪拉兄弟③的英勇牺牲,里米尼的起义④。另一个结果是,意大利的民族力量和其他民族的力量联合在了一起。这三个思想流派给民族复兴运动的政治运动打下了坚固的思想基础,这些思想对民族复兴运动来说不是一种准备,也不是一个理由或一种协助,它们就是民族复兴运动的灵魂。⑤

---

① Spencer M. Di Scala, *Italy: From Revolution to Republic, 1700 to the Present*, Westview Press, 2009, p.120.

② 梁启超:《饮冰室合集》第4册,中华书局,1989年,第25页。

③ 班迪拉兄弟是威尼斯的两位年轻贵族,也是主要由意大利人和达尔马提亚人充当兵卒的奥地利海军的军官。他们响应马志尼小规模起义以吸引人民追随的号召,帮助在卡拉布里亚发动一场假想的起义。因消息走漏,他们被逮捕枪杀。

④ 里米尼起义是温和改革主义者通过暴动来达到自己目标的一次重要努力。

⑤ Luigi Salvatorelli, *The Risorgimento: Thought and Action*, Harper and Row, 1970, p.108.

第三章 对现实各种国家政治问题的回应

在1860年之后,民族复兴运动的"壮丽诗篇"已经变成民族复兴运动后的"乏味散文"。[1]意大利王国的建设在很多方面都是令人失望的。未能马上将威尼斯和罗马纳入新的国家似乎明显承认了国家的软弱。罗马是意大利统一和强大的最有效的象征,因而罗马的缺席所带来的感觉冲击是强烈的。1870年,当法国在和奥地利的战争中失利,拿破仑三世被迫从罗马撤走法国军团时,罗马才成为意大利的一部分,还是以国家和教廷的永久摩擦为代价的。教皇庇护九世自此以后退守梵蒂冈,自称"梵蒂冈的囚徒"。1874年,他颁布了教皇通谕《不许可》(Non expedit)[2]威胁天主教徒,如果他们参与意大利政治就会被逐出教会。威尼斯在1866年并入,比罗马要早一点,但却是在意大利惨败于奥地利海军之后。其他意大利地区,如特伦蒂诺和底里雅斯特港在一战之后才从奥地利手中收回。意大利军队的软弱强化了意大利国家缺乏独立性、欠缺军事力量的事实。

意大利在新国家成立之后的几十年里还经历了其他各种困难。民众骚乱并没有随着复辟国家的灭亡而消亡。意大利南部和西西里的农村地区土匪数量急剧上升,都灵和米兰的城市暴动,这些都在整个19世纪60年代给国家带来了严重的公共秩序危机。在1866年和奥地利作战期间,反政府的叛乱分子占据并控制了巴勒莫一个星期,抵抗政府权威。在70年代,意大利中部和南部部分地区成了无政府活动的大本营。看待这些问题应考虑当时经济危机和经济发展缓慢的背景。持续增长的财政赤字,加富尔在50年代追求经济增长和1859—1860年战争的缘故,导致了1866年的货币兑换危机,所以政府在1886年决定恢复在旧政权时就极不受欢迎的磨粉税。期望的自由贸易的实际好处需要时间才能体现。自由贸易为商业性农业生产领域带来了繁

---

[1] C. F. Delzell, ed., *The Unification of Italy, 1859-1861: Cavour, Mazzini or Garibaldi?* Holt, Rinehart and Winston, 1965, p.1.

[2]"不许可"政策是1874年教皇自梵蒂冈向意大利天主教徒发出的禁令,不许信徒以投票或任职方式参与"意大利王国"的政治生活,他希望通过这种静坐示威的方式强迫意大利政府接受他的条件。罗马教廷的这种"不许可"政策迫使意大利天主教徒不得不在服从教权和爱国主义之间做出抉择,结果后者最终占了上风。

荣,但是对加工业却是一个毁灭性的打击,尤其是在意大利南部。

新意大利王国的政治生活也是导致不满的根源之一。实际上,皮埃蒙特在19世纪50年代的胜利一直掩盖着一个比表象不稳定得多的社会现实。加富尔的政权是不稳固的,他对自由主义和改革的忠诚度是值得怀疑的,他的积极外交和宗教政策使他交到了很多朋友,同时也得罪了很多人。在统一之后,加富尔决定(这一决定得到了他的继任者的强调)将全国现存的行政机构"皮埃蒙特化",将一个中央集权的政治结构强加于意大利的其他部分,这一决定在除皮埃蒙特的所有其他地区都是不受欢迎的,而且加剧了地区性对抗和地方对中央的抵制。此外,除了中央集权,议会体系是建立在有限的选举权之上的(百分之二的人口享有投票权),而对民众叛乱采取的镇压措施和旧政权的做法如出一辙。之后加富尔在1861年6月的突然离世更令形势雪上加霜,因为没有特别合适的领导者可以承担起管理这个新成立的国家的重任。这使得国家的政治更加不稳定。

在意大利于1861年统一之后到19世纪末这短短40年时间里,历经22届内阁、14位首相。如下表所示:

表 1861年至19世纪末意大利历任首相及任期

首相	任期
卡米洛·迪·加富尔	1860年1月至1861年6月
贝蒂诺·里卡索利	1861年6月至1862年2月
厄尔巴诺·拉塔齐	1862年3月至1862年12月
路易吉·卡洛·法里尼	1863年12至1864年3月
马尔科·明盖蒂	1863年3月至1864年9月
阿尔方索·拉马尔莫拉	1864年9月至1866年6月
贝蒂诺·里卡索利	1866年6月至1867年4月
厄尔巴诺·拉塔齐	1867年4月至1867年10月
路易吉·费德里科·梅纳布雷亚	1867年10月至1869年11月
乔瓦尼·兰扎	1869年12月至1873年7月
马尔科·明盖蒂	1873年7月至1876年3月
阿戈斯蒂诺·戴普雷提斯	1876年3月至1878年3月
贝内德托·卡伊罗利	1878年3月1878年12月
阿戈斯蒂诺·戴普雷提斯	1878年12月至1879年7月
贝内德托·卡伊罗利	1879年7月至1881年5月
阿戈斯蒂诺·戴普雷提斯	1881年5月至1887年7月
弗朗切斯科·克里斯皮	1887年8月至1891年2月
安东尼奥·迪·鲁迪尼	1891年2月至1892年5月

首相	任期
乔瓦尼·焦利蒂	1892年5月至1893年11月
弗朗切斯科·克里斯皮	1893年12月至1896年3月
安东尼奥·迪·鲁迪尼	1896年3月1898年6月
路易吉·佩卢克斯	1898年6月至1900年6月

从内阁的频繁更迭可以看出政局之不稳,国内党派斗争之激烈,各派思想之矛盾。在所有这些问题的背后是新统一国家体现全国性的团结,形成政治上的一致,或将富裕的、城市化的北方和贫困的、以农村为主的南部地区联合起来这样一个更长期的任务。左派反对派的议会成员们(老马志尼派、激进主义者和联邦主义者)出于政治目的特别强调了这些问题;他们挑战并破坏政府美化民族复兴运动的企图,认为意大利的"复兴"被出卖、挫败、转移了。即使阿泽利奥,马志尼的对头,温和自由主义的奠基人之一,也表达了类似的情绪,他写道:"肯定是哪里出错了。我们的原则和我们的政策肯定是错了。"[①]"这是谁的错呢?"历史学教授、右翼政治家帕斯夸莱·维拉里(Pasquale Villari)在1866年灾难性的战争之后发出这样的疑问,并自己回答了自己的问题。他认为意大利国内有一个"比奥地利更强大的敌人":

> 我指的是我们异常的无知,我们众多的文盲,我们的官僚机制,任性的政治家们,不学无术的教授,无助的外交家,无能的将领,拙劣的工人,原始的农夫,还有侵蚀我们骨髓的花言巧语。[②]

许多这样的情感引起了后来的历史学家的共鸣。也许马克思主义者的分析最为完整,他们认为自由主义意大利的缺点是由国家统一和民族复兴运动的失败导致的。意大利革命的"消极"本质使得意大利的中产阶级领导非常软弱,因此导致政府建立在强制高压而不是大众同意的基础之上。[③]自由主义意大利经济的"落后"也是导致消极革命的原因之一,尤其是未能根除封

---

① Denis Mack Smith, *The Making of Italy 1796–1866*, Macmillan, Holmes and Meier, 1988, p.367.

② P. Villari: "Di chi è la colpa?" *Il Politecnico* (September 1866), Series IV, Vol.II, pp.257–288, in Denis Mack Smith, *The Making of Italy 1796–1866*, Macmillan, Holmes and Meier, 1988, p.395.

③ Lucy Riall, *Risorgimento: The History of Italy from Napoleon to Nation-state*, Palgrave Macmillan, 2009, p.150.

建主义,促进资本主义的发展。这种观点认为19世纪意大利的经济和政治的发展遵循了明显单一的模式。自由主义意大利的各种经历,包括未能形成全面的议会民主,后来倒向法西斯主义等,都可以在国家统一的过程和民族复兴运动的斗争中找到原因。[①]

历史上对意大利统一之后的情况的理解往往都和民族复兴运动紧密联系在一起。在丹尼斯·M.斯密斯看来,正是统一的方式导致了后来一系列问题的产生。他认为人民公投的胜利代表着一种思想观点和一个思想流派战胜了另外的思想观点和思想流派;但这种胜利的不彻底性和种种局限对后来的意大利历史产生了很大的影响。[②]因为它们不仅导致了意大利政治中"南方"问题的产生,也导致了无论是激进派还是支持联邦方案的地方主义者对于胜利果实被窃取而一直耿耿于怀,还导致不同地区和不同政治派别之间的紧张局面一直没有得到合适的解决。斯彭切尔·M.迪斯卡拉(Spencer M. Di Scala)将意大利和德国的统一方式做了对比:意大利的统一是相互对抗的皮埃蒙特自由主义者行动和基于革命观念的民主主义运动相互作用的结果;而德国的统一主要是依靠普鲁士王朝的霸权和激奋的民族主义,注重原始力量的德国保守派并不愿让自由派来主导统一德国的军事和外交活动。[③]其实在俾斯麦上台之前,普鲁士和皮埃蒙特一样存在着温和自由主义运动,只不过被俾斯麦彻底消灭了。迪斯卡拉认为两个国家的不同统一方式决定了这两个国家统一之后所走的不同道路。在面对国家和教廷之间的对抗、政治派别之间的纷争和地区之间缺乏凝聚力等问题时,政治家和思想家们为了在意大利政治统一的基础上形成真正的意大利民族国家政治共同体做出了很多努力。

第一节 "自由的教会,自由的国家"

在包括意大利在内的欧洲主要国家中,民族国家形成时期往往是和经济危机、社会动荡、政治对抗加剧,以及统治集团内部意见分歧等联系在一起的。从这方面来说,意大利并没有什么特别之处。但是另外一些因素却使意

---

① Lucy Riall, *The Italian Risorgimento: State, Society and National Unification*, Rutledge, 1994, p.2.

② Denis Mack Smith, *Cavour and Garibaldi 1860: a Study in Political Conflict*, Cambridge University Press, 1986, p.5.

③ Spencer M. Di Scala, *Italy: From Revolution to Republic, 1700 to the Present*, Westview Press, 2009, p.120.

大利和英国、法国及德国在这一时期的情况不一样，那就是意大利国际地位的低微、保持领土完整的难度和教廷问题。[1]罗马教廷和教皇世俗权力的存在(具体表现为教皇国)是阻碍意大利统一的重要因素。在意大利王国成立之后，教廷对统一的意大利的敌视态度进一步削弱了国家的合法性和国家的建制性权力。[2]教廷的态度和教皇在意大利的实际存在都说明了意大利国家建设经历的真正特殊性。虽然教廷和国家之间的斗争也是法国和德国国家形成过程中的显著特征，但只有在意大利教廷的俗权是受到致命威胁的。从这方面来看，和爱尔兰以及东欧部分地区的政治民族主义形成强烈对比的是，意大利在1848年之后的民族主义和天主教教廷是直接冲突的。而在国家统一后两者之间的冲突，凸显了教廷的"全国性"权力，也凸显了"世俗意大利"国家的脆弱。[3]在完成统一之后，如何处理罗马教廷与意大利国家的关系，如何处理教皇的世俗权力，成为考验意大利政治家的棘手问题。而这些问题迟迟得不到解决，对意大利国际地位的提高和国内民族的整合都造成了极大的损害。

一、教廷与民族复兴运动之间的对抗关系

当庇护九世迫使意大利人在他们对教廷的忠诚和对新国家的支持之间作选择的时候，他等于给了自由主义意大利的合法性一个毁灭性的打击。和新国家不同，庇护九世拥有精神上和制度上的权力来加强他的机构。正如焦贝蒂在19世纪40年代所写，天主教教廷的信仰、仪式和语言以世俗国家做不到的方法使意大利人团结在一起。在众多的事件中，教廷对教育和慈善的控制也给了神父们把持地方政治的机会，这是一个代表全新的官僚机构的新国家难以企及的。

在对民族复兴运动及其主要的崇拜者施以绝罚之后，1864年11月6日，庇护九世发表了在其主持下编写的《现代错误学说汇编》(*Syllabus of Errors*，又名《谬说要录》)。《谬说要录》不仅否定了许多新的思潮、学派和组织，还斥责了当时国家赖以为生存基础的许多重要原则，明确将天主教会放在了自由主

---

[1] Lucy Riall, *Risorgimento: The History of Italy from Napoleon to Nation-state*, Palgrave Macmillan, 2009, p.151.

[2] 建制性权力(infrastructural power)又译作基础性权力，和强制性权力(despotic power)相对应。强制性权力指国家动用强制力(如警察、军队等)来达到目的的能力，二建制性权力指的是国家通过与社会建立稳定的沟通渠道(如税务系统、金融系统等)来达到目的的能力。专制性权力使以国家机器为基础的，建制性权力以国家与社会的良性互动为基础。

[3] Lucy Riall, *Risorgimento: The History of Italy from Napoleon to Nation-state*, Palgrave Macmillan, 2009, p.153.

义和世俗主义的对立面。天主教温和主义者一直以来努力调解宗教信仰和自由主义政府之间的关系,这也是对他们的致命打击。同样,1870年7月18日,一个与意大利占领罗马的日子9月22日很相近的日子,庇护九世宣布了教皇无谬说教义,该教义肯定了教皇的至高无上(统治)的性质及权威,认为教皇永无谬误。教皇无谬说教义的目的在于将教会和教廷提升到世俗政府和统治者之上。教皇利用这个教义作为反对新的政治原则、反对自由思想、反对民主和科学的武器。[①]教廷三位一体的攻击的最后一部分在1871年开始,在1874年更加激烈,因为教皇在梵蒂冈宣布了《不许可》通谕。通谕宣布教会不允许天主教徒参与国家的政治生活,因为国家不仅占领了教皇国和罗马,还剥夺了教会的俗权,这对意大利的天主教徒产生了直接的影响。"罗马问题",一个专指罗马的丧失的词汇,进一步加剧了早已存在的意大利国家和教会之间的紧张局势。

意大利的民族复兴运动从根本上来说是和教廷的利益相冲突的。萨尔瓦托雷利认为教廷和民族复兴运动之间存在着"三重对抗关系"[②]。首先,教廷用宗教的圣油给政府涂油来确认政府的合法性。圣坛将自己置于王位之前,所以为了承认一方必须推翻另一方;这对意大利的宗教信奉者或者至少尊重宗教的民族传统的人来说是可怕的、令人难以置信的。其次,当教廷关注专制政府的合法性的同时,它谴责自由的原则。也就是说,教廷拒绝教民转向自由方向的要求,即使是通过常规的渠道;教廷还禁止政府承认这些渠道。最后,也是最大的障碍,即教皇的俗权。教皇的政府也是"合法"的政府,而且还是"神圣的","神圣"是中世纪的教皇和神职人员授予和他们自己有关的所有事务的一个特征。一项封建权利或者一块领土所有权只要属于教会,就变成"神圣的"了。和这个神圣的特色相关的是教会作为"完美社会"的观念,而物质财富和强制权成了这种编造中不可或缺的部分。自然,教皇政府不会允许在自己的管辖范围内接受它在国外谴责的自由原则(宗教宽容、新闻自由)。马志尼派和激进主义者,由于他们的反天主教主义或非天主教主义,提倡简单地通过使教皇权在意大利的未来不占任何位置的方法来去除这个障碍。而温和主义者的态度却不一样,他们采取和半数民众一样的意见,试图在民族的框架中为教皇权保留重要的一席之地。因此,他们也支持保留教皇的俗权,虽然他们认为需要从内部转变教皇政府(首先是政府职位广泛地由俗人承担),激发教皇的忠诚,使教皇成为致力于意大利的独立和联邦事

---

① 刘明翰:《罗马教皇列传》,人民出版社,2013年,第176页。

② Luigi Salvatorelli, *The Risorgimento: Thought and Action*, Harper and Row, 1870, pp. 112-113.

业的世俗君主。但是随着教皇的日益反动,他成了意大利民族复兴运动的障碍,特别是意大利建国后教皇的各种对抗行为,使自由主义者的观点也产生了改变。

二、加富尔的“自由的教会,自由的国家”理论

由于建国后宗教和国家之间的矛盾变得尖锐,如何缓解这一矛盾成了意大利政府必须解决的难题。新圭尔夫派提出的乌托邦方案已被证明是不可行的,即使真能执行起来,也只会给意大利造成损失,而且同样也会严重伤害教廷,“因为它把意大利的君主国和共和国的某种联邦的首领的位置交给了教廷,仿佛是说教廷只是意大利皇帝的一部分,因为它赋予教廷以民族印记,去掉了天主教教会领袖的世界印记,使得天主教教会在每个国家之外,又在所有国家之上”[①]。在另一极端,想通过摧毁天主教教义或超验信仰来结束纷争的反教权主义、反天主教主义、唯物主义和无神论等思潮,也在触动着早已因理性主义的观念和科学的发现而变得坚强起来的意大利人民。但是这些极端主义“只能梦想于未来,与最近无关的、虚无缥缈的、遥远的未来”[②]。在所有的策略之中,意大利的领导人选择了加富尔指出的道路——“自由的教会,自由的国家”(a free church in a free state),因为它“适合当时的意大利的情况和意大利人民的意向”[③]。

(一) 加富尔宗教观念的形成

加富尔崇拜马基雅维利,称马基雅维利为16世纪最伟大的哲学家。马基雅维利给他留下最深刻的印象是他反对教皇俗权的长篇著述。加富尔在阅读了基佐和本亚明·康斯坦特(Benjamin Constant)之后不再相信教皇永无谬误论。对宗教他总是很好奇,他的这份好奇心主要受到他母亲娘家日内瓦的加尔文主义的影响,受都灵天主教的影响反而小些。虽然他从年轻时起就一直不去教堂做礼拜,但他从来没有放弃基督教信仰,而且这种信仰恰恰是促成他形成自由主义世界观的一个不可或缺的因素。[④]加富尔在部队的孤单岁月里常常会阅读《圣经》,并进行思考,但是很遗憾没有发现足够的论点让他产生信仰。他得出的结论是:由于性格和心态,他永远都不可能有很深的信仰。

---

① 克罗齐:《1871—1915年意大利史》,王天清译,中国社会科学出版社,2005年,第57页。
② 克罗齐:《1871—1915年意大利史》,王天清译,中国社会科学出版社,2005年,第58页。
③ 克罗齐:《1871—1915年意大利史》,王天清译,中国社会科学出版社,2005年,第58页。
④ 乔瓦尼·斯帕多利尼:《缔造意大利的精英——以人物为线索的意大利近代史》,罗红波、戎殿新译,世界知识出版社,1993年,第131页。

然而他也可以接受天主教对社会有用的观点。他认为天主教对那些自己无法思考的人是尤其有用的,因为他们可以在观礼和赦免中得到精神支持。他甚至认为假装信仰也是有用的,因为这样至少可以为大众树立一个好榜样。当他偶然了解到乡村神职人员令人震惊的不道德行为之后,他甚至有些许反教权主义的思想。他对任何的迫害都有着本能的和理智上的抵触情绪,不管是来自教会的迫害,还是对教会的迫害。由于历史之鉴,他也同样反对教会干涉政治。通过阅读托克维尔(Tocqueville)的《威斯敏斯特评论》(*Westminster Review*)和在瑞士的实地观察,他开始了解其他国家的教会与国家之间的关系:在这些国家里,自由的教会存在于自由的国家之中,并互利互惠。在瑞士,亲切、活泼的政治讨论对加富尔政治观点的形成产生了很大的影响,虽然听到反动的言论有时让他觉得受到冒犯而感到愤怒。

(二) 加富尔政教分离的观点

加富尔是政教分离观点的坚决拥护者。1852年12月26日,在撒丁王国上议院表示支持公民婚姻法的时候,他说道:"我看到天主教在英国的发展;我看到天主教在荷兰和比利时的发展;我看到天主教在德国的很多地区的发展;最后我看到天主教在法国的发展;到目前为止,天主教几乎没什么发展的国家,我很遗憾地说,就是意大利。如果在英国、荷兰、比利时和法国天主教都得到了发展,这必定是完全归因于在这些国家罗马天主教和世俗政权是完全分开的;也因为在这些国家中,良心自由的原则是得到赞扬并被广泛应用的。"[1]可见,在加富尔看来,教皇俗权的存在不仅影响了国家的发展,也影响了教廷本身的发展。

加富尔的宗教观念是他的政治概念中最高尚的部分:他将之从温和主义者的经验主义中大胆地分离出来,并上升到了理想的高度。他的观点是将自由主义原则应用于宗教和社会的关系上(即自由的教会,自由的国家)将会使天主教主义和教皇权转向自由的原则,使他们与现代社会和解。[2]他确信教皇反对自由主义是教皇的俗权导致的结果,一旦原因消失,结果也将消失。也就是说,想要教皇不反对自由主义,根本的办法就是取消教皇的俗权。他相信离开了俗权,教会仍然可以保持独立。意大利建国后,他向教皇发出诚恳的呼唤:"俗权对你来说不再是独立的保证。放弃它吧,我们会给你三个世纪以来你一直请求天主教大国给予你的自由……我们随时准备在意大利宣

---

① Derek Beales, Eugenio F. Biagini, The Risorgimento and the Unification of Italy, Pearson Education Ltd., 2002, Pearson Education Ltd., 2002, p.279.
② Luigi Salvatorelli, *The Risorgimento: Thought and Action*, Harper and Row, 1870, p.169.

布这伟大的原则：自由的教会，自由的国家。"①教会具有完全的立法、司法和强制权力，但是加富尔对天主教原则并不清楚；他也并不真正了解教会法的内在本质，而这些本质又是天主教主义不可或缺的一部分。所以他认为在消除教皇俗权的同时允许教会自由将带来两种基本社会、宗教和自由的道德原则之间的一致。他不认为这是一个遥远的、模糊的理想，而是一个确切的、已经存在的可能。

加富尔的宗教政策和马志尼的宗教观点形成了鲜明的对比。在马志尼看来，教会和国家的分离是荒唐的，除非是一个权宜之计。教会和国家就像灵魂和肉体。过时的天主教主义将被新的"上帝与人民"的宗教所取代，这一新的来自人民内心的启示将给意大利的民族复兴运动带来最高的意义。因此，马志尼强烈反对"自由的教会，自由的国家"的信条，他认为这个理论是空洞的、无神论的。他之所以这么认为，和他神秘的统一原则是相一致的，他将宗教关系从司法和政治关系带入到了终极道德关系。他没有看到加富尔的教会和国家分离的构想其实完全没有排除他真正想要的东西，也就是宗教对政治的影响，精神对现世的影响，理想对现实的影响。事实上，这个分离甚至可能会导致那样的影响，还可能使之更自由、更纯粹。也就是说，加富尔努力用理论使权威与自由和解，当他写出如下话语时，其实是实现了马志尼所要求的东西："我们希望有一个使我们在行动中团结起来为共同的目标努力的共同思想；但是这样的团结必须得到我们自愿同意，而那个目标必须属于每个人，而不是属于某个阶级或某个宗派。"②

加富尔在民族问题的纯粹政治层面上是实际的、经验主义的，也是现实的；在教会政治的层面上，他的观念和马志尼的观念是不一样的，但在精神上却是类似的，因为他也关注伟大的、至高无上的、意大利的欧洲文明使命和人类文明使命。马志尼的"上帝和人民"与加富尔的"宗教和自由"这两个短语之间的区别在于：在马志尼的表达中人类理想和关注政治的人类宗教，完全地、神秘地结合在了一起；而在加富尔的表述中，我们看到了这样一个未来社会：一个国家的权力将被还原为仅仅是起到维护生活在一起的人们的和平、秩序和安全的作用；在这个社会中，人们自由合作，在精神价值的全面发展上毫无障碍。

加富尔所设想的"自由的教会，自由的国家"自然有其道理，但却没有考

① John A.R. Marriott, *The Makers of Modern Italy*, Macmillan and Co., Ltd., 1889, p.51.
② John A.R. Marriott, *The Makers of Modern Italy*, Macmillan and Co., Ltd., 1889, p.51.

虑到教皇的双重身份和其他天主教国家的态度。①因为教皇是天主教教主，也是意大利邦国君主；教皇是意大利的主教，也是世界天主教会的最高领袖，是"普世教会至高祭司"。政教分离的对象只是教皇在意大利国内行使的那部分职权，而不是整个教廷和教皇。如果把教廷置于意大利国家的庇护之下，就如同再次创造了"巴比伦之囚"，罗马教廷作为世界天主教会中枢的作用就会被削弱。与加富尔同时代的法国历史学家基佐，作为一个新教教徒，对维系教皇独立世俗权力的重要性有着更清晰的认识。基佐曾规劝加富尔："教皇集教权俗权于一身是必要的，这种必要性具有深刻而持久的意义……（把）领地与统治权赋予教皇，乃是教皇伟大宗教地位的自然延伸和必要依托……在绝对权力之上，教皇完全保持其自主性和权威性。"②教廷问题的最终解决方案也说明了基佐观点的实际性。但是加富尔想要政教分离的观点也反映了意大利政治家对教廷、对民族国家的形成和建设过程中的障碍作用的深刻体会，反映了他们想要摆脱教廷对意大利政治的影响的迫切心理。

"自由的教会，自由的国家"是加富尔在去世前不久的构想。在加富尔去世后，加富尔右派放弃了他的理想主义（里卡索利试图维持未果）。相反，他们使罗马问题的解决重新回到了政治—教会妥协的层面。而反对教会干预政治、反对教皇的行动党③，根本不愿意听到对教皇的保障，也不愿意听到"自由的教会，自由的国家"的表达。行动党要求完全消灭教皇——他们的不妥协的敌人——的政治权力，希望能"毁灭教皇的精神权力"，通过取消教皇的俗权，将教皇政权削弱成"居于普通法之下的政权"。④加富尔政策的最终目标也是将教会置于普通法之下，但是他的这个目标和行动党的目标有着截然不同的精神，因为他希望施行普通法的政权会带来"天主教主义的再度盛行，而不是日渐消逝"⑤。但实际上，行动党并没有有效地实现它反对教廷干涉政治的方案，当后来左派掌权的时候，行动党继续了右派的教会政策。

① 尹建龙、陈晓律：《教、俗分途——试析意大利民族国家构建中的教皇世俗权力问题》，《世界民族》2008年第2期。
② 保罗·波帕尔：《教皇》，肖梅译，商务印书馆，2000年，第25页。
③ 行动党是马志尼在米兰二月起义失败和意大利民族协会解散之后于1853年3月创建的。该党属于共和派，但"上帝和人民"的纲领却象征着其雄心勃勃的目标。脆弱地存在了几年之后，它于1859年因加里波第的影响而恢复了活力，并且在组织"千人军"的西西里远征中起着重要的作用。国家统一以后，该党的大部分成员加入了国会的"左翼"，少数人加入了共和党。
④ Luigi Salvatorelli, *The Risorgimento: Thought and Action*, Harper and Row, 1870, p.171.
⑤ Luigi Salvatorelli, *The Risorgimento: Thought and Action*, Harper and Row, 1870, p.171.

（三）加富尔与教廷的斗争

加富尔生命中最后的几个月致力于与教廷相关的错综复杂的外交工作，他的目的是破坏并摧毁教皇俗权的最后残留。他认为这将会是民族复兴运动的胜利巅峰，将会是"整个人类历史上最辉煌最富有成效的成就之一"[1]。他知道首要任务是至少要说服拿破仑不来阻碍，因为只有说服法国撤销对罗马的保护，教廷才能接受失败。虽然拿破仑并不想要一个完全统一的意大利，但他需要让这个新国家成为法国而不是英国的盟友。因此，他是总体上赞同加富尔方针的少数法国人之一。法国督促加富尔尽早与教皇和解。然而加富尔却相信时势对他是有利的，他不想给教廷留下急于和解的印象，而是要让他们觉得除了妥协之外，他还有很多办法。他认为他能迫使教皇让步，因此，坚持将皮埃蒙特的反教权法立即引入其他刚合并的地区，甚至是他最近刚夺得的原本属于教皇国的地区。他想和教皇谈判，但国家必须是谈判中强势的，而不是弱势的一方，所以他想先开展对教廷的革命斗争，然后再来与之谈判。

和罗马之间的现存协定就这样单方面在那不勒斯、托斯卡纳和伦巴第取消了。红衣主教克尔西因"对国王不尊敬"而被捕，其他主教也被冠以稍轻的不合作罪名而逮捕入狱。教廷的土地被大规模没收，因为加富尔仍然相信修道院的腐败是经济落后的主要原因。最终，在之前属于教皇国的马尔凯和瓮布里亚700家修道院被取消，意大利南部也有100多家修道院被关闭，20000多的修道士和僧侣被没收财产，理由是国家不能负担这么多闲人。从长远来说，很多土地之后被更有效地利用，富的土地所有者欢欣鼓舞，他们一直鼓动这样的改革，现在他们很高兴地加入了买方市场，但是其他人认为这是富人巧取豪夺，而穷人的利益却被牺牲了。南部骚乱的原因之一就是这一次大规模的土地重新分配没有出台相应的土地改革政策，而之前国家做出过承诺，并经过了多次讨论。当"公共土地"被它们的新主人圈起来时，全国各地都爆发了暴动，农民霸占了他们觉得自己有权获得的土地。在一些落后的地区，据被派去管理西西里的皮埃蒙特贵族报道，修道士和僧侣是指导老师、是医生、是律师，也是每个家庭的新闻传播者，因此如此匆忙地剥夺他们的财产对很多人来说都是一个很大的灾难。

加富尔确信教皇的拥护者是在保卫一场必输的战争，因此他坚持他们必须在交出俗权之前先放弃原则。加富尔想要达成的一致意见是罗马同意合并，如果可能的话包括后来被称为梵蒂冈的地方；作为回报，国家除了保证某

---

① Denis Mack Smith, *Cavour*, Alfred A. Knopf, 1985, p.243.

些土地的豁免权之外，将会每年付给教皇两百万里拉作为年收入，给红衣主教的议院一百万里拉——国家预算的百分之一。他对谈判获胜很有信心，尤其是被告知一些红衣主教(6~10人)已经表示赞成他的提议。他甚至希望6个星期之后所有这些就可以告一段落。当庇护九世发现皮埃蒙特政府太过自信，不愿作出任何让步时，也同样非常懊恼。在那不勒斯和瓮布里亚剥夺教廷财产以做世俗用地的措施并未减弱，教皇认为这就是加富尔不守信用、口是心非的证据，决定没有必要和这麻木不仁、虚伪狡猾的人做进一步谈判。最终，教皇颁布了通谕，正式否决了天主教和进步、自由主义和现代文明达成协议的可能性。谈判失败了，加富尔派去的谈判人员被逐出了罗马。

加富尔以很大的勇气坚持认为罗马终有一天必定会成为意大利的首都。他说："首都的选择是由崇高的道德考量决定的，是由人民的情感决定的。罗马具有一个首都所应该具有的所有条件：历史的、思想的、道德的。"①有些人认为教皇没有发起任何挑衅，入侵没有理由。加富尔承认在平时入侵可能会被认为是错的，"但是我们的目标是神圣的，我们采用的任何不常规的行动都会显得情有可原"②。他以恢复他所说的合法性和道德性、反对教皇的"可恶的枷锁"为己任。他认为教皇的臣民也会为政权的变更欢欣鼓舞。

大范围的意见——从右派的里卡索利到左派的加里波第，尤其是反对教权主义者——也坚持只有罗马才适合成为首都，这一志向得到了那些不满都灵的"皮埃蒙特化"政策的统治阶层人士的支持。他们认为都灵离意大利和法国的前线太近，而选择佛罗伦萨或那不勒斯则会引起其他地方的嫉妒。许多保守主义者反对吞并罗马。拉马尔莫拉(Lamarmora)对于将这最重要的教会城市作为国家的首都并不乐意。梅纳布雷亚(Menabrea)、思科洛皮斯(Sclopis)、阿尔菲耶里和卡萨蒂(Casati)也都认为这很可能是一个错误。希望北意大利王国独立的阿泽利奥更倾向于选择佛罗伦萨，他反复强调如果加富尔一早就了解意大利南部的话，他肯定不会越过瓮布里亚和马尔凯。阿泽利奥认为，关于迁都罗马的说法只是加富尔的一个策略而已，也许是通过向大众显示大臣们可以比马志尼和行动党做得更好，从而恢复政府的支持率。这是一个尝试将人们的注意力从"我们意大利人怎样才能不那么相互憎恨"这个紧迫和重要的问题上转移开来的方法。但阿泽利奥坚决认为，罗马和南部一样，将成为"意大利社会腐败的因素"③。

加富尔知道，接受罗马为首都的观点就等于向很多忠诚的天主教徒和保

① John A.R. Marriott, *The Makers of Modern Italy*, Macmillan and Co., Ltd., 1889, p.51.
② Denis Mack Smith, *Cavour*, Alfred A. Knopf, 1985, p.232.
③ Denis Mack Smith, *Cavour*, Alfred A. Knopf, 1985, p.232.

守主义者及皮埃蒙特的地方主义者发出了挑战,因为皮埃蒙特的地方主义者认为民族复兴运动是一场确立都灵统治地位的运动。他不仅希望合并罗马,还强烈要求教廷更改其基本教条,接受自由主义和心灵的自由,"使其和现代社会的基本原则相一致"。但最重要的是,教廷必须交出圣城并放弃其最近提出的保留领土主权的要求。加富尔个人并不希望迁都罗马,他说他宁愿留在皮埃蒙特,即使这意味着完全放弃政治生活。但是他认为这一长远目标是必须实现的,而且是不言而喻的,甚至是一个不用讨论的普遍原则,但是很多人在应采取的措施上一直存在很大的分歧。加富尔说如果教廷自愿接受自由主义和意大利国家的存在,那么很可能不久之后议会里天主教徒就会占大多数席位,那样他会很高兴地转移到左派的反对席位上。虽然梵蒂冈不会自愿交出俗权,但他仍然认为,就像过去他常常认为的一样——教廷迟早会顺从于"既成事实"。他希望至少教皇在失去主权之后同意待在罗马,那么就不需要通过军事征服夺取圣城了。他认为教廷是"我们最杰出的国家机构",要尽可能使之留在意大利。

加富尔相信,"教廷和教皇的独立和尊严可以通过两个政权的分离,通过在公民社会和宗教社会之间的关系上实施自由的原则得到保障"[1]。他迫切地希望通过和梵蒂冈之间的友好安排带来这样的改变。但是他也知道,"如果政教之争到了玉石俱焚的地步,教皇都不愿妥协,还坚持拒绝所有的条件,那么我们将继续大声宣扬我们的原则;我们也将继续声明不管我们能否和不朽之城达成和解,意大利都不会让教会从国家中解放出来,也不会保证教会的自由,而是会立刻没收教皇的俗权"[2]。不幸的是,后来发生的和他想的并不一致。意大利政府走向罗马的每一步都遭到了顽固的、恒久的抵抗。

1861年5月25日,加富尔"同所有犯有侵害教廷罪的肇事者、怂恿者、策划者和同谋者一起,被教皇庇护九世开除了教籍"[3]。这件事使加富尔深受打击,但是他仍然本能地保持着自己的宗教信仰,临终前在贾科莫神甫[4]面前做了忏悔。可见,虽然加富尔力主国家拥有自主权,反对教会介入国家生活,但是他仍然忠于基督教传统。加富尔临终前呼唤的"自由的教会,自由的国家",饱含着他对现代国家的理想。他理想中的现代国家是这样的:这个国家

① John A.R. Marriott, *The Makers of Modern Italy*, Macmillan and Co., Ltd., 1889, p.51.

② John A.R. Marriott, *The Makers of Modern Italy*, Macmillan and Co., Ltd., 1889, pp.51–52.

③ 乔瓦尼·斯帕多利尼:《缔造意大利的精英——以人物为线索的意大利近代史》,罗红波、戎殿新译,世界知识出版社,1993年,第131页。

④ 在教廷看来加富尔是被开除了教籍的罪人,贾科莫神甫却仍然为加富尔做了临终忏悔,这使教皇怒不可遏。第二天贾科莫神甫就被处以严酷的惩罚:撤销其教堂神甫之职,不许他再从事教化民众的活动。

不宣称自己是信仰的捍卫者,不追求世俗和宗教的双轨专政,而是渴望在意大利重新实现教会与国家的和解,赋予《论意大利在精神和文化上的领先地位》以新的含义。①

三、国家与教廷的和解

意大利的统一是同教皇国领土的逐步缩小相伴随的。1870年9月20日,意大利王国军队和加里波第的志愿军同时进入教皇最后的领地罗马城。1871年5月13日,意大利政府颁布《保障法》(*Legge Delle Guarentigie*),即《教皇与至圣宗座特权法》。该法规定:教皇人身神圣不可侵犯,赋予教皇皇家名号和特权,保证教廷神职内阁的充分自由;教皇可保有自己的通信设施,保证其享有处理世界教会事务的自主权和自由通讯权;意大利政府不干预国内教会活动,只对教会财产的使用和大、小教区(主教区、堂区等)的俸禄保留认可和批准权;教士受意大利国家法律的约束;教皇与国外自由来往不受意大利当局干涉;保障外国驻教廷外交代表的邮电特权和外交豁免权;教皇绝对享有梵蒂冈城皇宫、罗马城内的拉特兰宫和安多尔福堡,并享有治外法权;教皇可直接管理在罗马的天主教神学院,免受意大利教育当局的监控,但保留国家的视察权;教会官员可以在不受国家的侵犯下完成他们的职责,除非他们明显违反了意大利法律。确定教皇年金为322.5万里拉(当时约合12.9万英镑),由意大利国家预算支出。②

《保障法》不是教廷和意大利政府在协商一致的基础上签订和颁布的一部国际条约,而仅仅是意大利议会通过的一部国内法律。③在意大利政府看来,《保障法》并非一个外交的权宜之计,而是对教皇完整自由的真正保障。但这项法律在教皇看来却是具有战争特点的法律,是丑陋、阴险的战胜者强加的法律。虽然《保障法》规定了教皇的种种特权,但是却会让人产生教皇和教廷处于意大利国家的监护之下、教皇是意大利政府的一介属民的印象,这是让教皇难以接受的,也是天主教徒难以接受的。教皇庇护九世断然拒绝接受《保障法》,拒绝承认意大利王国的合法性,自称"梵蒂冈的囚徒",闭门不

① 乔瓦尼·斯帕多利尼:《缔造意大利的精英——以人物为线索的意大利近代史》,罗红波、戎殿新译,世界知识出版社,1993年,第135—136页。
② 克罗齐:《1871—1915年意大利史》,王天清译,中国社会科学出版社,2005年,第29—30页;M. M. 舍英曼:《梵蒂冈史——十九世纪末和二十世纪初时期》,黑龙江大学俄语系翻译组译,黑龙江人民出版社,1982年,第11页;Ronald S. Cunsolo, *Italian Nationalism*, Robert E. Krieger Publishing Co. INC., 1990, p.81.
③ Gordon Ireland "The State of the City of the Vatican," *The American Journal of International Law*, Vol.27, No.2 (Apr., 1933), pp.271–289。

出,以表达愤慨和抗议。在1929年之前,庇护九世的后继者们延续了他的不妥协政策,每位新当选的教皇都声明不放弃"圣彼得的领地",并时刻提醒人们关注意大利"篡权政府"给"基督全权代理人"造成的"不堪忍受的处境"。[①]

"罗马问题",即在教皇国灭亡后教廷争取恢复教皇世俗权力和收回罗马城斗争,使教廷成为新生的意大利王国最大的敌人。"罗马问题"迟迟得不到解决,对意大利的内政、外交都产生了严重的负面影响。庇护九世和他的继承者们力图把"罗马问题"变为国际问题,敦促欧洲各国政府和世界各国的天主教组织对意大利施加压力,迫使意大利同意恢复教皇的世俗权力。1870年以后的最初几年,法国、德国等国家的天主教徒纷纷向本国政府施压,要求干涉意大利,让其退出不义之财(罗马)。虽然各国政府考虑到自己国家的内部条件和当时的国际形势,并没有屈从于这些压力,成为教廷的"十字军",但是他们也很好地利用了"罗马问题",使之成为在和意大利的外交中屡试不爽的"外交牌"。"1870年后的头几年内,罗马问题是意大利外交政策的中心。意大利政府主要担心的是不使任何大国把教皇的要求作为自己的要求提出。"[②]"罗马问题"在将近半个世纪的时间里成为欧洲列强牵制意大利的外交工具。意大利政府坚决否认梵蒂冈的主权国家地位,并采取种种措施阻止教皇代表参加只能由主权国参加的国际会议。意大利参加三国联盟的目的之一就是防止教廷与德奥联盟,减少罗马问题带来的威胁。在意大利国内,由于罗马教廷和世俗国家的对立,天主教徒对意大利民族国家的认同被削弱了。教皇颁布《不许可》禁令,禁止天主教徒参加意大利全国议会选举。教皇颁布禁令的意图,是用天主教的宗教认同代替意大利的民族认同,对意大利民族意识和国家观念的构建产生了非常消极的影响。[③]

"罗马问题"久拖不决,让教廷和意大利两败俱伤。而国内外形势的变化为双方的和解提供了条件。在19世纪80年代中期,和梵蒂冈和解的可能性成了一个主要的话题。从80年代起,天主教徒越来越多地参与到商业和金融企业、银行和运输行业中来,也在一些工业和金融机构和公共事业机构中担任要职。当这些天主教的工业、商业和金融资产阶级参与到国家不断发展的公共生活中来时,又受到天主教温和主义者的鼓励,他们中间出现了妥协的倾向,这些调和主义者和神职人员中的不妥协者为教会和国家关心的新时代

---

① M.M.舍英曼:《梵蒂冈史——十九世纪末和二十世纪初时期》,黑龙江大学俄语系翻译组译,第304—305页。

② 路易吉·萨尔瓦托雷利:《意大利简史——从史前到当代》,沈珩、祝本雄译,商务印书馆,2014年,第478页。

③ 尹建龙、陈晓律:《教、俗分途——试析意大利民族国家构建中的教皇世俗权力问题》,《世界民族》2008年第2期。

展开战斗。他们认为从1870年开始的不合作政策没什么作用。梵蒂冈虽然勇敢地挑战世俗国家,阻止它最后成形,但是随着时间的过去,成功的可能性越来越小。而天主教从国家政治舞台中的缺席严重伤害了自由主义国家。教会远离政治受到伤害的无非就是保守派,只有充满了反教权主义者和共济会成员的极左派从中获利。

有一些教皇是极端保守的,尤其是那些出身低微的,比如庇护十世和庇护十一世;但是也有出身贵族的教皇,比如利奥十三世和本笃十五世,暗示教会和政治专制主义之间的联盟本身并不是绝对的、不可变的。意大利境内天主教社会主义和现代主义的兴起也对和解起了促进作用。天主教社会主义者谴责庇护九世和利奥十三世一样太固执,不肯让步。现代主义者认为,教义不能一旦形成就永久不变,而是应该适应时代的要求做出改变。而19世纪90年代早期社会主义的挑战给教廷和国家的和解提供了一个契机,因为教廷和国家有了一个共同的敌人。教廷也和自由国家一样担心社会主义的崛起。在70年代席拉说"对我们的自由政权来说,黑色国际势力(指天主教势力)比红色国际势力(社会主义革命势力)的危险性更大",但到1900年,这种恐惧就显得有点荒唐了。而红色革命的危险给了他们一个共同点,双方逐渐相互包容。

梵蒂冈也对和解比较热心。教廷和法国的关系正在恶化:在1885年10月的选举中,共和派的胜出引起了一系列的反教权活动。相反,教廷与德国的关系却得到了改善:俾斯麦在19世纪70年代发起的反对教廷的活动在1880年之后逐渐终止了。梵蒂冈外交的重心因此正在向三国同盟靠拢。在私人层面上来说,教皇利奥十三世来自罗马的一个古老的贵族家庭,与庇护九世相比更赞同和解的观念。而且在民族复兴运动时他已成年,所以他在本能上是自由主义的,很多情况显示,他在本质上也是爱国的。利奥说:"如果有和解的意愿,找到一个和解的方法,承认我们要求的正当性,那么第一个感受无上利益的将会是有幸成为教廷所在地的国家。"[1]

克里斯皮过去认为与教廷和解,对国家来说可能比维持现状还危险。激进派的主要代表乔瓦尼·博维奥(Giovanni Bovio)也质疑政府与教廷的和解,认为和解只会导致"一个君主教皇,一个半天主教国家"[2]。但是国王是一直非常希望能与教廷和解的。国王的意见是和教廷结盟会使君权得到有力的

---

① Christopher Duggan, *Francesco Crispi 1818-1901: From Nation to Nationalism*, Oxford University Press, 2002, pp.486-487.

② Christopher Duggan, *Francesco Crispi 1818-1901: From Nation to Nationalism*, Oxford University Press, 2002, p.489.

支撑,使意大利成为一个安全的保守社会。①秉承着"时代在朝前发展,正如时间可以平息和灭绝最深的仇恨一样,时间也终有一天可以将教廷和国家联合在一起"②的理念,克里斯皮政府和教廷进行了一些和谈。教皇希望把罗马市或至少该市的一部分和至海边的地区让给教皇,从而解决双方的冲突。③虽然进行了一些和谈,但双方都没有足够的诚意。教皇明显想要为教廷谋取部分领土,但克里斯皮并不准备让步。两方都不愿意妥协。克里斯皮的态度非常强硬:教廷如果想和解,那和解也不是不可能,但是教廷必须实际上宣布放弃(至少不坚持)1864年的《谬说要录》以及对"进步、自由主义和现代文明"的全盘谴责。④眼见和解无望,教皇的态度也变得强硬,向媒体透露:可以与意大利国家和解,不过必须保证恢复俗权。

谈判没有成功,主要的问题是双方根本没有足够真诚的意向。大众无疑为和解的想法而激动——毕竟大部分意大利人,都是信仰天主教的。国王和王后对和解非常热心;利奥当然也是渴望和解的;许多主教和低级的神职人员莫不希望和解;托斯蒂更是经常幻想教廷和国家能以意大利的名义结成联盟。但是教廷和国家的关系非常敏感:神经仍然是刺痛的,激情很容易爆发,双方都不愿意妥协。意大利政府不愿以出让土地的形式来换取和解,正如克里斯皮所说:"我也非常清楚如果教廷和国家之间的争端得以解决将带来的好处。但是我觉得和解很难协商,梵蒂冈每天都在设置难题。在国家的权力上我们必须毫不让步,我们不能将任何国家的土地让给教皇。"⑤任何国家土地的丧失必定会引起绝大部分意大利人的强烈抵抗;教廷方面的任何让步也会让梵蒂冈处于极其尴尬的处境。⑥

不管怎样,维持现状在很多方面对于教廷来说是最好的。梵蒂冈经常说它需要独立以更好地为全人类服务:而独立意味着和意大利的公开对抗;如果和解,那么教廷就会背负沦为国家的工具的罪名。国外的天主教徒很可能

① Christopher Duggan, *Francesco Crispi 1818-1901: From Nation to Nationalism*, Oxford University Press, 2002, p.489.

② Christopher Duggan, *Francesco Crispi 1818-1901: From Nation to Nationalism*, Oxford University Press, 2002, pp.489-490.

③ M.M. 舍英曼:《梵蒂冈史——十九世纪末和二十世纪初时期》,黑龙江大学俄语系翻译组译,黑龙江人民出版社1982年,第343页。

④ Christopher Duggan, *Francesco Crispi 1818-1901: From Nation to Nationalism*, Oxford University Press, 2002, p.490.

⑤ Christopher Duggan, *Francesco Crispi 1818-1901: From Nation to Nationalism*, Oxford University Press, 2002, p.493.

⑥ Christopher Duggan, *Francesco Crispi 1818-1901: From Nation to Nationalism*, Oxford University Press, 2002, p.492.

迫切希望能在枢机主教团中占一定比例的席位,并且希望有一个非意大利的教皇。而且,在当前和国家对抗的情况下,许多不正式的安排也没有太多人过问。这对双方都有好处。从政治上来讲,和意大利争吵有着无限的外交潜力——尤其是和法国;教皇可以随意打牌,或和解,或迫害。①最后,教皇成为"梵蒂冈的囚徒"的概念是动员国外天主教徒和增加教廷收入的好办法。每家每户缴纳给教廷的税金——"Peter's Pence"②对教廷来说是一笔很重要的收入。

围绕世俗国家与梵蒂冈教廷关系的很多难题,在焦利蒂③时代都找到了解决的办法。在第一次世界大战中,天主教民与世俗人士并肩作战,天主教信仰与民主思想相结合,最终于1919年成立了人民党,教会与世俗国家的关系得到了进一步的缓和。拥护教皇的圭尔夫派人士,被焦利蒂纳入了国家生活的轨道。同时,天主教人士的政治活动被严格控制在教规所允许的范围之内。④这样,尽管形式上还存在着不许教民参加投票的规定,但这个规定实际上已不起作用。焦利蒂取消了同天主教利益相冲突的立法,使意大利的外交政策与梵蒂冈的外交政策在殖民地问题上一致起来。这一点集中体现在对利比亚战争的态度上。焦利蒂还扭转了文化活动不从实际出发的倾向,使世俗文化与宗教日常生活日益靠拢,使世俗人士的思想与教民的信仰越来越能相互理解。这样,教民意识不再与公民意识矛盾,"天堂的祖国"不再与"人间的祖国"对立。"教会与世俗国家之间的紧张关系缓解了,双方的心境都平静下来,出现了心理和精神上的和解。"⑤当然,这种和解主要还是根据《保障法》办事,是有限度的,维持意大利和教皇国之间的关系现状,捍卫民族复兴运动中通过立法建立起来并已延续多年的格局——这个框架并未能突破。焦利蒂促成了教会与世俗温和派的联盟,缔结了《简提罗尼条约》,但是在这一点上,他与民族复兴运动后的历届前任没有根本不同。

"罗马问题"最终得到解决是在墨索里尼当政时期。1929年签署的《拉特兰条约》(*Patti Lateranensi*)中的政治条约确定了意大利王国与梵蒂冈城国双

① Christopher Duggan, *Francesco Crispi 1818-1901: From Nation to Nationalism*, Oxford University Press, 2002, p.492.
② 彼得的便士(Peter's Pence),天主教徒献给罗马教皇的年金。
③ 乔瓦尼·焦利蒂(Giovanni Giolitti, 1842—1928年),意大利政治家。他在1892年和1921年期间5次担任意大利首相。他执政时,通过广泛的进步的社会改革,改进了普通民众的生活水平,这个时期被称为焦利蒂时代(Giolittian Era)。
④ 乔瓦尼·斯帕多利尼:《缔造意大利的精英们——以人物为线索的意大利近代史》,罗红波、戎殿新译,世界知识出版社,1993年,第427页。
⑤ 乔瓦尼·斯帕多利尼:《缔造意大利的精英们——以人物为线索的意大利近代史》,罗红波、戎殿新译,世界知识出版社,1993年,第427页。

方的主权和外交关系,这标志着罗马教廷与意大利民族国家完全分离。围绕教皇世俗权力的存与废而形成的"罗马问题",使新生的意大利民族国家和罗马教廷之间产生的敌对状态也终于得到了解除。而在这之前,罗马问题一直是意大利的一块伤疤。[1]经过59年的冲突和对抗之后,意大利民族国家和罗马教廷重新确定了各自的角色,重新认识了教皇的世俗权力和宗教权威之间的关系,并找到了妥善的解决办法,既符合现代民族国家政教分离的要求,也满足了教皇对世俗权力的要求,同时还满足了全世界天主教徒对保证教廷独立性和超脱性的要求。[2]

第二节　从议会"联姻"政策到"多数派进化论"

整个统一运动充满着各种理念的冲突和各派势力的对抗,最后统一是在各派势力妥协的基础上达成的。在统一运动过程中,为了驱逐外国势力,达到意大利统一这个目的,各派势力都将自己的政治信念放置一边,附和温和自由主义者的政治主张,以皮埃蒙特马首是瞻。但是统一一旦完成,在国家的具体管理过程中,各派势力往往坚持自己的政治理念,在很多重大的事情上意见不一,使很多重大的措施难以得到实施,给统一后的意大利国家带来了很大的困扰。为了能够使自己的势力在议会中占优势,使自己的政治方案能够顺利通过,统一后的各届政府几乎都采取各种派别"联合"的措施,而政治联合的先驱是加富尔。

一、加富尔的议会"联姻"政策

从1849年起,也就是加富尔在阿泽利奥的内阁中任贸易部和财政部大臣的时候,他就开始考虑政治重组的可能性,因为他希望既自由又保守的改革政策能够得到更可靠的坚实后盾。刚开始他希望议会的大多数议员不会形成党派,因为从语源上,"党派"一词意味着分裂和不同派别。[3]但事实上,他很快意识到在议会占据稳定的优势席位的重要性,因为经验告诉他议员们很容易因个别议题而随意联合,并且在反对政府政策时获得令人意外的投票。

① Frank J. Coppa, "Realpolitik and Conviction in the Conflict between Piedmont and the Papacy during the 'Risorgimento'," *The Catholic Historical Review*, Vol.54, No.4(Jan., 1969), pp.579-612.
② 尹建龙、陈晓律:《教、俗分途——试析意大利民族国家构建中的教皇世俗权力问题》,《世界民族》2008年第2期。
③ Denis Mack Smith, *Cavour*, Alfred A. Knopf, 1985, p.61.

阿泽利奥1849年12月的选举就是一个很好的例子。本来阿泽利奥在选举中感觉胜券在握,但结果却是险胜。原因在于大多数议员没有严格的党派忠诚性,所以每次的议题所获得的多数票都是随意的、飘忽不定的。

当时众议院各派的立场已经十分明确。极右派拥护教皇,拥护正统王权,主张复辟,企图让已经取得了合法地位的宪法失效。以布罗费里奥(Brofferio)为代表的极左派,则以雅各宾式的激昂言词为民请命。但他们过激的行为只能让人民对民主更加惧怕。以内阁首相阿泽利奥为首的立宪右翼缺乏胆略,不敢与旧体制一刀两断,果敢地进行自由派的改革。除了极右派和极左派之外还有组成人员不太明朗、尚未最后定型的两个中间派别:中左派和中右派。这两派都没有一个目标明确、措辞严密的纲领,也缺乏议会斗争的经验。但这两个派别的领导人都是受人尊敬的政治家。中右派的领袖就是加富尔这位开明的保守派,而中左派的领袖是乌尔巴诺·拉塔齐(Urbano Rattazzi),一位宽容大度,但不乏激进观点的民主派人士。

从1852年初皮埃蒙特的政治形势来看,以和平方式推动立宪体制的建立,似乎希望不大。12月2日在巴黎发生的政变,使得倒行逆施的极右派更加坚定了决心。奥地利和普鲁士两个国家也试图通过外交和非外交的途径迫使撒丁王国效法意大利境内其他邦国,不要推行宪政。梵蒂冈仍在顽强地抵抗第一批与教义相悖的世俗法律。国王对教皇态度暧昧,而保皇派甚至准备采取实际行动支持教皇。主张立宪和反对立宪的两种对立意见也蔓延到了议会多数派内部。正是从这一基本形式出发,加富尔开始采取行动。他知道,如果内阁进一步向右转,那么结果将使已取得的立宪成果丧失,宪法精神也将荡然无存。议会刚刚建立还极不稳固,举国上下对议会也越来越缺乏信心。

《德·福雷斯塔法》(*De Foresta Law*)促成了加富尔关于中左派和中右派"联姻"(connubio)思想的正式形成。这项法令是为了剥夺陪审团在法律制裁上的权限,是需要得到温和派和极端保守派支持的一项限制性措施。为了让这项法令在议会上通过,加富尔告诉议会政府采用这部法律并不是迫于外国的压力。私下里他却告诉拉塔齐,他的秘密意图是满足路易·拿破仑的愿望,获得他的好感。拉塔齐接受了他的论点,认为虽然他基于自由的立场有义务反对这项法令,但他承诺会比较温和。法令得到了极右派、中右派的支持,也得到了一些极左派和中左派的支持,顺利通过了。这令人困惑的投票很好地解释了,为什么在缺乏界线明显的党派的情况下寻求更有凝聚力的联盟是可取的。

加富尔从来没有详细描述具体是哪些因素导致他做出完成中右派和中左派之间的"联姻"这个重要决定。但是"联姻"的目的是明确的,那就是为了防止极右派得势。极右派如果得势，一部分中右势力必将被裹挟而去，更重要的是改革政策必将受阻，1848年取得的成果也将付诸东流。1852年初，加富尔和拉塔齐共同的朋友，《民族复兴》杂志的副编辑米凯兰杰洛·卡斯泰利（Michelangelo Castelli）在自己家中给他们安排了一个会面。在这次会面中，他们定下了这次议会联盟的大体原则，即维护君主制，争取民族独立，保卫宪法，争取经济和社会的进步。虽然这几项原则过于笼统，含义也不够明确，但毕竟勾勒出了一个政治行动纲领的轮廓，从而使中右势力和中左势力得以在一个政治改革、社会改革和宗教改革的基础上联合起来。中右势力和中左势力在议会中形成的联合无疑是一种进步势力，对当时的议会局势产生了很大的影响。它迫使右派人士做出决断：到底是走向反动，还是支持自由；到底是拥护宪法，还是反对宪法。它也使得激进的左派人士不得不考虑自身的责任，他们如果坚持毫无意义的立场，必将面临种种危险。

　　加富尔对英国有着深刻的了解，也非常欣赏英国的两党制。但是加富尔明确知道，皮埃蒙特不能引进英国的两党制，不能采用两个集团轮流坐庄的办法。[①]因为对目前的皮埃蒙特来说，无论其在国内的责任，还是在国际上的义务，以及争取自由和独立的使命，都要求国内必须形成一支不偏不倚、具有建设精神的中间势力。这支中间势力，不仅对于各个方面的要求必须能兼容并蓄，还要能遏制反动派的攻击，有效地对付左派的煽动宣传和极端行为。只有这样才能在国内求得平衡、在国际上求得安全。

　　加富尔的"联姻"政策遭到了很多人的批评，特别是极右派和极左派人士。他们认为加富尔不顾原则问题，习惯性地玩弄权术，他作为议员典范的名声完全是名不副实的。他们认为加富尔是一个为了谋取权力，假装是自由主义者的贵族，他故意把水搅浑然后斩断议员对各自党派的忠诚以保证不会出现联合反对的情况。"联姻"是切实可行的政治主张，但是在一个新的议会体制形成时期，故意避免不一致的观点可能会带来很多附带的不利之处，因为不一致的观点可能会促使更清晰的党派结盟的出现。加富尔自己在写信给他的经纪人科里奥的时候解释了他想要构建议会均衡势力的目的：保守派会为了防止他倒向右派而支持他，而左派则因害怕极右派可能会取得政权而不会轻易拉他下台。[②]右派的梅纳布雷亚，意大利未来的首相，批评了他的这种中立政策，认为他试图将很多不同的意见统一在他的联盟里面。代表不确定的中间势力的、另一个未来意大利首相朱塞佩·萨拉科（Giuseppe Saracco）

① 乔瓦尼·斯帕多利尼：《缔造意大利的精英们——以人物为线索的意大利近代史》，罗红波、戎殿新译，世界知识出版社，1993年，第120页。
② Denis Mack Smith, *Cavour*, Alfred A. Knopf, 1985, p.133.

对加富尔的"拉锯政治游戏"感到不解,因为加富尔"在右和左之间摇摆不定,没人知道他最后到底要倒向哪边"①。

其他评论家认为缺乏权力的明显区分会对立宪政府带来很大的危害:他们说只有众议院、参议院、内阁、王室、地方官和整个官僚机构之间存在责任的均衡分配,才能够对集行政和司法于一身的人的至高权威进行遏制或矫正。但是抱怨议会没有自己的主动权的观点对大多数人来说过于复杂而难以理解。马萨里也许代表的是众议院大多数议员的心声,他称加富尔是"一个必要的人",他的"独裁"对国家来说是光荣的。②这样的观点是基于这样的想法:无论如何,只要第二大的党派对议会政府或民族解放没有充分兴趣的时候,一个新成立的国家加上一个严重分裂的社会需要单一政党的统治。但是,即使一些认同这个观点的人包括马萨里也认为,必须的东西有可能也非常危险,潜在的危险在加富尔去世后变得更加明显。即使那些不因"忠诚的反对派"的缺席而责备他的人也忍不住哀叹,直到1860年为止也没有出现既认同加富尔的立宪政府,同时又强大到可以挑战他的行政或批评他采取的方式的其他派别的存在。根据拉马尔莫拉的说法,党派已经不复存在;或者说至少党派之间最主要的区分仅仅在于一些琐事或"个人问题"。

在加富尔的内阁中短暂地担任过大臣的温和派评论家德·桑提斯虽然不相信任何两党制的过分简单化的概念,但他指出这种中间派的联盟,成立的理由就是将在很多问题上持完全不同观点的人拢在一起,是由回避有争议的问题的讨论这样一种自我保护的本能所激发的;而这些引发争议的问题往往都是最重要的问题。德·桑提斯提出的另一个批评观点是加富尔为了掩藏错误、掩盖专断行为而变得过度独裁,而独裁只是在紧急情况下才需要,将之作为常态是不可原谅的。一个很好的例子就是对马志尼和加里波第不够大度,德·桑提斯认为他们和加富尔一样对意大利做出了很大的贡献。③

不管有多少反对的声音,在实践中这是一项灵活的政策。依靠加富尔的天才建立的这个联盟改变了议会中的力量结构,为全国范围内形成新的力量对比作了准备。1852年加富尔上台后,由中右势力和中左势力"联姻"后形成的执政多数派一直支持加富尔。他们坚决支持旨在实行世俗化的各项法律,决心实现经济现代化。他们使撒丁王国投入到了克里米亚战役,并在巴黎会议上取得了成功。执政的多数派通过促成"民族协会"的建立,造成了行动党内部的分裂,为签订并最后批准《普隆比埃协议》奠定了基础。可以说如果没

① Denis Mack Smith, *Cavour*, Alfred A. Knopf, 1985, p.133.

② Denis Mack Smith, *Cavour*, Alfred A. Knopf, 1985, p.192.

③ Denis Mack Smith, *Cavour*, Alfred A. Knopf, 1985, p.193.

有这种"联姻"政策,就不可能有意大利,就不可能有1860—1861年全民公决后产生的统一、自由的意大利王国。[①]

在以后的意大利政治生活中,一直是中间派在发挥作用。在议会中,右翼和左翼总是互不相容,彼此对立。而且右翼往往怕这怕那,而左翼则过于激进。无论右翼还是左翼都会给国家造成危害。但"联姻"后的中间派无论在联合政府的组阁过程中,还是在具体的执政过程中,都使自由主义势力实现了最广泛的团结。[②]"联姻"政策不仅让君主制有了一个牢固的宪法基础,还造就和推出了一个新的权力核心——这个核心不再只有皮埃蒙特色彩,而是具有了全意大利性质。[③]

"联姻"的方式后来被几乎所有加富尔之后的首相们所模仿,比如阿戈斯蒂诺·戴普雷提斯(Agostino Depretis)的"议会多数派进化论",以及更晚一些的"焦利蒂主义"。只要极左和极右两派的一些政治家对宪法不完全忠诚,那么随机应变的中间派的联合就有很多好处,不仅可以提供连续性,避免过度争论,还可以保持政治局面的稳定。[④]联盟的弊端是政治派别之间区别不明显,缺乏凝聚力,有组织的反对派的缺席意味着对行政没有足够的批评,也没有充分的监督。[⑤]缺少可替换的政策或一个可替换的政府在有一个像加富尔一样的强势的、属于温和派的、崇尚自由主义的首相的情况下是没什么不利之处的,但是在关键时刻,如果首相又不是很强势的时候就很危险,还会导致完全没有效率的政治形式。

二、多数派进化论(Transformismo)和五头联盟(Pentarchy)

(一) 多数派进化论

1876年3月,马尔科·明盖蒂(Marco Minghetti)的右翼政府倒台,戴普雷提斯出任首相组成了左派的第一届政府。新的内阁虽然由清一色的原合作派和马志尼分子组成,但它不仅完全继承了明盖蒂政府的对内政策,甚至有过之而无不及。本来对左派上台执政抱很大希望的加里波第,也以极度失望的

① 乔瓦尼·斯帕多利尼:《缔造意大利的精英们——以人物为线索的意大利近代史》,罗红波、戎殿新译,世界知识出版社,1993年,第122页。

② 乔瓦尼·斯帕多利尼:《缔造意大利的精英们——以人物为线索的意大利近代史》,罗红波、戎殿新译,世界知识出版社,1993年,第123页。

③ 乔瓦尼·斯帕多利尼:《缔造意大利的精英们——以人物为线索的意大利近代史》,罗红波、戎殿新译,世界知识出版社,1993年,第122页。

④ Denis Mack Smith, *Cavour*, Alfred A. Knopf, 1985, p.133.

⑤ Denis Mack Smith, *Cavour*, Alfred A. Knopf, 1985, pp.133–134.

心情描述了戴普雷提斯统治下的社会现状："现在的社会制度已是腐朽透顶了，看来谁上台也是换汤不换药。"①戴普雷提斯和同样属于左派的贝内德托·卡伊罗利(Benedetto Cairoli)在接下来的几年里轮流执政，直至1881年5月戴普雷提斯再次上台执政之后，戴普雷提斯政府统治意大利长达6年之久。

戴普雷提斯此次上台时，左派本身也发生了分化，在内部形成了三个重要的派别：一是以戴普雷提斯、克里斯皮和卡伊罗利为代表的所谓"民主派"（实质上是左派内部的保守派）；二是以卡瓦洛蒂为首的"激进派"；三是以贝尔塔尼等人为核心的"共和派"。激进派和共和派联合组成了所谓的"极左派"。在极左派的逼迫下，戴普雷提斯政府于1882年实行了选举改革，将获得选举权的年龄限制从25岁放宽到了21岁，而财产资格则从每年向国家纳税40里拉下降到了19里拉。这样，享有选举权的人数翻了三倍多，从原来只占居民总数的2%上升到了7%。

选举改革引起了很多焦虑情绪。戴普雷提斯担心改革可能使激进分子和共和主义者组成的反对派的影响力得到极大的增强。虽然改革是为了缩小人民和政府机构之间的鸿沟，但是人民会愿意服从自由政府来支持宪法党吗？极端分子是否会利用新选民的政治无知，诱使他们走向跟政府捣乱的道路？戴普雷提斯担心他们很可能会被引诱，明盖蒂也持同样的观点，所以在1882年上半年这两个人和他们各自的左翼和右翼追随者开始相互靠拢。甚至谈到要将旧分歧掩埋，即要"进化"政党，建立一个新的宽泛的保守联盟，这个联盟将支持君主政体，成为反对几乎席卷整个国家的、"如火如荼的煽动"的浪潮的堤坝。②这就是"多数派进化论"。这项策略的基本原理是构建一个有弹性的中立派议员的联合，形成议会的多数派，孤立极左派和极右派。这不是一个新方法，19世纪50年代加富尔就在皮埃蒙特采取了相同的策略。在60年代，代左派的各个部门就被剥离然后"进化"成政府的支持者。促使"多数派进化论"产生的另一因素是80年代越来越激烈的关于意大利议会政体不起作用的辩论，很多人认为议会政体变成了一个被滥用的术语，成了衰退和腐败的代名词。③

每个首相都要面临同样的创建政府联合的问题，使政府既是自由主义的又是保守的，因此他们之间的区别只在于所强调的重点的不同。这些联合之所以不可避免，其中一个原因是议会里缺乏极端的神职人员和马志尼派人

① 米诺·米拉尼：《传奇将军加里波第》，曹震寰译，世界知识出版社，1986年，第342页。
② Christopher Duggan, *Francesco Crispi 1818–1901: From Nation to Nationalism*, Oxford University Press, 2002, p.451.
③ Christopher Duggan, *Francesco Crispi 1818–1901: From Nation to Nationalism*, Oxford University Press, 2002, pp.451–452.

士,而这两股势力是最有力的政治催化剂。对这些派别的害怕将各种进步——自由主义的和保守——自由主义的派别赶进了同一个难民营,在那里他们将其内部纷争放置在一边,一起争权夺利,营私舞弊。像加富尔和戴普雷提斯这些强势的人的自信助长了这个过程,因为他们对政治场景的控制是和这些中间派别的灵活性和所有政治家拒绝太过拘泥于原则联系在一起的。即使理论上相信两党制的明盖蒂也强调强大政府的重要作用,对激进分子和神职人员的共同恐惧将很多保守派人士团结在戴普雷提斯的周围。

毋庸置疑,联合给议会生活增添了和平的因素。戴普雷提斯的性格也使他可以缓和个人之间的争执,避开敌对理论之间的冲突。他首先是一个管理者,总是喜欢确立一件事情的公认事实,然后在这些事实的基础上努力根据经验获得大家的同意,而不允许先入之见影响最后的决定。这样做的弊端在于避免了冲突和反对,剥夺了政府本应该有的检验权力,而且常常混淆原则,扰乱清晰的思维。如果戴普雷提斯能够混淆问题,似乎同意每个人的想法,那么他确实有更多的机会继续执政,但是在试图缓和矛盾和争论时他有时会压制所有的理想主义。像加富尔一样,他不愿形成可能被投票否决的明确政策,而更喜欢只要通过辞掉一个不受欢迎的大臣或重组内阁就可以抛弃的权宜之计。

议会左右两派都有温和改革的拥护者,这说明"进化"不只是戴普雷提斯的"阴谋",而是扎根于意大利议会结构或意大利人本性的东西。戴普雷提斯说,左派和右派的旧分歧在1882年选举之前已经解决了。这句话试图掩饰的是他的支持现在来自中间派和右派。议会已经有了第一位社会主义者,因此各个资产阶级团体在追求共同的事业上有着共同的利益。戴普雷提斯在斯特拉代拉和明盖蒂在莱尼亚诺的演说,暗示他们各自的议会团体已经转化成新的政府多数席位。双方都提出这样的建议:两边的温和派成员都在这转折期融合,等新的问题出现,"正常的反对派"再重组。

其他人则充满疑虑,他们虽然认为"进化"可能有助于将已经失去存在理由的旧党派重新洗牌,但对没有新的政党出现替代它们感到遗憾。但是即使持这一观点的福尔图纳托也不知道新的政党应该从哪里产生。遭到各个反对派反对的不定型的政府联合的议会形式很快就被广泛接受了,"进化"一词失去了贬低的意味。①在1883年的一次议会演讲中,保守派赛里那说"进化"摧毁了左派;在这一点上克里斯皮进行了反驳,他说"进化"摧毁的应该是右派;议会上甚至有议员提出两个党派都被"进化"消灭了。

不管什么原因,政治纷争显然没有采取党派斗争的形式。德·桑提斯也

---

① Denis Mack Smith, *Italy: A Modern History*, The University of Michigan Press, 1959, p.135.

谴责了这种情况。他写道:"除了那些基于地区差异或委托人和主顾之间的个人关系,我们意大利已经到了没有强大的党派的地步;而这两者是意大利的两大瘟疫。"①现存的派别是由随时会改变主意的人组成的,他们的忠诚是看情况而定的,这种情况使得选举结果对政治家和历史学家来说都是不可靠的。然而戴普雷提斯却辩解说,这是很正常的,因为组织良好的反对派的存在将会拖慢政府的活动,将国家最好的因素分解成无效的两半。

"进化"是一种议会政府的手段,中间联盟的长期存在很可能会减少议会上的争议,让政治变得更加温和。毋庸置疑,这给议会生活增添了和平的因素。但是有时一些自由主义者(就像德·桑提斯和克罗齐)认识到,如同在文学和美学领域一样,缺少观点鲜明的争论会导致缺乏活力、死气沉沉、单调乏味。有人曾抱怨加富尔故意将现存的党派分裂作为增加他自己权力的手段,比如梅纳布雷亚和萨拉科曾从两个完全不同的角度批评了加富尔的折中政策和他的"政治拉锯游戏"。现在扎纳尔代利指控戴普雷提斯混淆对国家的伟大来说必不可少的政治党派,将作为自由政府的命根子的政治激情消除殆尽。"转化"还被认为降低了和解的实践,因为反对奥地利的共同斗争本来是爱国职责,现在被降低成了掩盖缺乏坚定信仰的政治习惯。被打败的右派的斯帕文塔和迪鲁迪尼也对此做出了很多指责,而且破天荒地开始对两党制的政府形式表示赞赏。

焦利蒂附和了这一观点,认为刚开始建立的温和主义者的联合是值得赞赏的尝试,后来却退化成了戴普雷提斯个人野心的工具。克里斯皮也以同样的原因开始攻击"多数派进化论",但是等戴普雷提斯在1887年去世后,他自己掌权时却采取了同样的方法。戴普雷提斯、克里斯皮和焦利蒂都轮流求助于这个方法来防止有组织的反对派的形成,说明在出现紧急情况的时候,首相总是可以通过和一些潜在的、持不同意见的人联合而转化他们的支持者。观点明确的反对派的缺席对意大利的制宪史有着不良影响,而内阁短暂的会议也是一样的,因为明显的多数派地位可能会在一夜之间就消失。

(二)五头联盟

克里斯皮是"多数派进化论"最激烈的批评者。他强烈反对左派和右派的融合。他一直为以英国为模型的两党制辩护,现在他的态度更加坚决。他希望进行选举改革,尤其是支持"列表投票"制的引入,他认为这将加强党派界线。克里斯皮认为当意大利似乎比以前任何时候都需要积极、强势的领导的时候,这么做预示着胆怯和过于谨慎。克里斯皮在议会中批评戴普雷提斯

---

① Denis Mack Smith, *Italy: A Modern History*, The University of Michigan Press, 1959, p.111.

的"多数派进化论"说:"自从1878年以来,在意大利就没有了政治党派……只有政治家和团体,每个团体不是由相同思想体系的人组成,而只是一个观点常常发生变化的个人的组合。政府却积极鼓励这种状况的形成。我和一些有着坚定信仰的朋友远离了这种状况。随着1882年的选举,参议员的混乱状况扩展到了整个国家。候选人不组成有明确计划的党派,因为他们没有需要捍卫的原则,只有想要重回议会的愿望。"①他说,可能就像有些人说的欧洲的议会政治正在经历一个"温和妥协"阶段,但是在意大利,情况却有所不同。在意大利,不同的党派、左派和右派,都是合理的,也是必需的。意大利的资产阶级当然——"很不幸地害怕任何的变化和改革"——在其等级之内就有足够的因素组成一个保守派。他们所需要的只是议员要对他们的信仰有信心,并公开表明自己的立场。克里斯皮同意明盖蒂"进化是一种自然法则"的说法,但是他认为自然法则是进步的而不是退化的:"某些哲学家曾写过人类是从猴子进化而来,但是他们从未告诉过你猴子有可能是从人进化来的。"②

戴普雷提斯和明盖蒂的战略性联合使很多右翼同僚开始逐渐疏远他。像克里斯皮一样拒绝戴普雷提斯的"多数派进化论"的主要政治家还有乔瓦尼·尼科泰拉(Giovanni Nicotera)和贝内德托·卡伊罗利。1876年之后曾在好几届政府中担任大臣的路易吉·扎纳尔代利(Luigi Zanardelli)和阿尔弗雷多·巴卡里尼(Alfredo Baccarini)也觉得和右派的联盟令人难以接受,带头谴责戴普雷提斯背弃了原则,也背弃了让他掌权的党派。他们认为他为了继续执政故意把水搅浑,从而妨碍了国家的政治教育。扎纳尔代利和巴卡里尼于1883年5月从政府辞职,同克里斯皮的"历史左翼"、尼科泰拉和卡伊罗利一起组成了"五头联盟",成为反对戴普雷提斯的反对派。组成这个联盟并不容易,因为克里斯皮、尼科泰拉和卡伊罗利之间的关系在近几年非常紧张。但由于社会问题急需关注,加上社会主义开始初露端倪③,所以努力将旧的分歧埋葬,建立一个立宪进步党才是有政治责任感的表现。

"五头联盟"被认为是全国性的反对派。在"五头联盟"的成员中,有三位来自北方:扎纳尔代利来自布雷西亚,卡伊罗利来自帕维亚,巴卡里尼来自拉文纳;而尼科泰拉和克里斯皮则来自南方。就职仪式四天后,党派的新报纸《论坛报》(La Tribuna)在罗马开始发行。在社会上,"五头联盟"的影响力是很广的:它不仅吸引了北方工业界和商业界的支持,也吸引了普通的土地所有

---

① Denis Mack Smith, *Italy: A Modern History*, The University of Michigan Press, 1959, p.136.

② Christopher Duggan, *Francesco Crispi 1818–1901: From Nation to Nationalism*, Oxford University Press, 2002, p.452.

③ 8月在拉文纳召开了社会主义者代表大会,当时伊斯基亚岛上的地震暴露了意大利在急救、医疗和福利服务方面的极度缺乏。

者和专业人员的支持。但是"五头联盟"总的重心更多的在南方。参加就职典礼的议员们大部分也来自南方,宴会在南方的那不勒斯举行本身就是有代表意义的。这一地区差异的主要原因很可能是由于人们认为(至少在南方)皮埃蒙特人戴普雷提斯的政府是偏向北方的——或者他们不够关心南方的经济困境,南方的经济由于国际上小麦价格大跌遭受了严重的打击。克里斯皮希望"五头联盟"在它计划中尽可能体现"全国性";但是他不能够阻止南方的利益在接下来的几年里对"五头联盟"的部分形象和工作内容产生影响。左派的报纸《改革》(La Reforma)也通过指控政府的偏袒行为,比如政府在公共工程上给予北方特权,促进了这一过程。①

有人认为当议会重新开放的时候,"五头联盟"可能会控制足够的势力将戴普雷提斯政府拉下台。在1883年11月底,克里斯皮很可能以为自己已经站在了权力的门槛上,但是戴普雷提斯和右派的联盟如此坚固:即将有一个激进政府执政的前景无疑使他们的地位更稳固。"五头联盟"在新的议程中的第一次投票中获得了124票——虽然这足够让《改革》宣布"五头联盟"已经是真正的左派,而戴普雷提斯已经成了正儿八经的右派了,但是其势力却不足以对政府形成严重的威胁。②

事实上,"五头联盟"在很多方面是比进化论者更脆弱的一个联合。领导人——尤其是克里斯皮、扎纳尔代利和尼科泰拉——都是有着很强个性和公开野心的人。尼科泰拉的暴躁脾气导致了不少问题。③政策上的不同意见也引起了很多问题。克里斯皮和卡伊罗利在外交事务上的看法也不一致。对经济保护主义和税制改革(在这两个方面南北的分歧非常明显)方面的意见也各不相同。在自由的问题上,克里斯皮的独裁倾向和对意大利政治教育的关注有时候让他和那些更严格的自由主义同僚之间也变得疏离。

三、议会与独裁

对"多数派进化论"的强烈厌恶使得不妥协的左派领导人克里斯皮在1887年从戴普雷提斯手中接过了权力。1887年8月,在67岁高龄,克里斯皮终于成为首相。克里斯皮属于很早就迁入西西里的阿尔巴尼亚人家族的一

① Christopher Duggan, *Francesco Crispi 1818-1901: From Nation to Nationalism*, Oxford University Press, 2002, p.454.

② Christopher Duggan, *Francesco Crispi 1818-1901: From Nation to Nationalism*, Oxford University Press, 2002, p.454.

③ 1883年12月,在蒙地奇托利奥宫的走廊上,他扇了一位名叫弗朗西斯科·洛维托的议员一个耳光,因为他自认为被侮辱了并向他提出决斗(决斗在当时是违法的)。这件事使很多潜在的支持者疏远了这个新的联盟。

员,他的祖父曾是希腊正教的一位牧师。倾慕者称他是真诚的、具有高尚气概的政治家,当然他对于卡尔杜齐、翁贝托国王和墨索里尼这些人来说是一位英雄。不可否认他是一位爱国主义者,在谋反和被流放的艰苦岁月里都坚持为祖国服务。

克里斯皮一直认为意大利政府需要"能干的人"。这位能干的人能够使训练有素的有才干之人团结在他的周围,"赋予被几个世纪的专制主义弄得老朽和恶习满身的意大利人民以朝气,使之严肃、干练和强壮"[1]。他非常自信,觉得他自己就是这样的人,他觉得他有能力挽救和提升意大利。和谨慎的戴普雷提斯相比,西西里人克里斯皮擅长雄辩、富有激情,还带有加里波第遗留下来的爱国精神。他给政府注入了新能量,首次执政就开展了重要的改革项目。国家要求新的政权调整公共卫生和慈善机构。对天主教的慈善活动所采取的严格控制取悦了社会改革者,也取悦了反教权主义者。国务委员会被重组以监督行政滥用职权的行为。和1882年的选举改革相匹配,地方选民数量翻倍。市长也首次由选举产生而不再由政府指定。但是,中央对地方行政的控制加强了。基层的民主因中央集权的加深而受到限制,甚至被抵消。在克里斯皮开始执政之后,意大利政界对其早期的行为普遍持欢迎态度。他们以为意大利已掌握在可靠的人手中,并得到了严格的管理;意大利对其他国家和民族的怯懦和屈从态度已经结束。克里斯皮承诺构成、实际上已构成了长期以来意大利人热切盼望的那种政府。[2]这种状况与被认为与戴普雷提斯时期停滞、腐败的政治阶段形成了鲜明的对比。

然而克里斯皮的不幸在于,出于个人和国家尊严的动机,他的统治过于专断。[3]他缺乏平衡和冷静,过于情绪化;他隐蔽、沉默寡言,也很暴躁,容易动怒。和很多西西里人一样,他是骄傲的,对于批评太过敏感。无论对媒体、议会上的敌手,还是对外国的政治家,他都可能很无礼。他对别人的粗鲁和冷漠在外交事务上给人留下了非常糟糕的印象。他头脑简单,不可信的怀疑都会激发他采取行动,比如西西里社会主义者和俄国联盟了,法国准备突然袭击热那亚等。他还被指控政治腐败和个人不道德:遗弃曾和他一起参加加里波第的千人军的、并一直追随他的前情人罗莎莉娅·蒙马松(Rosalia Mont-masson);在许多事务上他收受了不少贿赂。但是他性格的影响力极其强大,使他的势力不断壮大,直至1896年埃塞俄比亚的军事惨败才导致了他的最终

---

① 克罗齐:《1871—1915年意大利史》,王天清译,中国社会科学出版社,2005年,第143—144页。
② 克罗齐:《1871—1915年意大利史》,王天清译,中国社会科学出版社,2005年,第143页。
③ Denis Mack Smith, *Italy: A Modern History*, The University of Michigan Press, 1959, p.138.

下台。

克里斯皮的政治策略就是如果事不关己就毫不关心。19世纪60年代当他被问及是一个马志尼主义者还是加里波第主义者的时候,他回答道:"两者都不是,我是克里斯皮。"他以那句著名的口号"君主制使我们团结,共和主义使我们分裂"领导了那次从共和主义的撤退。①在野的时候,他一开始坐在议会极左的位置上,在很多观点上和极左派一致。同尼科泰拉和卡伊罗利一样,他也曾经是加里波第和马志尼的追随者。和善于逢迎讨好与说服他人的卡瓦洛蒂一样,他一直是激进的、反教权主义的,但是在外交政策和社会改革上他和其他的激进分子有很大的分歧。克里斯皮在执政的时候曾为反对国家的霸道争取国内的自由,也曾为由一个选举产生的参议院和普选权做出很多努力。事实上,他在性情上一直是一个火爆的革命者,但是一旦他必须保卫用他的智慧和能力赢来的职位时,在某些方面他已经成为一个政治保守主义者了。

虽然理论上他相信自由主义和像英国那样由界线清晰的政党轮流执政的模式,但是在实践中,他却用了独裁的方式来改革他的国家、巩固国家在国外的地位。对俾斯麦充满倾慕的克里斯皮成了温情主义政府的虔诚信徒,迫切地希望增强国王的权力"以防议会成为暴君,而内阁成为它的奴隶"②。因此这位共和主义者开始神化君权,他曾构想在罗马建一个辉煌的皇家宫殿。但是不久真正的暴君产生了,这个暴君就是克里斯皮自己,他轻易地派遣军队镇压工人暴乱,或者因为托洛尼亚王子胆敢恭贺教皇的大赦年就暂停了他的罗马市长职务。和加富尔一样,他也很少将权力和责任下放给他的下属:年逾七十的他在担任首相的同时还一人兼了三个主要部门的大臣职务。虽然他谴责"多数派进化论"毁了议会,但1888年他为了他喜欢的老右派博塞利而辞退了他的教育部大臣科皮诺。他大肆收买媒体的支持,对斯特凡尼新闻社尤其关注,这个习惯使他认为英国媒体的不友善肯定是因为他贿赂《泰晤士报》的花费不够多的缘故。

然而在他第一次执政的三年半时间里,克里斯皮并没有完全建立俾斯麦式的首相形式。虽然他在实践中变得越来越专制,在心里他还是相信自己的自由主义形式的。1877年11月,对于他的独裁主义指控,他作出的回应可能是真诚的:"意大利这个国家的自由基础非常结实,以至于难以容忍独裁。无论是左派还是右派,无论谁敢攻击她的自由,都将会受到来自大多数意大利

① Denis Mack Smith, *Italy: A Modern History*, The University of Michigan Press, 1959, p.138.
② Denis Mack Smith, *Italy: A Modern History*, The University of Michigan Press, 1959, p.139.

人的足以挫败其所有意图的强烈抵制。"①但是逐渐地,他开始回到加里波第的观点:只有强硬的措施才可以在改革的道路上避免产生腐败的、无效的议会。

克里斯皮的政府引进了很多自由主义的方案。1888年的《公共卫生法》,早该完成的监狱改革,使选举原则进一步扩展到地方政府。1889年扎纳尔代利的《民事法典》补充了1865年的《刑法典》,为矫正政府滥用职权设立专门法庭,终于允许有限度地罢工权力——这一新的法典直到1930年才被替换掉。克里斯皮也改革了教会管理下的数不清的慈善机构。他自己和很多自由主义者一样,是一个自由思想家,至死都没有和教会和解,但是他坚定地相信宗教在人民中的"有用性",比一些基督教徒都更努力地解决和梵蒂冈之间的僵局。考虑到议会的形势,也许这些涉及各个领域的改革,如果没有克里斯皮强行使它们通过的勇气,很可能是难以完成的。

克里斯皮的观点是自由主义的,而他的方式是暴力的。最终他通过军事管制来统治,一部分原因是他被权力腐蚀了,而另一部分原因是他对他的同胞变得更愤世嫉俗。福尔图纳托令人悲伤地申明:"我们意大利人骨子里就是独裁的,由于传统和习惯,还有所受的教育使我们变得习惯于要么太过专制,要么太过服从。我们可能从书上或者外国人那里了解到为了我们自己,自由是值得拥有的,但是我们绝对从来没有觉得这是我们心底真正想要的。"②新的《刑法典》因此从未以最终的文本被提交到议会,政府只是接到国王的旨意起草和公布了《刑法典》。议会给了克里斯皮根据国王的旨意决定哪些属于首相的权力,以及到底还需要几位大臣的权力。

这就是意大利议会独裁的形式,加富尔、戴普雷提斯、克里斯皮或焦利蒂的独裁,甚至后来的法西斯和墨索里尼将近二十年的独裁,区别只是在于程度。1861到1882年是意大利议会历史上唯一两党制流行的时期。选举被认为是左派和右派之间的博弈,即使实际上两个党派由于地区差异导致内部严重分裂。③之后每届政府几乎都是联合的政府,因为没有一个派别有足够的能力独当一面。④这就意味着当出现真正的分裂或原则的碰撞的时候,为了防止多数派解散而将分歧掩盖了起来。无论是1882年戴普雷提斯的"多数派进化论"还是1973年的"历史性妥协",其实同当年加富尔提出的中左和中右

① Denis Mack Smith, *Italy：A Modern History*, The University of Michigan Press, 1959, p.139.
② Denis Mack Smith, *Italy：A Modern History*, The University of Michigan Press, 1959, p.140.
③ George Holmes, ed., *The Oxford History of Italy*, Oxford University Press, 1997, p.241.
④ Denis Mack Smith, *Italy：A Modern History*, The University of Michigan Press, 1959, p.203.

势力"联姻"政策,是一脉相承的。①但无论哪种形式的"联合"都没有在政府机构上做出根本的改变。②所以"联姻"的方式虽然可以帮助政府渡过一时的难关,却不能从根本上消除党派斗争的根源。而在一个充满激烈的党派斗争的国家,在某些特定的时刻,独裁成为一种必然的也是必要的手段。当一个实干家终止议员们无休止的争论,对他们完全矛盾的观点进行仲裁,减轻了因做出不受欢迎的决策所带来的责任的时候,议员们自己也经常心怀感激。③虽然"多数派进化论"后来被法西斯主义取代,法西斯主义又被民主集中制取代,但意大利政府在理论和实际之间缺乏紧密联系,政府效率低下的问题一直延续。如何解决激烈的党派斗争,提高政府工作效率仍然是现代意大利政治家需要解决的一个难题。

第三节 从"形式统一"到"精神统一"

如第一章所述,并不是住在共同的领土上又隶属于统一的行政机构的集体就是民族,一个真正的民族还需要有共同的集体情感和共同的文化心理。创建共同文化对于任何民族建构事业都是至关重要的,共同文化的创建包括将普通民众已经熟悉的传统和身份"同一化"。意大利的文化缺乏一致性的特点使得共同民族文化的构建成了一项特别艰巨的任务。意大利在1861年完成了形式上的统一,但是这个国家是由原来的八个国家合并而成的。而且由于意大利长期处于分裂的状态下,各个地区之间在社会和文化上的差别是巨大的,相互之间既不了解,也没有共同的情感。统一前相继在意大利中部和南部开展的所谓的"人民公投"也不能掩盖这一事实:对大多数意大利人来说,意大利是强加的,不是人民所真正想要的。④那不勒斯的皮埃蒙特总督卡洛·法里尼(Carlo Farini)说,他甚至连一百个赞成统一的当地人都找不到。应该注意的是,在19世纪中期的意大利,当讨论"全国性观点""公民社会"或者

---

①"历史性妥协"是由意大利共产党总书记贝林格于1973年底提出的与天民党合作的政治主张。但斯帕多利尼认为戴普雷提斯执政时期右翼势力和左派势力的联合,同"历史性妥协"时期天民党人与共产党人的联合无法相提并论。因为他认为天民党和共产党,从国际范围来说,是不同甚至对立的历史潮流发展的产物。乔瓦尼·斯帕多利尼:《缔造意大利的精英们——以人物为线索的意大利近代史》,罗红波、戎殿新译,世界知识出版社,1993年,第266页。

② Filippo Sabetti, "The Making of Italy as an Experiment in Constitutional Choice," *Publius*, Vol.12, No.3(Summer, 1982), pp.65-84.

③ Denis Mack Smith, *Italy: A Modern History*, The University of Michigan Press, 1959, p.140.

④ Nicholas Doumanis, *Inventing the Nation: Italy*, Arnold, 2001, p.86.

"民众"的时候,每个词语指的只是一小部分人。半岛上各个地区的人说的语言也不一样:大多数学者一致认为在统一完成的那一年,只有少于2.5%的人能够说意大利语。新国家的群众基础是薄弱的。在组成意大利中产阶级和上层阶级的人中有相当一部分人是忠诚的天主教徒,他们和教皇一样对自由主义和加富尔的政府充满敌意,有些甚至还对被推翻旧的政权充满依恋。而"精神统一"对一个现代国家来说是必不可少的,没有精神统一国将不国,缺乏精神统一的集体很容易解散。①因此,新的民族国家的继续存在要依靠扩大它的社会基础,其中最重要的就是要缔造更多的意大利人。这个挑战意味着"将绝大部分意大利人中潜在的'意大利意识'提取出来,并将之转化为个人和社会认同的固有特征"②。这也意味着使如今已是一个政治实体的意大利人成为一个文化实体。③在形式统一的基础上,如何进行精神上的统一,缔造真正的意大利人,完成意大利实质上的统一,成了国家统一后意大利面临的又一难题。

一、"精神统一"的障碍

在意大利统一之前,不同的党派对未来国家的形式有不同的设想。虽然统一并不是按照许多人设想的方式取得的,但是在意大利统一之后,全国人民还是对新的国家充满了憧憬和期盼,都坚决捍卫民族复兴运动所取得的成果。1861年,阿泽利奥这位皮埃蒙特前首相曾对加富尔说过,虽然意大利已经建立但是还有一个任务没有完成,那就是塑造意大利人。④加富尔的回答是,塑造意大利人比意大利统一时期的所有战争加起来都更困难,更富挑战性。⑤加富尔甚至曾谈及再来一场全国性的战争可能很有必要,因为这可以让意大利北部和南部更坚固地融合在一起。

缔造一个新国家只是第一步,缔造国民需要长期的努力。⑥塑造意大利人是一个尤其困难的任务,这跟意大利当时所面临的障碍有很大的关系。首先,国内长期分裂导致的地方主义盛行成了民族精神统一的最大障碍。除了明显的地理差异,更深层次的是社会和文化的差异。普通意大利人总是自称是皮埃蒙特人、西西里人或佛罗伦萨人。这样的说法不仅仅是一个称呼,而

---

① Ronald S. Cunsolo, *Italian Nationalism*, Robert E. Krieger Publishing Co. INC., 1990, p.6.
② Nicholas Doumanis, *Inventing the Nation: Italy*, Arnold, 2001, p.87.
③ Nicholas Doumanis, *Inventing the Nation: Italy*, Arnold, 2001, p.87.
④ Ronald S. Cunsolo, *Italian Nationalism*, Robert E. Krieger Publishing Co. INC., 1990, p.6.
⑤ Ronald S. Cunsolo, *Italian Nationalism*, Robert E. Krieger Publishing Co. INC., 1990, p.6.
⑥ Don H. Doyle, *Nations Divided: America, Italy, and the Southern Question*, The University of Georgia Press, 1946, p.34.

是一种历史的,甚至可以说是种族的认同。①即使在统一之后,地方主义仍然盛行。强烈的地方主义加上整体民族情感的异常缺乏给"精神统一"造成了极大的障碍。其次,法国对意大利的深刻影响也成了意大利统一民族意识形成的巨大障碍之一。意大利长期处于法国的影响之下,法国对意大利的威胁不仅仅是物质上的,更重要的是心理上的。如果意大利无论是在文化上还是在精神上都处于法国的阴影之下,那么意大利就不可能获得自己的价值意识,成为一个世界强国。从1870年之后,形成意大利民族心理和民族特色的讨论日渐增多。在政治上,意大利在很多方面都是模仿法国的:宪法、行政系统、法典等。在经济上,意大利也严重依赖她的邻居法国。在许多其他领域,意大利也是总是密切关注阿尔卑斯那一边的法国的情况,对自己缺乏自信。比如从文学上来说,在19世纪后期意大利读者的主要书目都是来自法国的小说。人们普遍认为要实现意大利真正的独立,意大利人必须要摆脱法国的影响。在民族复兴运动中,这也被认为是民族复兴的内容之一。阿尔菲耶里、焦贝蒂、皮萨卡内和马志尼都认为意大利只有在从法国的文化和历史的阴影中走出来之后才能繁荣。温和主义者和民主派人士对这一观点也表示赞同。持相同观点的还有里卡索利,他在1870年写道:"法国,无论是何种政府形式,都对我们有害,给我们带来麻烦。未能意识到作为意大利人意味着什么,缺乏明确的民族特性,对民族性格和行事方式的持续毁坏,对法国的事物和法国式精神的幼稚模仿,成了我们软弱和不满的潜在根源。"②

　　萨尔瓦托雷利认为意大利民族精神统一的主要障碍来自三个方面:"罗马问题",也就是教会与国家之间的斗争;"社会问题",即阶级对抗;还有就是如何将人民和新国家真正联系起来的问题。③他认为在罗马问题上达到顶点的教会和国家之间的斗争,是在民族复兴运动后意大利民族意识和民族精神统一最微妙的地方。在1870年后的头几年,尤其是在首都罗马,似乎在"白"和"黑"两个社会之间,在两个意大利之间,存在着不可逾越的鸿沟和深渊。④教会和国家之间的对抗不仅对双方都造成了伤害,对意大利人民的精神统一也造成了极大的负作用。在"社会问题"上,爱国者攻击社会主义,认为社会

① Frederic Spotts, Theodor Wieser, *Italy: A difficult Democracy: A Survey of Italian Politics*, Cambridge University Press, 1986, p.222.

② Christopher Duggan, *Francesco Crispi 1818-1901: From Nation to Nationalism*, Oxford University Press, 2002, p.410.

③ Luigi Salvatorelli, *The Risorgimento: Thought and Action*, Harper and Row, 1870, pp.176-178.

④ Luigi Salvatorelli, *The Risorgimento: Thought and Action*, Harper and Row, 1870, p.176.

主义是无政府状态或叛国的,但社会主义者认为无产阶级无国界。[1]双方之间甚至存在暴力和不妥协的对抗。萨尔瓦托雷利认为教会与国家的对抗、阶级的对抗随着时间的推移都有所缓和,但是在第三点上,也就是如何将人民与新国家真正联系起来这一点上,情况并不好,尤其是在第一个十年。考虑到意大利的历史传统,它的小城镇结构和地理形状,一个很重要的问题是关于自治的问题,而非中央集权化。但是这个问题几乎没有被仔细研究就被搁置一边,是民族复兴运动过程中的一个严重的空白。[2]这方面的缺失对意大利民族统一意识的形成是不利的,中央集权其中一个后果就是导致南北问题越来越严重。

在"意大利意识"仍然缺失的情况下,政府和非政府组织为发展民族文化和民族认同采取了积极的措施。在意大利,地方认同异常强烈,意大利大众从未有过跨地区的认同形式,加上他们几乎都认为自己是天主教徒,这些都是政治和文化一体化的严重障碍。然而意大利的多相性在民族形成的决定性阶段并不是不可克服的。事实上,民族构建包括各种程度的"种族文化灭绝":在民族地域范围内消除和减少种族差异。无论是通过摩擦或文化互渗,民族为了保障自己的文化和政治支配权都必须驯化特殊性。

二、克里斯皮的政治教育:塑造意大利人

意大利国家的合法性只能通过形成一种能将意大利社会和民族国家、新的政治秩序联系起来的共同的民族认同才能获得。[3]在20世纪早期,波兰领导人约瑟夫·毕苏茨基(Joseph Pilsudski)断言:是国家创建民族,而不是相反。这个断言虽然不适合所有国家,但是在意大利却是适用的。[4]尽管新王国为形成这种民族认同、塑造意大利人做出了很多努力,但事实并不尽如人意。克里斯皮在1892年7月18日给友人雷米写的一封信中表示:"事实上的统一早在三十二年前当我们成为统一的国家就已完成;但是三十二年过去了,精神统一的大业却尚未开始,人们也没有学会该如何面对新的生活。"[5]《改革》在1892年8月3日的报道中称,意大利仍和阿泽利奥呼吁"塑造意大利人"时处于同样的境况之中。意大利人一直在艺术、科学和学术上著称于世,"作为一个民族,他们所缺乏的是民族特色。三十多年的自由可以而且也应该改变

① Luigi Salvatorelli, *The Risorgimento: Thought and Action*, Harper and Row, 1870, p.177.

② Luigi Salvatorelli, *The Risorgimento: Thought and Action*, Harper and Row, 1870, p.178.

③ Nicholas Doumanis, *Inventing the Nation: Italy*, Arnold, 2001, p.97.

④ Nicholas Doumanis, *Inventing the Nation: Italy*, Arnold, 2001, p.86.

⑤ Christopher Duggan, *Francesco Crispi 1818-1901: From Nation to Nationalism*, Oxford University Press, 2002, p.619.

他们很多"。但可悲的是,事实并非如此。我们必须不遗余力地改变"意大利人的精神状况",而这"不仅仅是那些要人的事业,这必须是所有意大利人共同的事业"。①

(一) 政治教育的必要性

克里斯皮非常赞同意大利必须摆脱法国的影响的观点。他曾在一个笔记中附和马志尼的观点:"法国大革命压垮了我们。它将一套观点强加于我们的内心,并使我们紧紧依赖这些观点,让我们不能沿着我们祖辈的脚步前进。我们必须打破这精神的枷锁,恢复祖国的传统。"②他在19世纪八九十年代推进的"政治教育"的内容之一就是要使国家的文化支柱在法国面前变得强硬。作为首相,他坚持认为意大利的外交家应该使用自己的民族语言意大利语通信,而不是法语。他鼓励意大利艺术的发展,举行了许多国家的和地区性的展览。1888年,在克里斯皮的帮助下,一场当代意大利画展在伦敦顺利举行。③他鼓励大家研究学习意大利历史上的伟大人物,尤其是在学校里。在1897年7月的一次演讲中,他说道:"每个民族在这个世界上都有她的特殊使命。即使在我们的国家被奴役期间,我们的政治家、哲学家和军事将领都执行着这一使命。现在我们国家统一了就更不能放弃。丹多罗、伽利略、哥伦布、萨沃依的欧金尼奥和拿破仑·波拿巴都是意大利精神的特色、力量和能力的见证人。"④

克里斯皮认为意大利人缺乏理想和集体精神,也没有"祖国"意识。议院也只是"任意人的集合,没有清晰的计划,除了满足那些授予他们立法权的人的要求之外没有其他的目标"。在1860年,意大利理想主义情绪高涨。但是由于他们领导的冷漠和忽视,人们又恢复了积习已久的麻木。"专制主义灭绝了人们所有的爱国主义情感。革命成功地使之复苏。但是这些情感,充满激情的情感,一旦激情被扑灭也随之消失。……一旦腐败的、愤世嫉俗的政府控制了意大利,整个国家就又回到了冷漠、麻木的状态之中……"⑤

① La Riforma, 3/8/92('carattere'), in Christopher Duggan, *Francesco Crispi 1818–1901: From Nation to Nationalism*, Oxford University Press, 2002, p.619.

② Christopher Duggan, *Francesco Crispi 1818–1901: From Nation to Nationalism*, Oxford University Press, 2002, p.410.

③ Cf. S. Pratt, "National identity on display: the 1888 Italian exhibition in London and its Critical Reception," *The Italianist*, 2000, pp.292–312.

④ Christopher Duggan, *Francesco Crispi 1818–1901: From Nation to Nationalism*, Oxford University Press, 2002, p.411.

⑤ Christopher Duggan, *Francesco Crispi 1818–1901: From Nation to Nationalism*, Oxford University Press, 2002, p.431.

他认为导致这种现状的主要问题在于领导者。如果议会和政府不从国家的角度来考虑问题，又怎能企望大众这么做呢？在人生最后二十年里，克里斯皮一直都认为制度的"同化"是意大利政治教育的核心问题：若不能通过自上而下的方式向民众灌输一些观念，让大家了解什么是构成一个国家的因素，那么自由就只能导致破坏和无政府状态。从这里可以看出克里斯皮观念的转变：自由不再处于核心的地位。他认为自由是一个极好、值得追求的观念，但是在意大利人学会成为爱国者之前，追求自由是不实际的。他在一个笔记中写道："我首先是一个意大利人，其次才是一个自由主义者。我首先是一个爱国者，其次才是一个民主主义者。"①

国家领导人的颓废以及他们未能通过富有生气的外交或国内政策来激发大众的事实，使得"政治教育"成为克里斯皮从1882年开始最为关注的事情。天主教和社会主义对越来越多的选民产生思想和精神上的影响也引起了他的担心。必须劝导人民对制度的忠诚，培养人民对祖国的热爱。他在19世纪的演讲和信件里充满对意大利精神状况的焦虑："意大利公民知识缺乏——这一点很糟糕。""在我们的国家里，民族文化，特别是政治教育，是相对薄弱的。""在一个道德心不强的时代，恢复意大利的传统品质显得尤其必要，因为这些品质正在日渐衰微。"②关于意大利的"政治教育"，克里斯皮最完整、也是最有说服力的观点，来自他于1884年9月写给著名的米兰作家、律师、曾经的加里波第的追随者安杰洛·马佐莱尼（Angelo Mazzoleni）的一封信中。在信中，克里斯皮希望马佐莱尼和他的伦巴第同伴带头掀起一场道德和精神的救赎运动，将意大利从政治惰性和他称之为"民族的麻木"中拯救出来。他认为聪明坚强的米兰人可以起到带头作用，别人一定会追随他们的脚步。

克里斯皮的"政治教育"的主要目的是激发国民的爱国热情，将共同的记忆、观点和情感融入大家的心中，因为这些是使三千万意大利人团结起来的必要因素。他也迫切希望能够纠正他所看到的民族性格中的缺陷。连续几个世纪处于专制主义和天主教的统治之下，某些民族特色很可能已经被磨灭了。他认为某些恶习阻碍了自由主义的发展，减少了国家实现自己在这个世界上的使命的机会。

---

① Christopher Duggan, *Francesco Crispi 1818–1901: From Nation to Nationalism*, Oxford University Press, 2002, p.431.

② Christopher Duggan, *Francesco Crispi 1818–1901: From Nation to Nationalism*, Oxford University Press, 2002, pp.431, 426.

（二）将爱国主义等同于宗教

克里斯皮意识到大部分意大利人，包括很多国家的领导人都不够爱国，所以培养大众的爱国精神是"政治教育"的当务之急。无论在法国、英国，还是德国和俄罗斯，当国旗升起的时候人们就会停止说话，每个公民无论他属于哪个党派，都会低下头履行作为一个公民的责任。然而在意大利的情况却是在国旗被升起的时候，人们就开始聊天。克里斯皮认为，问题主要在于1860年之后领导的失败。但是部分地也是由于几个世纪的专制统治导致的一种根深蒂固的对政权的反感。正如《改革》所指出的，由于几个世纪强加的、令人憎恨的外权统治使得反抗精神已经成为意大利人的第二本性。

热爱祖国是宗教责任的一部分。克里斯皮有一种强烈的神圣感。虽然他对灵魂的不朽持怀疑态度，但是他却深信仁慈的上帝的存在。他自己晚年时在一个笔记中写道："上帝是谁？……他是善的创始人。没有了他，这个世界充满罪恶。"克里斯皮的上帝和马志尼的上帝一样，是左派的，为进步自由和民族准则服务。这给了克里斯皮自己极大的正义感。"我相信上帝，我面对困难的时候他一直与我同在。"他在1894年告诉红衣主教霍恩洛厄："他帮我克服了困难，还惩罚了我的敌人。"在他看来，国家是上帝授予的，所以爱国家就等于爱上帝；不爱国家就等于不爱上帝，"放弃国家就等于放弃上帝的事业"[①]。

克里斯皮对宗教是深信不疑的，但是他想要把爱国主义等同于宗教还有实际的原因。他可能对上帝的本质有所疑惑，但对宗教对人的影响他却深信不疑。"笃信宗教是人的本性。"他在1892年告诉奥古斯都·里吉："跟性、财产和家庭一样……没有任何体系可以抑制虔诚这一本性在无数的形式中展现它的无限影响力。将这种本性引向善是政治家们的任务，也是社会的极大福祉。"[②]在意大利，罗马天主教教廷在几个世纪里如此成功地培养并引导了大众对宗教的虔诚。这是一个尤其重要的问题。如果自由主义国家想要生存，那么她必须让自己成为一种信仰，而且这种信仰要足够强大，要强大到足以抵抗天主教和另一种日渐上升的宗教（虽然这种宗教没有上帝）——社会主义。正如克里斯皮在1895年向他的朋友乔万尼·巴蒂斯塔·博泰罗（Giovanni Battista Bottero）所解释的："为什么神职人员的影响力如此之大？因为他们团

---

① Christopher Duggan, *Francesco Crispi 1818-1901: From Nation to Nationalism*, Oxford University Press, 2002, p.433.

② Christopher Duggan, *Francesco Crispi 1818-1901: From Nation to Nationalism*, Oxford University Press, 2002, p.433.

结、强大,而且不承认——否则他们驱逐——那些不信教或者宣布放弃他们的教义的人。教廷是忠于宗教的人所组成的宗教团体。为什么祖国不可以以同样地方式来建设呢?"[1]

克里斯皮认为天主教教廷提供了一个动员民众的极佳例子。节日和庆典、圣人和奇迹、艺术和建筑、学校和福利,都被用以有效地为教廷赢得民心。《改革》在1884年问道:为什么自由主义国家不可以效仿呢?"任何事情都不曾取代教廷所用的这些方式,教廷也将继续用这些方式将自己的观念渗透到民众的心里。"在法国大革命期间,国民公会充分了解了节日的政治和心理作用:

> 全国性节日,无论在哪里作用都很明显,自古以来就被认为是公众教育的一个有效工具,国民公会设立全国性节日的目的正是如此……我们国家的政府通过举办射击、剑术、体操比赛,开办公共演讲、音乐会,给大众尤其是乡下的民众更多的休闲娱乐方式,使他们不只是在节日去教堂听反爱国主义的布道,或跟随盲目的法西斯主义扛着偶像游街……[政府]应该反击……传奇和奇迹、爱国的故事;圣人和圣母,烈士和英雄的雕像,政治社团的集会。[2]

1879年9月,克里斯皮在竞选演讲中回忆了马志尼在过去是如何敦促他的追随者们,通过模仿神父的"使徒的行为"教育民众关于自由和国家的真理的。克里斯皮鼓励他的听众们也去这样做。

(三) 引导民众对辉煌记忆的崇拜

国家是由它们各自的历史来定义的。对伟人和著名事件的记忆可以团结并鼓励民众。在1885年5月,庆祝千人军出发远征西西里的第25个纪念日的庆典上,克里斯皮回忆了那些已过世的著名的人物,他认为那些已逝者的事迹鼓励我们要有远大的志向,从事高尚的事业。而对辉煌记忆的崇拜可以使人民保持高尚的品德,对人民来说过去可以持续激励他们的进取精神。在19世纪80年代的演讲中,克里斯皮多次提及"对辉煌记忆的崇拜"这一短语。他想要酝酿民众对一个新的世俗宗教的迫切需要的情绪。他觉得刻意制造

---

[1] Christopher Duggan, *Francesco Crispi 1818–1901: From Nation to Nationalism*, Oxford University Press, 2002, pp.431, 433.

[2] Christopher Duggan, *Francesco Crispi 1818–1901: From Nation to Nationalism*, Oxford University Press, 2002, pp.433–434.

爱国主义有百利而无一害。

要引导民众"对辉煌记忆的崇拜"首当其冲的就是要重塑民族复兴运动。"过去的真实状况从来不会真正成为一个新的国家寻求自身荣耀历史的障碍,意大利也不例外。"①重塑历史虽然意味着可能会对过去的事情有所篡改,但历史学家总是有办法重塑过去,或者将历史中"不方便"的事实通过解释自圆其说,将民族复兴运动重构成有"更有用""更有利"的历史。在帕斯夸莱·维拉里看来,能够展示意大利历史连续性的叙述"不仅仅是学科需要,也是爱国义务"②。虽然这意味着抹去在19世纪五六十年代对国家的政治发挥了重要作用的温和主义者和民主主义者之间的裂痕,将复兴运动塑造成两股相互抗衡但同样重要的两股势力的共同成果。克里斯皮认为,这意味着忽略加富尔,甚至维克托·伊曼纽尔和很多他们的追随者,从来没有真正想要一个统一的意大利这一事实(至少克里斯皮是这么认为的),即使是在1860年;这意味着对加富尔万般阻挠加里波第远征西西里的事情忽略不计;这也意味着忽略右派政府的党派偏见和不关心人民疾苦对半岛的精神统一所带来的极大危害。但是这样的牺牲在克里斯皮看来必要的。毕竟除此之外,意大利无从获得合法性和一致性。在80年代,克里斯皮费尽心机重塑民族复兴运动。他肯定了加富尔的贡献;他赞美了历史右翼的领导人比如塞拉和明盖蒂的爱国主义;他将统一过程中的关键角色分给了温和主义者,毕竟是加富尔确保了革命的合法性。在1883年的议会中,他在发言时说道:"如果没有卡米尔·加富尔,意大利革命可能在欧洲不会被承认,或者……可能会被外权干涉。"③他认为温和主义者的谨慎调和了民主主义者的激情,这种调和被历史证明是有益的。在论及温和主义者和民主主义者对民族复兴运动的贡献时,克里斯皮认为如果只有其中一个党派,没有另一方的审慎,意大利不可能打败她的敌人,建立一个统一的国家。

另外一个宣传"对伟大记忆的崇拜"的方式是竖立纪念碑和雕塑。伟人是集体荣誉的源头,他们的人生具有榜样作用。克里斯皮认为树立民族英雄的伟大形象并为他们举行庆祝庆典是政治教育的关键。④在克里斯皮眼里,雕像有它的缺陷,因为它们是称颂个人的。鉴于意大利人有很明显的个人主义倾向,自古以来一直不喜欢结盟,这也许并非有益。但是如果一个伟人的

① Nicholas Doumanis, *Inventing the Nation: Italy*, Arnold, 2001, p.101.

② Nicholas Doumanis, *Inventing the Nation: Italy*, Arnold, 2001, p.104.

③ Christopher Duggan, *Francesco Crispi 1818–1901: From Nation to Nationalism*, Oxford University Press, 2002, pp.431, 435.

④ Christopher Duggan, *Francesco Crispi 1818–1901: From Nation to Nationalism*, Oxford University Press, 2002, p.434.

人生在公众的心目中明显地和一个伟大的理想结合在一起,比如加里波第和马志尼,那么树碑纪念是一件很有益的事;如果不是这样的话,那么纪念碑是否是一件好事就值得怀疑了。意大利有无数享誉全球的伟人——尤其是来自古代、中世纪或文艺复兴的——他们都可以用来达到爱国教育的目的:但丁、彼特拉克,尤其是马基雅维利,都可以被毫不费力地塑造成民族爱国主义的先驱。但是很多有名的"意大利人"在大众的心理代表的是罗马人、威尼斯人、热那亚人或佛罗伦萨人,而不能够将他们与现代的意大利王国联系起来。

克里斯皮希望将民族复兴运动打造成一个神话,他鼓励给对缔造意大利和民族统一的忠实捍卫者们塑造雕像。"对过去四十年里那些致力于民族的复兴和自由的胜利的人的记忆,必须成为一笔将我们和未来的年轻人联系在一起的宝贵财富,而这些年轻人的使命将会是将那些已逝或已垂暮的人们建立起来的雄伟大业保持下去。"[1]他赞同纪念的当代名人有加里波第、维克托·伊曼纽尔、马志尼、明盖蒂和法布里齐。民族复兴运动中他唯一不赞成公开纪念的是焦贝蒂:他认为焦利蒂反对统一和自由主义,声称焦贝蒂曾经想要取消1849年的宪法。加里波第是克里斯皮民族复兴运动崇拜的核心角色,因为加里波第是民族复兴运动中最具有广泛吸引力的人物。在温和主义者眼里,整个统一进程的主要标志就是加富尔和维克托·伊曼纽尔,皮埃蒙特和法国,战争和外交。与温和主义者相反,克里斯皮则从民族主义的角度来诠释这一切,他认为大众和革命是统一运动最核心的因素,而加里波第和维克托·伊曼纽尔则是最关键的人物。克里斯皮决定将这一吸引力利用到极致,他想要将加里波第塑造成一个象征,一个神圣的象征,象征着国家的统一,也象征着为意大利以及她的主要政治化身——君主政体,无私地团结在一起的人民。而处于罗马正中心的维克托·伊曼纽尔的巨型雕像也被认为是意大利统一和团结的象征。[2]

除了雕塑以外,公共建筑、硬币、邮票、街景画、名字——街名、公共机构名、社团和协会名——都可以有教育意义。从1885年开始,在意大利很多地方都出现了许多民族复兴运动博物馆,每个博物馆的主要功能就是为国家提供历史画卷。通过改变物质环境,提供公开可见的民族性的参考物,希望不断提醒民众他们的民族归属和国家的伟大。[3]没有一个城市经历了像国家首都罗马一样大规模的重建。在1870年,罗马即使在意大利也是一个相对较小

---

① Christopher Duggan, *Francesco Crispi 1818—1901: From Nation to Nationalism*, Oxford University Press, 2002, p.434.
② 维克托·伊曼纽尔的雕像在1911年才建成,从最初的设想到最后终于建成已经三十年过去了。
③ Nicholas Doumanis, *Inventing the Nation: Italy*, Arnold, 2001, p.97.

的国家,只有那不勒斯的四分之一和米兰的一半大。但是在罗马被攻占后,国家对之倾注了极大的努力,将之转变为一个欧洲国家合适的首都城市和民族认同的焦点。[①]

"对辉煌记忆的崇拜"的最后一项内容是庆祝纪念日。教廷一直很清楚地知道纪念日是教化民众和控制社会的有效工具,所以一年之内设有非常多的斋戒日和圣徒纪念日。法国大革命也充分利用纪念日以期使世俗宗教成为一种时尚。意大利在1860年之后只有两个官方的公共节日:新年和用来庆祝颁布宪法和国家统一的6月的第一个星期日。1895年,作为首相的克里斯皮增加了9月20号作为全国性节日,用以纪念1870年攻占罗马。《改革》会常规性地庆祝形形色色的纪念日,其中最重要的有1月9日(维克托·伊曼纽尔的忌日)和6月2日(加里波第的忌日),也经常庆祝9月20日。其他的日子包括:3月10日(马志尼的忌日),5月15日(卡拉塔菲米之战,1860年),5月27日(维拉·格洛里之战,1867年;占领巴勒莫,1860年)。一些纪念日还会伴有精心策划的公共庆典。他最积极参与的三个庆典是:1882年3月庆祝晚祷六百周年,1895年9月庆纪念占领罗马二十五周年,1885年5月纪念加里波第进入巴勒莫二十五周年。进入巴勒莫的庆典持续数日,吸引了无数的群众来到西西里的首都。许多仍在世的千人军成员也参加了庆典。克里斯皮利用这个场合来强调1860年和现在之间的道德鸿沟,并敦促政府和人民行动起来,防止意大利跌向腐败衰落的深渊。克里斯皮认为纪念日具有很大的教育作用,能够帮助宣传"对辉煌记忆的崇拜",是组成爱国主义精神阵地不可或缺的因素。[②]

(四) 引导民众对君主政体的崇拜

民族化君主政体,使它成为——像在英国或德国一样——所有居住于不同地区,来自不同背景的意大利人紧密团结在政府机构周围的卓越象征,这一需求在19世纪80年代变得尤其迫切。越来越多的社会和政治动乱使得同一化君主政体变得更是势在必行——尤其当议会声望低迷的时候。1878年,维克托·伊曼纽尔的逝世显示了王权的潜在团结力量;而同年,对翁贝托的暗杀图谋则暗示了王权的脆弱。右翼和左翼的政治家、记者、学者和作家包括最著名的诗人乔苏埃·卡尔杜奇(Giosuè Carducci)、埃德蒙多·德·阿米西斯(Edmundo de Amicis)和戏剧家威尔第都敦促政府尽快使君主政体同一化。

---

① Nicholas Doumanis, *Inventing the Nation: Italy*, Arnold, 2001, p.98.

② Christopher Duggan, *Francesco Crispi 1818-1901: From Nation to Nationalism*, Oxford University Press, 2002, p.450.

克里斯皮知道对意大利君主政体的第一个要求就是它必须建立在人民的基础之上。他说,过去国王从封建主义、教廷和军队获得权力,现在封建主义已经被取消,王权和圣坛已分道扬镳,军队已经成为"国家的武装"。人民的意愿是唯一持续存在的。

自古以来,所有的统治者都知道"权威的象征性表达"的重要性,尤其是将之作为一种权威的合法性具体化,从而建立起统治者和被统治者之间的连接的方式的重要性。①克里斯皮对这个重要性有着充分的认识。他认为王室必须是熠熠生辉的。奢侈的生活方式、豪华的宫殿、富丽堂皇的行政法庭、盛大的接待仪式和盛大的舞会,可以激发大众无限的想象。显赫是王室所固有的特征,将这一特征保持下去是整个国家的责任。他认为不管是共和政体还是君主政体,国家的首领都应该保持显赫的身份。

当然神秘性和诗意也是需要的。克里斯皮认为翁贝托几乎是完全没有士气,但王后——金发碧眼的玛格丽塔——却完全不一样。玛格丽塔的优雅和才智具有传奇的色彩。在19世纪80年代不少人产生了对她的崇拜,特别是记者和作家。克里斯皮非常认同对玛格丽塔的崇拜,不仅仅因为他自己也是王后的崇拜者之一。有一次他在演讲中充满情感地提到玛格丽塔,"你的微笑……充满智慧与善意,优雅迷人"②。还有一次,他称她为"一首穿着王后华袍的诗"③。

克里斯皮对民族化君主政体的主要贡献在于他培养了人民对维克托·伊曼纽尔的崇拜。这是他神化民族复兴运动的一部分。1884年的朝圣(官方如此描述)是一个大型的国家性活动。克里斯皮是促成此次活动的关键人物之一。维克托·伊曼纽尔的遗体被从墓中运出来,然后重新安葬在一个位于市中心的教堂里面。他的棺材重新被安放在一个巨大的灵柩台上,旁边放着一个将要塑造的国王雕像的模型。就像六年前一样,众多的政治家、国家官员和各地代表在首都的街上蜿蜒而行,跟随大众前往万神殿。一大批的赞美文学涌现:大部分的主题是作为"和谐"象征的维克托·伊曼纽尔。成千上万的游客奔向首都,原本政府担心公共秩序,还曾想控制人数。这使得克里斯皮很困扰,因为如果限制人数就代表着不信任群众。然而当朝圣活动结束的时候,群众显示了极其模范的道德水平和爱国主义精神。

① Nicholas Doumanis, *Inventing the Nation: Italy*, Arnold, 2001, p.97.
② "玛格丽塔的微笑"因卡尔杜齐而闻名。他在1882年出版了一本畅销的散文《永恒的皇室女性》(Eterno femminino regale),描述了几年前和王后见面时的神秘气氛,其中描述了王后的微笑。
③ Christopher Duggan, *Francesco Crispi 1818-1901: From Nation to Nationalism*, Oxford University Press, 2002, p.442.

君主的民族化并不仅限于维克托·伊曼纽尔。萨沃依王朝的早期成员也受到了同样的待遇。还有对查理·阿尔贝特的崇拜(克里斯皮虽然同意,但并没有积极推动),他在1848—1849年间与奥地利作战的两次失败及其后的退位使得他成了民族复兴运动中为了国家的统一事业牺牲的"烈士"代表。即使距离维克托·伊曼纽尔很远的先祖也同样被"民族化"了。查理·伊曼纽尔一世,16世纪萨沃依的公爵,在1891年《改革》的一篇庆祝性的文章中被描述成一个希望实现意大利统一并"将意大利从外国的奴役下解放出来"的君主。还认为从这位国王身上可以学到很多教训:"这位不知疲倦的君主一直清楚地知道,缺乏想象力、胆小、短见的政策对祖国会产生危害,因为这会让外国列强以为可以将他们的意愿强加到意大利身上,从而削弱意大利自己的正当影响力。"①

博物馆、雕像和节日等确实能够影响意大利意识的形成,但是在这个民族意识塑造的工程中,意大利人不能只是被动的接受者,形式的社会化作用主要在于它们被接受和内化的程度。②因此"民族建构"关键在于正规教育,以教育来塑造一种新的文化观。没有什么方式能够比教师和学校课程更有效地使大众成为具有自我意识的国民,而小学是开始爱国教育最合适的阶段。首先,孩子们接受了语言的学习,使意大利语成为他们日常交流的工具。其次,在这个阶段的孩子最容易受影响,可以被塑造成遵纪守法、热爱国王、国旗和祖国的臣民。而政府所要采取的最紧迫、也是最关键的措施就是要摆脱天主教教会对教育的控制。③

在统一之前的1859年,皮埃蒙特就颁布了要求建立世俗教育体系、培养学生对萨沃依王朝的忠诚的《卡萨迪法》(Casati Law)。统一后的皮埃蒙特化自然包括了将《卡萨迪法》推广到了全国各地。在19世纪80年代,由于克里斯皮的施压,政府要求历史应该更着眼于本民族,历史教科书要有更明显的爱国主义内容。但是当时几乎没有任何一本教科书可以满足这一需求,以促进民族主义教育的伟大目标。"民族化"学校的课程最重大的发展出现于1887年,在克里斯皮出任首相之后。1888年9月,克里斯皮的教育大臣保罗·巴塞利(Paolo Boselli)给小学教学引入了新的课程,以对孩子们的思想、身体和意志施加影响,使他们成为拥有"责任感、致力于公共利益,并且热爱自己的祖国"的人。三年级的时候,孩子们会学到关于"意大利王国形成的几个关键要

---

① La Riforma, 24/8/91('Le feste di Mondovi'), in Christopher Duggan, *Francesco Crispi 1818-1901:From Nation to Nationalism*, Oxford University Press, 2002, p.450。

② Nicholas Doumanis, *Inventing the Nation:Italy*, Arnold, 2001, p.100.

③ Nicholas Doumanis, *Inventing the Nation:Italy*, Arnold, 2001, p.100.

素"的简单介绍。四年级，他们会集中学习从罗马的形成到哥伦布发现新大陆这段历史，而五年级的时候，他们会学习从马基雅维利到维克托·伊曼纽尔、加富尔和加里波第这一时期的历史内容。中级学校教学中也有了相应的改变。老师们被要求通过这段历史的教学培养起学生"对祖国的爱和人道主义情感"。1895年马志尼也首次被加进了教学大纲之中。到这个时候，官方已经普遍接受了爱国主义课程，所以当克里斯皮政府在1896年再次倒台之后，这一项目并没有遭到任何反对。在之后的40年里，爱国主义历史教学尤其是民族复兴运动历史的教学越来越得到加强。

此外，克里斯皮还通过反对教廷和蒙昧主义来对国民进行政治教育。在克里斯皮的心里，反蒙昧主义和他一直提倡的"政治教育"相辅相成。因为教廷在意大利的存在，以及教廷的强烈"意大利"色彩成了国家的"政治教育"的主要障碍。克里斯皮想要减少教廷对意大利社会的控制。1887年，当他还是内务部大臣的时候通过了一项法令，取消了什一税。1888年通过的一项法令使孩子们很难在学校接受宗教教育，而1889年关于慈善机构的法令剥夺了神职人员几乎垄断的福利分配权力——这对教廷的影响力是一个很大的打击。克里斯皮决定努力阻止神职人员攻击自由国家，根据1889年开始生效的新的《刑事法》，如果神职人员侮辱国家的法律，毁谤政府或者煽动人民反对政府都将受到惩处。在克里斯皮的努力下，从1889年开始建造的布鲁诺①雕像在1892年6月9日正式落成。克里斯皮认为，布鲁诺的雕像是反蒙昧主义和使罗马变得现代化的最好表达。克里斯皮还通过从教廷手里接过公共福利事业极大地削弱了教廷的影响力和地位。

外交家和移民也成了克里斯皮政治教育的对象。他严密监督意大利外交家和领事们的行为。不少被认为不符合标准的官员被罢免，其他被信任的得到了快速升职。外交家和领事们会经常接到通知和指示，提醒他们履行自己的职责、规范自己的行为。这些常常被认为是过分的干涉。1889年7月的一份通告认为，外交家由于长期居于国外很可能丧失他们"自己的民族特点"。他们不应表现出已经忘记了"本国的习惯和习俗"，尽量将他们的孩子送到国内受教育，常常来意大利度假并避免和外国人结婚。由于这一时期的移民数量很大，克里斯皮同样也非常关注移民。他认为移民和外交家一样，在国外代表着意大利：保持他们的民族特征是很重要的。1887年11月的一个

---

① 焦尔达诺·布鲁诺（Giordano Bruno，1548—1600年），意大利思想家、自然科学家、哲学家和文学家。他勇敢地捍卫和发展了哥白尼的太阳中心说，并把它传遍欧洲，被世人誉为是反教会、反经院哲学的无畏战士，是捍卫真理的殉道者。由于批判经院哲学和神学，反对地心说，宣传日心说和宇宙观、宗教哲学，1592年被捕入狱，最后被宗教裁判所判为"异端"烧死在罗马鲜花广场。

通告督促外交家和领事们通过适当的"爱国主义纪念日"的庆祝——比如9月20日、法定节假日、国王和王后的生日等,来培养"意大利情感"。而且克里斯皮迫切希望外交家和领事们能够加强学校、互助社和福利机构的建设。1889年的一份通告提醒他们树立爱国主义的"好榜样",并且要确保他们的公使馆成为"意大利意识的发源地"。克里斯皮还给他们发去了他自己的照片,让他们去复制并分发。上面写着:"在远离祖国的地方学会向意大利致敬。"克里斯皮之所以这么重视移民的爱国主义教育,是因为他将在国外的意大利人社团看作完成意大利在世界上的使命的工具。军事方面的考虑也是很大一个因素。据估计到19世纪80年代后期,意大利人大批移民海外,使意大利每年流失了16000名士兵。而减轻损失的方法之一就是确保这些移民海外的年轻人保持爱国主义精神,并愿意为祖国而战斗。

三、南方问题与"精神统一"的背离

意大利统一之后的十年也是意大利持续"皮埃蒙特化"的十年。[①]虽然从某种程度上来说,无论是托斯卡纳、帕尔马还是摩德纳的社会精英们都是欢迎皮埃蒙特化的,因为他们当初投票赞成和皮埃蒙特合并正是希望皮埃蒙特能够提供安全保障和引领社会进步。但是早期皮埃蒙特主导的政府忽视地方利益的程度却远远超过了他们的预期。这种情况和当初焦贝蒂倡导的——如果皮埃蒙特要领导意大利的话需要"去皮埃蒙特化"(de-Piedmontization)的做法正好相反。皮埃蒙特化不仅没有解决意大利地区差异、达到同一化的目的,反而激化了地区与政府之间的对抗。而本来就因为历史原因而尤其复杂的南方问题成了这种对抗的突出表现。

(一)南方问题的由来

意大利"南方问题"主要是指意大利南北差距问题,是意大利近现代史中最重要的问题之一。意大利南北区域的划分大致以罗马以南30公里为界。北部地区包括阿尔卑斯山区、波河平原和亚平宁北部,南方包括亚平宁半岛南部、西西里岛和撒丁岛。"南方问题"其实有狭义和广义两种解释。狭义的"南方问题"主要指南、北方的经济差距问题,时间上大约从政治统一的完成开始;而广义的"南方问题"则包含更多的内容,包括经济、政治、社会、文化传统、自然环境,甚至种族方面的差距和差异,时间上可以追溯到政治统一以前的久远时代。

随着1861年3月17日意大利王国宣布成立,意大利各个邦国统一为一个

---

① Nicholas Doumanis, *Inventing the Nation:Italy*, Arnold, 2001, p.89.

王国,一些原本的外部差异变成了内部差异,"南方问题"成了意大利政治和文化领域范围内的事务。两西西里王国,在意大利尚未统一的时候,本来是一个外部的存在,如今变成了民族主义者关于如何将南方和北方在同一个中央集权政府的领导下融合起来的辩论的焦点。南方问题说明了意大利北方和南方之间的二元性,以及南方在社会、经济、道德、文化和种族上的次要性。这些差别观点自然会涉及民族主义、管理、平等和身份认同等敏感话题。南方成了国内的"他者",与意大利民族文化的发展形成了反差。[1]意大利政治统一完成之后,政府迫切地希望将整个意大利在精神上也统一起来,形成统一的民族意识,但"南方问题"的存在严重地影响了意大利统一后的民族建构。

关于"南方问题"产生的时间,历史学家们的观点并不统一。很多学者认为,"南方问题"产生于政治统一之前,但在产生的具体时间上学者们也有没有共同的答案。马尔塔·佩特鲁塞维茨(Malta Petrussewitz)认为这个问题起源于1848年;[2]路易吉·德罗萨(Luigi De Rosa)认为"南方问题"并不产生于政治统一,而是根植于南方的历史中";[3]科拉多·巴尔巴加洛(Corrado Barabagalio)等人认为"南方经济的相对萧条起源于古代世界"。[4] 很多当代的学者认为南方问题是统一之后产生的问题,是由民族复兴运动中各不相同的核心政治观念和方案引起的。这种观点将南方问题看成主要是经济困境,并从三个方面来解释南方经济落后的原因。有些历史学家认为政治统一之后的资本主义市场的扩大将早已存在的南方经济结构的落后性暴露了出来。另一个阵营坚持葛兰西的观点,认为政治统一为南方保守的农业集团和北方工业集团提供了结成联盟的机会,这个联合的"历史集团"对南方进行经济剥削,导致了意大利南方和北方在经济上的二元主义,使南部一直处于国家经济发展的边缘地带。还有一些学者把意大利的政治统一说成是北方在经济上和政治上使南部殖民化的过程。在经济上他们认为北部殖民者强行破坏了南方现有的工业,把南方转变为北部的商品和廉价劳动力市场。在政治上他们强调军

---

[1] 约翰·迪基认为南方问题是全国性的问题,"这是一个全国性的问题因为它是关于国家建设范围内的问题,是地方和全国性文化怎样联系起来和意大利怎样才能取得进步并与其他国家相竞争等众多问题中的一个方面。"John Dickie, *Darkest Italy: The Nation and Stereotypes of the Mezzogiorno, 1860—1900*, St. Martin's Press, 1999, p.53.

[2] Jane Schneider, ed., *Italy's "Southern Question": Orientalism in One Country*, Berg Publishers Ltd., 1998, p.27.

[3] Jane Schneider, ed., *Italy's "Southern Question": Orientalism in One Country*, Berg Publishers Ltd., 1998, p.27.

[4] Richard S. Eckaus, "The North—South Differential in Italian Economic Development," *Journal of Economic History*, (Sep., 1961), p.286.

国主义的北方殖民者对南方合法的王朝国家的征服和掠夺。[1]尽管这些观点有分歧，但是都表明"南方问题"出现的直接原因是一场政治的大变动。

认为南方作为一个同质的实体，和北方形成深刻的、完全的对立，是在政治统一之后出现的观点有一定的合理性。[2]所谓的意大利南方和北方的二元主义确实是随着政治统一在19世纪60年代和70年代才引起人们的共鸣、对国家形成威胁的。[3]唐·H.多伊尔（Don H. Doyle）认为"南方问题"是因经历了持续整个60年代的土匪战争之后，在70年代正式形成的。[4]一些学者认为只有右翼在70年代中期失败之后，南方的对立才反射到早期。"南方问题"在70年代的出现并不是因为当时人们认识到了南方的悲惨和落后，而是保守的改革家们一致谴责南方领导人，认为他们腐败，不适合管理国家的结果。吉亚里佐认为，历史右翼因1874年在南方的选举中失败并导致后来历史左翼上台感到伤心，所以通过将南方妖魔化来解释这次政治失利。这些保守派的领导人比如莱奥波尔多·弗兰凯蒂（Leopoldo Franchetti）、西德尼·桑尼诺[5]和帕斯夸莱·维拉里都参与了这次对南方的妖魔化，通过对南方领导者的道德表示质疑来从政治上削弱他们的威望。应该说"南方问题"在历史上由来已久，内容也是错综复杂的。只是由于意大利之前长期处于分裂状态，"南方问题"只是外部问题，产生的影响并不大。但是政治上的统一却使南北区域纳入了同一个政体之下，"南方问题"就凸显了出来，矛盾也变得更加激烈。

"南方问题"包括的内容很多，最明显的就是经济方面的问题。可以说，经济方面的问题在很大程度上导致了其他方面的问题。在古代，南方曾经是意大利最繁荣的地区，但是从中世纪南方开始落后于其他地区，并且在接下来的几个世纪里差距不断扩大。[6]"如果要对国家南北两部分和社会的发展作一个评价的话，应该说南北不平衡在19世纪前60年最为严重。"[7]在国家统

---

① Aliza S. Wong, *Race and the Nation in Liberal Italy, 1861–1911*, Palgrave Macmillan, 2006, p.6.

② Jane Schneider, ed., *Italy's "Southern Question": Orientalism in One Country*, Berg Publishers Ltd., 1998, p.8.

③ Jane Schneider, ed., *Italy's "Southern Question": Orientalism in One Country*, Berg Publishers Ltd., 1998, p.77.

④ Don H. Doyle, *Nations Divided: America, Italy, and the Southern Question*, The University of Georgia Press, 1946, p.73.

⑤ 西德尼·桑尼诺（Sidney Sonnino, 1847—1922年），意大利政治家，1906年和1909—1919年任首相。

⑥ Frederic Spotts, Theodor Wieser, *Italy: A difficult Democracy: A Survey of Italian Politics*, Cambridge University Press, 1986, p.230.

⑦ 瓦莱里奥·卡斯特罗诺沃：《意大利经济史：从统一到今天》，沈珩译，商务印书馆，2000年，第61页。

一之后,意大利开始进行以工业化为中心的经济复兴,成就巨大。但现代经济的增长呈现出鲜明的地区特点,北方发展迅速,而南方的经济水平远远落后于全国的平均水平,南北差距进一步扩大。而且一直到现代,南部和北部的差距仍在继续扩大。"南方问题"在政治上表现为分离主义。意大利的历史分多合少,西西里一直是南方分裂主义的大本营。"政治统一"完成之后,皮埃蒙特的官员表现得更像是"又一个外国人侵者而不是来自北方的解放者"①。在西西里人眼里,"国家是敌人,无论它是诺曼征服者,还是波旁国王,抑或是现代意大利"。"南方问题"在社会上的表现主要为有组织的犯罪。黑手党的历史可以追溯到中世纪,但作为官方定义的恶性犯罪组织的"黑手党"产生于政治统一初期。根植于南部土壤的黑手党滥用暴力,给现代民主社会带来了极大的伤害。

导致"南方问题"产生的原因十分复杂,有自然条件、经济发展程度的影响,也有历史传统和心理因素的影响。从自然条件来看,北方明显处于优势,南方处于劣势。意大利国土的4/5是山地和丘陵,而平原集中在北方,因为北方有全国最大的平原——波河平原。相比之下,北方土壤肥沃、交通便利、农业发达,而南方则山地丘陵较多、土地贫瘠、农业落后。从经济发展程度来看,南方和北方发展程度相差巨大。尽管在意大利最早出现了资本主义生产关系的萌芽,但由于意大利长期处于封建割据和异族统治之下,政治上四分五裂,使得资本主义生产关系不仅发展缓慢,而且也极不平衡。北方由于靠近欧洲市场,受欧洲大陆先进国家影响较多,受封建残余势力影响较少;而南部受罗马教皇国和落后的封建王朝的影响甚深,绝大多数的土地被大庄园主和教会势力所拥有,农民则处于无地或少地的状态。这种落后的封建生产关系在很大程度上阻碍了资本主义生产关系在南方的发展。从历史传统来看,在意大利南部,人们在长达数个世纪的专制统治中养成了不服从的习性。"背叛、猜疑、逃避、利用、孤立和停滞"成了当时的行政生态环境,人们相互之间缺乏信任,也极少参与政治生活。在他们看来,公共事务就是别人的事务,而这种认识一旦强化,就使得南方的制度绩效降到最低点,从而也影响了这一地区的稳定和发展。而与此相反的是,北方的政治发展却走向了另一条道路,这里出现了自治城市的共和制。由于公民广泛参与政治生活,使得这里的公共精神十分发达,推动了意大利北方稳步向前发展。

文化、种族和宗教因素在"南方问题"中的影响不可忽视。1837年,意大利19世纪最伟大的诗人之一贾科莫·莱奥帕尔迪,在去过南方之后写道:"这

① Frederic Spotts, Theodor Wieser, *Italy: A difficult Democracy: A Survey of Italian Politics*, p.231.

里是真正的野蛮之地。如果你没有到过这里,你绝对想象不到这里的野蛮程度。"①正如倡导建立意大利联邦国家的巴尔博所说,意大利从北方到南方,各个地区的人们之间的差距之大如同北欧人和南欧人之间的差别。在1855年,弗朗西斯科·特林凯拉(Francisco Trinchera)将那不勒斯描述为这样一个王国:"在这里,没有文明生活的痕迹,没有民事制度,没有教育体系,无论是公立的还是私立的,没有公路……没有商业、没有艺术,没有工业……"在这个王国里居住的人群"堕落、无知、残忍,没有任何上帝或法律概念"。② 1860年10月,政府特使法里尼从南方写信给首相加富尔说:"多么野蛮! 这里哪儿是意大利! 这是非洲:和这些农民相比,连贝都因人都是文明道德的花朵了。"③19世纪后期,随着资产阶级刑法人类学派创始人切萨雷·隆布罗索(Cesare Lombroso)学说的流行,有人从人种差异研究犯罪问题解释意大利南北差异,认为南方种族比北方种族低劣。这个观点并不科学,但在学术界的影响很大,以致《意大利百科全书》也认为,种族差异是导致南北差异的首要原因。

自统一以来,虽然政府为解决这一问题做出了努力,但可以说在一定程度上也助长了"南方问题"。正如尼古拉斯·杜马尼斯所说,萨沃依王朝是法西斯之前的政治秩序的基石和意大利国家的核心标志,但也是导致意大利国家和社会分裂的关键因素。④在意大利统一之初,统治阶级对南北差距有一定的认识。加富尔在第一届议会开幕前写的信中说:"今日之任务较过去更为艰巨、更为棘手。缔造意大利、把组成意大利的各种不同元素融为一体、协调南北两部分,这一切与反奥战争、反罗马斗争同样困难。"⑤国家统一本来是采取有力措施消除南北现有差距的好机会,然而政府没有专门的南方政策。当时政府只有一些全国性政策涉及南方。政府首先加强军事和政治控制,确保"复兴运动"的成果,始终把维护政治统一放在首位。皮埃蒙特政府加强中央集权,将皮埃蒙特的政府机构、法律和政策向全国推广,试图将整个意大利皮埃蒙特化。但新的机构、法律和经济政策不适合南方,也很少顾及南方的

① Aliza S. *Wong*, *Race and the Nation in Liberal Italy, 1861—1911*, Palgrave Macmillan, 2006, p.13.

② Aliza S. *Wong*, *Race and the Nation in Liberal Italy, 1861—1911*, Palgrave Macmillan, 2006, p.12.

③ John Dickie, "Stereotypes of the Italian South,"R. Lumley and J. Morris, eds., *The New History of the Italian South: The Mezzogiorno Revisited*, University of Exeter Press, 1997, p.122.

④ Nicholas Doumanis, *Inventing the Nation: Italy*, Arnold, 2001, p.160.

⑤ 瓦莱里奥·卡斯特罗诺沃:《意大利经济史:从统一到今天》,沈珩译,商务印书馆,2000年,第65页。

利益,"不仅没有改善南方的处境,反而使情况更糟糕"①。其次,政府进行的土地、债务、税收、关税、银行、教会土地等方面的改革,虽然有涉及南方的内容,但由于北部工业需要补上工业化原始积累一课,所以南部付出的东西往往比获得的更多。最后,从19世纪80年代开始,政府投资主要集中在北方,南部的份额无足轻重,1862—1924年间国家全部水利工程开支中,北方为49.5%、中部42.5%、南方只有8%。②

意大利政府的这些不公正行为导致南方人民的处境日益艰难。土匪行为和年复一年的抗税罢工、城市暴动、纵火和霸占土地等正是南方抵抗新秩序的种种表现。所有这些抵抗行动在1866年巴勒莫的一次大型反政府起义中达到高潮。皮埃蒙特政府对所有这一切的反应很简单:派军队镇压。超过十万军队南下,不仅为了镇压叛乱,也为了向当地的地主和议员们传达这样的信息:绝不容忍来自任何团体的异议。军事法庭实行了军事管制,参加叛乱的人被草率处决。面对自发的、大范围的农民叛乱,军队唯一的反应就是驱逐南方的贵族,屠杀南方的农民。在治理"土匪"的这几年里被杀的人,比民族复兴运动中所有的在战斗中牺牲的人数总和都要多。③即使波旁王朝都从来没有这么做。一位前波旁王朝的官员报道,皮埃蒙特的军队"根本不将南方人当作为独立而斗争的人们,而是当作反叛他们主人的奴隶"④。镇压反专政的南方暴动,还被认为是国家在教化无知又迷信的南方人,是在履行一项文明使命。⑤大多数北方的自由主义者们和激进主义者都对军队的行为大加赞赏。他们都认为新国家的权威必须树立起来,农民的叛乱必须镇压下去。他们成功了,但是付出的代价是巨大的。北方人开始鄙视他们的南方同胞,认为他们既迷信又野蛮;而南方人怨恨高傲的北方统治者们。

也许"南方问题"的根源不在于民族复兴运动时期不同的建国方案之争,而是在于统一的过程。事实上,有人认为南方从来没有被"解放",政治统一是通过北方政府对南方实行霸权实现的。很多人甚至将南方看成是通过武力征服的。因为成立的不是联邦政府而是专制政权,所以南方无法自由地做出选择。南方被征服后,政治、文化和经济体系都逐渐崩溃。如果对有些北

① Manlio Graziano, *The Failure of Italian Nationhood: the Geopolitics of a Troubled Identity*, Palgrave Macmillan, 2010, p.122.

② 瓦莱里奥·卡斯特罗诺沃:《意大利经济史:从统一到今天》,沈珩译,商务印书馆,2000年,第67页。

③ Martin Clark, *The Italian Risorgimento*, Pearson Longman, 2009, p.91.

④ P. Cala' Ulloa, *Letters Napolitaines*, Paris, 1864, pp.87–92, in Denis Mack Smith, *Making of Italy: 1796–1866*, Palgrave Macmillan, 1988, p.369.

⑤ Nicholas Doumanis, *Inventing the Nation: Italy*, Arnold, 2001, p.96.

方人来说,和南方的统一意味着和一个原始、野蛮的合作者结成充满风险的联盟;那么对南方人来说,他们虽然最初感受到了皮埃蒙特的热情,但后来发现以解放者自居的北方政治家把他们当作被征服者,这让他们感到绝望和愤恨。

每个国家都存在社会和经济上的区域性差异问题,尤其是当一个地区相对工业化,而另一个地区以农业为主的时候,比如美国的南北问题。而意大利的“南北问题”的特殊之处在于各个地区之间的分歧之深刻,以及导致“南北问题”的原因之众多,而且这些因素还和物质、心理因素联系在一起。①巨大的南北差距带来的问题已经影响到了社会稳定。

(二)南方主义者与“南方问题”的解决之道

在统一之后,政治家们面对着将南方和北方组建成一个政治、经济和社会民族实体的问题。管理新意大利的复杂性不仅在于地理政治的差异性之巨,还在于“缔造”意大利人的难度之大。意大利的缔造者们不仅面对着穷困的南方所带来的实际问题,还必须面对来自极其厌恶与南方统一在一起的北方人的反对。1860年10月17日,阿泽利奥在写给迪奥梅德·潘塔莱奥尼(Dio-mede Pantaleoni)的一封信中抱怨道:“和那不勒斯的联合在各个方面都让我感到害怕;这就像是和一个患天花的人一起睡觉。”②对阿泽利奥来说,与皮埃蒙特和中部意大利合并的这些地区是如此不同,以至于统一的进程只会浪费皮埃蒙特人的努力。在他看来,共和党提倡和南方地区合并就是为了给皮埃蒙特的君主政体制造危机。

其他思想家也表达了他们对与不可救药的南方联合的担忧。有些思想家将南方比作疾病,会传染给新成立的政府,影响国内的稳定,妨碍国家的名声。他们担心受到疾病的传染,预言北方在和南方接触之后其道德也会败坏。首相路法里尼警告说:“合并之后的那不勒斯成了国家的‘坏疽’,我们必须提高警惕,不要让和那不勒斯的合并成为意大利道德崩溃开始的标志。”③在征服罗马几年之后,皮埃蒙特政治家、首相拉塔齐认为,想要逃避这样的命运,唯一的方法只能是由北方来治愈南方的疾病,使之恢复健康,不仅为了南方人好,也是给因接近传染病而有被传染风险的北方的预防药。除了将南方当作病人,南方还常常被认为是北方征服的殖民地,需要北方的征服者来统

---

① Frederic Spotts, Theodor Wieser, *Italy: A Difficult Democracy: A Survey of Italian Politics*, Cambridge University Press, 1986, p.230.

② Denis Mack Smith, *Italy: A Modern History*, The University of Michigan Press, 1959, p.273.

③ Aliza S. Wong, *Race and the Nation in Liberal Italy, 1861-1911*, Palgrave Macmillan, 2006, p.19.

治与教化。这种北方和南方之间医生与病人关系的二元论和将新国家建设成"一个不可分割"的民族的形象是矛盾的。[1]加富尔就曾就说过,意大利的荣辱是和那不勒斯的荣辱密不可分的,甚至可以说取决于那不勒斯的荣辱。

很多政治家对北方是否能够治愈南方这个病人感到怀疑。加富尔也不确定将不同区域团结起来的困难是否能克服,在他看来可能性很小。1861年6月6日,在去世的前几天,他还在哀叹:"北部意大利已经缔造了,已经不存在伦巴第人、皮埃蒙特人、托斯卡纳人或罗马涅人和罗马格诺利人,我们都是意大利人;但是那不勒斯人仍然存在。"[2]里卡索利对此也表示悲观,他说道:"那不勒斯各省的瘟疫无论哪个医生,无论用哪种方法都无法治愈。"[3]1861年4月,科斯坦蒂诺·尼格拉(Costantino Nigra)警告加富尔不要将南方当作需要殖民的土地。他反对将南方看成是征服的目标,因此在管理南方的时候遵循和别的地区不一样的方法。有些人警告皮埃蒙特不要成为在统一的意大利之内的殖民者。马志尼认为如果意大利想要成为意大利,那么就要按照意大利应该有的样子来建设,而不只是皮埃蒙特的扩大化。他相信人民应该在同一部法律、同样的生活方式之下,那就是意大利的法律,意大利的生活方式,而不是皮埃蒙特的法律和皮埃蒙特的生活方式。他设想的意大利是一个共同体,但是他知道,统一的方式将对意大利意识的培养产生影响。

和政治紧密联系在一起的南方问题,随着知识分子、政治家和其他思想家试图通过理解这个问题的本质和起源来解决南方的不一致性,经历了很多不同的形式。从19世纪70年代中期开始,一些知识分子试图向统治阶级提出南方问题是一个全国性的问题,因为它关系到民族建构,地方和全国性文化怎样联系起来意大利才能取得进步并与其他国家相竞争等众多问题。这是一个全国性的问题还因为最早的南方主义者受到了爱国主义的驱策。将南方当作一个全国性的问题说明了国家统一过程的矛盾与局限。

被称为"南方问题"之父的政治家及历史学家帕斯夸莱·维拉里为"南方问题"的研究打下了基础。1875年他在《观点》(L'Opinione)杂志上发表的一系列信件,即《南方通信》(Le lettere meridionali),不仅挑起了关于"南方问题"的论战,还对其中的关键问题做出了全新的深入分析。至少十年内,维拉里著作的核心目标都未曾改变:激发资产阶级读者的民族使命感,激发罗马政

---

[1] Aliza S. Wong, *Race and the Nation in Liberal Italy, 1861–1911*, Palgrave Macmillan, 2006, p.20.

[2] Aliza S. Wong, *Race and the Nation in Liberal Italy*, 1861–1911, Palgrave Macmillan, 2006, pp.18–19.

[3] Aliza S. Wong, *Race and the Nation in Liberal Italy, 1861–1911*, Palgrave Macmillan, 2006, p.21.

府对南方的责任感。在维拉里的推动下,"南方问题"开始引起社会的广泛关注,并逐渐占据国家政治的核心位置。在第一封信中,他研究了卡莫拉组织的存在和扮演的角色,将之视为是因那不勒斯糟糕状况引起的。第二封信关乎黑手党,他认为黑手党不是一个秘密组织,而是西西里社会问题导致的结果。第三封信研究了南方的经济状况,以及占人口少数的地主阶级和受尽虐待的贫苦大众之间的必然对立。他认为农民因不堪忍受如此糟糕的处境而被迫成为土匪。维拉里的第四封信希望政府能进行干预,以促进拥有小块土地的农民阶级数量的增加。他相信这些预防性的改革将会对国家的道德和经济前景有极大的促进作用。维拉里认为北方人对南方知之甚少,他们所知道的也是基于一些贬低南方的错误信息之上。虽然北方人对来自南方的一些杰出人物充满崇敬,但更倾向于强调波旁王朝的统治遗留下来的腐败。①他鼓励读者去实地考察那不勒斯的实际情况,以"更准确地描述这些人的生活和道德状况"②。

维拉里将历史看成是经历不同文明程度的进化性发展。虽然他认为南方不是野蛮的,但他是以历史的进化模式和野蛮与文明的二元对立来理解南方问题与解释南方问题和民族文化之间的关系的。在维拉里的思想中,意大利北方和南方的区别是文明和野蛮之间的区别,是表面和本质的区别,也是夸张和真实的区别,或者说是实际和潜在之间的区别。③维拉里觉得将南方问题和美国的奴隶制之间进行比较可以很好地说明他的观点。而且他指出,"黑人奴隶制"事实上阻碍了美国南方的发展,在很多时候伤害的是奴隶主,因为他们实施不公正的支配权使他们自己变得腐败。他认为"如果人民容忍自己国内的这种不公正行为,想要在道德和民事行为上取得真正的进步是不可能的"④。他警告说,有时"这些奴隶会突然将自己转变为食人族"⑤。如果这种对待南方的方式继续的话,农民迟早有一天会暴动,用他们所有的野蛮激情来释放他们因遭受长久压迫而导致的仇恨。

维拉里也研究了南方的自由和个人主义观念。在南方,自由极度匮乏,

---

① Pasquale Villari, *Le lettere meridionali ed altri scritti sulla questione sociale in Italia*, Fratelli Bocca, 1885, p.189.

② Pasquale Villari, *Le lettere meridionali ed altri scritti sulla questione sociale in Italia*, Fratelli Bocca, 1885, p.173.

③ John Dickie, *Darkest Italy: The Nation and Stereotypes of the Mezzogiorno*, 1860-1900, St. Martin's Press, 1999, p.63.

④ Pasquale Villari, *Le lettere meridionali ed altri scritti sulla questione sociale in Italia*, Fratelli Bocca, 1885, p.173.

⑤ Pasquale Villari, "Il Mezzogiorno e la Questione Sociale," Rosario Villari, ed., *Il Sud nella sotria d'Italia Laterza*, 1975, pp.105-118, 114.

而个人主义却泛滥成灾。这两个特点都被认为是进步的主要障碍。①维拉里相信,很多问题的产生都是因为意大利的统一是在外部势力的干预下达到的,而没有让整个社会参与到统一运动中来。相反,在发生社会转型之前,在统一自然地成为民族主义运动高涨的必然产物之前,人民就被推向了政治革命。正如穆厄所说:"一方面,维拉里批评了统一之后意大利的领导者管理国家的方式;另一方面,他特别关注了在某种程度上囊括了国家所面临的最紧迫的任务的问题:意大利南部的社会状况。"②1876年,维拉里在议会发言指出:

> 我们引起了一场革命,这场革命主要就是智慧的、受过教育但冷漠的资产阶级的杰作……人民处于如此糟糕的境地以至于不能够参与到革命中来,因此由我们拖着走。但是准确地来说,因为我们在这场革命中孤军奋战,因为我们试图靠自己来完成自由意大利的建立,即使我们希望自己所做的是有益于整个国家的,却发现我们在无意识中被孤立在一个封闭的圈子里,这绝非我们所愿。我们几乎认为我们小小的世界就是全世界,忘记了这个狭窄的圈子外面还有着一个庞大的阶级,意大利政府从未给这个阶级任何关心,我们必须最终将之纳入考虑的范围。③

他敦促政府采取认真而坚决的行动,不仅仅为了国内民族的健康,也为了国家的国际名声。④维拉里认为意大利人需要重视英国人和德国人的批评,他们认为"拉丁民族"只知"自由的形式不知自由的实质"。⑤只要人民不理解在一个自由的民族中富有、有权势的人需要为穷人和弱者的生活状态的改善做出奉献,那么意大利就没有真正的自由。

① 维拉里引用了那不勒斯人帕斯夸莱·图列洛,一个爱国者和政治评论家的在《政府和治理》中所写的话:"在意大利,尤其在意大利南方,个人主义太盛行,而几乎没有联合起来完成公共事务的习惯……"Pasquale Villari, *Le lettere meridionali ed altri scritti sulla questione sociale in Italia*, Fratelli Bocca, 1885, p.156.

② Aliza S. Wong, *Race and the Nation in Liberal Italy, 1861–1911*, Palgrave Macmillan, 2006, p.29.

③ Pasquale Villari, *Le lettere meridionali ed altri scritti sulla questione sociale in Italia*, Fratelli Bocca, 1885, p.397.

④ Pasquale Villari, *Le lettere meridionali ed altri scritti sulla questione sociale in Italia*, Fratelli Bocca, 1885, p.61.

⑤ Pasquale Villari, *Le lettere meridionali ed altri scritti sulla questione sociale in Italia*, Fratelli Bocca, 1885, p.54.

维拉里还认为，南方的领导者们自己也对南方的农民和南方的整体政治负有不可推卸的责任。在维拉里试图将南方问题上升到全国性的难题的同时，他也树立了一个"异化的南方"形象，遭受着只属于这个地区的问题，和意大利其他地区不一样。他告诫北方的领导者们，北方人不应以蔑视的眼光看待南方的状况，将那里穷困的状况的责任直接推卸到那些"受过教育的"南方人的身上，认为他们"没有尽到自己的责任，没有为改变事态而做出努力"①。

在维拉里列举的社会问题中，他尤其关注的是瘟疫、犯罪问题。1884年南方的霍乱流行病使那不勒斯最穷困街区的悲惨状况受到了广泛关注，"瘟疫导致大量的人口死亡让人想起中世纪或者东方城市的瘟疫"②。维拉里也提到在那不勒斯的一些贫困地区，人口过剩导致的糟糕卫生状况成了细菌和病毒滋生的温床。他认为水、空间、新鲜空气和光线的缺乏导致的疾病要么使得人口减少，要么损害人民的健康，从而使这个种族变得虚弱不堪。③然而，维拉里质疑了北方人强调南方卫生状况的观点。当然卫生状况确实加剧了南方的不幸，但是他认为那不勒斯的问题"更多的是经济和道德问题，而不是卫生问题"④。如果道德和经济结构未被触及而只提高卫生状况是不够的。他用了一个比喻来说明他的观点：

> 如果你在街上发现一个弃婴想要教育他，一开始就教他字母是荒唐的。首先，你需要给他清洗一番，换上干净的衣服，然后教会他清洗和保持干净的习惯，如果不这么做的话，你将毫无所获。⑤

关于犯罪问题，对于很多北方人来说，黑手党和卡莫拉可以充分证明南方的问题是犯罪行为的结果，而且犯罪是南方人在文化甚至种族上的低劣性的表现。⑥但是维拉里相信那不勒斯的卡莫拉、西西里的黑手党和遍及南方

① Pasquale Villari, "l Mezzogiorno e la Questione Sociale," Rosario Villari, ed., *Il Sud nella sotria d'Italia*, Laterza, 1975, p.117.

② Pasquale Villari, *Le lettere meridionali ed altri scritti sulla questione sociale in Italia*, Fratelli Bocca, 1885, p.11.

③ Pasquale Villari, *Le lettere meridionali ed altri scritti sulla questione sociale in Italia*, Fratelli Bocca, 1885, p.18.

④ Pasquale Villari, *Le lettere meridionali ed altri scritti sulla questione sociale in Italia*, Fratelli Bocca, 1885, p.14.

⑤ Pasquale Villari, *Le lettere meridionali ed altri scritti sulla questione sociale in Italia*, Fratelli Bocca, 1885, p.14.

⑥ John Anthony Davis, *Conflict and Control: Law and order in Nineteenth Century Italy*, Macmillan Education LTD, 1988, p.3.

的土匪问题是特定的社会状况的自然结果。这些犯罪组织是"逐渐蔓延,不断转变形式,并渗透到社会的各个阶层的疾病"的一部分。[1]正如维拉里所解释的,在波旁王朝的统治下,平民阶层完全被抛弃了,一直处于被剥削的状态。官方只保护南方的士绅阶层,无论是公民机构还是教会设施都通过发放救济品激化了南方的穷困,因为维拉里认为发放救济品是对穷人自给自足的生活状态的破坏。因此,卡莫拉被认为是一种维持社会秩序的手段。维拉里认为有必要对卡莫拉做更深入的研究,通过研究可以知道罪犯组织的发展不是异常事件,而是一种最自然、最有可能发生的情况。[2]黑手党也和西西里的经济和政治形势有着密切的联系。因为这些现象根深蒂固,想要消除这些组织是很困难的。采用极端的手段反对黑手党不仅不会带来任何好处,还有可能引起更大的伤害。维拉里警告说:"解决之道在于时间,在于西西里的公共工程,决定性的解决方法在于学校教育。"[3]他认为不仅要有抑制性措施,还要有预防性措施。

同样,他认为土匪问题也和被迫吃着"连狗都不吃的面包"的农民的社会地位和经济状况有直接的联系。[4]他相信土匪问题已经成为对古代和现世的不公正、野蛮和残酷的抗议,[5]是"法律不保护成千上万的白人奴隶"的必然后果。[6]他宣称政府在摧毁南方的土匪势力的过程中,几乎没有考虑他们的行为可能引起的后果。当反对土匪的激进措施导致南方"血流成河",几乎没有人考虑急迫地使用抑制性措施实际上阻碍了预防性措施的实施。他认为:

> 在政治中,我们一直是很好的外科医生,但却是糟糕的医者。在很多截肢手术中,我们用了熨斗;在很多肿瘤手术,用火烧来使之根除;我们还用氯气来净化血液。毋庸置疑,新政府开办了大量学校,建设了很多街道,完成了很多公共工程。但农民的社会状况从

① Pasquale Villari, *Le lettere meridionali ed altri scritti sulla questione sociale in Italia*, Fratelli Bocca, 1885, p.42.

② Pasquale Villari, *Le lettere meridionali ed altri scritti sulla questione sociale in Italia*, Fratelli Bocca, 1885, p.53.

③ Pasquale Villari, *Le lettere meridionali ed altri scritti sulla questione sociale in Italia*, Fratelli Bocca, 1885, pp.79-80.

④ Pasquale Villari, *Le lettere meridionali ed altri scritti sulla questione sociale in Italia*, Fratelli Bocca, 1885, p.106.

⑤ Pasquale Villari, *Le lettere meridionali ed altri scritti sulla questione sociale in Italia*, Fratelli Bocca, 1885, p.108.

⑥ Pasquale Villari, *Le lettere meridionali ed altri scritti sulla questione sociale in Italia*, Fratelli Bocca, 1885, p.232.

来没有成为研究对象,也没有采取任何直接改善他们境遇的措施。①

　　通过对这些社会问题的分析,维拉里描绘了弊病丛生的南方形象,它正处于道德、社会、政治和经济等多重困境当中。他认为意大利在政治上是不道德的,如果意大利人不能够解决"南方问题",整个国家都将遭殃。维拉里警告北方人说:"在意大利的统一和解放之后,你已经无路可退;要么你努力使我们变得文明,否则我们将让你也变得野蛮。"②

　　维拉里的号召刺激了一整代的学者、作家和改革家,包括莱奥波尔多·弗兰凯蒂、西德尼·桑尼诺、朱斯蒂诺·福尔图纳托(Giustino Fortunato)、尼古拉·马尔塞利(Niccola Marselli)、帕斯夸莱·图列洛(Pasquale Turiello)、安东尼奥·德·维蒂(Antonnio de Vitti)、弗朗切斯科·萨韦里奥·尼蒂(Francesco Saverio Nitti)等。G.福尔图纳托成为19世纪80年代到第一次世界大战之间最著名的南方问题学者。在《南方通信》发表的第二年,两个托斯卡纳学者西德尼·桑尼诺和莱奥波尔多·弗兰凯蒂响应维拉里的号召,对西西里进行了实地考察,发表了著名的西西里岛的调查报告。

　　弗兰凯蒂对南方的形势深表同情,认为这个地区的人是悲惨的、环境是可怕的。③弗兰凯蒂声称南方的农民让他想起了美洲的野蛮人,因为他们自己没有要改善自己境遇的欲望。④他认为他们是诚实、无知又迷信的。他们对自己的权力没有任何概念,他们对"主"有着近乎原始、封建的崇拜。他将南方比作一个大家庭中的"小妹妹",认为北方人不得不将现代实践观强加到西西里这位中世纪的"小妹妹"身上。否则,意大利就不能够和欧洲其他文明国家并肩而立。⑤然而实际上北方却并不关心这位"小妹妹",还对南方人加以剥削,致使南方人羸弱不堪、饥肠辘辘、伤痕累累。他认为北方人必须"用一切可能的方法治愈他们、照顾他们,使他们恢复健康,必要的时候动用武

① Pasquale Villari, "Il Mezzogiorno e la Questione Sociale," Rosario Villari, ed., *Il Sud nella sotria d'Italia*, Laterza, 1975, p.111.

② Pasquale Villari, *Le lettere meridionali ed altri scritti sulla questione sociale in Italia*, Fratelli Bocca, 1885, pp.150-151.

③ 两个因素鼓励了弗兰凯蒂和西德尼·桑尼诺深入南方考察那里的情形,并为他们发现的问题的寻求解决办法。首先两个人都担心社会主义。其次他们都想要促进基于"科学和意大利经济、行政和政治传统的改革"。

④ 在他俩1876年对西西里的研究中,弗兰凯蒂和桑尼诺认为他们发现了深刻的社会困境——腐败。桑尼诺认为腐败已经从富有阶级向"社会的下层阶级"扩展开来。

⑤ Jane Schneider, ed., *Italy's "Southern Question": Orientalism in One Country*, Berg Publishers Ltd., 1998, introduction, p.10.

力"①。他说道：

> 我们看都没看一眼他们的伤口，就让他们去干活——完成意大利的统一这个艰巨而累人的活；我们问他们要人要钱，却还之以二流的自由和外国制造业，我们对他们说：生产，大批量生产。15年后，让我们感到惊讶的是他们的伤口已经腐烂并有可能传染给整个意大利。②

对北方来说，南方已经成为一个潜在的威胁。北方不仅要扶持这位南方的妹妹，还要为她治病、照顾她。弗兰凯蒂用医疗关系来比喻南方和北方的关系，他将北方描述成权威医生，而西西里则被描绘成不能够自己做决定的病患。

弗兰凯蒂认为南方对于整个国家的经济，尤其是对于北方的经济来说，是不可分割、至关重要的一部分。他写道："南方的物质繁荣意味着北方的工业产品有更大的市场，意味着南方农民的长期反抗情绪会得到消除，这样意大利会更加团结，会有更强大的物质力量来对抗外面的世界。"③维蒂和尼蒂都赞同南方是北方经济不可分割的一部分的观点。维蒂认为1887年的贸易保护政策将南方降低为了国内的"殖民市场"，这些措施使南方不仅失去了农业产品在国际商场上的竞争力，也失去了以比北方制造商更低廉的价格购买外国工业产品的权利。④尼蒂认为意大利国家扼杀了南方的资本主义经济的发展，如果对北方倾斜的财政政策被取消，那么南方也可以从新意大利国家的潜能中获益。⑤

尼蒂相信是关于南方富裕的神话误导了政府，结果导致了南方的贫穷。北方以为南方自然资源很丰富，因此就剥削南方的自然资源，还将南方作为工业产品的市场。结果，南方的状况越来越糟糕。"整个南方已经被贫穷湮没

① Leopoldo Franchetti and Sydney Sonnino, *La Sicilia nel 1876*, Vol.I, Barbera, 1877, pp.308–309.

② Leopoldo Franchetti and Sydney Sonnino, *La Sicilia nel 1876*, Vol.I, Barbera, 1877, pp.308–309.

③ Leopoldo Franchetti, "Mezzo secolo di unita nell'Italia meridionali," *Nuova Antologia*, May 1, 1911, p.97, in Aliza S. Wong, *Race and the Nation in Liberal Italy, 1861–1911*, Palgrave Macmillan, 2006, p.164.

④ Aliza S. Wong, *Race and the Nation in Liberal Italy, 1861–1911*, Palgrave Macmillan, 2006, p.33.

⑤ Pasquale Villari, "Il Mezzogiorno e la Questione Sociale," Rosario Villari, ed., *Il Sud nella sotria d'Italia*, Laterza, 1975, p.317.

了。所有的人憔悴不堪,这是一群最不幸的人,他们面对的是不确定的今天,还有更不确定、更悲惨的明天。"①尼蒂认为四十年来,北方一直在榨取南方的财产,北方的成功和对南方的自然资源的剥夺存在直接关系。尼蒂反对更富裕的北方对待南方的这种方式。他知道,北方剥削南方的自然资源是为了更容易地促进北方工业和制造业的发展。当这些完成后,更富裕的北方为自己的利益改变了关税法,使南方继续处于北方的控制之下。

和维拉里一样,其他的南方主义者都认为南方问题是全国性问题,向共享国家命运的所有意大利人发出爱国主义的呼吁。弗兰凯蒂认为对于南方问题北方也是有责任的。弗兰凯蒂写道:"我们都是意大利人,他们的耻辱就是我们的耻辱,如果他们虚弱,那么我们也强大不起来。"②就像尼蒂所认为的那样,那不勒斯是意大利南方的灵魂,正因为这个原因,那不勒斯的问题必须引起全意大利的注意。尼蒂认为地区差异必然影响政府的决定,"统一不一定意味着一致"③。尼蒂的主要目标是促进民族意识的产生。他相信,国家不仅仅是住在同一个区域就可以了,而是需要有相同的传统、兴趣和观点组成的精神统一。

福尔图纳托认为意大利统一本来就脆弱,还遭受了北方和南方之间的偏见和误解的伤害。他认为南北两个意大利的联合是脆弱的,因为"伟大的意大利国家的统一,作为19世纪最主要的事件之一,不是全国性努力的结果,而是依靠一个观点支撑起来的、令人钦佩的即兴事件……"④福尔图纳托认为为了克服这种脆弱,所有的公民都应该尽到他们该尽的职责。本来他以为尽管南方和北方之间存在着分裂,随着政治上的统一,对真实南方的了解也许会减轻北方人可怕的偏见。但是他发现拥有九百万人口的那不勒斯和三百万人口的西西里的南意大利,对这个新成立的国家来说仍然是一个谜,是一块神秘的土地。他呼吁北方认真考虑和"被困在南方,没有商业、没有工业,也没有任何与外界的联系,被西班牙的统治压迫了二百三十年"的南方的关系,为改善南方的状况而努力。他认为我们是怎样的人是由种族、气候、地理位置和历史决定的,他希望国家谨慎、宽容地对待南方,因为"意大利应该努力

---

① Aliza S. Wong, *Race and the Nation in Liberal Italy, 1861–1911*, Palgrave Macmillan, 2006, p.34.

② Leopoldo Franchetti, *Condizioni economiche e amministrative delle provincie napoletane. Appunti di viaggio—Diario del viaggio*, Antonio Jannazzo, ed., Laterza, 1985, p.3, in Aliza S. Wong, *Race and the Nation in Liberal Italy, 1861–1911*, Palgrave Macmillan, 2006, p.164.

③ Francesco Saverio Nitti, *L'Italia all'alba del secolo XX. Discorso ai giovani d'Italia*, Roux e Viarengo, 1901, p.128.

④ Giustino Fortunato, *Antologia dai Suoi Scritti*, Manlio Rossi-doria, ed., Laterza, 1948, p.3.

的方向在南方,南方有可能是意大利的未来,也有可能是意大利的灾难!"①

马尔塞利以尖锐的语言将责任加诸所有意大利人身上。他认为北方人有责任帮助他们的南方兄弟姐妹们实现文明化,脱离野蛮状态,拥抱进步。他相信意大利统一是为了"形成意大利民族同质的文明"。马尔塞利认为国家花在治理形式上的时间和努力太多,而花在新成立的国家的实际方面的精力太少。他告诫道:"不是有一块处女地需要开垦,一些荒凉的道路需要整修,在意大利,尤其是在南方……有整个社会阶层需要救赎和教化。"②他敦促所有意大利人,北方的、中部的和南方的,"联合起来进行意大利文明的最高战斗,这是一场以摧毁我们的民族中的一部分人的野蛮状态为目标的战斗……"③马尔塞利强调了认识到南方问题以及在这一问题危害到国家其他地区之前尽早解决的重要性。他不无讽刺地指出,意大利北方人对意大利南方的偏见和北欧人对南欧和地中海地区国家的看法如出一辙。他指出,"意大利是一个南方国家,因为除了在阿尔卑斯山上的定居者之外,意大利人或多或少都有南方人同样的罪恶与美德……"④不管意大利存在着怎样的地区差异,马尔塞利认为这些差异不足以"组成两个意大利,就像有些人说的,它们是同一个民族的有机生活的两股根本的、也是必需的动力"⑤。无论是北方和南方都不能被摧毁,国家的公民不应期望消灭无论是北方还是南方的特色。

无论是保守派还是自由派,南方主义者都认为,同质的南方问题是和国家统一的方式,以及统一的意大利后续的经济、社会发展的方式联系在一起的。他们也相信,南方主义者指出的这些问题不能够孤立地定义为落后,也不能够单纯地当作"南方"问题来考虑,而不顾及整个国家的大背景。⑥也就是说南方问题是一个全国性的问题,要纳入全国性的背景下来考虑。然而国家想要成功,南方必须克服它目前的状况以达到和北方的某种平等。福尔图纳托将南方的斗争看成是为求生存而进行的艰苦战争,在这场战争中有产者

①　Giustino Fortunato, *Antologia dai Suoi Scritti*, Manlio Rossi-doria, ed., Laterza, 1948, p.21.

②　Niccola Marselli, "Gl'Italiani del Mezzogiorno," *Nuova Antologia*, Vol.XLIII, Serie II, part II, (Mar., 1884), p.662.

③　Niccola Marselli, "Gl'Italiani del Mezzogiorno," *Nuova Antologia*, Vol.XLIII, Serie II, part II, (Mar., 1884), p.662.

④　Niccola Marselli, "Gl'Italiani del Mezzogiorno," *Nuova Antologia*, Vol.XLIII, Serie II, part I, (Mar., 1884), p.41.

⑤　Niccola Marselli, "Gl'Italiani del Mezzogiorno," *Nuova Antologia*, Vol.XLIII, Serie II, part I, (Mar., 1884), p.41.

⑥　Aliza S. Wong, *Race and the Nation in Liberal Italy, 1861-1911*, Palgrave Macmillan, 2006, p.23.

和无产者、资产阶级和农民、绅士和平民肩并肩作战。①他认为,既然存在南方问题,北方就必须积极解决这个问题,提醒北方人记住马志尼的警告:"南方会是什么样子,意大利就会是什么样子……"②

早期的南方主义者通常被认为是"沙漠中的呐喊",他们对南方问题的"现代"关注和政治阶层狭窄的心胸形成了鲜明的对比。虽然南方主义者一直在努力,但是直到20世纪,用卡尔罗·利瓦伊的话说,南方还是这样一个地方——"这片土地没有舒适和慰藉,农民在贫瘠的土地上过着毫无变化的生活,等待着死亡的到来。"③

这就是统一后意大利意识培养中的矛盾现象。一方面,王国政府想尽办法克服国家的分裂和差异,通过"政治教育"使民众一体化,形成共同的民族认同。但另一方面,南北的巨大差异却是横亘在意大利人面前的一条鸿沟,而政府的行为不仅没能使这条鸿沟弥合,反而使之越来越大。北方将南方当作殖民地来对待,政府派兵镇压南方民众的反叛等都是民族建构中发出的极不和谐的音调。实现"精神统一"以补足意大利的"形式统一"的梦想似乎一直都非常遥远。直到19世纪末,塑造意大利人、使大众"政治化"和"同一化"的目标还远远没有完成。"意大利仍然是一个没有将各个邦国融合在一起的国家,地区之间的差异甚至比任何欧洲国家之间的差距还大。"④ 1895年,卡洛·笛梵卡罗在他的不朽的《民族复兴运动史》的最后一卷中写道:

> 当统治阶级能以德服人,当普通大众都心怀爱国主义精神,当意大利所有省份的统治阶级和普通大众都变成这样,那时,也只有到那时,意大利才能满怀自信,昂首前进。否则,民族复兴运动的所有努力都将付诸东流,这场运动除了显示意大利在心理上不可能成为一个统一的民族之外别无他用。⑤

---

① Aliza S. Wong, *Race and the Nation in Liberal Italy, 1861–1911*, Palgrave Macmillan, 2006, p.36.

② Aliza S. Wong, *Race and the Nation in Liberal Italy, 1861–1911*, Palgrave Macmillan, 2006, p.36.

③ Frederic Spotts, Theodor Wieser, *Italy: A difficult Democracy: A Survey of Italian Politics*, Cambridge University Press, 1986, p.222.

④ Frederic Spotts, Theodor Wieser, *Italy: A difficult Democracy: A Survey of Italian Politics*, Cambridge University Press, 1986, p.222.

⑤ Christopher Duggan, *Francesco Crispi 1818–1901: From Nation to Nationalism*, Oxford University Press, 2002, p.691.

第四章　帝国、殖民理论

　　意大利曾长期遭受外国的侵略和奴役，即使在赢得解放和国家统一之后，国内也矛盾重重。所以无论从人民群众休养生息的迫切愿望出发，还是从国家的根本利益出发，意大利都应当成为一个"尊重他国主权、维护兄弟民族独立与国际和平的进步国家"[①]。但是在意大利实现统一之后不到十年的时间里，在人民的意识仍然混乱、统一民族意识尚未形成的时候，政治家们便迫不及待地将帝国主义因素加入到了民族主义运动中来，将意大利引入了对外侵略扩张的道路。他们认为，意大利需要在国际领域证明自己的军事和殖民实力，而成功的殖民运动和在非洲建立一个意大利帝国将给这个年轻的国家带来其迫切需要的国际声望。殖民活动还可以唤醒一个分裂民族的爱国主义情感，这在有助于加强国内团结的同时还可以使之成为在几个大洲都具有影响力和掌控权的欧洲大国。[②]军事活动将带来新的爱国主义情感和民族自豪感，这些是一个国家在被国内暴乱和国际不稳定因素所困扰的时期所非常需要的。虽然意大利之所以如此迫切地开始对外侵略扩张有着深刻的国内与国际的背景，但对于一个新成立的国家在国内形势尚不稳定的时候是否应该去参加殖民活动，引起了国内各派政治家和学者们的激烈辩论。一方面帝国主义者以各种理由证明意大利殖民的必要性和合理性，而反对非洲殖民者不仅以实际行动反对殖民活动，也在理论上对意大利殖民的权力提出了质疑。

第一节　意大利殖民的国内国际背景

　　意大利在萨沃依王朝的旗帜下得到统一，确立了大资产阶级与贵族的联合统治。但统一后的意大利一直被经济落后和社会秩序混乱所困扰。社会

---

① 赵克毅、辛益：《意大利统一史》，河南大学出版社，1987年，第303页。
② Aliza S. Wong, *Race and the Nation in Liberal Italy, 1861–1911*, Palgrave Macmillan, 2006, p.79.

政治经济领域中的封建势力不仅没有受到触动,还受到了保护,制约了统一后资本主义经济的发展。在中部特别是南部的广大地区,半封建式的贵族领地即大庄园仍占优势。无地的农民只能变成雇农,或者向地主租赁土地,缴纳沉重的租税。土地关系的落后束缚了农业的发展,落后的农业不能为工业发展提供充足的商品粮和原料。土地关系的落后同时也导致了农民的贫困化。意大利广大而贫困的农村地区只能消耗很少的工业品,不能以国内的需求刺激工业的发展。虽然在统一后,意大利的工业革命逐步完成了,但国内市场狭小、原材料和资本不足严重阻碍了资本主义工业发展的规模和速度。意大利统一后虽然工业稳步发展,但是工业毕竟落后于欧洲先进国家的工业水平。虽然经济和技术实力逐渐增强,但在欧洲国家中仍然属于实力弱小的,无法与其他列强抗衡。[1]为了解决工业发展缺乏原材料和市场的问题,资产阶级将目光投向了国外的市场和原料产地,寄希望于统治阶级的对外侵略扩张。

为了保护国内市场,意大利在19世纪80年代通过提高关税实行了贸易保护政策。但是贸易保护政策只保护了和国家关系紧密的工业和农业的利益。因此贸易保护政策不仅没有减少统一之后经济和政治利益的冲突,还引起了新的分裂和紧张关系。[2]低微的收入和高涨的物价引起了工人和农民的激烈反抗。资产阶级投机性投资的崩溃导致了全国经济的普遍衰退。1886年由于关税的再一次提高导致了意大利和法国的关税战争,致使意大利很多商业领域的发展处于停滞状态。与法国的关税战争,以及同美国的廉价农产品竞争,引起了1887年开始的意大利工业危机和财政危机的发生。工业和建筑企业纷纷破产,有价证券行情猛跌,国家预算赤字急剧上升,工人大批失业。经济不稳定也导致了国内阶级矛盾尖锐化,除去工人斗争规模日渐扩大之外,雇农罢工,破产农民迁离祖国,整个社会动荡不安。

19世纪末,意大利社会运动兴盛,国家秩序混乱。来自俄国的无政府主义者巴枯宁的革命社会主义学说在意大利思想领域广泛传播。他提倡立即通过暴力推翻政府。1874年和1877年,无政府主义者试图煽动暴动,引发全国革命。暴动虽然没有成功,但巴枯宁的说教引起了人民的共鸣,意大利各地发生了多起暴力动乱,首相克里斯皮派军队镇压了起义运动。[3]暴力的镇压更加激起了人们的强烈反抗和抵触情绪,社会运动变得更加激烈。还有一

① Luigi Salvatorelli, *The Risorgimento: Thought and Action*, Harper and Row, 1870, p.179.
② John Anthony Davis, *Conflict and Control: Law and order in Nineteenth Century Italy*, Macmillan Education LTD, 1988, p.344.
③ 赫·赫德、德·普·韦力:《意大利简史》,罗年生、朱海观译,商务印书馆,1975年,第324页。

些以知识分子为主的社会主义者创办报纸,宣传社会改革,目的是改善工作环境,提高生活标准。①社会主义思想的传播进一步激发了人们的反抗情绪。无政府主义者和"国际主义者"使用扔炸弹、暗杀等破坏手段进行反抗。残酷的镇压手段虽然扑灭了人民群众的反抗,稳住了政局,但却无法克服日趋严重的工农业危机,也无法根除人民群众的反抗情绪。面对国内面临的种种社会和经济问题,意大利政府开始大举对外进行殖民扩张。殖民扩张成了缓和国内矛盾、转移国内斗争视线的有效方式。

在国际舞台上,意大利作为"迟到的民族"在其最后实现统一的时候,历史已经进入到19世纪的最后三十年。这三十年正好是欧洲主要资本主义国家向帝国主义阶段过渡、瓜分世界、争夺霸权斗争最为激烈的时期。此外,德国几乎同时和意大利一样成为欧洲统一的国家,两个国家结束了分裂的局面无疑都迫切地希望通过殖民来促进国家的发展和地位的提高。而意、德两个独立大国的出现,也引起了欧洲老牌列强的不安,促使他们加快了争夺全世界势力范围的步伐。这种局面反过来使意大利统治阶级因自身力量的薄弱更是急于参与瓜分世界的争夺战,唯恐落后于他人而无处下手。法国在阿尔及利亚和突尼斯、英国在塞浦路斯和埃及、奥地利在波斯尼亚的拓展迫使意大利采取更积极的外交政策,因为地中海权力平衡的改变对意大利很不利。曾经是地中海周边地区通行语言的意大利语在黎凡特正在被法语所取代,在马耳他则被英语和马耳他本国语所取代;而且如果复兴的意大利想要得到应有的份额,那么就必须抵制法国对阿尔及利亚及周边地区的政治扩张。从地理上讲,被认为是最适合控制地中海地区的意大利发现,地中海的三个出口直布罗陀海峡、博斯普鲁斯海峡和苏伊士运河都已被其他国家控制。意大利作为民族国家出现的时候正好是伴随通讯业和大众教育的巨大发展的工业革命时代,给膨胀的民族自负感和民族自我崇拜提供了强大的后盾。而且,占领罗马更是唤醒了意大利人关于帝国扩张的辉煌记忆,让他们想起了罗马帝国昔日在地中海的霸权和对北非的统治。帝国的梦想加上国际和国内的形势,使意大利资产阶级产生了强烈的对外侵略扩张的愿望。

为了推行对外侵略扩张政策,统治阶级必须制定相应的外交政策。由于国力的不足和统治集团的软弱,意大利需要利用列强之间的矛盾,依据实际情况随机应变。意大利的外交政策"就成了一种将大国的虚荣、奢望与小国的卑怯、自私,结合在一起的、矛盾又易变的、不独立的机会主义外交政策"②。

---

① 赫·赫德、德·普·韦力:《意大利简史》,罗年生、朱海观译,商务印书馆,1975年,第336页。
② 辛益:《近代意大利史》,河南大学出版社,1998年,第393页。

由于法国因为保护以庇护九世为首、与意大利王国为敌的梵蒂冈教廷,使得意大利政府传统的亲法立场开始动摇。当时英国在欧洲大陆上奉行"光荣孤立"的不结盟外交政策,意大利只能争取与德国的亲善和与奥地利的和解。在1878年的柏林会议上,意大利看到通过了关于奥匈帝国占领波斯尼亚和黑塞哥维纳的决议,就提出了要给意大利"适当补偿"的要求,想得到巴尔干半岛的阿尔巴尼亚和特林提诺。可是列强拒绝了意大利的要求,加上与法国争夺突尼斯的失败,使意大利政府深深感到必须摆脱外交上的孤立困境,寻求结盟。1882年5月20日,德、奥、意三国在维也纳签订了秘密同盟条约,"三国同盟"正式形成。"三国同盟"条约的内容是:缔约的任何一国受到别国的攻击时,其他两国必须"在本身利益许可的范围内"与受攻击的缔约国联合反抗别国的攻击;在缔约的任何一国因受到威胁而被迫对别国宣战时,其他两国必须保持友好的中立;在缔约的任何一国受到两个以上强国的威胁时,缔约三国必须联合作战。加入"三国同盟"之后,意大利自恃有盟国的支持,便制定了野心勃勃的侵略扩张计划即所谓建立"红海帝国"的计划。

第二节　殖民运动的合理化理论

民族主义者希望通过殖民扩张运动来灌输爱国主义情感。意大利对非洲的兴趣始于19世纪80年代。当时政府从一个意大利航运公司手中购买了红海岸的阿萨布港口。在厄立特里亚殖民地形成之后,索马里也被逐渐并入意大利(1885—1890年)。对内陆的进一步渗透遭遇了强烈的抵抗,1887年埃塞俄比亚军队在道加里消灭了五百个意大利士兵,激起了国内的民族主义怨恨,反帝国主义运动高涨。1896年,意大利在阿杜瓦的决定性惨败标志着意大利第一波殖民运动的终结。为了安抚受到新党派威胁的民族主义者,焦利蒂在利比亚重新开始了第二波殖民运动(1911—1912年)。在关于殖民活动的早期讨论中和第一次殖民活动的计划中,政治家和学者们试图让意大利人在齐心协力维持和维护民族自豪感的过程中,建立一种可以使所有的意大利人团结在一起的民族意识和身份认同。为此,他们根据想象的或者自认为的历史和种族遗产来证明意大利殖民的正当性。

一、帝国与意大利的民族使命论

统一的意大利自我意识一旦觉醒,祖先殖民扩张的记忆就复苏了。罗马帝国曾经征服汉尼拔和朱古达,中世纪的公社也曾经在北非海岸与撒拉逊人和北非海盗对抗。威尼斯王国的版图曾从希腊一直延伸到君士坦丁堡和黎凡特。①19世纪的意大利对这些过去的辉煌记忆犹新。希望恢复帝国势力的政治家们转向了他们认为最伟大的帝国——罗马帝国。意大利的帝国主义者们将自己看成是罗马帝国的继承者。他们认为自己不是在建立一个新的帝国,而是在重塑意大利的辉煌历史,复兴旧日遗产。意大利的梦想是通过构建一个现代意义上的帝国恢复罗马昔日的辉煌。许多意大利人相信,将意大利主权运用到曾经被罗马帝国统治的区域是历史赋予意大利人的权利和义务。②帝国殖民运动也是国家为保证民族的福祉而应承担的责任。为了使人民产生通过殖民获得国家荣耀的集体愿望,帝国主义的提倡者们复兴了古代帝国的传奇,让意大利人知道他们与备受尊崇的罗马文明是紧密相连的。如果意大利人无论是血缘、传统还是遗产都是和古罗马人一脉相承的,那么自然也有能力成功地建立一个新的帝国,一个建立在古罗马的传统之上,由现代进步力量支撑的帝国。无论意大利各个地区之间存在多大的差异,和罗马帝国的历史辉煌比起来都是微不足道的。对一些现代帝国主义的提倡者来说,罗马是一个统一的象征,是意大利不同种族和地区的人都愿意效忠的对象。③在意大利帝国主义者试图使殖民变得合理化的过程中,将古代罗马遗产和现代帝国成功联系起来的理论变得非常受欢迎。马志尼的使命和焦贝蒂的领先地位都成了使左翼分子和天主教势力支持冒险的理由。奥瑞尼号召意大利完成使命:"既然意大利曾经两次成为世界的中心,现在又作为一个统一的国家复兴,不能放弃她的世界文明使命。"④他认为:

> 为成为统一国家,上千年来意大利所付出的所有努力,她的子民创造的英雄事迹和付出的鲜血,以及意大利在历史上所经历的所有悲剧,都是为了意大利这个不朽的历史主角重新进入历史的一天,在自己的领土上沉寂了多年之后,作为新文明的承载者在大海上乘风破浪,扬帆远航。⑤

为了使意大利的殖民活动正当化,帝国主义者提出了种种理由,其中包括帝国主义的合理性、意大利人的优越性和非洲人的低劣性等。西庇阿·西盖勒(Scipio Sighele)认为帝国主义渗透到了社会的许多方面。他描述了很多

① Denis Mack Smith, *Italy: A Modern History*, The University of Michigan Press, 1959, p.126.
② 罗纳德·布鲁斯·圣约翰:《利比亚史》,韩志斌译,东方出版中心,2011年,第51页。
③ Aliza S. Wong, *Race and the Nation in Liberal Italy, 1861-1911*, Palgrave Macmillan, 2006, pp.85-86.
④ Ronald S. Cunsolo, *Italian Nationalism*, Robert E. Krieger Publishing Co. INC., 1990, p.205.
⑤ Ronald S. Cunsolo, *Italian Nationalism*, Robert E. Krieger Publishing Co. INC., 1990, p.206.

种形式的帝国主义,包括个人的、家庭的(也称为裙带关系)、国家的、种族的(比如泛斯拉夫运动)、洲际的,还有人类的。[1]帝国主义不仅是国家和人民的一个必要的举动,也是人类行为的一种自然状态。西盖勒坚持认为帝国主义是民族主义的"自然结果",因为前者是后者"合乎逻辑的、合理的派生"。[2]他相信帝国主义既不是一种不正常的表现,也不是一种危险的极端行为。相反,他认为民族主义是"国家集体主义的自然发展",是一种"权力本能",一种"激发我们每个人心里扩张的欲望"。恩里科·科拉迪尼(Enrico Corradini)认为整个世界都是帝国主义的了,无论是内部还是外部。他相信帝国主义是一种健康、富有生机、充满力量、生产活跃、工商业兴盛、金钱富足的状态,而且民族主义和帝国主义是这个现代世界的两种真实的生活形式。图列洛甚至认为殖民主义和帝国主义代表了"现代民族历史上的道德最高点"[3]。乔瓦尼·博维奥认为文明化就意味着扩张,扩张则意味着殖民。帝国主义似乎是合理的,也是民族主义的必然结果。正如列戈·吉罗拉(Riego Girola)表达的对帝国主义的看法——国家是手段,征服是目的。一个国家如果不关注帝国主义事业既无法存在,也无法强大。成功构建帝国似乎保证了一个国家的领先地位和持续性。尼蒂也将殖民看成是和命运观有着深刻和固有联系的因素。他相信扩张和帝国主义深深扎根于"人类的灵魂"中。[4]意大利民族有着扩张的极大热情,人民不能够局限在"世代相传的政治领域内"[5]。意大利国家有义务获得殖民地以使民族能够自然成长。帝国主义者认为国家完全有必要将注意力放在国际舞台上,因为意大利不能只单独关注国内或者国际舞台。如果政府将注意力集中于国内事务,参与非洲事务太迟,那么其他欧洲国家蜂拥而上瓜分殖民地,可能只给意大利这个年轻的国家留下一些残羹冷炙。国内和国际两条站线都应予以关注,这样才能保证国家的健康运转,才可能带来解决国际和国内问题的附加好处。

帝国主义者认为,意大利作为一个伟大的文明国家,作为欧洲进步与成熟传统的一部分,有责任为了帮助那些不能够自我完善的民族取得进步。意大利是优越的白人种族中的一员,而且是其中的佼佼者,所以有权征服那些野蛮之地,统治那里未驯服的原始人。就像卡塔内奥认为的那样,文明的进

---

[1] Scipio Sighele, *Il Nazionalism e I Partiti Politici*, Treves, 1911, p.77.

[2] Scipio Sighele, *Il Nazionalism e I Partiti Politici*, Treves, 1911, p.76.

[3] Aliza S. Wong, *Race and the Nation in Liberal Italy, 1861–1911*, Palgrave Macmillan, 2006, p.85.

[4] Aliza S. Wong, *Race and the Nation in Liberal Italy, 1861–1911*, Palgrave Macmillan, 2006, p.82.

[5] Scipio Sighele, *Il Nazionalism e I Partiti Politici*, Treves, 1911, p.88.

步、迷信的消除和公民权的提高在历史上都是通过"征服、特权和压迫"实现的。[①]如果意大利人要继续他们的文明使命,那么国家就有责任通过殖民将进步和文明带到世界的其他地方去。其实,意大利符合"仁慈"殖民者的要求:"那些野蛮人属于那些最先想要教化他们、赋予他们人性,最重要的是让他们成为天主教徒的征服者。"[②]就像古代的罗马人,现代的意大利人也要建立一个基于宽容和慈善的帝国,将荣耀鹰旗[③]和新意大利的文明带到那些蛮荒之地,那些曾经属于古罗马帝国的土地。

帝国主义者不仅认为意大利国家具有优越性,而且认为意大利殖民体系也具有优越性。卡塔内奥认为雷纳托·保利(Renato Paoli)将意大利的帝国主义体系描述成宽容、温和而善意的。他认为殖民运动不仅为国家的公民提供了另一种财富和影响力的来源,还为当地的原住民提供了文明和进步的机会。他将帝国主义分成三种:美国的、英国的和拉丁民族的。一些帝国主义者认为美国的殖民方式是最值得意大利模仿的。他们将原住民看成是意大利民族使命的障碍,因此国家应该负责任去除这些障碍,让他们"消失",就像美国人对待印第安人一样。[④]英国的殖民体系意味着隔离同居,也就是两个种族——白人和黑人——一起生活,但有着严格的区分,就像古代不同种姓之间的区分一样。这两群人之中,白人属于"主宰者",而黑人属于"被主宰者"。不过这样的关系仅限于经济领域;虽然被征服的人民禁止进入公职,但他们的传统、法律和宗教都是得到尊重的。而拉丁民族传统的帝国主义则意味着两个种族之间的和平合作,保利称之为"民族同化"。这两个种族"在职位和工作上有合理的分工,用他们各自的内在美德或所从事的工作相互完善"[⑤]。这种殖民方式的最终结果就是"劣等"种族逐渐朝着占统治地位的"优等"民族靠近,最终融合在一起。[⑥]卡塔内奥就非常赞赏这种古罗马式的殖民:不用诉诸暴力和破坏性的手段促进文明进步的现代殖民主义,让文化互动和开放成为进步的先决条件。[⑦]拉丁民族的帝国主义引起宽容和共同进步的精神备受欣赏。有的人甚至认为"帝国主义"是一个"令人厌恶"的词汇,和

① Silvana Patriarca and Lucy Riall, eds., *The Risorgimento Revisited: Nationalism and Culture in Nineteenth-Century Italy*, Palgrave Macmillan, 2012, p.245.

② Aliza S. Wong, *Race and the Nation in Liberal Italy, 1861-1911*, Palgrave Macmillan, 2006, p.90.

③ 鹰是古代罗马军团的标志,此处象征着军事扩张与武力征服。

④ Renato Paoli, *Nella Colonia Eritrea*, Fratelli Treves, 1908, pp.296-297.

⑤ Renato Paoli, *Nella Colonia Eritrea*, Fratelli Treves, 1908, pp.296-297.

⑥ Renato Paoli, *Nella Colonia Eritrea*, Fratelli Treves, 1908, pp.296-297.

⑦ Silvana Patriarca and Lucy Riall, eds., *The Risorgimento Revisited: Nationalism and Culture in Nineteenth-Century Italy*, Palgrave Macmillan, 2012, p.245.

拉丁民族的本性不符,因为拉丁民族是世界上最崇尚自由主义和共和主义的。帝国主义意味着控制,只有野蛮人才想要控制。而意大利的帝国主义并不代表征服,因为它其实是为实现统一而做的努力。"不是帝国主义而是统一,不是帝国而是自由:这种自由不仅仅包括政治自由,还包括个人经济自由。"①

帝国主义者认为,意大利人无论在道德上还是在种族上都优越于非洲野蛮的原住民。他们认为文明人的大脑和原始人的大脑是不同的。非洲人的大脑仍然处于比猴子稍微高级一点的状态,所以在心理上,他们是现代的原始人,是低一等的种族。非洲人的智力是低于白皮肤的殖民者的,虽然他们可以很好地理解命令,但是他们只可以理解表面的东西。虽然他们有"忠实的记忆",但是他们不能够推理,所以他们脑中无法形成清晰、深刻的观点。也许意大利人和非洲人之间最适合的关系就是建立一种新的主人与奴隶或仆人之间的关系,这样统治者可以得到工人,而被征服者可以得到经济机会。对保利来说,建立意大利殖民地等于是两个种族自然进入共生关系。他认为,"白人的智慧"可以给"黑人欠缺的智力"起补充作用,就像原住民的物质力量可以帮助遭受非洲"虐人的气候"之苦的虚弱白人一样。②随着欧洲成为"指导思想",非洲成为"代理手臂",这两个种族可以"和谐地彼此成全,共同努力,互帮互助"③。非洲人生活在人类文明的摇篮里,却一直保持着半野蛮的状态。宗教使命和殖民扩张对于迫切需要引导的原住民来说确实是有益的,因为如果不加以引导,他们将永远维持他们的原始状态。乔瓦尼·鲍维奥认为,优等民族就应该转化或者淘汰劣等民族。如果没有优等民族,劣等民族永远都没有机会"提升自己并进入到世界史的潮流中"④。

原始的非洲形象符合帝国主义背后的道德使命的说法,也可以在为驯服和控制原住民的过程中使用的残忍手段提供"正当"的理由。⑤如果有着辉煌帝国的罗马人也未能够在教化"黑大陆"中给非洲人留下持久的影响的话,那么现代意大利人需要找到更持久的殖民统治方式。有些人认为,想要建立成功的帝国唯一的方式就是巧妙地利用武力。非洲人不懂谈判和妥协,他们只

① Clodaco Taroni, *La nuova Toma dell'Italia colonial*, Stab. Tip. Poligrafia Italiana, 1908, p.112.

② Renato Paoli, *Nella Colonia Eritrea*, Fratelli Treves, 1908, p.302.

③ Renato Paoli, *Nella Colonia Eritrea*, Fratelli Treves, 1908, p.302.

④ Olindo De Napoli, "Race and Empire: The Legitimation of Italian Colonialism in Juridical Thought," *The Journal of Modern History*, Vol.85, No.4, New Directions in Legal and Constitutional History(Dec. 2013), pp.801–832.

⑤ Aliza S. Wong, *Race and the Nation in Liberal Italy, 1861–1911*, Palgrave Macmillan, 2006, p.103.

知道使用武力,因此保利认为,在整个非洲大陆获得权威的秘密就在于使用武力来"震慑当地人"。①事实上,"在以暴力对付原住民方面意大利并不落后于其他的殖民势力"②。虽然保利对拉丁体系的帝国主义倍加称颂,但他也认识到在征服那些不愿被征服的民族的过程中必定会碰到一些挑战。他认为非洲人不欣赏创造、智慧或文化;他们不羡慕技术发明或科技发现;他们认识不到欧洲进步的价值。他质疑"文明人"和非洲人之间合作的可能性,认为解决帝国问题的唯一方法就是战争。想要教育和提高当地人的努力是白费的;即使非洲人改变了他们的原始生活方式,也并不能保证他们就愿意和征服他们的种族合作。而使用武力如果是为了文明,那么也是合理的,"以武力对付武力是暴力;以武力带来文明则是理性"③。

　　一方面帝国主义者为了使意大利的殖民使命合理化,宣扬非洲的原住民是低劣的民族;另一方面帝国主义者为了得到意大利人民对殖民事业的支持,鼓励他们在新的土地上付出精力和劳动,不仅将他们能够呈现的非洲最吸引人的一面呈现出来,还认为意大利殖民的原住民优越于非洲其他地方的原住民。根据他们的描述,那里的原住民对意大利人特别友好,而那里的环境尤其适合白皮肤的定居者,尤其是西西里人会发现那里的气候和西西里很相似。保利将意大利在厄立特里亚的统治描述得非常美好。他声称很意外"没有遭遇任何不同种族或者不同肤色之间的仇恨……黑人和白人在厄立特里亚和谐地生活在一起,没有抱怨也没有肤色歧视……"④原住民欢迎意大利人的帝国主义,意大利人殖民者更像是施恩者而非征服者。路易吉·罗贝基·布雷切蒂(Luigi Robecchi Bricchetti),一位来自帕维亚的探险者,同时也是反奴隶制社团的成员,认为"虽然索马里人很快意识到德国人不仅自私,还会虐待当地人,所以他们排斥德国人;但是索马里人喜欢意大利人,他们发觉我们不仅不傲慢,还很慷慨、有爱心"。彭内认为这些饥饿的、处于"半野蛮状态的"索马里人以前从未遇到如此"有爱心"的国家。他认为真正的殖民政治不应该是征服野蛮人,而是通过尊重他们权利和自治的方式赢得他们的友谊。随着意大利殖民的到来,新的统治政府给殖民地的人民提供了安全的家园,这是他们以前所没有的;还给他们提供了以前从来没有品尝过,甚至连想都

① Renato Paoli, *Nella Colonia Eritrea*, Fratelli Treves, 1908, p.274.

② Patrizia Palumbo, ed., *A Place in the Sun: Africa in Italian Colonial Culture from Post-Unification to the Present*, University of California Press, 2003, p.20.

③ Olindo De Napoli, "Race and Empire: The Legitimation of Italian Colonialism in Juridical Thought," *The Journal of Modern History*, Vol.85, No.4, New Directions in Legal and Constitutional History (Dec. 2013), pp.801-832.

④ Renato Paoli, *Nella Colonia Eritrea*, Fratelli Treves, 1908, p.296.

没有想过的美食，还有很多其他更营养、易得的食物，以及之前很难找到的饮用水。因此意大利的征服可以改善非洲的状况。

意大利殖民地的原住民被认为不仅在种族上优越于其他非洲人，在文化上更进步，在道德上也更高尚。帝国主义者认为索马里人比其他欧洲人更有教养、更老练，在种族上也更优越。他们认为索马里人跟白人的亲缘关系比和黑人的关系更近。而阿比西尼亚①人则是非洲人中最高贵的种族，在礼节上有着最精细的规则。他们还非常愿意接受欧洲人的习俗。将意大利殖民地的原住民描述得比其他非洲人更优越，目的就是使意大利的殖民主义者得到国内人民更多的支持。

二、殖民扩张与民族生存论

统一之后，意大利政治家们越来越认定必须不惜一切代价占据欧洲先进国家身边的位置。巴塞尔大学、都灵大学政治经济和数据学教授罗伯托·米歇尔斯（Roberto Michels）认为："意大利意图打破她的枷锁。这个国家已经长大成年，意大利人觉得有必要在外国列强面前参加战斗，为自己赢得良好的政治声誉。为了在其他欧洲国家面前证明实力，意大利坚持积极参与分割那块还掌握在弱小民族手里的土地。"②三国同盟、对厄立特里亚的渗透和1887年之后和跟法国的关税战争都反映出意大利想要成为大国的信念。根据桑尼诺的说法，殖民扩张是意大利"生存和发展的必须"。③他认为扩展势力范围将有助于意大利在海上、商业上、各种类型的殖民地地位上的提升，尤其是那些在政治上属于意大利，国土上飘扬着意大利国旗的土地上。他将帝国主义看成是这个时代的普遍现象，而意大利必须成为将不同国家的公民们推向殖民的普遍历史潮流的一部分。帕斯夸莱·图列洛认为，既然国家统一的事实并没有完全渗透到民众意识之中，为了使国家更加团结，民族性格得到激发，国外的军事行为就应该受到鼓励。④他有一本书就以《民族男子气概与殖民地》为书名。在他的其他书中，他还描述了民族之间为争夺生存空间所导致的残酷的、不可避免的斗争，以此显示国际协调和和平就像民主代议制政府一样不切实际。弱者会失败，也应该失败，因为未来属于强者。民族国家必须寻找殖民地并用他们的语言和文化遍及大片的土地，否则他们将在生存的斗争中被淘汰。西盖勒认为帝国主义的目标是对意大利民族主义的正当

① 阿比西尼亚（Abyssinia）为埃塞俄比亚旧称。

② Roberto Michels, *L'imperialismo italiano*, Societa Editrice Libraria, 1914, p.179.

③ Aliza S. Wong, *Race and the Nation in Liberal Italy, 1861-1911*, Palgrave Macmillan, 2006, p.84.

④ Denis Mack Smith, *Italy: A Modern History*, The University of Michigan Press, 1959, p.146.

防卫,不然的话意大利民族主义将会"被弱化、被窒息"。①

　　同样认为殖民扩张关乎意大利国家存亡的还有克里斯皮。克里斯皮总体来说是加富尔之后对外交政策最感兴趣的政治家。他常常谈及边界的调整、"意大利在地中海的权力"和"扩张的需要"等话题,向统治集团灌输帝国主义的种种好处。克里斯皮对建立意大利在地中海海军的权威的关注有时几乎是歇斯底里的,似乎国家到了生死存亡的时刻。当然他之所以这么做有经济方面的原因,因为强大的商船将会促进国内贸易和工业。更主要的还是策略上的考虑。他认为法国和英国在占据了北非的大部分地区之后,开始了经济渗透,如果意大利在商业上输掉,不久就完全被敌人包围了。克里斯皮对意大利在地中海地位的担心受到了社会达尔文主义的影响。②他认为国家是活的有机体,需要空气才能存活。③而法国正在窒息意大利:"法国正在杀死你,正在使意大利窒息。法国的轮船实际上在地中海已经处于垄断地位了。"④而且,如果意大利不能坚持在海上的优势,那么意大利的衰败就无可挽回了。"法国轮船……正在地中海和我们的船只竞争……斗争是全方位的,竞争是可怕的。"⑤克里斯皮认为意大利缺乏远大的目光也没有明确的目标。意大利需要和奥地利、俄罗斯保持友好的关系,并依照"我们革命的原则"保护巴尔干半岛上的弱小国家。最重要的是意大利必须维护自己在地中海的地位。古罗马和中世纪的城市国家的历史已经让我们明白地中海对于意大利的重要性。"历史有它自己的逻辑,它施加影响,赋予人民责任。如果他们忘记自己的责任,灾难就会降临。"⑥意大利不一定要控制地中海,但是必须保证它的自由。据说如果意大利"不想成为地中海的囚徒就必须是地中海的征服者",而意大利也不能成为唯一除了在欧洲大陆的领土之外没有其他"基地"

① Scipio Sighele, *Il Nazionalism e I Partiti Politici*, Treves, 1911, pp.80-81.
② 社会达尔文主义,19世纪的社会文化进化理论。社会达尔文主义是由达尔文的进化论演绎而来的。达尔文的进化论认为,地球上的生物,随着环境的变迁,由一个由低级生命形态向高级生命形态逐渐进化是必然趋势。在达尔文的进化论问世之后,斯宾塞提出了"社会达尔文主义",认为社会可以和生物有机体相比拟,社会与其成员的关系有如生物个体与其细胞的关系。社会达尔文主义本身并不是一种政治倾向,而是一种社会基模,根据自然界"食物链"现象提出"弱肉强食,物竞天择,适者生存"的观点,并以此解释社会现象。
③ Christopher Duggan, *Francesco Crispi 1818-1901: From Nation to Nationalism*, Oxford University Press, 2002, p.456.
④ Christopher Duggan, *Francesco Crispi 1818-1901: From Nation to Nationalism*, Oxford University Press, 2002, p.456.
⑤ Christopher Duggan, *Francesco Crispi 1818-1901: From Nation to Nationalism*, Oxford University Press, 2002, p.456.
⑥ Christopher Duggan, *Francesco Crispi 1818-1901: From Nation to Nationalism*, Oxford University Press, 2002, p.402.

的地中海国家。

克里斯皮认为亚得里亚海现在已经完全处于奥地利的控制之下,法国吞并了阿尔及利亚,英国正在加紧对埃及的控制。意大利正面临被包围的危险。意大利已经被从最近关于埃及的国际讨论中排除出来。但是克里斯皮认为意大利目前的主要目标应该是不遗余力地保护埃及的独立,他坚持派军队干预埃及事件,他知道干预的风险也许很大,但是他认为袖手旁观毫无作为可能会带来更糟糕的结果。正是这种危机感促使克里斯皮以极大的热情投入到了意大利的殖民事业中:

> 如果我们为成为强国必须冒死亡的危险,我们也要手拿武器,勇敢地死去,而不是胆怯地,连抵抗的勇气也没有……如果不是因为缺乏将自己解放出来所需要的勇气,为什么意大利几个世纪以来一直处于被奴役的状况?……如果意大利再次证明自己的懦弱……什么也阻止不了它的衰落。一旦我们不再是一个一流的国家,我们不能保证我们能成为二流或者三流的国家。事实上很可能我们就连生存都难以保障。[1]

其实意大利的这种生存危机感和扩张欲望和日本的情况是很相似的。两个国家都是由于国土面积狭窄,资源贫乏,迫切地需要对外扩张,拓展民族生存空间。出于对自身安全的考虑以及害怕西方列强的掠夺,日本希望能扩大占有殖民地来拥有资源,并能够拥有与西方列强抗衡的实力。而意大利同样为了自身的安全和民族的发展,为了能够和欧洲的强国平起平坐而加入了帝国殖民的行列。

三、殖民扩张与解决国内矛盾论

统一之后的意大利各种矛盾交织:经历了独立战争之后,经济亟待恢复;国内民族主义情绪高涨;南北差距不断扩大,暴乱不断发生,社会危机深重。殖民扩张被认为是寻找更多的经济来源、转移国内矛盾的最好方法。对于提倡军事活动的人来说,帝国主义为政府提供了一个解决国内那些一直危害着这个年轻国家的重大问题的机会。通过全力以赴完成帝国主义运动这个国家的主要政治目标,其他很多有挑战性领域的问题,比如教育、经济前景、移民、集体主义都可以得到解决。

---

① Christopher Duggan, *Francesco Crispi 1818–1901: From Nation to Nationalism*, Oxford University Press, 2002, pp.423–424.

对外扩张被认为是解决国内人口问题和"土地问题"的最好出路。19世纪90年代意大利南方遇到了所谓的"土地问题",即南方无地农民和佃农要求得到土地和政治上的否定权。北方无产阶级也纷纷要求扩大权利,加上南方人口迅速增长,使得意大利的统治阶级——主要是北方的工业资产阶级和南方的大地主,备受压力。移民很久以来一直是意大利的特色之一,意大利统一之后移民不减反增。在意大利统一之后的半个世纪里,根据记载已经有1660万人次的对外移民,而且在1896年到1915年之间就有1000万人正在申请移民。①19世纪90年代主要出现在意大利南方的移民无论从数量上还是从本质上都和以往不同,并且无论对直接涉及的地区还是对整个意大利国家的政治、社会和经济都产生了深远的影响。②

殖民运动也被认为是解决南北问题的有效方法。帝国主义的倡导者认为战争能更好地将意大利南方和北方融合在一起,甚至比任何国家政治、经济计划都有效。殖民地可以解决很多南方问题:殖民地可以促使"我们"与"他们",征服者与被征服者,白人与黑人这样的二分法的形成,从而使意大利人形成一个集体身份认同。殖民地可以为南方过剩的人口提供一个安置地,还可以为饱受艰辛的南方人提供工作的机会。桑尼诺认为殖民地具有重要的政治意义,弗兰凯蒂则认为关注领土占有可以减轻意大利的悲惨状况。弗兰凯蒂发现在殖民地有很多潜在的工人和农民的就业机会,虽然他坚决反对将原住民当作奴隶对待。南方经济学家安东尼奥·德·维蒂·德·马尔科(Antonio de Vitti de Malko)也认为,成功的殖民运动可以给迫切需要机会的人们提供新的工作前景;殖民运动带来的好处远远多于坏处;通过将国内政治从属于外交事务,意大利作为一个国家终将获益。

图列洛认为,一个为自己的公民获得国际荣耀的强大国家必将实现国内安宁。一个强大的帝国似乎是很多社会问题的一个合乎逻辑的解决方法。为了保留意大利的过剩人口,防止移民民族性的丧失,殖民在图列洛看来是必须的。

> 因此我们必须相信并承认在征服罗马之后,意大利发现自己没有了理想和政治追求,唯一的原因在于我们新一代的懒惰和放松。相反,历史告诉我们一旦得到独立之后,拓展疆域是所有男子气概的国家所追求的荣耀和注定的命运……我们局限于阿尔卑斯山和

---

① Donna R. Gabaccia, *Italy's Many Diaporas*, UCL Press, 2000, p.58.
② John Anthony Davis, *Conflict and Control: Law and order in Nineteenth Century Italy*, Macmillan Education LTD, 1988, p.344.

大海之间,在这两极之间我们很快将发现我们被外国的政权压迫,这些国家是以强大的国家实力、众多的人口和繁荣的商业为后盾的……从北非到普拉达(巴西),意大利的很多地区已经位于意大利地理范围之外了。这代表着我们的民族性最大的弱点。被奴役的危险不仅仅如现在的特伦托和底里雅斯特或在意大利内部,像过去她曾经被外强占领的时候那样。事实上,危险比这还要大,因为它威胁到,如果大家已经忘记了,意大利意识的完全丧失。甚至,除了法定权利,我们必须发展意大利人对自己公民的和政治的责任,不管他们身在何方,或移民到哪里。我们必须用所有可能的手段发现、拯救他们,并立即将他们和我们团结起来。①

图列洛认为对上述危险最自然和可行的补救方式其实在于将意大利民族扩展到非洲最适合人居住的平原。意大利民族可能是所有欧洲民族中对各种气候的适应能力最强的民族。占据阿比西尼亚的半个高原并分配给几百万个意大利家庭就足够了。总之,他认为意大利民族的未来并不乐观,因为她比任何其他国家都需要属于自己的土地。同时,她占据土地的速度却是最慢的,超过一百万的意大利人生活在国外,处于外国控制之下的地方,而这些外权想要剥夺他们的民族特性。所以,当国家已经决定迎接挑战的时候,全体意大利人应不遗余力地支持国家的殖民事业。

四、以战争增强民族精神、促进精神统一

意大利衰落和缺乏阳刚之气的观点是19世纪七八十年代一个重要的文化主题。19世纪后期意大利最著名诗人乔苏埃·卡尔杜齐也认为,很多意大利当前的问题都根源于16世纪的反宗教改革的胜利和天主教西班牙的统治。因为它们使意大利丧失了文化的独特性和爱国主义精神。在1882年,他写道:"今天,我们都太法国化、太英国化、太德国化、太美国化了。我们是个人主义者,是社会主义者,也是权力主义者,但就是不是意大利人。"②他认为对于意大利人精神上的堕落天主教难辞其咎,它让意大利人丧失了战斗精神,卑躬屈膝。诗人爱德华多·斯卡尔福利奥(Edoardo Scarfoglio)悲叹意大利历史上史诗般的文化成就和当前普遍的庸俗之间的巨大差距。跟卡尔杜齐一样,他认为意大利衰败的种子是在16世纪种下的。从那时起,"意大利就不得不

---

① Ronald S. Cunsolo, *Italian Nationalism*, Robert E. Krieger Publishing Co. INC., 1990, p.207.
② Christopher Duggan, *Francesco Crispi 1818—1901: From Nation to Nationalism*, Oxford University Press, 2002, p.411.

忍受西班牙人、教廷,忍受能加之于一个民族精神之上最悲惨的折磨和毒害"①。

政治家们相信军事活动对民族的成长和健康是至关重要的。如果意大利在这个富有侵略性和利己主义横行的国家中保持自己的独立和繁荣,那么就必须加强道德品质建设,变得坚定而自信,有必要的话可以通过战争来达到这一目的。从政治和道德上来讲这是有问题的,但是在情感上却是可以接受的。意大利社会的状况,尤其是意大利南方的社会情况,犯罪率高,暴力倾向明显,必要的公民道德比如合作、信任、遵纪守法等缺乏,使得许多有影响力的观察者质疑意大利人道主义(或自由主义)观念的恰当性。19世纪70年代达尔文进化论的传播支持了这样一种解释:也许意大利人的道德缺陷和抵抗外权勇气的缺乏,原因在于几个世纪以来缺乏竞争和斗争,当然也许是长期处于罗马天主教柔化教条影响之下的缘故。帕斯夸莱·图列洛在他于1882年出版的书《意大利政府和政治家》(Governo e governati in Italia)中认为意大利人由于种族、环境和历史的原因都倾向于极端的个人主义,讨厌权威。他们需要有一个强大的国家(和一个强有力的"政治家")来教育并控制他们;而从军和战争是纠正他们劣行的有效武器,和平毁灭了意大利的性格。他和卡尔杜齐都认为只有战争才能终结国家的衰败,只有通过鲜血的洗礼,意大利人才能恢复好战的精神。他甚至倡导建立第三个"罗马帝国",成为凯撒和教皇的光荣继承者。另一位对年轻一代产生了巨大影响的思想家是罗科·德·泽尔比(Rocco de Zerbi)。德·泽尔比曾经写道:"在我看来我的祖国是处于苦难之中的,因为我看到她没有迫切地去争取权力,而是满足于自己的弱小。她不知道她要的是什么,或者说,即使她知道,她也不知道该怎样去利用一切有利条件达到她的目的。"②正是德·泽尔比发展了意大利需要通过他所谓的"鲜血的洗礼"来改头换面,焕发新的活力的理论。

英国和德国的公民之所以受到尊重是因为在他们身后有着他们伟大国家的国旗和他们各自帝国影响力的支撑,然而意大利人缺乏这种"权力的象征"。③意大利需要建设他自己的帝国为其公民提供同样的安全感,使其公民受到和已经建立的帝国国家公民一样的尊重。意大利帝国主义就产生于意大利人充分的自豪感,"来自这种在政治、道德、军事和民事上远远高于世界对她的认定的自豪感,来自希望彻底终结其他民族认定的'永远的灰姑娘'角

---

① Christopher Duggan, *Francesco Crispi 1818-1901: From Nation to Nationalism*, Oxford University Press, 2002, p.411.
② Denis Mack Smith, *Italy: A Modern History*, The University of Michigan Press, 1959, p.147.
③ Scipio Sighele, *Il Nazionalism e I Partiti Politici*, Treves, 1911, p.89.

色的欲望"①。对于帝国主义者来说,在非洲的战争有助于激发意大利人的自信心和士气。战争的胜利可以使这个国家的公民摆脱他们过去作为"法国政治的小妾"的地位,成为一个成熟的,有着自己政治、权力与责任意识的民族。正如1896年7月17日《改革》杂志上一篇题为《新意大利》(L'Italia nuova)的文章所说:"看看非洲的战争开始之后意大利人的迅速成长……不,现在的人民不再是看着法国脸色行事、卑躬屈膝的人民……现在的意大利人有着成熟的政治行为,清楚地知道自己的权利和责任……"②帝国将为意大利人提供"一个在阳光下的地方,它的面积虽然现在不大,却是属于他们自己的。而且这个地方,因为他们的努力、他们的资源、他们的能力和他们的劳动,明天会变得更辽阔"③。

意大利帝国主义的支持者认为殖民的一个很重要的益处在于能够在长期以来被文化、种族、宗教差异分裂的意大利人民中间产生一种凝聚力。意大利政治家知道,得到不可辩驳的帝国使命论点的支撑,和来自团结的人民的信念支持,对于军事胜利来说是至关重要的。意大利虽然统一了,但民族建构效果不理想,国内个人主义盛行。针对这种情况,帝国主义的倡导者们开始拼凑出一个计划,通过这个计划,意大利人尽管有着长期的政治分裂,也可以因历史遗产和成为欧洲强国、赢得国际荣耀的需求团结起来。希望战争带来意大利长久以来一直梦寐以求的"精神统一"的愿望是非常强烈的。德·泽尔比将战争形容为"对武力和鲜血的又一次考验",是去除国家的世俗成见和分裂倾向最好的方法。他认为要达到"精神统一",只靠民族复兴运动显然是不够的。

克里斯皮也认为殖民活动是使意大利各个地区的人们联合起来的有效方法。克里斯皮认为意大利最根本的问题在于缺乏爱国主义精神。在克里斯皮晚年的笔记上,关于意大利未能成功继承1860年之前那些国家的遗产并将它们融合成一个统一的民族的原因,他写下了这样的反思:

> 意大利的统一只是之前的八个国家的合并,而不是通过革命。除了1859年和1860年为驱逐外部势力而进行的战斗之外,没有发生暴力,也没有产生改变。各国的人民也还是和新王国成立之前一样,遵守着以前的陈规陋习,坚持着各自当地的传统。没有种族的

① Roberto Michels, *L'imperialismo italiano*, Societa Editrice Libraria, 1914, p.179.

② Christopher Duggan, *Francesco Crispi 1818-1901: From Nation to Nationalism*, Oxford University Press, 2002, p.692.

③ Aliza S. Wong, *Race and the Nation in Liberal Italy, 1861-1911*, Palgrave Macmillan, 2006, p.84.

融合和联合,在某些地方甚至还保留着古老的仇恨和陈旧的偏见。正是这些使得半岛上的人们处于分裂状态,而要将他们同一化几乎是不可能的。[1]

在意识到这些之后,克里斯皮认为战争是激发民众爱国热情的有效手段,"鲜血的洗礼"不仅将会使政府机构,尤其是君主政体,得到广大人民群众的拥护,还会激发民族情感,促进"意大利人"的形成。很多天主教温和主义者、绝对的神职人员、共和派和社会主义者中的知名人士都对战争表达了积极的态度。战争代表受轻视的人民的觉醒和愤怒,代表人民决定为自己在这个世界的合法份额而战。评论家和外国记者用引人注目的词语描述了这个国家新的统一意识和民族自尊。在这催眠的气氛中,关于"第四意大利"的神话得到了宣传,并被用来取代和更新马志尼的"第三罗马"。

第三节 对帝国使命与殖民权力的质疑

帝国主义似乎是解决意大利所面临的很多问题的极具吸引力的方案。但意大利的殖民运动不仅遭到了被侵犯国家的激烈抵抗,也遭到了意大利很多左翼和右翼人士的反对。反殖民主义者对意大利的殖民权力提出了质疑:意大利曾经遭受外国统治之苦、如今还遭受着内部分裂的困扰,并且其中一半人口还处于贫困状态,有什么权力去控制另一个民族呢?反殖民主义者认为国家去干涉别的土地上的事务之前应该先处理好国内的问题。总的来说,他们从以下三个方面对国家的殖民运动提出了质疑,对意大利的帝国使命和殖民的权力加以否定。

首先,他们认为意大利刚刚从奥地利和波旁王朝的控制下解放出来,不应该将这样的控制强加到另一个民族身上。非洲人自己是否觉得需要引导是一个问题,意大利人是否有权力将自己当成被征服民族的导师是值得商榷的。意大利殖民者自认为对非洲的殖民是将文明带到那里,所以无法理解殖民地人民的抵抗。米歇尔斯对此感到非常不解。从人类的角度来看,抵抗外族的侵略是非常自然、也是完全必要的。这是任何民族都会做的正当国家防卫,即使比非洲更文明的民族也是会这么做的。当意大利群众和社会精英都对的黎波里的征服大加赞美,认为这是民族复兴运动战争的延续的时候,米

---

① Christopher Duggan, *Francesco Crispi 1818-1901: From Nation to Nationalism*, Oxford University Press, 2002, p.691.

歇尔斯批评他们忘记了意大利也是刚刚将外国势力从国内驱逐出去的过往。一个民族怎么可以如此轻易地忘记自己在外权的统治下受尽压迫的过去，又怎么可以那么轻易地成为另一个国家的压迫者呢？安德烈亚·科斯塔(Andrea Costa)在非洲看到，那里和民族复兴运动中的意大利一样需要自由、平等和独立。他认为，在意大利的殖民统治下的阿比西尼亚和处于奥地利持续几个世纪控制下的意大利存在很多共性。他严词责备意大利政府，"我们并没有赋予你这么做的权力；我们没有赋予你让意大利和别的民族开战的权力；我们也没有赋予你将奥地利在我们的家园所做的恶行加诸别人的家园的权力"[1]。C. 科尔特(C. Corte)，意大利议会上议院议员，质疑是否因为肤色不同就可以"颠倒是非"。难道阿比西尼亚只是因为保护自己的家园就要被责备导致了残暴的战争，要为战场上的牺牲负责？在1896年3月，米兰国际社团写道：

> 作为一个有尊严的民族的我们，今天以独立和正义的名义践踏着另一个民族，试图征服他们。因对自由和进步的渴望而成为兄弟的我们今天见证了，入侵……侵犯着最基本的人权……这是我们的经济和道德发展的终结。[2]

反殖民主义者认为帝国战争背叛了意大利独立运动的所有承诺。马志尼认为民族是自然单位，本身就是对绝对君主制权威和帝国专制主义的否定。马志尼认为国际关系包括承认各个被压迫民族的权利，尤其是那些被哈布斯堡王朝和奥斯曼帝国压迫的民族。[3] 没有一个民族复兴运动的爱国者会否认在地中海区域意大利和希腊从帝国统治下的完全解放代表着这个地区自由和进步的重要发展。现在曾经为自由和独立而战争的意大利人如今却在肆意践踏另一个民族的尊严，侵犯另一个民族的主权。意大利人应该认识到不尊重黑人是不应该的，因为他们和意大利人一样是人，阿比西尼亚和意大利一样是一个民族。确实，将殖民说成教化其他国家并没有根据，这属于只有在一个原始的、没有法律的国际社会里才会发生的情况。正如钦巴利(Cimbali)指出的："否定你想要建立殖民地的国家的人民的个人自由，你保证

① Aliza S. Wong, *Race and the Nation in Liberal Italy, 1861–1911*, Palgrave Macmillan, 2006, p.106.

② Atchivio di Stato di Milano, Questura, Cartella 54, March 1896, quoted in Aliza S. Wong, *Race and the Nation in Liberal Italy, 1861–1911*, Palgrave Macmillan, 2006, p.106.

③ Silvana Patriarca and Lucy Riall, eds., *The Risorgimento Revisited: Nationalism and Culture in Nineteenth-Century Italy*, Palgrave Macmillan, 2012, p.234.

的不是文明的胜利,而是奴隶制的胜利。"①阿基莱·洛里亚(Achille Loria)发现奴隶制既不是人性弱点的产物,也不是原始宗教的产物,而是环境和领土情节的产物。

《晚报》(Coriere della Sera)附和了反殖民运动的呼声,敦促意大利人反思帝国主义运动的真正本质。《晚报》质疑了欧洲的整体行为和将殖民政府当作文明使命的说法。相反,它认为,在寻求殖民地的驱动力之下隐藏着被碾压的恐惧、自我保护的本能、征服已经拥有的土地的欲望、亟待满足的民族激情,以及仇恨心理、物质利益的争夺、嫉妒和不择手段遏制无知群众的行为。可以说帝国主义不仅伤害了被征服地的穷困民族,也伤害了参与殖民的国家的人民大众。

其次,反非洲殖民者认为意大利国内矛盾重重,特别是南方还非常落后,寻求建立帝国之前最好致力于解决国内的问题。反帝国主义者认为意大利本身仍然深受国内民族性的不确定性和等级制度之害,不能够真正理解帝国政治。意大利国家内部因经济、地方主义、方言、南方主义、文化和政治等差异使意大利处于分裂的状态,根本无法管理好一个殖民帝国。反非洲殖民运动的支持者认为,意大利在采取国际行动之前应该先解决国内问题。他们认为"帝国主义"这种植物还未在意大利的花园里生长,有可能很迟才能发芽。而且意大利当前的经济状况还不允许意大利走向帝国主义扩张的道路。

西盖勒认为,在意大利还有很多人文明程度并不高于阿比西尼亚的牧羊人,他们遵循着传统的习俗、道德标准和野蛮的法律。这种情况不仅没有被政府所干扰,相反,他们还经常成功地将自己的意愿强加到政府头上,迫使政府与之共谋、联合,就像国与国之间一样。意大利人来到埃塞俄比亚,认为他们有道德义务来教化非洲人,消灭那里的野蛮行为,而事实上这些同样野蛮的行为完全合法地存在于努奥莱(位于撒丁岛)的山脉上。如果意大利连自己疆域内人民的野蛮行为都不能控制,那又有什么希望能够征服和管教和自己完全不同的民族呢?②如果意大利境内居住着一群拒绝国家教化的人,那么意大利又有什么理由和颜面去镇压另一个民族,夺取他们的家园呢?去征服的人自己都还未开化,迫切需要教化,又怎么能够希望教化非洲的野蛮人呢?这样的人又能建立怎样的殖民地呢?他们又能给那些原住民树立怎样的榜样?西盖勒的质问在强调了意大利自己的落后性的同时,否定了意大利

---

① Aliza S. Wong, *Race and the Nation in Liberal Italy, 1861–1911*, Palgrave Macmillan, 2006, p.108.
② Aliza S. Wong, *Race and the Nation in Liberal Italy, 1861–1911*, Palgrave Macmillan, 2006, p.94.

教化其他民族的权力。

　　米歇尔斯也质疑了意大利在帝国征服方面的权力感。他认为意大利自身有很多问题,国内"40%的国民连最基本的读写的能力都不具备",霍乱威胁着国民的生命安全,境内很多土地有待开发,很多社会改革尚未开始,这样一个国家没有权力强迫征服非洲人。[1]如果一个乡村街道破烂、饮用水缺乏的意大利宣称有权力建立帝国,统治那些被认为比意大利人更低等、更野蛮的民族,那么英国、法国或者德国也完全有理由对意大利提出同样的要求。[2]米歇尔斯发出疑问,殖民地到底是解决国家社会问题的方法,还是会给已经负担过重的国家制造更多的困难?

　　意大利既不是一个进步的国家,也不是一个均衡发展的国家。南方和北方在经济、文化和社会体系上的差距使国内形势更加严峻,这些差距使得南方和北方之间就殖民利益产生了很大的区分,这反过来也加剧了本就激烈的、各执一词的关于帝国主义的辩论。在南方主义者中,与将殖民扩张看成解决意大利社会问题的弗兰凯蒂和桑尼诺不同,福尔图纳托一直坚决反对意大利的帝国主义意图。他相信,殖民事业的花费远远超过潜在的利益,因为他认为意大利南方农民很可能会不适应非洲气候。他不相信在非洲的战争,能够诱使意大利人为了国家的集体利益放弃各自的地方主义思想。福尔图纳托认为,在参与到更大规模的国际和殖民政治活动之前,意大利需要通过弥合南方和北方之间的差距,积极将国家理想灌输给所有地区、所有阶层和所有种族的人们来重新塑造自己。国际政治不能够取代,而是应该使立法者转移对当前国内事务的关注。

　　对南方的自由主义者来说,非洲殖民是对意大利南方的又一次伤害。他们很容易在南方问题和对非洲的征服之间找到联系。[3]对非洲的军事活动让南方人想起了北方人("入侵者")对南方人的残酷和蛮横。政府对殖民征服和对殖民地人民的控制无论在政治上、经济上还是社会上都和他们自己的经历极其相似。虽然有一些南方主义者认为殖民是解决南方人土地和就业问题的一个有效方法,但其实"新的殖民地对工业区的人们来说是天堂,但对农业区的人们来说却是地狱"[4]。事实上,为了北方的利益,殖民地使南方的经济更加恶化了。他们将意大利的殖民扩张看成是北方的工业家又一个以牺牲南方农民的利益为自己谋利的方式。殖民地为工业提供了生产原料,也为

① Roberto Michels, *L'imperialismo italiano*, Societa Editrice Libraria, 1914, p.173.

② Roberto Michels, *L'imperialismo italiano*, Societa Editrice Libraria, 1914, p.173.

③ Rosario Villari, *Il Sud nella Storia d'Italia*, Laterza, 1961, p.213.

④ Aliza S. Wong, *Race and the Nation in Liberal Italy, 1861-1911*, Palgrave Macmillan, 2006, p.97.

工业产品提供了新的市场。但是对于意大利南方人来说,和非洲进行农业产品的竞争简直是灾难。农业化的南方将殖民地看成是一个潜在的强大市场竞争者。殖民地被认为是意大利的新领土,其农业产品不受关税壁垒的限制,这种情况对南方的农业经济形成了直接的威胁。殖民地和南方生产橄榄油、酒、柑橘、硫磺及烟草的地区形成了直接的竞争关系。[①]所以殖民运动不仅没有改善南方的糟糕状况,反而对南方有着潜在的伤害。反殖民活动者希望结束非洲的噩梦,这样政府就可以想起在国内的"非洲"和住在这片土地上需要"教化"的人们。他们认为,当南方大片还没有开垦的土地等待着意大利人去挥洒辛勤的汗水,那些真正为了国家利益着想的人不会让自己的儿子、父亲和兄弟血洒非洲。他们向国家发出请求,希望国家将士兵从非洲撤回,因为在意大利南方有荒芜的土地需要开垦,有无人居住的小镇需要发展工业,使之兴旺。

反对殖民扩张的人驳斥帝国主义者的承诺,要求他们看看那些困扰意大利的社会问题,在意大利国界内探索国家发展的机会。他们认为意大利在国内,特别是在最初的殖民地南方和南方的岛屿上就有很多工作需要做;意大利有撒丁岛、西西里岛、普利亚和海边的沼泽地等很多土地可以利用;意大利拥有大量没有任何产出的公共土地,如果充分加以利用就能够有助于提高工人的条件,阻止涌向海外的移民潮。国家有这个能力,也有这个责任来关注南方的这些问题。安德烈亚·科斯塔——第一个在1882被选入议会的社会主义者,认为有必要改善工人和农民的生活条件以扩大国内市场需求,而不是在非洲为剩余产品寻找市场。[②]他认为既然在意大利就有这个出口,又何必劳民伤财去非洲拓展市场呢?

反非洲殖民活动者指责提倡殖民扩张、无视南方问题,为了自己的利益试图隐藏南方问题的严重性,为了进一步剥削已经意志消沉、委曲求全的群众操控宣传和言论的做法。他们指责帝国主义者没有考虑过意大利荒芜、穷困的乡村,成千上万没有水、没有医生也没有教师的意大利农村人口;也没有考虑过国内众多的文盲,受到瘟疫侵袭的人和成千上万穷困潦倒、被迫背井离乡到国外谋生的人。他们认为当西西里和撒丁岛上人们每天被可怕的危机肆虐,被税收榨干收入,而且还常常会听到被压迫民族的抱怨声。面对这些情况,帝国主义者怎么可以争辩非洲的殖民活动对整个国家有好处,还为困扰着南方的问题提供轻松的解决方案呢? 哪里还有国家的荣耀和帝国的

① Rosario Villari, *Il Sud nella Storia d'Italia*, Laterza, 1961, p.427.
② Aliza S. Wong, *Race and the Nation in Liberal Italy, 1861–1911*, Palgrave Macmillan, 2006, p.97.

辉煌可言呢？

很多意大利报纸赞同这些反帝国主义者提出的疑虑，呼吁政府关注萧条的经济状况和困扰着意大利乡村地区的"最危险的瘟疫"。《晚报》也提出警告，在考虑将文明带到非洲之前，国家最应该考虑的是这些应该也是必须解决的问题：

> 将群众从无知、偏见中，从盛行的地方主义和政客的压倒性影响中拯救出来；将个人美德、集体团结、政治道德散播到群众中去；完成那些早已承诺的、尚未完成的社会正义工程；转换纳税体系，将税率减低到可以承受的范围；消除贫穷，清理被疟疾荼毒的土地；支持农业发展；重组国库。[①]

总之，反非洲殖民主义者根据意大利的国内形势质疑殖民地的内在价值。意大利政府让其最穷困、最受压迫的公民为了征服一个将会竞争国家有限资源的民族而去冒生命的危险是否合理？为了在国际舞台上获得一席之地，意大利又将在经济上、政治上、社会上、道德上和种族上付出怎样的代价？1896年，在阿杜瓦的第一次殖民运动已经可悲地失败了，意大利付出了国际名声受损和很多士兵牺牲的代价，意大利还能承受更多的损失吗？更重要的是，意大利是否能够维持胜利以及建立殖民地所需的一切？反非洲殖民者们认为国家的真正利益和军事活动毫无关系，他们提出了更具可控性的帝国主义思想——通过意大利的移民在国外建立殖民地。

最后，反非洲殖民者通过质疑帝国主义者评判优越性和低劣性的标准，否定他们的殖民理由。他们要求帝国主义者好好研究一下意大利和欧洲自身，然后再评判他人的文明程度。地理学家、共和主义者阿尔坎杰罗·吉斯莱里（Arcanelo Ghisleri）认为将现代欧洲民族等同于文明是荒谬的。他要求帝国主义者好好看看意大利社会中成千上万被认为是文明的人的不幸与堕落。他认为这些人的情况与帝国主义者称之为低劣民族的不幸与堕落其实没什么不同。著名的保守政治家、长期任议会代表的前首相鲁杰罗·邦吉（Ruggiero Bunghi）认为阿比西尼亚和阿拉伯人都并不野蛮，他们其实是勇敢的民族，有着他们自己一整套道德观点，几个世纪以来一直遵循着这些道德观点。而任何怀疑这个评判的人其实比帝国主义者声称想要教化的阿比西尼亚人更加野蛮。至于该怎么评判优越性，他认为如果评判优越性的标准是社会品德

[①] Il Corriere della Sera, January 25–26, 1896, in Aliza S. Wong, *Race and the Nation in Liberal Italy, 1861–1911*, Palgrave Macmillan, 2006, pp.91–92.

的话,那么欧洲各个民族并不比他们优越。他说道:

> 我们欧洲人认为自己在各个方面都优越于非洲人,正如……我
> 们在发现美国新大陆的时候认为我们优越于印第安人,因为我们有
> 财富、科技、艺术、工业和快速的通信方式,等等;但是如果评判优越
> 性的标准是道德或者民族团结友爱程度的话,那么我们必须承认,
> 在社会上具有优越性的并不一定是欧洲人。①

帝国主义者试图通过提出优越性与低劣性的观点为在非洲的军事行为
提供正当的理由,使得那些被认为劣等的民族被迫承受着那些为了夺取肥沃
的土地和丰富的矿藏,意图毁灭他们的所谓的优越民族的暴行。在《被诅咒
的民族》(*La Razza Maledetta*)中,纳波莱奥内·科拉扬尼(Napoleone Colajanni)
将军事殖民活动称作一种"集体的土匪行为"。再说,意大利自身还有那么多
问题亟待解决,又怎能以种族或者道德优越性的名义去承担管理另一个民族
的任务呢? 社会学者和人类学者在研究中发现优越民族在其国境内同样有
劣等的民族和他们生活在一起,然而这些优越民族却无视这些研究结果。②
意大利殖民主义"充满了种族歧视和权力滥用,而这些是所有殖民征服的先
决条件,因为随意处置一个军事上相对弱小民族的命运的想法本身就是种族
主义的,是压迫性的"③。

社会主义者对帝国主义的自然反应是鄙视与厌恶。所有民族一律平等
和声援被压迫民族的原则深深扎根于意大利工人的社会主义运动中。国际
无产阶级拒绝殖民扩张,反对西方的优越性和以欧洲为中心的世界观。他们
认为意大利国家主张的扩张方式与教会和传教士的形象非常相似。每个文
明的文化和政治自治主题都已经被对西方文明的进步性和首要性的坚定信
念所窒息。国家为了建立帝国和完成一个所谓的文明使命,将意大利士兵派
往非洲。然而社会主义者对帝国政府是否真的能够提高非洲人和意大利人
的生活水平,和殖民地是否真的能够改善意大利南方人和当地人的经济和社
会状况表示怀疑。其实意大利国家利用殖民活动或许是想向欧洲其他国家
证明其军事实力,为自己赢得国际荣耀。社会主义者认为,所谓的民族优越

---

① Aliza S. Wong, *Race and the Nation in Liberal Italy, 1861−1911*, Palgrave Macmillan, 2006, p.107.
② Rosario Villari, *Il Sud nella Storia d'Italia*, Laterza, 1961, p.432.
③ Olindo De Napoli, "Race and Empire: The Legitimation of Italian Colonialism in Juridical Thought," *The Journal of Modern History*, Vol.85, No.4, New Directions in Legal and Constitutional History(Dec. 2013), pp.801−832.

性和文明使命只是为了以极端的武力对付一个弱小民族找的一个空洞的借口。社会主义者强烈谴责国家为了在非洲向那些野蛮人证明国家的强大,为了海洋和土地,让远赴非洲的士兵以付出生命为代价的行为。

意大利殖民运动的支持者们不仅面对控制殖民地的经济和政治困境,还受到了国内由工业家、社会主义者、天主教徒、保守主义者和自由主义左派成员支持的反殖民运动的激烈反对。虽然他们反对非洲殖民运动的本意不同,但都表达了对意大利本国的深深担忧。其实无论结果怎样,帝国主义似乎是更大型的民族主义,并不能必然意味着进步或者文明。所谓的帝国主义带来的好处,不能够解决当前的国内问题。其实,将帝国主义饰以慈善、温和的色彩,殖民征服的真正残酷本质还是会不可避免地暴露出来,而帝国主义者只是尽量推迟了这个被发现的过程。虽然帝国主义者宣称帝国殖民是为了"工业市场的自由扩张",呼吁实现仍然存留在意大利人集体记忆中的民族复兴运动理想,但是在1887年道加里战争之后,帝国主义者不能再忽视殖民运动的军事因素。对于福尔图纳托来说,在非洲的殖民运动是一场浪费的、有害的活动。他提出忠告,"窒息在那片铁一样的天空下的沙土岸上",意大利事实上正在和"我们民族最令人妒忌的品质……和古代最珍贵的传统……"渐行渐远。[①]相反,意大利以军事行动招致了战争的灾难,使意大利士兵血洒道加里和阿杜瓦。尤其在1896年之后,政府如果在迫使其国民继续"阿杜瓦之灾"的话就是愚蠢和自私的了。他认为坚持创建意大利帝国将等于坚持巨大的错误。

帝国主义者认为意大利国内的反非洲殖民运动,是导致阿杜瓦失败的原因。面对全国上下对帝国主义的抵制,政治家们仍然相信军事活动对民族的成长和健康是至关重要的。其实,意大利殖民运动之所以接连受挫有其深刻的社会原因。一方面,殖民地需要足够的投资才能产生丰厚的回报,而国内的经济困难使得这样的投资不可能实现,意大利缺乏扩张的先决条件。其工业尚不能满足国内市场的需求,也不可能和不列颠的工业相比,而不列颠有充足的剩余产品,殖民地对国内经济带来的压力相对较小。意大利对新的市场和外国投资也没有类似不列颠的需求,因为她甚至不能完全消化殖民地可能提供的原材料。可以说,在其他地区殖民主义是富裕的产物,而在意大利殖民主义却是贫穷的产物,是出于快速致富的幻想。另一方面,扩张需要有"强大的实力",首先需要赢得军事胜利,然后还需要管理征服的领土。但意大利不仅没有"强大的实力",相反可以说意大利实际上"缺乏实力"。意大利实力弱小的原因在于政治上虽然统一了,但各个地区之间缺乏凝聚力。这种

---

① Giustino Fortunato, *Antologia dai Suoi Scritti*, Manlio Rossi-doria ed., Laterza, 1948, p.109.

情况致使当"野蛮人"为他们的独立和家园奋起反抗的时候，意大利不能形成一致而坚固的阵线。

余论 民族国家理论与实践何去何从

　　19世纪是民族主义思潮十分盛行的年代,民族主义成为各个国家发展的主导思想。但由于不同的民族历史和国际环境,欧洲各个国家的民族主义呈现出了不同的状态,在历史发展阶段上也不同步。意大利由于长期处于分裂状态,民族意识淡薄,民族主义思潮的发展也相对滞后。15—16世纪,当欧洲大陆上许多国家已经成为强大的中央集权民族国家并开始对外扩张的时候,意大利还是一个地理概念。在启蒙运动和浪漫主义的影响下,意大利的民族主义开始有了新的发展,并且在马志尼的推动下,意大利的民族主义在抗争中由文化民族主义向政治民族主义转变。在意大利近代的复兴过程中,民族主义充当一面旗帜,发挥了意识形态功能,促进了意大利的统一和民族国家政治共同体的建立。但是由于意大利的特殊历史经历,整个民族复兴运动过程中呈现的矛盾和冲突尤其激烈。这使得这个时期的政治思想同样充满了矛盾与对抗。这种思想上的矛盾与对抗在统一之前突出表现为思想家们对未来民族国家政治共同体体制的不同设计上。无论是马志尼、焦贝蒂还是加富尔,他们的理论都有一定的合理之处,都指出了意大利国家面对的某些特殊情况。然而在他们相互驳斥的过程中也可以看出,每种理论也存在着不合理之处,或者对意大利的特殊情况没有进行全面的考虑。可见,无论以何种方式统一意大利,可能都会存在这样或那样的问题。最终意大利的统一是相互对抗的两股势力,即皮埃蒙特基于温和改革观念的自由主义运动和基于革命观念的民主主义运动相互作用的结果。思想上的不统一给现实问题的解决带来了极大的困扰。这种情况与德国的统一形成了鲜明的对比:德国统一是在普鲁士王朝的霸权下取得的,和皮埃蒙特的自由主义不一样,普鲁士的温和自由主义运动,完全处于俾斯麦控制之下,主导着德国的军事和外交活动。

　　在民族复兴运动期间,政治现代化运动、经济和社会的变化,使得亚平宁半岛进一步分裂,而不是走向进一步的团结和一致。反复发生的政治危机和持续的社会动荡成了那些年意大利历史不变的主题,而且这些情况并没有因

592

为新的统一国家的建立而结束。①国家统一后，在行政上，中央集权不成功；在经济上和社会上，意大利很可能变得比以前更加不"同一化"了。从意大利统一到19世纪末这几十年里意大利政府面对着重重困难，很多事件都是极其令人沮丧的。持续的经济危机、银行丑闻、西西里暴乱、宣布军事管制、恐怖主义、极端主义的增长、议会的混乱、议员间的相互斗争、君主政体的软弱、来自教廷的持续的挑战、地方主义复苏——所有这些和民族复兴运动时爱国主义者的梦想相去甚远，和精心编织的民族复兴运动的神话形成了鲜明的对比。没什么可以证明统一的意大利国家是复辟国家的危机的解决办法。统一甚至被有些历史学家称作一个经济上的错误或者政治野心过大的结果。葛兰西在《狱中札记》中对民族复兴运动表示了深深的失望：

他们说他们的目标是在意大利创建一个现代国家，而事实上他们所制造的却是一个杂种。他们的目标是促使一个广泛而充满活力的统治阶级的形成，但却没有成功；他们的目标是把人民整合到一个新的国家体系中去，也没有取得成功。1870年到1900年的狭隘政治生活、意大利大众阶级普遍存在的反叛情绪、胆怯而持怀疑态度的统治阶层畏畏缩缩的存在，这些都是失败的后果。其中还有一个后果是，新国家的国际地位缺乏真正的自主权，原因在于内部受到教廷的破坏和广大人民群众消极情绪的侵害。②

19世纪的意大利民族主义虽然促使意大利民族得到了独立与解放，建立了统一的民族国家，但也遗留了很多问题。葛兰西的这段话可以说是对这些问题的很好概括。这些问题导致了19世纪末意大利国内危机重重。为了转嫁国内的危机，加上国际形势的改变，意大利走上了殖民扩张的道路。于是新的国家主义即反动的"民族主义"抬头了。③民族主义蜕变成了民族利己主义。帝国主义者曲解马志尼的"意大利的民族使命"和"第三罗马"、焦贝蒂的"意大利的领先地位"等说法，为他们虚幻的帝国梦想辩护。这时，民族主义已经完全失去它在促进民族国家的解放和独立中的积极意义，民族利己主义、扩张主义和沙文主义以各种面目在意大利泛滥。一战期间意大利加入协约国作战，蜕变了的民族主义成了意大利与其他列强争夺利益的工具。一战后，"民族主义"被法西斯运动所利用，彻底演变成了法西斯主义。而很多思想家包括G.威尔普都认为："法西斯主义根植于19世纪意大利民族解放运

① John Anthony Davis, *Conflict and Control: Law and order in Nineteenth Century Italy*, Macmillan Education LTD, 1988, p.1.
② 安东尼奥·葛兰西：《狱中札记》，曹雷雨、姜丽、张跣译，中国社会科学出版社，2000年，第63页。
③ 李秋香：《从国家统一到法西斯的崛起——民族主义在意大利近代史上的演变》，《周口师范高等专科学校学报》2001年第6期。

动,受到那些从统一到大战爆发期间拥护民族主义的人们的支持。"①

在20世纪初,很多外国历史学家相信,随着19世纪90年代危机的过去,意大利应该会有一个更稳定的未来。②但他们的乐观被证明是错误的。安德烈亚·马莫内(Andrea Mammone)和朱塞佩·A.韦尔特里(Giuseppe A. Veltri)认为如今的意大利有很多"长期存在而未得到解决的问题",比如"民族意识薄弱、社会生活的高度政治化、众多争吵的政党、不稳定也无成效的政治联合、地区之间长期的不平衡、公共生活的腐败和日益仇外的立场"③。从这里我们可以看出,他们所列举的大多数问题和我们文中讨论的问题如出一辙。他们认为,所有这些问题加上很多其他的关键问题已经到了一个临界点,使意大利变成了世人眼里的"欧洲病夫",其仍然在现代性和落后性之间挣扎,在需要改变的要求和愿望与对失去地方的、特定的权利的害怕中徘徊。④

民族复兴运动已经过去一个多世纪了,但是当时面临的很多问题在当今社会依然存在。以克罗齐为代表的自由主义观点认为这种状况并非起因于19世纪的民族复兴运动,他们认为统一之后的意大利所遇到的种种问题以及意大利的软弱是后来领导者的决定和之后国家遇到的政治、经济和外交难题所导致的。但是大多数思想家,包括民族主义者、民主主义者和马克思主义者都认为意大利统一之后的经历根源于民族复兴运动。葛兰西认为温和自由主义者为了狭隘的阶级利益牺牲了真正的社会和政治变革,和封建政权的妥协导致了国家与公民社会之间的永久裂痕、长期的政治不稳定和地方性的社会混乱。他甚至认为,法西斯主义是这种情况的直接产物。这种状况是否真的是19世纪的民族复兴运动导致的,又在多大程度上是民族复兴运动导致的,当初积极的民族主义又是如何演变成法西斯主义的等等都是值得深思,也是值得探讨的问题。

---

① 谢小九:《法西斯主义如何起源于意大利》,《世界史研究动态》1993年第8期。

② Bolton King and Thomas Okey, *Italy Today*, ReInk Books, 1901.

③ Andrea Mammone and Giuseppe A. Veltri, eds., *Italy Today: the Sick Man of Europe*, Routledge, 2010, p.2.

④ Andrea Mammone and Giuseppe A. Veltri, eds., *Italy Today: the Sick Man of Europe*, Routledge, 2010, p.2.

附 18世纪末至19世纪意大利政治史年表

年份	事件
1796	法国革命军队（在拿破仑·波拿巴的带领下）入侵意大利，摧毁了意大利北部的旧秩序。
1797	法国和奥地利之间签署了《坎波福尔米奥条约》：威尼斯共和国灭亡，其领土被并入奥地利。在北部成立了雅各宾派的共和国。
1799	帕登诺珀共和国（那不勒斯）：不久就被受到英国支持的、由鲁福主教率领的农民革命军所推翻。法军在意大利北部被奥地利打败。庇护六世去世。
1800	拿破仑在马伦戈打败奥地利。选举庇护八世。
1802	拿破仑统治下的意大利北部共和国成立。
1804	拿破仑成为皇帝。
1805	意大利共和国变成了意大利王国（拿破仑是国王）。
1806	法国占领了那不勒斯王国。取消封建制度。
1807	烧炭党成立。
1808	约阿希姆·缪拉将军成为那不勒斯国王。
1809	教皇国被并入法兰西帝国。教皇庇护七世被监禁。
1812	在英国的影响下，西西里的宪法重建了岛上的古老议会。拿破仑入侵俄国。
1814	拿破仑帝国和意大利王国灭亡（缪拉仍统治那不勒斯）。拿破仑被送往厄尔巴岛。
1815	滑铁卢战役。缪拉在那不勒斯宣布了宪法，建立了议会君主制，但是被奥地利打败并杀害。维也纳会议使斐迪南四世在那不勒斯复辟，其他旧政权也都纷纷复辟，但没有成立共和国。
1819	西尔沃·佩里科，费德里科·孔法罗涅利和其他的"党派人士"在奥地利统治下的伦巴第被捕。
1820	西班牙和伦巴第发生自由宪法政变。西西里反抗那不勒斯，要求有自己的宪法。
1821	皮埃蒙特宪法政变。奥地利军队镇压自由主义者。宪法被取消。
1830	法国革命建立了一个在路易·腓力统治下的更自由的政权（七月王朝）。
1831	摩德纳和教皇国发生自由政变和反叛。查理·阿尔贝特成为撒丁王国国王。马志尼在马赛成立"青年意大利"。
1832	马志尼创办《青年意大利》杂志。
1834	马志尼发动"萨沃依远征"。
1843	焦贝蒂的《论意大利在精神和文化上的领先地位》发表。

年份	事件
1844	巴尔博的《意大利的希望》发表。
1846	庇护九世被选为教皇:大赦政治犯并采取一系列改革措施。
1847	教皇国、托斯卡纳和皮埃蒙特实施政治和行政改革。商业自由化:三个邦国结成关税同盟。
1848	西西里叛乱,那不勒斯、托斯卡纳和皮埃蒙特宣布宪法。法国和奥地利国内叛乱。解放皮埃蒙特的清教徒和犹太人。米兰、威尼斯和其他北部城市发生叛乱,并得到了皮埃蒙特和来自意大利其他地区的志愿者的支持。撒丁王国与奥地利签订停战协定,第一次对奥战争结束。罗马人民起义,教皇庇护九世逃往那不勒斯。
1849	罗马共和国宣布成立。查理·阿尔贝特重开和奥地利的战争:在诺瓦拉战败,退位。维克托·伊曼纽尔二世继任王位,阿泽利奥任首相。法国军队入侵罗马共和国,教皇复辟。奥地利镇压了威尼斯共和国。法国向罗马发动攻击,罗马共和国宣告失败。
1850	撒丁王国开始教会改革。加富尔成为农业部大臣。
1851	加富尔成为财政部大臣,促进商业的自由化改革。
1852	加富尔成为首相。
1854	克里米亚战争开始。
1855	皮埃蒙特参与克里米亚战争(作为反俄罗斯的英法联盟的一份子)。皮埃蒙特反教会法。
1856	巴黎会议召开。加富尔和英法外交家讨论了意大利问题。
1857	意大利民族协会正式成立。
1859	4—7月意大利北部战争,7月缔结比利亚弗兰卡停战协定。法国和撒丁王国的军队,加上加里波第的志愿军打败奥地利,使其从伦巴第撤出。加富尔和拿破仑三世在普隆比埃会晤,秘密签订军事同盟协议。意大利中部邦国的统治者逃往奥地利:自由主义政府在托斯卡纳、摩德纳、帕尔马和博洛尼亚成立。加富尔在比利亚弗兰卡停战协定签订之后辞去首相职位。
1860	1月,加富尔再次成为首相。3月,意大利中部人民公投要求并入"维克托·伊曼纽尔的君主立宪政权"。4月,加里波第带领"千人军"南下西西里远征西西里和(7月)那不勒斯。意大利北部军队在打败了教皇在瓮布里亚和马儿凯斯的军队后进入那不勒斯。南部的人民公投完成了意大利的统一(除了威尼斯和罗马)。
1861	意大利第一届议会召开,意大利王国成立。维克托·伊曼纽尔二世成为意大利国王。皮埃蒙特宪法成为意大利宪法。都灵成为新国家的首都。加富尔去世之后,里卡索利成为统一的意大利的第二位首相。意大利南方多个地区土匪横行,国家实行军事管制。
1862	意大利军队阻止加里波第的志愿军去罗马。加里波第在赛普罗山受伤。
1864	意、法达成关于罗马问题的《9月公约》。教皇颁布《谬说要录》。
1865	佛罗伦萨成为意大利的新首都。
1866	普鲁士和意大利缔结反奥同盟。威尼斯地区正式归并意大利。帕勒莫发生的大规模暴乱被意大利军队镇压。

年份	事件
1867	加里波第第二次远征罗马,被法国军队在蒙塔那打败。
1869	为了平衡收支一再加税。国内发生反对磨粉税的暴乱。
1870	普法战争爆发,拿破仑三世被打败。法国军队从罗马撤离。罗马被并入意大利王国。梵蒂冈委员会赞成《教皇无谬论》。
1871	意大利政府议会通过《保障法》。意大利首都从佛罗伦萨迁至罗马。
1872	马志尼病逝。
1876	第一次国家年度预算出现少量剩余。预算的平衡被广泛认为是意大利经济独立和国际地位的象征。自由中右派在选举中失利。自由中左派(包括加里波第的追随者和进步自由主义者)组成了首个左派政府。
1878	柏林会议。意大利代表空手而归。
1881	法国占领突尼斯。
1882	意大利加入三国同盟。加里波第病逝。
1885	意大利军队占领马萨瓦。
1887	入侵埃塞俄比亚,在道加里遭受惨败。意、法之间开始"关税战争"。
1890	意大利侵占索马里、提格雷地区,建立厄立特里亚殖民地。
1892	意大利劳动党(1895年改名为意大利社会党)成立。
1896	意大利军队在阿杜瓦战役中遭受惨败。

第四编

左右摇摆的20世纪国家政治意识

导　论

　　在著名英国史学家艾瑞克·霍布斯鲍姆的笔下,20世纪是一个"极端的年代"。其中虽有偶尔的"黄金年代",但多数时间里充满无数的灾难、战争、革命、恐慌和危机,可谓危机四伏,礼崩乐坏,价值失范,蹒跚前行。在《极端的年代》一书的末尾,霍布斯鲍姆如是哀叹:"短促的20世纪,即将在问题重重中落幕。没有人有解决方案,甚至没有人敢说他有答案。于是世纪末的人类,只好在弥漫全球的一片迷雾中摸索前进,透着朦胧足音,跌撞入第三个千年纪元的开始。我们只能肯定一件事,那便是一页历史已告结束。除此之外,所知甚少。"① 经历过20世纪大部分重要历史事件,曾在二战中投笔从戎抗击法西斯主义的霍布斯鲍姆,他所描述的这般20世纪的暗淡阴郁景象,尤其适合借以传神地勾勒出20世纪意大利历史发展的轨迹。在《历史的终结及最后之人》的开篇,福山便说道:"我们完全可以说,20世纪使我们所有人都深深地陷入历史的悲观之中。"② 在福山看来,20世纪的悲观主义与19世纪的乐观主义形成鲜明反差,20世纪的各场灾难形成了深刻的思想危机之背景。当然,历史在20世纪并没有随着冷战的结束而终结,欧美式的自由民主制尽管已不断发展,数波民主化浪潮不断推进,但各方面依然阻力重重,一个普遍均质的世界远远尚未到来,即使在意大利身处其中的看似不断走向主权一体化的欧洲联盟,也处于危机之中。

　　20世纪的意大利历史是一部万花筒般的景象,既有荣光,也有屈辱;既有和平,也有动荡;既有二战后经济的高速发展与停滞不前,也有多党制民主所带来的走马灯式的政府重组及不稳定的施政方略,以及利用民粹主义

---

① 艾瑞克·霍布斯鲍姆:《极端的年代:1914—1991》,郑明萱译,江苏人民出版社,1998年,第828页。
② 弗朗西斯·福山:《历史的终结及最后之人》,黄胜强等译,中国社会科学出版社,2003年,第3页。

和凭借个人财富和影响力而长期执政之"现代僭主"贝卢斯科尼①之出现，还有"南方问题"②所带来的持续困扰。1870年，经过不少艰难曲折的外交和战争努力，以及精英人物的英明领导和爱国义士们的满腔热血，亚平宁半岛终获统一，意大利民族国家建立。意大利资本主义经济在政治母体中开始狂飙突进，帝国主义列强之间争夺殖民地的斗争暗流涌动，基于利益的盟约逐渐形成，终究兵戎相见。此外，国内的工人运动此起彼伏，大众民主风起云涌，国家似乎在左翼激进与右翼保守之间撕裂，中道自由主义举步维艰，失去合法性，南北区域发展不同步问题越发明显，各种意大利域内及域外的政治、经济和文化思潮如雨后春笋，琳琅满目，互相竞争，莫衷一是，尤其是各类极左、极右的非理性主义思潮孕育而生，与现实政治互相激荡，互相牵引，温和持平的思想难有生存空间。在这种摇晃的时代大背景下，意大利的历史轨迹有时导向欣欣向荣之阳光大道，有时则导向诸如二战这样万劫不复的茫茫深渊。沃林曾指出："政治哲学家的大多数伟大论述均出自危机时代；也就是在机构形势统一政治现象不够有效的时期。"③伯恩斯也指出："政治思想史中最有丰硕成果的时期向来都是忧虑和冲突的时期。"④这样的表述用来描述20世纪尤其是上半叶的意大利政治思想衍生之背景，可谓恰如其分。

在20世纪意大利政治思想的演进轨迹中，一战是一个重要的转折点。羸弱的"乞丐帝国主义"意大利最初对加入战争抱有极大期望，选择站在协约国一边。在付出沉重代价之后，作为战胜国的意大利满心期待享有所应分配的利益和尊严，然而事与愿违，弱国无外交，谈判桌上的失败导致国内政治的危机。"战争没有解决问题，反而使之更为激化，曾经作为文明传统一部分的某些价值观念看来也濒于崩溃。长期的敌对状态增强了人们对美好未来的期待，然而现今的形势似乎比以往还要糟糕，人们对政府未履行诺言深感愤懑。热情与失望相杂，赞美未来与痛惜既往并存。在1919年至1920年的两年中，几乎每个知识分子都经历了自身的思想危机、暂时的

---

① 1994年3月，贝卢斯科尼在意大利大选中的胜利，开启了非常不同的视角：欧洲范围内一种新的有限的政府形式，建立在对选举制度形式上的尊重上，而实质上是建立在克里斯玛式领导之上，建立在一种前所未有的私人和公共利益和资源之混合上，建立在通过对大众媒体的控制而对公众意见的明显控制上。Paul Ginsborg, "Italian Political Culture in Historical Perspective," *Modern Italy*, 1:1(1995), p.3.
② 张雄：《意大利"南方问题"的缘起和发展》，《世界历史》2001年第6期。路易吉·巴尔齐尼：《意大利人》，刘万钧等译，生活·读书·新知三联书店，1986年，第239—256页。
③ 谢尔登·S.沃林：《政治与构想：西方政治思想的延续和创新（扩充版）》，辛亨复译，上海人民出版社，2009年，第9页。
④ 爱·麦·伯恩斯：《当代世界政治理论》，曾炳钧译、柴金如校，商务印书馆1983年，第278页。

犹豫与痛苦的深思。有些人对新思潮的盲目信仰往往是一段时期的犹豫不决和迷入歧途的结果。"①

在一战的所有战胜国中，没有哪个国家如此遭受战争的考验，如此被其需要的巨大投入所改变，如此深深地受其后果所分裂。战争对意大利造成了剧烈的震荡，这让政治上不稳定、经济上落后以及羸弱地联合起来的国家达到一种极限的状态，而且留下了一个无人可以预测到的后果。②意大利社会和政治理论家的主要关注是马基雅维利式的"权力"和"同意"问题。意大利国家"权力"的缺失体现在它既无力对外捍卫和提升自身，或是对内保持法律和秩序。"同意"的缺失据说是源自"制造意大利人"的失败，结果是很少有人强烈地认同新国家。③一战对意大利造成了全方位的影响，对外丧权辱国，对内出现经济④、社会和政治危机，其中最为重要的是意大利政治权威的合法性问题受到强烈质疑。而这为法西斯主义的兴起创造了契机。⑤"反法西斯主义的斗争，随着冷战的到来将世界划分为两个集团，在二战后意大利哲学之新身份的关键性时刻。"⑥结束于20世纪中叶的二战，对于战时以及战后的意大利政治思想影响巨大。二战见证了横行一时的法西斯主义的破产，然而各种反法西斯主义战斗纲领在战后未能完成角色转变，适时转化为建国及治国纲领，实现"打江山"的反对派角色从"守江山"的当政派角色换位。传统的自由主义思想与时俱进，汲取了不少社会主义思想的成分，社会主义思想家也对马克思主义进行了新时代的转化，自由主义与社会主义出现了新的思想合流。而冷战的出现则使东西方意识形态的对立成为一个迫切的现实问题，穆勒曾指出，20世纪是意识形态极端的年代，这已成为一个常识。⑦在他看来，在一种非常特定的意义上，

① 萨尔沃·马斯泰罗内：《欧洲民主史：从孟德斯鸠到凯尔森》，黄华光译，社会科学文献出版社，1994年，第314页。也可参见弗·卡斯顿《法西斯主义的兴起》，周颖如、周熙安译，商务印书馆，1989年，第48—49页。

② Paul Corner, "Italy 1915-1945: Politics and Society, "George Holmes, ed., *The Oxford History of Italy*, Oxford University Press, 1997, p.264.

③ Richard Bellamy, "Social and Political Thought, 1890-1945, "Adrian Lyttelton, ed., *Liberal and Fascist Italy*, Oxford University Press, 2002, p.233.

④ Gaetano Salvemini, "Economic Conditions in Italy, 1919-1922, "*The Journal of Modern History*, Vol.23, No.1(Mar., 1951), pp.29-37.

⑤ Franklin Hugh Adler, *Italian Industrialists from Liberalism to Fascism: The Political Development of the Industrial Bourgeoisie, 1906-1934*, Cambridge University Press, 1995, pp.160-179.

⑥ Mario Ricciardi, "Rawls in Italy, "*European Journal of Political Theory*, 2002(1), p.232.

⑦ Jan-Werner Müller, "European Intellectual History as Contemporary History, " *Journal of Contemporary History*, Vol.46, No.3, *At the Crossroads of Past and Present — "Contemporary" History and the Historical Discipline*(July 2011), p.576.

一战后的20世纪的欧洲是一个民主的时代。①意大利的政治思想因此更多呈现出对自身自由民主构架正当性的申辩,而意大利的左派思想家也对苏维埃式社会主义政权进行了自己的思考和判断。后法西斯主义的意大利共和国从战争中产生出来的是一个具有深刻社会和政治分歧的不稳定的民主。"东方"与"西方"之间的冷战敌视在意大利(正如在西欧的其他地方一样)转化为亲苏联的共产主义与亲美国的基督教民主之间的一场冲突。这种共产主义与天主教主义在国内的分歧使得意大利新兴的民主处于意识形态对立而带来的不稳定之中。②

在二战后的西欧,意大利在许多方面呈现出一种独特的政治星座:与西德相似,它是一个后威权国家,受到美国的重要影响,而且是冷战之中的一个"前沿国家",在很多方面仅仅拥有"有限的主权"。但是与德意志联邦共和国不同,意大利呈现出一种高度不稳定,有人将其形容为机能失调的议会政治形式、政府走马观花式地调换、广泛的腐败和庇护主义等。尽管如此,它却与一种无与伦比的连续模式并存:其他没有任何地方,一个名为基督教民主党的党派总是掌握权力。③下面分析其"独特"之处:

其一,不稳定的缘由:左右摇摆的政治思潮。由于诸多历史缘由,相比于英国、法国、西班牙等欧洲国家,德国和意大利长期四分五裂,统一时期都比较晚,相差不过一年(德国1871年,意大利1870年),都面临后发国家所必须应对的一系列问题,比如民族复兴主题激荡下的极端民族主义思潮

---

① Jan-Werner Müller, *Contesting Democracy: Political Thought in Twentieth-Century Europe*, Yale University Press, 2011, p.4.

② James Martin, *Piero Gobetti and the Politics of Liberal Revolution*, Palgrave Macmillan, 2008, p.129.

③ Jan-Werner Müller, "The Paradoxes of Post-War Italian Political Thought, "*History of European Ideas*, 2013, Vol. 39, No.1, p.80. 有学者指出,二战后的意大利历史可以依照民主运行的两种不同模式而划分为两个对应的时期,第一阶段为1948—1993年,也被成为第一共和国时代,意大利是一种共识型民主(consensual democracy),而冷战之后的第二共和国时期的制度依照竞争性民主(competitive democracy)的逻辑运行,详见 Sergio Fabbrini, "The Transformation of Italian Democracy, "*Bulletin of Italian Politics*, Vol.1, No.1, 2009, pp.29-47。对于二战后意大利历史的大致介绍,参见 David Hine, "Italy since 1945, "George Holmes, ed., *The Oxford History of Italy*, Oxford University Press, 1997, pp.320-347; Gianfranco Pasquino, "Political Development, "Patrick McCarthy, ed., *Italy since 1945*, Oxford University Press, 2000, pp.69-94; Andrea Mammone, Ercole Giap Parini, and Giuseppe A. Veltri, eds., *The Routledge Handbook of Contemporary Italy: History, Politics, Society*, Routledge, 2015; Paul Ginsborg, *A History of Contemporary Italy: Society and Politics, 1943-1988*, Penguin Group, 1990。也可参见热纳维埃夫·比布:《意大利政党》,葛曾骧等译,上海译文出版社,1980年,第129—176页。

与尚武精神余音袅袅,极易吞噬中道温和且自身根基并不牢靠的自由主义思潮,后发赶超的制度匹配无法跟上经济发展速度,后起的帝国主义无利益者(have-nots)对外与其他先发的帝国主义既得利益者(haves)之间的争夺更是会加强这一民族沙文主义情绪,"修昔底德陷阱"在此不幸应验。在意大利统一战争中,被唤醒并不断发酵的作为尊贵罗马人后裔之身份意识也在起巨大的推动作用,古罗马帝国曾经的荣光岁月不断激荡意大利人复兴昔日气魄的雄心,马基雅维利和马志尼等意大利先贤对民族统一与富强的杜鹃啼血式呐喊不断回响于亚平宁半岛之云霄,但意大利本身并没有足够强大的力量来支撑之一远大雄心,力所不及,捉襟见肘,这使得20世纪上半叶的意大利历史显得无比尴尬、无奈与苦涩。①

有学者高度凝练地指出,20世纪意大利政治思想最为显著的两项贡献是:依照精英对选民的操纵而对自由民主制的分析;依照权力和同意的关系对国家和社会再概念化。这两个命题相互关联,后者为前者提供了背景。处于不同哲学和意识形态光谱的思想家依照不同的方式对此进行了加工,对立的立场既相互借鉴,也互相批判。为这些讨论提供一种结构框架的,是关于意大利政治中心问题之普遍文化构想。②研究20世纪的意大利政治思想,我们需要以此为坐标作为窥探进路。二战之前,意大利的政治思想在天平的左右两端激烈摇摆,要么为左翼所驱动,要么被右翼所绑架,最终以墨索里尼的法西斯专权与二战惨败的悲剧命运告终。直到二战之后,意大利政治局势才逐渐稳定,在多党联合的基础上形成比较稳定的执政联盟,可称之为一种意大利特色的多党共识(a multi-partisan consensus),③但即便如此,历史遗存犹在,各类极左、极右思潮依然不时出现,尽管总体被化解与消弭在稳定的政治构架中,不构成制度合法性危机。诸如,对于长期执政意大利且如今依然活跃的政治强人贝卢斯科尼,意大利裔的剑桥学派著名思想史家莫里奇奥·维罗里曾著书大加鞭笞,视其为古代僭

---

① Umberto Mariani, "The Tragic Consequences of Italian Unification, Including Fascism: Two Recent Views," *Forum Italicum* 47(1), pp.172-195.

② Gerald F. Gaus and Chandran Kukathas eds., *Handbook of Political Theory*, SAGE, 2004, p.403.

③ John L. Harper, "Italy and the world since 1945," Patrick McCarthy, ed., *Italy since 1945*, Oxford University Press, 2000, pp.115-117.

主的翻版,在其主政之下,意大利公民只能获得一种"奴隶般的自由"。[①]

其二,继承与嬗变:20世纪意大利政治思潮的灵感来源。思想既引领现实,也源自对现实问题的应对与反思。20世纪著名的思想史研究学派"剑桥学派"的各位史家们尤其注重思想与历史语境之间的对应性,在他们看来,任何言说必然是特定时刻特定意图的反映,旨在回应特定的问题,是特定语境下的产物,在历史中没有所谓的恒久问题,只有具体问题的具体答案,而且往往会出现的情景是,有多少提问者就有多少种不同的问题。[②]在漫长的20世纪里,意大利的政治思想场景里呈现出丰富多元的光谱,可谓五彩斑斓,其中包括自由主义、社会主义、民族主义、法西斯主义、工团主义、自由社会主义、共和主义、激进自由主义等,各派都有著名的思想家作为扛鼎式人物。19世纪意大利政治思想家马志尼、德国思想家如赫尔巴特、康德、黑格尔、马克思、尼采、韦伯、戈比诺等,法国思想家柏格森、索雷尔[③]和孔德等,对意大利政治思想都具有极大的影响力。在意大利以及西欧的其他地方,19世纪末期的哲学文化被两种思想流派所占据:唯心主义

---

① Maurizio Viroli, *The Liberty of Servants: Berlusconi's Italy*, translated by Antony Shugaar, Princeton University Press, 2012. 有学者指出,贝卢斯科尼完全摒弃了对公民德性的关注,取而代之,贝卢斯科尼将对媒体的控制与一种反国家的通过自由企业实现经济繁荣的承诺相结合起来,呼吁个体主动性以及对家庭价值的支持。他在广告上的专长是如此与众不同,以至于他能在20世纪90年代初期,通过在三个月的时间内创立一个新的中右党派(Forza Italia),从而击败共产主义者的挑战。Noel O'Sullivan, *European Political Thought Since 1945*, Palgrave Macmillan, 2004, pp.150-151. 博比奥如是评价贝卢斯科尼:"毫无疑问,他鼓吹狂热。这一点可以从他出现在他的追随者面前、尤其是出现在高台上时看出。仪式、频频挥手和微笑,这些都是魅力型领导人的表现。他甚至能够对那些针对他的玩笑一笑置之。他拥有无限的自信。他有能力使自己从任何窘迫的状况脱身而出。"诺伯托·博比奥、莫里奇奥·维罗里:《共和的理念》,杨立峰译,应奇校,吉林出版集团有限责任公司,2009年,第94页。

② 昆廷·斯金纳撰、任军锋译:《观念史中的意涵与理解》,复旦大学思想史研究中心主编:《思想史研究第一辑——什么是思想史》,上海人民出版社,2006年,第133—134页。

③ 有学者指出,索雷尔是20世纪最难归类的思想家之一,既是一位保守主义者,又是一位正统社会主义者,一个革命性工团主义者,一位民族主义者和一位布尔什维克主义者。Jan-Werner Müller, *Contesting Democracy: Political Thought in Twentieth-Century Europe*, Yale University, 2011, p.94. 关于对索雷尔的研究,可参见 James H. Meisel, "Georges Sorel's Last Myth," *The Journal of Politics*, Vol.12, No.1(Feb., 1950), pp.52-65; S. P. Rouanet, "Irrationalism and Myth in Georges Sorel," *The Review of Politics*, Vol.26, No.1(Jan., 1964), pp.45-69; Robert A. Nye, "Two Paths to a Psychology of Social Action: Gustave LeBon and Georges Sorel," *The Journal of Modern History*, Vol.45, No.3(Sep., 1973), pp.411-438; James Jay Hamil Ton, "Georges Sorel and the Inconsistencies of a Bergsonian Marxism," *Political Theory*, Vol.1, No.3(Aug., 1973), pp.329-340; J. R. Jennings, *Georges Sorel: The Character and Development of His Thought*, St. Martin's Press, 1985。

和实证主义。前者不仅源自于康德和黑格尔,而且也有本土根源,尤其是历史哲学之奠基人维科,以及包括天主教自由主义思想家焦贝蒂(Vincenzo Gioberti)和罗斯米尼(Antonio Rosmini),以及反教会的那不勒斯黑格尔主义者德·桑提斯(Francesco De Sanctis)、德·迈斯(Angelo Camillo De Meis)、贝尔特兰多(Bertrando)和斯帕文塔(Silvio Spaventa)。后者则是一些折衷主义者,从法国和英国的启蒙运动,到他们19世纪的传人如孔德和密尔,再到世纪末的斯宾塞以及某些意大利追随者如杰诺韦西(Antonio Genovesi)、贝卡利亚(Cesare Beccaria)和卡塔内奥(Carlo Cattaneo)。它也涵盖了各式各样的立场,从主要关切是促进对社会经济进程的"科学"和经验研究的"方法论"实证主义者维拉里到诸如阿尔迪戈(Roberto Ardigo)这样的信奉一种唯物主义认识论并将实证主义视为一种完整哲学的"系统性"实证主义者。[1]

尤其需要指出的是,意大利文艺复兴时期著名思想家马基雅维利对20世纪甚至整个现代意大利政治思想都具有极大影响,现在在意大利政治思想的一个显著特征不是对国家的崇拜,而是对超验的拒斥。对马基雅维利而言,没有无条件的价值或规范,没有普世有效的行为模式,没有超历史的"本质",这种内在性(immanentism)或曰世俗人文主义(worldly humanism),具有方法论上的以及实质性的影响。首先,它鼓励采用一种经验式的分析方法,其次是政治现实主义。而政治现实主义则又包含如下部分:极为悲观的人性论;人类事务绝不是静止的而是流动不居的;马基雅维利并非现代国家理由观之肇端者,只是使其理论化。此外,马基雅维利等文艺复兴先辈的权力政治学和爱国主义思想对于意大利民族尤其是其中的诸多精英而言,更是一笔巨大的思想能量。费米亚认为,马基雅维利的思想遗产体现在三个方面,即对形而上学的反叛、经验式方法、政治现实主义(具体包含三个命题:对人性之悲观认识、人类事务绝非处于静态而是流动不居、赋予"国家理由"以形式化和普遍性)。这些思想遗产在拉布里奥拉[2]、帕累

① Richard Bellamy, "Social and Political Thought, 1890-1945, "Adrian Lyttelton, ed., *Liberal and Fascist Italy*, Oxford University Press, 2002, p.234.

② James G. Colbert, Jr, "Labriola, Croce, Anti-Croce," *Studies in Soviet Thought* 24(1982), pp.147-160; Geoffrey Hunt, "Antonio Labriola, Evolutionist Marxism and Italian Colonialism, " *Praxis International* 7:3/4 Winter 1987/8, pp.340-359; Edmund E. Jacobitti, "Labriola, Croce, and Italian Marxism(1895-1910), "*Journal of the History of Ideas*, Vol.36, No.2(Apr.-Jun., 1975), pp.297-318; Paul Piccone, "Labriola and the Roots of Euro-communism, "*Berkeley Journal of Sociology*, Vol.22(1977-1978), pp.3-43.

托、莫斯卡、克罗齐①、葛兰西②等左中右派思想家的思想中都有体现。③伯纳姆认为,马基雅维利主义是一种独特的政治思想传统,其主要原则包括若干方面,这些原则构成了审视社会生活的方式,是社会和政治分析的一种工具,它们可以具体付诸对任何历史时段的研究之中。第一,一种客观的关于政治和社会的科学是可能的,其在方法上与其他经验性的科学类似;第二,政治科学的主要题材是对社会权力的争夺,以各类公开或是隐蔽的形式;第三,政治生活的法则不能通过对人们言语和信念表面上的分析而获得,无论是口头还是书面的,必须将其置于社会事实的整体构架中,以便理解其真正的政治和历史含义;第四,在政治和社会变迁中,逻辑或是理性的行为扮演了一个相对很小的角色,由环境变化、本能、冲动、利益所驱动的非逻辑行为,才是通常的社会法则;第五,要理解社会进程,我们必须意识到的最为重要的社会划分是统治阶级和被统治者、精英与非精英;第六,历史和政治科学首当其冲是研究精英,其构成、结构以及与非精英之关系的模型;第七,每一类精英或统治阶级的主要目标是维持其自身的权力和特权;第八,精英的统治是建立在强力和欺诈之上的;第九,作为一个整体的社会结构是由一种政治准则协调和维系的,这种准则通常是与一种普遍接受的宗教、意识形态或神话相关联的;第十,精英的统治将会与非精英的利益或多或少保持一致;第十一,在每一类精英中,总是有两种相对立的趋势在运转,其一是一种贵族趋势,精英凭借其来保持其成员和后代的统治地位,并且阻止其他人进入其行列之中,其二是一种民主趋势,新元素通过自下而上的方式闯入精英阶层其中;第十二,长期看来,第二类趋势将会占据上风;第十三,在精英的构成和结构中,定期将会发生急速的转变,也就是社会革命。④有学者据此指出,马基雅维利传统一直在意大利保持活

---

① 克罗齐认为,马基雅维利发现了政治的必然性和自主性。Benedetto Croce, *Politics and Morals*, translated by Salvatore J. Castiglione, Philosophical Library, 1945, p.59.

② 有学者认为,马基雅维利在葛兰西的思想中具有一种中心位置,他专门著有《现代君主论》阐述马基雅维利的思想,葛兰西视马基雅维利为"民主哲学家"以及"意大利的路德"。Benedetto Fontana, *Hegemony and Power: On the Relation Between Gramsci and Machiavelli*, University of Minnesota Press, 1993, p.vii.博比奥也指出,保守主义者的反民主批判体现在政治阶级理论或是精英理论当中,而这些理论是铭记马基雅维利的意大利政治遗产中的小小荣耀。Norberto Bobbio, *Ideological Profile of Twentieth-Century Italy*, Princeton University Press, 1995, p.45.

③ Joseph V. Femia, *The Machiavellian Legacy: Essays in Italian Political Thought*, St. Martin's Press, 1998, pp.1-63.

④ James Burnham, *The Machiavellians: Defenders of Freedom*, The John Day Co., Inc., 1943, pp.223-226.

力。①基于此,有学者在描绘1943年之后意大利的政治思想史时,直接使用了"在《君主论》的阴影之下"一词②,足见马基雅维利的巨大影响力。

---

① William Kilborne Stewart, "The Mentors of Mussolini," *The American Political Science Review*, Vol.22, No.4(Nov., 1928), p.846.
② Noel O'Sullivan, *European Political Thought Since 1945*, Palgrave Macmillan, 2004, pp.126–154.

第一章　左翼政治思潮

第一节　意大利早期马克思主义的政治思想

一、意大利马克思主义理论的形成

就欧洲范围而言,意大利没有较早形成马克思主义思想传统。我们认为大致有以下三点原因:

首先,马克思主义传播进意大利的时间较晚。以《共产党宣言》在意大利的出版为例,《共产党宣言》出版于1848年,作为第一份国际共产主义运动的纲领性文件,它在世界范围内产生了深远影响。然而"直到1889年第一部意大利文版《共产党宣言》才得以问世,而此时早已出版了21部德国版本、12部俄国版、11部法国版本、8部英国版本、4部西班牙版本、3部丹麦版本、2部瑞典版本,以及葡萄牙版,第二部意大利版《共产党宣言》于1891年以小册子的形式出现,第三部意大利版本《共产党宣言》作为一家杂志的增刊诞生于1892年"[1]。

其次,实证主义和修正主义成为19世纪意大利社会解读马克思主义理论的主要方式,这内在地制约了马克思主义理论在意大利的萌芽和发展,扼杀了马克思主义理论的真精神。马克思主义理论传播到意大利之后,洛里亚对马克思主义原著采取实证主义的解读方式,将马克思主义理论解释成为庸俗的经济论,在《马克思和他的理论》中,他认为社会主义将被资本家和劳动者组成的"混合的联合体"所替代。这在当时的意大利社会影响颇深。针对这种情况,恩格斯在《资本论》第三卷的序言中批评他,"直到他本国的社会主义者有朝一日从大名鼎鼎的洛里亚身上把他偷来的孔雀羽毛拔光以前,他满可以在意大利大摇大摆地自称是这个有划时代意义的新的历史理论的创始

---

[1]马塞洛·马斯托:《马克思思想在意大利的传播与接受——以〈共产党宣言〉为例》,《中国社会科学报》2011年4月7日。

人"。还有一些修正主义、巴枯宁主义、社会达尔文主义等思潮都在意大利社会中泛滥起来,阻碍了马克思主义理论在意大利的传播和发展。

最后,政党的不成熟。意大利的社会党成立于1892年,是当时意大利社会最大的党派,但是党内斗争严重,派系林立,严重削弱了党内力量,右翼势力是主导力量,他们主张改良,走社会民主主义道路,意大利无产阶级缺乏一个成熟政党的领导,无法展开革命运动,这造成他们既无法系统地学习马克思主义理论知识,也不可能取得无产阶级革命的胜利。直至1921年,在第三国际的帮助下,意大利共产党成立了,发挥了无产阶级政党的巨大作用,促进了马克思主义理论的传播。

二、拉布里奥拉和意大利马克思主义

安东尼奥·拉布里奥拉(Antonio Labriola)是第一位意大利马克思主义理论家,杰出的第二国际社会主义活动家,恩格斯称他是"严肃的马克思主义者"。他对马克思主义理论作出了意大利式的解读,是意大利马克思主义理论的先驱。其理论体系由以下三个方面构成:

第一,实践哲学观点。拉布里奥拉首创了"实践哲学"这一称谓。按照葛兰西在《实践哲学》中的解释来看,拉布里奥拉是第二国际时代中,唯一企图科学地建立实践哲学的人,他的实践哲学是一种自足的哲学,这种哲学独立于任何其他的哲学思潮。在拉布里奥拉的著作中,"实践哲学"是马克思历史唯物主义的代名词。关于"实践哲学"的内涵,他在《关于社会主义和哲学的谈话》中给出如下解释:"实践哲学,这是历史唯物主义的神经。这种哲学是哲学所研究的事物的内在规律。从生活到思想,而不是从思想到生活。真理的道路就是这样。从作为实际的认识的劳动到作为抽象理论的认识,而不是相反。"[1]因此,在拉布里奥拉那里,"实践哲学"具有独立性、基础性、自足性。首先,就"独立性"而言,实践哲学有其内部的客观规律性,不依我们的意识而转移。其次,就"基础性"而言,实践哲学是人类活动的客观基础。最后,就"自足性"而言,实践哲学独立于任何其他的哲学思潮,不需要任何学派的补充说明,它是自我确立的。这样,实践哲学是有别于时下流行的改良主义、修正主义、庸俗唯物主义的。拉布里奥拉的"实践哲学"思想为葛兰西所继承,葛兰西以"实践哲学"定位马克思主义哲学,强调了马克思主义哲学超越旧唯物主义的地方乃在于其"实践哲学"的根本特征,并进一步凸显了"实践哲学"中的能动性方面,构成了其文化领导权理论的深层哲学话语。

第二,科学社会主义阐释。1895年,拉布里奥拉撰写了《纪念〈共产党宣

---

[1] 柳·阿·尼基奇切:《拉布里奥拉传》,杨启潾等译,人民出版社,1987年,第150页。

言〉》一文,科学地分析了科学社会主义理论产生的背景及其内涵,证明了马克思主义理论的开放性和科学性,强调了马克思主义是理论与实践相结合的产物。

《纪念〈共产党宣言〉》一文认为《共产党宣言》的发表具有划时代的意义,标志着科学社会主义和其他学说的分界线。科学社会主义认为,社会的发展有其客观规律,遵循其固有的内在结构而向前发展。同时,"历史经验只能由历史本身来创造,人们既不能通过预见,也不能靠决断或命令来创造!"这表明了科学社会主义不仅是一种理论指南,更具有方法论上的意义,它的科学性在于启迪无产阶级"采取政治行动并且有规律地向前发展"[①]。科学社会主义是一种历史观,这种历史观表明,共产主义不是一种幻想,而是一种现实,是历史发展的必然结果,是解决当前阶级斗争的有效办法。它的实质在于,"不是从外部转向事物的主观批判,而是对那种包含在事物本身之内的自我批判的发现。……正是在这种过渡中,即从主观思想的批判(这是从外部考察事物并以为批判本身能够对事物进行纠正的批判)到对自我批判(这是社会在本身的内在发展过程中对自身进行的)的理解的过渡中,体现了马克思和恩格斯作为唯物主义者从黑格尔唯心主义哲学中吸取的历史辩证法"[②]。拉布里奥拉强调,唯物主义的历史观贯穿于科学社会主义学说始终,这使得它区别于以往的社会主义学说,将社会主义的实现建基于一种客观的基础之上。此外,科学社会主义学说的目标是实现共产主义;实现的方式是革命斗争;现实的活动主体是无产阶级。

拉布里奥拉关于科学社会主义的学说力图恢复马克思主义学说的真精神,在同考茨基等第二国际理论家的论战中,有力地打击了当时意大利社会流行的改良主义和修正主义思潮,为人们重新认识马克思主义理论提供了新的契机。

第三,意识形态问题论述。在对庸俗经济决定论的批判中,拉布里奥拉凸显了意识形态的作用。他肯定唯物主义历史观关于经济基础决定上层建筑这一经典表述,但同时又强调唯物主义历史观并不是将历史发展的整个进程都简单归结为经济范畴之中,而只是"要用构成历史事实的基础的经济结构来归根到底解释每一个历史事实"[③]。经济基础与上层建筑间的关系是复杂的,并不是单线性的决定关系,对于经济基础作用上层建筑的具体方式,拉布里奥拉给出自己的见解:"在发展劳动和与之相适应的生产资料的种种条

---

① 柳·阿·尼基奇切:《拉布里奥拉传》,杨启潾等译,人民出版社,1987年,第42页。
② 拉布里奥拉:《关于历史唯物主义》,杨启潾等译,人民出版社,1984年,第99页。
③ 拉布里奥拉:《关于历史唯物主义》,杨启潾等译,人民出版社,1984年,第62页。

件的基础上,第一,社会的经济结构即消费产品的生产方式在这种人为的环境中直接规定着社会成员的全部其余的实际活动,以及这种活动在我们称之为历史的那个过程中的不同形式的发展。这就是阶级的形成、冲突、斗争和消灭,法和道德领域的协调关系的相应发展,以及一些人通过暴力和强力控制另一些人的种种原因和形式,也就是所有最终构成国家的基础和本质的东西。第二,经济结构规定着艺术、宗教和科学领域中想象的和思想的方向和(一定程度上是间接的)对象。"[1]

拉布里奥拉分析到,任何一个历史事件都是以意识形态作为先导,并且贯穿于历史发展的始终。对此,他区分了意识形态的两种来源:其一是作为上层建筑要素的意识形态,包括国家制度、法律、道德;其二是作为思想产品的意识形态,包括艺术、宗教等。意识形态的存在有其独立性,它可以落后或先进于产生它的经济基础。因而,意识形态在现实中对人的存在具有激发或抑制作用,国家要注重对人民意识形态的教育和引导。葛兰西的"同意"学说就是受到了拉布里奥拉的影响。

通过意识形态的分析,拉布里奥拉凸显了人的主体能动性作用,历史是人的活动的产物。他指出:"人类既不是在想象的发展中创造自己的历史,也不是在一条事先已规定好的发展路线上前进。人类创造了历史,同时他们也创造他们自己的条件、也就是通过自己的劳动创造一种人为的环境,他们逐渐发展自己的技能,并在这种新的环境中积累和改造自己的活动成果。"[2]

拉布里奥拉指出,意识形态并不是先天就有的,它是人类社会生活的产物,在不同的历史条件下,意识形态有其不同的表征,这是意识形态的条件性特征。同时意识形态也有其阶级性特征,他以奴隶和奴隶主的思想和情感为例,指出主体的道德水平与其所处的时代和关系结构为基础,"单个人的发展只决定于他的一定的阶级归属和他的社会地位"[3]。拉布里奥拉指出,马克思主义意识形态理论与传统的意识形态学说具有明显区别。马克思主义作为一种意识形态,为人类提供的是关于社会发展趋势的客观规律的学说,是一种方法和预见,而不是固步自封的体系,更不是强加于人头脑的教条。马克思主义理论通过对资本主义社会固有的内在矛盾进行结构,使人们看到社会发展的内在规律性,从而认清社会发展的现实。作为意识形态的马克思主义理论,其本质恰恰在于反意识形态,解构其自身,最终打破意识形态的神话。马克思主义理论,并不是可以直接拿来解决任何时代、任何问题的灵丹妙药,

---

① 拉布里奥拉:《关于历史唯物主义》,杨启潾等译,人民出版社,1984年,第119页。
② 拉布里奥拉:《关于历史唯物主义》,杨启潾等译,人民出版社,1984年,第43页。
③ 拉布里奥拉:《关于历史唯物主义》,杨启潾等译,人民出版社,1984年,第125页。

必须将马克思主义理论与具体实际相结合。

第二节　葛兰西的欧洲革命观

安东尼奥·葛兰西这位享誉"最近五十年中最有独创性的马克思主义思想家"[①]之名的人,是意大利共产党的创立者和领袖,西方马克思主义的早期代表人物之一。自学生时代开始,葛兰西就积极投身于革命,成为意大利社会主义运动的组织者和领导者,并担任过意大利共产党总书记一职。1926年,在反法西斯革命斗争中,葛兰西不幸被捕入狱,并于1937年4月27日病逝于狱中。狱中生活的折磨并未战胜这位革命斗士的意志,反而激发了他的热情。在其身后留下了长达2848页的《狱中札记》和大约450封书信,在这些笔记中,葛兰西全面分析了20世纪初俄国革命的胜利以及欧洲无产阶级革命斗争式微衰败的原因,并将马克思主义与意大利国家的历史现实相结合,分析了"国家"问题、"法律"问题、"政党"问题,创造性地诠释了市民社会、文化领导权、阵地战、有机知识分子等理论,成为意大利马克思主义理论的奠基者。

作为意大利共产党的领袖,葛兰西立足于现实的意大利无产阶级的革命斗争,从经验与教训两个方面总结了国际无产阶级的革命历程。一方面,列宁领导的十月革命取得了胜利,第二国际内部的改良主义和修正主义思潮宣布破产,这促使葛兰西转向共产党的革命立场,并积极领导了意大利的工人运动。另一方面,十月革命胜利之后,欧洲的无产阶级革命运动并未取得同样的胜利,革命陷入了低潮。如何既非教条地理解马克思主义的革命理论,又非简单照搬俄国的革命经验,成为20世纪初欧洲无产阶级理论家与革命家探究的基本问题。被捕入狱后,葛兰西开始反思欧洲的革命道路问题,力图寻找革命的新起点。通过对国际共产主义运动的总结,葛兰西发现由于东西方社会结构的不同,这种不同主要体现在国家的性质以及市民社会与国家的关系之中,导致了东西方国家在革命道路选择和革命策略构想上的差异。葛兰西由此阐发了其独特的欧洲革命观。

一、欧洲革命观的起点——市民社会概念

在葛兰西之前,有传统的市民社会概念和马克思的市民社会理论等。根据基恩的考察,作为一种政治含义的市民(或公民)社会一词最早是由亚里士

[①] 戴维·麦克莱伦:《马克思以后的马克思主义》,李智译,中国人民大学出版社,2008年,第262页。

多德提出来的,指的就是城邦社会。直至18世纪,市民社会一词的含义也未发生根本的改变,它始终包含在国家的概念之中,国家与个人具有直接的统一关系。①

18世纪,伴随着近代资本主义经济的兴起,市民社会的概念及其与国家的关系发生了转变,人们迫切需要摆脱对外部权威的依赖,以洛克为代表的"自然权利说"成为这一需要的理论诉求。这种学说认为,"理性,也就是自然法,教导着有意遵从理性的全人类:人们既然都是平等和独立的,任何人就不得侵害他人的生命、健康、自由和财产"②。市民社会是人实现自由的载体,国家不能干预市民社会的自由,市民社会开始与国家相分离,但其始终作为一股边缘力量游离于国家政权之外,很难形成对国家政权的实质性干预。

黑格尔从伦理观念出发,将家庭、市民社会(Bürgerlicher Gesellschaft)与国家看作人类伦理精神发展的不同阶段。在黑格尔那里,市民社会是一个与家庭和国家相对立的私人经济活动领域,黑格尔将市民社会描绘为是一个"需要的体系",即"具体的人作为特殊的人本身就是目的,作为各种需要的政体以及自然必然性与任性的混合体来说,他是市民社会的一个原则"③。市民社会有三个环节:第一,通过个人的劳动以及通过其他一切人的劳动与需要的满足,使需要得到中介个人得到满足,即需要的体系。第二,包含在上列体系中的自由这一普遍物的现实性,即通过司法对所有权的保护。第三,通过警察和同业公会,来预防遗留在上列两体系中的偶然性,并把特殊利益作为共同利益予以关怀。④简而言之,黑格尔将市民社会定义为是满足个人物质需要和利益的地方,市民社会就是追求个体私利的人们的集合,在《法哲学原理》中,黑格尔提到"每个人都以自身为目的,其他一切在他看来是虚无"⑤。然而这种集合归根结底只是一种外部的结合,构成"外部的国家",与政治国家相对立。市民社会并不具备普遍的理性,从而无法实现真正的自由。

对于黑格尔而言,唯有国家代表着普遍理性,是伦理精神发展的最高阶段。在黑格尔的语境中,国家并不是传统意义上的暴力机构和行政管理机构,而是普遍理性的代表,是"合乎理性的建筑结构",因而国家的出现不是要取代市民社会,恰恰是要整合和规范市民社会内在秩序,从而实现社会的普遍利益和自由的普遍实现。"个人的单一性及其特殊利益不仅获得它们的完

---

① Noberto Bobbio, "Gramsci and Conception of Civil Society," Chantal Mouffe, *Gramsci and Marxist Theory*, Routledge, 1979, p.26.
② 洛克:《政府论》下篇,叶启芳、瞿菊农译,商务印书馆,2008年,第6页。
③ 黑格尔:《法哲学原理》,范扬、张企泰译,商务印书馆,2009年,第231页。
④ 黑格尔:《法哲学原理》,范扬、张企泰译,商务印书馆,2009年,第239页。
⑤ 黑格尔:《法哲学原理》,范扬、张企泰译,商务印书馆,2009年,第231页。

全发展,它们的权利得到明白的承认。"①市民社会是伦理精神从家庭伦理向国家伦理过渡的必然环节,国家是市民社会的基础和规范,国家的普遍理性精神决定着市民社会的发展。因此在黑格尔那里,国家决定着市民社会。

"市民社会"也是马克思主义理论中一个至为重要的概念。马克思对这一概念的使用和理解是复杂的,在不同的理论时期,他对于市民社会这一概念的诠释向度有所不同,但这些诠释之间却充满了思想的张力。在经历了《莱茵报》的实践,以及克罗茨纳赫时期历史学研究之后,马克思展开了对黑格尔国家理性主义学说的批判,将矛头直指黑格尔的《法哲学原理》。在写作《黑格尔法哲学批判》期间,马克思展开了对黑格尔有关国家与市民社会关系的全面批判,黑格尔从伦理精神的角度出发,认为是国家决定市民社会,国家是市民社会的原则和基础,马克思通过对政治与私有财产关系的研究,得出了与之相反的结论,"家庭和市民社会都是国家的前提,它们才是真正活动着的"②。在马克思看来,黑格尔的国家观是抽象的国家观,黑格尔的学说是头足倒置的。

马克思继承了黑格尔将市民社会与国家区分开来的做法,将市民社会确立为是私人活动的领域,这样的观点贯穿于《黑格尔法哲学批判》《论犹太人问题》《〈黑格尔法哲学批判〉导言》和《神圣家族》等著作中。在写作《1844年经济学哲学手稿》时期,马克思对于市民社会的研究深入其内里层面,对其内部复杂的经济关系结构展开分析,形成了以经济学视角研究市民社会的新路径。在《德意志意识形态》中,马克思主张市民社会与国家的彻底分离,"市民社会包括个人在生产力发展的一定阶段上的一切物质交往……市民社会这一名称标志着直接从生产和交往中发展起来的社会组织,这种社会组织在一切时代都构成国家的基础以及任何其他观念的上层建筑的基础"。到了写作《〈政治经济学批判〉序言》时,马克思指出:"法的关系正像国家的形式一样,既不能从它们本身来理解,也不能从所谓人类精神的一般发展来理解,相反,它们根源于物质的生活关系,这种物质的生活关系的总和,黑格尔按照十八世纪的英国人和法国人的先例,称之为'市民社会',而对市民社会的解剖应该到政治经济学中去寻求。"③

马克思对于"市民社会"的解释颇为复杂多样。例如在《黑格尔法哲学批判》中,马克思将市民社会解释为是私人活动的领域,代表着私人利益的结合。在该文第261节中,马克思写道:"具体的自由在于私人(家庭和市民社

① 黑格尔:《法哲学原理》,范扬、张企泰译,商务印书馆,2009年,第305页。
②《马克思恩格斯全集》第3卷,人民出版社,2002年,第10页。
③《马克思恩格斯全集》第13卷,人民出版社,1962年,第8页。

会)利益体系和普遍(国家)利益体系的同一性(应有的二重化的同一性)",将市民社会概括为是私人利益的体系。同时,马克思也将市民社会理解为非政治领域,比如在《论犹太人问题》中,马克思认为:"政治革命是市民社会的革命……于是,政治革命也就消灭了市民社会的政治性质。"[1]

在《德意志意识形态》中,马克思对市民社会作出了比较详细的规定。第一,将市民社会等同于经济基础,市民社会"始终标志着直接从生产和交往中发展起来的社会组织,这种社会组织在一切时代都构成国家的基础以及任何其他的观念的上层建筑的基础"[2]。第二,将市民社会界定为商品经济时期的物质交往形式。"市民社会包括各个个人在生产力发展的一定阶段上的一切物质交往。它包括该阶段上的整个商业生活和工业生活。"[3]第三,将市民社会定义为是一种社会组织,"这一名称始终标志着直接从生产和交往中发展起来的社会组织"[4]。

在马克思的语境之中,国家与市民社会是人类生活的两个不同层面,市民社会作为人类物质生活领域,是国家的基础。市民社会构成了人类全部历史的基础和舞台。对于国家与市民社会的分离,马克思以唯物史观的视角加以审视。他看到了市民社会与国家的分离是历史发展的必然产物,这样的分离是资产阶级革命带来的必然结果。在这种分离中,经济与政治获得了同等重要的位置,经济得到了极大的解放,自由民主政治得到了发展。在人类历史中,这样的分离是一个巨大的进步。与此同时,这样的分离也带有极大的历史局限性。当市民社会从政治生活中解放出来,私人利益得到了尊重和发展,但是人与人之间并没有实现真正的平等,"经济人"的思维方式导致了工具理性的横行无阻,人降低为工具,在资本主义社会中,剥削的事实存在导致了人与人之间经济上的不平等,因而自由与民主并不具有普遍意义。

马克思之后,现代资本主义在经济、政治、文化层面都发生了新的变化,市民社会与国家的关系更为复杂,市民社会问题日益成为当代西方思想家关注的焦点。当代的一些学者,在继承马克思主义关于市民社会理论学说的基础上,针对历史发展的新趋势,提出了有关市民社会的新问题和新视角,促进了马克思主义市民社会理论的发展。意大利马克思主义理论的奠基者葛兰西就是当代西方市民社会论的主要代表人物之一。

在以上市民理论基础上,葛兰西对市民社会这一概念进行了创造性的诠

①《马克思恩格斯全集》第3卷,人民出版社,2002年,第41页
②《马克思恩格斯全集》第3卷,人民出版社,2002年,第33页。
③《马克思恩格斯全集》第3卷,人民出版社,2002年,第41页。
④《马克思恩格斯全集》第3卷,人民出版社,2002年,第41页。

释,赋予其新的内涵。针对马克思关于市民社会和政治国家的二分法,葛兰西一方面继承了马克思将社会总体结构区分为经济基础与上层建筑的思路,另一方面他将市民社会从经济领域剥离出来,归之于上层建筑领域,提出了"经济基础—市民社会—国家"的三分法,强调了市民社会的意识形态功能,而当代西方无产阶级的革命就发生在市民社会领域,表现为争夺文化领导权的斗争。葛兰西认为:"目前我们能够做的是确定上层建筑的两个主要的层面:一个是能够被称作'市民社会',即通常被称作'民间的'社会组织的集合体;另一个则是'政治社会'或'国家'。一方面,这两个层面在统治集团通过社会执行'领导权'只能是一致的;另一方面,统治集团的'直接的统治'或命令是通过国家和'司法的'政府来执行的。"[1]葛兰西把市民社会和政治社会作为等价值的范畴列举出来,它们都是上层建筑的一部分,市民社会指向的是意识形态和文化价值领域,政治社会指向的是国家,即政治活动领域。葛兰西的市民社会概念,一方面突破了马克思主义将其置于经济活动范围的局限,被归之于上层建筑的范围之中,与国家并列;另一方面,受黑格尔学说的影响,强调了市民社会的意识形态和文化功能。

通过对市民社会的重新诠释,"国家"这一概念就有了广义与狭义之分。狭义上的国家只具备政治社会的内涵,隶属于上层建筑的一部分,与市民社会并列。广义上的国家内涵,体现在葛兰西提出的这个著名的公式之中:"国家=政治社会+市民社会,即强制力量保障的霸权。"[2]按照葛兰西的理解,政治社会的特征是"强制",包括对人民群众实施暴力的各种工具,即国家的行政机关、军队、警察、法庭、监狱等权力机构。市民社会的特征是"同意",它旨在通过文化、教育、宣传等非暴力手段,对民众起到教化管理作用。只有市民社会和政治社会完美结合才能形成真正意义上的国家。

总体而言,葛兰西赋予市民社会上层建筑之内涵,与20世纪初期资本主义的社会转型紧密相关。资本主义社会由自由竞争资本主义转向了福特主义的资本主义,流水线式的生产方式盛行开来,科层制取代了自由竞争的市场体系,市民社会与国家间的界限日益模糊。[3]在这样的"国家社会化"与"社会国家化"的社会结构转型过程中,资产阶级的身份认同开始发生变化,不再局限于是一种经济意义上的阶级,更凸显为一种意识和文化身份认同。

因而,社会结构的转型成为葛兰西诠释市民社会概念的语境。经济基础

① 俞吾金、陈学明:《国外马克思主义哲学流派新编:西方马克思主义卷》,复旦大学出版社,2002年,第122页。
② 安东尼奥·葛兰西:《狱中札记》,曹雷雨、姜丽、张跣译,中国社会科学出版社,2000年,第218页。
③ 仰海峰:《西方马克思主义的逻辑》,北京大学出版社,2008年,第97—98页。

和上层建筑构成了人类社会结构的两个基本方面,上层建筑的基本内容包括政治社会和市民社会,政治社会主要是围绕国家、政府的政治活动展开,而市民社会主要是围绕意识形态和文化活动而实现。市民社会从经济领域中独立出来,使得人类社会结构更为复杂和充满活力。

这其中,市民社会成为经济生活与政治活动之间的中介。一方面,国家与政府的政治活动不再是采取直接干预的强制性手段作用于社会,而是通过市民社会中的学校、政党等民间组织,采取报刊、新闻等舆论方式,逐步渗透到人民群众的意识形态和文化领域之中。另一方面,经济生活对上层建筑的制约作用,不再以直接的方式出现,而是通过市民社会的中介环节,以更为民主的方式呈现自身。市民社会是意识形态和文化活动领域,构成了社会的经济基础与国家政治活动之间的中介,越是发达的资本主义社会,其市民社会的影响和辐射力越强,传统国家的职能开始发生变化,强制的暴力统治工具日益为意识形态的文化领导权所取代,使得被统治者心甘情愿地接受了统治阶级制定的价值体系和思维方式,因而葛兰西特别强调了意识形态领域内文化领导权的争夺,以及有机知识分子的地位。

在葛兰西的语境中,市民社会是一个历史范畴,是人类社会发展到一定阶段的产物。东西方社会处于不同的历史发展阶段,因而市民社会在东西方社会的结构中也就呈现不同的形态,欧洲的资本主义国家,市民社会形态日益成熟,形成了独立的市民社会结构,而在东方社会中,由于其资本主义发展的相对滞后,市民社会结构还未独立出来。市民社会的历史方位导致了东西方国家的社会形态及其国家职能的差别,而国家形态又会对现实的革命道路和革命策略产生直接的影响。

马克思在《政治经济学批判》序言中,曾专门探讨过东方社会的结构问题,"大体说来,亚细亚的、古代的、封建的和现代资产阶级的生产方式可以看作是经济的社会形态演进的几个时代。资产阶级的生产关系是社会生产过程的最后一个对抗形式"①。东方社会的经济结构是以家庭式部落或部落的联合为首要前提,手工业与农业相结合,生产仅限于自给自足,依然停留在农业文明时代,反映在政治结构上,自然呈现为一种独特性,即国家在社会结构中处于重要位置,成为最高的政治权力,并在行使国家权力时,表现出中央集权化特征。葛兰西吸收了马克思对于东方国家的论说,进一步提出东方社会由于资本主义经济发展的滞后性,导致其社会结构并未呈现出意识形态和文化领域的市民社会这一环节,因此国家的本质是统治阶级进行阶级压迫的工具,国家职能的实现只有依靠强权和暴力工具,革命的目标是夺取专制统治

① 《马克思恩格斯选集》第2卷,人民出版社,2012年,第33页。

的国家机器,无产阶级革命在东方国家以暴力革命夺取政权为主要形式。

然而,这样的革命斗争形式在欧洲却面临着挑战。通过对国际共产主义运动历史的分析,葛兰西发现欧洲无产阶级革命式微衰败的根本原因在于没能走向一条符合欧洲国家现实的革命道路,机械地模仿俄国的革命道路只能是失败的。对于欧洲的国家而言,国家的内涵和功能发生了根本性的扩展。由于欧洲资本主义经历了自由竞争资本主义和福特主义资本主义的两个阶段,市民社会显现为一个独立的社会结构环节,这使得欧洲国家具有二重功能:其一是代表专制的强力功能,其二是代表同意的领导权功能。[1]哈贝马斯将此描述为"国家的社会化"与"社会的国家化"双重进展。葛兰西在《狱中札记》中,对于市民社会与国家的关系展开过多种论述,安德森将这些论述总结为三种观点:第一种认为二者是对立的,领导权属于市民社会,强制属于国家;第二种认为国家包含市民社会,国家是市民社会和政治社会的总和,领导权披着强制的外衣,在这种关系下,领导权是同意和强制的统一;第三种认为国家和市民社会是统一的,[2]那么领导权问题也就消解了,这种消解也可以被理解为是无处不在的另一种表达。

资本主义的经济愈是发达,市民社会的独立性愈强,导致了国家的暴力特征式微,而领导权功能的增长同时也造成了国家内涵的扩展和职能的转变,"在我看来,关于伦理国家、文化国家,可以提到的最合理和最具体的一点就是:每个国家都是伦理国家,因为它们最重要的职能就是把广大国民的道德文化提高到一定的水平,与生产力的发展要求相适应,从而也与统治阶级的利益相适应"[3]。因此在欧洲国家中,革命的任务不仅仅是指向了对暴力机器的摧毁,同时更为重要的一点在于意识形态领域中文化领导权的争夺。因此,市民社会中的文化领导权问题成了葛兰西的欧洲革命观的核心和关键。

二、欧洲革命观的核心——文化领导权问题

首先来关注文化领导权问题提出的背景。1917年,在列宁的领导下,俄国的无产阶级以暴力武装的斗争形式夺取了政权,取得了十月革命的胜利,建立了第一个无产阶级专政的社会主义国家,人类历史的画卷展开了新的篇章。1919年3月4日,以推动世界革命为目的的第三国际在莫斯科成立了,列宁总结了俄国革命取得胜利的原因,批评了第二国际内部的改良主义和修正

---

① 衣俊卿:《西方马克思主义概论》,北京大学出版社,2008年,第72页。

② Perry Anderson, "The Antimonies of Antonio Gramsci," *New Lift Review*, No.100, p.5.

③ 安东尼奥·葛兰西:《狱中札记》,曹雷雨、姜丽、张跣译,中国社会科学出版社,2000年,第214页。

主义思潮,并提出了正确的革命斗争策略,强调了无产阶级的阶级意识的重要性,诠释了马克思主义理论中的实践主体的应有之义,这是对马克思主义理论的进一步发展,是对第二国际内部教条化的理解马克思主义理论的有力反击。作为意大利共产党的领袖,葛兰西十分赞同列宁提出的革命斗争策略,并且接受了第三国际对意大利无产阶级革命的领导。在充分借鉴列宁提出的关于建立统一战线联盟和坚持党在联盟中的领导地位的思想之后,葛兰西初步提出了他的文化领导权思想:"第一,在发起推翻资产阶级秩序的冲锋之前,必须重新获得失去的阵地;第二,如果不同反法西斯力量乃至资产阶级力量结成广泛的联盟,就不可能重新获得丧失的阵地。"[1]与此同时,世界格局开始发生巨大的动荡,"意大利社会陷入了危机,其根源在于组成这个社会的因素本身和它们之间的不可调和的对立。战争使这种危机发展、深化和变得不可克服了"[2]。墨索里尼在意大利境内发动了法西斯运动,迫害进步民主人士,对人民群众实施高压政策,进行极权主义的专制统治,阿伦特在《极权主义的起源》中,对极权主义做出了描述,她认为极权主义的本质并不在于它的残忍,而在于企图通过建立一种全面统治的手段,来消解一切使人性成为可能的东西,即消灭人的复多性和交往空间。在写给雅斯贝尔斯的一封信中,阿伦特将这种"使人变得多余"的时代特征,判断为是一种"根本的邪恶"(radical evil)。[3]葛兰西认为,对于这种"根本的邪恶"最有力的回应,就是发动无产阶级革命,夺取统治阶级的政权。

20世纪20年代初期,葛兰西领导了一场都灵工人运动,然而令葛兰西倍感疑惑的是,只有少数的人民群众加入到这场运动中。与之相反的是,墨索里尼发动的法西斯运动却吸引了众多工人和农民加入其中,这样的现实是令葛兰西始料不及的。当列宁领导的十月革命取得历史性的胜利之后,欧洲资本主义国家的无产阶级革命却以失败告终,无产阶级的工人运动一时间陷入死寂。面对国际共产主义运动的困境,面对意大利国内紧张的革命局势,葛兰西陷入了沉思。通过对东西方社会结构进行比较,葛兰西发现俄国由于其资本主义发展水平相对滞后,使得其社会内部的市民社会并未完全独立出来,市民社会被排除于政治国家之外,甚至受到国家的挤压,因而俄国的无产阶级只能采取暴力武装的革命斗争形式,来夺取统治阶级的政权,国家是暴力统治的机器,但这种武装夺取政权的革命策略却并不适用于欧洲资本主义国家。因为在欧洲的资本主义国家中,市民社会已经呈现独立形态,"国家=

① 朱塞佩·费奥里:《葛兰西传》,吴高译,人民出版社,1983年,第187页。
② 马基雅维利:《君主论》,徐继业译,光明日报出版社,2006年,第109页。
③ 玛格丽特·卡诺凡:《阿伦特政治思想再释》,陈高华译,人民出版社,2012年,第28页。

市民社会+政治社会"，国家的内涵发生了根本性的扩充，市民社会成为了现代国家进行意识形态统治的有力一环，"国家和市民社会关系得当，国家一旦动摇，稳定的市民社会结构立即就会显露"①。而且，愈是市民社会独立成熟的国家，其统治的方式愈是倾向于文化与意识形态统治。

葛兰西进而分析到，在资本主义国家内部发生的危机，实际上是统治阶级的统治合法性遭遇的危机，统治合法性是"领导权"在意识形态中的另一种表述。"要么是因为统治阶级的某项重大政治事业的破产，而为了这项事业，它曾经要求或者武力胁迫广大群众的同意(例如战争)，要么因为有大量群众(特别是农民和小资产阶级知识分子群众)突然间变政治上的被动为主动，提出了各自的目标，这些目标作为并非有机的混合体，已经构成了一场革命。人们所说'权威的危机'，实际上就是领导权的危机，就是国家的全面危机。"②面对领导权的危机，统治阶级内部会采取多种方式加以平息，武力镇压和暴力统治只能暂时缓解统治的危机，而当人民失去了对国家意识形态的信仰之后，统治阶级与被统治阶级之间的矛盾会更加激烈，冲突会更为加剧。统治阶级意识到，只有以市民社会为中介，进行意识形态的巩固和宣传，掌握文化领导权，才有可能真正确立自身的统治合法性。

葛兰西进一步提出了文化领导权理论，他认为欧洲的无产阶级革命必须坚决反对庸俗马克思主义的机械决定论思想，唤醒无产阶级的阶级意识。要在意识形态领域同资产阶级展开斗争，揭露资产积极意识形态的虚伪性，发挥市民社会的重要作用，建立统一联盟，无产阶级政党必须团结一切可以团结的力量，从道德与知识层面转变其他党派有生力量的思想认识，"许多党的有生力量转移到一个更能代表和体现整个阶级需要的统一的党的旗帜之下……这表明整个社会集团在一个统一的领导作用下融为一体，人们相信只有这种领导才能解决现有的压倒一切的难题，才能克服致命的危险"③。坚固的统一联盟，使得市民社会的内部力量被最大化的加以整合，从而帮助无产阶级夺取文化领导权，最终走向自由人的联合体。

葛兰西文化领导权内容非常丰富。在葛兰西政治理论的当代效应中，文化领导权思想最为引人关注。有学者认为，文化领导权(Cultural Hegemony)是葛兰西对20世纪马克思主义思想的最重要贡献。④也有学者指出，在葛兰西的语境中，对于文化领导权使用存有广义与狭义之分。在广义层面上，文

① 葛兰西:《狱中札记》，曹雷雨、姜丽、张跣译，中国社会科学出版社，2000年，第194页。
② 安东尼奥·葛兰西:《现代君主论》，陈越译，上海世纪出版集团，2006年，第73页。
③ 安东尼奥·葛兰西:《现代君主论》，陈越译，上海世纪出版集团，2006年，第73页。
④ Thomas R. Bate, "Gramsci and theory of hegemony," *Antonio Gramsci: Critical Assessments of Leading Political Philosophers*(II), ed. by James Martin, Routeldge, p.245.

化领导权就是指由无产阶级所领导的政治领导权、文化领导权、经济领导权的有机组合;在狭义层面上,文化领导权专指无产阶级在意识形态领域具有非强制性特征的"精神和道德领导"。无论是广义上的使用,还是狭义上的理解,文化领导权之内涵始终都指向了统治阶级的领导地位,以及无产阶级革命的目标。为了进一步弄清文化领导权的实质和内容,我们有必要对葛兰西语境中文化领导权的理论渊源进行梳理,追本溯源,以正其名。

马基雅维利的学说对葛兰西的政治思想产生了深刻的影响。葛兰西的《狱中札记》大篇幅讨论了马基雅维利的政治学说。马基雅维利在《君主论》中对领导权以及个体君主概念的论说,为葛兰西所推崇。他在马基雅维利学说的基础上进一步提出了现代君主概念,认为现代君主已经不再是一个具体的个人,而是社会有机体,这个社会有机体依赖于集体意志的普遍同意而活动,在现代社会中,政党就是社会有机体的代表。马基雅维利重视君主和集体意志对于统治的重要性,葛兰西接受这个观点,并进一步提出了文化领导权问题,认为文化领导权的实现就是争取广大人民群众对于政权统治的同意过程,并且在这个过程中知识分子要发挥对于人民群众意识形态的改造功用,建立现代君主的国家政权。

克罗齐的哲学思想是构成葛兰西政治学说的另一个理论渊源。葛兰西对于克罗齐的哲学思想经历了一个由推崇到批判再到超越的过程。葛兰西早年十分推崇克罗齐的哲学理念,认同克罗齐从精神出发追求伦理自由的理论进路。在革命斗争的不断惊醒中,葛兰西开始了对克罗齐哲学学说的反思,1926年他发表了《关于南方问题》一文,文中系统批判了克罗齐哲学是修正主义的,是颠倒的学说。在《狱中札记》的大量笔记中,对克罗齐哲学的进一步批判构成了葛兰西思想的核心,他指出克罗齐的哲学是一种精英的活动,这种哲学造成了与现实政治的分离,与集体意志的分离,是一种"消极的革命"。葛兰西在批判克罗齐学说抽象性的同时,也在积极吸纳其中的合理因素。克罗齐的"伦理政治思想史"反对当时盛行的机械主义与经济主义[1],强调了文化和领导权因素,注重了知识分子在市民社会与国家组织中的重要地位,促进了葛兰西对文化领导权问题的思考。葛兰西是这样评价克罗齐的伦理政治思想史的:"人们可能会说实践哲学不仅要包括伦理政治史,而且要其在重要的发展阶段都要强调霸权时刻对于国家是非常重要的,并非常看重

---

① 仰海峰:《实践哲学与霸权——当代语境中的葛兰西哲学》,北京大学出版社,2009年,第60页。

文化因素、文化行为和文化的必要性。"①葛兰西对于克罗齐哲学的批判,实际上构成了对于马克思主义实践哲学的发展,使人们看到马克思主义理论并不是第二国际鼓吹的经济决定论和机械论思想,同样也蕴含着伦理思想,无产阶级的革命斗争不只是暴力革命这一种形式,同样也蕴含着意识形态的斗争形式,国家有着政治社会与市民社会的双重维度。

意大利早期马克思主义作家拉布里奥拉,率先将马克思主义理论引入到意大利,那个时期的许多意大利青年学者正是通过拉布里奥拉的学说接触到了马克思主义理论,葛兰西也不例外。拉布里奥拉将马克思主义的理论与意大利的文化相结合,力图发现适合改造意大利社会现实的途径。他提出了"实践哲学"这一概念,指出"实践哲学,这是历史唯物主义的神经。这种哲学是哲学所研究的事物的内在规律,从生活到思想,而不是从思想到生活。真理的道路就是这样。从作为实际的认识的劳动到作为抽象理论的认识,而不是相反"②。拉布里奥拉强调了文化、意识和价值对于改造社会的重要作用,强调了人的主体性,批判了庸俗的经济决定论思想,"我们的学说不是要把历史发展的整个复杂的进程归结为经济范畴,而只是要用构成历史事实的基础的经济结构来归根结底解释每一个历史事实"③,这些都对葛兰西的文化领导权思想起到了直接的影响,葛兰西正是在实践哲学的框架之内展开了他的政治理论的思考。

列宁的政治学说特别是领导权思想对葛兰西产生了直接影响。在《狱中札记》中,葛兰西坦承"领导权"这个概念直接来自于列宁,"一切都是政治,各种各样的哲学都是如此。在这个意义上,人们可以解释德国无产阶级是德国古典哲学的继承人这一命题,人们也可以断言,伊里奇开创的霸权的理论化与现实化,也是一个伟大的'形而上学'事件"④。虽然葛兰西自己承认领导权这一概念来自列宁,但是二者在对领导权这一概念的使用上却有所差别。在列宁的语境中,领导权是出自于政治权力之考量,指出政治领导权是实现对无产阶级领导的保障。而在葛兰西的语境中,领导权指向了文化、价值与意识形态层面,是将国家政权建基于统一的意识形态,实现对无产阶级的政治领导必须以文化领导为前提,因而葛兰西的领导权指向的是文化领导权。

葛兰西的文化领导权与马克思主义的理论学说是紧密相关的。虽然马克思本人并没有对领导权问题展开过直接的论述,但就马克思理论的总体而

---

① 仰海峰:《实践哲学与霸权——当代语境中的葛兰西哲学》,北京大学出版社,2009年,第61页。

② 柳·阿·尼基奇切:《拉布里奥拉传》,杨启潾译,人民出版社,1987年,第150页。

③ 拉布里奥拉:《关于历史唯物主义》,杨启潾译,人民出版社,1984年,第62页。

④ 仰海峰:《西方马克思主义的逻辑》,北京大学出版社,2008年,第100页。

言,却蕴含着领导权这一问题的萌芽。共产主义领导权不同于以往的统治阶级的剥削,它是在无产阶级的阶级革命斗争中逐步实现的,是无产阶级的阶级意识觉醒的必然呈现。马克思对于意识形态和市民社会的论述,都对葛兰西的政治思考带来极大的启发,意识到资产阶级意识形态的虚假性,从而为其文化领导权的学说奠定了理论基础。

在葛兰西看来,文化领导权有两个基本特征:第一个特征是流动性。就文化领导权的获取而言,它并不是一劳永逸的。葛兰西强调:"毫无疑问,领导权成为事实的前提,就是需要估计将被施加领导权的那些集团的利益和要求,就是需要通过妥协形成某种平衡。换言之,就是需要领导集团做出某些牺牲,带上经济—社团的性质。"①因此,统治阶级如果想得到被统治阶级的"同意",就必须充分考虑到从属阶级的利益诉求,而从属阶级的利益诉求随着社会的发展必定会有所改变,当从属的利益诉求逾越了统治阶级制定的规范要求,必定会引发新的冲突,因而统治阶级与从属阶级之间始终存在着一股张力,文化领导权必然要在动态的过程中寻求新的平衡。第二个特征是民主性。在葛兰西的语境中,文化领导权的获得从来不是依靠国家政权的暴力工具,它依靠于市民社会中学校、教会等民间社会组织所代表的舆论场所,以及报纸、杂志、新闻等意识形态宣传工具,将国家的意识形态以一种温和的方式影响大众,这种传播方式是非暴力和非强制的。当大众接受了统治阶级的传播的价值观和世界观之后,他们与统治阶级之间达成了"同意",从属阶级将会心甘情愿地认同统治阶级的意识形态和文化观念,从而在心理层面认同了统治阶级的统治合法性,并自觉拥护统治阶级的统治地位。

葛兰西欧洲革命观的核心问题在于欧洲的无产阶级如何夺取文化领导权。一方面,一个社会集团在取得政权之前,就应该首先夺取文化领导权,这是取得政权的前提,当它成为统治阶级之后,它也应该牢牢把握住文化领导权,否则一旦失去在意识形态的领导权力,统治阶级的统治就会面临崩溃,国家政权岌岌可危。葛兰西通过分析资产阶级的执政之路,发现资产阶级之所以取得革命的胜利,在于"私人有机体"等民间组织的积极行动,这些民间组织在市民社会中宣传资产阶级的价值观、世界观,使得资产阶级获得了大批工人、农民的支持,获得了文化上的领导权,从而为他们夺取国家政权奠定了基础。另一方面,葛兰西分析了20世纪欧洲无产阶级革命失败的原因在于无产阶级阶级意识的缺失,他们始终被资产阶级的意识形态所绑架,没有挣脱出资产阶级的价值观束缚,更没能形成对自我意识形态的反思,从而丧失了对于文化领导权的占据,而这种文化领导权才是夺取国家政权的首要前提。

---

① 安东尼奥·葛兰西:《现代君主论》,陈越译,上海世纪出版集团,2006年,第38页。

葛兰西认为,文化领导权形成的前提在于"同意"。"任何一个历史集团,任何一个确立的秩序,它们的力量不仅仅在于统治阶级的暴力和国家机器的强制性能力,而且在于被统治者接受了统治阶级的固有世界观。"①

在葛兰西的语境中,"同意"有两层含义,其一是指一种心理状态,即在市民社会中,群众自觉地接受,并且积极认同,带有主动性。这种"同意"来自于日常生活中,文化观念、价值观念等潜移默化的渗透,使得这些本来生硬的意识形态逐步刻画为群众日常生活的习惯和经验。其二是指一种现实结果,即在政治社会中,群众对于选举结果的接受,带有被动性。葛兰西认为,统治阶级要想获得统治权力,必须赢得群众的"同意",而且这种"同意"必须是积极和自愿的,必须依赖于群众自觉地认同,因而无产阶级若想成为统治阶级,首先就要在市民社会中,形成并确立自身的意识形态,不断的宣传自身的价值观和世界观,唤醒工人阶级的阶级意识,并且影响越来越多的其他阶级加入到无产阶级的队伍中来,争取更广泛的"同意",以此在文化和道德上夺得领导权,走向一个自由人的联合体。文化领导权的获得只是第一步,因为文化领导权的特征之一就是流动性,因而无产阶级若想稳固国家政权,必须获得稳固的同意,达成集体意志。

葛兰西是这样定义"集体意志"的:"必须在现代意义上给集体意志和一般的政治意志下一个定义:把它定义为对历史必然性的积极意识,定义为一场实实在在的历史剧的主人公。"②集体意志兼具人民性、政治性和时代性。就人民性而言,它是指集体意志拥有广泛的群众基础,是建立在群众的普遍同意的前提之上的。就政治性而言,集体意志体现了无产阶级的政治愿望和诉求,是无产阶级的政治纲领。就时代性而言,集体意志是历史的产物,带有鲜明的时代烙印。由于受到传统与现代因素的制约,集体意志的形成不是一蹴而就的,需要长期的历史锻造。对此,葛兰西分析道:"一个社会,除非在解决难题的物质条件已经存在的时候,是不会给自己提出这个难题的。……若要批判地分析这个命题的意义,重要的在于研究那些持久不变的集体意志究竟是怎样形成的,它们怎样给自己提出了直接和间接的具体目标,也就是集体行动的路线。"③

对于无产阶级集体意志的建立,葛兰西提出了三个建议:第一,要注重群众物质生活水平的提高,保证群众现实利益的获得。葛兰西虽然强调无产阶级的意识形态,但他同样也坚持马克思主义的唯物史观,经济基础始终是人

① 朱塞佩·费奥里:《葛兰西传》,吴高译,人民出版社,1983年,第256页。
② 安东尼奥·葛兰西:《现代君主论》,陈越译,上海世纪出版集团,2006年,第7页。
③ 安东尼奥·葛兰西:《现代君主论》,陈越译,上海世纪出版集团,2006年,第91页。

类社会结构的关键,虽然经济领域的必然性和要求不再直接作用于国家和政治社会,但是它依然通过市民社会产生作用,依然在群众的意识形态中得到反映。并且,葛兰西尖锐地指出市民社会中的"同意"更多的是建立在经验层面,是与群众自身的物质利益相关联的,确保并提高人民群众的生活水平,有利于保障集体意志的稳定性,扩大统治基础。第二,要坚持同资产阶级在内的一切旧有意识形态作斗争,不放松对资产阶级文化观、价值观的批判。第三,要坚持在学校、工会、政党等民间组织展开价值观的宣传,注重媒体、杂志、电视的宣传手段,使得无产阶级的意识形态在不断的实践中,最终铸就坚实的集体意志。

总体而言,葛兰西的文化领导权是对马克思主义政治理论的继承和发展。首先,"实践哲学"作为文化领导权的哲学基础,突破了原有框架对马克思主义理论的理解,葛兰西以"实践哲学"批判了伯恩斯坦、考茨基以进化论等同于马克思的辩证法,普列汉诺夫以庸俗唯物主义等同于马克思主义哲学的做法,从而恢复了马克思主义哲学的精髓,凸显了马克思主义政治理论中对于伦理、文化、意识形态的强调,在主观性与客观性、理论与实践、哲学与政治之间寻求了一种新的平衡。

其次,文化领导权思想是对马克思主义理论总体性的关照。葛兰西将马克思主义理论作为一个总体加以阐释,突破了第二国际将马克思主义理论局限在经济层面的限制,力图呈现马克思主义理论的总体性视域。葛兰西发现,现代资本主义的政治、经济、文化关系不再是简单的单线性发展,而呈现多层次交织。通过对市民社会、文化领导权的阐释,葛兰西将对马克思主义理论物质层面的关注扩展到对意识、价值、文化层面的关注,力图从总体上透视马克思主义理论的总体性。

最后,文化领导权思想是马克思主义理论与意大利具体国情相结合的产物。通过对东西方社会结构的分析,葛兰西关注到市民社会这个问题,他发现东西方社会由于市民社会结构呈现的具体形态的不同,导致革命道路的殊异。意大利的市民社会结构相对独立成熟,经济上,由于地理位置优越,意大利一直是地中海上贸易中心,商品经济发达。自14世纪起,意大利北部地中海沿岸城市就出现了资本主义萌芽。政治上,意大利是世界上第一个近代国家。随着商品经济的发展,城市摆脱领主控制,建立起新的自治政权,农村建立农村公社和城市公社结合起来共同打击封建专制,这在西欧历史上是独特的。文化上,文艺复兴为意大利人带来了思想上的启蒙,城市中的文化、价值观念都得到了极大的解放。因此,意大利由于其独特的历史发展,市民社会发展成熟,无产阶级夺取政权的关键在于文化领导权的获得,这是对马克思主义政治理论的深化,是马克思主义理论与意大利国家历史、文化相结合的理论表达。文化领导权为欧洲无产阶级的革命斗争找到了新的起点。自十月革命胜利之后,欧洲国家的革命道路却颇多曲折,武装夺取政权的革命策略在欧洲国家中并没有奏效,最终以失败告终。葛兰西通过对国家职能的重新阐释,树立了文化领导权在夺取国家政权的重要性,开辟了欧洲无产阶级革命的新道路。葛兰西的文化领导权理论既深化了马克思主义国家理论、革命观念、意识形态理论,同样也引领了当代西方马克思主义思潮的发展。阿尔都塞的"意识形态国家机器"论,普兰查斯的"结构主义马克思主义"的阶级论和国家论,拉克劳、墨菲的"新领导权"理论,哈贝马斯的"商谈论"和"市民社会"概念论,萨义德的"东方学"理论,都来源于葛兰西文化领导权思想。

由于受到时代背景的制约,以及自身理论视域的局限,葛兰西的文化领导权理论不可避免地存在偏颇之处。文化领导权理论强调意识形态的独立性,而缺乏对社会经济基础的强调。文化领导权的一个关键性因素是"同意",葛兰西认为从属阶级的"同意"主要来自于经验和常识,因而有机知识分子必须要加强对民众的思想改造和道德提升,当无产阶级的意识形态转化成为民众常识的一部分时,民众自然就会将这种对常识的遵守转换为社会改革的物质力量。这样的设想显得过于理想,社会是一个总体,是多因素交织的动态结构,经济发展水平始终都是一个社会变革、发展的基础,意识形态的变革绝不是独自完成的。文化领导权是无产阶级夺取政权的一个方式,但却忽视了无产阶级在政治领域的直接夺权和经济领域的变革发展,片面夸大了无产阶级的阶级意识自我蜕变的能力,低估了资产阶级意识形态的控制权威性,单纯的意识形态斗争只能是一种空想,欧洲无产阶级革命应是意识形态斗争与政治权力斗争双重维度的展开。

三、欧洲革命观的现实策略——阵地战

通过上述分析,葛兰西得出结论即欧洲国家的无产阶级革命之首要任务是夺取意识形态的领导权,而现实的革命策略就是"阵地战"。通常意义下,"阵地战"是一个军事术语,但对于葛兰西而言,"军事领导不应该仅仅理解为狭义的、技术上的军事领导……相反的,应该在最广泛的意义上并且与真正政治领导最密切地联系起来去理解它"[1]。因而在葛兰西的语境之下,"阵地战"是一个带有政治领导意蕴的概念。

葛兰西通过对俄国十月革命与西欧革命遭遇的不同命运的分析,指出欧洲无产阶级革命的失败是因为照搬了俄国的革命策略,而漠视了本国的具体国情。他指出:"在东方,国家就是一切,市民社会处于初生而未成形的状态。

---

[1] 葛兰西:《狱中札记》,曹雷雨、姜丽、张跣译,中国社会科学出版社,2000年,第294页。

在西方,国家与市民社会之间存在着调整的相互关系。假使国家开始动摇,市民社会这道坚固的结构立即出面。国家只是前面的堑壕,在它的后面有工事和地堡坚固的链条。"①对于俄国这样的国家而言,市民社会并未呈现出独立的形态,国家的稳定依赖于暴力统治工具,因而无产阶级的革命策略,在于直接暴力夺取国家政权。葛兰西将这种对国家政权采取直接进攻的革命策略称作"运动战"。然而这种"运动战"的革命策略,在发达的资本主义国家中并不奏效,"至少在最发达国家的情况下,'市民社会'已变成一个非常复杂的结构,一个抵挡直接经济要素的灾难性的'入侵'(危机、萧条等)的结构。市民社会的上层建筑像现代战争中的堑壕体系。在战争中有时会发生这样的情形:一场猛烈的炮火攻击似乎已经摧毁了敌人的整个防御体系,而事实上,只是破坏了它的外表;在攻击者前进和进攻时,会发现自己面对着一条仍然有效的防御线"②。

葛兰西通过对市民社会结构的分析,发现这条坚固有效的防御线就是资产阶级建筑起来的"意识形态"的长城。资产阶级以市民社会作为中介,获取民众对于资产阶级文化价值观念的拥趸,掌握文化和道德层面的领导权。而资产阶级的意识形态一旦渗透到民众的心灵结构之中,就会形成强大的控制力和权威性,是其统治合法性的有力保障。因而欧洲无产阶若想取得革命的胜利,必须摧毁这道防御线,即在意识形态中取得领导权。所谓"阵地战"就是指无产阶级在革命过程中,以理性而缓慢的方式,慢慢颠覆和渗透资产阶级的意识形态,在市民社会中逐渐夺取文化领导权,最后夺取国家政权。葛兰西从正反两方面分析了"阵地战"是适合于欧洲革命的原因与可能性。一方面,发达资本主义国家,市民社会发展成熟,是无产阶级实施"阵地战"的场所。另一方面,实践证明,俄国的"运动战"革命策略并不适合于欧洲国家,简单机械的模仿俄国十月革命的道路,只能是失败的。"阵地战"作为欧洲国家无产阶级夺取政权的革命策略,与"运动战"是相辅相成的。对于欧洲国家而言,"阵地战"是夺取国家政权的前提,首先要在市民社会中夺取文化领导权,形成稳固的无产阶级的"集体意志",等待时机成熟之后,再在政治社会中发动"运动战",夺取国家的政治领导权,最终实现革命的胜利,建立社会主义社会。

四、欧洲革命观的现实主体——有机知识分子

葛兰西非常重视知识分子在欧洲无产阶级革命中的作用。卡尔·博格斯

① 葛兰西:《狱中札记》,曹雷雨、姜丽、张跣译,中国社会科学出版社,2000年,第222页。
② 葛兰西:《狱中札记》,曹雷雨、姜丽、张跣译,中国社会科学出版社,2000年,第235页。

评价道:"葛兰西是直接将知识分子问题作为一个理论问题来谈论的第一个马克思主义者。"[①]他认为,知识分子是进行阵地战和行使文化领导权的现实活动主体。

葛兰西创造性地对知识分子进行了分类,认为"知识分子"是社会关系的总和,是历史发展的产物,每一个人都可以成为"知识分子"。葛兰西将知识分子分为两大类:一类是传统知识分子,他们代表着旧有的生产方式,与旧有经济基础相关联,思想保守陈旧,强调自身的独立性,但却在自觉与不自觉间继续充当着旧有意识形态的鼓吹者;另一类是有机知识分子,他们是现代生产方式的代表,"每个新阶级随自身一道创造出来并在自身发展过程中进一步加以完善的'有机的'知识分子,大多数都是新的阶级所彰显的新型社会中部分基本活动的'专业人员'"[②]。他们是无产阶级夺取文化领导权的有机力量。有机知识分子并不独立于社会之外,相反他们积极介入对社会的批判,"新知识分子的方式不再取决于侃侃而谈,那只是情感和激情外在和暂时的动力,要积极地参与实际生活不仅仅是做一个雄辩者,而是要作为建设者、组织者和'坚持不懈的劝说者'"[③]。有机知识分子是文化领导权斗争的现实主体力量。

在市民社会中,有机知识分子的职能是对全体民众,特别是无产阶级进行教育和文化启蒙,唤醒无产阶级的阶级意识,帮助他们认清社会历史发展的现实,并自觉肩负起自身的历史使命。构筑无产阶级的意识形态,并将无产阶级的意识形态渗透到整个社会,最终形成集体意志,组织无产阶级进行文化斗争,夺取文化领导权。在政治社会中,有机知识分子的主要代表是政治领袖和政府管理人员,他们的职能是负责管理政府活动。因而,有机知识分子肩负着管理国家和构建意识形态的重任。

葛兰西认为,政党是知识分子的组织者和领导者,是"集体的知识分子"。无产阶级政党的主要任务是培养党内知识分子的阶级觉悟和业务水平,使他们可以更好引领群众,在市民社会和政治社会中发挥作用。葛兰西主张建立一种"群众性的政党",这种党派是与群众的日常生活紧密相关的,无产阶级政党的首要任务是成为无产阶级领导权的领导者和宣传者,要与工人阶级始终保持密切联系,并在意识形态中表现工人阶级。为此他提出了要克服雅各宾派式的极权主义的政党,反对波尔迪对"先进分子政党"的过分强调,同时也批判了苏联党"导致了党向国家的转变"。

---

① 博格斯:《知识分子与现代性危机》,李俊、蔡海榕译,江苏人民出版社,2002年,第68页。
② 葛兰西:《狱中札记》,曹雷雨、姜丽、张跣译,中国社会科学出版社,2000年,第2页。
③ 葛兰西:《狱中札记》,曹雷雨、姜丽、张跣译,中国社会科学出版社,2000年,第5页。

第三节　意大利当代新马克思主义的政治思想

20世纪八九十年代以降,随着意大利左派政治的受挫,意大利左派理论家对马克思主义的研究进入了一个新的发展阶段。这种新的马克思主义理论学说与之前的意大利西方马克思主义者的理论学说(如葛兰西的马克思主义理论学说等)一样,都是结合新的时代特点对经典马克思主义理论做出批判性改造的产物。不过它又与之前的西方马克思主义理论不同,有着自己新的理论观点和理论特点,这一派的新的理论学说以"宣言派"为代表。同时,阿甘本的"牲人"概念、拉克劳和墨菲的"新葛兰西主义"学说、哈特和奈格里的后马克思主义政治思想等合在一起,构成了意大利马克思主义在当代的新发展。意大利新马克思主义学说自身涉及的领域很广,他们往往将哲学、历史学、政治学和社会学熔为一炉。在这里,我们重点关注的是他们的政治思想,主要从政治思想方面来介绍他们的学说。由于拉克劳和墨菲的理论观点极为一致和接近,我们将把他们二人的政治思想作为一个单元来进行评介。这样的情况也适用于迈克·哈特和安东尼奥·奈格里。

一、意大利马克思主义"宣言派"的政治思想

在20世纪60年代的意大利共产主义运动中,有几个年轻的意大利共产党员创办了一份名为《宣言》的刊物。他们以这份刊物为阵地,对当时意大利共产党的理论和政策提出了尖锐的批评。这批人后来被称为意大利马克思主义中的"宣言派",并于1969年底被开除出意大利共产党。但是他们对意大利共产党的批评和他们提出的相应的理论,却在意大利马克思主义思想上占有重要地位。在这里,我们将以马格里作为"宣言派"的代表,对他们的政治思想进行一个介绍。

"宣言派"之所以被开除出意大利共产党,主要是由于以下三个原因:一是他们的存在被认为是对于意大利共产党的民主集中制的破坏,二是他们对苏联模式及其政策的批判为意大利共产党所不容,三是他们要求意大利共产党听取学生运动和工人运动的意见并调整政策。[①] 这里提及的后两条原因其实正是"宣言派"之为"宣言派"的根本立场。众所周知,20世纪六七十年代的意大利经济取得了飞速的发展,但是在经济飞速发展的同时,意大利的社会

---

① Lucio Magri, "The Tailor of Ulm," *New Left Review*, 2008, p.51.

矛盾也变得更加突出,学生运动和工人运动不断高涨。然而面对新的社会形势,意大利共产党并没有对这些社会运动进行有效的指导和干预,而是仍然坚持陈旧的"议会斗争"和"人民阵线"理论。正是因为如此,"宣言派"才对意大利共产党的理论和政策进行了尖锐的批判。作为"宣言派"的重要代表人物,马格里对意大利共产党之所以采取这样的理论和政策进行了深刻的剖析。

马格里认为,自苏共二十大之后,意大利共产党就成了改良主义的温床。而与此同时,党内也出现了与之相对的激进立场,从而产生了激进主义。但是由于意大利共产党在20世纪60年代,吸收了许多资产阶级和小资产阶级入党,因而在意大利共产党内部改良主义始终占据主导地位。意大利共产党的这种状况,一方面使得它在对工人运动和学生运动制定政策时存在严重的内部分歧,另一方面又招致了它对于工人运动和学生运动的消极态度。这最终使得曾经一直置身运动前列的意大利共产党被抛诸运动之后。这同时意味着意大利共产党已经不能够真实地表达工人阶级的利益和愿望,丧失了与它的群众基础的联系。"宣言派"因此认为,他们的目标和任务就是要在意共之外重组左翼政治力量,以克服意共的改良主义问题。与这种现实的政治立场相应,"宣言派"还提出了自己的革命政党理论。马格里认为,以往的马克思主义革命政党理论存在着两大问题:其一是相信工人阶级斗争的自发性理论;其二是革命政党中存在的雅各宾主义的问题。针对第一个问题,亦即相信资本主义可以自发地长入社会主义,从而忽视革命意识的巨大作用的问题。马格里指出,革命意识的产生和指导在工人运动中具有重要意义。[1] 因此,马格里同意列宁的革命意识灌输论,认为革命意识不会从工人运动自发地产生出来,而必须由革命政党对无产阶级进行革命意识的灌输。这意味着革命政党面对工人运动和学生运动不应该采取消极的任其发展的态度,而应该进行合理的、及时的和有效的干预和指导。但是在坚持这样的灌输理论的同时,马格里也同时强调革命政党必须有效地避免"雅各宾主义",避免成为脱离群众的高高在上者。而要想做到这一点,就必须认识到,革命政党是要充当工人阶级的思想上的先锋队,是要将革命意识有效地灌输到工人队伍中去,但是革命政党同时必须注意到革命意识的性质和来源问题,要意识到革命意识并非什么永恒的真理,而是从工人阶级现实的阶级斗争中孕育出来的。只有认识到这一点,革命政党才不会脱离群众,才会避免"雅各宾主义"。

---

① Lucio Magri, "Problems of Maxist of the Revolutionary," *New Left Review*, 1970, p.1.

二、拉克劳和墨菲的后马克思主义政治思想

拉克劳和墨菲的后马克思主义理论学说产生于20世纪80年代。他们的代表作是1981年发表的《社会主义战略，下一步在哪儿?》和1985年发表的《领导权与社会主义策略》。在这两本书里，他们提出了著名的话语领导权理论。这也是他们后马克思主义政治思想的核心理论。围绕这一核心理论，他们又提出了自己的身份政治理论和激进民主理论。由于作为他们的政治理论之核心的领导权理论极大地受到了葛兰西思想的影响，因此他们的学说又被称为"新葛兰西主义"。而由于他们的思想吸收了后现代哲学思想，极大地颠覆了经典马克思主义的原则，因此他们的新马克思主义学说其实是一种非马克思主义的"后马克思主义"。但是由于他们仍自称为马克思主义者，并且坚持社会主义的追求，因此我们仍然将其作为意大利马克思主义的最新发展，来对他们的政治思想进行介绍。

拉克劳和墨菲的政治思想之产生，直接起始于他们对于经典马克思主义原则的质疑与颠覆。他们将传统的经典马克思主义原则视为一种讲求社会客观性和历史必然性以及经济决定论的本质主义和还原主义。而他们的政治思想的核心就是要颠覆这样的一种本质主义和还原主义。因此，他们一方面反对历史必然性的观点，强调历史的随机性和偶然性;另一方面则反对将意识形态做上层建筑的解释，反对将意识形态归结为经济基础的决定作用，反过来强调意识形态的非阶级性和对于社会政治的强大影响。这样的一种理论诉求最终产生了他们的话语领导权理论。

为了论证自己的话语领导权理论，拉克劳和墨菲在其代表作——《领导权与社会主义的策略》中，系统地考察了马克思主义发展史上的领导权概念的谱系。他们认为，在历史上，自卢森堡到普列汉诺夫，自列宁到陶里亚蒂，这些有名的马克思主义理论家都提出过领导权理论。而在这样一个发展史上，对突破经典马克思主义的教条主义原则具有决定意义的，是列宁的政治领导权理论和葛兰西的意识形态领导权理论。拉克劳和墨菲正是沿着这一非正统的领导权理论谱系，开出了自己的话语领导权理论。拉克劳和墨菲认为，列宁的领导权理论的开创性就在于他提出了政治斗争的优先性原则。在十月革命前后，在列宁与第二国际的经济主义决定论进行斗争的过程中，列宁提出了政治领导权问题，提出了政治斗争的优先性原则。列宁认为，各阶级之间的力量对比并非由生产力和生产关系这一单一的矛盾机械地决定的，而是有多种因素决定的。而各阶级之间的力量关系其本质上是政治斗争的结果。因此，通过对于政治领导权的掌握，无产阶级政党可以突破经济条件

限制，在特定条件下争取革命的提前胜利。而在拉克劳和墨菲看来，这样的一种观点在事实上确定了政治斗争的优先性原则。他们以此断定列宁的政治领导权理论在事实上突出了历史的偶然性逻辑，因而是对于历史必然性逻辑的打破，也是对于经济决定论的打破。[①]然而他们同时认为，列宁对于这种历史必然性和经济决定论的打破在根本上仍然是不彻底的。这种不彻底性就表现在列宁将领导权的政治优先性还只是限定在革命的危急关头，而没有将它拓展到日常状态中。

在列宁之后，拉克劳和墨菲最看重的是葛兰西的理论。他们的理论与葛兰西的理论也有着最直接的亲缘关系。他们认为，葛兰西领导权理论的卓越之处，首先表现在他进一步将列宁的政治领导权理论发展为意识形态领导权理论，并且突破了列宁将政治领导权局限在危急关头的观点。而在强调意识形态领导权的同时，他也破除了对于意识形态的上层建筑式的解读，并且进一步强调意识形态领导并没有特定的阶级属性，这样一来就脱离了经典马克思主义的阶级还原论。但是，拉克劳和墨菲同时认为，葛兰西对于经济决定论和阶级还原论的克服具有不彻底性。这种不彻底性表现在，虽然葛兰西强调意识形态并非归属于某个特定的阶级，而是由多元的社会力量决定的，是不同的社会意识的集体意志，但是这样的观点还依然是在阶级平面上来思考问题。因此，它最终没有能够摆脱经典马克思主义的阶级学说的影响。除此之外，葛兰西还认为，除了组织危机时期外，每一社会形态都是围绕单一的领导权中心建构起来的。而拉克劳和墨菲视之为一种本质主义的残余。[②]

在批判地吸收列宁的政治领导权理论和葛兰西的意识形态领导权理论的基础上，拉克劳和墨菲提出了自己话语领导权理论。他们认为，话语领导权理论与列宁和葛兰西的理论一样，都是强调了历史偶然性逻辑，并且突破了经典马克思主义的经济决定论和阶级还原论教条，但是与之前的这两种领导权理论相比，话语领导权理论做得更为彻底。拉克劳和墨菲的话语领导权理论认为，话语与社会是交织为一体的。一方面，社会建构了话语，话语是在社会活动中被建构起来的。离开了社会，就没有话语。另一方面，社会的形成其实依赖于话语，若没有话语则无法形成社会。而且与意识形态的单一性倾向不同，话语是多种多样的，通过话语建构起来的社会是开放的、包容的、异质的和多元的。而正是通过不同的话语之间的交往互动，社会实现了一种

---

① 恩斯特·拉克劳：《我们时代革命的新反思》，孔明安、刘振怡译，黑龙江人民出版社，2006年，第72页。

② 恩斯特·拉克劳，《我们时代革命的新反思》，孔明安、刘振怡译，黑龙江人民出版社，2006年，第156页。

动态平衡中的前进。拉克劳和墨菲的这种话语理论,其实是强调话语的独立自在性和积极主动性,强调话语对于社会的能动作用,而不像经典马克思主义那样将话语理解为一种经济基础决定的意识形态上层建筑。他们借此进一步认为,对于话语领导权的掌握应该成为一种新的社会主义策略,因为社会主义的实现有赖于人们对社会主义话语的认同,而非历史必然性的推动。

在将社会主义的实现归结为人们对社会主义话语的认同时,拉克劳和墨菲其实已经完全抛弃了经典的马克思主义原则。这种观点其实是对于历史必然性理论,和马克思主义的阶级学说的全盘否定。而这里触及的这个话语认同问题其实关系到拉克劳和墨菲的另一个重要的政治理论,亦即身份政治的理论。拉克劳和墨菲的身份政治理论认为,人的政治身份是通过话语认同建立起来的,比如说同性恋者就是同性恋话语的认同者,女权主义者就是女权主义话语的认同者,社会主义者就是社会主义话语的认同者。正是因为认同了某种话语,某个人才具有了相应的政治身份。因此,在拉克劳和墨菲看来,人的政治身份并非一成不变的,而是随着他对不同话语的认同的改变而改变的。这同时意味着,一个人并没有什么确定的阶级身份,并非阶级之间的斗争推动了社会的发展,而是不同的身份认同者之间的交往互动推动了社会的发展。因此,社会主义者推动社会主义发展的正确的策略,就是要争取掌握社会主义话语的领导权,扩大社会主义话语的认同范围。

在话语领导权理论和身份政治理论之外,拉克劳和墨菲还提出了激进民主理论。他们的激进民主理论与经典马克思主义不同,不再将民主的追求从属于社会主义实现,而是将社会主义看作是民主运动的一个特殊的阶段和环节。因此,拉克劳和墨菲的社会主义理论又被称为民主社会主义理论。这样的一种理论实际上已经完全背离了经典马克思主义的基本立场。

三、哈特和奈格里的后马克思主义政治思想

作为意大利马克思主义学说的最新发展,作为马克思主义的流派之一,哈特和奈格里的思想深受马克思学说的影响,有着独特的马克思学说的印记。但是他们对于马克思的学说甚至是马克思学说的许多核心内容做出了重大修正。他们政治思想的代表作是《帝国》《大众》和《共同体》。在《帝国》三部曲里,他们一方面在政治上继承了马克思和恩格斯对于资本主义社会的批判,承认社会发展趋势的共产主义走向,但另一方面却对共产主义如何实现以及共产主义的具体内涵有着完全不同的理解。

哈特和奈格里的政治思想得以展开的理论前提,就在于他们对经典马克思主义学说中的阶级斗争理论的修正。而其之所以能展开这种修正,一方面是因为欧洲现当代哲学思想的发展为他们提供了新的思想资源,另一方面则

是由于他们对于社会现实和世界形势的新的观察。正是通过对经典马克思主义的阶级斗争学说的质疑和颠覆,他们的帝国理论和大众理论——他们政治思想中最有特色的部分——才得以提出。

阶级斗争理论在马克思政治学说中的地位是不言而喻的。早在1848年的《共产党宣言》中,马克思就将以往的社会历史理解为阶级斗争的历史,并将阶级斗争看作是社会历史发展的动力。而资本主义社会作为最后一个阶级社会,它的产生、发展和终结,最终都取决于资本主义社会的两大对立阶级——资产阶级和无产阶级——的阶级斗争。因此,在马克思看来,在资本主义社会,进行阶级斗争的阶级斗争主体就是作为先进生产力的代表的无产阶级。无产阶级作为先进生产力的代表,掌握最先进的生产技术,具有高度组织纪律性,他们最终将在无产阶级政党的领导下进行社会革命,推翻资本主义社会,建立共产主义社会。马克思的这种观点后来发展出列宁的帝国主义理论。列宁认为,帝国主义是资本主义发展的高级阶段,经由帝国主义,资本主义将走向灭亡,并最终进入共产主义社会。这是传统的经典马克思主义观点。这样的观点为哈特和奈格里所颠覆。而他们二人的观点,简而言之,就是一方面通过帝国理论来修正列宁的帝国主义理论,另一方面通过大众理论来修正马克思的阶级斗争理论。

通过对资本主义的新发展的观察,哈特和奈格里认为,在苏联解体之后,资本主义的政治经济的全球化已经变得势不可挡。面对美国的单边霸权,跨国公司的发展,国际机构和世界性社会组织的发展,传统的帝国主义理论已经无法说明资本主义现实,无法指引我们对资本主义的观察和批判。因为传统的帝国主义已经随着民族国家主权的削弱而趋于消失,随之而起的是帝国的主权形式。而且哈特和奈格里进一步指出,相较于帝国主义,帝国有着自己的两大特点:第一,帝国不再像帝国主义那样以民族国家为基础,而是全球性的,超越民族国家边界的。随着这种对民族国家边界的突破,帝国的统治更加漫无边际,深入人的生活的方方面面。而且帝国的统治没有一个确定的和特定的权力中心,它无处不在却更加的无形。第二,帝国统治的世界是一个流动的、差异的和混合的世界。在这个世界里已经不存在历史的线性发展,历史已经达到了终点,或者说,这样的世界已经处在历史之外。而在这样的一个世界里,阶级斗争,暴力扩展和战争不再是它的整体特征,帝国寻求的是和平。

在以上对哈特和奈格里的帝国理论的概括中,我们可以清晰地看到:他们二人的帝国理论明显地受到科耶夫的拉丁帝国理论和历史终结说的影响,而且具有非常明显的后现代哲学的痕迹。哈克和奈格里实际上认为,帝国之不同于帝国主义就在于:在空间上,帝国超越了民族国家的界限,具有超国界性和无边界性;这种统治范围上的超国界和无边界,同时也表现为统治权力之缺乏明确的和特定的中心。在时间上,帝国已经达到了历史的终结之处。而随着历史的终结,暴力扩张被寻求和平取代,阶级斗争为生命政治取代。而正是从这样的一种帝国理论出发,哈特和奈格里合乎逻辑地引申出了他们的大众理论。

之前我们已经提及,哈特和奈格里在对资本主义的批判和对共产主义的寻求上是继承了经典马克思主义的观点的。而他们不同于经典马克思主义的地方,以及他们对于经典马克思主义的修正,很重要的一点就在于他们对如何实现共产主义有着自己不同的看法。这种不同的看法表现为他们对马克思阶级斗争学说的修正,表现为他们的大众理论。[①]哈特和奈格里认为,帝国的统治依赖的是一张帝国之网。这张帝国网络是非中心的、非同质的和非层级的,它通过跨国组织、非政府间组织和有实力的民族国家,将整个人类纳入一个趋向永久和平,但又永远无法实现永久和平的统治系统。这样的一张网络改变了原来的政治经济格局,也消解了原来的社会反抗力量,使得原来的社会反抗力量和阶级斗争主体不复再存。然而虽说如此,哈特和奈格里却并不认为因此就失去了反抗资本主义的力量。他们认为,在帝国之网建立的同时,也产生了大众之网——而后者正是反抗资本主义的一种新生力量。但是这张大众之网与封闭的、束缚性的帝国之网不同,它是开放的和包容的。这张网络为人们之间的相互交往,共同的生活和工作提供了机会,并且孕育出一个新的政治性主体——大众。

哈特和奈格里所说的"大众"作为一种新的政治性主体,区别于经典马克思主义指出的其他政治性主体,比如说"人民""群众""工人阶级"和"政党"等。正是在与这些传统的政治主体概念的区分中,"大众"的内涵才得以确定。第一,"大众"概念区别于"人民"概念。人民是一个整体性的和一致性的概念,是对于人群的整体性和一致性的抽象概括。而"大众"的概念则包含了个别性和差别性。第二,"大众"概念也区别于"群众"的概念。因为群众的概念虽然克服了"人民"概念的抽象性,但是它仍然无法保存各种各样的社会差别,因此最终仍然是一个一致性的混合体,只不过是一个含糊的一致性的混合体罢了。而"大众"则保留了各种各样的社会差别,将这种社会差别集合在一起,并因之而能够共同的行动,既能够保存"人民"不具有的多样性,又能够克服"群众"的含混和松散。第三,"大众"概念也不同于"工人阶级"的概念。"工人阶级"的概念其实是一个封闭的和排他性的概念,它排除了从事其他劳

---

① Michael Hardt and Antonio Negr, *Multitude: War and Democracy in the Age of Empire*, The Penguin Press, 2004, p.xvi.

动的群体。而"大众"的概念则是开放的和包容的,并因而是流动的。第四,"大众"的概念也不同于传统的"政党"概念。"大众"和"政党"一样,都是一种自觉的政治主体,但它与"政党"的不同在于,"大众"克服了"政党"的集权特性和专制特性,是民主的和多元的。

以哈特和奈格里的政治思想逻辑来看,在帝国理论和大众理论之间起沟通作用的,是他们的"生命政治生产"理论。"生命政治"这个概念来源于福柯,但是他们赋予了这一概念以新的意义。哈特和奈格里认为,资本主义的新发展产生了大量的非物质性劳动,并进而产生了大量的非物质性产品。在经济层面上看,这些非物质性产品包括劳动和服务等。但是,在生产出这些经济性产品的同时,它们也生产了新的知识、理念和情感、人际关系等。他们称这样的一种生产为"生命政治生产"。生命政治的生产意味着经济活动不再是单纯自在的,与其他社会领域无涉的生产,而同时是一种全面的包括政治和文化关系在内的生产。这样的一种生产一方面促成了帝国的生成,另一方面也孕育了反抗资本主义的新的力量——大众。大众作为生命政治生产中产生出来的新的政治主体,他们将通过自己生产出来的知识、理念和社会关系而团结起来,最终完成对资本主义的反抗。

四、阿甘本的政治思想

乔治·阿甘本(Giorgio Agamben)生于意大利,是当代意大利著名的左翼政治哲学家。阿甘本曾在罗马大学接受教育,受到20世纪60年代盛极一时的法国哲学家德里达和福柯的影响,但受到康德、黑格尔、海德格尔和本雅明的影响更大些。阿甘本在1966—1968年间参加过海德格尔所开设的研究赫拉克利特和黑格尔的研讨班,还受到亚里士多德和卡尔·施密特诸多思想的影响。后在意大利、瑞士和法国的多所高校任职。阿甘本在本质上属于批判和解构型理论家,习惯于采用一种前卫(avant-gardist)的研究视角。阿甘本最初主要关注于语言研究,也同时关注美学生产的形式和功能,以及艺术家的角色等。阿甘本最具代表性的著作为《神圣人》《例外状态》和《奥斯维辛的残余》等。在这些著作中,他审视当约束人类行为的所有规则似乎都在消失的时候所会发生的事情,也就是暴力与政治之间的复杂关系。阿甘本的思想为世人所知不在于他作品的通俗易懂,恰恰相反,他的文风和写作方式常成为诟病之对象,而在于他关注到了许多理论家似乎遗忘的人类生活的诸多重大问题。

在其早期著作中,阿甘本论述了语言的意义及其作为一种理解存在的方式而在形而上学史中的位置。依照阿甘本的观点,形而上学的历史将语言理解为获取或接近超验存在的手段。这种超验性的存在是超越于我们的世俗存在和知识之上的,是人性的深刻真理。在其《初创期与历史》一书中,阿甘本认为超验事物不是在语言之外,而是在语言之中。在其《语言与死亡》一书中,他对此观点进行了更为充分的阐发,对海德格尔的"向死而生"进行了进一步的引申。

阿甘本认为,死亡在政治学、法律和社会控制的世界中演绎出来。"神圣人"开启了阿甘本对于作为法律、人性、政治学及主体的主权之长期探索,聚焦于"赤裸生命"观点上,也就是剥除了基本上所有人类特征的人类,在纳粹集中营中得到了最大程度的剥夺。在现代性的"生命政治学"中,赤裸生命达到了登峰造极的程度,但依照阿甘本的看法,它必须通过西方文化溯源到古希腊罗马法律中,西方现代性使得生命成为控制的主体。因此,主权必须建立在生命政治学之上,集中营几乎是一种对人类社会本质的回归。"赤裸生命"是阿甘本对语言之反思的延伸,它是一种空壳的人性,既不很人性也不很动物性,甚至当它出现的时候,也是作为一种过渡状态,它被推入背景之中而成为建立在法律之上的社会的一部分。

阿甘本认为,政治生命建立在惩罚的基础之上,尤其是被杀害的可能性上。阿甘本探讨了例外状态,法律悬置的状态,这也就是法律被建立的时刻,它本身既不是合法的也不是非法的,而是暴力的。自然的暴力被压制起来进行重新组建,成为保障所有其他的例外状态。依照阿甘本的观点,这不仅仅是权威的神圣缘起,而且也是一种不会消散的潜力,是现存制度永远不在场的部分。而在天平的另一边则是"神圣人"。在阿甘本看来,所有的现代生活都朝向"生命政治"和化约为"赤裸生命",也就是说人类越老越变得完全屈从于规则和秩序,屈从于例外性,越来越少地作为主体而存在。这种"纯粹"的法律状态既不必然是好的或坏的,它被强化的地方是集中营,其中例外成为规则,所有的人都成为"赤裸生命"。在其最为知名的著作《奥斯维辛的遗迹》中,阿甘本深入地探讨了这个主题。他的目的是拒绝其他理论著作中存在的那种"不可言说"的神秘主义方式,重新思考纳粹集中营。阿甘本并不试图揭示出一种关于人类境况的永恒真理,而是一种历史性的真理,发生在带出了某种原始而社会性东西的特定时间、政治和语境中的真理。阿甘本在对施密特的主权理论之阅读中回到了"例外状态",集中体现在其《例外状态》一书中。

在与当代哲学家的交往中,阿甘本早年曾对阿伦特的"暴力"概念产生兴趣,而与后者通信,提交了自己的一篇关于暴力的论文。在他的代表作《牲人:政治权力与赤裸生命》中,他回应了阿伦特的极权主义和福柯的生命政治概念,独创性地提出了"牲人""赤裸生命"这些概念。而这也是阿甘本对政治与政治权力思考的起点。随后他又不断拓展他的理论和概念,先后写就《无目的的手段:政治学笔记》《开启:人与动物》,并受到卡尔·施密特政治著作讨论会的影响,撰写了《例外状态》一书。《牲人:政治权力与赤裸生命》一书的主题是赤裸生命(bare life/nuda vita),亦即牲人(homo sacer)的生命。"牲人"是那些可能被杀但又没有被献祭的人,在罗马法中,他是指那些被社会排除在政治的和司法的秩序之外人,他们的命运就是被杀。①阿甘本将牲人指涉为一种被排除出共同体的个体,而这些人的处境——"赤裸生命"就是一种无价值的、把人类还原为纯粹生物性存在的生命。阿甘本对"牲人""赤裸生命"的思考,有着深厚的理论基础和现实经验。一方面,阿甘本赞同福柯的生命政治理论,将其思考立足于这一前提:现代性体现在一种政治对生命的控制不断加强的趋势中。而这一趋势与古典传统中动物性的人(zoē)和政治性的人(bios)的区分截然不同。在这一区分中,虽然这两个术语都对应着"生命"(life)这个概念,但前者可以指称所有种类的有生命的生物,后者指称个体或群体的生命。这一区分带了一个特定的政治难题:如果现代民主政治强调的是把人从动物性中解放,但又同时将自由和幸福置于"赤裸生命"这一领域中,使得他们屈从于动物性生活。另一方面,这种区分需在完全暴露的主权行动中得以理解。施密特为这种主权行动提供了理论基础,主权就是例外决断,政治以敌人概念为前提,并且必然从肉体上消灭可能的对立实在。而大屠杀和集中营则是这种主权行动的最佳体现。在权力控制生命的现实中,集中营的人属于赤裸的生命,他们的生命被置于一种可抛弃的境况中。

在对政治的理论回归中,阿甘本是一个重要的动力。在对生命政治制度以及在个体和文化层面上对存在之现象学解构上,他的理论工程是一个强有力的工具,将福柯等思想家研究的生命政治学继续向前推进和深化。他的阅读范围和伦理动机使得他成为任何自我反思的政治哲学之必不可少的一部分。然而阿甘本是一个非常有争议的思想家,他对其他哲学家著作的阅读常被指责有断章取义之嫌。批评者认为阿甘本的著述阴冷、悲观,对于思考政治行为几乎没有用处,或是认为其内容深奥、空洞及荒谬。颂扬者则认为,阿甘本是在思考克服当前不断加剧的虚无主义之诸多条件,以及反思后资本主义情景下社会生活的堕落,是对当代全球政治之具有洞察力和惊醒力的批判性诊断,是对一种根本不同之生命形式之可能性的肯定。

---

① Giorgio Agamben, *Homo Sacer: Sovereign Power and Bare Life*, Stanford University Press, 1998, pp.8-9.

第二章 右翼政治思潮

第一节 古典精英主义

精英主义在西方政治思想谱系中可谓源远流长,从古典贤哲柏拉图到20世纪的韦伯、熊彼特、米尔斯,蔚为大观。其中帕累托、莫斯卡和米歇尔斯可谓这一谱系中最具代表性的人物,被誉为"精英三杰",他们所共同构筑的"古典精英主义民主观"在西方精英主义发展脉络中占据重要地位,尽管三者的思想并非完全重合。在对古典精英主义民主观[①]的研究中,需注意两点:第一,突出马基雅维利的现实主义政治观对这三位思想家的启发。马基雅维利对这三位意大利同胞思想之型构是实质性的,虽然他的思想较之来者显得粗朴而简单,但后来者正是对马基雅维利的思想原型进行了延伸和细化,用一种现代的学术语言和学科方式对其进行了创造性转化与技术性加工,使得这种思想更具说服力、解释力和科学性。正如莫斯卡自身所言:"一种政治科学要是完全建立在对我们所说的历史阶段的观察上,将会失之片面,流于肤浅。这一方法的诸多特征在马基雅维利那本著名的《君主论》中得到了体现。这本著作招来了过多的责骂,同时也受到了过分的赞誉。无论如何,不管是责骂还是赞誉,这本书占有极为重要的地位。"[②]第二,注重对当时意大利具体社

---

① James Burnham, *The Machiavellians: Defenders of Freedom*, The John Day Company, Inc, 1943; Peter Bachrach, *The Theory of Democratic Elitism: A Critique*, Little, Brown, 1967; Ettore A. Albertoni, *Mosca and the Theory of Elitism*, translated by Paul Goodrick, Oxford, Blackwell, 1987. Richard Bellamy, *Modern Italian Social Theory: Ideology and Politics from Pareto to the Present*, Polity Press, 1987; Joseph V. Femia, *The Machiavellian Legacy: Essays in Italian Political Thought*, St. Martin's Press, 1998; Maurice A. Finocchiaro, *Beyond Right and Left: Democratic Elitism in Mosca And Gramsci*, Yale University Press, 1999; Joseph V. Femia, *Pareto and Political Theory*, Milton Park, Abingdon, Oxon; Routledge, 2006; Joseph V. Femia, ed., *Vilfredo Pareto*, Ashgate, 2009; Heinrich Best and John Higley, eds., *Democratic Elitism: New Theoretical and Comparative Perspectives*, Brill, 2010.
② 加埃塔诺·莫斯卡:《政治科学要义》,任军锋等译,上海人民出版社,2005年,第254页。

会情景的透视。思想的衍生与社会实践密切相关,思想家不仅引领时代,他们本身也是时代的产物,受时代的钳制,也正如莫斯卡恰如其分地指出:"如果从不同的历史阶段考察政治思想的发展,我们会很快发现,一位著作家所在的政治环境会对他的感觉和思考方式进而对他的理论产生极大的影响,与此同时,他的理论也会反过来极大地影响其后几代人的政治立场,从而营造出新的政治环境。"[①]言语与行动之间的关系是相互关联互为递进的,19世纪末至20世纪上半叶西方社会的大变动毫无疑问在这三位思想家身上打上了烙印。

一、帕累托的精英循环说

在学界,帕累托(Vilfredo Pareto)更多的是作为经济学家和社会学家而为人所知,"帕累托原则""帕累托改进""帕累托最优"和"帕累托效率"等术语已广为流传,耳熟能详,至今仍是社会科学研究的重要范式,各类与此相关的著述不断问世。帕累托创造了"非逻辑行为""剩余物""派生物"以及"精英阶级循环理论"等概念,这些使他成为西方社会学领域的代表人物之一。[②]帕累托的《普通社会学纲要》对学界影响甚大,其中探讨了逻辑与非逻辑行为的区别,对非逻辑实验理论(non logical-experimental theories)的分析与批评,对剩余物(residues)和衍生物(derivations)[③]的分析与归类,并研究它们彼此之间错综复杂的关系。鉴于帕累托在社会学领域的重大贡献,20世纪法国著名思想家阿隆将其与涂尔干、韦伯并称为现代社会学的三大奠基人。

比起对帕累托社会学和经济学思想的关注而言,学界对于帕累托政治思想的挖掘,无论是深度还是广度,可谓单薄稀少得多。"尽管帕累托被视为社会学和数学经济学的一个'奠基者',他对政治理论的贡献则在很大程度上被

① 加埃塔诺·莫斯卡:《政治科学要义》,任军锋等译,上海人民出版社,2005年,第457页。
② V.帕累托:《普通社会学纲要》,田时纲译,生活·读书·新知三联书店,2001年,第463—464页。
③ 阿隆认为,在帕累托的词汇中,剩遗物指人性中固有的情感或情感的表现,派生物指个人用来掩饰情欲或赋予一些本没有理性的主张或行为以一种理性的外表的辩解的知识体系。雷蒙·阿隆:《社会学主要思潮》,葛智强、胡秉诚、王沪宁译,华夏出版社,1999年,第274页。

忽视了。"①除去那本《精英的兴衰》的小书,帕累托缺乏系统独立的政治思想论著,或许这是缘由之一。费米亚认为,帕累托对政治哲学的贡献——与政治社会学不同——依然几乎没有被认真探讨,这是因为如是简单的原因,那就是几乎没有人愿意不辞辛劳地去阅读他的著作。甚至是作为一名经济学家和社会学家,对他的著作经常也只有略微提及,而非仔细阅读。作为一名思想家,帕累托牢固地位于意大利"现实主义"传统中,这可以追溯到马基雅维利的著述之中。②事实上,帕累托在西方学术界仍被冠以"另一个马基雅维利""社会学的尼采""资产阶级的马克思"③等名号,足见其影响力之大与地位之高。鉴于此,对于帕累托的政治思想略为铺陈,展示其庞大思想体系的多重面相,于此显得格外有价值。

帕累托最主要的思想来源是马基雅维利、马克思和索雷尔。帕累托曾在洛桑大学讲授关于马基雅维利的社会学课程,解释《君主论》的科学价值,他曾高度评价马基雅维利,视其"像一只鹰一样翱翔在众多关注伦理的历史学家上空"。在《普通社会学纲要》一书中,帕累托花了不少篇幅来探讨马克思及其历史唯物主义,在其中他指出自己更偏向于马克思的社会学理论而非经济学理论。帕累托在《普通社会学纲要》里长篇累牍所论述的关于"衍生物"的理论及批判,既是对马克思意识形态批判的一种解释,同时又是对其的一种延伸。他也赞同马克思将历史解释为阶级斗争的场所。帕累托与索雷尔保持了长久而紧密的友谊,在由德·罗萨(De Rosa)编辑出版的索雷尔书信集中,编者在序言中对二者进行了一个颇有启发性的对比,他们在许多外部容貌、心情、喜好、对于当时社会的观点都彼此类似,对于如何理解马克思主义也保持一致,尽管他们在使用马克思主义的方式上有分歧,二者都是旧有的神话的无情摧毁者以及新神话的不知疲倦的发明者,都是偶像破坏者、厄运的先知、"理性毁灭"的解释者和设计者。与马基雅维利和马克思一样,索雷

---

① Joseph V. Femia, *Pareto and Political Theory*, Routledge, 2006. 在费米亚所编辑的《阿尔弗雷多·帕累托》一书中,收录了关于帕累托政治思想的代表性文章,诸如麦克弗森、博比奥、帕森斯、理查德·贝拉米、阿玛蒂亚·森等名家关于帕累托的文章悉数在列。Joseph Femia, ed., *Vilfredo Pareto*, Ashgate, 2009. Alasdair J. Marshall, Vilfredo Pareto's Sociology:A Framework for Political Psychology, Ashgate, 2007; Charles H. Powers, *Vilfredo Pareto*, Sage, 1987; Mark Blaug, ed., *Vilfredo Pareto*(1848-1923), Edward Elgar Publishing Limited, 1992; Joseph V. Femia and Alasdair J. Marshall, eds., *Vilfredo Pareto:Beyond Disciplinary Boundaries*, Ashgate, 2012.
② Joseph Femia, "Pareto and the Critique of Justice, "Joseph Femia, ed., *Vilfredo Pareto*, Ashgate, 2009, p.260.
③ 有学者指出,帕累托紧随马克思之后,是"大系统"构建者的最后一批学者。Vincent J. Tarascio, "Pareto's *Trattato*, "Joseph Femia, ed., *Vilfredo Pareto*, Ashgate, 2009, p.125.

尔被帕累托视为少数不带偏见地用一种科学精神对社会事实进行研究的贤哲之一,将所有的空谈留给了布道者和政治家。1917年,当洛桑大学授予其荣誉时而发表的答谢演讲中,仅仅提到了一位当时著名的社会学家和经济学家的名字:乔治·索雷尔。[①]

著名美国社会学家帕森斯指出,帕累托的社会学思想的知识背景在于两方面的影响,其一是自然科学和工程学,他获得了机械学方面的学位,并且在很长时间内是在业工程师,另外一个方面是一种拉丁—人文主义导向,他凭借这个方向专注于古代世界尤其是文艺复兴时期的历史和文学。帕累托的父亲是一个马志尼主义流亡者,他的思想倾向受其父亲影响颇大,在政治上,帕累托是一个幻灭的自由主义者,而非一个积极的法西斯主义者。[②]贝拉米认为,帕累托绝对没有接受法西斯主义意识形态。[③]詹姆斯·伯纳姆认为,帕累托仅仅是试图描述社会是怎么样的,以及发现一些社会依照其运行的普遍法则。[④]而有学者认为帕累托与法西斯主义之间确实存在紧密联系,帕累托的社会学是一种科学伪装下的政治宣言,是一种社会哲学、一种社会信条,主要是由猛烈的以及纯粹的个人激情所决定的,这种政治宣言在逻辑上的实现便是法西斯主义。帕累托著作中的主要部分,其反智主义、反理性主义、精英理论,他对民主激进式的仇恨和蔑视,还有他对武力的歌颂,在希特勒主义者的德国和法西斯主义者的意大利,达到了其逻辑顶点。[⑤]

帕累托是跨越19下半叶的乐观主义和20世纪上半叶之悲观主义的历史人物,他的思想因此具有不少新旧缠绕的双面特征。他被困在两个世界之间,一个是过去的世界,其中有19世纪对科学、技术和进步的信仰,以及一种自由主义者—理性主义者模型,以及涂尔干式的构想,那就是社会是一种独一无二的现象,另外一个是新心理学的世界,在关于个体在人类科学中的地位上,带来了一系列方法论上的问题。[⑥]在阿隆的笔端下,多向度的帕累托兼

---

① Norberto Bobbio, "Introduction to Pareto's Sociology," Joseph Femia, ed., *Vilfredo Pareto*, Ashgate, 2009, pp.102-103.

② Talcott Parsons, "Pareto, Vilfredo: Contributions to Sociology," Joseph Femia, ed., *Vilfredo Pareto*, Ashgate, 2009, p.171.

③ Richard Bellamy, "From Ethical to Economic Liberalism—the Sociology of Pareto's Politics," Joseph Femia, ed., *Vilfredo Pareto*, Ashgate, 2009, p.260.

④ James Burnham, *The Machiavellians: Defenders of Freedom*, The John Day Co., Inc., 1943, p.171.

⑤ James W. Vander Zanden, "Pareto and Fascism Reconsidered," *The American Journal of Economics and Sociology*, Vol.19, No.4(Jul., 1960), p.408.

⑥ John Carroll, "Pareto's Irrationalism," Joseph Femia, ed., *Vilfredo Pareto*, Ashgate, 2009, pp.142-143.

具四种人格:法西斯主义者、极权主义式的马基雅维利主义者、自由主义式的马基雅维利主义者、愤世嫉俗者。①但阿隆认为,帕累托本人与法西斯主义的关系是相当有限的。②有学者指出了帕累托那种相互矛盾的思想面孔:经济学家们将其视为古典自由主义者,对于在对市场机制的捍卫和分析之下的理性选择理论做出了重要贡献,相反,社会学家和政治理论家倾向于对其思想不加理会,视其为粗糙和非自由式的,因为他抨击理性和民主在政治中的角色,将精英对武力的使用提升到将其意志施加于普罗大众之上。这两种形象据说与他生命的不同时段相对应,第一种形象属于他生命的早期阶段,第二种形象源自于对早期希望的沮丧而产生的幻灭感。③

帕累托最初作为自由至上主义的经济和政治观念之主张者而闻名,作为约翰·密尔和斯宾塞的追随者,他拥护议会改革和自由市场式经济,原因是其增强了个人自由,导向了社会的道德和物质进步。后来他对民主政治逐渐变得具有批判性,认为多数人的统治只是一种骗局,因为所有的党派都是被经济和政治精英所操控,他们试图操作国家以实现私人利益。帕累托的政治社会学产生于幻灭之中,他对各类人类非理性的心理状态进行了分类,认为存在52种衍生物,其中第一类和第二类最为重要:第一种为"联合的本能",这可以在自由主义政治家和企业家中发现,他们采用狡猾和战略性的让步使人们参与其事业之中;第二类是一种保守主义式倾向,"总量的持续",这在喜爱法律和秩序以及乐意使用武力的食利者和政治家中很典型。帕累托认为社会的发展呈现出一种循环模式,反映了与人们之中的这两种不同的剩余物相对应的不同精神状态之优势而呈现出的一种有规则的起伏,统治精英的构成便反映出这种循环,帕累托将这种现象称之为"精英循环"。当第一类剩余物占据支配地位的时候,经济由创业型的投机者所把控,而政治制度则为狐狸型的阴谋者所掌控。后来第二种剩余物占据上风,对经济和政治制度进行重新洗牌,权力现在转移到"政治狮子"手上,他们重申国家的权威,经济被食利者以及一段资本积累的时期所主宰。帕累托认为,墨索里尼的胜利确认了他的论点,也就是意大利进入了一种循环的末端,其中与第一类剩余物相联系的政策已经不实用了,几乎毫无疑问的是,要是他活得更久一点的话,他将会视

---

① Stuart L. Campbell, "The Four Paretos of Raymond Aron," Joseph Femia, ed., *Vilfredo Pareto*, Ashgate, 2009, p.237.

② 雷蒙·阿隆:《社会学主要思潮》,葛智强、胡秉诚、王沪宁译,华夏出版社,1999年,第319页。

③ Richard Bellamy, *Modern Italian Social Theory: Ideology and Politics from Pareto to the Present*, Polity Press, 1987, p.12.

法西斯主义政权证明建立在第二类剩余物占优势的制度之相似危险。[1]

对于帕累托而言,现代民主的实质是赞助者—委托人关系,这样一种关系在很大程度上建立在物质利益之上。[2]费米亚认为,帕累托的目标是阐明那些夸张的修辞以及危险的幻想,他不能完全地将自身超脱于自己的神话之外,这并未从本质上贬损于他那种对自由主义政治思想的深刻贡献,尽管这种贡献并未得到足够重视。[3]作为马基雅维利思想的传承者,其现实主义特色的政治洞见对于科学而客观地认识他那个时代是极为重要的,悬置"应然"而注重"实然",并认识到人类情感中的非理性因素,不愧为一个伟大的思想家。

二、莫斯卡的政治控制说

莫斯卡[4]出生于意大利南部的巴勒莫,其家族源自皮埃蒙特,地位虽谈不上显赫,却也是让人尊敬。"并非每一位西西里人都适合做政治家,但只要一位西西里人成为政治家,那他肯定会是一位出色的政治家。西西里人对政治有着尤为强烈的嗜好。"[5]在莫斯卡的巨著《政治科学要义》的英文版序言中,利文斯顿曾指出,意大利许多伟大的理论家往往来自意大利南部,从康帕内拉、布鲁诺到维科,再到葛兰西、克罗齐,均来自南意大利。[6]

---

[1] Robert Benewick and Philip Green, eds., *The Routledge Dictionary of Twentieth-Century Political Thinkers*, Routledge, 1998, pp.197-198.

[2] Joseph V. Femia, *The Machiavellian Legacy: Essays in Italian Political Thought*, St. Martin's Press, 1998, p.152.

[3] Joseph V. Femia, *The Machiavellian Legacy: Essays in Italian Political Thought*, St. Martin's Press, 1998, p.163.

[4] 关于莫斯卡思想的主要研究论文,参见 Claudio Martinelli, "Gaetano Mosca's Political Theories: a Key to Interpret the Dynamics of the Power," *Italian Journal of Public Law*, 2009, Vol.1, pp.1-44; Philip J. Cook, "Robert Michels's *Political Parties* in Perspective," *The Journal of Politics*, Vol.33, No.3 (Aug., 1971), pp.773-796; Alan Zuckerman, "The Concept 'Political Elite': Lessons from Mosca and Pareto," *The Journal of Politics*, Vol.39, No.2, May, 1977, pp.324-344。

[5] 加埃塔诺·莫斯卡:《政治科学要义》,任军锋等译,上海人民出版社,2005年,第51页。

[6] 加埃塔诺·莫斯卡:《政治科学要义》,任军锋等译,上海人民出版社,2005年,第50页。"南方人对意大利过去的成就所作的伟大贡献是值得重视的。一个民族如果把全部精力都用于冷静地、科学地单纯追求财富,便会不可避免地变得迟钝起来。在有献身精神的人和聪明的人的地方,文明之树和生活之花最为繁荣艳丽。这些人为了获得较为满意的职业而愉快地接受平平常常的生活条件,他们宁愿要高位、名誉、权威、声望或心神安逸,而不是只要金钱。他们就是那些学者、诗人、艺术家、小说家、圣徒、哲学家、法学家、特立独行之士、自奉简朴的贵族。意大利的这类人物大多产生于南方。他们对意大利贡献甚大。"路易吉·巴尔齐尼:《意大利人》,刘万钧等译,北京大学出版社,2017年,第253页。

莫斯卡自幼家境优越,他从小酷爱读书,立志从学,年轻时便选择从事历史和法学方面的研究。1877年,莫斯卡进入帕勒莫大学法律系学习。在1881年于帕勒莫大学取得学位后,莫斯卡曾在罗马停留一年,参加关于政治和行政科学课程的辅助课程。他的老师包括:弗朗西斯科·普罗托诺塔利(Francesco Protonotari)、路易吉·帕尔马(Luigi Palma)、安东尼奥·萨兰德拉(Antonio Salandra)、梅赛达利亚(Angelo Messedaglia)。这样的思想氛围明显影响了年轻的莫斯卡,他在法律方面的炽热学术兴趣开始与一种强烈的对历史学和政治学的偏好融合起来。[1]当莫斯卡就读于巴勒莫大学时,曾受到丹纳《现代法国的起源》一书的影响,这在他后来的著作里有不少的提及。"莫斯卡不仅寻找例证,他还寻找'法则'。他受之于丹纳的启迪是明显的,而且明显认可。如他的法国先辈一样,莫斯卡对于政治思想家普遍使用的方法和分类极为不满,他认为这些方法和分类是不准确的、建立在情感之上的,与政治行为之记录的事实普遍没有联系。结果便是,政治学和社会学的研究远远落后于其他学科,还未能成为一门科学。"[2]自1879年始,莫斯卡便积极投身政治新闻行业,为《帕勒莫评论》(Rassegna Palermitana)供稿,这是一份关于科学、艺术和文学的半月评论,从那一年的1月到8月在帕勒莫发行。从1901年开始,莫斯卡开始为米兰的《晚邮报》(Corriere della Sera)撰写文章,这是当时意大利北部最为重要的新闻日报,从1900年开始发行,由阿尔贝蒂尼(Luigi Albertni)主编,他试图将英国式的新闻业引入意大利。在1911至1921年间,莫斯卡还曾为罗马的日报《论坛报》(Tribuna)撰稿。这种在新闻业中的全新体验表明了莫斯卡与现实政治的进一步融合,也有助于其拓展政治视野。

　　莫斯卡曾在巴勒莫大学、都灵大学、米兰大学和罗马大学教授宪法学,也曾在1908—1918年间担任众议院议员,后来成为一名参议员,他既是一位学者,也曾参与实际政治,达到一般学者很难企及的政治高位。1888年,莫斯卡来到罗马大学任教。此时他已是功成名就,著述颇丰,此刻正在打磨真正让他名声大振的具有科学有机体式和原创性的著作《政治科学要义》。莫斯卡在罗马的日子尽管波澜不惊,但强化了自身的方法论,包括将理论与实践、观念与经验、学说与事实用不同的方式组合起来。通过大量的理论上的归纳,包括熟练运用非常偶然的数据,莫斯卡提炼并打磨了他对于政治及其相关问题的总体观点。此外,在这个时期,莫斯卡的视野从未受到地方主义的遮蔽,

---

[1] Ettore A. Albertoni, *Mosca and the Theory of Elitism*, translated by Paul Goodrick, Oxford and Blackwell, 1987, p.4.

[2] H. Stuart Hughes, "Gaetano Mosca and the Political Lessons of History," James H. Meisel ed., *Pareto and Mosca*, Prentice-Hall, 1965, pp.143-144.

通过远离对于意大利（有时是西西里）事务的排他性关注而成功地拓展了视野，尽管后者作为社会和历史事实而具有价值，但也可能对一种更为根基广阔的理论形成一种障碍。

1896年，莫斯卡的成名作《政治科学要义》一书出版，他提交此书，成功申请了都灵大学的宪法学讲座席位，因此莫斯卡开始在这所学校长期任职。都灵是意大利的工业中心，经济发达，人文荟萃，文化繁荣，群贤毕至。在这座城市，莫斯卡交友广泛，诸如社会主义者隆布罗索（Cesare Lombroso）、经济学家埃诺迪（Luigi Einaudi）、政治学者和法学家鲁夫尼（Francesco Ruffini）、卡尔（Giuseppe Carle）和索拉里（Gioele Solari）。他也与米歇尔斯建立了互为欣赏与尊敬的师生关系，米歇尔斯在1907年于都灵大学获得教职。从1898年到1924年，居于都灵的莫斯卡的思想活跃、立论多元并佳作连篇，而且将其从事的学术事业与所扮演的政治角色成功地融合起来。由于莫斯卡个人的才能，部分也由于他曾给当时的意大利总理、同为西西里人的鲁迪尼侯爵担任过秘书和政治顾问。他在1908年被选为众议院议员，1914—1916年担任副部长，1919年被任命为王国参议员，至此达到荣耀巅峰，他荣升至参议员使他自动成为一位老资格的政治家。在西方历史长河的经典政治思想家序列中，官居如此高位者，并不多见。莫斯卡在议会的经历可以使他远离纯粹书斋中的玄思冥想，第一时间目睹时代的沧桑巨变，诸如普选权时代的到来和意大利选举式民主的蹒跚起步，以及政治家之间为了权力和利益的分配而进行的合作与斗争。莫斯卡对众议院不屑一顾，他认为众议院只是各种个人利益的混合体，"这些利益加起来都远远不能代表公众的利益"[1]。此外，莫斯卡还曾在米兰的路易吉·博科尼大学大学教授宪法和行政法，这是一所建立于1902年的专长于商业研究的私人机构，旨在通过提供一种现代和科学式的教育而创造一个商业和工业企业家阶层。作为行政法和宪法学教授以及政治科学教授，莫斯卡在这所大学的任教持续到1923年。莫斯卡在这所私人大学的任教满足了两方面的愿望：一方面，这给他提供了一个在实践层面进行工作的可能性，而且是在一所与意大利最高端的企业家密切联系的私人学术机构里，这些企业家活跃于伦巴第区域，因此他先睹为快地见证了一种新的统治阶级的形成。另一方面，在理论和研究上，他在这所大学的教学也为自身提供了一种框架，他在其中可以逐步发展和提升关于政治科学的课程。他对法律和宪

---

[1] 克里斯托弗·达根：《剑桥意大利史》，邵嘉骏、沈慧慧译，王军审校，新星出版社，2017年，第167页。

法问题的兴趣开始永久地让位于这方面的探究。[①]

1923年,莫斯卡再次回归罗马大学,他在罗马大学开启了一门新的学科——政治学说史。在这种新的使命之下,莫斯卡有机地把这种新学科与历史和法律文化联系起来,而且首当其冲地将其与现代代议制国家中的机构的出现与发展联系起来。因此,当此时意大利关于政治科学学科建制正在初现端倪的时候,对于那些有志于官僚制度和公共管理事业而需要寻求职业教育的人而言,莫斯卡的视角可谓久旱逢甘霖。对于官僚制度在政治生活与国家组织中的重要性,莫斯卡早已有所意识,但他的现实主义视角排除了任何类型的抽象分析。在1924年2月发表于罗马大学的就职演说中,在诸多政治学和法学的知名权威面前,莫斯卡选择用"古代城邦与现代代议制国家"作为标题,这一次讲座是理论和制度元素、科学与意识形态元素之完美融合。

1928年,莫斯卡曾发表一篇题为《议会制度的危机》的文章,他强调了当时代议制度可能崩塌的严重危机。他认为,这主要源自于承认普选权的错误,但基于时代精神,这种承认似乎又是不可避免的,他也提出不了什么补救方案,只是无可奈何。与此同时,莫斯卡对有限制的、代议制政府之基本原则保持忠诚,他拒绝投入新兴的法西斯主义政权的怀抱,这让他的许多思想子嗣感到惊讶。不止如此,法西斯主义专制的到来强化了他对于议会制度所持的一种更为宽容的态度。在《政治科学要义》第一版中,他曾指出:"判断政体唯一可行的标准便是将其与之前以及之后(如果可能的话)的政体进行对比。墨索里尼的掌权给他提供了这样一种运用自己标准的机会,参照其后来者评判当下的议会制度,高下立判。骨子里,莫斯卡实际上是一位民主主义者,尽管由于他对民众的反复无常之暗淡的预兆,这种立场受到了抑制。"[②]1925年12月,在对一条在实际上终止总理对议会之责任的法案的辩论中,莫斯卡在议会中拍案而起,进行了这样立场鲜明而大胆无畏的发言:作为一个总是尖锐批判议会政府的人,我现在几乎必须哀叹其毁灭了。……当然,代议制议会政府不可能亘古不变。当社会的形式变化后,政治组织也会变化。但这样的变化应当是急速而激进的呢,还是缓慢而谨慎的呢?这样一个严肃的问题一直困扰着我的灵魂。作为议会政体的一个老对手,我相信这个问题应该用最为温和和审慎的方式得到解决。在这种谨慎的措辞之下,暗示是明显的。莫斯卡拒斥了墨索里尼对于议会危机的粗暴解决方案。在紧要关头,他对于

---

① Ettore A. Albertoni, *Mosca and the Theory of Elitism*, translated by Paul Goodrick, Blackwell, 1987, pp.6-7.

② Fritz Morstein Marx, "The Bureaucratic State: Some Remarks on Mosca's Ruling Class," *The Review of Politics*, Vol.1 No.4, Oct., 1939, p.459.

个人自由和有限政府的忠诚优先于其精英主义式渴求,这后一点是法西斯主义者极力满足的。此外,他对于议会制度怀旧式的评判表明了对于历史的一种修正态度。这位已处于耳顺之年末端的资深议员,已远不具有作为25岁的初生牛犊般年轻理论家那种自信与狂傲之气。他现在已不是那么确信,他关于历史的"钥匙"可以解开历史矩阵中的所有秘密。①

在学界,莫斯卡曾饱受争议,他被指责在术语上不连贯,在概念的构思上模糊不清,在对材料的选择上也是主观随意,醉心于构建一个森林式的庞大体系而忽视了对于树木的修剪。然而莫斯卡自有其思想棱角,他具有一种实用主义的心灵,与帕累托一样深受马基雅维利的思想启发,是马基雅维利所肇端的政治现实主义的继承者,他将自己从神学或形而上学的束缚中解放出来,不带偏见地系统审视政治问题。②有学者甚至指出,莫斯卡受之于马基雅维利之思想惠泽太过于明显,在其著述中或明或暗随处可见,根本不需要进行特别强调。③1877年,莫斯卡进入帕勒莫大学法律系学习,在不到四年的时间里,他以一篇《论国家诸要素》的论文获得学位,这篇文章第二年在《欧洲杂志》(*Rivista Europea*)上发表。在这份处女作中,莫斯卡提出了一种贯穿其整个思想和实践活动而终其一生不曾改变的规划,那就是成为一名自始至终的现实主义者,解构政治神话,不懈地揭示潜藏在意识形态和形而上学之宏大叙事下的真相,这是对马基雅维利及其方法的忠诚宣誓,自此之后,这位来自西西里岛的学者从来未偏离过这样的初心,并在视野的拓展与阅历的积累中砥砺前行。④

同马基雅维利一样,莫斯卡也是一位现实主义者,著书立说坚持以"事实"和经验为准绳和依据。但需要留意的是,莫斯卡的著述是对完全不同的要求之回应,其目标是使用一种现实主义视角来取得一种真正的自由主义式的和政治上的综合。因此,莫斯卡的自由主义是一种伦理学—政治学立场,一种清晰的世俗价值观的世界,一种关于社会和政治机制的普遍学说,一种源自于公共精神要求的成型的道德意识。因此,莫斯卡对雅各宾式民主程式的抛弃是理论性和伦理性兼备的,而且他对英国自由主义之具体历史政治经

---

① H. Stuart Hughes, "Gaetano Mosca and the Political Lessons of History," James H. Meisel ed., *Pareto and Mosca*, Prentice-Hall, 1965, pp.155-157.

② Joseph V. Femia, *The Machiavellian Legacy: Essays in Italian Political Thought*, St. Martin's Press, 1998, pp.132-133.

③ James H. Meisel, *The Myth of the Ruling Class: Gaetano Mosca and the "Elite"*, The University of Michigan Press, 1962, p.36.

④ Ettore A. Albertoni, *Mosca and the Theory of Elitism*, translated by Paul Goodrick, Blackwell, 1987, p.3.

验的接受代表了对一种道德和政治学的忠诚,这种道德与政治学源自于真实的人,他们对时代的适应、发展和接受变化吸纳了各式各样的知识资源,然而又尊重基本的差异。因此,莫斯卡的现实主义是取自于其著述中的真正的"马基雅维利式"元素。①莫斯卡自马基雅维利继承而来的这种现实主义元素,可以使他避开任何类型的情感冲动,允许他挑选出一种实质性的社会平衡理论,以及一种相应的作为现代社会政治秩序之恒定因素的各种主导性力量之间的平衡。

与所有的马基雅维利主义者一样,莫斯卡摒弃了任何的一元论历史观,这种历史观认为,一种单独的原因便可以解释社会上发生的所有事情。莫斯卡认为一元论与复杂而多面的历史事实并不符合。②莫斯卡并不认为马基雅维利成功地创造了一门政治学艺术,任何人在让人信任与欺骗之间,以及公开展示德性与私下行恶之间随意摇摆都是非常困难的。在莫斯卡看来,真实和虚假的倾向也是两种不同且不相容的心理状态。建立了这种区分之后,莫斯卡很清晰地将马基雅维利视为诚实的类型。如果马基雅维利真正有一种行骗的倾向,他的事业会飞黄腾达,不会用写作《君主论》的方式将这一行业的秘密和盘托出,招致骂名与责难。诚实或直率的品质恰恰是莫斯卡为政治学的实践者所设定的首要资格,基于此,他将马基雅维利视为政治学奠基者。③莫斯卡的政治理论具有一种由民主精英主义所构成的分析性元素,以及由中道多元主义④(moderate pluralism)所构成的规范性元素。另外还有第三类方法论元素,可以将其标记为现实主义。这是一种研究政治现象的视角,可以部分追溯到马基雅维利,尽管莫斯卡不太愿意阐明他与马基雅维利共同具有这种视角的事实,而是倾向于对马基雅维利进行消极性地批评,强调其局限性。这样一种现实主义视角部分由对理想参照的现实之强调构成,也就是说,有一种意愿,而且确确实实是一种需求,那就是在历史和经验事实

① Ettore A. Albertoni, *Mosca and the Theory of Elitism*, translated by Paul Goodrick, Blackwell, 1987, p.64.

② James Burnham, *The Machiavellians: Defenders of Freedom*, The John Day Co., Inc., 1943, p.83.

③ Paul R. Pillar, "Mosca Revisited: Review of *The Ruling Class* by Gaetano Mosca; Hanna D. Kahn.," *The Review of Politics*, Vol.38, No.1, Jan., 1976, p.114.

④ 贝拉米指出,莫斯卡后来重新构思了民主理论,使其远离人民多数统治,朝向现代的多元主义学说迈进。Richard Bellamy, *Modern Italian Social Theory: Ideology and Politics from Pareto to the Present*, Polity Press, 1987, p.42.

的基础上为规范性的理念正名。①

　　莫斯卡与马基雅维利一样,并不止于对政治生活的描述性分析。他径直陈述了自身的偏好,和他对于政府类型之优劣的观点。自然,同所有的马基雅维利主义者一样,莫斯卡的目标不是超自然或乌托邦式的。他并不憧憬一个"完美的国家"或是"绝对的正义"。在他看来,许诺乌托邦和绝对正义的政治学说比起在表面上没有那么令人入神的学说而言,可能造成坏得多的社会效果,乌托邦式规划对于那些真实目的值得怀疑的人而言,甚至可能是最为便捷的幌子。在我们所栖息的实际社会世界中,追求绝对正义之不可能,并不会使我们追求近似正义尺度的努力变得徒劳。②尽管莫斯卡极为仰慕马基雅维利清醒的头脑和直率的文风,但对他并非盲目崇拜,认为他有时立论不切实际,论证也不科学。他对马基雅维利的同时代人,另一位著名文艺复兴政治思想家圭恰迪尼似乎更感兴趣,在其《政治科学要义》③之中,莫斯卡曾多次提及圭恰迪尼并引用他的学说,不吝溢美之词,引为同道中人。④

　　莫斯卡将职业政治家的洞察力与宪法学家的分析力结合起来,他主张,所有的社会都包含一个人数相对少的统治阶层和包含大多数人的被统治阶层,统治阶级之所以能取得这样的职位,在于一个小规模组织对大规模组织所具有的组织优势。统治阶级的构成可能随着时间而变化,因为随着社会变得更加的复杂以及技术上的精密,需要其领导者掌握新的技术。因此,莫斯卡所称的他们用来为其权力正名的"政治程序"⑤或意识形态机制也会发生改

---

① Maurice A. Finocchiaro, "Croce and Mosca: Pluralistic Elitism and Philosophical Science," Jack D'Amico, Dain A. Trafton, and Massimo Verdicchio, eds., *The Legacy of Benedetto Croce: Contemporary Critical Views*, University of Toronto Press, 1999, pp.123–124.

② James Burnham, *The Machiavellians: Defenders of Freedom*, The John Day Co., Inc., 1943, p.107.

③ 梅塞尔认为,比起《君主论》来,莫斯卡更加偏爱《论李维》,他对圭恰迪尼总体更为欣赏。莫斯卡对于圭恰迪尼的偏爱从来没有减退,他认为,与马基雅维利相比较,圭恰迪尼对于他那个时代及其国家的政治境况的具有更为准确的信息,而且对于圭恰迪尼所批评的马基雅维利那种盲目效法罗马人的做法也是颇为赞同,莫斯卡对于政治自由的定义也受圭恰迪尼影响颇大,他对圭恰迪尼性格的描绘显示出来一种亲和力(wahlverwandtschaft),不仅是直觉性的类同性认可(instinctive recognition of affinity)。James H. Meisel, *The Myth of the Ruling Class: Gaetano Mosca and the "Elite*," Ann Arbor: The Univeristy of Michigan Press, 1962, pp.13–14, 247.

④ Renzo Sereno, "Note on Gaetano Mosca," *The American Political Science Review*, Vol.46, No.2(Jun., 1952), p.605.

⑤ 莫斯卡认为,这种为统治阶级权力提供支持的法律和道德基础或原则,在有些场合被称为"政治程式"(political formula)。加埃塔诺·莫斯卡:《政治科学要义》,任军锋等译,上海人民出版社,2005年,第137页。

变。但是,政府形式上的改变并不会更改所有的政治制度根本性的精英主义本质。民主并不会带来多数的统治,它仅仅使得统治者对被统治者的控制更加微妙。在对现代政党制度的批判中,莫斯卡表明众多议员是如何使用各式各样的手段来使自己当选的,从虚假的承诺到直接的贿赂等,他们被选举者自由选举并走马上任只是一个神话。尽管在究竟是谁发现了这条社会学法则上,莫斯卡陷入了和帕累托的一场无用的争论,但莫斯卡的统治阶级观念与帕累托的精英观念有很大的区别。与帕累托的观点不同,莫斯卡的精英主义在内容上是处方式的而不是描述式的,意图在于夯实他所属的资产阶级自由阶级的统治。

通常,莫斯卡被遮蔽在帕累托的思想阴影之下,尽管二者被合称为"精英理论的奠基者"。帕累托因为其更为严格和科学的视角而饱受赞美。这样一种定位在若干方面都是具有误导性的。作为一名温和的保守主义者而非古典自由主义者,莫斯卡从与帕累托相当不同的意识形态立场出发,发展出自身的"政治阶级"①概念。因此,尽管他们依照自然科学的模型来创造一种关于社会的科学具有方法论上的相似性,但二者理论的演进方向并不一致,甚至在关于民主的未来以及法西斯主义的本质上,也呈现出一种对立的理论。两者的对比提供了一种清晰的例证,也就是个人政治偏好如何完全改变一种据称中立的社会理论之特征。与帕累托不同,莫斯卡没有构建一种普遍社会学体系,他的著作远为主观,而且经常自相矛盾。尽管他也诉诸历史,作为其观点合理性的证据,他公开地去解决当代政治的问题,并相应地对论点进行微妙改变,因此他在逻辑精准性上所失,在他对政治生活之分析的灵活性和丰富性上得到了补偿。②萨托利指出:"莫斯卡和帕累托的基本不同是,莫斯卡的政治阶层是一个涉及组织问题和政治权力行使的政治学概念,而帕累托的精英是个社会动态(范围非常大)的概念,着眼于那些必然成为这个阶级之一部分的素质,以及起源与传递('精英循环'论)。"③

此外,克罗齐和莫斯卡的生命轨迹有诸多相似重叠之处。在1924—1925

---

① 莫斯卡著述的英译者列文斯顿指出:"莫斯卡的术语'政治阶级'通常被替换为更常用的英语词汇'统治阶级'。当然,绝不能忘记,根据莫斯卡的定义,这两个在他那里可以互相替换的术语,指的是实际或直接参加政府或影响它的人们组成的集团。因此,莫斯卡的'统治阶级'比帕累托的精英(杰出的天才人士的总和),或马克思的'统治阶级'(雇主或有产阶级,以及它的政治和社会附庸)包括的范围要更窄一些。"加塔诺·莫斯卡:《统治阶级》(政治科学原理),贾鹤鹏译,译林出版社,2012年,第38页。

② Richard Bellamy, *Modern Italian Social Theory:Ideology and Politics from Pareto to the Present*, Polity Press, 1987, p.34.

③ 乔万尼·萨托利:《民主新论》,冯克利、阎克文译,上海人民出版社,2008年,第193页。

年间,他们曾一起组建"自由党",尽管这种努力由于法西斯逐渐强化的专制主义与打击异己的政策而烟消云散。1925年,为对抗真蒂莱带头签署的支持墨索里尼当局的《法西斯主义知识分子宣言》,克罗齐带头组织持不同政见的知识分子签署《反法西斯主义知识分子宣言》,莫斯卡也签名支持克罗齐,殊为难得。作为同时代人,二者在思想有相似和相异之处:相似之处在于,他们处于政治光谱的同一侧,都是自由主义的倡导者,相异之处在于他们居于认识论光谱的对立面,莫斯卡是实证主义和科学主义的倡导者,而克罗齐是"对于科学的唯心主义式反抗"的创始者,是20世纪意大利科学文化之悲惨状态的始作俑者。①除了现实主义视角外,莫斯卡也从实证主义思潮中吸取灵感。自相矛盾的是,此时此刻,作为一种哲学流派和进步意识形态的实证主义明显已经处于颓势,让位于新黑格尔式唯心主义和各式各样的非理性主义思想派别,莫斯卡企图在其传道授业和著书立说中恢复意大利实证主义中若干永恒有效的特征。事实上,意大利的实证主义哲学呈现出自身的独特特征,而且尤其从19世纪下半叶起,采取了一种明显的"对唯心论和天主教激发下的形而上学的反动"以及"在历史领域之博学和在哲学领域之诉诸经验"之形式。②

克罗齐曾如是评判莫斯卡:"莫斯卡可能是蕴含着丰富观念,并通过历史沉思之力,把注意力从法律形式转到政治现实,从立宪体制和议会的程序转到领导阶层或政治阶层的人,但是,他本人也缺少哲学的深入,在他的学说的原先的那种论断中,在判断上他是尖刻的和悲观主义的,不管怎样,他的那种追求真理的真诚的焦虑,他的那种寻求新的能够照亮和指引人的概念的需要,那种就目的而言有效力的、能够精炼、扩展和丰富的那种概念,在当代人那里并没有产生一些影响。"③在思想气质上,莫斯卡与克罗齐还是截然不同的,莫斯卡是一位"刺猬型"思想家,在同一个主题上苦苦求索,而与帕累托一致,克罗齐则是一位典型的"狐狸型"思想家,辗转腾挪于诸多学术领域之间,思想体系飘逸多姿,交错缠绕。有些学者在20世纪20年代早期便写就了其主要著作,发现没有再多可以值得下笔的了,莫斯卡便是其中之一。1923年,在《政治科学要义》第二卷出版之后,他对导师和资深政治家的角色甘之若饴,几乎保持20年之久。而克罗齐则不同,在一战之后,克罗齐继续笔耕不

---

① Maurice A. Finocchiaro, "Croce and Mosca: Pluralistic Elitism and Philosophical Science," Jack D'Amico, Dain A. Trafton, and Massimo Verdicchio, eds., *The Legacy of Benedetto Croce: Contemporary Critical Views*, University of Toronto Press, 1999, p.117.

② Ettore A. Albertoni, *Mosca and the Theory of Elitism*, translated by Paul Goodrick, Blackwell, 1987, p.88.

③ 克罗齐:《1871—1915年意大利史》,王天清译,中国社会科学出版社,2005年,第116页。

辍,并在文学评论与历史研究等领域披荆斩棘,引领学术风尚。①

三、米歇尔斯的寡头统治说

罗伯托·米歇尔斯②出生于德国科隆③一个具有天主教背景的家族,这个家族从事制造业活动,有德国、意大利和法国等多国血统。米歇尔斯最初遵循一些叔叔的榜样,在普鲁士军队任职,后来在巴黎、慕尼黑、莱比锡和哈雷等地接受教育,并在哈勒大学于德罗伊森(Gustav Droysen)的指导下获得博士学位。1904年,他从军队转业,在马堡开始了学术生涯,成为马堡大学一名不支薪讲师(Privat Dozent)。1903年,他摒弃自身的资产阶级背景,加入了德国社会民主党,开始成为一名工团主义者。米歇尔斯的籍贯地科隆及其家族传统对他的思想具有一定的影响,其中最重要的是反军国主义精神,这与一个从事贸易的上层家族的商业特征及其对普鲁士之主宰的抵抗息息相关。1848年之后,普鲁士对科隆的控制日益加强,米歇尔斯认为普鲁士的社会心理是建立在官僚制度、军事以及土地贵族的视野之上的,这为他以后对政党的组织结构产生兴趣奠定了根基。④数年里,他既是德国社会民主党的一位积极的普通党员,也是一位批判性观察家。1903—1095年,米歇尔斯连续3年成为党全会的代表。1907年开始,米歇尔斯移居都灵,短暂加入意大利社会主义党的工团主义一翼,同年,作为意大利代表,他参加了国际斯图加特社会主义者全会。也是这一年,他同时退出了两个党派。

---

① H. Stuart Hughes, *Consciousness and Society*, with a new introduction by Stanley Hoffmann, Transaction Publisher, 2007, p.393.

② 关于研究米歇尔斯的主要论文,参见如下:Roberto Michels, "Some Reflections on the Sociological Character of Political Parties," *The American Political Science Review*, Vol.21, No.4, Nov., 1927, pp.753–772; Gordon Hands, "Roberto Michels and the Study of Political Parties," *British Journal of Political Science*, Vol.1, No.2(Apr., 1971), pp.155–172; Philip J. Cook, "Robert Michels's Political Parties in Perspective," *The Journal of Politics*, Vol. 33, No. 3 (Aug., 1971), pp.773–796; Andrew G. Bonnell, "Oligarchy in Miniature? Robert Michels and the Marburg Branch of the German Social Democratic Party," *German History* Vol.29, No.1, pp.23–35; Lawrence A. Scaff, "Max Weber and Robert Michels," *American Journal of Sociology*, Vol.86, No. 6(May, 1981), pp. 1269–1286; John D. May, "Democracy, Organization, Michels," *The American Political Science Review*, Vol.59, No.2(Jun., 1965), pp.417–429。

③ 科隆具有浓厚的法国文化遗产,其中包括三个方面:一是地理上的毗邻,这使得说德语的民众与说法语的民众可以互相渗透;二是在1794—1814的拿破仑统治时间,科隆是法兰西帝国的一部分;三是科隆保留了一个巨大而独立的中产阶级,这样一种社会结构更加法国化。Arthur Mitzman, *Sociology and Estrangement: Three Sociologists of Imperial Germany*, Transaction Books, p.271.

④ Arthur Mitzman, *Sociology and Estrangement: Three Sociologists of Imperial Germany*, Transaction Books, pp.274–276.

1907年,由于其激进的政治观点和社会主义活动,米歇尔斯被禁止在德国大学任教,其精神导师和挚友马克斯·韦伯为他据理力争,多方呼吁,但始终没有效果。米歇尔斯的遭遇让韦伯怒火中烧,"那时德国的大学都将他拒之门外,因为他是个社会民主党人,韦伯宣称:'如果我们把这种状况与意大利、法国甚至当时的俄国比较一下,我们不得不认为这简直就是一个文明国家的耻辱'。"①受韦伯的推荐,米歇尔斯于1907年来到意大利的都灵大学任职。1913年,米歇尔斯再次回到德国,但仍然被禁止担任学术职务。韦伯对他极为信任,让他担任权威的《社会科学和社会政治档案》杂志的编辑。一战爆发后,米歇尔斯远赴巴塞尔大学任教,在那里担任政治经济学教授,直至1928年。1927年,米歇尔斯还曾经远赴重洋来到美国,曾在马萨诸萨州的威廉学院以及芝加哥大学的夏季课程短暂任教,曾经与梅里亚姆和拉斯韦尔等共同讲授"比较政治党派"课程。在都灵大学时期,米歇尔斯完成其《政治党派》一书的写作,其中对民主、工团主义和社会主义都充满激烈批判,在从两党退出之后,米歇尔斯对于大众和社会主义运动日益幻灭,政治立场右转,成为保守主义者。"在从政治分析到寻觅普世性的社会法则或趋势的社会学的跃进中,米歇尔斯必须使自身同工团主义脱离关系。"②米歇尔斯后来在其著述中对工团主义有非常深入而具体的认识,他指出,工团主义具有如下优点:首先,它以敏锐的洞察力清楚地认识到,资产阶级民主本身隐藏着诸多危险。它以一种真正科学意义上的怀疑态度,揭开了掩藏着所谓国家民主权力的种种面纱。他们发现,这种权力实际上只不过是少数人的霸权而已,与工人阶级利益格格不入。但米歇尔斯指出,工团主义也有不少弊端。工团主义者越是竭力将工人阶级政策的核心引向工团主义,其本身堕落为寡头统治的危险就越大。即使在那些革命性的工团主义团体中,其领袖欺骗普通成员的现象也屡见不鲜。其次,担任工会的管理工作有时会成为某些人借以跻身政界最为便捷的跳板。再次,与所有表面宣扬民主意识形态的团体一样,在工团主义者中,领导人实际的统治地位也经常徒具形式。最后,工团主义尽管批评寡头统治,但他们自身也落入寡头统治的窠臼,最能体现工团主义运动寡头特性的在于:要求(这种要求并非出于民主的目的)大众对组织精英命令的绝对服从。③

1928年,米歇尔斯接受了墨索里尼的提名,担任亲法西斯主义的佩鲁贾

① 马克斯·韦伯:《马克斯·韦伯社会学文集》,阎克文译,人民出版社,2010年,第20页。

② Arthur Mitzman, *Sociology and Estrangement: Three Sociologists of Imperial Germany*, Transaction Books, p.304.

③ 罗伯托·米歇尔斯:《寡头统治铁律——现代民主制度中的政党社会学》,任军锋等译,天津人民出版社,2003年,第300—309页。

大学政治科学系的讲席教授,投身于法西斯主义的怀抱,成为法西斯主义御用政治学家和卫道士,从此一失足成千古恨,背上难以洗脱的污名。米歇尔斯后来在罗马大学任教,并于1936年在那里过世。米歇尔斯身上具有不少对立的气质,诸如抛弃天主教家庭传统、反对普鲁士国家权力和德国民族主义、放弃德国国籍选择意大利为归化国、从资产阶级到社会主义的转变、痛苦地意识到理想和现实之间的断裂(首先在德国的社会民主主义里,其次在意大利的社会民主主义里)、马克思主义、工团主义和法西斯主义思想之间的交互缠绕。这些对立与矛盾之处对于理解米歇尔斯的政治思想是必不可少的,也折射出当时欧洲大陆民主的危机。工团主义对米歇尔斯的思想之影响尤为重要,有时与其说他是一位正统的社会民主主义者,不如说他是一位工团主义者。 1904 年,米歇尔斯逐渐受到索雷尔①的影响,后与拉加代勒(La-gardelle)、巴尔特(Barth)等法国工团主义的核心人物保持密切联系。1907年,他参加了巴黎的一次工团主义者的会议,他在会议上的发言已经揭示出对于德国社会民主党的不满。

米歇尔斯的主要身份是一位学者,而非政治家,尽管与莫斯卡一样,作为政治家的丰富实践可以为他的写作带来不少的素材与灵感。在德国社会民主党内,他并非身居要职的显赫之辈,并没有什么实际的政治影响力,但是却因为其学术写作而广受尊敬。在都灵大学任教的时候,米歇尔斯与莫斯卡结缘,开始关注其著述,并成为其忠实的追随者,这对于米歇尔斯之后的生命和著述都具有决定性的影响。至于莫斯卡是否影响了米歇尔斯对德国和意大利社会主义政党的幻灭感,我们不得而知,但毫无疑问,他给米歇尔斯的《政治党派》一书带来了两点重要的影响:一是对于领导者与被领导者之间不可避免的分离的强调,二是工团主义梦想之现实的不可能性。在很大程度上,是因为莫斯卡的影响,米歇尔斯被引导用一种"铁律"的方式来整合他的观察。米歇尔斯一方面受到卢梭的清晰的抽象逻辑的影响,另一方面受到莫斯卡和帕累托的影响。②帕累托对米歇尔斯的思想也具有重要影响,在和帕累托相遇之后,米歇尔斯转向精英理论,在理论反思中,他为德国社会民主党的激进主义政策的失败找到了原因,并从德国和意大利的社会主义政党中隐退。米歇尔斯兼具三重身份:社会学家、职业政治家和精英主义理论家。这

---

① 索雷尔对莫斯卡思想的型塑具有一定影响:"通过其著述和相互之间的熟悉,索雷尔在米歇尔斯转化为一个马基雅维利主义者的过程中扮演了重要的角色,这开始于米歇尔斯在一所德国大学的早期职业生涯后定居瑞士之时。"James Burnham, *The Machiavellians:Defenders of Freedom*,The John Day Co.,Inc.,1943,p.120.
② Philip J. Cook, "Robert Michels's Political Parties in Perspective," *The Journal of Politics*, Vol.33,No.3,Aug.,1971,p.783.

三者密不可分,这让米歇尔斯的论证变得丰富与严密,也容易引起困惑与非议。[①]"米歇尔斯拥有一颗综合性的心灵,而非一位显著的原创性思想家,米歇尔斯用一种连贯的政治领导权学说的方式,从他之前那一代的主要社会理论家那里完整地汲取养料。"[②]

1911年,米歇尔斯出版了成名作《政治党派》[③],牢固地建立了自己精英主义理论家的地位,他在此书中解释了为何精英[④]主宰是不可避免的。"与所有其他才华横溢的社会学专著一样,《政党社会学》(德文原文书名)一书将丰富的经验性数据与一种构思经验性归纳的努力结合起来,甚至是与一种社会学法则结合起来,也就是寡头统治铁律。"[⑤]此书甫一付梓,便暴得大名,在不到六年的时间里,被翻译为意大利语、法语、英语和日语。如果不将《政治党派》恰当地置于其被写作的论辩语境中,或者读者对此书的关键部分不能充分领悟,那么这本书的意义会大打折扣。在一场将那个时代的社会主义思想家和自由主义学者都吸引进来的关于大众政治组织之本质的论辩中,米歇尔斯在其中居于中心地位。作为一种相对新近的现象,大众政治党派吸引了诸多思想家的关注,诸如米歇尔斯长时间的工团主义战友、社会主义者伯恩斯坦(Eduard Bernstein)、考茨基(Karl Kautsky)和卢森堡(Rosa Luxemburg),以及诸如布莱斯(James Bryce)、奥斯特罗古尔斯基(Moisei Ostrogorski)和韦伯(Max Weber)这样的自由主义者。[⑥]

有学者指出,此书看似通俗易懂,实质上并不容易把握,这不仅是因为作者没有清晰地对他使用的词汇加以定义或是未能详细解释他的方法论,同时

① Gordon Hands, "Roberto Michels and the Study of Political Parties," *British Journal of Political Science*, Vol.1, No.2, Apr., 1971, p.157.

② H. Stuart Hughes, *Consciousness and Society*, with a new introduction by Stanley Hoffmann, Transaction Publisher, 2007, p.251.

③ 葛兰西认为,要写一部政党的历史,实际上势必需要解决一系列的问题,这些问题比米歇尔斯所设想的问题复杂得多,尽管他在这方面被认为是专家。党史不应该简单叙述政治组织的内部生活,政党组织的产生情况,党据以建立的最初的一些小组的情况,形成党的纲领和世界观的思想斗争,如果这样的话,就会写成一部知识分子的有限集团的历史,而且说不定会写出一部个别人物的政治传记,因此内容的范围应该更广泛和丰富。党史应该是一定群众的历史。葛兰西:《狱中札记》,葆煦译,人民出版社,1983年,第124页。

④ 芬利认为,米歇尔斯从政治和心理上敌视精英,宁愿使用"寡头"这个词,其著作的副标题就是"对现代民主寡头倾向的社会学研究"。M. I.芬利:《古代民主与现代民主》,郭小凌、郭子林译,商务印书馆,2016年,第8—9页。

⑤ Juan J. Linz, *Robert Michels, Political Sociology and the Future of Democracy*, edited with a bibliography by H. E. Chehabi, Transaction Publishers, 2006, p.13.

⑥ Peter A. LaVenia, Jr., "Rethinking Robert Michels," *History of Political Thought*, Vol. XL. No.1. Spring, 2019, p.135.

也是因为这本书是从三方面的角度进行书写:首先,它是对政党的内部结构的直接研究,以及各式各样的内在和外在结构对那种结构的影响;其次,它是对德国社会民主党内部当时的辩论的一种贡献,那就是在整个社会民主运动的内部,政党和工联组织能够或是应该在社会主义实现中扮演何种角色;最后,此书是对精英主义主流思想的一种贡献。[①]《政治党派》是米歇尔斯政治和学术类著述的顶峰,与莫斯卡和帕累托的著述相比,无论在风格、论调还是意旨上都有差异。当其声明《政治党派》一书的目标和他所有学术著述的目标,也就是将民主问题及其根深蒂固的观念进行严格分析之后,米歇尔斯的政治和学术著作之间的关系变得愈发清晰。[②]米歇尔斯的精英主义理论为反对参与式民主和社会主义提供了主要的论证。米歇尔斯认为,无论参与者是多么虔诚,或是民主的形式程序是多么公开,在顶端的少数人,依然不可避免地会掌握主宰权。随着直接民主之前景的破灭,民主等同于精英之间对消极的选举者之选票的竞争。许多学者受益于米歇尔斯的这套理论,在如今的新社团主义和国家中心理论中有历史的回响。当然,米歇尔斯的精英主义思想也受到诸多批判,被认为这是为极权主义提供思想支撑,是一种为虎作伥的伪学术。

1914年,一战爆发,由于米歇尔斯骨子里具有反战情绪,不愿意支持战争,对于自己曾经的祖国德国多有批评,因此与韦伯分道扬镳。与此同时,他对民主和大众的幻灭导致他在20世纪二三十年代支持尘嚣日上的意大利民族主义和墨索里尼的法西斯主义,在其《政治社会学第一讲演录》中,受韦伯的影响,他主张仅仅只有克里斯玛式的领导者才能超越组织的保守性,并唤醒大众支持伟大的事业。也是在1928年,米歇尔斯公开加入法西斯党,赤裸裸地对墨索里尼大加歌颂,将其与路易十四、腓特烈大帝和拿破仑相提并论,他认为墨索里尼不仅是一个伟大的党的领袖,还是一个伟大的国家的领袖,他将政党与政党领袖合为一体,是意大利民族普遍意志的化身:"我们可以这样说,汹涌澎湃的时代总是可以找到这样的人,也就是其代表者,他们忠实地表达这个时代,意大利在其新的首领(Duce)或领袖那里,至少在很多方面'其鲜活而积极的化身'。真实可信的是,当墨索里尼发言的时候,他用一种直率而卓越的方式解释了大众的目标。大众疯狂地喝彩,从其道德信念的深处予

---

① Gordon Hands, "Roberto Michels and the Study of Political Parties," *British Journal of Political Science*, Vol.1, No.2, Apr., 1971, p.156.

② Peter A. LaVenia, Jr., "Rethinking Robert Michels," *History of Political Thought*, Vol. XL. No.1. Spring, 2019, p.127.

659

以回应,或者更深刻的话,从其潜意识的深处予以回应。"①确实,米歇尔斯对民主的幻灭后来导致他接受法西斯主义。他的一生被描述为一个浪漫而受挫的政治家、一位移居国的爱国者和一位学者,反映了忠诚上的冲突及20世纪第一个十年那种思想上的矛盾,这种矛盾在其著述中体现出来,一方面他认为"民主是一个宝藏",另一方面他认为"尽管我们必须选择作为最少之恶的民主,理想的政府毫无疑问是有效的贵族制"。②米歇尔斯旨在揭示出阻碍实现理想民主的因素,而韦伯则意在揭示与主宰相关的境况,最终的结果就是米歇尔斯期盼的是一种有关"乌托邦式可能性"的知识,而韦伯渴求的是"没有幻想"的知识。对于韦伯后来对主宰的分析,米歇尔斯确实有所回应,但这是在韦伯过世之后。在其自身的共识理论背景下,米歇尔斯偶尔引用《经济与社会》中对于克里斯马和投票式统治(plebiscitary rule)的讨论,因此被用来为墨索里尼的"民主式专制"摇旗呐喊。③

有学者将米歇尔斯1918年之前的学术追求分为三个阶段:第一阶段为1902—1905年,他作为一个社会主义者进行写作,兴趣广泛,著述中洋溢着关于人类完美性的观念、战争的非正义性及其即将被废除、女性的权利、资产阶级社会大多数制度的不道德性、每一个民族所拥有的民族自决权、国际无产阶级的阶级斗争作为结束社会不公的手段,米歇尔斯这些论点之下都有一个最基本的假定,那就是有一种建立在所有民族福利之上的自然法,其应该成为社会的基石,而且必将如此;第二个阶段开始于1905年,终结于1908—1912年,在对德国社会民主党的机会主义政治的批判中,开始对自身早期的信仰进行重估,主要是集中在他对无产阶级的观点上,这一段时间写就了其《政治党派》一书。在此阶段,米歇尔斯开始用历史法则替代自然法则作为主导社会的原则,"实然"开始主宰"应然";在最后一个阶段,米歇尔斯开始厌倦党争,全方位涉足学术事业。在这个时代他写就的许多著作中,诸如1914年完成的《社会哲学的问题》,他定义问题的方式基本上是历史性的和描述性的,而非规范性的。尤其重要的是,在1900到1910的十年里,米歇尔斯从一位孔多塞一样的乐观主义者转向对进步和理性的拒斥,从米歇尔斯身上,我们可

① Robert Michels, *First Lectures in Political Sociology*, trans. De Grazia A. Minneapolis: University of Minnesota Press, 1949, p.126.

② Ijaz Gilani, "The Iron Law of Oligarchy: A Dilemma for Political Parties," *Strategic Studies*, Vol.1, No.2(July–September, 1977), p.112.

③ Lawrence A. Scaff, "Max Weber and Robert Michels," *American Journal of Sociology*, 1981, Vol.86 No.6, p.1283.

以看到18世纪以来西方思想之主要一脉的一种微观透镜。①

在社会理论史中,米歇尔斯论点的重要性与其说基于其独特性,毋宁说这种阐释后面鲜活而具体的经验之有力支撑。米歇尔斯的逻辑根基是合理的,他熟谙支持自身立场的资产阶级激进主义和社会主义的理论。但米歇尔斯真正让人信服之处,在于其对于大量的经验式细节的掌控,好似飞箭一般直抵其理论结论。在"精英三杰"中,米歇尔斯可能是最不知名的,也长期生活在索雷尔和韦伯等同时代人的阴影中,他们都面临相似的时代境遇,给出的答案也是高度相似。此外,学界对于米歇尔斯的认知主要基于其《政治党派》一书,对于其诸多散落于不知名杂志或报纸的论文和随笔,则是知之甚少,因此很难一窥其思想全貌。基于此,对于米歇尔斯的思想演化过程的尽力展现,对于认识其思想极为重要,尤其是一战这样一个重大历史事件,对于作为观念史家和知识社会学家的米歇尔斯可谓是一个思想分水岭,因为这触及一个现代思想的中心主题,那就是进步观念之死。②

第二节　法西斯主义

在学界惯常的认知中,作为一种被抛入历史垃圾桶的极端思想,法西斯主义是一种机会主义学说,没有固定的纲领与信条,其思想来源鱼龙混杂,庸俗浅薄,不值得认真审视。但实际上,"与自由主义、保守主义、共产主义、社会主义和民主一起,法西斯主义是塑造20世纪的最为重要的意识形态之一"③,尽管这是一种极为邪恶与造成毁灭性后果的负面意识形态,其历史遗毒至今不绝。

在反法西斯战争胜利已经近80年的今天,尘埃落定之后,对法西斯主义作出深刻的历史与道德批判之后,平心静气地研究这种主义的来龙去脉,警惕其可能再次沉渣泛起的可能性,以史为鉴、规避风险,应当是一个比较严肃

---

① Arthur Mitzman, *Sociology and Estrangement: Three Sociologists of Imperial Germany*, Transaction Books, 1987, pp.269-270.

② Arthur Mitzman, *Sociology and Estrangement: Three Sociologists of Imperial Germany*, Transaction Books, 1987, pp.267-269.

③ Kevin Passmore, *Fascism: A Very Short Introduction*, Oxford University Press, 2002, p.11.

认真的学术问题。①有学者指出，对法西斯主义的认真审视直到20世纪60年代末才出现，因为在进行政治谴责之后，我们似乎认定没有需要对其进行再认识。②长期以来，法西斯主义就是邪恶的代名词，作为一系列观念，法西斯主义不如自由主义或马克思主义一般清晰地陈述出来，没有重大的理论建树。此外，当人们提及法西斯主义的时候，他们指的是一个特别的现象，仅仅存在于历史中的一个特定时期，并且仅仅限于意大利和德国两个国家。对法西斯主义的理解之困难因为这个事实而加重，那就是对作为一套思想观念的

---

① Philip Morgan, *Italian Fascism, 1915-1945*, Second Edition, Palgrave Macmillan, 2004; Kevin Passmore, *Fascism: A Very Short Introduction*, Oxford University Press, 2002. A. James Gregor 关于法西斯主义有诸多研究著作. *Marxism, Fascism, and Totalitarianism: Chapters in the Intellectual History of Radicalism*, Stanford: Stanford University Press, 2009; *The Search for Neofascism: The Use and Abuse of Social Science*, Cambridge University Press, 2006; *The Faces of Janus: Marxism and Fascism in the Twentieth Century*, Yale University Press, 1999; *Mussolini's Intellectuals: Fascist Social and Political Thought*, Princeton University Press, 2005。Anthony L. Cardoza, "Recasting the Duce for the New Century: Recent Scholarship on Mussolini and Italian Fascism," *The Journal of Modern History*, Vol.77, No.3 (September 2005), pp.722-737; William Kilborne Stewart, "The Mentors of Mussolini," *The American Political Science Review*, Vol.22, No.4 (Nov., 1928), pp.843-869; Charles F. Delzell, "Remembering Mussolini," *The Wilson Quarterly* (1976-), Vol.12, No.2 (Spring, 1988), pp.118-135; Didier Musiedlak, "Religion and Political Culture in the Thought of Mussolini," *Totalitarian Movements and Political Religions*, Vol.6. No.3, pp.395-406, December 2005; Philip V. Cannistraro, "Mussolini's Cultural Revolution: Fascist or Nationalist?" *Journal of Contemporary History*, Vol.7, No.3/4 (Jul. - Oct., 1972), pp.115-139; S. J. Woolf, "Mussolini as Revolutionary," *Journal of Contemporary History*, Vol.1, No.2, Left-Wing Intellectuals between the Wars (1966), pp.187-196; Kenneth Scott, "Mussolini and the Roman Empire," *The Classical Journal*, Vol.27, No.9 (Jun., 1932), pp.645-657; Jeffrey T. Schnapp, "Fascinating Fascism," *Journal of Contemporary History*, 1996, 31, pp.235-244; Ruth Ben-Ghiat, "Italian Fascism and the Aesthetics of the 'Third Woy'," *Journal of Contemporary History*, 1996, 31, pp.293-316; Romke Visser, "Fascist Doctrine and the Cult of the Romanità," *Journal of Contemporary History* 1992, 27: pp.5-22; Emilio Gentile, "Fascism as Political Religion," *Journal of Contemporary History*, 1990, 25, pp.229-251; Walter L. Adamson, "Fascism and Culture: Avant-Gardes and Secular Religion in the Italian Case," *Journal of Contemporary History*, 1989, 24, pp.411-435; Emilio Gentile, "Fascism in Italian Historiography: In Search of an Individual Historical Identity," *Journal of Contemporary History*, 1986, 21, pp.179-208; Philip V. Cannistraro, "Mussolini's Cultural Revolution: Fascist or Nationalist?" *Journal of Contemporary History*, 1972, 7, pp.115-139. 国内学界对法西斯主义比较有代表性的研究有: 朱庭光主编:《法西斯新论》, 重庆出版社, 1991年; 陈祥超:《墨索里尼与意大利法西斯》, 中国华侨出版社, 2004年。
② Gabriele Turi, "Giovanni Gentile: Oblivion, Remembrance, and Criticism," *The Journal of Modern History*, Vol.70, No.4 (December 1998), p.913.

法西斯主义的研究上,学界的成果屈指可数。①"法西斯党和民族社会党在第一次世界大战结束以前根本就不存在,只是到了战后,它们才从悲观失望的战败氛围中脱颖而出。它们的领袖在创建哲学方面既无兴趣,又无才能。虽然构成其意识形态的信仰、观念和偏见久已存在,但它们从来就不是某种具有前后一致性的思想体系的组成部分。当它们被拼凑成一种'哲学'的时候,它们的组合在很大程度上也是机会主义的,选择哪些信仰、观念和偏见,所根据的乃是他们在情感上的诉求,而不是它们是否符合真理或它们是否彼此一致;而且这种选择还往往带有一种置学术诚信于不顾的玩世不恭态度。……许多人都据此得出结论认为,法西斯主义与民族社会主义根本就没有哲学可言。它们的方法看上去就是暴徒心理和恐怖主义的混合物,而且它们的领袖看上去也是除了夺权和保权以外就再没有任何其他目标了。当然,在一定程度上讲,这种说法是有道理的,但这却并不是全部实情。法西斯主义和民族社会主义乃是真正的民众运动,它们诱发了千百万德国人和意大利人狂热的忠诚。……无论好坏,他都是欧洲政治思想和实践演化过程中的一部分,因此在这个意义上讲,它也是一种哲学。"②

一、真蒂莱的国家意志说

乔瓦尼·真蒂莱是19世纪末至20世纪上半叶意大利著名新黑格尔主义哲学家,出生于西西里岛的他年少成名,与克罗齐一样不满足于实证主义的霸权,试图传承意大利南部的黑格尔主义哲学传统,"真蒂莱是黑格尔的门徒,他把他的导师的唯心主义几乎推演到神秘主义的地步"③。鉴于那时占主导地位的实证主义哲学氛围,他所具有的唯心主义思想最初妨碍了其学术前程,不受主流学界待见,处于边缘与异端角色。然而他与克罗齐一起逆流而上,振臂高呼,开风气,为人师,使唯心主义成为意大利的主导性思想流派,他曾在帕勒莫、比萨、罗马和佛罗伦萨等地的各所大学里担任讲席教授,影响了不少年轻学子,一时从者云集,声名显赫。通过将思想和意志同现实的自我建构统一起来,真蒂莱试图将我们的经验意识同其衍生物(creation)整合起来。真蒂莱认为,精神的"纯粹行为"构成了先验的自我和世界的真正综合,

---

① David E. Ingersoll, Richard K. Matthews, *The Philosophic Roots of Modern Ideology: Liberalism, Communism, Fascism*, Prentice-Hall, Inc, 1991, pp.228—229.

② 乔治·萨拜因著,托马斯·索尔森修订:《政治学说史》下,邓正来译,上海人民出版社,2015年,第742—746页。Arthur Rosenberg, "Fascism as a Mass-Movement(1934)," *Historical Materialism*, 20.1, 2012, pp.144-189.

③ 爱·麦·伯恩斯:《当代世界政治理论》,曾炳钧译、柴金如校,商务印书馆,1983年,第200页。

这使得客观的知识成为可能,他声称其理论可以解释个体以及作为一个整体的西方思想之内自我意识的现象学发展。真蒂莱写作了大量有影响力的关于教育的书籍,在他于1923年担任墨索里尼政府中的公共教育部长的时候,他在教育改革中将这些理念付诸实施,其影响直到现在,成为一项无法抹除的教育遗产。真蒂莱在1923年加入法西斯党后成为其官方理论家,他试图表明,个人可以如何自愿地接受国家的规训而作为其内在意志的表达,这样一种步骤是源自人本质上的社会性,在此问题上,他最为成功的著作是《社会的起源与结构》(the Genesis and Structure of Society)。在法西斯主义大厦行将倾覆之时,真蒂莱被共产党游击队员刺杀。尽管因为他与法西斯主义的关系而臭名昭著,这已是铁板钉钉的事实,但真蒂莱关于教育的研究著作如今依然被阅读,他写的意大利哲学史依然有用,他在中学和大学里所进行的教育改革对意大利教育制度产生了深远影响,他编撰的《意大利百科全书》依然不断再版,葛兰西、科林伍德等著名思想家受到了真蒂莱的极大启迪,这也是不争的事实。[1]

真蒂莱和克罗齐曾是志同道合的思想伙伴[2],20世纪上半叶意大利文化图景中璀璨夺目的"双子星座",他们曾并肩作战,互相激励,豪情满怀,热血沸腾,一同致力于提升意大利的文化素养和复兴公民精神,具有文化托名之人的使命感。他们的友谊开始于1896年的彼此通信,直到1924年分道扬镳,他们曾一起创办引领思想家潮流的《批判》(La Critica)杂志,一同齐力声讨实证主义,捍卫唯心主义,以及间接参与公民事务。因此可以说,任何对真蒂莱思想与行动的分析必然需要同克罗齐进行持续参照对比,将彼此作为对方的映像,方能从他者的视野进行更为周全的认知。由于其作为墨索里尼法西斯"官方哲学家"和公共教育部部长而背负的污名,真蒂莱的思想长期以来颇受冷落与歧视,他的哲学思想及对哲学史的研究、教育思想,以及对文化传统的阐释已有稀疏论及,但对他总体思想的认识不成系统,与法西斯主义思想一起被抛入历史的思想废墟之中,"因此法西斯主义变成了评价整个20世纪上半叶的意大利知识分子之职业生涯的主要试金石"[3]。罗伯茨指出:"真蒂莱

---

① Robert Benewick and Philip Green, eds., *The Routledge Dictionary of Twentieth-Century Political Thinkers*, Routledge, 1998, pp.82–83.
② 戈贝蒂认为,真蒂莱是武断而专制的独裁者,其具有一种偏狭的自信,而克罗齐是能够反思和质疑的政治人,对每一种人类的寻求都持开放态度,焦虑地倾听直觉和理智的微微声音。Piero Gobetti, *On Liberal Revolution*, edited and with an introduction by Nadia Urbinati, translated by William McCuaig, foreword by Norberto Bobbio, Yale University Press, 2000, p.51.
③ Gabriele Turi, "Giovanni Gentile: Oblivion, Remembrance, and Criticism," *The Journal of Modern History*, Vol.70, No.4(December 1998), p.914.

664

是最为著名的全心全意地皈依任何形式的法西斯主义的欧洲知识分子。"①真蒂莱运用黑格尔的辩证法为法西斯主义政策正名,他认为人类个体由两种相互对立的身份构成,特殊意志(个人的欲望、利益和目标)和普遍意志(民族的文化、遗产、种族和使命)。要自我实现,个体必须与其作为普遍意志的国家保持同一。遵从法西斯国家的法律和领袖成为个体实现命运的方式,法西斯主义使用许多准宗教的意向,促使公民似膜拜上帝一样膜拜国家,法西斯主义因此成为一种偶像崇拜或是对虚假神灵的崇拜,法西斯主义具有一个强大而超凡魅力的领袖,他呈现了国家的普遍意志,并且是一个民族的"弥赛亚"。②但也有思想家指出,真蒂莱内心其实是个真诚的自由主义者,他想赋予衰败中的自由主义更多伦理性与战斗性的色彩,增强其生命力,但不幸被墨索里尼所利用。

在《法西斯主义的哲学基础》一文中,真蒂莱以其特有的文笔和哲学路向,系统地阐释了自己的法西斯主义思想。在开篇之处,真蒂莱便指出:"对于意大利民族而言,第一次世界大战是一场深刻的精神危机的解决方案",这场危机是由"中立派"和"主战派"的分歧所引发的,而这场危机的源头深深根植于意大利民族的内在精神中。真蒂莱认为,现代意大利的诞生毫无疑问是少数人的杰作,除此之外别无他途。总是少数人代表一个时代的自我意识和意志,并决定其历史走向如何。他们看到了可供支配的力量,通过那些力量来促使唯一真正积极和富有效力的力量——他们自身的意志。真蒂莱认为,从民族复兴运动开始,一种新的解构已然形成,这是一种新思想、新灵魂和新意大利,这个新意大利区别于旧意大利之处非常简单,然而也非常重要:新意大利严肃地对待生命,而旧意大利则不是。马志尼等民族复兴时期的先辈建立了这样的学说,那就是生命不是一场游戏,而是一项使命,因此个体具有一项准则和目的,遵从于并实现这种准则和目的,他便获得了真正的价值,相应地,他必须做出牺牲,或是个人舒适,或是私人利益,或是生命本身。然而真蒂莱指出,自从1876年到第一次世界大战,意大利成为物质主义和反马志尼的意大利,所有的文化,无论是自然科学还是道德科学,无论是文学还是艺术,都被一种粗糙的实证主义所主宰,这种主义将我们生活于其中的现实视为某种给定的东西,某种现成的东西,这因此限定和决定了人类活动,使其远离所谓的道德的任意和虚幻的决定。所有人都想要"事实""实证的事实",人

① David D. Roberts, *Historicism and Fascism in Modern Italy*, University of Toronto Press, 2007, p.115.
② Garrett Ward Sheldon ed., *Encyclopedia of Political Thought*, Facts On File, Inc., 2001. p.102.

人都嘲笑"形而上学梦想"，嘲笑无法触及的现实。真理就在人们的眼前，他们只要睁开眼睛便可看到。"美"本身只能是自然呈现在我们眼前的"真"的镜子。与其他建立在一种宗教的心灵态度之上的德性一样，并且只有当人们具有真诚谈论它的勇气的时候才能提及，爱国主义一词成为一个修辞学主题，触碰它则成了一种不好的品味。这个阶段被称为现代意大利国家的"民主社会主义阶段"。

真蒂莱认为，到了19世纪末20世纪初，一种强劲的反叛精神开始在意大利年轻人中展现出来，反叛前一代在政治学、文学、科学和哲学上的观念。似乎他们厌倦了从父辈那里继承而来的乏味的资产阶级生活，渴望返回祖辈那种崇高的道德热情。马志尼等人的著作再次广受阅读，作为唯心主义哲学令人敬畏的先驱，一位反笛卡尔主义者和反理性主义者，维科成为一种新风尚的目标。实证主义立刻受到新唯心主义的进攻，乔治·索雷尔的工团主义开始受到年轻的意大利社会主义者的青睐，在索雷尔的观念中他们看到了两样东西：首先是一种虚伪的背叛了无产阶级和民族的"合作主义"的终结；其次是对一种道德和理想现实的信仰，为此个人有职责牺牲自身，为了对其进行捍卫，甚至暴力也是正当的。这种反议会主义精神以及工团主义的道德精神将意大利社会主义者重新带回了马志尼的轨道。作为一种崭露头角的新运动，民族主义也是非常重要的，民族主义的特殊成就是在意大利人心中重新燃起了对民族的信仰，激发这个国家反对议会社会主义，导向对意大利资产阶级惊恐地拜倒在其面前的共济会制（Freemasonry）的公开声讨。工团主义者、民族主义者、唯心主义者成功地将大多数的意大利年轻人带回马志尼的精神之中。真蒂莱认为，第一次世界大战适得其反，带来了意大利国家及其道德力量的一种普遍崩溃。在停战之后，意大利没有享受到战胜国应该具有的待遇，整个意大利人民之中弥漫着一股失败主义的情绪，一种无政府主义的消解精神对所有的权威提出了挑战，经济生活的神经中枢似乎染上了致命的疾病。真蒂莱认为，在这种时局下，墨索里尼登场了。墨索里尼看出了我们进行战争的必要性，是主要负责引领我们进入战争的人物之一。在墨索里尼看来，诸如像意大利这样一个能够进行战争并且获胜的国家，竟然被抛入一种无序状态之中并且受一小撮没有信仰的政治家的支配，这是难以置信的。当墨索里尼在1919年于米兰建立法西斯党之后，一战后意大利那种混乱无序的状态几乎消失了，从一开始，法西斯党不是一个信仰者的党派，而是一个行动的党派。它所需要的不是一个原则的平台，而是表明一种目标以及实现目标之道路的观念。进军罗马是革命阶段的结束，随着墨索里尼掌管权力，法西斯主义开始具有合法性。在1922年10月28日之后，法西斯主义与国家不再冲突，它便是国家寻找一种将会实现作为一种国家概念的法西斯主义的机构。法西斯主义已经控制对于构建一个新国家而必需的所有工具。百年的危机已经得到解决,战争最终开始在意大利结出果实。

真蒂莱认为,要理解法西斯主义的本质,同马志尼的观念进行对比最有启发性。在对法西斯主义的定义中,第一点需要把握其学说的整全视野,这种视野不仅关注政治组织和政治趋势,而且关注民族的整个意志、思想和感情。第二点,法西斯不是一种哲学,更不是一种宗教,甚至不是一种可以通过一系列公式表述出来的政治理论。对法西斯主义的把握只能在审时度势的行动中体现出来,法西斯主义返回到马志尼的“思想与行动”观之中最为严格的含义,这两个词是如此一致,如果思想不是已经由行动表达出来,那么它是无价值的。法西斯主义明显的是反智的、马志尼式的,如果我们所说的智力是思想与行动的分离、知识与生命分离、头脑与心分离、理论与实践分离的话。法西斯主义对所有注定绝不会面对现实检验的乌托邦式制度不友善,它对所有仅仅局限于幻想或智力事务的科学和哲学不友善。出于对“智力主义”的反感,法西斯主义不愿浪费时间来构建自身抽象的理论,但它并不是一种盲目的实践和纯粹直觉的方法,法西斯主义是一个完美的系统,在其发展中有一个稳固的基础和严格的逻辑。第三点,法西斯制度不是一种政治制度,但是其重心在政治学里。法西斯主义的存在是为了应对一战后意大利严重的政治问题,而且它将自身作为一种政治方法呈现出来。但是在面对和解决政治问题的时候,它是由自身的本性所驱使的。

在第七部分中,真蒂莱指出,法西斯主义的政治完全围绕民族国家的概念转动,法西斯主义和民族主义都将国家视为组成其本身的个体的所有权利的基础以及所有价值的源泉。在法西斯主义中,国家与个体完全是同一件事情,它们是一个必要的综合体的不可分割的部分。对于民族主义者而言,民族不是因为公民意志而存在,而是作为自然的事实,然而在法西斯主义看来,国家是一种完全精神的产物,依照法西斯主义者的观点,民族本身是心灵的一个产物,不是一种物质假定,不是一种自然的事实。此外,民族主义的国家是一种贵族国家,通过其起源之初被授予的权力而强加在大众身上,而法西斯主义国家是人民的国家,是最杰出的民主国家,国家与公民之间的关系相应地是如此密切,以至于国家的存在是拜公民所赐。最后,真蒂莱阐明了法西斯主义的自由观,墨索里尼曾经得出结论说,强力和同意这两个词是不可分割的,彼此互相暗示,须臾不离,国家的权威与公民的自由组成了一个连续的循环,权威和自由互为前提,因为自由仅仅只能存在于国家之中,国家则意味着权威,但是国家不是一种盘旋在公民头顶上空的一种存在,它是与公民的个性合一的。法西斯主义设想的不是自由与权威之间的对立,而是一种存在的真实和具体的自由与不能存在的一种抽象与虚假的自由之间的对立。

法西斯主义用自己的方法化解了自由与权威之间的矛盾,国家的权威是绝对的,它不妥协,不讨价还价,不将其领域的任何部分拱手相让给其他可能会干涉个体良心的道德或宗教准则,但是在另一方面,国家仅仅在其个体公民的意识中成为一种现实,比起之前设计的任何制度来看,法西斯主义的社团国家提供了一种更为真诚以及与现实更为关联的代表性制度,因此比旧有的自由主义国家更为自由。①

鼓吹法西斯主义理论不只是个别现象,"意大利法西斯主义主要的两位理论家是阿尔弗雷多·罗科和乔瓦尼·真蒂莱。他们二人都知道,法西斯主义是个大杂烩,包含了从黑格尔、圣西门、马克思、尼采和索列尔那里拿来的各种思想,不过他们并不认为这是难为情的事。罗科是意大利法西斯主义中心圈子的一员,所以影响更大一些;秦梯利(真蒂莱)的哲学造诣要高得多,但他的著作不在墨索里尼的日常阅读之列"②。有学者扩大范围,将墨索里尼也纳入其中:"法西斯主义是一种政治意识形态,它将恶性的民族主义、极端的政治威权主义、社团主义或是准社会主义理念糅合起来,它是一种对民主、自由主义和马克思主义的文化反叛。法西斯主义意识形态在1918—1945年之间的欧洲达到顶点,此段时间内,它被遍布欧洲的社会和政治运动所推动,有时成功地夺取了对政府的控制,毫无疑问,意大利法西斯主义是作为整体的法西斯主义之经典案例,其意识形态由墨索里尼、乔瓦尼·真蒂莱以及阿尔弗雷多·罗科所阐述。"③在这两段文字中所指涉的真蒂莱被公认为"法西斯主义哲学家",如果说墨索里尼的法西斯主义是民族主义的一幅讽刺画,它也是行动主义、爱国主义、民粹主义的讽刺画。作为他那个时代意大利最为杰出的心

---

① *Readings on Fascism and National Socialism*, selected by members of the department of Philosophy University of Colorado, Denver: Alan Swallow, pp.48-61.
② 阿兰·瑞安:《论政治(下卷):从霍布斯至今》,林华译,中信出版集团,2016年,第604页。
③ Mark Bevir, ed., *Encyclopedia of Political Theory*, SAGE, 2010, pp.494-495.

灵之一,真蒂莱①让自身的哲学被用来构建这种奇异的法西斯主义政治理念漫画。②

二、墨索里尼的法西斯主义理论和行动

正如前文所述,一战后的意大利动荡不安,议会政府软弱,极端派别林立,党派倾轧严重,工人罢工不断,政治动乱四起,整个国家呈哀鸣之景,支离破碎,摇摇欲坠,暗淡无光。在这种阴郁气氛之下,墨索里尼所创建和领导的法西斯运动却找到了适宜生根发芽之沃土,法西斯主义得到了迅猛发展。墨索里尼具有一种"克里斯马式"人格,他最初信奉社会主义,后离经叛道,被开除组织。有学者指出,法西斯运动是20世纪建立在个人崇拜上而创立极权主义政权的第一次革命性运动,在这个意义上,墨索里尼是充斥于20世纪的超凡魅力式独裁者的原型。③墨索里尼具有丰富的社会经验,在煽动和组织群众方面禀赋非凡,各种思想倾向都向他这个运动合拢,所有的派别都受他左右。与墨索里尼同时代的反法西斯主义者戈贝蒂(Piero Gobetti,1901—1926年)

---

① 关于真蒂莱思想的原初文本,参见 Giovanni Gentile, *Origins and Doctrine of Fascism: With Selections from Other Works*, A. James Gregor trans., ed., Transaction Publishers, 2002。英文学界对真蒂莱政治思想的研究,可参见如下:Giovanni Gentile, "The Philosophic Basis of Fascism," *Foreign Affairs*, Vol.6, No.2(Jan., 1928), pp.290-304; W. G. de Burgh, "Gentile's Philosophy of the Spirit," *Journal of Philosophical Studies*, Vol.4, No.13(Jan., 1929), pp.3-22; George de Santillana, "The Idealism of Giovanni Gentile," *Isis*, Vol.29, No.2(Nov., 1938), pp.366-376; Gabriele Turi, "Giovanni Gentile: Oblivion, Remembrance, and Criticism," *The Journal of Modern History*, Vol.70, No.4(December 1998), pp.913-933; David D. Roberts, "How Not to Think about Fascism and Ideology, Intellectual Antecedents and Historical Meaning," *Journal of Contemporary History*, Vol.35, No.2(Apr., 2000), pp.185-211; Thomas Clayton, "Introducing Giovanni Gentile, the 'Philosopher of Fascism'," *Educational Philosophy and Theory*, Vol.41, No.6, 2009, pp.640-660; J. A. Smith, "The Philosophy of Giovanni Gentile," *Proceedings of the Aristotelian Society, New Series*, Vol.20(1919-1920), pp.63-78; Valmai Burdwood Evans, "The Ethics of Giovanni Gentile," *International Journal of Ethics*, Vol.39, No.2(Jan., 1929), pp.205-216; Alessandra Tarquini, "The Anti-Gentilians during the Fascist Regime," *Journal of Contemporary History*, Vol.40, No.4(Oct., 2005), pp.637-662; Irving Louis Horowitz, "On the Social Theories of Giovanni Gentile," *Philosophy and Phenomenological Research*, Vol.23, No.2(Dec., 1962), pp.263-268; David D. Roberts, "Myth, Style, Substance and the Totalitarian Dynamic in Fascist Italy," *Contemporary European History*, Vol.16, No.1(Feb., 2007), pp.1-36。
② *From Kant to Croce: Modern Philosophy in Italy, 1800-1950*, edited and translated with an introduction by Brian Copenhaver and Rebecca Copenhaver, The University of Toronto Press, 2012, p.169.
③ Emilio Gentile, *The Struggle for Modernity: Nationalism, Futurism, and Fascism*, Foreword by Stanley G. Payne, Praeger Publishers, 2003, p.127.

曾经指出,墨索里尼是自信的乐观主义之化身,其演说技巧、对成功和周日典礼的热爱、对神秘化以及重点的艺术大师般掌控,所有这些使得他在意大利人中间很受欢迎。[①]1922年,墨索里尼率领"黑衫军"向罗马进军,顺利攫取权力,被授权组阁。[②]1925年,墨索里尼宣布成立法西斯国家,到1927年全部建成。1943年,反法西斯联军登陆西西里,部分法西斯领袖夺取了墨索里尼的权力,以同联军进行和平谈判,墨索里尼被囚禁。后希特勒派出伞兵救出被囚的墨索里尼,在意大利北部成立亲德傀儡政府。1945年,墨索里尼被游击队员逮捕并处决。

墨索里尼是一位强力机会主义者,在利用民主制度的弱点上,他显示出了超乎寻常的敏锐性。一战对意大利造成了极大的影响,首先,它促成了自由主义政府制度的危机,造就了一种革命的形势;其次,自由制度的坍塌与革命性的社会主义的冲击相关。意大利自由主义还面临激进非自由主义如民族主义的冲击。在其后的历史进程中,自由主义被法西斯主义取代,与其说是因为法西斯主义的强大,不如说是因为自由主义内部的衰落,给其可乘之机。[③]有学者详细指出了法西斯主义成功的诸多原因:其新奇性以及对年轻人的吸引力,在很大程度上没有受到阻击的系统性暴力的运用,社会主义者的疲惫以及缺少方向感,农村地区的经济团体之间的若干分歧,地主和工业主的经济和道德援助,警察与宪兵的共谋。但最为根本性的因素是:政府和资产阶级所具有的错误印象,那就是法西斯主义只是昙花一现的,可以被吸引进入摇晃的自由制度之中。对一个暴力而不合法的组织的宽容依赖于这种想法,那就是当社会主义被平定之后,法西斯主义便不再具有任何功能

---

① Piero Gobetti, *On Liberal Revolution*, edited and with an introduction by Nadia Urbinati, translated by William McCuaig, foreword by Norberto Bobbio, Yale University Press, 2000, p.58. 巴尔齐尼指出:"他开始锻炼口头表达能力,逐渐发展着使他成为意大利最有鼓动性的演说家的技巧。他只要讲的话生动有力、激动人心,就不在意所讲的内容的逻辑性和真实性。他的手势既有力又有节奏。他的语句简短、断断续续,彼此之间没有明显的联系。他常常来一个长长的戏剧性的停顿,有时声调表情陡然一变,狂呼猛喊,用旋风般的咒骂结束讲话。当听众正被他的口才所感动时,他常会停住话头,提出一个有力的反问,引起热烈的反响。这样就使台上台下建立起一种头脑发热的对话联系,听众来不及细想就被卷入了决定。"路易吉·巴尔齐尼:《意大利人》,刘万钧等译,北京大学出版社,2017年,第137页。

② 路易吉·萨尔瓦托雷利:《意大利简史——从史前到当代》,沈珩、祝本雄译,商务印书馆,2013年,第504—505页。

③ Roberto Vivarelli, "Interpretations of the Origins of Fascism," *The Journal of Modern History*, Vol.63, No.1(Mar., 1991), pp.40–42; Gaetano Salvemini, *The Origins of Fascism in Italy*, edited and with an Introduction by Roberto Vivarelli, Harper and Row, 1973.

了。①未曾想到引狼入室,法西斯主义成功掌控政权,并主宰了几乎一代人之久的意大利历史。

在探讨法西斯主义的起源时,有学者认为法西斯主义是一项极为复合型的现象(an extremely composite phenomenon),它如同政治雪球一般,不断吸收甚至与自己不同的能量,但雪球的运行是由农业法西斯主义所驱动的。②也有学者指出,"法西斯主义是一种道德和文化危机的表现,其中传统的价值观,无论宗教的还是人文主义的,都不再起重要作用。法西斯主义源自一战所产生的狂热,源自不安全感和政治不成熟、对理性的一种反叛以及对社会原子化的一种回应。……首当其冲的,法西斯主义是民族主义式的、精英主义式的以及反自由主义式的。……在一种决定性的程度上,法西斯主义根植于一种前1914的思想流派之中,这种流派是反自由主义、反民主的以及反启蒙运动的,超越了官方的民族主义意识形态"③。当然,对于法西斯主义的兴起有多种解释,不止于此,比如有"作为一种欧洲道德疾病的法西斯主义""作为某些国家历史发展之结果的法西斯主义""作为一种资本主义社会之产物以及一种反无产阶级反动的法西斯主义",有天主教对法西斯主义起源的解释,有学者将法西斯主义视为一种极权主义④的表现形式,有人将其视为一种元政治现象,有学者从心理学角度、社会学视野以及社会经济角度对法西斯主义的起源进行了探讨。⑤有学者形象地将法西斯主义比作由无数小河汇集而成的一条大河,这些支流有民族主义、未来主义和工团主义等。此外,法西斯主义不仅仅是政府中的一场实践性实验,而是发展了自身的理论和哲学,

① Paul Corner, "Italy 1915-1945: Politics and Society, "George Holmes, ed., *The Oxford History of Italy*, Oxford University Press, 1997, pp.270-271.

② Paul Corner, "The Road to Fascism: An Italian Sonderweg?" *Contemporary European History*, Vol.11, No.2(May, 2002), p.293.

③ Walter Laqueur, *Fascism: Past, Present, Future*, Oxford University Press, pp.21, 22, 27.

④ 意大利法西斯主义政权的演进最好依照"极权主义"(totalitarianism)这个概念进行研究,这可以对掌权的法西斯主义的本质以及内在动力提供一个有效的解释。这里的"极权主义"具有在政治权力中的一种试验的含义,由一个革命性的党派所领导,对政治具有一种整体主义的理解,目标是建立一种对所有政治权力形式的垄断性的控制,一旦这种目标通过合法以及不合法的方式取得,目标便是摧毁或彻底革新既存的政治制度,以便创立一个围绕唯一的党派而建立的新国家,辅之以一种警察国家的设备,以及系统使用暴力来阻止或是所有类型的反对和不同政见。Emilio Gentile, "Fascism in Power: the Totalitarian Experiment, "Adrian Lyttelton, ed., *Liberal and Fascist Italy*, Oxford University Press, 2002, p.142.

⑤ Renzo De Felice, *Interpretations of Fascism*, translated by Brenda Huff Everett, Harvard University Press, 1977. Tobias Abse, "Review: Mussolini and His Historical Context, "*The Historical Journal*, Vol.26, No.1(Mar., 1983), pp.237-254.

甚至是一种艺术、一种神秘主义以及一种宗教。①"法西斯主义为一战之后以及动荡不堪的20世纪20年代的经济混乱、阶级传统和权威的衰退提供了解决方案。其依赖于一种集权制的国家,吹嘘一种民族意志的表达,严惩离经叛道者,总是寻找一个'替罪羊'。甚至是在思想意识层面上,法西斯主义绝不是真正关注'法律和秩序'的需要。相反,它是关于对权力的任意使用,使民众的兴奋度始终保持在一种激昂的状态上,它赞美行动本身,它鼓励为了战争而战争,为了死亡而死亡。它与其说建立在一种连贯的思想形式上,不如说是建立在一种渴望行动的情感上;与其说是建立在特定的利益之上,不如说是建立在吁求无目的的牺牲上;与其说是建立在一种对观念的承诺上,不如说是建立在对神话的承诺上;与其说是建立在一种合理的爱国主义之上,不如说是建立在一种感性的仇外心理上;与其说是建立在理性和才智之上,不如说是建立在经验和直觉之上。"②法西斯主义是一种政治化和革命性的极端民族主义形式,致力于将余下的"健康的"社会和政治能量动员起来,以抵御所感知的颓废的攻击(the perceived onslaught of decadence),以便实现一个再生的民族共同体的目标。它是一项包含了政治制度以及其下的社会和道德文化之重生(轮回)的工程。在欧洲世界不断世俗化的传统社会制度(部落的、封建的或绝对主义的)之基础遭到大量侵蚀,民族主义作为一种主要的意识形态力量出现,那么法西斯主义则作为一种现代意识形态相伴而生。③

　　作为20世纪臭名昭著的意大利法西斯主义政权之缔造者,墨索里尼不仅仅是一个行动者,还是一位理论家。"墨索里尼作为意大利法西斯主义运动的奠基者和蛊惑人心的代言人而在历史上赢得了他应得的地位。不过,如果忽视了他对法西斯主义政治理论的贡献,那将是错误的。他虽然不具有一个有创见能分析的头脑,却有足够的洞察力认识意大利思想界的重要动向,并能对这些动向进行雄辩的表述。他的性格和背景使他在意大利政治中很巧妙

① William Kilborne Stewart, "The Mentors of Mussolini," *The American Political Science Review*, Vol.22, No.4(Nov., 1928), p.843. 对于意大利法西斯主义的多重思想起源和自身的思想发展,参见 Stanley G. Payne, "Fascism and Racism," Terence Ball and Richard Bellamy, eds., *The Cambridge History of Twentieth-Century Political Thought*, Cambridge University Press, 2003, pp.123-150。

② Stephen Eric Bronner, *Ideas in Action: Political Tradition in the Twentieth Century*, Rowman and Littlefield Publishers, 1999, pp.108-109.

③ Maryanne Cline Horowitz, editor in Chief, *New Dictionary of the History of Ideas*, Vol.2, Charles Scribner's Sons, 2005, p.795.

地担任他所要扮演的角色。"①"墨索里尼以激动的言辞保证他将走向群众,保证要使群众对更美好的明天信心十足。与此同时他对人民进行了赞扬,说它是'坚韧不拔、吃苦耐劳、意志顽强的'。墨索里尼声称,是战争把无产阶级唤上了舞台,但他没有向这些大众许诺要建立民主制度,而是许诺要实现民族的幸福。墨索里尼是以意大利的一个健康的、带有强烈革新特色的运动的领袖、以一个'充满生机、贴近生活的运动'的领袖的面貌出现的。另一方面,意大利的这一运动公开宣称自己反对共产主义,反对苏维埃的解决方法,而且恰恰由于这种反对赤化的倾向,它才开始在小资产阶级当中引起人们的同情;甚至许多自由党人也对那些声称要恢复国家秩序、与赤色分子作斗争的法西斯党徒表示赞同。1921年,战斗的法西斯运动已演化成政党,起名为'法西斯民族党'。"②

法西斯主义在意大利的崛起分为三个阶段:第一阶段,法西斯主义作为运动而诞生,确定自己的纲领,与其他类似运动合流;第二阶段,法西斯主义与民族主义党合并,变为民族法西斯党,开始具有明确的政治诉求,力争成为执政党;第三个阶段,即1923—1926年,法西斯主义开始成为唯一的政党。③卡斯顿认为,墨索里尼的成功归于如下因素:战后危机和经济困难;对红色革命的普遍恐惧心理;因战争极其令人失望的结果而在意大利引起泛滥全国的强烈民族主义情绪;议会政府的软弱无能;政府、军队、警察和行政当局所给予的帮助。④

尽管如萨拜因所言,墨索里尼早年的那些演讲中就是以一个没有理论的注重实际者、经验主义者或直觉主义者的面貌出现在公众面前的,而他的座右铭就是"毋空谈,要行动"和"无需教义,纪律足矣"。⑤但墨索里尼在《意大利百科全书》上确确实实写有《法西斯主义的学说》,尽管篇幅不大且略显粗糙,但也系统而完整地勾勒了法西斯主义的信条。距今为止,墨索里尼的著作已被整理归类,共计35卷之多,在他作为记者和鼓动家的时候,受到了欧洲

① 爱·麦·伯恩斯:《当代世界政治理论》,曾炳钧译、柴金如校,商务印书馆,1983年,第202—203页。
② 萨尔沃·马斯泰罗内:《欧洲民主史:从孟德斯鸠到凯尔森》,黄华光译,社会科学文献出版社,1994年,第325页。
③ 萨尔沃·马斯泰罗内:《欧洲民主史:从孟德斯鸠到凯尔森》,黄华光译,社会科学文献出版社,1994年,第328页。关于不同时代以及基于不同视角对法西斯主义缘起的多种解释,参见 Henry A. Turner, ed., *Reappraisals of Fascism*, New Viewpoints, 1975。
④ 弗·卡斯顿:《法西斯主义的兴起》,周颖如、周熙安译,商务印书馆,1989年,第81页。
⑤ 乔治·萨拜因著,托马斯·索尔森修订:《政治学说史》下,邓正来译,上海人民出版社,2015年,第743页。

社会主义思潮的影响，①在其著述之中经常提及巴贝夫、圣西门、欧文、蒲鲁东、巴枯宁、马克思、考茨基、罗森堡等思想家。然而他的社会主义思想与其说是一种学说，毋宁说是一种姿态，没有哪位思想家似乎对他有决定性的影响。墨索里尼对两位思想家有专门的论及，一位是尼采，②另一位便是马基雅维利，③但更多的也是摘取这些思想家的只言片语以提升自身的立言分量。有学者提出，墨索里尼受列宁的革命观影响较大，而且受精英主义理论家莫斯卡和帕累托影响较大，尤其受帕累托的直接影响，④墨索里尼曾经在洛桑大学听过帕累托的两门课程，他后来称帕累托的精英理论"现代社会最具原创性的社会学观念"。墨索里尼的早期思想还受"人类意志"观念的影响。这种观念更多的是对一种行动的肯定，而非一种思想律令。墨索里尼急切地关注创造性的行为，而且坚定地认为，如果经过恰当指引的话，人类有能力创造自

---

① A. James Gregor, *Marxism, Fascism, and Totalitarianism: Chapters in the Intellectual History of Radicalism*, Stanford University Press, 2009, pp.136-160. 因此有学者称墨索里尼为一位"革命性的社会主义者"，详见 Spencer M. Di Scala, Emilio Gentile eds., *Mussolini 1883-1915: Triumph and Transformation of a Revolutionary Socialist*, Palgrave Macmillan, 2016。

② Mario Sznajder, "Nietzsche, Mussolini, and Italian Fascism," Jacob Golomb and Robert S. Wistrich, eds., *Nietzsche, Godfather of Fascism? On the Uses and Abuses of A Philosophy*, Princeton University Press, 2002, pp.235-262.

③ 墨索里尼是作为记者和政治活动家而起家的，也参加过第一次世界大战，尽管他阅读广泛且颇为多产，但他始终没有拿到过大学学位，作为法西斯运动的领导人，这让他脸上无光，成为他的心头之痛。墨索里尼毅然拒绝博洛尼亚大学授予的荣誉博士学位，准备写一篇关于马基雅维利的货真价实的博士论文，由于忙于政治，他打算结束政治生涯后好好完成，他后来的命运世人皆知。终其一生只留下简短的"马基雅维利序"。关于"马基雅维利序"的内容，详见 Niccolo Machiavelli, *The Prince with related documents*, translated, edited, and with an introduction by William J. Connell, Bedford and St. Martin's, pp.179-184。

④ 乔治·萨拜因著，托马斯·索尔森修订：《政治学说史》下，邓正来译，上海人民出版社，2015年，第765—766页。贝拉米认为，帕累托与法西斯主义之间的关系非常微妙，他从未接受法西斯主义的意识形态，但他又以"法西斯主义的胜利极好地证实了我的社会学以及我的许多文章的预测"而感到高兴。帕累托欢迎法西斯主义，认为它标志着食利者阶级、"小资产阶级"和地主的复兴，这些人在金权民主制国家的掠夺中失去的最多。他认为向罗马进军是一次卓越的战略行动，他称赞墨索里尼的反民主立场，拥戴墨索里尼为"一流政治家"，是一位"堪比古罗马人"的历史人物，是一位可以带来意大利复兴的马基雅维利式君主。墨索里尼通过宣称正是在洛桑参加帕累托演讲的那一短暂时期获得了自己的策略。不幸的是，帕累托没有任何理由相信墨索里尼会朝着他想要的自由主义方向行动。详见理查德·贝拉米：《自由主义与现代社会：一项历史论证》，毛兴贵等译、刘训练校，江苏人民出版社，2012年，第205—206页。马斯泰罗内也认为，墨索里尼"在欧洲被认为是帕累托和索雷尔的学生"。萨尔沃·马斯泰罗内：《欧洲民主史：从孟德斯鸠到凯尔森》，黄华光译，社会科学文献出版社，1994年，第329页。James W. Vander Zanden, "Pareto and Fascism Reconsidered," *The American Journal of Economics and Sociology*, Vol.19, No.4 (Jul., 1960), pp.399-411.

身的历史,不是在黑格尔式的历史进程中的棋子,抑或其能力被一种经济体制制约,人类能够重塑这个世界,来适合其对未来的想象。墨索里尼的这种唯意志论(voluntarism)也受到尼采的影响,也导向他对人类事务中神话的角色之兴趣,尤其是如何利用神话来动员大众以投身变化和创造的行动,在这方面,索雷尔对墨索里尼影响颇大。①在墨索里尼法西斯思想所形成的时代,有两种颇具影响力的思潮:民族主义和工团主义(syndicalism)。②法西斯的诸多政治信条与民族主义高度重合,诸如宣扬古罗马的荣光、民族的神圣性,殖民扩张的必要性,强国家,好战精神等。另一种对法西斯思想的形构起同样作用的是工团主义社会主义(syndicalist socialism),与民族主义一起为其直接先驱。墨索里尼的政治视野奠基在如下思想基础之上:第一,社会主义和反教会主义的父亲及其故乡罗马涅留下的遗产,这样一个地区充满暴力的阶级冲突,以及强烈的无政府和共和主义政治传统;第二,墨索里尼受到了革命工团主义③的影响;第三,墨索里尼受到了大众行为理论、神话理论、群体心理学理论以及精英主义理论的影响,这在帕累托、莫斯卡和勒庞的著作中体现得相当明显;第四,墨索里尼从革命性的社会主义中吸取了对改革主义的全盘摒弃,以及对政党而非工会作为通向革命变革的途径之强调。④

欧洲历史上的诸多思想家与法西斯主义之间都存在联系,诸如非理性主义思想家尼采、柏格森,精英主义理论家帕累托和莫斯卡,民族主义者马志尼,德国唯心主义思想家费希特和黑格尔,德国历史学家斯宾格勒,法国思想家索雷尔甚至卢梭。⑤有学者指出,墨索里尼的导师有如下六位:尼采、威廉·

---

① David E. Ingersoll, Richard K. Matthews, *The Philosophic Roots of Modern Ideology: Liberalism, Communism, Fascism*, Prentice-Hall, Inc., 1991, pp.232-234. 萨拜因也指出:"法西斯主义关于哲学之性质和目的的观念与索雷尔的神话观实质上是相同的。"乔治·萨拜因著,托马斯·索尔森修订:《政治学说史》下,邓正来译,上海人民出版社,2015年,第767页。

② Tobias Abse, "Syndicalism and the Origins of Italian Fascism," *The Historical Journal*, Vol.25, No.1(Mar., 1982), pp.247-258; Jack J. Roth, "The Roots of Italian Fascism: Sorel and Sorelismo," *The Journal of Modern History*, Vol.39, No.1(Mar., 1967), pp.30-45; James H. Meisel, "A Premature Fascist? Sorel and Mussolini," *Political Research Quarterly*, 1950, 3, pp.14-27.

③ "确实,革命性的工团主义者是哲学和社会学意义上的集体主义者,与民族主义者一样,他们在本质上反对政治个人主义及其所支撑的代表性制度。"A. James Gregor, *Mussolini's Intellectuals: Fascist Social and Political Thought*, Princeton University Press, 2005, p.55.

④ Alexander De Grand, *Italian Fascism: Its Origins and Development*, Lincoln and London: University of Nebraska, 1982, p.16; A. James Gregor, *Young Mussolini and the Intellectual Origins of Fascism*, University of California Press, 1979.

⑤ Scott John Hammond, *Political Theory: An Encyclopedia of Contemporary and Classic Terms*, Greenwood Press, 2009, p.123.

詹姆斯、索雷尔、马基雅维利、帕累托和阿尔弗雷多·奥里安(Alfredo Orian)。①戈贝蒂指出,墨索里尼生命中三个关键的时刻与意大利历史上决心、激情和教条三个时刻相对应,也就是社会主义弥赛亚主义(socialist socialism)、天启式的反德意志主义(apocalyptic anti-Germanism)及法西斯主义轮回观(fascist palingenesis)。②与此同时,一些主要的意大利思想家对法西斯主义意识形态的发展也起了重大作用,诸如真蒂莱的"行动唯心主义"(actual idealism)。1932年墨索里尼为《意大利百科全书》所撰写的关于法西斯主义的词条中,真蒂莱无疑起了很大的作用。真蒂莱的文风深奥而冗长,但他利用其博学与睿智为粗糙的法西斯主义信条进行了哲学上的装饰,拔高了其思想声誉,他对既有的思想倾向进行了概念上的澄明。真蒂莱对行动之于思想的绝对优先性的强调与法西斯主义气质最为意气相投。

近年来,马志尼等19世纪著名意大利思想家与法西斯主义之间的关系也得到了认真的梳理。③未来主义等现代主义思想流派与法西斯主义之间的关系也有所论述。④不少学者也探讨历史主义与法西斯主义之间的关系。⑤著名政治哲学家施特劳斯曾指出,现代性有三波浪潮,第一波为马基雅维利所开启,第二波为卢梭所开启,而第三波为尼采所开启。自由民主理论与共产主义理论起源于现代浪潮的第一波和第二波,而现代性浪潮第三波在政治上的影响则是法西斯主义。施特劳斯在《自然正当与历史》一书认为历史主义与现代性是相生相伴的关系,历史主义是现代性的一个表征和产物。在思想家鲍曼看来,现代性与大屠杀是密切相关的,高度理性化的社会有时非常可怕。有学者认为这是一个时代的反叛⑥,或是一种意大利特有的现象。⑦需要强调的是,诞生于意大利的法西斯主义与诞生于德国的纳粹主义之间具有一

---

① William Kilborne Stewart, "The Mentors of Mussolini," *The American Political Science Review*, Vol.22, No.4(Nov., 1928), p.865.

② Piero Gobetti, *On Liberal Revolution*, edited and with an introduction by Nadia Urbinati, translated by William McCuaig, foreword by Norberto Bobbio, Yale University Press, 2000, p.59.

③ Simon Levis Sullam, *Giuseppe Mazzini and the Origins of Fascism*, Palgrave Macmillan, 2015.

④ Anne Bowler, "Politics as Art: Italian Futurism and Fascism," *Theory and Society*, Vol.20, No.6(Dec., 1991), pp.763-794.

⑤ Rik Peters, "Italian Legacies: Review of *Historicism and Fascism in Modern Italy* by David D. Roberts," *History and Theory*, Vol.49, No.1(Feb., 2010), pp.115-129. David D. Roberts, *Historicism and Fascism in Modern Italy*, University of Toronto Press, 2007; R Griffin, *Modernism and Fascism: the Sense of a Beginning under Mussolini and Hitler*, Palgrave Macmillan, 2007.

⑥ Bruno Wanrooij, "The Rise and Fall of Italian Fascism as a Generational Revolt," *Journal of Contemporary History*, Vol.22, No.3(Jul., 1987), pp.401-418.

⑦ Paul Corner, "The Road to Fascism: An Italian Sonderweg?" *Contemporary European History*, Vol.11, No.2(May, 2002), pp.273-295.

种相互的影响。

　　德国的纳粹主义比法西斯主义发展得晚,希特勒坦言墨索里尼曾对他产生巨大影响,但在集权程度与宣传效应上,有后来居上之势。1938年意大利所通过的种族法案便明显受到纳粹主义的影响,之前意大利曾经接纳过大量被纳粹主义所迫害的犹太难民,20世纪著名文艺复兴研究名家克利斯特勒便是从德国逃难至意大利,并在此定居多年,后被迫流亡至美国。

　　法西斯主义具有一种政治弥赛亚主义情结,他们声称拥有一种人类自我救赎的秘方,随着法西斯主义的出现,一段历史上的决定性的新时刻已经开启了。第三罗马,现世的千年已经到来,其先知和元首正在追寻其宇宙救赎的事业。现代世界中人类存在的基本问题之解决方案仅仅只有通过罗马的信条和智慧才能解决,这种法西斯主义弥赛亚信条可以归为五个方面,即新时代(the new age)、新人(the new man)、元首(the Dux)、狂热(the cult)和统治欲(libido dominandi)。[1]史密斯认为,法西斯主义有自身独特的伦理学,那就是法团个人主义。法西斯主义认为,民族便是"个体",它是一个名副其实的个体,所有个体中最高级的,这是法西斯主义哲学的基石,毫无疑问地为其效力是个体公民的道德天职,既是法西斯主义伦理学的基石,也是其上层建筑。[2]《布莱克维尔百科全书》指出,法西斯主义是指在1930年至1940年之间达到顶峰的各种形式的崇尚暴力的国家主义和极权主义运动,其根源在第一次世界大战之中,更深刻的根源则是知识分子对19世纪后半叶的自由主义思潮的反动,法西斯主义运动具有极端爱国主义、极端民族主义和疯狂军国主义的性质。[3]

　　法西斯主义具有四大特征:民族国家、反自由主义、反布尔什维克主义、法团主义。民族国家是法西斯意识形态的基石,它将会主宰意大利政治思想接近三十年的时间。在20世纪初,诸多历史事件有助于我们理解民族国家理论在意大利的重要性。对于许多意大利人而言,一战是一场尤其痛苦的体验,除了严重的通货膨胀和高失业率之外,战争也带来大量的混乱。作为战胜国,《凡尔赛和约》未能给予作为战胜国的意大利相应的战利品。数年的罢工、暴力事件以及一种效率低下的议会制度滋生了幻灭感和不满。当政府对这些社会问题不能有效应对的时候,墨索里尼用承诺和计划勾画了一种未来

---

① Dante Germino, "Italian Fascism in the History of Political Thought," *Midwest Journal of Political Science*, Vol.8, No.2(May, 1964), pp.109-126.

② T. V. Smith, "The Ethics of Fascism," *International Journal of Ethics*, Vol.46, No.2(Jan., 1936), p.153.

③ 戴维·米勒、韦农·波格丹诺编:《布莱克维尔政治学百科全书》,邓正来主编,中国政法大学出版社,1992年,第250—251页。

的美丽新世界。在1932年出版的《法西斯学说》中,极为强调民族国家的观念。在法西斯主义的信条中,民族与个体之间的关系被一种有机体比喻描绘出来。民族被视为一种生物有机体,其存活、呼吸、成长以及死亡,而个体被认为是行使其功能的细胞、仅仅只有在整个有机体健康的情况下才能自我实现。没有民族,个体不能存在,因为人类在根本上是社会动物,仅仅只有作为一个集体的成员才能自我实现。如果说民族因此构成了最高的伦理存在,那么国家就是其政治展现,是其意志和力量的表现。法西斯主义的反自由主义特征认为,自由主义的设想是,国家最终是个体的产物并因此屈从于个体,法西斯主义认为这样的思维导致社会中的冲突、分裂甚至是混乱,没有提供民族凝聚的观念。最终,自由民主思想以自私和冲突的设想为基础,因此阻碍人类生活在彼此的一种道德联盟之中。在民族观、阶级观和私有财产观上,法西斯主义都有浓厚的反布尔什维克主义观,法西斯主义的反布尔什维克主义观是如此的激烈,以至于被一些人视为法西斯主义意识形态的核心特征之一。法西斯主义的法团主义认为,国家和法西斯党应该细心地打造制度安排,以实现民族统一和力量的目标。此外,法西斯主义带有极强的反智主义的色彩,法西斯主义认为,如果我们需要的是行动,那么花费大量的时间来辩论以及讲清楚观念的逻辑体系毫无益处。在法西斯主义中有一支非常独特和深刻的反智主义,与人类的情感提供了智慧和真理的真正基石这种观念相生相伴。法西斯主义的精英领导观认为,大众拥有巨大的潜力,问题是如何把他们动员起来从事恰当的事业。因此,领导者与大众之间交流的方式便是一个头等重要的问题。在此,精英们发现神话和宣传的使用极为有效。因此,墨索里尼的法西斯主义之基本特征便勾勒出来了:法团主义、(哲学)非理性主义①、感情主义、意志、领导、为自身目的的行动,所有这些都处于民族伟大之极高价值的界限中。法西斯主义总体来说具有如下特征:社团主义,民

---

① "哲学非理性主义(philosophical irrationalism)是整个19世纪欧洲思想中的一个持续性的组成部分,但它既是边缘的又是批判的:它之所以是边缘的,乃是因为它只对艺术家和文人而不对科学家或纯学者有吸引力;它之所以是批判的,乃是因为它反映了一种不满和格格不入的情绪。现代工业化社会对艺术家和神秘主义者来说并不是一个惬意的家园。非理性主义乃是由下述经验造成的:生活太艰难、太复杂、太多变,因而无法成为一种程式;本性为科学所无法理解的各种隐晦神秘的力量所驱使;因循守旧的社会既刻板又浅薄,令人无法忍受。因此,为了反对知识,非理性主义就认识与行动的问题提出了某种其他的原则,它有可能是天才的洞见,或者默会的灵性,或者刚强的意志和断然的行动。不论如何形容,这种力量都与理性构成了鲜明的对照:它是创造性的,而不是批判性的;它是深刻的,而不是肤浅的;它是自然的,而不是约定的;它是超凡且不可控制的,而不是有条不紊的。"乔治·萨拜因著,托马斯·索尔森修订《政治学说史》下,邓正来主编,中国政法大学出版社,1992年,第759页。

族主义,对民主、平均主义的反对,对自由主义启蒙价值观的仇视,对领袖的膜拜及对其特殊品质的赞美,对集体组织的尊重,以及对与其相关的标志的热爱(诸如制服、游行和军队纪律)。[1]有学者归纳出法西斯主义的如下特征:不信任理性、对基本人类平等的拒斥、建立在谎言和暴力之上的行为准则、一种精英团体所领导的政府、集权主义、种族主义和帝国主义、对国家法和国家秩序的反对。[2]

墨索里尼的法西斯主义意识形态主要体现在1932年印行的《意大利百科全书》第十四卷中,对于其出现如此之晚的原因,墨索里尼认为,这正好表明法西斯主义诞生于政治实践之中,而不是为思想活动所预设。然而可以不通过意识形态来夺取,但其转化和提升则需要意识形态。这篇文章分为两部分:第一部分为"根本性的观念",一般认为这一部分为真蒂莱写的;第二部分为"政治和社会学说"。法西斯主义的核心是个体屈从于国家,以及国家的总体性,其要义如下依次展开。第一,社会主义、自由主义和民主都被摒弃,因为这些都不适合20世纪变化莫测的时运;第二,个人与国家之间存有一种共生关系,国家是个体的表达方式;第三,国家必定是至高无上的;第四,国家是总体性的,不能为其权威设置边界。《法西斯主义学说》不仅是一种关于独裁的理论,而且是一种集权主义的理论,成为意大利法西斯主义政权的存在理由(raison d'être)。[3]

在《法西斯主义学说》一文中,墨索里尼认为,法西斯主义是思想和行动,它具有一种与时间地点的偶然性相关联的一种形式,但与此同时它具有一种将其提升为思想史的更高领域的一种真理准则的理想内容。如果其在根本上不是一个生命概念,那么也不会有国家概念。它是一种哲学或直觉,一套演化为逻辑构建体系的思想体系,将自身集中在一种视野和信仰之中,它是一种对世界的有机观念。对于法西斯主义而言,世界不是表面所呈现的那个物质世界,其中人是一个与所有其他人分离的个体,独自存在,屈从于一种自然法,这种自然法在本能上促使他去过一种短暂和自我中心的乐趣之生活。在法西斯主义中,人是一个属于民族和国家的个体。通过一种道德法则,诸多个体被包含和捆绑在一种固定的传统和使命之中,这种道德法则抑制过一种局限于享乐之圈的生活,而是代之以一种更高级生命概念中的责任轨道。

① Roger Scruton, *The Palgrave Macmillan Dictionary of Political Thought*, Palgrave Macmillan, 2007, p.244.

② Alan Ebenstein, William Ebenstein, Edwin Fogelman, *Today's Isms: Socialism, Capitalism, Fascism, Communism, Libertarianism*, Prentice-Hall, 2000, p.70.

③ Robert Benewick and Philip Green, eds., *The Routledge Dictionary of Twentieth-Century Political Thinkers*, Routledge, 1998, p.183.

这样一种生命远离时空的限制,其中个体通过自我牺牲以及牺牲自身特殊的利益,甚至是死亡,来实现整个精神的存在,其中构成了作为一个人的价值。墨索里尼继续认为,这种积极的生命观是对18世纪软弱无力和物质主义的实证主义之反对。法西斯主义想要人变得积极起来,想要以其所有能量投身于行动中,想要其对所存在的困难具有一种男性气概的意识并准备应对它们。它将生命视为一场斗争,认为去征服配得上他的那种生活是人的职责,首先在自身之中创立实现它的(物质、道德和思想)工具。这种积极的生命观明显是一种道德概念,法西斯主义者因此认为,生命是严肃的、简朴的和宗教性的,在一个由精神的道德和可靠的力量所支撑的世界中保持一种完完全全地平衡。法西斯主义者蔑视"容易的"生活,法西斯主义是一种宗教概念,其中人被视为处于一种更高的法则之强有力掌控之中,有一种超越特定个体并将其提升为一个精神社会中完完全全有意识的成员之客观意志。法西斯主义是一种历史概念,如若处于其中的人不成为他有所贡献的精神步骤中的一个因素的话,人便不成其为人,无论是在家庭领域还是社会领域,无论是在民族中还是所有民族都对其有贡献的历史中。人若不参与历史,便视为无物。在政治上说来,法西斯主义旨在成为一种现实主义的学说,在其实践中,它渴望解决仅仅在历史进程中出现的与自身一致的问题,发现或暗示自身解决方案的问题。要在人们之间具有行动的效果,进入现实领域并掌握实际运行的力量是必要的。

墨索里尼认为,法西斯主义者的概念是反个人主义的,是为了国家的,只有在个体与国家、普遍的意识以及其历史存在中的个人意志相一致的时候,国家才是为了个人而存在。自由主义依照特殊个体的利益否定国家,法西斯主义则重新肯定国家作为个体唯一真实的表达。法西斯主义是一个总体性的概念,法西斯主义国家——每一种价值的统一与综合——解释、发展以及增强人民的整个生活。在墨索里尼看来,没有哪个个体或是组织(诸如政党、社团、工会和阶级)是在国家之外的。法西斯主义通过一种工团主义制度(corporative system),调和诸多利益,使其统一在国家之中。在墨索里尼看来,国家不仅仅是构成一个民族多数人的数量或是个体之总和。因为这个原因,法西斯主义反对民主,因为民主将人民等同于个体之最大数量,将其降低为一种多数的层面。但是如果人民被质量上而非数量上考虑,正如理所应当的那样,那么法西斯主义是最为纯粹的民主形式。墨索里尼认为,民族是由国家创造而来的,这赋予了意识到自身道德统一性和意志的人民一种有效的存在。作为一种普遍的伦理意志,国家实际上是权利的创造者。墨索里尼认为,国家是一种组织也是一种扩张,至少在本质上,它应该被视为同人类意志的本性相对等的,在其演化之中,国家不承认任何障碍,通过证明其无限性而实现自身。法西斯主义国家,作为个性之最高和最强有力的形式,是一种精神力量。它重新假定人的道德和思想生活的所有形式,因此不能将其局限于一种简单的秩序和保卫之功能中,诸如自由主义所主张的那样。它不是一种限制假定的个体自由之范围的简单机制,它是一种内在的形式和规则,是整个个体的一种纪律,它渗透了意志以及智力,其原则作为公民共同体同活生生之人类个性的意志主要激发,沉入一种深度之中并安顿在作为行动者以及思想者的个体之心灵中,作为艺术家以及科学家的心灵中,我们的灵魂之灵魂中。墨索里尼认为,法西斯主义不仅是一种立法者以及制度之创立者,而且是精神生活的一个教育者和促进者。它旨在重建不是人类生活的形式,而是其内容、人格、个性以及信仰。为了实现这个目的,它需要深入并主宰精神的内在部分而不受反抗的秩序和权威。其象征便是"执束杆侍从",所持的"法西斯",一个统一、力量和正义的标志。

墨索里尼认为,法西斯主义不是之前在书桌上制定出来的一种学说精心培育出来的东西,它诞生于行动的需要,而且本身就是行动。法西斯主义首当其冲不相信普遍和平的可能性或实用性,它因此抛弃了掩饰投降和懦弱的绥靖主义。战争本身便可以将所有的人类精力带到最高的张力,为有德性面对战争的民族烙上高尚的印章(a seal of nobility)。所有其他的测试都只是替代品,绝不会使一个人自身面临生死抉择。对于无论是民主意识形态的理论前提和实际应用,法西斯主义都予以批判,墨索里尼将法西斯主义定义为"一种有组织的、集中的以及独裁主义的民主"。对于自由主义学说,无论是在其政治还是经济领域,法西斯主义都是持绝对的反对态度。墨索里尼认为,德意志通过自由主义之外的方式实现了民族统一,而且是反对自由主义——这样一种学说对于本质上说是君主制的德意志精神来说似乎是不相容的,因为自由主义是无政府主义的历史和逻辑前厅(ante-chamber)。

墨索里尼还认为,如果说19世纪是个人的世纪(自由主义意味着个人主义),我们将会设想20世纪是"集体主义"的世纪,也就是国家的世纪。法西斯主义的国家有自身明确的信念,有自身的意志,因为这个原因它被称之为一个"伦理"国家。墨索里尼认为,是国家在公民德性方面教育公民,赋予他们一种使命意识,推动他们联合起来,国家通过正义协调了他们的利益,将思想的成就传递给子孙后代,无论是科学、艺术、法律还是人类的团结一致。法西斯主义想要国家变得强健,有组织并与此同时在一个宽广的民意基础上得到支持。法西斯主义国家组织民族,但是在后面为个体留下了充足的边缘,它限制了无用或是有害的自由,并保持了必需的自由。在这方面进行判断的不是个体,而是国家。墨索里尼认为,法西斯主义国家对于普遍性的宗教的存在并非漠不关心,对于意大利天主教更是如此。国家没有神学,但是有道德。

在法西斯主义国家中,宗教被视为精神最为深刻的表现形式之一,它不仅受到尊敬,而且受到捍卫和保护。在文章的结尾,墨索里尼呼吁到,从来没有像现在这个时刻,诸多民族如此渴求一个权威、一个方向以及秩序。如果说每一个世纪都有其自身的信条的话,那么有上千个迹象表明法西斯主义是当前这个世纪的信条。它是一个关于生命的学说,可以由它创造了一个新的信仰的事实表明,这种信仰已经占据心灵可以由如下事实表明,法西斯主义有其堕落天使和烈士。墨索里尼认为,法西斯主义现在已经在这个世界上取得了超越于所有学说的普遍性。如果能够实现的话,它代表了人类心灵历史的一个时代。

三、罗科的权威说

在构筑法西斯主义思想体系时,除了真蒂莱和墨索里尼外,阿尔弗雷多·罗科(Alfredo Rocco,1875—1935年)也是一位重要的人物。罗科原是一位民族主义思想家,后来成为法西斯主义政治理论家。作为一名学术型律师,他在一战前夕的意大利民族主义联盟中声名鹊起。1923年,这个联盟与法西斯主义者融合。1925—1932年,罗科担任墨索里尼政府中的司法部部长,在任职期间,在构建法西斯主义国家的制度框架上,他发挥了极为重要的作用,这与它那种公开的精英主义和威权主义思想相契合。[①]

罗科认为,法西斯主义首当其冲是行动与情感,同时它也是一种思想理论原则。作为一种行动,法西斯主义是一种典型的意大利现象,因为这种连贯而有机的学说之存在而获得一种普遍的有效性,法西斯主义之原创性在很大程度上归结于其理论原则的自主性。尽管在其外部行为和结论上,法西斯主义似乎与其他的政治信条没有差别,实际上,由于推动它的新精神之故以及一种完全不同的理论视角,它却拥有一种内在的原创性。罗科认为,现代政治思想都是源自宗教改革时期,被17、18世纪的自然法专家们发展,并牢固地奠基在英国革命、美国革命和法国革命所催生的制度与风俗中,这些学说的共同基础是一种机械式或原子式的社会和国家观念。依照这样一种观念,社会仅仅是个体的一种总和,一种分解为单个组成部分的复合体,这种原子

---

① Hutchinson's Biography Database. 2011. A. James Gregor, *Mussolini's Intellectuals: Fascist Social and Political Thought*, Princeton University Press, 2006, pp.38-60. John Dickie, "Sententiousness and Nationalist Discourse: The Case of Alfredo Rocco," *Nations and Nationalism*, 6(1), 2000, pp.3-22. 博比奥指出,罗科在本质上就是一个反动主义者,其政治理想是一个牢牢被上层工业资产阶级所把控的强国家,一类适应了新的工业社会需要的旧制度,这与"尽管依照其自身的方式"是自由主义者的真蒂莱有差别,详见 Norberto Bobbio, *Ideological Profile of Twentieth-Century Italy*, Princeton University Press, 1995, pp.129-130。

式的学说具有一种强烈的物质主义属性,弃绝了思想与情感在一代代人之间的精神传承,因此破坏了人类社会的统一与精神生活本身。罗科对自由主义制度进行了批判,他认为自由主义那种制衡与限制的制度,以宪政政府之名,导向一种温和而慎重的自由主义,这种制衡的权力仅仅由那些被视为杰出与能干的公民所行使,结果便是一小部分精英在法律上代表了整个政治有机体,而政体的建立便是为了政治有机体的福祉。

罗科认为,国家不能将自身局限于仅仅消极地捍卫自由的功能,它必须变得积极,代表每一个人,以人民的福祉为方向。当必要之时,它必须介入,以便促进大众的物质、思想和道德境况,它必须为失业者找到工作,引导与教化人民,关注健康与卫生。制约与抑制政府的能力是不足够的,人民必须是政府。罗科认为,自由主义、民主与社会主义实际上不仅是同一种政府理论的产物,而且是彼此的逻辑派生物。在逻辑发展上,自由主义导向民主,民主的逻辑发展导向社会主义。自由主义与社会主义在本质上是相同的,都是为了社会个体成员的福祉。自由主义在小工业时代兴起并蓬勃发展,社会主义则是与工业主义以及世界范围内资本主义的兴起而一起发展。法西斯主义者的民族概念、国家范围概念以及社会和其个体组成部分之间的关系,完全摒弃了源自16、17和18世纪的自然法理论并成为自由主义的、民主的以及社会主义的意识形态之基础的学说。法西斯主义用一种有机体性(organic)和历史性(historic)的概念取代了作为自由主义和民主学说之基础的旧的原子式的以及机械式的国家理论,这种有机体式的国家概念让社会具有一种超越若干个体存在的持续的生命。尽管说自由主义学说消灭了社会,法西斯主义并没有将个人湮没在社会组织之中,它使个体屈从,但并没有消灭个体,无论个体是多么短暂与卑微,作为他那一代人的一部分,仍然是社会的一种元素。此外,每一代人中个体的发展,如果进行协调与均衡地话,决定整个社会单元的发展与繁荣。

罗科认为,自由主义、民主内核社会主义将社会组织视为活生生的个体的聚合,对法西斯主义者而言则是无数代人的基本上的联合(recapitulating unity)。对于自由主义而言,除了生活在某一个时刻的成员而言,社会没有目的。对于法西斯主义而言,社会具有历史性和内在的保存、扩展和发展的目的,与某一个时刻构成社会的个体之目的差别很大,实际上可能是对立的。对于自由主义而言,个体是目的,社会是手段。依照一种最终的目的来考虑个体,将其降低为单纯的工具,这是不可想象的。对于法西斯主义而言,社会是目的,个体是手段,其整个生命取决于把个体视为社会目的的工具。国家因此捍卫和保护个体的福祉与发展,不是为了他们独有的利益,而是因为个体的需要是与作为整体的社会的需要是合一的。只有当个体权利隐含在国家权利之中的时候,才能得到承认。在这种职责的体现下,我们发现了法西斯主义的最高伦理价值观。

罗科认为,法西斯主义的自由概念认为,个体必须被允许代表国家发展其个性,因为这些社会的复杂与永恒生活中的短暂而渺小的元素通过其普通增长而决定了国家的发展。法西斯主义者使得个体成为社会进步的一种经济工具,法西斯主义解决了经济自由与国家干涉之间的永恒问题,将二者都仅仅视为方法,依照社会情况而决定是否采用。罗科认为,法西斯主义坚持政府应该交付给能够超越于私人利益之上并实现社会集体之抱负的人,从其与过去未来的联结和关系来审视。法西斯主义因此不仅摒弃了人民主权的信条并代之以国家主权,而且它也声称公民中的多数不是社会利益的适当提倡者,因为忽视私人利益而更倾向于社会和历史的更高诉求是一种很罕见的天赋,是被选择的少数人的特权。自然智力和文化准备在这样的任务中能发挥极大的作用。罗科指出,数个世纪前,作为司法的特定机构的国家,抛弃了个体争议中的个人自我防卫,代之以国家司法。阶级的自我防卫被国家司法所取代的时刻也到来,为了方便这样的转变,法西斯主义创造了自身的工团主义。法西斯主义将工团,也就是旧有的工团社会主义者的革命工具,转换为法庭内外的阶级的合法抗辩的一种工具。罗科最后阐述了法西斯主义的历史价值,他认为,18世纪将个人从国家之中解放出来,而20世纪则是将个人从国家之中拯救出来。权威、社会责任以及"等级"屈从的时期将会接替个人主义、国家柔弱和不服从的时期。罗科认为,意大利没有参与自然法理论的兴起与发展,与法国、英格兰、德国以及荷兰等国不一样,意大利坚持其过往强有力的遗产,基于此,意大利宣称国家的权力、权威的卓越性以及其目的之优越性,罗科引述柏拉图和亚里士多德,认为他们也主张一个强国家及个体对其的服从,这是意大利政治哲学之方向的充足指标。

罗科对马基雅维利、维科和马志尼等意大利思想先贤进行了评价,他认为马基雅维利不仅是现在作家里最伟大的,也是我们完全拥有一种民族的意大利意识的同胞中最伟大的。马基雅维利是一个伟大的政治权威,他传授对能量和意志的掌控,法西斯主义从他那里获得思想上和实践上的指导。维科沿着马基雅维利的道路继续前进,在"自然法"观念如日中天之时,维科对其坚决反对,而且对自然法的主张者如格劳秀斯、普登道夫等人进行声讨,他系统地攻击18世纪的抽象的、理性主义的以及功利主义原则。此外,作为一种严格的意大利运动,法西斯主义根植于民族复兴运动中,而民族复兴运动毫无疑问受到维科的影响。在罗科看来,在马志尼将公民视为民族目标实现的工具,并因此服从于一种更高的使命以及至高牺牲的责任之观念中,我们看到了法西斯主义学说的基本观念之一的预设。作为一项源自战争并且其中法西斯主义是最为纯粹的表达的具有极强创新性的运动,便是在政治学说领域重建意大利思想,使其回归到自身的传统,也就是古罗马的传统。这是一项继续并包含民族复兴运动的伟大任务,它在终止我们的政治奴役地位之后,也终止了意大利的思想依赖,我们不仅应该接纳一种新文化,而且为我们自身创造一种新灵魂。

第三章　自由主义政治思潮

第一节　贵族自由主义:克罗齐

克罗齐是20世纪上半叶意大利最为知名的思想家之一,被视为"新黑格尔主义者""艺术哲学家""历史哲学家"。斯图尔特·休斯如是评价:"克罗齐的思想范围是百科全书式的。在半个世纪里,他对意大利的文学和哲学生涯施加了一种仁慈霸权。在歌德之后,没有哪一位个体如此完全地主宰了一个主要欧洲国家的文化。"[1]海登·怀特曾指出:"现代意大利受之于克罗齐的恩惠不能受到质疑。他比起任何其他人来,教会了那一代人如何学习以及走出文化偏狭主义的死点。在打造现代意大利文化的过程中,他远远不只是一种思想力量,他也是一股道德力量。"[2]

克罗齐的著述可以按照四条主线进行梳理,这些主线之间尽管不同,但部分有所重合并相互影响,每一个主线都包含某一个特殊领域的批评理论和实践,可以分别标记为哲学批评、历史批评、文学批评和政治学批评。[3]克罗齐也曾介入政治,于1920年在最后一届焦利蒂政府中担任了一年的公共教育部长,后来长期作为自由主义的旗帜,直接鲜明地反对墨索里尼的法西斯主义统治。朱光潜先生曾引介克罗齐美学思想于汉语思想界。克罗齐也作为

---

① H. Stuart Hughes, *Consciousness and Society*, with a new introduction by Stanley Hoffmann, Transaction Publishers, 2007, p.201.

② Hayden V. White, "The Abiding Relevance of Croce's Idea of History," *The Journal of Modern History*, Jun., 1963, Vol.35, No.2 (Jun., 1963), p.122.

③ Maurice A. Finocchiaro, *Gramsci and The History of Dialectical Thought*, Cambridge University Press, 1988, p.65.

历史学家为众人所熟知,其名言"一切真历史都是当代史"①已成为被引用频率最高的西方史家名言之一。克罗齐漫长的一生处于两个极端之中,一方面是荣耀和膜拜的氛围,另一方面是敌对的批判、孤立以及对人身的暴力威胁。然而透过公众对他于现代思想所做的贡献之评价的摇摆不定中,他给意大利甚至全欧洲树立了一种知识人的鲜活典范,这种知识人可以持久地关注他所在时代的关键问题,而不会丢弃人性或是其批判性良知(critical integrity)。②

　　就克罗齐最为知名的美学领域而言,有学者如是评价:"在现代美学中,贝内德托·克罗齐是一个关键性的人物,他矗立在19、20世纪思想的交界处,如同雅努斯神一样,前后皆可视。回顾既往,他看到的是黑格尔和19世纪的唯心主义,这种唯心主义对想象力之优越能力充满信心,并对个体意识之完整性与同一性具有一种前弗洛伊德式信任。另一方面,克罗齐大胆地期待20世纪哲学中的分析主义和大陆传统中的主题,也就是语言转向。在维特根斯坦、海德格尔和伽达默尔之前许久,克罗齐已经开始主张我们对于世界的经验和知识之绝对的和无法剥夺之语言本质。"③由此可见,在西方的美学传统中,克罗齐所享有的承先启后之独特地位。然而在对克罗齐政治思想的研究方面,除了有少数文章探究其与法西斯主义之间的复杂关系外,国内学界基本无人问津,归纳起来,或许有如下原因:首先,在克罗齐百科全书式的思想网格中,其政治思想与其他思想缠绕交错,没有以一种独立的思想体系形式呈现出来,难以识别,其《政治与道德》一书与其他领域的鸿篇巨制比较起来,也只是一本不系统的小册子;其次,他的政治思想根植于一战、二战及战后重建等意大利乃至欧洲诸多天摇地晃的时代大变局中,与现实政治密切勾连,如果对19世纪末至20世纪中叶意大利及欧洲经济、政治、社会、文化变迁等诸多因素陌生的话,很难把握其思想的诸多精义和奥妙所在。综观克罗齐的一生,他或有徘徊犹豫的时刻,也有迷途知返的自我纠错,但毫无疑问,他是一位坚定的自由主义者,有明确的自由主义式政治理念,尽管这种理念具有极强的精英或贵族色彩,始终强调"自由"的核心价值地位。正如贝拉米所指

---

① 对于克罗齐历史观的研究,可参见 A. Robert Caponigri, *History and Liberty: The Historical Writings of Benedetto Croce*, Routledge and Kegan Paul, 1955。近年来,在田时纲先生的主持下,《克罗齐史学名著译丛》五卷已于2005年全部付梓出版,这对于认识克罗齐包含强烈"自由内核"的史观具有极大帮助。在《精神、自由与历史——克罗齐历史哲学研究》中,彭刚教授则对克罗齐的历史哲学进行了全面而系统的梳理与剖析。
② Hayden V. White, "The Abiding Relevance of Croce's Idea of History," *The Journal of Modern History*, Jun., 1963, Vol.35, No.2(Jun., 1963), p.110.
③ Richard Shusterman, "Croce on Interpretation: Deconstruction and Pragmatism," *New Literary History*, Vol.20, No.1, Critical Reconsiderations(Autumn, 1988), p.199.

出的,在克罗齐的诸多著述中,尽管只有一小部分是关于政治的,但克罗齐把学术研究当作一种公民义务,一种介入(engagement),把自身的精神哲学看作对我们生存的所有维度的全面阐释,他提出这一哲学的目的,旨在构建一种能够为当前的人类活动提供方向和辩护的世俗宗教。克罗齐力图重振复兴运动的理想,反对实证主义与唯物主义,力图创造一种全国性的自由主义意识,以实现意大利民族在精神意义上的真正融合,而不是徒有统一其表的多头怪物与松散拼凑。①

在墨索里尼的法西斯主义高压下,克罗齐通过其思想活动来抗击法西斯主义。1925—1943年间,在时势的逼迫下,克罗齐转移了他的文化兴趣,更加致力于历史和政治类别的著述,其目的在于捍卫自由概念,反对教条主义(dogmatism),展示一个为自由理念所激发的民主社会的成果。克罗齐的其他著述,甚至是一种更加文学性质的,也是直接或间接地反对法西斯政权的理论和实践。诸如其《19世纪欧洲史》一书,便旨在呼吁大众重新关注自由理念以及激发对极权主义政权的对抗。在面对极权主义意识形态的时候,自由可以取得一种现代宗教的内涵,一种新的公民宗教。②可见,克罗齐的政治思想是与其传承意大利文化的使命感融贯的,他以笔为利剑,视思想与行动为一体,可谓一种文化的政治学。

克罗齐的思想博大精深。他吸收诸多思想家的学识资源,并汇集提炼为自身强大的思想能量。在罗马大学,他聆听了马克思主义者拉布里奥拉关于赫尔巴特道德哲学的讲课之后,找到了一种新的指南针。③克罗齐受马克思的影响也是非常巨大的。克罗齐将马克思视为"无产阶级的马基雅维利",将维科视为美学的第一位发现者,将黑格尔视为"辩证法"的最伟大理论家和践行者。也就是说,马克思教会我们如何批判性地理解社会的有效现实(effective reality of society),维科给我们提供了一种对于艺术和诗歌之本源的批判性理解,而黑格尔将对于哲学自身的批判性理解作为其主要目标。克罗齐因此将马克思视为卓越的行动哲学家,将维科视为卓越的艺术哲学家,将黑格

① 理查德·贝拉米:《自由主义与现代社会:一项历史论证》,毛兴贵等译、刘训练校,江苏人民出版社,2012年,第208页。

② Fabio Fernando Rizi, *Benedetto Croce and Italian Fascism*, Toronto and Buffalo and London: University of Toronto Press, 2003, pp.196-200.

③ *From Kant to Croce: Modern Philosophy in Italy, 1800-1950*, edited and translated with an introduction by Brian Copenhaver and Rebecca Copenhaver, The University of Toronto Press, 2012, p.90. 在克罗齐的思想肖像中,马克思主义占据了一个重要的位置,然而在其思想的主要方向上,马克思主义并没有标记一个决定性的转折点。Ernesto G. Caserta, "Croce and Marxism," *Journal of the History of Ideas*, Vol.44, No.1(Jan. - Mar., 1983), p.141.

尔视为卓越的哲学史家(philosopher of philosophy)。①与此同时,克罗齐的思想受维科影响很大,从维科那里,"克罗齐萃取了自身理论工作中最为关键和想象力的部分"②。此外,黑格尔的影响也非常巨大。黑格尔是克罗齐最为崇拜的德国人,尽管对黑格尔抱有一些批评,他称自身为黑格尔主义者。他批评黑格尔在崇拜国家上走得太远了,而其他人谴责克罗齐本人也是如此。他也谴责黑格尔崇拜一种似乎会压抑历史中个体之主动性角色的"世界精神"。黑格尔对他政治学的另一个持久影响是辩证法冲突(dialectic conflict)和对立统一(union of opposites)。另外一种信念是每一事件必有其发生的原因,因为可以被证明是必要的,在某种意义上也是善的。黑格尔强化了克罗齐从维科那里所获取的历史主义态度。③

克罗齐也受到19世纪意大利著名文学评论家德·桑提斯的影响④,他在高中时期便阅读其著作,念兹在兹于桑提斯"在意大利统一之际,它产生于其中的智识世界和道德世界却分崩离析了"之论,有"作圣"的使命感。克罗齐认为,若没有民族文化认同,政治统一是不可能的,他将自己的角色定位于领导意大利的文化复兴,恢复那种充满英雄主义精神的生活。⑤当然,与其他20世纪的意大利思想家一样,克罗齐受之于马基雅维利的影响是非常巨大的。克罗齐曾经说过,在每一座城市的广场上,都应该为马基雅维利竖立一座雕像,因为他发现政治就是关于权力以及权力的争夺,而不是关于同意或正义。马基雅维利的教诲是没有哪一种政治行为是道德的或非道德的,仅仅是适宜或

---

① Maurice A. Finocchiaro, *Gramsci and The History of Dialectical Thought*, Cambridge University Press, 1988, p.41.
② H. Stuart Hughes, *Consciousness and Society*, with a new introduction by Stanley Hoffmann, Transaction Publishers, 2007, p. 208. Guiseppe Mazzotta, "Croce on Vico" in Jack D'Amico, Dain A. Trafton, and Massimo Verdicchio, eds., *The Legacy of Benedetto Croce: Contemporary Critical Views*, University of Toronto Press, 1999, pp.163–173; Angelo A. de Gennaro, "Croce and Vico," *The Journal of Aesthetics and Art Criticism*, Vol.22, No.1(Autumn, 1963), pp.43–46; Angelo A. de Gennaro, "Croce and De Sanctis," *The Journal of Aesthetics and Art Criticism*, Vol.23, No.2(Winter, 1964), pp.227–231. Denis Mack Smith, "Francesco De Sanctis: The Politics of a Literary Critic," John A. Davis and Paul Ginsborg, eds., *Society and Politics in the Age of the Risorgimento: Essays in honour of Denis Mack Smith*, pp.251–270.
③ Denis Mack Smith, "Benedetto Croce: History and Politics," *Journal of Contemporary History*, Vol.8, No.1(Jan., 1973), p.43.
④ Angelo A. de Gennaro, "Croce and De Sanctis," *The Journal of Aesthetics and Art Criticism*, Winter, 1964, Vol.23, No.2(Winter, 1964), pp.227–231.
⑤ 理查德·贝拉米:《自由主义与现代社会:一项历史论证》,毛兴贵等译、刘训练校,江苏人民出版社,2012年,第212页。

者不适宜,这样的启迪成为克罗齐政治信条中的第一条。^①

在《当知识分子遇到政治》一书中,美国思想家马克·里拉考察了20世纪与现实政治具有暧昧难解关系的思想家如海德格尔、施密特、本雅明、科耶夫、福柯、德里达之后指出,"在欧洲史上,难以找到另一个世纪比20世纪更能激发思考着的心灵的激情并将其带入政治灾难。……20世纪的种种意识形态投了某些知识分子的自负和不加掩饰的野心,但也阴险狡诈地投合了正义感和对专制的仇恨,并灌输给我们,如不加控制的话,它们会将我们完全俘虏"^②。克罗齐与法西斯主义之间的关系也复杂难解,鉴于此,试图全面而客观地理解克罗齐的政治思想是一件复杂的事情。在法西斯主义兴起之初,许多知识分子主动拥抱法西斯主义,加入法西斯运动,这一方面是因为一战中所出现的民族主义热情的激发或是一种对中产阶级利益的捍卫(这些人将法西斯主义视为对抗左翼的有效力量),另一方面则是一种对社会主义革命的畏惧。贝拉米指出了克罗齐与法西斯主义之间的复杂关联,克罗齐赞成与帕累托的现实主义具有完全相同的工具主义色彩的马基雅维利式的现实主义,一旦对不同理想的评价被消除,唯一用来衡量谁代表真正的历史进程的标准就是成功。克罗齐认为,历史通过表明哪些行为适合于精神真实而理性的发展,从而提供了唯一有效的道德判断。这一信念非常危险,它几乎暗示着,强权就是真理。因此在法西斯主义攫取政权的最初阶段,克罗齐并没有持反对态度。^③

与帕累托相似,尽管说不太情愿,克罗齐最初也支持墨索里尼,将其视为法律和秩序必需的人,但是他很快改变了主意,意识到了法西斯主义对自由的戕害。^④有学者指出,克罗齐与其他学者不一样,绝对没有否定其自由主义理念,而且绝没有将自由主义与法西斯主义混淆起来。相反,在其私人信件和公共讨论中,他摒弃了真蒂莱和民族主义历史学家的声明:那就是法西斯

① Denis Mack Smith, "Benedetto Croce: History and Politics," *Journal of Contemporary History*, Jan., 1973, Vol.8, No.1 (Jan., 1973), pp.41—42.

② 马克·里拉:《当知识分子遇到政治》,邓晓菁、王笑红译,新星出版社,2010年,第156—157页。

③ 理查德·贝拉米:《自由主义与现代社会:一项历史论证》,毛兴贵等译、刘训练校,江苏人民出版社,2012年,第218—220页。

④ Gerald F. Gaus and Chandran Kukathas eds., *Handbook of Political Theory*, SAGE, 2004, p.405.

主义是唯心主义哲学的子嗣,也是意大利民族复兴的传人。①克罗齐自身则如此陈述道:"说实话,开始我的警惕性不高,认为法西斯主义是战后的一个插曲,带有爱国主义色彩的青年人反抗的某些特征,它将消逝,不会造成不幸,甚至还会起某种好的作用。我当时的思想大致为:意大利可能丧失自由,这是由千百万人英勇奋斗和流血牺牲才换来的,我们这一代要永远捍卫这一成果。但难以置信的事情发生了,法西斯主义不但没有成为暂时的事实,反而扎下根并巩固了自己的统治。以致在1924年下半年,在虚伪许诺和对恢复自由的希望落空相继发生之后,我公开站到反对派一边;1925年应反对派领袖乔瓦尼·阿门多拉之邀,我起草了反法西斯主义者《宣言》。②"当法西斯主义将意大利人的道德弱点公之于众,并摧毁了复兴运动所取得的自由时,最优秀的意大利知识分子记得马志尼的教诲:仅仅只有具有宗教感的人才能取得和捍卫自由。"③克罗齐正是如此,他将自由视为宗教,赋予自由至高无上的价值,并围绕这种理念著书立说,教育大众。

对克罗齐而言,自由主义不仅仅是一种政治运动,也是他的哲学之表达形式,因为这种哲学是建立在一种辩证的现实观之上的。萨拜因认为:"克罗齐是意大利黑格尔学派中的最杰出者,同时也是意大利哲学家中最重要的反法西斯主义者。"④马斯泰罗内指出:"在整整20年当中,他一直是民主反法西

---

① Fabio Fernando Rizi, *Benedetto Croce and Italian Fascism*, Toronto and Buffalo and London: University of Toronto Press, 2003, p.163. 关于克罗齐与法西斯主义之间的微妙关系,可参见 Gertrude C. Bussey, "Croce's Theory of Freedom," *The Philosophical Review*, Vol.39, No.1 (Jan., 1930), pp.1-16; Denis Mack Smith, "Benedetto Croce: History and Politics," *Journal of Contemporary History*, Vol.8, No.1 (Jan., 1973), pp.41-61; Richard Bellamy, "Between Economic and Ethical Liberalism: Benedetto Croce and the Dilemmas of Liberal Politics," *History of the Human Sciences*, Vol.4, No.2, pp.175-195; David D. Roberts, "Benedetto Croce and the Dilemmas of Liberal Restoration," *The Review of Politics*, Vol.44, No.2 (Apr., 1982), pp.214-241; Walter L. Adamson, "Benedetto Croce and the Death of Ideology," *The Journal of Modern History*, Vol.55, No.2 (Jun., 1983), pp.208-236; Chester McArthur Destler, "Benedetto Croce and Italian Fascism: A Note on Historical Reliability," *The Journal of Modern History*, Vol.24, No.4 (Dec., 1952), pp.382-390; Edouard Roditi, "The Growth and Structure of Croce's Philosophy," *The Journal of Aesthetics and Art Criticism*, Vol.2, No.5 (Spring, 1942), pp.14-29; A. Robert Caponigri, "The Ethical and Sociological Bases of Italian Politics: Sturzo and Croce," *Ethics*, Vol.59, No.1 (Oct., 1948), pp.35-48.
② 克罗齐:《自我评论》,田时纲译,中国社会科学出版社,2007年,第82—83页。
③ Maurizio Viroli, *As if God Existed: Religion and Liberty in the History of Italy*, translated by Alberto Nones, Princeton University Press, 2012, p.179.
④ 乔治·萨拜因著,托马斯·索尔森修订:《政治学说史》下,邓正来译,上海人民出版社,2015年,第777页。

斯主义的主要旗手。"①20世纪著名的古典学专家莫米利亚诺认为,克罗齐无力指出一条脱离法西斯的道路,即使他能够指出来,墨索里尼也不会允许他开口。但是克罗齐所讨论的自由观念并不仅仅是哲学,那是我们的父辈在历次革命和复兴运动的战场上为他们自己争取的。克罗齐所代表的,是对法西斯主义一以贯之的谴责,是对我们已经失去的东西不断的警醒,它们包括思想的自由与诚实,尤其是在宗教、社会问题与对外政策上,还有宽容、代表制政府、公正审判、尊重他国等。克罗齐为意大利文明呼吁,他是复兴运动信息的联接点。在纳粹的残忍与日俱增时,他的抗议也更加激进,他著名的嘲弄也更加尖锐。1925—1929年间,克罗齐对于意大利的重要性在本质上难以准确估计,那些年里生活在意大利的人可能都会赞成这样的说法:克罗齐阻止了法西斯主义在那些有教养的意大利人眼里变成一种值得尊敬的意识形态。那些年里积极的反法西斯活动,与克罗齐的教导不可分割。②有学者指出,克罗齐代表了所谓的"内在移民"(inner emigration)的最为著名的例子,这一类型的法西斯主义者没有遭到戈贝蒂那样被刺杀的命运、葛兰西那样被囚禁的命运,以及罗塞利(Carlo Rosselli,1899—1937年)那样被流放与暗杀的命运,可以继续留在意大利,与现政权保持一种缄默的理解关系(tacit understanding),如果他们不对法西斯主义进行明显的批评,他们可以继续其工作。克罗齐的国际声誉保护他免于惩罚或报复,允许法西斯政权声称"在法西斯主义治下文化欣欣向荣"③。克罗齐的声音以一种特别的力量爆发出来,能够刺穿灵魂,早在1925年,他便勾勒了一种反对法西斯主义宗教的自由宗教的特征。④

克罗齐的自由主义思想主要由两个部分构成:多元主义(pluralism)和反平等主义(anti-egalitarianism)。⑤在这方面,他受到了莫斯卡等精英主义思想

① 萨尔沃·马斯泰罗内主编:《当代欧洲政治思想(1945—1989)》,黄华光译,社会科学文献出版社,1996年,第130页。

② 阿纳尔多·莫米利亚诺著,安东尼·格拉夫敦导读:《论古代与近代的历史学》,北京大学出版社,2015年,第362页。

③ Stanislao G. Pugliese, *Carlo Rosselli: Socialist Heretic and Anti-Fascist Exile*, Cambridge, Mass.:Harvard University Press. 1999,p.45.

④ Maurizio Viroli, *As if God Existed: Religion and Liberty in the History of Italy*, translated by Alberto Nones, Princeton University Press, 2012, p.214.

⑤ Maurice A. Finocchiaro, "Croce and Mosca:Pluralistic Elitism and Philosophical Science, " Jack D'Amico, Dain A. Trafton, and Massimo Verdicchio, eds., *The Legacy of Benedetto Croce: Contemporary Critical Views*, University of Toronto Press, 1999, p.132. 关于克罗齐的政治思想,参见Benedetto Croce, *Politics and Morals*, translated by Salvatore J. Castiglione, Philosophical Library, 1945。

家的极大影响。克罗齐赋予自由极为重要的价值定位,自由一方面是历史进程的解释性原则,另一方面是人类的道德理念。[①]克罗齐的学生安东尼也指出:"克罗齐是自由派历史学家,是论述自由的哲学家。"[②]克罗齐坚定不移地认为,自由构成了历史的根本性解释原则和最高的道德理想,他强力地捍卫这一四面受敌的传统,奋力迎战法西斯主义者、保守主义者、社会主义者以及共产主义者等。这一颇具贵族气质和精英色彩的自由主义者,这位百科全书式的学者,在20世纪的思想史领域,为我们提供了对自由的歌颂以及对自由的捍卫之典范,将会长时间地为大家所铭记,尽管贝拉米颇为悲观地指出:历史的判断已经表明,克罗齐式的自由主义严重不合格,他不愿支持任何具体的政治或经济计划,他的绝对历史主义使他没有任何根据去支持某种政策而反对另一种政策。[③]克罗齐拒绝超验性,对自然法传统充满敌视,他认为从来不需要1789年的革命理念,因为其是软弱而伤感的。他避开对个体权利的呼求,尽管他对人类自由的强调,对于个体与国家之间相对的"消极自由",他却丝毫不欣赏。实际上,他最初满足于将政治降低到实用的领域,与伦理领域区分开来,政治作为权力有某种自主性,或是寻求有效性。[④]

在意大利处于墨索里尼的法西斯主义统治时期,自由主义对抗法西斯主义的聚焦点便是克罗齐的著述。然而在法西斯主义崩塌之后,克罗齐不能将自身的哲学从一种鼓舞人心的反对派力量转化为一种实际可行的重建规划。对于这种情况的出现,可归结为如下几个因素:首先是克罗齐对历史进程的合理性的信仰。这样一种思想不能有效地解释法西斯主义与自由主义传统的复杂关系,不能有效阐释自由主义对于法西斯主义的道德优越性;其次,克罗齐式自由主义最为重要的局限性源自他的自由观。第一,克罗齐的自由观是高度精英主义式的,他将自由同一定程度的审美创造力联系起来,但仅仅只有一部分人具有这种能力。这样一种观点与二战后意大利农民不断增长的政治化相矛盾;第二,克罗齐将自由的最深层次定义为"一个完完全全地被激发为热情和爱欲的心灵性情问题"。批评者们指出,克罗齐的内心自由概念使得他很难为自己与法西斯主义的对抗辩护,因为甚至在一种集权主义政

① Benedetto Croce, *Philosophy, Poetry, History: An Anthology of Essays by Benedetto Croce*, translated and introduced by Cecil Sprigge, Oxford University Press, 1966, p.585.

② 卡洛·安东尼:《历史主义》,黄艳红译,格致出版社,2010年,第144页。

③ 理查德·贝拉米:《自由主义与现代社会:一项历史论证》,毛兴贵等译、刘训练校,江苏人民出版社,2012年,第230页。

④ David D. Roberts, "History as Thought and Action: Croce's Historicism and the Contemporary Challenge," Jack D'Amico, Dain A. Trafton, and Massimo Verdicchio, eds., *The Legacy of Benedetto Croce: Contemporary Critical Views*, University of Toronto Press, 1999, p.209.

体中,内心自由也并非处于危险之中;第三,克罗齐自由概念的内部特性(inner nature)意味着他对构建阻止法西斯主义卷土重来的宪政制衡体系没有兴趣。这样对权力的限制看起来是无关紧要的,因为克罗齐认为,自由主义并不以怀疑的眼光对待国家,而是径直将其视为道德上更优越的国家之手段,因此克罗齐有牺牲个体自由而偏向无限制的政治权力之嫌;第四,自由主义同仁们认为克罗齐的自由观在选举上是灾难性的,因为他将自由与社会正义隔离开来。①因此有学者恰如其分地指出,在法西斯主义统治的年代,克罗齐的自由概念作为一种鼓舞的源泉具有极大的价值,但是这几乎不可能成为自由主义的根基。克罗齐被指责混淆了核心概念,未能区分人的有责任之行为的前提的内置(built-in)道德自由与恰当的政治自由,而这明显是具有历史连带性的(historically contingent)。甚至当他寻求重建自由主义的根基时,他几乎不关心限制国家以及确保私人领域的问题,而这对于自由主义者而言一直是核心关注点。

克罗齐式历史主义的主要问题在于,通过消解永恒而超越性的价值观,让我们无比赢弱,没有任何政治行动的动力。克罗齐的"自由宗教"作为一种仅仅反对法西斯主义的聚集点(rallying point)是有意义的,当需要跨越法西斯主义的任务出现时,它没有提供导引。②也就是说,克罗齐的思想是"解构主义式"与"批判主义式的",而非"建构主义式"与"原创主义式"的,很难实现从"边缘"立场到"主流"立场的转变,可以打倒旧世界,却很难建设新世界。

如果将克罗齐与真蒂莱进行对比,更能看出克罗齐的思想立场本质。二者可谓20世纪上半叶意大利思想界的"双子星",他们的思想密不可分,互为照映。二者都继承唯心主义哲学传统的衣钵,他们确信,康德、费希特、谢林以及黑格尔等德国古典哲学传统的唯心主义路向。这些理论对于为占主导地位的实证主义寻找任何替代性方案都是一个必需的起点,认为在建构我们所栖息的特定的人类世界中,唯心主义假定心灵的积极性甚至创造性角色,都将自己视为一个更加宽广的文化调适步骤之先驱。③在20世纪的前一二十年,意大利的文化以浪漫主义的反叛为特征,也就是对启蒙运动时代的19世

① Noel O'Sullivan, *European Political Thought Since 1945*, Palgrave Macmillan, 2004, pp.128-131.
② David D. Roberts, "Benedetto Croce and the Dilemmas of Liberal Restoration," *The Review of Politics*, Vol.44, No.2(Apr., 1982), pp.219, 220, 235, 239-240.
③ David D. Roberts, *Historicism and Fascism in Modern Italy*, University of Toronto Press, 2007, p.9.

纪遗产之决定论(determinism)和实证主义(positivism)的反叛。①他们一起为黑格尔哲学在意大利的复兴做出了重要贡献,在他们猛烈的批判之下,旧有的实证主义受到致命打击,一种新的文化景观形成了,"他们奋力创造一个具有意大利特色的智识传统"②。但二者无论是在实际的政治问题上还是意识形态问题上,都具有不同的立场,对于国家的本质和功能、一战的意义、法西斯主义与民族复兴的联系甚至更为重要的法西斯运动未来的方向,他们的观点都截然对立。对真蒂莱而言,法西斯主义与唯心主义暗合,提供了个体与国家之间的综合,使得公民的权利与责任之间的统一变得可能。而克罗齐声称,与法西斯主义不一样,自由主义欢迎不同党派之间的政治分歧,不是通过暴力来确保普遍利益,而是通过继续保持一种自由和权威之间的健康平衡。

　　1924年,二位挚友分道扬镳。正如上文所言,对真蒂莱而言,国家是道德的最高化身,公民的道德生活与国家的道德之间是同一的。克罗齐拒绝将国家或是任何其他政治机构上升到一种道德律令或是一种哲学观念的层面。1925年,真蒂莱写就《法西斯知识分子对所有国家的知识分子的宣言》。克罗齐针锋相对,创作《驳斥法西斯知识分子宣言》,后分别作为《法西斯主义者宣言》和《反法西斯主义者宣言》为世人所知,有时又被称为《真蒂莱宣言》和《克罗齐宣言》。对克罗齐而言,法西斯主义不是一种意大利特有的现象,它是一个所有欧洲国家共有的一个历史问题:一种道德疾患的表达以及一种现代危机的展现。因为其思想威望,在意大利及国外,克罗齐成为反法西斯主义者抵抗运动的道德领袖,是意大利对抗墨索里尼独裁统治的象征。克罗齐与真蒂莱之间的友谊深厚,基于共同的渴求和共享的价值观。法西斯主义使他们分道扬镳,破坏了他们的个人关系,但是政治上的差异决不能完全地抹掉他们曾经彼此具有的那种手足之情与心灵契合,在真蒂莱被反法西斯主义者暗杀之后,克罗齐颇为悲痛,扼腕叹息。③

　　在几乎长达半个世纪的时间内,克罗齐主宰了意大利文化,他关于美学、伦理学、政治学和历史的诸多著述构成了一种全方位的人文主义哲学矩阵,旨在构建一种可以指引所有人类活动的世俗宗教,"从1903年开始出版《批判》(La critica)杂志起,直到1952年去世为止,克罗齐始终主导着意大利的文

---

① M. E. Moss, *Mussolini's Fascist Philosopher: Giovanni Gentile Reconsidered*, Peter Lang, 2004, p.viii.

② 理查德·贝拉米:《自由主义与现代社会:一项历史论证》,毛兴贵等译,刘训练校,江苏人民出版社,2012年,第212页。

③ Fabio Fernando Rizi, *Benedetto Croce and Italian Fascism*, University of Toronto Press, 2003, p.252.

化"①。克罗齐的思想威力在意大利的影响力怎么夸张都不过分,无论是右派还是左派的主要知识分子都深受惠泽,因此甚至是在法西斯主义统治之下或是二战后,尽管他的教义分别受到官方的冷落和民众的忽视,他的观念仍然至关重要,持续发酵。②在20世纪上半叶这个自由主义遭受极大挑战的时代,克罗齐仍然对自由主义保持坚定的信心,他将黑格尔的名言"历史是自由的历史"铭刻在心。在他看来,自由在根本上是一个不断的、永不终止的对抗各类艰难险阻(heavy odds)的解放过程,这意味着一方面是压迫和暴力的力量,另一方面是将人类不断提升到更高的层级的解放的力量之间的斗争。克罗齐认为,人是一个历史意义上而非自然意义上的小宇宙,是一种普世历史的集合,仅仅通过真、善、美和自由之基本序列来获取意义。③

克罗齐是20世纪欧洲最为重要的知识分子之一,是极少数对于现代哲学做出了一种原创性贡献的意大利人。通过其大量的书籍和时论文章,他为意大利文化注入了一种活力,确保了唯心主义的复兴,降低了实证主义的霸权,为文学和历史学提供了不少新概念。克罗齐在意大利的思想和社会影响力赋予他一种超越狭隘的学术界的道德领导角色,尤其是在法西斯当政期间。克罗齐的自由主义思想要求参与和个人责任,他捍卫意大利民族复兴时期的自由主义遗产,激发他的读者对民主理念保持忠诚。在与法西斯主义的对抗中,他不仅是一位思想家,而且是一位自由捍卫者和斗士。博比奥认为,克罗齐的政治思想根植于意大利情景中保守主义大传统之中:一种嘲笑未武装的先知之喋喋不休的历史现实主义;一种对于传统的神圣性之情感,对于历史延续性的价值之情感;对一种不可抵抗和阻止的进步之不信任,以及一种对仍然在当今存在并成为值得敬重之物的过去的热爱;一种既不悲观也不乐观的历史观;历史中的个体微不足道,尽管我们自身没有意识到;对人类事务之不可摆脱的复杂性之深刻意识,其中强烈的激情比平庸的德性更有价值,因此少数人注定主宰多数人,贵族注定主宰平民,其中诸如雅各宾派、民主派或激进派所勾勒的民众力量之释放的规划,犹如蜘蛛网一般,狂风一至,便化为乌有。④

---

① 理查德·贝拉米:《自由主义与现代社会:一项历史论证》,毛兴贵等译,刘训练校,江苏人民出版社,2012年,第208页。

② Richard Bellamy, *Modern Italian Social Theory: Ideology and Politics from Pareto to the Present*, Polity Press, 1987, p.72.

③ E. K. Bramsted and K. J. Melhuish, *Western Liberalism: A History in Documents from Locke to Croce*, Longman, 1978, pp.677-678.

④ Norberto Bobbio, *Ideological Profile of Twentieth-Century Italy*, Princeton University Press, 1995, p.74.

第二节　激进自由主义:戈贝蒂

在20世纪上半叶整个意大利乃至欧洲的多事之秋中,戈贝蒂是一位颇具悲情和个性的人物。戈贝蒂17岁时年少出道,锋芒毕露。25岁时便英年早逝,芳华陨落。在意大利乃至欧洲思想界,他作为左翼直率大胆而年轻血性的自由主义者为世人所铭记,在法西斯主义专制所造成的万马齐喑之中,他敢于不停地反对墨索里尼及其法西斯独裁,并最终悲剧性地以生命为代价捍卫理想。1925年9月,在被法西斯主义暴徒毒打之后,戈贝蒂生病了,这次殴打对他的心脏造成了伤害,他决定像许多流亡的意大利政治活动家一样去巴黎,在那里继续战斗。1926年2月,戈贝蒂离开妻子及新生幼儿远赴巴黎。然而一个星期之后,他遭受支气管肺感染,被发现躺在巴黎一家旅馆的床上,生命垂危。后虽住院治疗,仍然不幸病逝,客死异乡,安葬在巴黎。

戈贝蒂于1901年出生于意大利民族统一和意大利工业化开启之地——都灵,因资本主义经济发达,都灵与热那亚、米兰一同构成了意大利北部资本主义"工业三角"。从17岁开始进入公共论坛扬名立万,短短的8年间,他的思想与时代危机和鼎革紧密相连:自由国家的国家主义变革、布尔什维克革命、一个被法西斯主义暴力中断的意大利民主化进程。"戈贝蒂属于这样一代欧洲自由主义者,他们在20世纪初期的岁月里,见证了上个世纪的宏大理念——个人自由、议会政府以及逐步的社会进步——坍塌在废墟之中,在更新的更具进攻性的共产主义和法西斯主义规划的发展下被践踏在地。作为一名记者、编辑和知识人,戈贝蒂自身既是一战后自由主义急剧衰退的观察者,也是一名叙述者。"[1]在1918年一战结束到法西斯主义专制建立的7年间,都灵成为型塑后法西斯主义意大利的诸多政治和思想观念如民主、自由主义和马克思主义的试验场。"两次世界大战期间,意大利反复无常的政治史滋生了一种极为丰富的政治辩论,迫使自由主义知识分子用一种极为不平常的明确方式考虑其政治角色,以及他们与社会主义传统的关系。"[2]

作为一位小资产阶级家庭的独子,戈贝蒂在思想上极为早熟。他建立了一家出版社和主办三份重要的杂志,其中《新活力》(*New Energies*)是在17岁

---

① James Martin, *Piero Gobetti and the Politics of Liberal Revolution*, Palgrave Macmillan, 2008, p.1.

② David D. Roberts, "Frustrated Liberals: De Ruggiero, Gobetti, and the Challenge of Socialism," *Canadian Journal of History*, 1982 Vol.17 No.1, pp.59-60.

时尚为高中生的时候办刊,《自由革命》(*Liberal Revolution*)则是他21岁时尚为都灵大学法律系的一名学生时所创办,在23岁时则办了另一份文学杂志《巴莱蒂》(*Baretti*)。戈贝蒂的导师和对话者可谓意大利思想届的名人录,具体包括:克罗齐、真蒂莱、莫斯卡、帕累托、路易吉·埃诺迪、萨维米尼、葛兰西、索雷尔。他们共同定义了当时政治语言中的一些理论坐标,包括个人与公共领域的分离,精英的构成与循环,霸权以及政治中非理性因素的角色等。"克罗齐的唯心主义和历史主义,萨维米尼对民族问题的具体关注,埃诺迪的自由主义之中的某些元素"①,这些都是戈贝蒂最早的思想养分。通过阅读莫斯卡关于一种"政治阶级"的必然性,帕累托关于精英的循环,索雷尔关于社会神话的功能,克罗齐关于历史进程的极端开放性,戈贝蒂发展了通过一种新社会精英的出现而不断进行的复兴的形象,当他们试图将自身自由最大化的时候,这与那些掌握权力的人相冲突。②当然,戈贝蒂也影响了不少思想家,如葛兰西、罗塞利、博比奥和莱维(Carlo Levi)等。

作为一位战斗气质浓厚的自由主义者,戈贝蒂不是一位哲学家或系统性的思想家,尽管著述颇丰,他由于英年早逝而未能呈现出一种精雕细琢的政治哲学体系,如果说他有这种愿望的话。戈贝蒂的著述在很大程度上是由随笔、关于意大利日常的政治事件和政治人物的札记以及意大利历史文化以及革命俄国的文章所组成。尽管如此,戈贝蒂具有极大的理论雄心,那就是彻底更新自由主义,将其与有广大群众基础的政治焊接起来,因为他将自由主义与革命性运动联系起来,比如俄国的布尔什维克主义者以及都灵的工厂委员会。通过强调社会运动和冲突在产生和促进自由新体验的重要角色,戈贝蒂试图挑战妥协政治(politics of compromise)和精英调节(elite accommodation),他认为这约束了意大利自由主义的吸引力,他的目标是把自由主义从资产阶级自由主义者中拯救出来,这些人正在不断被墨索里尼回归"秩序"的呼唤所吸引,他认为年轻的自由主义者需要夺回作为一种奠基在社会现实中的理念的自由之活力,而非强加在这个世界上的一套抽象的价值观。仅仅只有被理解为一种宗教式的虔诚,一种对人类转换这个世界以及更新其对自由之理解的能力的信仰,那么自由主义才能在其所面对的灾难面前存在下来。鉴于其思想影响力,戈贝蒂被誉为"20世纪意大利文化中最为杰出的人物之一""古典高度的政治思想家"。

---

① Wilda M. Vanek, "Piero Gobetti and the Crisis of the 'Prima Dopoguerra'," *The Journal of Modern History*, Vol.37, No.1(Mar., 1965), p.7.

② David D. Roberts, "Frustrated Liberals: De Ruggiero, Gobetti, and the Challenge of Socialism," *Canadian Journal of History*, 1982 Vol.17 No.1, p.69.

戈贝蒂和葛兰西、罗塞利属同代人，三者的命运也都颇具悲剧性，他们代表了20世纪意大利政治文化中最为激进和原创性的表达。戈贝蒂对"旧有"的自由主义所做的，便是葛兰西和罗塞利对"旧有"的社会主义所为。但是与葛兰西不同而与罗塞利更为相似，他认为意大利政治危机的解决方案是冲突的永久存在，而不是消除冲突，因此他将自身的自由主义描述为"革命性的"。在相对很小的激进主义都灵新闻圈里，戈贝蒂与葛兰西彼此很熟悉，他们有很多思想上的共鸣之处，比如二者都认为，一战后的危机是意大利资产阶级有限的政治和文化领导权所造成的结果。但事实上，二者存在极大的差别，部分原因为葛兰西是通过马克思主义的棱镜来构筑其狱中札记的，而戈贝蒂对其独树一帜的自由主义版本则是矢志不渝。与葛兰西的接触扩展了他对激进政治的理解，鼓励他将其自由主义转化为他所理解的一种革命性学说。

对于戈贝蒂而言，自由主义不仅仅是一种形式主义的司法保障（formalistic theory of judicial guarantees）的理论，它也是一种信仰和一套实践。自由主义赋予政治以尊严，使其成为竞争者的一个公开场所，通过表达其不同意见，他们将彼此视为同样合法的参与者，自由主义使得政治人性化。塑造戈贝蒂的主要思想：第一，政治、自由与冲突时不可分割的；第二，自由主义既意指政治的实践，也表明其规范性的价值观。戈贝蒂首先对政治与国家之间做出了区分，因此之故，将自由主义理解为一种政治冲突和政治自主理论。戈贝蒂的自由主义观具有三个构成性元素：首先，它自称是一种世俗性的哲学，在知识、历史或道德领域里不认可任何超验的形式。在这种意义上，戈贝蒂的自由主义"等同于内在论和历史性"，将人类的境况视作一种可能性，而不是必然性。其次，第二个元素是关于戈贝蒂的经济观，这是奠基在对市场完完全全的认可和接受之上。最后，戈贝蒂支持容忍的原则，捍卫在教会和国家之间建立和保持界限的理论和政治。总之，戈贝蒂的自由主义观可以简称内在论（immanentism）、市场和宽容，戈贝蒂对自由主义的接受建立在一种清晰而不可置疑的对个人权利的接受上，以及在个体的生活和事务中为国家干预设置限制。

戈贝蒂的自由主义被冠以多种名号，诸如通用型自由主义（generic liberalism）、对抗式自由主义（agonistic liberalism）、异端自由主义（heretical liberalism）、冲突式自由主义（conflictual liberalism）及创新性意识形态主义者（innovating ideologist）等。戈贝蒂属于创造性的思想家，他试图用新颖而创造性的方式修订他们所继承而来的政治价值观的"核心"概念。戈贝蒂的总体论辩计划是要说服自由主义者们，对意大利政治文化进行一种根本性的更新是必要的，这样一种革新将用从更广泛的社会中吸取而来的一种充满活力的精英取代当前的政治阶级，尤其是从新涌现的工人阶级中。这个论证中的中心策略是自由主义需要被理解为一种开放式的解放伦理学,自发地源自对自主权的争取,而不是支持某一套制度以及一个社会阶级的排他性学说。[1]戈贝蒂试图在自由主义之中注入某些革命性社会主义的原则,而作为一个社会主义者的罗塞利则想要借助自由主义元素来改革社会主义。他们在方法上也有所区别,罗塞利的观点号召两个党派实现一种理论上的融合,然而戈贝蒂依照其自治主义观点,不是寻求融合,而是在一种给定历史背景下的合作。[2]戈贝蒂主要以其非同寻常的胆识和洞见的原创性而为人们所铭记,然而"自由革命运动"却是一场失败,它并没有改革自由主义政党,或是给农民和工人的地位带来任何实质性的变化,或是没有导向二战后任何显著的政治构成,实际上,戈贝蒂并非一位政治家,作为一位缺乏自信而观察敏锐的知识人,他几乎不能构思具体的政策和策略,他是一位知识人和精英的领袖,而非大众的领袖。然而戈贝蒂留下了关于那个动荡时期的大量洞见,这些洞见有助于启迪他的同时代人,也有助于我们理解那个时代以及造就那个时代的人物。[3]在戈贝蒂那个时代,很少有自由主义者严格认同其革命性自由主义,这是有理由的。戈贝蒂坚持认为冲突而非共识是自由主义预言之中心,以及他对工人争取自治权的支持,使他的思想居于自由主义意识形态的普通规范之外。戈贝蒂居于两个对立的阵容之间,他是一位自认为摈弃了赋予个人自由教条式的首要性以及支持革命工人的自由主义者,他是一位共产主义者的朋友,然而他却强调自由而非经济平等或是生产集中对于革命政治的重要性。戈贝蒂既不是一个传统的自由主义者,也不是一个共产主义者,他是一个矛盾的人物,在现代政治意识形态的普遍划分中,很难对他进行归类。即便如此,作为对无论是精英主导式民主或是更具参与性的民主的政治游戏的一种提醒,让其收到批判、质疑甚至有时激进的修正,这对于民主的发展是有益的。其战斗性民主版本,仍然是具有高度启发性的,如果说不是作为一种实际的模型,至少也可以作为一种驱动力,让我们重新设想自由的意义和实践。

---

[1] James Martin, "Piero Gobetti and the Rhetoric of Liberal Anti-Fascism," *History of the Human Sciences*, Vol.20, No.4, p.110.

[2] Wilda M. Vanek, "Piero Gobetti and the Crisis of the 'Prima Dopoguerra'," *The Journal of Modern History*, Vol.37, No.1(Mar., 1965), p.9.

[3] Wilda M. Vanek, "Piero Gobetti and the Crisis of the 'Prima Dopoguerra'," *The Journal of Modern History*, Vol.37, No.1(Mar., 1965), p.9.

第三节　自由社会主义：罗塞利与博比奥

此节先讨论罗塞利,这位被称作"20世纪的马志尼""意大利共和国的先知""意大利加缪"的政治思想家。上述称呼也折射出罗塞利在意大利政治及思想史上的地位。与诸多反法西斯主义思想家的悲剧命运一样,罗塞利在1937年与其弟弟一起遇刺身亡,作为一位国际知名的反法西斯主义者,他成为诸多反法西斯主义仁人志士效法的典范。在法西斯主义兴起之后,罗塞利于1929年在巴黎成立了"正义与自由"组织,包括博比奥在内的诸多20世纪意大利思想家都在其中,罗塞利之于意大利反法西斯主义的地位,正如克罗齐之于意大利哲学的地位,"在反法西斯主义的烈士所构筑的万神殿里,罗塞利占据一个特别的位置"[1]。罗塞利坚信,一种意大利共和主义和社会主义革命是击败法西斯主义的唯一方式。[2]罗塞利赞同戈贝蒂和葛兰西的观点,那就是法西斯主义的根源能够在意大利的人为和社会制度中发现,这表明了一个没有自由的民族之深深的恶习和潜在的弱点,一个总是渴求无论是以教皇、君主或是领袖的形式出现的天外救星(*deus ex machina*)的政治上不成熟的民族。[3]

罗塞利所开创的"自由社会主义"思想在二战之后成为一股强大的隐秘思潮,不断挑战占据霸权意识形态地位的意大利共产党(PCI)和基督教民主党(DC)。自由社会主义被理解为一种组织社会的方式,其中作为共同体的一种表现形式的国家试图有力地捍卫和扩展社会权利,正如其捍卫自由权利一样,力图构建一个既关注社会正义和平等,也坚持个人自由的社会。"罗塞利对法西斯主义、社会主义和自由主义的分析一直是二战后意大利的叙事中的一个潜在线索。"[4]罗塞利经常强调自由主义的历史主义性质,在他看来,自由主义不是一种静态的诸多原则的综合体,相反它必须被视为一种持续的生成(continual becoming),处于永恒的更新中,一种对旧有立场的持续战胜。尽管

---

① Stanislao G. Pugliese, "In Defense of Liberal Socialism: Carlo Rosselli's Legacy, "*Italian Americana*, Vol.25, No.1(Winter 2007), p.23.

② Michele Battini, "Carlo Rosselli, 'Giustizia e Libertà' and the Enigma of Justice, "*Journal of Modern Italian Studies*, 17(2)2012, p.213.

③ Stanislao G. Pugliese, "In Defense of Liberal Socialism: Carlo Rosselli's Legacy, "*Italian Americana*, Vol.25, No.1(Winter 2007), p.32.

④ Stanislao G. Pugliese, "In Defense of Liberal Socialism: Carlo Rosselli's Legacy, "*Italian Americana*, Vol.25, No.1(Winter 2007), p.23.

自由主义的内容可能会随着时间发生变化,其动态的和进步的精神则是根本性的。[1]

罗塞利于 1899 年 11 月出生于罗马一个富有而爱国的犹太人家庭,其父是一位音乐理论家,其母则是一位知名剧作家。罗塞利的父系家族和母系家族都曾积极介入 19 世纪的意大利民族复兴运动,属于一种温文尔雅、具有世界主义情怀并通晓数国语言的"文化贵族"之列。作为世俗犹太人和上层资产阶级的成员,两个家族都完全参与新民族的商业、政治和文化生活。他们将自身的解放直接与民族复兴运动和启蒙运动相连,将意大利及其犹太人从奥地利人以及教皇权威的统治中解放出来。因此,与几乎所有的意大利犹太人同胞一样,他们支持 1861 年所建立的君主立宪制,其后,甚至有两位意大利犹太人曾经担任首相,犹太人在军队中得到升职和授勋,这与德国和法国的情况有很大的不同。

罗塞利是一位活泼开朗的男孩,性情生机勃勃,本性大方外向。他认为拉丁语和人文学科很难,仅仅擅长数学,他的母亲依照他的性情,让他从古典式的高级中学退学,进入一所本地的技术学校。罗塞利的性情热烈奔放,其信念激情四溢,急切地想将思想转化为行动,渴望进行数小时的争论,意欲并且能够指挥他人。罗塞利的这种性格特征与他弟弟比较起来尤为明显,他需要通过不断的行动来释放过剩的激情,而他的弟弟则拥有温和、宁静而沉思的气质。第一次世界大战对罗塞利的人生有重要影响,使其信仰一种模糊的、人道主义式的社会主义。罗塞利后来以一篇革命性工团主义的论文获得社会科学学位,并在 1921 年 6 月进行了答辩。在佛罗伦萨大学,罗塞利受到了萨维米尼(Gaetano Salvemini)等人所创立的由知识分子所组成的颇有精英意味的文化圈(Circolo di Cultura)的影响,他曾介绍一位美貌睿智的英国女士进入这个圈子,她后来成了罗塞利的妻子。[2]1924 年初,罗塞利成为米兰大学的政治经济学教授。罗塞利也受到马泰奥蒂的影响,他于 1924 年的遇刺成了罗塞利积极参与社会主义政治与反法西斯主义的催化剂。萨维米尼对罗塞

---

[1] Stanislao G. Pugliese, "In Defense of Liberal Socialism: Carlo Rosselli's Legacy," *Italian Americana*, Vol.25, No.1, Winter, 2007, p.28.

[2] Charles Killinger, "Gaetano Salvemini: Antifascism in Thought and Action," *Journal of Modern Italian Studies*, 15(5)2010: pp.657-677; Dante A. Puzzo, "Gaetano Salvemini: An Historiographical Essay," *Journal of the History of Ideas*, Vol. 20, No. 2 (Apr., 1959), pp. 217-235; Charles Killinger, "The Enemy of My Enemy: Gaetano Salvemini, Benito Mussolini and the Politics of the Liberal State, 1910-1914," S. M. Di Scala, E. Gentile eds., *Mussolini 1883-1915: Triumph and Transformation of a Revolutionary Socialist*, Palgrave Macmillan, 2016, pp. 193-223.

利思想的影响要超过克罗齐和戈贝蒂,"是萨维米尼塑造了罗塞利的思想形态"①。此外,罗塞利是19世纪意大利思想的传人,"如果说罗塞利继承了马志尼的伦理革命观,那么他也继承了加里巴尔迪的魅力"②。1924年,意大利参议员、社会主义政治家马泰奥蒂被法西斯主义者绑架并杀害,此次暗杀事件对墨索里尼政权造成了最为严重的信任危机。对罗塞利而言,马泰奥蒂在诸多方面都是一个楷模,他们的生命轨迹也颇为相似:二者都出生在富裕的资产阶级家庭,都决定改变意大利的现状,都拒绝被革命性的神秘及其修辞的吸引力所诱惑,因此罗塞利将马泰奥蒂描述为"平凡的英雄"。马泰奥蒂暗杀事件作为一种催化剂,将罗塞利推向对社会主义政治和反法西斯主义的积极参与。对于罗塞利而言,此次危机就是一个转折点:或是通过反对使得法西斯政权倒台,或是法西斯政权继续存在下去并强化权力。罗塞利选择了前一种方式,并最终付出了血的代价,悲剧性地与马泰奥蒂一样被法西斯政权暗杀。③

罗塞利与克罗齐的思想亲缘关系颇为复杂,既有尊重,亦有反叛,这与他那个时代的许多其他思想家别无二致。博比奥认为克罗齐是他那个时代之"时代之音",是曾经为他自身及其他年轻的思想家展示通向反法西斯主义道路的"精神向导",有人甚至认为,葛兰西的《狱中札记》便是与克罗齐的一场延伸性对话。1923年,在获得法学学位之后,罗塞利去热那亚与米兰博科尼大学的经济学教授阿蒂略·卡比亚蒂相见,卡比亚蒂欣赏这位年轻学者的才华,任命他为1923—1924学年的助手。卡比亚蒂塑造了罗塞利关于自由贸易的观念,引发了同自由主义经济学家伊诺第的长期辩论,罗塞利向其古典经济自由主义发起了挑战。罗塞利坚持认为,与普遍的设想相反,自由贸易的经济政策与政治自由主义所捍卫的自由之间没有严格的联系。他认为在Liberalismo和Liberismo之间存在差别。于是在1923年,罗塞利创造了"Liberalismo socialista"(Socialist Liberalism)一词,他认为,自由主义之复兴的唯一可能性,便是可以将自由主义的精神传递到与普罗大众有最多接触的团体和党派之中,那么首当其冲应该是社会主义者,此词在左派知识分子中激发了强烈的兴趣,与戈贝蒂等思想家产生了强烈共鸣。罗塞利也对社会主义同仁进行批评,与其他社会主义者将社会主义视为一个目标不同,罗塞利强调其不确

① Stanislao G. Pugliese, *Carlo Rosselli: Socialist Heretic and Anti-Fascist Exile*, Harvard University Press, 1999, p.31.

② Stanislao G. Pugliese, *Carlo Rosselli: Socialist Heretic and Anti-Fascist Exile*, Harvard University Press, 1999, p.37.

③ Stanislao G. Pugliese, *Carlo Rosselli: Socialist Heretic and Anti-Fascist Exile*, Harvard University Press, 1999, pp.40-41.

定性。罗塞利将社会主义理解为人们在历史中肯定自身的渴望以及作为积极的主角参与历史进程,是一种持续的生成,绝不会一劳永逸地实现。社会主义是一种生命和行动的理念,推动社会去超越其自身的积极成果,简而言之,社会主义是一种无限进步(progress)的理念,或者更准确地说,无限前进(progression)的理念。一种"不完整"和不断奋进的精神将社会主义和自由主义联结起来。①罗塞利对马克思主义持一种批评继承的态度,他认为作为特定时空的产物,马克思主义不能解决20世纪所有的社会和经济问题。他认为,我们需要区分作为社会科学家的马克思和作为宣传家的马克思,普通大众只是接受了马克思和马克思主义最为肤浅的层面,然而在马克思主义的万神殿里有两块柱石依然巍然屹立,那就是历史唯物主义和阶级斗争。

罗塞利与大多数社会主义者和反法西斯主义同仁不同,熟知从密尔、费边主义者到工党的英国政治传统。罗塞利也研究了托克维尔的19世纪自由主义思想和奎多·德·鲁杰罗的经典著作《欧洲自由主义史》。概言之,罗塞利在寻找一种其自由主义原则和社会主义运动的理想综合,这将成为一种新的方案,不仅取代马克思主义的实证主义解释,也取代在意大利传播的唯心主义式及新康德主义式的马克思修正主义。②罗塞利指出,意大利社会主义最为关键性的错误之一是:未能将社会主义和工人运动融入意大利特定的历史、社会、文化和经济条件之中。寻求一种集体主义和个人主义之综合的社会主义思想并非是完全崭新的,之前的思想家如英国的霍布豪斯已在其《自由主义》一书中初步勾勒,霍布豪斯认为要将自由主义和社会主义融合起来是困难的,他努力说服英国的自由主义者自由主义和社会主义并非对立的。对霍布豪斯而言,一个自由社会主义国家将会扩展个体自由,与此同时确保社会正义。在某种程度上,罗塞利代表了新自由主义在意大利的对应者。③罗塞利的理论需要进一步的完善和系统化,将自由主义和社会主义实现理论融合的关键性人物是圭多·卡洛杰罗(Guido Calogero, 1904—1986年)和奥尔多·卡皮蒂尼(Aldo Capitini, 1899—1968年),这两个年轻的哲学家曾在比萨大学受教于真蒂莱,发明了liberalsocialismo或者liberal-socialism这个单词,折射出他们认为这两个概念是不可分离的统一体的观念。在他们看来,他们的自由—社会主义比罗塞利的自由社会主义具有一种更加有效的道德根基,罗塞

① Stanislao G. Pugliese, *Carlo Rosselli: Socialist Heretic and Anti-Fascist Exile*, Harvard University Press, 1999, p.53.

② Stanislao G. Pugliese, *Carlo Rosselli: Socialist Heretic and Anti-Fascist Exile*, Harvard University Press, 1999, pp.59-60.

③ Eugenio Biagini, "Review of *Liberal Socialism* by Carlo Rosselli, Nadia Urbinati and William McCuaig," *History Workshop Journal*, No.43, Spring, 1997, p.274.

利并没有将两个概念综合起来,只是机械地合并在一起,因此不是一种真正的和恰当的自由主义者—社会主义者意识形态,因为其没有提供一种真正的"逻辑整合",而他们所提供的构想则是自由主义者和社会主义者传统的"一种新颖而连贯的综合",将社会正义和自由有机地融合起来,将个人自由社会化。

　　然而罗塞利的地位在非共产主义的反法西斯运动中极为重要。在20世纪20年代,鲁杰罗和皮耶罗·戈贝蒂提出了相似的论证。真蒂莱的明星学生鲁杰罗与克罗齐站在一边,在1924年发表了《欧洲自由主义史》,与此同时,早熟的23岁的戈贝蒂首在其位于都灵的期刊《革命自由主义者》(*La rivoluzione liberale*)上发表罗塞利的文章。两位思想家都受到社会主义运动的极大影响,与克罗齐不同,他们是在一开始便站在社会主义者一边反对法西斯主义者。尽管戈贝蒂对俄国革命充满同情,但与鲁杰罗一样对摧残而非增强个性的各式各样的集体主义反感。罗塞利想要使社会主义自由主义化,而他们则想使自由主义社会主义化,更重要的是将其与一种大众联系起来,但最终以失败告终。他们与克罗齐一样对新教很感兴趣,认为意大利人中自由主义精神的缺失是因为天主教无处不在。克罗齐认为,法西斯主义只是意大利历史中的一段插曲,而戈贝蒂则认为是意大利的"自传",这是意大利民族中缺乏一场道德革命所致。自从20世纪30年代初期开始,罗塞利便被视为法西斯主义政权最危险的敌人,既是因为他创建"正义与自由"组织,也因为据报道他组织对墨索里尼进行暗杀的尝试。"他那种面对法西斯主义不妥协的反抗,他拒绝在一种史无前例的野蛮主义面前屈服,他的异端、流放以及悲剧性的死亡,罗塞利是我们这个时代思想和武装先知的化身。"[1]在罗塞利的身上,我们可以发现一张对立且难以调和的思想立场:对启蒙运动所强调的个人尊严、对进步之信心以及对未来之乐观主义的真诚信仰,与此相伴的则是一种古老的信仰,那就是人类的境况最终具有深刻的悲剧性。通过罗塞利这块棱镜,我们可以看到20世纪知识分子矛盾(contradictory)、冲突的(conflicted)、诡论的(paradoxical)及讽刺性(ironic)的立场。

---

① Stanislao G. Pugliese, *Carlo Rosselli: Socialist Heretic and Anti-Fascist Exile*, Harvard University Press, 1999, p.240.

诺尔贝托·博比奥[①](Norberto Bobbio,1909—2004年)漫长的一生跨越了两个世纪,见证了20世纪这个霍布斯鲍姆笔下的"极端年代"和福山笔下的"悲观世纪",见证了一战、二战的生灵涂炭与冷战的剑拔弩张,见证了欧洲的分裂与联合,见证了各类极权主义政权的兴起与民主化浪潮的不断推进,见证了20世纪60年代末期狂飙突进的意大利学生运动和工人暴动,见证了遍布世界的族群冲突以及不断蔓延的恐怖主义,见证了自己祖国意大利的屈辱、重生、"经济奇迹"与脆弱的党派政治。鉴于此,博比奥如是描述自身:"我是20世纪之子。"[②]从"西方的没落"之愤世预言开始,到"历史终结论"的盲目乐观为止,博比奥形容自己的一生与"欧洲内战"的跨度几乎一致。[③]或如其得意门生乌尔比纳蒂(Nadia Urbinati)所言,博比奥的一生可谓是20世纪欧洲和意大利的历史与政治侧影,不仅仅是因为其长度,而是因为其所跨越的诸多政治事件,从政府还是被一小群农业—工业寡头所操纵,到法西斯民粹主义阶段,再到一种宪政民主的建立,到最后的新的影像民粹主义(video-populism)与富豪政治。[④]博比奥95个年岁的漫长个体生命,可谓阅尽沧桑,洗尽铅华,与穿越19世纪下半叶至20世纪中叶的德国思想家迈内克类比,二者都深刻体认到历史之波澜壮阔与曲折迂回,并用如椽巨笔将之提炼出来,犹如从万千玫瑰花瓣里提取出高纯度的玫瑰油,其一言一语的思想冲击力与震撼力,绝非一般学人之书斋作品可以媲美。有学者甚至不无夸张地如是形容:如果说存在着一个宇宙思想家的话,博比奥当之无愧。[⑤]

如果说在二战之前,博比奥还只是一位寂寂无闻的普通反法西斯主义学人,在战胜法西斯主义后,博比奥真正开始声名鹊起,暴得大名,引领一代学

---

① 国内学术界对博比奥思想的研究尚处于起步状态,大陆学者对博比奥的研究几乎空白,尽管他的《左与右》《权利的时代》《民主的未来》《共和的理念》等书及若干篇代表性文章已被译为中文,唯一的一篇博比奥思想专论性学术文章来自台湾学者,参见陈宜中:《诺尔贝托·博比奥论"自由主义式的社会主义"》,《政治思想史》2010年第4期。此文对博比奥的"自由社会主义思想"进行了全面而深刻地梳理,并指出博比奥可能具有的思想漏洞。本文旨在于对博比奥的政治思想进行一种全局式的纵览与引介式的叙述,以期引发大家对其政治思想的关注,囿于学力所限,必挂一漏万,恳请各位方家批评指正。

② Norberto Bobbio, *Old Age and Other Essays*, translated and edited by Allan Cameron, Polity Press, 2001, pp.28-29.

③ Norberto Bobbio, *Old Age and Other Essays*, translated and edited by Allan Cameron, Polity Press, 2001, pp.44-45.

④ Nadia Urbinati, "The Importance of Norberto Bobbio," *Dissent*, Spring, 2004, p.78.

⑤ Rocco Rubini, *The Other Renaissance: Italian Humanism Between Hegel and Heidegger*, The University of Chicago Press, 2014, p.116.

术潮流,并以一种介入性知识人的典范①(the model of the engaged intellectual)对实际政治发生影响,他将自己定位为分析者和倡导者的角色,终其一生捍卫自由民主,歌颂自由理想,经常在都灵报纸《新闻报》(la stampa)上评论意大利政治,被著名英国左翼思想家佩里·安德森誉为"意大利政界的道德良知"(the moral conscience of the Italian political order),②英国政治思想家理查德·贝拉米也认为他是"自己祖国的政治良心"③。博比奥以"自由社会主义者"的身份标识占领学术光谱的制高点,激发并培育了不少新一代的思想家,既开风气也为人师,其思想具有强烈的战斗性,被认为是20世纪下半叶意大利最著名和最具影响力的政治学家、法哲学家以及思想史家,甚至可以径直称之为"意大利20世纪最为著名的政治哲学家"④。有学者如是描述其思想肖像:"一位一丝不苟的老师、创新性的研究者以及鼓舞人心的导师,因为其思想明晰,评价客观和为人谦逊而知名。"⑤

1935年,博比奥曾加入反法西斯主义的"正义与自由"组织。1942年,在如火如荼的二战期间,在墨索里尼法西斯政权统治的末期,博比奥加入了被列为非法的激进自由党——"行动党"(Action Party),并因为反法西斯立场而在1943—1944年间被短暂囚禁,后颠沛流离,大难不死。正是在与法西斯主义的不断对抗中,博比奥成了一名自由社会主义者,因为法西斯主义在政治上反对个人主义,在经济上反对集体主义。⑥二战结束后,随着行动党在意大

---

① 贝拉米也指出,作为一个受人尊敬的评论者,博比奥与直接参与党派政治格格不入,而且曾拒绝了担任参议员的要求,对于学院政治,他也保持一种有益的蔑视(healthy disdain),他对一些意大利教授建立巨大的庇护网络为其学生谋求教职深恶痛绝。博比奥还积极参与和平运动,他是核武器的积极批判者,因为他认为核武器使得战争在本质上变得不正当,而且他也是伯特兰·罗素基金会的一员。Richard Bellamy,"A Life in Defence of the Rules of the Game,The Legacy of Norberto Bobbio:Assessments and Recollections,"*Critical Review of International Social and Political Philosophy*,7:3,p.72. 关于博比奥的战争观,可参见 Danilo Zolo,"Insights and Obscurities of 'Juridical Pacifism' in Norberto Bobbio,"*Iris*,II,4 October 2010,pp.423-434。

② Perry Anderson,"The Affinities of Norberto Bobbio,"*New Left Review*,July-August,1988,p.12.

③ Richard Bellamy,"Bobbio,Norberto(1909-2004),"*International Encyclopedia of the Social and Behavioral Sciences*,2nd edition,Vol. 2,Elsevier Ltd.,2015,p.718.

④ James Martin,*Piero Gobetti and the Politics of Liberal Revolution*,edited and with an introduction by Nadia Urbinati,translated by William McCuaig,foreword by Norberto Bobbio,Yale University Press,2000,p.129.

⑤ Teresa Chataway,"Norberto Bobbio(1909-2004)and Law:A Centennial Tribute,"*Studies in Law,Politics,and Society*,2011,Vol.55,p.179.

⑥ Alastair Davidson,"Dilemma of Liberal Socialism:The Case of Norberto Bobbio,"*Australian Journal of Politics and History*,1995 Vol.41,No.1,p.47.

利政坛上的失败,博比奥心灰意冷,离开政坛,回归学术,以笔为剑,积极介入公共论坛,在意大利诸多颇具影响力的杂志和报纸上设有专栏,宣传自身的政治理念。鉴于此其崇高的学术成就和个人品格,博比奥于1966年成为英国人文社会科学学院的通讯会员,1984年被意大利总统佩尔蒂尼(Sandro Pertini)任命为终身参议员,并获得其他诸多高级别的学术荣誉,如1994年获得巴尔赞奖、1995年获得阿涅利国际奖、2000年获得黑格尔奖。博比奥既是一名沉思型的哲学家,又作为一名积极行动的全国著名政治家而知名,在1992年,他作为一个各方妥协的候选人,甚至差点当选为意大利总统。博比奥的这种双重身份与英美哲学家群体形成较大区别,有学者如是解释道:自从法国大革命以来,对意大利哲学家而言,这种相当不同的经历是很普遍的,博比奥继续这种公共介入的传统,直到我们这个时代。[1]如此看来,博比奥付诸了马克思所言的"关键是如何改变这个世界"的理念,也具有中国士大夫那种"修身齐家治国平天下"的情怀,他本人也曾在20世纪60年代来到中国考察,并这样说道:"如果说英格兰之行意味着对民主的发现,那么中国之行则是与真正的共产主义的一次相遇。"[2]

　　博比奥深厚的学术造诣非一日之功、一日之力而成。年轻时,他曾获得双学位,分别是1931年以《法律哲学与法律科学》一文所获得的法律学位,指导老师为索拉里。后博比奥受德国哲学的影响,于1933年在帕斯托雷(Annibale Pastore)的指导下完了《胡塞尔与现象学》一文,获哲学学位。博比奥最初以一位哲学家的身份出道,在逻辑学、类比学、存在主义以及现象学等领域都有论述,先在卡梅里诺大学和锡耶纳大学教授法学,后于1940年在帕多瓦大学被任命为讲座教授。1948年,他接替了老师索拉里的位置,担任都灵大学的法哲学教授,直到1972年为止。此后,也是在都灵大学,博比奥的研究方向从法哲学转向政治哲学,[3]从更为专业的领域转向更为大众的领域,直到1984

---

① *From Kant to Croce：Modern Philosophy in Italy，1800-1950*，edited and translated with an introduction by Brian Copenhaver and Rebecca Copenhaver，The University of Toronto Press，2012，p.4.

② Norberto Bobbio, *A Political Life*，edited by Alberto Papuzzi，translated by Allan Cameron，Polity Press，2002，p.87.

③ 1968—1969年,意大利经济遭遇结构性危机,学生运动涌现,工人暴动频发,这极大地改变了意大利的文化与政治气候。博比奥意识到,此时介入革命性动乱的学生们对法学理论已经不感兴趣,自己的研究旨趣也应该改弦易辙、与时俱进了,他开始更多地关注诸如改革、恐怖主义、法律、秩序、国家责任及民主国家中政党的角色这样的实际政治问题,他的很多法学思辨也因此被融入政治哲学之中。Norberto Bobbio，*A Political Life*，edited by Alberto Papuzzi，translated by Allan Cameron，Polity Press，2002，p.5；Luigi Farrajoli，"Norberto Bobbio—Theorist of law and Democracy，"*Iris*，II，4 Oct. 2010，pp.369-384.

年以 75 岁的高龄退休。在 20 世纪七八十年代,他成了"意大利民主哲学家"①,为意大利左右两派夹缝②中脆弱挣扎的民主强力申辩,热心纠偏,弘扬民主法治精神以及与其相生相伴如自由、正义、和平、人权等诸多现代核心政治价值观。不仅如此,他卷帙浩繁的著述(著作与论文数量超过 4466 份)早已越过地中海一隅的亚平宁半岛,被译为多国文字,甚至漂洋过海,在拉丁美洲甚至都具有极大的学术和现实影响力③,是 20 世纪全世界范围内可与熊彼特、达尔、萨托利等人相提并论的最为重要的民主理论家之一。④如今活跃于西方学界的莫里奇奥·维罗里和乌尔比纳蒂等著名学者,都深受其思想惠泽。"博比奥是 20 世纪意大利最为重要的法哲学家、政治哲学家和道德哲学家,在超过 60 年的时间里,通过他学术上的博大精深以及公共介入,他对学术界以及普通民众都施加了一种意义深远的影响。在构建法学、政治学和伦理学的内在联系上,他扮演了一种枢纽性的角色,而且把这种知识传递给意大利以及其他社会的所有阶层。"⑤博比奥的著述不仅是一种将政治概念化的努力,也是在参与现实政治,以言行事,他的学理分析在事实与价值之间,可行(the feasible)与可欲(the desirable)之间持衡稳健,公允中道。⑥

博比奥受克罗齐、凯尔森和霍布斯三位思想家的影响尤为显著。从克罗

---

① Norberto Bobbio, *Ideological Profile of Twentieth-Century Italy*, Princeton University Press, 1995, p.xxvi.

② 在二战后的很长一段时间里,意大利分裂为基督教民主党引领的资本主义阵营和意大利共产党所引领的社会主义阵营,二者互相声讨,前者认为后者是野蛮人,想要破坏人类所创造的所有美好的文化,而后者声称前者是想要维持既存的阶级社会的所有残忍和矛盾的堕落者。二者都坚持认为没有中间立场,任何道德存在物必须选择与他们站在一起,或者是加入无人性的敌人之阵营。Alastair Davidson, "Norberto Bobbio, Liberal Socialism and The Problem of Language," *Citizenship Studies*, Vol.2, No.2, 1998, p.224.

③ 有学者指出个中缘由:因为在这些国家里,它们曾经经历过专制政体,博比奥的自由、平等、民主及人权理论很容易就被接受了。或许,也是因为弥漫在其著述之中的对这些原则的诚挚信念,甚至在这样贫瘠的土地里,也有助于其生根发芽。Teresa Chataway, "Norberto Bobbio(1909-2004)and Law: A Centennial Tribute, " *Studies in Law, Politics, and Society*, Vol.55, p.174.

④ 博比奥、达尔和萨托利除了对民主本质的根基有一致的认同之外,他们也都具有相同的现实主义视角,他们不是从理想形象的视角而是从实际政体的视角来考虑民主现象。博比奥与达尔和萨托利的不同之处在于他对民主所依存的价值观的定义,尤其是作为一种奠基性原则的平等之角色,以及识别民主的诸多价值观之经验层面的方式。Corina Yturbe, "On Norberto Bobbio's Theory of Democracy," *Political Theory*, Vol.25, No.3(Jun., 1997), pp.380-381.

⑤ Teresa Chataway, "Norberto Bobbio(1909-2004)and Law: A Centennial Tribute, " *Studies in Law, Politics, and Society*, p.174.

⑥ Corina Yturbe, "On Norberto Bobbio's Theory of Democracy," *Political Theory*, Vol.25, No.3 (Jun., 1997), p.378.

齐的个人品行以及等身著述中,博比奥获得了两种启示:第一是如何将政治和文化理论化的一种方式;第二是一种关于自由主义作为任何形式之文明国家的基石以及任何民主政府之必要条件(如果说不是充分条件的话)的优越性的信念。① 在二战后的一段时期内,博比奥受凯尔森影响极大,他将分析性的语言哲学引入意大利文化之中,批判自然法理论,转向法律实证主义(legal positivism),这在博比奥的国家理论、民主理论及和平理论中清晰可见。正如博比奥自己所陈述的:"后来,我转向了一种程序性的民主观,主要是以凯尔森为基础,依照他之见,民主以这些规则为典型特征,那就是保证社会中个体的自由与和平共处。"② 博比奥坦陈,与凯尔森法学理论的相遇对其具有决定性的影响:"我深深陶醉于这种所谓的纯粹法律理论所提供的清晰的概念分析和原创而简洁的解决方案,也为其整个系统的连贯性而深深着迷。"③ 但作为独有独立人格的知识人,博比奥并非对凯尔森亦步亦趋,在福利国家发展的背景下,凯尔森的法律结构主义(legal structuralism)似乎有些不合时宜。在20世纪70年代,博比奥在此基础上构建了一种法学功能理论,这种理论将法律的结构与目标都纳入其中,因此将新实证主义与社会学导向联结起来。④ 此外,霍布斯在博比奥的思想体系中有不亚于凯尔森的分量,他通过援引霍布斯来弥补他所认为凯尔森思想中的不周全之处:"有两位思想家对我研究的发展具有尤其重要的影响:法学家汉斯·凯尔森和哲学家托马斯·霍布斯。……凯尔森不仅在我对法学理论的研究中占据一个根本性的位置,在我对政治理论的研究中也是如此。……托马斯·霍布斯是我在写作时的参考文献中引用数量最多的哲学家。"⑤

博比奥曾将普遍的政治学理论划分为三个层面:第一,关于最佳国家的规范理论,诸如乌托邦主义者所抛出的;第二,对权力的基础以及与合法性和

① Norberto Bobbio, *A Political Life*, edited by Alberto Papuzzi, translated by Allan Cameron, Polity Press, 2002, p.3. Franco Sbarberi, "Bobbio and Croce — Which Liberalism?" *Iris: European Journal of Philosophy and Public Debate*, 2010, No.4, pp.435-448.

② Norberto Bobbio, *A Political Life*, edited by Alberto Papuzzi, translated by Allan Cameron, Polity Press, 2002, p.71.

③ Norberto Bobbio, *Old Age and Other Essays*, translated and edited by Allan Cameron, Polity Press, 2001, p.75.

④ Norberto Bobbio, *A Political Life*, edited by Alberto Papuzzi, translated by Allan Cameron, Polity Press, 2002, p.4.

⑤ Norberto Bobbio, *A Political Life*, edited by Alberto Papuzzi, translated by Allan Cameron, Polity Press, 2002, pp.109-110. 博比奥曾言:在我的课程中,我最喜欢的一位思想家是凯尔森,他避免价值判断并且建构了一套可以填充任何内容的司法体系。诺伯托·博比奥、莫里奇奥·维罗里:《共和的理念》,杨立峰译,应奇校,吉林出版集团有限责任公司,2009年,第25—26页。

政治义务相关问题的研究;第三,对政治科学的方法以及关于政治语言之分析的研究。这样一种普遍的政治理论是一种广阔的系统研究,建立在从古希腊到今天政治思想史上的"反复出现的主题"(recurrent topics)上。而对于这三个方面,博比奥都有涉猎。此处借用罗志田先生的"一干竖立,枝叶扶疏"之妙喻来形容博比奥的思想轮廓,可谓至为精当。①在博比奥看似如藤蔓一样疯狂生长的思想枝叶之间,实则有一条条清晰的主线,如蛛网一样环环相扣,共同编织着博比奥政治思想的意义之网。

博比奥是一位自由左派思想家,从20世纪50年代至其过世,在几近半个世纪的漫长岁月里,他都是意大利政治的一位客观评论者,始终坚定不移地捍卫变动民主中公民的自由权,全心致力于建立一个更为自由、文雅以及正义之社会的民主理念。②博比奥认为,在捍卫民主的基本原则也就是最低限度的游戏规则之时,知识分子应该独立自主,但绝非冷漠无情(independent but not indifferent),这与余英时先生所谓的"对政治具有遥远的兴趣"可谓异曲同工。对博比奥而言,对于善与恶的问题,没有比民主更好的解决方法了,尽管这种方法可能也有问题。他在20世纪50年代秉持这种观点,如今依然初衷不改。通过一种民主的政治以及通过将这种政治延伸到更多地方,对于差别性和不可化约的个体性(irreducible individuality),能够得到最好的捍卫。③在政治思想领域,博比奥首先因为其对民主的出色分析而闻名学界。"我们可以将其作为博比奥的核心观点进行总结,那就是民主是一种规则(或程序)系统,而这些也是我们所通常理解的民主之所是,通常以法治的面貌,以一种有保留的宪政'权利'之形式,以及一种允许制衡的权力分离进行治理。"④在《民主的未来》和《何种社会主义?》中,他坚持认为民主不是一个具有弹性的词,并批判其在20世纪的不断庸俗化与劣质化。在博比奥看来,民主是一种在确保相关政党尽可能完全参与情况下,通过非暴力方式实现集体决策的过程,是人类有史以来所发明的遏制那些统治者无止境的狂妄和愚蠢的最好方式。民主使得被统治者可以质问、循环或是解雇他们的统治者,因此可以确保权力的分配是被可见的规则所制约的公开政治竞争所确定,而无需通过暴力进行。博比奥坚持认为,在欧洲以及其他地方自由民主制度的历史

① 罗志田:《非碎无以立通:简论以碎片为基础的史学》,《近代史研究》2012年第4期。

② Norberto Bobbio, *A Political Life*, edited by Alberto Papuzzi, translated by Allan Cameron, Polity Press, 2002, p.1.

③ Norberto Bobbio, *Democracy and Dictatorship: The Nature and Limits of State Power*, Translated by Peter Kennealy, University of Minnesota Press, 1989, pp.152-155.

④ Alastair Davidson, "Norberto Bobbio, Liberal Socialism and The Problem of Language," *Citizenship Studies*, Vol.2, No.2, 1998, p.241.

性崛起,诸如自由选举、竞争性政党制度以及成文宪法,代表了在争取更多民主的道路上的巨大跃进。那么,什么是博比奥所谓的民主的标准呢? 本质上有四个:其一,平等而普遍的成人选举权;其二,确保言论的自由表达权及诸多言论流派自由组合(the free organization of currents of opinion)的公民权;其三,数量上为多数的人做出决定;其四,对少数人权利的保障,反对以多数人的名义的滥用权利。①

博比奥摒弃了卢梭式小型自治共和国的梦想,他认为过多的民主会杀死民主。生活的完全政治化,实际上是与民主相悖的。博比奥认为,在技术上直接的参与式民主在大规模的复杂社会中是不可能的,因为它在某些情况下要求具有上千万的公民所构成的公共议会,只有代议制民主②可以将诸多相互冲突的观点进行筛选和简化。博比奥认为,卢梭式的直接民主是不可能的,不仅是因为现代国家的规模和可能性,而更多是因为它不能提供一种工具性的或技术性的组织模型,而这种模型可以在实践上捍卫少数人的权利。③博比奥一直呼吁建立一个具有更为积极的民主参与的公民社会,并倡导意大利的政治阶层应更为透明和更具责任担当感,但他始终主张修正版的代议民主制,而非直接民主,时移世易,美好的理想必须与现实政治契合,在卢梭与密尔之间,博比奥坚决站在后者一边。④在博比奥看来,民主的定义是共识性的,但也是具有限制性的,民主具有四大内在矛盾。⑤博比奥的民主观除了受到密尔这样的古典自由主义者的影响,也受到达伦多夫(Ralf Dahrendorf)、达尔和罗尔斯的影响。⑥

但博比奥并不认为西方式的代议制民主本身便是政治生活的全部,他确信西方民主内含堕落的趋势,比如对在国际政治中使用武力,一直持续性地

① Perry Anderson, "The Affinities of Norberto Bobbio," *New Left Review*, July–August, 1988, p.20.

② 博比奥认为,如果我们在今天谈论民主化的事情,并非如多数人所错误假定的一样,是由代议民主向直接民主的转化所构成,而是由严格意义上的政治民主向社会民主的转变所构成。Norberto Bobbio, *The Future of Democracy: A Defence of the Rules of the Game*, translated by Roger Griffin, edited and introduced by Richard Bellamy, University of Minnesota Press, 1987, p.55.

③ Alastair Davidson, "Norberto Bobbio, Liberal Socialism and The Problem of Language," *Citizenship Studies*, Vol.2, No.2, 1998, p.237.

④ Norberto Bobbio, *Democracy and Dictatorship: The Nature and Limits of State Power*, Translated by Peter Kennealy, Minneapolis: University of Minnesota Press, 1989, pp.152–155.

⑤ Norberto Bobbio, *Which Socialism? Marxism, Socialism and Democracy*, translated by Roger Griffin, edited and introduced by Ricard Bellamy, Polity Press, 1986, pp.66–73.

⑥ Marcia Landy, "Review Essay. Socialism and / or Democracy: Gramsci and / or Bobbio?," *Boundary* 2, Vol.17, No.3(Autumn, 1990), p.183.

缺少任何民主的控制,以及"无形政府"的增长,也就是在议会阴影边缘运行的政府或平行政府制度。博比奥强调,议会民主制也会被公民社会中所积累的社会权力所限制。在关于经济投资、生产和增长等主要决策上,绝大多数的公民没有发言权。教会、商会以及其他公民社会的机构仍然不够民主。博比奥因此主张对民主进行完善和延伸,期待一种允许公民比在现在更宽广的领域里进行投票的后自由民主。政治民主中应该添加"社会民主",民主应该从政治领域延伸到公民领域,现在关注的不是哪些人进行选举,而是在哪些领域进行选举。[1]然而我们也会发现,"对于扩展民主之前景,博比奥持一种深深的悲观态度"[2]。博比奥承认,在自由民主理念以及自称为民主的当代社会的具体实践上,存在着不一致性。[3]尽管如此,"博比奥关于民主的现实主义和除魅并没有促使他摒弃民主,而是强调在通往民主化的道路上,当代社会可能面临的障碍"[4]。

博比奥对民主的探讨有两个独特之处,首先是他审视了自由民主与社会主义的关系。在博比奥的思想中存在着一种张力,也就是他对自由主义和民主的承诺以及他意识到(在理论上和实践上皆是)仅仅自由民主不能确保社会正义;博比奥民主理论的第二个方面是他对民主"未完成之承诺"的反思,需要在反思民主实践自身的教训之背景下来重新思考民主理论。萨托利认为,重视自由超过平等的自由民主制是唯一可能的民主版本,而博比奥提出一种"社会民主"版本,其中自由的权利可以同一种社会权利的规划并重,以此产生一个正义的社会。[5]博比奥对民主制进行了三重辩护:"第一是一种伦理辩护,这源自卢梭的准则,那就是自由便是遵守我们自己给自己的立法,这样一种情况在民主制中最为接近;第二是一种政治上的证成,那就是将民主视为反对滥用权力的最为可行的保护,因为它在一个作为整体的人民中分享主权;第三是源自一种功利主义的立场,民主之所以优越于专制,在于人民是

① Norberto Bobbio, *Democracy and Dictatorship: The Nature and Limits of State Power*, Translated by Peter Kennealy, University of Minnesota Press, 1989, p.xii.
② Michael Turits, "Freedom and Civility: Norberto Bobbio's Political Ethics," *Socialism and Democracy*, 5:2, p.59.
③ Marcia Landy, "Review Essay. Socialism and/or Democracy: Gramsci and/or Bobbio?," *Boundary* 2, Vol.17, No.3, Autumn, 1990, p.178.
④ Corina Yturbe, "On Norberto Bobbio's Theory of Democracy," *Political Theory*, Vol.25, No.3 (Jun., 1997), p.395.
⑤ Corina Yturbe, "On Norberto Bobbio's Theory of Democracy," *Political Theory*, Vol.25, No.3 (Jun., 1997), pp.377-378, 388.

他们自身集体利益的最好理解者。"①对博比奥而言,捍卫自由民主制度②对实现正义和平等是至关重要的,也只有通过正义和平等,民主才能成为生活的实质以及行为与选择的基础。"③博比奥认为,直接民主的理念从来没有完全消亡,在极端的政治派别中依然存在,这些派别总是倾向于不是将代议制民主视为人民主权原则对大型国家要求的一种不可避免的适应,而是视之为对原初直接民主政府理念的一种可耻及错误的偏离。④在民粹主义浪潮不断汹涌澎湃的今天,博比奥对直接民主的批判与诊断显得更具前瞻性。

作为一位强烈主张法治、分权和限权的自由主义思想家,博比奥也是一位社会主义者,他将自由主义和社会主义的主题进行了一种颇具创造性的综合,被视为继戈贝蒂、罗塞利等"自由社会主义"思想家一脉的集大成者,"自由社会主义"强调将自由主义的欲求(自由)与社会主义的欲求(正义)在一种具体的政治规划中结合起来,融二者之优,避二者之短。用博比奥的话来表达:"一个真正的民主(实质性而非形式性)应该具有两项最根本的原则,那就是自由与正义,无论是在抽象的思想中还是实际政治中,我们需要将这两项原则结合起来,或是在二者之间寻求一种折中,这便是自由社会主义之路。"⑤"在超过50年的时间里,博比奥是意大利思想与行动中被视为'自由社会主义'特殊一脉的主要承载者——这是一个相当独特的非马克思主义式社会主义的一支,致力于克服自由主义与马克思主义的局限性。"⑥在他的著述中始终有一个核心的关注点——将自由主义、社会主义和民主联系起来,并且表明它们是如何相互依存的。他坚定地认为,没有自由权利和社会正义,便没有民主,而自由权利和社会正义是奠基在一种民主式的权力分割上的,其中

① Richard Bellamy, "Bobbio, Norberto(1909-2004), "*International Encyclopedia of the Social and Behavioral Sciences*, 2nd edition, Vol. 2, Elsevier Ltd., 2015, p.717.
② 在博比奥看来,如果说自由主义提供了民主力量恰当运行所必需的自由,那么民主确保了基本自由的存在与延续。换句话说:一个不自由的国家不太可能确保民主的恰当运行,反之,一个不民主的国家也不太可能能够确保确保基本的自由。Norberto Bobbio, *The Future of Democracy: A Defence of the Rules of the Game*, translated by Roger Griffin, edited and introduced by Richard Bellamy, University of Minnesota Press, 1987, p.26.
③ Norberto Bobbio, *A Political Life*, edited by Alberto Papuzzi, translated by Allan Cameron, Polity Press, 2002, pp.3-4.
④ Norberto Bobbio, *Democracy and Dictatorship: The Nature and Limits of State Power*, Translated by Peter Kennealy, University of Minnesota Press, 1989, p.154.
⑤ Norberto Bobbio, *Old Age and Other Essays*, translated and edited by Allan Cameron, Polity Press, 2001, p.52. 宪政主义、议会主义和竞争性的多党制度是博比奥"自由社会主义"思想的三大要素。Richard Bellamy, *Croce, Gramsci, Bobbio and the Italian Political Tradition*, p.287.
⑥ Frank Adler, "Norberto Bobbio at 80, "*Telos*, 1989, No.82, p.131.

个体公民被视为政治上的平等者。[1]有学者指出："自由社会主义是贯穿于博比奥著作中的一条指导思想。"[2]"自由社会主义"是意大利为非马克思主义左派文化所作出的最具原创性的贡献,其伦理与政治视域建立在一些清晰的信念上:现代民主是一种未竟的工程,其建立在两种同等重要的原则之上,那就是自由与平等,而这两者是永远处于紧张状态的,而这种紧张状态对于民主的良性发展而言是必不可少的。博比奥毕生的事业就是捍卫一种有原则的、宪政的"真实"民主形式,反对"理想"民主,从中我们可以窥探出自马基雅维利以来意大利政治思想中的现实主义传统。博比奥认为,现代国家的民主是在两个平行的阵线上与滥用权力进行斗争:反对以权力来自下层之名的上层权力;反对以分配权力之名集中权力。[3]这就需要透过民主的表象,体察民主的实质。在二战后的数十年里,博比奥寻求以这样一种方式将自由主义和社会主义结合起来,也就是将对个体权利的保护与一种宪政框架之中的社会福利结合起来。有两个特征使得博比奥提出的模式与众不同,首先是他对公民社会概念的强调,这是二战后大多数意大利知识分子都感觉陌生的。其次是他对政治所持有的强烈的怀疑主义观,尤其表现在他对左派的参与性政治欲望之摒弃而更加偏爱莫斯卡和帕累托的精英理论。[4]在其自传中,博比奥曾坦言:我既是一位现实主义者,也是一位有激情的人。[5]博比奥将其对一战后"文化政治学"的批评发展为一种强有力的民主政治哲学,[6]强力捍卫自由民主宪政制度的"游戏规则",将其视为捍卫个体公民权利和自由的最安全的保证。

在博比奥看来,一个现代国家的民主除了是一种多元民主(pluralistic democracy),别无他途。民主与多元主义理论的共同点是二者都是对滥用权力

① Richard Bellamy, "Bobbio, Norberto(1909–2004), "*International Encyclopedia of the Social and Behavioral Sciences*, 2nd edition, Vol. 2, Elsevier Ltd., 2015, p.716.

② Norberto Bobbio, *A Political Life*, edited by Alberto Papuzzi, translated by Allan Cameron, Polity Press, 2002, p.5.

③ Norberto Bobbio, *The Future of Democracy:A Defence of the Rules of the Game*, translated by Roger Griffin, edited and introduced by Richard Bellamy, University of Minnesota Press, 1987, p.60.

④ Noel O'Sullivan, *European Political Thought Since 1945*, Palgrave Macmillan, 2004, pp.140–141.

⑤ 诺伯托·博比奥、莫里奇奥·维罗里:《共和的理念》,杨立峰译,应奇校,吉林出版集团有限责任公司,2009年,第24页。

⑥ 博比奥的政治哲学包含两个密切联系的问题:一是对自由民主式的自由概念不加批判地接受,二是对那种自由概念所暗示的强迫与共识之间的绝对区别的不加批判地接受。Michael Turits, "Freedom and Civility: Norberto Bobbio's Political Ethics, "*Socialism and Democracy*, 5:2, p.69.

之不同批判,他们并非互不相容,而是互补与汇聚的(complementary and convergent),它们代表两种不同的,并不必然可以相互替代的对抗过度权力集中的药方。民主理论旗帜鲜明地反对独裁权力(autocratic power),也就是自上而下的权力,并认为这种权力的药方仅仅只能是自下而上的权力。多元主义理论以反对一元权力(monocratic power)为导向,也就是集中在一个人手中的权力,并坚持认为对症这种权力的药方便是取决于对权力进行恰当的分配。①在博比奥看来,权利并不栖身于一种形而上学的领域,也不是在黄金时代破土而出,而是一种社会知觉(social perception)的后果,那就是一些根本性的需求缺乏政治认可。在博比奥看来,权利首当其冲是一种规范性的事实,一种革命性的事实。在他看来,其历史性的成功扭转了政治义务这个词,因为其暗示权力自下而上取得合法性,而不是自上而下。这可以说是法学理论里的一场哥白尼式革命。②此外,对于当今西方社会不断蔓延的政治冷漠(political apathy),博比奥也不断呼吁公民教育的重要性。在博比奥漫长的思想生涯里,他一直在对立的观点之间周旋,诸如自然法与法律实证主义、规范主义与制度主义、社会主义与自由主义、学术中立与介入、功能主义与冲突理论等,在这种两难处境中,他始终保持一种怀疑的态度,寻觅一种全面的平衡,将与自身不一致的观点考虑在内,这反映出博比奥思想的包容性。③

---

① Norberto Bobbio, *The Future of Democracy: A Defence of the Rules of the Game*, translated by Roger Griffin, edited and introduced by Richard Bellamy, University of Minnesota Press, 1987, p.55.

② Vincenzo Ferrari, "The Firm Subtleties of a Philosopher in 'Everlasting Doubt': Remembering Norberto Bobbio,"pp.589-590. 对博比奥权力观的论述,参见 Ermanno Vitale, "Philosophical Reason and Human Rights in the Thought of Norberto Bobbio," *Iris*, II, 4, Oct. 2010, pp.385-400; Luca Baccelli, "Norberto Bobbio: An Age of Rights without Foundations," *Iris*, II, 4, Oct. 2010, pp.401-422。

③ Vincenzo Ferrari, "The Firm Subtleties of a Philosopher in 'Everlasting Doubt': Remembering Norberto Bobbio,"p.590.

余论　政治哲学万花筒再探

　　20世纪意大利国家政治意识方面的左右摇摆状况为研究者们提示了一个问题,即有些政治哲学并非能够或左或右式地盖棺定论。即使如此,某些总体的倾向还是依稀可见,例如民主政治运动及与此相关的各种民主政治理论就十分显眼。这里不妨再就民主政治学的内容做些分析。寻求民主是重要的政治哲学基色之一。民主政治学的代表是萨托利,他被认为是20世纪意大利甚至西方世界最为著名的政治学家之一。萨托利于二战后在佛罗伦萨大学重新建立了被法西斯摧毁的意大利政治学学科,培养了代代相承的诸多政治学家,后来移居美国在斯坦福大学和哥伦比亚大学任教。萨托利最早研究黑格尔、康德、马克思和克罗齐等思想家,奠定了深厚的学养基础,他研究兴趣广泛,著述等身,主要集中于三个领域:民主理论、政党制度、宪政工程学(constitutional engineering),此外,他还注重比较政治学和政治理论上的阐发。

　　萨托利最早的主要著作为出版于1957年的《民主的定义》,自出版后数次付梓重印,后来萨托利自身将其翻译为英文并重新修订,以《民主理论》之名出版。他关于民主理论之集大成者为两卷本的《民主新论》,第一卷名为“当代辩论”,第二卷为“古典问题”。萨托利关于民主的诸多著述之所以如此重要并具有持久的影响力,原因有三:第一,他的目光从不狭隘,而能将其他学者的研究成果兼容并包;第二,在自身广博知识的基础上,他对所有关于民主理论的知识进行分析、估测和批评;第三,萨托利也发展了自身的民主理论,他将熊彼特的竞争性理论和弗里德里希的预期回应(anticipated reactions)理论结合起来。《民主新论》一书既考察了历史上各种关于民主的定义,也对民主观念的历史进行了出色的介绍和分析,对政治概念的建构和分析有所贡献。这本著作不仅论述民主,也论述政治和诸如自由、平等和意识形态等政治概念,以及民主的替代物独裁政治(autocracy)、威权主义(authoritarianism)和极权主义(totalitarianism)。萨托利的民主理论还有两个尤为重要的方面,首先是与现存的或“真正的”民主制度打交道的所有学者和操作者都相关的永恒教益,那就是如果不同时吸取描述性和规范性的民主观点并将其结合起来的话,任何对民主的分析都是不完整的,正如在实践中所发生的那样。其次是观点的角色以及民主心态(democratic mentalities)。就此而论,他在1969

年所发表的文章《政治、意识形态与信念系统》尤为重要,这篇文章的论点相当简单和直接:意识形态的心态不那么容易导向民主;实在主义的心态更能够支撑民主行为。

由于对迪韦尔热1954年所出版的《政党》不满,萨托利开始构思关于政党的思想,构思的成果集中体现在1976年所出版的《政党与政党制度:一个分析框架》一书中。在萨托利的这本著述面世之前,政治学家仅仅是依照数量来研究政党:一党制度、两党制度及多党制度。萨托利建议保持这种数量标准,但是辅之以政党制度中所运行的竞争类型作为一种标准,那就是他主张添加政党制度的格式(format)及对其"机理"(mechanics)进行评价。萨托利不仅准确地陈述了不同的多党制度类型之间的准确区分,而且令人信服地表明了各式各样的演变之可能性。对政党的研究历来也是社会学家的主题,萨托利认为,社会学家通过诉诸社会变量来研究政党,而政治学家需要用独立变量来进行研究。对社会现象的解释必须在社会自身中发现,所有的政治解释必须首先寻找能够提供必要及充足线索的政治变量的存在。

《比较宪政工程学》一书则代表了萨托利数十年间对选举政治的后果以及制度系统的本质和运作之研究的巅峰。这本著作有三个值得注意的特征:第一个方面是其基于积极和消极动机,以及奖励和惩罚而进行研究的方法论视角;第二个方面是萨托利不仅贡献了一种对于不同的选举制度之影响和后果的更为深刻的理解,并且建议依照预期的后果来评判哪种选举制度是最适合的,他也对总统制、议会制以及半总统制进行了一种非常细致的分类,详尽地评估其优劣所在;第三个方面关系到政治知识的品质,因为它与萨托利作为一门科学的政治科学的思想相关,所以极为重要。萨托利认为,通过政治科学所获取的知识类型可以用来改善政治制度的绩效,这种可以付诸实践的知识必须通过谨慎的比较分析来获取和利用。萨托利在寻求政治研究的自主性上身先士卒,他始终秉持一种强烈的经验意识,尤其关注比较政治和比较方法。他令人信服地表明,好的政治科学并不仅仅意味着关注于模型、范式及量化的"纯粹的"政治科学,在若干领域,政治科学具有成为政治工程学的强烈趋势,应当对这种趋势进行规范和引导,这可以为政治制度和公民带来一种更好的政治学。

萨托利不仅在民主理论和比较政治学方面都有自己的独特创见,他对政治学的方法也很感兴趣。他认为方法论不仅仅是特定的研究技术,而是思考和推理的方法。他认为没有思考(logos)就没有方法,对于今天的主流政治学主要是定量(quantitative)和数字化(statistical)而非定性(qualitative)的现状,萨托利认为这是一件十分遗憾的事情。依照他的观点,在发问"多少"(how much)之间,政治学家应该关注于"是什么"(what is)的问题。萨托利是这种定性研究方法的推崇者,这种方法建立在具有严密逻辑性的概念和对语言谨慎而精确的使用上,他的《民主新论》一书中鲜明地体现出了这种方法。有学者指出:"萨托利主张的是保守主义民主理论,这一理论有三大支柱:古典自由观、政治现实主义和精英民主论。"①

萨托利的民主理论以及当今意大利政治思想中的各种主流意识、积极内涵值得学人做进一步的分析探讨。

---

① 包刚升:《从保守主义民主理论到宪法工程学——乔万尼·萨托利的主要著述及其学术贡献》,《政治学研究》2017年第3期。

附录 意大利政治思想家年表

姓名	生卒年份	代表作
波利比乌斯 （Polybius）	公元前200 —前118	《历史》（*Histories*）（公元前145—前118）
西塞罗（Cicero）	公元前106 —前43	《论共和国》（*De Re Publica*）（公元前51） 《论法律》（*De Legibus*）（注：具体写作日期等不详，有一种说法认为大约在公元前52年开始写作） 《论义务》（*De Officiis*）（公元前44） 《论友谊》（*De Amicitia*）（公元前44）
凯撒（Caesar）	公元前100 —前44	《高卢战记》（*Commentarii de Bello Gallico*）（约公元前52—前51） 《内战记》（*Commentarii de Bello Civili*）（公元前45）
撒路斯提乌斯 （Gaius Sallustius Crispus）	公元前86— 前35	《对晚年的凯撒发表的演说。论共和国》（*Ad Caesarem, Senem de Re Publica Oratio*）（公元前50） 《给晚年的凯撒的信。论共和国》（*Ad Caesarem, Senem de Re Publica Epistula*）（公元前46） 《喀提林阴谋》（*Bellum Catilinae*）（公元前43） 《朱古达战争》（*Bellum Iugurthinum*）（公元前41）
李维（Livy）	公元前64 / 59—公元17	《罗马史》（*Ab Urbe Condita Libri*）（公元前31/25）
塞涅卡 （Seneca）	公元前4— 公元65	《论愤怒》（*De Ira*）（52） 《论仁慈》（*De Clementia*）（56） 《论恩惠》（63）
弗拉维乌斯·约 瑟夫斯（Flavius Josephus）	37—100	《犹太战争史》（*Bellum Judaicum*）（75） 《犹太古史》（*Antiquitates Judaicae*）（94） 《驳阿庇安》（*Contra Apionem*）（97）
普鲁塔克 （Plutarch）	46—120	《希腊罗马名人传》（*Parallel lives*）（1世纪前后） 《道德论集》（*Moralia*）（1世纪前后）
塔西佗 （Tacitus）	55—117	《阿古利可拉传日耳曼尼亚志》（*Agricola Germania*）（98） 《演说家对话录》（*Dialogus*）（98） 《历史》（*Historiae*）（105） 《编年史》（*Annales*）（117）

姓名	生卒年份	代表作
爱比克泰德 （Epictetus）	55—135	《爱比克泰德论说集》（Dissertationes） 《手册》（The Encheiridion） 注：爱比克泰德本身无著作，是由他的学生阿利安将其谈话整理成书
（小）普林尼（Caius Plinius Caecilius Secundus）	61/62—113	《颂词》（Panegyricus）（100）
阿庇安 （Appianus）	95—165	《罗马史》（Ρωμαϊκά）（大约2世纪中叶）
马尔库斯·奥勒留（Marcus Aurelius）	121—180	《沉思录》（Meditations）（170—180）
盖尤斯（Gaius）	130—180	《法学阶梯》（Institutiones）（161）
帕比尼安（Aemilius Papinianus）	140—212	《法律问答集》（Quaestiones）（198） 《解答集》（Responsa）（204~212）
尤西比乌斯 （Eusebius）	约260—339	《君士坦丁颂》（Laus Constantini）（335） 《君士坦丁传》（Vita Constantini）（？—340） 《教会史》（Historia Ecclesiastica）（约323—325）
米兰的安布罗斯（Ambrose of Milan）	338/339年—397	《论基督教信仰》（De Fide）（约380）
希波的奥古斯丁（Augustine of Hippo）	354—430	《论自由意志》（De Libero Arbitrio）（391—395） 《忏悔录》（Confessiones）（394—400） 《三位一体论》（De Trinitate）（399—412） 《上帝之城》（De Civitate Dei）（412—427）
托马斯·阿奎那（Thomas Aquinas）	1225—1274	《神学大全》（Summa Theologiae）（1265—1274） 《反异教大全》（Summa Contra Gentiles）（1259—1264）
阿利盖利·但丁（Dante Alighieri）	1265—1321	《神曲》（Divina Commedia）（1307—1321） 《新生》（Vita nuova）（1295） 《飨宴》（Convivio）（1304—1307） 《论俗语》（De vulgari eloquentia）（1302—1305） 《帝制论》（De Monarchia）（1312—1313）
帕多瓦的马西利乌斯（Marsilius of Padua）	1275—1342	《和平的保卫者》（The Defender of the Peace）（1320—1324）
弗朗西斯科·彼特拉克（Francesco Petrarca）	1304—1374	《名人列传》（Biblioteca dei gigantic della letteratura）（1337） 《阿非利加》（Africa）（1338—1339） 《论秘密》（Secretum）（1347—1353）

姓名	生卒年份	代表作
乔瓦尼·薄伽丘（Giovanni Boccaccio）	1313—1375	《十日谈》（Decameron）（1348） 《大鸦》（The Corbaccio）（1354—1355） 《名女》（De claris muliebus）（1361—1362）
科鲁乔·萨卢塔蒂（Coluccio Salutati）	1331—1406	《论僭政》（De tyranno）（1400） 《论法律与医学之高尚》（De nobilitate legum et medicine）（1399） 《世俗与宗教》（De seculo et religione）（1381） 《论命运与气运》（De fato et fortuna）（1396—1399）
莱奥纳多·布鲁尼（Leonardo Bruni）	1370—1444	《佛罗伦萨城颂》（Panegyric to the City of Florence）（1402） 《斯特罗齐葬礼演说》（Oratio for the Funeral of Nanni Strozzi）（1427—1428） 《论军制》（De militia）（1420） 《佛罗伦萨人民史》（Historiae florentini populi）（1492）
波焦·布拉乔利尼（Poggio Bracciolini）	1380—1459	《论贪婪》（De avaritia）（1428）
弗朗西斯科·帕特里齐（Francesco Patrizi）	1413—1494	《论君王教育》（De regno et regis institutione）（1481—1484）
阿拉曼诺·里努齐尼（Alamanno Rinuccini）	1426—1499	《论自由》（De libertate）（1479）
马泰奥·帕尔米耶里（Matteo Palmieri）	1406—1475	《论公民生活》（Vita civile）（1435—1440）
詹诺佐·曼内蒂（Giannozzo Manetti）	1396—1459	《论人的尊严与卓越》（De dignitate et exellentia hominis）（1452—1453）
巴托洛缪·普拉蒂纳（Bartolomeo Platina）	1421—1481	《论君主》（De principe）（1470） 《论至善的政体》（De optimo cive）（1474） 《论名誉的真实性》（De vera nobilitate）（1472—1477） 《论真实与虚伪的善》（De falso et vero bono）（1471—1472）
皮埃尔·保罗·沃格利奥（Pier Paolo Vergerio）	1370—1444	《自由人应有的品质》（De ingenuis moribus et libera libus）（1402） 《论君王品质》（On Good Manners）（1402）
奥勒留·布朗多利尼（Aurelio Lippo Brandolini）	1454—1497	《共和国与君主国相较》（Republics and Kingdoms Compared）（1492—1494）

姓名	生卒年份	代表作
巴托洛缪·斯卡拉 （Bartolomeo Scala）	1430—1497	《关于法律和审判的对话》（*Dialogue on Laws and Judgments*）（1483）
季罗拉莫·萨沃纳罗拉（Girolamo Savonarola）	1452—1498	《论基督徒生活的廉正》（*De simplicitate Christianae vitae*）（1498） 《论十字架的胜利》（*Triumphus crucis*）（1497） 《论佛罗伦萨政府》（*Trattato sul governo di Firenze*）（15世纪，年份不详）
安吉罗·波利齐亚诺（Angelo Poliziano）	1454—1494	《帕齐阴谋》（*Della Congiura dei Pazzi*）（1478）
尼科洛·马基雅维利 （Niccolò Machiavelli）	1469—1527	《君主论》（*The Prince*）（1513） 《李维史论》（*The Discourses on Livy*）（1532） 《佛罗伦萨史》（*Florentine Histories*）（1532） 《论战争艺术》（*The Art of War*）（1521） 《曼陀罗花》（*La Mandragola*）（1518）
弗朗西斯科·圭恰迪尼（Francesco Guicciard-ini）	1483—1540	《意大利史》（*Storia d'Italia*）（1537—1540） 《关于佛罗伦萨政府的对话》（*Del reggimento di Firenze*）（1527） 《格言集》（*Ricordi*）（1512—1530） 《洛格罗尼奥文集》（*Discorso di Logrogno*）（1512）
乔瓦尼·博泰罗（Giovanni Bote-ro）	1544—1617	《论国家理性》（*La ragion di Stato*）（1589）
梅尔基奥雷·焦亚 （Melchiorre Gioia）	1767—1829	《暴君的毁灭和共和教义问答》（*Republican Catechism for the Ruinationa of Tyrants*）（1797）
乌戈·福斯科洛（Ugo Foscolo）	1778—1827	《解放者波拿巴颂》（*A Bonaparte Liberatore*）（1797） 《雅各布·奥尔蒂斯的最后一封信》（*Ultime Lettere di Jacopo Ortis*）（1802）
亚利桑德罗·曼佐尼 （Alessandro Manzoni）	1785—1873	《约婚夫妇》（*I promessi sposi*）（1827）
切萨雷·巴尔博（Cesare Balbo）	1789—1853	《意大利的希望》（*Delle speranze d'Italia*）（1948）
贾科莫·莱奥帕尔迪（Giacomo Leopardi）	1798—1837	《致意大利》（*All'Italia*）（1818）

姓名	生卒年份	代表作
卡尔罗·卡塔内奥（Carlo Cattaneo）	1801—1869	《1848年米兰起义和随后的战争》(*Dell'Insurrezione di Milano nel 1848 e della successiv a guerra*)（1848）
温琴佐·焦贝蒂（Vincenzo Gioberti）	1801—1852	《论意大利在精神和文化上的领先地位》(*Del primato morale e civile degli italiani*)（1843） 《意大利的文明革新》(*Del rinnovamento civile d'Italia*)（1851）
切萨雷·康图（Cesare Cantù）	1804—1895	《玛格丽塔·布斯苔拉》(*Margherita Pusterla*)（1838）
弗朗西斯科·圭拉济（Francesco Guerrazzi）	1804—1873	《佛洛伦萨围困战》(*L'assedio di Firenze*)（1836）
朱塞佩·马志尼（Giuseppe Mazzini）	1805—1872	《论人的责任》(*Doveri dell'uomo*)（1860）
朱塞佩·费拉利（Giuseppe Ferrari）	1812—1876	《联邦共和国》 (*La Federazione repubblicana*)（1851） 《革命的哲学》 (*La Filosofia della rivoluzione*)（1851）
朱塞佩·威尔第（Giuseppe Verdi）	1813—1901	《西西里晚祷》(*l Vespri Sicilliani*)（1855） 《艾达》(*Edda*)（1871）
朱塞佩·蒙塔内利（Giuseppe Montanelli）	1813—1862	《意大利回忆录：1814—1850》(*Memorie sui l'Italia e specialmente sulla Toscana dat 1814 at 1850*)（1855） 《意大利国家政党》(*Il Partito nazionale italiano*)（1856）
德·桑提斯（De Sanctis）	1817—1883	《意大利文学史》(*Storia della letteratura italiana*)（1871）
弗朗西斯科·克里斯皮（Francesco Crispi）	1818—1901	《共和国与君主制》(*Repubblica e monarchia*)（1865）
帕斯夸莱·维拉里（Pasquale Villari）	1827—1917	《南方通信与意大利社会问题论述》(*Le lettere meridionali ed altri scritti sulla questione sociale in Italia*)（1885）
乔苏埃·卡尔杜齐（Giosuè Carducci）	1835—1907	《蛮荒颂诗集》(*Odi Barbare*)（1889）
安东尼奥·拉布里奥拉（Antonio Labriola）	1843—1904	《关于历史唯物主义》(*Essays on Materialistic Conception of History*)（1896）

姓名	生卒年份	代表作
德·阿米齐斯（De Amicis）	1846—1908	《心》又名《爱的教育》（*Cuore*）（1886）
莱奥波尔多·弗兰凯蒂（Leopoldo Franchetti）	1847—1917	《1876年的西西里岛》（*La Sicilia nel 1876*）（1877）
维弗雷多·帕累托（Vilfredo Pareto）	1848—1923	《心灵与社会》（*The Mind and Society*）（1935） 《精英的兴衰》（*The Rise and Fall of Elites*）（1901） 《普通社会学纲要》（*A Treatise on General Sociology*）（1916）
加埃塔诺·莫斯卡（Gaetano Mosca）	1858—1941	《统治阶级》（*The Ruling Class*）（1939）
贝内德托·克罗齐（Benedetto Croce）	1866—1952	《作为思想和行动的历史》（*History as Thought and as Action*）（1938） 《政治与道德》（*Politics and Morals*）（1945）
西庇阿·西盖勒（Scipio Sighele）	1868—1913	《民族主义和政党》（*Il Nazionalism e I Partiti Politici*）（1911）
路易吉·埃劳迪（Luigi Einaudi）	1874—1961	《经济学文选》（*Selected Economic Essays*）（2006）
乔瓦尼·真蒂莱（Giovanni Gentile）	1875—1944	《作为纯粹行动的心灵理论》（*The Theory of Mind as Pure Act*）（1912） 《法西斯主义的源起与信条》（*Origins and Doctrine of Fascism*）（1929）
罗伯托·米歇尔斯（Roberto Michels）	1876—1936	《政治党派》（*Political Parties：A Sociological Study of the Oligarchical Tendencies of Modern Democracy*）（1915）
贝尼托·墨索里尼（Benito Mussolini）	1883—1945	《法西斯主义信条》（*The Doctrine of Fascism*）（1933）
奎多·德·鲁杰罗（Guido De Ruggiero）	1888—1948	《欧洲自由主义史》（*The History of European liberalism*）（1927）
卡罗·罗塞利（Carlo Rosselli）	1899—1937	《自由社会主义》（*Liberal Socialism*）（1930）
皮耶罗·戈贝蒂（Piero Gobetti）	1901—1926	《论自由革命》（*On Liberal Revolution*）（2000）
诺尔贝托·博比奥（Norberto Bobbio）	1909—2004	《民主的未来》（*The Future of Democracy*）（1987） 《20世纪意大利之意识形态轮廓》（*Ideological Profile of the Twentieth-Century Italy*）（1995）

姓名	生卒年份	代表作
布鲁诺·莱奥尼（Bruno Leoni）	1913—1967	《自由与法律》（*Freedom and Law*）（1972）
乔瓦尼·萨托利（Giovanni Sartori）	1924—2017	《政党与政党制度：一种分析框架》（*Parties and Party Systems. A Framework for Analysis*）（1976） 《民主新论》（*The Theory of Democracy Revisited*）（1987） 《比较宪政工程学》（*Comparative Constitutional Engineering*）（1994）
安东尼奥·奈格里（Antonio Negri）	1933—	《奈格里自论》（*Negri on Negri*）（2004） 与哈特（Hart）合著：《帝国》（*Empire*）（2000）、《大众》（*Multitude*）（2004）、《共同体》（*Commonwealth*）（2009）
乔治·阿甘本（Giorgio Agamben）	1942—	《神圣人》（*Homo Sacer: Sovereign Power and Bare Life*）（1998） 《奥斯维辛的遗迹》（*Remnants of Auschwitz: The Witness and the Archive*）（1999） 《例外状态》（*State of Exception*）（2005）
罗伯特·埃斯波西托（Roberto Esposito）	1950—	《生物：生命政治学和哲学》（*Bios: Biopolitics and Philosophy*）（2007）
莫里奇奥·维罗里（Maurizio Viroli）	1952—	《从政治学到国家理由》（*From Politics to Reason of State: The Acquisition and Transformation of the Language of Politics 1250–1600*）（1992） 《救赎〈君主论〉》（*Redeeming The Prince*）（2013）

参考文献

第一编

一、中文文献

（一）译著

1.M. I.芬利:《古代世界的政治》,黄洋译,商务印书馆2013年。

2.M.罗斯托夫采夫:《罗马帝国社会经济史》,马雍、厉以宁译,商务印书馆2009年。

3.W.蒙哥马利:《奥古斯丁》,于海、王晓平译,中国社会科学出版社1992年。

4.阿庇安:《罗马史》,谢德风译,商务印书馆1976年。

5.爱德华·吉本:《罗马帝国衰亡史》,席代岳译,吉林出版集团有限责任公司2011年。

6.奥古斯丁:《忏悔录》,周士良译,商务印书馆1963年。

7.奥古斯丁:《论自由意志:奥古斯丁对话录二篇》,成官泯译,上海人民出版社2010年。

8.奥古斯丁:《上帝之城》,王晓朝译,人民出版社2006年。

9.彼得罗·彭梵得:《罗马法教科书》,黄风译,中国政法大学出版社1992年。

10.波里比阿:《罗马帝国的崛起》,翁嘉声译,社会科学文献出版社2013年。

11.查士丁尼编:《法学总论》,张企泰译,商务印书馆1989年。

12.戴维·米勒:《政治哲学与幸福根基》,李里峰译,译林出版社2008年。

13.戴维·肖特:《罗马共和的衰亡》,许绶南译,上海译文出版社2001年。

14.菲利普·内莫:《罗马法与帝国的遗产》,张竝译,华东师范大学出版社

2011年。

15.斐迪南·滕尼斯:《共同体与社会:纯粹社会学的基本概念》,林荣远译,商务印书馆1999年。

16.弗朗切斯科·德·马尔蒂诺:《罗马政制史》(第一卷、第二卷),薛军译,北京大学出版社2009、2014年。

17.盖尤斯:《盖尤斯法学阶梯》,黄风译,中国政法大学出版社2008年。

18.盖尤斯·尤里乌斯·恺撒:《恺撒战记·高卢战记》,崔慧萍、郑晓村译,吉林出版集团有限责任公司2013年。

19.盖尤斯·尤里乌斯·恺撒:《恺撒战记·内战记》,席代岳译,吉林出版集团有限责任公司2013年。

20.《古希腊罗马哲学》,北京大学哲学系外国哲学史教研室编译,生活·读书·新知三联书店1957年。

21.赫西俄德:《工作与时日·神谱》,张竹明等译,商务印书馆1996年。

22.卡尔:《历史是什么》,陈恒译,商务印书馆2007年。

23.科瓦略夫:《古代罗马史》,王以铸译,上海书店出版社2011年。

24.李维:《建城以来史》,张强等译,上海人民出版社2005年。

25.列奥·施特劳斯、克罗波西主编:《政治哲学史》,李天然等译,河北人民出版社2005年。

26.罗伯特·K.谢尔克(编译):《希腊罗马史料集(四):至奥古斯都统治时期的罗马与希腊》(英文影印版),黄洋导读,北京大学出版社2014年。

27.罗伯特·K.谢尔克(编译):《希腊罗马史料集(六):早期罗马帝国(英文影印版)》(英文影印版),黄洋导读,北京大学出版社2014年。

28.罗素:《西方哲学史》,何兆武译,商务印书馆1963年。

29.马基雅维利:《论李维罗马史》,吕健中译,商务印书馆2013年。

30.马可·奥勒留:《沉思录》,何怀宏译,中央编译出版社2008年。

31.《马克思1844年经济学哲学手稿》,中共中央马克思、恩格斯、列宁、斯大林著作编译局译,人民出版社2000年。

32.梅因:《古代法》,沈景一译,商务印书馆1959年。

33.孟德斯鸠:《罗马盛衰原因论》,婉玲译,商务印书馆1962年。

34.尼古拉斯:《罗马法概论》,黄风译,北京法律出版社2000年。

35.皮埃尔·格力马尔:《西塞罗》,董茂永译,商务印书馆1998年。

36.普鲁塔克:《希腊罗马名人传》(上),陆永庭、吴彭鹏等译,商务印书馆1999年。

37.齐格蒙特·鲍曼:《共同体》,欧阳景根译,江苏人民出版社2003年。

38.乔治·萨拜因:《政治学说史》,邓正来译,上海人民出版社2010年。

39.让·克里斯蒂安·帕蒂菲斯:《十九世纪乌托邦共同体的生活》,上海人民出版社2007年。

40.撒路斯提乌斯:《喀提林阴谋 朱古达战争》,王以铸、崔妙因译,商务印书馆1994年。

41.塞涅卡:《道德和政治论文集》,约翰·M.库珀、J.F.普罗科佩编译,袁瑜琤译,北京大学出版社2010年。

42.塞涅卡:《塞涅卡道德和政治论文集》(英语影印本),中国政法大学出版社2003年。

43.塞涅卡:《哲学的治疗》,吴欲波译,中国社会科学出版社2007年。

44.塔西佗:《阿古利可拉传·日耳曼尼亚志》,马雍、傅正元译,商务印书馆1959年。

45.塔西佗:《编年史》,王以铸、崔妙因译,商务印书馆1981年。

46.塔西佗:《历史》,王以铸、崔妙因译,商务印书馆1981年。

47.特奥多尔·蒙森:《罗马史》,李稼年译,商务印书馆2004年。

48.腾尼·弗兰克:《罗马帝国主义》,宫秀华译,上海三联书店2012年。

49.威廉·邓宁:《政治学说史》(上卷),谢义伟译,吉林出版集团有限责任公司2009年。

50.威廉·冯·洪堡:《论国家的作用》,林荣远译,中国社会科学出版社1998年。

51.西塞罗:《国家篇 法律篇》,沈叔平、苏力译,商务印书馆1999年。

52.西塞罗:《论共和国·论法律》(影印本),中国政法大学出版社2003年。

53.西塞罗:《论老年、论友谊、论责任》,徐奕春译,商务印书馆2004年。

54.西塞罗:《论神性》,石敏敏译,商务印书馆2012年。

55.西塞罗:《西塞罗三论》(英文版),中央编译出版社2010年。

56.西塞罗:《西塞罗文集:政治学卷》,王焕生译,中央编译出版社2010年。

57.雅各布·布克哈特:《希腊人和希腊文明》,王大庆译,上海人民出版社2008年。

58.亚里士多德:《政治学》,吴寿彭译,商务印书馆1965年。

59.约翰·麦克里兰:《西方政治思想史》,彭淮栋译,人民出版社2010年。

60.朱塞佩·格罗索:《罗马法史》,黄风译,中国政法大学出版社1994年。

(二)论著

1.蔡拓:《西方政治思想史上的政体学说》,中国城市出版社1991年。

2.曾维术编:《塔西佗的政治史学》,华夏出版社2013年。

3.陈可风:《罗马共和宪政研究》,法律出版社2004年。

4.丛日云:《西方政治文化传统》,大连出版社1996年。

5.宫秀华:《罗马:从共和走向帝制》,东北师范大学出版社2002年。

6.李雅书、杨共乐:《古代罗马史》,北京师范大学出版社2010年。

7.李义天主编:《共同体与政治团结》,社会科学文献出版社2011年。

8.刘津瑜:《罗马史研究入门》,北京大学出版社2014年。

9.马长山:《国家、市民社会与法治》,商务印书馆2002年。

10.浦兴祖、洪涛主编:《西方政治学说史》,复旦大学出版社2005年。

11.施治生:《古代民主与共和制度》,中国社会科学出版社1998年。

12.唐士其:《西方政治思想史》,北京大学出版社2002年。

13.王彩波主编:《西方政治思想史:从柏拉图到约翰·密尔》,中国社会科学出版社2004年。

14.王乐理等:《美德与国家——西方传统政治思想专题研究》,天津人民出版社2015年。

15.王乐理主编:《西方政治思想史》(第一卷 古希腊、罗马),天津人民出版社2005年。

16.王绍光:《理想政治秩序:中西古今的探求》,生活·读书·新知三联书店2012年。

17.王振槐主编:《西方政治思想史》,南京大学出版社1993年。

18.夏洞奇:《尘世的权威:奥古斯丁的社会政治思想》,上海三联书店2007年。

19.徐国栋:《优士丁尼〈法学阶梯〉评注》,北京大学出版社2011年。

20.晏绍祥:《古典民主与共和传统:流变与再发展》(上卷),北京大学出版社2013年。

21.杨共乐:《罗马社会经济研究》,北京师范大学出版社1998年。

22.杨共乐选译:《罗马共和国时期》(上、下),商务印书馆1997年。

23.杨俊明:《古罗马政体与官制史》湖南师范大学出版社1998年。

24.叶立煊主编:《西方政治思想史》,福建人民出版社1992年。

25.张桂琳:《西方政治哲学:从古希腊到当代》,中国政法大学出版社2004年。

26.周枏:《罗马法原论》,商务印书馆2004年。

27.朱龙华:《罗马文化与古典传统》,浙江人民出版社1993年。

(三)论文

1.陈可风:《罗马共和时期的国家制度》,博士学位论文,东北师范大学历史系 2004 年。

2.陈新:《论西方近代以前的"世界历史"观念》,《学习与探索》2001 年第 5 期。

3.段德敏:《道德共和国:在希腊与罗马之间——试析西塞罗政治思想的原创性》,《长沙大学学报》2005 年第 3 期。

4.丰连根:《论波里比阿的政体思想》,《铁道警官高等专科学校学报》2007 年第 1 期。

5.贺五一:《略论西塞罗的政体理论》,《襄樊学院学报》2010 年第 10 期。

6.胡玉娟:《罗马平民起源问题初探》,《世界历史》2001 年第 1 期。

7.胡玉娟:《试析罗马早期平民的身份地位》,《史学理论研究》2003 年第 1 期。

8.李德满:《论西塞罗国家思想的创新之处》,《广西社会科学》2008 年第 7 期。

9.刘德源:《浅论古代希腊罗马的混合政体思想》,《文史月刊》2012 年第 9 期。

10.施治生:《罗马贵族和平民的起源》,《世界史研究动态》1989 年第 10 期。

11.田德全、李慧:《西塞罗的国家观》,《北京联合大学学报(人文社会科学版)》2007 年第 4 期。

12.王桂玲:《从〈编年史〉看塔西佗的政治思想》,《唐都学刊》2004 年第 2 期。

13.王乐理:《财产权、共和政体与国家——西塞罗政治哲学剖析》,《浙江学刊》2005 年第 4 期。

14.王晓朝、李树琴:《论西塞罗的国家定义及其基本特征》,《云南大学学报(社会科学版)》2009 年第 4 期。

15.王晓朝:《西塞罗对希腊晚期三大理论体系的批判》,《云南大学学报(社会科学版)》2008 年第 6 期。

16.王悦:《论罗马共和国早期的执政官》,《史学集刊》2007 年第 4 期。

17.文宽时:《西塞罗的混合政体观》,《科教导刊》2009 年第 14 期。

18.夏洞奇:《"两座城"学说与奥古斯丁的国家观》,《江海学刊》2007 年第 5 期。

19.夏洞奇:《"上帝之城"与"地上之城":奥古斯丁思想中的两分倾向》,《现代哲学》2005 年第 3 期。

20.夏洞奇:《奥古斯丁论奴隶制》,《复旦学报(社会科学版)》2007 年第 3 期。

21.夏洞奇:《何谓"共和国"——两种罗马的回答》,《华东师范大学学报(哲学社会科学版)》2008年第1期。

22.夏洞奇:《在"惩恶"与"扬善"之间:奥古斯丁论国家的双重作用》,《史林》2007年第2期。

23.闫帅:《肯定前的否定——柏拉图、亚里士多德与西塞罗民主思想辨析》,《政治学研究》2011年第4期。

24.晏绍祥:《罗马共和国的政治生活——以公元前190/189年为例的考察》,《学术研究》2010年第8期。

25.张岸:《斯多葛主义的政治之维》,《湖南教育学院学报》1999年第6期。

26.张斯杨:《斯多葛学派政治思想述评》,《湖北广播电视大学学报》2008年第5期。

27.张薇薇、方小雄:《论西塞罗的自然法思想》,《重庆科技学院学报(社会科学版)》2009年第5期。

28.赵琳:《罪恶与自由意志——奥古斯丁"原罪"理论辨析》,《世界哲学》2006年第3期。

29.赵越:《浅析西塞罗的共和理想——读西塞罗〈国家篇〉》,《湖北成人教育学院学报》2011年第6期。

二、外文文献

(一) 原典

1. Appian, *Roman History*, Translated by White, Horace, The Loeb Classical Library, 1912–1913.

2. Caesar, *Alexandrian War. African War. Spanish War*, Translated by Way, A. G., The Loeb Classical Library, 1955.

3. Caesar, *Civil Wars*, Translated by Peskett, A. G., The Loeb Classical Library, 1914.

4. Caesar, *The Civil War of Caesar*, Translated by Gardner, Jane P., Penguin Classics, 1976.

5. Caesar, *The Gallic War*, Translated by Edwards, H. J., The Loeb Classical Library, 1917.

6. Cicero, *Letters to Atticus*, Translated by Balley, D. R. Shackleton, The Loeb Classical Library, 1999.

7. Cicero, *On Duties: De Officis*, Translated by Millar, Walter, The Loeb Classical Library, 1913.

8. Cicero, *On the Nature of the Gods (De Natura Deorum)*, Translated by Rackham, H., The Loeb Classical Library, 1933.

9. Cicero, *On the Republic (De re Publica)*, *On the Laws (De Legibus)*, Translated by Keyes, Clinton W., The Loeb Classical Library, 1928.

10. Dio Cassius, *Roman History*, Translated by Cary, Earnest, and Foster, Herbert B., The Loeb Classical Library, 1914–1927.

11. Livy, *A History of Rome*, Translated by Foster, B. O., *et al.*, The Loeb Classical Library, 1919–1959.

12. Marcus Aurelius, *Meditations*, Hammond, Martin, ed., Penguin Classics, 2006.

13. Marcus Tullius Cicero, *Cicero: on Duties*, Atkins, E. M., ed., Cambridge University Press, 1991.

14. Polybius, *The Histories*, Translated by Perrin, Bernadotte, The Loeb Classical Library, 1922–1927.

15. Sallust, *The War with Catiline. The War with Jugurtha*, Translated by Rolfe, J. C., The Loeb Classical Library, 2013.

16. Seneca, *Epistles*, The Loeb Classical Library, 1920.

17. Seneca, *Four Tragedies and Octavia*, Translated by Watling, E. F., Penguin Classics, 1966.

18. Seneca, *Letters from a Stoic*, Translated by Campbell, Robin, Penguin Classics, 1969.

19. Seneca, *Moral Essays*, Translated by Basore, John W., The Loeb Classical Library, 1928.

20. Tacitus, *Annals*, Translated by Jackson, John, The Loeb Classical Library, 1931–1937.

21. Tacitus, *Histories*, Translated by Moore, Clifford H., The Loeb Classical Library, 1925–1931.

22. Tacitus, *The Annals of Imperial Rome*, Translated by Grant, Michael, Penguin Classics, 1956.

（二）论著

1. Aalders, Gerhard Jean Daniel, *Plutarch's Political Thought*, Royal Netherlands Academy, 1982.

2. Ando, Clifford, *Imperial Ideology and Provincial Loyalty in the Roman Empire*, University of California Press, 2013.

3.Annas, J. E., *The Morality of Happiness*, Oxford University Press, 1993.

4.Atkins, Jed W., *Cicero on Politis and the Limits of Reason: the Republic and Laws*, Cambridge University Press, 2013.

5.Badian, E., *Foreign Clientelae*, Oxford University Press, 1958.

6.Baehr, Peter, *Caesar and the Fading of the Roman World: A Study in Republicanism and Caesarism*, Transaction Publishers, 1997.

7.*Balot, Ethel Blanche, The Sociological Condition of the Romans: From 81 to 70 B. C.*, Lincoln Press, 1914.

8.Balot, Ryan K., ed., *A Companion to Greek and Roman Political Thought*, Wiley–Blackwell, 2012.

9. Bann, Stephen, *Romanticism and the Rise of History*, Twayne Publishers, 1995.

10.Bartsh, Shadi, *The Cambridge Companion to Seneca*, Cambridge University Press, 2015.

11.Bell, Colin and Newby, Howard, *Community Studies: An Introduction to the Sociology of the Local Community*, Praeger, 1973.

12. Berg, Larry, *The Best of Seneca the Stoic: Life Changing Lessons from the Famous Roman Stoic Philosopher*, Success First Publishing, 2014.

13.Brunt, P. A., *The Fall of the Roman Republic and Related Essays*, Oxford University Press, 1988.

14. Cameron, Averil, *The Later Roman Empire*, Harvard University Press, 1993.

15.Clarke, M. L., *The Roman Mind: Studies in the History of Thought from Cicero to Marcus Aurelius*, W. W. Norton & Co Inc, 1968.

16. Connolly, Joy, *The Life of Roman Republicanism*, Princeton University Press, 2014.

17.Connolly, Joy, *The State of Speech: Rhetoric and Political Thought in Ancient Rome*, Princeton University Press, 2013.

18.Crawford, Michael, *The Roman Republic*, Harvard University Press, 1993.

19.Crook, J. A., Lintott, Andrew and Rawson, Elizabeth, eds., *The Cambridge Ancient History, Volume IX: The Last Age of the Roman Republic, 146–143 B. C.*, Cambridge University Press, 1994.

20.Deane, Herbert A., *The Political and Social Ideas of St. Augustine*, Angelico Press, 2013.

21.Declareuil, J., *Rome the Law–Giver*, Routledge, 2013.

22.Delanty, Gerard, *Community*, Routledge, 2003.

23.Dillon, J. M. and Long, A. A., eds., *The Question of "Eclecticism,"* University of California Press, 1988.

24. Duff, P. W., *Personality in Roman Private Law*, Cambridge University Press, 1938.

25. Earl, Donald, *Moral and Political Tradition*, Cornell University Press, 1967.

26.Edward, Catharine, *The Politics of Immorality in Ancient Rome*, Cambridge University Press, 2002.

27. Ehrenberg, Victor, *Alexander and the Greeks*, Oxford University Press, 1938.

28.Erskine, Andres, *The Hellenistic Stoa: Pollitical Thought and Action*, Bristol Classical Press, 2011.

29. Feldman, L. H. and Hata, G., eds., *Josephus, Judaism and Christianity*, Wayne State University Press, 1987.

30.Feldman, L. H., *Josephus' Interpretation of the Bible*, University of California Press, 1998.

31.Flower, Harriet I., *The Cambridge Companion to the Roman Republic*, Cambridge University Press, 2014.

32.Galinsky, Kari, ed., *The Cambridge Companion to the age of Austus*, Cambridge University Press, 2005.

33.Gallia, Andrew B., *Remembering the Roman Republic: Culture, Politics and History under the Principate*, Cambridge University Press, 2014.

34. Gelzer, Mattias, *Caesar: Politician and Statesman*, Translated by Peter Needham, Harvard University Press, 1968.

35.Gill, C., *Epictetus: The Discourses, Handbook, Fragments*, Everyman Paperback, 1995.

36. Goudy, Henry, *Trichotomy in Roman Law*, Oxford, The Clarendon Press, 1910.

37.Grant, Michael, *From Imperium to Auctoritas*, Cambridge University Press, 1946.

38.Griffin, Miriam, *Seneca: A Philosopher in Politics*, Oxford University Press, 1976.

39. Gruen, Erich S., *Culture and National Identity in Republican Rome*, Cornell University Press, 1995.

40. Hadrill, Wallace, *Patronage in Ancient Society*, Routledge, 1990.

41. Hallowell, J. H. and Porter, J. M., *Political Philosophy: The Search for Humanity and Order*, Prentice Hall Canada Inc., 1997.

42. Hammer, Dean, *Roman Political Thought and the Modern Theoretical Imagination*, University of Oklahoma Press, 2008.

43. Hammer, Dean, *Roman Political Thought: From Cicero to Augustine*, Cambridge University Press, 2014.

44. Hammond, Mason, *City–State and World State in Greek and Roman Political Theory Until Augustus*, Biblo & Tannen, 1966.

45. Haren, Michael, *Medieval Thought: the Western Intellectual Tradition from Antiquity to the 13th Century*, University of Toronto Press, 1993.

46. Homo, Leon, *Roman Political Institutions from City to State*, Routledge and Kegan Paul, 1929.

47. Hopkins, K., *Death and Renewal*, Cambridge University Press, 1983.

48. Johnston, David, *The Cambridge Companion to Roman Law*, Cambridge University Press, 2015.

49. Jolowicz, H. F., and Nicholas, B., *Historical Introduction to the Study of Roman Law*, Cambridge University Press, 1972.

50. Jones, C. P., *Plutarch and Rome*, Oxford University Press, 1971.

51. Kapust, Daniel J., *Republicanism, Rhetoric and Roman Political Thought*, Cambridge University Press, 2014.

52. Lakes, A., and Schofield, M., eds., *Justice and Generosity: Studies in Hellenistic Social and Political Philosophy*, Cambridge University Press, 1995.

53. Long, A. A., ed., *Problems in Stoicism*, Athlone Press, 1971.

54. Lyon, Larry, *The Community in Urban Society*, Waveland Press, 1999.

55. Maciver, Robert M., *Community: A Sociological Study*, University of Michigan Library, 1928.

56. Mattern, Susan P., *Rome and the Enemy: Imperial Strategy in the Principate*, University of California Press, 2002.

57. Mcclella, J. S., *A History of Western Political Thought*, Routledge, 1998.

58. Millar, Fergus, *The Roman Republic in Political Thought*, Brandeis, 2002.

59. Morford, Mark, *The Roman Philosophers from the Time of Cato the Censor to the Death of Marcus Aurelius*, Routledge, 2002.

60. Nemo, Philippe, *A History of Political Ideas: From Antiquity to the Middle Ages*, Translated by Kenneth Casier, Duquesne University Press, 2013.

61.Nicolet, C., *The World of the Citizan in Republican Rome*, University of California Press, 1988.

62.Nisbet, Robert, *The Sociological Tradition*, Heinemann, 1970.

63.O' Neil, J. L., *The Origins and Development of Ancient Greek Democracy*, Rowman & Littlefield Publishers, 1995.

64.Pocock, J. G. A., *Political Thought and history: Essays on Theory and Method*, Cambridge University Press, 2009.

65.Powell, J. G. F., ed., *Cicero the Philosopher: Twelve Papers*, Oxford University Press, 1995.

66.Raaflaub, Kurt A., *Social Struggles*, University of California Press, 1986.

67.Reesor, Margaret E., *The Political Theory of the Old and Middle Stoa*, J. J. Augustin, 1951.

68.Riesenberg, Peter, *Citizenship in the Western Tradition*, *Plato to Rousseau*, the University of North Carolina Press, 1994.

69. Rowe, Christopher, and Schofield, Malcolm, and Harrison, Simon, and Lane, Melissa, eds., *The Cambridge History of Greek and Roman Political Thought*, Cambridge University Press, 2006.

70.Rutherford, R. B., *The Meditations of Marcus Aurelius: A Study*, Oxford University Press, 1989.

71.Ryan, Alan, *On Politics: A History of Political Thought: From Herodotus to the Present*, Liveright, 2012.

72.Schofield, Malcolm, *The Stoic Idea of the City*, University of Chicago Press, 1999.

73.Schulz, F., *History of Roman Legal Science*, Oxford University Press, 1946.

74.Scullard, H. H., *A History of Rome from 753 to 146 B. C.*, Methuen, 1951.

75.Scullard, H. H., *From the Gracchi to Nero: A Hisory of Rome 133 BC to AD 68*, Methuen, 1970.

76.Steel, Catherine, ed., *The Cambridge Companion to Cicero*, Cambridge University Press, 2013.

77. Stein, P., *Regulae Iuris from Juristic Rules to Legal Maxims*, Edinburgh University Press, 1966.

78. Stockton, David, *Cicero, a Political Biography*, Oxford University Press, 1971.

79.Stockton, David, *The Gracchi*, Oxford University Press, 1979.

80. Strauss, Leo, and Cropsey, Joseph, eds., *History of Political Philosophy*,

University of Chicago Press, 1987.

81. Syme, Ronald, *Roman Revolution*, Oxford University Press, 1960.

82. Taylor, L., *Roman Voting Assemblies*, University of Michigan Press, 1991.

83. Tejera, V., *The City-State Foundations of Western Political Thought*, University Press of America, 1993.

84. Tellegen-Couperus, Olga, *A Short History of Roman Law*, Routledge, 1993.

85. Tellegen-Couperus, Olga, ed., *Law and Religion in the Roman Republic*, Brill, 2011.

86. Veyne, Paul, *The Roman Empire*, Translated by Arthur Goldhammer, Belknap Press, 1997.

87. Walbank, F. W., *Polybius*, University of California Press, 1972.

88. Walsh, P. G., *Livy: His Historical Aims and Methods*, Cambridge University Press, 1961.

89. Wells, Colin, *The Roman Empire*, Stanford University Press, 1984.

90. White, Sherwin, *The Rome Citizenship*, Oxford University Press, 1973.

91. Wirszubski, C., *Libertas as a Political Idea at Rome during the Late Republic and Early Principate*, Cambridge University Press, 1950.

92. Wiseman, T. P., *New Men in the Roman Senate, 139 BC–AD 14*, Oxford University Press, 1971.

93. Wood, Neal, *Cicero's Social and Political Thought*, University of California Press, 1991.

94. Woodman, A. J., ed., *The Cambridge Companion to Tacitus*, Cambridge University Press, 2010.

（三）论文

1. Ando, Clifford, "Was Rome a Polis?" *Classical Antiquity*, Vol. 18, No. 1, Apr., 1999, pp.5–34.

2. Asmis, Elizabeth, "A New Kind of Model: Cicero's Roman Constitution in *De republica*," *The American Journal of Philology*, Vol. 126, No. 3, Autumn, 2005, pp.377–416.

3. Balot, Ryan, "'Polybius' Advice to the Imperial Republic," *Political Theory*, Vol.38, No.4, August, 2010, pp.483–509.

4. Balsdon, J. P. V. D., "Auctoritas, dignitas, otium," *Classical Quarterly*, Vol.10, No.1, May., 1960, pp.43–50.

5. Bellinger, Alfred. R., "The Text of Gaius' Institutes and Justinian's Cor-

pus," *the American Journal of Philology*, Vol.70, No.4, 1949, p.394.

6. Benario, Herbert W., "Vergil and Tacitus," *The Classical Journal*, Vol.63, No.1 , Oct., 1967, pp.24–27.

7. Born, Lester Kruger, "Animate Law in the Republic and the Laws of Cicero," *Transactions and Proceedings of the American Philological Association*, Vol.64, 1933, pp.128–137.

8. Botros, Sophie, "Freedom, Causality, Fatalism and Early Stoic Philosophy," *Phronesis*, Vol.30, No.3, 1985, pp.274–304.

9. Brunt, P. A., "Marcus Aurelius in his *Meditations*," *Journal of Roman Studies*, Vol.64, 1974, pp.1–20.

10. Cohen, Shaye J. D., "Josephus, Jeremiah, and Polybius", *History and Theory*, Vol.21, No.3, Oct., 1982, pp.366–381.

11. Craig, Christopher P., "Cato's Stoicism and the Understanding of Cicero's Speech for Murena," *Transactions of the American Philological Association (1974–)*, Vol.116, 1986, pp.229–239.

12. Devine, Francis Edward, "Stoicism on the Best Regime," *Journal of the History of Ideas*, Vol.31, No.3, Jul. – Sep., 1970, pp.323–336.

13. Eckstein, A. M., "Josephus and Polybius: A Reconsideration," *Classical Antiquity*, Vol.9, No.2, Oct., 1990, pp.175–208.

14. Feldman, L. H., "Josephus' Portrait of Josiah" , *Louvain Studies*, Vol.18, 1993, pp.110–30.

15. Feldman, L. H., "Josephus' portrait of Moses (part 3)" , *Jewish Quarterly Review*, Vol.83, No.3/4, Jan.– Apr., 1993, pp.301–330.

16. Geiger, Joseph, "Contemporary Politics in Cicero's *De Republica*," *Classical Philology*, Vol.79, No.1, Jan., 1984, pp.38–43.

17. Gill, C., "Personhood and Personality: the Four–*personae* theory in Cicero, *De Officiis* I," *Oxford Studies in Ancient Philosophy*, Vol.6, 1988, pp.169–199.

18. Griffin, Miriam T., "Seneca on Cato's Politics: Epistle 14.12–13," *The Classical Quarterly, New Series*, Vol.18, No.2, Nov., 1968, pp.373–375.

19. Hahm, D. E., "A Neglected Stoic Argument for Human Responsibility," *Illinois Classical Studies*, Vol.17, 1992, pp.40–43.

20. Heibges, Ursula, "Cicero, a Hypocrite in Religion?" *The American Journal of Philology*, Vol.90, No.3, Jul., 1969, pp.304–312.

21. How, W. W., "Cicero's Ideal in his *De Republica*," *Journal of Roman Studies XX*, 1930.

22.Johnston, D., "Justinian's Digest: the Interpretation of Interpolation," *Oxford Journal of Legal Studies*, Vol.9, No.2, Summer, 1989, pp.149–166.

23.Kries, Douglas, "On the Intention of Cicero's *De Officiis*",*The Review of Politics*, Vol.65, No.4, Autumn, 2003, pp.375–393.

24.Ledlie, James Crawford, "Gaius," *Journal of Society of Comparative Legislation*, New Series, Vol.13, No.2, 1913, p.237.

25. Ledlie, James Crawford, "Ulpia," *Journal of the Society of Comparative Legislation*, New Series, Vol.5, No.1, 1903, p.22.

26.Levy, E., "Natural Law in Roman Thought," *Studia et documenta historiae et iuris*, Vol.15, 1949, pp.1–23.

27.Liebeschuetz, W., "The Theme of Liberty in the Agricola of Tacitus," *The Classical Quarterly*, Vol.16, No.I, 1966, pp.126–139.

28. Lind, L. R., "Concept, Action, and Character: The Reasons for Rome's Greatness," *Transactions of the American Philological Association*, Vol.103, 1972, pp.235–283.

29.Martin, Rex, "The Two Cities in Augustine's Political Philosophy," *Journal of the History of Ideas*, Vol.33, No.2, Apr.–Jun., 1972, pp.195–216.

30.Meyer, Michael J., "Stoics, Rights, and Autonomy," *American Philosophical Quarterly*, Vol.24, No.3, Jul., 1987, pp.267–271.

31. Millar, F. G. B., "Politics, Persuasion and the People before the Social War," *Journal of Roman Studies*, Vol.76, 1986, pp.1–11.

32.Millar, F. G. B., "The Political Character of the Classical Roman Republic," *Journal of Roman Studies*, Vol.74, 1984, pp.1–19.

33.Murphy, John P., "Roman Politics," *The Classical Journal*, Vol.69, No.1, Oct.–Nov., 1973, pp.77–81.

34.Nicgorski, Walter, "Cicero's Paradoxes and His Idea of Utility," *Political Theory*, Vol.12, No.4, Nov., 1984, pp.557–578.

35.Nicgorski, Walter, "Cicero's Focus: From the Best Regime to the Model Statesman," *Political Theory*, Vol.19, No.2, May, 1991, pp.230–251.

36.Nock, A. D., "Conversion and Adolescence," *Essays in Religion and the Ancient World ed. Z. Stewart*, Vol.1, 1972, p.457.

37.Pagan, Victoria E., "Distant Voices of Freedom in the *Annales* of Tacitus," *Studies in Latin Literature and Roman History, Collection Latomus X*, 2000, pp.358–369.

38. Pangle, Thomas L., "Socratic Cosmopolitanism: Cicero's Critique and

Transformation of the Stoic Ideal," *Canadian Journal of Political Science/ Revue canadienne de science politique*, Vol.31, No.2, Jun., 1998, pp.235–262.

39. Pollock, Frederick, "Marcus Aurelius and the Stoic Philosophy," *Mind*, Vol.4, No.13, Jan., 1879, pp.47–68.

40. Sedley, D. N., "The Stoic Criterion of Identity," *Phronesis*, Vol.27, No.3, 1982, pp.255–275.

41. Sherwin-White, A. N., "Violence in Roman Politics," *The Journal of Roman Studies*, Vol.46, Parts 1 and 2, 1956, pp.1–9.

42. Smethurst, S. E., "Cicero and Roman Imperial Policy," *Transactions and Proceedings of the American Philological Association*, Vol.84, 1953, pp.216–226.

43. Smethurst, S. E., "Politics and Morality in Cicero," *Phoenix*, Vol.9, No.3, Autumn, 1955, pp.111–121.

44. Stem, Rex, "Cicero as Orator and Philosopher: The Value of the "Pro Murena' for Ciceronian Political Thought," *The Review of Politics*, Vol.68, No.2, Spring, 2006, pp.206–231.

45. Striker, G., "Following Nature," *Oxford Studies in Ancient Philosophy*, Vol.1, 1991, pp.1–73.

46. Sullivan, F. A., "Cicero and Gloria," *Transactions of the American Philological Association*, Vol.72, 1941, pp.382–391.

47. Tanner, R. G., "Tacitus and the Principate," *Greece & Rome*, Vol.16, No.1, Apr., 1969, pp.95–99.

48. Vermes, G., "A Summary of the Law by Flavius Josephus," *Novum Testamentum*, Vol.24, Fasc.4, Oct., 1982, pp.289–303.

49. Walsh, P. G., "Livy and Stoicism," *The American Journal of Philology*, Vol.79, No.4, 1958, pp.355–375.

50. Zetzel, J. E. G., "Cicero and the Scipionic Circle," *Harvard Studies in Classical Philology*, Vol.76, 1972, pp.173–179.

（四）工具书

1. Barchiesi, Alessandro, and Scheidel, Walter, eds., *The Oxford Handbook of Roman Studies*, Oxford University Press, 2010.

2. Hornblower, Simon, and Spawforth, Antony, eds., *The Oxford Classical Dictionary*, Oxford University Press, 2012.

（五）网络资源

1.BMCR, http:// ccat. sas. upenn. edu /bmcr.

2.Credo, http:// search. credoreference. com.

3.JSTOR, http:// www. Jstor. org.

4.MUSE, http:// muse. jhu. edu.

5.Oxford Journals online, http:// www. oxfordjournals.org.

6.Oxford Reference online, http:// www. Oxfordreference.com.

7.Proquest, http://proquest.calis.edu.cn.

8.Questia, http:// www. questia.com.

9.Stanford Encyclopedia of Philosophy, http: // plato. stanford.edu.

10.Shelfari, http:// www. shelfari.com.

11.Taylor & Francis, http:// www. tandfonline.com.

第二编

一、中文文献

（一）译著

1.阿伦·布洛克:《西方人文主义传统》,董乐山译,群言出版社2012年。

2.埃尔顿主编:《新编剑桥世界近代史·第二卷:宗教改革1520—1559》,朱代强、孙善玲译,中国社会科学出版社2003年。

3.柏拉图:《理想国》,郭斌、张竹明译,商务印书馆2002年。

4.邦雅曼·贡斯当:《古代人的自由与现代人的自由》,阎克文、刘满贵译,上海人民出版社2005年。

5.保罗·奥斯卡·克里斯特勒:《文艺复兴时期的思想与艺术》,邵宏译,东方出版社2008年。

6.保罗·奥斯卡·克里斯特勒:《意大利文艺复兴时期八个哲学家》,姚鹏、陶建平译,孟庆时校,上海译文出版社1987年。

7.彼得·伯克:《欧洲文艺复兴:中心与边缘》,刘耀春译,刘君校,东方出版社2007年。

8.彼得·伯克:《意大利文艺复兴时期的文化与社会》,刘君译,刘耀春校,东方出版社2007年。

9.波特主编:《新编剑桥世界近代史·第一卷:文艺复兴1493—1520》,张文华、马华译,中国社会科学出版社1999年。

10.查尔斯·霍默·哈斯金斯:《12世纪文艺复兴》,夏继果译,上海人民出版社2005年。

11.戴维·赫尔德:《民主的模式》(修订版),燕继荣等译,王浦劬校,中央编译出版社2008年。

12.丹尼斯·哈伊:《意大利文艺复兴的历史背景》,李玉成译,生活·读书·新知三联书店1988年。

13.斐迪南·滕尼斯:《共同体与社会——纯粹社会学的基本概念》,林荣远译,商务印书馆1999年。

14.弗里德里希·迈内克:《马基雅里主义》,时殷弘译,商务印书馆2008年。

15.加藤节:《政治与人》,唐士其译,北京大学出版社2003年。

16.坚尼·布鲁克尔:《文艺复兴时期的佛罗伦萨》,朱龙华译,生活·读书·新知三联书店1985年。

17.卡尔·弗里德里希:《超验正义——宪政的宗教之维》,周勇、王丽芝译,生活·读书·新知三联书店1997年。

18.凯瑞·帕罗内:《昆廷·斯金纳思想研究——历史、政治、修辞》,李宏图、胡传胜译,华东师范大学出版社2005年。

19.克拉勃:《近代国家观念》,王检译,吉林出版集团2009年。

20.昆廷·斯金纳:《近代政治思想的基础·文艺复兴卷》,奚瑞森、亚方译,译林出版社2011年。

21.拉斯基:《国家的理论与实际》,王造时译,商务印书馆1959年。

22.麦基文:《宪政古今》,翟小波译,贵州人民出版社2004年。

23.梅因:《古代法》,沈景一译,商务印书馆2010年。

24.尼科洛·马基雅维利:《佛罗伦萨史》,李活译,商务印书馆2012年。

25.尼科洛·马基雅维利:《君主论》,潘汉典译,商务印书馆2010年。

26.尼科洛·马基雅维利:《马基雅维利全集·李维史论》,薛军译,吉林出版集团2011年。

27.尼科洛·马基雅维利:《马基雅维利全集·用兵之道》,时殷弘译,吉林出版集团2011年。

28.诺曼·维拉:《宪法公民权》(影印本),法律出版社1999年。

29.欧金尼奥·加林:《意大利人文主义》,李玉成译,生活·读书·新知三联书店1998年。

30.欧金尼奥·加林:《中世纪与文艺复兴》,李玉成、李进译,商务印书馆

2012年。

31.欧金尼奥·加林主编:《文艺复兴时期的人》,李玉成译,生活·读书·新知三联书店2003年。

32.乔治·皮博迪·古奇:《十九世纪历史学与历史学家》,耿淡如译,商务印书馆2009年。

33.托马斯·阿奎那:《阿奎那政治著作选》,马清槐译,商务印书馆2010年。

34.威廉·邓宁:《政治学说史》,谢义伟译,吉林出版集团2009年。

35.威廉·冯·洪堡:《论国家的作用》,林荣远、冯兴元译,中国社会科学出版社2009年。

36.文德尔班:《哲学史教程》(上、下册),罗达仁译,商务印书馆1993年。

37.沃尔特·厄尔曼:《中世纪政治思想史》,夏洞奇译,译林出版社2011年。

38.沃格林:《政治观念史稿·第三卷:中世纪晚期》,段保良译,华东师范大学出版社2009年。

39.雅各布·布克哈特:《意大利文艺复兴时期的文化》,何新译,商务印书馆2010年。

40.亚里斯多德:《政治学》,吴寿彭译,商务印书馆2008年。

41.约瑟夫·斯特雷耶:《现代国家起源》,华佳等译,格致出版社2011年。

42.詹姆斯·W.汤普逊:《中世纪经济社会史:300—1300年》(上、下册),耿淡如译,商务印书馆1984年。

43.詹姆斯·W.汤普逊:《中世纪晚期欧洲经济社会史》,徐家玲等译,商务印书馆1996年。

(二)论著

1.丛日云:《西方政治文化传统》,吉林出版集团2007年。

2.丛日云:《在上帝与恺撒之间——基督教二元政治观与近代自由主义》,生活·读书·新知三联书店2003年。

3.丛日云主编:《西方政治思想史·第二卷:中世纪》,天津人民出版社2006年。

4.高建主编:《西方政治思想史·第三卷:16—18世纪》,天津人民出版社2005年。

5.蒋百里:《欧洲文艺复兴史》,东方出版社2007年。

6.蒋方震:《欧洲文艺复兴史》,商务印书馆1921年。

7.李强主编:《政治的概念》,北京大学出版社2008年。

8. 刘明翰主编,周春生等著:《欧洲文艺复兴史·法学卷》,人民出版社2010年。

9. 刘明翰主编,朱孝远著:《欧洲文艺复兴史·政治卷》,人民出版社2010年。

10. 彭小瑜:《教会法研究》,商务印书馆2003年。

11. 施治生、郭方主编:《古代民主与共和制度》,中国社会科学出版社1998年。

12. 王晓朝:《基督教与帝国文化》,东方出版社1997年。

13. 王亚平:《权力之争——中世西欧的君权与教权》,东方出版社1995年。

14. 徐大同主编:《西方政治思想史》,天津人民出版社1985年。

15. 张椿年:《从信仰到理性——意大利人文主义研究》,浙江人民出版社1994年。

16. 周春生:《马基雅维里思想研究》,上海三联书店2008年。

17. 周春生:《文艺复兴史研究入门》,北京大学出版社2009年。

18. 周民锋主编:《西方国家政治制度比较》,华东理工大学出版社2001年。

19. 朱龙华:《意大利文艺复兴的起源与模式》,人民出版社2004年。

20. 朱孝远:《近代欧洲的兴起》,学林出版社1997年。

21. 朱孝远:《欧洲涅槃——过渡时期欧洲的发展概念》,学林出版社2002年。

(三)论文

1. 郭琳:《马基雅维利的国家政治共同体意识》,《上海师范大学学报(哲学社会科学版)》2014年第2期。

2. 刘训练:《公民与共和——当代西方共和主义研究》,天津师范大学,博士学位论文2006年。

3. 刘训练:《古典共和主义公民身份理论的兴衰》,《天津社会科学》2012年第6期。

4. 刘训练:《马基雅维利与古典共和主义》,《政治学研究》2011年第4期。

5. 刘训练:《自由主义公民身份理论的演进》,《南京社会科学》2012年第9期。

6. 刘耀春:《从"出世"到"入世"——论文艺复兴时期意大利的市民生活伦理》,《四川大学学报(哲学社会科学版)》2003年第3期。

7. 孟广林:《佛罗伦萨市民人文主义对封建传统思想的冲击》,《天津师大学报(社科版)》1988年第4期。

8.孟广林：《近百年来西方的西欧封建王权理论》，《历史研究》1995年第2期。

9.王挺之：《近代外交原则的历史思考——论马基雅维里主义》，《历史研究》1993年第3期。

10.谢天冰：《文艺复兴的历史学家汉斯·巴伦及其"公民人文主义"》，《福建师范大学学报(哲学社会科学版)》1999年第4期。

11.张凤阳：《共和传统的历史叙事》，《中国社会科学》2008年第4期。

12.张久春：《略谈佛罗伦萨的市民人文主义》，《内蒙古农业大学学报(社会科学版)》2003年第2期。

13.郑群：《佛罗伦萨市民人文主义者的实践与"积极生活"思想》，《历史研究》1988年第6期。

14.周春生：《道德的合理性与国家权力的合法性——西方马基雅维里思想批评史寻迹》，《史学理论研究》2005年第3期。

15.周春生：《近代以来西方国家政治理论与实践的路径——马基雅维里遗产评说》，《政治思想史》2011年第3期。

16.周春生：《马基雅维里的人性论、才气说和命运观析微》，《上海师范大学学报(哲学社会科学版)》2004年第1期。

17.周桂银：《意大利城邦国家体系的特征及其影响》，《世界历史》1991年第1期。

18.周桂银：《意大利战争与欧洲国家体系的初步形成》，《史学月刊》2002年第11期。

19.周施廷：《关于但丁"文艺复兴先驱"的三次大辩论及其政治意义》，《世界历史》2009年第6期。

20.朱孝远、霍文利：《权力的集中：城市显贵控制佛罗伦萨政治的方式》，《河南大学学报(社会科学版)》2007年第6期。

21.朱孝远：《公民参政思想变化新论——文艺复兴时期人文主义者参政思想浅析》，《世界历史》2008年第6期。

22.朱孝远：《近代政治学的开端——简析彼特拉克的政治思想》，《上海行政学院学报》2007年第6期。

二、外文文献

(一) 原典

1.Aquinas, Thomas, *Political Writings*, ed. and trans. by R. W. Dyson, Cambridge University Press, 2002.

2. Aquinas, Thomas, *Summa Theologiae*, Cambridge University Press, 2006.

3. Aristotle, *The Politics*, Harvard University Press, 1959.

4. Boccaccio, Giovanni, *Genealogy of the Pagan Gods*, Vol. 1, ed. and trans. by Jon Solomon, Harvard University Press, 2011.

5. Bracciolini, Poggio, "On Avarice," trans. by Benjamin G. Kohl, in Benjamin G. Kohl and Ronald G. Witt eds., *The Earthly Republic: Italian Humanists on Government and Society*, University of Pennsylvania Press, 1978.

6. Bracciolini, Poggio, *Two Renaissance Book Hunters: The Letters of Poggius Bracciolini to Nicolaus de Niccolis*, trans. by Phyllis Walter Goodhart Gordon, Columbia University Press, 1991.

7. Brandolini, Aurelio Lippo, *Republics and Kingdoms Compared*, ed. and trans. by James Hankins, Harvard University Press, 2009.

8. Bruni, Leonardo, "Oration for the Funeral of Nanni Strozzi(Selections)," trans. by Gordon Griffiths, in Gordon Griffiths, James Hankins, David Thompson eds., *The Humanism of Leonardo Bruni: Selected Texts*, Center for Medieval and Early Renaissance Studies, 1987.

9. Bruni, Leonardo, "Panegyric to the City of Florence," trans. by Benjamin G. Kohl, in Benjamin G. Kohl and Ronald G. Witt eds., *The Earthly Republic: Italian Humanists on Government and Society*, University of Pennsylvania Press, 1978.

10. Bruni, Leonardo, *History of the Florentine People*, 3 Vols., ed. and trans. by James Hankins, Harvard University Press, 2001–2007.

11. Castiglione, Baldassare, *The Book of the Courtier*, ed. by Daniel Javitch, W. W. Norton & Company, 2002.

12. Dante, Alighieri, *Monarchy*, ed. and trans. by Prue Shaw, Cambridge University Press, 1995.

13. Guicciardini, Francesco, "Consideration of the Discourses of Niccolo Machiavelli," in James B. Atkinson and David Sices eds., *The Sweetness of Power: Machiavelli's Discourses and Guicciardini's Considerations*, Northern Illinois University Press, 2002.

14. Guicciardini, Francesco, "Discourse of Logrogno," in Athanasios Moulakis, *Republican Realism in Renaissance Florence*, Rowman & Littlefield, 1998.

15. Guicciardini, Francesco, *Dialogue on the Government of Florence*, ed. and trans. by Alison Brown, Cambridge University Press, 1994.

16. Guicciardini, Francesco, *The History of Italy*, ed. and trans. by Sidney Al-

exander, Macmillan, 1965.

17. Machiavelli, Niccolò, *Discourses on Livy,* trans. by Harvey C. Mansfield and Nathan Tarcov, The University of Chicago Press, 1996.

18. Machiavelli, Niccolò, *Florentine Histories,* trans. by Laura F. Banfield and Harvey C. Mansfield, Princeton University Press, 1988.

19. Machiavelli, Niccolò, *The Prince,* trans. and intro. by Harvey C. Mansfield, The University of Chicago Press, 1985.

20. Manetti, Giannozzo, *Biographical Writings,* ed. and trans. by S. U. Baldassarri and Rolf Bagemihl, Harvard University Press, 2003.

21. Marsilius of Padua, *Defensor Minor and De translatione Imperii,* ed. and trans. by Cary J. Nederman and Fiona Watson, Cambridge University Press, 1993.

22. Palmieri, Matteo, "Civil Life: Book II (Selections)," in Jill Kraye ed., *Cambridge Translations of Renaissance Philosophical Texts,* Vol. 2, Cambridge University Press, 1997.

23. Petrarca, Francesco, "How a Ruler Ought to Govern His State," trans. by Benjamin G. Kohl, in Benjamin G. Kohl and Ronald G. Witt eds., *The Earthly Republic: Italian Humanists on Government and Society,* University of Pennsylvania Press, 1978.

24. Petrarca, Francesco, *Invectives,* ed. and trans. by David Marsh, Harvard University Press, 2004.

25. Platina, Bartolomeo, *Lives of the Popes,* ed. and trans. by Anthony F. D' Elia, Harvard University Press, 2008.

26. Salutati, Coluccio, "Invective against Antonio Loschi of Vicenza," in S. U. Baldassarri and A. Saiber eds., *Images of Quattrocento Florence: Selected Writings in Literature, History, and Art,* Yale University Press, 2000.

27. Salutati, Coluccio, "Letter to Peregrino Zambeccari," trans. by Ronald G. Witt, in Benjamin G. Kohl and Ronald G. Witt eds., *The Earthly Republic: Italian Humanists on Government and Society,* University of Pennsylvania Press, 1978.

28. Salutati, Coluccio, "On Tyrant," trans. and intro. by E. Emerton, *Humanism and Tyranny: Studies in the Italian Trecento,* Cambridge University Press, 1926.

29. Savonarola, Girolamo, *Selected Writings of Girolamo Savonarola: Religion and Politics, 1490–1498,* ed. and trans. by Anne Borelli and Maria P. Passaro, Yale University Press, 2006.

30. Scala, Bartolomeo, *Essays and Dialogues,* trans. by Renée Neu Watkins, in-

tro. by Alison Brown, Harvard University Press, 2008.

31. Valla, Lorenzo, *On the Donation of Constantine*, trans. by G. W. Bowersock, Harvard University Press, 2007.

32. Vergerio, Pier Paolo, "The Venetian Republic(Selections)," in Jill Kraye ed., *Cambridge Translations of Renaissance Philosophical Texts*, Vol. 2, Cambridge University Press, 1997.

（二）论著

1. Allen, J. W., *A History of Political Thought in the Sixteenth Century*, Bulter & Tanner Ltd., 1960.

2. Baron, Hans, *From Petrarch to Leonardo Bruni: Studies in Humanistic and Political Literature*, The University of Chicago Press, 1968.

3. Baron, Hans, *In Search of Florentine Civic Humanism: Essays on the Transition From Medieval to Modern Thought*, 2 Vols., Princeton University Press, 1988.

4. Baron, Hans, *The Crisis of the Early Italian Renaissance*, Princeton University Press, 1966.

5. Becker, Marvin B., *Civility and Society in Western Europe 1300–1600*, Indiana University Press, 1988.

6. Becker, Marvin B., *Florence in Transition: Studies in the Rise of the Territorial State*, 2 Vols., Johns Hopkins University Press, 1967–1968.

7. Becker, Marvin B., *Florentine Essays: Selected Writings of Marvin B. Becker*, University of Michigan Press, 2002.

8. Black, Antony, *Church, State and Community: Historical and Comparative Perspectives*, Burlington: Ashgate Variorum, 2003.

9. Black, Antony, *Guilds and Civil Society in European Political Thought: From the Twelfth Century to the Present*, Methuen, 1984.

10. Black, Antony, *Political Thought in Europe 1250–1450*, Cambridge University Press, 1992.

11. Black, Robert, *Studies in Renaissance Humanism and Politics: Florence and Arezzo*, Burlington: Ashgate Variorum, 2011.

12. Blythe, James M., *Ideal Government and the Mixed Constitution in the Middle Ages*, Princeton University Press, 1992.

13. Bouwsma, William J., *The Waning of the Renaissance 1550–1640*, Yale University Press, 2000.

14. Bouwsma, William J., *Venice and the Defense of Republican Liberty*, Univer-

sity of California Press, 1984.

15. Brucker, Gene, ed., *The Society of Renaissance Florence: A Documentary Study*, Harper & Row, 1971.

16. Brucker, Gene, *Florentine Politics and Society 1343–1378*, Princeton University Press, 1962.

17. Brucker, Gene, *Renaissance Florence*, John Wiley & Sons Inc., 1969.

18. Brucker, Gene, *The Civic World of Early Renaissance Florence*, Princeton University Press, 1977.

19. Burckhardt, J., *The Civilization of the Period of the Renaissance in Italy*, Tr. S. G. C. Middlemore, C. Kegan Paul & Co., 1878.

20. Burn, J. H. and Mark Goldie, eds., *The Cambridge History of Political Thought 1450–1700*, Cambridge University Press, 1991.

21. Burn, J. H., ed., *The Cambridge History of Medieval Political Thought 350–1450*, Cambridge University Press, 1988.

22. Butters, H. C., *Governors and Government in Early Sixteenth Century Florence 1502–1519*, Clarendon Press, 1985.

23. Canning, Joseph, *A History of Medieval Political Thought 300–1450*, Routledge, 1996.

24. Canning, Joseph, *Ideas of Power in the Late Middle Ages 1296–1417*, Cambridge University Press, 2011.

25. Carlyle, R.W. and Carlyle, A. J., *A History of Medieval Political Theory in the West, Vol.4: Political Theory from 1300 to 1600*, 6 Vols., Barnes & Noble Inc., 1953.

26. Carter, Charles, *The Western European Power 1500–1700*, Cambridge University Press, 2008.

27. Celenza, Christopher S. and K. Gouwens, eds., *Humanism and Creativity in the Renaissance: Essays in Honor of Ronald G. Witt*, Brill, 2006.

28. Cochrane, Eric, *Historians and Historiography in the Italian Renaissance*, The University of Chicago Press, 1981.

29. Coleman, Janet, *A History of Political Thought: From the Middle Ages to the Renaissance*, Blackwell Publishers, 2000.

30. Creveld, Martin Van, *The Rise and Decline of the State*, Cambridge University Press, 1999.

31. D' Entrèves, Alexander Passerin, *Dante as a Political Thinker*, Clarendon Press, 1952.

32. D' Entrèves, Alexander Passerin, *The Medieval Contribution to Political Thought: Thomas Aquinas, Marsilius of Padua, Richard Hooker*, The Humanities Press, 1959.

33. David, Sices, *The Sweetness of Power: Machiavelli's Discourses & Guicciardini's Considerations*, Northern Illinois University Press, 2002.

34. Dunn, John, *The History of Political Theory and Other Essays*, Cambridge University Press, 1996.

35. Dunning, W. A., *A History of Political Theories: Ancient and Medieval*, Macmillan, 1902.

36. Eugenio, Garin, *Italian Humanism: Philosophy and Civic Life in the Renaissance*, trans. by Peter Munz, Harper & Row, 1965.

37. Femia, Joseph V., *The Machiavellian Legacy: Essays in Italian Political Thought*, Macmillan, 1998.

38. Ferguson, W. K., *The Renaissance in Historical Thought: Five Centuries of Interpretation*, Houghton Mifflin, 1948.

39. Fubini, Riccardo, *Humanism and Secularization: From Petrarch to Valla*, trans. by Martha King, Duke University Press, 2003.

40. Gewirth, Alan, *Marsilius of Padua and Medieval Political Thought*, Vol. 1, Columbia University Press, 1956.

41. Gewirth, Alan, *Marsilius of Padua: The Defender of Peace*, Vol. 2, Columbia University Press, 1956.

42. Gierke, Otto von, *Community in Historical Perspective*, Cambridge University Press, 1990.

43. Gierke, Otto von, *Political Theories of the Middle Age*, trans. by F. W. Maitland, Cambridge University Press, 1913.

44. Gilbert, Allan, trans. and ed., *The Letters of Machiavelli: A Selection*, The University of Chicago Press, 1961.

45. Gilbert, Felix, *History Choice and Commitment*, Harvard University Press, 1977.

46. Gilbert, Felix, *Machiavelli and Guicciardini: Politics and History in Sixteenth Century Florence*, Princeton University Press, 1965.

47. Gilmore, Myron P., *The World of Humanism 1453–1517*, Harper & Row, 1962.

48. Godman, Peter, *From Poliziano to Machiavelli: Florentine Humanism in the High Renaissance*, Princeton University Press, 1998.

49.Griffiths, Gordon and James Hankins et al. eds., *The Humanism of Leonardo Bruni: Selected Texts*, Center for Medieval and Early Renaissance Studies, 1987.

50.Hale, John, *Renaissance Europe 1480–1520*, Blackwell, 1971.

51.Hale, John, *War and Society in Renaissance Europe 1450–1620*, The Johns Hopkins University Press, 1986.

52. Hankins, James, ed., *Renaissance Civic Humanism: Reappraisals and Reflections*, Cambridge University Press, 2000.

53. Hankins, James, ed., *The Cambridge Companion to Renaissance Philosophy*, Cambridge University Press, 2007.

54. Hankins, James, *Humanism and Platonism in the Italian Renaissance*, 2 Vols., Edizioni di storia e letteratura, 2003–2004.

55.Hankins, James, *Plato in the Italian Renaissance*, E. J. Brill, 1990.

56. Haren, Michael, *Medieval Thought: The Western Intellectual Tradition From Antiquity to the 13th Century*, Macmillan, 1985.

57.Hay, Denys, ed., *The Age of the Renaissance*, Thames and Hudson, 1986.

58. Hay, Denys, *Europe in the Fourteenth and Fifteenth Centuries*, London & Longman, 1989.

59. Hay, Denys, *Italy in the Age of the Renaissance 1380–1530*, London & Longman, 1989.

60.Hay, Denys, *The Church in Italy in the Fifteenth Century*, Cambridge University Press, 2002.

61.Holmes, George, *Florence, Rome and the Origins of the Renaissance*, Clarendon Press, 1986.

62.Ianziti, Gary, *Writing History In Renaissance Italy: Leonardo Bruni and the Uses of the Past*, Harvard University Press, 2012.

63.Jacoff, Rachel, ed., *The Cambridge Companion to Dante*, Cambridge University Press, 2007.

64.Jones, Philip, *The Italian City–State: From Commune to Signoria*, Clarendon Press, 1997.

65.Kelly, Donald R., *Renaissance Humanism*, Twayne Publishers, 1991.

66. Kirshner, Julius, ed., *The Origins of the State in Italy: 1300–1600*, The University of Chicago Press, 1995.

67.Kohl, Benjamin G. and Witt, Ronald G., eds., *The Earthly Republic: Italian Humanists on Government and Society*, University of Pennsylvania Press, 1978.

68. Kraye, Jill, ed., *The Cambridge Companion to Renaissance Humanism*,

Cambridge University Press, 1996.

69. Kristeller, P. Oskar and Ernst, Cassirer, eds., *The Renaissance Philosophy of Man*, University of Chicago Press, 1959.

70. Kristeller, P. Oskar, *Eight Philosophers of the Italian Renaissance*, Stanford University, 1979.

71. Kristeller, P. Oskar, *Renaissance Thought: The Classic, Scholastic, and Humanist Strains*, Harper & Row, 1961.

72. Kristeller, P. Oskar, *Studies in Renaissance Thought and Letters*, Edizioni di storia e letteratura, 1956.

73. Kristeller, P. Oskar, *The Classics and Renaissance Thought*, Harvard University Press, 1955.

74. Lopez, Robert S., *The Three Ages of the Italian Renaissance*, Little Brown, 1970.

75. Lucki, Emil, *History of the Renaissance 1350–1550, Book V: Politics and Political Theory*, University of Utah Press, 1964.

76. Maciver, R. M., *Community: A Sociological Study*, Macmillan, 1928.

77. Martines, Lauro, *Fire in the City: Savonarola and the Struggle for Renaissance Florence*, Oxford University Press, 2006.

78. Martines, Lauro, *Lawyers and Statecraft in Renaissance Florence*, Princeton University Press, 1968.

79. Martines, Lauro, *Power and Imagination: City–States in Renaissance Italy*, The Johns Hopkins University Press, 1988.

80. Martines, Lauro, *The Social World of the Florentine Humanists: 1390–1460*, Princeton University Press, 1963.

81. Mattingly, Garrett, *Renaissance Diplomacy*, Houghton Mifflin, 1955.

82. McDonald, Lee Cameron, ed., *Western Political Theory, Part II: From Machiavelli to Burke*, Harcourt Brace Jovanovich Inc., 1968.

83. Molho, A. and J. Tedeschi, eds., *Renaissance Studies in Honor of Hans Baron*, Northern Illinois University Press, 1971.

84. Molho, A. and K. Raaflaub, eds., *City States in Classical Antiquity and Medieval Italy*, University of Michigan Press, 1991.

85. Najemy, John M., *A History of Florence 1200–1575*, Wiley–Blackwell Publishing, 2008.

86. Najemy, John M., *Corporatism and Consensus in Florentine Electoral Politics 1280–1400*, The University of North Carolina Press, 1982.

87.Najemy, John M., ed., *Italy in the Age of the Renaissance 1300–1550*, Oxford University Press, 2004.

88.Nederman, Cary J., *Community and Consent: The Secular Political Thought of Masiglio of Padua's Defensor Pacis*, Rowman & Littlefield, 1995.

89.Rice, Eugene F. Jr., *The Foundations of Early Modern Europe 1460–1559*, W. W. Norton & Company, 1970.

90.Ridolfi, Roberto, *The Life of Francesco Guicciardini*, trans. by Cecil Grayson, Routledge & Kegan Paul, 1967.

91.Ridolfi, Roberto, *The Life of Girolamo Savonarola*, trans, by Cecil Grayson, Routledge & Kegan Paul, 1959.

92.Ridolfi, Roberto, *The Life of Niccolo Machiavelli*, trans. by Cecil Grayson, The University of Chicago Press, 1963.

93.Riesenberg, Peter, *Citizenship in the Western Tradition: Plato to Rousseau*, The University of North Carolina Press, 1992.

94.Roeder, Ralph, *Renaissance Lawgivers: Savonarola, Machiavelli, Castiglione, Aretino*, World Publishing, 1958.

95.Rubinstein, Nicolai, ed., *Florentine Studies: Politics and Society in Renaissance Florence*, Faber & Faber, 1968.

96.Rubinstein, Nicolai, *The Government of Florence Under The Medici 1434–1494*, Clarendon Press, 1997.

97.Skinner, Quentin and Strath Bo, eds., *States and Citizens: History, Theory, Prospects*, Cambridge University Press, 2003.

98.Skinner, Quentin, *Machiavelli: A Very Short Introduction*, Oxford University Press, 2000.

99.Skinner, Quentin, *The Foundations of Modern Political Thought, Vol. 1: The Renaissance*, Cambridge University Press, 1978.

100.Skinner, Quentin, *The Foundations of Modern Political Thought, Vol. 2: The Reformation*, Cambridge University Press, 1978.

101.Skinner, Quentin, *Visions of Politics, Vol. 2: Renaissance Virtues*, Cambridge University Press, 2004.

102.Stephens, J. N., *The Fall of the Florentine Republic 1512–1530*, Clarendon Press, 1983.

103.Sullivan, Vickie B., *Machiavelli's Three Romes: Religion, Human Liberty, and Politics Reformed*, Northern Illinois University Press, 1996.

104.Tierney, Brian, ed., *The Crisis of Church and State 1050–1300*, Prentice-

Hall Inc., 1964.

105. Tierney, Brian, *Religion, Law and the Growth of Constitutional Thought 1150–1650,* Cambridge University Press, 1982.

106. Ullmann, Walter, *Medieval Foundations of Renaissance Humanism,* Elek, 1977.

107. Viroli, Maurizio and N. Bobbio, *The Idea of the Republic,* Blackwell Publishing Ltd., 2003.

108. Viroli, Maurizio, *From Politics to Reason of State: The Acquisition and Transformation of the Language of Politics 1250–1600,* Cambridge University Press, 1992.

109. Viroli, Maurizio, *Machiavelli,* Oxford University Press, 1998.

110. Viroli, Maurizio, *Machiavelli's God,* trans. by Antony Shugaar, Princeton University Press, 2010.

111. Viroli, Maurizio, *Niccolò's Smile: A Biography of Machiavelli,* trans. by Antony Shugaar. Farrar, Straus & Giroux, 2000.

112. Waley, Daniel P., *The Italian City–Republics,* 3rd edn., London & Longman, 1988.

113. Witt, Ronald G., *In the Footsteps of the Ancients: The Origins of Humanism from Lovato to Bruni,* Brill, 2000.

114. Witt, Ronald G., *The Hercules at the Crossroads: The Life, Works and Thought of Coluccio Salutati,* Duke University Press, 1983.

115. Witt, Ronald G., *The Two Latin Cultures and the Foundation of Renaissance Humanism in Medieval Italy,* Cambridge University Press, 2012.

（三）论文

1. Baron, Hans, "A Struggle for Liberty in the Renaissance: Florence, Venice and Milan in the Early Quattrocento," *The American Historical Review,* Vol. 58, 1953, pp. 265–289.

2. Baron, Hans, "Leonardo Bruni: 'Professional Rhetorician' or 'Civic Humanist'?" *Past and Present,* No. 36, 1967, pp. 21–37.

3. Baron, Hans, "The Historical Background of the Florentine Renaissance," *History,* Vol. 22, 1938, pp. 315–327.

4. Becker, Marvin B., "A Comment on 'Savonarola, Florence, and the Millenarian Tradition'," *Church History,* Vol. 27, 1958, pp. 306–311.

5. Becker, Marvin B., "Church and State in Florence on the Eve of the Renais-

sance 1343–1382," *Speculum,* Vol. 37, 1962, pp. 509–527.

6.Becker, Marvin B., "Some Aspects of Oligarchical, Dictatorial and Popular Signorie in Florence 1282–1382," *Comparative Studies in Society and History,* Vol. 2, 1960, pp. 421–439.

7.Becker, Marvin B., "The Republican City State in Florence: An Inquiry into its Origin and Survival 1280–1434," *Speculum,* Vol. 35, 1960, pp. 39–50.

8. Black, Robert, Book Review on "The Political Thought of the Florentine Chancellors," *The Historical Journal,* Vol. 29, 1986, pp. 991–1003.

9.Brown, Alison, "Florence, Renaissance and Early Modern State: Reappraisals," *The Journal of Modern History,* Vol. 56, 1984, pp. 285–300.

10.Brown, Alison, "Political Thought in Early Modern Europe: The Renaissance," *The Journal of Modern History,* Vol. 54, 1982, pp. 47–55.

11.Canning, Joseph, "The Corporation in the Political Thought of the Italian Jurists of the Thirteenth and Fourteenth Centuries, " *History of Political Thought,* Vol. 1, 1980, pp. 9–32.

12.Ferguson, Wallace K., "The Interpretation of Italian Humanism: The Contribution of Hans Baron," *Journal of the History of Ideas,* Vol. 19, 1958, pp. 14–25.

13. Hankins, James, "Exclusivist Republicanism and the Non–Monarchical Republic," *Political Theory,* Vol. 38, No. 4, 2010, pp. 452–482.

14.Hankins, James, "The 'Baron Thesis' after Forty Years and Some Recent Studies of Leonardo Bruni," *Journal of the History of Ideas,* Vol. 56, 1995, pp. 309–338.

15.Ianziti, Gary, "Leonardo Bruni, the Medici, and the Florentine Histories," *Journal of the History of Ideas,* Vol. 69, No. 1, 2008, pp. 1–22.

16.Jones, Philip, "Communes and Despots: The City State in Late–Medieval Italy," *Transactions of the Royal Historical Society,* Vol. 15, 1965, pp. 71–96.

17.Jurdjevic, Mark, "Civic Humanism and the Rise of the Medici," *Renaissance Quarterly,* Vol. 52, 1999, pp. 994–1020.

18.Jurdjevic, Mark, "Hedgehogs and Foxes: The Present and Future of Italian Renaissance Intellectual History," *Past and Present,* No. 195, 2007, pp. 241–268.

19.Kent, Dale, "The Florentine Reggimento in the Fifteenth Century," *Renaissance Quarterly,* Vol. 28, 1975, pp. 575–638.

20.Kristeller, P. Oskar, "Studies On Renaissance Humanism During the Last Twenty Years," *Studies in the Renaissance,* Vol. 9, 1962, pp. 7–23.

21.Molho, Anthony, "Politics and the Ruling Class in Early Renaissance Flor ence," *Nuova Rivista Storica,* Vol. 52, 1968, pp. 401–420.

22. Molho, Anthony, "The Florentine Oligarchy and the Balie of the Late Trecento," *Speculum,* Vol. 43, 1968, pp. 23–51.

23. Najemy, John M., "Guild Republicanism in Trecento Florence: The Successes and Ultimate Failure of Corporate Politics," *The American Historical Review,* Vol. 84, 1979, pp. 53–71.

24. Rubinstein, Nicolai, "Florence and the Despots: Some Aspects of Florentine Diplomacy in the Fourteenth Century," *Transactions of the Royal Historical Society,* Vol. 2, 1952, pp. 21–45.

25. Rubinstein, Nicolai, "Florentina Libertas," *Rinascimento,* Vol. 26, 1986, pp. 3–26.

26. Seigel, Jerrold E., "Civic Humanism or Ciceronian Rhetoric? The Culture of Petrarch and Bruni," *Past and Present,* No. 34, 1966, pp. 3–48.

27. Witt, Ronald G., "The Crisis After Forty Years," *The American Historical Review,* Vol. 101, 1996, pp. 110–118.

28. Yoran, Hanan, "Florentine Civic Humanism and the Emergence of Modern Ideology," *History and Theory,* Vol. 46, 2007, pp. 326–344.

第三编

一、中文文献

（一）译作

1. M. M. 舍英曼：《梵蒂冈史——十九世纪末和二十世纪初时期》，黑龙江大学俄语系翻译组译，黑龙江人民出版社1982年。

2. 安东尼·吉登斯：《民族国家与暴力》，胡宗泽、赵力涛译，生活·读书·新知三联书店1998年。

3. 安东尼·史密斯：《民族主义的理论》，《民族译丛》1986年第1期。

4. 安东尼奥·葛兰西：《狱中札记》，曹雷雨、姜丽、张跣译，中国社会科学出版社2000年。

5. 保罗·波帕尔：《教皇》，肖梅译，商务印书馆2000年。

6. 贝内德托·克罗齐：《1871—1915年意大利史》，王天清译，中国社会科学出版社2005年。

7.本尼迪克特·安德森:《想象的共同体》,吴叡人译,上海人民出版社2011年。

8.波尔什涅夫:《新编近代史》,王以铸译,人民出版社1955年。

9.博尔顿·金:《马志尼传》,马清槐等译,商务印书馆1997年。

10.戴维·米勒、韦农·波格丹诺主编:《政治学百科全书》,邓正来译,中国政法大学出版社2002年。

11.戴维·伊斯顿:《政治生活的系统分析》,王浦劬等译,华夏出版社1999年。

12.但丁·阿利盖利《神曲·炼狱篇》,朱维基译,上海译文出版社1984年。

13.斐迪南·腾尼斯:《共同体与社会——纯粹社会学的基本概念》,林荣远译,商务印书馆1999年。

14.赫·赫德、德·普·韦力:《意大利简史》,罗年生、朱海观译,商务印书馆1975年。

15.霍尔巴赫:《自然的体系》(上卷),管仕滨译,商务印书馆1964年。

16.科瓦利斯卡娅:《意大利烧炭党》,辛益译,《河南大学学报》1986年第1期。

17.路易吉·萨尔瓦托雷利:《意大利简史——从史前到当代》,沈珩、祝本雄译,商务印书馆2014年。

18.马克思、恩格斯:《马克思恩格斯全集》(第21卷),中央编译局译,人民出版社2003年。

19.马志尼:《论人的责任》,吕志士译,商务印书馆1995年。

20.米诺·米拉尼:《传奇将军加里波第》,曹震寰译,世界知识出版社1986年。

21.尼科洛·马基雅维利:《君主论》,潘汉典译,商务印书馆2015年。

22.尼科洛·马基雅维利:《论李维》,冯克利译,上海人民出版社2012年。

23.齐格蒙特·鲍曼:《共同体》,欧阳景根译,江苏人民出版社2003年。

24.乔瓦尼·斯帕多利尼:《缔造意大利的精英们——以人物为线索的意大利近代史》,罗红波、戎殿新译,世界知识出版社1993年。

25.乔治欧·爱德洛德:《意大利近代史》,《世界史研究动态》1983年第6期。

26.让·雅克·卢梭:《论政治经济学》,王运成译,商务印书馆1962年。

27.萨尔沃·马斯泰罗内:《马志尼的政治思想》,黄华光译,《史学理论研究》1996年第1期。

28.萨尔沃·马斯泰罗内:《欧洲政治思想史——从十五世纪到二十世纪》,黄华光译,社会科学文献出版社1998年。

29.塞缪尔·亨廷顿:《变革社会中的政治秩序》,李盛平、杨玉生等译,华夏出版社1988年。

30.斯大林:《斯大林全集》(第2卷),中央编译局译,人民出版社1953年。

31.瓦莱里奥·卡斯特罗诺沃:《意大利经济史:从统一到今天》,商务印书馆2000年。

32.西塞罗:《论共和国》,王焕生译,中国政法大学出版社1997年,第39页。

33.雅各布·布克哈特:《意大利文艺复兴时期的文化》,何新译,商务印书馆1979年。

34.亚·大仲马:《加里波第回忆录》,黄鸿钊译,商务印书馆1893年。

(二)论著

1.《中国大百科全书·政治学卷》,中国大百科全书出版社1992年。

2.北京大学哲学系编:《十六世纪法国哲学》,商务印书馆1963年。

3.李宏图:《西欧近代民主主义思潮研究》,上海社会科学院出版社1997年。

4.李肇忠:《近代西欧民族主义》,人民出版社2011年。

5.梁启超:《意大利建国三杰传》,新中国文化出版社1940年。

6.梁启超:《饮冰室合集》(第4册),中华书局1989年。

7.刘明翰:《罗马教皇列传》,人民出版社2013年。

8.缪朗山:《西方文艺理论史纲》,中国人民大学出版社1985年。

9.伍蠡甫主编:《西方文论选》,上海译文出版社1979年。

10.辛益:《近代意大利史》,河南大学出版社1998年。

11.徐迅:《民族主义》,中国社会科学出版社1998年。

12.余建华:《民族主义:历史遗产与时代风云的交汇》,学林出版社1999年。

13.赵克毅、辛益:《意大利统一史》,河南大学出版社1987年。

14.周平:《民族政治学导论》,中国社会科学出版社2001年。

(三)论文

1.常智敏:《从〈神曲〉看但丁的民族观》,《西南民族学院学报(哲学社会科学版)》1996年第4期。

2.顾春梅、周春生:《对State政治共同体内涵的历史阐释》,《学习与探索》2018年第3期。

3.李峻:《论意大利自由派获得统一大权的历史必然性》,《安徽史学》2003

年第6期。

4. 李珺平:《从"加富尔"到"马志尼"——黄遵宪政治理想之定位及价值》,《湛江师范学院学报》2005年第5期。

5. 李秋香:《从国家统一到法西斯的崛起——民族主义在意大利近代史上的演变》,《周口师范高等专科学校学报》2001年第6期。

6. 刘辉扬:《但丁——争取意大利民族统一的战士和思想家》,《齐鲁学刊》1981年第4期。

7. 马婉平:《论"青年意大利党"在历史上的作用》,《殷都学刊》1994年第3期。

8. 史晓红:《1948年意大利革命中的马志尼述评》,《洛阳师专学报》1998年第6期。

9. 孙新彭:《意大利与德意志民族复兴运动及对我国20世纪30年代兴起的民族复兴思潮的影响》,《历史与教育》2014年第3期。

10. 谢小九:《法西斯主义如何起源于意大利》,《世界史研究动态》1993年第8期。

11. 辛益:《"青年意大利党"17年》,《河南大学学报(社会科学版)》1992年第1期。

12. 辛益:《加富尔派复兴意大利的纲领与实践》,《河南大学学报(社会科学版)》1991年第1期。

13. 辛益:《夹缝中弱国外交的奋起——评克里木战争中的加富尔对外政策》,《世界历史》1993年第6期。

14. 辛益:《梁启超论1848年欧洲革命》,《河南大学学报(社会科学版)》1985年第1期。

15. 辛益:《马志尼与烧炭党》,《河南大学学报(社会科学版)》1990年第1期。

16. 辛益:《意大利复兴运动初期的进步政治思潮》,《河南大学学报(社会科学版)》1988年第4期。

17. 辛益:《意大利烧炭党运动述略》,《历史学刊》1987年第4期。

18. 辛益:《应当重新评述意大利南方归并的历史结局》,《河南大学学报(社会科学版)》1985年第4期。

19. 尹建龙、陈晓律:《教、俗分途——试析意大利民族国家构建中的教皇世俗权力问题》,《世界民族》2008年第2期。

20. 张建兵、周建国:《马志尼的责任论》,《科教文汇》2008年第11期。

21. 赵克毅:《马志尼与意大利统一运动》,《史学月刊》1980年第1期。

22. 赵克毅:《试论马志尼派起义屡遭失败得因果》,《河南大学学报(社会科学版)》1988年第4期。

二、外文文献

（一）原典

1.Balbo, Cesare, *Delle speranze d'Italia*, Turin, 1948.

2.Franchetti, Leopoldo and Sonnino Sydney, *La Sicilia nel 1876, vol. I*, Barbera, 1877.

3.Gioberti, Vincenzo, *Del primato morale e civile degli italiani*, Tipografia Elvetica, 1846.

4.Gioberti, Vincenzo, *Del rinnovamento civile d'Italia*, Generic, 2019.

5.Gramsci, Antonio, *Letters from Prison*, Harper & Row, 1973.

6.Manzoni, Alessandro , *The Betrothed*, Penguin UK, 1983.

7.Marriott, John A.R., *The Makers of Modern Italy*, Macmillan and Co., Limited, 1889.

8.Mazzini, Giuseppe, eds. Recchia Stefano and Urbinati Nadia, *A Cosmopolitanism of Nations: Giuseppe Mazzini's Writings on Democracy, Nation Building, and International Relations*, Princeton University Press, 2009.

9.Mazzini, Giuseppe, *Fede e avvenire e altri scritti*, Ed. Luigi Salvatorelli. Einaudi, 1945.

10.Mazzini, Giuseppe, *Life and Writings of Joseph Mazzini*, Vols. 6. Smith, Elder and Co., 1890–1891.

11. Mazzini, Giuseppe, *Note autobiografiche*, Ed. Roberto Pertici. Rizzoli, 1986.

12.Mazzini, Giuseppe, *Pensieri sulla democrazia in Europa*, Ed. Salvo Mastellone. Feltrinelli, 1997.

13. Mazzini, Giuseppe, *Scritti editi ed inediti*, Edizione Nazionale. Tipografia Galeati, 1905.

14.Mazzini, Giuseppe, *The Duties of Man*, Chapman & Hall, 1862.

15.Salvatorelli, Luigi, *The Risorgimento: Thought and Action*, Harper & Row, 1870.

16.Villari, Pasquale, *Le lettere meridionali ed altri scritti sulla questione sociale in Italia*, Fratelli Bocca, 1885.

（二）论著

1.Balbo, Cesare, *Delle speranze d'Italia*, Turin, 1948.

2.Beales, Derek, and Biagini, Eugenio F., *The Risorgimento and the Unification of Italy*, Pearson Education Limited, 2002, 1971.

3. Breuilly, John, *Nationalism and the State*, Mancheste University Press, 1985.

4.Clark, Martin, *The Italian Risorgimento*, Pearson Longman, 2009.

5.Colin, Bell and Howard, Newby, *Community Studies: An Introduction to the Sociology of the Local Community*, Praeger, 1973.

6.Cunsolo, Ronald S., *Italian Nationalism*, Robert E. Krieger Publishing Co. INC., 1990.

7.Davis, John Anthony, *Conflict and Control: Law and order in Nineteenth Century Italy*, Macmillan Education LTD, 1988.

8.Davis, John Anthony, ed., *Italy in the nineteenth century*, Oxford University Press, 2000.

9.Delzell, Charles F., ed., *The Unification of Italy, 1859–1861: Cavour, Mazzini, or Garibaldi?* Holt, Reinhart and Winston, 1965.

10.d'Entrèves, Alessandro Passerin, *Dante as a Political Thinker*, Clarendon Press, Oxford, 1952.

11.Dickie, John, "Stereotypes of the Italian South," in R. Lumley and J. Morris, eds., *The New History of the Italian South: The Mezzogiorno Revisited*, University of Exeter Press, 1997.

12.Dickie, John, *Darkest Italy: The Nation and Stereotypes of the Mezzogiorno, 1860–1900*, St. Martin's Press, 1999.

13.Doumanis, Nicholas, *Inventing the Nation: Italy*, Arnold, 2001.

14.Doyle, Don H., *Nations Divided: America, Italy, and the Southern Question*, The University of Georgia Press, 1946.

15.Duggan, Christopher, *Francesco Crispi 1818–1901: From Nation to Nationalism*, Oxford University Press, 2002.

16.Fortunato, Giustino, *Antologia dai Suoi Scritti*, Manlio Rossi-doria , ed., Laterza, 1948.

17.Franchetti, Leopoldo and Sonnino, Sydney, *La Sicilia nel 1876, Vol. I*, Barbera, 1877.

18.G.F.H. and Berkeley, J., *Italy in the Making, Vol. 2*, Cambridge University

Press, 1936.

19.Gabaccia, Donna R., *Italy's Many Diaporas*, UCL Press, 2000.

20.Gerard, Delanty, *Community*, Routlede, 2003.

21. Gerschenkron, Alexander, *Economic Backwardness in Historical Perspective*, Belknap of Harvard University Press, 1962.

22.Gioberti, Vincenzo, *Del primato morale e civile degli italiani*, Tipografia Elvetica, 1846.

23.Gooch, George Peabody, *Nationalism*, ReInk Books, 1920.

24. Graziano, Manlio, *The Failure of Italian Nationhood: the Geopolitics of a Troubled Identity*, Palgrave Macmillan, 2010.

25.Gress, David, *From Plato to NATO: The Idea of the West and Its Opponents*, Free Press, 1998.

26.Grew, Raymond, *A Sterner Plan for Italian Unity: The Italian National Society in the Risorgimento*, Princeton University Press, 1963.

27.Hancock, William Keith, *Ricasoli and the Risorgimento in Tuscany*, H. Fertig, New York, 1969.

28.Hearder, Harry, *Italy in the Age of the Risorgimento 1790–1870*, Longman Group UK Limited, 1988.

29.Holmes, George, ed., *The Oxford History of Italy*, Oxford University Press, 1997.

30.Jenkins, Brian and Sofos, Spyros A., eds., *Nation and Identity in Contemporary Europe*, Routledge, 1996.

31.King, Bolton and Okey Thomas, *Italy Today*, ReInk Books, 1901.

32. King, Bolton, *A History of Italian Unity, Being a Political History of Italy from 1814–1871*, James Nisbet Co. Limited, 1912.

33.Kohn, Hans, *Nationalism: Its Meaning and History*, D. Van Nostrand Company, 1955.

34. Kohn, Hans, *The Idea of Nationalism: A Study in Its Origins and Background*, The Mcmillan Company, 1945.

35.Leopardi, G., *I Canti, with a selection of his prose*, trans. J. Nichols, Manchester, 1994.

36. Lovett, Clara Maria, *Carlo Cattaneo and the Politics of the Risorgimento, 1820–1860*, Martinus Nijhoff & The Hague, 1972.

37.Lyttelton, A., "Shifting Identities: Nation, Region and City", in *Italian Regionalism*, Oxford University Press, 1996.

38.Maciver, Robert M., *Community: A Sociology Study*, Macmillan, 1982.

39. Mammone, Andrea and Veltri, Giuseppe A., eds., *Italy Today: the Sick Man of Europe*, Routledge, 2010.

40.Marriott, John A. R., *The Makers of Modern Italy*, Macmillan and Co., Limited, 1889.

41.Mazzini, Joseph, *Life and Writings of Joseph Mazzini*, Vols. 6. Smith, Elder and Co., 1890–1891.

42.Michels, Roberto, *L'imperialismo italiano*, Societa Editrice Libraria, 1914.

43. Nitti, Francesco Saverio, *L'Italia all'alba del secolo XX. Discorso ai giovani d'Italia*, Roux e Viarengo, 1901.

44.Palumbo, Patrizia, ed., *A Place in the Sun: Africa in Italian Colonial Culture from Post–Unification to the Present*, University of California Press, 2003.

45.Paoli, Renato, *Nella Colonia Eritrea*, Fratelli Treves, 1908.

46. Patriarca, Silvana and Riall, Lucy, eds., *The Risorgimento Revisited: Nationalism and Culture in Nineteenth–Century Italy*, Palgrave Macmillan, 2012.

47.Recchia, Stefano and Urbinati, Nadia, eds., *A Cosmopolitanism of Nations: Mazzini's Writings on Democracy, Nation building and International Relations*, Princeton University Press, 2009.

48.Riall, Lucy, *Risorgimento: The History of Italy from Napoleon to Nation–state*, Palgrave Macmillan, 2009.

49.Riall, Lucy, *The Italian Risorgimento: State, Society and National Unification*, Rutledge, 1994.

50.Routhe, John T., *International Politics on the World Stage*, Dushkin Pub. Group, 1989.

51.Salomone, A. William, ed., *Italy from the Risorgimento to Fascism: An Inquiry into the Origins of the Totalitarian State*, Doubleday Anchor Books, 1970.

52.Salvatorelli, Luigi, *The Risorgimento: Thought and Action*, Harper & Row, 1870.

53.Scala, Spencer M. Di, *Italy: From Revolution to Republic, 1700 to the Present*, Westview Press, 2009.

54. Schneider, Jane, ed., *Italy's "Southern Question": Orientalism in One Country*, Berg Publishers Ltd, 1998.

55.Shafer, Boyd C., *Nationalism: Myth and Reality*, Harvest Book, 1955.

56.Sighele, Scipio, *Il Nazionalism e I Partiti Politici*, Treves, 1911.

57.Silone, Ignazio, ed., *The Living Thoughts of Mazzini*, Cassell & Company,

1946.

58.Smith, Anthony D., *National Identity*, University of Nevada Press, 1993.

59.Smith, Denis Mack, *Cavour and Garibaldi1860: a Study in Political Conflict*, Cambridge University Press, 1986.

60.Smith, Denis Mack, *Cavour*, Alfred A. Knopf, 1985.

61.Smith, Denis Mack, *Italy: A Modern History*, The University of Michigan Press, 1959.

62.Smith, Denis Mack, *Mazzini*, Yale University Press, 1994.

63.Smith, Denis Mack, *The Making of Italy 1796–1866*, Macmillan Pr. Holmes & Meier, 1988.

64.Smith, Denis Mack, *Victor Emmanuel, Cavour and the Risorgimento*, Oxford University Press, 1971.

65.Spotts, Frederic and Wieser, Theodor, *Italy: A difficult Democracy: A Survey of Italian Politics*, Cambridge University Press, 1986.

66.Starachey, Marjorie, *Mazzini, Garibaldi & Cavour*, the Hogarte Press, 1937.

67.Stiles, Andrina, *The Unification of Italy 1815–1870*, Hodder & Stoughton, 2001.

68.Taroni, Clodaco, *La nuova Toma dell'Italia colonial*, Stab. Tip. Poligrafia Italiana, 1908.

69.Trevelyan, George Macaulay, *Garibaldi and the Making of Italy, June–November 1860*, Phoenix Press, 2001.

70.Villari, Pasquale, "Il Mezzogiorno e la Questione Sociale", in Rosario Villari, ed., *Il Sud nella sotria d'Italia* , Laterza, 1975.

71.Villari, Pasquale, *Le lettere meridionali ed altri scritti sulla questione sociale in Italia*, Fratelli Bocca, 1885.

72.Villari, Rosario, *Il Sud nella Storia d'Italia*, Laterza, 1961.

73.Whyte, Arthur James, *The Political Life and Letters of Cavour:1848–1861*, Oxford University Press, 1930.

74.Wight, Martin, *Four Seminal Thinkers in International Theory: Machiavelli, Grotius, Kant, and Mazzini*, Oxford University Press, 2005.

75.Wong, Aliza S., *Race and the Nation in Liberal Italy, 1861–1911*, Palgrave Macmillan, 2006.

76.Woolf, Stuart, *A History of Italy, 1700–1860: the social constraints of political change*, Methuen, 1979.

（三）论文

1.Blackwell, G. W., "Community Analysis," in R. Yong, ed., *Approaches to the Study of Politics*, Northwestern Univerity Press, 1958, pp.305–317.

2.Burnett, Swan M., "Giuseppe Mazzini—Idealist. A Chapter in the Evolution of Social Science," in *American Anthropologist*, New Series, Vol.2, No.3, Jul.– Sep., 1900, pp.502–526.

3.Coppa, Frank J., "Realpolitik and Conviction in the Conflict between Piedmont and the Papacy during the Risorgimento," in *The Catholic Historical Review*, Vol.54, No.4, Jan., 1969, pp.579–612.

4.Eckaus, Richard S., "The North–South Differential in Italian Economic Development," in *Journal of Economic History*, Sep., 1961, p.286.

5.Etaioni, Amitai, "The Responsive Community: A Communitarian Perspective," in *American Socialogical Review*, Vol.61, No.1, Feb., 1996, pp.1–11.

6.Gazzola, Giuseppe, "Italy from without: An Introduction," in *Forum Italicum*, Vol.47, No.2, 2013, pp.237–245.

7.Gossett, Philip, "Giuseppe Verdi and the Italian Risorgimento," in *Proceedings of the American Philosophical Society*, Vol.156, No.3, Sep., 2012, pp.271–282.

8. Haddock, Bruce, "Political Union without Social Revolution: Vincenzo Gioberti's Primato," in *The Historical Journal*, Vol.41, No.3, 1998, pp.705–723.

9.Hass, E. B., "What is nationalism and why should we study it?," in *International Organization*, Vol.40, No.3, 1986, pp.707–744.

10. Jordan, James E., "Matrimony and Machiavellianism: The Marriage of Prince Napoleon," in *Proceedings of the American Philosophical Society*, Vol.115, No.4, Aug., 1971, pp.317–323.

11.Marselli, Niccola, "Gl'Italiani del Mezzogiorno," in *Nuova Antologia*, Vol. XLIII, Serie II, Mar., 1884, p.662.

12.McKenzie, Kenneth, "Romanticism in Italy," in *Modern Language Association*, Vol.55, No.1, Mar., 1940, pp.27–35.

13. Napoli, Olindo De, "Race and Empire: The Legitimation of Italian Colonialism in Juridical Thought," in *The Journal of Modern History*, Vol.85, No.4, New Directions in Legal and Constitutional History, Dec., 2013, pp.801–832.

14. Patriarca, Silvana, "Indolence and Regeneration: Tropes and Tensions of Risorgimento to Patriotism," in *The American Historical Review*, Vol. 110, No. 2, Apr., 2005, pp.380–408.

15. Pratt, Cf. S., "National identity on display: the 1888 Italian exhibition in London and its Critical Reception," in *The Italianist*, 2000, pp.292-312.

16. Rowley, David G., "Giuseppe Mazzini and the democratic logic of nationalism," in *Nations and Nationalism*, Vol.18, No.1, 2012, pp.39-56.

17. Sabetti, Filippo, "The Making of Italy as an Experiment in Constitutional Choice," in *Publius*, Vol.12, No.3, Summer, 1982, pp.65-84.

18. Salomone, A. William, "Statecraft and Ideology in the Risorgimento: Reflections on the Italian National Revolution," in *Italica*, Vol.38, No.3, Sep., 1961, pp.163-194.

19. Salomone, A. William, "The Risorgimento between Ideology and History: The Political Myth of Rivoluzione Mancata," in *The American Historical Review*, Vol.68, No.1, Oct., 1962, pp.38-56.

（四）网络资源

1. BMCR, http://ccat. sas. upenn. edu/bmcr.
2. Credo, http://search. credoreference. com.
3. JSTOR, http://www. Jstor. org.
4. MUSE, http://muse. jhu. edu.
5. Oxford Journals online, http://www. oxfordjournals.org.
6. Oxford Reference online, http://www. Oxfordreference.com.
7. Proquest, http://proquest.calis.edu.cn.
8. Questia, http://www. questia.com.
9. Stanford Encyclopedia of Philosophy, http://plato. stanford.edu.

第四编

一、中文文献

（一）译著

1.《马克思恩格斯全集》(第3卷)，人民出版社2002年。
2.《马克思恩格斯选集》(第1卷)，人民出版社2012年。
3.《马克思恩格斯选集》(第2卷)，人民出版社2012年。
4. 阿纳尔多·莫米利亚诺著,安东尼·格拉夫敦导读:《论古代与近代的历史学》，北京大学出版社2015年。

5.艾瑞克·霍布斯鲍姆：《极端的年代：1914—1991》，郑明萱译，江苏人民出版社1998年。

6.爱·麦·伯恩斯：《当代世界政治理论》，曾炳钧译、柴金如校，商务印书馆1983年。

7.安东尼奥·葛兰西：《现代君主论》，陈越译，上海世纪出版集团2006年。

8.安东尼奥·葛兰西：《狱中札记》，曹雷雨、姜丽、张跣译，中国社会科学出版社2000年。

9.达里奥·卡斯蒂廖内、伊安·汉普歇尔-蒙克编：《民族语境下的政治思想史》，周保巍译，人民出版社2014年。

10.戴维·麦克莱伦：《马克思以后的马克思主义》，李智译，中国人民大学出版社2008年。

11.弗·卡斯顿：《法西斯主义的兴起》，周颖如、周熙安译，商务印书馆1989年。

12.弗朗西斯·福山：《历史的终结及最后之人》，黄胜强等译，中国社会科学出版社2003年。

13.黑格尔：《法哲学原理》，范扬、张企泰译，商务印书馆2009年。

14.加埃塔诺·莫斯卡：《政治科学要义》，任军锋等译，上海人民出版社2005年。

15.卡洛·安东尼：《历史主义》，黄艳红译，格致出版社2010年。

16.克罗齐：《自我评论》，田时纲译，中国社会科学出版社2007年。

17.拉布里奥拉：《关于历史唯物主义》，杨启潾等译，人民出版社1984年。

18.拉克劳：《我们时代革命的新反思》，孔明安、刘振怡译，黑龙江人民出版社2006年。

19.雷蒙·阿隆：《社会学主要思潮》，葛智强、胡秉诚、王沪宁译，华夏出版社1999年。

20.理查德·贝拉米：《自由主义与现代社会：一项历史论证》，毛兴贵等译，刘训练校，江苏人民出版社2012年。

21.柳·阿·尼基奇切：《拉布里奥拉传》，杨启潾等译，人民出版社1987年。

22.马克·里拉：《当知识分子遇到政治》，邓晓菁、王笑红译，新星出版社2010年。

23.玛格丽特·卡诺凡：《阿伦特政治思想再释》，陈高华译，人民出版社2012年。

24.诺伯托·博比奥、莫里奇奥·维罗里：《共和的理念》，杨立峰译，应奇校，吉林出版集团有限责任公司2009年。

25.帕累托:《普通社会学纲要》,田时纲译,生活·读书·新知三联书店2001年。

26.热纳维埃夫·比布:《意大利政党》,葛曾骧等译,上海译文出版社1980年。

27.萨尔沃·马斯泰罗内:《欧洲民主史:从孟德斯鸠到凯尔森》,黄华光译,社会科学文献出版社1994年。

28.谢尔登·S.沃林:《政治与构想:西方政治思想的延续和创新(扩充版)》,辛亨复译,上海人民出版社2009年。

29.朱塞佩·费奥里:《葛兰西传》,吴高译,人民出版社1983年。

(二)论著

1.陈祥超:《墨索里尼与意大利法西斯》,中国华侨出版社2004年。
2.何汝壁、伊承哲:《西方政治思想史》,甘肃人民出版社1989年。
3.金林南:《西方政治认识论演变》,上海人民出版社2008年。
4.唐士其:《西方政治思想史》(修订版),北京大学出版社2008年。
5.吴玉军主编:《西方政治思想史》,中国社会科学出版社2013年。
6.徐大同主编:《西方政治思想史辞典》,天津人民出版社1997年。
7.仰海峰:《实践哲学与霸权——当代语境中的葛兰西哲学》,北京大学出版社2009年。
8.仰海峰:《西方马克思主义的逻辑》,北京大学出版社2008年。
9.衣俊卿:《西方马克思主义概论》,北京大学出版社2008年。
10.俞吾金、陈学明:《国外马克思主义哲学流派新编:西方马克思主义卷》,复旦大学出版社2002年。
11.朱庭光主编:《法西斯体制研究》,上海人民出版社1995年。
12.朱庭光主编:《法西斯新论》,重庆出版社1991年。

二、外文文献

(一)原典

1. Agamben, Giorgio, *Homo Sacer: Sovereign Power and Bare Life*, Stanford University Press, 1998.

2. Agamben, Giorgio, *Infancy and History: On the Destruction of Experience*, Verso, 2007.

3.Agamben, Giorgio, *Language and Death: The Place of Negativity*, University of Minnesota Press, 1991.

4. Agamben, Giorgio, *Means without End: Notes on Politics*, University of Minnesota Press, 2000.

5. Agamben, Giorgio, *Potentialities: Selected Essays in Philosophy*, Stanford University Press, 1999.

6. Agamben, Giorgio, *Profanations*, Zone Books, 2007.

7. Agamben, Giorgio, *Remnants of Auschwitz: The Witness and the Archive*, Zone Books, 1999.

8. Agamben, Giorgio, *State of Exception*, University of Chicago Press, 2005.

9. Agamben, Giorgio, *The Coming Community*, University of Minnesota Press, 1993.

10. Agamben, Giorgio, *The Idea of Prose*, SUNY Press, 1995.

11. Agamben, Giorgio, *The Open: Man and Animal*, Stanford University Press, 2004.

12. Agamben, Giorgio, *The Time that Remains: A Commentary on the Letter to the Romans*, Stanford University Press, 2005.

13. Bobbio, Norberto, *A Political Life*, Trans. A. Papuzzi and A. Cameron. Polity, 2002.

14. Bobbio, Norberto, *Ideological Profile of the Twentieth−Century Italy*, Trans. L. G. Cochrane, Princeton University Press, 1995.

15. Bobbio, Norberto, *In Praise of Meekness: Essays on Ethics and Politics*, Trans. T. Chataway, Polity, 2000.

16. Bobbio, Norberto, *Liberalism and Democracy*, Trans. M. Ryle and K. Soper, Verso, 1990.

17. Bobbio, Norberto, *Old Age and Other Essays*, Trans. A. Cameron. Polity, 2001.

18. Bobbio, Norberto, *The Future of Democracy*, Trans. R. Bellamy and R. Griffin, Polity, 1987.

19. Bobbio, Norberto, *Thomas Hobbes and the Natural Law Tradition*, Trans. D. Gobetti, University of Chicago Press, 1993.

20. Bobbio, Norberto, *Which Socialism? Marxism, Socialism, and Democracy*, Trans. R. Bellamy and R. Griffin, Polity, 1987.

21. Croce, Benedetto, *Politics and Morals*, translated by Salvatore J. Castiglione, Philosophical Library, 1945.

22. De Ruggiero, Guido, *The History of European liberalism*, translated by Collingwood, Oxford, 1927.

23. Einaudi, Luigi, *Selected Economic Essays*, edited by Luca Einaudi, Riccardo Faucci and Roberto Marchionatti, Houndmills, Basingstoke, Palgrave, 2006.

24. Esposito, Roberto, *Bios: Biopolitics and Philosophy*, Trans. Timothy Campbell, University of Minnesota Press, 2007.

25. Esposito, Roberto, *Communitas, The Origin and Destiny of Community*, Trans by Timothy Campbell, Stanford University Press, 2010.

26. Esposito, Roberto, *Immunitas, The Protection and Negation of Life*, Trans by Zakiya Hanafi, Polity Press, 2011.

27. Esposito, Roberto, *Terms of the Political, Community, Immunity, Biopolitics*, Trans by Rhiannon Noel Welch, Fordham University Press, 2013.

28. Gentile, Giovanni, *Origins and Doctrine of Fascism: With Selections from Other Works*, A. James Gregor trans., ed., New Brunswick and Transaction Publishers, 2002.

29. Gentile, Giovanni, *The Theory of Mind as Pure Act*, translated by H. Wildon Carr, Macmillan and Co., Limited, 1922.

30. Gobetti, Piero, *On Liberal Revolution*, edited and with an introduction by Nadia Urbinati, translated by William McCuaig, foreword by Norberto Bobbio, New Haven & Yale University Press, 2000.

31. Leoni, Bruno, *Freedom and Law*, Nash Publishing, 1972.

32. Leoni, Bruno, *Law, Liberty and the Competitive Market*, Carlo Lottieri, editor, with a foreword by Richard A. Epstein, Gian Turci and Anne MacDiarmid, translators, Transaction Publishers, 2009.

33. Michels, Robert, *Political Parties*, The Free Press, 1962.

34. Mosca, Gaetano, *The Ruling Class (Elemeottidi Scienza Politica)*, Translated by Hannah D. Kahn, Edited and revised, with an Introduction, by Arthur Livingston, New York and McGraw–Hill Book Company, Inc., 1939.

35. Negri, Antonio, Michael Hardt and Antonio Negri, *Commonwealth*, Belknap Press of Harvard University Press, 2009.

36. Negri, Antonio, Michael Hardt and Antonio Negri, *Empire*, Harvard University Press, 2000.

37. Negri, Antonio, Michael Hardt and Antonio Negri, *Multitude: War and Democracy in the Age of Empire*, Penguin Press, 2004.

38. Negri, Antonio, *Negri on Negri: In Conversation with Anne Dufourmentelle*, Routledge, 2004.

39. Negri, Antonio, *Political Descartes: Reason, Ideology and the Bourgeois*

Project, translated by Matteo Mandarini and Alberto Toscano, Verso, 2007.

40. Negri, Antonio, *The Porcelain Workshop: For a New Grammar of Politics*, translated by Noura Wedell, Semiotext(e), 2008.

41. Rosselli, Carlo, *Liberal Socialism*, edited with an introduction by Nadia Urbinati, translated by William McCuaig, Princeton, Princeton University Press, 1994.

42. Sartori, G., *Comparative Constitutional Engineering. An Inquiry into Structures, Incentives and Outcomes*, Macmillan, 1994.

43. Sartori, G., *Democratic Theory*, Wayne University Press, 1962.

44. Sartori, G., ed., *Social Science Concepts. A Systematic Analysis*, Sage Publications, 1984.

45. Sartori, G., *Parties and Party Systems. A Framework for Analysis*, Vol. 1., Cambridge University Press, 1976.

46. Sartori, G., *The Theory of Democracy Revisited*, 2 vols (Part One: *The Contemporary Debate*; Part Two: *The Classical Issues*), Chatham House Publishers, 1987.

47. Viroli, Maurizio, *For Love of Country: An Essay on Patriotism and Nationalism*, Clarendon Press, 1995.

48. Viroli, Maurizio, *From Politics to Reason of State: The Acquisition and Transformation of the Language of Politics (1250–1600)*, Cambridge University Press, 1992.

49. Viroli, Maurizio, *Machiavelli*, Oxford University Press, 1998.

50. Viroli, Maurizio, *Machiavelli's God*, translated by Antony Shugaar, Princeton University Press, 2010.

51. Viroli, Maurizio, *Niccolo's Smile—A Biography of Machiavelli*, Translated by Antony Shugaar, Farrar, Straus & Giroux, 2000.

52. Viroli, Maurizio, *Redeeming* The Prince: *The Meaning of Machiavelli's Masterpiece*, Princeton University Press, 2013.

（二）论著

1. Adler, Franklin Hugh, *Italian Industrialists from Liberalism to Fascism: The Political Development of the Industrial Bourgeoisie, 1906–1934*, Cambridge University Press, 1995.

2. Agamben, Giorgio, *Homo Sacer: Sovereign Power and Bare Life*, Stanford University Press, 1998.

3. Albertoni, Ettore A., *Mosca and the Theory of Elitism*, translated by Paul Go-

odrick, Blackwell, 1987.

4.Bachrach, Peter, *The Theory of Democratic Elitism: A Critique*, Little Brown, 1967.

5.Bellamy, Richard, *Modern Italian Social Theory: Ideology and Politics from Pareto to the Present*, Polity, 1987.

6.Benewick, Robert and Philip Green, eds., *The Routledge Dictionary of Twentieth-Century Political Thinkers*, Routledge, 1998.

7.Bobbio, Norberto, *A Political Life*, edited by Alberto Papuzzi, translated by Allan Cameron, Polity, 2002.

8. Bobbio, Norberto, *Democracy and Dictatorship: The Nature and Limits of State Power*, Translated by Peter Kennealy, University of Minnesota Press, 1989.

9. Bobbio, Norberto, *Ideological Profile of Twentieth-Century Italy*, Princeton University Press, 1995.

10.Bramsted, E. K. and K. J. Melhuish, *Western Liberalism: A History in Documents from Locke to Croce*, Longman, 1978.

11.Bronner, Stephen Eric, *Ideas in Action: Political Tradition in the Twentieth Century*, Rowman & Littlefield Publishers, 1999.

12.Burnham, James, *The Machiavellians: Defenders of Freedom*, The John Day Co., Inc., 1943.

13.Croce, Benedetto, *Politics and Morals*, translated by Salvatore J. Castiglione, Philosophical Library, 1945.

14.d'Amico, Jack, Trafton, Dain A., and Massimo Verdicchio, eds., *The Legacy of Benedetto Croce: Contemporary Critical Views*, University of Toronto Press, 1999.

15.De Felice, Renzo, *Interpretations of Fascism*, translated by Brenda Huff Everett, Harvard University Press, 1977.

16.De Grand, Alexander, *Italian Fascism: Its Origins & Development*, University of Nebraska, 1982.

17.Ebenstein, Alan, Ebenstein, William and Edwin Fogelman, *Today's Isms: Socialism, Capitalism, Fascism, Communism, Libertarianism*, Prentice-Hall, 2000.

18.Femia, Joseph V., *Pareto and Political Theory*, Routledge, 2006.

19. Femia, Joseph V., *The Machiavellian Legacy: Essays in Italian Political Thought*, St. Martin's Press, 1998.

20. Finocchiaro, Maurice A., *Beyond Right and Left: Democratic Elitism in Mosca And Gramsci*, Yale University Press, 1999.

21. Finocchiaro, Maurice A., *Gramsci and The History of Dialectical Thought*, Cambridge University Press, 1988.

22. *From Kant to Croce: Modern Philosophy in Italy, 1800–1950*, edited and translated with an introduction by Brian Copenhaver and Rebecca Copenhaver, University of Toronto Press, 2012.

23. Gaus, Gerald F. & Chandran Kukathas eds., *Handbook of Political Theory*, SAGE, 2004.

24. Gentile, Emilio, *The Struggle for Modernity: Nationalism, Futurism, and Fascism*, Foreword by Stanley G. Payne, Praeger Publishers, 2003.

25. Gentile, Giovanni, *Origins and Doctrine of Fascism: With Selections from Other Works*, A. James Gregor trans.,ed., New Brunswick and Transaction Publishers, 2002.

26. Gobetti, Piero, *On Liberal Revolution*, edited and with an introduction by Nadia Urbinati, translated by William McCuaig, foreword by Norberto Bobbio, Yale University Press, 2000.

27. Gregor, James, *Mussolini' s Intellectuals: Fascist Social and Political Thought*, Princeton University Press, 2005.

28. Hammond, Scott John, *Political Theory: An Encyclopedia of Contemporary and Classic Terms*, Greenwood Press, 2009.

29. Holmes, George, ed., *The Oxford History of Italy*, Oxford University Press, 1997.

30. Horowitz, Maryanne Cline, editor in Chief, *New Dictionary of the History of Ideas*, Vol. 2, Charles Scribner's Sons, 2005.

31. Hughes, H. Stuart, *Consciousness and Society*, with a new introduction by Stanley Hoffmann, Transaction Publishers, 2007.

32. Ingersoll, David E. and Richard K. Matthews, *The Philosophic Roots of Modern Ideology: Liberalism, Communism, Fascism*, Prentice–Hall, Inc, 1991.

33. Lyttelton, Adrian ed., *Liberal and Fascist Italy*, Oxford University Press, 2002.

34. Martin, James, *Piero Gobetti and the Politics of Liberal Revolution*, Palgrave Macmillan, 2008.

35. *Marxism, Fascism, and Totalitarianism: Chapters in the Intellectual History of Radicalism*, Stanford University Press, 2009.

36. Michael, Hardt, and Antonio Negr, *Multitude: War And Democracy In the Age Of Empire*, The Penguin Press, 2004.

37. Morgan, Philip, *Italian Fascism, 1915-1945*, Second Edition, Palgrave Macmillan, 2004.

38. Moss, M. E., *Mussolini's Fascist Philosopher: Giovanni Gentile Reconsidered*, Peter Lang, 2004.

39. Müller, Jan-Werner, *Contesting Democracy: Political Thought in Twentieth-Century Europe*, Yale University Press, 2011.

40. O'Sullivan, Noel, *European Political Thought Since 1945*, Palgrave Macmillan, 2004.

41. Passmore, Kevin, *Fascism: A Very Short Introduction*, Oxford University Press, 2002.

42. Pugliese, Stanislao G., *Carlo Rosselli: Socialist Heretic and Anti-Fascist Exile*, Harvard University Press, 1999.

43. Rizi, Fabio Fernando, *Benedetto Croce and Italian Fascism*, University of Toronto Press, 2003.

44. Roberts, David D., *Historicism and Fascism in Modern Italy*, University of Toronto Press, 2007.

45. Rubini, Rocco, *The Other Renaissance: Italian Humanism Between Hegel and Heidegger*, University of Chicago Press, 2014.

46. Scruton, Roger, *The Palgrave Macmillan Dictionary of Political Thought*, Palgrave Macmillan, 2007.

47. Sheldon, Garrett Ward, ed., *Encyclopedia of Political Thought*, Facts On File, Inc., 2001.

48. Sullam, Simon Levis, *Giuseppe Mazzini and the Origins of Fascism*, Palgrave Macmillan, 2015.

49. *The Faces of Janus: Marxism and Fascism in the Twentieth Century*, Yale University Press, 1999.

50. *The Search for Neofascism: The Use and Abuse of Social Science*, Cambridge University Press, 2006.

51. Viroli, Maurizio, *As if God Existed: Religion and Liberty in the History of Italy*, translated by Alberto Nones, Princeton University Press, 2012.

52. Viroli, Maurizio, *The Liberty of Servants: Berlusconi's Italy*, translated by Antony Shugaar, Princeton University Press, 2012.

（三）论文

1. Bate, Thomas R., "Gramsci and theory of hegemony," in *Antonio Gramsci* :

Critical Assessments of Leading Political Philosophers (*II*), ed. by James Martin, Routeldge, p.245.

2. Battini, Michele, "Carlo Rosselli, 'Giustizia e Libertà' and the Enigma of Justice," *Journal of Modern Italian Studies*, Vol.17, No.2, 2012, p.213.

3. Cardoza, Anthony L., "Recasting the Duce for the New Century: Recent Scholarship on Mussolini and Italian Fascism," *The Journal of Modern History*, Vol.77, No.3, September, 2005, pp.722–737.

4. Colbert, James G. Jr., "Labriola, Croce, Anti–Croce," *Studies in Soviet Thought* 24 1982.

5. Cook, Philip J., "Robert Michels's Political Parties in Perspective," *The Journal of Politics*, Vol. 33, No. 3, Aug., 1971, pp.773–796.

6. Corner, Paul, "Italy 1915–1945: Politics and Society," in George Holmes, ed., *The Oxford History of Italy*, Oxford University Press, 1997, pp.270–271.

7. Corner, Paul, "The Road to Fascism: An Italian Sonderweg?" *Contemporary European History*, Vol.11, No.2, May, 2002, p.293.

8. Gentile, Emilio, "Fascism in Power: the Totalitarian Experiment," in Adrian Lyttelton, ed., *Liberal and Fascist Italy*, Oxford University Press, 2002, p.142.

9. Germino, Dante, "Italian Fascism in the History of Political Thought," *Midwest Journal of Political Science*, Vol.8, No.2, May, 1964, pp.109–126.

10. Harper, John L., "Italy and the world since 1945," in Patrick McCarthy, ed., *Italy since 1945*, Oxford University Press, 2000, pp.115–117.

11. Killinger, Charles, "Gaetano Salvemini: Antifascism in Thought and Action," *Journal of Modern Italian Studies*, Vol.15, No.5, 2010, pp.657–677.

12. Laqueur, Walter, *Fascism: Past, Present, Future*, Oxford University Press, pp.21, 22, 27.

13. Magri, Lucio, "Problems of Maxist of the Revolutionary", in *New Left Review*, 1970, p.1.

14. Martinelli, Claudio, "Gaetano Mosca's Political Theories: a Key to Interpret the Dynamics of the Power," *Italian Journal of Public Law*, Vol. 1, 2009.

15. Michels, Roberto, "Some Reflections on the Sociological Character of Political Parties," *The American Political Science Review*, Vol. 21, No. 4, Nov., 1927, pp.753–772.

16. Mingard, Alberto "Classical Liberalism in Italian Economic Thought, from the Time of Unification," *Econ Journal Watch*, Vol.14, No.1, Jan., 2017, p.30.

17. Pugliese, Stanislao G., "In Defense of Liberal Socialism: Carlo Rosselli's

Legacy," *Italian Americana*, Vol.25, No.1, Winter, 2007, p.23.

18. Roberts, David D., "Frustrated Liberals: De Ruggiero, Gobetti, and the Challenge of Socialism," *Canadian Journal of History*, 1982 Vol.17 No.1, p.69.

19. Salvemini, Gaetano, "Economic Conditions in Italy, 1919–1922," *The Journal of Modern History*, Vol.23, No.1, Mar., 1951.

20. Smith, T. V., "The Ethics of Fascism," *International Journal of Ethics*, Vol.46, No.2, Jan., 1936, p.153.

21.Stewart, William Kilborne, "The Mentors of Mussolini," *The American Political Science Review*, Vol.22, No.4, Nov., 1928, p.865.

22. Vanek, Wilda M., "Piero Gobetti and the Crisis of the 'Prima Dopoguerra'," *The Journal of Modern History*, Vol.37, No.1, Mar., 1965, p.7.

23.Vivarelli, Roberto, "Interpretations of the Origins of Fascism," *The Journal of Modern History*, Vol.63, No.1, Mar., 1991, pp.40–42.

24.Wanrooij, Bruno, "The Rise and Fall of Italian Fascism as a Generational Revolt," *Journal of Contemporary History*, Vol.22, No.3, Jul., 1987, pp.401–418.

25.White, Hayden V., "The Abiding Relevance of Croce's Idea of History," *The Journal of Modern History*, Jun., 1963, Vol.35, No.2, Jun., 1963, p.122.

26.Zanden, James W. Vander, "Pareto and Fascism Reconsidered," *The American Journal of Economics and Sociology*, Vol.19, No.4, Jul., 1960, p.408.

全书索引

465, 466, 467, 468, 469, 470, 471, 472, 473, 474, 481,
482, 483, 484, 486, 487, 488, 489, 494, 503, 538, 545,
550,592,593,595,607

K

卡塔内奥 458, 471, 473, 474, 475, 476, 477, 478, 479, 480, 481,
482,483,485,487,499,502,572,573,607

凯撒 xxiii, 9, 16, 28, 42, 43, 53, 54, 59, 60, 61, 63, 67, 68, 73,
75, 115, 116, 117, 152, 157, 164, 172, 173, 180, 199, 234,
238,239,256,276,316,333,416,581,720

克里斯皮 xxv, 471, 499, 506, 507, 520, 521, 528, 529, 530, 531, 532,
533, 534, 535, 539, 540, 541, 542, 543, 544, 545, 546,
547,548,549,550,568,577,578,582,583,725

克罗齐 xxvii, 345, 369, 392, 511, 518, 530, 533, 594, 608, 623,
646, 653, 654, 663, 664, 686, 687, 688, 689, 690, 691,
692,693,694,695,696,698,702,703,705,709,717

L

拉布里奥拉 xxvi,607,611,612,613,624,688
拉克劳 628,631,633,634,635
罗科 xxvii,153,166,581,668,682,683,684
罗塞利 xxvii,692,698,699,700,701,702,703,704,705,714

M

马基雅维利(里) iv, vii, viii, ix, x, xi, xii, xviii, xix, xx, xxi, xxii, xxv, 11, 12,
13, 215, 220, 221, 224, 227, 228, 229, 230, 255, 256, 257,
259, 261, 263, 266, 267, 270, 273, 275, 279, 283, 290,
297, 306, 319, 327, 338, 339, 340, 341, 342, 343, 344,
345, 346, 347, 348, 349, 350, 351, 352, 353, 354, 355,
356, 357, 358, 359, 360, 361, 362, 363, 364, 365, 366,
367, 369, 370, 371, 372, 374, 376, 380, 381, 382, 383,
388, 389, 409, 414, 417, 418, 419, 420, 445, 471, 493,

789

编者后记

从2013年接手《意大利政治思想史》这项艰巨的写作任务算起到2022年初稿完成，前后历时十年，在这不算太短的岁月里，我们尽力了！

本人对西方政治思想史，特别是意大利政治思想史素有兴趣，并发表《马基雅维里思想研究》《欧洲文艺复兴史·法学卷》等涉及文艺复兴时期政治史、法律史方面的著述。可能也是这方面的原因，"西方国别政治思想史"项目组盛情邀请我主编《意大利政治思想史》，并一起申报国家社科基金重大项目。但真要动手编写意大利政治思想史，心里还是不踏实，因为类似的著述在国内没有先例，国外也难见模板。作为主编，我所面对的思想学术难题可想而知。另外，国家社科基金重大项目"西方国别政治思想史"于2013年申报成功，"意大利政治思想史"是其中一个子项目。按照要求，每卷的主编要写出一个详细的编写纲目，然后各子项目主编集体进行开题论证。为此需要做充分的准备工作，包括对意大利政治思想发展的来龙去脉及写作的整体框架结构等问题，做全方位的规划。这些可以详见本书的编者序言。我的编写纲要和总体设想在那时便得到了各方专家的充分肯定。这既是鼓励又是鞭策。

接下来的重要事项就是选择编写人员。几经考虑，浮现出一个具有可行性的人员组成计划，就是将博士培养、博士论文写作与书稿的撰写融为一体。于是搭建了一个以博士生为主的编写班子，他们分别是陈铮、郭琳、潘乐英、朱兵。考虑到第四编的写作难度，另邀请陈高华博士加盟。除陈高华外，其余都是我门下博士生。陈铮的第一编、郭琳的第二编、潘乐英的第三编是在三篇高质量的博士论文基础上形成的。第四编由朱兵、陈高华分头创作，其中陈高华写左翼政治思潮，朱兵写导论、右翼政治思潮和自由主义思潮等。朱兵毕业较早，他对近代西方政治思想很关注，还承担相关的国家社科基金课题。而陈铮、郭琳和潘乐英则于写作期间先后就读门下。为了统一写作风格，我们全体编写人员聚会上海师大，我将编撰宗旨、主要内容和写作风格等与诸位一一道来。对学业有孜孜追求的门下博士还经常做客寒室，谈经论道，反复交流研究的各个环节。这样的多次交往，我对诸位的学识、写作风格等亦有了比较深入的了解。说真的，他们各有特点。这种特点也在文稿上反映出来，有些文稿内容更有学术和历史的厚重感，有些则思想探索性强些。

这对最后的统稿是一个挑战。反复权衡后，我觉得还是保留各位作者的写作特点为好。甚至有些内容不尽符合我的想法，我仍将其保留下来。说到底，一部学术著作应当容有探索性的因素。当然，包容探索性因素不等于整部著作在主要的观点、线索、文风等方面没有自己的体系。另外，各编的内容还会有些重复。例如，西塞罗、阿奎那、但丁、彼特拉克、马基雅维利等思想家影响深远，不同时期的意大利政治思想史都会提及这些人物的生平思想等。不过各编的撰写角度不同，不能为了避免重复而简单地予以删除。特别是政治共同体、市民社会、国家、民族等政治概念在不同的篇章中反复提及，而且各位作者以自己的理解程度来讨论分析这些概念，形成本书的学术探索"小气候"。保留这种学术气候十分必要。这些我在统稿时均做了适当处理。另外对章节标题、附录"意大利政治思想家年表"、参考文献等做了统筹编订，语句方面亦做了整体编校。至于明显的错讹情况更是发现一处便纠正一处。有些修订改写虽然是我个人的想法，但统稿最后完成后发给诸位撰稿人审读，并得到大家的认可。

在此，我想对各位撰稿人说一声：大家辛苦了！仅以文本训读而言，大家为了切入语义的深处，便苦学拉丁文、意大利文等。还要感谢审读、评议书稿的各位专家，你们严格把关，极大地提升了其学术严谨性，也夯实了《意大利政治思想史》出版的学术地基。谢谢总主编高建教授、丛书策划人刘训练教授的信任和关照。亦谢谢编辑同志，编辑这样一部八十多万字的书稿，不是件容易的事情。最后情不自禁地思念起已故的徐大同先生。曾记得徐先生在丛书启动阶段的大纲编修会上，手举我写的详细纲要稿件啧啧称赞。又说了这样一句话：他有生之年的夙愿是能够看到这部多卷本的国别西方政治思想史高质量地面世。这些是对自己也是对各编撰人员的激励。我们的《意大利政治思想史》是最早完成的卷轶，我们的工作态度和实际的文稿内容亦在评审中得到专家好评。今天，我们将此劳动成果奉献给学界，也是对徐先生永久的缅怀！

周春生

2023 年 11 月